Kohlhammer

Theologische Wissenschaft

Sammelwerk für Studium und Beruf

Herausgegeben von

Carl Andresen †   Otto Kaiser
Werner Jetter   Eduard Lohse
Wilfried Joest †   Adolf Martin Ritter

Band 15,1

Wolfgang Steck

Praktische Theologie

Horizonte der Religion
Konturen des neuzeitlichen Christentums
Strukturen der religiösen Lebenswelt

Band I

Verlag W. Kohlhammer

Die Deutsche Bibliothek – CIP-Einheitsaufnahme

Steck, Wolfgang:
Praktische Theologie : Horizonte der Religion - Konturen des neuzeitlichen Christentums - Strukturen der religiösen Lebenswelt / Wolfgang Steck. - Stuttgart ; Berlin ; Köln : Kohlhammer
  (Theologische Wissenschaft ; Bd. 15)

Bd. 1 . - (2000)
  ISBN 3-17-016106-7

Verlagsort: Stuttgart
Umschlag: Data Images GmbH
Gesamtherstellung:
W. Kohlhammer Druckerei GmbH + Co. Stuttgart
Printed in Germany

Einführung					

100 Horizonte der Religion	200 Konturen des neuzeitlichen Christentums	300 Strukturen der religiösen Lebenswelt

110	Religion	$\Rightarrow$	210	Neuzeit	$\Rightarrow$	310	Lebenswelt

⇓ ⇓ ⇓

111	Religiöse Praxis in der privaten Lebenssphäre		211	Frömmigkeit		311	Identität
112	Psychologische Religionstheorie	$\Rightarrow$	212	**Privates Christentum**	$\Rightarrow$	312	Lebensgeschichte
113	Projektionsthese/ Kompensationsthese		213	Individualität als poimenisches Prinzip		313	Pastoraltheologie

⇓ ⇓ ⇓

121	Religiöse Praxis in der öffentlichen Lebenssphäre		221	Christentum und Kultur		321	Institution
122	Soziologische Religionstheorie	$\Rightarrow$	222	**Öffentliches Christentum**	$\Rightarrow$	322	Kirche als soziale Organisation
123	Integrationsthese		223	Modernität als religions- pädagogisches und homiletisches Prinzip		323	Amtslehre

⇓ ⇓ ⇓

131	Die synthetische Statur der religiösen Lebenspraxis		231	Protestantismus und rationale Welt		331	Volkskirche
132	Integrale Religionstheorie	$\Rightarrow$	232	**Urbanes Christentum**	$\Rightarrow$	332	Gemeinde
133	Pluralisierungsthese/ Säkularisierungsthese/ Individualisierungsthese		233	Rationalität als liturgisches Prinzip		333	Berufstheorie

⇓ ⇓ ⇓

140	Allgemeine Religion und christl. Lebenspraxis	$\Rightarrow$	240	Protestantismus als Lebensform	$\Rightarrow$	340	Priestertum aller Gläubigen

Die Erläuterung des Aufrißschemas findet sich in der Einführung (3.3; Bd. 1, S. 83 ff)

Hinweise für die Lektüre

Die zweibändige ,Praktische Theologie' stellt eine Mischform aus logisch durchstruktu-rierter Theoriekonstruktion und vielseitig verwendbarem Arbeitsbuch dar; es kann kur-sorisch oder selektiv gelesen werden und läßt sich ebenso zur Einführung in den Ge-samtzusammenhang der Praktischen Theologie nutzen wie zur Einarbeitung in spezielle Themengebiete.

Die praktisch-theologische Gesamttheorie setzt sich aus thematisch in sich abgeschlos-senen Theorie-Elementen zusammen, die sowohl vertikal als auch horizontal miteinan-der vernetzt sind und darüber hinaus eine Vielfalt von freien Kombinationsmöglichkeiten zulassen. Als Hilfsmittel zur Verknüpfung der Theoriediskurse dienen die in die Dar-stellung eingefügten Verweispfeile (> ...); im Unterschied zum Stichwortverzeichnis, in dem die jeweiligen Seitenzahlen vermerkt sind, stellen die mit Kennziffern versehenen Verweispfeile Querverbindungen zwischen Theorie-Elementen her. Die flexible Bricola-ge-Konstruktion möchte die LeserInnen zum kreativen Gebrauch des Arbeitsbuches an-regen und damit einen Beitrag zur Vitalisierung der praktisch-theologischen Diskurs-kultur leisten.

Die reichhaltige Zitation der Fachliteratur soll die LeserInnen mit dem gegenwärtigen Forschungsstand der Praktischen Theologie vertraut machen und ihnen die selbständige Erarbeitung spezieller Themengebiete anhand einschlägiger Monographien und Zeit-schriftenaufsätze ermöglichen. Die erste Zahl des Zitatnachweises (...,...) führt die Nummer des Titels im Literaturverzeichnis auf; die zweite Zahl bezeichnet die Nummer der Seite, auf der das Zitat in dem angegebenen Buch zu finden ist. In den Literaturver-zeichnissen zu den einzelnen Theorie-Elementen werden zunächst die allgemeineren, sodann die spezielleren Titel aufgelistet. Die systematisch geordneten Literaturverzeich-nisse können daher auch als Grundlage für die Erstellung von schriftlichen Arbeiten verwendet werden.

Ursula Roth hat das Manuskript mit kritischem Auge durchgesehen, die Zitate überprüft und das Literaturverzeichnis erstellt; ohne ihre Mitarbeit hätte das Buch nicht in seiner jetzigen Gestalt erscheinen können. Dr. Martin Laube hat das Stichwortregister ange-legt, Dr. Uta Pohl-Patalong in einem frühen Stadium der Manuskripterstellung redak-tionelle Arbeiten geleistet. Ihnen gilt mein Dank.

Inhaltsverzeichnis

**Die Grundkonzeption der vorliegenden
praktisch-theologischen Theorie** 13

1. Die Theoriestatur der vorliegenden Praktischen Theologie 14
   1.1. Praktische Theologie als Praxistheorie 14
   1.2. Praktische Theologie als Theoriepraxis 17
   1.3. Die transversale Statur der praktisch-theologischen Denkform 20
2. Das Theoriekonzept der vorliegenden Praktischen Theologie 23
   2.1. Das theorieleitende Kategorienensemble der zeitgenössischen Praktischen
        Theologie 25
   2.2. Das integrale Kompositionsmuster der vorliegenden
        Praktischen Theologie 27
   2.3. Die komplexe Struktur phänomenologischer Theoriearbeit 33
        2.3.1. Die Strukturlogik der religiösen Lebenswelt und die
               phänomenologische Methode 33
        2.3.2. Die Fortschrittsdynamik der religiösen Lebenspraxis und die
               historische Dimension verstehender Praktischer Theologie 40
        2.3.3. Die Modernisierung der religiösen Reflexionskultur und die
               Theoriestruktur praktisch-theologischer Reformprogramme 45
3. Die Theoriearchitektur der vorliegenden Praktischen Theologie 53
   3.1. Wissenschaftshistorische Transformationen praktisch-theologischer
        Theoriekonstruktion 54
        3.1.1. Die neuzeitliche Ausdifferenzierung der Reflexionskultur 54
        3.1.2. Die vier Grundtypen praktisch-theologischer Theoriekonstruktion .. 57
        3.1.3. Die Interdependenz von gesellschaftlichem Wandel und
               wissenschaftlichem Fortschritt 69
   3.2. Die Struktur der zeitgenössischen praktisch-theologischen Theoriesysteme ... 75
   3.3. Der Aufbau der vorliegenden Praktischen Theologie 83
        3.3.1. Die Grundlinien der Theoriearchitektur 83
        3.3.2. Die flexible Bricolagekonstruktion der Theorieelemente 89
        3.3.3. Die mehrdimensionale Architektur der Rahmenkonstruktion 92

100 Horizonte der Religion 100

110 Religion 107
    1. Die Renaissance der Religion und die Aufgabe
       der Religionswissenschaft 107
    2. Die Problemgehalte des Begriffs ‚Religion' 109
    3. Kerndimensionen und Grundstrukturen der Religionspraxis 112

111 Religiöse Praxis in der privaten Lebenssphäre 117
112 Grundzüge der Religionspsychologie 120
113 Religion als Projektion und Kompensation 126

121 Religiöse Praxis in der öffentlichen Lebenssphäre 129
122 Grundzüge der Religionssoziologie 133
123 Die integrative Funktion der Religion 138

131 Die synthetische Statur der religiösen Lebenspraxis 142
132 Grundzüge integraler Religionstheorie 147
133 Die Entwicklung der modernen Religionskultur im Horizont des
    Pluralisierungs-, Säkularisierungs- und Individualisierungsprozesses 156

    1. Signaturen der Religion in der Moderne 156
    2. Die Pluralisierung der Religion 158
    3. Die Säkularisierung der Religion 160
    4. Die Individualisierung der Religion 165

140 Allgemeine Bürgerreligion und originär ausgeformte Religionskulturen 174

    1. Religion als integrales Moment der Lebenswelt 174
    2. Konsolidierung und Entgrenzung konfessioneller Religionskulturen 179
    3. Distinktion und Relationierung von ‚natürlicher‘ Vernunftreligion und
       ‚positiven‘ Religionskulturen 182
    4. Empirisches Erscheinungsbild und theoretische Statur der
       zeitgenössischen ‚Zivilreligion‘ 185

200 Konturen des neuzeitlichen Christentums 194

210 Neuzeit, Moderne, Bürgertum 200
    1. ‚Neuzeit‘ und ‚Moderne‘ – die paradigmatischen Chiffren
       zur Signierung der Gegenwart 201
    2. ‚Postmoderne‘ – die vieldeutige Signatur einer Epochenschwelle 209
    3. ‚Bürgertum‘ – der lange Schatten eines exemplarischen Gesellschafts-
       und Kulturmodells 216

211 Frömmigkeit – die integrale Gestalt individueller Christentumspraxis 227
    1. Frömmigkeit als Lebensstil und Lebensform 227
    2. Die geschichtliche Entwicklung des christlichen
       Frömmigkeitsverständnisses 231
    3. Charakteristika und Entwicklungstendenzen der zeitgenössischen
       Frömmigkeitskultur 236

212 Die bürgerlich-protestantische Privatreligion als sozialkulturelles
    Paradigma des neuzeitlichen Christentums 241

212-1 Die bürgerlich-protestantische Hausfrömmigkeit als
      paradigmatische Grundgestalt des neuzeitlichen Christentums 241

1. Die bürgerlich-protestantische Idee des Hauses 241

2. Konturen der bürgerlich-protestantischen Hausfrömmigkeit 243
   2.1. Entstehung und Entwicklung der häuslichen Religionskultur 243
   2.2. Die selbstreferentielle Struktur der privaten Frömmigkeitspraxis 244
   2.3 Die soziale Statur der häuslichen Religionspraxis 246

3. Genese und Wandel der Familie in der (Post-)Moderne 248
   3.1. Der Wandel der familialen Sozialformen im Spiegel
        wissenschaftlicher Reflexion 248
   3.2. Die ambivalente Statur der Familie in der sich modernisierenden
        Gesellschaft 251
   3.3. Die Familie im Prozeß lebensweltlicher Pluralisierung und
        Individualisierung 256

212-2 Der Konnex zwischen privater und öffentlicher Religionskultur 260

1. Die integrative Funktion der ästhetischen Religionskultur 261
2. Die private Signatur der öffentlichen Religionskultur 264
   2.1. Die paradigmatische Bedeutung der privaten Religionskultur
        für die öffentliche Christentumspraxis 264
   2.2. Das Kirchentagschristentum: die öffentliche Inszenierung
        der privaten Frömmigkeit 266
   2.3. Die Medienreligion: die private Aneignung veröffentlichter
        Christentumskultur 267
   2.4. Das diakonische Tatchristentum: die Gestaltung der öffentlichen Welt nach
        dem Muster des privaten Hauses 268

3. Die Verwebung von öffentlicher und privater Religionskultur in der
   Krankenhausseelsorge 270
   3.1. Der Besuch als soziale Grundform der Krankenhausseelsorge 270
   3.2. Die drei kommunikativen Typen der Krankenhausseelsorge 272
        3.2.1. Das Kontaktgespräch 272
        3.2.2. Die Gesprächskette 273
        3.2.3. Die rituell-symbolische Seelsorge 274

212-3 Der Konnex zwischen privater und kirchlicher Religionskultur 282

1. Bürgerlicher Protestantismus und kirchliches Christentum 282
   1.1. Das kirchliche Christentum zwischen privater und öffentlicher
        Lebenssphäre 282
        1.1.1. Die Synthese von Herzensfrömmigkeit und Weltoffenheit im
               modernen Protestantismus 282
        1.1.2. Das Schicksal des kirchlichen Christentums in der Moderne 284
   1.2. Die Vermittlung von privater Frömmigkeit und kirchlichem
        Christentum in der Theorie-Architektur der Praktischen Theologie 287
        1.2.1. Praktische Theologie als Kunstlehre der Kirchenleitung
               (Friedrich Schleiermacher) 288
        1.2.2. Praktische Theologie als Theorie der kirchlichen Ausübung des
               Christentums (Carl Immanuel Nitzsch) 290
        1.2.3. Praktische Theologie als Instrument kirchlicher Modernisierung
               (Friedrich Niebergall) 291
        1.2.4. Praktische Theologie als Phänomenologie des zeitgenössischen
               Christentums (Paul Drews) 293
   1.3. Die Statur des volkskirchlichen Christentums im Spiegel
        demoskopischer Untersuchungen 295
        1.3.1. Entkirchlichung und Kirchendistanz – die Situation des
               kirchlichen Christentums im ausgehenden 20. Jahrhundert 295
        1.3.2. Kirchlichkeit und Kirchenverbundenheit –
               der Paradigmenwechsel in der empirischen Kirchentheorie 300
        1.3.3. Plurale Religionskultur und individuelle Kirchenbeziehung –
               die Signatur des volkskirchlichen Christentums 304

2. Die private Signatur der kirchlichen Religionskultur 308
   2.1. Das private Christentum als Leitbild der kirchlichen Christentumspraxis 308
   2.2. Die Gemeinde als kirchliche Privatwelt 310

3. Die Privatisierung des protestantischen Gottesdienstes 313
   3.1. Individualisierung und Pluralisierung der liturgischen
      Religionskultur 313
   3.2. Die beiden Grundtypen des protestantischen Gottesdienstes 315
      3.2.1. Die Kultivierung der individuellen Frömmigkeit
           im agendarischen Hauptgottesdienst 315
      3.2.2. Die Verwebung von liturgisch-expressiven und alltags-pragmatischen
           Lebensformen in der gruppengemeinschaftlichen Gottesdienstkultur 317
   3.3. Frauenliturgien als Modellfall religiöser Individualisierung 321
      3.3.1. Der historische, soziale und kulturelle Hintergrund der
           zeitgenössischen Frauenliturgien 323
      3.3.2. Das pluriforme kulturelle Profil der Frauenliturgien 325
      3.3.3. Die charakteristischen Momente der Frauenliturgien 326
   3.4. Liturgische Frömmigkeit und politisches Bewußtsein 336
      3.4.1. Die Politischen Nachtgebete 340
      3.4.2. Die Liturgische Nacht 342
      3.4.3. Das Feier-Abend-Mahl 347
      3.4.4. Die Friedensandachten 357
   3.5. Gottesdienste für gesellschaftliche Teilkulturen 363
      3.5.1. Jugendgottesdienst und Konfirmationsfeier im Kontext von
           Jugendarbeit und Konfirmandenarbeit 365
      3.5.2. Familiengottesdienst und Christvesper als Klammer zwischen
           häuslicher und parochialer Lebenswelt 376
   3.6. Der protestantische Gottesdienst im Zentrum der Gemeindereform 378

212-4 Der Konnex zwischen privater, kirchlicher und
        öffentlicher Religionskultur 382

1. Die integrale Statur der individualisierten Religionskultur 384
   1.1. Die symbiotische Beziehung zwischen privater und kirchlicher
      Religionskultur 384
   1.2. Die prekäre Beziehung zwischen gesellschaftlichem Fortschritt und
      religiöser Entwicklung 385
   1.3. Die konstruktive Beziehung zwischen Individualisierung
      und Integration der religiösen Lebenswelt 389

2. Andacht, Bildung und Beruf als paradigmatische Grundformen integraler
   religiöser Lebenspraxis 391
   2.1. Andacht: das Paradigma religiöser Selbstvergewisserung 394
      2.1.1. Die Andacht als Grundform protestantischer Religionskultur 394
      2.1.2. Entstehung und Entwicklung der bürgerlich-protestantischen
           Hausandacht 396
      2.1.3. Formen der Andacht in der öffentlichen Religionskultur 399
   2.2. Bildung: das Paradigma religiöser Lebensentfaltung 401
      2.2.1. Die privatreligiösen Konturen der Bildung 401
      2.2.2. Der bürgerliche Protestantismus als Bildungsreligion und
           Bildungskultur 402
      2.2.3. Die philosophisch-theologischen Vorstellungshorizonte der
           Bildungstheorie 406

2.2.4. Lebensgeschichte und Lebenslauf als religiös-pädagogische
Paradigmen von Bildung und Erziehung 411
2.3. Beruf: das Paradigma religiöser Weltgestaltung 414
2.3.1. Die religiös grundierte Idee des Berufs 414
2.3.2. Genese und Transformation der ‚bürgerlichen' Professionen 417
2.3.3. Religion als Beruf 424
2.3.4. Soziale Berufsrolle und religiöse Berufsidentität 430

3. Bibelfrömmigkeit, Kindheitsreligion und Pfarrerberuf als paradigmatische
Gestalten integraler religiöser Lebenspraxis 434
3.1. Die Bibel als Medium religiöser Selbstvergewisserung 437
3.1.1. Bibelfrömmigkeit als exemplarische Grundgestalt protestantischer
Frömmigkeitskultur 437
3.1.1.1. Literale Erbauung als Grundform
bürgerlich-protestantischer Frömmigkeitspraxis 437
3.1.1.1.1. Erbauung als integrale Funktion der individuellen
wie der gemeinschaftlichen Frömmigkeitskultur 437
3.1.1.1.2. Erbauungsliteratur als Medium der protestantischen
Frömmigkeitskultur 440
3.1.1.1.3. Die Bibel als zentrales Medium der protestantischen
Erbauungskultur 446
3.1.1.2. Bibel-Arbeit als Frömmigkeitsform des Gemeindechristentums .. 452
3.1.1.2.1. Die Bibelarbeit als exemplarische Gestalt
gruppengemeinschaftlicher Frömmigkeitspraxis 452
3.1.1.2.2. Das Bibliodrama als integrale Gestalt protestantischer
Bibelfrömmigkeit 457
3.1.2. Die Bibel als Medium religiöser Bildung 462
3.1.2.1. Die Bibel als Medium literarischer Bildung 462
3.1.2.2. Die pluriforme Gestalt biblischen Unterrichts 464
3.1.2.3. Die Bildungsfunktion der religiösen Symbolwelt 467
3.1.2.4. Die Relevanz biblischer Traditionselemente im Kontext
schulischer Bildung 471
3.1.3. Die protestantische Textpredigt als Institution lebenspraktischer
Schriftauslegung 474
3.1.3.1. Die Predigt als exemplarische Gestalt protestantischer
Frömmigkeits- und Reflexionskultur 474
3.1.3.1.1. Das pluriforme Profil der protestantischen
Textpredigt 475
3.1.3.1.2. Die multiforme Funktion des biblischen Textes 481
3.1.3.1.3. Die integrale Funktion der Predigttheorie 484
3.1.3.1.4. Die synthetische Struktur der homiletischen
Textinterpretation 489
3.1.3.2. Die Predigtarbeit als methodisierte Gestalt
frömmigkeitspraktischer Schriftauslegung 497
3.1.3.2.1. Die religiöse Rede als Ausdruck der frommen
Persönlichkeit 497
3.1.3.2.2. Die Predigtarbeit als rationaler Arbeitsprozeß 502
3.1.3.2.3. Die Predigtmeditation als professionalisierte Gestalt
individueller Frömmigkeitspraxis 509
3.2. Die Kindheit als Paradigma religiöser Lebensentfaltung 514

3.2.1. Die Kindheit als paradigmatische Privatwelt 514
    3.2.1.1. Die Idee des ‚Kindes' als symbolisches Integral
    der religiösen Individualitätskultur 514
    3.2.1.2. Die Kindheit als lebensweltliche Sphäre und als
    lebensgeschichtliche Epoche 516
    3.2.1.3. Genese, Konsolidierung und Destruktion der Kindheit 526
    3.2.1.4. Die Religion des Kindes 533
3.2.2. Der Kindergarten als institutioneller Lebensraum des Kindes 540
    3.2.2.1. Die Idee des ‚Kinder-Gartens' 540
    3.2.2.2. Die Geschichte des Kindergartens 541
    3.2.2.3. Die Institutionalisierung des Kindergartens 543
    3.2.2.4. Das Profil des evangelischen Kindergartens 545
    3.2.2.5. Der Beruf der Erzieherin 546
3.2.3. Der Kindergottesdienst als integrale Gestalt
kindgemäßer Liturgie 549
    3.2.3.1. Die integrale Gestalt des Kindergottesdienstes 549
    3.2.3.2. Die pluriforme Genese des Kindergottesdienstes 551
    3.2.3.3. Die paradigmatische Bedeutung des Kindergottesdienstes 553
3.3. Der Pfarrerberuf als Idealgestalt integraler religiöser Lebenspraxis 554
3.3.1. Der Pfarrerberuf als integrale Lebensform 554
    3.3.1.1. Die komplexe Struktur und die integrale Statur des
    Pfarrerberufs 554
    3.3.1.2. Entstehung und Entwicklung des Pfarrerberufs 558
    3.3.1.3. Das bürgerlich-protestantische Profil des Pfarrerberufs 563
    3.3.1.4. Verkirchlichung, Professionalisierung und Privatisierung
    des Pfarrerberufs 570
3.3.2. Das Pfarrhaus als symbolische Lebenswelt 577
    3.3.2.1. Idee und Wirklichkeit des bürgerlich-protestantischen
    Pfarrhauses 578
    3.3.2.2. Entwicklungsstadien des protestantischen Pfarrhauses 582
    3.3.2.3. Die ‚Verberuflichung' der Pfarrfrau 590
3.3.3. Der Hausbesuch als Grundform beruflich verfaßter Privatseelsorge 593
    3.3.3.1. Die private Statur des beruflichen Hausbesuchs 593
    3.3.3.2. Der Hausbesuch als alltagsweltliche Konvention und als
    berufliche Situation 598
    3.3.3.3. Grundformen des pastoralen Hausbesuchs 601

213 Individualität – das Theorieparadigma der modernen Poimenik 603
1. Die ideellen Grundlagen der zeitgenössischen Poimenik 603
2. Die idealtypischen Grundformen der modernen Seelsorge 607
    2.1. Genese und Statur der Alltagsseelsorge 607
    2.2. Die institutionellen Gestalten beruflicher Seelsorge 609
    2.3. Die Beichte als interaktionelles Paradigma der Privatseelsorge 611
3. Otto Baumgartens ‚Protestantische Seelsorge': ein exemplarischer
Entwurf moderner Poimenik 616

Literaturverzeichnis 620

Stichwortregister 661

Die Grundkonzeption der vorliegenden praktisch-theologischen Theorie

Die vorliegende Darstellung präsentiert das Gesamtgebiet der Praktischen Theologie in ungewohnter Breite und in einem neuartigen *Zuschnitt*. Sie löst das traditionelle Organisationsschema der Praktischen Theologie, ihre Parzellierung in voneinander getrennte und aufeinander bezogene Teildisziplinen, auf und unterlegt der praktisch-theologischen Theoriebildung statt dessen ein aus der Struktur der religiösen Lebenswelt abgeleitetes und zu einem theoretischen Kategoriensystem ausgeformtes Kompositionsmuster. Im Rahmen eines integralen Theoriekonzepts werden die pluriformen Erscheinungen der zeitgenössischen Religionskultur auf die „elementaren Formen des religiösen Lebens" (85) zurückgeführt und die charakteristischen Wandlungen der neuzeitlichen Christentumspraxis aus den ihnen zugrundeliegenden und die zeitgenössische Lebenskultur insgesamt tiefgreifend prägenden gesellschaftshistorischen und religionshistorischen Entwicklungsprozessen begriffen. Die an neuere Entwicklungen der Praktischen Theologie wie an den derzeitigen Forschungsstand der Sozial- und Kulturwissenschaften anschließende Theoriekonzeption möchte primär einen Beitrag zur präziseren Erkenntnis und zum zutreffenderen Verständnis der „von ihr thematisierten praktischen Lebenswelt" und sekundär zum Fortschritt des wissenschaftstheoretischen Diskurses leisten, in dem die Praktische Theologie die Grundprinzipien ihrer spezifischen „Wissenschaftlichkeit" erörtert (9,3).

Die praktisch-theologische Gesamttheorie zielt darauf ab, den zentrifugalen Tendenzen in der praktisch-theologischen Theoriebildung, zumal der „Aufsplitterung der Praktischen Theologie in Spezialgebiete" (11,43), entgegenzuwirken und der Praktischen Theologie insgesamt das *Profil* „eine(r) einheitliche(n) und zusammenstimmende(n) Theorie" (11,50) zu verleihen. So werden die pluriformen Themenbestände der zeitgenössischen Praktischen Theologie auf der Grundlage eines weitgespannten und gleichzeitig feingliedrigen Ordnungsschemas neu sortiert, die partikulären Theoriediskurse unter übergreifenden Gesichtspunkten miteinander verzahnt und die vielfältigen, teils aus anderen theologischen Disziplinen, teils aus nichttheologischen Wissenschaftsgebieten entlehnten und eigenständig fortentwickelten Erkenntnisperspektiven in einer integralen Theorieoptik gebündelt. Zu diesem Zweck wird der vielgestaltigen Theoriearbeit ein wissenschaftstheoretisch fundiertes Programm unterlegt, das die Erkenntnis- und Urteilsprozesse insgesamt steuert. Kommt die Grundstruktur der komplexen Theoriekomposition auch in dem mehrdimensionalen Theorierahmen augenfällig zum Ausdruck, so läßt sich die Leistungsfähigkeit des Theoriekonzepts gleichwohl nicht schon an der Logik der Theoriearchitektur ablesen, sondern erst in seiner Durchführung, in der detailgenauen Erfassung religiöser Phänomene und deren präziser wechselseitiger Verknüpfung demonstrieren. Die vorliegende Theoriekonzeption setzt dementsprechend zwar auch auf die kritische Zustimmung der praktisch-theologischen Fachwelt zu den wissenschaftstheoretischen Prämissen der globalen Theoriekonstruktion; weit wichtiger aber ist ihr die Diskussion ihrer konstruktiven Ergebnisse, der phänomenologischen Detailanalysen, in denen das vielfach verknotete Netzwerk der zeitgenössischen Religionspraxis in die Gestalt einer theoretisch ausgearbeiteten Topographie des zeitgenössischen Christentums überführt wird.

Gleichwohl kann eine mit dem Anspruch logischer Konsistenz versehene Gesamttheorie der Praktischen Theologie auf eine eigenständige Erörterung ihrer *theorieleitenden* Prinzipien nicht verzichten. Zumal die Umstellung der Theoriearchitektur auf ein neues Paradigma macht eine systematische Einführung in die Theoriekonzeption notwendig. In ihr werden die wissenschaftstheoretischen Prämissen, die konzeptionellen Optionen und die methodologischen Strategien der Theoriekonstruktion offengelegt und begründet. Die Prolegomena, in denen die neuartige Theoriekonzeption in den zeitgenössischen Diskurs der Praktischen Theologie eingebettet und mit der wissenschaftshistorischen Entwicklung der Praktischen Theologie verzahnt wird, richtet sich nicht nur an die praktisch-theologische Fachwelt. Der wissenschaftstheoretische Vorspann soll vielmehr den an der Gesamtstruktur der Theoriekonzeption interessierten Leser in den Grundriß und den Aufbau der breit angelegten Praktischen Theologie einführen und ihm damit den selbständigen Gebrauch und die kritische Beurteilung der Theoriekonstruktion ermöglichen.

1. Die Theoriestatur der vorliegenden Praktischen Theologie

Bei der Ausarbeitung komplexer wissenschaftlicher *Theoriesysteme* verschränken sich zwei für die praktisch-theologische Theoriebildung charakteristische Arbeitsprozesse, die detailgenaue Rekonstruktion der vielfältigen Manifestationen lebenspraktisch ausgeformter Religion und die prinzipiengeleitete Konstruktion einer wissenschaftlich fundierten und logisch durchstrukturierten Theoriearchitektur, aufs engste miteinander. Die Vermittlung von empirischer Wahrnehmung und theoretischer Systematisierung der religiösen Lebenswelt macht die Ausbildung einer originären Denkform notwendig, in der religiöse Lebenspraxis und theologische Theorie in ihrer jeweiligen Eigenart bewahrt und zugleich auf komplexe Weise zueinander in Beziehung gesetzt werden.

1.1. Praktische Theologie als Praxistheorie

1. Als „Theorie der *Praxis*" (23,12), genauer: als „Theorie der heutigen praktischen Lebenswelt des Christentums" (18,157) ist die Praktische Theologie untrennbar mit der Praxis der gelebten Religion verwoben. Wie die Theologie im ganzen, so begründet sich insbesondere deren praktische Disziplin nicht primär aus internen Notwendigkeiten des gegenüber der praktischen Lebenswelt autonomen Wissenschaftssystems (22,§1), sondern vorrangig aus dem „Bedürfniß, eine unentbehrliche Praxis durch Theorie durch Tradition von Kenntnissen sicher zu fundiren" (25,53). Die praktisch-theologische Theoriearbeit zielt dementsprechend darauf ab, die Praxis der Religion im Spiegel ihrer Theorie über sich selbst aufzuklären und damit die theoretische Grundlage für die gleichermaßen verantwortungsvolle wie erfolgreiche Gestaltung der sozial organisierten und kommunikativ praktizierten Religion zu legen.

Die Praktische Theologie leitet aber nicht nur ihre theoretischen Aufgabenstellungen aus praktischen Erfordernissen ab. Sie formuliert und löst vielmehr auch die von ihr zu beararbeitenden Probleme im ständigen Rekurs auf die praktische Lebenswelt. Wie die Praxis der gelebten Religion den Ausgangs- und Zielpunkt praktisch-theologischer Theoriearbeit bildet, so umreißt sie auch den *Erkenntnishorizont*, in dem sich die praktisch-theologische Theoriebildung durchgängig bewegt. Die Praktische Theologie gewinnt ihre vielfältigen diversifizierten Einsichten aus der wissenschaftlich exakten Beobachtung und der detailgenauen Beschreibung der empirischen Erscheinungsformen praktizierter Religion; sie entwickelt die Prinzipien, nach denen sie ihre Theorien gestaltet, aus den teils offen zutage liegenden, teils durch theoretische Analyse zu erhebenden Grundstrukturen der religiösen Lebenswelt; und sie folgt bei der Revision ihrer Theorieentwürfe der Fortschrittsdynamik der sich ständig wandelnden religiösen Lebenskultur. Nicht so sehr das wissenschaftsinterne Bedürfnis nach einer kontinuierlichen Raffinierung von Theoriekonstrukten als vielmehr die laufend „zunehmende Komplexität der neuzeitlichen Religionspraxis" (9,8) macht die Entwicklung differenzierter Wahrnehmungsperspektiven und den Entwurf komplexer Theoriekonzeptionen erforderlich.

Die Praktische Theologie stellt somit sowohl hinsichtlich ihrer praktischen Funktion als auch hinsichtlich ihrer praxisverbundenen Theorieproduktion ein integrales Moment der in die sozialkulturelle Lebenswelt eingelassenen *Religionspraxis*, eine bestimmte Form religiöser Reflexionspraxis (> 110), dar. Indem sie die Praxis im Theoretisieren nicht aus dem Auge verliert, gibt sich die Praktische Theologie als eine unlösbar mit ihrem Erkenntnisgegenstand verbundene ‚Theorie‘, als eine wissenschaftlich perspektivierte ‚Ansicht‘ der praktischen Wirklichkeit zu erkennen.

2. Die *vorliegende* Gesamtdarstellung begreift die Praktische Theologie in dezidierter Weise als Theorie der Praxis. Sie vollzieht die für die neuere Praktische Theologie insgesamt charakteristische „Wende zur Erfahrungswelt" (1,53) und widmet sich durchgängig der „empirische(n) Analyse" und „phänomenologische(n) Beschreibung" (66,89) religiöser Lebenspraxis. Die vorliegende Theoriekonzeption kommt ebenso der allgemein verbreiteten Forderung nach einer ständigen „Horizonterweiterung" (9,2) der praktisch-theologischen Beobachtungsperspektive über die Grenzen „innertheologische(r) Denkbewegungen und innerkirchliche(r) Interessen und Aufgabenstellungen" (2,21) nach. Im Zuge einer ebenso weitgespannten wie detaillierten Inventarisierung der vielgestaltigen Welt des zeitgenössischen Christentums soll das praktisch-theologische „Problemfeld neu vermessen" und dabei der „komplexe Zusammenhang von Religion, Kirche, Gesellschaft und Theologie" (50,111) aufgedeckt werden.

Deshalb wird sowohl das klassische Sortiment der praktisch-theologischen *Themen* als auch, mit besonderer Gewichtung, eine breite Palette charakteristisch moderner Themen behandelt, die zum Teil in speziellen und häufig nicht streng wissenschaftlich verfaßten Publikationen aufgegriffen wurden, in den neueren praktisch-theologischen Gesamtdarstellungen bisher aber wenig Beachtung gefunden haben. Schließlich macht sich die vorliegende Darstellung der Praktischen Theologie das seit der Wende zum 20. Jahrhundert in Geltung stehende und die gegenwärtige Theorieszene tiefgreifend prägende Modernitätsbewußtsein (41,147ff) zu eigen und wendet ihr verstehendes Interesse auch solchen Erscheinungsformen der Religionskultur zu, die teils milieuspezifisch eng begrenzt, teils auf unlösbare Weise mit kulturellen Modetrends verwoben und deshalb möglicherweise von nur kurzer Dauer sind, gleichwohl aber die Signatur des zeitgenössischen Christentums in originärer Weise prägen. Die für die Ausarbeitung einer Topographie der religiöoon Lebenswelt notwendige Kombination theorieleitender „Reflexionsperspektiven" mit „umfassenden Darstellungen des jeweiligen Problemfelds" (2,83) erklärt die phänomenologische Breite und den daraus resultierenden Umfang der vorliegenden praktisch-theologischen Gesamttheorie.

3. Die enge Rückbindung der praktisch-theologischen Theoriearbeit an die religiöse Lebenspraxis kommt sowohl in der *Aufbaustruktur* als auch in der *Darstellungsweise* der vorliegenden Theoriekonzeption zum Ausdruck. Die praktisch-theologische Gesamttheorie gliedert sich in eine Vielzahl von selbständigen Theorieelementen, in denen die Wahrnehmungsperspektive jeweils auf einen bestimmten Ausschnitt der pluriformen Religionskultur fokussiert und das originäre Profil bestimmter und begrenzter Erscheinungsformen lebenspraktisch verwirklichter Religion detailliert herausgearbeitet wird. Um die Authentizität der praktischen Religion zu wahren und sie gegenüber theoretischen Verfremdungen abzuschirmen, werden die empirischen Manifestationen der zeitgenössischen Christentumspraxis nicht aus der distanzierten Perspektive des wissenschaftlichen Theoretikers betrachtet, sondern so dargestellt, wie sie sich selbst, teils in ihren unmittelbaren sozialkulturellen Ausdrucksgestalten, teils im Spiegel ihrer reflexiven Selbstbeschreibung präsentieren. In analoger Weise erfolgt die nachgängige interpretative Erschließung der religiösen Lebenswelt nicht auf der Folie eines ihr fremden Kategoriensystems, sondern im Rahmen der von der Praxis selbst entwickelten Reflexionsformen (> Einführung: 2.1.).

Die besondere Aufmerksamkeit der phänomenologischen Beobachtung gilt dabei zwei für die religiöse Gegenwartskultur charakteristischen *Momenten*. Im Fokus deren reflexiver Selbstpräsentation treten zum einen die in die sozial organisierte und kommunikativ praktizierte Religion eingelagerten Modernisierungstendenzen zutage; die innovatorischen Potenzen der zeitgenössischen Christentumspraxis bringen sich sowohl im sozialkulturellen Wandel der religiösen Lebensformen zur Geltung als auch, mit besonderer Signifikanz, in reflexiv ausgearbeiteten Projekten zur Reform der religiösen Lebenspraxis. Zum anderen legt die akribische Nachzeichnung der pluriformen religiösen Welt die integrativen Valenzen der Religion offen; die vielfältigen Gestaltungen lebenspraktisch realisierter Religion schließen sich nicht gegeneinander ab, sondern öffnen sich an ihren Grenzen für andersgeartete religiöse Lebenseinstellungen und Frömmigkeitspraktiken, verbinden sich auf vielfältige Weise mit ihnen und gewinnen damit Anschluß an die sich insgesamt modernisierende Religionspraxis.

Die in die religiöse Lebenspraxis eingelagerten innovativen und integrativen Momente lassen sich auf exemplarische Weise im Zuge einer phänomenologischen Rekonstruktion religiöser *Teilkulturen* herausarbeiten, deren Reichweite einerseits auf bestimmte sozialkulturelle Milieus begrenzt bleibt, die aber andererseits in vielfältiger Weise wechselseitig aufeinander einwirken. Dazu sind etwa typisch modern anmutende, auf markant ausgeformten Frömmigkeitshaltungen aufruhende Lebenskulturen zu zählen wie die protestantische Bildungsreligion (> 212-4:2.2.2.), das politische Christentum (> 212-3:3.4.), das diakonische Tatchristentum (> 212-2:2.4.), das Kirchentagschristentum (> 212-2:2.2.) oder die Medienreligion (> 212-2:2.3.) sowie neuartige spirituelle Lebensformen, beispielsweise die gleichermaßen in der privaten Frömmigkeitspraxis wie im Kirchenchristentum verwurzelte Abendmahlsfrömmigkeit (> 212-3:3.4.3.) oder die synkretistisch verfaßte Thanatokultur (> 232-3:1.5.). Ebenso deutlich kommt die gleichermaßen innovative wie integrale Statur des neuzeitlichen Christentums in den für die christliche Religionsgeschichte insgesamt charakteristischen und insbesondere den modernen Protestantismus tiefgreifend prägenden Reformbewegungen zum Ausdruck: in den von unterschiedlichen Intentionen geleiteten, gleichwohl miteinander verzahnten Projekten der Kirchenreform (> 212-4:1.) sowie in solchen religiös-kirchlichen Fortschrittsbewegungen, die auf eine Modernisierung partiell religiöser Handlungsfelder – des religiösen Bildungswesens (> 212-4:2.2.), der beruflichen Seelsorgepraxis (> 213) oder der kirchlichen Kultpraxis (> 212-3:3.) – abzielen. In den diversen Reformprojekten verbinden sich nicht nur die unterschiedlichen Dimensionen der Religionspraxis (> 110) – religiöse Welteinstellung, religiöses Handeln und religiöse Reflexion – organisch miteinander; vielmehr verschränken sich in ihnen auch die innovativen und die integralen Valenzen der Religion auf paradigmatische Weise.

1.2. Praktische Theologie als Theoriepraxis

1. Verdanken sich die präzisen Einsichten des praktischen Theologen in die von ihm thematisierte Lebenspraxis einerseits einer charakteristischen wissenschaftspraktischen Attitüde, dem in der Theoriearbeit kultivierten „Wirklichkeitssinn" (38,26; 40,185), der „positive(n) Kongenialität" (39,7) des Forschers mit der zu entdeckenden Wirklichkeit, und geben sich praktisch-theologische Erkenntnisse in dieser Hinsicht als integrale Momente der sich ihrer selbst bewußten Praxis zu erkennen, so sind die im Rahmen der modernen Wissenschaftskultur entwickelten und rational durchkomponierten *Theorieentwürfe* der Praktischen Theologie andererseits nicht als unmittelbare Ausdrucksformen religiöser Lebenspraxis, sondern als ihr gegenüber eigenständige und ihrer Eigenlogik folgende Reflexionskonstrukte anzusehen. „Praktische Theologie ist nicht die Praxis, sondern die Theorie der Praxis" – so formulierte Friedrich Schleiermacher den Basissatz der wissenschaftlich formatierten Praktischen Theologie (23,12) und ratifizierte damit die im Pietismus angelegte und von der Aufklärung konsequent durchgeführte „Unterscheidung von Theologie und Religion" (19). Im Fortschritt der Verwissenschaftlichung der Praktischen Theologie, der methodischen Raffinierung ihrer erkenntnisleitenden Perspektiven und der strukturellen Ausdifferenzierung ihrer komplexen Theoriesysteme, schärfte sich das Bewußtsein dafür, „daß die Praktische Theologie tatsächlich als ‚Theorie' zu begreifen und das heißt: von der Praxis, der sie gelten soll, klar zu unterscheiden ist" (1,23).

Die in den Status eines wissenschaftstheoretischen Axioms praktisch-theologischer Theoriebildung erhobene Distinktion von Theorie und Praxis ist freilich weniger als ein originäres Resultat religiösen Wandels, sondern vielmehr als integrale Komponente eines viel umfassenderen *gesellschaftshistorischen* Entwicklungsprozesses zu begreifen, in dessen Verlauf die ursprünglich organisch untereinander verbundenen Regionen des gesellschaftlichen Kosmos auseinandertraten und in ihrer weiteren Entwicklung ihren jeweiligen Eigenrationalitäten folgten. Wie sich auf dem Hintergrund der „funktionale(n) Differenzierung des Gesellschaftssystems" (6,704) Politik, Ökonomie, Wissenschaft und Religion als separate Lebensregionen voneinander lösten und sich zu eigenständigen, primär auf sich selbst reagierenden und erst sekundär mit ihrer gesellschaftlichen Umwelt vernetzten Systemen ausformten, so steigerten die gesellschaftlichen Teilsysteme auch ihre interne Komplexität. Im Rahmen der pluriformen gesellschaftlichen Reflexionskultur entfernte sich das in den unterschiedlichen Disziplinen des modernen Wissenschaftsbetriebs ausgearbeitete „avancierte Wissen" immer weiter von den vieldimensionalen, in die soziale und kulturelle Lebenspraxis eingelagerten Reflexionskonstrukten, bis sich die Wissenschaftsorganisation schließlich als ein selbständig operierendes und von seiner Eigendynamik dirigiertes „autopoietische(s) System" etablierte (6,704).

Umgekehrt verselbständigten sich die in die verschiedenen Sektoren der Lebenspraxis eingebetteten Theorieformen gegenüber dem „Hochleistungswissen der modernen Wissenschaft" (6,704). Während sich der radikale „Konstruktivismus der modernen Epistemologie ... in sich selbst begründet" (6,704), stützen sich die vielfältigen Gestalten *praktischen* Wissens primär auf die aus der Lebenspraxis selbst gewonnenen, durch praktische Erfahrung bewährten und den Zwecken praktischen Handelns förderlichen Einsichten. Nur bei Bedarf und in autonomer Weise greift das Praxiswissen, von seinen Eigeninteressen geleitet, auf die hochgradig formalisierten Theorien zurück, filtert die mit praktischen Zwecken kompatiblen Wissenskonstrukte aus den wissenschaftlichen Theoriesystemen heraus, formt die abstrakten Erkenntnisse in konkrete Einsichten um, reichert sie mit funktionalen Komponenten an und stellt sie in neuer, aus der Rationalität der Lebenspraxis abgeleiteter Logik zu praxistauglichen Theoriekompositionen zusammen. Die praktische Vernunft taxiert den Wert wissenschaftlich raffinierter Theorien daher auch weniger nach den Kriterien ihrer logischen Konsistenz als vielmehr nach den ihnen unterlegten erkenntnispraktischen und handlungspraktischen Nutzeffekten. Was in der Theorie richtig sein mag, taugt deshalb nicht schon für die Praxis (20).

2. Die *vorliegende* Darstellung stellt eine explizit wissenschaftlich formatierte Gestalt praktisch-theologischer Theoriebildung dar. Sie widmet sich zwar der minuziösen Deskription religiöser Phänomene, deckt die in der Lebenswelt hergestellten Konnexionen zwischen den vielfältigen Erscheinungsformen der Religion auf und versucht, mit den Mitteln empirischer Forschung den elementaren Strukturgesetzen der sozial organisierten und kommunikativ verfaßten Religionspraxis auf die Spur zu kommen. Im Zuge eines theoretischen Differenzierungsprozesses werden verschiedenartige „Strukturtypen ... des neuzeitlichen Christentums" herausgearbeitet, in deren sozialem und kulturellem Profil sich die „kirchliche, öffentliche und individualisierte Prägung" (10,991) der gegenwärtigen Religionskultur auf jeweils charakteristische Weise zur Geltung bringt, und die idealtypisch voneinander unterschiedenen Gestalten des zeitgenössischen Christentums in ihren wechselseitigen Beziehungen zueinander dargestellt. Gleichwohl begnügt sich die praktisch-theologische Gesamttheorie weder mit der Vermittlung eng begrenzter Einsichten in die Praxis der Religion noch mit deren kompositorischer Vernetzung zu praktischen Theorien mittlerer Reichweite. Im Interesse der „Systematisierung und Vermehrung unserer Erkenntnis" (7,1489) werden vielmehr die Grenzen partieller Theorien aufgesprengt und die Grundlinien einer gleichermaßen weitgespannten wie theoretisch fundierten Topographie der zeitgenössischen Religionskultur markiert.

Das Schnittmuster der *Theoriearchitektur* ergibt sich aus der Verschränkung markant profilierter sozial-, kultur- und religionshistorischer Globalthesen (> Einführung: 2.1.), die in vielfältigen Versionen sowohl die wissenschaftliche als auch die populäre Reflexionskultur der Moderne prägen. So werden die „Gestaltungsmöglichkeiten und -bedürftigkeiten ... des neuzeitlichen Christentums" zum einen „unter den Bedingungen seiner gesellschaftsgeschichtlichen Differenzierung und Individualisierung", zum anderen auf dem Hintergrund des gesellschaftshistorischen Säkularisierungsprozesses, der „Entflechtung von Kirchlichkeit und Christentum" (10,991), und schließlich im Rahmen des Rationalisierungsprozesses (21) beschrieben, der sowohl die religiösen Lebenshaltungen der Individuen als auch die sozialen Strukturen religiöser Organisationen tiefgreifend beeinflußt. Durch die Kombination der zwar unterschiedlich perspektivierten, jedoch miteinander konvergierenden Paradigmen zur Deutung von Genese und Statur der modernen Religionskultur (78) entsteht der Grundriß eines praktisch-theologischen Theoriemodells, das aufgrund seiner phänomenologischen Reichweite und seiner strukturellen Komplexität geeignet erscheint, das weit gespannte und vielfältig verknotete Netzwerk der zeitgenössischen Religionspraxis theoretisch zu erfassen.

Die *Konstruktionslogik* der „begrifflich gefaßten und systematisch entwickelten Theorie" spiegelt sich zwar durchgängig in der Interpretation der „Oberflächenerscheinungen" und zumal in deren Rückführung auf die „sie letztlich bestimmenden strukturellen Faktoren" (7,1487) wider. Die logische Konsistenz der Theoriekomposition resultiert aber nicht aus der nachgängigen Systematisierung der empirischen Detailbeobachtungen. Sie verdankt sich vielmehr umgekehrt der Einzeichnung der konkreten Phänomene in einen vorgefertigten Theorierahmen, der sich aus hochgradig abstrakten Theoriekonstrukten sozial- und kulturwissenschaftlicher Provenienz zusammensetzt. Die globale Rahmentheorie leitet „die Auswahl der Probleme" und prägt den zu reflektierenden „Problemsituation(en)" (7,1487) ihren Stempel auf.

3. Stellt schon die Distinktion und Relationierung unterschiedlicher Gestalttypen des modernen Christentums eine theoretische Operation dar, so geben sich vollends die auf theorieleitenden Paradigmen aufruhenden Analysen der religiösen Lebenswelt als theoretische und damit als *hypothetische* Konstrukte zu erkennen. Die vorliegende praktisch-theologische Theorie beansprucht nicht, die „Welt" so darzustellen, „wie sie ist" (6,714). Sie beabsichtigt lediglich, „eine Exploration möglicher Konstruktionen" vorzunehmen, „die sich in die Welt einschreiben lassen" (6,714), und ist sich dabei stets des „hypothetischen und nur vorläufigen Charakter(s) allen Wissens" bewußt (6,705). Ebensowenig tritt die vorliegende Theoriekonzeption mit dem Anspruch auf, „‚direkt' auf die religiöse Praxis … Einfluß zu nehmen" (1,8). Wie die „Probleme, die den Soziologen interessieren, nicht unbedingt das sind, was andere Leute Probleme nennen" (56,46), so unterscheiden sich auch im Gebiet von Religion und Theologie die lebenspraktischen von den wissenschaftlichen Aufgaben. Die vorliegende Konzeption der Praktischen Theologie sieht ihre begrenzte Aufgabe dementsprechend in der Theoriearbeit, „im Bilden der Theorie dessen, was ihr vorausliegt" (1,8), und läßt „andere entscheiden, was damit anzufangen ist" (56,16). Indem sie nicht auf die „Entdeckung" der ‚wirklichen' Welt, sondern auf die „Konstruktion" (6,714) einer ‚theoria', einer wissenschaftlich perspektivierten Ansicht der Wirklichkeit, abzielt, trägt sie der wissenschaftstheoretischen Prämisse praktischer Theoriearbeit, der strikten Unterscheidung von Religion und Theologie, Rechnung.

Die Unterscheidung von theologischer Theorie und religiöser Praxis erfolgt nicht nur im Interesse der wissenschaftlichen Forschung, der Abschirmung der theoretisch fundierten Erkenntnis- und Urteilsprozesse gegen deren Beeinflussung durch partikuläre gesellschaftliche oder kirchliche Interessenslagen und der Einbindung der praktisch-theologischen Theoriearbeit in die zeitgenössische Wissenschaftskultur. Die Funktion dieser Di-

ɔtinktion besteht vielmehr umgekehrt auch darin, die Autonomie der religiösen *Lebenspraxis* gegenüber ihren wissenschaftlichen Rekonstruktionen zu sichern (26,247f); „die
Theologie bewährt ihre Freiheit vor allem in der vorbehaltlosen Erforschung der historischen Welt, während der Religion ihr Ort in der sittlichen Lebenspraxis des einzelnen
Menschen zugeschrieben wird" (1,29). Wie die gelebte Religion zu ihrer Selbstvergewisserung nicht auf wissenschaftlich formatierte theologische Theoriekonstrukte zurückgreift, sondern zu diesem Zweck selbst originäre Formen religiösen Lebenswissens aus-
bildet, so sind auch die für die Vitalität der religiösen Lebenskultur notwendigen Fortschrittsmomente nicht als praktische Konsequenz neuer wissenschaftlicher Erkenntnisse
anzusehen. Innovationen der religiösen Lebenspraxis sind nur „selten durch theologische
Erörterungen und auch durch praktisch-theologische Einsichten kaum hervorgebracht
worden … Neue Formen des Handelns und Erweiterungen oder Veränderungen der
kirchlichen Praxis verdanken sich in der Regel spontanen und authentischen Bewegungen der Religion" (1,1).

Umgekehrt ist die Leistungsfähigkeit *wissenschaftlicher* Theorien nicht nach deren un-
mittelbarem praktischem Nutzeffekt zu taxieren, sondern an deren Bedeutung für den
Fortschritt der wissenschaftlichen Reflexionskultur zu messen. Pastoraltheologische Berufslehren (> 313), „die sich um die Einteilung und Einordnung nicht bemühen, aber
eine Fülle von praktischen Winken und Gewissensanregungen aus der innigsten Berüh-
rung mit dem Leben" schöpfen, mögen für die kirchliche und pastorale Handlungspraxis
„bedeutend wirksamer" erscheinen „als die wissenschaftlich gehaltenen Lehrbücher"
(37,1723). Die Komplexität der in die verschiedenen Institutionen der modernen Lebenswelt eingelassenen Religionspraxis kann aber nur im Rahmen einer gleichermaßen
systematisch fundierten wie strukturell ausdifferenzierten und somit wissenschaftlich
formatierten Theorie bewahrt werden.

1.3. Die transversale Statur der praktisch-theologischen Denkform

1. Die zunehmende Verwissenschaftlichung ihrer Reflexionskonstrukte und der daraus
resultierende praktische „Referenzverlust" (6,705) ihrer Theorien stellt für die Praktische
Theologie allerdings ein fundamentales *Problem* dar. Begreift sich die Praktische Theologie in der Tradition der Pastoraltheologie (> 313) als „eine irgendwie geordnete Vor-
rathskammer fuer den Gebrauch des kirchlichen Lehrers" (30,1), in der das vielfältig
diversifizierte „Wissen um all das Einzelne, Kleine, von lokalen, provinziellen und anderen zufälligen Umständen Abhängige" (35,178) gesammelt und für den „pastoralen
Kleinhandel" (34,3) aufbereitet wird, dann verliert sie ihre wissenschaftliche Statur und
löst sich aus dem Zusammenhang mit der modernen Wissenschaftsorganisation. Versucht die Praktische Theologie dagegen, die „Neigung zu dem bloß handwerksmäßigen
und empirischen" durch „wissenschaftliche(n) Geist" zu überwinden (25,54) und die
religiöse Praxis nicht „in Bezug auf das Kleine und Einzelne" zu thematisieren, sondern
im Rahmen einer umfassenden Theorieperspektive „auf das Große und Ganze" zu erfassen und sich damit überhaupt erst im strengen Sinne des Begriffs „als Theorie" zu konstituieren (22,10), dann büßt sie ihre unmittelbare Relevanz für die Praxis ein.

Als ‚Theorie der Praxis' hat sich die moderne Praktische Theologie daher seit ihrer Genese am Anfang des 19. Jahrhunderts auf der „*Grenze* zwischen Theorie und Praxis"

(51,60) angesiedelt und „im Rahmen einer sich insgesamt durch ihr wissenschaftliches Selbstverständnis verändernden Theologie" eine „spezifische Denkweise" (9,1) ausgebildet, in der die Trennung und die Beziehung von Theorie und Praxis in die Form einer distinkten Relation gefaßt und solche intermediären Theoriekonstrukte entwickelt werden, die „schon im Theoretischen praktisch" und „noch im Praktischen theoretisch" verfaßt sind (30,3). Die originäre praktisch-theologische Denkform zielt darauf ab, sowohl der wissenschaftlichen Theoriebildung als auch der praktischen Lebensgestaltung ihre jeweilige Autonomie zu erhalten und gleichzeitig den wechselseitigen Konnex zwischen beiden Sphären auf sachgemäße Weise zur Geltung zu bringen.

2. Im Interesse der *Distinktion* von Theologie und Religion wenden sich die Begründer der wissenschaftlichen Praktischen Theologie, Friedrich Schleiermacher und Carl Immanuel Nitzsch, gegen „eine unwahre sich selbst widersprechende Vermittlung zwischen der wissenschaftlichen und unmittelbaren Form" religiöser Reflexion (30,1f) und verwahren sich gegen solche Versionen von ‚Praxistheorien', in denen die Unterscheidung von Theorie und Praxis aufgeweicht und die Grenzen zwischen den beiden Sphären im Zuge ihrer wechselseitigen Akkommodation verwischt werden. Den Ursprungsentwürfen wissenschaftlicher Praktischer Theologie entsprechend entstehen praktisch-theologische Erkenntnisse, Einsichten und Urteile weder durch eine ‚praktische' Umformatierung vorgefertigter theologischer Theorieelemente noch umgekehrt durch die theoretische Ausformulierung lebenspraktischen Erfahrungswissens. Die Praktische Theologie stellt nicht eine von praktischen Bedürfnissen geleitete „Hülfswissenschaft" der „eigentliche(n) Theologie" dar, eine Form „angewandte(r) Theologie" (23,6), in der die praxistauglichen „Extrakt(e) aus Exegese, Archäologie und Dogmatik oder Ethik" (31,16) zusammengestellt und sortiert werden; dadurch würde „am Begriffe der Theologie das Moment der Wissenschaft verletzt" (30,1). Ebensowenig ist die Praktische Theologie aber als ein die Praxis dirigierendes Regelwerk zu begreifen, in dem theologische Prinzipien in praktische Handlungsanweisungen umgesetzt werden; dadurch würde die religiöse Praxis ihrer Eigenständigkeit beraubt und dem Diktat der theologischen Theorie unterstellt.

In ihrer modernen Gestalt stellt sich die Praktische Theologie vielmehr als ein ebenso eigenständiges wie integrales Moment streng *wissenschaftlich* verfaßter theologischer Theoriebildung dar, als „eine letzte und neue Entwicklung des gesamten theologischen Studiums" und als „ein so vollkommener und selbständiger Teil der Theologie, wie irgendein andrer" (31,16). Indem sich die Praktische Theologie im Zuge ihres wissenschaftlichen Fortschritts immer deutlicher von ihrem „Mutterschoß" (35,176), dem praktischen Lebenswissen und den daraus abgeleiteten pastoraltheologischen Weisheitslehren, löste und sich in ihrer teils kontinuierlich verlaufenden, teils von epochalen Wandlungen gekennzeichneten Entwicklungsgeschichte auf die wissenschaftstheoretischen und methodologischen Prinzipien des modernen Wissenschaftsbetriebs verpflichtete, avancierte sie im Rahmen der insgesamt wissenschaftlich verfaßten Theorie zu einer „systematische(n) Disziplin von eigener Bestimmung" (1,4). Ob die Praktische Theologie auch in ihrer modernen Gestalt ihren Namen noch zu Recht trägt, war allerdings von Anfang an umstritten. Angesichts der wissenschaftlichen Statur ihrer Theoriebildung hielt Schleiermacher den „Ausdrukk praktisch" für „genau nicht ganz richtig, denn praktische Theologie ist nicht die Praxis, sondern die Theorie der Praxis" (23,12).

3. Verdankt sich die Genese der wissenschaftlichen Praktischen Theologie auch der für die neuzeitliche Theologie insgesamt charakteristischen Unterscheidung von Religion und Theologie, so kommt das originäre wissenschaftstheoretische Profil praktisch-theologischer Theoriebildung gleichwohl erst in der auf dieser Distinktion aufbauenden und im Zuge einer komplexen „Verfahrenstechnik" (27,165) hergestellten *Relationierung* von Theorie und Praxis zur Geltung. Zwar begründen sich die wissenschaftlich fundierten Einsichten der Praktischen Theologie nicht durch den unmittelbaren Rückgriff auf partielle praktische Erfahrungen, sondern aus der autonomen Logik umfassender wissenschaftlicher Wirklichkeitskonstruktion. Ebenso stellen sich die wissenschaftlich formatierten Theoriekonzepte der Praktischen Theologie nicht als raffinierte Versionen alltagsweltlicher Reflexionspraxis, sondern als ihr gegenüber eigenständige Typen der Generierung von Wissen dar. Gleichwohl stehen die Produktionen der wissenschaftlichen und der lebenspraktischen Reflexionskultur nicht unverbunden nebeneinander. Vielmehr besteht zwischen beiden ein zwar vielfältig vermittelter, aber unlösbarer historischer und sachlicher Konnex.

Zum einen sind Entstehung und Entfaltung der Praktischen Theologie nur aus ihrem historischen Zusammenhang mit den neuzeitlichen Wandlungen der *Religionspraxis* und deren Einbettung in die vielfältigen, teils divergierenden, teils konvergierenden allgemeingesellschaftlichen Entwicklungsprozesse zu begreifen. Die „Privatisierung" der religiösen Lebensformen, „die Pluralisierung der religiösen Weltansicht und Lebensdeutung, die Differenzierung und Umschichtung der vielfältig religiös-kirchlichen Funktionen, die soziale Segmentierung und Institutionalisierung der Kirche und schließlich die anwachsende Komplexität des modernen Gesellschaftsgebildes überhaupt" (9,93) kennzeichnen nicht nur die vielschichtige historische Bedingungskonstellation, in der die Praktische Theologie als eigenständige Spezialdisziplin der Theologie zugleich notwendig wie möglich wurde. Die modern-religiösen Erscheinungen umreißen vielmehr zugleich auch den sozialkulturellen Horizont, in dem sich die praktisch-theologische Theoriebildung seitdem bewegt. Die „Herausbildung des praktisch-theologischen Interesses und seine Verwissenschaftlichung in der Theologie" (9,71) stellen insofern nicht nur eine Folgeerscheinung wissenschaftlicher Spezialisierung, sondern ebenso ein signifikantes Resultat gesellschaftlichen Wandels und insbesondere der Modernisierung der Religionspraxis dar.

Zum anderen kommt die distinkte Beziehung zwischen religiöser Praxis und wissenschaftlicher Theorie in der methodischen Perspektivierung praktisch-theologischer *Theoriearbeit* sowie in der konstruktiven Logik praktisch-theologischer Theoriekonzeptionen zur Geltung. In unmittelbarer Weise bildet sich der unauflösbare Konnex der wissenschaftlichen Arbeit mit der von ihr thematisierten Lebenspraxis in dem dezidiert empirischen Interesse der praktisch-theologischen Theoriebildung ab. Wie sich in den praktisch-theologischen Forschungsprojekten die Untersuchung der vorfindlichen praktischen Lebenswelt und die nachgängige theoretische Interpretation der beobachteten Erscheinungen und – in umgekehrtem Richtungssinn – die vorgängige Erstellung von Forschungshypothesen und deren empirische Verifikation wechselseitig miteinander verschränken, so verbinden sich in den vielfältigen Resultaten empirischer Untersuchungen religiöse Praxis und theologische Theorie untrennbar miteinander. Ebenso wirkt aber auch die Beschäftigung der Praktischen Theologie mit ihren wissenschaftsinternen „Konstitutionsbedingungen" (9) und die im wissenschaftstheoretischen Diskurs vollzogene „ständige Reflexion und Umkonstruktion ihrer Grundlagen" (17,XXI) auf Gestalt und Entwicklung der gesellschaftlich institutionalisierten Christentumspraxis zurück. Unter den Bedingungen komplexer Gesellschaften verliert die gelebte Religion ihre unmittelbare Plausibilität; „was Praxis heißt, versteht sich nicht von selbst" (8,437). Vielmehr erhält die Wirklichkeit erst unter den Händen des Theoretikers greifbare Gestalt; „die Logik der religiösen Wirklichkeit wird von der Theologie erst eigentlich rekonstruiert" (9,87).

Unter diesen Bedingungen stellt die *wissenschaftliche* Praktische Theologie ihr originäres „Leistungsvermögen" (10,991) für die theoretische Rekonstruktion der praktischen Lebenswelt unter Beweis. Die in der alltagsweltlichen Lebenskultur verankerten und mit jeweils begrenzten Erfahrungs- und Wahrnehmungshorizonten verknüpften Reflexionskonstrukte vermögen die Wirklichkeit immer nur in Gestalt einer Vielzahl fragmentarischer und durchweg inkongruenter Ausschnitte zu präsentieren. Die wissenschaftlichen Theoriesysteme dagegen fördern aufgrund ihrer größeren Reichweite die basalen Grundmuster der sozialkulturellen Lebenswelt zutage und lassen die Lebenswirklichkeit damit als zwar pluriformen, gleichwohl aber logisch strukturierten, in sich sinnhaft geordneten und aus sich selbst verständlichen Lebenskosmos erscheinen. Die höhere Leistungsfähigkeit wissenschaftlich formatierter Theorien für die Rekonstruktion der gesellschaftlich verfaßten Religionspraxis beruht somit nicht nur auf der externen Erweiterung ihres Theorierahmens, sondern vor allem auch auf der gleichzeitigen Steigerung ihrer internen Komplexität. Sie kommt zum einen in der Ausarbeitung und Anwendung eines differenzierten analytischen Instrumentariums zur theoretischen Durchdringung der komplexen Lebenswelt und zum anderen in der vieldimensionalen Konstruktionslogik der praktisch-theologischen Theoriearchitektur zum Ausdruck.

2. Das Theoriekonzept der vorliegenden Praktischen Theologie

Die vorliegende Darstellung macht sich die zugleich transversale wie integrale Denkform der Praktischen Theologie zu eigen und entwickelt auf deren Basis ein wissenschaftsstrategisches *Grundkonzept*, in dem sich empirische Wahrnehmung und theoretische Interpretation, verstehende Erschließung und systematische Rekonstruktion der religiösen Lebenswelt wechselseitig miteinander verschränken. Hinsichtlich ihrer grundlegenden Theorieperspektive fügt sich die Theoriekonzeption in den Rahmen der „phänomenologisch orientierte(n) Praktische(n) Theologie" (63,292) ein, eines Theorietyps, der auf die methodologischen Grundsätze der phänomenologischen Philosophie des beginnenden 20. Jahrhunderts (58) und die zeitgleichen Reformkonzepte der Praktischen Theologie (> 212-3:1.2.4.) zurückgreift und in der gegenwärtigen praktisch-theologischen Wissenschaft und Forschung zunehmend an Bedeutung gewinnt. Die Praktische Theologie wird dementsprechend weniger als eine auf einer ‚funktionalen Theorie' von Religion und Kirche (43,99ff) aufruhende, an neuere Strömungen innerhalb der Sozialwissenschaften (44) anschließende und dominant als ‚Handlungswissenschaft' (45; 47) verfaßte Theorie aufgefaßt. Der vorliegende Gesamtentwurf der Praktischen Theologie ordnet sich vielmehr in die Tradition der verstehenden Soziologie (52) ein und sieht die zentrale Aufgabe der praktisch-theologischen Theoriebildung in der phänomenologischen Analyse der grundlegenden ‚Strukturen der (religiösen) Lebenswelt' (53; 54). Die phänomenologische Grundierung der Theoriekonzeption prägt einerseits die „Einstel-

lung" des Theoretikers zu seinem Erkenntnisgegenstand, der praktischen Lebenswirklichkeit, und andererseits die in der Theoriearbeit kultivierte „Denkweise" und den daraus resultierenden „Forschungsstil" (63,293).

Die phänomenologische Perspektivierung der Praktischen Theologie bildet sich in einer
spezifischen *Kompositionstechnik* ab, die in den vielfältigen Detailanalysen der zeitgenössischen Religionskultur zur Anwendung kommt; in ihr findet die intermediäre, zwischen Theorie und Praxis pendelnde Denkform der Praktischen Theologie ihren methodologischen Ausdruck. Die auf der Grenze zwischen alltagsweltlicher und wissenschaftlicher Reflexionskultur angesiedelten Rekonstruktionen der religiösen Lebenswelt entstehen in einer Folge mehrstufiger ‚theoretisierender Übergänge' (64,166). Die praktisch-theologischen Erkenntnisprozesse knüpfen zunächst „an die Begrifflichkeit der
konkreten Lebensform" (63,292) an und suchen die Praxis so zu verstehen, wie sie sich
selbst beschreibt. Im Zuge ihrer wissenschaftlichen Raffinierung lösen sich die praktisch-theologischen Theorien aber zunehmend „vom Kontext des religiös-kulturellen
Selbstverständnisses", „transzendieren" die partikulären Verstehenshorizonte der alltagsweltlichen Reflexionspraxis (63,292) und formulieren ihre Erkenntnisse im Rahmen
der ihrer Eigenlogik verpflichteten Wissenschaftskultur aus. Indem sie die „theoriegela-
dene Praxis" (64,165) in praxisgeladene Theorien überführt, trägt die phänomenologische Theoriearbeit dem Grundprinzip praktisch-theologischer Theoriebildung, der distinkten Relation von Theorie und Praxis, Rechnung. Tritt in der wissenschaftlichen
Theoriearbeit die „Differenz von Lebenspraxis und Forschungspraxis" (63,292) auch
markant zutage, so sind gleichwohl „die Struktur des Alltagswissens und die Prozeduren
wissenschaftlicher Methodik und Rationalität … als voneinander abhängige Praktiken"
anzusehen (64,165). Im Zusammenhang der Umformung der alltagsweltverbundenen
‚kleinen Theorien' (64,166) zu umfassenden wissenschaftlichen Theoriekonstruktionen
finden die „religiöse(n) Wissensbestände" (64,165) der „Laientheologie" (63,290) in
neuartiger Perspektivierung Eingang in die wissenschaftliche Praktische Theologie. Damit wird das ursprünglich eher dogmatisch grundierte Programm einer ‚Theologie von
unten' in eigentümlicher Verfremdung zu einer „wissenschaftstheoretische(n) Option"
(64,153) der Praktischen Theologie.

Mit Hilfe der phänomenologischen Methodik läßt sich aber nicht nur die zugleich mehrdimensionale wie mehrschichtige Grundstruktur der facettenreichen religiösen Lebenswelt aufdecken. Vielmehr tritt im Rahmen einer phänomenologischen Analyse des zeitgenössischen Christentums auch die *dynamische* Statur der Religion heraus. Um „die
Veränderungen von Religion in der Lebenswelt wahrnehmen und deuten" zu können
(62,9), bedarf es zum einen einer generellen historischen Perspektivierung der praktisch-
theologischen Theoriearbeit, insbesondere aber der Entwicklung einer spezifisch praktisch-theologisch verfaßten Methodik geschichtlichen Verstehens, mit deren Hilfe der
teils kontinuierliche, teils in charakteristischen Umbrüchen verlaufende Fortschrittsprozeß der religiösen Praxis detailliert erfaßt und zutreffend interpretiert werden kann. Zum
anderen wendet die phänomenologische Praktische Theologie ihr Interesse aber auch
gezielt den in die religionsgeschichtlichen Entwicklungsprozesse eingelagerten Fortschrittstendenzen und insbesondere den vielfältigen Reformbewegungen zu, die das neuzeitliche Christentum tiefgreifend prägen. Die teils allgemeingesellschaftlich wirksamen,
teils explizit einer Modernisierung der kirchlichen Religionskultur verpflichteten Reformbewegungen sind zwar primär als Indikatoren für die dynamische Statur religiöser

Praxis zu bewerten. Gleichwohl wirken die in ihrem Rahmen entwickelten Reflexionskonstrukte aber auch auf den Fortschritt der wissenschaftlich verfaßten Praktischen
Theologie zurück. Die aus ideellen, diagnostischen und strategischen Komponenten zusammengesetzten Programme zur Reform von Gesellschaft, Religion und Kirche tragen
in herausgehobenem Maße die Signatur intermediärer Praxistheorien und sind insofern
als paradigmatische Vorformen der modernen Praktischen Theologie anzusehen.

Zur phänomenologischen Erschließung der religiösen Lebenswelt bedient sich die vorliegende Theoriekonzeption schließlich eines *begrifflichen* Instrumentariums, das einerseits in der populären wie in der wissenschaftlichen Reflexionskultur verankert ist und
andererseits sowohl die statische wie die dynamische Statur der zeitgenössischen Religionspraxis zutreffend zu erfassen vermag. Den Kernbestand der wissenschaftlichen
Terminologie bildet ein zwar mehrgliedriges, aber in sich geschlossenes Ensemble von
Leitkategorien, das ebenso bei der „prägnanten Beschreibung" (65,35) der originären
Erscheinungsformen gelebter Religion wie bei der „integralen Wahrnehmung christlicher Lebenspraxis im Kontext von Alltag, Gesellschaft und Kultur" (62,10) Verwendung
findet und sowohl den vielfältigen Detailanalysen als auch der umfassenden Rahmentheorie eine einheitliche Statur verleiht. Das theorieleitende Begriffsset – Individualisierung, Säkularisierung und Rationalisierung – fungiert aber nicht nur als Klammer zwischen den empirischen und den systematischen Komponenten des praktisch-theologischen Theorieentwurfs, sondern ebenso als operatives Instrumentarium zur Vernetzung
der unterschiedlichen Reflexionsebenen, die sich in der praktisch-theologischen Theoriebildung überlagern. Die mit der modernen Entwicklung der Religion assoziierten Begriffe gehören einerseits zum zeitdiagnostischen Repertoire „religiöse(r) Alltagstheorien", die im Rahmen der lebensweltlichen Binnenperspektive entwickelt werden und in
unmittelbarer Weise die religiöse Praxis „steuern" (64,165). Andererseits eignen sich die
globalen Etikettierungen der religiösen Gegenwartssituation aber auch zur Strukturierung von wissenschaftlichen Theoriesystemen, die auf die außenperspektivische „empirische Analyse" und „phänomenologische Erschließung" der religiösen Lebenswelt
(65,33) abzielen.

Die phänomenologische Perspektivierung, die vielschichtige Kompositionstechnik und
das mehrdimensionale Kategorienensemble bilden die miteinander verschränkten Komponenten einer integralen praktisch-theologischen *Theoriekonzeption*, in deren Rahmen
einerseits die Strukturlogik der religiösen Lebenswelt aufgedeckt und andererseits die
Fortschrittsdynamik der religiösen Lebenspraxis erfaßt werden soll. Die aus der wissenschaftlichen Arbeitspraxis entwickelte Theorietechnik dient vornehmlich einer präziseren Wahrnehmung der religiösen Praxis. Darüber hinaus möchte das Programm einer
phänomenologisch orientierten Praktischen Theologie aber auch einen wissenschaftstheoretischen Beitrag zur Modernisierung der praktisch-theologischen Reflexionskultur
leisten.

2.1. Das theorieleitende Kategorienensemble der zeitgenössischen Praktischen Theologie

1. Das operative Instrumentarium, mit dem die zeitgenössische Praktische Theologie die
pluriforme Praxis in komplexe Theorien überführt, bildet ein Ensemble sozial- und kulturwissenschaftlicher *Kategorien* zur Signierung der religiösen Gegenwartslage. Begriffe

wie ‚Modernisierung' und ‚Rationalisierung' (> 231), ‚Differenzierung' und ‚Pluralisierung', ‚Individualisierung' und ‚Säkularisierung' (> 133) verzeichnen sowohl in der populären Zeitdiagnostik als auch in der wissenschaftlichen Reflexionskultur eine steile
Karriere und gehören mittlerweile zum Kernbestand der sozial- und kulturwissenschaftlichen Fachterminologie. Die „Bewegungsbegriffe" (84,300), in denen die dynamische
Statur der ‚Neuzeit' (> 210) in unterschiedlicher Perspektivierung zur Geltung gebracht
wird, stellen sich zu einem Sprachspiel zusammen, das ebenso zur Chiffrierung von
Alltagserfahrungen wie zur Ausarbeitung populärer Gesellschafts- und Kulturtheorien,
zur minuziösen Interpretation lebensweltlich umgrenzter Phänomene wie zur Erstellung
von globalen Hypothesenkonstrukten für weitreichende Forschungsprojekte und schließlich zur Konstruktion von Theorierahmen für wissenschaftliche Untersuchungen genutzt
wird.

Die praktisch-theologische *Theoriebildung* bedient sich der im alltäglichen Sprachgebrauch wie in der Wissenschaftssprache etablierten Formeln in mehrfacher Weise. Indem
die Praktische Theologie ihr theorieleitendes Kategorienset dem Vokabular der Sozial-
und Kulturwissenschaften entlehnt, nimmt sie – zum einen – externe Beziehungen zu
ihrer wissenschaftlichen Umwelt auf und ordnet ihre Theoriekonstrukte in den zeitgenössischen Wissenschaftsbetrieb ein; in dieser Hinsicht dienen die Begriffe der Modernisierung, Rationalisierung, Differenzierung, Pluralisierung, Individualisierung und Säkularisierung zur Verklammerung der Praktischen Theologie mit ähnlich strukturierten
Wissenschaftsgebieten. Die Schlüsselbegriffe sozial- und kulturwissenschaftlicher Theoriebildung fungieren – zum anderen – als terminologische Integrale, mit deren Hilfe die
pluriformen praktisch-theologischen Diskurse zu komplexen Theoriesystemen vernetzt
werden; in dieser Hinsicht dienen die wissenschaftlichen Termini als Kristallisations-
punkte der intern ausdifferenzierten praktisch-theologischen Theoriebildung, als paradigmatische Leitkategorien praktisch-theologischer Theoriearchitektur. Schließlich nutzt
die praktisch-theologische Theoriearbeit die Termini, in denen sich Umgangssprache
und Wissenschaftssprache überschneiden, zur Ausbildung der für sie charakteristischen
phänomenologischen Methodik; in dieser Hinsicht dienen die Begriffe als Vehikel zur
transversalen Umformung praktischer Erkenntnisse in theoretische Urteile.

2. Die hohe Leistungskraft der sozial- und kulturwissenschaftlichen Bewegungsbegriffe
für die Erstellung von ‚Praxistheorien' beruht auf dem *intermediären*, zwischen Praxis
und Theorie pendelnden Status der praktisch-theologischen Leitkategorien. Die konzeptionellen Schlüsselbegriffe der zeitgenössischen Praktischen Theologie – Modernisierung und Rationalisierung, Differenzierung und Pluralisierung, Individualisierung und
Säkularisierung – setzen sich aus empirisch-praktischen und wissenschaftlich-theoreti-
schen Bedeutungskomponenten zusammen. Im populären Bewußtsein tritt die hypothetische Statur der Formeln hinter deren empirischen Gehalten zurück. Hier werden die Begriffe umstandslos zur substantiellen Beschreibung der religiösen Gegenwartslage, zur
Rückbindung der typisch modernen Phänomene an ihre historischen Bedingungen und
zur Erstellung von Prognosen auf dem Hintergrund der religionshistorischen Entwicklungsdynamik verwendet; die begrifflich fixierten Charakterzüge der zeitgenössischen
Religionspraxis nehmen sich als empirische Sachverhalte aus, als real gegebene Merkmale neuzeitlicher Religionskultur und als ebenso real wirksame Triebkräfte des religiösen Fortschritts.

Im Rahmen der praktisch-theologischen Theoriebildung erhalten die modernen Bewegungsbegriffe eine andersartige *Statur*; sie mutieren von Bezeichnungen für empirisch-reale Sachverhalte zu theoretisch ausgeformten Interpretationskategorien. In den rational durchstrukturierten Forschungskonzepten der Praktischen Theologie fungieren Begriffe wie ‚Individualisierung' oder ‚Säkularisierung' als Interpretationsmuster, die zum Zweck der Strukturierung des amorphen Datenbestands und im Interesse einer konsistenten Deutung der zeitgenössischen Religionskultur in die Praxis eingeschrieben werden. Durch die wechselseitige Verschränkung der teils divergierenden, teils konvergierenden religiösen Fortschrittsmomente entsteht ein in sich geschlossenes Hypothesenensemble; es bildet die Grundlage für die Ausarbeitung theoretisch fundierter Strategien empirischer Religionsforschung. Im Rahmen der praktisch-theologischen Theoriearchitektur nehmen die ursprünglich als alltagsweltliche Deutungsformen gefaßten und dann zu hypothetischen Konstrukten umgeformten Begriffe schließlich die Gestalt hochgradig formalisierter und wissenschaftsstrategisch funktionalisierter Operationsformen an; sie fungieren hier als Leitkategorien einer gegenüber der religiösen Lebenspraxis autonomen Wissenschaftskonstruktion und sind insofern als integrale Elemente einer ihren Eigengesetzlichkeiten verpflichteten Wissenschaftsarchitektur anzusehen.

3. Im Zuge ihres Bedeutungs- und Funktionswandels auf dem Hintergrund der Verwissenschaftlichung alltagspraktischer Reflexionsmomente geht freilich der *vieldimensionale* Gehalt der ebenso in der alltagsweltlichen wie in der wissenschaftlichen Reflexionskultur verankerten Kategorien nicht verloren. Im Spiegel der Bedeutungs- und Funktionsvielfalt ihrer Leitkategorien tritt vielmehr das vielschichtige Profil praktisch-theologischer Theoriebildung markant zutage. Indem die Praktische Theologie die Autonomie von praktischer Lebenswelt und wissenschaftlicher Theorie bewahrt und die Unterscheidung von Religion und Theologie zugleich in eine distinkte Relation transformiert, entstehen komplexe Theoriekonstrukte, in denen sich die unterschiedlichen alltagsweltlichen, forschungspraktischen und wissenschaftsstrategischen Theorieebenen überlagern. Aufgrund ihrer transversalen Denkform erhält die Praktische Theologie den für sie charakteristischen intermediären Status zwischen Theorie und Praxis und übernimmt die „Funktion der Vermittlung zwischen den Bereichen ... des Lebens und des Wissens, der unmittelbaren Erfahrung und (der) mediatisierten Wissenschaft" (9,5). Indem die Praktische Theologie zur Ausformung ihrer Wissenschaftssprache auf Schlüsselbegriffe der populärwissenschaftlichen Umgangssprache zurückgreift, bindet sie ihre Theorien an die alltagsweltliche Reflexionskultur zurück. Umgekehrt wirkt die Verwissenschaftlichung alltagsweltlicher Sprachmuster aber auch auf die populäre Sprachkultur zurück. In diesem Sinne hat sich die Praktische Theologie „die Verantwortung für die religiösen Vorstellungen zuzuschreiben, die in der eigenen Epoche als Deutungsmuster ... wirksam werden. Die Praktische Theologie begegnet in den allgemein gewordenen Vorstellungen den Folgen ihrer eigenen Praxis" (1,89).

2.2. Das integrale Kompositionsmuster der vorliegenden Praktischen Theologie

1. Die vorliegende Konzeption Praktischer Theologie stellt das sozial- und kulturwissenschaftliche Kategorienensemble ins Zentrum ihrer Theoriebildung und nutzt die ebenso in der populären wie in der wissenschaftlichen Reflexionskultur etablierten Termini – Individualisierung, Säkularisierung und Rationalisierung – zur Ausarbeitung einer inte-

gralen Theoriekonstruktion. In ihr werden – zum einen – die verschiedenen Theorieebenen praktisch-theologischer Theoriebildung, die reflexive Selbstexplikation religiöser
Lebenspraxis, die sozial- und kulturhistorische Interpretation religiösen Wandels und die
umfassende wissenschaftliche Rekonstruktion der religiösen Lebenswelt, miteinander
verknüpft. Im Rahmen der mehrschichtigen Theoriearchitektur fungieren die neuzeitlichen Bewegungsbegriffe zugleich als alltagsweltliche Reflexionsformeln, als for-
schungspraktische Beobachtungsinstrumente und als theorieleitende Schlüsselkategori-
en.

In dem komplexen Theoriekonzept werden die sozialwissenschaftlichen und kulturtheoretischen Hypothesen – zum anderen – als Folien für unterschiedlich akzentuierte Interpretationen der zeitgenössischen Lebenswelt verwendet und die verschiedenartigen *Perspektivierungen* der modernen Christentumskultur in einer mehrdimensionalen Theoriekomposition gebündelt. Auf dem Hintergrund der Individualisierungs-, der Säkularisie-
rungs- und der Rationalisierungsthese treten jeweils bestimmte Charakteristika der modernen Christentumspraxis markant heraus. So gewinnen die pluriformen Manifestationen religiöser Lebenspraxis ihr jeweiliges originäres Profil, indem sie als eigenständige
Ausdrucksgestalten des umfassenden Individualisierungsprozesses begriffen werden; die
in der protestantisch-bürgerlichen Privatreligion kultivierten Lebenseinstellungen und
Frömmigkeitspraktiken prägen sowohl den kirchlichen als auch den öffentlichen Erscheinungsformen des neuzeitlichen Christentums ihren Stempel auf. Mit Hilfe der Säkularisierungsthese dagegen läßt sich der umfassende Wandel der modernen Christentumspraxis, die Ablösung der Religionspraxis von ihren explizit kirchlich verfaßten Gestalten und ihre Einbindung in andere institutionelle Kontexte, präzise darstellen; in den
charakteristischen Transformationen, denen die religiösen Lebensformen in der Moderne
unterliegen, spiegeln sich die kontinuierlichen Veränderungen und die epochalen Umbrüche der Religionspraxis im Fortschritt ihrer neuzeitlichen Entwicklung wider. In der
Perspektive der Rationalisierungsthese schließlich werden die strukturalen Gestaltungsmuster religiöser Lebenspraxis transparent; in der biographischen Entwicklungslogik
privater Frömmigkeitshaltungen und in der handlungspragmatischen Methodisierung
religiöser Kommunikationsprozesse, in den organisatorischen Strukturen religiöser Institutionen und in den konzeptionellen Strategien kirchlicher Reformbewegungen bringt
sich der moderne Rationalisierungsprozeß auf jeweils verschiedenartige Weise zur Geltung. Statur und Dynamik der neuzeitlichen Christentumspraxis sind aber nur hinläng-
lich zu verstehen, wenn Individualisierung, Säkularisierung und Rationalisierung nicht
als unabhängig voneinander verlaufende Entwicklungslinien der Religion, sondern als
miteinander konvergierende Fortschrittsprozesse und als integrale Komponenten eines
umfassenden Revirements der Religionskultur aufgefaßt werden.

Das vorliegende praktisch-theologische *Theoriekonzept* erhält seine gleichermaßen komplexe wie integrale Statur – schließlich –, indem die praktisch-theologischen Theorieebenen und das kulturwissenschaftliche Hypothesenensemble wechselseitig miteinander
verschränkt und die beiden elementaren Kompositionsmuster praktisch-theologischer
Theoriekonstruktion in einer zugleich mehrschichtigen wie mehrdimensionalen Theoriearchitektur zusammengeführt werden. Einerseits stellen die Individualisierungs-, die
Säkularisierungs- und die Rationalisierungsthese ihre wirklichkeitserschließenden wie
theoriekonstruktiven Valenzen auf allen drei Ebenen praktisch-theologischer Theoriebildung unter Beweis; insofern dient das theorieleitende Hypothesenensemble zur transver-

salen Verbindung der unterschiedlichen Versionen praktisch-theologischer Theoriearbeit. Andererseits bestehen aber auch deutliche Affinitäten zwischen einzelnen Theorieebenen und bestimmten religionstheoretischen Perspektiven. Die empirische Religionsforschung und die auf ihr aufbauenden phänomenologischen Theorien bedienen
sich zur Rekonstruktion der zeitgenössischen Christentumskultur vorwiegend der interpretativen Potenzen der Individualisierungs- und Säkularisierungsthese. Die mehr an den
sozialen Organisationsformen der Religion interessierten und auf eine Modernisierung
der religiösen Sozialsysteme abzielenden Reformkonzepte greifen dagegen eher auf die
kritischen und konstruktiven Gehalte der Rationalisierungsthese zurück. Die Option für
eine bestimmte und begrenzte Interpretationsperspektive schließt allerdings die alternativen Deutungen der modernen Religionspraxis nicht aus. Vielmehr werden die drei Komponenten des Hypothesenensembles auf den verschiedenen Theorieebenen lediglich unterschiedlich gewichtet und die in den Hintergrund gerückten Perspektiven jeweils in
eine mehrdimensionale Theorieoptik integriert.

2. Den Kernbestand der zugleich mehrschichtigen wie mehrdimensionalen *Topographie*
des zeitgenössischen Christentums (> 212) bildet ein breites Sortiment phänomenologischer Detailanalysen. In ihnen werden zunächst – auf der ersten Theorieebene – die originären Konturen der pluriformen religiösen Erscheinungsformen herausgearbeitet, sodann – auf der zweiten Theorieebene – die vielfältigen lebenspraktischen Verknüpfungen
zwischen unterschiedlich ausgeformten Gestalten religiösen Handelns und Erlebens aufgedeckt und schließlich – auf der dritten Theorieebene – die generellen Formgesetze der
modernen Religionskultur formuliert. Als dominante Theorieperspektive fungiert auf
allen Theorieebenen die für das neuzeitliche Christentum charakteristische Individualisierung der religiösen Lebensformen, während die ebenso für die Moderne typischen
Prozesse der Säkularisierung der Religionskultur und der Rationalisierung der religiösen
Institutionen in den Rang von Begleitperspektiven gerückt werden. Unter der Regie der
Individualisierungshypothese lassen sich nicht nur die verschiedenen Ebenen praktisch-
theologischer Theoriebildung organisch miteinander verknüpfen. Vielmehr erweist sich
das Individualisierungstheorem auch als integrale Leitperspektive zur Bündelung der
unterschiedlich akzentuierten religionshistorischen Entwicklungsprozesse.

Die empirische *Basis* des mehrschichtigen Theorieaufbaus bildet die auf dem Hintergrund der Individualisierungsthese erstellte Skizze der zeitgenössischen Religionskultur
(> 212). Die klassischen Formen neuzeitlicher Christentumspraxis – kirchliche Liturgie
(> 212-3:3.) und gottesdienstliche Predigt (> 212-4:3.1.3.), schulischer Religionsunterricht
(> 212-4:2.2.) und parochiale Konfirmandenarbeit (> 212-3:3.5.1.), berufliche Seelsorge
(> 213) und volkskirchliche Kasualpraxis (> 232-3) – stellen sich jenseits ihrer unterschiedlichen institutionellen Verankerungen insgesamt als charakteristische Ausdrucksgestalten individualisierter Frömmigkeitspraxis (> 211) und als konstitutive Momente
der durchgängig privatisierten Religionskultur dar. Die Wirkung der in persönlichem Stil
abgefaßten Predigt beruht auf der subjektiven Aneignung ihrer Gehalte und deren individueller Verarbeitung durch die einzelnen Rezipienten. Die an der religiösen Vorstellungswelt der sich selbst bildenden Individuen orientierten Bildungsprozesse zielen auf
die Konstitution und Fortentwicklung religiös begründeter personaler Identität (> 311)
ab. Die von einer intimen Gesprächsatmosphäre geprägte Seelsorge trägt in herausgehobener Weise die Signatur privatreligiöser Konversationspraxis. Die Passageriten schließlich strukturieren den Lebenszyklus und lassen den wechselhaften Verlauf einer indivi-

duellen Lebensgeschichte als sinnhafte Ganzheit erscheinen. In ihren modernen Versionen dienen die paradigmatischen Grundformen religiöser Kommunikation der ‚Erbauung‘ (> 212-4:3.1.1.1.); sie fungieren als Interaktionsmuster zur gemeinschaftlichen
Pflege privater Religiosität, als kulturelle Ausdrucksformen individueller Frömmigkeit
und als soziale Lebensformen, in denen die persönliche Spiritualität Gestalt gewinnt.
Ebenso unterliegen aber auch die sozialen Institutionen, in denen die unterschiedlichen
Gestalten neuzeitlicher Christentumspraxis verankert sind – Familie (> 212-1:3.), Kirchengemeinde (> 212-3:2.) und Pfarrerberuf (> 212-4:3.3.) –, dem in der Gesellschaft
ingesamt wirksamen und die Entwicklung der Religion tiefgreifend prägenden Indivi-
dualisierungs- und Privatisierungsprozeß.

Geben sich die unterschiedlichen Manifestationen neuzeitlicher Christentumspraxis
schon hinsichtlich ihrer empirisch beobachtbaren Gestalten als Ausdrucksformen einer
durchgängig privatisierten Religionskultur zu erkennen, so treten die in die Entwicklung
der Religion eingelagerten Individualisierungstendenzen im Spiegel *theoretischer Reflexion* noch deutlicher hervor. Befragungen und Erzählinterviews, in denen Kirchenmitglieder ihr religiöses Alltagswissen artikulieren, ihre lebenspraktisch erworbenen Urteile
über Religion und Kirche ausformulieren und sich in authentischer Weise über die
Gründe ihrer ‚Kirchenverbundenheit‘ (> 212-3:1.3.) äußern, lassen jenseits der quantitativ und qualitativ unterschiedlichen Kirchenbeziehung der Probanden die generelle „Einbindung des kirchlich-religiösen Beziehungsfeldes in die subjektiven Lebenszusammenhänge" (74,145) erkennen: „In lebensgeschichtlichem Rückbezug erlangen Fragen nach
Kirche und Glauben, nach Christentum und Religion persönliche Relevanz" (74,360).
Die Bedeutung der Religion für die alltägliche Lebenspraxis wird mit Begriffen wie
„Vergewisserung", „Lebensbewältigung" (74,360) oder ‚Lebensdienlichkeit‘ (74,361)
umschrieben. Sehen die Befragten „die subjektiven Lebenszusammenhänge" als den
„Ausgangspunkt für die Aneignung bzw. Interpretation von christlichen Sinndeutungen
oder die Nutzung von kirchlichen Angeboten" an, dann „spiegelt sich darin eine Wir-
kung der allgegenwärtigen … Individualisierung unserer Gesellschaft" wider (74,146).

In analoger Weise stellt die zeitgenössische *Praktische Theologie* die persönlichkeitskonstitutiven Momente der kommunikativ praktizierten Religion ins Zentrum ihrer
Theoriebildung und verstärkt damit die in die religiöse Praxis eingelagerten und in der
alltagsweltlichen Reflexionskultur ausformulierten Individualisierungstendenzen. Das
Individualitätsprinzip steht einerseits bei der Ausarbeitung praktisch-theologischer Teiltheorien Pate. Klientenzentrierte Lebensberatung und hörerbezogene Kanzelrhetorik,
identitätskonstitutive Bildung und erlebnisorientierte Gottesdienstpraxis, vor allem aber
eine an der „lebensgeschichtliche(n) Frömmigkeit" (77,147ff) des Individuums orientierte Kasualpraxis avancierten zu programmatischen Leitformeln für die neuzeitkon-
forme Gestaltung religiösen Handelns. Andererseits fungiert das Individualisierungs-
axiom aber auch als Klammer zwischen den thematisch und methodisch eigenständigen
Disziplinen der Poimenik (> 213), Homiletik (> 223) und Liturgik (> 233) und damit als
theorieleitendes Integral der diversifizierten praktisch-theologischen Theoriearbeit.

Als das gleichermaßen reale wie ideale Konstrukt, auf dem sowohl die alltagsweltliche
Frömmigkeitspraxis als auch deren theoretische Reflexion aufruhen, gilt die Vorstellung
der ‚Lebensgeschichte‘ (> 312) und die daraus abgeleitete anthropologische Kategorie
der biographisch aufgeschichteten ‚personalen Identität‘ (> 311). Wie „das lebensge-

schichtliche Interesse zu einem unverzichtbaren Bestand der neuzeitlichen Christentumsgeschichte gehört" (77,147f), so bildet die ‚Biographie' die Integrationsformel zur Konstruktion umfassender Theoriekonstrukte. Die Biographie stellt die Folie dar, auf der die „interdisziplinäre Selbstkontextualisierung der Theologie" (77,153) im Rahmen der modernen Kulturwissenschaften erfolgt, auf der die theologischen Fachgebiete miteinander vernetzt und auf der schließlich die partiellen praktisch-theologischen Theoriekonstrukte unter einer übergreifenden Perspektive gebündelt werden. Für die Praktische Theologie ist „die biographische Thematik" nicht nur deshalb „von zentraler Bedeutung", weil „‚Biographie' als bevorzugtes Thema in unterschiedlichen Perspektiven gleichlaufend auftaucht und als theoretischer Bezugsrahmen der verschiedenen kirchlichen Lebensfelder und pastoralen Praxisbereiche in Seelsorge, Verkündigung und Unterricht fungier(t); darüber hinaus ist das Thema Biographie zu einer Angelegenheit der entspezialisierten und enttypisierten Interpretationsbemühungen geworden, die Einheit der religiösen Praxis in ihren allgemeinen Lebenszusammenhängen überhaupt zu beschreiben" (77,151). Unter den Bedingungen der individualisierten Gesellschaft besteht die Aufgabe der theologischen Wissenschaft in einer „an der lebensgeschichtlichen Perspektive orientierte(n) Rekonstruktion der theologischen Themen und Probleme" (77,152).

3. Die topographische Skizze des zeitgenössischen Christentums gewinnt an Tiefenschärfe, indem die Beobachtungsperspektive erweitert und die Individualisierungsthese mit der *Säkularisierungsthese* kombiniert wird. Fungiert der Begriff der Individualisierung als Leitkategorie zur generellen Signierung der vielgestaltigen Religionskultur der Moderne, so lassen sich auf dem Hintergrund der Säkularisierungsthese – jedenfalls in ihrer schwachen Version (> 133) – die charakteristischen Transformationen beschreiben, denen die religiösen Glaubensweisen und Lebensformen im Zuge ihrer Modernisierung unterliegen. In dem Maße, in dem die „traditionellen, kirchlich verwalteten Lebensdeutungen für den Alltag der Bevölkerung" an Relevanz verloren (78,57), bildeten sich neuartige, von „nichtchristliche(n) religiöse(n) Vorstellungen" durchsetzte Gestalten religiöser Alltagsdogmatik sowie „individualisierte, synkretistische Religiositätsstile" heraus, die nicht nur außerhalb des Kirchenchristentums gepflegt werden, sondern sich auch „in den Raum der Kirche selbst einlager(n)" (78,81). Die Mutationen der neuzeitlichen Christentumskultur lassen sich deshalb nicht nur an der Säkularisierung des diakonischen Tatchristentums (> 222-2) oder an der Entstehung der kulturreligiös imprägnierten Medienreligion (> 222-5), sondern ebenso deutlich an charakteristischen Gestaltungen der zeitgenössischen Gottesdienstkultur, beispielsweise am kulturellen Profil der Frauenliturgien (> 212-3:3.3.), der politischen Gottesdienste (> 212-3:3.4.) oder der Jugendgottesdienste (> 212-3:3.5.1.), sowie an bestimmten Erscheinungen der zeitgenössischen Thanatokultur (> 232-3) aufweisen.

In dem erweiterten Theorierahmen treten gleichzeitig die *Interdependenzen* heraus, die zwischen dem individualisierten Kirchenchristentum und der kirchendistanzierten Individualreligion bestehen. Die für den neuzeitlichen Protestantismus charakteristische Privatreligion und die kirchlich verfaßte Christentumskultur stehen in einem Wechselverhältnis zueinander. Zwar konnte sich die bürgerlich-protestantische ‚Hausfrömmigkeit' (> 212-1) nur dadurch herausbilden, daß in der Folge der Aufklärung zwischen Religion und Kirche unterschieden und die religiöse Lebenspraxis im Aufbau der bürgerlichen Gesellschaftsordnung (> 210) zunehmend aus der kirchlichen Lebenswelt in die private

Lebenssphäre verlagert wurde. Gleichwohl haben sich Hausfrömmigkeit und Kirchenchristentum in der Folgezeit nicht prinzipiell gegeneinander verselbständigt. Vielmehr besteht zwischen der häuslichen und der kirchlichen Frömmigkeitskultur bis in die Gegenwart ein unauflösbarer wechselseitiger Konnex. Wie sich die häusliche Alltagsfrömmigkeit (> 212-1:2.) und zumal die private Festkultur (> 212-1:2.3.) in vielfältiger Weise religiöser Kommunikationsformen bedienen, die sich im Rahmen der kirchlichen Religionskultur herausgebildet haben, so wirken umgekehrt die in der Privatsphäre kultivierten Einstellungen und Praktiken auf die Entwicklung des Kirchenchristentums zurück (> 212-3) und beeinflussen – in allerdings andersartiger Weise – auch die in die Institutionen der öffentlichen Lebenswelt eingelassene Religionspraxis (> 212-4:1.3.). Ebenso greift die Kirchengemeinde im Interesse ihrer Modernisierung auf die sozialen Strukturmuster der privaten Lebenswelt zurück und nimmt unter dem Einfluß des Individualisierungsprozesses die Gestalt eines Netzwerkes von primärgemeinschaftlich organisierten, auf individuellen Interessenslagen und persönlichen Sympathien gegründeten Gruppen (> 212-3:2.) an. Die im Rahmen der vorliegenden Theoriekonzeption ausgearbeiteten Analysen gehen von einer Interdependenz zwischen den unterschiedlichen Gestalten des neuzeitlichen Christentums aus und wenden ihre besondere Aufmerksamkeit den reziproken Beziehungen zwischen privater, kirchlicher und öffentlicher Religionskultur zu (> 212-2; 212-3; 2212-4).

Mit Hilfe der *Rationalisierungsthese* (> 231) schließlich läßt sich die Strukturlogik der durchgängig individualisierten und von den Lebensformen der Privatwelt imprägnierten Religionskultur aufdecken. Besonders augenfällig bringt sich die durchgängige Rationalisierung der Lebenswelt in der Modernisierung der mit der Religion befaßten sozialen Institutionen, der Kirchenorganisationen (> 322), der diakonischen Einrichtungen (> 222-2) oder des religiösen Medienwesens (> 222-5), sowie in entsprechenden Reformprojekten (> 212-4:1.) zur Geltung. Ebenso folgt aber auch die neuzeitliche Entwicklung der religiösen Kommunikationskultur, zumal in ihrer beruflich verfaßten Gestalt, der Eigendynamik des modernen Rationalisierungsprozesses. Im Zuge der Professionalisierung des Pfarrerberufs verschob sich das Gewicht der pluriformen Arbeitstätigkeiten zunehmend von den unmittelbaren Ausdrucksformen persönlicher Frömmigkeit zu mittelbaren, auf die Organisation kommunikativen Handelns abzielenden Berufsleistungen (> 212-4:3.3.1.4.); rationale Verfahren dirigieren die Predigtarbeit (> 212-4:3.1.3.2.), operationale Techniken die Unterrichtsgestaltung, raffinierte Gesprächsmethoden die Seelsorgepraxis (> 213). Dient die strategische Organisation der kommunikativen Aktionen vordergründig der Steigerung der Handlungseffizienz, so stellt sich die Rationalisierung der Handlungsabläufe hintergründig als eine integrale Funktion religiöser Individualisierung dar. Die methodische Raffinierung der kommunikativen Handlungsprozesse erfolgt im Interesse der Autonomie der handelnden Subjekte: der Predigtarbeit des Hörers, der Selbstbildung des Schülers und der Freiheit des Seelsorgesuchenden (89,706). Insofern besteht nicht nur zwischen Individualisierung und Säkularisierung, sondern ebenso zwischen Individualisierung und Rationalisierung ein unlösbarer Zusammenhang.

Der *Konnex* zwischen den unterschiedlich akzentuierten Prozessen religiöser Modernisierung wird vollends deutlich, wenn der Begriff der Rationalität nicht auf die organisations- und berufspraktische Zweckrationalität eingegrenzt wird, sondern die vielfältigen und jeweils eigenständigen Formen religiöser Rationalisierung in den Blick genommen werden. Die vorliegende Darstellung demonstriert den komplexen Zusammenhang zwischen Individualisierung, Säkularisierung und Rationalisierung exemplarisch im Gebiet der liturgischen Religionspraxis: zum einen an der zeitrationalen Logik der in privaten Frömmigkeitsstilen verwurzelten und in alltagsweltliche Lebensgewohnheiten eingebetteten liturgischen Konventionen (> 233) und zum anderen an der symbolisch-ästhetischen Rationalität der an der individuellen Lebensgeschichte orientierten und von vielfältigen Momenten der säkularen Lebenskultur durchsetzten Kasualpraxis (> 232-3).

2.3. Die komplexe Struktur phänomenologischer Theoriearbeit

2.3.1. Die Strukturlogik der religiösen Lebenswelt und die phänomenologische Methode

1. Die vorliegende praktisch-theologische Theoriekonzeption bedient sich zur Erstellung der zugleich mehrschichtigen wie mehrdimensionalen Topographie der religiösen Lebenswelt durchgängig einer mehrstufigen *phänomenologischen* Methodik (59). Im „Gestus des … Suchenden und Fragenden" (66,87) nähert sich der praktisch-theologische Theoretiker zunächst der Erfahrungswelt, um die vielfältigen Formen lebenspraktisch verwirklichter Religion aus deren jeweiligem originären Eigensinn zu begreifen, sie im Spiegel der in sie eingelagerten Reflexionsmomente abzubilden und dadurch „die verworrenen Urteilsinhalte des täglichen Lebens durch Aufhellung und Durchleuchtung zur expliziten Klarheit zu bringen" (52,339). Im Fortschritt der Theoriebildung werden dann aber „die in der Umwelt in Selbsthabe erfahrbaren subjektiven Sinnzusammenhänge sukzessive durch ein System aufeinander aufgestufter und durcheinandergeschachtelter objektiver Sinnzusammenhänge ersetzt" (52,340f) und schließlich die aus der „Deskription" (52,348) gewonnenen und zu theoretischen Paradigmen umgeformten „Deutungsschemata an eben jene Kulturobjekte" herangetragen, „die sich in den Sinnsetzungs- und Deutungsvorgängen in der sozialen Welt konstitutierten" (52,349).

Im Rahmen einer ‚verstehenden' Theorie (52,307ff) gewinnen daher nicht nur die vordergründigen empirischen Erscheinungsformen religiöser Alltagspraxis ihre jeweilige sinnhafte Gestalt; vielmehr treten im Zuge ihrer analytischen Rekonstruktion auch die hintergründigen „*Strukturen* der Lebenswelt" (53; 54), die „Beziehungen und Verbindungen, die unkenntlich geworden und verdeckt sind" (1,67), an die Oberfläche. Indem die Praktische Theologie die Pluriformität der religiösen Praxis nicht nur deskriptiv zu erfassen, sondern sie „in ihren vielfältigen und komplexen Ausdifferenzierungen stets im Zusammenhang einer Theorie darzustellen" (10,992) sucht, wird schließlich „der sinnhafte Aufbau" (52) der vielfältig aufgeschichteten Wirklichkeit transparent.

2. Das Zusammenspiel von differentialen und integralen Sinnstrukturen kommt in den unterschiedlichen Horizonten der Lebensführung und Weltwahrnehmung auf verschiedenartige Weise zum Ausdruck. In den engen Grenzen der um das *Individuum* zentrierten Privatwelt rangiert das Individualitätsaxiom zugleich als differenzierendes wie als integrierendes Prinzip religiöser Wirklichkeitskonstruktion. Im Akt seiner Selbstkonstitution setzt das Individuum in einem Zuge sich selbst und seine Welt. Das religiöse Individuum vergewissert sich seiner selbst, indem es sich als autonomes Subjekt betrachtet, als Regisseur seines aktuellen Lebensspiels, als Autor seiner kontinuierlichen Lebensgeschichte und als Konstrukteur seiner mobilen Lebenswelt. Es schafft sich seine originäre Sinnwelt, indem es die vielgestaltige Wirklichkeit in subjektiver Perspektivierung auf denjenigen Ausschnitt reduziert, in dem es sich handelnd und erlebend selbst erfährt.

Die *praktisch-theologische* Analyse der zeitgenössischen Religionskultur hat nicht nur
generell dem Umstand Rechnung zu tragen, „daß die Praxis ... des neuzeitlichen Christentums durch die Autonomie des Subjekts und jene Individuationsprozesse geprägt
ist, in denen sich das Individuum nahezu allen gesellschaftlichen Institutionen sowie
kulturellen Werten und Normen gegenüber tendenziell eigenverantwortlich, kreativ und
selbstproduktiv verhält" (10,992). Vielmehr besteht die Aufgabe phänomenologischer
Theoriebildung insbesondere auch darin, die sozialen und kulturellen Gestaltungsmuster
selbstreferentieller Religionspraxis (> 212-1:2.2.) zu erfassen und die Rückwirkungen
privatreligiöser Lebensformen und Wirklichkeitskonstrukte auf die gemeinschaftlich
verfaßte Religionskultur, beispielsweise auf die Interaktionsstrukturen und die Wahrnehmungsmuster homiletischer (> 212-4:3.1.3.), liturgischer (> 212-3:3.2.1.) oder religionspädagogischer (> 212-4:2.2.1.) Kommunikationsprozesse zu beschreiben. Als theoretisches Paradigma zur phänomenologischen Analyse der individualisierten und privatisierten Religionspraxis dient die Kategorie der ‚Frömmigkeit' (> 211).

Im Horizont der pluriformen *Kulturwelt* des zeitgenössischen Christentums bringt sich
die Verschränkung von differenzierenden und integrativen Komponenten der Wirklichkeitswahrnehmung und Wirklichkeitsgestaltung in der Herausbildung religiös grundierter Teilkulturen zur Geltung. Die sozialen und kulturellen Sinnwelten mittlerer Reichweite (> 232-3:2.3.) grenzen sich einerseits deutlich gegeneinander ab, wirken aber andererseits in vielfältiger Weise wechselseitig aufeinander ein. Zu den auf bestimmten sozialen Lagen und kulturellen Lebenseinstellungen aufruhenden und von milieuspezifischen Lebensformen und Weltanschauungen durchtränkten Teilkulturen gehören beispielsweise die empirisch auf eine gesellschaftliche Altersklasse begrenzte und gleichzeitig zu einem allgemeingültigen Lebensideal stilisierte Lebensform des Kindes (> 212-
4:3.2.1.), die in Opposition zur Erwachsenenwelt entworfene und gleichzeitig tiefgreifend auf diese einwirkende Jugendkultur (> 212-3:3.5.1.) oder die markant umgrenzte,
gleichwohl aber das gesellschaftliche Leben insgesamt prägende Frauenkultur (> 212-
3:3.3.). Die aparten Lebenskulturen zeichnen sich nicht nur durch einen jeweils für sie
charakteristischen Kodex sozialer Umgangsformen, kultureller Orientierungsmuster und
privater Lebensstile, sondern auch durch originäre Formen symbolischer Chiffrierung
der Wirklichkeit aus. Im Fokus der teils diskursiv-reflexiv, vornehmlich aber symbo-
lisch-ästhetisch verfaßten Wahrnehmungsmuster formen sich zwar markant perspektivierte, gleichwohl aber die Erfahrungswelt im ganzen umfassende ‚Konstruktionen der
Wirklichkeit' (55) aus. In der Sinnperspektive der aparten ‚symbolischen Sinnwelten'
(55,98ff) gilt jeweils anderes und in andersartiger Weise als wirklich.

Die *Praktische Theologie* hat nicht nur der Pluralisierung der modernen Christentumskultur generell Rechnung zu tragen. Vielmehr besteht die Aufgabe phänomenologischer
Theoriebildung in der präzisen Rekonstruktion der gesellschaftlichen Teilkulturen, insbesondere der in sie eingelagerten religiösen Lebensperspektiven und Weltsichten, sowie
in der Einzeichnung ihrer explizit religiös-kirchlich verfaßten Gestalten – der kirchlichen
Kindergarten- (> 212-4:3.2.2.) und Kindergottesdienstarbeit (> 212-4:3.2.3.), der kirchlichen Jugend- und Konfirmandenarbeit (> 212-3:3.5.1.) oder der kirchlichen Frauenarbeit
(> 212-3:3.3.) – in ihre jeweiligen sozialen und kulturellen Kontexte. Als theoretisches
Paradigma zur Strukturierung der mittleren Ebene sozialkultureller Wirklichkeitskonstruktion dient der Begriff der ‚Kultur' (> 221); er schließt die ‚Religionskultur' als Gesamtheit aller partikularen ‚Religionskulturen' ein.

Im Rahmen der *gesamtgesellschaftlichen* Lebensordnung schließlich übernehmen generalisierte Schemata religiös fundierter Wirklichkeitskonstruktion die Funktion der ‚Balance von Pluralismus und Integration' (83,757). Die Religion wird zwar nur in ihren positiven Gestaltungen (> 140), in konfessionell, regional und kulturell spezifizierten Ausprägungen, manifest und in ihren pluriformen Gestalten überhaupt erst empirisch faßbar und beschreibbar. Gleichwohl lassen sich mit den Mitteln kultur- und wissenssoziologischer Analyse die auf einem latenten „gesellschaftlichen Konsens" (83,755) aufruhenden Konstrukte einer ebenso allgemeingültigen wie diffusen ‚Zivilreligion' (> 140) oder ‚Kulturreligion' (> 221) rekonstruieren. Die ‚Religion-in-general' (83,757) bringt sich ebenso in der multikulturell verfaßten Volksfrömmigkeit (> 232-3:1.2.2.) wie in einer konfessionell entspezifizierten „Populärtheologie", in der „Standardisierung der Moral zu einem allgemein akzeptierten Wertekodex" und schließlich in der generellen „religiösen Aufladung" (83,758) der säkularen Lebenskultur zum Ausdruck. Zivilreligiöse und kulturreligiöse Komponenten sind ebenso in die politischen und juristischen Institutionen eingelagert wie in das Bildungs- (> 212-4:2.2.) und Wohlfahrtswesen (> 222-2) und insbesondere in die gesamtgesellschaftlich überaus wirksamen Wirklichkeitskonstruktionen des Medienwesens (> 222-5).

Die phänomenologische *Praktische Theologie* hat nicht nur der Diffusion und Synkretisierung der Religion in der modernen Gesellschaft im allgemeinen Rechnung zu tragen. Vielmehr hat sie die Konturen der gesellschaftlich institutionalisierten Religionspraxis in ihren pluriformen Manifestationen aufzuspüren: in der vom „Cultural Heritage" (83,758) des Christentums geprägten Schule und dem in der säkularen Schulorganisation verankerten Religionsunterricht (> 223), in den ursprünglich aus spezifisch religiösen Motiven gespeisten, inzwischen aber davon weitgehend abgelösten diakonischen Einrichtungen und in dem auf allgemeingültigen anthropologischen Vorstellungen aufruhenden Beratungswesen (> 222-2). Wie sich in dem für die deutsche Gesellschaft charakteristischen volkskirchlichen Religionssystem (> 331) die „historische Verflechtung von öffentlicher und kirchlicher Kultur" (83,759) zur Geltung bringt, so verdichten sich in der multiformen Kultur des Kirchentags (> 222-3) die unterschiedlichen Dimensionen (> 110) der Zivil- und Kulturreligion. Das theoretische Paradigma zur Analyse der vielfältigen Verwebungen von Religion und Gesellschaft bildet der Prozeß der Institutionalisierung der Religion (> 321). In seinem Rahmen lassen sich nicht nur Entstehung und Entwicklung der explizit religiösen Organisationsformen, der örtlichen Kirchengemeinde (> 332) und der kirchlichen Verbandsorganisationen (> 322), darstellen, sondern auch die religiösen Grundlagen elementarer säkularer Institutionen, beispielsweise der Familie (> 212-1:3.) oder des Berufs (> 212-4:2.3.), aufdecken.

3. Die sowohl hinsichtlich ihrer externen Reichweite als auch hinsichtlich ihrer internen Strukturlogik voneinander unterschiedenen „Wirklichkeitsregion(en)" (53,25) stehen nicht unverbunden nebeneinander. In der alltäglichen Lebenspraxis überschreitet das Individuum ständig die Grenzen zwischen der nach außen abgeschlossenen Privatwelt und den überschaubaren Erfahrungswelten mittlerer Reichweite und öffnet, insbesondere in herausgehobenen Lebenslagen, den „fraglos und selbstverständlich ‚wirklich(en)'" Lebenshorizont (53,25) gegenüber dem nur der symbolischen Rekonstruktion zugänglichen, das Ganze der gesellschaftlichen Wirklichkeit umfassenden Lebenskosmos (> 232-3:2.3.). Im Wechsel der sozialen Lebensräume verschieben sich nicht nur die Grenzen sinnstiftender Lebenshorizonte; vielmehr entdeckt das Individuum im Zuge der Verwe-

bung der partiellen Wirklichkeitskonstrukte auch die *integrale Einheit* der mehrschichtigen Sinnwelt. Ebenso stellt der einzelne im Ablauf seiner Lebenszeit (> 233) die von
ihm entworfenen Wirklichkeitskonstruktionen immer wieder um, verlagert seine dominanten Lebensinteressen aus einem Lebenssegment in ein anderes, ordnet die partiellen
„Wirklichkeitsordnungen" in neuartiger Weise einander zu, versieht sie mit andersartigen „Realitätsakzent(en)" (53,48) und hält dadurch seine Welt mobil. Die Integration der
Wirklichkeit bleibt aber nicht, wie es gegenwärtig gängige Zuspitzungen der Individualisierungsthese suggerieren, dem Individuum angelastet. Vielmehr sind die Konnexe zwischen den in sich geschlossenen und füreinander offenen Sinnhorizonten in den vielschichtigen Aufbau der gesellschaftlichen Wirklichkeit eingearbeitet und die Passagen
zwischen den Lebenssphären institutionell geregelt (> 232-3:2.3.).

Die gleichermaßen passagere wie integrale Statur der Lebenswirklichkeit kommt in den
sozialen Organisationsformen der zeitgenössischen *Religionspraxis* auf exemplarische
Weise zur Geltung. Von herausgehobener Bedeutung für die Verzahnung von individuellen und kollektiven religiösen Sinnwelten sind die für das Erscheinungsbild des zeitgenössischen Christentums charakteristischen intermediären religiösen Lebenskulturen. Sie
bilden sich auf der Grundlage der ebenso von individuellen Interessenslagen wie von
gemeinsamen Lebensstilen geprägten parochialen Gruppenkultur (> 212-3:2.2.) heraus
und finden eine markante Ausdrucksgestalt in einer breiten Palette gruppengemeinschaftlicher Gottesdienstformen (> 212-3:3.2.2.). Sich im Ausdruck der eigenen Individualität selbst zu verwirklichen, sich im Spiegel der anderen der eigenen Authentizität zu
vergewissern und gleichzeitig seine originäre Sinnwelt mit Gleichgesinnten zu teilen,
bildet das vielschichtige Kommunikationsmuster der gruppengemeinschaftlich organisierten Religionspraxis. Formen sich in der von Individualisierungs- wie von Pluralisierungstendenzen beeinflußten religiösen Gruppenkultur integrale, die Lebenseinstellung
insgesamt bestimmende Weltanschauungen heraus, so öffnet sich in den liturgischen
Inszenierungen der Wirklichkeit der alltagsweltlich umgrenzte Wahrnehmungshorizont
für eine universale, das Ganze des Lebenskosmos umspannende Weltperspektive. Eine
besonders markante Ausdrucksgestalt findet die Verwebung von kleinen, mittleren und
großen Sinnwelten schließlich in artifiziell ausgearbeiteten liturgischen Inszenierungs-
modellen, beispielsweise in den politischen Gottesdiensten (> 212-3:3.4.), in denen sich
private Lebenseinstellungen, gruppengemeinschaftliche Überzeugungen und globale
Weltverantwortung untrennbar ineinander verweben, oder im Feierabendmahl (> 212-
3:3.4.3.), in dessen Ablaufstruktur Situationen der meditativen Versenkung, der gruppengemeinschaftlichen Andacht (> 212-4:2.1.) und der Mahlfeier in der großen Versammlung auf komplexe Weise ineinander verschachtelt werden.

Die transversale Statur der Lebenswelt bringt sich aber nicht nur in den intermediären,
zwischen den verschiedenen Wirklichkeitsregionen vermittelten religiösen Teilkulturen,
sondern mit gleicher Deutlichkeit auch in der für das zeitgenössische Christentum ebenso charakteristischen *Symbiose* von privatreligiösen Lebensformen und gesellschaftlich
verfaßter Religionspraxis zur Geltung. Sie läßt sich ebenso in der privaten wie in der
öffentlichen Lebenssphäre beobachten. So sind beispielsweise die sozialkulturellen Gestalten der privaten Religionspraxis, insbesondere aber die sich zunehmend verbreiten-
den Meditationstechniken (> 212-4:3.1.3.2.3.), gleichzeitig als unmittelbare Ausdrucksformen individueller Frömmigkeit wie als gesellschaftlich standardisierte religiöse
Praktiken und teilweise auch als kommerziell vermarktete Produkte eines auf die Reli-

gion spezialisierten Wirtschaftssektors anzusehen. Umgekehrt stellen sich die Einrichtungen des Bildungswesens (> 212-4:2.2.) oder der Wohlfahrtsorganisation (> 222-2), beispielsweise die Schule, das Krankenhaus (> 212-2:3.) und das Hospiz (> 232-3:1.5.3.), als öffentliche Privatwelten und die in sie eingelagerten Versionen typisch moderner Religionspraxis, beispielsweise der Religionsunterricht (> 223), die Lebensberatung (> 222-2) oder die Krankenhausseelsorge (> 212-2:3), als Mischformen privater und öffentlicher Religionskultur dar. Herausragende Exempel für die Verflechtung von privater und öffentlicher Religionspraxis bilden schließlich der Kirchentag (> 222-3), in dem die Gesetze des öffentlichen Kulturmarkts, Angebot und Nachfrage, den Umgang mit individuellen Frömmigkeitsoptionen regeln, oder auch die typisch protestantische Institution des Pfarrhauses (> 212-4:3.3.2.), in der sich private Lebensführung und öffentliche Berufsausübung (> 212-4:2.3.) zu einer integralen Sinnwelt verdichten. Am augenfälligsten kommt die Symbiose von privater und öffentlicher Religionskultur aber im religiösen Medienwesen (> 222-5) zum Ausdruck, in dem sich die öffentliche Inszenierung der Wirklichkeit und deren privater Konsum wechselseitig bedingen.

Die verstehende Theorie der zeitgenössischen religiösen Lebenspraxis ist dementsprechend „nicht als geschlossenes System zu begreifen, sondern als offene *Problemvielfalt*, deren verschiedenartige Aspekte und Facetten, Bündelungen und Überschneidungen zu erörtern sind" (3,379).

4. Die praktisch-theologische Topographie der zeitgenössischen Christentumspraxis deckt allerdings nicht nur die integrale Struktur der religiösen Lebenswelt und die passagere Statur der religiösen Lebenspraxis auf. Im Zuge ihrer phänomenologischen Analyse treten vielmehr auch die in die moderne Lebenswelt eingelagerten und die Entwicklung der Religionskultur tiefgreifend prägenden *Ambivalenzen* zutage.

Schon in der *alltagsverbundenen* Reflexion verschränken sich „das fraglos Gegebene und das Problematische" (53,30) auf spannungsreiche Weise miteinander. Der „Wissensvorrat des lebensweltlichen Denkens" stellt sich nicht „als ein in seiner Gesamtheit durchsichtiger Zusammenhang" dar, „sondern vielmehr als eine Totalität der von Situation zu Situation wechselnden Selbstverständlichkeiten, jeweils abgehoben von einem Hintergrund der Unbestimmtheit" (53,31). Erst indem die fragmentarischen Reflexionsmomente auf einer höheren Abstraktionsebene untereinander vernetzt und partielle „Erfahrungsinterpretationen" zu umfassenden „Horizontauslegungen" (53,31) erweitert werden, gewinnt die Lebenswelt ihre kognitive Transparenz. Gerade die Überführung der im Alltagsbewußtsein latent enthaltenen „bestimmbaren Unbestimmtheit" (53,31) in reflexive Bestimmtheit erweist sich nun aber als prekär. Indem die alltagsverbundene Reflexion zur „Neuauslegung meiner Erfahrung" auf die größeren Sinnhorizonte der Lebenswelt zurückgreift, wird „der Ablauf der Selbstverständlichkeitskette" (53,33) unterbrochen und das alltagspraktisch bewährte und „als fraglos geltende Bezugsschema" (53,30) der Wirklichkeitsinterpretation aufgelöst. An seine Stelle tritt nun aber kein in sich geschlossener und von einer konsistenten Sinnlogik dirigierter Reflexionshorizont. Vielmehr stellen sich gerade die alltagstranszendenten Sinnzusammenhänge als in sich widersprüchlich, problemgeladen und uneindeutig dar. An den Grenzen der alltagsweltlichen Reflexionspraxis wird daher nicht nur „die mangelnde Übereinstimmung der Bestandteile meines Wissensvorrats", die Inkonsistenz der „natürlichen Einstellung" (53,30), offenkundig. Indem sich das Individuum von den Selbstverständlichkeiten der alltäglichen Reflexionsroutine verabschiedet, findet es sich vielmehr in einer durch und durch fragwürdigen Wirklichkeit vor.

Greift die alltagspraktische Reflexion nur sporadisch auf die größeren Sinnhorizonte der Wirklichkeitskonstruktion zurück, so zeichnet die umfassende *wissenschaftliche* Rekonstruktion die pluriformen Manifestationen der Lebenswelt durchgängig in den Rahmen der sie umgebenden „Auslegungshorizonte" (53,31) ein und deckt damit die in sich widersprüchliche Statur der Wirklichkeit auf. Die phänomenologische Praktische Theologie zielt nicht darauf ab, „Widersprüche, die tatsächlich bestehen, auf(zu)heben" (1,67), sondern sucht die für die neuzeitliche Religionspraxis charakteristischen Ambivalenzen mit den Mitteln wissenschaftlicher Kritik zu erfassen. Die vorliegende Darstellung stellt daher die in der religiösen Alltagspraxis enthaltenen und in der alltagstranszendenten Reflexion artikulierten „Konfliktgehalt(e)" (1,2) heraus und legt insbesondere die in den „historischen Prozeß" religiöser Entwicklung eingelagerten „Brüche und Verwerfungen" (2,21) offen.

Die ambivalente Statur der modernen Religionskultur findet ihre reflexive Ausdrucksgestalt in der sowohl im populären wie im wissenschaftlichen Bewußtsein etablierten und die neuere Praktische Theologie tiefgreifend prägenden *Modernitätskritik.* Partizipiert der ‚moderne Mensch' in seiner Alltagspraxis auf selbstverständliche Weise an den realen Errungenschaften und den ideellen Versprechungen der ‚modernen Welt', so sind die sozial- und kulturwissenschaftlichen, insbesondere aber die religionswissenschaftlichen Rekonstruktionen der Moderne (> 210) durchweg von einer modernitätskritischen Einstellung imprägniert. Sie kommt ebenso in dem klassischen Ensemble religionskritischer Thesen (> 113, 123, 133) wie in den von Ernst Troeltsch (> 221) und Max Weber (> 231) vorgelegten Analysen der modernen Lebenswelt zum Ausdruck und prägt den unterschiedlichen Entwürfen der zeitgenössischen Religionssoziologie (> 122) und Religionsphilosophie (> 132) ihren Stempel auf. Modernitätskritische Momente finden sich allerdings nicht nur in wissenschaftlich formatierten Zeitdiagnosen. Die Moderne von ihrer Kehrseite aus zu betrachten und nicht nur die Gewinne, sondern auch die Verluste gesellschaftlicher Modernisierung zu bilanzieren, macht vielmehr eine geradezu selbstverständlich gewordene Komponente der modernen Lebenseinstellung aus. Die populärwissenschaftliche Modernitätskritik dokumentiert sich ebenso in kulturkritischen Stellungnahmen zur Dominanz des ökonomischen Systems oder der Medienorganisationen in der zeitgenössischen Lebenswelt wie in vielfältigen, von ambivalenten Wertungen durchzogenen Analysen der modernen Lebensformen, beispielsweise der Ehe und Familie (> 212-1:3.), der Kindheit (> 212-4:3.2.) oder der Jugend (> 212-3:3.5.1.), und vor allem in der Kritik der modernen Todeseinstellung (> 232-3:1.4.). Mit besonderer Deutlichkeit schlägt sich die ambivalente Einstellung zur Moderne schließlich in allgemeingesellschaftlichen, von modernitätskritischen Ideen inspirierten Reformbewegungen wie beispielsweise in der ökologischen Bewegung, der Friedensbewegung (> 212-3:3.4.4.) oder in verschiedenartigen Lebensstilbewegungen und schließlich in speziellen religiöskirchlichen Reformprojekten nieder, in deren Programmen sich modernitätsspezifische und modernitätskritische Momente auf spannungsreiche Weise miteinander verbinden, beispielsweise in den zeitgenössischen Konzeptionen der Gemeindeorganisation (> 332) und der Gottesdienstpraxis (> 212-3:3.), der kirchlichen Beratungskultur (> 222-2) und des kirchlichen Medienwesens (> 222-5), aber auch in den von einem charakteristischen Krisenbewußtsein geprägten Erörterungen über die Zukunftschancen der kirchlichen Sozialsysteme, der Volkskirche (> 331) und des Pfarrerberufs (> 212-4:3.3.).

Besonders markant lassen sich die in die zeitgenössische Religionskultur eingelagerten Ambivalenzen auf dem Hintergrund der neuzeitlichen Entwicklung der Religion, im Spiegel der Individualisierungs-, Säkularisierungs- und Rationalisierungshypothese und insbesondere an deren spannungsreichen wechselseitigen Verschränkungen, demonstrieren. So stellt sich das „*Individualisierungstheorem*", das dominante „Selbstdeutungsmuster der Moderne" (78,85), schon in sich selbst widersprüchlich dar. Auf der einen Seite verspricht die zunehmende Individualisierung der Lebenspraxis dem einzelnen einen Zuwachs an Autonomie, die „Erweiterung der individuellen Entscheidungsmöglichkeiten"; auf der anderen Seite führt die teils kontinuierlich, teils schubweise verlaufende Individualisierung der Lebenswelt aber zu einer „Verschärfung des individuellen Entscheidungszwanges" (78,63) und damit zu einer Überlastung des aus institutionellen Bindungen entlassenen Individuums. Die Ambivalenzen religiöser Modernisierung werden noch deutlicher, wenn die Individualisierungsthese mit der Pluralisierungsthese verknüpft wird. Der im Zuge der Pluralisierung und Differenzierung der Lebenswelt entstandene und analog zu dem in der modernen Gesellschaft dominierenden ökonomischen „Konkurrenz- oder Marktmodell" organisierte „Weltanschauungsmarkt" fordert auf der einen Seite „die Sinnanbieter zu höheren Leistungen" heraus und erweitert gleichzeitig „die Auswahlmöglichkeiten für die religiösen Konsumenten" (78,61); auf der anderen Seite lösen sich mit der Vervielfältigung individueller Frömmigkeitsoptionen aber die für die religiöse Orientierung der Individuen elementaren Rückbindungen an soziale und kulturelle Traditionen auf. In der Kombination mit der Säkularisierungsthese schließlich wird das Schicksal der Religion in der sich modernisierenden Gesellschaft vollends offenkundig. Die gleichzeitig mit ihrer Privatisierung erfolgende Entkirchlichung der Religionskultur führt zu einer generellen Entinstitutionalisierung der religiösen Lebensformen und schließlich zu einer „Verflüchtigung der Religion ins Religiöse" (57,7). Wie die „institutionell vorgegebene Religion" in der privaten Lebenssphäre zu einer „diffuse(n), instabile(n), subjektivierte(n) Form der Religion" mutiert, „sozial unsichtbar" (78,59) und der „objektiven Untersuchung" unzugänglich wird (1,93), so nimmt die Religion auch in der öffentlichen Lebenssphäre eine zwar anders geartete, aber ebenso unfaßbare Gestalt an: „Das gesellschaftliche oder öffentliche Christentum als Zusammenfassung aller Lebensformen und kultureller Manifestationen, in denen sich die christliche Religion repräsentiert, ist selbstverständlich nicht im entferntesten noch zu kontrollieren oder als Bestand aufzunehmen" (1,93).

Auf dem Hintergrund der *Säkularisierungsthese* erscheinen die Zukunftschancen der Religion in der modernen Gesellschaft insgesamt zweifelhaft. Sowohl das populäre Bewußtsein als auch wissenschaftliche Forschungsprojekte bestätigen die harte Version der Säkularisierungshypothese. Gingen die EKD-Studien (> 212-3:1.3.) zur Kirchenverbundenheit der Mitglieder (72; 73) in den vergangenen Jahrzehnten noch davon aus, daß sich mit der „Marginalisierung der Kirchen" (78,59) im öffentlichen Leben die Religionspraxis zunehmend außerhalb der kirchlichen Institutionen, vor allem in der privaten Lebenssphäre organisiere und dort eine neuartige Vitalität gewinne, so läßt sich in den neueren empirischen Untersuchungen (74) „kein statistischer Zusammenhang zwischen sinkender Verbundenheit mit der Kirche und wachsendem Interesse an nichtkirchlichen Religionsformen feststellen" (78,78): „Mit der Kirchendistanz sinkt auch die individuelle Spiritualität" (78,79). Für den unvoreingenommenen Beobachter legt sich daher das Urteil nahe, „daß Religion und Moderne in einem Spannungsverhältnis stehen und daß in dem Maße, wie sich die Gesellschaft modernisiert, der gesellschaftliche Stellenwert der Religion sinkt" (78,61).

Auf der Folie der *Rationalisierungsthese* schließlich treten die Kollisionen zwischen den zwar unterschiedlich ausgeformten, aber durchweg miteinander verzahnten Entwicklungsprozessen der Religion markant heraus. Unter dem sich in der Gegenwart verschärfenden Rationalisierungsdruck verfestigen sich die organisatorischen Strukturen der kirchlich und beruflich verfaßten Religionspraxis. In dem Maße, in dem die explizit religiösen Institutionen, die Kirchenorganisationen (> 322) und der Pfarrerberuf (> 212-4:3.3.), den Eigengesetzlichkeiten der ökonomischen Rationalität unterstellt werden, partizipieren sie zwar an den Errungenschaften moderner Wirtschafts- und Arbeitsorganisation, der Erhöhung der Leistungsrentabilität und der Steigerung der Handlungseffizienz. Mit der rigiden Rationalisierung der religiösen Sozialsysteme verringern sich aber gleichzeitig die Handlungs- und Entscheidungsspielräume der Individuen. Besonders deutlich treten die Dissonanzen zwischen Individualisierung und Rationalisierung im Bereich der intermediären, zwischen öffentlicher und privater Lebenssphäre angesiedelten Institutionen, beispielsweise in der sozialen Struktur des Krankenhauses und der darin eingebetteten Krankenhausseelsorge (> 222-2), zutage. Während sich das moderne Krankenhaus durchgängig als eine extern abgeschlossene und intern zweckrational durchorganisierte soziale Organisation darstellt, greifen die zeitgenössischen Konzepte der Krankenhausseelsorge zur Ausformulierung ihrer theorieleitenden Prinzipien dominant auf die Idee individueller Autonomie zurück und zielen in ihren Handlungskonzeptionen auf eine gegen die Rationalisierung und Technisierung der medizinischen Institutionen gewendete ‚Humanisierung' der klinischen Arbeits- und Lebenswelt ab.

Die Aufgabe phänomenologischer Praktischer Theologie geht dementsprechend nicht in der positivistischen Inventarisierung der zeitgenössischen Christentumspraxis auf. Sie hat immer auch in *kritischer* Absicht die Moderne mit ihren Folgen zu konfrontieren und die in die Modernisierung der Religion eingelagerten Ambivalenzen offenzulegen.

2.3.2. Die Fortschrittsdynamik der religiösen Lebenspraxis und die historische Dimension verstehender Praktischer Theologie

1. Die vorliegende Konzeption begreift die Praktische Theologie als *phänomenologische* Theorie der zeitgenössischen Religionskultur und konzentriert ihr Erkenntnisinteresse deshalb „auf die strukturelle Analyse ... der gegenwärtigen Welt des Christentums" (18,157). Eine verstehende Theorie der gegenwärtigen Christentumspraxis hat aber nicht nur die statische Strukturlogik der religiösen Welt zu rekonstruieren. Um die Lebenswirklichkeit aus den ihr zugrundeliegenden Gestaltungsprinzipien begreifen zu können, bedarf es vielmehr auch der interpretativen Analyse der in sie eingelagerten dynamischen Momente. Die vielschichtige Gegenwartslage des Christentums auf dem Hintergrund der sie dirigierenden Entwicklungsprozesse und im Spiegel der in sie eingelagerten Fortschrittstendenzen verständlich zu machen, gehört daher zu den grundlegenden Aufgaben phänomenologischer Praktischer Theologie.

Die *dynamische* Statur der religiösen Lebenswirklichkeit kommt zum einen in der globalen Theoriearchitektur zur Geltung. Das Ensemble theorieleitender Kategorien – Individualisierung, Säkularisierung und Rationalisierung – dient nicht nur zur Konturierung der pluriformen Manifestationen zeitgenössischer Religionspraxis und zu deren Rückführung auf die elementaren Grundformen der modernen Lebenswelt. Die neuzeitlichen

‚Bewegungsbegriffe' kennzeichnen vielmehr vor allem auch die dynamischen Entwicklungsprozesse, in deren Rahmen sich die gegenwärtige Verfassung des Christentums herausgebildet hat und auf deren Hintergrund sich die Religionspraxis teils kontinuierlich, teils in charakteristischen, durch spezielle Modernisierungsprojekte verstärkten Schüben wandelt. Zum anderen wenden aber auch die phänomenologischen Detailanalysen den in der zeitgenössischen Religionspraxis wirksamen Fortschrittstendenzen besondere Aufmerksamkeit zu und interpretieren die vielfältigen Gestaltungen der sich ständig modernisierenden Religionskultur durchgängig auf dem Hintergrund der sie dirigierenden Entwicklungsdynamik.

2. Empirisch greifbare Gestalt gewinnen die dynamischen Momente des neuzeitlichen Christentums in einer Vielfalt teils dauerhafter, teils zeitgebundener religiös-kirchlicher *‚Bewegungen'*. Die vor allem für den neuzeitlichen Protestantismus, aber auch für den modernen Katholizismus charakteristischen und zu einem Teil ökumenisch verfaßten Reformbewegungen sind in unterschiedlichen religiös-kulturellen Milieus verankert und zumeist in die Sozialform loser Vereinigungen, mitunter aber auch in festere organisatorische Strukturen gefaßt. Gilt das reformerische Interesse der von Laien inspirierten und von ihnen getragenen Erneuerungsbewegungen auch primär einer Vitalisierung des religiösen und insbesondere des kirchlichen Lebens, so nehmen die Reformprojekte gleichwohl, teils in eher kritischer, teils in eher konstruktiver Absicht, immer auch die in die neuzeitliche Entwicklung der Gesellschaft eingelagerten Modernisierungstendenzen auf. Insofern dokumentiert sich in den religiös-kirchlichen Reformbewegungen die unlösbare Verbindung des neuzeitlichen Christentums mit der sich individualisierenden, pluralisierenden und säkularisierenden Lebenskultur.

Eine Vielzahl unterschiedlicher, bis in die Gegenwart wirksamer *religiös-kirchlicher* Reformbewegungen greift sowohl hinsichtlich ihrer frömmigkeitspraktischen Konturen (> 211) als auch hinsichtlich ihrer organisationspraktischen Programme (> 212-4:1.) auf den Pietismus und die an ihn anschließende ‚Erweckungsbewegung' zurück. Während sich auf dem Hintergrund der neupietistischen ‚Evangelisations-' und ‚Heiligungsbewegung' sowie der von ihr inspirierten ‚Evangelikalenbewegung', der ‚Pfingstbewegung' und der ‚Charismatischen Bewegung' milieuspezifische, sowohl in den Freikirchen als auch in bestimmten Versionen des volkskirchlichen Gemeindechristentums verankerte Frömmigkeitskulturen ausformten, beeinflußte die vom Pietismus ausgehende ‚Bibelbewegung' (> 212-4:3.) sowie die aus der ‚Inneren Mission' erwachsene ‚Diakonische Bewegung' (> 212-2:2.4.) den neuzeitlichen Protestantismus insgesamt und in vielfältiger Weise. Die ‚Gemeindeaufbaubewegung' (> 212-4:1.) der Gegenwart knüpft an die ‚Gemeinschaftsbewegung' des 19. Jahrhunderts und die in sie eingelagerte ‚Volksmissions- und Hausmissionsbewegung' (> 212-4:3.3.3.) an und entwickelt die organisationspraktischen Konzepte fort, die in der ‚Gemeindebewegung' der Jahrhundertwende entworfen wurden. Ein ganz anderes frömmigkeitstypologisches und organisationspraktisches Profil weisen die im Kulturprotestantismus (> 221) des späten 19. und des frühen 20. Jahrhunderts verankerten, von der christlichen Aufklärung und dem bürgerlichen Bildungsprotestantismus (> 212-4:2.2.2.) inspirierten Bewegungen zur Modernisierung der christlichen Religionskultur auf. Die hinsichtlich ihrer religiös-theologischen Überzeugungen und vor allem hinsichtlich ihrer politischen Positionen voneinander unterschiedenen Reformprojekte zielen insgesamt auf eine zivilreligiös (> 122) grundierte Integration der sich zunehmend pluralisierenden Lebenswelt ab. Einen integralen Fokus der vielfältigen religiös-kirchlichen Erneuerungsbewegungen bildet schließlich die ebenso vom Pietismus und der Erweckungsbewegung wie von den fortschrittlichen Kräften des ‚freien Protestantismus' geförderte und die gegenwärtige Christentumspraxis protestantischer wie römisch-katholischer Provenienz tiefgreifend prägende ökumenische Bewegung (> 211).

Um die *Entwicklungsdynamik* der sich ständig modernisierenden Religionskultur erfassen zu können, bedarf es aber nicht nur einer detaillierten Analyse der explizit auf eine Reform der Religionspraxis abzielenden Bewegungen, der Rückbindung der in der Gegenwart unter veränderten historischen Bedingungen reformulierten Reformprogramme an deren spezifische Ursprungssituationen und der Verortung der in den Reformkonzepten entfalteten Frömmigkeitsvorstellungen in charakteristisch ausgeformten religiösen Milieus. Vielmehr lassen sich sowohl die kontinuierlichen Wandlungen der neuzeitlichen Christentumspraxis als auch die von kirchlich-religiösen Bewegungen initiierten Reformschübe nur im größeren Zusammenhang allgemeingesellschaftlich wirksamer Modernisierungstendenzen hinreichend begreifen. Wie sich im Fortschritt der Religion deren Verflechtung mit umfassenden sozialkulturellen Entwicklungsprozessen dokumentiert, so sind insbesondere die sozialen Trägerinstitutionen religiös-kirchlicher Erneuerungen, die intermediären, zwischen privater, öffentlicher und kirchlicher Lebenssphäre angesiedelten religiösen Teilkulturen und die in ihnen verwurzelten Lebenshaltungen, Wirklichkeitsdeutungen und Frömmigkeitspraktiken als Ausdrucksgestalt weitreichender gesellschaftlicher Fortschrittsbewegungen zu verstehen.

Zu den allgemeingesellschaftlich wirksamen *Fortschrittsbewegungen* der Neuzeit sind an erster Stelle die von Vorstellungen der Aufklärung, insbesondere von der Idee individueller Autonomie, inspirierten Emanzipationsbewegungen zu zählen. Sie wirken in vielfältiger Weise auf die Fortentwicklung der religiösen Lebenskultur im ganzen ein und prägen insbesondere das Profil der für das moderne Christentum charakteristischen religiösen Teilkulturen. So sind beispielsweise die verschiedenen Versionen kirchlicher Jugendarbeit in den unterschiedlichen Strömungen der Jugendbewegung (> 212-3:3.5.1.) verankert. Ebenso stellen sich die im Rahmen der kirchlichen Frauenkultur entwickelten Formen feministischer Spiritualität und die unterschiedlichen Gestalten von Frauenliturgien als spezifische Ausprägungen der vielschichtigen Frauenbewegung dar (> 212-3:3.3.). In den zeitgenössischen Konzeptionen der kirchlichen Kindergartenarbeit (> 212-4:3.2.2.) und des Kindergottesdienstes (> 212-4:3.2.3.) schließlich wird die von der Moderne eingeforderte Emanzipation des Kindes praktisch ratifiziert. In analoger Weise beeinflussen aber auch politische Bewegungen – beispielsweise die Bürgerrechtsbewegung (> 212-3:3.5.), die ökologische Bewegung (> 212-3:3.3.3.), die Friedensbewegung (> 212-3:3.4.4.) oder die Studentenbewegung (> 222-4) – die religiösen Lebenseinstellungen und Weltanschauungen und prägen insbesondere den politischen Gottesdiensten (> 212-3:3.4.) und der Kultur des Kirchentags (> 222-3) ihren Stempel auf. Schließlich finden auch spezielle kulturelle Gegenwartsströmungen – wie die ‚Körperbewegung' und die ‚Tanzbewegung' (> 212-3:3.3.3.) – sowie bestimmte Entwicklungstendenzen der zeitgenössischen Thanatokultur – wie die NDE-Bewegung (> 232-3:1.5.1.) oder die Hospizbewegung (> 232-3:1.5.3.) – Eingang in die religiöse Lebenskultur. Vor allem aber steht die protestantische ‚Bildungsreligion' (> 212-4:2.2.2.), auf deren Basis sich das vielgliedrige religiöse Bildungssystem ausformte, unter dem Einfluß verschiedener allgemeinpädagogischer Bewegungen, der reformpädagogischen Bewegung (> 212-

4:3.2.2.1.), der Arbeitsschulbewegung (> 212-4:3.1.1.2.), der Früherziehungsbewegung (> 212-4:3.2.2.) oder der Volkshochschulbewegung (> 222-4).

Indem die *phänomenologische* Praktische Theologie die zeitgenössische Christentumspraxis auf der Folie der in sie eingelagerten Reformbewegungen rekonstruiert, treten nicht nur die kontinuierlichen Entwicklungslinien und die charakteristischen Umbrüche der religiösen Entwicklung heraus. Vielmehr lassen sich im Rahmen der dynamischen Betrachtungsperspektive auch die spannungsreichen Beziehungen zwischen regressiven und progressiven Entwicklungstendenzen des neuzeitlichen Christentums präzise erfassen. Im Spiegel der Reformprojekte wird aber ebenso die integrale Statur religiöser Lebenspraxis sichtbar. Wie die unterschiedlichen religiös-kirchlichen Erneuerungsbewegungen insgesamt auf eine Vermittlung von säkularer Lebenswelt und religiöser Lebensführung, von Alltagsreligion und Kirchenchristentum abzielen, so verschränken sich in den Reformprojekten die verschiedenen Dimensionen der Lebenspraxis, Bildung und Frömmigkeit, Politik und Kultur, auf exemplarische Weise miteinander.

3. Dokumentiert sich die *Mobilität* der Religionspraxis auch besonders signifikant in den teils religiös-kirchlich verfaßten, teils allgemeingesellschaftlich wirksamen Modernisierungsbewegungen, so geht die Aufgabe einer verstehenden Theorie des zeitgenössischen Christentums gleichwohl nicht in der kritischen Darstellung der verschiedenartigen Reformprojekte auf. Die vielfältigen Erscheinungsformen der gegenwärtigen Religionskultur sind insgesamt „im Zusammenhang der neuzeitlichen Geschichte des Christentums entstanden und deshalb nur in diesem Zusammenhang verständlich" (1,2). Deshalb bildet die historische Betrachtung der in der Vergangenheit verwurzelten, sich in der Gegenwart wandelnden und auf ihre zukünftige Fortentwicklung hinzielenden Christentumspraxis eine elementare Dimension praktisch-theologischer Gegenwartsanalyse. Die verstehende Praktische Theologie behandelt die ‚Praxis' dementsprechend nicht als ein von ihren Bedingungs- und Wirkungszusammenhängen abstrahiertes Konstrukt, sondern sucht die vielfältige Manifestation der gelebten Religion in ihrer jeweiligen „bestimmte(n) geschichtliche(n) Form und Wirklichkeit" (1,9) zu erfassen. Daher wird sowohl in den speziellen Detailanalysen als auch insbesondere in den allgemeinen Rahmenelementen der Theoriekonstruktion die phänomenologische Methodik mit der historischen Perspektive kombiniert und die gegenwärtige Christentumspraxis einerseits aus den ihr zugrundeliegenden gesellschafts-, kultur- und religionshistorischen Voraussetzungen abgeleitet und andererseits auf ihre innovativen Potentiale für den künftigen Fortschritt der Religionskultur hin untersucht.

Die phänomenologischen Praxistheorien sind allerdings nicht als organische Elemente theologischer Geschichtsschreibung, gewissermaßen als praxisverbundene Skizzen aus dem Gebiet der neuesten Christentumsgeschichte, aufzufassen. Unter der Dominanz der phänomenologischen Perspektive formt sich vielmehr ein spezifisches, für die Praktische Theologie charakteristisches *historisches Interesse* heraus. Es begrenzt den für die praktisch-theologische Theoriebildung relevanten historischen Horizont, legt den Richtungssinn der praktisch-theologischen Geschichtsinterpretation fest und setzt die für das historische Verstehen religiöser Phänomene gleichermaßen bedeutsame ideen- und sozialgeschichtliche Betrachtungsweise in Relation zueinander.

Die Dominanz der phänomenologischen gegenüber der historischen Perspektivierung der Lebenswelt kommt – zum einen – in der Eingrenzung des historischen *Interpretations-*

rahmens auf eine relativ kurze Zeitspanne zur Geltung. Im Unterschied zu praktisch-theologischen Theoriekonzeptionen, in denen die für die zeitgenössische Christentums-praxis gültigen Normen aus der biblischen Literatur abgeleitet und die Prinzipien christ-licher Glaubenshaltung und Weltgestaltung im Zusammenhang biblischer Theologie erörtert werden, greift die vorliegende Darstellung nur selten auf die antiken Ursprünge der christlichen Religionsgeschichte zurück. Ebenso nimmt die phänomenologische Theoriekonzeption vergleichsweise wenig Bezug auf die vornehmlich für die theologi-sche Ideengeschichte bedeutsame Genese des Protestantismus im Zeitalter des Huma-nismus und der Renaissance. Im Interesse einer präzisen Verknüpfung der gegenwärti-gen Religionskultur mit den sie unmittelbar beeinflussenden geschichtlichen Faktoren setzen die historischen Analysen der zeitgenössischen Christentumspraxis gewöhnlich in der Epoche des Bürgertums (> 210) ein, markieren die sozialen und kulturellen Umbrü-che der Christentumsgeschichte in der Mitte des 19. und am Übergang zum 20. Jahrhun-dert und beschränken sich im übrigen auf die Entwicklung der christlichen Religions-kultur in den zurückliegenden Jahrzehnten.

Im Gegensatz zu der diachronen Methodik wissenschaftlicher Historiographie kehrt die praktisch-theologische Interpretation – sodann – den *Richtungssinn* der Geschichtsbe-trachtung um und konstruiert die historischen Zusammenhänge nicht linear von deren Ursprüngen aus, sondern rekonstruiert die Gegenwartslage des Christentums punktuell auf dem Hintergrund idealtypisch stilisierter historischer Modellskizzen. Die praktisch-theologische Theoriebildung nimmt damit die in der alltagsweltlichen Reflexionspraxis verankerte, teilweise aber auch in der sozial- und kulturhistorischen Gebrauchsliteratur verwendete, weniger von historischen Forschungsinteressen als vielmehr von aktuellen Interessenslagen dirigierte Betrachtungsweise auf und bedient sich der nicht streng wis-senschaftlich verfaßten Methodik der synchronen Überlagerung historischer Epochen. Die Rekonstruktion alltagsweltverbundener Geschichtsinterpretation deckt auf, wie sich die pluriformen Versionen gegenwärtiger Christentumspraxis im Interesse ihrer jeweili-gen Selbstbegründung und Selbstvergewisserung eigenwillig zugeschnittener histori-scher Skizzen bedienen, die ihrerseits wiederum auf fiktive historische Vorlagen zurück-greifen. Die selektive Nutzung der Geschichte als Folie für die Beschreibung und Be-wertung aktueller sozialer und kultureller Lagen prägt der historischen Ableitung cha-rakteristisch moderner Lebensformen, beispielsweise der Geschichte der Familie (> 212-1:3.), der Kindheit (> 212-4:3.2.) oder des Pfarrhauses (> 212-4:3.3.2.), ihren Stempel auf. Besonders signifikant tritt die argumentative Logik interessengeleiteter Geschichts-schreibung aber in den auf kritischen Zeitdiagnosen basierenden und von einem spezifi-schen Krisenbewußtsein durchtränkten Konzepten zur Reform von Religion und Kirche zutage. Die in der Mitte des 19. Jahrhunderts, am Anfang des 20. Jahrhunderts und in der Gegenwart ausgearbeiteten Reformprogramme (> 212-4:1.) beziehen sich in teils kriti-scher, teils konstruktiver Absicht aufeinander und bedienen sich zur Begründung ihrer innovativen Strategien der Methode der Kontrastierung und der Idealisierung histori-scher Epochen.

Schließlich verbinden sich in der praktisch-theologischen Geschichtsinterpretation *Ide-en- und Sozialgeschichte* untrennbar miteinander. Die in die Topographie des zeitge-nössischen Christentums eingearbeiteten historischen Skizzen nehmen auf der einen Seite vielfältige Einsichten der Sozial- und Kulturgeschichte auf und machen die cha-rakteristischen Wandlungen der religiösen Lebensformen auf dem Hintergrund der neuzeitspezifischen gesellschaftlichen Entwicklungsprozesse verständlich. Auf der anderen Seite treten im Zuge der historischen Analyse der religiösen Lebenswelt aber auch die ideellen Komponenten der religiösen Lebenskultur heraus. Wie die an der Schwelle zur Neuzeit entstandene und bis in die Gegenwart wirksame bürgerliche Weltanschauung insgesamt von ideellen Anreicherungen der sozialkulturellen Wirklichkeit lebt, so sind insbesondere die typisch bürgerlichen Institutionen – beispielsweise das ‚Haus' (> 212-1:1.), das ‚Kind' (> 212-4:3.2.) oder der ‚Beruf' (> 212-4:2.3.) – gleichermaßen als empirische Sachverhalte wie als ideelle Konstrukte anzusehen und nur in dieser Doppelgestalt begreifbar.

Das in die phänomenologische Arbeitsweise eingebettete historische Interesse des praktischen Theologen geht freilich nicht in der „wissenschaftlichen Aufbereitung vergangenen Christentums" (18,157) und auch nicht in der Rückführung modern anmutender Phänomene auf deren historische Voraussetzungen auf. Die im „wissenschaftlichen Geist" vorgenommene historische Relationierung gegenwärtiger Problemlagen verbindet sich vielmehr mit dem „religiöse(n) Interesse" (22,§9) des theologischen Forschers und zielt dementsprechend auf die *prinzipiengeleitete*, den „Grundsätzen der christlichen Überlieferung" (1,10) verpflichtete Fortentwicklung der christlichen, insbesondere der protestantischen Religionskultur ab. Wird die von vielfältigen Widersprüchen und Ambivalenzen geprägte religiöse Gegenwartssituation nicht als Verfallsprodukt einer sich zunehmend auflösenden christlichen Kulturwelt, sondern umgekehrt „als Keim einer dem Begriff mehr entsprechenden Zukunft" (22,§26) aufgefaßt, dann bildet die zugleich gegenwartsverbundene wie geschichtsbewußte und fortschrittsorientierte Theoriearbeit der Praktischen Theologie die „Grundlage der Verantwortung für die geschichtliche Gestalt der Kirche und für das gemeinsame Leben der Christen" (1,10).

2.3.3. Die Modernisierung der religiösen Reflexionskultur und die Theoriestruktur praktisch-theologischer Reformprogramme

1. Die dynamische Statur der Religion kommt nicht nur in dem teils kontinuierlich, teils in Entwicklungsschüben verlaufenden und durch spezielle Reformprojekte verstärkten Wandel der religiösen Lebensformen, in der Herausbildung neuartiger individueller Frömmigkeitsstile und sozialer Vergemeinschaftungsmuster, zum Ausdruck. Die für den neuzeitlichen Protestantismus charakteristischen Modernisierungstendenzen bringen sich ebenso deutlich im Fortschritt der religiösen *Reflexionskultur* zur Geltung. Wie sich die in die Alltagsreligion verwobenen Reflexionskonstrukte, individuelle Lebensdeutungen und kollektive Weltbilder, einerseits im Zusammenhang der biographischen Entwicklung der Persönlichkeit, andererseits auf dem Hintergrund der historischen Entwicklung der gesellschaftlichen Lebenskultur ständig weiterentwickeln, so folgen die wissenschaftlichen Rekonstruktionen der religiösen Lebenswelt dem teils evolutionären, teils revolutionären Fortschritt des modernen Wissenschaftsbetriebs. In herausgehobenem Maße tragen schließlich die im Rahmen religiös-kirchlicher Bewegungen entwickelten Reformkonzepte die Signatur religiöser Modernisierung. Die in programmatischer Weise dem Fortschritt der Religionspraxis verpflichteten Reflexionskonstrukte stellen einen sowohl gegenüber dem praktischen Lebenswissen als auch gegenüber den wissenschaftlichen Theoriesystemen eigenständigen, zwischen Praxis und Theorie vermittelnden und somit intermediären Theorietypus dar.

Auf der einen Seite sind die Programme zur Reform der Predigt- und Gottesdienstkultur, des religiösen Bildungswesens oder der seelsorgerlichen Konversation nicht als praktische Ratifizierungen theologisch ausformulierter Fortschrittspostulate, sondern als *integrale* Momente des religiösen Modernisierungsprozesses anzusehen. In den Reformkonzepten verdichtet sich der reflexive Gehalt von „spontanen und authentischen Bewegungen der Religion", die ihrerseits wieder aufs engste mit der „allgemeinen kulturgeschichtlichen Situation" (1,1) und den jeweils in Geltung stehenden Lebensvorstellungen und Weltbildern verwoben sind. So ist beispielsweise die religionspädagogische Reformbewegung (> 212-4:2.2.) in den sechziger Jahren des 20. Jahrhunderts sowohl hinsichtlich ihrer theoretischen Intentionen als auch hinsichtlich ihrer praktischen Innovationen in die umfassende bildungstheoretische Debatte der Zeit eingebettet. Die Karriere der Seelsorgebewegung (> 213) und der von ihr propagierten Theoriekonzepte zur Bearbeitung von Lebenskonflikten verdankt sich dem Boom der psychologisch grundierten Beratungskultur in den siebziger Jahren. Die liturgische Erneuerungsbewegung der Gegenwart (> 212-3:3.) und die in ihr verankerte symbolisch-ästhetische Perspektivierung der Wirklichkeit schließlich entstand auf dem Boden der ‚Erlebnisgesellschaft' (79) der späten Achtziger (89,690f). Die verschiedenartigen religiös-kirchlichen Reformkonzepte sind insgesamt als ein bestimmter Typus innovativen Praxiswissens zu betrachten.

Wie die Konzepte zur Reform der religiösen Praxis jenseits der Grenzen wissenschaftlicher Theoriebildung entstehen, so wirken sie auch nur mittelbar auf die praktisch-theologische Theoriearbeit zurück. Längst bevor die innovatorischen Programme Eingang in die akademische Praktische Theologie fanden, wurden sie von eigens ins Leben gerufenen „kirchlichen Institutionen approbiert und in Gang gesetzt" (13,58). In ihrem Rahmen entstanden dann neuartige Formen *institutionenverbundener* Theologie wie beispielsweise die aus der „hauseigene(n) Kirchensoziologie der EKD" (80,52) entwickelte Ekklesiologie, die in den kirchlichen Beratungseinrichtungen kultivierte Seelsorgelehre oder die von religionspädagogischen Instituten entworfene kirchliche Bildungstheorie. In dieser Gestalt wurden die ursprünglich aus der kirchlichen Alltagspraxis hervorgegangenen und dann zu Reflexionskonstrukten mittlerer Reichweite ausgebauten Handlungstheorien schließlich von der akademischen Praktischen Theologie aufgegriffen, einer kritischen Prüfung unterzogen und in die speziellen Methodenlehren der praktisch-theologischen Teildisziplinen integriert. Aus der Perspektive der wissenschaftlichen Theoriebildung stellen sich die innovativen Handlungstheorien daher als praxisverbundene Reflexionskonstrukte dar. Sie repräsentieren die Autonomie der religiösen Reflexionspraxis gegenüber den wissenschaftlich formatierten theologischen Theoriesystemen.

Auf der anderen Seite sind die in religiös-kirchlichen Bewegungen verankerten Programme zur Reform der sozial organisierten Religion aber auch nicht als organische Elemente des religiösen Alltagswissens, sondern als artifiziell ausgearbeitete und *hochspezialisierte* Wissenskonstrukte anzusehen. Sie sind einem Typus von Handlungstheorien zuzurechnen, der sich erst im Zuge der neuzeitlichen Institutionalisierung (> 321) der Religion herausbildete und den speziellen Theoriebedarf charakteristisch moderner Formen religiöser Organisationen, der kirchlichen Beratungs- und Planungsinstitutionen, deckt. In den zwischen religiöser Lebenspraxis und theologischer Wissenschaftspraxis angesiedelten Theorien spiegeln sich die „Problemlage(n) der gegenwärtigen Lebenswelt" (81,69) daher nicht in ihrer unmittelbaren lebenspraktischen Gestalt, sondern in einer bestimmten und begrenzten Optik wider. Die intermediären Reflexionskonstrukte

gehen von einer an den Zielen der jeweiligen Institution orientierten und markant perspektivierten „religiöse(n) Welt- und Lebensdeutung" (81,69) aus, zentrieren ihr Programm um das jeweilige „Selbstverständnis" (81,51) der Institution und stellen sich insofern nicht als religiöse Lebenstheorien, sondern als „Theorie(n) der religiösen Institu-
tion(en) von sich selbst" (81,69) dar.

Gilt das zugleich theoretische wie praktische Interesse der religiös-kirchlichen Reformprogramme auch dezidiert einer Modernisierung der Religionskultur, so zielen sie
gleichwohl nicht in direkter Weise auf den sozialen und kulturellen Fortschritt der religiösen Alltagspraxis ab. Die intermediären Praxistheorien wenden sich nicht primär an
die religiösen Laien, um ihnen die für eine rationale Gestaltung ihrer Lebenspraxis erfor-
derlichen theoretischen Kompetenzen zu vermitteln. Die praktische Absicht der Reformkonzepte besteht vielmehr in der Optimierung der Handlungspraxis von teils hauptberuflich, teils ehrenamtlich tätigen *Experten* (> 340). Sie sollen durch theoretische Bildung dazu instand gesetzt werden, die sozial organisierte und kommunikativ praktizierte
Frömmigkeitspraxis prinzipiengeleitet und effektiv zu steuern. Die auf einer höheren
Ebene religiöser Organisation angesiedelten Theorien zweiten Grades dienen dementsprechend der Beratung der seelsorgerlichen Berater, der Bildung von religiösen Erziehern oder der Planungsarbeit von Gottesdienstgruppen und ähnlichen Initiativen. Die
Theorien zur Organisation des religiösen Handelns greifen deshalb auch nicht in unmittelbarer Weise auf das religiöse Alltagswissen zurück, um es in kritischer Absicht zu
sortieren und unter systematischen Gesichtspunkten aufzubereiten; sie orientieren sich
bei der Ausarbeitung ihrer Handlungskonzepte vielmehr an Struktur und Funktion von
Berufstheorien (> 212-4:2.3.2.). Auch wenn die theologischen, pädagogischen oder psychologischen Einsichten der Reformkonzepte im Zuge ihrer Popularisierung, zumal im
Rahmen der weit verbreiteten Beratungsliteratur und des breit ausgebauten Erwachse-
nenbildungswesens, Eingang in die alltagsweltverbundene Reflexionskultur fanden, so
sind die an der professionalisierten Religionspraxis orientierten Handlungstheorien hinsichtlich ihrer Theoristatur doch deutlich von den verschiedenen Formen religiösen
Lebenswissens unterschieden.

2. Die originäre *Theoristatur* der religiös-kirchlichen Fortschrittsprogramme entsteht
durch die Verklammerung von drei verschiedenartigen und in den einzelnen Reformkonzeptionen jeweils unterschiedlich gewichteten Theoriekomponenten. Die ideelle Grundlage der Reformkonzepte bildet eine Prinzipienlehre, in der die unveräußerlichen Grundsätze des neuzeitlichen Protestantismus zu handlungsleitenden Intentionen umgeformt
werden; so ruhen die religionspädagogischen Reformtheorien auf religiös grundierten
Bildungsvorstellungen (> 212-4:2.2.) auf, die Konzeptionen zur Erneuerung der Seelsorgepraxis auf markant ausgeformten anthropologischen Leitbildern, die liturgischen Reformkonzepte auf einem spezifischen Verständnis symbolischer Wirklichkeitskonstruktion. Ihre kritische Akzentuierung erhalten die fortschrittsorientierten Handlungstheorien
sodann durch die Gegenüberstellung von ideellen Vorstellungen und empirischen Gegebenheiten; zielt die Modernisierung der verschiedenen Sektoren religiös-kirchlicher
Handlungspraxis auch auf eine engere Verkoppelung der sozial organisierten Religion
mit der sich ständig fortentwickelnden Lebenswelt ab, so geht die Leistung der religiös-
kirchlichen Reformbewegungen gleichwohl nicht in der Adaption der Religionskultur an
den jeweiligen Entwicklungsstand der gesellschaftlichen Lebenspraxis auf; vielmehr
streben die religiös-kirchlichen Fortschrittsprogramme eine prinzipiengeleitete Reform

des religiösen Lebens und darüber hinaus eine an den Grundsätzen des neuzeitlichen Christentums orientierte Fortentwicklung des gesellschaftlichen Lebens im ganzen an. Ihre charakteristische Gestalt gewinnen die auf ideellen Leitvorstellungen basierenden und mit kritischen Zeitdiagnosen durchsetzten Reformtheorien schließlich in der Konzeption von rationalen Strategien, mit deren Hilfe die theoretischen Fortschrittspostulate in praktische Innovationen umgesetzt werden sollen.

Im Fortschritt der historisch aufeinander aufgeschichteten Reformkonzeptionen (> 212-4:1.), zumal aber in der Gegenwart, verlagerte sich die *Gewichtung* der unterschiedlichen Theoriekomponenten von den analytischen zu den strategischen Elementen. Das dominante Interesse der religiös-kirchlichen Reformtheorien des 19. Jahrhunderts galt der kritischen Gegenwartsanalyse; im Geiste bürgerlicher Kulturkritik wurden die Folgen der sich anbahnenden Säkularisierung und Individualisierung der Religion herausgestellt, die Auflösung der traditionellen kirchlichen Lebensformen und die daraus resultierende Orientierungslosigkeit des Individuums beklagt und eine Reform der christlichen Lebenskultur durch deren Verlagerung aus den sich auflösenden Institutionen der Familie (> 212-1:3.) und der Kirche (> 212-3:1.1.2.) in die neu entstehende, zwischen Kirche und Privatwelt angesiedelte Sozialform des Vereins (> 222-2) propagiert; in den intermediären Gemeinschaftsformen sollte sich das religiöse Leben auf gewissermaßen natürliche Weise entwickeln. Die praktisch-theologischen Reformtheorien des beginnenden 20. Jahrhunderts bedienten sich zur Ausarbeitung neuzeitkonformer Konzeptionen religiöser Organisation und Kommunikation ebenfalls der Säkularisierungs- und Individualisierungsthese; sie wandten sich freilich weniger gegen die in der Gesellschaft wirksamen Modernisierungstendenzen, sondern entwickelten ihre Reformpostulate im Rückgriff auf die vom Protestantismus selbst in Gang gesetzten Fortschrittstendenzen; die Entwicklung neuartiger säkularreligiöser Lebensformen resultiert auf geradezu selbstverständliche Weise aus der theoretischen Einsicht in die sozialkulturellen Bedingungen der modernen Lebenswelt (> 212-4:1.).

In den am Ende des 20. Jahrhunderts dominierenden Programmen zur Reform der religiösen Sozialsysteme dokumentiert sich dagegen ein rapider Zuwachs an *strategischem* Bewußtsein. Zwar greifen auch die zeitgenössischen Reformprojekte zur Interpretation der religiösen Gegenwartslage auf die Säkularisierungs- und Individualisierungshypothese zurück. Aber sie legen das Schwergewicht ihrer Programme nicht mehr auf die Ausarbeitung sozial- und kulturwissenschaftlicher Zeitdiagnosen, sondern setzen die für die Zukunft der religiösen Lebenskultur und zumal für die Fortexistenz des kirchlich verfaßten Christentums prekäre Lage als gegeben voraus und konzentrieren ihr Interesse auf die strategische Optimierung religiöser Kommunikation und Organisation; soll die Entwicklung der sozial organisierten Religion nicht sich selbst überlassen bleiben, dann bedarf es der Ausarbeitung von rationalen Verfahrenstechniken zur methodischen Organisation religiöser Kommunikationsprozesse und zur effizienten Steuerung religiöser Sozialsysteme.

Die Dominanz des strategischen Bewußtseins bringt sich zum einen in der Konjunktur von berufspraktischen *Verfahrenstechniken* zur Effizienzsteigerung des rhetorischen, pädagogischen und seelsorgerlichen Handelns der Pfarrer und Pfarrerinnen zur Geltung; die Methodisierung der kommunikativen Praktiken führte zu einer verstärkten Professionalisierung des Pfarrerberufs (> 212-4:2.3.3.) und zu einer Reorganisation der theologi-

schen Ausbildung (> 212-4:3.3.1.4.) mit dem Ziel einer funktionalen Kompetenzsteigerung der Berufsträger. Zum anderen schlägt sich das Interesse an einer Rationalisierung
der sozial organisierten Religion in einer an den Grundsätzen ökonomischen Handelns
orientierten Reform der kirchlichen Sozialsysteme nieder. Wurden schon in den vergangenen Jahrzehnten die typisch modernen Organisationsformen der Religion – die Einrichtungen der Diakonie und des Beratungswesens (> 222-2) – nach dem Vorbild wirt-
schaftlicher Betriebsorganisationen durchrationalisiert, so werden gegenwärtig im Rahmen der ökonomisch-kybernetischen Kirchenreform die drei klassischen religiösen Institutionen – Kirche (> 322), Gemeinde (> 332) und Pfarrerberuf (> 333) – einer Effi-
zienzkontrolle unterzogen und dem Diktat der ökonomischen Logik unterstellt. Im Zuge
der strategischen Konzeptionalisierung kirchenleitenden Handelns wurden für die verschiedenen kirchlichen Sozialsysteme jeweils originäre Steuerungsmodelle entworfen
und in teils umfangreichen Konsultationsprozessen in die Praxis umgesetzt. So etablierte
sich im Rahmen der Gemeindeaufbaubewegung eine weit ausdifferenzierte Planungs-
und Beratungskultur. Ebenso wurden Steuerungsverfahren für die kirchlichen Großorganisationen und entsprechende kybernetische Theoriekonzeptionen entwickelt. Die Ratio-
nalisierungskampagne führte schließlich auch zu einer Revision des dritten Sozialsystems organisierter Religion, des Pfarrerberufs, und in deren Folge zu einer kyberneti-
schen Formulierung der pastoralen Berufstheorie. Die unterschiedlichen Modernisie-
rungskonzepte wurden in systematisch ausgearbeiteten Entwürfen praktisch-theologischer Kybernetik zusammengeführt; als theorieleitendes Integral der fortschrittsorientierten Praxistheorien fungiert die im ökonomischen Sinne begriffene Rationalisierung
der Religionspraxis (89).

3. Die in religiös-kirchliche Bewegungen eingelagerten Reformprojekte tragen gleichermaßen zur Modernisierung der sozial organisierten Religion wie zur Fortentwicklung der
unlösbar mit der neuzeitlichen Christentumspraxis verbundenen Reflexionskultur bei.
Die Bedeutung der Reformprogramme bleibt aber nicht auf den praxisverbundenen
Theoriediskurs begrenzt. Die Vitalität der intermediären, zwischen religiöser Handlungspraxis und theologischer Wissenschaftspraxis angesiedelten Reflexionskultur wirkt
vielmehr in entscheidendem Maße auch auf den Fortschritt der *wissenschaftlich* formatierten Praktischen Theologie ein. Die wissenschaftlichen Entwürfe der Praktischen
Theologie sind zwar in herausgehobener Weise als theoretische Rekonstruktionen der
Lebenswelt anzusehen. Sie erschließen die religiöse Lebenswelt weder aus der Binnenperspektive der eng umgrenzten Alltagswelt noch aus der Optik der ihren jeweiligen
partikulären Organisationszielen verpflichteten religiösen Institutionen (> 321), sondern
aus der ebenso distanzierten wie umfassenden Außenperspektive des seiner Eigenlogik
folgenden Wissenschaftssystems (> Einführung 1.2.). Die wissenschaftlich verfaßte
Praktische Theologie betrachtet deshalb sowohl die unmittelbaren lebenspraktischen
Erscheinungen der Religion als auch die mittelbaren, in Reflexion umgesetzten Ausdrucksformen religiöser Praxis als ihren Erkenntnisgegenstand. Gleichwohl sind sowohl
die historischen als auch die zeitgenössischen Theoriesysteme der Praktischen Theologie
aufs engste mit den vorwissenschaftlichen Formen theologischer Reflexion verflochten.

In die wissenschaftliche Theoriebildung fließen nicht nur die vielfältig detaillierten Einsichten der Reformtheorien sowie die grundlegenden Intentionen der religiös-kirchlichen
Fortschrittsprogramme ein. Vielmehr bilden sich im Rahmen der intermediären Reflexionskonstrukte auch die Konturen der für die moderne Praktische Theologie charakteri-

otioohon *Theoriogostalt* heraus: die zwisohon Praxis und Theorie pendelnde praktisch theologische Denkform (> Einführung 1.3.) und die darauf aufbauende Theoriestatur der Praktischen Theologie, die Rückbindung der wissenschaftlichen Theoriebildung an die drei zentralen religiösen Institutionen, an Kirche, Gemeinde und Pfarrberuf, sowie die für die Struktur praktisch-theologischer Theoriesysteme typische Verknüpfung von unveräußerlichen theologischen Prinzipien, kritischen Gegenwartsanalysen und strategischen Konzeptionen. Indem sich die wissenschaftlich formatierte Praktische Theologie im Zuge ihres historischen Fortschritts zunehmend die reflexiven Grundformen der religiös-kirchlichen Reformtheorien aneignet und in ihrer Theoriearchitektur die unterschiedlichen Komponenten der Praxistheorien auf ebenso neuartige wie komplexe Weise miteinander vernetzt, avanciert sie schließlich selbst zu einem zentralen Moment religiöser Modernisierung, zum Medium und Generator modernitätsverpflichteter Theologie.

Die vorliegende Darstellung stellt die in die *wissenschaftshistorische* Entwicklung der Praktischen Theologie eingelagerten Fortschrittsmomente heraus. Sie rekonstruiert den Prozeß wissenschaftlicher Modernisierung aber nicht, wie dies gewöhnlich geschieht, in einer selbständigen, dem jeweiligen Theoriekonzept vorangestellten Abhandlung, in der das originäre Profil der aneinander anschließenden und teils kritisch, teils konstruktiv aufeinander aufbauenden Epochen der praktisch-theologischen Wissenschaftsgeschichte herausgearbeitet wird. Der Fortschritt der praktisch-theologischen Theoriebildung wird vielmehr im Zusammenhang der umfassenden gesellschafts- und religionshistorischen Modernisierungsprozesse dargestellt, in denen sich die Entwicklung der religiösen Lebenskultur und der Fortschritt der theologischen Reflexionskultur wechselseitig verschränken (> 212-3:1.2.); auf dem Hintergrund der Individualisierung, Säkularisierung und Rationalisierung der Religionspraxis wird der Perspektivenwandel der praktisch-theologischen Gesamttheorien begreifbar. In analoger Weise wird die teils kontinuierlich, teils in Schüben verlaufende Modernisierung der praktisch-theologischen Teiltheorien, der Poimenik (> 213), Homiletik (> 223) und Liturgik (> 233), im Zusammenhang der zeitgleichen religiös-kirchlichen Reformbewegungen skizziert; indem religiöse Modernisierung und wissenschaftlicher Fortschritt nicht als unabhängig voneinander verlaufende Entwicklungen, sondern als untrennbar miteinander verbundene Komponenten eines ebenso vielschichtigen wie integralen Fortschrittsprozesses aufgefaßt werden, treten die wissenschaftstheoretischen Konturen der zwar thematisch voneinander unterschiedenen, formal aber analog strukturierten Praxistheorien heraus. Die Rekonstruktion von Genese und Entwicklung der praktisch-theologischen Wissenschaftsgeschichte folgt demnach – sowohl hinsichtlich der Umstellung der globalen Theoriearchitektur, als auch hinsichtlich der Umformung der speziellen Teiltheorien – nicht einem gegenüber der praktisch-theologischen Theoriebildung eigenständigen historischen Interesse. Vielmehr dient der wissenschaftshistorische Rückgriff auf frühere Theorieentwürfe dazu, „sich der Grundlagen der eigenen Gegenwart zu vergewissern" (9,351).

Die in das Gesamtkonzept der vorliegenden Praktischen Theologie integrierte Darstellung der praktisch-theologischen Wissenschaftsgeschichte arbeitet die Konvergenzen und Divergenzen zwischen historischen und gegenwärtigen Theoriemodellen heraus und bedient sich dazu der für die praktisch-theologische Geschichtsinterpretation charakteristischen Methodik der Überblendung historischer Epochen. Kontinuität und Wandel der wissenschaftlichen Perspektiven werden modellhaft an den vielfältigen Beziehungen dargelegt, die zwischen der gegenwärtigen Praktischen Theologie und der Epoche der

'Liberalen Theologie' bestehen. Im Spiegel der charakteristisch modernen Entwürfe Praktischer Theologie, die sich einerseits der durch Ernst Troeltsch (> 221) und Max Weber (> 231) angeregten sozial- und kulturwissenschaftlichen Neuperspektivierung der wissenschaftlichen Theologie verpflichtet wissen und sich andererseits aufs engste mit den verschiedenen religiös-kirchlichen Reformbewegungen des beginnenden 20. Jahrhunderts verbinden, treten sowohl die bis in die Gegenwart gültigen Grundmuster praktisch-theologischer Theoriesysteme als auch die Grundkonturen der praktisch-theologischen Teiltheorien markant zutage.

Als „repräsentativ für die damals zeitgenössische dominante Bewegung innerhalb der Praktischen Theologie um die Jahrhundertwende" (9,349f) kann das Reformprogramm von Paul *Drews* (> 212-3:1.2.4.) gelten. In der wechselseitigen Relationierung der vielfältigen praktisch-theologischen Theorieperspektiven, im „Zusammenspiel von spezifischer Gesellschaftswahrnehmung, innertheologischen Argumentationen, gezieltem wissenschaftlichen Methodenrekurs und praktischem Kirchenverständnis" (9,349), entwickelte Drews ein wissenschaftliches Grundkonzept, das nicht nur der zeitgenössischen Praktischen Theologie die „Gestalt einer abgegrenzten theologischen Fachdisziplin" mit einem „eigenständige(n) Profil" (9,350) verlieh, sondern der praktisch-theologischen Theoriebildung bis in die Gegenwart seinen Stempel aufgeprägt hat. Insbesondere aber ist die phänomenologische Optik der vorliegenden Praktischen Theologie in Drews Neuperspektivierung der praktisch-theologischen Theoriearbeit präfiguriert. Von dem „praktisch-theologische(n) Erklärungsinteresse" an den „allgemeinen Lebenszusammenhängen" (9,396) geleitet, zielt das „Forschungsprogramm" (9,350) von Drews auf die empirische Beschreibung und die theoretische Analyse der religiösen Lebenswelt und damit auf eine „idealtypische Rekonstruktion der Wirklichkeit" (9,403) ab. Dominante Motive der praktisch-theologischen Gegenwartsanalyse bilden einerseits die durchgängige „Individualisierung des Glaubens" (9,371) und andererseits der „integrale Gegenwartscharakter der Religion" (9,396).

Strebte Drews eine wissenschaftliche Neuperspektivierung der Praktischen Theologie im ganzen an, so galt das Interesse verschiedener praktisch-theologischer Reformprojekte der Entwicklung von praxisverbundenen *Teiltheorien* für die unterschiedlichen Bereiche des kirchlichen Lebens. Auf der Basis der neuen praktisch-theologischen Denkform und im Horizont der innovativen wissenschaftlichen Gesamtperspektive entwickelte Otto Baumgarten eine an den Prinzipien des neuzeitlichen Christentums, insbesondere an der Idee individueller Autonomie, orientierte Theorie der ‚protestantischen Seelsorge' (> 213). Im Zusammenhang der ‚modernen Predigt', einer die Predigtpraxis wie die homiletische Theorie gleichermaßen umfassenden Reformbewegung, erarbeitete Friedrich Niebergall eine neuartige, auf einer empirischen Analyse der säkularisierten und individualisierten Religionskultur basierende und auf den Rezipienten als den exemplarischen ‚modernen Menschen' fokussierte Predigttheorie (> 223). Im Kontext der zeitgenössischen liturgischen Bewegungen schließlich wurden die theologischen Grundlagen einer modernen, dem Prinzip der ‚Alltagsverbundenheit' des Gottesdienstes verpflichteten Liturgik formuliert (> 233).

4. Die *gegenwärtige* Lage der Praktischen Theologie nimmt sich wie ein Spiegelbild der ‚liberalen' Epoche aus. Nach einer Entwicklungsperiode, in der die wissenschaftliche Statur der Praktischen Theologie im Geiste der ‚Dialektischen Theologie' „aus dem Be-

griff der Theologie selbst abgeleitet" (1,50) wurde und „empirische Zwecke" eine „höchstens beiläufige Rolle bei der Bestimmung praktisch-theologischer Aufgaben" spielten (1,52), wendet die Praktische Theologie der Gegenwart ihr forschungspraktisches Interesse wieder der empirisch-phänomenologischen Erfassung der vielfältigen Erscheinungsformen praktizierter Religion zu. Indem sie ihre Beobachtungsperspektive über den „engen Gesichtskreis" (36,IV) des kirchlich verfaßten Christentums hinaus ausweitete und ihre Aufmerksamkeit auf die Verflechtung der Religion mit den verschiedenen „sozialen Bewegungen" (36,III) der Zeit konzentrierte, fand die Praktische Theologie nicht nur Anschluß an die sich ständig modernisierende Religionspraxis. Im Zuge ihrer ‚empirischen Wendung' gewann die Praktische Theologie vielmehr auch eine neuartige, an der sozial- und kulturwissenschaftlichen Forschung orientierte Statur. Begegneten zu Beginn des 20. Jahrhunderts noch viele praktische Theologen den sich im säkularen Wissenschaftsbetrieb wie in der populären Reflexionskultur etablierenden soziologischen und psychologischen Erkenntnisperspektiven mit Reserve, so ist die praktisch-theologische Theoriearbeit am Ausgang des Jahrhunderts untrennbar in die moderne Wissenschaftskultur verwoben. Wie die Praktische Theologie ständig auf Erkenntnisse der mit ihr verbundenen Wissenschaftsdisziplinen zurückgreift und sich bei der Entwicklung ihrer Theorien sozial- und kulturwissenschaftlicher Methoden bedient, so leistet sie umgekehrt ihrerseits gewichtige Beiträge zum interdisziplinären wissenschaftlichen Diskurs.

Die gegenwärtige Praktische Theologie erbt von der ‚liberalen' Epoche allerdings nicht nur den forschungspraktischen Elan, sondern auch die mit der empirischen Neuformatierung ihrer Theoriearbeit verbundenen wissenschaftstheoretischen *Probleme*. Während sich die von der ‚liberalen' Theologie initiierte „Bewegung" (36,VII) vornehmlich im Fortschritt der praktisch-theologischen Teildisziplinen manifestiert, blieben die von Drews' Entwurf einer phänomenologischen Praktischen Theologie ausgehenden integrativen Impulse eher latent. In dem Maße, in dem sich das innovative Interesse praktisch-theologischer Theoriebildung von der Entwicklung umfassender Gesamtentwürfe auf die Raffinierung spezieller Theoriediskurse verlagerte, verselbständigten sich aber nicht nur die ihrer jeweiligen Eigenlogik verpflichteten Einzeldisziplinen der Praktischen Theologie zunehmend gegeneinander. Vielmehr verlor die Idee wissenschaftlicher Integration überhaupt an Plausibilität.

Die *Segmentierung* der Praktischen Theologie wurde durch die wissenschaftliche Rezeption der intermediären, zwischen religiöser Lebenspraxis und wissenschaftlicher Theoriepraxis angesiedelten Reflexionskonstrukte verstärkt. Wie sich in den zurückliegenden Dekaden der christlichen Religionsgeschichte markant ausgeformte und ihren jeweiligen Eigeninteressen verpflichtete religiös-kirchliche Bewegungen in rascher Folge ablösten, so verzeichneten auch die in die unterschiedlichen Reformprojekte eingelagerten Theoriediskurse eine zwar kurzfristige, aber um so steilere Karriere. Der Austausch partieller Theorieperspektiven bildet sich in der wechselhaften Entwicklung der praktisch-theologischen Wissenschaftsgeschichte ab. Die Konjunktur zunächst der Homiletik, dann der Religionspädagogik, schließlich der Poimenik und neuerdings der Liturgik beflügelte einerseits den Fortschritt der praktisch-theologischen Teiltheorien. Indem die Einzeldisziplinen der Praktischen Theologie in wechselnder Folge die Regie über die praktisch-theologische Theoriearbeit im ganzen übernahmen, trugen sie andererseits auch zu punktuellen Vernetzungen der partikulären Theoriediskurse bei. Die Dominanz der begrenzten Erkenntnisperspektiven verstellte aber gleichwohl den Blick auf die ebenso pluriforme wie integrale ‚Einheit der Praktischen Theologie' (11).

Den zentrifugalen Kräften innerhalb der praktisch-theologischen Wissenschaftsorganisation entgegenzuwirken und die Praktische Theologie als ein in sich konsistentes Wissenschaftsgebiet zu konstituieren, bildet die Aufgabe der praktisch-theologischen *Gesamtentwürfe*, die in der allerneuesten Zeit ausgearbeitet wurden. Die vorliegende Konzeption Praktischer Theologie sucht diese Aufgabe zu lösen, indem sie die „organisatorische(n) Verhärtungen der Teildisziplinen" (63,286) auflöst und die partikulären Theoriediskurse in einem wissenschaftlich fundierten Gesamtkonzept der Praktischen Theologie zusammenführt.

3. Die Theoriearchitektur der vorliegenden Praktischen Theologie

Das Interesse der vorliegenden Theoriekonzeption gilt der Ausarbeitung einer gleichermaßen integralen wie komplexen *Gesamttheorie* der Praktischen Theologie. Es findet seinen Ausdruck in dem ebenso weitgespannten wie feingliedrigen Aufriß der Darstellung. Bildet die intermediäre Theoristatur das wissenschaftliche Fundament, auf der das phänomenologisch perspektivierte Theoriekonzept aufruht, so stellt die komplexe Theoriearchitektur das kompositorische Grundrißmuster eines praktisch-theologischen Theorieentwurfs dar, in dem sich das empirische Interesse an den vielfältigen und jeweils originär ausgeformten Erscheinungsformen der religiösen Lebenspraxis und das systematische Interesse an einer in sich konsistenten und logisch durchstrukturierten Theoriekomposition miteinander verschränken. Fügt sich die vorliegende Theoriekonzeption hinsichtlich ihrer wissenschaftstheoretischen Grundlage, der zwischen religiöser Praxis und theologischer Theorie pendelnden ‚Denkform', in den Gesamtzusammenhang der zeitgenössischen Praktischen Theologie ein und ordnet sie sich hinsichtlich ihrer phänomenologischen Methodik einer dominanten Richtung der gegenwärtigen praktisch-theologischen Theoriebildung zu, so dokumentiert sich das eigenständige Profil der praktisch-theologischen Gesamttheorie im Entwurf eines neuartigen Theoriedesigns. Während der Perspektivenwandel der Praktischen Theologie „von der Handlungstheorie zur Wahrnehmungswissenschaft" (65,11) bisher vornehmlich in forschungsstrategischen Programmschriften eingefordert und an bestimmten Aspekten der zeitgenössischen Religionskultur exemplifiziert wurde, nutzt die vorliegende Gesamtkonzeption die phänomenologische Perspektivierung der praktisch-theologischen Theoriearbeit zum Aufbau einer gleichermaßen komplexen wie integralen Theoriekonstruktion.

Die Verschränkung von differentialen und integralen Theorieperspektiven bildet das Grundproblem praktisch-theologischer *Theoriekonstruktion*. Als ‚Theorie der Praxis' hat die Praktische Theologie die Aufgabe, die vielfältigen Erscheinungsformen gelebter Religion präzise zu erfassen und in ihrer jeweiligen Eigenart darzustellen. Sie bedient sich dazu der komplexen Erkenntnisverfahren, die ihr die Kultur- und Sozialwissenschaften zur Verfügung stellen, und gelangt auf diese Weise zu thematisch und methodisch spezialisierten, jeweils in sich geschlossenen und gegeneinander abgegrenzten Theoriekonstrukten. Die an der morphologischen Vielfalt religiöser Lebenspraxis orientierte und in den weit ausdifferenzierten Wissenschaftsbetrieb eingepaßte Praktische Theologie stellt sich dementsprechend als ein pluriformes Sortiment spezieller Theoriediskurse dar. Als wissenschaftlich verfaßte Theorie strebt die Praktische Theologie aber in gegenläufigem Richtungssinn die Erstellung eines konsistenten und logisch aufgebauten Theoriesystems an. Sie filtert zu diesem Zweck die in die unterschiedlichen religiösen Lebenshorizonte

eingelagerten Reflexionsmomente aus ihren ‚natürlichen' Lebenskontexten heraus, rekonstruiert die Rationalitätsmuster alltagsweltverbundener und institutionenverbundener
Theoriebildung und integriert die auf unterschiedlichen Reflexionsebenen ausgearbeiteten und hinsichtlich ihrer Reichweite differierenden Theoriekonstrukte in einen umfassenden Entwurf wissenschaftlicher Wirklichkeitskonstruktion.

Die Umformung vorwissenschaftlichen Wissens zu wissenschaftlichen Theorien ist sowohl als wissenschaftsgenetischer wie als *wissenschaftshistorischer* Prozeß zu begreifen
(86,54ff). Formt sich die architektonische Struktur praktisch-theologischer Theoriesysteme in der Verzahnung von differentialen und integralen Konstruktionsformen heraus,
so stellt sich die Entwicklungsgeschichte der wissenschaftlichen Praktischen Theologie
von ihren Ursprüngen am Anfang des 19. Jahrhunderts bis in die Gegenwart als ein
Fortschrittsprozeß dar, in dem sich die beiden gegenläufigen Tendenzen des Verwissen-
schaftlichungsprozesses, Spezialisierung und Systematisierung, auf spannungsreiche
Weise miteinander verbinden. Die architektonischen Gestaltungsprinzipien der vorliegenden Gesamtdarstellung sind daher einerseits auf dem Hintergrund der wissenschaftshistorischen Entwicklung der Praktischen Theologie, andererseits im Rahmen der gegenwärtigen Diskussionslage und insbesondere in der Rückbeziehung der phänomenologisch akzentuierten Theoriekonstruktion auf die in neuerer Zeit vorgelegten Gesamtentwürfe der Praktischen Theologie zu erörtern.

3.1. Wissenschaftshistorische Transformationen praktisch-theologischer Theoriekon-
struktion

3.1.1. Die neuzeitliche Ausdifferenzierung der Reflexionskultur

1. In dem doppelsinnigen, zugleich differentialen wie integralen Kompositionsmuster
der praktisch-theologischen Gesamttheorie spiegelt sich ein aus der Fortschrittsdynamik
der modernen Gesellschaft resultierendes und sowohl für die strukturelle Verfassung der
praktischen Lebenswelt als auch für die Konstitution der in ihr verankerten Reflexionskultur zentrales *Problem* wider. Während sich im Zuge der neuzeitlichen Entwicklung
des gesellschaftlichen Lebens die zentrifugalen Tendenzen ständig verstärkten,
schwächten sich die integrativen Potentiale der sozialen Lebensordnungen und der kulturellen Orientierungen immer weiter ab.

Das Ungleichgewicht zwischen differentialen und integralen Faktoren dokumentiert sich
exemplarisch im Bedeutungsverlust der auf die Einheit des gesellschaftlichen Lebenskosmos abzielenden und das Ganze der Wirklichkeit repräsentierenden *Institutionen* (>
321). Wie sich die Kultur „in Lebenswelt- und Lebensform-Varianten pluralisiert hat, die
sich der Möglichkeit neuer Einheitsstiftung widersetzen", so deutet sich in der spätmodernen Gesellschaft auch „ein Nachlassen der vergemeinschaftenden Effekte der Arbeits-
und Wirtschaftsgesellschaft an" (103,V); die elementaren Institutionen des öffentlichen
Lebens, Politik und Wirtschaft, zerfielen in eine Vielzahl gegeneinander agierender Interessenslagen. Ebenso zergliederte sich das für die integrale Statur der bürgerlichen
Gesellschaftsordnung fundamentale Familienmodell in eine Vielzahl höchst unterschiedlicher und miteinander konkurrierender Konzepte primärer Vergemeinschaftung
(> 212-1:3.). Der Prozeß sozialkultureller Desintegration prägt auch die Entwicklung der

sozial organisierten Religion. Im Kontext der pluralisierten und säkularisierten Lebenswelt, in der „die Allgemeinheit eines gesellschaftlich wirksamen und präsenten Christentums im Schwinden" begriffen ist (103,VI), verlor die Institution der Kirche ihre
„gesamtkulturelle Integrationsfunktion" (15,84) und mutierte zu einer gleichermaßen
realen wie symbolischen Lebensregion, die sich zwar in sich selbst vielfältig ausdifferenziert, gleichwohl aber nur eine relativ schmale Bandbreite partieller, dem explizit
kirchlich verfaßten Christentum zuzurechnender Glaubenshaltungen und Frömmigkeitsstile umschließt (> 212-3:1.1.2.). Je weiter die „Pluralisierung der Lebenswelten im Prozeß sozialer Differenzierung" (67,228) fortschreitet, um so geringer stellen sich die
Chancen gesamtgesellschaftlicher Integration dar.

Die Parzellierung der praktischen Lebenswelt bildet sich in der Segmentierung der mit
ihr untrennbar verflochtenen *Reflexionskultur* ab. Der Fortschritt reflexiver Wirklichkeitserschließung verdankt sich weniger einer Universalisierung der sich ständig wandelnden Denkformen und einer Systematisierung der laufend anwachsenden Wissensbestände, sondern vornehmlich einer gegenläufigen Entwicklung, der Begrenzung der Reflexionshorizonte und einer entsprechenden Steigerung theoretischer Fachkompetenzen.
Unter dem Einfluß des gesellschaftlichen Differenzierungsprozesses zerfiel der Kosmos
weisheitlich grundierten Lebenswissens in eine Vielfalt spezialisierter und funktionalisierter Typen von Fachwissen, die sich jeweils einer bestimmten Region der Alltagswelt
zuordnen und sich sowohl hinsichtlich ihrer praktischen Abzweckung als auch hinsichtlich ihrer theoretischen Statur markant voneinander unterscheiden. So tritt beispielsweise
das in der Arbeitswelt verankerte Berufswissen neben das in der privaten Lebenssphäre
erworbene Erziehungswissen; ebenso stellen sich etwa die für die Rationalisierung der
individuellen Lebensführung wie für die gegenseitige Lebensberatung notwendigen, vornehmlich psychologisch ausgeformten Theoriekonzepte oder die in die Frömmigkeitspraxis eingelagerten religiösen Weltanschauungen als jeweils eigenständige Manifestationen der pluriformen alltagspraktischen Reflexionskultur dar.

Die *lebenspraktisch* spezifizierten Reflexionskonstrukte schotten sich zwar nicht gegeneinander ab; sie öffnen sich vielmehr an ihren Grenzen für andere Perspektivierungen
des Alltagswissens, nehmen vielfältige Beziehungen zueinander auf und vermischen sich
auch miteinander. Ebenso enthalten die auf eine Steigerung der Lebenskompetenz abzielenden Fachtheorien jenseits ihrer spezifischen handlungspragmatischen Funktion
auch immer Momente einer auf das Ganze der Lebenswirklichkeit gerichteten Sinnperspektive. Gleichwohl stellen sich die auf bestimmte Segmente der ausdifferenzierten Lebenswelt fokussierten Reflexionskonstrukte nicht als organische Elemente eines umfassenden Wirklichkeitsentwurfs, sondern als untereinander zwar vernetzbare, aber nicht
ohne weiteres kompatible Fragmente einer parzellierten Reflexionskultur dar. Auf dem
Hintergrund der neuzeitlichen Ausdifferenzierung der gesellschaftlichen Lebensordnung,
der Pluralisierung der alltagspraktischen Erfahrungswelten bei gleichzeitiger Verkleinerung der jeweils aktuellen Wahrnehmungshorizonte, büßte die Idee einer die Lebenswelt
im ganzen umspannenden Wirklichkeitssicht und damit die religiös grundierte Vorstellung ganzheitlicher Bildung (> 212-4:2.2.) an Plausibilität ein.

2. Tritt die Fragmentierung der kognitiven Wirklichkeitskonstruktion schon in der alltagsweltverbundenen Reflexionskultur deutlich hervor, so prägt sie vor allem dem Erscheinungsbild des modernen *Wissenschaftsbetriebs* ihren Stempel auf. Die Welt der

Wissenschaft setzt sich aus einer Vielzahl spezialisierter Theoriediskurse zusammen, die sich zwar wechselseitig füreinander anschlußfähig halten und vielfältig untereinander vernetzbar sind, gleichwohl aber nicht als organische Elemente eines in sich einheitlichen und logisch aufgebauten Wissenschaftssystems angesehen werden können. Je deutlicher sich die Erkenntnis durchsetzte, daß der Fortschritt wissenschaftlicher Forschung und Theoriebildung auf dem Prinzip der Spezialisierung, der immer präziseren Fokussierung der Erkenntnisperspektiven und der ständigen Verfeinerung der methodischen Strategien beruht, um so schwieriger gestaltete sich die Integration der selbständig operierenden Fachwissenschaften in den Gesamtzusammenhang eines umfassenden Wissenschaftssystems.

Die sich selbst beschleunigende Ausdifferenzierung der neuzeitlichen Wissenschaftskultur bildet sich in einer charakteristischen Transformation des *enzyklopädischen* Diskurses ab, der die Modernisierung des Wissenschaftsbetriebs begleitet und in dem die Logik des wissenschaftshistorischen Differenzierungsprozesses idealtypisch rekonstruiert wird. Die im 19. Jahrhundert ausgearbeiteten „Wissenschaftslehren des Idealismus" (8,28) suchten das Problem von „Einheit und Vielfalt der Wissenschaften" (8,27) dadurch zu lösen, daß sie die sich zunehmend spezialisierenden Wissenschaftsdisziplinen auf eine integrale „Idee des Wissens" zurückführten, „die sich erst sekundär ausdifferenziert in verschiedenartige Einzelwissenschaften" (8,28). Durch die Verschränkung verschiedener Distinktionsparameter wurden Grundrißmuster einer wissenschaftstheoretischen Gesamtarchitektur erstellt, in die sich die nach ihrem Gegenstandsbereich und ihrer Erkenntnismethodik spezifizierten Einzeldisziplinen organisch einfügen ließen. So kombinierte etwa Schleiermacher (28,30ff) die das Wissenschaftsverständnis späterer Epochen tiefgreifend prägende Unterscheidung zwischen Natur- und Geisteswissenschaften mit der für die Methodenlehre der neuzeitlichen Wissenschaften charakteristischen Distinktion von spekulativer und empirischer Denkform und unterlegte dem sich zunehmend ausdifferenzierenden modernen Wissenschaftsbetrieb ein logisch strukturiertes viergliedriges Ordnungsschema.

Sowohl die ständig fortschreitende Diversifizierung des modernen Wissenschaftsbetriebs als auch die Entstehung neuartiger Wissenschaftsformen machten den Entwurf immer *komplexerer* enzyklopädischer Modelle notwendig. Schleiermacher suchte die innovativen Entwicklungen der modernen Wissenschaftskultur in seine enzyklopädische Rahmenkonstruktion zu integrieren, indem er auf einer dritten Ebene einen hochkomplexen, zwischen Spekulation und Erfahrung vermittelnden Theorietypus rekonstruierte, der sich seinerseits wieder in zwei eng miteinander verbundene, aber ebenso deutlich voneinander unterschiedene Formen wissenschaftlichen Operierens zergliederte. Während die Aufgabe der ‚kritischen' Disziplinen, etwa der Religionsphilosophie oder der Ästhetik, darin besteht, „das geschichtlich Gegebene zu beziehen auf die spekulativ entfaltete Formenwelt" (28,34), zielt die Theoriearbeit der ‚technischen' Disziplinen, etwa der Hermeneutik, der Pädagogik oder auch der Praktischen Theologie, darauf ab, „für die einzelnen Bereiche menschlich-geschichtlichen Lebens … die unter den gegebenen Umständen jeweils richtige Gestaltung zu finden" (28,35).

3. Deutet sich schon in Schleiermachers mehrdimensionalem System der Wissenschaften die für das neuzeitliche Wissenschaftsverständnis charakteristische Verbindung von gesellschaftlicher Praxis und wissenschaftlicher Theorie an, so setzte sich im *wissen-*

schaftstheoretischen Diskurs des 20. Jahrhunderts die Einsicht durch, daß sich die Entwicklung der modernen Wissenschaftskultur nicht allein aus der wissenschaftsinternen Diversifizierung ihrer Fachgebiete erklären läßt. Vielmehr wirkt der lebenspraktische Differenzierungsprozeß auf die Konstitution der einzelnen Wissenschaften und über diese auch auf die Organisation des Wissenschaftssystems zurück. Die Rückbindung des wissenschaftlichen Fortschrittsprozesses an den gesellschaftlichen Differenzierungsprozeß führte zu einer generellen Veränderung des Selbstverständnisses moderner Wissenschaft. Die wissenschaftlichen Rekonstruktionen gesellschaftlicher Lebenspraxis wurden zunehmend nicht mehr als diversifizierte Entfaltungen umfassender wirklichkeitskonstituierender Ideen (8,27f), sondern in ihrer Gesamtheit „als wissenförderndes Unternehmen der Gesellschaft" (6,7) begriffen. Bildet sich aber in der Vielfalt hochspezialisierter Fachwissenschaften nicht die Logik eines universalen wissenschaftlichen Systems, sondern das Prinzip gesellschaftlicher Differenzierung ab, dann ist der Wert wissenschaftlicher Theorien nicht mehr an deren enzyklopädischem Rang, sondern an den spezifischen Erkenntnisleistungen zu messen, die sie für ihre Umwelt, die gesellschaftliche Lebenspraxis, erbringen. Der wissenschaftliche Spezialisierungsprozeß stellt sich damit als Funktion des gesellschaftlichen Fortschrittsprozesses dar.

Ist die neuere Entwicklung des wissenschaftstheoretischen Diskurses in Schleiermachers komplexer Rekonstruktion der wissenschaftlichen Welt präfiguriert, so dokumentiert sich der Wandel im Selbstverständnis des modernen Wissenschaftsbetriebs auf exemplarische Weise in Schleiermachers neuartiger wissenschaftstheoretischer Profilierung der *Theologie* (22). Unter den Bedingungen der Moderne hat die Theologie nicht nur den traditionellerweise von ihr geltend gemachten Anspruch einer universalen Theorie aufzugeben. Sie ist vielmehr überhaupt nicht der „eigentlichen Wissenschaft" (22,§28) zuzurechnen und bildet deshalb auch keinen „vermöge der Idee der Wissenschaft notwendigen Bestandteil der wissenschaftlichen Organisation" (22,§1). Sowohl hinsichtlich ihrer intermediären Theoriestatur als auch hinsichtlich ihrer integralen Denkform gehört die Theologie vielmehr zu den „positive(n) Wissenschaft(en)" (22,§1), einem sich in der bürgerlichen Gesellschaft neu herausbildenden Wissenschaftstypus, in dessen originären Theorieproduktionen „wissenschaftliche Elemente, die in der Behandlung nicht zusammengehören, zusammengestellt werden in Beziehung auf eine gewisse Praxis" (23,8). Stellen die positiven Wissenschaften insgesamt die theoretischen Grundlagen zur Ausübung der in die Institutionen der Gesellschaft verwobenen bürgerlichen Berufe zur Verfügung, so besteht die Einheit der diversifizierten theologischen Theoriekonstrukte in deren gemeinsamer Beziehung zur „Kirchenleitung" (22,§3): „Die christliche Theologie ist sonach der Inbegriff derjenigen wissenschaftlichen Kenntnisse und Kunstregeln, ohne deren Besitz und Gebrauch eine zusammenstimmende Leitung der christlichen Kirche … nicht möglich ist" (22,§5).

3.1.2. Die vier Grundtypen praktisch-theologischer Theoriekonstruktion

Die Fragmentierung der kognitiven Wirklichkeitskonstruktion kommt nicht nur in der Pluriformität der teils eher alltagsweltverbundenen, teils mehr wissenschaftlich ausgeformten Reflexionskultur und zumal im Auseinandertreten unterschiedlicher Typen der Theoriebildung zum Ausdruck; die Parzellierung der gesellschaftlichen Theoriekultur setzt sich vielmehr in der *internen* Ausdifferenzierung der umgrenzten Reflexionskon-

strukte fort. Der Differenzierungsprozeß bringt sich auf den verschiedenen Reflexionsebenen allerdings in unterschiedlichem Maße und jeweils verschiedenartiger Weise zur
Geltung. Während die unmittelbare Plausibilität alltagspraktischer Lebenstheorien auf
deren integraler Statur beruht, steigert sich die Leistungsfähigkeit komplexer Theoriekonstruktionen proportional zu deren Differenzierungsgrad. Die unterschiedliche Gewichtung und die jeweils andersartige Verbindung integraler und differentialer Momente
auf den verschiedenen Ebenen der Theoriebildung läßt sich an der mehrschichtig aufgebauten und aus verschiedenartigen Komponenten zusammengesetzten praktisch-theologischen Reflexionskultur deutlich beobachten.

1. Die am engsten mit der alltagsweltlichen Lebenspraxis verbundenen ‚kleinen Theorien', die aus „relativ überschaubaren Stereotypen" komponierten „Wirklichkeitsbilder
des Herrn Jedermann" (67,238), zeichnen sich durch einen geringen Differenzierungsgrad bei gleichzeitiger Dominanz der integrativen Momente aus. Das Individuum fungiert hier als Integrationsfigur von Wirklichkeitskonstruktionen, die auf die reflexive
Entfaltung subjektiver, in der privaten Lebenssphäre kultivierter Lebenshaltungen und
Welteinstellungen begrenzt bleiben und in denen sich die Sinngehalte persönlicher Lebenserfahrung verdichten. Nach dem Muster der ‚kleinen Theorien' werden nicht nur
allgemeine, weisheitlich grundierte Lebenstheorien und Weltanschauungen gestaltet.
Vielmehr lassen sich nach dem Modell privater Alltagstheorien auch umgrenzte Theori-
en für die unterschiedlichen Teilwelten entwerfen, in denen sich das Individuum bewegt.
Auf diese Weise entstehen etwa die um das Individuum zentrierten und auf die private
Lebenswelt fokussierten Moral-, Erziehungs- oder Berufslehren, in denen spezielles
Erfahrungswissen für den eigenen Bedarf gespeichert und anderen überliefert wird.

Der Typus der ‚kleinen Theorie' bildet die Grundgestalt der *pastoraltheologisch* formatierten Theoriekonzeptionen (> 313) der Praktischen Theologie. In ihnen kommt ebenso
die Alltagsverbundenheit lebenspraktischer Reflexionskultur wie die integrale Perspektivierung der Wirklichkeitskonstruktion durch deren Zentrierung auf das Individuum zur
Geltung. Die pastoraltheologische Theorietradition knüpft an die von der Alten Kirche
über das Mittelalter bis zum 18. Jahrhundert reichende und sich immer weiter ausdifferenzierende „Anleitungsliteratur" (12,1290) an, „in die einfache und praktische Anweisungen gesammelt" und zu „eine(r) Art handwerkliche(m) Wissen" zusammengestellt
werden (12,1291). Die vornehmlich in der Gestalt von Lehrbüchern gefaßten Berufstheorien präsentieren den angehenden Pfarrern das vielfältige „Wissen um all das Einzelne, Kleine, von lokalen, provinziellen und anderen zufälligen Umständen Abhängige,
– also das Wissen auf einem Gebiete, das der praktische Verstand zu beherrschen hat"
(35,178). Als sich die Pastoraltheologie im 19. Jahrhundert zunehmend der „Konkurrenz" (95) wissenschaftlich formatierter Theorieentwürfe der Praktischen Theologie ausgesetzt sah, behielt sie ihre Alltagsnähe bei und stellte den aus der „wissenschaftliche(n)
Explication der Idee" (35,178) deduzierten und zu einem „abstrakten Formalismus" nei-
genden Theoriesystemen (35,176) das für die Berufsausübung unentbehrliche praktische
Erfahrungswissen entgegen.

Die zunehmende Verwissenschaftlichung der Praktischen Theologie wirkte aber auch
auf die pastoraltheologische Theoriebildung zurück. Sollte die aus religiösem Lebenswissen und beruflichem Erfahrungswissen zusammengesetzte Pastoraltheologie „nicht in

erbauliche Salbaderei auslaufen oder nach dem Geschmack des Pastoraltheologen lauter willkürliche Regeln nebeneinander stellen" (35,177), dann bedurfte es der Ausarbeitung neuer pastoraltheologischer *Theorieformen*, in denen die pluriformen Wissensbestände nicht lediglich katalogisiert, sondern die praktischen Einsichten unter der Regie eines theorieleitenden Paradigmas in konsistente Theorien überführt werden. Während sich die wissenschaftlich formatierten Konzepte der Praktischen Theologie von der engen Erkenntnisperspektive der Pastoraltheologie lösten und ihre Theorien auf die breitere Basis einer systematisch-theologisch fundierten Kirchentheorie stellten, festigte die pastoraltheologische Theorietradition umgekehrt den Konnex mit der Berufspraxis der Pfarrer. Im Interesse einer integralen Perspektivierung ihrer Theoriebildung verlagerte die Pastoraltheologie den Fokus ihres Erkenntnisinteresses aber von den vielfältigen „Thätigkeiten des Pastors" (35,177) auf die mit sich selbst identische Person des Berufsträgers. Als berufspraktische wie reflexionspraktische Integrationsfigur fungierte das „Amtsgewissen" (34,21) oder die „ethische Weltanschauung" des Berufsträgers (35,181). Indem die Pastoraltheologie „dem Pastor sein eigenes Ideal" vor Augen stellte und die „Verwirklichung desselben" als „seine Lebens-Aufgabe" betrachtete, mutierte sie von einer Sammlung praktischer Anweisungen zu einer „Moral für den Pfarrer" (34,8).

Die Umformung der Pastoraltheologie von einer pragmatischen Handlungslehre zu einer religiös grundierten Persönlichkeitstheorie spiegelt sich in einer Neuperspektivierung der pastoralen *Berufswelt* und insbesondere in einer Neusortierung und Neubestimmung der pastoralen Berufsrollen wider. Die von der klassischen Pastoraltheologie favorisierte Methodik empirischer Detaillierung, der akribischen Darstellung der vielfältigen äußeren Bedingungen des Pfarrerberufs und der kasuistischen Fixierung situativ diversifizierter Verhaltensweisen des Pfarrers, ließ eine integrale Rekonstruktion der pastoralen Lebens- und Berufspraxis nicht zu. Die von der ‚Berufspersönlichkeit' ausgehenden Konzeptionen dagegen zentrieren die unterschiedlichen Sektoren der pastoralen Berufswelt um das Subjekt des Berufsträgers und lassen damit die pluriforme Erfahrungswelt des Pfarrers als eine in sich geschlossene Sinnwelt begreifen, in der private und berufliche Komponenten der Lebensführung, persönlich ausgeformte Frömmigkeitspraxis und individuell konturierte Arbeitspraxis, untrennbar miteinander verschmelzen.

Ihre paradigmatische Ausdrucksgestalt findet die für den Pfarrerberuf charakteristische Verzahnung von Berufswelt und Privatwelt in der beruflichen *Seelsorgepraxis*. Sie rückte immer deutlicher ins Zentrum der pastoraltheologischen Theoriebildung. Rangierten die homiletische, liturgische, pädagogische und poimenische Berufsrolle in älteren Entwürfen der Pastoraltheologie gleichrangig nebeneinander, so avancierte die Rolle des Seelsorgers nun zur exemplarischen Berufsrolle des Pfarrers. Auf dem Hintergrund der bürgerlichen Berufsidee (> 212-4:2.3.) veränderte sich gleichzeitig das Verständnis der Berufsrolle. Sie wurde nun nicht mehr als generalisiertes Handlungsschema und als äußere Verhaltensregel begriffen, sondern als mit der Persönlichkeit des Berufsträgers verschmolzener und in seiner privaten Frömmigkeitseinstellung verwurzelter Habitus aufgefaßt. Einen klassischen Entwurf pastoraltheologisch formatierter Seelsorgelehre stellt die an der Alltagswelt der Seelsorgesuchenden orientierte, auf dem protestantischen Laienprinzip aufbauende und auf die Persönlichkeitsbildung des Seelsorgers abzielende Seelsorgetheorie von Otto Baumgarten dar (> 213). Sie ist zugleich als frühe Vorläuferin der im Umkreis der ‚Seelsorgebewegung' entstandenen und auf den Grundlagen der ‚Pastoralpsychologie' (96) entworfenen Seelsorgetheorien anzusehen, in denen die „beziehungsfördernde Grundhaltung" des Seelsorgers als „wichtigstes Mittel" (97,92) des privat konturierten und identitätsstiftenden Seelsorgegesprächs betrachtet wird.

Die *neuere* Praktische Theologie greift aber nicht nur in ihren poimenischen Theoriekonzeptionen auf grundlegende Intentionen der Pastoraltheologie zurück. Die pastoraltheologische Theorietradition wird vielmehr in direkter Weise in zeitgenössischen Entwürfen der pastoralen Berufstheorie fortgeführt (87). Ganz im Geist der klassischen pastoraltheologischen Lehrbücher wird hier „die Rollendiffusion" beschrieben, „die zur pastoralen Existenz in der Gegenwart gehört", werden „die Beziehungsprobleme" erörtert, „die der Pfarrer im beruflichen Alltag erlebt", und „die Schwierigkeiten" thematisiert, „mit denen er beim Versuch der Selbstdefinition zu tun bekommt" (92,12). Als Idealgestalt pastoraler Berufsexistenz gilt der Pfarrer, der sich nicht nur als „studierter Experte in Sachen Religion" begreift, sondern „mit seinem ganzen Leben und mit seiner ganzen Person die lebensgestaltende Kraft der biblischen Tradition repräsentier(t)" (92,191). Ebenso finden charakteristische Momente der Pastoraltheologie Eingang in die neueren Programme zur Reform der theologischen Ausbildung (> 212-4:3.3.1.). Das Ziel der theologischen „Bildungsgeschichte" (98,28) besteht demnach in der Aneignung einer als ‚Habitus' (98,24) begriffenen „theologische(n) Kompetenz" (98,19ff), die es dem Pfarrer erlaubt, „seine eigenen Einsichten persönlich zu vertreten" (98,20). Schließlich nutzt die zeitgenössische Praktische Theologie das pastoraltheologische Theoriemodell zum Entwurf integraler Konzeptionen theologischer Theoriebildung. Danach findet die Theologie in dem mittlerweile weit ausdifferenzierten Kosmos der Wissenschaften ihre eigenständige Statur, indem sie auf die „‚klassische' Zeit" der theologischen Theoriegeschichte zurückgreift, in der die Theologie insgesamt „eine eminent praktische Theologie war und mehr den Charakter von Theologie als Habitus als den der theologischen Wissenschaften besaß" (99,25). Im „Gegensatz zur modernen Faszination durch Theoria (theoretisches Wissen und Denken) oder Techne (technisches Wissen und Denken)" wird die „Bedeutung praktischer Weisheit oder Phronesis" herausgestellt (69,22) und die Theologie insgesamt als eine charakteristische Gestalt der in der religiösen Lebenspraxis verwurzelten Reflexionspraxis begriffen.

2. Anders als in den pastoraltheologischen, nach dem Modell ‚kleiner Theorien' erstellten Konzeptionen stellt sich die Verschränkung von integralen und differentialen Momenten der Wirklichkeitserschließung auf der *mittleren* Ebene praktisch-theologischer Theoriebildung, im Kontext der jeweils auf eine bestimmte und begrenzte Gestalt sozial organisierter und kommunikativ praktizierter Christentumspraxis fokussierten Reflexionskonstrukte dar. Verschob sich das Erkenntnisinteresse der Pastoraltheologie zunehmend von der minuziösen Deskription zur integralen Perspektivierung der pastoralen Berufswelt, so verlagerte sich das Interesse der Praktischen Theologie im Zuge ihrer ‚empirischen Wendung' umgekehrt auf die präzise Wahrnehmung der unterschiedlichen Erscheinungsformen religiöser Praxis und die darauf aufbauende detaillierte Ausarbeitung spezieller beruflicher Handlungskonzepte.

Die *Struktur* der ‚mittleren Theorien' resultiert aus der Überlagerung von zwei unterschiedlichen Differenzierungs- und Integrationsparametern.

Zum einen tritt auf dem Hintergrund der empirischen Religionsforschung die *morphologische* Pluriformität der Religionskultur zutage. Das moderne, von der Individualisierung und Pluralisierung der Religionspraxis gezeichnete Christentum stellt sich nicht als ein einheitlicher sozialkultureller Kosmos dar, sondern als eine komplexe Vielfalt markant voneinander unterschiedener und jeweils charakteristisch ausgeformter religiöser Teilkulturen, in deren Rahmen sich differente Frömmigkeitsstile und Kirchlichkeitseinstellungen entfalten. Die empirischen Analysen der weit ausdifferenzierten Christentumspraxis registrieren aber nicht nur die Differenzen zwischen den unterschiedlichen sozialkulturellen Gestalten, „in denen das Christentum gleichsam ‚in Gebrauch genommen‘ wird" (70,144); sie decken vielmehr auch die vielfältigen Querverbindungen zwischen den parzellierten religiösen Lebenskulturen auf und lassen die Konturen neuartiger Integrationsmuster und Institutionalisierungsformen der Religion erkennen. Zur reflexiven Vermittlung zwischen ausdifferenzierter Frömmigkeitspraxis und integraler religiöser Institution greifen die Theorien mittlerer Reichweite und zumal die Konzepte zur Reform der Predigt oder des Gottesdienstes auf die im ökumenischen Diskurs, insbesondere im ‚konziliaren Ökumenismus‘ (104), ausgearbeitete Formel von der ‚Vielfalt in der Einheit‘ zurück und suchen die gegenläufigen Entwicklungstendenzen in der zeitgenössischen Christentumskultur auf der Basis eines breit ausgeführten Konzepts der in sich ausdifferenzierten ‚Volkskirche‘ (> 331) oder im Rahmen einer Theorie der komplexen Sozialform der ‚Gemeinde‘ (> 332) miteinander in Einklang zu bringen.

Zum anderen wurde die neuere Praktische Theologie aber auch auf die Ausdifferenzierung der *kommunikativen* Gestalten kirchlich und beruflich institutionalisierter Religionspraxis aufmerksam. Im Zuge der Anwendung sozialwissenschaftlicher Analysemethoden ließen sich sowohl die jeweils eigenständigen Profile rhetorisch, konversationell oder rituell verfaßter Interaktionsprozesse als auch die wechselseitigen Beziehungen zwischen den unterschiedlich ausgeformten religiösen Handlungs- und Erlebnissituationen herausarbeiten.

Auf den differenzierten Analysen der unterschiedlichen sozialen und kommunikativen Gestalten der zeitgenössischen Christentumspraxis bauen die nach der ‚fachspezifische(n)‘ bzw. ‚disziplinäre(n) Matrix‘ (70,138) gestalteten *Handlungstheorien* mittlerer Reichweite auf. Als Differenzierungs- und Integrationsschema der „systemkritische(n)", an den „Einzelaufgaben" praktisch-theologischer Theoriearbeit orientierten Konzeptionen (105,46) dient das klassische Gliederungsmodell der Praktischen Theologie in voneinander unterschiedene und miteinander vernetzte Fachdisziplinen (4). Überwiegen in den „additiv" (105,46) erstellten Theoriekompositionen auch die differenzierenden Momente, so stellt sich die „Summe der Einzelaufgaben" (105,46) gleichwohl zu einem „Gesamtgefüge" (105,51) der Praktischen Theologie zusammen. Das „System der Teildisziplinen" (105,50) lehnt sich einerseits an die traditionelle Aufteilung des praktisch-theologischen Theoriegebiets in Liturgik, Homiletik, Religionspädagogik und Poimenik an, bleibt aber andererseits sowohl für eine weitere Untergliederung der Teiltheorien als auch für deren Ergänzung um neu entstehende Fachdisziplinen wie beispielsweise die Diakonik (107) offen.

In den zwischen alltagsweltverbundener Reflexion und wissenschaftlicher Systembildung angesiedelten ‚mittleren Theorien‘ verschränkt sich das empirische Interesse an einer detaillierten Erschließung der zeitgenössischen Christentumspraxis mit dem handlungspragmatischen Interesse an einer gleichermaßen verantwortungsbewußten wie effektiven *Steuerung* der institutionalisierten Religionspraxis. Indem die komplexe „Geßtaltenvielfalt" (105,47) der modernen Christentumskultur mit den elementaren „Hauptformen des kirchlichen Dienstes" (105,50) verknüpft wird, läßt sich das praktisch-theologische Disziplinenschema zu einem Ensemble von ‚Handlungstheorien' (45) umformen, die jeweils auf die kompetente Organisation einer speziellen religiösen Kommunikationsform abzielen. Im Unterschied zur pastoraltheologischen Theorietradition werden die auf bestimmte Sektoren der religiösen Handlungspraxis, auf die Predigt, den Gottesdienst, die Seelsorge oder den Unterricht, fokussierten Handlungsstrategien aber nicht in einer religiös grundierten Persönlichkeitstheorie gebündelt, sondern in einer gleichermaßen theologisch wie sozialwissenschaftlich fundierten Berufstheorie zusammengeführt. Ihr Organisationsschema bildet das schon in den ‚Amts'-Lehren (> 323) des 19. Jahrhunderts präfigurierte Rollenmodell.

3. Während in den ‚kleinen', um das Individuum zentrierten Theorien die integrativen Momente der Wirklichkeitskonstruktion dominieren und während die in die pluriforme Lebenskultur eingelagerten ‚mittleren' Theorien die Vielfalt der sozial organisierten und kommunikativ praktizierten Christentumspraxis herausstellen, tritt in den ‚großen', das Ganze der religiösen Lebenswelt *umfassenden* Theorien der Praktischen Theologie die spannungsreiche Beziehung zwischen empirischer Differenzierung und theoretischer Systematisierung offen zutage. Auf der einen Seite verstärken sich im neueren wissenschaftstheoretischen Diskurs die Zweifel an der Möglichkeit wie an der Notwendigkeit systematisch entfalteter Gesamtkonzeptionen der Praktischen Theologie. Erscheint es auf dem Hintergrund der ‚empirischen Wendung' der neueren Praktischen Theologie fraglich, „ob und wie die Praktische Theologie sich auch künftig noch als Einheit wird darstellen können" (105,45), so spricht gerade „ihre Bindung an die mobilen und zu mobilisierenden Arbeitsformen einer Kirche für Zeitgenossen … gegen ein starkes System" (105,45). Angesichts der Pluralisierung der neuzeitlichen Lebenskultur und der Spezialisierung des modernen Wissenschaftsbetriebs wird der Praktischen Theologie angeraten, sich auf die „theoretische Klärung der mit der Erkenntnis eines bestimmten Ausschnitts der Wirklichkeit zusammenhängenden Fragen" zu beschränken und darauf zu verzichten, „die verschiedenen, teilweise unter sich widersprüchlichen Theorien … zu einem theoretischen Gesamtgebäude" zusammenzufügen (49,102). Auf der anderen Seite wird aber gerade angesichts der thematischen Parzellierung des praktisch-theologischen Theoriediskurses und der damit verbundenen methodischen Spezialisierung der praktisch-theologischen Teiltheorien konstatiert, „daß wir ein Gesamtverständnis Praktischer Theologie dringlich brauchen: je mehr wir uns in einzelnen Arbeitsfeldern spezialisieren – desto dringlicher" (2,11). Auf diesem Hintergrund avancierte die Frage nach der integralen Statur der Praktischen Theologie zum zentralen Problem der zeitgenössischen wissenschaftstheoretischen Fachdebatte.

Im Rahmen von praktisch-theologischen *Handlungstheorien*, die sich nicht mit einer losen Zusammenstellung thematisch und methodisch eigenständiger Teiltheorien begnügen und die Integrationsleistung der Theorie nicht auf die punktuelle Vernetzung unabhängig voneinander entwickelter Theoriekonstrukte beschränken, sondern umgekehrt die partiellen Theoriediskurse im Horizont einer umfassenden Theoriekonzeption zu entfalten suchen, stellt sich die „Frage nach der Einheit der Praktischen Theologie" (11,43) in ihrer charakteristisch modernen Gestalt. Die Notwendigkeit einer „im Blick auf ihre Einheit durchgebildete(n) Praktische(n) Theologie" (11,51) resultiert nicht in erster Linie aus wissenschaftsinternen Systematisierungsinteressen. Vielmehr ist die integrale Perspektivierung der Praktischen Theologie primär als eine Leistung anzusehen, die die theologische Theorie für die zugleich kirchlich und beruflich institutionalisierte Handlungspraxis der Pfarrer und Pfarrerinnen zu erbringen hat.

Zum einen bildet „die Einheit der Praktischen Theologie ... eine notwendige Voraussetzung für das zusammenstimmende Handeln auf allen Gebieten der kirchlichen Praxis" (1,60). Die neueren Gesamtentwürfe Praktischer Theologie vollziehen dementsprechend den Wechsel „vom pastoralen zum ekklesialen Paradigma" (100,42ff) und unterlegen ihren Theoriekonstruktionen eine *Kirchentheorie*, in der ein „zusammenhängendes und einheitliches Verständnis der Gesamtheit des kirchlichen Handelns" (11,48) entwickelt wird. „Wie die Praktische Theologie ohne kirchentheoretische Fundierung in eine Vielzahl von Einzeltheorien zerfiele, also nicht als eine in sich konsistente Theorie betrieben werden könnte" (82,7), so besteht die Leistung einer „das Handeln der Kirche in allen ihren Formen reflektierenden Praktischen Theologie" in einer „Bestandsaufnahme der derzeitigen Handlungsbedingungen, wie sie in Gegebenheiten der Institution Kirche und der in ihr handelnden Subjekte sowie unter dem Titel der gesellschaftlichen und kulturellen Rahmenbedingungen erfaßbar sind" (82,8). Den wissenschaftstheoretischen Prämissen der modernen Praktischen Theologie entsprechend erfolgt die Integration der pluriformen praktisch-theologischen Theoriediskurse nicht jenseits der Praxis, der sie gilt, sondern im Zuge einer theoretischen Analyse der vielgestaltigen Praxis selbst. „Die Aufgabe der Praktischen Theologie gegenüber der kirchlichen Praxis ist zunächst die, deren Bestand nach Gründen, Ursachen, Wirkungen, Methoden, Zielen, Absichten, Voraussetzungen und Implikationen verständlich zu machen und kritisch zu interpretieren. Die Einheit der Praktischen Theologie entsteht dabei in dem Maße, in dem es gelingt, die Gesamtheit der kirchlichen Praxis ihrerseits in ihrem Zusammenhang zu verstehen" (11,48).

Die Leistung umfassender praktisch-theologischer Handlungstheorien geht aber nicht in einer integralen Perspektivierung der pluriformen kirchlichen Christentumspraxis auf. Das originäre Interesse der Theorieentwürfe besteht vielmehr darin, die aus der Gegenwartssituation des Christentums resultierenden „konkreten Handlungsprobleme" (82,8) in ihren jeweiligen Differenzierungen zu erfassen und im Rahmen einer zugleich praxisverbundenen wie wissenschaftlich fundierten Theorie kirchlicher Handlungs- und Leitungspraxis zusammenzuführen. Die handlungspragmatisch akzentuierten Gesamttheorien der Praktischen Theologie zielen daher – zum anderen – auf die Rekonstruktion des *Pfarrerberufs* als eines zwar komplex strukturierten, gleichwohl aber in sich konsistenten sozialen Konstrukts ab. Stellt sich der moderne Pfarrerberuf (> 212-4:3.3.) in der Praxis als Kombination „unterschiedliche(r) Rollen" dar, die „kaum miteinander in Verbindung oder gar in Einstimmung gebracht werden können" (11,44), so bildet die integrale Theoriekonstruktion die reflexive Basis für die Ausbildung einer integralen Berufsidentität (88): „Die Einheit der Praktischen Theologie ist nötig, damit das von ihr angeleitete Handeln nicht in solche Rollen zerfällt, die keinen Zusammenhang untereinander mehr haben"; sie ermöglicht dem Berufsträger, „der selbst in unterschiedlichen Zusammenhängen und bei unterschiedlichen Aufgaben zu handeln hat ..., wie verschieden die Aufgaben für ihn sein mögen, mit sich selbst identisch bleiben" zu können (11,45).

Nehmen die handlungstheoretischen Rekonstruktionen des Pfarrerberufs auch Motive der pastoraltheologischen Theorietradition auf, so erstellen sie ihre gleichermaßen kom-

plexen wie integralen Berufstheorien gleichwohl nicht im Rückgriff auf die fromme Individualität des Berufsträgers, sondern auf der Ebene *sozialwissenschaftlicher* Theoriekonstruktion. Die durchgebildete Berufsidentität (> 311) entsteht nicht, indem den unterschiedlichen Berufshandlungen ein gemeinsames „individuelles Gepräge" unterlegt wird
(11,47); der Pfarrerberuf erhält sein konsistentes Profil vielmehr dadurch, daß „die Rollen, in denen sich solche Tätigkeiten darstellen", als „ihrerseits nicht prinzipiell unterschiedlich", sondern hinsichtlich ihrer elementaren Grundstrukturen als miteinander
„identisch" angesehen werden (11,45). Die integrale Perspektivierung des Pfarrerberufs
entwickelt sich daher auch nicht, wie die pastoraltheologischen Berufslehren suggerieren, auf gewissermaßen natürliche Weise in der Berufspraxis selbst, in der subjektiven
Aneignung der Berufsrollen, der Ausformung individueller Arbeitsstile und der persönlichen Verarbeitung praktischen Erfahrungswissens; sie ist vielmehr als eine originäre
Leistung praktisch-theologischer Theoriearbeit zu betrachten: „Der ‚ganze Pfarrer' soll
eben nicht bloß in einzelnen Rollen tätig werden können, nicht nur dort, wo er etwas
geübt oder eingeübt hat, er soll vielmehr aus eigenem und selbständigem Urteil sein eigenes Handeln zu begründen wissen, und zwar aufgrund einer theoretischen Bildung, die
ihn zu selbständigen Urteilen im Horizont der ganzen Praktischen Theologie befähigt"
(11,50).

In der religiös grundierten Pastoraltheologie und in der sozialwissenschaftlich fundierten
Praktischen Theologie wird das Problem der *Beziehung* von differentialen und integralen
Momenten der Theoriebildung somit auf gegensätzliche Weise gelöst. Während die Pastoraltheologie der zunehmenden Ausdifferenzierung der theologischen Reflexionskultur
durch den Regreß auf die mit sich selbst identische Berufspersönlichkeit begegnet, rekonstruieren die praktisch-theologischen Handlungstheorien – in umgekehrtem Richtungssinn – die komplexe Einheit der pastoralen Berufspraxis auf der Ebene integraler
wissenschaftlicher Theoriebildung. Als Idealgestalt des kompetenten Pfarrers gilt dementsprechend nicht die in ihrer persönlichen Frömmigkeitspraxis gefestigte, mit praktischer Berufserfahrung gesättigte und von subjektiv angeeigneter Berufsweisheit angeleitete Individualität, sondern das „Bild eines Pfarrers", „der durch eine einheitliche und
zusammenstimmende Theorie gebildet ist" (1,66). In den verschiedenartigen Theorietypen spiegelt sich zugleich eine jeweils andersartige Interpretation des Verhältnisses von
Theorie und Praxis wider. Während die pastoraltheologischen Entwürfe der Praktischen
Theologie davon ausgehen, daß sich das Berufswissen der Pfarrer aus einem Sortiment
vorgeformter Verhaltensregeln und Handlungsrezepten zusammensetzt, in denen sich
theoretische Kenntnisse und praktische Fertigkeiten unlösbar miteinander verknüpfen,
bringen die Handlungstheorien die für die neuzeitliche Praktische Theologie charakteristische Distinktion von theoretischer Berufseinstellung und praktischen Verfahrensweisen pointiert zur Geltung. Als „Theorie" begründet die Praktische Theologie „nicht von
sich aus und durch sich bereits bestimmte Handlungsweisen. Sie begründet vielmehr die
Urteilsfähigkeit, die das Können und das praktische Handeln in Christentum und Kirche
einer kritischen Prüfung unterzieht" (1,1).

4. Für den *phänomenologischen* Typus praktisch-theologischer Theoriebildung stellt sich
das Problem der Vermittlung von differentialen und integralen Theorieperspektiven in
besonderer Schärfe. Phänomenologische Theorien sind – auf der einen Seite – in herausgehobener Weise als Praxistheorien anzusehen. Sie verfahren „prinzipiell induktiv"
(61,5), konzentrieren ihre Erkenntnisperspektive auf bestimmte und begrenzte Phänome-

ne und suchen die pluriformen Erscheinungsformen der Religion in ihrer jeweiligen Ei-genart zu erfassen. Im Zuge empirischer Deskription gelangen die phänomenologischen Praxistheorien zu Beschreibungen einer Welt, deren Strukturlogik den Gesetzmä-ßigkeiten der Pluralisierung unterliegt und deren Entwicklungsdynamik dem sich ständig beschleunigenden Differenzierungsprozeß folgt. In methodologischer Hinsicht nehmen sich die an einer Diversifizierung des praktisch-theologischen Erkenntnishorizonts inter-essierten Theorien daher geradezu als „phänomenologische Reformulierung(en) der Pa-storaltheologie" (64,148) aus.

Die phänomenologisch orientierte Praktische Theologie begnügt sich – auf der anderen Seite – aber nicht mit der minuziösen Konturierung originärer religiöser Erscheinungen. Die phänomenologischen Rekonstruktionen der Lebenswirklichkeit suchen vielmehr, im Zuge einer umfassenden Analyse der religiösen Lebenswelt die „allgemeinen Grundsät-ze" zu entdecken, die die einzelnen Erscheinungen „formieren" (61,5), und die „Prinzi-pien" ausfindig zu machen, „die das Werden der Phänomene konstituieren" (61,4). Die *integrale* Perspektivierung phänomenologischer Theoriekonstruktion entsteht somit durch die theoretische Formulierung der statischen und dynamischen Formgesetze der religiösen Lebenswelt, durch die Beschreibung der unter der Oberfläche der Erschei-nungswelt verborgenen „Struktur, die die Mannigfaltigkeit zu erfassen erlaubt", und der hinter den vielfältigen Wandlungen der sozialkulturellen Wirklichkeit wirksamen „Ord-nung im unendlichen Fluß" (61,4). Die für die Strukturlogik wie für die Entwicklungs-dynamik des neuzeitlichen Christentums charakteristische Pluralisierung und Individua-lisierung religiöser Lebenspraxis nicht durch Theoriemuster zu konterkarieren, die ihr fremd sind, sondern die integralen Momente aus der Analyse der Praxis selbst zu erhe-ben, bildet damit die wissenschaftspraktische Aufgabe phänomenologischer Theoriebil-dung.

Für eine an den Prinzipien phänomenologischer Methodik orientierte Rekonstruktion der modernen Religionskultur erweisen sich nun aber die *Integrationsparadigmen* der vor-nehmlich handlungspragmatisch akzentuierten Theoriekonzeptionen, ‚Kirche' und ‚Pfar-rerberuf', in mehrfacher Hinsicht als sperrig. Durch die Fokussierung der Theorieper-spektive auf die traditionellen Institutionen der Religion wird zum einen das breite Spektrum religiöser Organisations- und Kommunikationsformen ausgeblendet, die sich im Zuge der Ausdifferenzierung der religiösen Lebenswelt jenseits der Grenzen von kirchlicher Organisation und pastoralem Beruf herausbildeten. Zum anderen erschweren die einfach strukturierten Theorieraster aber auch die Ausbildung komplexer Theorien des zeitgenössischen Christentums. Schließlich läßt sich im Rahmen institutionenver-bundener Theoriebildung der in die Individualisierung der Lebenswelt eingelagerte Pro-zeß der Deinstitutionalisierung (> 321) und Deprofessionalisierung (> 212-4: 2.3.2) reli-giöser Praxis nicht zureichend erfassen. Während die praktisch-theologischen Hand-lungstheorien die vielfältigen Erscheinungsformen neuzeitlicher Christentumspraxis im Fokus elementarer religiöser Institutionen, der Kirche und des Pfarrerberufs, bündeln, strebt die phänomenologisch orientierte Praktische Theologie daher eine Defokussierung der praktisch-theologischen Theorieperspektive und eine Neuvermessung der religiösen Lebenswelt auf der Grundlage ihrer „lebens- und alltagsweltlichen Strukturen" (60,VII) an. Und während die ‚großen' handlungspragmatischen Theoriesysteme zur Integration der pluriformen praktisch-theologischen Theoriediskurse auf die Konstruktionsmuster zurückgreifen, die in den ‚kleinen' Theorien der pastoraltheologischen Tradition und in

den Handlungstheorien ‚mittlerer' Reichweite ausgearbeitet wurden, und in ihrer Theoriearchitektur pastorale Berufstheorie und kirchliche Organisationstheorie miteinander
verschränken, zielt die phänomenologisch orientierte Praktische Theologie auf eine umfassende Neuformatierung der praktisch-theologischen Reflexionskultur ab. Die Erweiterung der praktisch-theologischen Wahrnehmungsperspektive über die traditionellen Institutionen organisierter Christentumspraxis hinaus und die Umstellung der praktisch-
theologischen Theoriearchitektur auf komplexere Paradigmen läßt sich freilich nicht erst
in den zeitgenössischen Konzeptionen, sondern schon in den Ursprungsentwürfen der
Praktischen Theologie beobachten.

Friedrich *Schleiermacher* unterlegte seiner differenzierten Theoriekonstruktion den integralen Schlüsselbegriff der ‚Kirchenleitung', eine pastoraltheologische Leitkategorie, in
der pastoraler Beruf und kirchliche Organisation miteinander verschränkt werden, und
sprengte damit die „engen Grenzen" (23,3) der auf die Erfahrungswelt der Pfarrer fokussierten Pastoraltheologie auf. Dem „auf die einzelne Lokalgemeine" bezogenen ‚Kirchendienst' stellte Schleiermacher als zweite Grundform der Kirchenleitung das in
„Richtung auf das Ganze" der Kirchenorganisation tätige ‚Kirchenregiment' zur Seite
(22,§274). Die Einführung des neuen Theorieparadigmas zielt aber nicht nur auf eine
Erweiterung des praktischen Erkenntnishorizontes, sondern ebenso auf eine Steigerung
der theoretischen Komplexität praktisch-theologischer Theoriekonstrukte ab. Indem
Schleiermacher den Schwerpunkt der Theoriebildung von der Aufstellung einfacher ka-
suistischer „Anweisung(en) ... für die zweckmäßigste Art" der pastoralen Berufsausübung (23,3) auf die Ausarbeitung von komplexen Verfahrenstechniken zur Steuerung
der kirchlichen Sozialsysteme verlagerte (26,241ff), legte er die Basis für die in der Folgezeit entstehende und in der Gegenwart reformulierte kybernetische Neuperspektivierung der Praktischen Theologie (89,697ff). Schließlich löste Schleiermacher in seiner auf
eine „zusammenstimmende Leitung der christlichen Kirche" (22,§5) abzielenden Handlungstheorie auch die starren Strukturen der religiösen Institutionen auf. Wie er die
„evangelische Kirche" auf dem Hintergrund der neuzeitlichen Individualitätsidee als eine
„Gemeinschaft des christlichen Lebens zur selbständigen Ausübung des Christenthums"
begriff (23,62), so schränkte er die Aufgabe der ‚Kirchenleitung' nicht auf die berufsmä-
ßige Ausübung von parochialen und gesamtkirchlichen Leitungsfunktionen ein
(90,742ff): „Der Ausdruck Kirchenleitung ist hier im weitesten Sinne zu nehmen, ohne
daß an irgendeine bestimmte Form zu denken wäre" (22,§3).

In Carl Immanuel *Nitzschs* umfassendem, gleichermaßen empirisch akzentuierten wie an
den Prinzipien protestantischen Christentums orientierten Gesamtentwurf der Praktischen Theologie setzt sich die Erweiterung des praktischen Erkenntnishorizontes und die
Erhöhung des theoretischen Differenzierungsgrades praktisch-theologischer Theoriebildung fort. Indem er das ‚Priestertum aller Gläubigen' (> 340), die „magna charta"
(102,393) protestantischer Kirche und Theologie, zum Leitprinzip seiner „Theorie der
kirchlichen Ausuebung des Christenthums" (30,1) erhob, gab Nitzsch „die Parole für die
Infragestellung des einseitig pfarrerzentrierten kirchlichen Handelns" aus (102,394) und
setzte im Gegenzug die „Gemeine" als das „actuose Subject" (30,111) protestantischer
Christentumspraxis ein. Nitzsch löste das Programm wissenschaftlich formatierter, extern weit perspektivierter und intern komplex strukturierter Theoriebildung in der Ausarbeitung einer „allgemeine(n) Theorie des kirchlichen Lebens" (30) ein, in der das Christentum insgesamt als „eine bestimmte Weise des Menschenlebens" (32,5) begriffen und

„die kirchliche Praxis ... von der Ausuebung des Christenthumes im Allgemeinen als
besonderes" unterschieden wird (30,13). Auf der Basis eines „geschichtlich-empirisch
vermittelten, der Dogmatik gegenüber selbständigen Kirchenbegriff(s)" (33,580) arbeitete Nitzsch in detaillierten Praxisanalysen das komplexe Verhältnis von differentialen
und integralen Momenten in der zeitgenössischen Christentumskultur heraus und stellte
„die kirchliche Praxis" sowohl „in der Einheit des Mannichfaltigen" als auch „in der
Mannichfaltigkeit des Einen" dar (30,129). Das Erkenntnisinteresse von Nitzsch galt
aber nicht nur den internen Ausdifferenzierungen des sich modernisierenden kirchlichen
Lebens; vielmehr weitete er die Theorieperspektive praktischer Theoriebildung über die
Grenzen des kirchlich verfaßten Christentums aus und rekonstruierte, wie vor ihm schon
Schleiermacher, die vielfältigen Relationen, in denen „dieses Gemeinleben zu andern
Arten von Gemeinschaften und Gemeinbestimmungen, naemlich zu Staat und Cultur",
steht (30,128). Auf Nitzschs „wissenschaftlicher Grundlegung" der Praktischen Theolo-
gie (33,580) bauen die an einer differenzierten Beschreibung der pluriformen religiösen
Lebenswelt interessierten Forschungsprojekte der liberalen Theologie, insbesondere die
von Paul Drews vorgelegten Untersuchungen der zeitgenössischen Christentumspraxis,
auf.

In den beiden Ursprungsentwürfen ist aber nicht nur die weitere Entwicklung der wissenschaftlichen Praktischen Theologie in Richtung auf eine Entschränkung begrenzter
Wahrnehmungshorizonte und eine damit korrespondierende Erhöhung des Komplexi-
tätsgrades der Theoriekonstruktionen präfiguriert. Vielmehr läßt sich in den Grundriß-
mustern der klassischen Theorieentwürfe auch die Umstellung der Praktischen Theologie
vom Typus der Handlungstheorie auf die *phänomenologische* Perspektivierung der
Theoriekonzeptionen beobachten, ein Paradigmenwechsel, der in der wechselhaften Geschichte der Praktischen Theologie immer wieder revidiert und reformuliert und schließlich von der gegenwärtigen Praktischen Theologie programmatisch eingefordert wurde.
Kommt die phänomenologische Methodik in den Theoriekonzepten von Schleiermacher
und Nitzsch auch in unterschiedlichem Maße zum Zuge, so verschränken sich in beiden
Theoriekonzeptionen doch handlungspragmatische und phänomenologische Theorieperspektiven auf jeweils charakteristische Weise miteinander.

Die Architektur von Schleiermachers praktisch-theologischer Theoriekonstruktion entsteht durch die *Überlagerung* von handlungstheoretischen und phänomenologischen
Theorieperspektiven. Als „Technik" (22,§25) der Kirchenleitung stellt sich die Praktische Theologie zwar vordergründig als ein System unterschiedlicher Verfahrensregeln
zur sozialen Organisation der Religionspraxis dar, die im Zentralbegriff der ‚Kirchenleitung' zusammengeführt werden. Indem Schleiermacher den Begriff der ‚Technik' aber
in seinem antiken Bedeutungsgehalt verwendet und die Ausübung der Kirchenleitung
ausdrücklich von der „mechanischen Kunst" abhebt, in der die „Anwendung schon mit
enthalten" ist (22,§265), stellt er den abstrakt-theoretischen Charakter praktisch-theologischer Erkenntnisse und Urteile heraus. Die von der wissenschaftlichen Praktischen
Theologie entwickelten Handlungskonzepte sind nicht mit den pragmatischen Wissens-
konstruktionen vergleichbar, die im Rahmen pastoraltheologischer Berufslehren gesammelt und sortiert werden. Praktisch-theologische Handlungskonstrukte stellen vielmehr
„allgemeine Ausdrücke" dar, „in denen die Art und Weise ihrer Anwendung auf einzelne
Fälle nicht schon mit bestimmt ist" (22,§265). Die im Rahmen wissenschaftlicher Theoriebildung entwickelten Verfahrenstechniken wirken darum auch nicht in unmittelbarer

Weise auf die Gestaltung der religiösen Praxis ein. Die praktisch-theologischen Theorie-konstrukte können vielmehr nur auf der Basis eines wissenschaftlich durchgebildeten Verständnisses der ausdifferenzierten religiösen Praxis angewendet werden. Und wie sich in der verantwortungsbewußten wie effektiven Wahrnehmung kirchlicher Leitungs-praxis theoretisches Verstehen und praktisches Handeln untrennbar ineinander ver-schlingen, so sind auch die gleichermaßen als ‚technische' Disziplinen verfaßten Theo-rien des Verstehens und des Handelns, Hermeneutik und Praktische Theologie, analog strukturiert und aufs engste miteinander verbunden (22,§265).

Die Verschränkung von handlungspragmatischer und hermeneutischer Theorieperspekti-ve kommt in einem neuartigen *Konstruktionsschema* zum Ausdruck, das sowohl Schlei-ermacher als auch Nitzsch ihren praktisch-theologischen Theoriesystemen unterlegen. Die wissenschaftlich formatierten Theoriesysteme der Praktischen Theologie nehmen zwar die im Rahmen der pastoralen Berufslehren ausgearbeiteten Theoriebestände in sich auf. Die auf die unterschiedlichen Berufsaufgaben des Pfarrers zugeschnittenen Handlungstheorien treten aber nicht mehr in der Form von in sich geschlossenen, lose aneinandergereihten und lediglich punktuell miteinander vernetzten Teildisziplinen auf, sondern werden in eine extern weit gespannte und intern logisch strukturierte Gesamt-architektur der Praktischen Theologie eingebaut. Erhalten die traditionellen Themenbe-reiche praktisch-theologischer Reflexion durch ihre jeweilige Plazierung in der Theorie-architektur einerseits ein neuartiges Gesamtprofil, so wirkt die Logik des Theoriesystems andererseits auf die detaillierte Ausgestaltung der Teiltheorien zurück.

Schleiermachers praktisch-theologische Theoriearchitektur baut auf einer *phänomenolo-gischen* Distinktion auf, die er in der ‚Philosophischen Ethik' (24), einer umfassenden Gesellschafts- und Kulturtheorie, entwickelte und für die Strukturierung seines prak-tisch-theologischen Theoriesystems nutzte. Indem Schleiermacher zwei elementare Grundrichtungen der Vernunfttätigkeit, ‚symbolisierende' Darstellung und ‚organisie-rendes' Handeln, voneinander unterscheidet (28,39ff), entsteht das Konstruktionsschema einer phänomenologisch konturierten Theorie religiöser Praxis, aus dem sich die neu-artige Gliederung der noch von der Pastoraltheologie beeinflußten und zugleich ihr ge-genüber selbständigen Theoriekonzeption ableiten läßt. Während Gottesdienst (23,68ff) und Predigt (23,201ff) als reine Formen religiöser Symbolisierung anzusehen sind, bil-den sich im Religionsunterricht (23,347ff) und in der Seelsorge (23,428ff), den „Ge-schäften des Geistlichen außerhalb des Cultus" (23,327ff), Mischformen darstellenden und wirksamen Handelns heraus; die Funktionen des ‚Kirchenregiments' (23,521ff) schließlich, die zum einen auf die interne Vernetzung der kirchlichen Organisationsebe-nen (23,569ff) und zum anderen auf die Regelung der externen Beziehungen der Kirche zu den übrigen Sozialsystemen der Gesellschaft (23,662ff) abzielen, sind dem organisie-renden Handlungstypus zuzurechnen. Die auf den ‚Kirchendienst' bezogenen Verfah-rensregeln leiten sich dementsprechend aus den „verschiedenen Zweigen dessen" ab, „was wir im engeren Sinn Kunst nennen …: Redekunst, Poesie, Malerei, Architektur" (23,35). Die Techniken zur Steuerung des kirchlichen Sozialsystems dagegen sind in „Analogie" zu organisationspraktischen Leitungsverfahren, etwa zur „Erziehungskunst" oder zur „Staatskunst" (23,36), zu gestalten. In ähnlicher Weise unterscheidet Nitzsch die „unmittelbar auf die Erbauung gerichteten" Funktionen der Gemeinde – „Dienst am Worte", „Feier" und „eigenthümliche Seelenpflege" – von den „reflexiven, ordnen-den" und stellt, wie schon Schleiermacher, die wechselseitigen Beziehungen zwischen den nur relativ voneinander unterschiedenen Typen kommunikativen Handelns heraus (30,128).

Die Umstellung der praktisch-theologischen Theoriearchitektur von der vorwissenschaftlichen Pastoraltheologie zur wissenschaftlich verfaßten Praktischen Theologie (86,50ff) ist somit durch drei miteinander verschränkte Momente gekennzeichnet: zum einen durch die Erweiterung des *Wahrnehmungshorizonts* von der ‚kleinen‘ Erfahrungswelt des Pfarrers über die ‚mittlere‘ Sozialwelt der Kirche zur ‚großen‘ Sinnwelt der in die verschiedenen Sektoren der Gesellschaft eingelassenen Religion; zum anderen durch die Steigerung des *Komplexitätsgrads* der Theoriekonstrukte von einfachen Anweisungen für die Berufspraxis über die differenzierten Theorien religiöser Kommunikation zu komplexen Verfahrenstechniken der Kirchenleitung; und schließlich durch die Umstellung des *Theorieparadigmas* vom Weisheitswissen über Handlungstheorien zu phänomenologischen Rekonstruktionen.

3.1.3. Die Interdependenz von gesellschaftlichem Wandel und wissenschaftlichem Fortschritt

1. Genese und Entwicklung der wissenschaftlichen Praktischen Theologie stellen sich zwar vordergründig als in den Grenzen einer wissenschaftlichen Fachdisziplin ablaufender und von deren originärer Eigenlogik dirigierter Fortschrittsprozeß dar. Die epochenspezifischen Umstellungen der praktisch-theologischen Theoriekonstruktion lassen sich aber nur auf dem Hintergrund der jeweiligen wissenschaftlichen Gesamtlage begreifen, die ihrerseits wiederum den aktuellen Stand der *gesellschaftshistorischen* Entwicklung widerspiegelt. Wie die zeitgebundenen Berufslehren der Pastoraltheologie, so sind auch die praxisverbundenen Theorien der wissenschaftlichen Praktischen Theologie nicht als „Mönchsregel(n)" zu betrachten, die „in unveränderter Gestalt für ein Jahrtausend ausreichen"; stellt der sozialkulturelle Wandel der Lebensformen die alltagspraktische Wissensbildung stets vor „neue Aufgaben", so bekommt auch die theologische Wissenschaftskultur auf dem Hintergrund des gesellschaftshistorischen Fortschrittsprozesses „immer wieder neue Lectionen zu lernen" (34,VIII). Zumal die phänomenologisch akzentuierte Praktische Theologie kann ihre Theoriesysteme nicht in selbstvergessener Gelehrsamkeit auf der Folie tradierter Theoriemodelle konstruieren. Die gegenüber der Ursprungsepoche der wissenschaftlichen Praktischen Theologie veränderte Situation von Gesellschaft und Religion verlangt vielmehr eine aus den wissenschaftstheoretischen Grundprinzipien praktisch-theologischer Theoriebildung entwickelte und an den Grundstrukturen der zeitgenössischen Lebenswelt orientierte Neugestaltung der Theoriearchitektur.

In *Schleiermachers* phänomenologischer Rekonstruktion der sozialkulturellen Lebenswelt spiegeln sich die Vorstellungen wider, die die bürgerliche Gesellschaft des beginnenden 19. Jahrhunderts von sich selbst entwarf (29). Die Basis des in der ‚philosophischen Ethik‘ entwickelten Gesellschaftsmodells (28,36ff) bildet die für die Konstitution der bürgerlichen Gesellschaftsordnung charakteristische Aufspaltung der Lebenswelt (> 310) in die private und die öffentliche Lebenssphäre. Ganz im Geist der bürgerlichen Individualitätsidee stellte Schleiermacher die hohe Bedeutung der Privatsphäre heraus und betrachtete das bürgerliche ‚Haus‘ (> 212-1) als Keimzelle und Kernzelle des gesellschaftlichen Organismus, als die zugleich zentrale wie integrale Institution, aus der sich die verschiedenen Segmente des öffentlichen Lebens entfalten und in der sie symbolisch wie real zusammengehalten werden. Während im familiären Gemeinschaftsleben die verschiedenen Dimensionen sozialer Lebenspraxis – Hauswirtschaft und Geselligkeit, Bildung und Religion – ineinander aufgehen, zerlegt sich die öffentliche Sphäre in voneinander getrennte, jeweils um eine elementare Institution zentrierte Lebensregionen: in Politik, Wirtschaft, Wissenschaft und Religion.

Die auf dem Hintergrund des gesellschaftlichen Differenzierungsprozesses entstandenen Sektoren der öffentlichen Lebenswelt grenzen sich nicht nur aufgrund ihrer verschiedenartigen sozialen und kulturellen Funktionen extern gegeneinander ab. Vielmehr bilden sich im Zuge ihrer internen organisatorischen Verfestigung auch unterschiedliche, der Eigenrationalität der jeweiligen Institution entsprechende *Sozialstrukturen* heraus. Ist die primäre soziale Lebensform, die private Hausgemeinschaft, durch die funktionale Gleichwertigkeit der Familienmitglieder und durch die kommunikative Wechselseitigkeit der interpersonalen Beziehungen gekennzeichnet, so formt sich in den verschiedenen Bereichen des öffentlichen Lebens – im politischen, ökonomischen, wissenschaftlichen und religiösen Sozialsystem – eine jeweils andersartige Beziehung zwischen dem einzelnen Individuum und den Repräsentanten der Organisation heraus. So ruht der Staat auf dem Gegensatz von Obrigkeit und Untertanen auf, die Wirtschaft auf dem Gegensatz von Produzenten und Konsumenten, die Wissenschaft auf dem Gegensatz von Gelehrten und Publikum, die Kirche auf dem in der katholischen und in der protestantischen Kirchenorganisation unterschiedlich verfaßten Gegensatz von Klerus und Laien (90,718ff). Aus der sozialen Struktur der gesellschaftlichen Organisationen leitet Schleiermacher schließlich seine für die Begründung der Theologie als ‚positive Wissenschaft‘ fundamentale Theorie der bürgerlichen Berufe (> 212-4:2.3.2.) ab. Besteht die gemeinsame Aufgabe von Politikern, Unternehmern, Wissenschaftlern und Pfarrern in der kompetenten, durch theoretische Bildung fundierten ‚Leitung‘ der verschiedenen Sozialsysteme, so ergibt sich das Profil bestimmter Leitungsfunktionen sowie die Charakteristik spezifischer Leitungstechniken aus der jeweiligen Sozialstruktur von Staat, Wirtschaft, Wissenschaft und Kirche.

2. Die soziale Lebenswelt, wie sie sich am Ende des *20. Jahrhunderts* darstellt, läßt sich mit den Theoriemustern der idealistischen, auf dem Organismusgedanken basierenden und von der Vorstellung eines harmonischen Zusammenspiels elementarer gesellschaftlicher Teilsysteme geleiteten Gesellschaftstheorie nicht mehr zutreffend erfassen. In der Folgezeit beschleunigte sich der sozialkulturelle Differenzierungsprozeß, den Schleiermacher in einem frühen Stadium beschrieb und dessen absehbare Folgen er in seinem integralen Gesellschaftsbild zu bändigen suchte. Wie sich die Formen des privaten Lebens verflüssigten, so löste sich auch die kompakte Gestalt der öffentlichen Institutionen auf und machte elastischeren sozialen Organisationsformen Platz. Das Erscheinungsbild des öffentlichen Lebens ist seitdem durch eine Vielzahl partieller Organisationen, Interessensgruppen, Vereinigungen und Verbände geprägt, die gleichzeitig miteinander kooperieren und gegeneinander opponieren. Der Prozeß sozialer Differenzierung wurde durch die zunehmende Individualisierung der Lebenswelt verstärkt. In dem Maße, in dem die von der bürgerlichen Sozialphilosophie in Geltung gesetzte Individualitätsidee praktisch ratifiziert wurde, schwächte sich die Integrationskraft der traditionellen Institutionen ab; das autonome Individuum beerbte die gesellschaftlichen Institutionen und rückte in den Status einer sozialkulturellen Integrationsinstanz ein.

Gleichwohl führte das Zusammenspiel von Differenzierung und Individualisierung nicht zu einer generellen Deinstitutionalisierung der sozialen Lebenswelt. Vielmehr bildeten sich im intermediären Bereich zwischen privater und öffentlicher Lebenssphäre neuartige *Formen* sozialer Gestaltung heraus, die einerseits aufgrund ihrer flexibleren Strukturen dem Individuum größere Spielräume gewähren, andererseits aber als tragende Elemente einer offenen gesellschaftlichen Wirklichkeitskonstruktion anzusehen sind. Die Entstehung typisch moderner, zwischen Individuum und Gesellschaft vermittelnder Sozialformen läßt sich exemplarisch in einem relativ frühen Stadium des gesellschafts- und religionshistorischen Wandlungsprozesses, an der Umstellung der sozialen Organisationsmuster praktizierter Religion im Zuge der pietistischen Reformbewegung, beobachten. Die von der neuzeitlichen Individualitätsidee gespeiste Kritik an der Verfestigung der kirchlichen Sozialstrukturen fand ihre praktische Ratifizierung in der Ausformung eines neuen Typus religiöser Gemeinschaft, der nach dem Vorbild des um die Wahlverwandtschaft erweiterten Familienkreises gestaltet und in der ‚Gemeinde‘ (> 332), dem alltagsweltlichen Lebenskontext des Gemeinschaftschristentums, verankert wurde. Die ‚ecclesiolae in ecclesia‘ fungierten als Vermittlungsinstanzen zwischen Hausfrömmigkeit (> 212-1:2.) und Kirchenchristentum (> 212-3:1.) und trugen einerseits zur Privatisierung der kirchenverbundenen Religionskultur, andererseits zur Verkirchlichung der häuslichen Frömmigkeitspraxis bei. Im Vereinschristentum des 19. Jahrhunderts und in der parochialen Gruppenkultur (> 212-3:2.) der Gegenwart findet das ‚Gemeindechristentum‘ seine adäquate Sozialgestalt.

Die Flexibilisierung der gesellschaftlichen Strukturen bringt sich aber nicht nur in der Entstehung elastischer Formen sozialer Vergemeinschaftung zur Geltung, sondern ebenso in einer Aufweichung der *Grenzen* zwischen den voneinander unterschiedenen Sektoren des gesellschaftlichen Lebens. In der modernen Gesellschaft stellen sich Staat, Wirtschaft, Wissenschaft und Religion nicht als markant voneinander abgegrenzte und von ihrer jeweiligen Eigenrationalität dirigierte Systeme dar, sondern als vielfach miteinander vernetzte und sich wechselseitig überlagernde Segmente eines in sich ausdifferenzierten gesellschaftlichen Kosmos. Wie sich in den verschiedenen Regionen des gesellschaftlichen Lebens politische, ökonomische und wissenschaftliche Praxis in unterschiedlicher Akzentuierung miteinander verbinden, so geht auch die Religion in jeweils spezifischer Ausprägung in die verschiedenen Sektoren des gesellschaftlichen Lebens ein. Als empirisch am deutlichsten faßbar erweist sich nach wie vor das in sich selbst wieder ausdifferenzierte kirchliche Christentum; in ihm verdichten sich mehr oder weniger markant profilierte konfessionelle Prägungen des religiösen Bewußtseins, unterschiedliche Grade mentaler Kirchenverbundenheit und Konventionen abgestufter Beteiligung an den verschiedenen Formen des parochialen Gemeinschaftslebens zu relativ deutlich konturierten Gestalten christlicher Religionspraxis. In analoger Weise bildeten sich in anderen gesellschaftlichen Teilsystemen eigenständige Typen praktizierter Religion heraus, deren kulturelles Profil und deren soziale Organisationsgestalt aus den jeweiligen Eigengesetzlichkeiten der Institution resultiert, in der die Religionspraxis verankert ist: beispielsweise die in der staatlichen Erziehungsorganisation verortete und dementsprechend konfessionsunspezifisch verfaßte ‚Schulreligion‘ (> 223), die kulturreligiös verwaschene ‚Medienreligion‘ (> 222-5) oder die von aktuellen Zeitströmungen und von Lebensstilen der Jugend imprägnierte ‚Kirchentagsreligion‘ (> 222-3).

Umgekehrt vergrößerte sich auf dem Hindergrund der Verwischung institutioneller Grenzen die *Funktionsvielfalt* der in sich ausdifferenzierten Sozialsysteme. Nicht alle in

Kirche und Gemeinde organisierten Aktivitäten lassen sich als spezifisch religiös identifizieren. In der modernen Gesellschaft tritt die Kirche (> 322) vielmehr auch als Bildungsinstitution, als Kulturveranstalter, als Anbieter von Geselligkeit und Unterhaltung und nicht zuletzt als Wirtschaftsunternehmen in Erscheinung. Wie sich in dem facettenreichen Veranstaltungsangebot der Kirchengemeinde die verschiedenartigen Dimensionen des gesellschaftlichen Lebens bündeln, so werden den Kirchenorganisationen Mitwirkungsrechte im Wohlfahrtswesen (> 222-2), in der Bildungsorganisation (> 223) oder im Medienbetrieb (> 222-5) eingeräumt. Aus der kirchlichen Binnenperspektive stellt sich die pluriforme Institutionalisierung religiöser Praxis als zweifache ‚Säkularisierung‘ des kirchlich organisierten Christentums dar. Während die Religion partiell aus der Institution der Kirche auswanderte und sich in säkularen Lebenszusammenhängen neu institutionalisierte, flossen ursprünglich in anderen institutionellen Kontexten verankerte und somit ‚säkulare‘ Funktionen in das kirchliche Leben ein.

Beide Entwicklungstendenzen, die pluriforme Institutionalisierung der Religion und die Überlagerung der verschiedenen Dimensionen des gesellschaftlichen Lebens, lassen sich auch hinsichtlich der mit der Religion befaßten *Berufe* beobachten. Einerseits hat sich in der Folge der Ausdifferenzierung der kirchlichen Sozialsysteme und einer gleichzeitigen Funktionserweiterung von Kirche und Gemeinde das Spektrum des kirchlichen Arbeitsmarktes in der neueren Zeit beträchtlich erweitert (> 212-4:2.3.3.). In unterschiedlichen kirchlichen Berufssparten arbeiten GemeindepfarrerInnen und ‚Spezial‘-PfarrerInnen, KirchenmusikerInnen, DiakonInnen, GemeindepädagogInnen, ErzieherInnen und JugendleiterInnen und schließen sich teils bedarfsweise, teils dauerhaft zu beruflichen Arbeitsteams zusammen. Die im Zuge beruflicher Spezialisierung entstandenen Professionen verfügen jeweils über originäre Berufskompetenzen und erbringen unterschiedliche Arbeitsleistungen. Andererseits sind verschiedene mit der sozial organisierten und kommunikativ praktizierten Religion befaßte Berufe aber auch in anderen Sektoren der sozialen Lebenswelt tätig: in Einrichtungen der Diakonie, im schulischen und außerschulischen Bildungswesen, in Beratungsinstitutionen oder in den Medienorganisationen. Die Vielfalt der teils in die Kirche, teils in andere Organisationen eingelagerten Berufsbilder ist allerdings nicht als Resultat einer Ausdifferenzierung des traditionellen kirchlichen Berufstypus des ‚Gemeindepfarrers‘ zu begreifen; vielmehr formten sich in den jeweiligen institutionellen Kontexten eigenständige Berufsfunktionen, Berufsleistungen und berufliche Arbeitsverfahren heraus, die ihrerseits auf die Entwicklung der kirchlichen Berufswelt zurückwirkten und zu einer Modernisierung der von bürgerlichen Berufsvorstellungen (> 212-4:2.3.1.) geprägten kirchlichen Berufsbilder beitrugen.

Fächerte sich das mit der Religion befaßte Berufssystem im Zuge der Ausdifferenzierung der institutionellen Kontexte ständig weiter auf, so glichen sich die voneinander unterschiedenen und sich wechselseitig überlagernden Berufspraxen sowie die in sie eingelagerten beruflichen Verfahrensweisen und beruflichen Wissensbestände in der Folge des gesamtgesellschaftlich wirksamen *Professionalisierungsprozesses* (> 212-4:2.3.2.) im umgekehrten Richtungssinn zunehmend aneinander an. Die Egalisierung der ‚Sozialberufe‘ (> 212-4:2.3.4.) läßt sich an der Entwicklung des Pfarrerberufs besonders markant exemplifizieren. Verdankte der traditionelle Pfarrerberuf sein gegenüber anderen Berufen eigenständiges Profil der Konzentration auf die beruflich versierte Darstellung der Religion in Predigt, Liturgie, Unterricht und Seelsorge, so verlagerte sich der Schwerpunkt der pastoralen Berufsarbeit in neuerer Zeit zunehmend von den ‚symbolisierenden‘ zu den ‚organisierenden' Berufsfunktionen (> 212-4:3.3.). Wie sich im Zusammenhang der Gemeinde-‚Leitung' neuartige Berufsaufgaben und Berufskompetenzen herausbildeten, so wirkte das typisch moderne Berufsbild des ‚Organisators' auf die Gestaltung der Berufsarbeit insgesamt zurück und führte zu einer neuartigen Auffassung der homiletischen, poimenischen und religionspädagogischen Berufsrollen. Die von den Berufsträgern zu erbringenden Arbeitsleistungen bestehen danach nicht so sehr in der kunstvollen Selbstdarstellung der religiösen Persönlichkeit als vielmehr in der sachgerechten Organisation von Interaktionssituationen, in denen die autonomen Laien untereinander kommunizieren. Die Gewichtsverlagerung des beruflichen Arbeitsprofils von der individuellen Darstellung religiöser Erfahrung zur formalen Organisation von Kommunikationsstrukturen korrespondiert mit einer schon von Schleiermacher zur Geltung gebrachten Aufweichung der harten Autoritätsstrukturen (91) des kirchlichen Amtes (> 323) und einer entsprechenden Relativierung des Gegensatzes zwischen Klerus und Laien (90,742ff). In den verschiedenen Gremien der Gemeinde- und Kirchenleitung arbeiten Experten unterschiedlichster Fachrichtungen, darunter auch Theologen, teils hauptberuflich, teils ehrenamtlich (> 222-2), zusammen und nehmen in ihren gegenseitigen Beziehungen wechselweise die Position des fachspezifischen Laien und Experten ein.

3. Die gewandelte *Statur* der sozial organisierten Religionspraxis läßt sich zwar als Spätfolge der vom Bürgertum eingeleiteten Reform des gesellschaftlichen Lebens begreifen, als eine moderne Variante des bürgerlichen Gesellschafts- und Berufssystems, wie es sich in Schleiermachers Konzeption der Praktischen Theologie dokumentiert. Die Rückführung der sozialen Pluriformität religiöser Praxis auf die elementaren Institutionen der Kirche und des Amtes läuft aber dem Richtungssinn des gesellschaftshistorischen und religionshistorischen Fortschrittsprozesses zuwider. Sie führt in der praktisch-theologischen Theoriebildung zu unlösbaren Widersprüchen und leistet in der Praxis einer restaurativen Verfestigung der elastischen Organisationsformen und somit einer spätmodernen ‚Verkirchlichung' und ‚Verberuflichung' der gesellschaftlich organisierten Religionspraxis Vorschub.

Die Kollisionen, die aus der Inkongruenz von zu erschließender Lebenswelt und theoretischem Interpretationsrahmen entstehen, lassen sich an der widersprüchlichen Theoriestatur der im Rahmen kirchlicher Auftragsforschung erstellten Mitgliedschaftsuntersuchung (> 212-3:1.3.) demonstrieren. Die prominent gewordenen ‚*EKD-Studien*' (72; 73; 74) schließen sich einer populären Deutung des religiösen Pluralisierungsprozesses an und begreifen die charakteristischen Wandlungen der modernen Religionskultur zum einen als Begleiterscheinungen der Säkularisierung, in deren Verlauf sich die genuin religiösen Gehalte kirchlich organisierter Christentumspraxis verflüchtigen, und zum anderen als Vorgang sozialer Diffusion, in dessen Folge die Religionspraxis ihre identifizierbare Gestalt verliert. Um die Konsequenzen des religionshistorischen Wandlungsprozesses für die ‚Stabilität' des kirchlichen Sozialsystems zu verdeutlichen, kontrastieren die aus der kirchlichen Binnenperspektive entworfenen Analysen der religiösen Gegenwartssituation (> 212-3:1.3.) die für das volkskirchliche Religionssystem typische ‚Unbestimmtheit' gelebter Religion mit der „Bestimmtheit des amtskirchlich geronnenen Systems von Erwartungen" (75,153) und messen die von Deinstitutionalisierungstendenzen geprägten Erscheinungsformen praktizierter Religion an dem „in der gesellschaftlichen Figur der Amtskirche sich ausdrückende(n) hohe(n) Institutionalisierungsgrad von Religion" (75,154).

Auf der Basis einer „Bestimmtheits Unbestimmtheits Relation" (75,158) läßt sich aber
„die breite und vielgestaltige *lebensweltliche* Christlichkeit" (75,155) der Gegenwart
nicht adäquat erfassen. Indem der „Sozialforscher" zur Deutung neuartiger religiöser
Phänomene auf das ihm „vertraute und zugängliche Wissen über die institutionelle
Wirklichkeit" zurückgreift, stilisiert er die in flexible Organisationsformen gefaßte Religionspraxis zu defizienten Derivaten der kirchlich institutionalisierten Christentumspraxis und verstellt sich damit den Blick für die originären ‚Logiken' (75,158) der religiösen Lebensformen. Im Zuge einer institutionellen Perspektivenverengung grenzt er die
für die religiöse Gegenwartssituation signifikanten Erscheinungen schließlich aus seiner
Untersuchung aus und verliert damit seinen Forschungsgegenstand aus dem Auge. Die
facettenreiche Welt der Religion gibt dem Forscher „immer wieder Rätsel" auf, die er
„mit seinen Mitteln nicht zu lösen vermag" und deshalb „über das Medium methoden-
technischer Eingrenzungsklauseln sozusagen am Rande seines Forschungshandelns ab-
lagert" (75,158).

Auf diesem Hintergrund stellt sich der praktisch-theologischen *Theoriebildung* die Auf-
gabe, flexible Interpretationsfiguren und Theoriemuster zu entwickeln, die sowohl den
Prozeß der Deinstitutionalisierung als auch den damit korrespondierenden Prozeß der
Generierung neuartiger Institutionalisierungsmuster der Religion zu erfassen erlauben.
Die von der phänomenologischen Perspektivierung der Theoriebildung geleitete „rekon-
struktive Feldforschung" (75,160) zielt dementsprechend auf die Ausarbeitung einer
„‚Ethnographie' der volkskirchlichen Verhältnisse" (75,161) ab, die „an den Lebensverhältnissen der Menschen selbst ansetz(t)" (75,161) und „ihr Augenmerk" nicht auf die
institutionelle Stabilisierung des kirchlichen Christentums, sondern „auf jene Prozesse
richte(t), die sich zwischen Kirche und Christentum abspielen, die ihrerseits wieder zusammenhängen mit innerhalb der kirchlichen Organisation, zwischen den verschiedenen
gesellschaftlichen Subsystemen und zwischen Individuen und Gesellschaft ablaufenden
Prozessen" (48,77). Zur Beschreibung der charakteristisch modernen, tendenziell ent-
konfessionalisierten und weitgehend synkretistisch verfaßten Religionskulturen und zur
Erfassung der vielfältigen wechselseitigen Verschränkungen der pluriformen Ausdrucksgestalten praktizierter Religion erweist sich die im Rahmen institutionenverbundener Sozialforschung entwickelte Kategorie der ‚Kirchlichkeit' als untauglich.

Ebensowenig läßt sich eine phänomenologische Topographie der zeitgenössischen Religionskultur aber im Rahmen des von der Pastoraltheologie entworfenen und von der
wissenschaftlichen Praktischen Theologie übernommenen *Disziplinenschemas* entwik-
keln. Die Reduktion der praktisch-theologischen Theoriebildung auf die klassischen Gebiete der Liturgik, Homiletik, Poimenik und Religionspädagogik verstärkt nicht nur die
„Unfähigkeit der Praktischen Theologie, sich neuen Arbeitsfeldern und Fragestellungen
zuzuwenden" (2,58); „neu auf die Kirche zukommende Arbeitsfelder sind in der Gegenwart wie in der Vergangenheit in aller Regel außerhalb praktisch-theologischer Gesamtdarstellungen diskutiert worden" (2,58f). Mit der traditionellen „Fächereinteilung" wird
vor allem „ein konzeptionelles Grundverständnis der Praktischen Theologie transpor-
tiert", das „der komplexen Wirklichkeit, auf die sich Praktische Theologie heute beziehen muß, nicht gerecht" wird (2,46). Die „sektorale Gliederung der Praktischen Theologie" ist nur solange „in sich plausibel und tragfähig", als den speziellen Handlungslehren
einerseits eine sie gemeinsam begründende Theorie der kirchlichen Institution zugrundegelegt und das Interesse der Praktischen Theologie andererseits „auf die Hauptarbeitsge-

biete des Pfarrers" konzentriert wird (2,58). Mit der Verstärkung der phänomenologischen Tendenzen in der gegenwärtigen Praktischen Theologie korrespondiert daher eine immer deutlichere Abwendung ihrer Theoriearchitektur von dem traditionellen Disziplinenschema.

3.2. Die Struktur der zeitgenössischen praktisch-theologischen Theoriesysteme

In den in neuerer Zeit vorgelegten Gesamttheorien dokumentiert sich der zeitgenössische *Wandel* der praktisch-theologischen Reflexionskultur. Die hinsichtlich ihres konzeptionellen Zuschnitts, ihrer methodologischen Strategien und ihrer literarischen Präsentationsformen voneinander unterschiedenen Grundrisse zielen gemeinsam darauf ab, die Praktische Theologie als ein gleichermaßen in sich ausdifferenziertes wie systematisch strukturiertes Wissenschaftsgebiet neu zu konstituieren. Sie suchen auf verschiedenartige Weise, die institutionellen Verengungen der praktisch-theologischen Wahrnehmungsperspektive aufzubrechen und die pluriforme Praxis gelebter Religion in eine wissenschaftlich fundierte und theoretisch ausgearbeitete Topographie des sozial organisierten und kommunikativ praktizierten Christentums zu überführen. Die unterschiedliche Gewichtung von phänomenologischen und handlungspragmatischen Theorieperspektiven sowie die Ausarbeitung verschiedenartiger, aus der Verschränkung von differentialen und integralen Momenten gewonnener Modelle praktisch-theologischer Theoriearchitektur verleiht den Theoriesystemen ihr jeweiliges originäres Profil.

1. Das dreibändige, von einem Redaktionsteam herausgegebene und von einer Vielzahl von Autoren aus unterschiedlichen Bereichen der kirchlichen und theologischen Praxis erarbeitete ‚*Handbuch der Praktischen Theologie*‘ (1981-1987) geht von der wechselseitigen „Rückkoppelung" (106,7) von Theorie und Praxis aus und begreift die praktisch-theologische Reflexionskultur als integrales Moment religiöser Lebenspraxis. Ihren wissenschaftstheoretischen Prämissen entsprechend rückt die praktisch-theologische Theoriebildung „nicht von den Höhen historisch-systematischer Kategorien gegen die Niederungen kirchlicher Praxis vor, sondern versucht, auf dem Boden tagtäglich gelebter Kirche zu bleiben" (106,7). Die thematisch spezifizierten, jeweils in sich geschlossenen und gleichzeitig miteinander vernetzten Theorieskizzen sind insgesamt „einer pragmatischen Orientierung verpflichtet" (106,8) und nach einem zwar variablen, in seiner Grundstruktur aber gleichförmigen Schema ausgearbeitet. In der Abfolge von situativen „Fallbeschreibungen", theologischen und humanwissenschaftlichen „Erklärungsversuche(n)" (106,8) und strategischer „Ausdifferenzierung von Handlungssequenzen" (106,9) verbinden sich phänomenologische und handlungspragmatische Methodik in jeweils unterschiedlicher Akzentuierung miteinander. Die vielfältigen Detailskizzen lebenspraktisch verwirklichter Religion stellen sich zu einer facettenreichen „Topographie kirchenbildenden Handelns" (106,8) zusammen, in der nicht nur die pluriformen Manifestationen der zeitgenössischen Christentumskultur dokumentiert, sondern auch die darin eingelagerten Fortschrittsmomente herausgestellt und zu theoretischen „Visionen" ausformuliert werden (106,8). Die weitgespannte Optik der ‚Praxistheorien' bricht die institutionellen „Grenzen der Kirchentümer" auf und relativiert die „geläufige Unterscheidung" zwischen pastoraler Berufstätigkeit und religiöser Laienpraxis (106,8).

Das integrale *Theoriekonzept*, in dem sich Wissen, Urteilen und Handeln untrennbar miteinander verknüpfen, kommt nicht nur in der mehrstufigen Gestaltung der einzelnen

Artikel, sondern ebenso in der mehrdimensionalen Architektur der Gesamttheorie, in
dem „Netz" zur Geltung, „das die Herausgeber und ihre Autoren über die Wirklichkeit
auswerfen" (106,7). Das Grundrißmuster der Theorie besteht aus einer zweidimensiona-
len Rahmenkonstruktion. Auf der horizontalen Ebene des Aufbauschemas werden vier
‚Handlungsziele' oder ‚Obligationen' der sozial organisierten Christentumspraxis voneinander getrennt und aufeinander bezogen: Verkündigung und Kommunikation; Bildung und Sozialisation; Seelsorge und Diakonie; Leitung und Organisation. Die zugleich
praktischen wie theoretischen „Aufgabenstellungen" (106,7) werden in drei auf der vertikalen Gliederungsebene angesiedelten ‚Handlungsbereichen' oder ‚Dimensionen' religiöser Praxis durchdekliniert: In der ‚kleinen' Privatwelt des Individuums und der Gruppe, in der ‚mittleren' Sozialwelt der Gemeinde und schließlich im ‚großen' Kosmos von
Gesellschaft und Öffentlichkeit. Das offene Strukturmuster ermöglicht einerseits die
Bearbeitung einer großen Bandbreite von speziellen Themen und andererseits die Vernetzung der divergenten Teilaspekte zu einer in sich ausdifferenzierten und zugleich logisch strukturierten Topographie zeitgenössischer Christentumspraxis.

2. Die externe Erweiterung des praktisch-theologischen Erkenntnishorizonts und die
interne Flexibilisierung der praktisch-theologischen Theoriearchitektur bilden die beiden
miteinander verschränkten Grundprinzipien, nach denen *Gert Otto* seine zweibändige, in
eine allgemeine ‚Grundlegung der Praktischen Theologie' (1986) und in eine Darstellung
von speziellen ‚Handlungsfelder(n) der Praktischen Theologie' (1988) gegliederte Gesamttheorie gestaltet. Wird die Praktische Theologie nicht als eng perspektivierte „Theorie des Handelns der Amtskirche", sondern als gleichermaßen umfassende wie „kritische
Theorie religiös vermittelter Praxis in der Gesellschaft" (2,21f) aufgefaßt, dann tritt „an
die Stelle einer dogmatisch-ekklesiologischen Grundorientierung der Praktischen Theologie" deren Rückbeziehung auf den „komplexe(n) Zusammenhang von Religion und
Gesellschaft, dessen Teil die Kirche ist" (2,69). Dieser „spannungsvolle Zusammenhang" stellt nicht nur den prinzipiellen „Ausgangspunkt" praktisch-theologischer Theoriekonstruktion, sondern zugleich auch das ‚Gelände' (2,69) dar, in dem sich die Praktische Theologie bei der Ausarbeitung ihrer speziellen Theoriekonstrukte bewegt. Wie
sich die Wirklichkeit gelebter Religion in ihrem ganzen Umfang und in ihren vielfältigen
Differenzierungen niemals vollständig erfassen läßt, so bleibt auch die „Darstellung der
Problemvielfalt Praktischer Theologie prinzipiell unabschließbar" (3,379).

Praktisch-theologische Theorieentwürfe sind aber nicht nur an ihren Grenzen offen zu
halten für „unberücksichtigt bleibende Probleme und Konkretionen" (3,379), sondern
auch hinsichtlich ihrer internen *Struktur* so zu gestalten, daß „grundsätzlich keine anstehende Fragestellung aus Gründen fachinterner Systematik ausgeblendet werden muß"
(3,379). Zur „Ordnung" des praktisch-theologischen „Reflexionsgeländes" (2,70) bedient sich Otto daher nicht der ‚sektoralen' Gliederung der Praktischen Theologie nach
den „vier klassischen Haupttätigkeiten des Pfarrers" (2,70ff), sondern entwirft ein neuartiges ‚perspektivisch' angelegtes Modell praktisch-theologischer Theoriearchitektur.
Während sich „die ganze Reichweite praktisch-theologischer Reflexion" in den Grenzen
vorwiegend berufs- und handlungspraktisch konzipierter Theorieentwürfe nur unzurei-
chend erfassen läßt, stellt die eher phänomenologisch perspektivierte, an den Funktionen
der religiösen Lebenspraxis orientierte und aus den Strukturen der religiösen Lebenswelt
entwickelte Theoriekonstruktion die „adäquate und daher erforderliche Form" dar, um
„dem komplexen Gesamtzusammenhang praktisch-theologischer Reflexion und Theo-

riebildung einigermaßen gerecht zu werden" (2,73). „Die Strukturierung und Systematisierung" der praktisch-theologischen Theoriebestände erfolgt dementsprechend „nicht mehr von klassischen innerkirchlichen Tätigkeitsbereichen her, sondern von Problemebenen aus, die ‚quer' zu jeweiligen Tätigkeitsfeldern liegen. Das sind Problemebenen, die Reflexionszusammenhänge und Reflexionsnötigungen bezeichnen, die überall auftauchen, in ‚klassischen' kirchlichen Arbeitsbereichen wie auch in neuen Projekten, in Tätigkeiten des Pfarrers ebenso wie in Aktionen von Laien" (2,72). Bleibt die „relative Berechtigung und Funktion"(2,73) berufspraktischer „Handwerkslehren" (2,70) auf die Erfüllung „spezielle(r) Bedürfnisse", etwa in der „Vorbereitung auf den kirchlichen Dienst" oder „in der Pfarrerfortbildung" (2,73), begrenzt, so erhält die Praktische Theologie durch die Erweiterung ihres Theorierahmens und die gleichzeitige Flexibilisierung ihrer Theoriearchitektur die Gestalt einer gleichermaßen mit der pluriformen zeitgenössischen Religionspraxis verbundenen wie in die moderne, durch „Interdisziplinarität" (3,382) charakterisierte Wissenschaftskultur eingebetteten Theorie.

Die in einer Graphik (2,71) abgebildete *Ordnungslogik* der Theoriekonstruktion entsteht durch die wechselseitige Verschränkung von theoretischen ‚Reflexionsperspektiven' und praktischen ‚Handlungsfeldern'. Im Zuge einer Strukturierung des pluriformen Theoriegeländes kristallisieren sich drei dominante Reflexionsperspektiven heraus: „Mit der Trias: Hermeneutik, Rhetorik, Didaktik ist das Reflexionsgelände umschrieben, auf dem praktisch-theologische Problemstellungen ihren Ort haben" (2,158f). Die drei theorieleitenden Perspektiven stellen die „Grundlagen" für eine weitere Ausdifferenzierung der „praktisch-theologischen Reflexion" (2,158) dar: „Mit den zusätzlichen Perspektiven Recht, Kommunikation, Ideologiekritik und Symbolik wird der Differenziertheit der Einzelfragen Rechnung getragen" (2,159). Ebenso schälen sich im Rahmen einer strukturalen Analyse der sozial organisierten Religion zwei Handlungsdimensionen heraus, die „allen Konkretionen, die in der Praktischen Theologie zu reflektieren sind, innewohnen" (3,208): „Lernen und Helfen markieren durchgängig das Profil jener Praxis, die in der Praktischen Theologie zur Debatte steht" (3,209). Das Spektrum religiöser Praxisdimensionen läßt sich durch weitere Interaktions- und Kommunikationsformen – wie beispielsweise ‚Verständigen', ‚Reden und Schreiben', ‚Deuten', ‚Feiern' oder ‚Kooperieren' – ergänzen. Sowohl das Bündel der Reflexionsperspektiven als auch die Palette der Handlungsdimensionen sind prinzipiell nicht abschließbar. Der „systematische Zusammenhang" muß „offen bleiben …, damit er aufnahmefähig ist für neue Arbeitsfelder und die in ihnen liegende Problematik. Weder die ‚Perspektiven' sind ein für allemal festgelegt noch die ‚Arbeitsfelder'" (2,72). Der externen Offenheit der Theoriekonstruktion entspricht ihre interne Elastizität. Wie die „einzelnen Arbeitsfelder, die der Reflexion bedürfen", nicht als gegeneinander abgeschlossene Segmente, sondern als miteinander vernetzte Komponenten der pluralisierten Religionskultur zu beschreiben sind, so müssen auch die „Reflexionsgänge", in denen die Praxis erschlossen wird, an ihren Grenzen „durchlässig bleiben" und dürfen „sich nicht in Gestalt (sich) verselbständigender Lehren gegeneinander abschotten" (2,72).

3. Während im ‚Handbuch der Praktischen Theologie' die differentialen Momente der Theoriebildung gegenüber der integralen Gesamtkonstruktion überwiegen und während Otto seine Theoriekonzeption sowohl hinsichtlich der zu bearbeitenden Themenbereiche als auch hinsichtlich der verwendeten Reflexionsmuster bewußt offen hält, zielt *Dietrich Rössler* in seinem ‚Grundriß der Praktischen Theologie' ([1]1986, [2]1994) darauf ab, die

Praktische Theologie als eine in sich geschlossene und somit „einheitliche, zusammenstimmende und widerspruchsfreie Theorie" (11,47) zu gestalten. Eine solche, gleichermaßen umfassende wie logisch strukturierte Theorie hat zunächst den „formale(n) Bestimmungen" wissenschaftlicher Theoriebildung, insbesondere den Kriterien der materialen Vollständigkeit sowie der logischen „Widerspruchsfreiheit oder Einheitlichkeit"
(11,47), Genüge zu leisten. Die praktisch-theologische Gesamttheorie gewinnt ihre integrale Statur, indem sie „alle einzelnen Gegenstände und Themen der Praktischen Theologie in sich aufnimmt und den Zusammenhang aller dieser einzelnen Gegenstände und
Themen im einzelnen bestimmt und im ganzen zum Thema der praktisch-theologischen
Theorie selbst macht" (11,47). Die Leistungsfähigkeit praktisch-theologischer Theoriekonstruktionen ist aber nicht allein daran zu messen, inwieweit es ihnen gelingt, spezielle Einsichten in größere Erkenntnishorizonte einzubinden und begrenzte Reflexionskonstrukte in einem systematisch ausgearbeiteten Theoriekonzept zusammenzuführen.
Über diese allgemeinen wissenschaftsinternen Erfordernisse hinaus müssen die Theoriesysteme der Praktischen Theologie, den spezifischen Voraussetzungen praktisch-theologischer Theoriearbeit entsprechend, die Plausibilität ihrer integralen Theoriekonstruktion
auch gegenüber der Praxis erweisen, der die Theoriebildung gilt; die Theorie „muß also
die gesamte Praxis der real existierenden Kirche umfassen und sich als die Theorie eben
der Gesamtheit dieser Praxis begründen" (11,47).

Rössler bringt die intermediäre, zwischen Theorie und Praxis vermittelnde Denkform der
Praktischen Theologie in der Entwicklung einer originären *Theoriearchitektur* zur Geltung. Er leitet das Grundrißmuster der Theoriekonstruktion aus der Strukturlogik der
religiösen Lebenswelt ab und erhebt „die Prinzipien, aus denen sich die differenzierte
Gestalt kirchlicher Praxis der Neuzeit gebildet hat", in unmittelbarer Weise „zum Prinzip
der Einheit und der Gliederung der Praktischen Theologie" (11,48). Die Kongruenz von
lebensweltlicher und wissenschaftlicher Wirklichkeitskonstruktion entsteht, indem die
architektonische Logik des praktisch-theologischen Theoriesystems aus der analytischen
Rekonstruktion der gesellschaftlich institutionalisierten Christentumspraxis gewonnen
und im umgekehrten Richtungssinn in die Praxis eingezeichnet wird. Das Theorieparadigma, mit dessen Hilfe die zeitgenössische Christentumspraxis sowohl in ihren empirischen Differenzierungen wahrgenommen als auch in ihrer integralen Statur erfaßt werden soll, besteht in der Distinktion und Relationierung dreier ‚Gestalten' des ‚neuzeitlichen Christentums': des ‚kirchlichen', des ‚öffentlichen' und des ‚privaten' Christentums (1,90ff).

Die für die praktisch-theologische Theoriebildung charakteristische Verbindung von
Praxisanalyse und Theoriekonstruktion kommt in der wissenschaftstheoretischen Statur
des theorieleitenden „Schlüsselbegriff(s)" (11,48) zum Ausdruck. Das ‚neuzeitliche
Christentum' stellt keinen empirischen Sachverhalt, sondern eine theoretische Interpre-
tationsfigur dar: „Was neuzeitliches Christentum ist, ist eine Frage der Deutung und
kann oder muß auf verschiedene Weise beantwortet werden. Es gibt das neuzeitliche
Christentum allein in der Form einer Theorie zu seiner Interpretation in der Absicht, den
Bestand, die Phänomene und die Tendenzen, die sich nach der Auffassung eben dieser
Theorie als neuzeitliche Religion vorfinden, zu erklären" (1,90). Gleichwohl ist das terminologische Konstrukt des ‚neuzeitlichen Christentums' nicht als spekulativ gewonne-
nes Theorieparadigma, sondern als „deskriptiver Begriff" (11,48) zu verstehen, als eine
Operationsformel, in der sich die theoretische Erschließung der Praxis und der Entwurf

einer Theorie der Praxis wechselseitig miteinander verschränken. Die phänomenologische Leistungsfähigkeit der zugleich praxisanalytischen wie theoriekonstruktiven Leit-
formel beruht gerade darauf, „daß die Bildung eines solchen Begriffs selbst ein Ausdruck des neuzeitlichen Christentums ist, das er beschreiben soll" (11,48). In der theorieleitenden Kategorie des ‚neuzeitlichen Christentums' bringt sich aber nicht nur die für
die Entstehung und Entwicklung der modernen Praktischen Theologie maßgebliche Distinktion und Relationierung von praktischer Religion und theoretischer Theologie zur
Geltung. Vielmehr verdichten sich in der begrifflichen Zusammenstellung von ‚Christentum' und ‚Neuzeit' auch die komplexen Beziehungen zwischen gesellschaftshistori-
schem und religionshistorischem Fortschrittsprozeß. Das Christentum steht „in einem
durchaus dialektischen Wechselverhältnis zur Neuzeit: Es gibt gute Gründe für die Hypothese, daß die Neuzeit in gleichem Maße aus spezifischen Einsichten und Argumenten
des Christentums hervorgegangen ist, wie sie andererseits durch ihre Entfaltung wiederum das Christentum zutiefst beeinflußt hat." (1,89).

Die Leistungsfähigkeit des praktisch-theologischen Interpretations- und Konstruktions-
paradigmas kommt dementsprechend nicht nur in der phänomenologischen Erschließung
der gegenwärtigen religiösen Lebenswelt zum Tragen, sondern vor allem auch in der
Analyse der *historischen* Voraussetzungen, auf denen die in sich ausdifferenzierte Christentumspraxis aufruht. Die spezifischen Sinnlogiken der voneinander unterschiedenen
Gestalten christlicher Lebenspraxis sowie die wechselseitigen Beziehungen zwischen
den miteinander verzahnten Konfigurationen praktizierter Religion lassen sich nur dann
zureichend begreifen, wenn sie in die gesellschaftshistorischen und religionshistorischen
Entwicklungsprozesse eingeordnet werden, in deren Rahmen sich die triadische Struktur
des neuzeitlichen Christentums herausbildete. Zur Rekonstruktion von Genese und Entfaltung der neuzeitlichen Christentumspraxis bedient sich Rössler des sowohl in den
Sozial- und Kulturwissenschaften als auch in der Praktischen Theologie etablierten Ensembles religionshistorischer Interpretationshypothesen und verschränkt in seiner Skizze
der neuzeitlichen Christentumsgeschichte die Säkularisierungs-, Differenzierungs- und
Individualisierungsthese auf originäre Weise miteinander.

Um die charakteristischen Wandlungen des Christentums zureichend erfassen zu können, bedarf es allerdings einer Umformung des *Säkularisierungstheorems*. In ihrer „ein-
fachsten Form" beschreibt die Säkularisierungsthese (> 133) die religionshistorische
Entwicklung als „Profanisierungsprozeß", in dessen Verlauf sich „Lebensformen und
religiöse Gehalte" aus ihrem ursprünglichen sozialkulturellen Kontext gelöst, sich in
ihrer weiteren Entwicklung „der Kirche gegenüber verselbständigt haben und nun in
einem neuen gesellschaftlichen Raum bloßer Profanität eine eigene Existenz führen"
(1,91). Rössler betrachtet den „Prozeß der neuzeitlichen Religionsgeschichte" dagegen
„aus der entgegengesetzten Perspektive" (1,92) und begreift die Säkularisierung als Folge einer ‚Emigration der Kirche aus der Gesellschaft' (76). Die Ursachen für das „Mani-
festwerden einer Differenz zwischen dem allgemeinen gesellschaftlichen Bewußtsein
und der kirchlichen Religion" liegen demnach „keineswegs auf seiten einer Gesellschaft,
die ihrerseits Interesse hätte, sich von der Kirche zurückzuziehen. Die Differenz hat ihren Ursprung in einer Profilierung und Intensivierung des Selbstverständnisses kirchlicher Religion" (14,112). In dem Maße, in dem „die Kirche sich nicht mehr in der Lage
sieht", den „Bestand der Religion" insgesamt „als kirchliche Religion zu akzeptieren"
(14,112), entstehen „Bewegungen der Selbstkritik in der Kirche", die „strengere Auffas-

sungen vom Christentum und vom christlichen Leben zum Leitbild für die Kirche selbst werden lassen und dadurch Unterschiede und Grenzen in den Anschauungen vom Christentum und in der christlichen Lebenspraxis etablier(en)" (1,92). Dieser „komplex(e) und von vielen Faktoren beeinflußt(e)" Prozeß der gleichzeitigen Verkirchlichung und Entkirchlichung der Religion „findet ... seinen Höhepunkt im Pietismus" (1,92). Hier „bildet sich einerseits ein kirchliches Christentum aus, das durch die eigenen und besonderen Ausprägungen der Einstellung und der religiösen Praxis gekennzeichnet ist, während andererseits die Gesellschaft im ganzen religiös sich selbst überlassen wird und als ‚nichtkirchlich' oder ‚unkirchlich' gilt" (1,92). Die Distinktion von ‚kirchlichem' und ‚nichtkirchlichem' Christentum bleibt aber nicht auf die pietistische Reformbewegung begrenzt; sie setzt sich vielmehr „allgemein im Selbstverständnis der Kirche durch, und zwar bei allen kirchlichen Richtungen und Gruppierungen" (1,92). In der Neuzeit stellt sich das kirchliche Christentum sowohl in seinen Selbstbeschreibungen als auch in seiner Außenwahrnehmung als Religion einer „Minderheit" dar, einer „kleine(n) Gruppe Engagierter und eigentümlich Überzeugter"; die Kirche nimmt die Gestalt eines „weltanschauliche(n) Verein(s)" an, „der sich von der Gesellschaft im ganzen deutlich unterscheidet" (14,110).

Tritt die „Unterscheidung zwischen allgemeiner und kirchlicher Religion" (14,111) auch erst in der Epoche des Pietismus und der Aufklärung offen zutage und formt sich das unterschiedliche Profil der beiden Grundformen christlicher Lebenspraxis auch erst in der Neuzeit prägnant aus, so liegen die gesellschaftshistorischen „Voraussetzungen" des sozialkulturellen *Differenzierungsprozesses* gleichwohl viel früher, in „Veränderungen im allgemeinen Bewußtsein", die schon am Ausgang des Mittelalters im Aufbrechen der „mittelalterlichen Einheit von Kirche und Welt" zu beobachten sind (1,92). Die „fortschreitende Verselbständigung des weltlichen Lebens in Wirtschaft, Wissenschaft und nicht zuletzt im weltlichen Recht" dokumentiert sich ebenso in der „Idee des Naturrechts" wie in der „lutherische(n) Zwei-Reiche-Lehre" (1,92f). Im Rahmen der Ausdifferenzierung der gesellschaftlichen Lebenswelt trennten sich in der Folgezeit ‚kirchliche' und ‚weltliche' Religionspraxis zunehmend voneinander. „Die Reformation, die Glaubenskriege und die Ausbildung der Konfessionskirchen schufen die Voraussetzung für die Überzeugung, daß die Lebenspraxis des kirchlichen Christentums sich von der allgemeinen Lebenspraxis der Gesellschaft noch einmal deutlich unterscheiden müsse ... Damit aber ist das Christentum in zwei geschichtliche Gestalten auseinandergetreten. Zunächst ist durch diese Differenzierung das kirchliche Christentum entstanden" (11,48); es „stellt sich selbst als eine bestimmte Weise der Zugehörigkeit zur Kirche und der Teilnahme an ihren Lebensäußerungen dar. Sodann aber und eben durch die Ausbildung des kirchlichen Christentums wird das öffentliche oder allgemeine Christentum seinerseits identifizierbar. Es besteht in den allgemeinen, christlich geprägten Verhältnissen, in gültigen Traditionen, in politisch relevanten Texten, in der Überlieferung unverzichtbarer Bildungsgehalte, in moralischen Überzeugungen und, nicht zuletzt, in den Prinzipien der gesellschaftlichen Institutionen" (11,49).

In der neuzeitlichen Entwicklungsgeschichte der Religion verbinden sich schließlich die miteinander verschränkten Prozesse der Säkularisierung und Differenzierung mit der charakteristisch modernen *Individualisierung* der Lebenswelt. In ihrem Rahmen bildet sich die dritte Gestalt neuzeitlichen Christentums, das ‚private' Christentum, heraus. Wie das Auseinandertreten von ‚kirchlichem' und ‚öffentlichem' Christentum nur im Horizont gesamtgesellschaftlicher Fortschrittsprozesse zutreffend begriffen werden kann, so stellt sich auch die in der Epoche des Pietismus und der Aufklärung programmatisch forcierte und die „Religion der Neuzeit" (1,89ff) ingesamt tiefgreifend prägende Privatisierung der religiösen Lebensformen als spezifische Ausprägung eines umfassenden sozialkulturellen Wandlungsprozesses dar. „Das pietistische Programm der Heiligung, der fortschreitenden Verinnerlichung und Vertiefung der Gesinnung und der Lebensgestaltung ist die religiöse Variante einer allgemeinen Einstellung, deren Ideale Vervollkommnung und Bildung sind und die diesen Prozeß an die Kultur der Innerlichkeit, der Einzelpersönlichkeit bindet" (14,112). Gilt die Religion in der neuzeitlichen Lebenskultur insgesamt als „Privatsache", als „Sache der religiösen Subjektivität" (14,116), und läßt sich „das individuelle Christentum" daher auch „kaum auf generelle Weise präzisieren oder definieren", so stellt es gleichwohl eine eigenständige „dritte Gestalt des neuzeitlichen Christentums" dar, in der sich „auf eine jeweils eigene Weise und darin mehr oder weniger deutlich identifizierbar das Christentum zwischen dessen kirchlicher und öffentlicher Gestalt noch einmal und eben auf individuelle Weise repräsentiert" (11,49).

Die gesellschafts- und religionshistorische Rekonstruktion legt aber nicht nur das eigenständige Profil der differenten Formen religiöser Lebenspraxis offen. Das triadisch strukturierte Modell dient zugleich auch dazu, die integrale Statur der religiösen Welt aufzudecken und die „wechselseitige(n) Einflüsse und vielfache(n) *Beziehungen*" (11,49) zwischen den unterschiedlichen Gestalten neuzeitlicher Christentumspraxis herauszuarbeiten. Sind die originären Konturen der ‚kirchlichen' und der ‚öffentlichen' Religionspraxis aus dem Entsprechungsverhältnis zu begreifen, das zwischen beiden Gestalten neuzeitlichen Christentums besteht, so stellt sich Genese und Entfaltung des ‚privaten' Christentums als geradezu zwangsläufige Konsequenz der Trennung von kirchlichem und öffentlichem Christentum dar: „Durch dieses Auseinandertreten der zwei großen Gestalten des Christentums in der Neuzeit ist der einzelne zunächst orientierungslos oder doch zumindest vor die Frage gestellt, ob und in welchem Maße er sich dem kirchlichen Christentum anzuschließen gewillt ist" (11,49). Indem das autonome Individuum auf seine Weise „Gebrauch von den Explikationen und Organisationen" macht, „die der Wahrnehmung von Religion dienen" (14,116), findet es „seinen eigenen Ort zwischen kirchlichem und allgemeinem Christentum" (11,49). Wie sich die nur idealtypisch voneinander zu unterscheidenden Typen lebenspraktisch verwirklichter Religion in ihrer historischen Genese miteinander verzahnen, so überlagern sich kirchliche, öffentliche und private Gestalt des Christentums auch in der vielgestaltigen Religionskultur der Gegenwart. „In allen praktischen Bezügen wird deshalb weniger mit der eindeutigen Repräsentation dieser oder jener Gestalt des neuzeitlichen Christentums zu rechnen sein, als vielmehr mit Übergängen und Überschneidungen" (1,71).

Rössler nutzt das triadische Strukturmodell nicht nur als Folie zur Ausarbeitung einer phänomenologisch grundierten Theorie der religiösen Lebenswelt, sondern auch als Theorierahmen zur Ausarbeitung einer praktisch-theologischen *Handlungstheorie*, in der die unterschiedlichen Funktionsbereiche kirchlicher Praxis und die ihnen zugeordneten Teiltheorien der Praktischen Theologie in ihrer jeweiligen Eigenart wahrgenommen und gleichzeitig zueinander in Beziehung gesetzt werden. Auf dem Hintergrund funktionaler „Differenzierung" (1,64) und „Spezialisierung" (11,43) traten die „unterschiedlichen Gebiete der kirchlichen Praxis" immer weiter auseinander und verloren schließlich „in vieler Hinsicht die Beziehung aufeinander" (1,67). Analog dazu verselbständigten sich

die „einzelnen Arbeitsgebiete" der Praktischen Theologie gegeneinander (12,1293); „sie
werden theoretisch und praktisch jeweils für sich wahrgenommen, und dabei ist nicht
erkennbar, ob und wie ein Zusammenhang mit anderen Gebieten der Praktischen Theologie oder gar einer Praktischen Theologie im ganzen besteht" (11,43). Auf der Basis der
„dreifachen Konfiguration des neuzeitlichen Christentums" (1,68) läßt sich nun „das
Verhältnis der Praxisfelder zueinander" bestimmen und die darauf aufbauende Einheit
der Praktischen Theologie rekonstruieren (12,1294): „Die Einheit der kirchlichen Praxis
besteht darin, daß ihre drei großen und klassischen Arbeitsgebiete den drei Gestalten des
Christentums in der Neuzeit entsprechen und daß in dieser jeweils gleichen Beziehung
auch ihr prinzipieller Zusammenhang liegt" (1,68): „Die Predigt ist die Domäne des
kirchlichen Christentums, der allgemeine Religionsunterricht ist im Blick auf das öffentliche Christentum geprägt worden, und die Seelsorge hat sich in dem Maße entwickelt,
in dem das individuelle Christentum an Bedeutung gewann. Deshalb liegt hier das Prinzip, das die Einheit und die Differenzierung der Gegenstände und des Handelns auch im
Zusammenhang der praktisch-theologischen Theorie zu begründen vermag" (11,50). Die
Praktische Theologie gewinnt ihre zugleich differentiale wie integrale Statur somit nicht
aus der Eigenrationalität wissenschaftlicher Theoriekonstruktion, durch die Ausformulierung „abstrakte(r) Postulate", sondern im Regreß auf die Strukturlogik und die Entwicklungsdynamik der religiösen Lebenswelt, die von der Theorie „aufgedeckt und also
vorausgesetzt wird" (1,67): Die „dreifache Gestalt des neuzeitlichen Christentums hat
die drei großen Praxisfelder der Kirche und die drei Aufgabenbereiche der Praktischen
Theologie erst eigentlich geformt und in je eigenem Sinne ausgebildet" (11,50).

Im *Aufbauschema* seiner praktisch-theologischen Gesamttheorie kombiniert Rössler
phänomenologische und handlungspragmatische Perspektiven miteinander. Die dreigliedrige Grundstruktur der Theoriearchitektur – der Einzelne (1,73ff); die Kirche
(1,271ff); die Gesellschaft (1,456ff) – ergibt sich aus dem Theorieparadigma der ‚dreifachen Gestalt des Christentums in der Neuzeit' (1,90ff). Den drei Hauptteilen liegt eine
gleichförmige viergliedrige Ordnung zugrunde. Im ersten Kapitel werden die der jeweiligen Gestalt neuzeitlichen Christentums entsprechenden „Grundlagen für die kirchliche
Praxis" dargestellt, die „Rahmenbedingungen, die das Handeln, wenn nicht im einzelnen, so doch im ganzen leiten und bestimmen". Das zweite Kapitel beschäftigt sich mit
der „Organisation" des einschlägigen Praxishorizonts, durch die „die kirchliche Praxis
ihre Struktur und ihre Form" erhält. Das dritte Kapitel präsentiert die jeweilige „spezifische Grundform der kirchlichen Praxis". Im vierten Kapitel schließlich wird „der paradigmatische Fall derjenigen Gemeinschaft" thematisiert, „die der Praxis in diesem Teil
entspricht" (1,70f).

Der *erste*, der privaten Christentumspraxis gewidmete Hauptteil setzt dementsprechend
bei der „religiösen Subjektivität" als dem primären „Gegenstand der Praktischen Theologie" (1,74) ein, fokussiert die Perspektive sodann auf die „Person des Pfarrers" als dem
„Subjekt des Handelns" (1,71), umreißt das Gebiet der Diakonie (1,158ff) und der darin
eingeschlossenen Seelsorge (1,175ff) als diejenige „Praxis, die sich dem einzelnen Menschen zuwendet" (1,71), und schließt mit einer Theorie der Amtshandlungen, die sich
von der „Einsicht" leiten läßt, „daß das gemeinsame Thema der Kasualien in aller Regel
durch den einen und bestimmten Menschen gegeben ist, der den Anlaß der Amtshandlung bildet" (1,227). Der *zweite*, dem kirchlichen Christentum gewidmete Hauptteil beschreibt die Kirche als „die zentrale Form des neuzeitlichen Christentums" (1,271), das

kirchliche „Amt" als die Sozialform, in der „die Kirche sich um ihres Handelns willen organisiert", die Predigt als die paradigmatische „Grundgestalt dieses Handelns" und den „Gottesdienst als dessen Ort" (1,272). Der *dritte*, dem öffentlichen Christentum gewidmete Hauptteil beginnt mit einer Darstellung der Institutionen „als den Strukturen von Gesellschaft und Öffentlichkeit" (1,71), konzentriert sich dann auf die soziale Organisationsform des Berufs und insbesondere auf die „Stellung", „die dem Pfarrer, der im Auftrag der religiösen Institution seinen Beruf ausübt, in der Gesellschaft und in der Öffentlichkeit zukommt", betrachtet den „Unterricht, den die Kirche erteilt", als „das Handeln der Kirche", das „in besonderer Weise für das Verhältnis zu Gesellschaft und Öffentlichkeit von Bedeutung ist", und mündet in einer Theorie der Gemeinde als derjenigen Gemeinschaftsform, in der sich „die Kirche in der Gesellschaft selbst organisiert und ihre soziale Gestalt als religiöse Institution gewinnt" (1,457).

3.3. Der Aufbau der vorliegenden Praktischen Theologie

3.3.1. Die Grundlinien der Theoriearchitektur

Wie die neueren Entwürfe der Praktischen Theologie insgesamt auf eine *Vermittlung* von materialer Diversifikation und formaler Integration der Theoriesysteme abzielen, so sucht auch die vorliegende Gesamttheorie der zweifachen, zugleich empirisch-deskriptiven wie systematisch-konstruktiven Aufgabe praktisch-theologischer Theoriebildung gerecht zu werden und die gegenläufigen Theorieperspektiven miteinander in Ausgleich zu bringen. Das Interesse der vorliegenden Theoriekonzeption gilt auf der einen Seite der detailgenauen Beschreibung der vielfältigen empirischen Erscheinungsformen religiöser Praxis und auf der anderen Seite der Konstruktion eines systematisch fundierten und in sich schlüssigen Gesamtkonzepts der Praktischen Theologie. Das ebenso weitgespannte wie engmaschige Gliederungsschema dient dementsprechend gleichzeitig als Interpretationsfolie, auf der die charakteristisch ausgeformten Manifestationen religiöser Lebenspraxis in ihrer jeweiligen Eigenart wahrgenommen, zueinander in Beziehung gesetzt und in eine topographische Skizze der zeitgenössischen Religionskultur eingezeichnet werden, und als Theorierahmen, in dem die in unterschiedlichen Reflexionshorizonten verankerten Theoriediskurse der Praktischen Theologie in ihren originären Konturen erfaßt, untereinander vernetzt und in eine wissenschaftlich formatierte Gesamtkonstruktion eingepaßt werden. Zur Erstellung ihrer gleichermaßen differentialen wie integralen Theoriearchitektur greift die vorliegende Theoriekonzeption auf die bereits ausgearbeiteten Grundrißmuster praktisch-theologischer Theoriekonstruktion zurück, variiert deren theoriearchitektonische Prinzipien und kombiniert sie in neuartiger Weise miteinander.

1. Mit dem ‚Handbuch der Praktischen Theologie' teilt die vorliegende Theoriekonzeption das Interesse an einer minuziösen *Deskription* der vielfältigen Gestalten sozial organisierter und kommunikativ praktizierter Religion. Es dokumentiert sich ebenso in der Vielfalt der dargestellten Phänomene wie in der Ausführlichkeit ihrer Behandlung und schließlich in der Form ihrer Präsentation. Um die originären Gestaltungen gelebter Religion in ihrem jeweiligen Eigensinn wahrzunehmen und sie gegenüber vorschnellen theoretischen Verfremdungen abzuschirmen, bedient sich die Darstellung in den vielfältigen empirischen Detailanalysen der Technik der Zitatcollage und läßt damit die Praxis so zu Wort kommen, wie sie sich von sich selbst aus präsentiert. Dadurch soll das Be-

wußtsein dafür wachgehalten werden, daß die vieldeutige Praxis nicht in einem bestimmten und begrenzten Modus ihrer Interpretation aufgeht; die empirisch vorfindlichen Phänomene lassen vielmehr auch ganz andere und möglicherweise plausiblere Deutungen als die im Rahmen des vorliegenden Theoriekonzepts vorgeschlagenen zu.

Umgekehrt läßt sich die vorliegende Theoriekonzeption aber von der Erkenntnis leiten, daß sich die Praxis nicht von selbst versteht, sondern erst im Zuge ihrer *theoretischen* Konturierung Gestalt gewinnt, und sucht damit, beiden Komponenten der praktisch-theologischen ‚Denkform‘, der Distinktion und der Relationierung von Theorie und Praxis, gleichermaßen Rechnung zu tragen. Der untrennbare Zusammenhang von praktischer Wahrnehmung und theoretischer Rekonstruktion der Wirklichkeit kommt – mikrokosmisch – in der durchgängigen theoretischen Imprägnierung der Praxis, im interpretativen Zuschnitt der empirischen Detailskizzen und – makrokosmisch – in der perspektivischen Bündelung der vielfältigen Manifestationen zeitgenössischer Christentumspraxis im Fokus einer wissenschaftlichen Gesamtoptik zur Geltung. Im Interesse der Ausarbeitung einer integralen Theoriekonzeption werden die speziellen Themenkomplexe der Praktischen Theologie aus ihren traditionellen disziplinenspezifischen Theoriekontexten gelöst und in anders dimensionierte Theoriehorizonte eingefügt, die sich unter der Regie eines globalen Interpretationsrasters zu einer umfassenden Theorie des zeitgenössischen Christentums zusammenstellen. Im Unterschied zum ‚Handbuch der Praktischen Theologie‘ gestaltet sich die Gesamtkonstruktion der Theorie aber nicht als lose geknüpftes und grobmaschiges Netzwerk eigenständiger praktisch-theologischer Diskurse. Die Anordnung der Themen und die Art ihrer Behandlung folgt vielmehr der strengen Logik eines zwar komplexen, aber in sich geschlossenen Interpretationsrasters. Die enge wechselseitige Verschränkung von empirischer Beschreibung und interpretativer Durchdringung der religiösen Lebenswelt ermöglicht auf der einen Seite eine deutliche Profilierung der vieldeutigen Phänomene. Auf der anderen Seite begrenzt der restriktive Interpretationsmodus allerdings die phänomenologische Wahrnehmungsperspektive. Deshalb bemüht sich die vorliegende Theoriekonzeption darum, die Komplexität der Phänomene in deren theoretischer Rekonstruktion zu erhalten, mitlaufende Interpretationslinien zu markieren und durch vielfältige Querverweise auf alternative Möglichkeiten der Theoriekonstruktion hinzuweisen.

2. Zur Ausarbeitung der architektonischen *Gesamtkonstruktion*, in deren Rahmen die vielfältigen Detailskizzen lebenspraktisch ausgeformter Religion zu einer logisch strukturierten Topographie der zeitgenössischen Christentumspraxis zusammengefügt und die diversifizierten Diskurse der Praktischen Theologie zu einem in sich konsistenten Theorieentwurf verdichtet werden sollen, macht sich die phänomenologisch orientierte Theoriekonzeption die wissenschaftstheoretischen Prinzipien Dietrich Rösslers zu eigen, stellt die Kongruenz von lebenspraktischer und wissenschaftlicher Wirklichkeitskonstruktion heraus und entwickelt das Gliederungsraster der Theorie aus der Strukturlogik der neuzeitlichen Lebenswelt. Zu diesem Zweck nimmt die vorliegende Praktische Theologie das terminologische Instrumentarium Rösslers auf und erhebt die Formel des ‚neuzeitlichen Christentums‘ in den Status einer zentralen Interpretationskategorie, mit deren Hilfe sowohl die phänomenologische Eigenart als auch die religionshistorische Entwicklungsdynamik der zeitgenössischen Religionskultur erfaßt werden kann. Schließlich bedient sich die vorliegende Theoriekonzeption des von Rössler ausgearbeiteten Modells voneinander unterschiedener und aufeinander bezogener ‚Gestalten‘ neuzeitlicher Chri-

stentumspraxis und sucht auf diese Weise, die institutionelle Grundstruktur der religiösen Lebenswelt aufzudecken.

Gehören die Begriffe des ‚privaten‘, des ‚öffentlichen‘ und des ‚kirchlichen Christentums‘ auch zum terminologischen Grundbestand der vorliegenden Theoriekonzeption, so wird das von Rössler entworfene *Kategorienensemble* zur Interpretation der zeitgenössischen Christentumspraxis gleichwohl logisch anders geordnet.

Um Genese und Statur der neuzeitlichen religiösen Lebenswelt nicht nur in groben Umrissen zu skizzieren, sondern das Profil der empirischen Erscheinungsformen lebenspraktisch verwirklichter Religion markant herausarbeiten zu können, überblendet die gleichermaßen sozialwissenschaftlich wie kulturwissenschaftlich verfaßte Christentumstheorie die allgemeinhistorische Kategorie der ‚Neuzeit‘ mit der kulturhistorischen Kategorie des ‚Bürgertums‘ (> 210) und macht die für die neuzeitlich-bürgerliche Lebenswelt (> 310) charakteristische Unterscheidung von *privater* und *öffentlicher* Lebenssphäre zum basalen Grundmuster einer dual strukturierten Theoriearchitektur. Verdankt sich die Genese der neuzeitlichen Gesellschaftsordnung der Trennung von Privatwelt und Öffentlichkeit, so verselbständigten sich im Zuge des Ausbaus der bürgerlichen Lebenswelt die beiden Sphären neuzeitlich-bürgerlicher Gesellschaftskonstruktion immer deutlicher gegeneinander und erhielten die Statur von Gegenwelten, die nur aus ihrer Kontrastierung verständlich und nur im Zuge markanter lebensweltlicher Passagen (> 232-3) wechselseitig füreinander zugänglich sind. In beiden Lebensregionen bildeten sich jeweils eigenständige Rationalitätsmuster und Entwicklungslogiken sozial organisierter und kulturell ausgeformter Religionspraxis heraus. Die neuzeitliche Privatreligion findet in der bürgerlichen Hausfrömmigkeit (> 212-1) ihre idealtypische Ausdrucksgestalt; büßte die bürgerlich-protestantische Familienkultur auf dem Hintergrund der Pluralisierung der privaten Lebensformen (> 212-1:3.) in der Spätphase der bürgerlichen Epoche auch ihre normative Funktion für die Gestaltung der privaten Frömmigkeitspraxis ein, so prägt sie gleichwohl, nicht selten in anachronistischer Weise, den sich ausdifferenzierenden privatreligiösen Lebensstilen bis in die Gegenwart ihren Stempel auf. Die öffentliche Gestalt neuzeitlich-bürgerlicher Religionspraxis dagegen wird im Rahmen der vom Bürgertum geschaffenen gesellschaftlichen Institutionen, insbesondere im religiösen Bildungswesen wie in verschiedenartigen sozialkulturellen Manifestationen der ‚Zivilreligion‘ (> 122) und ‚Kulturreligion‘ (> 221) greifbar, beispielsweise in den Einrichtungen der Diakonie (> 222-2) oder in den jeweils originär ausgeformten Kulturwelten des Kirchentags (> 222-3) oder des Medienwesens (> 222-5).

Im Rahmen der dualen, aus der dichotomischen Grundstruktur der neuzeitlich-bürgerlichen Lebenswelt abgeleiteten Theoriearchitektur kommt dem Terminus ‚*kirchliches Christentum*‘ ein anderer Status zu als in Rösslers triadisch gegliedertem und christentumsgeschichtlich fundiertem ‚Grundriß der Praktischen Theologie‘. ‚Privates Christentum‘ und ‚öffentliches Christentum‘ stellen theoretische Operationsformeln dar, abstrakte Interpretationsparameter, mit deren Hilfe die vielfältige Erscheinungswelt gelebter Religion sortiert und die pluriformen empirischen Phänomene in ein theoretisches Koordinatensystem eingeordnet werden. ‚Privates‘ und ‚öffentliches‘ Christentum sind insofern nicht als empirische Sachverhalte anzusehen, sondern als theoriearchitektonische Leitkategorien einer generellen Rahmenhypothese zur Rekonstruktion der zeitgenössischen Religionskultur. Mit ‚kirchlichem Christentum‘ wird in der vorliegenden

Theoriekonzeption dagegen die Summe derjenigen empirisch vorfindlichen und deskriptiv erfaßbaren Manifestationen religiöser Praxis bezeichnet, die im Lebenskontext von Kirche und Gemeinde verankert sind. Das ‚kirchliche Christentum' wird dementsprechend nicht auf derselben logischen Ebene lokalisiert wie das private und das öffentliche Christentum und infolgedessen auch nicht als eine der privat und öffentlich institutionalisierten Religionspraxis vergleichbare dritte Grundgestalt neuzeitlichen Christentums begriffen. Vielmehr ordnet sich das ‚kirchliche' Christentum in die Palette der vielfältigen, voneinander unterschiedenen und sich überschneidenden Praxishorizonte ein, die mit Hilfe des dualen Interpretationsrasters rekonstruiert werden sollen.

Die vorliegende Theoriekonzeption zielt allerdings weniger auf die strikte Unterscheidung von ‚privater' und ‚öffentlicher' Religionskultur und auf die Profilierung der statischen Grundstrukturen der jeweils eigenständigen Konfigurationen religiöser Praxis ab. Das dominante Interesse der phänomenologischen Analysen gilt vielmehr den *dynamischen* Prozessen, die sich zwischen den unterschiedlichen Ausformungen neuzeitlicher Christentumspraxis abspielen. Im Rahmen einer phänomenologischen Rekonstruktion der gleichermaßen ausdifferenzierten wie integralen Lebenswelt werden die komplexen Beziehungen zwischen Privatreligion und Öffentlichkeitsreligion aufgedeckt und die vielfältigen wechselseitigen Einflüsse zwischen den beiden Grundformen institutionalisierter Religionspraxis dargestellt (> 212-2). Stehen private und öffentliche Lebenssphäre von jeher in einem dialektischen Entsprechungsverhältnis zueinander und sind die beiden Grundtypen bürgerlich-neuzeitlicher Religionspraxis daher von Anfang an aufs engste miteinander verbunden, so wirken die in den divergierenden und konvergierenden Hemisphären der bürgerlichen Gesellschaft vorherrschenden Lebenseinstellungen und Religionspraktiken im Fortschritt der bürgerlichen Lebenswelt ständig aufeinander ein. In einem späten Stadium der neuzeitlich-bürgerlichen Gesellschaft verwischen sich schließlich die Grenzen zwischen den beiden Lebensregionen. In der Folge des modernen Individualisierungsprozesses nehmen die sozialen und kulturellen Manifestationen des öffentlichen Lebens die Gestalt öffentlicher Privatwelten ein. Umgekehrt fließen im Zuge der umfassenden Modernisierung und Rationalisierung des gesellschaftlichen Lebenskosmos Momente des öffentlichen Lebens in die private Lebenswelt ein und werden in die bürgerliche Individualkultur eingeschmolzen.

Die *Überlagerung* der Lebenshorizonte läßt sich an ganz unterschiedlichen Erscheinungsformen der zeitgenössischen Christentumspraxis exemplarisch demonstrieren. So stellen sich beispielsweise die im Rahmen des Kirchentags arrangierten Veranstaltungen als öffentliche Inszenierungen privater Frömmigkeitspraxis dar (> 212-2:2.2.). Umgekehrt werden in der häuslichen Alltagskonvention des Fernsehens öffentliche Wirklichkeiten im privaten Lebensraum reinszeniert und die allgemeingültigen Obligationen der ‚civil religion' (> 140) persönlich angeeignet (> 212-2:2.3.). Ebenso kennzeichnet die Verwebung privater und öffentlicher Lebensformen aber auch die sozialkulturelle Statur des modernen Krankenhauses und das kommunikative Profil der darin eingelagerten Krankenhausseelsorge (> 212-2:3.). Die unterschiedlichen Versionen der von öffentlichen Einrichtungen wahrgenommenen Beratungspraxis (> 222-2) schließlich sind, sowohl hinsichtlich des spezifischen Gesprächsmilieus als auch hinsichtlich der angewendeten Gesprächstechniken, als artifizielle Varianten bürgerlicher Privatkonversation anzusehen. Die Symbiose von öffentlichen und privaten Lebensformen verdichtet sich in charakteristisch modernen und für die Integration der bürgerlichen Lebenswelt konstitutiven religiösen Institutionen. Dazu zählt beispielsweise die ebenso im Rahmen der häuslichen Frömmigkeitskultur wie in der intermediären, zwischen öffentlicher und privater Lebenswelt angesiedelten Organisation der Schule und schließlich in der Medienöffentlichkeit praktizierte ‚Andacht' (> 212-4:2.1.); sie bildet die sozialkulturelle Grundgestalt religiöser Lebensvergewisserung. Die ebenso in der privaten Lebenskultur wie im öffentlichen Erziehungswesen gepflegte ‚Bildung' (> 212-4:2.2.) stellt das grundlegende Paradigma religiöser Lebensentfaltung dar. Die mit der individuellen Lebenseinstellung aufs engste verbundene und gleichzeitig in der gesellschaftlichen Arbeitsorganisation verankerte Institution des ‚Berufs' (> 212-4:2.3.) bezeichnet die exemplarische Grundform religiös grundierter Weltgestaltung.

Besonders augenfällig tritt die Verschränkung von privater und öffentlicher Religionskultur schließlich im Gebiet der *kirchlich* organisierten Christentumspraxis zutage. So stellt sich die in die Kirche als Körperschaft des öffentlichen Rechts eingegliederte Kirchengemeinde hinsichtlich ihrer sozialen Struktur als Netzwerk pluriformer Primärgruppen und damit insgesamt als kirchliche Privatwelt dar (> 212-3:2.2.). Die ‚alternativen', für die zeitgenössische kirchliche Religionskultur charakteristischen Gottesdienstformen (> 212-3:3.) entlehnen die Gestaltungsprinzipien ihrer liturgischen Inszenierungen dem kulturellen Fundus privater Frömmigkeitspraxis. Die charakteristische rhetorische Gestalt und der originäre Aneignungsmodus der in den öffentlichen Kultus eingelagerten protestantischen Textpredigt (> 212-4:3.1.3.) lassen sich nur auf dem Hintergrund der ursprünglich in der privaten Frömmigkeitspraxis verankerten und gleichermaßen in Haus, Schule und Kirche kultivierten Bibelfrömmigkeit (> 212-4:3.) zureichend begreifen. In der vorliegenden Darstellung werden die vielfältigen Zusammenhänge zwischen privater und öffentlicher Religionskultur daher exemplarisch am Modellfall der kirchlich verfaßten Christentumspraxis, der empirisch am deutlichsten greifbaren Gestalt sozial organisierter und kommunikativ praktizierter Christentumspraxis, vorgeführt. Zum einen werden die wechselseitigen Einflüsse zwischen Privatfrömmigkeit und Kirchenchristentum und damit die miteinander verflochtenen Prozesse der ‚Entkirchlichung' und ‚Verkirchlichung' religiöser Lebensformen dargestellt (> 212). Zum anderen werden die Mutationen der Religionskultur beschrieben, die sich im Zuge der Auswanderung kirchlich verfaßter Christentumspraxis in die Öffentlichkeitsreligion vollzogen, und die miteinander verschränkten Prozesse der Deinstitutionalisierung und Reinstitutionalisierung religiöser Praxis rekonstruiert (> 222-1). Auf dem Hintergrund des gesamtgesellschaftlich wirksamen ‚Urbanisierungsprozesses' schließlich lassen sich die Konturen einer charakteristisch modernen Religionskultur herausarbeiten, in der private Lebensstile und öffentliche Verhaltensformen zu einer untrennbaren Symbiose verschmelzen und auf deren Basis sich ein neuer Typus urbaner Kirchlichkeit herausbildet (> 232).

3. In der phänomenologisch orientierten Theoriekonzeption verbinden sich die beiden *Komponenten* praktisch-theologischer Theoriebildung, die empirische Deskription religiöser Praxis und die systematische Konstruktion theologischer Theorie, aufs engste miteinander. Indem die Komplementarität von lebenspraktischer und wissenschaftlicher Wirklichkeitskonstruktion herausgestellt und der architektonische Grundriß der Theorie mit der topographischen Grundstruktur der religiösen Welt zur Deckung gebracht wird, erhält die Theorie der zeitgenössischen religiösen Lebenswelt ihre integrale Gestalt. Gleichwohl ist die vorliegende Praktische Theologie bestrebt, die Differenz zwischen Praxis und Theorie nicht aufzulösen, sondern in ihrem Kompositionsmuster sowohl der

Autonomie religiöser Lebenspraxis als auch der Autarkie wissenschaftlicher Reflexionspraxis Rechnung zu tragen. Um die jeweils eigenständigen Rationalitätsmuster und Entwicklungslogiken von Praxis und Theorie zur Geltung bringen zu können, werden – in
Anlehnung an Ottos ‚Grundlegung der Praktischen Theologie' – Praxisstrukturen und
Reflexionsmuster in der mehrdimensionalen Theoriearchitektur zwar miteinander verschränkt, aber nicht miteinander vermischt. Mit Hilfe einer doppelförmigen Kompositionstechnik soll das Bewußtsein für die mobile Statur der von ihrer Eigendynamik dirigierten religiösen Lebenspraxis wie für die hypothetische Statur der ihrer Eigenlogik verpflichteten wissenschaftlichen Theoriekonstrukte wachgehalten werden.

Im *Gliederungsschema* der praktisch-theologischen Gesamtdarstellung überlagern sich
dementsprechend zwei verschiedenartige, voneinander unabhängige und gleichzeitig
miteinander verzahnte Verfahren der Theoriekonstruktion.

Die phänomenologische Theorie des zeitgenössischen Christentums setzt sich – zum
einen – aus einer Vielzahl von *Theorieelementen* zusammen, in denen die Wahrnehmungsperspektive jeweils auf ein bestimmtes Segment der Religionskultur fokussiert
und die Vielgestaltigkeit der darin eingelagerten Erscheinungsformen religiöser Lebenspraxis differenziert dargestellt wird. Indem die untergründigen Beziehungen zwischen
unterschiedlich ausgeformten Ausdrucksgestalten praktizierter Religion mittels phänomenologischer Methodik an die Oberfläche gekehrt und in Strukturanalysen umgrenzter
Regionen der religiösen Lebenswelt gebündelt werden, bilden sich Theorien mittlerer
Reichweite heraus. Die extern abgeschlossenen und intern ausdifferenzierten Theorieelemente stehen aber nicht unverbunden nebeneinander. Im Zuge ihrer vielfältigen Vernetzung entstehen auf induktivem Wege gewonnene Bricolagekonstruktionen des zeitgenössischen Christentums.

Zum anderen wird der insgesamt phänomenologisch perspektivierten Gesamttheorie eine
mehrdimensionale *Rahmenkonstruktion* unterlegt, aus der sich die generellen Schemata
zur Interpretation der pluriformen religiösen Phänomene herleiten. Durch die Einfügung
der Theorieelemente in das Grundrißmuster der Theoriekonstruktion entsteht eine auf
deduktivem Weg gewonnene und logisch systematisierte Rekonstruktion der religiösen
Wirklichkeit.

Die miteinander verschränkten Organisationsprinzipien der Differenzierung und der Integration bilden sich im zugleich mehrschichtigen wie mehrdimensionalen *Aufbau* der
Theorie ab. Symbolisiert die Summe der speziellen Theorieelemente die Vielfalt der
zeitgenössischen Christentumspraxis, so repräsentiert die Gesamtkonstruktion die integrale Einheit der religiösen Lebenswelt. Und wird in den thematischen Elementen das
breite Spektrum praktisch-theologischer Spezialuntersuchungen und Forschungsergebnisse entfaltet, so verdichten sich umgekehrt in der theorieleitenden Rahmenkonstruktion
die umfassenden Theorieperspektiven der Praktischen Theologie zu einer integralen Optik.

Hinsichtlich ihrer literarischen *Gattung* schließlich stellt die vorliegende Praktische
Theologie eine Mischform aus vorgefertigter Theoriekonstruktion und vielseitig verwendbarem Arbeitsbuch dar. Das flexible Theoriekonzept hält bewußt den Spielraum
zwischen Detailbeobachtung und Rahmenkonstruktion offen und ermöglicht damit viel-

fältige neuartige Kombinationen der Theorieelemente. Das Arbeitsbuch läßt nicht nur unterschiedliche Lesarten und verschiedenartige Gebrauchsweisen zu. Vielmehr soll die Patchworkkonstruktion ausdrücklich zum selbständigen Gebrauch der Theorie anregen, den Leserinnen und Lesern die Rolle kreativer Konstrukteure der Praktischen Theologie zuweisen und damit zu einer Vitalisierung der praktisch-theologischen Diskurskultur beitragen.

3.3.2. Die flexible Bricolagekonstruktion der Theorieelemente

1. Die vorliegende Praktische Theologie weist das Design einer Patchworkkonstruktion auf. Sie setzt sich aus insgesamt 33 in sich geschlossenen und untereinander vernetzten *Theorieelementen* zusammen. Die teils mehr praxisverbundenen, teils eher theoriegeladenen Elemente bilden die Bausteine einer vorgefertigten Theoriearchitektur, aus deren Strukturlogik sich die Position eines bestimmten Elements im Fachwerk der theoretischen Rahmenkonstruktion und seine Funktion für das Gesamtgefüge der praktisch-theologischen Gesamttheorie ergibt. Die jeweils auf einen bestimmten phänomenologischen Aspekt der zeitgenössischen Religionskultur fokussierten bzw. in einen präzise umgrenzten Erkenntnishorizont der Praktischen Theologie eingepaßten Theorieelemente sind aber gleichzeitig so gestaltet, daß sie aus dem Aufrißmuster des Theoriekonzepts herausgelöst und für sich betrachtet werden können. Ebenso lassen sich die gegenüber der Rahmentheorie eigenständigen Theorieelemente selektiv miteinander kombinieren und zu kleineren Theoriekonstrukten zusammenstellen oder auch als Material für umfassendere alternative Theoriekonstruktionen verwenden. Schließlich lassen sich die breiter ausgeführten Theorieelemente, in denen verschiedenartige Erscheinungsformen der Religionspraxis perspektivisch gebündelt und zu kleinen Netzwerken phänomenologisch orientierter Praktischer Theologie verwoben werden, in ihre Bestandteile zerlegen und zu neuen Theoriekompositionen verarbeiten. Als Hilfsmittel zur selbständigen Verzahnung der Elemente und der in ihnen enthaltenen Theoriediskurse dienen die reichhaltig in die Darstellung eingefügten Verweispfeile (>).

2. Die zu einer Bricolagekonstruktion zusammengestellten Elemente ordnen sich zwei unterschiedlichen Theorieformaten, den ‚Darstellungselementen‘ oder den ‚Rahmenelementen‘, zu. Den Grundbestand der phänomenologisch akzentuierten Theoriekonstruktion bilden die 27 ‚Darstellungselemente‘ (..1;..2;..3). In ihnen werden die pluriformen Erscheinungsformen der zeitgenössischen Religionskultur in ihren originären Konturen dargestellt, paradigmatischen Grundgestalten der religiösen Lebenspraxis zugeordnet und in das Grundrißmuster der religiösen Lebenswelt eingezeichnet. Konzentriert sich die theoretische Wahrnehmung in den vielfältigen empirischen Analysen auch jeweils auf einen begrenzten Aspekt religiöser Praxis, so bemühen sich die phänomenologischen Detailskizzen gleichwohl darum, sowohl die Vielschichtigkeit der gelebten Religion als auch die Mehrdimensionalität ihrer theoretischen Rekonstruktion zur Geltung zu bringen. Zu diesem Zweck werden philosophische und theologische, religionswissenschaftliche und kulturwissenschaftliche, sozialgeschichtliche und ideengeschichtliche, soziologische und psychologische Erkenntnisperspektiven miteinander verschränkt und die in unterschiedlichen theologischen Disziplinen verankerten Diskurse unter der Regie einer integralen praktisch-theologischen Theorieoptik miteinander verzahnt. Im Unterschied zu anderen Lehr- und Arbeitsbüchern werden die Problemlagen der Praktischen Theolo-

gie nicht in der Form positioneller Debatten oder auf dem Hintergrund von Kontroversen unter prominenten praktisch-theologischen LehrerInnen und ForscherInnen vorgeführt. Die Beiträge, die zeitgenössische Autoren zu den einzelnen Gebieten der Praktischen Theologie geleistet haben, sind aber über die Zitatnachweise (,Nummer des Titels, Seitenzahl') leicht zu eruieren.

Das integrative Interesse der phänomenologischen Theoriebildung kommt insbesondere in den drei breit ausgeführten Darstellungselementen, den ,Kernelementen' der Theoriekonstruktion, zum Ausdruck. In ihnen werden die üblicherweise in verschiedenen praktisch-theologischen Teiltheorien getrennt behandelten Erscheinungsformen religiöser Praxis in einer bestimmten phänomenologischen Perspektive gebündelt und die disziplinenspezifischen Diskurse unter übergreifenden Gesichtspunkten ineinander verwoben. Das ausführlichste Kernelement über die ,bürgerlich-protestantische Privatreligion' (> 212) bearbeitet – mit Ausnahme der Kasualien – die klassischen Themenbereiche der Praktischen Theologie und kann insofern als eine – allerdings perspektivisch zugeschnittene – Praktische Theologie in nuce begriffen werden. Im Kernelement ,öffentliches Christentum' (> 222-1) werden vornehmlich solche Praxisfelder dargestellt, die sich nicht einer der klassischen Disziplinen zuordnen lassen, das Erscheinungsbild des zeitgenössischen Christentums aber nachhaltig prägen und in der neueren praktisch-theologischen Diskussion besonderes Interesse finden, insbesondere die vielfältigen Gestalten christlicher Diakonie und die unterschiedlichen Versionen religiöser Medienpublizistik. Im Zentrum des dritten Kernelements über das ,urbane Christentum' (> 232) schließlich steht das Kasualienchristentum als integrale Gestalt volkskirchlicher Frömmigkeitspraxis; in der Theorie der Kasualien verschränken sich die Erkenntnisperspektiven der unterschiedlichen praktisch-theologischen Teildisziplinen auf untrennbare Weise miteinander.

Von den materialen Darstellungselementen, in denen empirische Detailskizzen zu phänomenologischen Praxishorizonten verwoben werden, sind die formalen ,Rahmenelemente' (> ..0) zu unterscheiden. Sie fungieren einerseits als Instrumente der konzeptionellen Regieführung und stellen andererseits die theoretischen Interpretationskategorien vor, mit deren Hilfe die empirisch vorfindlichen Ausdrucksgestalten praktizierter Religion konturiert und die Grundstrukturen der religiösen Lebenswelt aufgedeckt werden. Zu den Rahmenelementen sind einmal die ,Programmelemente' zu zählen. Sie stehen jeweils am Anfang einer Kolumne und thematisieren die ,Religion' als den allgemeinen Erkenntnishorizont, in dem sich die praktisch-theologische Theoriearbeit bewegt (> 110), die ,Neuzeit' als den spezifischen sozialgeschichtlichen und ideengeschichtlichen Kontext, in dem sich die pluriformen Erscheinungsformen des modernen Protestantismus herausbildeten (> 210), und die ,Lebenswelt' als den sozialkulturellen Kosmos, in dem sich die für das neuzeitliche Christentum charakteristischen institutionellen Strukturen ausformen (> 310). Während die ,Programmelemente' jeweils den Wirklichkeitshorizont öffnen, in den sich die zu beschreibenden Phänomene einordnen, fokussieren die am Ende einer Kolumne plazierten ,Abschlußelemente' umgekehrt die vielfältigen Aspekte der phänomenologischen Analysen und die ihnen zugeordneten praktisch-theologischen Diskurse in einer zentralen Problemstellung und grenzen damit zugleich den Wahrnehmungshorizont im Vorgriff auf die folgende Kolumne ein. So werden die unterschiedlichen Perspektivierungen der Religion in dem Diskurs über ,allgemeine Bürgerreligion und originär ausgeformte Religionskulturen' (> 140) zusammengefaßt und die detailliert vorgeführten Erscheinungsformen des neuzeitlichen Christentums unter dem Thema ‚Protestantismus als Lebensform' (> 240) gebündelt. Den Abschluß der dritten Kolumne und damit der gesamten Theoriekonstruktion bildet das Rahmenelement über das ‚Priestertum aller Gläubigen' (> 340), das fundamentale Leitprinzip des Protestantismus.

3. Die in den konzeptionellen Rahmen eingepaßten 27 Darstellungselemente sind zu neun dreigliedrigen ‚*Verbundelementen*' zusammengestellt. Sie bilden die sowohl horizontal als auch vertikal (⇨) miteinander verkoppelten Bauteile der architektonischen Gesamtkonstruktion. In jedem Verbundelement werden drei unterschiedlich formatierte Theoriekonstrukte miteinander verknüpft. Das ‚Einleitungselement' umreißt den Erfahrungs- und Reflexionshorizont, in dem sich die Theoriebildung innerhalb eines Verbundelements bewegt, und formuliert das theorieleitende Paradigma, mit dessen Hilfe die religiöse Lebenspraxis in einer bestimmten Perspektivierung interpretiert und die religiöse Lebenswelt in einem charakteristischen Zuschnitt rekonstruiert werden soll. Im ‚Entfaltungselement' wird das zuvor umrissene Segment der religiösen Lebenswelt detailliert beschrieben. Das abschließende ‚Theorieelement' bleibt hinsichtlich seiner Thematik im Reflexionshorizont des Verbundelements, wechselt aber die Reflexionsebene und leitet aus der im ersten Element vorgestellten Theorieperspektive und aus der im zweiten Element aufgedeckten Praxisstruktur Leitprinzipien für die Ausarbeitung praktisch-theologischer Theorien ab. Wird das triadische Kompositionsschema auch – dem unterschiedlichen Blickwinkel der drei Hauptteile entsprechend – variiert, so folgt die Bündelung der Elemente doch in jeder Kolumne einer gleichförmigen Ordnungslogik.

Die drei Verbundelemente der *ersten Kolumne* (‚Horizonte der Religion') setzen jeweils mit einer kurzen Skizzierung des lebensweltlichen Horizontes ein, in dem die Religion ihre private, öffentliche oder synthetische Ausdrucksgestalt gewinnt. Im mittleren Element werden die unterschiedlichen Ausformungen der Religionspraxis im Rahmen der wissenschaftlichen Fachdisziplinen entfaltet, die sich mit der Religion in individueller, sozialer oder integraler Perspektive beschäftigen. Im dritten Element werden die Problemgehalte der religionstheoretischen Hypothesen erörtert, mit deren Hilfe die zeitgenössische Praktische Theologie die Statur und die Entwicklungsdynamik religiöser Praxis interpretativ zu erschließen sucht.

In der *zweiten Kolumne* (‚Konturen des neuzeitlichen Christentums') dominieren die jeweils in der Mitte des Verbundelements positionierten und breit ausgearbeiteten Kernelemente; sie sind nach Gesichtspunkten durchgegliedert, die sich aus der Charakteristik der ‚privaten', ‚öffentlichen' und ‚urbanen' Gestalt neuzeitlichen Christentums ergeben. Die den Kernelementen vorangestellten Elemente (individuelle ‚Frömmigkeit', moderne ‚Kultur', ‚rationale Welt') markieren den zugleich lebenspraktischen wie reflexionspraktischen Horizont, in den sich die phänomenologischen Rekonstruktionen einordnen. Das dritte Element fokussiert die Erkenntnisperspektive auf die praktisch-theologische Theoriebildung, ordnet die Teildisziplinen den unterschiedlichen Konfigurationen neuzeitlichen Christentums zu und stellt die Theoriestatur der Poimenik, Religionspädagogik, Homiletik und Liturgik auf dem Hintergrund ihrer paradigmatischen Leitprinzipien (‚Individualität', ‚Modernität', ‚Rationalität') sowie im Spiegel eines exemplarischen Theorieentwurfs aus der Epoche der ‚liberalen Theologie' dar.

In den Verbundelementen der *dritten Kolumne* (‚Strukturen der religiösen Lebenswelt') werden die institutionellen Grundformen des neuzeitlichen Christentums (personale

‚Identität', gesellschaftliche ‚Institution', integrale ‚Volkskirche') dargestellt, in ihren
jeweiligen sozialkulturellen Entfaltungen (‚Lebensgeschichte', ‚Kirche als soziale Organisation', ‚Gemeinde') beschrieben und zur Konturierung unterschiedlich perspektivierter Ansichten des Pfarrerberufs, einer exemplarischen Institution des modernen Protestantismus, genutzt. Auf dem Hintergrund der pluriformen institutionellen Verankerungen des Pfarrerberufs bildeten sich drei Grundtypen pastoraler Berufstheorie heraus: die
‚Pastoraltheologie', in der die untrennbare Verwebung von religiöser Individualität und
pastoraler Berufsarbeit herausgestellt wird, die ‚Amtslehre', die den Pfarrerberuf in die
sich modernisierende Organisation der Kirche einbindet, und die pastorale ‚Berufstheorie', in der die Berufswelt der Pfarrer und Pfarrerinnen in die gesellschaftliche Arbeitsorganisation eingegliedert und der Pfarrerberuf aus seiner Beziehung zu den übrigen bürgerlichen Professionen begriffen wird.

3.3.3. Die mehrdimensionale Architektur der Rahmenkonstruktion

1. Die vielfältig untereinander vernetzbaren Theorieelemente sind in eine zweidimensionale *Rahmenkonstruktion* eingepaßt. In ihr bringt sich das konzeptionelle Programm der
vorliegenden praktisch-theologischen Gesamttheorie zur Geltung. Der feingliedrige Auf-
rißplan der Theoriearchitektur legt die Position eines bestimmten Theorieelements im
Koordinatensystem der Theoriekonstruktion fest und präzisiert damit gleichzeitig den
Blickwinkel, aus dem die empirischen Erscheinungsformen religiöser Praxis in diesem
Theorieelement wahrgenommen werden.

In horizontaler Perspektive betrachtet setzt sich das *Gliederungsraster* aus drei nebeneinanderstehenden senkrechten Kolumnen (‚Horizonte der Religion', ‚Konturen des neuzeitlichen Christentums', ‚Strukturen der religiösen Lebenswelt') zusammen, in denen
jeweils drei untereinanderstehende Verbundelemente von einem am Kopf und einem am
Fuß der Kolumne plazierten Rahmenelement eingefaßt sind. In der vertikalen Perspektive gliedert sich das Raster in drei untereinanderliegende waagrechte Ebenen, die sich
jeweils aus drei nebeneinanderstehenden Verbundelementen zusammensetzen; die drei
Gliederungsebenen werden am Kopf durch die Leiste der Programmelemente und am
Fuß durch die Leiste der Abschlußelemente gerahmt. Die einzelnen Theorieelemente
sowie die Verbundelemente sind im Fachwerk der Gliederung so plaziert und in ihrer
Ausführung so gestaltet, daß sie sowohl horizontal als auch vertikal aneinander anschlie-
ßen. Dadurch ergeben sich neben der selektiven und der kursorischen Lektüre zwei unterschiedliche, durch die zweidimensionale Rahmenkonstruktion vorgegebene Lesarten:
von oben nach unten oder von links nach rechts. In der vertikalen und in der horizontalen
Lesart bildet sich jeweils ein für die vorliegende praktisch-theologische Gesamttheorie
konstitutives Kompositionsmuster ab.

2. In der *horizontalen* Gliederungsstruktur der Theoriearchitektur spiegelt sich die für die
praktisch-theologische und insbesondere für die phänomenologische Theoriebildung
charakteristische Methodik der Verknüpfung unterschiedlicher Theorieperspektiven wider. In der ersten Kolumne werden die religionstheoretischen Grundlagen zur Ausformung der Rahmenhypothesen gelegt, mit deren Hilfe in der zweiten Kolumne die empirisch vorfindlichen Erscheinungsformen religiöser Praxis interpretiert und in der dritten
Kolumne die institutionellen Grundstrukturen der religiösen Lebenswelt aufgedeckt wer-

den. In der Abfolge der drei Kolumnen verschiebt sich somit die Reflexionsperspektive von der Erörterung der formalen Konstruktionsprinzipien der Praktischen Theologie zur Erschließung konkreter Erscheinungen und schließlich zur Ausformulierung von Kategorien, die gleichzeitig als Parameter zur Vermessung der praktischen Lebenswelt wie als Paradigmen zur Konstruktion perspektivisch zugeschnittener praktisch-theologischer Theorien fungieren.

Der Wandel der methodischen Perspektiven dirigiert nicht nur die generelle Ordnungslogik der drei Kolumnen. Er läßt sich vielmehr durchgängig an der horizontalen *Verkoppelung* der Verbundelemente und – noch detaillierter – an der Verknüpfung der nebeneinanderstehenden Einzelelemente demonstrieren. So stellen sich die ,Einleitungselemente' zu drei jeweils dreigliedrigen Reflexionseinheiten zusammen, in denen aus einem lebensweltlich begrenzten Erfahrungshorizont das entsprechende phänomenologische Paradigma und schließlich die einschlägige institutionelle Grundform religiöser Praxis abgeleitet wird (,religiöse Praxis in der privaten Lebenssphäre' – ,Frömmigkeit' – personale ,Identität'; ,religiöse Praxis in der öffentlichen Lebenssphäre' – christlich geprägte ,Kultur' – religiöse ,Institutionen'; ,synthetische Statur der religiösen Lebenspraxis' – ,Protestantismus und rationale Welt' – ,Volkskirche'). Analog stellt sich die Ordnungslogik auf der Ebene der ,Entfaltungselemente' dar: ,Religion in psychologischer Perspektive' – ,privates Christentum' – ,Lebensgeschichte'; ,Religion in soziologischer Perspektive' – ,öffentliches Christentum' – ,Kirche als soziale Organisation'; ,integrale Religionstheorie' – ,urbanes Christentum' – ,Gemeinde'. Besonders signifikant tritt der Perspektivenwandel schließlich in der Abfolge der jeweils am Ende eines Verbundelements plazierten ,Theorieelemente' zutage. Werden in den ,Theorieelementen' der ersten Kolumne die allgemeinen Rahmenhypothesen praktisch-theologischer Theoriebildung erörtert und in den Theorieelementen der zweiten Kolumne die speziellen Theorieparadigmen praktisch-theologischer Fachdisziplinen dargestellt, so wenden sich die Theorieelemente der dritten Kolumne der Rekonstruktion der pastoralen Arbeits- und Lebenswelt und deren theoretischer Interpretation zu.

Im Rahmen der architektonischen Gesamtkonstruktion kommt den drei Kolumnen unterschiedliches *Gewicht* zu. Im Zentrum der insgesamt phänomenologisch perspektivierten Theorie steht die mittlere Kolumne, in der die Topographie des zeitgenössischen Christentums erstellt wird; sie nimmt den breitesten Raum ein. Die in der linken und in der rechten Kolumne enthaltenen Problemerörterungen rücken demgegenüber in den Rang von nur skizzenhaft ausgeführten Begleitreflexionen. So werden in den drei Verbundelementen der ersten Kolumne zwar psychologische, soziologische und ,integrale' Theorien der Religion in ihren Grundzügen dargestellt; gleichwohl ist die Kolumne ,Horizonte der Religion' nicht als eine eigenständige Einführung in die Religionswissenschaft zu verstehen, sondern als ein kurzgefaßter Aufriß von religionstheoretischen Aspekten, die für die Ausarbeitung der vorliegenden Praktischen Theologie von Belang sind. Im Kontext der sozial- und kulturwissenschaftlich akzentuierten Theoriekonzeption kommt den Funktionsbestimmungen der Religion besondere Bedeutung zu, die in der klassischen Religionssoziologie und in neueren, unter dem Stichwort ,integrale Religionstheorie' verhandelten Theorien vorgenommen wurden. Wie die religionstheoretischen Diskurse der linken Kolumne, so sind auch die institutionentheoretischen Reflexionen der rechten Kolumne nur aus deren Rückbeziehung zu der Kernsäule der phänomenologischen Theorie zu begreifen und dementsprechend nicht in gleicher Breite ausgeführt.

3. Dringt sich in der horizontalen Ordnungslogik des Gliederungsrasters die wissenschaftliche Methodik phänomenologischer Theoriekonstruktion zur Geltung, so bildet sich in der *vertikalen* Gliederungsstruktur das aus der sozialkulturellen Statur der neuzeitlichen Lebenswelt abgeleitete und zu einem theoretischen Kategoriensystem ausgeformte Kompositionsmuster der vorliegenden Praktischen Theologie ab. Auf den drei waagrechten Gliederungsebenen der Theoriearchitektur wird die zeitgenössische Christentumskultur jeweils im Fokus einer lebensweltlich begrenzten Optik zur Darstellung gebracht. So wird in den drei Verbundelementen der ersten Ebene die für die Neuzeit und zumal für den modernen Protestantismus charakteristische ‚Privatreligion' zunächst religionstheoretisch fundiert, sodann in ihren vielfältigen Ausdrucksgestalten beschrieben und schließlich auf dem Hintergrund ihrer institutionellen Grundformen theoretisch erschlossen. Analog dazu werden in der zweiten Gliederungsebene die allgemeinen Gundzüge, die phänomenologischen Erscheinungsformen und die sozialen Strukturen der ebenso für den neuzeitlichen Protestantismus typischen ‚Öffentlichkeitsreligion' dargestellt. Die dritte Ebene fügt den beiden axiomatischen Grundgestalten des neuzeitlichen Protestantismus, der privaten und der öffentlichen Religionspraxis, kein neues Theorieparadigma hinzu. Unter dem Stichwort des ‚Urbanen Christentums' werden vielmehr die sowohl in der neuzeitlichen Lebenswelt als auch in der Religion angelegten integrativen Valenzen herausgearbeitet und die spiegelbildlich einander zugeordneten Konfigurationen des neuzeitlichen Christentums ineinander aufgehoben. Die drei Ebenen des Gliederungsrasters stehen somit im Verhältnis von These, Antithese und Synthese zueinander.

Das *integrative* Interesse der phänomenologischen Theoriekonstruktion kommt nicht nur in der engen logischen Verknüpfung der drei Gliederungsebenen, sondern ebenso in der Konturierung der unterschiedlichen Grundgestalten neuzeitlichen Christentums im Rahmen der verschiedenen Theorieebenen zum Ausdruck. ‚Privates' und ‚öffentliches' Christentum werden, den wissenschaftstheoretischen Grundsätzen des vorliegenden Theoriekonzepts entsprechend, nicht als empirisch vorfindliche Sachverhalte, sondern als theoretische Kategorien zur interpretativen Erschließung der ebenso vielschichtigen wie vieldeutigen Praxis begriffen. Mit Hilfe des dualen Interpretationsrasters lassen sich die originären Profile der ‚Privatreligion' und der ‚Öffentlichkeitsreligion' und die charakteristischen Konturen teils in der privaten, teils in der öffentlichen Lebenssphäre verankerter ‚Religionskulturen' markant herausarbeiten. Gleichwohl zielt die duale Rekonstruktion der religiösen Lebenswelt nicht darauf ab, eine bestimmte Konfiguration christlicher Lebenspraxis gegenüber der jeweils anderen Christentumsgestalt zu isolieren und für sich zu betrachten. Vielmehr wird in jeder Theorieebene die Religionspraxis im ganzen ins Auge gefaßt und als ein Ganzes in wechselnder Perspektivierung vorgestellt. Das Interesse der phänomenologischen Analyse gilt dabei weniger der Fixierung der statischen Strukturen der religiösen Lebenswelt als vielmehr der Einsicht in die dynamische Verfassung von Lebenswelt und Religion, der Beschreibung der Überschneidungen und Überlagerungen von privater und öffentlicher Lebenssphäre und der Kennzeichnung der wechselseitigen Beziehungen zwischen den differenten Grundgestalten des neuzeitlichen Christentums.

So wird auf der *ersten Gliederungsebene* die private Religionskultur immer in deren Beziehung zum öffentlichen Christentum dargestellt. Das kategoriale Paradigma der privaten Religionspraxis, die ‚Frömmigkeit', wird dementsprechend nicht vornehmlich als eine anderen unzugängliche innere Verfassung der frommen Individualität aufgefaßt, sondern als individuelle Grundform lebenspraktisch verwirklichter Religion, als empirisch beobachtbare und reflexiv identifizierbare Lebenshaltung, als ein charakteristischer Lebensstil, der zwar vom Individuum angeeignet und auf originäre Weise ausgeformt wird, gleichwohl aber in bestimmten milieuspezifischen Lebenskulturen verankert ist und somit ein konstitutives Element der sozialen Wirklichkeit darstellt. Das phänomenologische Kernelement über die ‚bürgerlich-protestantische Privatreligion als sozialkulturelles Paradigma des neuzeitlichen Christentums‘ stellt die wechselseitigen Konnexe zwischen privatem und öffentlichem Christentum und die Rückwirkungen des Privatisierungs- und des Säkularisierungsprozesses auf die kirchliche Christentumspraxis eingehend dar. Das abschließende Theorieelement leitet die Prinzipien beruflicher Seelsorge aus den Grundformen privater Konversationspraxis ab und stellt einen klassischen Entwurf protestantischer Seelsorgetheorie vor, in dem die beiden divergierenden und konvergierenden Intentionen des Seelsorgegesprächs, die Wiederherstellung der individuellen Freiheit und des sozialen Verantwortungsbewußtseins des Seelsorgesuchenden, miteinander vermittelt werden.

Ebenso stellen die *Begleitreflexionen* der ersten Gliederungsebene die untrennbare Verknüpfung von privater und öffentlicher Religionskultur heraus. So beschreibt die Religionspsychologie die Religion des Menschen immer in der Rückbeziehung der individuellen Religiosität auf die soziale Welt; die Projektions-und Kompensationsthese geht nicht darin auf, Genese und Funktion subjektiver religiöser Vorstellungsgehalte zu klären, sondern fungiert, gerade in ihren klassischen Ausprägungen, gleichzeitig als Instrument einer umfassenden Gesellschaftskritik. Analog verhält es sich mit den Theorieelementen des dritten Verbundelements. Wie sich die personale ‚Identität‘ eines Menschen im Wechselspiel von Eigeninitiative und Umweltprägung herausbildet, so bezeichnet die ‚Lebensgeschichte‘ einen komplexen Zeitparameter, in dem sich biographische Lebenszeit, gesellschaftlich vorstrukturierter Lebenslauf und historische Verlaufszeit untrennbar ineinander verweben. Die historischen und zeitgenössischen Entwürfe der Pastoraltheologie schließlich verknüpfen individuelle und kollektive Momente des pastoralen Berufsbildes miteinander und formulieren die Grundprinzipien einer ebenso allgemeinverbindlichen wie für die einzelnen Berufsträger verpflichtenden Ethik des Pfarrerstandes.

In umgekehrter Betrachtungsweise werden auf der *zweiten Gliederungsebene* die wechselseitigen Beziehungen zwischen öffentlicher und privater Religionskultur aufgedeckt. So werden etwa im Kapitel über die Diakonie als exemplarische Grundform öffentlichen Christentums die unterschiedlichen Gestalten der Lebensberatung in deren distinkter Relation zur ‚Privatseelsorge‘ beschrieben und die Leistungen der ‚Medienreligion‘ für die Vermittlung zwischen privater Frömmigkeit und öffentlicher Zivilreligion herausgestellt. Die Leitprinzipien der Homiletik und der Religionspädagogik werden unter dem Stichwort der ‚Modernität‘ verhandelt, einem dynamischen Begriff, in dem sich die Individualisierung und die Säkularisierung der Religion miteinander verbinden.

In den Theorieelementen der *dritten Gliederungsebene* wird die synthetische Statur der religiösen Lebenspraxis schließlich selbst zum Thema gemacht, ‚Urbanität‘ als eine integrale Lebensform charakterisiert und die integrative Funktion der gleichzeitig in individuellen Lebensgeschichten wie in gesellschaftlichen Konventionen verankerten Kasualien hervorgehoben. Bildet die Volkskirche die adäquate Sozialgestalt des in sich ausdifferenzierten Protestantismus, so verbinden sich in der parochialen Gruppenkultur individuelle Frömmigkeitsoptionen und kollektive religiöse Lebensstile organisch miteinander.

4. Die vorliegende *Theoriekonzeption* zielt auf die Ausarbeitung einer ebenso umfassenden wie in sich ausdifferenzierten Gesamttheorie der Praktischen Theologie ab. Sie bedient sich dazu der in der wissenschaftstheoretischen Grundlegung dargestellten phänomenologischen Methodik und entwickelt auf dieser Basis die gleichermaßen feingliedrige wie in sich geschlossene Theoriearchitektur. Mit der Neuperspektivierung des praktisch-theologischen Reflexionsgeländes und dem Entwurf eines innovativen Theoriedesigns möchte die phänomenologische Theorie des zeitgenössischen Christentums einen Beitrag zum Fortschritt der Praktischen Theologie als eines in sich konsistenten Wissenschaftsgebiets leisten. Sie kann diesem Anspruch nur gerecht werden, indem sie – im Anschluß an die bereits ausgearbeiteten Theoriesysteme – die Aufspaltung der Praktischen Theologie in voneinander selbständige Teildisziplinen überwindet und das aus der Pastoraltheologie entliehene Gliederungsschema durch ein integrales Theorieparadigma (68) ersetzt. Gleichwohl macht sich die praktisch-theologische Gesamttheorie die fachspezifischen Forschungsergebnisse zu eigen und nimmt die in den unterschiedlichen Teildisziplinen ausgearbeiteten Theoriebestände in neuer Formatierung und Sortierung in die praktisch-theologische Gesamttheorie auf. Gilt das Interesse der phänomenologisch perspektivierten Theoriekonzeption der Verankerung von Predigt, Gottesdienst, Seelsorge und Unterricht in lebensweltlich umgrenzten Erfahrungs- und Reflexionshorizonten, so bringt sich die Intention integraler Theoriebildung in der wechselseitigen Verschränkung der homiletischen, liturgischen, poimenischen und religionspädagogischen Theoriediskurse zur Geltung.

So wird die *Predigt* als Institution lebenspraktischer Schriftauslegung begriffen und in das breit ausgeführte Teilelement über die protestantische ,Bibelfrömmigkeit' (> 212-4:3.) einsortiert. Hier werden die Problemstellungen der prinzipiellen, materialen und formalen Homiletik miteinander verzahnt und gleichzeitig zu didaktischen und methodischen Fragestellungen der Religionspädagogik in Beziehung gesetzt. Homiletische Themen werden aber auch an anderen Stellen des Gliederungsrasters aufgegriffen. So werden die originären Konturen der homiletischen Kommunikationssituation auf dem Hintergrund der wechselseitigen Beziehungen herausgearbeitet, die zwischen kirchlicher Predigtpraxis, privater Redekultur und öffentlicher Rhetorik bestehen. Die reflexiven Gehalte der zeitgenössischen Kanzelrhetorik werden zum einen hinsichtlich ihrer generellen Verankerung in der ,kulturreligiös' imprägnierten christlichen Vorstellungswelt und zum anderen im Kontext spezieller Frömmigkeitskulturen dargestellt, beispielsweise des ,Karfreitagschristentums', des ,Heiligabendchristentums' oder der ,Thanatokultur'. Fragestellungen der formalen Homiletik finden in den Strukturanalysen unterschiedlicher Gattungen religiöser Rede Berücksichtigung, beispielsweise bei der Konturierung der beiden Grundtypen der Kanzelrede, der unterschiedlichen Gestalten der Kasualansprachen, insbesondere der Grabrede, oder der verschiedenartigen Formen der Andacht.

Die beiden voneinander unterschiedenen und aufeinander bezogenen Grundformen *liturgischer* Praxis, Gottesdienst und Kasualien, werden einerseits der in der parochialen Gruppenkultur beheimateten ,liturgischen Frömmigkeit', andererseits dem für die volkskirchliche Religionspraxis charakteristischen ,Kasualienchristentum' zugeordnet und dementsprechend an zwei verschiedenen Stellen in die Theoriearchitektur eingefügt. Während die facettenreiche Gottesdienstkultur der Gegenwart unter dem Aspekt der ‚Privatisierung' der kirchlichen Religionspraxis dargestellt wird (> 212-3:3.), hebt die Theorie der Kasualien die Integrationsfunktion der religiösen Rituale heraus und verortet die ‚Kasualienfrömmigkeit' in der von urbanen Lebensstilen geprägten und auf eine integrale Perspektivierung der Wirklichkeit abzielenden ‚ästhetischen Frömmigkeitskultur' (> 232:3.). Die pluriformen Gestalten gottesdienstlicher Feier werden insgesamt aus den wechselseitigen Beziehungen zwischen privater, öffentlicher und kirchlicher Festkultur verständlich gemacht und jeweils bestimmten, von individuellen Frömmigkeitshaltungen und kulturellen Milieus geprägten religiösen Teilkulturen zugeordnet. Analog dazu werden die altersklassenspezifischen Gottesdienste, Kindergottesdienst, Jugendgottesdienst und Konfirmation, in die biographischen Lebenswelten der Kindheit oder der Jugend eingebettet und hinsichtlich ihrer gleichermaßen liturgischen wie pädagogischen Akzentuierungen vorgestellt. In methodisch gleichartiger Weise werden Taufe, Konfirmation, Trauung und Bestattung zu den entsprechenden Alltagsriten und Festtagskonventionen in Beziehung gesetzt und die in die dramaturgischen Inszenierungen religiöser Lebenswelt eingelagerten symbolischen Momente in Volksfrömmigkeit und Volksbrauchtum aufgesucht. Ebenso beschreibt die Theorie der Kasualien die wechselseitigen Einflüsse zwischen den kirchlichen Amtshandlungen und ihren ‚säkularen' Pendants, dem außerhalb der Kirche etablierten Bestattungs- und Hochzeitswesen und der Jugendweihe. Schließlich stellt die phänomenologisch perspektivierte Kasualientheorie die Beziehungen heraus, die zwischen der rhetorischen, konversationellen, und rituellen Konstruktion religiöser Wirklichkeit bestehen, und verbindet homiletische, poimenische und liturgische Aspekte der Amtshandlungen auf organische Weise miteinander.

Wie sich die pluriformen Erscheinungsformen liturgischer Religionspraxis zwei voneinander unterschiedenen Lebens- und Reflexionshorizonten zuordnen, so zerlegt sich auch der in sich disparate Themenbereich der *Poimenik* in zwei eigenständige und zugleich miteinander verbundene Praxisfelder und Theoriegebiete. Die phänomenologisch perspektivierte Theoriekonzeption unterscheidet zwischen der in der privaten Lebenskultur beheimateten ‚Alltagsseelsorge' (> 213) und der in das öffentliche Beratungswesen eingegliederten ‚Lebensberatung' (> 222-2). Die in typischen Situationen der privaten Lebenssphäre eingebetteten und einerseits in der privaten Konversationskultur, andererseits in der Konvention des privaten ‚Besuchs' verankerten Alltagsgespräche zielen auf die Lebensvergewisserung des Individuums ab, auf die Ausbildung von personalen Kompetenzen der Lebensführung und auf die Rekonstruktion der Lebenswelt als eines in sich konsistenten Sinnkosmos. Die seelsorgerlich akzentuierten, durch die individuelle Thematik, das intime Gesprächsmilieu und die persönlich konturierte Beziehung zwischen den Gesprächspartnern charakterisierten Alltagsgespräche bilden die Grundform beruflich ausgeübter ‚Privatseelsorge'.

Während die in den kontinuierlichen Verlauf des Alltagslebens eingebetteten Seelsorgegespräche die Lebenswelt im ganzen ins Auge fassen und damit die integrativen Valenzen religiöser Wirklichkeitskonstruktion herausstellen, sind die Konsultationen, die im Rahmen des nach Sparten gegliederten *Beratungswesens* arrangiert werden, durch eine extraordinäre Konfliktsituation veranlaßt und jeweils auf einen bestimmten und begrenzten Lebenskontext, auf Ehe und Familie, den Generationenkonflikt oder andere Teilaspekte der Lebenswelt, fokussiert. Das kommunikative Profil der Beratungsgespräche resultiert aus deren Verankerung in verschiedenartigen organisatorischen Kontexten, beispielsweise in öffentlichen Beratungsstellen, in Krankenhausbetrieben, in Strafvollzugsanstalten oder in der Militärorganisation. Lassen sich die verschiedenen Versionen beruflicher Lebensberatung auch als artifizielle Versionen alltäglicher Seelsorge begreifen, so unterscheiden sie sich gleichwohl hinsichtlich ihres Spezialisierungs-, Institutionalisierungs- und Professionalisierungsgrads deutlich von der alltagsweltverbundenen Seelsorgepraxis.

Besonders markant kommt die Auflösung der kompakten praktisch-theologischen Teiltheorien und die Neusortierung der fachspezifischen Themenbestände schließlich im Gebiet der *Religionspädagogik* zur Geltung. Deutlicher als ihre Schwesterdisziplinen hat sich die Religionspädagogik in den vergangenen Jahrzehnten von den Fesseln einer thematisch eng begrenzten Spezialdisziplin befreit und sich zu einem ebenso umfassenden wie in sich ausdifferenzierten Wissenschaftsgebiet entwickelt. Die zeitgenössischen Entwürfe der Religionspädagogik zielen nicht nur darauf ab, die Grenzen zu den übrigen praktisch-theologischen Fachtheorien durchlässig zu machen und die disziplinenspezifischen Diskurse miteinander zu vernetzen. Vielmehr sprengt die Theorie religiöser Bildung und Erziehung das traditionelle Gliederungsschema der Praktischen Theologie überhaupt auf und nutzt das religionspädagogische Paradigma zur Ausarbeitung einer zwar perspektivisch zugeschnittenen, gleichwohl aber integralen Gesamttheorie der Praktischen Theologie. Die vorliegende Theoriekonzeption trägt diesem Tatbestand Rechnung, indem sie auf der einen Seite die pädagogische Dimension religiöser Lebenspraxis zu einer ihrer Leitperspektiven macht und den modernen Protestantismus insgesamt als ‚Bildungsreligion' charakterisiert. Auf der anderen Seite werden die speziellen Fragestellungen der Religionspädagogik in die feingliedrige Theoriearchitektur einsortiert, die unterschiedlichen institutionellen Gestalten religiöser Bildung und Erziehung jeweils in den Rahmen eines phänomenologisch umgrenzten Lebens- und Reflexionshorizontes eingepaßt und dort mit Erkenntnisperspektiven der übrigen praktisch-theologischen Disziplinen verschränkt. So werden Probleme und Konzepte der kirchlichen Konfirmandenarbeit und des schulischen Religionsunterrichts, der Kindergartenarbeit, der Jugendarbeit und der Erwachsenenbildung an den einschlägigen Stellen eingehend dargestellt.

5. Zielt die vorliegende *Theoriekonzeption* auch auf eine wissenschaftliche Neukonstitution der Praktischen Theologie als phänomenologische Topographie der zeitgenössischen Religionskultur ab, so erhebt sie ihren wissenschaftstheoretischen Grundsätzen entsprechend gleichwohl nicht den Anspruch, die Wirklichkeit so abzubilden, wie sie ist. Vielmehr sucht sie durch ihre flexible Theoriearchitektur sowohl der hypothetischen Statur wissenschaftlicher Wirklichkeitskonstruktion als auch der Eigenständigkeit der Praxis gegenüber deren theoretischen Rekonstruktionen Rechnung zu tragen. Die Leistungsfähigkeit praktisch-theologischer Theoriearchitektur erweist sich nicht schon am Reißbrett des praktischen Theologen, sondern erst auf der Baustelle des theologischen Praktikers.

Im Vorwort seines ‚Grundrisses der Praktischen Theologie' von 1922 hat Martin Schian sowohl die hypothetische Statur wissenschaftlicher Theoriebildung als auch deren praktisches Interesse so formuliert: „Die Ansichten über die Aufgaben der Praktischen Theologie überhaupt gehen noch immer weit auseinander. So darf ich nicht hoffen, allen

Wünschen zu genügen. Jedenfalls muß ich alle enttäuschen, die lediglich praktische Anweisungen gegeben wissen wollen ... Nach meiner Meinung soll die Praktische Theologie die wissenschaftlichen Fundamente für die gesamte Ausrichtung des Pfarramts legen. Der Pfarrer gleicht eben nicht dem Maurer, den man anlernt, wie er Stein zu Stein fügen soll, vielmehr dem Baumeister, der sein Werk von grundsätzlichen Erwägungen aus zu einem geschlossenen Ganzen gestalten will" (42,V). Dietrich Rössler nimmt im Vorwort zur ersten Auflage seines praktisch-theologischen Grundrisses Schians metaphorische Umschreibung der pastoralen Kompetenz auf (1,VII). Die vorliegende Praktische Theologie weiß sich dieser Tradition verbunden und hofft, auf ihre Weise einen Beitrag zur verantwortungsbewußten Wahrnehmung des Pfarrerberufs leisten zu können.

100
Horizonte der Religion

1. Die Praktische Theologie ist eine Theorie der christlichen Lebenspraxis. Die *Praxis* der gelebten Religion im Spiegel wissenschaftlicher Theorie abzubilden, die in die Lebenspraxis verflochtenen religiösen Momente mit den Mitteln wissenschaftlicher Erkenntnismethodik aufzudecken, die religiösen Grundstrukturen der Lebenswelt mit Hilfe theoretischer Analyse transparent zu machen und damit zur ebenso verantwortungsvollen wie erfolgreichen Fortentwicklung der sozial organisierten und kommunikativ praktizierten Religion beizutragen, ist die Aufgabe, die sich der praktisch-theologischen Theoriebildung stellt. Die praktisch-theologische Theoriearbeit ist deshalb unlösbar mit der religiösen Lebenspraxis verbunden. Wie sich im Themenbestand der Praktischen Theologie die Problemlagen der lebenspraktisch verwirklichten Religion widerspiegeln, so greift die Praktische Theologie bei der Entwicklung ihrer Verfahrensweisen wie bei der Formulierung ihrer Urteile auf die religiöse Reflexionspraxis zurück, um sie in zugleich kritischer wie konstruktiver Absicht weiterzuführen. Die religionstheoretische Grundlegung der Praktischen Theologie hat deshalb von der Frage nach ihrem Gegenstandsbereich auszugehen: Was meint ‚religiöse Lebenspraxis'?

Die Termini religiöse ‚*Lebenspraxis*' und religiöse ‚*Lebenswelt*' (> 310), Grundbegriffe der phänomenologischen Praktischen Theologie, bringen die untrennbare Verbindung von Religionspraxis und Lebenspraxis zur Geltung. Der Mensch ist immer schon der religiöse Mensch; die Lebenswelt des Menschen ist zugleich auch seine religiöse Welt. Sowenig einer zwischen sich selbst als einer religiösen und einer nicht-religiösen Subjektivität unterscheiden kann, sowenig läßt sich die Lebenswirklichkeit in eine sakrale und eine profane Sphäre aufspalten. Die religiöse Welt stellt weder eine apart gesetzte Gegenwelt zu der empirischen Alltagswelt dar noch eine eigenständige Lebensregion, die sich trennscharf aus dem umfassenden Wirklichkeitshorizont ausgrenzen ließe, der die ebenso vielschichtige wie vieldimensionale Lebenswelt des Menschen umspannt. Die Religion tritt daher weniger in ihrer Unterscheidung von anderen lebenspraktischen Momenten hervor als vielmehr in ihren vielfältigen Verflechtungen mit den sozialen und kulturellen Lebensformen. Es charakterisiert die im Leben verwirklichte Religion – die religiöse Lebenspraxis des einzelnen, die in der Gemeinschaft praktizierte Religion und die gesellschaftlich verfaßte Religion –, daß sie ständig und überall präsent ist. Es gibt keine Gestalt individueller Lebensführung, keine Form menschlicher Gemeinschaft und endlich auch keine gesellschaftliche Institution, die als irreligiös angesehen werden könnte oder sich gegenüber der Religion auch nur indifferent verhalten würde. Religion wird in den vielfältigen Verhältnissen und Beziehungen der sozialen Lebenswelt erlebt und gestaltet; es ist die alltägliche Welt, die in religiöser Perspektive wahrgenommen und aufgrund religiöser Überzeugung geformt wird. Was Religion ist, weiß darum jeder. Er weiß es aus eigener Erfahrung.

Die lebenspraktisch verwirklichte Religion tritt in *vielfältiger* Gestalt auf. Am deutlichsten sichtbar und damit auch theoretisch beschreibbar manifestiert sich die Religion in ihren expliziten Erscheinungsformen, beispielsweise in konfessorisch vorgetragenen Glaubensüberzeugungen, in durchgängig religiös imprägnierten Lebenshaltungen oder in kirchlich organisierten Verhaltensstilen und kirchlich normierten Urteilsweisen. Gleichwohl geht die Religion und zumal das hinsichtlich seiner Erscheinungsformen weit ausdifferenzierte und hinsichtlich seiner Wirkungen weit verzweigte zeitgenössische Christentum nicht in den markant ausgeformten und fest institutionalisierten Manifestationen der Religionspraxis auf. Vielmehr bilden sich im Horizont der individualisierten, pluralisierten und säkularisierten Lebenswelt vielfältige Gestalten religiös grundierter Lebenshaltung und Weltanschauung heraus, deren soziale und kulturelle Konturen sich – zumindest auf den ersten Blick – nicht als spezifisch religiös identifizieren lassen. Die impliziten religiösen Gehalte der alltäglichen Lebenspraxis – die in die individuelle Lebensführung verwobenen religiösen Momente, die in das soziale Handeln eingelagerten religiösen Motive und die den gesellschaftlichen Institutionen zugrundeliegenden religiösen Legitimationen – erschließen sich erst im Zuge ihrer theoretischen Analyse. Ebenso treten die Grundlinien der zwar pluriform ausgestalteten, aber logisch durchstrukturierten Religionskultur der Gegenwart erst auf der Folie ihrer theoretischen Rekonstruktion zutage. Lassen sich die charakteristischen Konturen religiöser Lebenspraxis auch nur im Spiegel der teils alltagspraktisch, teils wissenschaftspraktisch verfaßten Reflexion erkennen, so sind sie gleichwohl nicht als von der Praxis abgelöste theoretische Konstrukte, sondern als die elementaren Grundformen der in der alltäglichen Erfahrung präsenten und in der alltagsweltlichen Lebenspraxis verwirklichten Religion anzusehen.

2. Die Grundstruktur religiöser Erfahrung stellt sich *doppeldeutig* dar. Einerseits zeichnet sich die lebenspraktisch verwirklichte Religion dadurch aus, daß sie zu den selbstverständlichen Gegebenheiten der Lebenspraxis und zu den unfraglichen Grundlagen der Lebenswelt gehört. Die Religion gilt als das Selbstverständliche im Fraglichen, als das Gewisse im Ungewissen, als der sichere Untergrund der in sich widersprüchlichen Lebenswelt. Wie immer sich daher die Religion im Leben des einzelnen, im Lebenskontext sozialer Gemeinschaft oder im gesellschaftlichen Lebenszusammenhang artikuliert, die Praxis der Religion versteht sich offenbar von selbst. Die Selbstverständlichkeit der Religion dokumentiert sich zum einen in den religiösen Konventionen (> 233), aus denen die alltägliche Lebenspraxis ihre Stabilität und Kontinuität gewinnt: in der Teilnahme an den lebenszyklischen Ritualen (> 232-3), in deren Abfolge sich die allgemeingültige Logik des Lebensablaufes symbolisch abbildet, oder in der sonntäglichen Kirchgangssitte, die den Ablauf der Alltagszeit regelt. Die Religion bringt ihre ebenso selbstverständliche wie allgemeine Gültigkeit zum anderen in der Einbindung der Lebenspraxis in die religiösen Institutionen (> 321) zur Geltung, die die Stabilität der gesellschaftlichen Lebensordnung und die Kontinuität der gesellschaftlichen Entwicklung gewährleisten: in der konventionellen Teilnahme an den Einrichtungen der religiösen Erziehung, in denen die Grundsätze religiöser Traditionen angeeignet werden, oder in der generellen Zustimmung zu den unfraglichen Grundsätzen des allgemeinverbindlichen Moralkodex, dem Fundament des gesellschaftlichen Lebenskosmos. Die Konventionen der religiösen Lebenspraxis und die Institutionen der religiösen Lebenswelt bedürfen keiner außerhalb ihrer selbst liegenden Begründung; die konventionalisierte und institutionalisierte Religionspraxis steht in Geltung, weil sie sich von selbst versteht.

Andererseits ist die Religion aber zugleich auch der Inbegriff von Lebenspraxis, die sich nicht von selbst versteht, der Spiegel, in dem sich die Frakturen der Lebenswirklichkeit brechen, und das Medium, in dem sich die *Ambivalenzen* der individuellen Lebenspraxis und der gesellschaftlichen Lebenswelt verdichten. Spezifisch religiöse Deutungen der Wirklichkeit, genuin religiöse Lebenshaltungen und originär religiöse Praktiken bilden sich vornehmlich an den Grenzen der sich selbst gewissen Alltagswelt heraus. Sie verdanken sich der Einsicht in die kontingente Statur der Lebenspraxis, der Erfahrung der Unvorhersehbarkeit und Unberechenbarkeit der Lebensentwicklung, und dem Umgang mit den Widersprüchen der Lebenswelt, den Unzulänglichkeiten und Unstimmigkeiten der gesellschaftlichen Lebensordnung. Zu den als typisch religiös geltenden Lebensproblemen zählen daher an vorderster Stelle die Konfrontation des Menschen mit der Endlichkeit und Begrenztheit des Lebens, mit dem Scheitern der individuellen Lebenskonstruktion und mit den Unvollkommenheiten der gesellschaftlichen Wirklichkeit. Die Lebenssituationen, in denen die Religion greifbare Gestalt gewinnt, das Bewußtsein des Menschen dominant prägt und zu einem seine Lebenserfahrung wie seine Lebensführung bestimmenden Moment wird, sind die aus der Alltagsroutine herausragenden Grenzsituationen, in denen das Leben seine unfragliche Selbstverständlichkeit und seine unmittelbare Gewißheit verloren hat oder zu verlieren droht.

Die doppeldeutige Statur gelebter Religion spiegelt sich in den unterschiedlichen *Funktionen* wider, die der Religion im Rahmen der individuellen Lebenspraxis und der gesellschaftlichen Lebenswelt zugeschrieben werden. Gilt die Religion im Horizont subjektiver Lebenspraxis als das Konstituens der ebenso vielschichtig strukturierten wie lebensgeschichtlich flexiblen personalen Identität (> 311), so fungiert sie im Rahmen der umfassenden Lebensordnung als Integral der vielfältig segmentierten modernen Gesellschaft. Im Kontext der lebenspraktischen und lebensweltlichen Grenzsituationen schließlich kommt die ambivalente Statur religiösen Erlebens, religiöser Orientierung und religiösen Handelns pointiert zur Geltung. Die individuell und gemeinschaftlich praktizierte Religion dient hier auf der einen Seite der Bewältigung krisenhafter Lebenssituationen, der Domestizierung unbeherrschbarer Kontingenzen und der Regulierung der riskanten Passagen zwischen der alltäglichen und der außeralltäglichen Wirklichkeit. Die spezifisch religiöse Qualität der lebensgeschichtlichen und lebensweltlichen Grenzsituationen und die genuin religiöse Valenz der darin eingelagerten Grenzerfahrungen kommt aber andererseits gerade darin zur Geltung, daß die religiöse Wahrnehmung und Begehung des Lebens die Dissonanzen der individuellen Lebenspraxis und die Widersprüche der gesellschaftlichen Lebenswelt nicht aufhebt, um das Leben in die gewohnten Bahnen zurückzuführen und die verläßliche Sinnlogik der Alltagswelt wiederherzustellen. Die religiöse Erfahrung hält vielmehr das Bewußtsein für die fragmentarische Verfassung der individuellen Lebenspraxis und für die ambivalente Statur der gesellschaftlichen Lebenswelt wach.

3. Die doppelsinnige Verfassung der Religion als Garantin des seiner selbst gewissen Alltagslebens und als Fokus der in die Alltagswelt eingelagerten Ambivalenzen bildet sich in der Mehrdimensionalität der religiösen *Reflexionskultur* ab.

Im Rahmen der *konventionellen* Religionspraxis bilden sich unterschiedlich ausgeformte, insgesamt aber auf die Vergewisserung des Lebens abzielende Typen religiöser Lebenstheorie heraus: spezielle Weisheitslehren, in denen die religiösen Gehalte begrenzter Lebensbereiche ausformuliert, den nachfolgenden Generationen überliefert und im Prozeß ihrer Tradierung fortentwickelt werden; miteinander konkurrierende, jeweils aber

den Lebenshorizont im ganzen umspannende Weltanschauungen, in denen die vielfältigen und disparaten Aspekte der Wirklichkeit in einer integralen, religiös konturierten
Gesamtperspektive gebündelt werden; auf unterschiedliche Lebensbereiche bezogene
Legitimationstheorien, in denen die religiösen Grundlagen von Konventionen und Institutionen offengelegt werden. Die in die alltägliche Lebenspraxis verwobenen Lebenstheorien sind in der Regel nicht dominant religiös konturiert; sie setzen sich vielmehr aus
unterschiedlichen Komponenten des weit ausdifferenzierten gesellschaftlichen Wissensvorrats zusammen und schmelzen die explizit auf die Religionspraxis bezogenen Wissenskonstrukte in vieldimensionale Theorien des Lebens ein.

Anders stellt sich die Generierung religiösen Wissens in den *Grenzsituationen* des Alltagslebens dar. In dem Maße, in dem das Leben seine Selbstverständlichkeiten einbüßt,
die Lebenspraxis fragwürdig und die Lebenswelt brüchig wird, verlieren nicht nur die
religiösen Alltagskonventionen, sondern auch die in alltagsweltlichen Lebenskontexten
verankerten Reflexionskonstrukte ihre selbstverständliche Plausibilität. Jenseits der umgrenzten und in sich geordneten Alltagswelt verlieren die durch alltägliche Erfahrung
abgestützten Lebenstheorien – die im Alltagsleben bewährten Weisheitslehren, die in der
Alltagspraxis unfraglich in Geltung stehenden Weltanschauungen und die theoretischen
Legitimationen alltagspraktischer Konventionen – ihre wirklichkeitserschließenden Valenzen. Gleichzeitig entsteht in den lebenspraktischen und lebensweltlichen Grenzsituationen aber ein unabweisbarer, allerdings ganz anders gearteter Bedarf an theoretischer
Interpretation und Rekonstruktion der in sich widersprüchlichen Lebenserfahrung. Die
außerhalb der Alltagsroutine angesiedelte Reflexion setzt die alltagsweltliche Reflexionsroutine außer Kraft, um die Alltagswelt in der Außenperspektive wahrzunehmen
und die in sie eingelagerten Theorien in kritischer Absicht auf ihre Tragfähigkeit hin zu
überprüfen. Die auf den Grenzen der Alltagswelt entworfenen Lebenstheorien machen
die Religion dementsprechend in einer anderen Weise zum Thema lebenspraktischer
Theoriebildung. Die religiöse Reflexion wird zu dem Medium, in dem die kontingenten
Einbrüche in die Alltagswelt ihren adäquaten Ausdruck finden, zum Fokus einer alltags-
kritischen Wahrnehmung der in sich widersprüchlichen Lebenswirklichkeit und zum
Nukleus einer um die Ambivalenzen des Lebens zentrierten Theoriekultur. Während sich
in der alltagsweltlichen Reflexionskultur relativ unspezifische Momente religiöser Lebenstheorie mit thematisch anders zugeschnittenen, beispielsweise mit pädagogischen
oder politischen Lebenstheorien vermischen und während sich die Alltagstauglichkeit
religiöser Reflexion gerade in der wechselseitigen Verschränkung der unterschiedlich
formatierten Lebenstheorien erweist, sind die Theoretisierungen der Grenzerfahrungen
dominant religiös konturiert.

4. Die einerseits lebenspraktisch, andererseits reflexionspraktisch verfaßte Religion bildet den Gegenstand *wissenschaftlich* formatierter Religionstheorien. Sie verfolgen eine
doppelte Zielsetzung. Die Religion bildet zum einen den Forschungsgegenstand verschiedener, thematisch wie methodisch eigenständiger Teildisziplinen der Religionswissenschaft. In den psychologisch, soziologisch oder kulturwissenschaftlich akzentuierten
Religionstheorien wird die Religion jeweils in den umgrenzten Erkenntnishorizont eines
außerhalb der Religionswissenschaft ausgearbeiteten und von ihr lediglich modifizierten
Theorierahmens eingezeichnet; in ihrer humanwissenschaftlichen, sozialwissenschaftlichen oder kulturwissenschaftlichen Perspektivierung stellt sich die Religion als ein Ensemble unterschiedlicher Phänomene dar, die sich mit Hilfe verschiedenartiger For-

schungsstrategien bearbeiten und für die wissenschaftliche Erkenntnis erschließen lassen. Zum anderen sucht die Religionswissenschaft aber die divergierenden Perspektivierungen der Religion in einer in sich geschlossenen und logisch durchstrukturierten Theorie der Religion zusammenzuführen und damit zu einer umfassenden, ebenso komplexen
wie in sich konsistenten Theorie religiöser Lebenspraxis zu gelangen. Die Religionswissenschaft steht damit vor dem für die neuzeitliche Wissenschaftskultur insgesamt charakteristischen Problem der Diversifikation und der Integration ihrer Erkenntnisse, der
Spezialisierung und der Systematisierung ihrer Theoriekonzepte.

Der wissenschaftlichen Erforschung der Religion stellen sich aber nicht nur allgemein
forschungsstrategische, sondern vor allem auch spezifische, aus ihrem originären *Erkenntnisgegenstand* resultierende Probleme entgegen. Mehr als andere Phänomene der
sozialkulturellen Lebenswelt sperrt sich die lebenspraktisch verwirklichte Religion gegen ihre wissenschaftliche Erfassung und Analyse.

Auf der einen Seite verschließt sich die sich selbst gewisse *Alltagsreligion* ihrer theoretischen Analyse und Kritik. In dem Maße, in dem die konventionelle Religionspraxis über
sich selbst aufgeklärt wird, büßt sie offensichtlich ihre lebenspraktische Selbstverständlichkeit und damit die sie auszeichnenden lebensvergewissernden Valenzen ein. Indem
die Religion durch wissenschaftliche Kritik entzaubert wird, die psychischen und sozialen Faktoren religiöser Lebenspraxis gekennzeichnet und die Gesetzmäßigkeiten beschrieben werden, denen religiöse Wirklichkeitskonstruktionen unterliegen, verliert die
Religion ihren metaphysischen Nimbus und damit ihre gegenüber anderen Dimensionen
der Alltagswelt herausgehobene Stellung im Lebenszusammenhang des einzelnen, der
Gemeinschaft und der Gesellschaft; die Religion mutiert zu einem ebenso unselbständigen wie integralen Moment der säkularen Lebenswelt. Zumal die ideologiekritische Aufklärung über die vielfältigen Instrumentalisierungen der Religion im Dienste der Stabilisierung der Persönlichkeit und der Gesellschaft deckt die Ambivalenzen der auf unfraglichen Selbstverständlichkeiten aufruhenden Alltagswelt und insbesondere die prekäre
Statur konventioneller Religionspraxis auf. Die Alltagsreligion verschließt sich daher in
ihrem eigenen Interesse gegenüber ihrer kritischen Inspektion und erklärt die Verwissenschaftlichung der in die Alltagspraxis eingelagerten Formen religiösen Wissens angesichts deren unbezweifelbarer Geltung für überflüssig. Die wissenschaftliche Theoretisierung der Alltagsreligion muß deshalb zunächst deren Widerständigkeit gegenüber
ihrer theoretischen Durchdringung überwinden, um aus der wissenschaftlichen Außenperspektive die verdeckten Strukturen der religiösen Alltagskultur offenlegen zu können.

Noch deutlicher verschließen sich auf der anderen Seite die von lebenspraktischen und
lebensweltlichen Widersprüchen gekennzeichneten *außeralltäglichen* religiösen Erfahrungen der wissenschaftlichen Theoretisierung und Kritik. Im Zuge ihrer rationalen Erklärung und ihrer Einordnung in eine logisch durchstrukturierte und wissenschaftlich
fundierte Theorie religiöser Lebenspraxis löst sich die extraordinäre Statur der aus dem
Alltag herausragenden religiösen Erlebnisse und Praktiken auf; die außeralltägliche Religionspraxis wird veralltäglicht und verliert dabei ihre originären Konturen. Um ihren
Untersuchungsgegenstand nicht aus dem Auge zu verlieren, muß die Theorie der Religion daher Forschungsstrategien und Theorieformen entwickeln, die die außeralltägliche
Religionspraxis nicht ihrer spezifischen Charakteristik entkleiden, sie gleichwohl aber
mit den Mitteln wissenschaftlicher Analyse und Kritik zu erfassen vermögen.

Schließlich dämpft die *Mannigfaltigkeit* der religiösen Erscheinungswelt die Hoffnung, durch phänomenologische Analyse und Rekonstruktion zu einer begrifflich ausgearbeiteten und logisch geordneten Theorie der lebenspraktisch verwirklichten Religion gelangen zu können. Die Vielfältigkeit religiöser Erfahrung, religiösen Handelns und religiöser Reflexion sperrt sich gegen eine abstrakte Systematisierung der gelebten Religion. Die phänomenologisch perspektivierte Religionstheorie steht damit vor einer doppelten Aufgabe. Sie hat einerseits die pluriformen Manifestationen religiöser Praxis in ihrer jeweiligen Eigenart zu erfassen und zu beschreiben, ohne in ihrer Theoriebildung die Komplexität der religiösen Lebenswelt zu negieren, ihre Vielfalt zu nivellieren und ihre Widersprüche auszugleichen. Die religionswissenschaftliche Theoriebildung kann sich aber andererseits nicht auf die Ausarbeitung einer Oberflächentopographie beschränken, in der religiöse Lebenspraxis und religiöse Lebenswelt lediglich deskriptiv reproduziert und die morphologische Vielgestaltigkeit der Religion festgehalten wird. Die Aufgabe phänomenologisch orientierter Religionstheorie besteht vielmehr darin, die untergründigen Strukturen der religiösen Lebenswelt zu rekonstruieren und auf diesem Wege zu einem über das Alltagsbewußtsein hinausreichenden und wissenschaftlich fundierten Verständnis von Statur und Funktion der Religion in der modernen Gesellschaft beizutragen.

5. Die *religionstheoretische Grundlegung* der phänomenologisch perspektivierten Praktischen Theologie verbindet die beiden Aufgaben wissenschaftlicher Religionstheorie miteinander. Sie sucht einerseits der Pluriformität der religiösen Lebenskultur Rechnung zu tragen, die komplexe und widersprüchliche Gestalt der gelebten Religion in deren theoretischer Reflexion zu erhalten und die gelebte Religion in ihrer vielschichtigen und vieldimensionalen Gestalt zu beschreiben, und andererseits die religiöse Lebenspraxis durch wissenschaftliche Strukturierung und Systematisierung transparent zu machen. Im Rahmen eines sowohl mehrperspektivisch angelegten als auch in sich geschlossenen Theoriekonzepts werden die vielgestaltigen Erscheinungsformen gelebter Religion in voneinander unterschiedene und miteinander verbundene Sektoren der Lebenswelt eingezeichnet und die divergierenden und konvergierenden Reflexionshorizonte wissenschaftlicher Religionstheorie miteinander verschränkt.

Die drei einführenden Theorieelemente umreißen die *lebensweltlichen Horizonte,* in denen die Religionspraxis sozialkulturelles Profil gewinnt. In der privaten Lebenssphäre (> 111) manifestiert sich die Religion in der Gestalt individueller Religiosität; die lebensgeschichtlich ausgeformte Religion bildet ein konstitutives Moment der Persönlichkeitsbildung und Persönlichkeitsentwicklung; sie stellt zugleich den religiösen Nukleus der um die Individualität zentrierten privaten Lebenskultur dar. In der öffentlichen Lebenssphäre (> 121) tritt die Religion als elementare Dimension der gesellschaftlichen Lebensordnung in Erscheinung; geht die Religion in ihrer impliziten Form eine schwer durchschaubare und erst im Zuge theoretischer Analyse erfaßbare Symbiose mit den gesellschaftlichen Institutionen ein, so bringt sie sich explizit und damit phänomenologisch deutlich beschreibbar in verschiedenen, mit der Religionspraxis eng verbundenen Sektoren des öffentlichen Lebens, beispielsweise im öffentlichen Bildungs- und Wohlfahrtswesen markant zur Geltung. Die Religion stellt aber nicht nur eine elementare Dimension der privaten wie der öffentlichen Lebenssphäre dar; vielmehr verklammert die in sich komplex strukturierte Religionspraxis die beiden für die bürgerliche Gesellschaft charakteristischen Hemisphären der Lebenswelt miteinander und verleiht der Lebenswirklichkeit damit ihre integrale Statur (> 131); gehen in die bürgerliche Privatreligion charakteristische Momente der allgemeingesellschaftlichen Religionspraxis ein, so wirken die individuell ausgeformten Gestalten gelebter Religion umgekehrt auf die öffentliche Religionskultur zurück.

In den unterschiedlich perspektivierten wissenschaftlichen *Theorien* der Religion finden die private, die öffentliche und die synthetisch verfaßte religiöse Praxis ihre reflexive Ausdrucksgestalt. Die psychologischen Religionstheorien (> 112) beschreiben die Genese und Entwicklung subjektiver Religiosität, die soziologischen Religionstheorien (> 122) die Verschränkungen von Religion und Gesellschaft; die phänomenologisch orientierten und auf eine Integration der verschiedenen religionstheoretischen Perspektiven abzielenden Theorien der Religion (> 132) stellen die elementare Bedeutung der Religionspraxis für die Konstruktion der Wirklichkeit heraus. Im Spiegel ihrer Theorie treten nicht nur Struktur und Funktion der Religion markant zutage. Vielmehr werden im Zuge theoretischer Analyse auch die in die Statur und in die Entwicklungsdynamik der Religion eingelagerten Ambivalenzen aufgedeckt. So zeichnen etwa die psychoanalytisch grundierten Theorien der Religion und insbesondere die Theorien religiöser Symbolisierung die religiöse Lebenspraxis in die spannungsreichen Prozesse religiöser Identitätsbildung und Persönlichkeitsentwicklung ein. Die eher sozialwissenschaftlich und kulturtheoretisch akzentuierten Konzepte rekonstruieren die Entwicklung der Religion auf dem Hintergrund der gesellschaftlichen Modernisierungsprozesse und stellen die charakteristischen Spannungen zwischen Religion und Moderne heraus.

Den unterschiedlichen Gestalten der lebenspraktisch verwirklichten Religion und den ihnen entsprechenden Typen religionswissenschaftlicher Theoriebildung ordnen sich schließlich die ebenso in der populären wie in der wissenschaftlichen Reflexionskultur verankerten religionstheoretischen und religionskritischen *Hypothesen* zu. Während die Projektionsthese und die Kompensationsthese (> 113) die Religion als Produkt der menschlichen Vorstellungskraft kennzeichnen und damit den anthropologischen Ursprung religiöser Wirklichkeitskonstruktionen in kritischer Absicht aufdecken, hebt die Integrationsthese (> 123) die Leistungen hervor, die die Religion für die Stabilisierung der gesellschaftlichen Lebensordnung erbringt. Auf dem Hintergrund der miteinander verschränkten Thesen der Pluralisierung, Säkularisierung und Individualisierung der Lebenswelt (> 133) lassen sich die ambivalent zu beurteilenden Wandlungen beschreiben, denen die Religion in ihrer neuzeitlichen Entwicklung und insbesondere am Übergang in die Spätmoderne unterliegt.

Den Anfang der religionstheoretischen Grundlegung bildet eine Darstellung der Problemgehalte, die sich mit dem Begriff der ‚Religion' verbinden, den Abschluß eine kritische Analyse der verschiedenen, miteinander verzahnten Diskurse über das Verhältnis von allgemeingesellschaftlicher Bürgerreligion und konfessionell spezifizierten Religionskulturen.

110
Religion

1. Die Renaissance der Religion und die Aufgabe der Religionswissenschaft

1. „Das *Religionsthema* hat Konjunktur" (1,75). Fanden Themen aus dem weiteren und engeren Umkreis der Religion in der privaten Alltagskonversation wie in der publizistischen Öffentlichkeit lange Zeit nur geringe Beachtung, so ist das allgemeine „Interesse an der Religion" in den vergangenen Jahrzehnten „in einem kaum noch überschaubaren Maß gewachsen" (1,75). In der Gegenwartskultur zählen religiöse Sachverhalte zu den bevorzugten Themen der Medienkommunikation, der Tagespresse und des Fachbuchmarktes. Dem Bedeutungszuwachs des Religionsthemas im populären Bewußtsein entspricht der wachsende Stellenwert religionstheoretischer Probleme im wissenschaftlichen Diskurs. Gehörte die Religion lange zu den eher vernachlässigten Gegenständen sozial- und kulturwissenschaftlicher Forschung, so wenden verschiedene wissenschaftliche Fachrichtungen in neuerer Zeit den vielfältigen Erscheinungen der zeitgenössischen Religionskultur gesteigertes Interesse zu. Psychologische Analysen beschäftigen sich mit der Deutung neuartiger religiöser Phänomene; soziologische und kulturtheoretische Untersuchungen widmen sich den verschiedensten Aspekten der religiösen Gegenwartssituation; historiographische Studien betrachten die neuzeitliche Entwicklung der Religion als exemplarischen Modellfall sozialen und kulturellen Wandels und demonstrieren die allgemeingesellschaftlichen Modernisierungsprozesse mit Vorliebe an den neuzeitlichen Transformationen der Religionspraxis. Die Konjunktur des religionstheoretischen Interesses im populären wie im akademischen Diskurs führte schließlich zu einer Renaissance der Religionswissenschaft, die sich derzeit – teils in Kooperation mit den verschiedenen Fachgebieten der Theologie, teils in Konkurrenz zu ihnen – an den Universitäten neu etabliert und deren Forschungserträge in der Öffentlichkeit auf breite Resonanz stoßen.

2. Das neu erwachte Interesse an der Religion drückt sich in einer Revision des Bildes aus, das Religionswissenschaft und Theologie am Ausgang des 20. Jahrhunderts von der „religiöse(n) *Gegenwartslage*" zeichnen, und insbesondere in der Prognostizierung der Zukunftschancen, die der Religion angesichts ihrer ebenso unübersehbaren wie unerwarteten „Renaissance" attestiert werden (126,7). Dienten die allseits konstatierten Krisenphänomene – der „zunehmende Bedeutungsverlust" des kirchlich organisierten Christentums und die „Erstarrung überkommener kirchlicher Lebensformen" (126,7) – noch vor wenigen Jahren als Indizien für das baldige „‚Ende der Religion'" (108,11) in der säkularen Gesellschaft, so läßt sich in der „entfalteten Moderne" (272,11) offensichtlich ein „wachsendes Interesse an Religiösem" beobachten, „eine Sehnsucht nach ganzheitlichen und spirituellen, übersinnlichen und grenzüberschreitenden Erfahrungen jeder Art" (127,7). In dem Maße, in dem die „pastoral-professionell durchorganisierten Volkskirchen … unter den Bedingungen der modernen Gesellschaft … an ihrer eigenen Unfähigkeit zur Religion" scheiterten (126,8), etablierte sich jenseits des Kirchenchristentums eine überaus vitale, aus unterschiedlichen religiösen Traditionen gespeiste und ebenso

pluriforme wie synkretistisch verfaßte Religionskultur. Die Konjunktur der Religion bleibt allerdings nicht auf außerkirchliche und außerchristliche Religionspraxis begrenzt; „es gibt auch innerhalb des organisatorischen Rahmens der christlichen Kirchen starke Suchbewegungen nach religiöser Erfahrung, nach Meditation und einem überzeugenden persönlichen Frömmigkeitsstil" (148,112f).

Die „„Wiederkehr der Religion'" (108,11) dokumentiert sich in „empirische(n) *Phänomene(n)* von sehr unterschiedlicher Dignität" (272,11). So bildete sich seit den 70er Jahren in Deutschland ein breites Spektrum ‚neuer religiöser Bewegungen' (130) heraus, „deren Selbstdarstellung und deren Strategien inzwischen zum Gegenstand eines ausgedehnten Forschungsinteresses geworden sind" (148,112). Unter dem Etikett des ‚New Age' (132) zogen „weltweit spürbare spirituelle Bewegungen öffentliche Aufmerksamkeit" auf sich und fanden „in begrenzterem Ausmaß auch Zulauf" (272,11). Im Rahmen der neu entstandenen ‚Jugendreligionen' und insbesondere unter dem Einfluß einer religiös imprägnierten Musikkultur (129) floß „frei flottierendes, religiöses Gedankengut in die Alltagswelt der Jugendlichen" ein (272,11). In bestimmten Segmenten der Jugendkultur, aber auch in anderen subkulturellen Milieus, insbesondere in der weit verzweigten und zunehmend kommerzialisierten Esoterikszene, breiteten sich Okkultismus (133) und Magie (131) aus. Die Renaissance des Religiösen „wird begleitet von einem Wiedererstarken fundamentalistischer Strömungen in den Hochreligionen, die als Minderheiten auch in Westeuropa Fuß fassen" (272,11; 134). Verloren die regionalisierten Religionskulturen schon mit dem Anwachsen der ökumenischen Bewegung (> 211) an Bedeutung, so verstärken sich durch die Vermischung unterschiedlicher religiöser Traditionen die in die Entwicklung der Religion eingelagerten Globalisierungstendenzen.

3. Die ebenso vitale wie unübersichtliche Gegenwartslage der Religion stellt die *Religionswissenschaft* vor vielfältige Aufgaben. Entstand die „wissenschaftliche Beschäftigung mit der Religion" in der europäischen Aufklärung „aus einer skeptischen Beobachtung und Beurteilung religiöser Vorstellungen und Handlungen" (119,65) und verband sich das Interesse an der Welt der Religion in der „Zeit des europäischen Kolonialismus" mit dem „gelehrte(n) Drang, fremde Kulturen, und das waren in erster Linie nichteuropäische Kulturen, zu begreifen", so erhielt die Religionswissenschaft „zusätzliche Impulse durch die in die Welt immer weiter ausgreifende christliche Mission und durch das Interesse der Kolonialverwaltungen, europäische Vorherrschaft über fremde Kulturen auf Dauer zu sichern" (119,116f). In neuerer Zeit löste sich die mit den Kultur und Sozialwissenschaften und insbesondere mit der Ethnologie (121) vernetzte Religionswissenschaft tendenziell immer mehr von der theologisch akzentuierten Missionswissenschaft (120) und begreift sich seitdem als eine thematisch eigenständige, methodisch pluriform verfaßte und insgesamt dem Typus ‚verstehender Theorie' zuzurechnende Wissenschaft; die Aufgabe der Religionswissenschaft besteht in der wissenschaftlich fundierten Analyse und Interpretation der vielfältigen Erscheinungsformen der Religion (118).

In der *Gegenwart* beschäftigen sich die verschiedenen, psychologisch, soziologisch, kulturtheoretisch oder historisch akzentuierten Disziplinen der Religionswissenschaft insbesondere mit der „Aufarbeitung ökonomischer, geistiger und politischer Konstellationen, die weite Teile der Welt nach dem Ende des Zweiten Weltkrieges und nach dem Untergang der europäischen Kolonialreiche erfaßt haben": mit dem in den unterschiedli-

chen Regionen zu beobachtenden „Kulturwandel", in dessen Verlauf in sich geschlossene „traditionelle religiöse Weltdeutung(en)" durch das „Angebot einer Vielzahl miteinander konkurrierender religiöser und nicht-religiöser Orientierungssysteme" abgelöst
werden; mit den Prozessen der „Akkulturation und Assimilation", der „Übernahme und
Nachahmung fremder Kulturgüter im weitesten Sinne durch Individuen oder Kulturen";
mit dem Phänomen der „Religionsrestitution", der „Neubelebung teilweise schon unter-
gegangener Symbolsysteme der eigenkulturellen Vergangenheit" sowie mit dem „Entstehen von Neuen Religionen aus den Traditionen der eigenen oder einer fremden Kultur" (119,152f). Die „ideologische und methodische Neuorientierung in der Religionswissenschaft" und deren Einbettung in eine „umgreifende Kulturwissenschaft" führte zur
Entstehung neuartiger religionswissenschaftlicher Teildisziplinen wie der Religionsgeographie (119,153) oder Religionsästhetik (119,154).

2. Die Problemgehalte des Begriffs ‚Religion'

1. Zu den Grundproblemen religionswissenschaftlicher Theoriebildung zählt die Ausarbeitung ihrer theorieleitenden Kategorien und insbesondere die Definition des *Religionsbegriffs*. So selbstverständlich der Begriff ‚Religion' im alltäglichen Sprachgebrauch wie
in der populärwissenschaftlichen Reflexion verwendet wird, so problematisch stellt er
sich hinsichtlich seiner Qualifikation als klassifikatorische Kategorie im Zusammenhang
wissenschaftlich verfaßter Religionstheorie dar. Ist das Wort ‚Religion' auch in der
Umgangssprache fest verwurzelt und gehören Begriffe wie ‚Weltreligionen',
‚Hochreligionen' oder ‚Naturreligionen' zum terminologischen Grundbestand der populärwissenschaftlichen Diskurskultur, so taugt der „mit vielen, sogar sich widersprechenden Inhalten befrachtet(e)" Terminus gleichwohl „nicht als genauer Ausdruck, als Begriff" (117,12). Angesichts der empirischen Pluriformität ihres Forschungsgegenstandes,
der „schillernde(n) Unbestimmtheit von Religion in ihren historischen Ausprägungen"
(168,14), sowie aufgrund ihrer methodologischen Pluriformität operiert die Religionswissenschaft daher nicht mit einem „allgemein akzeptierten Begriff der Religion"; „an
die Stelle des Begriffs der Religion tritt eine Pluralität von möglichen Definitionsversu-
chen" (108,12).

Die Problematik des Religionsbegriffs ist allerdings nicht allein in der morphologischen
Vielfalt der damit bezeichneten Phänomene und in der perspektivischen Komplexität der
religionswissenschaftlichen Theoriebildung begründet. Vielmehr lagerten sich in den
verschiedenen *historischen* Epochen unterschiedliche, teils religionsphilosophisch, teils
theologisch akzentuierte Bedeutungsgehalte an den Begriff an, die in seinem gegenwärtigen Gebrauch unterschwellig mittransportiert werden und die unreflektierte Verwendung des Religionsbegriffs als problematisch erscheinen lassen. „Begriffsgeschichtlich
gesehen ist der Ausdruck ‚Religion' zunächst nicht, wie wir ihn heute fassen und erlernen, eine Bezeichnung für ein Universal" (181,322). Zu einem ebenso umfassenden wie
vieldeutigen „Allgemeinbegriff" wurde der „der römischen Antike entstammende und
vom altkirchlichen und mittelalterlichen Christentum rezipierte und teilweise umgedeu-
tete Religionsbegriff" erst im Rahmen der kritischen Religionsphilosophie der „neuzeit-
lich-europäischen Aufklärung"; „er bezeichnet seitdem sowohl so etwas wie eine anthropologisch bedingte individuelle ‚Gegebenheit' als auch von allen Gruppen und Völkern immer und überall ausgebildete soziale Sinnsysteme, die in unterschiedlicher Ge-

wichtung mythisch-narrative und lehrhaft-dogmatische Vorstellungsgehalte ebenso ein-
schließen wie kultisch-rituelle und praktisch-ethische Vollzüge" (109,522).

Findet sich eine „systematische Entfaltung des Religionsbegriffs" (110,538) auch erst in
den philosophisch akzentuierten Religionstheorien der Aufklärung, so setzt die wechselhafte „Karriere des Begriffes ‚Religion' im *theologischen* Diskurs" schon in der nachreformatorischen Epoche, im Zeitalter der konfessionellen Aufspaltung der christlichen
Religionskultur, ein; als ‚umbrella term' fungiert ‚Religion' zur Bezeichnung für die
„überwölbende Gemeinsamkeit des Christlichen im Angesicht seiner Spaltung auf gleichem Territorium" (183,131). In der Epoche der Aufklärung und des Pietismus wird der
Begriff ‚Religion' dann „von der christlichen Laienschaft, vorab und vor allem von der
protestantischen Laienschaft, reklamiert als Ausdruck für ihr eigenständiges, auf Vermittlung durch die Kirche nurmehr subsidiär angewiesenes Gottesverhältnis" (183,131).
„In beiden Bedeutungen, der verallgemeinerten wie der spezifisch laizistischen, steht
‚Religion' nun gleichsam in Opposition zu ‚Kirche'": „‚Kirche' steht für eine institutionelle, mit einer ‚offiziellen Eigentheorie' ausgestattete Wirklichkeit, die beobachtbar,
abmeßbar und somit auch definitorisch faßbar ist; ‚Religion' steht für eine kulturelle
Programmatik, die einen Möglichkeitsraum absteckt" (183,132). In der Folgezeit setzt
sich die Aufweichung des Religionsbegriffs fort. Hat „das ‚Religiöse'" in der Vormoderne „seinen genuinen Platz im Weltbild" theologischer und soziologischer Theoriebildung, so kommt der Religion im Rahmen der modernen Lebens- und Reflexionskultur
„kein indigener, authentischer Status zu" (183,135). Wie die gelebte Religion im Fortgang ihrer neuzeitlichen Entwicklungsgeschichte zunehmend diffusere Gestalt annimmt,
so verliert auch der Begriff der Religion im Zuge seiner neuzeitlichen Bedeutungsgeschichte seine markanten Konturen.

In dem Maße, in dem sich die moderne Religionstheorie der Kritik ihrer wissenschaftstheoretischen Grundlagen und insbesondere ihrer theorieleitenden Kategorien zuwandte,
mutierte der Religionsbegriff schließlich von der Bezeichnung eines empirischen Sach-
verhalts zu einer wissenschaftsstrategischen *Operationsformel*. Unter den Bedingungen
der Moderne läßt sich das ‚Religiöse' nicht als ein von seiner theoretischen Beschreibung und Deutung unabhängiger, „dinghafte(r) Tatbestand" auffassen (183,141), als eine
„gesellschaftliche oder kulturelle Wirklichkeit", „die außerhalb und jenseits dieses
Wechselspiels der Diskurse ihr eigenes, unverwechselbares und beobachtbares Dasein
hätte" (182,130). Vielmehr sind „‚Religion' und ‚Religiöses' als diskursive Tatbestände
zu betrachten – als Tatbestände also, die sich im gesellschaftlichen Diskurs konstituieren" (183,129). ‚Religion' stellt damit ein „kulturelles Konstrukt" dar, „an dessen fort-
währender diskursiver und zugleich wirklichkeitsstiftender Konstruktion und Rekonstruktion die jeweiligen wissenschaftlichen Diskurse ihren Anteil haben" (182,130).

2. Gerade in seiner Gestalt als diskursive Leitkategorie religionswissenschaftlicher Theoriebildung erweist sich der Begriff der Religion nun aber aufgrund seiner von der *europäischen* Philosophie und von der christlichen Theologie vorgenommenen Prägung als
überaus problematisch. Projiziert die Religionswissenschaft die Kategorie der ‚Religion',
ursprünglich „ein Moment in der Selbstkonzeptualisierung der Christentumsgeschichte"
(181,323), auf außereuropäische Kulturen und außerchristliche Religionen, dann verstellt
sie sich nicht nur den ungetrübten Blick auf die originäre Statur ihres Forschungsgebiets;
vielmehr trägt sie teils unbewußt, teils absichtsvoll auch zum „Siegeszug unseres Reli-

gionsverständnisses über die Welt" (181,325) bei, unterstellt die beobachteten Phänomene der „Definitionsmacht des Christentums" (195,177) und unterliegt dabei gravierenden
Selbsttäuschungen.

In der „vom Christentum beeinflußten Alltagssprache der westlichen Kultur" bezeichnet
Religion vornehmlich „ein von einer Organisation getragenes Glaubenssystem" (168,14).
Das – zumindest unterschwellig – am Idealtypus institutionell verfaßter und sozial organisierter Christentumspraxis orientierte Verständnis von Religion ist aber „auf kaum eine
außerchristliche Religion anwendbar" (168,14f). Denn „in den meisten traditionellen
Gesellschaften – und bis in die antiken Hochkulturen hinein – ist Religion nicht als eigenständiges Subsystem von ‚nicht-religiösen' Bereichen unterschieden" und „nicht als
eigenes Kommunikationssystem ausdifferenziert" (122,20). Im Sprachschatz dieser
Kulturen findet sich deshalb auch „kein Wort für das, was wir als ‚Religion' bezeichnen
würden, und es ist zumindest zweifelhaft, problemlos vorauszusetzen, daß Religion zwar
dem Wort nach fehle, der Sache nach aber selbstverständlich vorhanden sei" (122,20).

Die *Religionswissenschaft* muß sich daher auf der einen Seite den Tatbestand bewußt
machen, daß der als „Allgemeinbegriff" genutzte Terminus der ‚Religion' „religionsgeschichtlich durchaus partikular ist, nämlich erst auf monotheistischem Niveau auftritt
und in nichtokzidentalen Kulturen keine begriffliche Entsprechung hat" (112,110). Auf
der anderen Seite muß die Religionswissenschaft im Interesse einer adäquaten Erfassung
und Deutung der wahrgenommenen Phänomene die restriktive Perspektivierung ihrer
Theoriekonstruktionen aufbrechen: „Der kulturwissenschaftliche Diskurs über ‚Religion(en)' hat daher mit sehr viel komplexeren Verhältnisbestimmungen von Kultur(en)
und Religion(en) zu rechnen, als dies der für das neuzeitliche Europa charakteristische
Sprachgebrauch nahelegt. Die Entwicklung differenzierterer Deskriptionsparameter ist
deshalb eine der drängenden Aufgaben moderner Kulturwissenschaften" (114,522).

3. Sowohl zur reflexiven Selbstexplikation der europäisch-christlichen Religionskultur
als auch zum Fremdverstehen anderer Religionskulturen bedient sich die Religionswissenschaft und insbesondere die Religionssoziologie zweier unterschiedlich formatierter,
gleichwohl miteinander kombinierbarer Versionen des Religionsbegriffs. *Substantielle*
Religionsdefinitionen bestimmen, „was Religion ist" (168,21), indem sie im Rückgriff
auf das „Alltagsverständnis" von Religion (168,20) deren Gegenstandsbereich „durch
Angabe des religiösen Bezugsgegenstandes" eingrenzen und solche personalen Haltungen, kulturellen Vorstellungen und sozialen Praktiken als spezifisch religiös betrachten,
in denen „Menschen sich auf Gott, Heiliges oder Transzendentes beziehen" (195,178);
die verschiedenen empirischen Erscheinungsformen religiöser Praxis lassen sich auf einen gemeinsamen Ursprung zurückführen, auf den von „Ehrfurcht" und „Scheu"
(168,20) begleiteten „Glaube(n) an übermenschliche Personen bzw. Kräfte" (195,178),
an „übernatürliche Wesen" (168,23). Im Kontext der pluriformen Lebenswelt bezeichnet
Religion dann die ‚Institution, welche aus kulturell geformter Interaktion mit kulturell
postulierten übermenschlichen Wesen besteht' (115,96). Liegt der Vorzug substantieller
Definitionen der Religion in der deutlichen Eingrenzung ihres Gegenstandsbereichs, so
erweist sich der materiale Religionsbegriff gleichwohl für eine „vollständige Definition
von Religion" als zu eng (195,178).

Um nicht nur die empirisch identifizierbaren Erscheinungsformen religiöser Praxis beschreiben, sondern vor allem auch die erst im Zuge theoretischer Analyse und Interpretation zutage tretenden Verflechtungen der Religion in die sozialkulturelle Lebenswelt sowie die Wandlungen der Religion im Rahmen gesellschaftlicher Fortschrittsprozesse erfassen zu können, bedienen sich unterschiedlich akzentuierte religionswissenschaftliche Konzeptionen daher der *„funktionale(n)* Definitionsmethode" (195,178f). Im Unterschied zu den substantiellen Religionsdefinitionen, in denen sozialkulturelle Phänomene aufgrund ihrer spezifischen Gestalt als religiöse identifiziert werden, gilt das Interesse der funktionalen Religionstheorien den originären Leistungen, die die Religion für Individuum, Gesellschaft und Kultur erbringt. Die Funktionen der Religion treten zum einen im Zusammenhang genuin religiöser Wirklichkeitskonstruktion explizit zutage, insbesondere in der teils handlungspraktischen, teils reflexionspraktischen Auseinandersetzung mit „existentielle(n) Grundsituationen des Menschen" (168,25) und „letztlich unlösbaren Problemen von existentieller Bedeutung", beispielsweise bei der Bearbeitung der „sog. Sinnproblematiken", der „Dialektik von Identität und Wandel" oder der „Dialektik von Ordnung und Chaos" (168,23f). Die Aufgabe funktionaler Religionstheorien geht aber nicht in der Analyse der spezifischen Funktionen auf, die die Religion für die Bewältigung von Kontingenz- und Transzendenzerfahrungen erbringt. Die Leistungsfähigkeit funktionaler Theorien der Religion kommt vielmehr zum anderen und vor allem in der Rekonstruktion „interessante(r) Querperspektiven" zwischen religiösen und „funktional äquivalenten Lösungsvarianten" (195,179) der zu bearbeitenden Lebensprobleme und damit in der Rekonstruktion der vielfältigen Verwebung impliziter religiöser Momente in die moderne Lebenskultur zum Tragen. Räumt die funktionale Definition der Religion der religionswissenschaftlichen Theoriebildung einen „viel größeren Spielraum" (168,23) ein, so steht sie umgekehrt „in der Gefahr, ihren Gegenstandsbereich zu weit zu fassen" (195,179).

Die zeitgenössischen Konzepte wissenschaftlicher *Religionstheorie* sind daher daran zu messen, inwieweit es ihnen gelingt, eine „universelle und gleichzeitig trennscharfe Religionsdefinition" (195,179) zu entwickeln, mit deren Hilfe „einerseits die geschichtlich begegnende Vielfalt und Positivität konkreter Religionen gekennzeichnet und andererseits die Differenz zu ausdrücklich nichtreligiösen Weltanschauungen oder zu funktionalen Äquivalenten von bestimmter Religion aufgewiesen werden kann" (148,117f). Diese Aufgabe kann nur ein „flexibles Instrument" erfüllen, „das einerseits so weit gefaßt ist, daß es nicht nur die historisch gewachsenen Religionen, sondern auch moderne immanentistische Religionsphänomene einbeziehen kann, andererseits aber auch der damit entstehenden Gefahr der Beliebigkeit und Unbestimmtheit zu entgehen vermag" (195,179).

3. Kerndimensionen und Grundstrukturen der Religionspraxis

1. Sowohl die auf einem substantiellen Religionsbegriff aufruhenden Konzeptionen der Religionswissenschaft als auch insbesondere die in der neuen Religionssoziologie dominierenden *,strukturell-funktionalen'* Theorieentwürfe (193) suchen das „Problem der Religionsdefinition" (193,100) zu lösen, indem sie die „Spannung zwischen einem funktionalistischen und einem substanziellen Religionsbegriff" (193,101) in einem mehrperspektivischen Konzept der Religionstheorie aufheben. Angesichts der Vieldimensionalität und „Multifunktionalität" (193,111) religiöser Praxis empfiehlt es sich, „anstelle einer Definition von Religion ein ganzes System von operationalen Definitionen von Reli-

gion" auszuarbeiten und die vielfältigen „sozialen Korrelate und Wirkungen der Religion" (124,168) in einen „begrifflichen Bezugsrahmen" (124,150) einzuzeichnen, der es
erlaubt, die mannigfaltigen Erscheinungsformen religiöser Praxis in ihrer jeweiligen Eigenart zu erfassen und gleichzeitig die komplexen Grundstrukturen der religiösen Lebenswelt offenzulegen.

Zur Ausarbeitung eines „kategorialen Bezugsrahmen(s)" (124,152) religionswissenschaftlicher Forschung und Theoriebildung bedienen sich die eher substantiell akzentuierten Konzepte der Religionstheorie der Distinktion und Relationierung verschiedener
‚Dimensionen der Religiosität‘ (124; 125). Tritt bei der Sortierung der pluriformen religiösen Phänomene sowie bei der Konturierung der jeweils charakteristisch ausgeformten
Dimensionen der Religion die morphologische Vielgestaltigkeit religiöser Lebenspraxis
zutage, so bildet sich in den vielfältigen wechselseitigen Überlagerungen und Verschränkungen der unterschiedlichen Dimensionen des religiösen Lebens die strukturale
Komplexität der religiösen Lebenswelt ab.

Als „Kerndimension" (124,151) der „individuellen Religiosität" (125,47) gilt die Dimension der ‚religiösen Erfahrung‘. Sie umfaßt die unterschiedlichen „Erlebnisformen"
(124,161), in denen „der religiöse Mensch … direkten Zugang zur letzten Wirklichkeit"
gewinnt oder eine „religiöse Gemütsbewegung" erfährt, „sie mag in Furcht oder Verzük-
kung bestehen, in Demut oder Glücksgefühl, in seelischem Frieden oder in leidenschaft-
licher Vereinigung mit dem Universum oder dem Göttlichen" (124,151). Die verschiedenartigen Varianten religiöser Erfahrung äußern sich in unterschiedlichen religiösen
Mitteilungsakten. Zu ihnen zählen ebenso die außeralltäglichen, „extremeren Formen
religiösen Ausdrucks", beispielsweise das Zungenreden, die Darstellung von Bekeh-
rungserlebnissen oder Berichte über „unmittelbare Begegnung(en) mit dem heiligen
Geist", wie die Äußerung eher alltäglicher, „subtilere(r) und weniger öffentlich hervor-
tretende(r) Erlebnisformen": „Zuversicht, Vertrauen und Gemeinschaftserlebnis"
(124,161).

Der individuell konturierten, mit subjektiven Erlebnisgehalten angereicherten religiösen
Erfahrung stehen die allgemeingesellschaftlich standardisierten oder kirchlich vorgeformten Gestalten religiöser Handlungs- und Reflexionspraxis gegenüber. Mit der ‚ritualistischen‘ Dimension „werden alle jene spezifischen religiösen Praktiken erfaßt"
(124,152), in denen sich der einzelne vorgeprägter „Muster religiöser Praxis" (124,160)
bedient; zu den konventionalisierten und institutionalisierten religiösen „Handlungsformen" gehören „jede Art von Gottesdienst, Gebet, Partizipation an besonderen sakra-
mentalen Handlungen, Gebräuche des Fastens und ähnliches" (124,152). In analoger
Weise bezeichnet die ‚ideologische‘ Dimension das „System von Glaubenssätzen"
(124,152), in dem die allgemeinverbindlichen „Doktrinen einer institutionalisierten Religion" (124,155) zusammengefaßt sind. Die Dimension der ‚religiösen Wirkungen‘
(consequential dimension) (124,164) schließlich umfaßt die „säkularen Effekte religiösen Glaubens" (124,152), das den allgemein approbierten „religiösen Imperativen" unterstellte „tägliche Verhalten" der Gläubigen (124,164f).

Eine gegenüber der individualisierten Religiosität wie gegenüber der konventionalisierten Religionspraxis eigenständige, gleichwohl mit beiden „Manifestationen der Religiosität" (124,153) eng verbundene und zwischen subjektiv und objektiv verfaßter Religion

vermittelnde Grundgestalt religiöser Lebenspraxis bildet die ‚*intellektuelle*' Dimension der Religion. Sie umschließt die verschiedenen Formen religiösen ‚Orientierungswissen(s)', die sich zu einer „bestimmte(n) Deutung des menschlichen Lebens in einem allgemeinen Sinne" (148,115f) verdichten. „Wichtige Elemente eines solchen Orientierungswissens sind Aussagen über das Gegebensein (Entstanden-Sein, Geworden-Sein) der natürlichen Welt und der Rolle des Menschen in ihr; ferner Aussagen darüber, wie eine Gesellschaft sich zum Gegebensein der natürlichen Welt und zu den Grundlagen ihrer sozialen Ordnung zu verhalten hat ...; und schließlich Aussagen über das Geschick der individuellen Person im Tode sowie über das Verhältnis der Lebenden zu den Toten"; als spezifisch religiös lassen sich die kognitiven Momente der Wirklichkeitskonstruktion dann ansehen, „wenn sich diese Bestimmungen wesentlicher Züge der Verfassung der Wirklichkeit zugleich auf Heiliges, d.h. unbedingt Wirkliches beziehen" (148,116). Das religiöse Orientierungswissen bildet sich im Wechselspiel zwischen subjektiven Lebensdeutungen und gesamtgesellschaftlich verankerten Weltanschauungen heraus. Seine ebenso „erfahrungskonstitutiv(e)" wie sinnstiftende Funktion kommt darin zur Geltung, daß die religiösen Konzeptionalisierungen der Lebenswirklichkeit „weder besondere Fälle noch bestimmte Gebiete möglicher Erfahrung" festlegen, sondern „diejenigen Bedingungen zur Sprache" bringen, „unter denen individuelle Personen ihr handelndes In-der-Welt-Sein verstehen. Die orientierende, d.h. gewißheitsstiftende Kraft dieses Wissens, nicht zuletzt im Blick auf die Deutung und Gestaltung unableitbar neuer und unvorhergesehener Situationen, hängt davon ab, daß diese Bedingungen möglicher Erfahrung beständig vergegenwärtigt" werden (148,118).

2. Vermittelt das vornehmlich an einem substantiellen Religionsbegriff orientierte kategoriale Schema voneinander unterschiedener und aufeinander bezogener „Hauptdimensionen" (124,155) der Religion zwischen der empirischen Vielfalt der religiösen Erscheinungsformen und den allgemeinen Grundstrukturen der religiösen Lebenswelt, so zeichnet die „strukturell-funktionale Religionsanalyse" (193,87) die unterschiedlichen Gestalten lebenspraktisch verwirklichter Religion in das „logische Grundgerüst" (193,104) der soziologischen *Systemtheorie* (193,86ff) ein und rekonstruiert in diesem Theorierahmen die vielfältig miteinander vernetzten Funktionen der Religion. In der Optik der vornehmlich von Talcott Parsons ausgearbeiteten und von Niklas Luhmann modifizierten sozialwissenschaftlichen Systemtheorie (198) wird die pluriform ausgestaltete gesellschaftliche Wirklichkeit insgesamt als eine ‚Organisation von Handlungselementen' aufgefaßt, ‚die auf den Fortbestand oder auf geordnete Wandlungsprozesse der interaktiven Muster von einer Vielzahl individuell Handelnder bezogen ist' (196,24). Das gesellschaftliche Gesamtsystem zerlegt sich in drei wechselseitig aufeinander einwirkende Subsysteme: in das personale, kulturelle und soziale System.

Begreift sich die strukturell-funktionale Theorie der Gesellschaft generell als „regulative Theorie zur Anleitung empirischer Forschung" (193,102), so lassen sich mit Hilfe des sozialwissenschaftlichen Konzepts insbesondere Struktur und Funktion der in die gesellschaftlichen Lebenskontexte verwobenen *Religion* „sowohl in mikro- als auch in makrosoziologischer Sicht" (193,92) rekonstruieren. Zu diesem Zweck müssen die „vielfältigen, freilich nur analytisch unterscheidbaren Ebenen des gesellschaftlichen Lebens gleichmäßig erfaßt werden, in denen Religion selbst als differenziertes Sozialphänomen vorkommt", und die „strukturellen Verschränkungs- und funktionalen Verflechtungszusammenhänge der Religion" in der wechselseitigen Beziehung zwischen den „personalen, interpersonalen und transpersonalen Dimensionen" der Lebenspraxis aufgedeckt werden (193,111). Im Zuge theoretischer Analyse treten dann die für jedes Teilsystem der Gesellschaft charakteristischen Grundfunktionen der Religion zutage. In Bezug auf das Persönlichkeitssystem stellt die Religion ein Sinnsystem bereit, „das sehr nachhaltig zur Identität des Individuums und zu seiner fortschreitenden Reife beiträgt"; in Bezug auf das Kultursystem „rechtfertigt und legitimiert" die Religion „den ganzen Norm-Werte-Bereich der Gesellschaft"; in Bezug auf das Sozialsystem schließlich interpretiert die Religion „die Widersprüche des Systems, entdramatisiert sie" und erneuert damit „das Vertrauen zu seinen Zielen, Mitteln, Normen und Werten" (176,80).

Im Interpretationshorizont der soziologischen Systemtheorie lassen sich aber nicht nur die allgemeinen Grundfunktionen der Religion für die Konstitution der Individualität, für die Integration der Gesellschaft und für die Vermittlung zwischen subjektiver Lebenspraxis und objektiver Lebenswelt beschreiben. Vielmehr treten im Zuge sozialwissenschaftlicher Analyse auch die präzisen Konturen der vielfältig diversifizierten „religiösen *Funktionsmomente* des Handelns und Erlebens" heraus. Im Rahmen der „personale(n) Dimension" (193,112) der Lebenswelt integriert die Religion die situativen Handlungsakte des Individuums durch „kognitive Bedeutungsinvestition, moralische Wertintegration und Durchordnung der inneren Affektlage" in die übergreifenden „Zusammenhänge der Gesellschaft" und stellt damit den „religiös-soziale(n) Bedeutungszusammenhang des Handelns" (193,115) her. Wird im „Vorgang kognitiver Bedeutungsinvestition" das „objektivierte Handlungswissen" in „subjektive Gewißheit und individuelle Überzeugung überführt" (193,113), so bildet sich im Zuge der „moralische(n) Wertintegration" (193,114) die „Lebensgesinnung" des einzelnen heraus, „eine bestimmte Weise, sich dem Leben gegenüber zu verhalten, auf Erfahrungen zu reagieren, sich in Aufgaben und Anforderungen einzuordnen" (113,55). Die „Durchordnung der inneren Affektlage" (193,114) schließlich zielt auf die Ausformung einer „biographische(n) Identität" (193,116) ab, in der „lebensrelevante Handlungsabfolgen" zu „biographischen Entwürfen synthetisiert" werden, die „als Daten unverwechselbarer Individualität gelten können" (193,117). Im Rahmen der „interpersonale(n) Dimension" besteht die Funktion der Religion in der Herstellung „sozialer Identität und Kommunikation" (193,118f) sowie in der umfassenden „religiöse(n) Konstruktion sozialer Wirklichkeit" (193,119f), im Rahmen der „transpersonale(n) Dimension" (193,120f) in der Artikulation und Bearbeitung der in die gesellschaftliche Lebensordnung eingelagerten Ambivalenzen, insbesondere der „Antinomie von Abhängigkeit und Freiheit" des Individuums (193,121).

3. Die unterschiedlich akzentuierten Konzeptionen wissenschaftlicher *Religionstheorie* gehen insgesamt davon aus, daß sich das „weite Feld" (274) der Religion nicht in einen allgemeingültigen Begriff fassen läßt, sondern daß die „Komplexität des religiösen Feldes" (274,215) nur in „mehrdimensional(en)" (193,111) Theoriekonstruktionen ausgelotet werden kann. Der „je eigene Beobachtungszugang" vermag die lebenspraktisch verwirklichte und lebensweltlich ausgeformte Religion zwar „immer nur in einer möglichen Perspektive" auszuleuchten, „und je nachdem, wie man das Kaleidoskop der konzeptuellen Zugänge kippt, erscheinen die Phänomene in anderer Beleuchtung und Konstellation" (274,235). Gleichwohl zerfällt die vielperspektivische Religionstheorie nicht in eine Vielzahl untereinander unvereinbarer Theoriekonzeptionen. Die „Komplementarität" (123) der „perspektivisch unterschiedliche(n) Zugriffe" auf die lebenspraktisch und lebensweltlich pluralisierte Religionspraxis wird vielmehr dadurch gewahrt, daß die

axiomatischen „Voraussetzungen und Implikationen" der Theoriekonstruktionen offengelegt und gleichzeitig „die jeweils andere(n) Perspektive(n) als Horizont präsent" gehalten werden (274,235).

Im Rahmen der vielperspektivischen Religionstheorie kommt der phänomenologisch akzentuierten *Praktischen Theologie* eine eigenständige und begrenzte Aufgabe zu. Sie besteht darin, die pluriformen Gestalten religiöser Praxis durch theoretische Interpretation aus sich selbst verständlich zu machen und die Architektur der religiösen Lebenswelt im Spiegel der ihr eigenen Strukturlogik abzubilden. Im folgenden werden die originären Konturen zeitgenössischer Religionspraxis zunächst im Horizont der privaten, sodann im Horizont der öffentlichen Lebenssphäre herausgearbeitet und schließlich die teils offen zutage liegenden, teils untergründigen Verschränkungen von privater und öffentlicher Religionspraxis dargestellt. Unter den Bedingungen der Moderne hat die religionstheoretisch fundierte Praktische Theologie ihre besondere Aufmerksamkeit der Individualisierung der Religionspraxis und der Privatisierung der Religionskultur zuzuwenden. Wie die „letzte Absicht aller Handlungen im Namen des Christentums" dem „einzelnen Menschen" in seiner „unverwechselbaren Einmaligkeit" gilt (1,73), so konzentriert sich der seit dem 18. Jahrhundert entwickelte „moderne Allgemeinbegriff der Religion" auf das „Verständnis der individuell gelebten Religion" (109,526). Die mehrperspektivische Rekonstruktion der gelebten Religion beginnt daher mit der Skizzierung des lebensweltlichen Horizonts, in dem die Religion „von den Individuen als Privatsache gelebt, praktiziert und konsumiert wird" (109,538).

111
Religiöse Praxis in der privaten Lebenssphäre

1. In der Moderne gilt Religion als ‚*Privatsache*', als eine persönliche Angelegenheit des einzelnen Menschen. Auf der Grundlage seiner religiösen Überzeugung verleiht der einzelne seinem Leben unverwechselbare Gestalt. Er eignet sich die für ihn verbindlichen religiösen Lebensmaximen auf eigenständige Weise an, versieht die ihm plausibel erscheinenden religiösen Vorstellungen und Lebensperspektiven mit individuellen Konturen und modelliert daraus seine originäre religiöse Weltsicht. Er trifft die Entscheidungen, die seinen Lebensentwurf kennzeichnen und von anderen Optionen religiöser Lebensführung charakteristisch unterscheiden, aus Motiven seiner im Gewissen verankerten religiösen Lebenshaltung. Und er gründet die ihn verpflichtende religiöse Wahrheit nicht auf die Zustimmung anderer, sondern auf seine persönliche, innere Gewißheit. Im Rahmen seiner alltagsweltlichen Lebenspraxis formt der einzelne schließlich einen originären religiösen Lebensstil aus, der ihn für ihn selbst und für andere als unverwechselbare und mit sich selbst übereinstimmende Individualität kenntlich macht. Die subjektiv verwirklichte Religion bildet die Basis für die biographische Entwicklung der religiös grundierten personalen Identität (> 311) und das Fundament der um die Individualität zentrierten, mit religiösen Sinninvestitionen angereicherten und mit der persönlichen Handschrift des Autors versehenen Konstruktion der Wirklichkeit. Die Religion ist das Ferment der individuellen Lebenspraxis und das Integral der privaten Lebenswelt.

Die religiöse *Instanz*, die den einzelnen Menschen als ebenso unvertauschbare wie ihrer selbst gewisse Individualität qualifiziert, wird dementsprechend mit Begriffen umschrieben, die die Autonomie des einzelnen herausstellen und die ihn zugleich in ein unmittelbares, selbstreferentielles Verhältnis zu sich selbst setzen. Religion wird als eine Gestimmtheit des Herzens aufgefaßt, als eine Regung des Gemüts, als Nukleus persönlicher Überzeugung, als innere Verfassung der Persönlichkeit, als ein das Leben begleitendes Gefühl. Selbst im Spiegel ihrer Kritik (> 113) offenbart die Religion ihre subjektive Charakteristik; wird die Religion – etwa im Rahmen der marxistischen Gesellschaftskritik – als ‚das Gemüt einer herzlosen Welt' bezeichnet, dann kann sie nur dort ihren natürlichen und legitimen Ort finden, wo das autonome Individuum dem Regime der gesellschaftlichen Öffentlichkeit selbstbewußt entgegentritt, sich im Medium der Religion selbst verwirklicht und die private Lebenssphäre mit dem Geist der Religion beseelt. Ist die Religion dem Menschen ans Herz gelegt, dann findet sie ihre reinste Ausdrucksgestalt in der persönlichen Frömmigkeit (> 211).

Auch die *sozialen* und *kulturellen* Ausdrucksformen der lebenspraktisch verwirklichten Religion tragen die Charakteristik des Individuellen. In Eigenregie schafft sich das fromme Individuum eine sozial fest gefügte und kulturell markant ausgeformte Privatwelt; sie ruht auf der rituellen Ordnung der individuellen Lebenszeit (> 233) und auf der symbolischen Chiffrierung des privaten Lebensraums (> 212-1:1.) auf. Indem der einzelne im Ablauf der privaten Alltagszeit seiner ‚inneren Uhr' folgt, der formlos zerrinnenden Zeit also einen von ihm selbst entwickelten und seiner Persönlichkeitscharakteri-

stik entsprechenden Zeitparameter unterlegt, gewinnt die Lebensdynamik ihre unver-
kennbare, die pluriformen Erlebnis- und Handlungsmomente durchgängig prägende Typik. Indem der einzelne die von ihm bewohnte Lebensregion mit symbolisch verschlüsselten Bedeutungen besetzt, deren Sinn nur er selbst zu erfassen vermag, öffnet er sich
selbst den Zugang zu seiner privaten Sinnwelt und versperrt ihn zugleich den anderen.

In den Grenzen seiner uneinsehbaren *Privatwelt* (> 212-1:1.) inszeniert das fromme Individuum sein Leben nach von ihm selbst entworfenen Regieregeln. In der Abgeschie-
denheit einsamer Stunden memoriert der einzelne die ‚heiligen Augenblicke‘, in denen
sich die Sinnhaftigkeit seines Lebens verdichtet, und verwebt die Schlüsselsituationen
seiner individuellen Lebensgeschichte zu einer originären, religiös imprägnierten Autobiographie (> 311). In dem extern abgeschlossenen und intern mit privatreligiöser Symbolik ausstaffierten Ambiente des privaten Zimmers führt das fromme Individuum
Selbstgespräche und schreibt Tagebuchnotizen; indem er in selbstreferentieller Attitüde
die Leitmotive seiner Lebensentwicklung aufdeckt und den Ertrag seines Lebens bilanziert, komponiert der einzelne seine Lebenspartitur. Die Religion bezeichnet somit die
Dimension menschlicher Lebenspraxis, die den einzelnen Menschen in charakteristischer
Weise von anderen Individuen unterscheidbar macht, und die Wirklichkeitsperspektive,
die die Privatwelt als eine gegenüber den Konventionen (> 233) und Institutionen (>
321) der öffentlichen Lebenssphäre abgeschirmte und von der Logik individueller
Selbstentfaltung und Selbstreflexion dirigierte Lebensregion konstituiert.

2. Die individuelle Konturierung der gelebten Religion und deren sozialkulturelle Verankerung in der privaten Lebenswelt stellt sich auf der einen Seite als eine Rückwirkung
des allgemeingesellschaftlichen *Individualisierungs-* und Privatisierungsprozesses (>
133) auf die neuzeitliche Entwicklung der Religion dar. Auf der Basis der von der Aufklärung inspirierten Idee individueller Autonomie formte sich die in der Privatsphäre
beheimatete bürgerliche Religionskultur und insbesondere der von der Romantik inszenierte religiöse Persönlichkeitskult aus. Indem sich das neuzeitliche Christentum die
subjektive Pointierung der Religion zu eigen machte, trug es aber auf der anderen Seite
umgekehrt zur religiösen Heiligung des modernen Individualitätsideals und zur Forcierung des religiös legitimierten Individualisierungsprozesses bei. So pluriform sich die
kulturellen und kommunikativen Formen gegenwärtiger christlicher Lebenspraxis auch
ausnehmen, „gemeinsam ist allen Richtungen und Konfessionen im Christentum, daß
der Zweck aller Vorstellungen, auf die sie sich beziehen, und aller Praxis, die dadurch
begründet wird, im Menschen in seiner unverwechselbaren Einmaligkeit gesehen wird"
(1,73).

Die untrennbare Verbindung von Religion und Subjektivität, von Frömmigkeit und Individualität bildet insbesondere das Grundprinzip des neuzeitlichen *Protestantismus*. Das
Herzstück der reformatorischen Theologie, die im Glauben angeeignete Gewißheit der
Rechtfertigung, setzt jeden einzelnen Menschen in ein eigenes und unvertauschbares
Verhältnis zu Gott. Während der Pietismus das auf die Individualisierung der Frömmigkeit abzielende reformatorische Prinzip des Laienpriestertums (> 340) praktisch ratifiziert, bringt die Aufklärung die individuelle Fundierung der Religion im Postulat der
Religions- und Gewissensfreiheit des auf sich selbst gestellten und gegenüber der gesellschaftlichen Allgemeinheit autonomen Bürgers zur Geltung. Nach protestantischem Verständnis verwirklicht sich die Religion demnach nicht in äußeren Formen, in rituellen

Konventionen, standardisierten Verhaltensnormen und von der Allgemeinheit approbierten Glaubenssätzen, sondern in der Selbstentfaltung der autonomen Persönlichkeit. Die typisch neuzeitliche und zugleich auf charakteristische Weise protestantische Auffassung von Religion stellt dementsprechend nicht die gesellschaftliche Integrationsfunktion (> 123), sondern die individualitätskonstitutive Funktion der Religion in den Vordergrund. Die gelebte Religion ruht nicht auf einem Konsens unter den Kirchenmitgliedern oder den Bürgern eines Gemeinwesens auf. Religion ist vielmehr – jedenfalls in ihrer ursprünglichen und reinen Gestalt – der innerste Kern einer Persönlichkeit, die Instanz, auf die sich der einzelne im Interesse seiner Selbstkonstitution beruft, und der letzte Vergewisserungsgrund, auf den die Lebenswirklichkeit zurückgeführt werden kann.

3. Die individuelle Signatur der lebenspraktisch verwirklichten Religion kommt in der sozial organisierten und beruflich ausgeübten Christentumspraxis signifikant zur Geltung. Das „private Christentum ist die Form, in der die christliche Religion überall zuerst und zumeist in Erscheinung tritt und in der sie vor allem zur eigentlichen Aufgabe kirchlichen Handelns wird. Der Pfarrer hat es immer mit einzelnen und bestimmten und unverwechselbaren Menschen und ihrer Religiosität zu tun. Im Blick auf diese Aufgabe des Pfarrers haben kirchliches und öffentliches Christentum eine vergleichsweise geringere Bedeutung" (1,74). Stellt das Subjekt der Religion das primäre „Ziel" kommunikativen religiösen Handelns dar, dann avanciert das religiöse Individuum auch zum zentralen „Thema der *Praktischen Theologie*" (1,73). Im Zusammenhang der christlichen Lebenspraxis wie im Kontext ihrer theoretischen Rekonstruktion kommt die unlösbare Verbindung von Religion und Subjektivität in zweifacher Weise zur Geltung: „Einmal sind Subjektivität und Religion so aufeinander bezogen, daß Religion geradezu als Ausdruck der Subjektivität erscheint. Es gibt ‚gelebte Religion' nur als Sache der Subjektivität. Sodann aber ist Religion wesentlich das Medium, in dem der Einzelne sein Verhalten zu Welt und Sozialität bestimmt" (1,74). Der Praktischen Theologie stellt sich damit die Aufgabe, die religiöse Lebenswelt aus ihrer individuellen Charakteristik zu erschließen (> 212). Das Subjekt der Religion markiert den archimedischen Punkt der praktisch-theologischen Theoriearchitektur und den integralen Fokus der vielfältig ausdifferenzierten praktisch-theologischen Reflexionskonstrukte. In exemplarischer Weise kommt die zentrale Stellung des Individuums in der modernen Religionskultur aber in der gegenwärtigen Renaissance der Religionspsychologie (> 112) und deren Rezeption in der praktisch-theologischen Theoriebildung zur Geltung.

112
Grundzüge der Religionspsychologie

1. Die individuelle Praxis der Religion ist das Thema der *Religionspsychologie,* einer lange Zeit „vernachlässigte(n) Disziplin", die erst in jüngster Zeit „deutschsprachige(r) Psychologie wiederentdeckt" wurde (135,13). „Unter Religionspsychologie versteht man die empirische Wissenschaft, die die religiösen Ausdrucksformen: Ansichten und Vorstellungen, Verhaltensweisen und Erlebnisse, beschreibt und mit den Mitteln der Psychologie zu erklären sucht" (138,1). Ist die religionspsychologische Forschung und Theoriebildung einerseits untrennbar mit den verschiedenen Disziplinen der Psychologie – zumal mit der Wahrnehmungs- und Kognitionspsychologie, der Persönlichkeitsforschung und der Entwicklungspsychologie – vernetzt (135,187), so unterscheidet sie sich andererseits von den übrigen psychologischen Fachgebieten durch ihren eigenständigen Untersuchungsgegenstand, die „Religiosität von Menschen in ihren kognitiven und affektiven Elementen" (139,7). Ist „Religiosität als individuelle religiöse Praxis" auch immer „auf die geschichtlich-konkrete Form gelebter Religion bezogen" (140,11), so gilt das Interesse der verschiedenen religionspsychologischen Forschungsrichtungen (135,245ff) – im Unterschied zur Religionssoziologie (> 122) – gleichwohl weniger den kulturellen Manifestationen der Religion und den gesellschaftlich verfaßten Formen religiösen Lebens. Der Gegenstand der Religionspsychologie ist vielmehr „der religiöse Mensch, die gelebte Religion des Einzelnen, die religiöse Subjektivität" (1,116); ihr dominantes Interesse richtet sich dementsprechend auf die Untersuchung der subjektiven Momente religiöser Wirklichkeitskonstruktion: „Der Psychologe erforscht die spezifische Weise, in der sich der Mensch zu demjenigen in Beziehung setzt, was er als das Absolute ansieht" (143,15).

Das *Forschungsgebiet* der zeitgenössischen Religionspsychologie stellt sich ebenso weiträumig wie komplex dar. Auf der einen Seite vollzieht die Religionspsychologie die auch in der neueren Religionssoziologie (> 122) zu beobachtende Erweiterung der Erkenntnisperspektive. Sie begrenzt ihren Wahrnehmungshorizont nicht auf „diejenigen psychischen Phänomene, die als psychische Reaktionen von Menschen auf institutionalisierte Religionssysteme im Sinne ‚objektiver Kulturtatsachen' beschreibbar sind" (139,7), zumal auf die vom konventionellen Kirchenchristentum geprägten Frömmigkeitsgestalten, sondern wendet ihr Interesse insbesondere den von der ‚flottierende(n) Religion' (138,5) beeinflußten Formen individueller „Spiritualität" zu (135,96ff). Auf der anderen Seite sucht die religionspsychologische Theoriebildung den Anschluß an verwandte Wissenschaftsgebiete. Sie bedient sich in ihren Forschungsprojekten Einsichten und Methoden der Ethnologie, der empirischen Kulturwissenschaften und der verschiedenen Teilgebiete der Religionswissenschaft und stellt die Korrelation von „soziale(r) und psychische(r) Struktur und Konstitution der religiösen Erfahrung" (141,261f) heraus. Im Rahmen eines weitgespannten Erkenntnishorizonts deckt die „interdisziplinär fundierte Religionspsychologie" (135,188ff) „die an der Ausbildung und Modifikation religiöser Vorstellungs- und Gedankenwelten beteiligten psychischen Funktionen" auf (138,6), formuliert „verläßliche Aussagen über die umfassende religiöse Entwicklung von Individuen" (138,7) und untersucht in der Verschränkung von individualpsychologischer und sozialpsychologischer Betrachtungsweise das Verhalten und die Vorstellungswelten religiöser Gruppen. Indem die Religionspsychologie das charakteristische Profil von religiösen „Teil- oder Subkulturen" sowie von „religiöse(n) Milieus" herausarbeitet, „in denen sich die historischen Religionen manifestieren" (141,262), leistet sie einen unverzichtbaren Beitrag zur Ausarbeitung einer phänomenologisch perspektivierten Theorie der zeitgenössischen Religionskultur.

2. Datiert die *Genese* der wissenschaftlichen Religionspsychologie auch erst im 19. Jahrhundert, so finden sich vorwissenschaftliche Formen religionspsychologischer Reflexion schon „in allen Hochkulturen der Antike"; ihre Grundgestalt bildet die „Beschreibung religiöser Vorgänge, die ein Mensch an sich selbst beobachtet" (116,148). Die wissenschaftliche Religionspsychologie entstand, indem die „Selbstbeobachtung des Menschen" (116,149) in die „Fremdbeobachtung" (116,153) überführt und die unmittelbare Selbstwahrnehmung durch exakte empirische Forschung ersetzt wurde. Dazu leisteten die „drei Pioniere" der modernen Religionspsychologie unterschiedliche Beiträge: G. Stanley Hall registrierte im Rahmen von umfangreichen Befragungen die Umstände und Inhalte des „typischen Bekehrungsvorgang(s)"; Edwin Starbuck untersuchte die Wechselwirkungen zwischen physiologischen Prozessen und religiösen Erlebnissen; James Leuba nutzte ethnographische Berichte als Beobachtungsmaterial für seine religionspsychologischen Studien (116,152f).

Die konsequente Konzentration auf das Subjekt der religiösen Lebenspraxis kennzeichnet das Standardwerk von William *James*, des ‚Klassiker(s)' der modernen Religionspsychologie (147,481): „Die religiöse Erfahrung, die wir studieren, ist diejenige, die selber in der Brust des einzelnen auch privat lebt" (146,318), die Religionspraxis „des rein innerlichen Lebens" (146,321). Wird die persönliche Lebenspraxis auch erst durch ihre Beziehung zu Objekten, die als religiös gelten, als spezifisch religiös identifizierbar, so ist die religiöse Signatur der Objektwelt doch nur für das fühlende und erlebende Subjekt selbst faßbar (146,378). Die Religion bleibt freilich nicht auf ihre primäre Sphäre, das „Gefühl" begrenzt, sondern manifestiert sich in vielfältigen Formen kognitiver Wirklichkeitskonstruktion; „sie produziert Vorstellungssysteme, Dogmen, Mythen" (116,153). Ihren spezifischen Untersuchungsgegenstand findet die vom philosophischen Pragmatismus geprägte religionspsychologische Konzeption in herausragenden Erfahrungen und Handlungen der religiösen Personlichkeit. Den exzeptionellen Erlebnisakt, an dem sich die psychischen Bedingungen und Konsequenzen der Religion verifizieren lassen, bildet der Prozeß der Bekehrung. In ihm verschmelzen die drei elementaren Dimensionen individueller Lebenspraxis ineinander: das religiöse Gefühl, das religiös motivierte lebenspraktische Verhalten sowie die reflexive Selbsterfassung des religiösen Subjekts (146,448.457). Als „religiöse(r) Grundvorgang" zielt die Bekehrung „auf eine Veränderung des Menschen hin" (116,154); sie setzt das „bewußte Ich" in Zusammenhang „mit einem umfassenden Selbst, durch das ihm Befreiung und Erlösung zuteil wird" (146,397).

Soll die psychologische Analyse religiöser Erfahrung nicht auf die „Exploration der Religiosität bedeutsamer Personen" begrenzt bleiben, sondern zur Ausformulierung „überindividuell gültiger psychologischer Gesetzmäßigkeiten subjektiven religiösen Verhaltens" führen (139,7), dann bedarf es einer Veralltäglichung des religiösen Erlebnisaktes und in deren Folge sowohl einer Erweiterung der religionspsychologischen Beobach tungsperspektive als auch einer *Verallgemeinerung* der religionspsychologischen Erkenntnisse. Sie wird zum einen durch die Verankerung „außeralltägliche(r) religiöse(r) Erlebnisse" (141) in der alltagsweltlichen Frömmigkeitspraxis und zum anderen durch die Einbettung der Religionspraxis in die vieldimensionale Lebenskultur erreicht. In der empirisch-experimentellen Religionspsychologie von Werner Gruehn wird der „das Ich bewegende religiöse Gedanke" generell zum „Kern aller lebendigen Frömmigkeit" (142,37) erklärt, die individualitätskonstitutive Funktion des religiösen Erlebnisaktes also zum Spezifikum von Religion überhaupt erhoben. In der dynamischen Religionspsychologie von Antoine Vergote wird darüber hinaus der Zusammenhang der Religionspraxis mit der allgemeinen gesellschaftlichen Lebenspraxis herausgestellt und die subjektive Religiosität als „die religiöse Antwort des Menschen in seiner natürlichen und kulturellen Welt" (143,32) begriffen. Die „Religionspsychologie belegt mit ihren theoretischen und empirischen Beschreibungen von Eigenarten religiöser Erfahrung, daß diese (wie anderes menschliches Verhalten) zwar in ihren Phänomenen unendlich mannigfaltig, gleichwohl nicht gänzlich strukturlos ist, sondern sich im Rahmen psychischer Dispositionen konstituiert" (139,14).

In der Analyse von Genese und Entwicklung subjektiver Religiosität verbinden sich lebenspraktisches und wissenschaftliches Interesse aufs engste miteinander. Ob sich die Religionspsychologie mehr an den herausragenden religiösen Individualitäten und ihren potenzierten Erfahrungen oder mehr an den allgemeingültigen Formen individueller Religionspraxis orientiert, die *Funktion* der Religion besteht in der Steigerung des Lebens (146,463ff), in der Ausformung einer „persönliche(n) religiöse(n) Einstellung" (143,262), die „auf einer inneren Freiheit" gründet und „die ganze Persönlichkeit durch ihre Beziehung zu Gott neu strukturiert" (143,322). Indem die psychologische Theorie die Grundstrukturen religiöser Lebensprozesse aufdeckt, fördert sie zugleich die Einsicht in die Logik der Persönlichkeitsentwicklung und trägt damit zum lebensgeschichtlichen Fortschritt der religiösen Individualität, zur Konstitution der in sich gereiften und mit sich selbst identischen Persönlichkeit bei (143,386). Wie sich die Autonomie des Menschen in dem auf Selbstreferentialität angelegten religiösen Erkenntnisakt herausbildet, so stellt die religiöse Erfahrung die Voraussetzung dafür dar, im Fortschritt der subjektiven Lebensgeschichte (> 312) an sich selbst als religiös grundierter personaler Identität (> 311) festhalten und die sinnhafte Einheit subjektiver Lebenserfahrung und Lebensgestaltung angesichts der Vielfalt der Lebensverhältnisse bewähren zu können.

3. Stellt die Religionspsychologie auch eine „weitgehend theologieunabhängige, sich methodologisch bewußt auf empirische Wirkforschung beschränkende Wissenschaft" dar, so tritt sie gleichwohl in ihrer Funktion als „anthropologische Außenbeschreibung von Religion" in einen „kritisch-konstruktiven Dialog mit der *Theologie"* (139,14). Zumal die Praktische Theologie teilt mit der Religionspsychologie die Einsicht, „daß der christliche Glaube, in dem die religiösen Überzeugungen des Christentums ihre individuelle Gestalt gewinnen, seinen Anspruch, lebensnotwendig oder doch lebenswichtig zu sein, gerade auf die Erfahrung des Lebens gründet, die allen Menschen gemeinsam ist" (1,117). Die Religionspsychologie vermittelt nicht nur spezielle „Einsicht(en) in empirische Wirkzusammenhänge von religiöser Praxis von Individuen und Gruppen in allen kirchlichen Handlungsfeldern" (139,15), sondern leistet darüber hinaus einen unverzichtbaren Beitrag zur methodologischen Grundlegung der Praktischen Theologie als

einer „empirischen, insbesondere lebensgeschichtlich orientierten Hermeneutik" der religiösen Lebenswelt (139,14). In dieser Hinsicht bedienen sich insbesondere Frömmigkeitsforschung (> 211) und Biographieforschung (> 312), zwei in der zeitgenössischen Praktischen Theologie mit besonderer Intensität betriebene Forschungszweige, religionspsychologischer Erkenntnisse und Methoden. Einsichten der modernen Religionspsychologie gehen aber ebenso in die speziellen Handlungstheorien der Praktischen Theologie ein (137,368ff), insbesondere in die neuere Liturgik (139,15), Religionspädagogik (144) und Poimenik (157).

Die „*pädagogische* Religionspsychologie" (145) untersucht auf der Basis unterschiedlicher „entwicklungspsychologische(r) Theorieansätze" die Wechselwirkungen zwischen „psychische(r) Entwicklung und menschliche(r) Religiosität" (145,68). Das der behavioristisch orientierten Verhaltenspsychologie zuzurechnende „lerntheoretische Modell" begrenzt die Analyse religiöser Persönlichkeitsentwicklung auf die empirisch beobachtbaren Phänomene der „Verhaltensänderung" und „Einstellungsänderung des Individuums" sowie auf die entsprechenden „‚Auslöser' spezifisch religiösen Verhaltens" und sucht in zugleich theoretischem wie praktischem Interesse, „religiöse Entwicklung nicht nur beschreibend nachzuverfolgen, sondern ihre Steuerung zu initiieren" (145,69). Im „rollenpsychologische(n) Modell" wird der „sozialpsychologisch beschreibbare Vorgang des Rollenerwerbs zum Paradigma relevanter psychischer Prozesse gewählt" (145,72f) und mit der aus der Wahrnehmungspsychologie entliehenen Kategorie des ‚Referenzrahmens' (141,177ff) kombiniert; die Aneignung einer religiösen Rolle wird als „derjenige innere Vorgang" begriffen, „bei dem das Wahrnehmungsmuster einer religiösen Tradition als persönlich verbindlich erfahren wird und in dem das Subjekt sich in eine duale Rollenbeziehung mit Gott ergibt" (145,73). Das „psychoanalytische Entwicklungskonzept" (145,70) faßt Lebenslauf und Lebensgeschichte als „epigenetischen Zyklus von psychosozialen Krisen" auf, in dem die „Religion nicht als separate Entwicklungslinie" in Erscheinung tritt, sondern ein organisches „Element der Reifungsvorgänge im Kontext des jeweiligen lebensgeschichtlichen Konfliktthemas" bildet (145,71). Das „Modell der kognitiven Psychologie" schließlich basiert auf der „Grundannahme, daß die menschliche Denkentwicklung als ein vom Individuum aktiv gesteuerter interaktiver Lernprozeß aufzufassen ist, welcher sich über eine Folge von unumkehrbaren Stadien zur vollen kognitiven Kompetenz des Erwachsenen entfaltet" (145,75), und beschreibt den Wandel des ‚Lebensglaubens' als integralen „Teil eines genetischen Prozesses" (145,76).

Die unterschiedlichen Richtungen der Entwicklungs-, Wahrnehmungs- und Kognitionspsychologie entliehenen und im Rahmen einer „religionspädagogischen Theorie des Verstehens" (145,85) weiterentwickelten Modelle religiöser Persönlichkeitsentwicklung (> 311) fanden Eingang in ganz verschiedenartige *Theoriegebiete* der Praktischen Theologie, insbesondere in die Theorie der kirchlichen Erwachsenenbildung (> 223) und des ‚Gemeindeaufbaus' (> 212-3:3.6.). Ebenso bildet die Pastoralpsychologie (159) eine über die Grenzen der Seelsorgelehre hinausreichende „Grunddimension Praktischer Theologie" im ganzen (160); sie wird „in zunehmendem Maße als eine psychologische Hermeneutik der gesamten kirchlichen Berufsarbeit von Theologen und Laien verstanden" (158,1072).

Während die zeitgenössische, zumal die phänomenologisch orientierte Praktische Theologie Einsichten und Methoden der Religionspsychologie auf geradezu selbstverständliohe Weise in ihre Theoriearbeit einbezieht, führt die tiefenpsychologisch grundierte *Seelsorgelehre* (> 213) den traditionellerweise spannungsgeladenen „Dialog zwischen Theologie und Psychoanalyse" (161; 162) in Form einer Diskussion ihrer theorieleitenden Prinzipien fort. Angesichts der zunehmenden Verflechtung von säkularer Beratungskultur und religiös qualifizierter Seelsorge erscheint die Anlehnung der poimenischen Verfahrensweisen an psychologische Therapietechniken nach wie vor als legitimationsbedürftig. Die Charakteristik der einerseits mit der Psychotherapie verbundenen, andererseits in den religiösen Institutionen der Kirche und des Pfarrerberufs verankerten Seelsorge läßt sich durch die Unterscheidung und Beziehung von allgemein psychologischer und spezifisch theologischer Begründung der Seelsorgepraxis herausarbeiten. Ist die „Seelsorge im Rahmen ihres generellen Propriums rein vom Erscheinungsbild her als Psychotherapieverfahren" zu kennzeichnen, so gewinnt sie durch das „spezifische Proprium" ihres „kirchlichen Kontext(es)" (164,29) ihre unverwechselbare Statur; in ihrer modernen, von der Psychologie geprägten Version ist Seelsorge als „Mitteilung des Evangeliums im Medium der Beziehung zwischen Ratsuchendem und Berater" (164,44) zu begreifen. Um das Verhältnis von generellem und speziellem Proprium kirchlicher Seelsorge zu bestimmen, greift die Seelsorgetheorie auf traditionelle theologische Denkfiguren zurück; beide verhalten sich zueinander wie „Gesetz und Evangelium" oder wie „Schöpfung und Erlösung" (164,34). „Das spezifische Proprium relativiert ... das generelle; es ‚transzendiert' dieses und stellt es auf den Kopf" (164,46).

Die für die poimenischen Konzepte aus dem Umkreis der Seelsorgebewegung charakteristische *Diskussionslage* resultiert aus der Art und Weise, in der psychologische und theologische Erkenntnisperspektiven miteinander verschränkt werden. Die psychoanalytisch fundierte Poimenik knüpft weniger an die Theorietradition der klassischen Religionspsychologie als vielmehr an das von Freud entwickelte Verfahren psychotherapeutischer Praxis an und leitet daraus die handlungspragmatischen Maximen der ‚Therapeutischen Seelsorge' (165) ab. Während die psychologisch fundierte Seelsorgetheorie Freuds „speziell religionskritische Schriften der Spätzeit" mit einem zeitbedingten „Weltanschauungsverdacht" behaftet sieht, entdeckt sie in „den Wegen, die er in seiner Therapie fand", das „Herzstück seiner gesamten Psychoanalyse" (155,100). In den Entwürfen der Seelsorgelehre, die sich den Grundsätzen der psychoanalytischen Therapie verpflichtet fühlen, finden dementsprechend Freuds Beiträge zur religionspsychologischen Theoriebildung vergleichsweise geringe Beachtung.

Sigmund *Freud* (> 132) entwickelte sein psychologisches Verständnis der Religion wie deren kritische Bewertung im Rahmen seines psychoanalytischen Theoriekonzepts (108,260ff). Er geht davon aus, daß sich ein eigenes, spezifisch religiös qualifiziertes ‚Gefühl' mit den Mitteln der Psychologie nicht nachweisen läßt. Den Gegenstand der psychoanalytischen Deutung und Kritik der Religion bildet dementsprechend nicht ein spekulativ vorausgesetztes psychisches Grundvermögen des Menschen, sondern die empirisch vorfindliche, aus rituellen Praktiken und symbolischen Vorstellungen zusammengesetzte religiöse Erscheinungswelt. Die Phänomene der religiösen Praxis sind als Reaktionsbildungen zu begreifen, als symptomatische Ausdrucksformen von Lebensmomenten, die dem Unbewußten entstammen; „die Botschaften der Religionen und die Botschaften der Seele sind letztlich vergleichbare Gestaltungen des Unbewußten" (116,164). Führt Freud die konstitutiven Prinzipien der Religion auf die allgemeingültigen Gesetzmäßigkeiten des psychologisch zu erschließenden Seelenlebens zurück, auf die dynamische Beziehung zwischen Trieb und Vorstellung, so findet er die spezifisch religiösen Gehalte individueller und gemeinschaftlicher Lebenspraxis in den historisch entstandenen positiven Religionen. Als „Teil der Kultur" verdankt sich die Religion „einer kollektiven traumatischen Erfahrung"; „sie wirkt im Kollektiv weiter, ihre Entwicklungsformen sind in Analogie zum individuellen psychischen Entwicklungsgang zu sehen" (116,159).

In seinen detaillierten Deutungen, vor allem der jüdischen, aber über sie auch der christlichen Religion (156) stellt Freud den *Nutzen* religiöser Symptombildungen für die Gestaltung der individuellen und kollektiven Lebenskultur allerdings kritisch in Frage. Da die religiöse Konstruktion der Wirklichkeit einseitig dem Diktat des Lustprinzips folgt, mißlingt der Ausgleich zwischen Realitäts- und Lustprinzip. „Religion schafft eine illusionäre Vermittlung zwischen den widerstrebenden Regungen von Triebnatur und kulturellen Anforderungen. Damit stellt sie eine typisch neurotische Wirklichkeitsverzeichnung dar; der Realität ist sie nicht angemessen" (116,159). Die psychologische Kritik entlarvt die Religion als eine fortschrittsfeindliche Kraft. „Der ideale Zustand wäre natürlich eine Gemeinschaft von Menschen, die ihr Triebleben der Diktatur der Vernunft unterworfen haben" (153,24).

Schließt die religionspsychologische Theoriebildung „grundsätzlich ein religionskritisches Moment ein" (163,3), so sind insbesondere Freuds psychologische Analysen der jüdisch-christlichen Religion nur auf dem Hintergrund der *Religionskritik* zu verstehen, die seit der Aufklärung zum unveräußerlichen Bestand der Religionstheorie gehört und deren kritisch gegen die Religion gerichtete Argumente zur Zeit Freuds bereits ausgearbeitet waren. Freud greift in seiner kulturkritisch akzentuierten Religionstheorie nicht nur die Argumentationsfiguren der religionskritischen Theorietradition auf, er entlehnt ihr vielmehr auch die funktionalistische Betrachtungsweise der Religion und stützt sich schließlich bei der detaillierten Ausarbeitung seiner zugleich religionspsychologischen wie religionshistorischen Studien auf die von der zeitgenössischen Religionsethnologie (121) vorgelegten Materialien. Die in dem Rahmen des psychoanalytischen Kategoriensystems eingezeichneten und dann im Zusammenhang der Tiefenpsychologie kritisch pointierten Aussagen über die Religion stellen Neuformulierungen von zwei klassischen religionskritischen Thesen dar, der Projektionsthese und der Kompensationsthese.

113
Religion als Projektion und Kompensation

1. Die Projektionsthese und die Kompensationsthese gehören zum Grundbestand der neuzeitlichen *Religionskritik*. Sie bilden die beiden Kehrseiten eines in sich schlüssigen argumentativen Konzepts. Ihre gemeinsame Prämisse besteht in der Annahme, die religiösen Vorstellungen und Praktiken seien als Produktionen des menschlichen Geistes, als Projektionen der menschlichen Phantasie anzusehen und nur so hinsichtlich ihrer Genese, ihrer Entwicklung und ihrer Funktion zutreffend zu verstehen. Die Projektionsthese sieht in der religiösen Symbolwelt, zumal in den anthropomorphen Gottesbildern, eine direkte Widerspiegelung der menschlichen Lebenswelt; die Menschen stellen sich in ihren Göttern ihr eigenes, menschliches Wesen in potenzierter Gestalt vor. Im Rahmen der Kompensationsthese dagegen erscheint die Religion als eine negative Reproduktion der menschlichen Lebenspraxis, als fiktives Gegenbild der von Mangelerscheinungen und Widersprüchen gekennzeichneten menschlichen Existenz; die Menschen schreiben den Göttern zu, was ihnen selbst fehlt.

Die Projektionsthese wurde von Ludwig *Feuerbach* breit entfaltet, religionsphilosophisch begründet und an den dogmatischen Gehalten wie an den grundlegenden Praktiken der christlichen Religion verifiziert. In seinem religionskritischen Hauptwerk, dem ‚Wesen des Christentums‘ (166), bezeichnet Feuerbach die Gottesvorstellungen als Projektionen des menschlichen Selbstbewußtseins. Indem der Mensch sich seiner selbst bewußt wird und damit in ein eigenes Verhältnis zu seinem „Wesen" tritt, legt er den Grundstein für den Aufbau der religiösen Welt; das für die menschliche Existenz konstitutive Selbstbewußtsein ist aber „nicht nur der Grund, sondern auch der Gegenstand der Religion" (166,38). In der Religion setzt und findet der Mensch sich selbst als sein Gegenüber: „Was dem Menschen Gott ist, das ist sein Geist, seine Seele, und was des Menschen Geist, seine Seele, sein Herz, das ist sein Gott: Gott ist das offenbare Innere, das ausgesprochne Selbst des Menschen; die Religion die feierliche Enthüllung der verborgnen Schätze des Menschen, das Eingeständnis seiner innersten Gedanken, das öffentliche Bekenntnis seiner Liebesgeheimnisse" (166,53).

Entstand die Religion als „das erste und zwar indirekte Selbstbewußtsein des Menschen" (166,53) in der Kindheitsphase der *Menschheitsgeschichte*, so erscheint dem Menschen der religiöse Kosmos in einem späten Stadium der gesellschaftlichen Entwicklung nicht mehr als unmittelbarer Ausdruck seines eigenen Selbstbewußtseins, sondern als eine ihm gegenüberstehende Sphäre der Wirklichkeit, als eine eigenständige, objektivierte und damit von seiner Lebenswelt unterschiedene zweite Welt. „Die Religion, wenigstens die christliche, ist das Verhalten des Menschen zu sich selbst, oder richtiger: zu seinem Wesen, aber das Verhalten zu seinem Wesen als zu einem andern Wesen. Das göttliche Wesen ist nichts andres als ... das Wesen des Menschen, ... vergegenständlicht, d.h. angeschaut und verehrt als ein andres, von ihm unterschiednes, eignes Wesen" (166,54). Gerade die Verselbständigung der Religion gegenüber dem Menschen macht die Aufklärung des Menschen über die von ihm geschaffene Religion und damit über sich selbst notwendig. Die Kritik der Religion ist somit als ein in der religionsgeschichtlichen Entwicklung selbst angelegter und für das Selbstbewußtsein des modernen Menschen konstitutiver Reflexionsprozeß anzusehen.

2. Die Intention der Religionskritik geht nicht in der Rückführung religiöser Vorstellungen und Praktiken auf die Selbsttätigkeit des Menschen auf. Projektionsthese und Kompensationsthese sind Ausdrucksformen einer religionstheoretischen Position, die die Religion von ihrer *Funktion* aus erschließt und sie deshalb auch hinsichtlich ihrer Funktion für die praktische Lebensführung und Weltgestaltung beurteilt. Dem theoretischen Interesse an einer umfassenden Aufklärung des Menschen über sich selbst tritt daher das gegen die Praxis der Religion gewendete kritische Interesse zur Seite. Im Rahmen der neuzeitlichen Religionskritik wird die theoretische Einsicht in die Entstehung und die Wirkungsweise von Religion als Instrument eines Aufklärungsprozesses genutzt, in dessen Konsequenz die Praxis der Religion kritisch destruiert wird.

Schon Georg Wilhelm Friedrich *Hegel* hatte darauf aufmerksam gemacht, daß die Kritik der Religion nicht mit dem Nachweis ihrer kompensatorischen Funktion beendet ist. Vielmehr bedarf gerade die von der Religion erbrachte Leistung der Kompensation selbst wieder der Kritik. Sucht man die Funktion der Religion für die gesellschaftliche Wirklichkeit aufzudecken, dann muß es „verdächtig scheinen, daß die Religion vornehmlich auch für die Zeiten öffentlichen Elends, der Zerrüttung und Unterdrückung empfohlen und gesucht und an sie für Trost gegen das Unrecht und für Hoffnung zum Ersatz des Verlustes gewiesen wird" (208,416). Die praktische Instrumentalisierung ihrer kompensatorischen Funktion deckt den prekären Charakter der Religion im Zusammenhang der gesellschaftlichen Praxis auf und entlarvt die Religion als Mittel zur Stabilisierung inhumaner gesellschaftlicher Verhältnisse.

Die gesellschaftliche Funktion religiöser Kompensation stellt Karl *Marx* ins Zentrum seiner Religionskritik. Marx sieht in den religiösen Projektionen nicht nur eine weithin unbegriffene und daher durch Aufklärung zu verstehende Äußerung des menschlichen Bewußtseins. Er begreift die Religion vielmehr als den direkten wie indirekten Ausdruck der realen gesellschaftlichen Verhältnisse seiner Zeit. Auf dem Hintergrund der Projektionsthese und der Kompensationsthese zeigt das Christentum sein Janusgesicht: „Das religiöse Elend ist in einem der Ausdruck des wirklichen Elendes und in einem die Protestation gegen das wirkliche Elend. Die Religion ist der Seufzer der bedrängten Kreatur, das Gemüt einer herzlosen Welt, wie sie der Geist geistloser Zustände ist" (167,378). Deshalb ergibt sich die Forderung nach einer „Aufhebung der Religion als des illusorischen Glücks des Volkes" aus der „Forderung seines wirklichen Glücks. Die Forderung, die Illusion über seinen Zustand aufzugeben, ist die Forderung, einen Zustand aufzugeben, der der Illusion bedarf. Die Kritik der Religion ist also im Keim die Kritik des Jammertales, dessen Heiligenschein die Religion ist" (167,379). Nicht der religiöse Mensch also ist als Urheber der Religion anzusehen: „Der Mensch, das ist die Welt des Menschen, Staat, Sozietät. Dieser Staat, diese Sozietät produzieren die Religion, ein verkehrtes Weltbewußtsein, weil sie eine verkehrte Welt sind" (167,378). Gerade deshalb aber kann die Kritik der Religion nicht bei sich selbst stehenbleiben: „Die Kritik des Himmels verwandelt sich damit in die Kritik der Erde, die Kritik der Religion in die Kritik des Rechts, die Kritik der Theologie in die Kritik der Politik" (167,379).

3. Auch *Freud* (134) bedient sich in seiner psychologisch fundierten Religionstheorie beider Seiten des religionskritischen Thesenensembles. Den Vorgang der Projektion faßt Freud als einen nicht nur für die Produktion religiöser Vorstellungen, sondern als einen für die Konstruktion der Wirklichkeit insgesamt konstitutiven psychischen Prozeß auf: „Die Projektion innerer Wahrnehmungen nach außen ist ein primitiver Mechanismus, dem z.B. auch unsere Sinneswahrnehmungen unterliegen, der also an der Gestaltung unserer Außenwelt normalerweise den größten Anteil hat" (149,354f). Das durch Projektion gewonnene „Bild der Außenwelt" ist im Zuge psychologischer Kritik „in Psychologie zurück(zu)übersetzen" (149,354f). Aufgrund einer kritischen Rekonstruktion ihrer Gehalte vermag die Psychologie dann die Entstehung und die Funktionsweise der Religion zu erklären. Freud kommt zu dem Ergebnis, „daß ein großes Stück der mythologischen Weltauffassung, die weit bis in die modernsten Religionen hinein reicht, nichts anderes ist als die in die Außenwelt projizierte Psychologie" (152,287). In ähnlicher Weise betrachtet Carl Gustav Jung die „Figuren des Mythos" als „Projektionen von Archetypen in die Außenwelt" (116,163).

Auf der Grundlage der psychologisch verifizierten Projektionsthese läßt sich schließlich die *Kompensationsleistung* der Religion differenzierter erfassen. Die religiösen Vorstellungen stellen sich einmal als Reaktion des Menschen auf die ‚Schädigung' dar, die ihm die ‚unbezwungene Natur' zufügt, sodann als Reaktion auf die ‚Entbehrung', die ihm die Kultur als ein System von moralischen Vorschriften und sozialen Konventionen auferlegt, schließlich als Reaktion auf die auch im Zeitalter der Wissenschaft nicht zu beantwortenden Schicksalsfragen des Menschen, zumal auf die elementare Erfahrung seiner Endlichkeit. Freud stellt fest, daß die Religion ihre kompensatorische Funktion weder durch die Umformung der Natur zur Kultur noch durch die Transformation der mythologischen Weltdeutung in die wissenschaftliche Erschließung von Wirklichkeit eingebüßt hat: „Die Götter behalten ihre dreifache Aufgabe, die Schrecken der Natur zu bannen, mit der Grausamkeit des Schicksals, besonders wie es sich im Tode zeigt, zu versöhnen und für die Leiden und Entbehrungen zu entschädigen, die dem Menschen durch das kulturelle Zusammenleben auferlegt werden" (150,152).

121
Religiöse Praxis in der öffentlichen Lebenssphäre

1. In der modernen Lebenswelt tritt die Religion nicht nur in ihrer privaten Gestalt (> 111) in Erscheinung. Die Religion stellt vielmehr ebenso eine elementare Komponente der *öffentlichen* Lebenssphäre dar; „sie hat ihren Ort und ihre Funktion im Zusammenhang des kulturellen und gesellschaftlichen Lebens im ganzen" (113,10) und gehört damit zum „unverzichtbaren Grundbestand der Gesellschaft" (113,14). Wie in der bürgerlichen Privatreligion, so kommt auch in der modernen Öffentlichkeitsreligion die wechselseitige Verschränkung von Religion und Gesellschaft signifikant zur Geltung. Verdankt sich die Entfaltung der privaten Lebenskultur und der in sie eingelagerten Persönlichkeitsreligion der Verwebung von allgemeingesellschaftlichen und spezifisch religiösen Faktoren des Individualisierungsprozesses (> 133), so ruht die Statur der von vielfältigen Differenzierungs-, Pluralisierungs- und Segmentierungstendenzen gekennzeichneten gesellschaftlichen Lebensordnung auf deren durchgängiger religiöser Imprägnierung auf. Fungiert die Religion in der privaten Lebenssphäre als Konstituens der gegenüber der Gesellschaft autonomen Individualität, so kommt ihr im Rahmen des öffentlichen Lebens die Funktion eines sozialkulturellen Integrals (> 123) zu, das den zentrifugalen Kräften der gesellschaftlichen Entwicklung entgegenwirkt und den Zusammenhalt des gesellschaftlichen Lebenskosmos gewährleistet. Und wie sich die private Religionspraxis aus expliziten, das Leben dominant prägenden Komponenten und aus impliziten, in die vieldimensionale Lebensführung eingeschmolzenen und damit kaum noch als spezifisch religiös identifizierbaren Momenten zusammensetzt (> 140), so findet sich die Religion auch in der öffentlichen Lebenssphäre in unterschiedlichen Aggregatzuständen vor: in der Gestalt sozial fest organisierter und kulturell markant ausgeformter religiöser Manifestationen und in der Form unspezifischer, in die pluriformen Lebenskontexte der säkularen Lebenskultur diffundierter Spurenelemente der Religion.

Am augenfälligsten dokumentiert sich die Bedeutung, die der Religion im gesellschaftlichen Leben zukommt, in der vielgestaltigen öffentlichen *Präsenz* sozial organisierter Religion. Zum einen sind die Kirchen, die sozialen Organisationen expliziter Religion (> 322), untrennbar in das gesellschaftliche Leben im ganzen verwoben und insbesondere mit den übrigen öffentlichen Institutionen eng vernetzt. Wie den deutschen Großkirchen teils grundgesetzlich garantierte, teils vertraglich geregelte Mitwirkungsrechte im öffentlichen Bildungs- (> 223), Wohlfahrts- (> 222-2) und Medienwesen (> 222-5) eingeräumt werden, so wirken die Kirchen durch die kontinuierliche Einflußnahme auf politische Entscheidungsprozesse sowie in eigens anberaumten Konsultationen im Rahmen gesellschaftlicher Reformprojekte und durch öffentliche Stellungnahmen und Erklärungen, beispielsweise durch die Denkschriften der EKD, auf die gesamtgesellschaftliche Entwicklung ein. Die insbesondere die religionspolitische Situation in Deutschland kennzeichnende Verflechtung des kirchlich organisierten Christentums mit der gesellschaftlichen Öffentlichkeit kommt aber nicht nur in den vielfältigen institutionellen Vernetzungen von Kirche und Gesellschaft, sondern vor allem auch in der originären Statur des an den sozialen und kulturellen Strukturen der pluralen Gesellschaft orientierten volkskirchlichen Religionssystems (> 331) zum Ausdruck.

Zum anderen bildete sich im Horizont der charakteristisch neuzeitlichen Öffentlichkeit (> 222-1) eine Vielzahl von *intermediären* religiösen Organisationen und Einrichtungen heraus, die zwar in unterschiedlichem Maße organisatorisch mit den Kirchen liiert, gleichwohl aber institutionell in anderen Segmenten des öffentlichen Lebens verankert sind. Dazu sind vor allem das in das öffentliche Bildungssystem eingelagerte und weit ausdifferenzierte religiöse Erziehungswesen, insbesondere der schulische Religions-unterricht (> 223), und die in das gesellschaftliche Wohlfahrtssystem eingegliederten Einrichtungen der Diakonie (> 222-2), beispielsweise Krankenhäuser, Pflegeheime und Sozialstationen, zu zählen, aber auch die kirchlichen Freizeitorganisationen (> 233), die religiösen Medienorganisationen (> 222-5) und diverse, eher lose organisierte Initiativen und Aktivitäten kirchlicher Organisationen im Rahmen des modernen Sozialstaates. Die öffentliche Statur dieser Einrichtungen kommt darin zur Geltung, daß ihre Dienstleistun-gen nicht nur den Mitgliedern einer kirchlichen Verbandsinstitution (> 321), sondern allen Mitgliedern der Gesellschaft gleichermaßen zur Verfügung stehen und auch nur zum geringeren Teil aus Beiträgen der Kirchenmitglieder, zum überwiegenden Teil aber von der gesellschaftlichen Allgemeinheit finanziert werden.

Die öffentliche Präsenz der Religion in der modernen Gesellschaft kommt aber nicht nur im sozialen, sondern ebenso im *kulturellen* System der Gesellschaft zur Geltung. Im Rahmen der spezifisch neuzeitlich formatierten Öffentlichkeit (> 222-1) bildete sich eine facettenreiche Diskurskultur heraus, in der Themen der Religion von jeher ein hoher Stellenwert zukommt. Reduziert sich auf dem Hintergrund der kirchlichen Finanzlage in neuerer Zeit auch das Spektrum der kirchlichen Printmedien, so greifen die allgemeinen Wochenzeitschriften und Tageszeitungen regelmäßig religiöse Themen auf, die ihre Aktualität teils der prekären Situation der Religion in der modernen Gesellschaft, teils der Verbindung von religiösen Fragestellungen mit tagespolitischen Ereignissen verdan-ken. Auf dem zeitgenössischen Fachbuchmarkt haben sich verschiedene Sparten religiö-ser Literatur fest etabliert, beispielsweise die Beratungsliteratur aus dem Gebiet der ‚neuen Religiosität', insbesondere der Lebensstilbewegung und der Esoterikszene (> 211), sowie die mit dem interreligiösen Dialog befaßte Informationsliteratur. Ebenso finden sich in der öffentlichen Medien- (> 222-5) und Musikkultur, insbesondere in der zeitgenössischen Popmusik (> 232-3), vielfältige Momente expliziter Religion. Beson-ders augenfällig tritt die durchgängige religiöse Imprägnierung der öffentlichen Lebens-kultur schließlich in den symbolischen und rituellen Formen des öffentlichen Lebens in Erscheinung, beispielsweise in den an die Struktur religiöser Begehungen angelehnten Inszenierungsmustern von Open-Air-Konzerten oder in den anläßlich von medial insze-nierten Sportveranstaltungen praktizierten Vereinigungs- und Trennungsriten (> 232-3).

2. Die Bedeutung der Religion für die öffentliche Lebenskultur geht aber nicht in der allgemeinen Präsenz sozialer und kultureller Manifestationen expliziter Religion auf. Die Religion stellt vielmehr auch und gerade in ihrer eher *impliziten* Gestalt eine zwar nicht offen zutage liegende, für die Statur der gesellschaftlichen Lebensordnung aber konsti-tutive Komponente des öffentlichen Lebens dar. Wie sich die Religion in der privaten Lebenssphäre untrennbar mit der ihrer selbst gewissen und gegenüber der Gesellschaft autonomen Individualität verbindet, so verschmilzt sie in der öffentlichen Lebenssphäre mit den gegeneinander eigenständigen und gleichzeitig miteinander verwobenen Institu-tionen der öffentlichen Lebenswelt.

Der hohe *Stellenwert* der Religion in der modernen Lebenswelt dokumentiert sich auf exemplarische Weise in der für die westlichen Gesellschaften charakteristischen Liaison von Religion und Politik (> 140). Wie die politischen Verfassungen der Nationalstaaten, so ruhen auch die internationalen Rechtskonventionen auf säkularreligiösen Motiven, insbesondere auf den von der Aufklärung in Geltung gesetzten und in der Folgezeit mit religiösen Weihen versehenen Menschenrechten auf; das Ensemble der für alle Gesellschaftsmitglieder gleichermaßen verbindlichen säkularreligiösen Maximen bildet zugleich das Fundament, auf dem die weitreichenden politischen Projekte erstellt werden, wie das Forum, vor dem sich die tagespolitischen Aktivitäten der Regierungen zu rechtfertigen haben. Ebenso greifen Rechtsetzung und Rechtsprechung sowie Bildungsplanung und Erziehungspraxis sowohl hinsichtlich der generellen Legitimierung ihrer Leitprinzipien als auch hinsichtlich ihrer alltagspraktischen Gestaltung auf die allgemeinverbindlichen Grundsätze religiös fundierter Anthropologie und Ethik und insbesondere auf den unter den Gesellschaftsmitgliedern unstrittigen, allgemeinreligiös fundierten Kodex kultureller Werte zurück.

Schließlich wird die Religion zur *ideologischen* Unterfütterung der gesellschaftlichen Institutionen herangezogen; indem die politischen Ideale der modernen Gesellschaft – die in ihr in Geltung stehende bürgerliche Familienidee (> 212-1:3.), die an ‚humanistischen' Ideen orientierte Bildungsvorstellung (> 212-4:2.2.), der aus dem religiösen Prinzip der ‚Nächstenliebe' (> 222-2) entwickelte säkulare Altruismus oder die aus der christlichen Friedensethik (> 212-3:3.4.4.) entwickelte politische Ordnung – religiös geheiligt werden, werden die ideologischen Prinzipien der gesellschaftlichen Lebenskultur der Disposition des einzelnen entzogen und in den Status von allgemeinverbindlichen säkularreligiösen Axiomen erhoben. Die impliziten Momente der öffentlichen Lebenskultur finden ihre explizite Ausdrucksgestalt in der repräsentativen Symbolik des politischen Systems, in der architektonischen Gestaltung staatlicher Gebäude, in Fahnenkult und Weihehandlungen sowie in den mit religiösen Metaphern durchtränkten nationalen Gedächtnisfeiern und den von religiösen Sprachenmustern durchsetzten Gedenkreden politischer Repräsentanten.

3. Die gesellschaftliche Öffentlichkeitsreligion bildet das *Gegenstück* zu der individualisierten Privatreligion. Die in der privaten Lebenssphäre kultivierte Persönlichkeitsreligion ratifiziert die neuzeitliche Idee individueller Autonomie; sie begründet die Religion im persönlichen Gottesverhältnis jedes einzelnen und gewährt ihm damit die religiös fundierte innere Freiheit von den äußeren Zwängen der Gesellschaft. Die in der öffentlichen Lebenssphäre ausgeformte Religion dagegen repräsentiert den Gegenpol der dialektisch verfaßten religiösen Grunderfahrung (> 131), die „Erfahrung der Dependenz, der Abhängigkeit" (113,17). Die Religion der gesellschaftlichen Öffentlichkeit steht dem einzelnen nicht zur Disposition; sie vereinigt in sich vielmehr die Prinzipien, die jenseits der Beliebigkeit subjektiver religiöser Überzeugungen und individueller Frömmigkeitspraktiken in Geltung stehen, und verpflichtet den einzelnen auf die allgemeingültigen Grundlagen der gesellschaftlichen Lebensordnung. In ihrer nicht vom einzelnen, sondern von der Gesellschaft entworfenen und damit nicht subjektiv konturierten, sondern „objektive(n) Gestalt" (113,68) tritt die Religion dem einzelnen als eine von ihm unabhängige religiöse Wirklichkeit und als eine über ihn verfügende Macht gegenüber.

Die fundamentale Differenz zwischen privater und öffentlicher Religion spiegelt sich in den unterschiedlichen Gestalten religionstheoretischer *Reflexion* (> Einführung: 3.1.2.) wider. Die reflexiven Reproduktionen der Privatreligion, die im Rahmen individueller Frömmigkeitspraxis ausgearbeiteten religiösen Lebenstheorien, ruhen auf ihrer unmittelbaren Evidenz innerhalb der selbsterlebten und selbstgestalteten Lebenspraxis auf; sie gewinnen ihre Plausibilität für das Individuum aufgrund der Kongruenz von Erfahrung und Theorie. Die in die öffentliche Lebenskultur verwobenen und zumal die in die verschiedenen Segmente des gesellschaftlichen Lebenskosmos eingeschmolzenen religiösen Momente dagegen liegen nicht offen zutage, sondern müssen mit Hilfe theoretischer Operationen aufgedeckt und im Rahmen religions- und gesellschaftstheoretischer Rekonstruktion plausibilisiert werden. Struktur und Funktion der in die öffentliche Lebenssphäre eingelagerten Gesellschaftsreligion lassen sich daher nicht im Spiegel alltagspraktischer Wahrnehmung beschreiben, sondern nur in der abstrakten Perspektive einer gegenüber der eng begrenzten Alltagserfahrung distanzierten Theorie der Gesellschaft (> 122) darstellen.

122
Grundzüge der Religionssoziologie

1. Die gesellschaftliche Praxis der Religion ist das Thema der *Religionssoziologie*. „Die Religionssoziologie hat es zu tun mit der Erforschung der Wechselwirkung zwischen Religion und Gesellschaft; sie untersucht – und zwar als eine Tatsachen- und Erfahrungswissenschaft – , wie sich Religion und Gesellschaft wechselseitig durchdringen und so je spezifische Institutionen, Werte und Verhaltensweisen hervorbringen" (169,11). Die Religionssoziologie deckt dementsprechend nicht nur „die grundlegende Bedeutung von Religion für die Gesellschaft" auf (171,1067), sondern untersucht in detaillierten Forschungsprojekten die in die vieldimensionale religiöse Lebenspraxis (> 110) eingelagerten „Phänomene von ‚creed, cult, code and communion'", legt deren Interdependenzen „mit anderen sozialen Phänomenen" (172,1592), beispielsweise mit Politik (168,63ff), Wirtschaft (168,94ff) oder Familie (168,130ff), offen und beschreibt die unterschiedlichen Formen sozialer Organisation von Religion (168,143ff). Als Teildisziplin der Sozialwissenschaften ist die Religionssoziologie eng mit anderen soziologischen Theoriegebieten, insbesondere mit der Institutionentheorie und der Organisationssoziologie, der Sozialisationstheorie, der Wissenssoziologie (192) und der Kultursoziologie verzahnt. Sowohl hinsichtlich ihres komplexen Gegenstandsbereichs als auch hinsichtlich ihrer integralen Theorieperspektive stellt die Religion einen Fokus sozialwissenschaftlicher Forschung und Theoriebildung dar.

Beschränkte sich die Soziologie der Religion „seit ihren ersten Anfängen" nicht darauf, bestimmte „soziale Formen im religiösen Bereich zu untersuchen", sondern stellte sie in einem weiten Erkenntnishorizont immer auch zugleich „die Frage nach den Wirkungszusammenhängen zwischen Religion und Gesellschaft" im allgemeinen (178,29), so läßt sich auf dem Hintergrund der Säkularisierungsdebatte (> 133) seit der Mitte des 20. Jahrhunderts eine Verengung der Wahrnehmungsperspektive auf die kirchliche Organisationsgestalt christlicher Religionspraxis, eine „Limitierung des religionssoziologischen Ansatzes auf *kirchensoziologische* Forschungsstrategien" (168,10), registrieren. Die häufig im Rahmen kirchlicher Auftragsforschung durchgeführten und „dem allgemeinen Trend empirischer Sozialforschung" (178,25) folgenden Untersuchungen orientierten sich „an den Bedürfnissen der Praktiker der großen christlichen Denominationen" (178,22) und betrachteten die „Kirchengemeinde" als den exemplarischen „Ort institutionellen kirchlichen Verhaltens" (178,24).

Die frühen kirchensoziologischen *Forschungsprojekte* wandten ihr Interesse „den sozialen Beeinflussungsfaktoren der Kirchlichkeit" sowie der „Aufgliederung der Gottesdienstbesucher oder aktiven Teilnehmer an Gemeindekreisen nach Merkmalen der sozialen Herkunft und Schichtung" zu und begrenzten den Horizont ihrer empirisch gewonnenen Erkenntnisse dementsprechend „auf institutionell und theologisch sanktioniertes kirchliches Verhalten (Gottesdienstbesuch, Abendmahlsempfang usw.)" (178,23). Die seit 1972 in zehnjährigen Abständen aufeinanderfolgenden und aneinander anschließenden EKD-Studien (> 212-3:1.3.) operieren nicht mehr mit dem Parameter der

‚Kirchlichkeit', sondern mit dem weiter gefaßten und komplexeren Paradigma der ‚Verbundenheit' der Mitglieder mit der Kirchenorganisation (> 322) und vollziehen in neuester Zeit auch den für die Sozial- und Kulturwissenschaften insgesamt charakteristischen Wandel von quantifizierenden zu qualifizierenden Untersuchungsmethoden. Verschob sich der Schwerpunkt der religionssoziologischen Theoriebildung in der Epoche der empirischen Kirchensoziologie von den eher religionsphilosophisch akzentuierten Problemen (> 132) der klassischen Religionssoziologie zu der vornehmlich institutionen- und organisationstheoretischen Fragestellung nach der ‚Stabilität' des volkskirchlichen Religionssystems (> 331), so ließ „die Dominanz makrosoziologischer Themen" in der allgemeinen Soziologie der 60er und 70er Jahre „die Religionssoziologie als akademische Disziplin wieder in den Hintergrund treten" (168,10). Erst in neuester Zeit werden Religionssoziologie und Kirchensoziologie im Rahmen einer veränderten Diskussionslage zusammengeführt und die statistischen Daten empirischer Sozialforschung in die allgemeingesellschaftlichen Entwicklungsprozesse der Religion eingezeichnet (273).

Zwischen empirischer Kirchlichkeitsforschung und allgemeiner Religionssoziologie ist das zugleich theologisch wie sozialwissenschaftlich fundierte Programm einer *‚Soziologie des Christentums'* (199) angesiedelt. Um die „Aporien von Kirchen- und Religionssoziologie" (190,182) gleichermaßen zu meiden, geht die vornehmlich an der Entwicklung des neuzeitlichen Christentums interessierte Forschungsrichtung einerseits „von einem historisch gebundenen Religionsbegriff aus, der allgemeinere Aussagen über Religion dem interkulturellen Vergleich vorbehält", „überschreitet" aber andererseits „den axiomatischen Rahmen eines kirchlich definierten Religionsverständnisses und rechnet prinzipiell mit der Möglichkeit außerkirchlicher Sozialformen der christlichen Tradition"; die soziologische Theorie des Christentums „betrachtet sowohl die Entstehung und Wirkungsgeschichte eines allgemeinen Religionsbegriffs als auch die Dominanz einer kirchlich orientierten Institutionalisierung und Wahrnehmung des Christentums als zentrale Forschungsprobleme und nicht als Ausgangspunkt ihrer Forschungspraxis" (190,184).

2. Die *Ursprünge* der Soziologie im allgemeinen wie der Religionssoziologie im besonderen liegen in dem von der englischen und französischen Aufklärung geprägten philosophischen Positivismus des 19. Jahrhunderts. Der „Begründer der wissenschaftlichen Soziologie", Auguste Comte, sah die „wesentliche Aufgabe der Soziologie" in der „Beschreibung der Bedingungen, aus denen eine Gesellschaft lebt und aus denen sie sich zu immer fortschrittlicheren Formen entwickelt"; um die „Beziehungen" aufzudecken, „die zwischen den Teilen der Gesellschaft bei der Stabilisierung eines Systems und bei dessen Entwicklung bestehen", bezog Comte auch die „Funktion, welche die Religion in der Gesellschaft spielt, in seine Analysen der Gesellschaft ein" (119,124). Als die „eigentlichen Begründer der ‚klassischen' Religionssoziologie" (168,9) gelten Emile Durkheim, Max Weber (> 231) und Bronislaw Malinowski (> 123).

Durkheim (189) stellt die Eigenständigkeit der gesellschaftlichen Lebensformen gegenüber dem Individuum und damit die Autarkie der gesellschaftlich verfaßten Religion gegenüber der frommen Individualität ins Zentrum seiner soziologischen Religionstheorie. In der Perspektive der Soziologie „ist die Gesellschaft nicht bloß eine Summe von Individuen, sondern das durch deren Verbindung gebildete System stellt eine spezifische Realität dar, die einen eigenen Charakter hat" (186,187). Die Soziologie hat demnach die

Religion wie alle ihre Gegenstände „an einem Punkte zu betrachten, wo sie sich von ihren individuellen Manifestationen losgelöst" hat und damit überhaupt erst als soziologischer Sachverhalt in Erscheinung tritt (186,139). Die Aufgabe soziologischer Religionstheorie besteht demnach darin, „den Tatbestand des Religiösen selbst in den Blick (zu) bekommen und nicht unsere Vorstellungen von ihm" (187,121).

Die Selbständigkeit der Gesellschaft gegenüber dem einzelnen läßt sich nun gerade im Gebiet der *Religion* mit besonderer Deutlichkeit aufzeigen. Durkheim verifiziert den autonomen Charakter der gesellschaftlich qualifizierten Religion an zwei elementaren Formen religiöser Lebenspraxis, am religiösen Kult und an den religiösen Glaubensformen. Beide sind für den einzelnen gleichermaßen verpflichtend; ihnen eignet ein „obligatorischer Charakter" (187,137). Der Verpflichtungscharakter der Religion dient Durkheim einerseits zum Beweis dafür, „daß der Ursprung der Religion nicht in individuellen Gefühlen, sondern in kollektiven Anschauungen zu finden ist"; denn wäre die Religion „im Bewußtsein des einzelnen gegründet, dann könnte sie niemals für das Individuum diesen Zwangscharakter besitzen" (187,137). Andererseits läßt sich mit der Selbständigkeit der Religion gegenüber dem einzelnen umgekehrt die autonome Statur der Gesellschaft überhaupt begründen. So sind „fast alle großen sozialen Institutionen aus der Religion geboren" (188,561): die Moral, das Recht, die rituellen Formen der Lebenspraxis, die Wirtschaft und schließlich die Wissenschaft. Deshalb ist „das religiöse Leben die herausragende Form und gewissermaßen der konzentrierte Ausdruck des gesamten kollektiven Lebens"; umgekehrt ist „die Idee der Gesellschaft die Seele der Religion" (188,561).

Kann „die allgemein bindende Religion per definitionem nicht individuellen Ursprungs" (187,140) sein, dann verliert die *subjektiv* praktizierte Religion ihre selbständige Bedeutung. „Diese eigene persönliche Religion ist nichts anderes als der subjektive Aspekt der äußeren, unpersönlichen, öffentlichen Religion" (187,141). Die individuell konturierten Formen der Religion werden überhaupt „nur verständlich, wenn man sie im Zusammenhang mit den öffentlichen Institutionen betrachtet, deren Ausläufer sie sind" (187,141). In der Abhängigkeit des einzelnen von der Gesellschaft und in dem Bewußtsein der Macht, die die Gesellschaft auf den einzelnen ausübt, liegt aber gerade der spezifische Gehalt der Religion; der „Zustand der dauernden Abhängigkeit" gegenüber der Gesellschaft „weckt in uns ihr gegenüber fast so etwas wie religiöse Ehrfurcht" (187,137). Damit erklärt und erhellt die soziologische Interpretation der Lebenspraxis die Eigenart der Religion: „Von diesem Standpunkt aus gesehen wird die Religion zu etwas Natürlichem und für den menschlichen Verstand Erklärbarem, und zugleich bewahrt sie jene für sie charakteristische Transzendenz in bezug auf die individuelle Vernunft" (187,138).

Die konsequent von der Gesellschaft als von ihrem wirklichen Subjekt aus entwickelte Auffassung von Religion wird in denjenigen soziologischen Theorien weiterverfolgt, die die Gesellschaft als *System* begreifen und die Soziologie dementsprechend als Systemtheorie entwerfen, so vor allem von Talcott Parsons und Niklas Luhmann. Parsons geht in seiner Gesellschaftstheorie von den feststehenden Strukturen des personalen, kulturellen und sozialen Systems aus, untersucht die wechselseitigen Interdependenzen zwischen den autonomen Systemen und beschreibt auf dieser Basis die integrative Funktion der Religion (196,163ff. Bildet das Christentum einerseits „eine der wesentlichen prämodernen Grundlagen moderner Gesellschaften" (168,53), so kommt ihm andererseits

die Funktion einer die gesellschaftliche Entwicklung im ganzen steuernden Fortschritts-
kraft zu; „das bedeutsamste evolutionäre Moment des Christentums sieht Parsons in der
‚Differenzierung von Rollen- und Gesamtheitsstrukturen'" (168,53).

Luhmanns Gesellschaftsanalyse setzt dagegen beim Primat der *Funktionen* an, die in
ihrem Zusammenspiel erst die Ausbildung sozialer Systeme ermöglichen. Unter der Bedingung „funktionaler Differenzierung des Gesellschaftssystems" (197,50) übernimmt
jedes Teilsystem „die Bearbeitung von Problemen, die in anderen Teilsystemen erzeugt,
aber nicht behandelt werden" (198,141). Die Funktion der Religion, die „Transformation
unbestimmbarer in bestimmbare Komplexität" (197,20), geht – Luhmanns frühen Versionen soziologischer Systemtheorie zufolge – aber nicht in ihrer Bedeutung für die verschiedenen sozialen Teilsysteme auf; vielmehr kommt dem Religionssystem darüber
hinaus eine „zentrale Bedeutung ... für die Konstitution des Gesellschaftssystems" im
ganzen zu (197,113). Die spezifische Leistung des Religionssystems für die anderen gesellschaftlichen Systeme, für die Umwelt des Religionssystems also, besteht insbesondere in der Bearbeitung von „personalen ‚Eigenproblemen' wie Leiden und Tod"
(198,141); sie wird durch Seelsorge und Diakonie geleistet (197,58). Die Theologie stellt
eine „Systembetreuungswissenschaft" dar (198,142), in der sich das Religionssystem
reflexiv auf sich selbst bezieht (197,59).

3. Die *Gegenwartslage* der deutschsprachigen Religionssoziologie stellt sich zwiespältig
dar. Auf der einen Seite ist nach wie vor eine „Marginalisierung der Religionssoziologie
in der soziologischen Wissenschaftsorganisation" zu beobachten; wie „vielfach noch
Religion als mehr oder weniger ausschließlich kirchlich verwaltet gesehen wird", so
wird die theoretische Reflexion der sozial verfaßten Religion weitgehend in die „Zuständigkeit der Theologie" (179,11) überstellt. Die „phänomenologischen Ansätze der Soziologie des Christentums" beziehen zwar die „Erforschung möglicher funktionaler
Äquivalente von Religion" in ihre Untersuchungen mit ein, konzentrieren ihr Interesse
aber vorwiegend auf Statur und Entwicklung der großen christlichen Denominationen
und lassen den „Bereich der Freikirchen und christlichen Sondergemeinschaften" und
vor allem die „nichtchristliche(n) Religionen" weitgehend unberücksichtigt (179,13).
Aufgrund ihrer Orientierung an ‚zentristische(n) Markierungen' wie insbesondere an der
„Denkfigur" der ‚Religion' (> 110), einer vom ‚Eurozentrismus' geprägten Kategorie
(184,28), ist zumal der deutschsprachigen Religionssoziologie „der Durchbruch zu einer
erweiterten kulturgeschichtlichen und kultursoziologischen Perspektive" bislang nicht
gelungen (184,17). Auf der anderen Seite geht „die Phase einer relativ unreflektierten
Identifikation von Religions- und Kirchensoziologie" zu Ende (179,14). Auf dem Hintergrund eines „gesamtgesellschaftlichen Bewußtseinswandels" (179,15) treten die von
der Kirchensoziologie erstellten „Theorien mittlerer Reichweite" zugunsten umfassender, auf der Grundlage „soziologische(r) Basistheorien" entwickelter Theoriekonzeptionen zurück (179,16). Die „Interdependenz zwischen gesellschaftlicher Gesamtlage
und religionssoziologischer Theoriebildung" (179,17) führte zu der gegenwärtig bestehenden „Vielfalt der deutschsprachigen religionssoziologischen Forschung" (179,11).

In der zeitgenössischen religionssoziologischen „Szene" (179,11) finden sich neben den
systemtheoretisch orientierten und christentumssoziologischen Theoriekonzeptionen
verschiedene andere „theoretische *Hauptströmungen*" (179,12). Die der ‚Kritischen
Theorie' verpflichteten und eng mit der Wissenssoziologie verbundenen Theoriepositio-

nen nehmen „das Erbe der Religionskritik" (191,65) und der „Ideologiekritik" (185,325) auf, unterziehen die „religiöse(n) Deutungssysteme" einer kritischen Analyse und suchen in zugleich theoretischer wie praktischer Absicht, „Prozesse der Selbstkritik und Selbstbesinnung innerhalb der Kirchen" zu initiieren (191,65). Die am Konzept des ‚Symbolischen Interaktionismus' (194) orientierten Theoriemodelle verbinden die wissenssoziologische Methodik mit den Grundsätzen der phänomenologischen Soziologie (192) und gelangen auf diese Weise zu einer integralen Perspektivierung der ebenso umfassenden wie in sich komplexen religiösen Lebenswelt (> 132). Den „hochformalisierten Religionsbegriff, der die subjekttranszendierende Konstitution von Wirklichkeit bereits als religiös kennzeichnet", mit einem „historisch vermittelten Religionsbegriff" in Ausgleich zu bringen, „der gleichwohl die Gleichsetzung von Religion und kirchlicher Institution überwindet" (179,15), bildet das Grundproblem der neueren religionssoziologischen Theoriekonstruktion.

123
Die integrative Funktion der Religion

1. Die Bedeutung, die der Religion im Zusammenhang der gesellschaftlichen Lebenswelt zukommt, wird in der *Integrationsthese* formuliert. „Die Integrationsthese besagt, daß die Religion vor allem als verhaltensstabilisierende, sozial integrierende Kraft in der Gesellschaft wirksam wird, ja deren eigentliches Fundament darstellt" (178,13f). Die „Integrationstheorie" (168,37) prägt nicht nur der klassischen Religionssoziologie ihren Stempel auf; sie stellt vielmehr das generelle Theorieparadigma der bürgerlichen Soziologie überhaupt dar. Sie geht von der Prämisse aus, „daß eine Gesellschaft nur dann als ausreichend integriert angesehen werden kann, wenn ihre normative Ordnung in irgendeiner Weise durch Rekurs auf die Repräsentationen der letzten Wirklichkeit legitimiert ist" (168,38) und „ihre zentralen Institutionen als unantastbar gelten" (168,30). Im Rahmen dieser integral perspektivierten Gesellschaftstheorie wird der Religion eine kaum zu überschätzende Funktion zugeschrieben. Sie besteht in der Leistung sozialer Integration. Mit den Mitteln der Religion, eines für alle Gesellschaftsmitglieder verbindlichen Systems von religiösen Gewißheiten, religiösen Glaubenssätzen und religiösen Praktiken, wird die Einheit der gesellschaftlichen Lebenswelt hergestellt und bewahrt. Die Religion fungiert somit als die „zentrale Kraft gesellschaftlicher Integration" (171,1067).

Die Integrationsthese stellt sich *ambivalent* dar. Sie erhielt ihre paradigmatische Bedeutung für die soziologische Theoriebildung auf dem Hintergrund der neuzeitlichen Modernisierung, der Differenzierung und Pluralisierung, insbesondere aber der Säkularisierung der gesellschaftlichen Lebenswelt (> 133). In ideologiekritischer Optik ist die These von der integrativen Funktion der Religion daher als restaurativer „Versuch zu begreifen, die säkulare Trennung von Religion, Politik und Gesellschaft auf der Grundlage von religiös fundierten Werten und Normen rückgängig zu machen und die Gesellschaft insgesamt auf dem Fundament der Religion zu reintegrieren" (200,519). Insofern läßt sich die Integrationsthese als Reaktion des Bürgertums auf die neuzeitliche Entwicklung der Religion begreifen: „Die bürgerliche Klasse … sah … in Religion schlechthin die Bande für die Stabilität von Gesellschaft" (168,30). In dieser Version avancierte die Integrationsthese zur theoretischen Basis für die analytische Rekonstruktion und systematische Erörterung des unlösbaren Konnexes von Gesellschaft und Religion, zur treibenden Kraft der Religionssoziologie wie der Soziologie im ganzen. In ihrer von der Aufklärung vorgenommenen kritischen Pointierung bildet die Integrationsthese aber zugleich den Theorierahmen für die philosophisch-soziologische Kritik an den sich zunehmend gegeneinander verselbständigenden religiösen Konfessionen und Denominationen und das zentrale Argument gegen die Abschottung des Kirchenchristentums gegenüber der sich säkularisierenden Gesellschaft. Den partikulären ‚positiven' Religionen wurde die ‚natürliche', für alle Gesellschaftsmitglieder verbindliche Vernunftreligion entgegengesetzt (> 140).

2. Ihre klassische Ausformulierung fand die Integrationsthese in der vom ‚Deismus' (296) beeinflußten Religionstheorie der *Aufklärung*. In dem Maße, in dem die feudale Gesellschaft zerfiel (168,30) und sich im Zuge der Transformation der neuzeitlichen

Lebenswelt (> 210) die verschiedenen Sphären des gesellschaftlichen Lebens – Moral und Recht, Politik und Wirtschaft – voneinander trennten, bedurfte die Gesellschaft eines einigenden Bandes, das die divergierenden gesellschaftlichen Kräfte zusammenzuhalten vermochte. Im Interesse ihrer sozialen Integration greift die Gesellschaft auf die Religion zurück. Den Kernsatz der bürgerlichen Gesellschafts- und Religionstheorie formulierte Francis Bacon: ‚Religio praecipuum humanae societatis vinculum' (178,14). Die Religion fungiert aber nicht nur als gemeinsames Fundament der verschiedenen gesellschaftlichen Teilsysteme, sie bindet vielmehr zugleich auch die sich gegenüber der Gesellschaft verselbständigen Individuen an das soziale Ganze. Diese soziale Leistung erbringt die Religion vornehmlich durch die religiöse Erziehung. Die alle Gesellschaftsmitglieder verpflichtende Religion soll – so Thomas Hobbes – „die Menschen ... zu Gehorsam, Befolgung von Gesetzen, Frieden, Nächstenliebe und zur bürgerlichen Gesellschaft" erziehen (202,85).

Aufgrund ihrer *funktionalen* Bestimmung wird die Religion damit zu einem Instrument der Legitimation allgemeinverbindlicher Moral und der Motivation des einzelnen zu gesellschaftskonformem Verhalten. Der „philosophische(n) Vernunftreligion" – so David Hume – kommt die Aufgabe zu, die „Antriebe der Sittlichkeit und Gerechtigkeit" zu verstärken (203,112f). Die „positiven Glaubenssätze" der allgemeinverbindlichen Gesellschaftsreligion, der ‚religion naturelle' oder ‚religion civile' (> 140), bestehen – so Jean-Jacques Rousseau – in der „Heiligkeit des Gesellschaftsvertrages und der Gesetze" sowie in der „Belohnung der Gerechten und Bestrafung der Gottlosen" (204,156f). Rousseau erklärt die Grundsätze bürgerlicher Religion für geradezu bekenntnismäßig bindend: „Sobald sich jemand nach öffentlicher Anerkennung dieser bürgerlichen Glaubensartikel doch als Ungläubiger aufführt, verdient er den Tod" (204,156).

Der englische Deismus und die französische Aufklärung haben die Integrationsthese zu einem *Problemensemble* ausgearbeitet, von dem auch die Religionstheorie der deutschen Aufklärung ausgeht. Sie macht sich zum einen die funktionale Betrachtungsweise der Religion und deren praktisch-moralische Zweckbestimmung zu eigen und führt zum anderen die Verhältnisbestimmung von ‚natürlicher' und ‚positiver' Religion weiter aus (> 140). So verbindet Immanuel Kant die Religion eng mit der Moral. Die natürliche Religion ist die moralische Religion. Kant begründet die Moral aber nicht in der Religion. Die gegenüber der Religion autonome Moral beansprucht ihre allgemeine Gültigkeit vielmehr aus sich selbst. Das Verhältnis von Religion und Moral kehrt sich damit um. Die Religion hat dafür Sorge zu tragen, daß die Ansprüche, die die allgemeinverbindliche Moral an alle stellt, von jedem einzelnen auch eingelöst werden. Die moralische Religion ist somit als die Religion des autonomen Individuums aufzufassen, als „Religion des guten Lebenswandels" (207,703).

Beide *Elemente* der in der Aufklärung entwickelten Religionstheorie, die autonome Begründung der Moral wie die sekundäre Funktionalisierung der Religion im Dienste der Integration des einzelnen in das Ganze der auf der allgemeinen Sittlichkeit aufruhenden Gesellschaft, finden sich bei Hegel wieder. Ist die Religion das den Menschen „für das Tiefste der Gesinnung integrierende Moment", dann hat der Staat im Interesse seiner Selbsterhaltung „zu fordern", daß sich seine Bürger „zu einer Kirchengemeinde halten" (208,420). Die sozial organisierte Religion nimmt die Funktion gesellschaftlicher Integration allerdings nur ersatzweise wahr. „Meint man, daß die Menschen Achtung vor dem Staat, vor diesem Ganzen, dessen Zweige sie sind, haben sollen, so geschieht dies freilich am besten durch die philosophische Einsicht in das Wesen desselben; aber es kann in Ermangelung dieser auch die religiöse Gesinnung dahin führen" (208,430).

Die Integrationsthese gehört zu dem Erbe, das die *Soziologie* von der Philosophie übernahm. Auguste Comte, der Begründer der Soziologie als eigenständiger Wissenschaft (172,1593), beurteilte die „Rolle der positiven Religion" negativ und forderte eine „neue Menschheitsreligion", „die die Aufgabe der traditionellen Religion, durch die Festigung der Gefühle die Ordnung der Gesellschaft zu stützen, übernehmen sollte" (119,124). Der Repräsentant der ‚klassischen' Religionssoziologie, Emile Durkheim (> 122), sah in der Religion „den Garanten von Stabilität, ja das Herz der Gesellschaft selbst" (168,40). Er begriff die Integration der Gesellschaft als einen sich ständig vollziehenden dynamischen Vorgang; „jede Gesellschaft bedarf immer wieder der Reintegration, und der Prozeß, in dem dies geschieht, ist Religion" (168,36f.). Dem „reale(n) Kern" der Religion, „der universal und mit der menschlichen Konstitution gegeben ist", stellte Durkheim den „,illusionäre(n)' Bestandteil" der Religionen gegenüber, die „Vorstellungen, die sich die Mitglieder der Gesellschaft darüber machen" (168,36). Während der „soziale Kern" der Religion als „ewig" und „wahr" anzusehen ist, wird der „kognitive Gehalt der Religion … mit der restlosen Aufklärung der Menschheit verschwinden"; die „Religion der Zukunft" manifestiert sich dementsprechend in der „Zelebration nationaler Gedächtnisse" (168,36).

Während sich die *Integrationsleistung* einer allgemeinverbindlichen Religion im Zusammenhang weit ausdifferenzierter sozialer Systeme, wie den westlichen Industriegesellschaften, nur in komplexen theoretischen Analysen rekonstruieren läßt (> 140), tritt die soziale Integrationsfunktion der Religion in der Lebenspraxis einfacher strukturierter Gesellschaftssysteme offen zutage. Der Ethnologe Bronislaw Malinowski (211) belegt die Integrationsthese empirisch an der sozialen Funktion religiöser Zeremonien. So besteht beispielsweise die soziale Funktion des Bestattungsrituals in der „Reintegration der Gruppe" (210,32ff). Angesichts des Todes eines Gesellschaftsmitglieds ist die soziale Gemeinschaft durch destruktive Reaktionen ihrer Mitglieder bedroht. „Wenn der primitive Mensch immer den desintegrierenden Impulsen seiner Reaktion auf den Tod nachgäbe, würde die Kontinuität der Tradition und die Existenz der materiellen Zivilisation unmöglich gemacht werden"; die Religion wirkt „den zentrifugalen Kräften der Angst, des Schreckens, der Demoralisierung entgegen und liefert die wirkungsvollsten Mittel zur Reintegration der erschütterten Solidarität der Gruppe und für die Wiederherstellung ihrer Moral" (210,38). Aus der für die Integrationsthese charakteristischen Verbindung der Religion mit Kultur, Moral und Tradition leitet die soziologische Systemtheorie die Bedeutung ab, die der Religion auch in modernen Gesellschaften zukommt. So begreift etwa John Milton Yinger „die Religion als Integrationsfaktor" (201) in der Beziehung zwischen Individuum und Gesellschaft: „Durch Ritus und Symbolik, durch ihr Glaubenssystem, ihr Dogma von Belohnungen und Bestrafungen, kann die Religion dazu beitragen, die sozialisierten Individuen hervorzubringen, die die herrschenden Wertvorstellungen in bezug auf die erlaubten Mittel und Zwecke akzeptieren" (201,106).

3. Die *Bedeutung* der Integrationsthese für die Ausarbeitung einer der Moderne verpflichteten Religionstheorie geht freilich nicht in dem Postulat einer allgemeinverbindlichen, auf Vernunft basierenden und hinsichtlich ihrer Funktion integrativ wirkenden Re-

ligion auf. Das philosophisch fundierte und soziologisch ausgestaltete Konzept einer allgemeinen Gesellschaftsreligion enthält vielmehr eine kritische, gegen die ‚positiven‘, konfessionell verfaßten und kirchlich organisierten Gestalten der Religionspraxis gerichtete Komponente. Unter den Bedingungen der Aufklärungsepoche verfolgt die Kritik der positiven Religionen einerseits das Interesse der im Staat verfaßten Gesellschaft gegenüber klerikaler Beeinflussung. Die Kritik der positiven Religion wird aber andererseits im Interesse des autonomen, seiner selbst bewußten Individuums geführt. Das aufgeklärte Bürgertum emanzipiert sich von den Ansprüchen, die eine vernunftwidrige Religionspraxis an den einzelnen stellt, und setzt sich in seinem eigenen Interesse für die rationale Gestaltung der privaten Lebenswelt wie für die auf Vernunft gegründete Integration der Gesellschaft ein. „Die bürgerliche Geistigkeit übernahm das Erbe der theologischen Geistlichkeit“ (212,31).

Auf diesen Voraussetzungen baut die von der neuzeitlichen *Individualitätsidee* inspirierte Religionstheorie Johann Salomo Semlers auf. Angesichts der Pluralisierung des neuzeitlichen Christentums in partikularisierte „Religionsparteien“ sucht Semler „die wahre christliche Religion“ (205,61). Er findet sie – im Unterschied zu den dargestellten Versionen philosophischer und soziologischer Integrationstheorie – jenseits der öffentlich praktizierten Religion, in der „Privat-Religion“; sie stellt diejenige Gestalt religiöser Praxis dar, die die autonomen Individuen „zu aller Zeit, in allen ihrem buergerlichen und Privat Verhalten … unaufhoerlich allein ausueben, ohne daß Religionsdiener nun dazu gehoerten, wie zu jenen oeffentlichen Geschaeften“ (205,64f). Die öffentliche, in kirchlich-theologischen Lehraussagen gefaßte Religion beansprucht für ihre Glaubensanschauungen und religiösen Praktiken Allgemeingültigkeit und übt deshalb auf den einzelnen Herrschaft aus. Die „Privat-Religion aller faehigern Christen, oder aller verstaendigen Menschen“ (205,53) dagegen ist „frei“ (205,56). Die „innere tausendfach verschiedene christliche Privat-Religion“ (205,105) begründet sich nicht aus einem allgemeinen Konsens, sondern aus der Authentizität individuell konturierter Religionspraxis; das „Gewissen“ des einzelnen, „seine eigene Erfarung regirt diese Privat-Religion“ (205,78). Die Trägerschicht der charakteristisch neuzeitlichen Privatreligion bildet die „Classe der geübtern Christen“ (206,XXI), das emanzipierte und gebildete Bürgertum.

Die auf der Basis der Integrationsthese geführte *Religionskritik* zielt somit gleichzeitig auf die allgemeine Verbindlichkeit der Religion wie auf die Autonomie des Individuums ab. Sie verstrickt sich damit keineswegs in einen Widerspruch. Beide Intentionen der Kritik positiver Religion erweisen sich vielmehr als die beiden Kehrseiten desselben Prinzips, als Konsequenzen der Vernunft, die sich einerseits im gesellschaftlichen Ganzen manifestiert und die andererseits das Konstitutionsprinzip autonomer Individualität darstellt. Im Rahmen der religionssoziologischen Integrationsthese werden Gesellschaft und Individuum als die beiden gegeneinander eigenständigen und gleichzeitig unlösbar miteinander verbundenen Instanzen religiöser Wirklichkeitskonstruktion eingesetzt. Insofern kommt in der religionskritischen Integrationsthese die ‚synthetische‘ Statur der Religion auf exemplarische Weise zur Geltung. Die neueren Entwürfe der philosophisch grundierten Religionssoziologie sehen die Funktion der Religion dementsprechend in der komplexen Vermittlung zwischen gesellschaftlicher und individueller Konstruktion der Wirklichkeit (> 132).

131
Die synthetische Statur der religiösen Lebenspraxis

1. Die Religion ist zugleich in der *privaten* wie in der *öffentlichen* Lebenssphäre beheimatet. In der privaten Lebenssphäre (> 111) bezeichnet Religion die persönliche Frömmigkeit (> 211) des einzelnen, die individuell praktizierte Alltagsreligiosität, auf deren Basis sich der originäre Lebensstil des einzelnen und seine subjektive Wirklichkeitssicht ausformt und in deren Grenzen sich die religiös grundierte Kultur der Innerlichkeit entfaltet; die private Religionskultur stellt eine genuine Produktion der ihrer selbst gewissen und auf ihre Autonomie bedachten Individualität dar. In der öffentlichen Lebenssphäre (> 121) dagegen bezeichnet Religion eine fundamentale Dimension der Lebenswelt, jener Sphäre der gesellschaftlichen Wirklichkeit, die sich der Regie des einzelnen entzieht und die ihm daher nicht als seine eigene, von ihm selbst entworfene und somit vertraute Welt erscheint, sondern ihm als eine fremde Wirklichkeit gegenübertritt, deren Gesetzen er sich zu unterwerfen hat; ihre charakteristische, von der Privatfrömmigkeit diametral unterschiedene Statur verdankt die öffentliche Religionspraxis ihrem für alle Gesellschaftsmitglieder gleichermaßen geltenden Verpflichtungscharakter.

Die Religion bildet aber nicht nur den Nukleus der in sich geschlossenen und als sinnhaft erfahrenen Privatwelt und das Fundament der zwar pluriform ausgestalteten, aber ebenso sinnhaft strukturierten gesellschaftlichen Lebenswelt. Unter den Bedingungen der Moderne (> 210) stellt die Religion vielmehr auch und vor allem die *integrale* Lebensdimension dar, in der sich die beiden Hemisphären der bürgerlichen Lebenswelt auf dialektische Weise ineinander verschränken, die soziale Institution, die die wechselseitigen Übergänge (> 232-3) zwischen den gegeneinander abgegrenzten und gleichzeitig füreinander zugänglichen Lebensbezirken reguliert, und das kulturelle Medium, in dem die subjektiven und objektiven Komponenten der Wirklichkeitskonstruktion miteinander verschmelzen. Ordnen sich die mannigfaltigen sozialen und kulturellen Gestaltungen der Religion auch teils eher der privaten Lebenspraxis, teils mehr der öffentlichen Lebenskultur zu, so enthalten die in der privaten oder in der öffentlichen Lebenssphäre verankerten religiösen Vorstellungen, Praktiken und Kommunikationsformen gleichwohl immer Momente, die auf die jeweils andere Lebensregion verweisen. In der modernen Gesellschaft findet die Religion ihren genuinen Ort somit auf der Grenze zwischen privater und öffentlicher Lebenswelt.

Die hohe *Bedeutung*, die der Religion für die Verzahnung von privater und öffentlicher Lebenssphäre und damit für die Integration der Lebenswelt zukommt, wird auf dem Hintergrund der sozialkulturellen Statur der modernen Gesellschaft und insbesondere im Spiegel der Entwicklung der bürgerlichen Gesellschaftsordnung verständlich. Nehmen die private und die öffentliche Lebenssphäre im Ausbau der bürgerlichen Welt auch die Statur markant voneinander unterschiedener und von ihren jeweiligen Eigendynamiken dirigierter Lebensregionen an, so wirken die dialektisch aufeinander bezogenen Hemisphären der bürgerlichen Lebenswelt gleichwohl wechselseitig aufeinander ein. Die Interdependenzen zwischen den beiden Lebenssphären treten in der Verschränkung von

Individualisierungs- (> 133) und Rationalisierungsprozeß (> 231) signifikant zutage. Die Privatisierung der öffentlichen Lebensformen und die Rationalisierung des privaten Lebens stellen zwei einander entgegenlaufende und gleichzeitig miteinander verzahnte Prozesse gesellschaftlicher Entwicklung dar.

Der vom Bürgertum in Gang gesetzte und vom Protestantismus forcierte *Individualisierungsprozeß* führte auf der einen Seite zwar zu einer Abschottung des privaten Lebens gegenüber der gesellschaftlichen Öffentlichkeit und damit zu einer deutlichen Trennung und Verselbständigung der beiden Lebenssphären. Auf der anderen Seite setzte das Bürgertum aber das neuzeitliche Individualitätsprinzip nicht nur für die private, sondern auch für die öffentliche Lebenssphäre in Geltung. In dem Maße, in dem das Individualitätsaxiom zur umfassenden Leitidee humaner Lebensgestaltung erhoben wurde, glichen sich die Lebensformen und die Kommunikationsstile der öffentlichen Welt an die privaten Lebensformen an (> 212-2). Die private Lebenswelt avancierte zum Paradigma der von vorneuzeitlichen Strukturen entbundenen und statt dessen an der Autonomie des Individuums orientierten Gesellschaftsordnung.

In der Entwicklung der modernen Industriegesellschaften lassen sich aber auch gegenläufige, von der öffentlichen Lebenswelt auf die Privatwelt einwirkende Tendenzen beobachten. Sie bringen sich in der ständigen Ausweitung der öffentlichen gegenüber der privaten Lebenssphäre zur Geltung. In dem Maße, in dem sich die öffentliche Lebenswelt auf der Basis ihrer *rationalen* Ordnung konsolidiert, dringt sie in die scheinbar uneinnehmbare Bastion des Privaten ein, bemächtigt sich hinter dem Rücken des Individuums der privaten Welt und überformt sie mit den in der rational verfaßten Gesellschaft in Geltung stehenden Gesetzmäßigkeiten. Im Interesse der „weithin auf der Uniformität ihrer Mitglieder" aufruhenden „Funktionsfähigkeit gerade der komplexen Gesellschaft" und insbesondere unter dem für die modernen Industriegesellschaften charakteristischen Diktat des Ökonomischen tritt „die Bedeutung von Individualität und Besonderheit der Person" hinter der „Notwendigkeit, Arbeitskraft und soziale Leistung ersetzbar und austauschfähig zu erhalten", zurück (113,46). Damit wird nicht nur „die Erfahrung und die Darstellung von persönlicher Besonderheit und individuellem Wert in die private Sphäre" zurückverwiesen; vielmehr „bleiben auch hier die Möglichkeiten, der Erfahrung von Selbstgewißheit Ausdruck zu geben, außerordentlich begrenzt"; denn „die private Welt steht nicht unter prinzipiell anderen Gesetzen als die öffentliche. Auch hier können die Grundsätze für die Gestaltung und für die Form des eigenen Lebens im wesentlichen nur angeeignet werden. Sie müssen nach solchen Mustern übernommen werden, die allgemein sind und für jedermann zugänglich bereitliegen" (113,46). Unter den Bedingungen der Moderne „steht die private Welt unter dem gleichen Zwang zur Konformität wie die allgemeine" (113,47).

In dieser für die Moderne charakteristischen Lage bringt die *Religion* ihre sowohl in der privaten wie in der öffentlichen Lebenssphäre unter Beweis gestellte Integrationsfunktion (> 123) in neuartiger, komplexerer Gestalt zur Geltung. Wie die neuzeitliche Individualisierung (> 133) der Lebenswelt nicht ohne den prägenden Einfluß der christlichen und zumal der protestantischen Religionspraxis zu denken ist und wie gerade der Protestantismus zur Rationalisierung des gesellschaftlichen Lebens auf entscheidende Weise beitrug (> 231), so leistet die Religion nun – auf einer höheren Ebene – auch einen unverzichtbaren Beitrag zu der wechselseitigen Verschränkung von privater und öffentlicher Wirklichkeitssphäre. Während die beiden umfassenden Entwicklungsprozesse der Moderne, die von der privaten Lebenssphäre ausgehende Individualisierung und die von der öffentlichen Lebenssphäre ausgehende Rationalisierung der Lebenswelt, das Eigenrecht der jeweils anderen Lebensregion in Frage stellen und dabei in einen offenbar unlösbaren Konflikt miteinander geraten, stellt die religiöse Konstruktion der Wirklichkeit die Eigenständigkeit beider Hemisphären der bürgerlichen Gesellschaftsordnung heraus und verbindet die originären Eigenlogiken der beiden Lebensbezirke gleichzeitig auf dialektische Weise miteinander. Die Religion bildet freilich nicht erst in der Moderne, sondern von jeher das Medium, in dem sich die „komplexe Dialektik von Individuum und Gesellschaft", von „Abhängigkeit und Freiheit" (113,66) zur Darstellung bringt. „So gesehen steht Religion am Anfang des Verhältnisses zwischen dem Individuum und der Gesellschaft – Religion ist dieses Verhältnis in seiner Ursprünglichkeit" (113,65).

2. Die synthetische Verfassung der Religionspraxis kommt in der integralen Statur privatreligiöser *Alltagspraxis* auf unmittelbare Weise zum Ausdruck. Indem der einzelne die religiösen Momente seiner privaten Lebensführung, die unveräußerlichen Prinzipien seiner religiös grundierten Lebenshaltung und die alltagspraktisch plausibilisierten Perspektiven seiner religiös konturierten Wirklichkeitssicht, in die öffentliche Lebenssphäre transponiert und die Privatreligion im ökonomischen, politischen und kulturellen Sektor der Lebenswelt in Geltung setzt, leistet er seinen Beitrag zur Erhaltung und zum Fortschritt des gesellschaftlichen Ganzen. Umgekehrt eignet sich das fromme Individuum die religiös fundierten Prinzipien der gesellschaftlichen Lebensordnung an und wirkt so an der gesellschaftskonformen Gestaltung der privaten Lebenswelt mit. Spiegelt sich in der modernen Religionskultur auf der einen Seite die Aufspaltung der Lebenswelt in ihre private und ihre öffentliche Sphäre wider, so vermittelt die Religion auf der anderen Seite zwischen den beiden Lebensregionen und läßt sie als zwar voneinander unterschiedene, gleichwohl aber aufeinander bezogene Hemisphären ein und derselben Lebenswelt erfahren.

Die religiös fundierte Vermittlung zwischen privater und öffentlicher Lebenswelt bleibt freilich nicht der Initiative des einzelnen überlassen. Vielmehr formten sich im Horizont der modernen *Lebenskultur* verschiedenartige Gestalten integraler Religionspraxis heraus, die gleichermaßen in der privaten wie in der öffentlichen Lebenssphäre verankert sind und auf die Verwebung beider Lebensregionen abzielen. Im Rahmen der von der Aufklärung inspirierten ‚Moralreligion' (> 140) setzt der einzelne die allgemeinverbindlichen Werte der Gesellschaft für seine individuelle Lebenspraxis in Geltung; in der typisch protestantischen ‚Bildungsreligion' (> 212-4:2.2.2.) verschmelzen individuelle Persönlichkeitsbildung und moderne Weltanschauung untrennbar miteinander; die ‚politische Religion' (> 212-3:3.4.) verknüpft persönliche Überzeugungen und gesellschaftliche Verantwortung miteinander; im diakonischen ‚Tatchristentum' (> 212-2:2.4) wird das privatreligiöse Motiv der Nächstenliebe im Rahmen rational organisierter Hilfeleistung zur Geltung gebracht; in der ‚Medienreligion' (> 212-2:2.3.) werden allgemeingesellschaftlich approbierte religiöse Obligationen – die Erhaltung der Schöpfung, die Wiederherstellung des Weltfriedens, die Ausgestaltung einer interreligiösen Lebenskultur – vom einzelnen Rezipienten verinnerlicht und zu Maximen seiner privaten Lebensführung umgeformt.

Besonders signifikant kommt die Trennung und Beziehung der beiden für die bürgerliche Gesellschaft charakteristischen Lebenshorizonte schließlich in der sozial organisierten Christentumspraxis und insbesondere in den *kirchlich* institutionalisierten Gestalten des religiösen Lebens zur Geltung. Im Gottesdienst (> 212-3:3.) versammeln sich im Horizont kirchlicher Öffentlichkeit einzelne, um sich sowohl der religiösen Konturen ihres privaten Lebens wie der für alle Kirchenmitglieder verbindlichen Grundsätze christlicher Lebenshaltung und Lebensführung zu vergewissern; im homiletischen Rezeptionsprozeß (> 212-4:3.1.3.) verarbeitet der einzelne Hörer die in der gottesdienstlichen Öffentlichkeit vorgetragene Kanzelrede auf individuelle Weise und zeichnet die teils privat grundierten, teils in der allgemeingesellschaftlichen Kulturreligion verankerten Wirklichkeitsperspektiven in seine subjektive Wirklichkeitskonstruktion ein. Im Seelsorgegespräch (> 213) wird in einer zugleich privat konturierten wie beruflich institutionalisierten Kommunikationssituation die originäre Biographie einer unvertauschbaren Individualität auf der Folie ihrer sozialen Kontexte rekonstruiert und damit der private Lebenshorizont des Seelsorgesuchenden in die gesellschaftliche Lebenswelt eingebunden. In den Institutionen der religiösen Erziehung – im Religionsunterricht (> 233) und im Konfirmandenunterricht (> 212-3:3.5.1.) – wird die subjektive Lebens- und Bildungsgeschichte (> 312) des Individuums mit den allgemeinverbindlichen Formen des gesellschaftlichen Lebens verknüpft. So verschiedenartig sich die teils eher von Formen des privaten Lebens geprägten, teils eher der öffentlichen Religionspraxis zuzurechnenden Grundsituationen zeitgenössischer Christentumspraxis auch darstellen, ihre gemeinsame Funktion besteht in der komplexen Relationierung der beiden für die neuzeitliche Lebenswelt konstitutiven Wirklichkeitssphären.

Am deutlichsten tritt die synthetische Statur der Religion aber in deren *ritueller* Dimension (> 110) und insbesondere in den zugleich in der gesellschaftlichen Lebensordnung wie in der individuellen Biographie verankerten Kasualien (> 232-3) heraus. Die Kasualien sind – zum einen – als symbolische Inszenierungen gesellschaftlicher Institutionen anzusehen: der Ehe, der Familie, des Verwandtschaftssystems, des gesellschaftlich standardisierten Altersklassenschemas und der Beziehung, in der die Lebenden zu den Verstorbenen stehen. In der jeweils verschiedenartigen sozialen Statur der Gruppe, die sich anläßlich einer rituellen Symbolhandlung versammelt, bilden sich die elementaren Grundstrukturen der gesellschaftlichen Lebenswelt modellhaft ab. So gliedert sich die Hochzeitsgesellschaft nach dem dualen Prinzip der Gegenüberstellung zweier Verwandtschaftssysteme; anläßlich einer Bestattung gruppiert sich die Lebenswelt eines Menschen nach dem Modell der konzentrischen Kreise um seinen Sarg; bei der Taufe tritt eine Kernfamilie der gottesdienstlichen Gemeinde gegenüber, bei der Konfirmation die Altersklasse der Jugendlichen den Erwachsenen.

Gleichwohl geht die Bedeutung der Kasualien nicht in deren gesellschaftsintegrativer Funktion auf. Wie die lebenszyklisch untereinander verbundenen Symbolhandlungen den einzelnen von der Gleichförmigkeit des gesellschaftlich standardisierten Lebenslaufs überzeugen, so bringen die mit singulären lebensgeschichtlichen Schlüsselsituationen verknüpften und aus der Alltagsroutine herausragenden Begehungen des Lebens und insbesondere die in sie eingebetteten Kasualreden (> 232-2) in dialektischer Umkehrung der Wahrnehmungsperspektive – zum anderen – die Authentizität *subjektiver* Lebensgestaltung und die Originalität einer individuellen Lebensgeschichte zum Ausdruck. Die Kasualien stellen somit öffentliche Inszenierungen extraordinärer privater Lebensszenen dar: des Aufbaus einer gemeinsamen Lebenswelt, eines Prozesses, in dessen Verlauf nicht nur die private Zukunft gemeinsam arrangiert, sondern auch die biographische

Vergangenheit der Partner aus neuer Perspektive umgeschrieben werden muß; der Geburt eines Kindes, durch die die Zweierbeziehung seiner Eltern zu einem ambivalent verfaßten und nicht selten krisenumwobenen Dreiecksverhältnis umgeformt wird; des Übergangs eines Kindes in die Erwachsenenwelt, der eine Umstellung der häuslichen Hierarchie nach sich zieht; schließlich des Todes eines geliebten Menschen, dessen Verlust eine umfassende Neuordnung der privaten Lebenswelt in Gang setzt.

3. Die synthetische Statur der modernen Religionskultur kommt zwar in deren empirischen Erscheinungsformen auf vielfältige Weise zum Ausdruck. Um die konstitutive Funktion der Religion für die Verschränkung von privater und öffentlicher Lebenssphäre aber nicht nur im Spiegel empirischer Einzelfälle nachzeichnen zu können, sondern die genuinen Leistungen der Religion für den sinnhaften Aufbau der Lebenswelt umfassend rekonstruieren zu können, bedarf es der Entwicklung mehrperspektivisch angelegter und interdisziplinär verfaßter Konzepte der *Religionstheorie*. Läßt sich die Struktur individueller Religiosität mit den Mitteln der Psychologie (> 112) beschreiben und läßt sich die gesellschaftliche Funktion der Religion im Rahmen der Soziologie (> 122) kennzeichnen, so kann die synthetische, die private wie die gesellschaftliche Lebenspraxis umgreifende und beide Sphären der Lebenswirklichkeit miteinander vermittelnde Statur der Religion nur in weitgespannten und gleichzeitig differenziert ausgestalteten Theorieentwürfen erfaßt werden, in denen sich die verschiedenen Perspektiven religionstheoretischer Reflexion auf komplexe Weise miteinander verschränken. Im Rahmen ‚integraler‘ Religionstheorie wird die konstitutive Bedeutung der Religion für die Konstruktion der Wirklichkeit aufgedeckt.

132
Grundzüge integraler Religionstheorie

1. Der Gedanke, daß die Bedeutung der Religion weder in deren individualitätskonstitutiver noch in deren gesellschaftsintegrativer Funktion aufgeht, sondern erst in der *Vermittlung* zwischen Individuum und Gesellschaft vollständig zur Geltung kommt, bildet die leitende Prämisse ‚integraler‘ Religionstheorien. Die teils mehr der Religionsphilosophie und der Erkenntnistheorie zuzuordnenden, teils eher phänomenologisch konturierten Theoriekonzepte verschränken psychologische und soziologische Theorieperspektiven miteinander und begreifen das ebenso für die soziale wie für die religiöse Wirklichkeitskonstruktion konstitutive Verhältnis von Individuum und Gesellschaft als dialektisch verfaßte Wechselbeziehung.

Eine in der *Lebensphilosophie* (215) des beginnenden 20. Jahrhunderts verwurzelte Explikation des zugleich integralen wie dialektisch begriffenen Verständnisses von Religion findet sich bei Georg Simmel. Er geht in seiner Religionstheorie von der subjektiv verwirklichten Praxis der Religion aus und begreift die individuelle Religiosität als die Gestalt von Lebenspraxis, in der „die Ganzheit des Lebens zum Ausdruck" kommt (213,8) und das Leben seine unverwechselbare ‚Form‘ gewinnt. Der individuell ausgeformten Lebensgestalt steht die hinsichtlich ihrer pluriformen Manifestationen zwar vielfältige, gleichwohl aber in sich einheitliche Objektwelt gegenüber; sie bildet den gemeinsamen Stoff der verschiedenartigen Ausformungen des Lebens, der religiösen, moralischen oder ästhetischen Erkenntnis- und Handlungsprozesse. Ihre charakteristisch religiöse Konturierung gewinnt die Wirklichkeit durch die Tätigkeit religiöser Formgebung: „Die Religiosität ... erobert gleichsam erst auf der Wanderung durch die inhaltliche Mannigfaltigkeit der Welt eine Substanz für sich und stellt damit sich selbst sich gegenüber, die Welt der Religion dem Subjekt der Religion" (213,16). Verdankt die religiöse Welt ihre charakteristische Form einerseits der produktiven Selbsttätigkeit des religiösen Individuums, so bezieht sich die subjektive Religiosität andererseits immer auf die ausgeformten Objekte seiner Wahrnehmung.

Auf diesem dialektischen Zusammenspiel von subjektiver Formgebung und objektiver Wirklichkeitsgestalt ruht sowohl das allgemeine soziale Verhältnis, die wechselseitige Relation zwischen dem einzelnen und der Gesellschaft, als auch die spezifisch *religiöse* Beziehung des Individuums zu einer transzendenten Instanz auf: „Zwischen dem Verhalten des Individuums zur Gottheit und dem zur sozialen Allgemeinheit" besteht eine signifikante „Analogie" (213,30). Das fundamentale Strukturgesetz sowohl der sozialen als auch der religiösen Wirklichkeit findet Simmel in der dialektischen Verschränkung von Freiheit und Abhängigkeit: „So offenbart sich die gleiche Gestaltung in den religiösen wie in den soziologischen Existenzformen des Individuums" (213,32). Während sich die spannungsreiche Entgegensetzung von individueller Freiheit und gesellschaftlicher Abhängigkeit aber in der sozialen Welt als Konflikt darstellt, der in der Praxis des Lebens „höchstens technisch unlösbar" erscheint, ist die Dialektik der Religion, der Widerspruch zwischen göttlicher Freiheit und menschlicher Abhängigkeit, prinzipiell, „von seiner Wurzel her", unauflösbar (213,70).

Im Anschluß an die von Alfred Schütz (216; 217) ausgearbeitete *Phänomenologie* der Lebenswelt (> 310) bringen Peter L. Berger und Thomas Luckmann die „Dialektik von Religion und Gesellschaft" (218) im Rahmen eines originären „wissenssoziologische(n) Konzept(s)" (227,162) zur Geltung. Begreift die phänomenologisch orientierte Soziologie die „Alltagswelt" insgesamt als den „Sinnzusammenhang, der dem handelnden Menschen in der natürlichen Einstellung das Verstehen sozialer Sinngebilde (Symbole, Normen, Institutionen usw.) ermöglicht" (214,598), so zeichnen Berger und Luckmann die Religionsthematik in eine umfassende Analyse der ‚gesellschaftlichen Konstruktion der Wirklichkeit' (219) ein und fragen nach den ‚Bedingungen', unter denen ‚„transzendente', übergeordnete und ‚integrierende' Sinnstrukturen gesellschaftlich objektiviert" werden (221,61). Die Verschränkung von phänomenologischer und wissenssoziologischer Methodik führte zu einer „perspektivische(n) Neubestimmung des religionssoziologischen Aufgabenfeldes" (227,161).

Nach der phänomenologischen Analyse von Berger und Luckmann gliedert sich die gesellschaftliche *Lebenswelt* des Menschen in die subjektive und in die objektive Wirklichkeit (219,49ff.139ff). Beide sind in dialektischer Weise aufeinander bezogen: „Gesellschaft ist ein menschliches Produkt. Gesellschaft ist eine objektive Wirklichkeit. Der Mensch ist ein gesellschaftliches Produkt" (219,65). Weder der einzelne noch die Gesellschaft sind aber als feststehende Größen, als Pole eines Gegensatzes zu verstehen, der ein für allemal konstituiert wäre. Vielmehr bildet die dialektische Entsprechung von einzelnem und Gesellschaft einen dynamischen, historischen wie biographisch-genetischen Prozeß. Er folgt einer eigenen Logik, dem Dreischritt von Externalisierung, Objektivation und Internalisierung (218,4; 219,65). Die durch Externalisierung geschaffene gesellschaftliche Lebenswelt tritt ihrem eigenen Produzenten als Objektivierung gegenüber, als eine Welt, die der Mensch „dann anders denn als ein menschliches Produkt erlebt" (219,65) und die er sich im Vorgang der Internalisierung immer wieder aneignen muß.

Auch die *religiöse* Konstruktion der Wirklichkeit folgt der Logik dieses dialektischen Dreischritts. Die Religion ist auf der einen Seite nichts anderes als menschliche Produktion; sie tritt dem Menschen auf der anderen Seite aber als eine eigenständige Welt gegenüber, als „heilige(r) Kosmos", als eine „Mächtigkeit", die er „anders als sich selbst und doch mit ihm verbunden erlebt" (218,26). Die „Dialektik zwischen gesellschaftlicher Wirklichkeit und individuellem Dasein" (219,199) kommt im Verhältnis des Menschen zur religiösen Welt in radikalisierter Fassung zur Geltung. Denn die Religion geht nicht in den Selbstverständlichkeiten des Alltagslebens auf, sondern findet ihren sozialen Ort in „Grenzsituationen" des alltäglichen Lebens; sie ist in „Sinnprovinzen" angesiedelt, „die vom Alltagsleben abgetrennt und mit einer seltsamen Wirklichkeit eigenen Rechts ausgestattet sind" (219,103). Die Religion greift daher über die alltagsweltliche Konstruktion der Wirklichkeit hinaus: „Religion ist der kühne Versuch, das gesamte Universum auf den Menschen zu beziehen und für ihn zu beanspruchen" (218,28).

Als eine „Enklave" in der alltäglichen, der „obersten Wirklichkeit" (219,28) verstellt die Religion dem Menschen allerdings leicht das Bewußtsein dafür, daß es *seine* Welt ist, der er in der Religion begegnet, daß er selbst es ist, der sich in der religiösen Welt wiederfindet. „Die von Menschen errichtete Welt wird auf eine Weise erklärt, die ihren Produktcharakter verleugnet" und deshalb dahin tendiert, sich gegenüber dem Menschen zu verselbständigen und damit gleichzeitig „den Menschen auch sich selbst zu entfremden"

(218,87). Die kritische Funktion der dialektischen Auffassung von Gesellschaft und Religion besteht deshalb darin, die „geschichtliche Relativität der Religion" (218,176) bewußt zu halten und – im Sinne einer als „humanistische Wissenschaft" begriffenen Soziologie – Religion wie Gesellschaft „als Teil einer menschlichen Welt" zu verstehen, „geschaffen von Menschen, bewohnt von Menschen und in unaufhörlichem historischem Prozeß wiederum an Menschen schaffend" (219,201).

2. Die im Zuge philosophisch-soziologischer Lebensweltanalyse aufgedeckte Struktur der zugleich individuell wie gesellschaftlich verfaßten Religionspraxis läßt sich durch grundlegende Erkenntnisse der *empirischen* Religionsforschung belegen. Besonders markant tritt die dialektische Struktur der religiösen Lebenspraxis, wie Bronislaw Malinowski (> 123) in seinen ethnologischen Untersuchungen gezeigt hat, in einfach strukturierten, vormodernen Gesellschafts- und Kultursystemen zutage. Der sakrale Lebensbereich ist hier strikt vom profanen Leben getrennt; innerhalb der sakralen Sphäre ist zwischen Magie und Religion zu unterscheiden. Magie stellt eine „Kunst" dar, „die aus Handlungen besteht, welche nur Mittel für ein bestimmtes Ziel sind" (210,71) und absichtsvoll vollzogen werden. Im Gegensatz zu solchen instrumentellen sakralen Praktiken stellt die Religion „eine Gesamtheit in sich abgeschlossener Handlungen" dar, „die selbst die Erfüllung ihres Zweckes sind" (210,71f). Die Religion bildet damit eine eigenständige, in sich geschlossene Sphäre menschlicher Erfahrung und menschlichen Handelns, die „vollkommen übernatürliche Welt des Glaubens" (210,72).

Gerade die *Selbständigkeit* der religiösen Welt macht es nach dem Urteil Malinowskis unmöglich, Religion und Gesellschaft so unmittelbar zueinander in Beziehung zu setzen, wie dies bei Durkheim (> 122) geschieht: „Die Gesellschaft als die Hüterin der weltlichen Tradition, des Profanen, kann nicht das religiöse Prinzip oder die Gottheit sein, denn die Gottheit gehört nur in den Bereich des Sakralen" (210,43f). Deshalb ist „klar, daß Religion ihre ganze Heiligkeit nicht von dieser Quelle ableiten kann, da diese selbst erst durch die Religion geheiligt wird" (210,44). Auch verdankt sich die Religion keineswegs nur gesellschaftlichen Motiven. Sie entsteht vielmehr „zu einem großen Teil aus rein individuellen Quellen" (210,44), in „Situationen emotionaler Spannung" und insbesondere in „Lebenskrisen" (210,71). Die elementare Ursprungssituation der Religion bildet „das letzte Grundereignis des Lebens", der Tod. Er ist „das Tor zur anderen Welt in mehr als wörtlichem Sinn" (210,32). Die Einstellung zum Tod sowie die ihr entsprechenden religiösen Praktiken und Emotionen sind „äußerst komplex und sogar widersprüchlich"; „Schrecken und Furcht" vermischen sich untrennbar mit „frommer Liebe" (210,33). „In dieses Spiel emotionaler Kräfte, in dieses äußerste Dilemma von Leben und endgültigem Tod, dringt die Religion ein"; sie „wählt die positive Weltanschauung" (210,36). Der Glaube an die Unsterblichkeit stellt damit weniger eine „philosophische Doktrin" dar; er ist vielmehr als „das Resultat einer tiefen emotionalen Offenbarung" (210,36) zu begreifen, in der sich die gesellschaftsintegrative Valenz der Religion zur Geltung bringt: „Die Religion sichert hier den Sieg der Tradition und der Kultur über die negative Reaktion des frustrierten Instinkts" (210,38).

Sigmund Freuds (> 112) *psychologisch* grundierte Darstellung von Genese, Entwicklung und Funktion der Religion ist von den ethnologischen Untersuchungen seiner Zeit stark beeinflußt. In einer kleinen Schrift über „Zwangshandlungen und Religionsübungen" stellt Freud die „Übereinstimmungen und Analogien" (151,21) zwischen religiösen und

psychopathologischen Verhaltensweisen heraus und sucht die charakteristische Statur
religiöser Lebenspraxis einerseits aus dem Vergleich mit der Neurose, andererseits auf
dem Hintergrund der Trennung und Beziehung von individueller und gesellschaftlicher
Lebenspraxis aufzudecken. Freud schlägt vor, „die Zwangsneurose als pathologisches
Gegenstück zur Religionsbildung aufzufassen, die Neurose als eine individuelle Religiosität, die Religion als eine universelle Zwangsneurose zu bezeichnen" (151,21). In seiner
Essaysammlung „Totem und Tabu" (149) deckt Freud die signifikanten „Übereinstimmungen im Seelenleben der Wilden und der Neurotiker" (149) auf und verifiziert seine
zugleich religionstheoretisch wie religionskritisch akzentuierte Hypothese anhand vielfältiger ethnologischer Materialien. Freud faßt das Tabu als „Kompromißsymptom des
Ambivalenzkonfliktes" (149,356) auf, in dem sich die Menschen gegenüber den in ihrer
Gemeinschaft geltenden Tabuvorschriften vorfinden: „Sie möchten im Unbewußten
nichts lieber als sie übertreten, aber sie fürchten sich auch davor; sie fürchten sich gerade
darum, weil sie es möchten" (149,323). Diese ebenso untrennbare wie ambivalente Verbindung von Lust und Furcht kennzeichnet auch das Verhältnis der Menschen zu den
von ihnen zugleich geliebten wie gefürchteten Toten. Die „diesem Verhältnis innewoh-
nende Ambivalenz" führt zu „zwei völlig entgegengesetzte(n) psychische(n) Bildungen":
zu Dämonen- und Gespensterfurcht auf der einen Seite und zur Ahnenverehrung auf der
anderen Seite (149,355f).

Zwar räumt Freud ein, „es sei den Seelenregungen der Primitiven überhaupt ein höheres
Maß von Ambivalenz zuzugestehen, als bei den heute lebenden Kulturmenschen aufzu-
finden ist" (149,356). Gleichwohl läßt sich die Struktur des *Gewissens* als der Instanz
individueller Religiosität auf dem Hintergrund des archaischen Tabugehorsams und des
ihm entsprechenden Schuldgefühls psychologisch erfassen. Das Gewissen, „die innere
Wahrnehmung von der Verwerfung bestimmter in uns bestehender Wunschregungen",
entsteht „auf dem Boden einer Gefühlsambivalenz aus ganz bestimmten menschlichen
Relationen, an denen diese Ambivalenz haftet, und unter den für das Tabu und die
Zwangsneurose geltend gemachten Bedingungen, daß das eine Glied des Gegensatzes
unbewußt sei und durch das zwanghaft herrschende andere verdrängt erhalten werde"
(149,358). So widersprüchlich die emotionale Verfassung des religiösen Menschen und
die ihr entsprechenden religiösen Praktiken sind, so ambivalent stellt sich auch die moralische Konstitution des Menschen dar. In den „großen sozialen Produktionen" des
Menschen, zu denen auch die Religion zu zählen ist, wird die den Menschen kennzeichnende Gefühlsambivalenz aufgehoben und zugleich bewahrt. Deshalb zeigt die Religion
„auffällige und tiefreichende Übereinstimmung mit der Neurose". Allerdings ist die
„Zwangsneurose" als ein „Zerrbild einer Religion" anzusehen. Denn im Unterschied zu
den gesellschaftlich ausgeformten und damit allgemeingültigen Formen religiöser Lebenspraxis sind die Neurosen „asoziale Bildungen"; „sie suchen mit privaten Mitteln zu
leisten, was in der Gesellschaft durch kollektive Arbeit entstand" (149,363).

3. Eine eigenständige Ausformulierung fand das dialektische Verständnis der Religion in
teils philosophisch, teils soziologisch, teils psychologisch grundierten Theorien der
Symbolisierung (229,24ff) als einer religiös konturierten Form individueller wie gesellschaftlicher Wirklichkeitskonstruktion. Die unterschiedlichen Versionen der *Symboltheorie* gehen gemeinsam davon aus, daß die Symbole „die Sprache der Religion sind,
die einzige Sprache, in der sich die Religion unmittelbar ausdrücken kann. *Über* die Religion kann man auch in philosophischen und theologischen Begriffen Aussagen machen

… Aber das Religiöse selbst kann sich nur in Symbolen ausdrücken oder in Komplexen von Symbolen, die wir, wenn sie zu einer Einheit verbunden sind, Mythen nennen" (232,3).

Ernst Cassirer konzipiert seine ,*Philosophie* der symbolischen Formen' (233) als „Phaenomenologie der Erkenntnis" (234,208). Das „Symbol" wird von Cassirer „nicht als Substanz aufgefaßt, sondern als ,geistige Gestaltung' durch das Subjekt" (230,586), nicht als „Rohstoff einfacher ,Qualitäten'", sondern als „immer schon durchsetzt und gewissermaßen beseelt von bestimmten Akten der Sinngebung" (234,214). Die „grundlegende Symbolisierungsfähigkeit des Menschen", der produktive Akt symbolischer Wirklichkeitskonstruktion, in dem „ein ,Sinnliches' mit wie immer geartetem Sinn" erfüllt (230,585) wird und in dem umgekehrt „das ,Gesehene'" immer „in einer bestimmten Weise der ,Sicht'" erscheint (234,213), bildet „das Fundament aller höheren Symbolsysteme wie Kunst, Religion oder Wissenschaft" (230,585), der „wahrhafte(n) Urphänomene des Geistes" (234,82).

In der komplexen Symboltheorie von Susanne K. Langer verschränken sich *erkenntnistheoretische* und *wahrnehmungspsychologische* Perspektiven miteinander. Wie Cassirer, so sieht auch Langer „im Gebrauch von Symbolen die ,wesentliche Tätigkeit des Geistes', der nicht nur Sinnesdaten registriert" (230,586), sondern permanent symbolische ,Projektion(en)' (235,86) und ,Transformation(en)' (235,104) vornimmt: „Ein Objekt ist kein Sinnesdatum, sondern eine durch das sensitive und intelligente Organ gedeutete Form, eine Form, die gleichzeitig ein erlebtes Einzelding und ein Symbol für dessen Begriff, für diese Art von Ding ist" (235,95). Von den ,präsentativen Symbolen', in denen sich ein vielschichtiger Sinngehalt ganzheitlich und gleichzeitig zur Darstellung bringt (z.B. Musik, Ritus, Mythos), sind die ,diskursiven Symbole', insbesondere die sprachlich verfaßten Wirklichkeitskonstrukte, zu unterscheiden (230,586); beide Symboltypen folgen einer je unterschiedlichen „Rationalität" (235,103). „Sprache im strengen Sinne ist ihrem Wesen nach diskursiv"; sie entsteht, indem kleine „Bedeutungseinheiten" zu „größeren Einheiten" verbunden werden; aufgrund „festgelegte(r) Äquivalenzen" und allgemeingültiger „Konnotationen" ist das sprachliche Medium kommunikativ handhabbar (235,103).

Den spezifischen Leistungen sprachlicher Symbolisierungsprozesse stehen die Defizite verbaler Kommunikation gegenüber. Soll „unsere emotionale Natur zum Ausdruck" gebracht werden, dann erweist sich die Sprache als „ein sehr armes Medium"; die Sprache „vermag lediglich, gewisse vage und grob begriffene Zustände zu benennen, versagt aber bei jedem Versuch, das immer Wechselnde, Ambivalente und äußerst Verwickelte der inneren Erfahrung, das Hin und Her von Gefühlen und Gedanken, Eindrücken, Erinnerungen und Nachklängen von Erinnerungen, die flüchtigen Phantasien oder ihre bloß runenhaften Spuren, all das namenlose emotionale Material zu vermitteln" (235,106). Hier zeigen sich die Akte *präsentativer* Symbolisierung, insbesondere die visuellen Symbolmedien, als überlegen. „Sie bieten ihre Bestandteile nicht nacheinander, sondern gleichzeitig dar, weshalb die Beziehungen, die eine visuelle Struktur bestimmen, in einem Akt des Sehens erfaßt werden" (235,99).

Der ,*Symbolische Interaktionismus*' (228), der an den ,Sozialbehaviorismus' und insbesondere an die Sozialphilosophie und Sozialpsychologie von George H. Mead (225,13ff) anschließt, zeichnet die Grundlinien der symboltheoretischen Wissenschaftstradition in die soziologische Theoriebildung ein. Er rekonstruiert den „Konstitutionsprozeß gesellschaftlicher Wirklichkeit" auf der Basis von „signifikante(n) Symbolen" (227,167) und „vertritt den Standpunkt", daß sich „die ‚Welten', die für die Menschen und ihre Gruppen existieren, aus ‚Objekten'" zusammensetzen, die ihrerseits als „Produkt(e) symbolischer Interaktion" anzusehen sind (226,90). Wie die einzelnen Menschen „‚Dingen' gegenüber auf der Grundlage der Bedeutungen" handeln, „die diese Dinge für sie besitzen" (226,81), so stellt sich das „menschliche Zusammenleben" insgesamt als ein dynamischer „Prozess" dar, „in dem Objekte geschaffen, bestätigt, umgeformt und verworfen werden" (226,91). Die „Bedeutung" der Objektwelt wird in der „sozialen Interaktion", einem umfassenden „interpretativen Prozess", generiert (226,81). Die kommunikativen Medien der symbolischen Interaktion bilden die „Gesten qua signifikante Symbole"; sie haben „für alle Mitglieder einer gegebenen Gesellschaft oder gesellschaftlichen Gruppe den gleichen Sinn" und lösen „in dem die Geste setzenden Individuum wie auch in den auf sie reagierenden Individuen die gleichen Haltungen" aus (224,86f). Insofern das handelnde und damit symbolsetzende Individuum mit der signifikanten Geste nicht nur seinem Gegenüber, sondern gleichzeitig auch „sich selbst etwas anzeigt" (226,93), läßt sich der Mensch als „Organismus" begreifen, „der mit sich selbst soziale Interaktion eingeht" (226,94).

Die im Rahmen eines erweiterten *psychoanalytischen* Theoriemodells entworfenen Konzeptionen der Symboltheorie nehmen die pluriformen Momente der philosophischen und soziologischen Theorietradition auf und suchen sie auf der Basis psychologischer Theoriebildung miteinander zu verbinden. Während Ernest Jones (237) den Prozeß der Symbolbildung im Zusammenhang des Verdrängungsprozesses rekonstruierte und die ‚Symbole' in Anknüpfung an Äußerungen von Freud als ‚Symptome' auffaßte (231,57ff), greifen die neuen tiefenpsychologischen Theorien der Symbolisierung in eigenständiger Weise auf Freuds Erklärungsmodell für die Entstehung, Entwicklung und Struktur religiöser Lebenspraxis zurück. Sie knüpfen sowohl an die von Freud herausgestellte Analogie zwischen religiöser Praxis und Neurose als auch an dessen Analyse der Gefühlsambivalenz an und beschreiben im Rückgriff auf die sozialwissenschaftliche Symboltheorie Struktur und Funktion der Symbolisierung auf dem Hintergrund der dialektischen Beziehung zwischen individueller und gesellschaftlicher Wirklichkeitskonstruktion. Dieses komplexe Konstrukt erkenntnisleitender Prämissen bildet die Grundlage sowohl der psychoanalytisch grundierten Symboltheorie von Alfred Lorenzer als auch der pastoralpsychologischen Theorie von Joachim Scharfenberg.

Lorenzer faßt die *Symbole* als komplex strukturierte Instrumente individueller wie sozialer Wirklichkeitskonstruktion auf. Wie sich in einem Symbol die vieldimensionale Lebenswirklichkeit verdichtet, so stellen sich die vielfältigen Symbole umgekehrt zu einer nach eigenen Gesetzen komponierten Sinnwelt zusammen; sie verweisen wechselseitig aufeinander und bilden „ein vielfach geschichtetes, durch ein reiches Netz von Quer-, Längs- und Diagonalbeziehungen verknüpftes System" (238,98). Die hohe Bedeutung der Symbole kommt zum einen in deren Integrationsfunktion zur Geltung; die Symbole verknüpfen die verschiedenen Sinnwelten des Menschen miteinander und lassen damit die vielfach aufgeschichtete Lebenswelt als sinnhaften Kosmos erscheinen. In ihrer Funktion als Kommunikationsmedien ermöglichen die Symbole zum anderen interpersonale Verständigung und damit sinnhaftes soziales Handeln. Die Symbole bilden somit die Klammer zwischen den divergierenden und konvergierenden Sinnwelten des Individuums wie zwischen dem Individuum und der gesellschaftlichen Wirklichkeit.

Den Sinn stiftenden und Kommunikation konstituierenden Symbolen als den „bewußten Repräsentanzen" der Wirklichkeit stellt Lorenzer die nicht-symbolischen, „unbewußten Repräsentanzen" gegenüber; er nennt sie in Anlehnung an eine beiläufige Äußerung von Freud *„ Klischees "* (238,93). Klischees „stammen von symbolischen Repräsentanzen ab, die im Sozialisationsprozeß gebildet – und im Vorgang der Verdrängung ‚exkommuniziert', d.h. aus der Kommunikation in Sprache und Handeln ausgeschlossen wurden", gleichwohl aber „ihre Wirksamkeit für Verhalten, ihre dynamisch-energetische Relevanz nicht verloren" haben (239,79). Im Gegensatz zum kommunikativen Medium des Symbols setzt sich klischeebestimmtes Verhalten „hinter dem Rücken des Subjekts mit der Starrheit, Zwangsläufigkeit und ungebremsten Kraft einer Triebdressurverschränkung" (238,104) durch; es ist „strikt determiniert", streng „an den szenischen Auslösereiz gebunden" und vom Wiederholungszwang beherrscht (238,98). Und „während Symbole sich durch die Unterscheidung von ‚Objekt' und ‚Symbol' auszeichnen, fehlt eine derartige Autonomie beim Klischee" (238,97). Wie das Vorstellungs- und Verhaltensmuster des Klischees die Komplexität der Lebenswirklichkeit nicht auszudrücken vermag, so wird es insbesondere dem dialektisch verfaßten und durch Kommunikation erstellten Verhältnis zwischen dem Menschen und der Welt nicht gerecht. An die Stelle symbolischer Kommunikation tritt die „pseudo-kommunikative Privatsprache" (239,92).

Scharfenberg verbindet in seiner *Pastoralpsychologie* (241) – einer neuartigen, aus der ‚pastoralpsychologischen Bewegung' (241,13) hervorgegangenen und zwischen Religionspsychologie und Praktischer Theologie angesiedelten Wissenschaftsdisziplin – Freuds Theorie der Religion mit den symboltheoretischen Erkenntnissen Lorenzers. Im Unterschied zur theologischen Dogmatik, deren Aufgabe in der Deutung der ‚öffentlichen' Symbole besteht, und im Unterschied zur Religionspsychologie, die sich mit der privaten Symbolwelt befaßt, stellt die gleichermaßen an der Tiefenpsychologie wie an der sozialwissenschaftlichen Symboltheorie orientierte Pastoralpsychologie einen „gemeinsamen hermeneutischen Schlüssel für beide symbolischen Interaktionsprozesse" zur Verfügung (240,43).

Die Grundsätze der vornehmlich als Theorie des Verstehens aufzufassenden, ‚hermeneutisch' konturierten Pastoralpsychologie (241,32) ergeben sich aus der von der Tiefenpsychologie aufgedeckten ambivalenten Statur der Persönlichkeitsdisposition; das „zentrale Thema ihrer Theorie" sind die *Grundkonflikte* der Lebenseinstellung und der Lebensführung (241,52). Die in ihren empirischen Erscheinungen vielfältig ausgeformten psychischen Ambivalenzen lassen sich idealtypisch auf eine „überschaubare Anzahl von menschlichen Grundkonflikten" zurückführen: „Als zentraler Grundkonflikt wird die menschliche Gefühlsambivalenz angenommen, die sich gemäß der für menschliche Erfahrung grundlegenden Kategorie des Raumes als die Ambivalenz von Zuneigung und Abstoßung, von Partizipation und Autonomie konkretisiert, unter dem Aspekt der Zeit als die Ambivalenz von Progression und Regression" (240,43). Ein drittes Kategorienensemble zur „formale(n) Strukturierung der innerpsychischen Konflikte" bildet die dialektische Entgegensetzung von „Anpassung und Phantasie"; sie thematisiert die „raumzeitliche Wirklichkeitserfassung insgesamt" (241,55f).

In der *Religion* kommen die Lebenskonflikte nicht nur mit besonderer Deutlichkeit zum Ausdruck; sie werden vielmehr auch im Zusammenhang religiös konturierter Kommunikationsprozesse bearbeitet. Im Rahmen der psychoanalytisch akzentuierten Theorie symbolischer Kommunikation fungiert die Religion als ein Erkenntnismedium, das dem Menschen seine Welt und sich selbst so zum Verstehen bringt, daß die Widersprüchlichkeit des Lebens nicht aufgelöst, sondern erfahrbar und zugleich verstehbar gemacht wird. In der Aufnahme einer Formulierung von Paul Ricoeur (231,127ff) sieht Scharfenberg „das Kennzeichen religiöser Praxis" darin, „Symbole so wirken zu lassen, daß sie zu denken geben, daß sie einen verborgenen Sinn erschließen, der vorher noch nicht manifest war" (241,45).

Sind die Grundkonflikte der menschlichen Existenz zugleich in der individuellen Lebensgeschichte des einzelnen wie in der gesellschaftlichen Lebenswelt begründet, dann lassen sie sich nur in einem zwischen Individuum und Gesellschaft vermittelnden Verstehensprozeß sachgemäß und erfolgversprechend bearbeiten. Die integrale Statur religiöser Symbolisierungsprozesse läßt sich an der pastoralpsychologischen Interpretation der kirchlichen *Symbolhandlungen* auf exemplarische Weise demonstrieren. In den Kasualien (> 232-3) verweben sich nicht nur die beiden Sphären des gesellschaftlichen Lebens, private und öffentliche Lebenswelt, untrennbar ineinander. Vielmehr kommen in den rituellen Begehungen des individuell wie sozial verfaßten Lebens auch die gleichermaßen in der subjektiven Lebenseinstellung wie in der gesellschaftlichen Lebenspraxis verankerten Grundkonflikte markant zum Ausdruck. Das Handlungs- und Erlebnisschema der Taufe „trägt die Struktur der Doppelheit von Abstoßung und Zuneigung, von Aus- und Eingliederung, von Tod und Leben", das der Konfirmation von „Vorwärts- und Rückwärtsschreiten in der Zeit", von „Regression und Progression", das der Trauung von „Freiheit" und „Bindung" (240,47f).

Unter den Bedingungen der *Moderne* erscheint die Grundvoraussetzung gelingender Konfliktbearbeitung, die Interdependenz von individueller und gesellschaftlicher Wirklichkeitskonstruktion, nun aber von beiden Seiten aus gefährdet. Treten an die Stelle der symbolischen Kommunikationsmedien die klischeehaften „populären Mythologien, Ideologien und Symbole der Massenkultur" (240,45), dann werden die Subjekte vom Symbolisierungs- und Kommunikationsvorgang ausgeschlossen. Die Kehrseite dieser gegen die autonome Lebenspraxis des einzelnen gerichteten Entwicklung des Symbolisierungsprozesses besteht in der ‚Privatisierung‘ der Symbole, in der gegenüber der gesellschaftlichen Öffentlichkeit abgeschlossenen, in die Innenwelt des Individuums zurückverlagerten Bearbeitung von Lebenskonflikten. Indem die symbolischen Vorstellungen und Praktiken im Zuge ihrer Privatisierung aus den zwischen öffentlicher und privater Lebenspraxis vermittelnden Kommunikationsprozessen herausgelöst werden, verlieren sie ihre hermeneutische Valenz; sie werden zunächst für die Interaktionspartner und dann auch für das Subjekt selbst unverständlich. Die Konflikte des Lebens werden dann nicht bearbeitet, sondern verdrängt. Die privatisierte „Art der symbolischen Bearbeitung von Konflikten" kann schließlich zu einem „absonderlichen" Verhalten, „zur Ausbildung eines neurotischen Symptoms" führen (240,45).

Die kirchlich-religiöse Symbolwelt büßt ihre gleichermaßen individualitätskonstitutive wie gesellschaftsintegrative Funktion aber nicht nur im Zuge des sich ständig beschleunigenden Individualisierungsprozesses, sondern ebenso im Horizont der unaufhaltsamen

Säkularisierung der Religion ein. In der säkularen Moderne lassen sich die „kirchlichen Symbole" nicht mehr auf selbstverständliche Weise „auf einer unbewußten, emotionalen Ebene mit bestimmten menschlichen Problemstellungen und Konflikten in Verbindung setzen"; „das kirchliche Symbolangebot versinkt dann für die Betreffenden in schiere Bedeutungslosigkeit und verliert für sie jegliche Art von Relevanz" (240,45). Auf dem Hintergrund der gesellschaftlichen Entwicklung, der Individualisierung und der Säkularisierung der Lebenswelt, tritt die prekäre Statur symbolisch verfaßter Religionspraxis offen zutage.

133
Die Entwicklung der modernen Religionskultur
im Horizont des Pluralisierungs-, Säkularisierungs-
und Individualisierungsprozesses

---

1. Signaturen der Religion in der Moderne

1. Die *Bedeutung*, die der Religion in der privaten wie in der gesellschaftlichen Lebenswelt zukommt, wird in der Pluralisierungsthese, der Säkularisierungsthese und der Individualisierungsthese thematisiert und zugleich problematisiert. Bildeten die Projektions- und Kompensationsthese (> 113) sowie die Integrationsthese (> 123) den Grundbestand der von der Aufklärung ausgearbeiteten Religionstheorie und Religionskritik, so beherrschen die untrennbar miteinander verbundenen Thesen von der Pluralisierung, der Säkularisierung und der Individualisierung der modernen Religionskultur die soziologische und theologische Diskussionslage im 20. Jahrhundert. Während die Kernbegriffe der klassischen Religionskritik, Kompensation und Integration, allgemeine Grundfunktionen der Religion im Zusammenhang der individuellen und gesellschaftlichen Lebenswelt bezeichnen, läßt sich mit Hilfe der Pluralisierungs-, Säkularisierungs- und Individualisierungshypothese die historische Entwicklung der Religionspraxis im Horizont der modernen Lebenswelt detailliert beschreiben und umfassend beurteilen. Die an den gesellschaftshistorischen Wandlungsprozessen orientierten Rekonstruktionen der religiösen Lebenswelt schließen einerseits an die Religionstheorie und Religionskritik der Aufklärung an und wenden sich der Entwicklung der Religion in der von der Aufklärung geprägten Neuzeit zu. Die Interpretationen religiösen Wandels rekurrieren andererseits nicht vorwiegend auf einen Allgemeinbegriff von Religion (> 140); die gleichermaßen der Religionssoziologie wie der Religionshistoriographie zuzurechnenden Theorien wenden ihr Interesse vielmehr den empirischen Erscheinungsformen des Christentums in der Neuzeit und insbesondere den charakteristischen Transformationen der modernen Religionskultur zu.

Avancierten die Begriffe der Pluralität, Säkularität und Individualität mittlerweile auch zu Fundamentalkategorien religionssoziologischer Theoriebildung, so stellen sie sich gleichwohl sowohl hinsichtlich ihrer ursprünglichen, vorwissenschaftlichen Bedeutungsgehalte als auch in ihren wissenschaftlich raffinierten Versionen als Formeln zur Selbstbeschreibung und *Selbstauslegung* der Moderne dar. Wie sich im Pluralismustheorem die „sich selbst zum Programm gewordene Pluralität" (243,724) der neuzeitlichen Lebenskultur widerspiegelt, so „handelt es sich bei dem Individualisierungstheorem ... um ein allgemeines Selbstdeutungsmuster" der von der Idee individueller Autonomie faszinierten „Moderne" (273,85). Ebenso stellt sich das Säkularisierungsparadigma in wissenssoziologischer Perspektive zunächst als eine „Ursprungsidee" (272,9) der modernen, sich von vorneuzeitlichen Lebenshaltungen und Welteinstellungen emanzipierenden Gesellschaft dar; im Rahmen der von der Aufklärung inspirierten bürgerlichen Reflexionskultur wurde das Säkularisierungsparadigma dann zu einer „Kategorie der Selbstwahrnehmung der Moderne hinsichtlich ihrer religiösen Herkunftsbedingungen" (248,603) ausgeformt und schließlich von den Sozial- und Kulturwissenschaften zu einem „zeitdiagnostischen Potential" ausgearbeitet, das sich „in den Köpfen der Soziologen verfestigte" (272,9). Als die neuere Religionssoziologie in umgekehrtem Richtungssinn ihre kategorialen Leitbegriffe einer ideengeschichtlichen und ideologiekritischen Überprüfung unterzog, verlor die Säkularisierungsthese ihre selbstverständliche Geltung für die wissenschaftliche Theoriebildung. In dem Maße, in dem die Aufklärung in ein reflexives Verhältnis zu sich selbst trat und „sich dialektisch über sich selbst aufzuklären begann, war es mit der unbefragten Plausibilität des einfachen Schemas der Ablösung eines mythisch-religiösen durch ein säkulares Weltverhältnis schnell vorüber"; die Kritik der fundamentalen religionstheoretischen Hypothesen entlarvt den „Säkularisierungsbegriff" als einen „modernen Mythos" (272,9), der zwar über das Selbstverständnis der Moderne Aufschluß zu geben vermag, sich aufgrund seiner schillernden Bedeutungsgehalte aber nur bedingt zur wissenschaftlichen Erfassung von Statur und Dynamik der neuzeitlichen Religionskultur eignet.

2. Die drei religionstheoretischen Hypothesen bilden ein in sich geschlossenes *Ensemble* von Leitkategorien (> Einführung: 2.1.) zur Analyse der modernen, pluralisierten, säkularisierten und individualisierten Religionskultur. Sie stellen sich zu einem mehrdimensionalen Interpretationsraster zusammen, mit dessen Hilfe sich der vielschichtige Zusammenhang zwischen Religion und Moderne aufdecken und der vom populären Bewußtsein registrierte Bedeutungswandel der Religion durch wissenschaftliche Forschung belegen und erklären läßt.

In dem mehrdimensionalen Theoriekonstrukt fungiert die *Pluralisierungsthese* als Theorierahmen, in den sich die Interpretationsmuster der Säkularisierung und der Individualisierung einpassen lassen. In der Optik der Pluralisierungsthese stellt sich die moderne Lebenswelt, insbesondere aber die weit ausdifferenzierte Gegenwartskultur, als ein von Angebot und Nachfrage regulierter „Markt" dar (174,20). In der pluralistischen Gesellschaft konkurrieren nicht nur unterschiedliche religiöse Weltanschauungen miteinander; vielmehr sehen sich die religiösen Orientierungsangebote darüber hinaus auch der Konkurrenz vielfältiger nichtreligiöser, für das säkulare Bewußtsein aber um so plausiblerer Sinndeutungen ausgesetzt. Indem die Religion ihrer allgemeinen Verbindlichkeit entkleidet und der Logik des pluralistischen Kulturmarktes unterstellt wird, mutiert die in sich kohärente Religionskultur zu einem disparaten Sortiment von Optionen, die von den Konsumenten nach ihrem Wert taxiert und nach Bedarf angeeignet werden. Die ursprünglich auf eine umfassende Weltsicht angelegten Systeme religiösen Glaubens und die auf eine integrale Lebensperspektive abzielenden religiös-ethischen Maximen werden in Bruchstücke zerlegt und nach Belieben in individuell konturierte und damit nur partiell gültige Wirklichkeitskonstruktionen eingearbeitet. Die Religion büßt damit in einem Zug sowohl ihre individualitätskonstitutive (> 112) als auch ihre gesellschaftsintegrative Funktion (> 123) ein.

Die *Säkularisierungsthese* zeichnet die neuzeitliche Entwicklung der Religion in den von der Pluralisierungsthese erstellten Theorierahmen ein. Sie erklärt den Verlust der allgemeinen Verbindlichkeit religiöser Orientierungen und Praktiken historisch-genetisch aus dem Entstehungsprozeß der modernen Lebenswelt und belegt die begrenzte Bedeutung religiöser Sinnsysteme sowie insbesondere den Funktionsverlust der religiösen Institutionen und Organisationen empirisch. Sie verweist dazu auf bestimmte materiale Gehalte der zeitgenössischen Religionspraxis, die zwar hinsichtlich ihres historischen Ursprungs als religiös gelten, im Zuge der Modernisierung der Lebenswelt aber zunehmend aus ihrem religiösen Kontext herausgelöst und zu nichtreligiösen Phänomenen, zu ,Säkularisaten' umgeformt wurden. Mit Hilfe der Säkularisierungsthese läßt sich aber nicht nur der Prozeß der ,Entkirchlichung' der Religion, sondern ebenso auch die umgekehrte Entwicklung, die zunehmende ,Verkirchlichung' religiöser Einstellungen und Praktiken, historisch und soziologisch aufhellen. In dem Maße, in dem die pluriformen Gestalten praktizierter Religion sowohl einander als auch der säkularen Gesellschaft im ganzen gegenübertraten, verfestigten sich die partiellen religiösen Positionen; um innerhalb der pluralistischen Gesellschaft kenntlich zu bleiben, profilieren sich die Restbestände der Religion um so markanter. Auf dem Hintergrund der Säkularisierungsthese lassen sich die gegenläufigen Entwicklungsprozesse der Religion als die beiden Kehrseiten eines allgemeingesellschaftlichen Modernisierungsprozesses und insbesondere als untrennbare Komponenten eines umfassenden Revirements der neuzeitlichen Religionskultur begreifen.

Mit Hilfe der *Individualisierungsthese* schließlich lassen sich die sozialen und kulturellen Folgen religiöser Pluralisierung und Säkularisierung interpretativ erschließen. Geht man der weiteren Entwicklung der Religion in der modernen Gesellschaft nach, dann zeigt sich, daß sich die nicht nur aus den kirchlichen, sondern aus den öffentlichen Institutionen insgesamt ausgewanderte Religion in der vom Bürgertum geschaffenen und mit hohen symbolischen und realen Bedeutungsgehalten angereicherten Privatsphäre neu konstituiert (> 212-1). In der Deutungsperspektive der Privatisierungsthese löst sich die Religion im Zuge ihrer Modernisierung nicht auf; sie mutiert vielmehr von der Instanz gesellschaftlicher Integration zu der die Subjektivität konstituierenden und die Autonomie des Individuums repräsentierenden ,Religiosität'. In ihrer privatisierten Gestalt entzieht sich die ,unsichtbare' Religion (221) aber nicht nur dem Zugriff der Öffentlichkeit; die diffuse Privatreligion erweist sich vielmehr auch für die wissenschaftliche Beobachtung und Beschreibung als schwer zugänglich (1,93).

3. Sind die Pluralisierungs-, die Säkularisierungs- und die Individualisierungsthese auch untrennbar miteinander verwoben, so stellen sich die Statur und die Entwicklungsdynamik der neuzeitlichen Religionspraxis auf dem Hintergrund der verschiedenartigen *Interpretationsperspektiven* doch unterschiedlich dar. Und führen die soziologischen und historischen Analysen der neuzeitlichen Religionskultur auch insgesamt die seit der Aufklärung ausgearbeitete Religionskritik in veränderter Gestalt fort, so verweben sich in den kategorialen Rahmentheorien der zeitgenössischen Religionssoziologie religionstheoretische und religionskritische Akzente in verschiedenartiger Weise miteinander.

2. Die Pluralisierung der Religion

Der Begriff des ,*Pluralismus*', in dem sich „deskriptive, evaluative und präskriptive oder programmatische Aspekte" untrennbar miteinander vermengen, avancierte sowohl in der populären „öffentliche(n) Diskussion" als auch in den „Sozialwissenschaften" zu einem „umfassende(n) Deutungsbegriff der Situation der Gegenwart" (243,724) und ersetzt „in der Theologie der Gegenwart" zunehmend den Begriff der „,Säkularisierung'"

(243,731). Charakterisiert das Pluralismusideom „die moderne Lebenswelt in ihrer Vielfalt der gesellschaftlichen Gruppen, der politischen Kräfte, der Religionen und der Werte" (245,977), so wird für die Gegenwartssituation, am Übergang in die ‚Postmoderne' (> 210), ein neuer Pluralisierungsschub konstatiert: „Die meisten demokratisch-westlichen Gesellschaften befinden sich gegenwärtig in einem umfassenden Transformationsprozeß von einer traditional pluralen Gestalt hin zu multikulturellen Gesellschaften" (244,739). Wurde die „plurale Gesellschaft" bislang trotz ihres heterogenen Erscheinungsbildes von einem „Grundkonsens der Bevölkerungsmehrheit über bestimmte kulturelle, politische und religiöse Werte" zusammengehalten, so verändert der „radikalisierte Pluralismus" im ausgehenden 20. Jahrhundert die „Architektur des klassischen Pluralismus"; an die Stelle der „Mehrheitsorientierung mit tolerierter Minderheitenabweichung treten zunehmend die ‚reziproken Ansprüche' gleichberechtigter Bevölkerungsgruppen aneinander" (244,740). Gleichzeitig verstärken sich die in den Pluralisierungsprozeß eingelagerten Ambivalenzen. Eröffnet die pluralistische Gesellschaft den einzelnen wie den sozialen Gruppen einerseits immer größere Entfaltungsspielräume, so unterstellt sie die Individuen andererseits einem sich ständig verschärfenden Entscheidungszwang.

Im Rahmen der Pluralisierungsthese läßt sich nicht nur die gegenwärtige Statur der religiösen Lebenswelt, die „Faktizität pluraler Religionskulturen" (262,22), beschreiben, sondern auch der *Entwicklungsprozeß* nachzeichnen, in dessen Verlauf sich die Lebenskultur im ganzen und damit auch die neuzeitliche Religionskultur zunehmend pluralisierte. Die „im Verlauf der Kirchengeschichte" zu beobachtende „Aufspaltung der Christenheit in verschiedene Kirchen, Traditionen, Bekenntnisse und Sekten" sowie die Herausbildung partieller „Theologien und Lebensstile" (245,977) ist zwar auch durch „Differenzierungen" bedingt, die das „kulturelle und soziale Umfeld" der Religion kennzeichnen (243,734). Gleichwohl ist die Pluralisierung der neuzeitlichen Religionskultur nicht nur als ein von außen auf die Religion einwirkender Modernisierungsprozeß zu begreifen. Wie die „Pluralität verschiedener religiöser Einstellungen und Frömmigkeitsweisen" (262,24) „zur Grundverfassung des christlichen Glaubens gehört", so begleitet der Pluralisierungsprozeß „die Christentumsgeschichte in unterschiedlichen Ausprägungen" (243,732). Stellt sich der „konfessionelle Pluralismus als Folge der Reformation" (243,725) dar, so trug die in der Aufklärungsepoche geführte „Auseinandersetzung um die Geltungsansprüche der Religion" (243,725) sowie die „Entdeckung der Individualität" in der Epoche des Pietismus und der Romantik (243,726) zu einer weiteren Pluralisierung der Religion bei. Die gegenwärtige Religionskultur ist nicht nur durch „binnenkirchliche Dissonanzen und Disharmonien" (246,1236) charakterisiert. Vielmehr erscheint die „christliche Religion" in der interreligiös verfaßten Gesellschaft „als eine unter anderen begrenzten Religionen" (246,1235).

Auf dem Hintergrund der eng mit der Säkularisierungs- und Individualisierungsthese verbundenen Pluralisierungsthese treten schließlich die ambivalent zu beurteilenden *Folgen* religiöser Modernisierung markant heraus. Die ‚Modernität' hat „die Religion in eine ganz spezifische Krise gestürzt, in eine Krise, die zwar ohne Frage durch Säkularität gekennzeichnet, die aber weit wichtiger durch Pluralismus charakterisiert ist" (247,9). Sieht sich der „moderne Mensch" in der pluralistischen Gesellschaft „nicht nur einer Vielzahl von Wahlmöglichkeiten hinsichtlich seiner Handlungsweisen, sondern auch hinsichtlich seines Nachdenkens über die Welt konfrontiert" (247,30), dann wird die

Autorität religiöser Tradition „gemeinhin unterminiert" (247,9). Die Pluralisierung der Religionskultur führte sowohl zu einer „Privatisierung religiös-weltanschaulicher Überzeugungen" (243,726) und einer entsprechenden „Deinstitutionalisierung öffentlicher Religion" (126,320) als auch zu einer ‚Liberalisierung' religiöser Glaubensgehalte und in deren Folge zu der zunehmend synkretistischen Verfassung (242,717) religiöser Weltanschauungen und Lebenseinstellungen: „Der neue Liberalismus ‚subjektiviert' die Religion in radikaler Weise und in zweierlei Bedeutung des Wortes. Einmal wird Religion mit dem zunehmenden Verlust an Objektivität oder Verlust an Wirklichkeit ihrer Weltdefinition immer mehr zum Gegenstand freier subjektiver Wahl und verliert ihren intersubjektiv verbindlichen Charakter. Sodann werden die religiösen ‚Wirklichkeiten' aus Faktenzusammenhängen außerhalb des Individuums in die ‚Binnenwelt' seines Bewußtseins ‚übersetzt' … Das realissimum der Religion wird aus Kosmos und Geschichte in das individuelle Bewußtsein verlegt. Aus Kosmologie wird Psychologie, aus Geschichte Biographie. Mit diesen ‚Übersetzungen' gleicht sich die Religion natürlich den Wirklichkeitsvorstellungen des modernen säkularisierten Denkens an" (218,158).

3. Die Säkularisierung der Religion

1. Die Kategorie der ‚*Säkularisierung*', ursprünglich ein „Kampfbegriff" aufgeklärter „Eliten", der darauf abzielte, religiöse Aspekte aus den säkularen Bereichen der Ökonomie, des Rechts oder der Wissenschaft zu „eliminieren" (250,42), fand im Laufe ihrer neuzeitlichen Begriffsgeschichte Eingang in die allgemeine, populäre wie wissenschaftliche Reflexionskultur und avancierte schließlich „in der Mitte des 20. Jahrhunderts" zu einem „Zentralbegriff theologischer Gegenwartsreflexion" (243,731) wie insbesondere zu einer „fundamentale(n) Metapher der Religionssoziologie" (174,20). Meint ‚Säkularisation' (251) als eng gefaßte rechtshistorische Kategorie den „Vorgang des Überganges kirchlicher Güter und Institutionen in staatliche" (174,20), so verdankt der Begriff der ‚Säkularisierung' (249; 250) seine Karriere einer Ausweitung seiner Bedeutungsgehalte und seiner vielfältigen Anwendung auf die Beschreibung und Deutung der neuzeitlichen Religionsgeschichte.

In der globalen *Theorieperspektive* der Säkularisierungsthese lassen sich unterschiedliche Phänomene religiösen Wandels wie der allgemein zu beobachtende „Rückgang an kirchlicher Bindung", die „Entstehung eines religiösen Pluralismus" oder die „Umwandlung religiöser Anschauungen in kulturelle Selbstverständlichkeiten" auf gemeinsame gesellschaftshistorische Ursachen zurückführen (174,20). Als „umfassende Orientierungskategorie" religionssoziologischer Theoriebildung dient der ebenso vieldeutige wie mittlerweile umstrittene Begriff der Säkularisierung „zur entstehungsgeschichtlichen sowie strukturellen Beschreibung und Beurteilung des Verhältnisses zwischen Geist und Gestalt des Christentums einerseits und der modernen Welt der Neuzeit andererseits", wobei sich allerdings „die definitorisch-beschreibenden, analytisch-diagnostischen, die weltanschaulichen und geschichtsphilosophisch deutenden sowie die ideenpolitisch und kulturpraktisch wertenden Elemente" (252,1108) des Begriffs ständig miteinander vermengen. Die Elastizität des Säkularisierungstheorems „hat dazu beigetragen, daß Soziologen die Orte und Funktionen von Religionen in der Moderne meistens unter Bezug auf diese Metapher beschrieben" (174,20) und „die auf dem Gebiet der Religion zu konstatierenden Prozesse der Deinstitutionalisierung, Entkonfessionalisierung, Pluralisie-

rung, Entdogmatisierung und Individualisierung religiöser Einstellungen" als „Folge-
phänomene jenes globalen Ereignisses" (248,621) betrachtet haben.

Gilt ‚Säkularität' als Attribut der modernen Religionskultur, so bezeichnet ‚Säkularisierung' einen „globalen *Prozeß* historischer Veränderung" (271,18), der in seinen Ursprüngen bis ins Mittelalter zurückreicht, im Rahmen der „Neugestaltung der Lebenswelt und der Wissenschaften im 16./17. Jahrhundert" eine „neue Qualität" erhält, im 18.
und 19. Jahrhundert „bewußt vorangetrieben" wird und im 20. Jahrhundert schließlich
als „weitgehend abgeschlossen" (249,37) gelten kann. Der gesellschaftshistorische Prozeß der Säkularisierung betrifft „tendenziell sämtliche Lebensbereiche – Ideengeschichte, Kunst, Moral, Recht, Politik und Ökonomie" (249,37) – und prägt insbesondere der
Religion „in allen ihren Dimensionen" (273,83) seinen Stempel auf.

Die philosophisch-theologische *„Konzeptualisierung"* des Säkularisierungstheorems
erfolgte in der nachaufklärerischen Epoche und insbesondere in der Sozialphilosophie
des 19. Jahrhunderts. Begriff Hegel die „Überwindung des Gegensatzes von Geistlichem
und Weltlichem nicht als Ersetzung des einen durch das andere, sondern als Einbildung
des christlichen Prinzips in die Weltlichkeit" (249,37), so zeichnete Richard Rothe die
Säkularisierungskategorie in das Programm einer „ebenso spekulativ begründete(n) wie
empirisch-deskriptiv durchgeführte(n) ethische(n) Religions- und Christentumstheorie
(261,437) ein und sah in der ‚Säkularisierung der Kirche' das „Komplement zur ‚Ent-
säkularisierung des Staates'" (249,38): „Anhebend mit der Reformation und verstärkt
seit der Aufklärung habe das Christentum seine kirchliche Phase durch den Eintritt in
sein sittlich-politisches Stadium überschritten, um sich in Zukunft außerhalb der Kirchen
in einem religiös fundierten sittlichen Kulturstaat zu verwirklichen" (261,437). In Rothes
programmatischer These kehrt sich der Richtungssinn des Säkularisierungsprozesses um:
„Nicht die soziale Umwelt des kirchlichen Christentums sei säkular geworden, sondern
das Christentum verweltliche sich, um mit dem christlich imprägnierten Staat der Restauration des christlichen Bewußtseins zu dienen" (261,439). Sah Ernst Troeltsch in
Rothes Säkularisierungsprogramm „die Grundlage eines wissenschaftlichen Verständnisses der modernen Umformung des Christentums" (260,40), so wandelte sich die Sta-
tur der Säkularisierungskategorie in der Folgezeit vollends von einer „ideenpolitische(n)
Parole" zu einer „kulturgeschichtliche(n) Kategorie" (249,38) und fand in dieser Fassung
Eingang sowohl in die gesellschafts- und kulturtheoretischen Analysen von Wilhelm
Dilthey (> 212-4:2.2.3.), Ernst Troeltsch (> 221) und Max Weber (> 231) wie in die reli-
gionskritisch akzentuierten theologischen Theorieentwürfe von Dietrich Bonhoeffer oder
Friedrich Gogarten (249,39; 248,604ff).

Im Spiegel der gegenwärtigen soziologischen und theologischen *Theoriedebatte* stellt
sich der Säkularisierungsprozeß ambivalent dar. Auf der einen Seite gibt es „erdrücken-
de Hinweise" auf einen „neuerlichen Säkularisierungsschub in den sich weiter modernisierenden Gesellschaften Westeuropas" (272,10) und insbesondere deutliche empirische
Belege für einen rapiden „Schwund der Kirchenreligion" (221,75). Der Anstieg der Kir-
chenaustrittszahlen bei gleichzeitigem Rückgang der regelmäßigen Kirchenbesucher, die
Indifferenz der Gesellschaftsmitglieder gegenüber kirchlichen Glaubensvorstellungen
und Normenvorschriften und der daraus resultierende „Rückgang der gesellschaftlichen
Bedeutung von Religion" (273,83) bestimmen „das Säkularisierungstempo der siebziger
Jahre" (272,10). Auf der anderen Seite läßt sich aber mit dem „Eintritt in das letzte

Viertel des 20. Jahrhunderts" eine „weltweit" wirksame gegenläufige Tendenz beobachten: die „empirisch gut belegte Renaissance des Religiösen, nicht nur im Sinne eines zahlenmäßigen Wachstums der Religionen und religiösen Bewegungen und ihrer Anhänger, sondern vor allem auch im Sinne einer Zunahme des Einflusses der Religionen auf den nationalen wie internationalen öffentlichen Bereich" (243,731). Als Folge des mittlerweile abgeschlossenen Säkularisierungsprozesses bildet sich eine „postsäkulare Religiosität" heraus, „die nicht als Fortführung religiöser Traditionen zu verstehen ist, sondern den Traditionsabbruch der Säkularisierung voraussetzt und auf ihn mit einer bewußten Hinwendung zur Religion reagiert. Im Blick auf dieses Phänomen kann von einer Re-religionisierung gesprochen werden, die sich allerdings häufig außerhalb der Formen traditioneller religiöser Institutionen vollzieht. Im Christentum geht deshalb der zahlenmäßige Rückgang der Zugehörigkeit zu traditionellen Kirchen einem rasanten Anwachsen nichtinstitutionalisierter bzw. halbinstitutionalisierter Formen charismatischer Frömmigkeit parallel" (243,731).

Sowohl auf dem Hintergrund ihres ideengeschichtlichen Bedeutungswandels als auch im Rahmen der zeitgenössischen Diskussionslage stellt sich die Säkularisierungsthese als ein *komplexes* Konstrukt dar. Die „wechselnden Funktionen", „welche die ‚Säkularisierung' als Programm und Parole, als deskriptive Kategorie sozialer Prozesse oder als zivilisationskritisches Deutungsschema der neuzeitlichen Geschichte Europas bis heute erfüllt hat" (253,7), weisen das ‚Schlagwort der Säkularisierung' als eine Kategorie aus, die „weniger durch ihre wirklichkeitsaufschließende Kraft als durch die Provokation zur ideenpolitischen Frontenbildung ... philosophie- und geistesgeschichtlich bedeutsam geworden" ist (253,22). Die Vielschichtigkeit der in dem Theorem zusammengeschlossenen Bedeutungskomponenten, vor allem aber die Vielfalt ihrer Anwendungsmöglichkeiten machen die Säkularisierungsthese zu einem ebenso globalen wie „epochalen Interpretament" (169,73). In der gegenwärtigen praktisch-theologischenen Diskussion dient die Säkularisierungshypothese dementsprechend als Theorierahmen für ganz unterschiedliche Theoriekonzeptionen und als Begründungschiffre für ebenso divergente kirchenreformerische und gesellschaftspolitische Programme.

2. So plausibel die Säkularisierungsthese sowohl im Zusammenhang gegenwärtiger Erfahrungen mit Religion und Kirche als auch im Zusammenhang von empirischen Untersuchungen zu Statur und Entwicklung des neuzeitlichen Christentums erscheinen mag, um ihre Aussagekraft beurteilen zu können, bedarf sie einer *kritischen* Analyse. Diese muß davon ausgehen, daß die Säkularisierungsthese „ein relativ abstraktes sprachliches Zeichen für ein vielschichtiges Agglomerat von Aussagen darstellt, in dem sich Primärerfahrungen unterschiedlicher Erfahrungsträger, partikulare Theoretisierungen und unterschiedliche positionelle Handlungsabsichten zu einer in sich inkonsistenten, variablen, durchaus kontrovers auslegbaren Deutung der Wirklichkeit verbinden" (169,77). Das Säkularisierungstheorem ist als „eine Art von ‚praktischer Theorie'" (169,77) zu bewerten, als „pragmatisch orientierte(s) Interpretament" (169,78), dessen Plausibilität sich seiner „Plurifunktionalität" (169,85) verdankt.

In der soziologischen und theologischen Gegenwartsdiskussion lassen sich unterschiedliche Funktionen des Säkularisierungsinterpretaments idealtypisch voneinander trennen (168,177f). Der Begriff der Säkularisierung wird vornehmlich als „*genealogische* Kategorie" (169,78) zur Rekonstruktion der vielfältigen Transformationen benutzt, denen die

Religion in der Moderne unterliegt. Mit Hilfe des Säkularisierungsbegriffs lassen sich moderne Welt und vormoderne Welt einander gegenüberstellen und die epochalen Wandlungen der neuzeitlichen Christentumsgeschichte empirisch verifizieren. Die vorneuzeitliche Welt wird dann als durch und durch christlich-religiös geprägter, von dem „mittelalterlichen Einheitsideal einer religiös-integrierten Lebenskultur" (252,1108) durchdrungener Lebenskosmos gezeichnet, die gegenwärtige Lebenswelt als säkulare Wirklichkeit begriffen, in der sich zwar durchaus Spuren christlich-religiöser Traditionselemente auffinden lassen, die aber insgesamt nicht mehr durch die christliche Religion geprägt erscheint. Säkularisierung bezeichnet in dieser Hinsicht einen „epochale(n) Prozeß, der mit innerer Folgerichtigkeit kontinuierlich fortschreitet und von einem historisch bestimmbaren Zustand in einen anderen hinüberleitet" (169,79).

Mit Hilfe der Säkularisierungsthese läßt sich der Prozeß der ‚Entchristlichung' der modernen Lebenswelt aber nicht nur deskriptiv erfassen, sondern auch auf allgemeine gesellschaftliche Ursachen zurückführen und damit sozialhistorisch *erklären*. „Ein nicht nur im gehobenen Alltagsdenken, sondern auch im wissenschaftlichen Denken verbreitetes Erklärungsmodell besagt, der Prozeß der Säkularisierung hänge direkt und kausal mit dem Prozeß der Industrialisierung und Verstädterung in den fortgeschrittenen westlichen Gesellschaften zusammen" (169,81). Wie die technisch-industrielle Revolution zur Rationalisierung (> 231) der sozialen Lebenswelt und zur Ausformung einer die Moderne insgesamt prägenden säkularen Welteinstellung beitrug, so führte die umfassende Urbanisierung (> 232) der Lebenskulturen und Lebensstile zu einem Bedeutungsverlust oder zumindest zu einer weitreichenden Umformung tradierter Glaubensformen und Frömmigkeitsgestalten; die in der theologischen Zeitdiagnostik und zumal in der neueren Religionspädagogik (> 223) verbreitete „These des Traditionsbruchs bzw. Traditionsabbruchs" (276,274) stellt sich als kultur- und sozialisationstheoretische Variante der Säkularisierungsthese dar. So wenig aussagekräftig die kausalen Verknüpfungen historischer Entwicklungsprozesse auch sein mögen und so schwierig sie im einzelnen nachzuweisen sind, die Rückführung der Säkularisierung auf gesamtgesellschaftliche Transformationsprozesse bildet das Argumentationsmuster vielfältiger kirchlicher Reformprogramme und insbesondere die reflexive Grundlage für die Umstellung kirchlicher Aktivitäten vom traditionellen „Territorial- oder Parochialprinzip" auf das an den säkularen „Lebens- und Arbeitsbereichen der Gesellschaft" orientierte „Funktionalprinzip" (257,9f).

Auf dem Hintergrund der Säkularisierungsthese läßt sich aber nicht nur die ‚Entchristlichung' und insbesondere die ‚Entkirchlichung' der modernen Gesellschaft beschreiben und erklären. Im Zuge der Verlagerung ihres Interesses von der Rekonstruktion allgemeiner gesellschaftshistorischer und religionshistorischer Entwicklungsprozesse auf die Erörterung spezieller kirchensoziologischer Gegenwartsprobleme wurde die empirische Sozialforschung vielmehr seit der Mitte des 20. Jahrhunderts auf eine in den Säkularisierungsprozeß eingelagerte und ihm gleichzeitig zuwiderlaufende Komponente, auf die ‚Verkirchlichung' der Religion, aufmerksam. Der Argumentationslogik der in ihrer Zeit vielbeachteten Untersuchungen zufolge reagieren „traditional bestimmte Restgruppen" (169,80) auf den Säkularisierungsprozeß, indem sie ihre Minderheitsposition zu einer von ihrer säkularen Umwelt deutlich unterschiedenen religiösen Verhaltensform verfestigen. In einem späten Stadium des Säkularisierungsprozesses tritt die Religion als Gegenbild der säkularen Gesellschaft, als markant profilierte ‚Kirchlichkeit' in Erscheinung.

Die „zumeist kirchlich finanzierte, implizit oder explizit am Säkularisierungsschema orientierte *Umfrageforschung*" (255,74) bedient sich der „Instrumente moderner Sozialforschung", „vor allem statistischer und soziographischer Methoden", und untersucht „kirchliches Verhalten und kirchliche Organisation als Ausdruck von Religion" (170,243). Als empirische Indikatoren für die Zuordnung der Kirchenmitglieder zu graduell voneinander unterschiedenen Kirchlichkeitsklassen werden verschiedene miteinander verknüpfte Muster kirchlichen Teilnahmeverhaltens angesehen: der regelmäßige Gottesdienstbesuch, die darüber hinausgehende Teilnahme an kirchlichen Kreisen und schließlich die sowohl den Kirchgang als auch die Mitgliedschaft in parochialen Gruppen einschließende aktive Mitarbeit in der Kirchengemeinde (258). Das wissenschaftliche Interesse der von einem charakteristischen Krisenbewußtsein imprägnierten Analysen der religiösen Gegenwartslage gilt somit nicht – wie etwa in den historischen Analysen von Max Weber (> 231) und Ernst Troeltsch (> 221) – der religiösen Bedingtheit sozialen Verhaltens, sondern dem umgekehrten Sachverhalt, „der sozialen Bedingtheit derzeitigen religiösen Verhaltens" (180,57). Mit den Mitteln der Demographie und Demoskopie werden die spezifischen Voraussetzungen aufgedeckt, unter denen sich das explizit kirchliche Christentum im Interesse seiner Selbsterhaltung in der säkularen Gesellschaft sozial organisiert.

Die Ergebnisse der kirchensoziologischen Untersuchungen untermauern die Säkularisierungsthese. Nur die traditionalistisch orientierte Minderheit der ‚Kirchentreuen' (258), deren „Glaubensformen" meist „starke Bindungen an vergangene gesellschaftliche Strukturen" aufweisen, erfüllt die „von seiten der Kirche im Raum der Ortskirchengemeinde angesonnenen Normen" in hinreichender Weise (258,107). Die ihnen zuzuschreibenden sozialstatistischen Merkmale lassen die Kirchentreuen als eine in sich geschlossene soziale Gruppe erscheinen: „Die höheren Altersstufen, die Frauen und Witwen überwiegen, ein verhältnismäßig großer Anteil ist in der beruflichen Stellung des Beamten tätig bzw. tätig gewesen"; dagegen finden sich unter den Kirchentreuen nur wenige Arbeiter. Zu den biographischen Voraussetzungen hoher Kirchlichkeit gehört „ein kirchentreues Elternhaus und ein kirchentreuer Ehepartner". Daraus läßt sich endlich schließen, daß bestimmte soziale Bedürfnisse „bei der Entstehung und Motivation des kirchentreuen Verhaltens eine Rolle spielen dürften": zum einen „das tatsächliche oder vermeintliche Fehlen von Chancen der Selbstwertbestätigung nach den Maßstäben der gegenwärtigen Gesellschaft, zum anderen die Besinnung auf vergangenes Ansehen" (258,107f). Die Kirchlichkeitsforschung der 50er und 60er Jahre des 20. Jahrhunderts zeitigte freilich nicht nur detaillierte kirchensoziologische Erkenntnisse. Sie stellte vielmehr zugleich das popularwissenschaftliche Medium dar, in dem die Säkularisierungsthese ihre eigenen Voraussetzungen bestätigte.

Im Zusammenhang der Selbstidentifikation der ‚Kirchlichen' erfüllt die Säkularisierungsthese schließlich „die Funktion der *Entlastung* derer, die im Getto der expliziten Religion leben oder dieses Getto von Amts wegen verwalten. Ihnen erwächst aus dem Interpretament der Säkularisierung ein Bewußtsein der Identität als Repräsentanten der Religion, das an Eindeutigkeit und Stringenz kaum zu überbieten ist und von außen, in der Fremddeutung, dauerhaft abgestützt ist" (169,84). In diesen Interpretationszirkel eingeschlossen begreift sich dann die Kirche „sozusagen als Insel des Religiösen im Meer des Unglaubens" (220,15). Religion wird mit Kirchlichkeit identifiziert, und zwar sowohl von denen, die sie in ihrer kirchlich organisierten Gestaltung praktizieren und mit der Kirche aus der entkirchlichten Gesellschaft emigrieren (257), als auch von denen, die sich der säkularen Lebenswelt verbunden wissen und daher dem Kirchenchristentum reserviert gegenüberstehen.

3. Die religionstheoretische Diskussion der *Gegenwart* nimmt ein zwiespältiges Verhältnis zum Säkularisierungstheorem ein. Auf der einen Seite wurden „in Sachen Religion früher und häufiger als anderswo Zweifel an den mit dem Säkularisierungsbegriff vorgenommenen paradigmatischen begrifflichen Weichenstellungen des soziologischen Denkens" angemeldet (272,9). In dem Maße, in dem die Religionssoziologie auf die „erhebliche(n) Differenzen in seiner Beschreibung und Bewertung" (249,37) aufmerksam wurde, verstärkte sich die „Kritik am religionssoziologischen Schlüsselkonzept der Säkularisierung" (272,10). Gerade angesichts der Konjunktur des Säkularisierungstheorems in der wissenschaftlichen wie in der öffentlichen Diskussion scheint es ratsam, „mit dieser problematischen Kategorie sparsam umzugehen, wenn sie nicht überhaupt vermieden" werden soll (168,178). Auf der anderen Seite wird die Säkularisierungsthese aber gerade unter dem Eindruck der jüngsten kirchensoziologischen Erhebung (128) wieder in die wissenschaftliche Diskussion eingeführt und in ihrer klassischen Form zur Rekonstruktion von Genese und Statur der modernen Religionskultur genutzt. Während die ‚Individualisierungsthese', die in den vergangenen Jahrzehnten die Säkularisierungsthese abgelöst hatte, einer ideologiekritischen Überprüfung unterzogen wird, wird dafür plädiert, den „Rückgang der gesellschaftlichen Bedeutung von Religion" wieder auf dem Hintergrund des „umfassenden Entkirchlichungs- und Säkularisierungsprozesses" zu interpretieren und als eine logische Konsequenz der für die Neuzeit charakteristischen „Spannungen zwischen Religion und Moderne" zu begreifen (273,83).

4. Die Individualisierung der Religion

1. Wie die Begriffe der ‚Pluralisierung' und der ‚Säkularisierung' Formeln zur Signierung der Moderne darstellen, so dient auch der Begriff der *‚Individualisierung'* zur umfassenden Kennzeichnung von Genese und Statur der neuzeitlichen Lebenskultur. Das Individualisierungstheorem, in dem die bürgerliche Idee individueller Autonomie und die politischen Freiheitsideale der westlichen Moderne eine Symbiose miteinander eingehen, avancierte sowohl in der populärwissenschaftlichen Diskussion als auch „in fast allen soziologischen Forschungsgebieten" (278,56) zu einem heuristischen Universalschlüssel, mit dessen Hilfe „eine Vielzahl der gegenwärtig zu beobachtenden sozialen Prozesse, irritierenden politischen Abläufe und widersprüchlichen Zustände ... gebündelt und auf ‚einen Nenner' gebracht werden" können (279,9). Verdankt die „inflationär" gebrauchte „Zauberformel" (280,36) ihre „enorme Konjunktur" (278,60) einerseits ihrer hohen ‚Anschlußfähigkeit' (279,9), so stellt sich das Individualisierungstheorem andererseits aufgrund seiner ideellen Anreicherungen als ein „überbedeutungsvoller", aufgrund seiner terminologischen Unschärfe als ein „mißverständlicher" Begriff und insgesamt „vielleicht sogar ein Unbegriff" dar (282,205).

Als Paradigma zur Beschreibung und Erklärung der modernen Lebenswelt steht die Individualisierungsthese in einem engen, allerdings jeweils unterschiedlich verfaßten Konnex mit der Pluralisierungs- und der Säkularisierungsthese. In der neueren religionssoziologischen Diskussion löste die Individualisierungsthese die *Säkularisierungsthese* ab.

Wurde schon „in den sechziger und siebziger Jahren ... die Anwendbarkeit des Säkularisierungstheorems für die Erfassung der Wandlungsprozesse des Religiösen in der Moderne" kritisch in Zweifel gezogen (273,57), so erwies sich das Individualisierungstheorem in der Folgezeit als das plausiblere Deutungsmuster der zeitgenössischen Religionskultur. Mit Hilfe der Säkularisierungsthese konnte zwar der zunehmende Bedeutungsverlust der Religion in der Moderne, nicht aber das unübersehbare Phänomen der Entstehung neuartiger „Sozialform(en) der Religion" (222,19) erklärt werden. Mit dem „Paradigma ‚religiöser Individualisierung'" (274,230) dagegen läßt sich der „Relevanzverlust
der traditionellen, kirchlich verwalteten Lebensdeutungen" (273,57) als „Formwandel
von Religion" interpretieren und das Gegenstück zum traditions- und konventionsver-
bundenen Kirchenchristentum, die „vom Individuum bestimmte, aus der Eigenperspekti-
ve der Akteure konstruierte Religiosität", als diejenige „spezifisch moderne Sozialform
von Religion" charakterisieren, die zunehmend „an die Stelle der sozial verpflichtenden
Geltung institutioneller Kirchlichkeit" tritt (274,230).

Setzte die religionssoziologisch akzentuierte Individualisierungsthese auf der einen Seite
die Säkularisierungsthese außer Kraft, so blieb sie auf der anderen Seite weiterhin eng
mit der allgemeinsoziologischen *Pluralisierungsthese* verknüpft. Pluralisierung und Individualisierung der Lebenskultur stellen sich als „zwei Seiten derselben Medaille"
(222,21), als die beiden Kehrseiten der „funktionale(n) Differenzierung des Gesellschaftssystems" dar; je weiter sich die soziale und kulturelle Lebenswelt ausdifferenziert,
um so mehr bleibt „es dem einzelnen überlassen, in welchem Moment und mit welchen
Interessen er an den Funktionssystemen der Gesellschaft partizipiert" (283,436). „Der
Ausgliederung der Sozialstruktur in spezialisierte Institutionsbereiche entspricht eine
tiefgreifende Veränderung im Verhältnis des Individuums zu den einzelnen Institutionen
und der Gesellschaftsordnung insgesamt"; in der modernen Gesellschaft entzieht sich
das private Leben „zunehmend nicht nur der sozialen Kontrolle, sondern auch der verbindlichen sozialen Prägung, der gesellschaftlichen Modellierung. Es bildet sich ein Pri-
vatbereich aus, in dem das Individuum, weit mehr als in anderen Gesellschaftsformen,
seiner Subjektivität überlassen wird. Die umfassende Privatisierung des Lebens außerhalb institutionell eng definierter Handlungsbereiche ist eine für die Sinnhaftigkeit des
Einzeldaseins besonders bedeutsame Folge des hohen Grades der funktionalen Differenzierung der Sozialstruktur in den modernen Gesellschaften" (271,25).

Verschränken sich die teils divergierenden, teils konvergierenden Interpretationsperspektiven der modernen Lebenswelt auch untrennbar ineinander, so verselbständigte sich
das Individualisierungstheorem gleichwohl gegenüber den konkurrierenden Deutungs-
mustern und erhielt den Rang einer *eigenständigen*, sowohl dem Säkularisierungs- als
auch dem Pluralisierungsparadigma gegenüberstehenden und zugleich ihnen übergeordneten Theorieperspektive. Während die Pluralisierungs- und die Säkularisierungsthese
die neuzeitlichen Transformationen der Lebenswelt eher in der Optik der gesellschaftlichen Öffentlichkeit beschreiben und die Veränderungen in der privaten Lebenssphäre
dementsprechend als sekundäre Folgeerscheinungen gesamtgesellschaftlicher Wandlungsprozesse bewerten, stellt die Individualisierungsthese „das Verhältnis von Ich und
Gesellschaft sozusagen auf den Kopf" (282,217) und rekonstruiert die „sozialkulturelle
Gegenwartslage" auf der Folie eines durchgängig „ichzentrierte(n) Weltbild(s)"
(282,217). Im Mittelpunkt der modernen, auf die „Selbstverwirklichung" des einzelnen
abzielenden „Individualitätskultur" (262,26) steht das von gesellschaftlichen Zwängen

emanzipierte Individuum; es bildet zugleich das „Handlungszentrum" der um das Individuum zentrierten Lebenswelt wie das „Planungsbüro" selbstbestimmter Lebensführung (282,217). Rückt das autonome Individuum im Fortschritt der Moderne in den Status einer wirklichkeitskonstitutiven Instanz ein, dann kommt der ‚Gesellschaft' lediglich die Statur einer ‚Variable(n)' zu, die „individuell gehandhabt" wird (282,217). ‚Individualisierung' meint somit einen die Lebenswelt im ganzen umfassenden Emanzipationsprozeß, „die Freisetzung der Individuen aus sozialen Bindungen und Bezügen in allen Lebensbereichen" (278,60).

Das besondere Interesse der an der Individualisierungshypothese orientierten und teilweise von Denkmustern der ‚Postmoderne' (> 210) durchsetzten Rekonstruktionen der sozialen und kulturellen Wirklichkeit gilt dementsprechend der für die Neuzeit charakteristischen Aufwertung der privaten gegenüber der öffentlichen Lebenssphäre und den aus der *Privatisierung* der gesellschaftlichen Lebenswelt resultierenden Wandlungen der institutionellen Lebensformen. So läßt sich im Rahmen der Individualisierungsthese die Auflösung des gesellschaftlich standardisierten und für alle Mitglieder der Gesellschaft verbindlichen Ehe- und Familienmodells und die Entstehung pluriformer, lebensgeschichtlich aufeinander aufgeschichteter Sozialformen primärer Vergemeinschaftung (> 212-1:3) empirisch beschreiben und historisch erklären. Eine konstitutive Komponente des Individualisierungsprozesses bildet ebenso die Ersetzung des gesellschaftlich vorstrukturierten Lebenslaufschemas (> 312) durch individuell konturierte „Bausätze biographischer Kombinationsmöglichkeiten" (282,217) oder die Herausbildung offener und elastischer ‚Patchwork'- und ‚Bricolage'-Identitäten (> 311) sowie die individuell-biographische Grundierung der Bildungsprozesse (> 212-4:2.2.). ‚Individualisierung' meint in dieser Hinsicht einen historischen wie biographischen Vorgang, in dessen „Verlauf sich die alten Lebensformen auflösen und die Suche nach neuen entstehen lassen" (278,60).

2. Individualisierung ist nicht als „punktuelles Ereignis", sondern als ein ebenso facettenreicher wie vielschichtiger gesellschaftshistorischer *„Prozeß"* (278,64) zu begreifen. Kann man schon „in der Frühen Neuzeit … generell von einer sich beschleunigenden Individualisierung sprechen" (270,510) und lassen sich insbesondere in der Zeit der Renaissance (282,206) markante ‚Individualisierungsschübe' (282,209) beobachten, so verstärkten sich die Individualisierungstendenzen mit dem Aufbau der bürgerlichen Lebenswelt. Indem die Aufklärung ‚Individualität' zum „schöpferischen Ausdruck des frei über sich selbst verfügenden und sich selbst bestimmenden Subjekts" stilisierte, trug sie zur ideellen „Hochschätzung des Individuums" bei (268,510). In der Romantik wurde „das Thema der Selbstverwirklichung" vollends „‚modern' akzentuiert"; die Individualisierungsidee avancierte ebenso zum „weltanschaulichen Gemeingut" (220,68) wie zur Grundlage der bürgerlichen Philosophie. So bezeichnete etwa Hegel das „Recht der Besonderheit des Subjekts, sich befriedigt zu finden, oder, was dasselbe ist, das Recht der subjektiven Freiheit" als den „Wende- und Mittelpunkt in dem Unterschiede des Altertums und der modernen Zeit" (208,233). Schleiermacher zeichnete das „Princip der Innerlichkeit" (209,548) in die Religionsphilosophie ein: „Religion hat dort ihren eigenen Ort im Menschen, wo dieser zugleich seiner unverwechselbaren Identität innewird: im ‚Gefühl', in der ‚Provinz des Gemütes'" (126,162). Im Rahmen der umfassenden Modernisierung der Gesellschaft wurde die Individualisierungsidee schließlich in den verschiedenen Bereichen des gesellschaftlichen Lebens praktisch ratifiziert. Insgesamt läßt

sich die moderne Individualisierung der Lebenswelt als dreidimensionaler Entwicklungsprozeß begreifen: als „Herauslösung" des Individuums „aus historisch vorgegebenen Sozialformen und -bindungen im Sinne traditionaler Herrschafts- und Versorgungszusammenhänge (,Freisetzungsdimension')", als „Verlust an traditionalen Sicherheiten im Hinblick auf Handlungswissen, Glauben und leitende Normen (,Entzauberungsdimension')" und als „eine neue Art der sozialen Einbindung (,Kontroll- bzw. Reintegrationsdimension')" (282,206).

Für die zweite Hälfte des *20. Jahrhunderts*, am Übergang in die ,Postmoderne', wird nicht nur eine quantitative Steigerung des Individualisierungstempos, sondern gleichzeitig eine qualitative Veränderung des Individualisierungsprozesses konstatiert. „Im Unterschied zum Individualisierungsschub des 19. Jahrhunderts erfolgt die Freisetzung der Individuen im 20. Jahrhundert nicht mehr aus vormodernen Strukturen, die durch moderne Ersatzformen aufgefangen wurden, sondern gerade aus diesen Ersatzformen selbst"; die Individuen werden damit überhaupt „aus den sozialen Klassen, dem institutionalisierten Lebenslauf, der normierten Kleinfamilie mit der Zuweisung der Geschlechterrollen sowie den konfessionellen Milieus freigesetzt" (278,65).

Die „neue Qualität" (278,65) des Individualisierungsprozesses deckt freilich nicht nur die hohe Bedeutung des Individualisierungsprinzips für den Fortschritt der neuzeitlichen Lebenswelt auf; sie legt vielmehr auch die in den Individualisierungsprozeß selbst eingelagerten „immanente(n) *Widersprüche*" offen (282,211). Verspricht die Idee individueller Autonomie eine umfassende „Erweiterung der individuellen Entscheidungsmöglichkeiten", so führt ihre Verwirklichung gleichzeitig zu einer „Verschärfung des individuellen Entscheidungszwanges" (273,63). Und „birgt" der im Zuge der „radikalen Individualisierung" entstandene „neue Typus der Person" auf der einen Seite „Vielversprechendes", so ergeben sich aus dessen „Formschwäche" auf der anderen Seite „Probleme für die Existenz des einzelnen" (220,76).

Angesichts der ambivalenten Statur der Individualisierung wird die schon seit dem 18. Jahrhundert vor allem in der theologischen Diskussion (263,561) geäußerte *Kritik* an der Radikalisierung des „konkurrenzegoistischen bürgerlichen Individualismus" (267,125) reformuliert, „Verfall und Ende des öffentlichen Lebens" unter der „Tyrannei der Intimität" (281) beklagt, für einen Ausgleich zwischen individuellen und gesellschaftlichen Faktoren der Lebenswelt (278) plädiert und die weiterhin wirksame Traditions- und Gemeinschaftsverbundenheit des Individuums herausgestellt (273). In ideologiekritischer Perspektive tritt schließlich die ambivalent zu beurteilende Funktion zutage, die dem Individualisierungstheorem in der modernen Gesellschaft zukommt. Das in der bürgerlichen Epoche der gesellschaftlichen Entwicklung ausformulierte Individualitätsaxiom mutierte in der industriell-technischen Gesellschaft zu einer – allerdings hochwirksamen – Fiktion: „Die Privatsphäre ist nicht das, was sie zu sein scheint: eine gegen die Umwelt abgegrenzte Sphäre. Sie ist die ins Private gewendete und hineinreichende Außenseite von Verhältnissen und Entscheidungen, die anderswo … unter weitgehender Nichtberücksichtigung der privat-biographischen Konsequenzen getroffen wurden" (282,214).

3. Prägt der neuzeitliche Individualisierungsprozeß auch allen Sektoren der modernen Lebenswelt gleichermaßen seinen Stempel auf, so kommt der *Religion* im Prozeß der Individualisierung eine herausgehobene Bedeutung zu. Die Umformung der Lebenskul-

tur im Zuge ihrer Individualisierung tritt am sozialen und kulturellen Profil des neuzeitlichen Christentums besonders markant zutage. Während die kirchengebundene Religiosität in der modernen Gesellschaft zu einem „peripheren Phänomen" (220,64) wird, bildet sich gleichzeitig eine „,lose' nicht-institutionalisierte Sozialform der Religion" (220,76) heraus, deren „Hauptthemen" der „Privatsphäre" entspringen; „sie sind Dramatisierungen des subjektiv autonomen einzelnen auf der Suche nach Selbstverwirklichung und Selbstbestätigung" (220,68).

In der *zeitgenössischen* Christentumskultur stellt die „individuelle Religiosität" (221,108ff) die „vorherrschende moderne Sozialform der Religion" dar (221,182). Im Kontrast zu vormodernen Gestalten der Christentumspraxis zeichnet sich die „subjektive Grundform der Religion" (220,59) durch „das Fehlen allgemein glaubwürdiger und verbindlicher gesellschaftlicher Modelle für dauerhafte, allgemein menschliche Erfahrungen der Transzendenz" aus (271,28). Unter den Bedingungen der individualisierten Lebenswelt fungiert die Religion daher nicht mehr als gesellschaftsintegrative Kraft (> 123); als „identitätsverbürgende Kontingenzbewältigungspraxis" (126,145) verdankt sich die Religion vielmehr der „religiöse(n) Produktivität" (273,61) des einzelnen, der seinen „individuellen Religiositätsstil" (273,58) kultiviert und eine ebenso originäre wie synkretistisch verfaßte „,Fleckenteppichreligiosität' mit individuellen Strickmustern" (256,60) kreiert. Parallel zur „Verflüchtigung der Religion ins Religiöse" (222) verläuft der Prozeß der „Privatisierung" der Religionskultur (222,19): ‚Die Religion findet so ihre ethische Basis mehr und mehr in der Privatsphäre, besonders in der Familie und ihren sozialen Beziehungsgeflechten' (254,81).

An den charakteristischen Wandlungen der Religionskultur läßt sich nicht nur die Korrespondenz von Individualisierungs- und Pluralisierungsprozeß, sondern auch die Komplementarität von sozialer und religiöser Wirklichkeitskonstruktion im Rahmen der modernen *Wirtschaftsgesellschaft* exemplifizieren. In dem Maße, in dem die „pluralistische Situation" als „eine Marktlage" (218,132) begriffen, das ökonomische „Marktmodell" auf alle Bereiche der Lebenskultur übertragen und die kulturelle Lebenshaltung von der „Konsumorientierung" (222,21) überformt wird, gleicht sich die Religion an die „Logik der Marktwirtschaft" an (218,132). „Die Sozialform der Religion, die in modernen Industriegesellschaften entsteht, ist dadurch charakterisiert, daß potentielle Konsumenten einen direkten Zugang zum Sortiment der religiösen Repräsentationen haben" (221,146). Erfolgt der „Rückgriff auf religiös vereinheitlichende Sinnmuster" nicht mehr – wie in frühen Stadien der neuzeitlichen Religionsgeschichte – „automatisch durch gemeinverbindliche Sozialisation, sondern fakultativ durch individuelle Entscheidungen", dann ist das Individuum genötigt, „seine Religion ... gleichsam anhand eines reichhaltigen Warenhauskatalogs angebotener Sinndeutungsmuster" auszuwählen (126,140f). Müssen umgekehrt „Religionen, die früher herrschten, heute ‚verkauft' werden", dann mutieren die religiösen Institutionen zu ‚Werbeagenturen'; die Religion wird zum ‚Gebrauchsgut' (218,132).

4. Eine signifikante Folgeerscheinung von „Konsumorientierung und Pluralismus" stellt die für die zeitgenössische Religionskultur charakteristische „Tendenz zum *Synkretismus*" dar, die „Durchmischung von Glaubensgehalten, die um so stärker wird, je mehr die großen religiösen Institutionen an Einfluß – und somit an Bedeutung als ‚offizielles Modell der Religion' – verlieren" (222,21). Der Terminus ‚Synkretismus' wurde ur-

sprünglich zur Analyse von Statur und Entwicklungsdynamik „traditionelle(r) Gesellschaften", insbesondere der „antiken Hochkulturen" (287,20), verwendet, in denen sich „Religion und Gesellschaft" untrennbar ineinander verweben (> 110) und „kultureller und religiöser Austausch Hand in Hand" gehen (284,604); auf diesem Hintergrund kennzeichnete die ‚Religionsgeschichtliche Schule' das Christentum als „synkretistische Religion" (284,603). In neuerer Zeit diente der Begriff des ‚Synkretismus' dann zur Analyse von spezifisch religiösen Wandlungsprozessen, die sich im Zuge der ‚Indigenisation' und ‚Inkulturation' des „in europäischer Gestalt importierten Christentums" (285,9) in den Lebenskulturen der sog. Dritten Welt abspielen; im Rahmen von religiös-kulturellen „Austauschprozesse(n)" (287,20), in denen „Elemente der traditionalen Religion" teils „selektiv" in die vom Christentum überformte Religionskultur „integriert", teils „abgestoßen" (284,604) werden, entstehen neuartige, synkretistisch verfaßte Religionskulturen.

In der gegenwärtigen kultur- und religionswissenschaftlichen Forschung fungiert die Kategorie des ‚Synkretismus' als „*zeitdiagnostischer* Begriff" (288,84), mit dessen Hilfe sich die „soziale Symbiose und kulturelle Kopräsenz der Weltreligionen" (285,9) in den Ursprungsländern des Christentums beschreiben läßt. „Hier handelt es sich nicht mehr um die Begegnung und gegenseitige Veränderung trennscharf unterscheidbarer religiöser Welten, Symbolsysteme und Praxisformen, vielmehr werden in einem oft nur schwach profilierten und sozial wenig verpflichtenden Herkunftshorizont einzelne Elemente verschiedenster Herkunft und geringer Verträglichkeit kurzfristig und veränderlich verknüpft" (285,10). Bleiben „Organisationsgrad" und „soziale Reichweite" der synkretistisch verfaßten religiösen Vorstellungswelten und Frömmigkeitsstile dementsprechend auch „veränderlich und oft gering" (285,10), so kennzeichnen die „bewegte(n), vielschichtige(n) und unübersichtliche(n) Gemengelagen" (285,9) insgesamt das Erscheinungsbild der pluriformen Religionskultur in den westlichen Industriegesellschaften.

Die Synkretismustendenzen bleiben nicht auf das Gebiet der Religion begrenzt, sondern bringen sich in der spätmodernen *Lebenskultur* durchgängig zur Geltung. Im Zuge der Urbanisierung (> 232) der Lebenswelt und zumal auf dem Hintergrund der ökonomischen Überformung des gesellschaftlichen Lebens nimmt die öffentliche Lebenssphäre (> 222-1) die Gestalt von ‚Märkten' an, von „‚Foren' sozialen Handelns" (286,44), auf denen sich einerseits umgreifende „Wertrichtungen" zu partiellen „alltagspraktischen Sinnwelten" ausdifferenzieren und auf denen andererseits in umgekehrtem Richtungssinn „Segmente und Sedimente" tradierter Kulturwelten zu neuartigen „Konglomerate(n)", zu „synkretistische(n) Kulturen" (286,37) verschmolzen werden. Der „Austausch" und die „Kombination" kultureller Momente wird „durch Eigenarten der gegenwärtigen soziokulturellen Situation gefördert" (288,86). In der „Kultur der ‚Postmoderne'" (286,37) wird der „bürgerliche Denk- und Lebensstil, der sich einer synthetisch-harmonisierenden Denkweise verpflichtet wußte", zunehmend „durch eine analytisch-kombinatorische Denkform abgelöst, die an die Verkehrs- und Kommunikationsformen einer auf ‚Massendemokratie' und ‚Massenkonsum' zielenden Gesellschaft anschließt" (288,86). Der durch die Inszenierungsmuster der medialen ‚Massenkommunikation' (286,49) verstärkte und „im dominanten Wirtschaftssystem erfolgreich praktizierte analytisch-kombinatorische Denkstil durchdringt den personalen und soziokulturellen Selbst- und Weltumgang durchgehend, so daß beliebig auswählbare geistig-kulturelle Gehalte mit anderen Gehalten verbunden oder vermischt werden können" (288,87).

Im Gebiet der *Religion* treten die Synkretismustendenzen nicht nur besonders markant hervor; vielmehr läßt sich auf der Folie des religiösen Synkretismus auch die Verschränkung der für die Moderne charakteristischen Entwicklungsprozesse demonstrieren. Wie sich die synkretistisch verfaßten Religionskulturen „unter spezifisch modernen Lebensbedingungen" – „religiöse Toleranz der Gesellschaft, religiöse Selbstbestimmung des Individuums, Pluralität der religiösen Optionen und Agenturen" – herausbilden (285,9), so verstärkt der religiöse Synkretismus umgekehrt die in die allgemeingesellschaftliche Entwicklungsdynamik eingelagerten Säkularisierungs- und Individualisierungstendenzen. Die synkretistische Religionskultur stellt sich hinsichtlich ihrer „neu entstehenden religiösen Themen" (220,68) als „radikal diesseitig und verweltlicht" (220,70) und hinsichtlich ihrer „Ausrichtung" als ,zwischenmenschlich' und ,innerlich' dar (254,81). Und wie „es die Einzelnen und einzelne Gruppen sind, die nach eigenen und nicht selten inkonsistenten Kriterien aus den zuhandenen religiösen ,Angeboten' auswählen" und die Fragmente religiöser Sinndeutung und Lebenshaltung „in je eigener Kombinatorik verbinden und verschmelzen" (285,10), so formen sich auf dem Hintergrund des „Synkretismus als Form des Umgangs mit Lebens- und Sinnentwürfen" (289,61) individuell konturierte und lebensgeschichtlich flexible Frömmigkeitsstile (> 211) heraus. „Synkretismus" ist dementsprechend „als Ausdruck der Individualisierung und Pluralisierung von Religion und Kultur anzusehen" (289,71).

5. Religion und Individualisierung stehen in einem *wechselseitigen* Verhältnis zueinander. Auf der einen Seite stellt die Religion dasjenige Segment der Lebenskultur dar, in dem sich der Individualisierungsprozeß auf geradezu exemplarische Weise zur Geltung bringt; die Auswirkungen des allgemeingesellschaftlichen Individualisierungsprozesses auf die verschiedenen Teilsysteme der Gesellschaft lassen sich daher an den Transformationen der religiösen Lebenspraxis besonders markant demonstrieren. Auf der anderen Seite verdankt sich aber die umfassende Individualisierung der sozialkulturellen Lebenspraxis selbst spezifisch religiösen Ursprüngen: „Der Individualismus ist als explizit programmatischer Begriff zwar neuzeitlich-bürgerlicher Herkunft, sein intentionaler Gehalt hat aber christliche Wurzeln" (267,124). Im Fortschritt der Moderne traten die in die Religion eingelagerten Individualisierungspotentiale immer deutlicher heraus; die Religion avancierte zu einem Movens des Individualisierungsprozesses: Die „Fähigkeit der (jüdisch-christlichen) Religion, sich allein aus der Kraft des religiösen Motivs aus allen angestammten sozialen Bindungen zu lösen", stellt „einen entscheidenden Beitrag der Religion zur Herausbildung der modernen Individualisierung" dar (274,234).

Im Prozeß religiöser Individualisicrung, dem „Kernstück" der umfassenden „Privatisierung" der Lebenswelt (271,25), kommt die gleichermaßen kompensatorische (> 113) wie integrative (> 123) *Funktion* der Religion in neuartiger Weise zum Tragen. Da die moderne Gesellschaft aufgrund ihrer pluralistischen „Sozialstruktur" nicht mehr in der Lage ist, „auf eine zusammenhängende und verbindliche Weise zwischen dem subjektiven Bewußtsein und seinen Erfahrungen der Transzendenz, den kommunikativen Rekonstruktionen dieser Erfahrungen und konkurrierenden Versionen ,heiliger Universa' zu vermitteln" (221,182), tritt das religiöse Individuum an die Stelle der säkularisierten Gesellschaft und übernimmt die Funktion symbolischer Wirklichkeitsintegration. Die Religion ratifiziert die aus ihr selbst hervorgegangene Idee individueller Autonomie, indem sie das Individualitätsprinzip zum Axiom religiös grundierter Lebensführung und Weltanschauung erhebt, die „sozialhistorische Erscheinung des Individualismus" (221,158) religiös sanktioniert und damit sowohl „dem Individuum so etwas wie einen sakralen Status" (221,153) verleiht als auch der „aus strukturellen Gründen entstandenen ‚Privatsphäre' in Form unterschiedlicher Artikulationen ‚letzte' Bedeutung" (221,158) zuerkennt.

Im neuzeitlichen *Protestantismus* (> 140) schließlich gehen Religion und Individualisierung eine unlösbare Symbiose miteinander ein. Stellt die „Konzentration" der Religionspraxis „auf die kirchliche Institution und ihre Lehre" eine typisch „römisch-katholische Perspektive" dar, so bildet das „prinzipielle Eigenrecht des Glaubens der Frommen", die „Unmittelbarkeit" des religiösen Subjekts „zu Gott" (263,558), den Nukleus der protestantischen ‚Gewissens'- ‚Überzeugungs- und Gesinnungsreligion' (263,559). Sind ‚Innerlichkeit' und ‚Individualität' auch als originäre „Erfindung(en)" (263,558f) des neuzeitlichen Protestantismus anzusehen, so geht der ‚protestantische Individualismus' (263,561) gleichwohl nicht in einer nach innen gewendeten Religiosität, in subjektiver Gefühlsreligion und persönlicher Herzensfrömmigkeit auf (> 212-3:1.1.). Die „Aufwertung von Individualität" als „Strukturmerkmal des Protestantischen" (263,560) wurde vielmehr in der Ausformung charakteristisch „protestantische(r) Lebenswelten" (263,558) praktisch ratifiziert.

Die untrennbare Verbindung von Protestantismus und Individualismus tritt schon in dem „Individualisierungsschub" (267,125) zutage, der vom „Renaissancehumanismus" und der von ihm inspirierten „*reformatorische(n)* Bewegung" ausging und entscheidende „Anstöße für folgenreiche Individualisierungsprozesse" (263,560) vermittelte. Die zur religiösen Attitüde stilisierte ‚Freiheit' (263,559) des allein seinem religiösen Gewissen verpflichteten Individuums bildet sich im protestantischen Schriftprinzip (> 212-4:3) ab, dem zufolge die „Einzelpersönlichkeit auch ohne Dazwischentreten der kirchlichen Verkündigung … den Schriftinhalt auf sich zu beziehen" und „vom autonomen Standpunkt aus" zu verstehen vermag (265,52); „an die Stelle von institutioneller Außenlenkung tritt eine allein an Gottes unverfügbarem Wort orientierte Innenleitung" (263,558).

In einem späteren Stadium des neuzeitlichen Individualisierungsprozesses trug der im Bürgertum verwurzelte *Pietismus* zu einer „Aufwertung des Individuums" in den verschiedenen religiösen „Kommunikationsmedien" (263,560) und damit zur Ausformung einer Kultur „individuelle(r) Religiosität" (267,125) bei. Die Grundelemente der typisch protestantischen „Kultur religiöser Selbstthematisierung" (263,561) bilden seitdem die auf die persönliche Erbauung des einzelnen abzielende gottesdienstliche Predigt (> 212-4:3:1.3) sowie die in der protestantischen ‚Privatreligion' verankerte Frömmigkeitspraxis der privaten Andacht (> 212-4:2.1). Zu den kommunikativen Medien „lebensgeschichtliche(r) Frömmigkeit" (126,147ff) ist aber vor allem auch die in die bürgerliche Konversationskultur eingebettete ‚Privatseelsorge' (> 213) zu zählen, die im Rahmen der protestantischen Individualreligion praktizierte „Form der nicht-öffentlichen, sozusagen privat-intimen, diskretionsbedürftigen, weil ursprungsnahen religiösen Kommunikation" (126,162). Ebenso ist etwa die biographische Grundierung der Bildung (> 212-4:2.2.) oder die Privatisierung des protestantischen Pfarrerberufs (> 212-4:3.3.) auf Individualisierungsimpulse der pietistischen Reformbewegung zurückzuführen.

Nach dem Urteil von Ernst Troeltsch liegen die „*modernisierenden* Wirkungen des Protestantismus" (263,560) im „protestantisch-religiöse(n) Individualismus" (259,80): „Indem der Protestantismus gerade an der Herausbildung dieses religiösen Individualismus und an seiner Überleitung in die Breite des allgemeinen Lebens seine Bedeutung hat, ist von vornherein klar, daß er an der Hervorbringung der modernen Welt erheblich mitbeteiligt ist" (259,23). Ähnlich urteilt Paul Tillich: Besteht „das eigentliche protestantische Gestaltprinzip" in der „Gestaltung des persönlichen Lebens, sei es im Sinne der sittlichen Persönlichkeit, sei es im Sinne frommen Erlebens", dann „wird sowohl die bürgerliche wie die romantische Persönlichkeit in ihrem protestantischen Charakter offenbar" (265,51).

140
Allgemeine Bürgerreligion und originär ausgeformte Religionskulturen

---

1. Religion als integrales Moment der Lebenswelt

1. In ihrer von den Wahrnehmungsperspektiven der europäischen Neuzeit geprägten Beschreibung und Beurteilung stellt sich die *Religion* (> 110) als ein integrales Moment des zwar vieldimensional ausdifferenzierten, gleichwohl aber in sich konsistenten Lebenskosmos dar. Die von der Idee subjektiver Autonomie inspirierte Moderne begreift die Religion einerseits als individualitätskonstitutive Instanz; die vom Individuum angeeignete und lebensgeschichtlich ausgeformte Religion stellt die Basis dar, auf der die unveräußerlichen Prinzipien selbstbewußter Lebensführung aufruhen, das Medium, in dem der einzelne seiner Lebensgestaltung einen unverwechselbaren Stil verleiht, und den Nukleus, aus dem sich die um das autonome Individuum zentrierte private Lebenskultur entfaltet (> 111). Die am Aufbau einer ebenso umgreifenden wie in sich stabilen Lebensordnung interessierte Moderne betrachtet die Religion andererseits als die Basis der gesellschaftlichen Wirklichkeit, als das Fundament, auf dem die elementaren Institutionen der öffentlichen Lebenssphäre – Erziehung und Wohlfahrtswesen, Jurisprudenz und Politik – aufliegen, und als die Wirklichkeitsdimension, in der sich die von unterschiedlichen sozialen Interessenlagen und kulturellen Traditionen bestimmten Standpunkte zu einer rational begründeten und allgemeingültigen Welteinstellung verweben (> 121). Bringt die Religion ihre wirklichkeitskonstitutiven Valenzen sowohl in der privaten als auch in der öffentlichen Lebenssphäre zur Geltung, so stellt sie ihre integrativen Potenzen in der Verklammerung der beiden voneinander unterschiedenen und aufeinander bezogenen Regionen der neuzeitlichen Lebenswelt unter Beweis (> 131). Die allgemeingültig gewordene Einsicht, daß mit ‚Religion' kein außerhalb der alltäglichen Erfahrungswelt angesiedelter und gegenüber der ‚profanen' Lebenswelt abgegrenzter ‚sakraler' Bezirk bezeichnet wird, sondern daß die Religion als eine in die Alltagswelt verwobene und untrennbar mit der individuellen Lebensführung wie mit der gesellschaftlichen Lebensordnung verbundene Komponente der Wirklichkeitskonstruktion anzusehen ist, bildet die Grundmaxime religiös grundierter und gleichzeitig modernitätsverpflichteter Lebenseinstellung und Weltgestaltung.

In den unterschiedlich perspektivierten, gleichwohl aber miteinander konvergierenden Konzeptionen wissenschaftlicher *Religionstheorie* findet die lebenspraktisch verwirklichte und lebensweltlich verankerte Religion ihre reflexive Ausdrucksgestalt. Die psychologische Religionstheorie (> 112) zeichnet die Religion in eine anthropologisch fundierte Theorie der Persönlichkeit ein und begreift sie als eine elementare Dimension individueller Selbstkonstitution. Vom gegensätzlichen Standpunkt, aus der Perspektive soziologischer Religionstheorie (> 122) betrachtet, stellt sich die Religion als unveräußerlicher Bestandteil der logisch geordneten und in sich konsistenten gesellschaftlichen Lebenswelt dar. Die kulturtheoretisch und wissenssoziologisch akzentuierten Konzeptionen ‚integraler Religionstheorie' (> 132) schließlich suchen die einerseits analog argumentierenden, andererseits antithetisch einander gegenüberstehenden Konzepte der Religionstheorie zusammenzuführen; sie zeichnen die Religion in die vielschichtige, teils von individuellen, teils von gesellschaftlichen Momenten geprägte Lebenswelt der Moderne ein und sehen die Akte religiöser Wirklichkeitskonstruktion als genuine kulturelle Produktionen an. Indem individuelle und gesellschaftliche Perspektivierungen der Religion miteinander verschränkt werden, läßt sich die religiöse Konstruktion der Wirklichkeit aus der Wechselbeziehung zwischen Individuum und Gesellschaft, aus dem dialektischen Zusammenspiel von Individuation und Sozialisation, Internalisierung und Externalisierung begreifen. Die Religion nimmt dann die Gestalt einer Vermittlungsinstanz an, in der das Autonomieinteresse des Individuums und das Integrationsinteresse der Gesellschaft ineinander aufgehoben werden.

Das Interesse an der lebenspraktischen und lebensweltlichen Verankerung der Religion verdichtet sich in den ebenso für das populäre wie für das wissenschaftliche Bewußtsein plausiblen *religionskritischen* Hypothesen. Bringt die Projektionsthese (> 113) den anthropologischen Ursprung der Religion auf pointierte Weise zur Geltung und betrachtet sie die kulturellen Manifestationen der Religion als originäre Schöpfung des menschlichen Geistes, der sich in der von ihm geschaffenen Welt der Religion wiederfindet, so erhebt die Integrationsthese (> 123) umgekehrt die Gesellschaft in den Rang einer religionsgenerierenden Instanz und bewertet die vom einzelnen angeeigneten religiösen Überzeugungen und Praktiken als sekundäre, aus der gesellschaftlich ausgeformten Religion abgeleitete Erscheinungsformen, in denen sich die Gesellschaft gegenüber dem einzelnen zur Geltung bringt. Die miteinander verschränkten Thesen der Individualisierung und der Säkularisierung (> 133) schließlich verkoppeln die individuellen und gesellschaftlichen Funktionen der Religion auf komplexe Weise miteinander und beschreiben die moderne Religionskultur als intermediären, zwischen Individuum und Gesellschaft vermittelnden Kommunikationszusammenhang.

Mit Hilfe der ebenso in der populären wie in der wissenschaftlichen Reflexionskultur verankerten sozialtheoretischen und kulturtheoretischen Interpretationskategorien lassen sich aber nicht nur die originäre Statur und die spezifische Entwicklungsdynamik der Religion in der Moderne herausarbeiten. Vielmehr treten auf dem Hintergrund der nicht nur für die neuzeitliche Religionsgeschichte, sondern für die Ausformung der neuzeitlichen Lebenswelt insgesamt charakteristischen Wandlungsprozesse auch die vielfältigen wechselseitigen *Verschränkungen* von Religion und Lebenskultur markant hervor. So verschiedenartig sich die Funktionen ausnehmen, die der Religion im Zusammenhang individueller und gesellschaftlicher Lebenspraxis zugeschrieben werden, und so unterschiedlich sich die Leistungen der Religion für die Konstitution der Individualität, für die Integration der Gesellschaft und für die Ausbildung der intermediären, zwischen einzelnem und Gesellschaft vermittelnden Kulturwelt im Spiegel wissenschaftlicher Reflexion darstellen, die Bedeutung, die der Religion in der modernen Lebenswelt zukommt, läßt sich nicht in den engen Grenzen einer Religionstheorie erörtern, die die Charakteristik religiöser Lebenspraxis aus religionsimmanenten Prinzipien ableitet, die lebensweltlichen Kontexte, in denen die gelebte Religion Gestalt gewinnt, aber außer Betracht läßt. Das sozialkulturelle Profil lebenspraktisch verwirklichter Religion wird vielmehr erst erkennbar, wenn die genuinen Erscheinungsformen der Religion in die vielfältig ausgeformte Lebenswelt eingezeichnet und die unlösbaren Verflechtungen der Religion in die gesamtgesellschaftlichen Modernisierungsprozesse herausgearbeitet werden.

2. Die aus der allgemeingesellschaftlichen und allgemeinkulturellen Entwicklungsdynamik resultierenden Wandlungen der Religion stellen sich *ambivalent* dar. Auf der einen Seite führten die miteinander verflochtenen und sich wechselseitig verstärkenden Prozesse der Pluralisierung, Säkularisierung und Individualisierung zu einem allgemein konstatierten Bedeutungsverlust der Religion in der modernen Gesellschaft. Im Verlauf ihrer neuzeitlichen Entwicklung und zumal auf dem Hintergrund der von der Aufklärung angestoßenen und sowohl in der philosophischen, soziologischen und psychologischen Religionstheorie als auch im populären Bewußtsein verankerten Religionskritik büßte die Religion ihren metaphysischen Nimbus ein; sie wurde ,entzaubert', verlor ihre gegenüber der profanen Alltagswelt aparte Statur und mutierte zu einer in die private Lebensführung eingeschmolzenen und gleichzeitig in die gesamtgesellschaftliche Lebenskultur verwobenen Komponente der durchgängig säkular verfaßten Lebenswelt. Auf der anderen Seite erfuhr die Religion im Zuge ihrer Funktionalisierung im Rahmen von Individualitätskonstitution und Gesellschaftsintegration aber eine Bedeutungsaufwertung. Wie der Religion im Kontext der sich modernisierenden Lebenswelt eine fundamentale Rolle für die Integrität der sich zunehmend fragmentierenden Person zugeschrieben wird, so wird ihr eine elementare Funktion für die Integration der sich fortwährend weiter pluralisierenden Gesellschaft beigemessen.

Die doppelsinnige Entwicklung der Religion in der Moderne, die Bedeutungsverminderung der traditionellen Gestalten sozial organisierter und kulturell profilierter Religionspraxis bei gleichzeitiger Bedeutungssteigerung der als religiös gekennzeichneten sozialen und kulturellen Funktionen der Religion im Kontext individueller wie gesellschaftlicher Wirklichkeitskonstruktion, spiegelt sich in einer externen Ausweitung und internen Ausdifferenzierung des *Religionsbegriffs* (> 110) wider. Der ,expliziten', markant ausgeformten und sich empirisch dokumentierenden Religionspraxis wird ein neuartiger, für die Moderne typischer Aggregatzustand der Religion, die ,implizite Religion' (248,621), gegenübergestellt. Der weit gefaßte Religionsbegriff „umgreift nicht nur die herkömmlichen Erscheinungsformen des Heiligen, seien sie institutioneller oder außerinstitutioneller Art, sondern schließt Bewußtseinsleistungen mit analoger Orientierungs-, Ritualisierungs- und Sakralisierungsfunktion ein" (248,621f). Die an einer schwachen Version der Säkularisierungsthese (> 133) orientierten und in der neueren Religionssoziologie dominierenden Religionstheorien beschränken ihre Beobachtungsperspektive dementsprechend nicht auf die sozialkulturellen Manifestationen konfessionell ausgeformter und kirchlich institutionalisierter Religion, sondern suchen im Zuge theoretischer Analyse „Spuren verdeckter Religion sichtbar" zu machen, die sich zwar „nur extern als solche dechiffrieren lassen", aufgrund ihrer funktionalen Äquivalenz zu den „üblichen Gestaltformen" gelebter Religion aber „als religionsverdächtig oder ersatzreligiös veranschlagt" werden können (248,622).

Die beiden für die zeitgenössische Religionskultur charakteristischen Gestalttypen der Religion stehen nicht unverbunden nebeneinander, sondern treten in ein gleichermaßen kritisches wie konstruktives Verhältnis zueinander. In *historischer* Betrachtungsweise läßt sich eine signifikante Gewichtsverlagerung von den expliziten, institutionell fest verankerten Erscheinungsformen der Religion zu den impliziten, in die unterschiedlichen Segmente der modernen Lebenskultur eingelassenen religiösen Momenten beobachten. In den aneinander anschließenden Epochen der neuzeitlichen Religionsgeschichte löste sich die Religion zunehmend aus ihrer kirchlichen Institutionalisierung, diffundierte in die pluriformen Kontexte der sozialkulturellen Lebenswelt und ging unter der Regie des Individuums und der Gesellschaft eine flexible und daher empirisch schwer erfaßbare Verbindung mit der säkularen Lebenskultur ein. Im Zusammenspiel von kirchlicher Deinstitutionalisierung und lebensweltlicher Reinstitutionalisierung verstärken sich die Diffusions- und Synkretisierungstendenzen. Geht mit der Loslösung der lebenspraktisch verwirklichten Religion von ihren ursprünglichen institutionellen Verankerungen ein Profilverlust der von konfessionsspezifischen Glaubensweisen und Lebensformen geprägten Kirchenreligion einher, so mutiert die Religion im Zuge ihrer Einschmelzung in die pluriforme Lebenswelt vollends zu einer hinsichtlich ihrer sozialen Formen kaum identifizierbaren und hinsichtlich ihrer kulturellen Gestaltungen verwaschenen Allgemeinheitsreligion.

Verwischen sich im Zuge der Transformation expliziter in implizite Religion auch die markanten Konturen sozial organisierter und kulturell ausgestalteter Religionspraxis, so läßt sich die Auswanderung der Religion aus den partikulären Religionskulturen und ihre Einwanderung in die gesamtgesellschaftliche Lebenskultur gleichwohl als ein charakteristisches Moment religiösen *Fortschritts* betrachten. Büßt die Religion unter dem Diktat kirchlicher Reglementierung ihre Bedeutung für die Gestaltung der modernen Lebenswelt zunehmend ein, so gewinnt sie gerade durch das Abschleifen von widerständigen, nicht in das Weltbild der Moderne integrierbaren Glaubensvorstellungen und durch die Modellierung zugleich flexibler wie konsensfähiger Frömmigkeitsstile ihre wirklichkeitsgestaltende Kraft zurück. Nur wenn sich die lebensgeschichtlich ausgeformte Frömmigkeit in die Lebenshaltung des autonomen Individuums einfügt, die religiöse Wirklichkeitskonstruktion mit der Vorstellungswelt der Moderne harmoniert und die moralischen Implikationen religiöser Welteinstellung mit den ethischen Maximen der gesellschaftlichen Allgemeinheit übereinstimmen, kann die Religion ihre Fortschrittspotentiale entfalten. Und während die konfessionelle Parzellierung der Religionskultur die integrale Statur der Lebenswelt unterläuft, wirkt die allgemeine Gesellschaftsreligion den desintegrativen Kräften in der pluralen Gesellschaft entgegen und trägt zur Ausformung einer in sich konsistenten Lebenskultur bei.

In *phänomenologischer* Perspektive stellt sich der Zusammenhang zwischen expliziter und impliziter Religion komplexer dar. Offensichtlich führte der Aufschwung der säkularen Gesellschaftsreligion nicht zu einer vollständigen Destruktion, sondern allenfalls zu einer Schwächung der markant ausgeformten und fest institutionalisierten religiösen Teilkulturen. In der neuzeitlichen Religionskultur existieren partielle, teils eher konfessionsspezifisch, teils eher milieuspezifisch begrenzte Religionskulturen und allgemeine Bürgerreligion nebeneinander; die unterschiedlich strukturierten Konstrukte religiöser Praxis beeinflussen sich wechselseitig.

Zum einen stehen die beiden Grundgestalten neuzeitlicher Religionspraxis in einem negativen *Entsprechungsverhältnis* zueinander. Je weiter die Diffusion prägnanter Glaubensgehalte und die Entspezifizierung konfessionstypischer Einstellungen in der gesellschaftlichen Lebenskultur fortschreitet, um so deutlicher formen sich im Gegenzug die partiellen Religionskulturen aus. Insofern trägt der Säkularisierungsprozeß in gegenläufigem Richtungssinn zur Restitution der partikularen Religionskulturen und zu einer Schärfung ihrer jeweiligen Profile bei.

Zum anderen besteht zwischen den zwar in ihrer Reichweite begrenzten, aber um so deutlicher profilierten religiösen Teilkulturen und der zwar umfassenden, aber unspezifischen Gesellschaftsreligion ein Verhältnis positiver *wechselseitiger* Korrespondenz. Die Gesellschaftsreligion entwickelt die in die allgemeine Lebenskultur eingelagerten religiösen Vorstellungsgehalte und Praktiken in der Regel nicht aus sich selbst, sondern entlehnt sie religiösen Teilkulturen, paßt die in den Grenzen partikulärer Religionspraxis plausiblen, für das allgemeine Zeitbewußtsein aber widerständigen Glaubensvorstellungen und Frömmigkeitspraktiken an die Lebensformen der Moderne an und macht sie damit allgemein konsensfähig. Ohne die ständige Rückbindung an die ‚Hochformen‘ religiöser Praxis könnte sich die verwaschene Kulturreligion weder ausbilden noch fortentwickeln. Umgekehrt wirken die im Rahmen der allgemeinen Gesellschaftsreligion entwickelten Gestaltungen modernitätsverbundener Religionspraxis auf die partiellen Religionskulturen zurück. So bleibt etwa die in neuerer Zeit zu beobachtende Anreicherung der Allgemeinheitsreligion durch explizit religiöse Momente, mythologische Vorstellungsgehalte und magische Praktiken (131) nicht auf die kulturreligiöse Religionspraxis begrenzt; vielmehr fließen die aus dem kirchlichen Christentum und zumal aus dem neuzeitlichen Protestantismus weitgehend eliminierten Momente religiöser Praxis auch in das zeitgenössische Kirchenchristentum ein. Auf dem Hintergrund religiöser Modernisierung wird der untrennbare Zusammenhang zwischen Allgemeinheitsreligion und konfessions- und milieuspezifischen Religionskulturen vollends evident. Die Bürgerreligion verdankt ihre Fortschrittsdynamik den produktiven Impulsen von religiösen Bewegungen (> 211), die sich innerhalb größerer sozialkultureller Kontexte herausbilden, im Rahmen des Kirchenchristentums mit religiösen Valenzen angereichert werden und in ihren profilierteren Gestalten dann wieder auf die Entwicklung der allgemeingesellschaftlichen Lebenskultur zurückwirken.

3. Die für die Statur der Religion in der Moderne charakteristische Problemlage wurde in drei thematisch und argumentativ jeweils in sich geschlossenen, gleichwohl aber eng miteinander verknüpften religionstheoretischen *Diskursen* bearbeitet. Die theologisch grundierte Debatte über die Konsolidierung und Entgrenzung konfessionsspezifischer Religionskulturen rekonstruiert die sozialgeschichtliche Entwicklung des denominationell ausdifferenzierten Christentums im Rahmen der insgesamt religiös grundierten bürgerlichen Gesellschaft und zeichnet die Wandlungen im Selbstverständnis des modernen Protestantismus und Katholizismus nach. Der von Ideen der europäischen Aufklärung gespeiste und auf der Grenze von Gesellschaftstheorie und Religionsphilosophie angesiedelte Diskurs über die Distinktion und Relationierung von ‚natürlicher‘ Vernunftreligion und ‚positiven‘ Religionskulturen arbeitet die Konturen einer für alle Gesellschaftsmitglieder verbindlichen Elementargestalt von Religion heraus und setzt die partiellen, historisch gewachsenen und markant ausgeformten Religionskulturen in eine zugleich kritische wie konstruktive Beziehung zu der allgemeinverbindlichen Gesellschaftsreligion. Die soziologisch und kulturtheoretisch akzentuierte Diskussion über das empirische Erscheinungsbild und die theoretische Statur einer allgemeingesellschaftlichen ‚Zivilreligion‘ schließlich macht die in die zeitgenössische Lebenskultur eingewobenen, teils moralisch, teils ästhetisch, teils reflexiv verfaßten Momente diffundierter Religion kenntlich und entwickelt auf dieser Basis das theoretische Konzept einer sowohl vom einzelnen als auch von der Gesellschaft approbierten ‚Bürgerreligion‘.

2. Konsolidierung und Entgrenzung konfessioneller Religionskulturen

1. Die einander entgegenlaufenden und gleichzeitig ineinander verwobenen Prozesse der Konsolidierung und der Entgrenzung markant ausgeformter *Konfessionskulturen* lassen sich ebenso an der neuzeitlichen Entwicklung des Katholizismus (256) wie insbesondere im Spiegel der im 17. Jahrhundert angestoßenen und im Wechsel der sozial- und geistesgeschichtlichen Epochen mit jeweils neuen Akzenten versehenen Debatte über ‚Gestalt‘, ‚Wesen‘ und ‚Geist‘ des Protestantismus (> 140) auf exemplarische Weise beobachten. In der Anfangsphase der vor allem im deutschen Sprachraum, aber auch in anderen „multikonfessionellen europäischen Gesellschaften" (263,553) geführten und Theologie wie Philosophie, Soziologie wie Kulturwissenschaften gleichermaßen umgreifenden Diskussion über die „kulturellen Eigenheiten der Konfessionen" (263,552) verbinden sich die beiden Komponenten konfessioneller Selbstvergewisserung, die Ausformung eines in sich geschlossenen Konfessionsprofils und dessen Kontrastierung mit anderen konfessionsspezifischen Religionskulturen, untrennbar miteinander. In der Verschränkung von ideengeschichtlicher und sozialgeschichtlicher Analyse suchen die „Protestantismustheoretiker" jenseits seiner „heterogenen empirischen Gestalten" eine idealtypische Grundform des Protestantismus zu rekonstruieren und damit „die Gemeinschaft der Protestanten symbolisch (zu) erfinden"; sie markieren zu diesem Zweck „scharfe, eindeutige Grenzen gegenüber der Römisch-katholischen Kirche und der Volksfrömmigkeit" (> 232) sowie gegenüber dem Judentum (263,552).

Zur Schärfung des protestantischen *Konfessionsprofils* bedienen sich die weniger an „Bekenntnis oder Lehre der evangelischen Kirchen" als vielmehr an der empirischen Religionspraxis interessierten Protestantismustheoretiker nicht vorwiegend der Mittel konfessionstheologischer Apologetik und Polemik: „Das Theologische tritt hinter die politisch-kulturellen Selbstauslegungen protestantischer Gemeinwesen sowie Habitus und kollektive Mentalität der Frommen zurück" (263,552). Das weit gespannte Interesse der Protestantismusdiskussion gilt dementsprechend der Frage, „welche Folgewirkungen die Reformation und die Entstehung konfessionell homogener lutherischer und reformierter Gemeinwesen für Politik, Ökonomie, Bildungswesen, Wissenschaft, Kunst und Lebensführung der Menschen gehabt haben" (263,551), und somit der Kennzeichnung der originär protestantischen Beiträge zur Gestaltung der sozialkulturellen Lebenswelt.

2. Im Fortschritt der Debatte spiegeln sich nicht nur die internen Wandlungen der protestantischen Religionskultur, sondern vor allem auch die externen Veränderungen im Verhältnis von konfessionalisierter Religionskultur und *säkularer* Gesellschaft wider. Die Bezeichnung ‚Protestantes‘ stellte ursprünglich eine Rechtskategorie dar. Sie war in der „Konfessionalisierungspolitik der absolutistischen Landesherren" verankert, „die Religion als integratives Band des Gemeinwesens sahen und deshalb konfessionelle Homogenität durchsetzen wollten" (263,555). In der Reaktion auf die Konfessionskriege wurde das „Staats- und Völkerrecht" dann „von seinen bisherigen theologischen Begründungsformen" abgekoppelt und statt dessen auf eine „rein weltliche Grundlage", auf die „Idee einer ausschließlich auf die humane Vernunft aufgebaute Rechtsordnung" (248,612), das neuzeitliche Naturrecht (292), gestellt.

Die Ersetzung der konfessionell-religiösen durch die *allgemein-moralische* „Grundlage der Gesellschaft" zielte nicht auf eine „religionslose Gestaltung des Staats, sondern auf die religionsneutrale Fassung seiner Rechtsgrundlagen" ab (248,612). Die Entkoppelung von Religionszugehörigkeit und Gesellschaftszugehörigkeit bringt sich dementsprechend in zwei gegenläufigen, aber untrennbar miteinander verbundenen und insgesamt für die weitere Entwicklung der neuzeitlichen Religionskulturen folgenreichen Prozessen zur Geltung. Auf der einen Seite führte die säkulare „Begründung des politischen Zusammenlebens" zu einer „erhebliche(n) Einschränkung der ideologischen Macht der Kirchen" und in Verbindung mit der seit der Aufklärung allgemein vertretenen „Forderung nach weltanschaulicher Toleranz" zu einer „allmählichen Schwächung der öffentlichen Wirksamkeit konfessioneller Bekenntnisorientierung" überhaupt (248,612). Auf der anderen Seite trat an die Stelle der Kongruenz von religiöser Konfession und politischem Gemeinwesen aber eine neuartige Symbiose von säkularer Religionskultur und religiös grundierter Gesellschaftsordnung. Im Zuge der allgemeinreligiösen Imprägnierung des gesellschaftlichen Lebens formten sich in den europäischen Gesellschaften unterschiedliche Gestalten einer weniger an den Eigenarten partikulärer Konfessionskulturen als vielmehr an den Besonderheiten der jeweiligen Gesellschaftssysteme orientierten und eng mit dem politischen Leben verwobenen Religion aus. Während sich in den „konfessionell einheitlichen Nationalstaaten" eine „Form von Bürgerreligion" herausbildete, „die den Traditionszusammenhang zur christlichen Staatsreligion in hohem Maße wahrt", kam es in Frankreich zu einem „vehementen Traditionsabbruch"; in Deutschland schließlich verbanden sich „Bürgerreligion und nationale Idee in so hohem Maße, daß sogar jene Kreise, die weiter an der speziell kirchlichen Lehre orientiert leben, in der Nation eine religiöse Gabe und den Einsatz für die Nation als religiöse Forderung empfinden" (290,117).

Die Entschränkung von konfessioneller Religion und säkularer Gesellschaftsordnung und die damit korrelierende Verkoppelung von allgemeiner Religion und integraler Lebenskultur bringt sich in einer charakteristischen *Umformung* des Protestantismusbegriffs, im „Übergang aus der juristischen Semantik der älteren Rechtspublizistik in die ‚culturhistorischen‘ Konfessionsdiskurse der gelehrten Aufklärungsgesellschaft" (263,555), zur Geltung. Kreisen die Humanitätskonzepte der ebenso im Bürgertum verwurzelten wie vom Christentum und insbesondere vom Protestantismus inspirierten deutschen Aufklärung insgesamt „um Spielarten der Synthese von Vernunft und Religion, Kultur und Christentum" (248,613), so „traten überkommene Muster konfessioneller, d.h. lutherischer oder reformierter Vergesellschaftung hinter ein allgemeines ‚Wesen des Protestantismus‘ zurück" (263,555f). Der Begriff des ‚Protestantismus‘ löste sich von seinen engen Bedeutungsgehalten, mutierte zum Kennzeichen eines umfassenden „normativen kulturellen Konzept(s)" und fungierte schließlich „als Leitbegriff für eine Lebensführung, die sich spezifisch (bildungs-bürgerlichen) Wertorientierungen wie Selbständigkeit, Mündigkeit, Gewissensautonomie, Denkfreiheit, Kritikbereitschaft und Toleranz verpflichtet wußte" (263,556). Der neuzeitliche, den Idealen der aufgeklärten Moderne verpflichtete und zur „kirchendistanzierten ‚Bildungsreligion‘" gewandelte Protestantismus begreift sich nicht mehr als nach außen abgeschlossene Konfessionskultur, sondern als religiöser Nukleus des aufstrebenden ‚Bildungsbürgertums‘ (> 210), „das sich stark durch protestantische Traditionen definierte und seine kulturellen Hegemonieansprüche gegenüber anderen Gruppen durch eine konfessionsspezifische Semantik rechtfertigte" (263,571).

Die Amalgierung von protestantischer Lebenshaltung und aufgeklärter Welteinstellung mündete schließlich in eine „*Enthistorisierung* des Begriffs", so daß „spätestens um 1900 vom Protestantismus in anderen Religionen gesprochen wurde" (263,557). Betonten Ernst Troeltsch sowie Max Weber die „hohe Bedeutung von Luthers Berufsgedanken" (263,562) für den Aufbau der modernen Lebenswelt und stilisierte Helmuth Plessner den säkularen Protestantismus zur idealtypischen Gestalt der im Alltag verwurzelten ‚Weltfrömmigkeit' (314,58ff), so trat vor allem Paul Tillich für die „Entkonfessionalisierung und religionsgeschichtliche Universalisierbarkeit des Begriffs ein" (263,557); das Charakteristikum des modernen Protestantismus besteht demnach gerade darin, „daß er immer auch über seiner religiösen und konfessionellen Wirklichkeit stehen kann, daß er nicht gebunden ist an sich … Der Protestantismus hat ein Prinzip, das jenseits jeder seiner Verwirklichungen steht" (266,7f). Unter der „Bedingung des Funktionswandels der Kultur in der Gegenwart" schließlich erscheint es angezeigt, vom Kulturprotestantismus (> 221) des 19. Jahrhunderts, „der es auf die Stärkung des protestantischen Einflusses auf die Gesamtkultur abgesehen hatte", Abstand zu nehmen, „gesellschaftliche Selbstverständigung und religiöse Selbstaufklärung miteinander zu verknüpfen" und den Protestantismus als „religiöses Ferment in christlichen Kirchen und als intellektuelle(n) Katalysator gesellschaftlicher Verständigung" zu begreifen (264,VIf).

3. Die tendenzielle Entgrenzung konfessionsspezifischer Religionskulturen und der komplementäre Prozeß der Entstehung einer von der Aufklärung inspirierten und in der Neuzeit ausgeformten konfessionsunspezifischen Allgemeinheitsreligion läßt sich nicht nur an der Umformung des Protestantismusbegriffs, sondern ebenso deutlich am sozialkulturellen Wandel der *katholischen* Konfessionskultur beobachten. Die mittelalterliche Gesellschaftsordnung war durch eine „religions- und kulturgeschichtlich einmalige Verflechtung von Religion und Gesellschaft" gekennzeichnet; im Rahmen der „‚christlichen' Gesellschaft" verblieb die „einsetzende funktionale Differenzierung von Politik, Wirtschaft und auch Wissenschaft, Medizin und Erziehung unter der Kontrolle und Führung des als Kirche ausdifferenzierten speziellen Kommunikationszusammenhangs" (256,70f). Nach dem „Zerfall der kirchlichen Einheit in der Reformation", insbesondere aber im „Jahrhundert der Religionskriege" setzte dann die stufenweise Loslösung der sich säkularisierenden Gesellschaft von ihren konfessionell-religiösen Grundlagen, die „Emanzipation der sich ausbildenden staatlichen Herrschaftssphäre von der religiös-kirchlichen Kontrolle" ein; sie fand in der „Herausbildung eines allgemeinen, universalen Religionsbegriffs in Differenz zur historischen Religion des konfessionell gespaltenen Christentums" (256,71) im Zeitalter der Aufklärung einen vorläufigen Abschluß. Löste sich im 17. Jahrhundert auch „die Sphäre der kulturellen Integration der Gesellschaft vom Christentum in seiner kirchlich-konfessionellen Gestalt" und wurde die „über dem konfessionellen Hader stehende gemeinsame Natur des Menschen" nun zum religiösen „Bezugspunkt" der sich säkularisierenden Gesellschaftsordnung (256,71), so stellt sich die „bürgerlich-moderne Industriegesellschaft" (256,72) gleichwohl bis ins 19. Jahrhundert und darüber hinaus als „Amalgam aus Tradition und Modernität" (256,76) dar.

Der „Umbau des Gesellschaftsgefüges" im Zuge der bürgerlichen Neuzeit wirkte nicht nur auf die „Sozialgestalt des Christentums" (256,74) und insbesondere auch auf die „katholische Teiltradition des Christentums" zurück (256,80); besonders signifikant artikulierte sich die komplexe, aus Momenten der Entkirchlichung und der Verkirchlichung zusammengesetzte Entwicklung der konfessionsspezifischen Religionskulturen vielmehr in theologisch grundierten *Modernisierungsprogrammen*. Das im 19. Jahrhundert ausformulierte und gleichermaßen der religiösen Tradition wie der säkularen Moderne verpflichtete Konzept des ‚modernen Katholizismus' zielte auf eine Profilierung der katholischen Religionskultur ab, auf die „Entwicklung und Akzentuierung eines eigenen, in sich geschlossenen, von allen anderen Deutungssystemen sich scharf abgrenzenden religiösen Deutungssystems" unter einer „zentral verankerten kirchlich-institutionellen Kontrolle" sowie auf die „möglichst umfassende Einbindung der katholischen Bevölkerungsteile in ein katholisches Milieu als abgrenzender und ausgrenzender konfessioneller Gruppenzusammenhang mit einem gewissen Wir-Gefühl und einer lebenslangen, spezifischen Prägung der Persönlichkeit" (256,80f). Finden sich „Tendenzen zur Milieubildung um unterschiedliche Kristallisationskerne" auch „überall, wo die Katholiken in bürgerlich-moderne Industriegesellschaften geraten", so ist die Ausformung von konfessionellen Milieus in den „gemischtkonfessionellen Ländern mit starken katholischen Minderheiten wie in Deutschland, den Niederlanden und der Schweiz" besonders deutlich ausgeprägt (256,81f).

In der zweiten Hälfte des *20. Jahrhunderts*, im gesellschaftshistorischen „Umbruch zur entfalteten Moderne" (256,121), verlieren die „aus dem 19. Jahrhundert stammenden Großgruppenmilieus" insgesamt an „Bindungskraft" (256,195) und lösen sich zunehmend auf. Im Rahmen des generellen „Abschmelzen(s)" (256,124) sozialkultureller Milieus verblaßt auch die Prägekraft der milieuspezifischen Konfessionskulturen; die konfessionellen „Milieugrenzen, die ein Jahrhundert lang Wirksamkeit besaßen, verlieren ihre Orientierungskraft und brechen zusammen" (256,194f). Die teils in internen Entwicklungen der konfessionellen Religionskulturen, teils in allgemeingesellschaftlichen Wandlungsprozessen begründete „Auflösung des Katholizismus als Großgruppenmilieu" ist zu den „Prozessen weitergehender Modernisierung zu rechnen, in denen sich die bürgerlich-moderne Industriegesellschaft in eine entfaltet-moderne Gesellschaft mit ‚post'-modernen Zügen transformiert" (256,195). Die „kulturelle Pluralisierung" und die „strukturell erzeugte Individualisierung" der religiösen Lebenspraxis führen zwar zu einer „weitreichenden Schwächung" der „institutionellen Verfassung" der Religion; die Deinstitutionalisierung der Religionspraxis hat jedoch „kein Verschwinden des Christentums zur Folge, sondern führt zu einer verstärkten Pluralisierung und Polarisierung seiner Erscheinungsformen – insbesondere nach dem Grad ihrer Bestimmtheit bzw. Unbestimmtheit" (256,195).

3. Distinktion und Relationierung von ‚natürlicher' Vernunftreligion und ‚positiven' Religionskulturen

1. Die Problemgehalte der Protestantismusdebatte, in deren Verlauf der Begriff des ‚Protestantismus' von einer Konfessionsbezeichnung zu einem kulturellen Leitbild erweitert und schließlich zu einem ideellen Prinzip umformuliert wurde, verdichten sich in der vor allem in der Epoche der Aufklärung geführten und religionsphilosophisch akzentuierten Debatte um die Statur einer ‚natürlichen', allen Menschen gemeinsamen Religion und deren Beziehung zu den ‚positiven', historisch entstandenen, originär ausgeformten und damit partikulären Religionskulturen.

Der Begriff der ‚natürlichen Religion' wurde „in vollständiger Weise" zwar „erst in der Religionsphilosophie der europäischen Aufklärung systematisch entfaltet" (293,78) und zur Leitkategorie eines originären religionstheoretischen Konzepts erhoben. Gleichwohl wurde sowohl der Begriff selbst als auch die in ihm chiffrierte Problemkonstellation, die Distinktion und Relationierung von ‚natürlicher' Religion und ‚positiven' Religionen, lange vor der europäischen Neuzeit in Grundzügen ausgearbeitet. Die später „mit christlichen Traditionen verbunden(e)" Vorstellung einer „in der menschlichen Natur gleichsam angelegte(n) Religiosität" (293,78) findet sich bereits in der Antike; so unterscheidet beispielsweise der römische Historiograph Marcus Terentius Varro zwischen einer „theologia naturalis" als der „dem Philosophen angemessene(n) Religionsform" und einer „theologia civilis" als der „dem Staate dienende(n)" und damit ‚äußerlichen Religion' (293,79). Stellte sich den christlichen Apologeten die „doppelte Aufgabe", für die „Analogien zwischen den Religionen ebenso eine theoretische Begründung zu geben wie Religionen und Philosophie in ihrer antiken Vielgestalt überhaupt zu sichten und die vera religio des Christentums inmitten und angesichts des zeitgenössischen religiösen Pluralismus zu erweisen" (293,79), so greifen die lateinischen Kirchenväter zur religionsphilosophischen Begründung des Christentums auf die Theoriefigur der antiken Philosophie zurück. Begründet Tertullian den Allgemeinheitsanspruch des Christentums mit dem anthropologischen Postulat einer ‚anima naturaliter christiana' (293,79), so konstatiert Augustin, die ‚vera religio' sei das, was schon ‚bei den Alten vorhanden gewesen ist und niemals seit Anfang des Menschengeschlechts gefehlt hat, bis Christus im Fleisch erschien, von wo an die wahre Religion, welche schon vorhanden war, die christliche genannt zu werden begann' (293,79). Im „christlichen Humanismus" schließlich werden „stoisches Gedankengut und Offenbarungsreligion zu einem religiösen Universalismus verknüpft", auf dessen Basis in den „naturrechtlichen, staatstheoretischen und religionsphilosophischen Schriften des 16. und 17. Jahrhunderts" dann der Begriff der ‚natürlichen Religion' ausformuliert wird (297,10f).

2. In der Epoche der *Aufklärung* findet das Problem von ‚natürlicher' und ‚positiver' Religion schließlich seine klassische Ausformulierung. In seiner „gebräuchliche(n) Verwendung" bezeichnet der Begriff der ‚natürlichen Religion' nun eine „auf den Verstand gegründete religiöse Überzeugung und Praxis", deren Wahrheitsansprüche „durch rationale Überlegung gerechtfertigt werden" und daher „von universaler Gültigkeit" sind (294,81). Die vielfältigen empirischen Erscheinungsformen der positiven Religionen werden in kritischer Absicht auf den rationalen „Kern" der religiösen Vorstellungswelten, auf die in der „Vernunftnatur des Menschen" angelegten „allgemein- und ewiggültige(n) Vernunftwahrheiten" zurückgeführt (291,1545). Die reflexive Grundlage für das Postulat einer allgemeingültigen und allgemeinverbindlichen Religion bildet der vom englischen Deismus formulierte „Gedanke einer allen positiven Religionen gemeinsamen Gottesidee"; die aus ihr abgeleiteten „elementare(n) Wahrheiten der Religion" haben „ihren Grund in der Beziehung des menschlichen Geistes zum Unbedingten" und kommen aufgrund ihres „Allgemeinheitscharakter(s)" „mehr oder weniger in allen Religionen, christlichen wie außerchristlichen, vor. Ihr Inbegriff bildet die Sphäre der Natürlichen Religion" (248,614).

Eine exemplarische, aus der „Spannung von Natur und Kultur, Individuum und Vergesellschaftung" (248,619) abgeleitete Ausführung des religionstheoretischen *Programms* der Aufklärung findet sich bei Jean-Jacques Rousseau (> 123). In ‚Emile' entwickelt Rousseau einen „am Individuum orientierten, gefühlstheoretischen Religionsbegriff" (248,619) und begründet daraus sein „emphatische(s) Bekenntnis der Superiorität der natürlichen Religion über die Offenbarungsreligion(en) in ihrer historischen Pluralität" (293,80): „Hätte man nur auf das gehört, was Gott dem Menschenherzen sagt, hätte es immer nur eine Religion auf Erden gegeben" (315,604). Im ‚Contract social' legt Rousseau das „sozialphilosophische Ergänzungsprogramm einer politischen Theologie" (248,619) vor und setzt sich für die „Institutionalisierung einer ‚religon civile'" ein, „die das alte triadische deistische Credo – Gott, Tugend und Unsterblichkeit – zum staatsbürgerlichen Bekenntnis" erhebt; wer sich das gleichermaßen religiöse wie politische Bekenntnis nicht zu eigen macht, sollte – ‚nicht als Gottloser, sondern als ein der Gesellschaft unfähiges Individuum' – „aus der Gesellschaft ausgeschlossen werden" (168,30). Die „Religion besitzt ihr anthropologisches Fundament" somit „gleichermaßen in den psychischen Grundlagen des natürlichen Subjekts wie im Weltanschauungskonsens des kontraktualistischen Kulturstaats" (248,619).

Im Unterschied zu der gleichermaßen auf gesellschaftliche Allgemeingültigkeit wie auf individuelle Autonomie gegründeten ‚natürlichen' Religion erscheinen die ‚positiven', konfessionell begrenzten und den Restriktionen kirchlicher Lehrautorität unterstellten Religionen als ebenso partikuläre wie defiziente Erscheinungsformen der Religion. Die partiellen historischen Bekenntnistraditionen verpflichteten, sich gegeneinander abgrenzenden und miteinander konkurrierenden Religionsgemeinschaften kultivieren religiöse Vorstellungen und Frömmigkeitspraktiken, die nur bei ihren Anhängern, nicht aber bei allen Gesellschaftsmitgliedern gleichermaßen Anerkennung finden. Die konfessionsspezifischen Religionskulturen entbehren daher der für die ‚wahre' Religion charakteristischen „gesellschaftsintegrierende(n) Kraft" (290,125) und tragen vielmehr umgekehrt zur Desintegration der sozialkulturellen Lebenswelt bei. Allerdings fällt die positive, zumal die christliche Religion in der deutschen Aufklärung nicht einer vollständigen Kritik zum Opfer. So faßt etwa Gotthold Ephraim Lessing die verschiedenartigen Gestalten positiver Religion als Vermittlungsformen auf, mit deren Hilfe die natürliche Religion an den unterschiedlichen Bildungsstand der Gesellschaftsmitglieder angepaßt werden soll. Anerkennt Lessing auf der einen Seite die relative Bedeutung der positiven Religionen als zwischen Gesellschaft und Individuum angesiedelter und somit intermediärer Lebenskulturen, so stellt er auf der anderen Seite die kritische Funktion der natürlichen Religion gegenüber den positiven Religionen heraus: „Die beste geoffenbarte und positive Religion ist die, welche die wenigsten konventionellen Zusätze zur natürlichen Religion enthält" und somit „die guten Wirkungen der natürlichen Religion am wenigsten einschränkt" (316,194). Kant, der die „vernunftgemäße Religion aus ihrer moralischen Funktion begründet" (174,21), begreift die positiven Religionen in ähnlicher Weise als „Vehikel" zur Verbreitung der allgemeinen Vernunftreligion (317,310f).

3. In der Epoche der *Romantik* kehrte sich das Verhältnis von natürlicher und positiver Religion um. Angesichts der „neu erwachte(n) Vorliebe für ‚positive', geschichtlich gewachsene Religion" stellte sich der „Deismus" als eine „veraltete Weltanschauung" (295,404) und das religionstheoretische Konzept der ‚natürlichen Religion' als ein abstraktes Konstrukt dar, mit dessen Hilfe sich die Vielfalt der originären Erscheinungsformen gelebter Religion nicht zutreffend erfassen läßt. Entdeckte Herder „in den historischen Religionen" den „ungekünstelten Ausdruck der menschlichen Seele" (174,21), so sah Schleiermacher die „positiven Religionen" als die „bestimmten Gestalten" an, in denen „die unendliche Religion sich im Endlichen darstellt" (294,84), und bewertete die ‚natürliche Religion' demgegenüber als „eine unbestimmte, dürftige und armselige Idee

..., die für sich nie eigentlich existieren kann" (318,169). Konstatiert schon Schleiermacher, daß die ‚natürliche Religion' nicht als „Basis" einer empirisch vorfindlichen religiösen Gemeinschaft angesehen werden kann, sondern allenfalls als theoretisches Substrat dessen, „was sich aus den Lehren aller frommen Gemeinschaften ... abstrahieren läßt" (319,69), so setzte sich in der Folgezeit die Erkenntnis durch, daß „die Vernunftreligion der Aufklärung" das „Produkt einer Abstraktion" darstellt und damit „ihrerseits von den positiven Religionen abhängig ist" (311,110f).

Das von der Aufklärung ausgearbeitete Konzept der Distinktion und Relationierung von natürlicher Vernunftreligion und positiven Religionskulturen erweist sich zumal dann als problematisch, wenn es *empirisch* verifiziert werden soll. Denn empirisch gegeben sind nur die sozialkulturellen Gestaltungen der historisch entstandenen und sich historisch fortentwickelnden Religionen. Demgegenüber bleibt die ‚natürliche Religion' entweder eine kritische Idee, auf deren Hintergrund sich die Konvergenzen und Divergenzen von gesellschaftlichem Fortschritt und religiöser Entwicklung aufdecken lassen; oder sie erhält den Status einer theoretischen Deutungskategorie, mit deren Hilfe die zunehmende Entkonfessionalisierung der modernen Religionskultur erklärt werden kann.

4. Empirisches Erscheinungsbild und theoretische Statur der zeitgenössischen ‚Zivilreligion'

1. Die von der Aufklärung konstruktiv ausformulierte und von der Romantik kritisch bearbeitete Problemkonstellation von ‚natürlicher' und ‚positiver' Religion wurde in der Diskussion über die empirischen Erscheinungsformen und die theoretische Statur einer allgemeingesellschaftlichen *‚Civil Religion'* reformuliert. Die sowohl in den Sozial- und Kulturwissenschaften als auch in der publizistischen Öffentlichkeit geführte Debatte geht von der Beobachtung aus, daß sich in der gesellschaftlichen Lebenswelt und insbesondere in der politischen Kultur der Gegenwart vielfältige religiöse Verweisungen finden, die sich nicht als unmittelbare Resultate von Einflüssen begreifen lassen, die konfessionell und denominationell spezifizierte Religionskulturen und zumal die kirchlichen Religionsorganisationen auf das politische Leben ausüben. Vor allem in der religiös pluralistischen Gesellschaft der USA besteht trotz der strikten „Trennung von Staat und Kirche" eine enge „Verflechtung von Religion und Politik" (306,754). Sie bringt sich in der Ausformung einer jenseits der partikulären Religionskulturen angesiedelten und von allen Gesellschaftsmitgliedern auf geradezu selbstverständliche Weise akzeptierten und praktizierten ‚Zivilreligion' zur Geltung. „Offensichtlich gibt es gerade auch in den demokratischen Gesellschaften einen Grundkonsens, der dem Mehrheitswillen entzogen ist, der gleichsam die Basisorientierung des Gemeinwesens darstellt, die nicht in Frage gestellt werden darf, weil dies identitätsgefährdend wäre. Dieser Basiskonsens ist gleichsam eine soziale Selbstverständlichkeit" (290,120).

Die Existenz einer gesellschaftsintegrativen Zivilreligion läßt sich an einer Vielfalt von empirischen *Phänomenen* plausibel machen, in denen sich religiöse und säkulare Motive des öffentlichen Lebens auf jeweils charakteristische Weise ineinander verweben. Die Symbiose von Religion und Gesellschaft bringt sich zunächst in den von der Aufklärung und insbesondere von der Französischen Revolution geprägten zivilreligiösen „Ideensystemen" (290,121) zur Geltung, in der säkularreligiösen Heiligung humanitaristischer

Prinzipien wie ‚Freiheit‘, ‚Gerechtigkeit‘ und ‚Solidarität‘ (309,328). Die für die Lebenskultur demokratischer Gesellschaften westlicher Prägung insgesamt verbindlichen und zumal die „Grundorientierungen politischen Handelns" durchgängig dirigierenden Humanitätsprinzipien bilden das religiöse Fundament von „politischen Philosophien" sowie von ideengeleiteten „Darstellungen der Geschichte, besonders der Nationalgeschichte"; in den von religiösen Sprachmustern durchtränkten „Verfassungstexten" finden die zivilreligiösen Prinzipien die für die jeweilige politische Kultur charakteristische Ausdrucksgestalt; in religiös grundierten „Ansprachen von Politikern" (290,121) schließlich werden die Leitideen der aufgeklärten Moderne rhetorisch entfaltet, in die Alltagswirklichkeit übersetzt und den Staatsbürgern als unstrittig in Geltung stehende Maximen der Lebensführung angedient.

Die Zivilreligion geht aber nicht in der allgemeinen Zustimmung zu rational ausformulierten Humanitätsideen auf. Der Verpflichtungscharakter der politisch grundierten Gesellschaftsreligion wird vielmehr durch eine breit ausgebaute und in den verschiedenen Teilsystemen der Gesellschaft, insbesondere aber im politischen Leben verankerte *Symbolkultur* abgestützt. Zu den politischen Symbolen, deren religiöse Integrationsfunktion schon Durkheim (> 122) herausstellte, sind ebenso Fahnen und Kleidungsstücke in den ‚Nationalfarben‘ eines Staates wie Staatswappen, „Banknoten und Orden" zu zählen, auf denen „Gott als Symbol für die Zusammengehörigkeit von Volk und Land bemüht" wird (306,756). In den Nationalhymnen, die anläßlich herausgehobener Daten der politischen Geschichte im Rahmen säkularer Liturgien zelebriert werden, vermischen sich rationale und symbolische Komponenten der Zivilreligion miteinander. Formen zivilreligiöser Ritualistik finden sich ebenso in den in unterschiedlichen Segmenten des gesellschaftlichen Lebens praktizierten „Staatsritualen und Bürgerritualen", beispielsweise in zeremoniellen Vereidigungen, sowie insbesondere im „gesellschaftlich anerkannten Festkalender" (290,121), der sowohl spezifisch politisch akzentuierte Feiertage wie den Nationalfeiertag, den Volkstrauertag oder den „obrigkeitlich angeordnete(n) Bußtag" einschließt als auch die in der allgemeingesellschaftlichen Lebenskultur fest verankerten Feste, beispielsweise das Weihnachtsfest, in dem die allgemeinreligiösen Prinzipien der ‚Liebe‘ und des ‚Friedens‘ geheiligt werden, oder das mit dem ökonomischen System der Gesellschaft verflochtene Erntedankfest (290,123).

Den Nukleus der Zivilreligion bildet schließlich ein das öffentliche wie das private Leben umgreifendes System kulturreligiöser *Werte,* in denen die humanitaristischen Ideen der Neuzeit und die fundamentalen Prinzipien der jüdisch-christlichen Religionstradition miteinander verschmelzen. Im Rahmen der für die westlichen Industriegesellschaften insgesamt charakteristischen „moralischen Infrastruktur" (307,126) bilden sich neuartige Gestalten einer konfessionsunspezifischen ‚Bürgerreligion‘ heraus, beispielsweise die aus dem christlichen Motiv der Nächstenliebe gespeiste säkulare Wohltätigkeitsreligion (> 212-2:2.4.), die im protestantischen Bürgertum verwurzelte Bildungsreligion (> 212-4:2.2.) oder auch die kulturreligiös verwaschene Medienreligion (> 212-2:2.3.). Die unterschiedlichen Konfigurationen der säkularen Gesellschafts- und Kulturreligion stehen nicht nur in einem engen wechselseitigen Konnex miteinander. Vielmehr fügen sich die kognitiven und symbolischen, rituellen und moralischen Komponenten der Zivilreligion zu einer hinsichtlich ihres Erscheinungsbildes konsistenten Religionspraxis zusammen, die auf einem weitreichenden „gesellschaftlichen Konsens" (306,755) aufruht und insofern den zentrifugalen Kräften in den modernen Gesellschaften entgegenwirkt: „Die

Bürgerreligion ist symbolischer Ausdruck eines grundlegenden Wertekonsens, sie hat damit Integrationsfunktion" (290,120).

2. So plausibel sich das Konstrukt einer gesellschaftsumgreifenden Zivilreligion auf der Folie ihres facettenreichen Erscheinungsbildes auch ausnimmt, die Formel der ‚civil religion', die „seit mehr als 15 Jahren durch die sozialwissenschaftlichen und theologischen Debatten in der Bundesrepublik geistert" (302,11), stellt einen ebenso „schillernden" (307,126) wie mittlerweile „umstrittene(n) *Begriff*" (302,11) dar. Die „Vagheit und Strittigkeit des Begriffs ‚civil religion'" (262,34) ist in der programmatischen Absicht des religionstheoretischen Konzepts begründet, die pluriformen „Phänomene" der zeitgenössischen Religionskultur in einer integralen Perspektive zu bündeln und die „unterschiedliche(n) Funktionen" (302,18) religiöser Praxis auf eine gemeinsame Kernfunktion der Religion, auf die Integrationsleistung zurückzuführen, die die Religion für die sich zunehmend ausdifferenzierende moderne Lebenswelt erbringt. In einer „weitgefaßten Definition" bezeichnet Zivilreligion demnach die Gesamtheit der „religiösen und theologischen Gehalte des politischen Diskurses", die dadurch ausgezeichnet sind, „daß sie auf einen möglichst weitgehenden Konsens unter den Staatsbürgern ausgelegt sind" (302,18), die „als universalkonsensfähig unterstellten religiösen Orientierungen, die in unsere politische Kultur integriert sind" (308,316).

In dem gleichzeitig religionstheoretisch fundierten wie programmatisch akzentuierten *Integrationskonzept* verschränken sich gesellschaftswissenschaftliche und gesellschaftspolitische Intentionen miteinander. Im Rahmen der verschiedenartigen sozial- und kulturwissenschaftlichen Theoriekonzeptionen fungiert die Formel der ‚civil religion' auf der einen Seite als deskriptive und analytische Kategorie (302,18), mit deren Hilfe „zivilreligiöse Phänomene in der politischen Kultur eines Landes" (302,11) empirisch erfaßt, theoretisch klassifiziert und systematisch zueinander in Beziehung gesetzt werden können. Auf der anderen Seite verbinden sich mit dem religionstheoretischen Konzept der Zivilreligion aber auch gesellschaftspolitische Interessen. Im Rahmen politischer Praxis dient die Programmformel dazu, die im Zuge theoretischer Analyse herausgestellten integrativen Potenzen der Religion zur Konsolidierung von Gesellschaft und Kultur zu nutzen. In beiden Hinsichten bildet die Formel ‚civil religion' eine „Formkategorie, die alle jene Phänomene umschreibt, in denen Religion öffentliche Bedeutung zur Integration eines Gemeinwesens hat" (290,120).

Die analytische und die programmatische Intention des religionstheoretischen Konzepts verschränken sich in der *historischen* Rekonstruktion von Genese, Entwicklung und Statur der Zivilreligion. Im Spiegel interessengeleiteter religionshistorischer Analyse wird die politisch grundierte Gesellschaftsreligion in den Status einer elementaren Grundgestalt von Religionspraxis erhoben, deren Wirksamkeit sich – gewissermaßen hinter dem Rücken der von ihren jeweiligen Eigendynamiken dirigierten ‚positiven' Religionen – „durch die abendländische Geschichte hindurch zieht" und in den unterschiedlichen Epochen der Gesellschafts- und Religionsgeschichte lediglich verschiedene „Ausprägungen" erfährt; im Ablauf der religionshistorischen Entwicklung schließen die ‚antik-heidnische', die ‚mittelalterlich-christliche', die ‚neuzeitliche' und schließlich die ‚moderne' Religion des Bürgers aneinander an (297,9). In seiner neuzeitlichen Gestalt ist das „Konzept der Zivilreligion" freilich als „ein Kind des 18. Jahrhunderts" (309,328) anzusehen. In der „Wiederaufnahme eines fast vergessenen Begriffs aus dem Erbe der

Aufklärung" (306,754), insbesondere aber im Rückgriff auf Rousseaus „synthetische(s) Produkt eines philosophisch wahren und zugleich sozial nützlichen Glaubensbekenntnisses" (309,327) fragt die an der Integration der Gesellschaft interessierte Soziologie, wie „in einer weitgehend säkularisierten Gesellschaft die versiegte Legitimitäts- und Solidaritätsquelle der Religion durch säkulare Äquivalente ersetzt werden kann" (307,129). Das Konzept der Zivilreligion nimmt damit die Debatte über ,natürliche' und ,positive' Religion auf und zeichnet sie in die gesellschaftliche Situation der Moderne ein. Der „Prozeß der Ausbildung der Bürgerreligion" läßt sich dementsprechend als in der Aufklärung angelegter und in der bürgerlichen Neuzeit vollendeter Vorgang einer „Enthistorisierung" und „Formalisierung" der Religion auffassen, in dessen Verlauf die positiven Religionen „zugunsten von allgemeinzugänglichen Vernunfteinsichten hinsichtlich ihrer Bedeutung relativiert" werden (290,117).

Im 19. Jahrhundert wird das an der sozialwissenschaftlichen Integrationsthese (> 123) orientierte Konzept einer allgemeinverbindlichen Gesellschaftsreligion mit der „Semantik der ,Werte'" verbunden (309,328) und zur Ausarbeitung eines vornehmlich *kulturtheoretisch* akzentuierten „Modell(s) moderner Gesellschaften" genutzt, in dem „moralische und religiöse Werte" teils latent, teils manifest die Funktion gesellschaftlicher „Integration" übernehmen (306,755). Im Rahmen der im nordamerikanischen ,Kommunitarismus' (313,1272f) verwurzelten und sowohl in den gegenwärtigen Kulturwissenschaften als auch in der theologischen Ethik, insbesondere aber in der Pädagogik geführten und durchweg mit kritischen Akzenten versehenen ,Grundwertediskussion' läßt sich dann der aus der Säkularisierung (> 133) der Lebenswelt resultierende ,Wertewandel' beschreiben. Nahm die Bürgerreligion ursprünglich die deutlich religiös grundierten und gemeinschaftsorientierten „Elemente der bürgerlichen Welt- und Lebensanschauung" in sich auf, so setzt sich das kulturelle Profil der zeitgenössischen Zivilreligion vor allem aus säkularen Lebenseinstellungen wie „Diesseitigkeit, Leistungsorientierung, Aktionsbezogenheit" und „Selbstverantwortung" zusammen (290,120).

Die gegenwärtige Debatte über empirische Erscheinungsformen und theoretische Statur der Zivilreligion geht in ihren Grundzügen auf die in den vergangenen Jahrzehnten in den *USA* geführte Diskussion zurück. Will Herberg suchte die eng mit dem politischen Leben verwobene ,civil religion' empirisch zu identifizieren, indem er „the entity generally known as The American Way of Life" zur „common religion" „of Americans today" erhob und „democracy" zum Inhalt einer amerikanischen „superreligion" (301,148) erklärte. Robert N. Bellah (303), der „Vater des Begriffs civil religion" (305,89) in seinem modernen Bedeutungsgehalt, suchte seine „These von der Existenz einer eigenen staatsbürgerlichen Religion" (304,31) zu belegen, indem er auf ein „Sortiment von Überzeugungen, Symbolen und Ritualen" verwies, „die als Träger des nationalen Selbstverständnisses Amerikas religiös grundiert und in ihrer Gesamtheit institutionalisiert sind" (309,327); „dabei verwendet die Zivilreligion zwar die Gehalte der biblisch-christlichen Überlieferung, doch indem sie sie aus den Beschränkungen der denominationellen Interpretationen des Christentums löst und in Interpretamente nationaler Selbsterfahrung überführt, wird sie zu einem neuen Religionstypus, der für alle Bürger zustimmungsfähig ist" (309,327). Konstatiert Bellah auch, daß es „um der ethischen Indifferenz einer liberalen Verfassung willen des Widerlagers substantieller Wert- und Zielvorstellungen" (309,327) bedarf, so läßt er gleichwohl die Frage offen, ob mit guten Gründen von einer „elaborated and well-institutionalized civil religion" gesprochen werden könne oder ob es sich nicht eher empfehle, die ‚civil religion' als „religious dimension" und damit als eine theoretische Kategorie zu bewerten (300,1).

Der nordamerikanische Diskurs über die empirischen Erscheinungsformen und die theoretische Statur einer ‚civil religion' wurde von der *deutschen* Religionssoziologie und Theologie rezipiert, mit neuartigen Akzenten versehen und in die europäische Theorieszene eingezeichnet. Charakteristisch für die deutschsprachige Diskussionslage ist zum einen die Loslösung des Konzepts einer allgemeingesellschaftlichen ‚civil religion' von seiner dominant politischen Konturierung und eine Erweiterung der ‚politischen Religionsphilosophie' (302,199) zu einer kulturtheoretisch grundierten Religionstheorie. Die Entschränkung von Religion und Politik ermöglichte es, die vielfältigen empirischen Erscheinungsformen zeitgenössischer Religionspraxis in ihrer jeweiligen Eigenart wahrzunehmen und unter dem weitgefaßten Programmbegriff einer vieldimensional verfaßten ‚Bürgerreligion' zueinander in Beziehung zu setzen. Mit der Ausweitung der Beobachtungsperspektive korreliert zum anderen die Einbindung der thematisch eng begrenzten Theoriedebatte in den größeren Rahmen des von der europäischen Religionsphilosophie und Religionssoziologie ausgearbeiteten Reflexionshorizonts. Durch die Vernetzung der unterschiedlich fokussierten religionstheoretischen Diskurse wird es möglich, das für die europäische Theorietradition charakteristische Interesse an der „Verschränkung von Christentum und Gesellschaft" sowie an den „Transformationsprozessen der christlichen Tradition" (256,193) zur Geltung zu bringen und die Herausbildung einer konfessionsunspezifischen ‚Bürgerreligion' als signifikantes Moment religiöser Modernisierung zu begreifen.

Auch in Deutschland lassen sich die Konturen einer *religiösen Kultur* herausarbeiten, die sich jenseits der konfessionell geprägten Lebenseinstellungen und Weltanschauungen konstituiert. Das Reservoir „religiöse(r) Elemente einer postkonfessionellen, säkularen Gesellschaft" (302,226) erschöpft sich keineswegs in den teils reflexiv, teils symbolisch verfaßten religiösen Momenten, die in die politische Kultur eingelassen sind, sondern schließt die verschiedenartigen Dimensionen individueller und kollektiver Lebensführung ein. Zwar bleibt die selbst nicht institutionell verfaßte allgemeine ‚Bürgerreligion' weithin unprofiliert und konturenlos; so neigen vor allem die religiösen Ansprachen, die Pfarrer oder auch Politiker in den Massenmedien (> 222-5) halten, „zur konfessionellen Unschärfe" und favorisieren „im präsentierten Bekenntnisgehalt latitudinarisch den unter Kulturgenossen vermuteten kleinsten gemeinsamen religiösen Nenner" (308,318). Gleichwohl findet die gesellschaftliche Allgemeinheitsreligion, etwa in empirischen Umfragen über die Zustimmungsfähigkeit religiöser Überzeugungen (323; 324; 325), eine reflexiv faßbare Ausdrucksgestalt. Demnach werden vor allem „vier Bereiche der Lebensbeziehungen" von den Probanden mit religiösen Konnotationen versehen: die „personalen Beziehungen", die fundamentalen Grundstrukturen der sozialen Lebenswelt also, in denen sich das Individuum vorfindet; die „Beziehungen zur Erde", die elementaren Gegebenheiten der natürlichen ‚Umwelt'; die Beziehungen „zu Werten und Ordnungen", den Grundlagen von Gesellschaft und Kultur; und schließlich die Grundformen explizit religiöser Lebenshaltung, die „Beziehungen zur Transzendenz (‚Gott')" (325,21).

Die Grundsätze der insgesamt moralisch grundierten *Bürgerreligion* werden einerseits vom einzelnen für gut befunden, individuell angeeignet und verinnerlicht; sie gelten aber andererseits auch als allgemeingesellschaftlich approbierte und daher für alle Gesell-

schaftsmitglieder verbindliche Maximen modernitätsverbundener religiöser Lebenseinstellung. Die ,Religion des Bürgers' umfaßt somit einen „vielschichtigen, aber doch ganz
bestimmte Konturen aufweisenden Komplex von moralischen Überzeugungen" sowie
von „gesellschaftlichen Klassifikations- und Wahrnehmungsmustern", die in ihrer wechselseitigen Verschränkung die „Lebensführung eines staatsloyalen und selbstbeherrsch-
ten Bürgers bedingen"; „dieses Ensemble stark verinnerlichter Orientierungen bestimmt
dessen Verhältnis zur Religion" (297,7). Die allgemeine Bürgerreligion vermittelt aber
nicht nur zwischen der an ihrer Selbstintegration interessierten Gesellschaft und dem auf
seine Autonomie bedachten Individuum, sondern ebenso zwischen allgemeingesellschaftlicher Religionskultur und kirchlich ausgeformten Christentumskulturen. So stellen sich beispielsweise die in den westlichen Industriestaaten allgemein verbreitete
Wohltätigkeitsreligion als säkulare Gestalt des in der ,Nächstenliebe' verwurzelten diakonischen Tatchristentums (> 212-2:2.4.), die in die international vernetzte ökologische
Bewegung eingebundene Umweltreligion als moderne Variante christlicher Schöpfungs-
frömmigkeit und der religiös imprägnierte politische Pazifismus als zeitgenössische Ausdrucksgestalt christlicher Friedensethik (> 212-3:3.4.4.) dar. Wie sich die kulturellen
Gehalte der ,Bürgerreligion' weithin den Einflüssen von religiösen ,Bewegungen' (>
211) verdanken, die ursprünglich gleichermaßen in protestantischen wie in katholischen
Religionskulturen verwurzelt sind, so zeigen sich die in die gesamtgesellschaftliche Lebenskultur verwobenen „neuen geistlichen Bewegungen und Gemeinschaften" umgekehrt „durch die nachaufklärerische, kontingenzverarbeitende Funktion der Religion"
geprägt (256,190f).

Die Erweiterung des in den USA entwickelten religionstheoretischen Programms und
dessen Rückbindung an die europäische Theoriedebatte spiegelt sich in der in sich un-
einheitlichen Diskussionslage um die Statur einer allgemeingesellschaftlichen Gestalt
von Religion und insbesondere um deren Beziehung zu den konfessionell geprägten Religionskulturen wider. In der gegenwärtigen deutschsprachigen Diskussion treten verschiedene teils divergierende, teils konvergierende Konzeptionalisierungen der gesellschaftlichen Allgemeinheitsreligion nebeneinander. So läßt sich der konfessionsunspezi-
fische Religionstypus im Rahmen einer religionsgeschichtlichen Rekonstruktion des
Katholizismus als moderne Version der gegenüber konfessionellen Profilierungen der
Religionspraxis resistenten *Volksfrömmigkeit* (320; > 232-3) begreifen und einem allerdings schwer „abzugrenzenden Sektor diffuser, unbestimmter Katholizität zurechnen";
die „gesellschaftlich erzeugte, massenkulturelle Sozialform der Religion", der „in der
Regel Etiketten wie ,verblaßt', ,säkularisiert', ,synkretistisch'" angeheftet werden, wäre
dann nichts anderes als eine „aus dem kirchlich verfaßten Katholizismus freigesetzte"
und nach dem „Muster volksreligiöser Praxis und Gläubigkeit" strukturierte Religionskultur, wobei offensichtlich „im Katholizismus die Verknüpfung zwischen diffuser
,Volksreligiosität' und kirchlich verfaßter ,Hochreligion' nach wie vor leichter fällt als
im Protestantismus" (256,183).

Ebenso läßt sich die von bürgerlichen Lebenseinstellungen und Weltanschauungen
durchtränkte Gesellschaftsreligion aber auch als konfessionsunspezifisches Sediment des
neuzeitlichen Christentums, als eine im Zuge der Individualisierung der Religion entstandene, gleichermaßen allgemeinverbreitete wie diffuse *,Leutereligion'* (321) auffassen, die – im Kontrast zum üblichen Bedeutungsgehalt der ,civil religion' – „eher eine
private, innerliche Angelegenheit" darstellt, „von den Bereichen des öffentlichen Lebens

in Wirtschaft, Politik und Kultur säuberlich getrennt, eingebunden in die persönliche, bestenfalls noch familiäre Biographie" (322,124). Weiter gefaßt ist das religionssoziologisch akzentuierte Konzept einer *‚Kulturreligion'* (> 221); ihr werden „diejenigen Bestände öffentlicher Kultur wie auch persönlich-privater Lebenskultur" zugerechnet, „die historisch-genetisch unseren religiösen Traditionen zu verdanken sind und die sich unbeschadet ihrer Säkularisierungsgestalt, in der sie der Bestimmungsmacht religiöser Institutionen längst entzogen sind, ohne eine gewisse fortdauernde Lebendigkeit diffundierter religiöser Kräfte kaum halten ließen" (308,286). Das Konzept der *‚Bürgerreligion'* (298) schließlich lehnt sich an die in den vergangenen Jahrzehnten geführte Debatte um die Statur der ‚Volkskirche' (> 331) an; es geht „von der Beobachtung aus, daß die konfessionell-kirchlichen Bindungen der bürgerlichen Schichten immer mehr abnehmen und daß das Christentum nur noch bei ganz bestimmten Anlässen (Kasualien, Betreuungskirche) in Anspruch genommen wird" (302,229). Mit ‚Bürgerreligion' wird insofern „keine Religion jenseits der Konfessionen" bezeichnet; vielmehr macht die Bürgerreligion „vom Christentum einen ganz bestimmten Gebrauch" (302,229); sie ist gekennzeichnet „durch eine sehr partielle Inanspruchnahme kirchlicher Angebote, die nur orientiert ist am Gebrauchswert für die eigene Lebensbewältigung" (299,20).

Zur Bestimmung der *Funktion*, die der Allgemeinheitsreligion im Zusammenhang der modernen Lebenswelt zukommt, bedient sich die Praktische Theologie zunehmend der ebenso formal-abstrakten wie uneindeutigen Kategorie des ‚Sinns' und schreibt sowohl den umgreifenden Gestalten der Religion als auch den konfessionsspezifischen Religionskulturen die Leistungen religiöser ‚Sinnstiftung' und ‚Sinnvergewisserung' zu. Wie die ‚Bürgerreligion' „auf Sinnstiftung aus ist" (299,20), so besteht gerade auch „das Religiöse am Christentum" in dem „human Verbindliche(n)", das „über historische, konfessionelle, kulturelle Differenzerfahrungen hinausreicht", in einer „ganzheitliche(n) Lebens- und Weltansicht" und in einer „moralisch orientierende(n) Selbstgewißheit" (275,40): „Die Religion, mit der man heute außerhalb der Kreise der Berufstheologen und der kirchlichen Kerngemeinden etwas anfangen kann, wird als individuelle Sinnthematisierung, als Suche nach einem umfassenden Orientierungsrahmen für die eigene Lebensführung verstanden" (275,31). Als „eine Art ‚Weltanschauungsinstitution'" (302,231) entspricht die Religion dem gesteigerten „Interesse der Menschen an der Kultur der Individualität, an einer sinndeutenden Vergewisserung der eigenen Lebensgeschichte und des eigenen Lebensentwurfs" (275,35) und stellt den Gesellschaftsmitgliedern in „unspezifische(r) Form" das „Sinnreservoir zur Verfügung, das sie brauchen, um das Leben deuten und um handeln zu können" (325,11).

3. Im Vergleich der aneinander anschließenden nordamerikanischen und deutschen Diskussionslage läßt sich nicht nur eine Ausweitung des religionstheoretischen Konzepts von einer politisch grundierten ‚Zivilreligion' zu einer kulturtheoretisch akzentuierten ‚Bürgerreligion' feststellen. Vielmehr verschob sich zugleich auch der Schwerpunkt des Interesses von der empirischen Deskription und Analyse der zeitgenössischen Religionskultur zu einer religionstheoretischen *Prinzipiendebatte*, in deren Verlauf die Eigenständigkeit der gesellschaftlichen Allgemeinheitsreligion gegenüber den ‚positiven' religiösen Teilkulturen zunehmend in Zweifel gezogen wurde. Sowohl bei den mehr oder weniger fest institutionalisierten religiösen Gehalten der politischen Kultur als auch bei den allgemeinkulturellen Manifestationen einer allgemeinverbindlichen Bürgerreligion handelt es sich offensichtlich nicht um Phänomene, die sich unabhängig von den konfessio-

nell geprägten und kirchlich verfaßten Religionskulturen entwickeln und entfalten. Vielmehr lassen sich die reflexiven und symbolischen Formen nur in der „Rückbindung zivilreligiöser Elemente an das institutionell verfaßte Christentum und die von ihm tradierten Gehalte" (309,329) präzise beschreiben und zureichend verstehen. Denn die „auf der gesamtgesellschaftlichen Ebene operierende Zivilreligion" tritt nur dann in Erscheinung, wenn sie „am Ort des jeweiligen Subsystems respezifiziert" wird (309,328). Deshalb können die „religiösen Grundlagen des Kultursystems" auch „nicht in einer Zivilreligion gesucht werden, die von den institutionellen Formen historischer Religion abgelöst werden könnte" (310,67). Die Zivilreligion ist weder als „eine Religion neben anderen" (312,303) noch als „eine Art Religion über den Religionen" (312,301) noch als kleinster gemeinsamer Nenner unterschiedlicher Religionen aufzufassen. Sie stellt vielmehr eine hypothetische „Annahme" dar, eine theoretische „Prämisse", die bei der Beschreibung der religiösen Gegenwartssituation „laufend in Anspruch genommen" wird (312,304).

Die *hypothetische* Statur der „zivilreligiösen Fiktion" (262,36) wird vollends deutlich, wenn die in die Gegenwartskultur eingelassenen, teils weltanschaulich, teils moralisch akzentuierten Momente als im spezifischen Sinne religiös identifiziert werden sollen. Denn erst durch die Einzeichnung der als zivilreligiös etikettierten Phänomene in die sozial organisierte und kulturell ausgeformte Religionspraxis, „erst in der Reflexion durch Bekenntnis, Gesichtspunkte rechten Glaubens und religiöse Kommunikation (das heißt: Kirche) erweist und präzisiert sich das, was als Zivilreligion unterstellbar ist, als Religion"; „religiöse Dogmatik sowie Kontaktaufnahme und Interaktion im kirchlichen Leben" stellen „dasjenige Instrument" dar, „das Zivilreligion erst eigentlich zur Religion macht" (312,305). Im „Prozeß der Reevaluierung" (312,305) erweisen sich aber die konkreten Manifestationen der spezifischen Religionskulturen gegenüber den diffusen Gehalten der Zivilreligion als überlegen. Mit „Formulierungen über allgemeingesellschaftliche Religiosität" läßt sich die „Anspruchslage" nicht erfassen, „auf der Hochreligionen und religiös anspruchsvolle Menschen ihre Sache verstehen. Die eigentliche Qualität und, historisch gesehen, die fortgeschrittene, für unsere Gesellschaft kennzeichnende Hochform finden sich nicht gesamtgesellschaftlich, sondern teilsystemspezifisch institutionalisiert. Nur von da her kann ein ausgeprägt religiöses Bewußtsein entwickelt werden" (312,303). Um die in die partiellen Religionskulturen verwobenen zivilreligiösen Momente entdecken zu können, muß daher „das neutrale Licht der Zivilreligion gebrochen und zerlegt werden, damit die Farben erscheinen, in denen die Teilsysteme je ihre Prinzipien darstellen" (312,304).

Die Aufgabe einer phänomenologischen Rekonstruktion der zeitgenössischen Religionskultur besteht daher in der sachgerechten *Vermittlung* zwischen der allgemeinreligiösen Imprägnierung der sozialkulturellen Lebenswelt und den empirisch faßbaren Erscheinungsformen lebenspraktisch verwirklichter Religion. Die praktisch-theologische Topographie der Religion ist einerseits auf der Folie der Interpretationsraster zu entwerfen, die von der neuzeitlichen Religionstheorie ausgearbeitet wurden; zum Aufriß eines in sich konsistenten Gesamtbildes gegenwärtiger Religionspraxis bedient sich die phänomenologisch orientierte Praktische Theologie (> Einführung:2.) daher der Theorieperspektiven, die ihr Religionspsychologie (> 112), Religionssoziologie (> 122) und ‚integrale Religionstheorie' (> 132) zur Verfügung stellen, und nimmt insbesondere die paradigmatischen Einsichten der neuzeitlichen Religionskritik, der Kompensationsthese (> 113), der Integrationsthese (> 123) und der miteinander verzahnten Pluralisierungs-, Säkularisierungs- und Individualisierungshypothese (> 133), auf. Das ebenso vielschichtige wie facettenreiche Profil der zeitgenössischen Religionskultur läßt sich aber andererseits nur dann erkennen, wenn die Religion nicht in den Status eines abstrakten Allgemeinbegriffs erhoben wird, sondern indem die pluriformen lebenspraktischen Erscheinungsformen der Religion in ihrer jeweiligen Eigenart wahrgenommen und die vielfältigen wechselseitigen Verbindungen zwischen den originären sozialen und kulturellen Gestaltungen aufgedeckt werden. Wie sich die Manifestationen gelebter Religion auf der einen Seite nicht als partielle Gestalten einer Allgemeinheitsreligion begreifen lassen, so sind die in sie eingelagerten Problemgehalte und Fortschrittspotentiale auf der anderen Seite nur auf dem Hintergrund umfassender gesellschaftshistorischer und religionshistorischer Entwicklungsprozesse zu verstehen. Am Übergang von den weitgespannten ‚Horizonten der Religion‘ zu den präzisen ‚Konturen des neuzeitlichen Christentums‘ stellt die Praktische Theologie ihre Leistungsfähigkeit als transversaler, gleichermaßen theoriegeladener wie praxisverbundener Typus wissenschaftlicher Theoriebildung (> Einführung: 1.) unter Beweis.

200
Konturen des neuzeitlichen Christentums

1. Die Welt des *neuzeitlichen Christentums* stellt sich als ein pluriformer Kosmos originär ausgeformter und vielfältig miteinander vernetzter Formen religiöser Lebenspraxis (> 100) dar. Wie sich die gelebte Religion in der privaten Lebenssphäre (> 111) in eine Vielzahl individuell konturierter Lebenshaltungen und Lebensstile auffächert, so formen sich im Zusammenhang der gemeinschaftlich praktizierten Religion milieuspezifisch begrenzte Frömmigkeitskonventionen und Lebensformen aus, in denen sich die in einer Epoche in Geltung stehenden Muster sozialer und kultureller Wirklichkeitskonstruktion in spezifischer Ausprägung widerspiegeln. In den gegeneinander selbständigen und untereinander verbundenen Segmenten der öffentlichen Lebenssphäre (> 121) schließlich findet sich die Religion vornehmlich in ihrer impliziten Fassung (> 140) vor, in Gestalt von religiösen Momenten, die in die verschiedenen Regionen des gesellschaftlichen Lebens eingelassen und mit den öffentlichen Institutionen verschmolzen sind. So vielgestaltig sich die religiöse Lebenswelt aber auch ausnimmt, sie ist insgesamt als ein vielmaschiges Netzwerk zu begreifen, in dem sich markant voneinander unterschiedene persönliche Frömmigkeitsstile, religiöse Teilkulturen und allgemeinverbindliche Muster religiöser Wirklichkeitskonstruktion teils organisch, teils auf spannungsreiche Weise miteinander verknüpfen.

Die facettenreiche Christentumskultur der Gegenwart hat sich im Zuge der neuzeitlichen Gesellschafts-, Kultur- und Religionsgeschichte herausgebildet und ist deshalb nur auf dem Hintergrund ihrer *historischen* Entwicklung zutreffend zu begreifen und zu beschreiben. Hat sich das Christentum von jeher als eine geschichtlich verfaßte Religion begriffen, so gehört die Einsicht in die historische Relativität der religiösen Welt unter den Bedingungen der Neuzeit zu den selbstverständlichen Momenten des christlichen Selbstbewußtseins. Die christliche Religion ist zu Beginn unserer Zeitrechnung im Rahmen einer spezifischen historischen Lage entstanden, und sie hat sich im Zuge ihrer neuzeitlichen Entwicklung teils kontinuierlich, teils in epochalen Umbrüchen, aber immer in den Grenzen bestimmter historischer Konstellationen gewandelt. Die historische Signatur der christlichen Religion schließt die Einsicht ein, daß das Christentum auch in der Gegenwart in einem ständigen Mutationsprozeß begriffen ist und daß es daher in der Zukunft – sowohl hinsichtlich seines Stellenwerts in der gesellschaftlichen Lebenskultur als auch hinsichtlich seiner lebenspraktischen Gestalten – nicht mehr das sein wird, was es in der Vergangenheit gewesen ist und was es für uns in unserer Gegenwart ist.

Der *Protestantismus* (> 240) braucht nicht bis ins Urchristentum zurückzublicken, um sich seiner historischen Verfassung bewußt zu werden. Als eine relativ junge Religionsform ist sich der Protestantismus nicht nur seiner originären Entstehungsbedingungen in der Reformationszeit, sondern ebenso der ständigen historischen Bedingtheit seiner ideellen Grundlagen wie seiner sozialkulturellen Produktionen in besonderem Maße bewußt. Verdankt der Protestantismus sein originäres Profil und seine dynamischen Potenzen einerseits den in der Epoche der Aufklärung formulierten und in der Folgezeit praktisch ratifizierten Humanitätsideen, so sind die tiefgreifenden Wandlungen seines Erscheinungsbildes in der Moderne andererseits nur aus den umfassenden Transformationen zu verstehen, denen die gesellschaftliche Lebenskultur in der Neuzeit insgesamt unterliegt. Mit dem Stichwort der ‚protestantischen Welt' hat sich der neuzeitliche Protestantismus im 19. und vollends im 20. Jahrhundert selbst als einen Religionstypus portraitiert, der sich der sozialen und kulturellen Welt verdankt, die ihn umgibt, der Lebenswelt, bei deren Genese der Protestantismus Pate stand, in der er seitdem verwurzelt ist und die er im größeren Rahmen des gesamtgesellschaftlichen Fortschrittsprozesses ständig mitgestaltet. Es gehört daher zu den konstitutiven Momenten des protestantischen Selbstbewußtseins, daß es sich immer in Beziehung zu den spezifischen Bedingungen der jeweiligen Gegenwartslage setzt und sich im Horizont des jeweiligen Gegenwartsbewußtseins auslegt.

Wie das facettenreiche Erscheinungsbild des neuzeitlichen Christentums nur in historischer Perspektive zureichend zu verstehen ist, so lassen sich die Konturen der zeitgenössischen Christentumskultur nur im Rahmen des *Reflexionshorizonts* herausarbeiten, den die Neuzeit zu ihrer Selbstinterpretation entworfen hat. Die phänomenologische Analyse der religiösen Gegenwartskultur setzt daher mit einer Explikation der Zeitkategorien (> 210) ein, mit deren Hilfe sich die Gegenwart zwischen Vergangenheit und Zukunft selbst verortet. Bezeichnet der Begriff der ‚Neuzeit' den Zeitrahmen, in dem sich die von Maximen bürgerlicher Lebenshaltung und Welteinstellung durchtränkte Kultur des Protestantismus ausformte, so verdichtet sich im Begriff der ‚Moderne' das Ensemble der gesellschaftlichen Bedingungen, unter denen sich die Religion in der Gegenwart vorfindet. Im Begriff der ‚Postmoderne' schließlich greift die Gegenwart prospektiv über sich selbst hinaus und sucht die erst im Entstehen begriffene historische Bedingungskonstellation zu erfassen, in deren Rahmen sich die künftige Entwicklung der Religion abspielen wird. Die praktisch-theologische Theorie der zeitgenössischen Religionskultur bringt die historische Selbstrelationierung des Christentums und insbesondere des Protestantismus aber nicht nur in dem vorangestellten ‚Programmelement', sondern ebenso in der durchgängigen Rückbeziehung gegenwärtiger religiöser Lebenseinstellungen und Lebensformen auf deren historische Genese und Entwicklung zur Geltung.

2. Greift die praktisch-theologische Analyse des neuzeitlichen Christentums auch ständig auf historiographische Forschungsergebnisse zurück, so besteht das dominante Interesse der *phänomenologisch* orientierten Praktischen Theologie gleichwohl darin, die charakteristischen Konturen der zeitgenössischen Christentumspraxis mit den Mitteln sozial- und kulturwissenschaftlicher Methodik herauszuarbeiten und eine ebenso extern weitgespannte wie intern fein gerasterte Topographie der zeitgenössischen Religionskultur zu erstellen (> Einführung: 2.3.). Die theoretische Rekonstruktion der religiösen Lebenswelt entsteht durch die Verschränkung zweier einander entgegenlaufender Reflexionsperspektiven (> Einführung 1.). Die praktisch-theologische Theoriebildung geht auf der einen Seite von der empirischen Beobachtung der pluriformen Erscheinungsformen religiöser Lebenspraxis aus, zeichnet das originäre Profil der sozialkulturellen Manifestationen gelebter Religion detailgenau nach und gewinnt auf diese Weise eine aus der praktischen Wirklichkeit der Religion abgeleitete und mit ihr kongruente theoretische Anschauung der religiösen Welt. Das Interesse der phänomenologisch orientierten Praktischen Theologie gilt auf der anderen Seite der Rekonstruktion der generellen Formgesetze der religiösen Lebenswelt, der Markierung der statischen Ordnungsmuster und der

Skizzierung der dynamischen Entwicklungslogik der modernen Religionskultur. Bringt sich das empirische Interesse der Praktischen Theologie in der Diversifikation der materialen Themenbestände zur Geltung, so kommt die systematische Intention praktisch-theologischer Theoriearbeit im formalen Aufbau der Theoriekonstruktion zum Ausdruck. Indem empirische Wahrnehmung und theoretische Systematisierung der religiösen Lebenswelt ineinander verzahnt, die in der Praxis selbst angelegten Beziehungen zwischen unterschiedlich ausgeformten religiösen Phänomenen aufgedeckt und umgekehrt die sozialkulturellen Gestalten praktizierter Religion in einen mehrdimensionalen Theorierahmen eingefügt werden, entsteht eine ebenso facettenreiche wie logisch strukturierte Rekonstruktion der weit ausdifferenzierten, gleichwohl aber integral verfaßten religiösen Lebenskultur.

Die phänomenologische Analyse der zeitgenössischen Religionskultur baut durchgängig auf der mehrperspektivisch angelegten *Religionstheorie* (> 110ff) auf und bedient sich insbesondere zur Konstruktion ihrer aus den Grundstrukturen der neuzeitlichen Lebenswelt abgeleiteten Rahmentheorie des sowohl in den Sozial- und Kulturwissenschaften wie in der Praktischen Theologie etablierten religionstheoretischen Hypothesenensembles (> Einführung: 2.1.). Der polaren Struktur des bürgerlichen Gesellschaftsmodells (> 210) entsprechend gewinnt die Religion einerseits in der privaten (> 111), andererseits in der öffentlichen (> 121) Hemisphäre der Lebenswelt empirisch greifbare Gestalt. Formen sich die subjektiven Gestalten der Religionspraxis – das religiös konturierte Weltbild, die religiös grundierte Lebenshaltung und der religiös imprägnierte Lebensstil des einzelnen – in den Grenzen der gegenüber der Öffentlichkeit abgeschirmten Privatsphäre aus, so geht die Religion in der öffentlichen Lebenssphäre eine unauflösbare Symbiose mit den gesellschaftlichen Institutionen – mit Politik und Recht, insbesondere aber mit dem öffentlichen Bildungs- und Wohlfahrtswesen – ein. Fungiert die Religion in der Privatsphäre als Konstituens der gegenüber der Gesellschaft autonomen Individualität und als Nukleus der religiös grundierten Hausfrömmigkeit, so kommt ihr im Rahmen der gesellschaftlichen Öffentlichkeit die Funktion einer den einzelnen auf die allgemeingesellschaftlich approbierten Lebensmaximen verpflichtenden Instanz und damit eines lebensweltlichen Integrals zu (> 123). Folgt die Entwicklungsdynamik der bürgerlich-protestantischen Privatfrömmigkeit den Gesetzmäßigkeiten des gesellschaftlichen Individualisierungsprozesses, so unterliegt die moderne Gesellschaftsreligion vornehmlich der Logik des Säkularisierungsprozesses (> 133).

3. In der folgenden *Darstellung* wird die zeitgenössische Christentumspraxis dementsprechend zum einen aus der Perspektive der bürgerlichen Privatwelt (> 211ff) und zum anderen aus der Optik der bürgerlichen Öffentlichkeit (> 221ff) beschrieben. Die beiden dreigliedrig verfaßten ‚Verbundelemente' setzen sich jeweils aus einem ‚Einleitungselement', einem ‚Entfaltungselement' und einem ‚Theorieelement' zusammen (> Einführung: 3.3.2.).

Im Verbundelement über das *private* Christentum wird zunächst der Erfahrungs- und Reflexionshorizont umrissen, in dem sich die Theorie des individuellen Christentums bewegt, und die Kategorie der ‚Frömmigkeit' als das theorieleitende Paradigma vorgestellt, mit dessen Hilfe die religiöse Lebenspraxis in ihrer individuellen Perspektivierung erfaßt und die religiöse Privatwelt in ihrem charakteristischen Zuschnitt rekonstruiert werden soll (> 211). In dem breit ausgeführten Kernelement über die ‚bürgerlich-protestantische Privatreligion' wird die zeitgenössische Religionskultur auf dem Hintergrund ihrer Individualisierung dargestellt und in ihren vielfältigen empirischen Ausformungen detailliert beschrieben (> 212). Das abschließende Theorieelement über ‚Individualität als Theorieparadigma der modernen Poimenik' leitet aus der im Einleitungselement vorgestellten Kategorie der Frömmigkeit und aus der im Darstellungselement aufgedeckten Struktur der privaten Religionspraxis Leitprinzipien für die sachgemäße Gestaltung einer dem individuellen Christentum verpflichteten Theorie der Seelsorge ab (> 213). In analoger Weise setzt das Verbundelement über das *öffentliche* Christentum mit einer Reflexion des prekären Verhältnisses zwischen ‚Christentum und moderner Kultur' ein (> 221), beschreibt sodann die pluriformen Manifestationen der charakteristisch modernen ‚Öffentlichkeitsreligion' (> 222) und mündet schließlich in das Theorieelement über ‚Modernität als Theorieparadigma der modernen Religionspädagogik und Homiletik' (> 223).

Das Interesse der phänomenologisch perspektivierten Praktischen Theologie gilt allerdings weniger der Kontrastierung der beiden idealtypisch voneinander unterschiedenen Grundformen neuzeitlicher Religionspraxis als vielmehr der Analyse der strukturellen Querverbindungen, die zwischen den in unterschiedlichen Lebenskontexten verankerten und dementsprechend verschiedenartig ausgeformten Gestalten gelebter Religion bestehen. Indem die vielfältigen Beziehungen zwischen der privaten und der öffentlichen Christentumspraxis aufgedeckt werden, tritt die *synthetische* Statur religiöser Lebenspraxis (> 131) zutage. Wie sich die beiden paradigmatischen Grundgestalten des neuzeitlichen Christentums aus der zweigliedrigen Architektur des bürgerlichen Gesellschaftsmodells (> 210) herleiten, so stellt sich die zeitgenössische Christentumskultur auch hinsichtlich ihrer integralen Verfassung als ein Spiegelbild der bürgerlichen Gesellschaft dar. Verselbständigen sich die beiden einander polar zugeordneten Lebenssphären einerseits im Ausbau der bürgerlichen Gesellschaftsordnung, so überlagern sich andererseits in der modernen Lebenskultur die Strukturmuster des privaten und des öffentlichen Lebens. Ebenso verschränken sich die modern-gesellschaftlichen Entwicklungsprozesse der Individualisierung, Pluralisierung und Säkularisierung (> 133) auf vielfältige Weise miteinander.

Die phänomenologische Rekonstruktion bringt die integrale Statur der zeitgenössischen Christentumspraxis auf dreifache Weise zur Geltung. Zum einen wird der Darstellung des privaten und des öffentlichen Christentums ein drittes Verbundelement angefügt, in dem die Konturen der synthetisch verfaßten ‚*urbanen* Religionskultur' (> 231ff) herausgearbeitet werden. Mit dem Begriff der ‚Urbanität' wird die paradigmatische Gestalt einer zwischen Privatheit und Öffentlichkeit changierenden Lebenshaltung und Welteinstellung bezeichnet, mit dem Begriff der ‚Urbanisierung' derjenige sozial- und kulturhistorische Prozeß beschrieben, in dessen Verlauf die Grenzen zwischen den beiden Hemisphären der bürgerlichen Gesellschaft durchlässig wurden. Verdankt sich die gleichermaßen komplexe wie integrale Struktur der zeitgenössischen Lebenskultur insgesamt der vieldimensionalen Rationalisierung der modernen Welt (> 231), so lassen sich die spezifisch religiösen Komponenten des modern-gesellschaftlichen Rationalisierungsprozesses an den Kasualien (> 232-3) aufzeigen, in denen sich die lebensgeschichtlich ausgeformte Frömmigkeit und die religiöse Grundierung der elementaren gesellschaftlichen Institutionen miteinander verweben. Die sowohl die religiösen Lebenshaltungen der Individuen als auch die sozialen Strukturen religiöser Organisationen prägende ‚Rationalität' bildet schließlich das Grundprinzip, auf dem die unterschiedlichen, in der privaten, öffentlichen und kirchlichen Christentumspraxis verankerten Gestalten ritueller Religionspraxis aufruhen und somit das Theorieparadigma phänomenologisch perspektivierter Liturgik (> 233). Mit der Formel des ‚urbanen Christentums' soll allerdings nicht eine gegenüber der privaten und der öffentlichen Religionspraxis eigenständige Grundgestalt des neuzeitlichen Protestantismus bezeichnet werden. Unter dem Stichwort des ‚urbanen Christentums' werden vielmehr die sowohl in der neuzeitlichen Lebenswelt als auch in der Religion angelegten integrativen Valenzen herausgearbeitet und die spiegelbildlich einander zugeordneten Konfigurationen des privaten und des öffentlichen Christentums ineinander aufgehoben. Die drei Verbundelemente der zweiten Kolumne stehen somit im Verhältnis von These, Antithese und Synthese zueinander.

Das integrative Interesse der phänomenologischen Theoriekonstruktion kommt aber nicht nur im Aufbau der Theoriearchitektur, sondern ebenso in der detaillierten *Ausarbeitung* der beiden breit angelegten Kapitel über das private und das öffentliche Christentum zum Ausdruck. ‚Privates' und ‚öffentliches' Christentum werden, den wissenschaftstheoretischen Grundsätzen des vorliegenden Theoriekonzepts entsprechend (> Einführung: 3.3.3.), nicht als empirisch vorfindliche Sachverhalte, sondern als unterschiedlich formatierte theoretische Kategorien zur interpretativen Erschließung der ebenso vielschichtigen wie vieldeutigen Praxis gelebter Religion begriffen. Dementsprechend wird die zeitgenössische Christentumspraxis in den beiden einander komplementär zugeordneten Abschnitten jeweils im ganzen ins Auge gefaßt und als ein Ganzes in wechselnder Perspektivierung vorgestellt. Das Interesse der phänomenologischen Analysen gilt somit weniger der Fixierung der statischen Strukturen der religiösen Lebenswelt als vielmehr der Einsicht in die gleichermaßen komplexe wie dynamische Verfassung von Lebenswelt und Religion, der Beschreibung der Überschneidungen und Überlagerungen von privater und öffentlicher Lebenssphäre und der Kennzeichnung der wechselseitigen Beziehungen zwischen den differenten Grundgestalten des neuzeitlichen Christentums.

So werden in dem Kapitel ‚Die bürgerlich-protestantische Privatreligion als sozialkulturelles Paradigma des neuzeitlichen Christentums' (> 212) in drei aufeinander bezogenen Reflexionsschritten die wechselseitigen Beziehungen zwischen privatem, öffentlichem und kirchlichem Christentum vorgeführt. Das Teilelement 212-2 stellt die Verschränkung von *privater* und öffentlicher Christentumspraxis an drei Modellfällen exemplarisch dar: im Spiegel der gleichermaßen in der Privatwelt wie in der öffentlichen Lebenssphäre verankerten ästhetischen Religionskultur, auf dem Hintergrund verschiedenartiger, zwischen privatem und öffentlichem Christentum vermittelnder religiöser Teilkulturen (Kirchentagschristentum, Medienreligion, diakonisches Tatchristentum) und an einem auf der Grenze zwischen privater und öffentlicher Lebenspraxis angesiedelten Segment der beruflich institutionalisierten Religionspraxis, der in das moderne Krankenhaus eingelagerten Krankenhausseelsorge. Das Teilelement 212-3 beschreibt die Einwirkungen des neuzeitlichen Privatisierungsprozesses auf die kirchliche und insbesondere auf die liturgische Religionskultur. Das Teilelement 212-4 schließlich charakterisiert das Zusammenspiel von privatem, kirchlichem und öffentlichem Christentum am Beispiel paradigmatischer Grundformen integraler religiöser Lebenspraxis (Andacht, Bildung und Beruf) sowie an diesen entsprechenden, ganz unterschiedlich verfaßten sozialkulturellen Gestaltungen (Bibelfrömmigkeit, Kindheitsreligion und Pfarrerberuf), die auf jeweils verschiedenartige Weise das integrale Profil des modernen Protestantismus prägen.

In umgekehrter Betrachtungsweise werden im Kernelement über das *öffentliche* Christentum (> 222) die wechselseitigen Beziehungen zwischen öffentlicher und privater Religionskultur aus der Perspektive des öffentlichen Christentums dargestellt. In den organisatorischen Strukturen, in den handlungspragmatischen Intentionen und in den kommunikativen Strategien diakonischer Hilfeleistung (> 222-2) verschränken sich die Prinzipien der Rationalität und der Individualität auf ebenso vielfältige wie spannungsreiche Weise miteinander. Der Kirchentag (> 222-3) stellt sich als Modellfall urbaner Religionskultur dar, in der sich öffentliche Inszenierungen des Protestantismus und privatreligiöse Lebensformen untrennbar miteinander verweben. Im Rahmen der Medienkommunikation (> 222-5) werden die zivilreligiösen Maximen (> 140) der allgemeingesellschaftlichen Öffentlichkeitsreligion im Rahmen der privaten Lebenswelt reinszeniert, vom Individuum auf selbständige Weise angeeignet und für die private Lebensführung des einzelnen in Geltung gesetzt.

Die integrale Statur der zeitgenössischen Religionskultur wird – schließlich – in den ‚Rahmenelementen‘ der in den zweiten Band hineinreichenden Kolumne über die ‚Konturen des neuzeitlichen Christentums‘ herausgestellt. Das Programmelement ‚Neuzeit, Moderne, Bürgertum‘ spannt den umfassenden Wahrnehmungs- und Interpretationshorizont auf, in dem sich die vielfältig ausdifferenzierte Welt des neuzeitlichen Christentums entfaltet und in dem sich dementsprechend die theoretische Rekonstruktion der religiösen Welt bewegt. Die das populäre Gegenwartsbewußtsein prägenden und zu historiographischen wie zeitdiagnostischen Kategorien ausgeformten Begriffe der ‚Neuzeit‘ und der ‚Moderne‘ stellen die Operationsformeln dar, mit deren Hilfe die unterschiedlichen Gestalten der Christentumspraxis gemeinsam in der zeitgenössischen Lebenskultur verankert und gleichzeitig aus deren sozial- und kulturhistorischer Genese begriffen werden. Der ebenso in der Historiographie wie in den Sozial- und Kulturwissenschaften beheimatete Begriff des ‚Bürgertums‘ läßt sich zur umfassenden Konturierung der in der bürgerlichen Epoche entstandenen und bis heute von bürgerlichen Lebensstilen und Wirklichkeitsentwürfen durchtränkten Religionskultur nutzen. Wird im Programmelement der Kolumne der sozialkulturelle Horizont der neuzeitlichen Christentumspraxis umrissen, so portraitiert das Abschlußelement den modernen Protestantismus als eine vielfältig ausgestaltete, aber gleichwohl integral verfaßte ‚Lebensform‘ (> 240), in der die verschiedenen Dimensionen der religiösen Lebenspraxis (> 110) und die unterschiedlichen Segmente der religiösen Lebenswelt auf originäre Weise miteinander verschmelzen.

210
Neuzeit, Moderne, Bürgertum

Wer die Konturen der gegenwärtigen *religiösen Lebenspraxis* nachzuzeichnen sucht, bewegt sich notwendigerweise in dem Reflexionsrahmen, den die Gegenwart zum Zweck ihrer Selbstdefinition absteckt; und er bedient sich auf ebenso selbstverständliche Weise der Wahrnehmungsperspektiven, die die Gegenwart zu ihrer Selbstinterpretation entwirft. Die lebenspraktisch verwirklichte Religion stellt nicht eine gegenüber anderen Dimensionen des Lebens apart gesetzte und von ihnen markant abgegrenzte Lebensregion dar (> 100). Deshalb können Genese, Statur und Entwicklungsdynamik der gegenwärtigen Religionskultur auch nicht allein aus sich selbst verständlich gemacht, sondern nur im Rahmen einer umfassenden Analyse der zeitgenössischen Lebenswelt zureichend erfaßt werden. Daß die vielfältigen Erscheinungsformen der Religion in den ebenso pluriform ausgestalteten wie komplex strukturierten Lebenskosmos verflochten sind und nur aus ihren unlösbaren Verknüpfungen mit dem privaten wie öffentlichen, kulturellen wie sozialen Leben begriffen werden können, gehört zu den selbstverständlich gewordenen Einsichten einer Epoche, die sich über sich selbst verständigt, indem sie den vielfältigen Verflechtungen der Lebenswelt nachgeht, die charakteristischen Grundstrukturen ihrer Erfahrungswelt im Zuge wissenschaftlicher Selbstreflexion aufdeckt und den ihr eigenen raumzeitlichen Erlebnishorizont mit umgreifenden semantischen Signaturen versieht, in denen sie sich selbst wiedererkennt.

Wie sich die religiöse Lebenskultur nur aus ihren Vernetzungen mit den allgemeingesellschaftlichen und allgemeinkulturellen Lebensformen verständlich machen läßt, so ist auch die in die religiöse Lebenspraxis eingelagerte *Reflexionskultur* nicht als ein fest umgrenzter Theoriebereich anzusehen, sondern unlösbar in die Diskurse verstrickt, in denen sich die Gegenwart ihrer Eigencharakteristik vergewissert und sich dabei überhaupt erst als originärer Wirklichkeitshorizont konstituiert. Zu den Reflexionsmustern, mit denen sich nicht nur einzelne Züge der Gegenwartskultur herausarbeiten lassen, sondern in denen sich das Gesamtprofil der Gegenwartsepoche semantisch verdichtet, zählen an vorderster Stelle die sowohl im populären als auch im wissenschaftlichen Diskurs fest verankerten Kategorien der ,Neuzeit' und der ,Moderne' sowie der vornehmlich in sozial- und kulturhistorischen Perspektivierungen der Gegenwartskultur etablierte Begriff des ,Bürgertums'. Die ebenso elastischen wie vieldeutigen Begriffe zur Interpretation der Gegenwartssituation gehören mittlerweile auch zum terminologischen Grundbestand historiographischer, sozialwissenschaftlicher und kulturwissenschaftlicher Untersuchungen, in denen die wechselseitigen Beziehungen zwischen Religion und Neuzeit oder Religion und Modernität (336) aufgedeckt werden.

Während die Kategorie der *,Neuzeit'* vornehmlich genutzt wird, um die verschiedenen Formen gelebter Religion – die religiös grundierte Lebenshaltung des einzelnen, die in der gemeinschaftlichen Lebenspraxis verwirklichte Religion und die in die gesellschaftlichen Institutionen eingelagerten Prinzipien humaner Lebensgestaltung – auf eine gemeinsame sozialkulturelle Grundlage zurückzuführen und deren historische Genese und

Entwicklung nachzuzeichnen, dient der Begriff der ,Moderne' vor allem zur Etikettie-rung des neuzeitlichen Zeitbewußtseins und zur Signierung der ambivalenten Situation, in der sich die Religion in der modernen Gesellschaft vorfindet; mit der Kategorie des ,Bürgertums' schließlich lassen sich die Konturen einer zwar milieuspezifisch begrenz-ten, gleichwohl aber sowohl die protestantische Privatreligion als auch das kirchlich und gesellschaftlich verfaßte Christentum dominant prägenden Religionskultur herausarbei-ten.

1. *,Neuzeit' und ,Moderne' – die paradigmatischen Chiffren zur Signierung der Gegen-wart*

1. ,Neuzeit' und ,Moderne' sind die beiden einschlägigen Begriffe zur Signierung der Gegenwart als einer eigenständigen *historischen* Epoche. Auf dem Hintergrund charak-teristischer, im allgemeinen Bewußtsein als ,neuzeitlich' oder ,modern' geltender Paradig-men der Lebenseinstellung und Lebensführung, der Weltanschauung und Wirklichkeits-wahrnehmung stellt sich die Gegenwart als in sich konsistente, von anderen historischen Zeiträumen qualitativ unterschiedene und von den Zeitgenossen als neuartig empfundene Geschichtsepoche dar. Die Vorstellung von der aktuell erlebten und gestalteten Wirklichkeit als der ,neuen' und ,modernen' Zeit setzt die Gegenwart zu Vergangenheit und Zukunft in je unterschiedlicher Weise in Beziehung. Indem „die moderne Gesell-schaft sich selbst als ,modern' tituliert", setzt sie sich von der zurückliegenden Epoche ab; die Gegenwart identifiziert sich selbst „mit Hilfe eines Differenzverhältnisses zur Vergangenheit" (337,14). Umgekehrt hält die noch nicht abgeschlossene Epoche der ,Neuzeit' und ,Moderne' aber die Grenze der in Gang befindlichen Gegenwart zu der im Anbruch befindlichen Zukunft hin offen, betrachtet die „Moderne" als ein stets „unvoll-endetes Projekt" (338) und erhofft sich die Verwirklichung der modernen Ideale ange-sichts der Unvollkommenheit der gegenwärtig bestehenden Verhältnisse von einer besse-ren Zukunft. Die Abgrenzung der Gegenwart gegenüber ihrer eigenen Vergangenheit und ihre Öffnung für die von ihr initiierte Zukunft bilden ein historiographisches Paradigma, das ebenso im allgemeinen Bewußtsein wie in populären und wissenschaftlichen Ge-schichtskonstruktionen verankert ist und insbesondere die historiographische Optik praktisch-theologischer Geschichtsschreibung dirigiert (> Einführung:2.3.2.).

Die überaus elastischen und mit vielfältigen alltagssprachlichen Vorstellungsgehalten angereicherten Epochenbegriffe der ,Neuzeit' und der ,Moderne' lassen sich nur bedingt zu wissenschaftlich exakten Kategorien historiographischer Theoriebildung umformen. Ihre eigentliche *Bedeutung* liegt vielmehr in ihrer pragmatisch-strategischen Funktion im Rahmen der Selbstexplikation der zeitgenössischen Lebenswelt, der im Zusammenhang vorwissenschaftlicher Reflexion vorgenommenen Etikettierung und Bewertung von ele-mentaren Lebensvoraussetzungen und Lebensorientierungen, Lebenserfahrungen und Lebensgefühlen, sowie in ihrer hermeneutischen Funktion für die phänomenologische Rekonstruktion der im allgemeinen Zeitbewußtsein als spezifisch ,neuzeitlich' und ,mo-dern' geltenden Momente der Gegenwartskultur.

Das Spektrum der gemeinhin als ,neuzeitlich' und ,modern' bewerteten *Momente* der Gegenwartskultur setzt sich aus verschiedenartigen Komponenten zusammen. So ist von der ,modernen Welt', und der ,modernen Zeit', von der ,modernen Gesellschaft' und der

‚modernen Familie' die Rede, wenn die Eigenart von Lebensverhältnissen und Lebensformen charakterisiert werden soll, die die ‚Moderne' nach ihrer eigenen Einschätzung ausmacht. Ebenso gelten bestimmte „Rahmenbedingungen" (328,880) der sozialkulturellen Lebenswelt als spezifisch modern oder neuzeitlich, etwa die demokratische Grundstruktur der politischen Organisation, die Selbstregulierung des ökonomischen Marktes oder die Freiheit der Meinungsäußerung und der Religionsausübung. Des weiteren werden bestimmte gesellschaftshistorische Entwicklungsprozesse als typisch ‚modern' angesehen, insbesondere die politische, industrielle oder wissenschaftliche Revolution; sie stellen die dynamischen Potentiale sozialkultureller ‚Modernisierung' dar und gelten als die elementaren Triebkräfte der fortschrittsorientierten Moderne. Als spezifisch neuzeitlich gilt schließlich ein Ensemble von Leitprinzipien, die in der Gestalt unveräußerlicher Maximen der menschlichen Lebenspraxis die ideellen Gehalte von ‚Neuzeit' und ‚Moderne' symbolisch zum Ausdruck bringen und als fundamentale Errungenschaften der Moderne mit religiösen Weihen versehen werden; zum kulturellen Inventar der neuzeitlichen Welt gehört an vorderster Stelle das Axiom individueller Autonomie, der persönlichen Freiheit und Selbstbestimmung, und das Postulat der Vernünftigkeit aller menschlichen Lebensverhältnisse, der Transparenz und Rationalität der individuellen Lebenspraxis wie der gemeinsam gestalteten Lebenswelt.

‚Neuzeit' und ‚Moderne' sind demnach als reflexive Kategorien zur *Selbstauslegung* der Gegenwart anzusehen. Indem sie sich selbst als neuzeitlich oder modern etikettiert, bringt die Gegenwart die in ihr in Geltung stehenden Lebensverhältnisse und Ideen zu Bewußtsein und identifiziert sich mit sich selbst, indem sie sich in ihrem eigenen Spiegelbild wiedererkennt. Die verschiedenen Komponenten der neuzeitspezifischen und modernitätsverpflichteten Gegenwartskultur verdichten sich in einem spezifischen Gegenwartsbewußtsein, in der selbstreflexiven Verortung der Zeitgenossen in der aktuell erlebten und gestalteten Jetztzeit (> 233).

Die Selbstinterpretation der Gegenwart als ‚Neuzeit' oder als ‚Moderne' erfolgt aber nicht nur in deskriptiver Absicht; mit der Aufdeckung der in die Lebenswelt eingelagerten Modernitätsmomente verbindet sich vielmehr zugleich auch ein dezidiert *kritisches* Interesse. Nicht alle Erscheinungsformen der zeitgenössischen Kultur und Gesellschaft, Politik und Wirtschaft, Erziehung und Religion können gleichermaßen als neuzeitlich oder modern gelten; ebenso lassen sich im Zuge theoretischer Analyse in die neuzeitlichen Modernisierungsprozesse eingelagerte gegenläufige Tendenzen beobachten. Schließlich nehmen bestimmte modernitätskritische Bestrebungen, zumal in Kirche und Religion, die vermeintlich unstrittig in Geltung stehenden und ebenso allgemeingültigen wie trivial gewordenen Etikettierungen der Gegenwartskultur mit Bewußtsein nicht für sich in Anspruch. Sie entziehen sich dem Diktat der Modernität und grenzen sich kritisch gegenüber dem von der Neuzeit geltend gemachten Allgemeingültigkeitsanspruch ab. Indem sie die ‚Legitimität der Neuzeit' (330) in Frage stellen und die selbstverständliche Gültigkeit moderner Lebenshaltung und Welteinstellung in Zweifel ziehen, verweisen sie die neuzeitliche Interpretation der gegenwärtigen Lebenswelt in die Grenzen einer ebenso positionellen wie interessengeleiteten Gegenwartsauffassung.

Im Rahmen einer *phänomenologischen* Analyse der zeitgenössischen Lebenswelt fungieren die mit unterschiedlichen Bedeutungsgehalten ausgestatteten Epochenchiffren der ‚Neuzeit' und der ‚Moderne' somit als deskriptive, historiographische und kritische Katetegorien zur selbstreflexiven Deutung der Gegenwart. Mit Hilfe der Interpretationsformeln können die facettenreichen Ausdrucksgestalten der zeitgenössischen religiösen Lebenswelt gebündelt, die einander widersprechenden Erscheinungen religiöser Praxis aufeinander bezogen und die einander entgegenlaufenden Entwicklungsprozesse in Kultur und Gesellschaft kritisch beurteilt werden.

2. Die Mehrdimensionalität der zugleich deskriptiv wie historiographisch und kritisch akzentuierten Leitkategorien zur Interpretation der zeitgenössischen Lebenskultur spiegelt sich in der wechselvollen *Geschichte* der Begriffe wider. Der Begriff der ‚Neuzeit' hat seinen Ursprung in der am Übergang zum 18. Jahrhundert vorgenommen „triadische(n) Gliederung des allgemeinen Geschichtsverlaufs in die drei Epochen Altertum, Mittelalter und Neuzeit" (326,393). Wurde der Begriff im Rahmen dieses formalen Geschichtsschemas zunächst deskriptiv zur Kennzeichnung der gegenüber der Vergangenheit abgeschlossenen und zur Zukunft hin offenen Epoche der Gegenwart gebraucht, so verstärkten sich in der Folgezeit und zumal in der beginnenden Aufklärung die eher qualitativen Konnotationen des Begriffs: „Die neue Zeit wurde als eine Zeit der Innovationen erfahren, die das Alte ablösten und es als Vorstufe der nun beginnenden Epoche der Vernunft deuteten" (326,393f). Die Anreicherung des Begriffs mit spezifischen Bedeutungsgehalten führte auf der einen Seite „zu einer immer deutlicheren – polemischen – Abgrenzung der eigenen Gegenwart von der zurückliegenden Epoche" (326,394). Auf der anderen Seite verband sich der Begriff der ‚Neuzeit' immer mehr mit dem dominant auf die Zukunftsperspektiven und Fortschrittspotentiale der Gegenwart abzielenden Begriff der ‚Modernität'. Diente der Begriff ‚modernus' im Mittelalter zur „Abhebung" der als neuartig empfundenen Geschichtsepoche „von der römischen Antike" (336,37) und verschmolzen auf dem Hintergrund der von der Aufklärung formulierten Idee der Perfektionierung die Bedeutungsgehalte von „Modernität und Fortschritt" (336,39ff) miteinander, so setzte die „eigentliche Karriere" des Begriffs erst im 19. Jahrhundert ein; ‚Modernität' wurde zum „Kampfbegriff zwischen Konservativen und Progressiven" (336,37).

In der *gegenwärtigen* historischen, soziologischen und philosophischen Debatte werden die Begriffe ‚Neuzeit' und ‚Moderne' in unterschiedlicher Weise zueinander in Beziehung gesetzt. Im Interesse einer feingliedrigeren Strukturierung des historischen Ablaufschemas zerlegen sozial-, kultur- und religionshistorische Untersuchungen die in sich komplexe Periode der Neuzeit in verschiedene, aufeinander aufbauende Teilepochen, in die ‚frühe' Neuzeit, die Neuzeit im eigentlichen Sinne und die Gegenwartsepoche (326,395ff). Im Zuge detaillierter historischer Studien treten vor allem die zwischen unterschiedlich profilierten Epochen vermittelnden Übergangsperioden in den Blick; so lassen sich etwa die Bedeutungsgehalte von ‚Renaissance' und ‚Reformation' als „Anschlußbegriffe zu den mittleren Zeiten" (326,393) erfassen und die Konturen der frühen Neuzeit (16.-18. Jahrhundert) als „Vorlaufphase der Moderne von prototypischer Bedeutung" (331,21) herausarbeiten. Ihre besondere Aufmerksamkeit wenden die historischen Neuzeittheorien schließlich den „um 1800 einsetzenden gesellschaftlichen Umbrüche(n)" zu, „die das Leben der Menschen und ihre Alltagserfahrungen zutiefst veränderten" (326,395); die gravierenden gesellschaftshistorischen Transformationen eröffneten „eine Entwicklungsphase, in der die ‚alte Welt' unterging und die ‚Moderne' entstand" (332,386); unter ‚Moderne' wird dann die „sich selbst erfassende Neuzeit" (327,700) verstanden. In etwas andersartiger Akzentuierung fassen bestimmte Konzepte der in jüngster Zeit ausgearbeiteten Theorie der ‚Postmoderne' die ‚Neuzeit' als eine spezifische Version der ‚Moderne' auf. Während in der ‚neuzeitlichen' Moderne die Ursprungsprinzipien der von der Aufklärung geprägten Neuzeit erhalten bleiben, werden in der ‚radikalen' Moderne des ausgehenden 20. Jahrhunderts die ideellen Prämissen der Neuzeit und die lebenspraktischen Konsequenzen der Moderne einer kritischen Revision unterzogen (357,65ff.175ff).

Die an die „umfassenden Neuzeittheorien" (326,393) des 20. Jahrhunderts anknüpfenden *religionstheoretischen* Diskurse und zumal deren theologische Ausformulierungen sind deutlich von der „ideologiepolitische(n) Debatte" (328,881) des 19. und des frühen 20. Jahrhunderts geprägt: „In den gegensätzlichen Einstellungen zur modernen Kultur spiegeln sich konkurrierende historische Deutungen der Entstehung der Neuzeit. Entweder wird die Neuzeit als Abfall vom Christentum und theologisch illegitime Säkularisierung gedeutet, oder aber als eine durch die Geschichte des Christentums ermöglichte und geförderte, christlich legitime Kultur" (328,881). Während sich kulturkritisch akzentuierte theologische Konzeptionalisierungen der Neuzeit „bis in die Gegenwart hinein vorrangig an den Krisenphänomenen sozialer und politischer Modernisierung" (328,881) orientieren und die in die Moderne eingelagerten gesellschaftshistorischen Entwicklungsprozesse insgesamt skeptisch beurteilen, untersuchten Ernst Troeltsch (> 221) und Max Weber (> 231) in ihren detaillierten sozialwissenschaftlichen und kulturhistorischen Studien die wechselseitigen Einflüsse von Christentum und Kultur in der Ausformung der neuzeitlichen Lebenswelt und suchten die als ambivalent zu bewertenden Einflüsse der Moderne auf die zeitgenössische Christentumspraxis aus der Genese und Statur der Neuzeit zu begreifen (326,398f). Indem sich die Gegenwart im Rekurs auf ihre historischen Voraussetzungen ihrer selbst vergewissert, treten die in der Epoche des Humanismus und der Renaissance, vor allem aber in der Zeit der Aufklärung ausgearbeiteten ideellen wie realen Prinzipien neuzeitlicher Lebenshaltung und Weltgestaltung zutage, die sowohl der zeitgenössischen Religionspraxis als auch der weiteren Entwicklung der Religion in der Spätmoderne ihren Stempel aufprägen.

Auf dieser Basis lassen sich dann die Konturen einer spezifisch *neuzeitlichen* Gestalt des Christentums herausarbeiten. Die ‚Religion der Neuzeit' (1,89ff) stellt sich als ein historisch zu verortender und sich selbst geschichtlich begreifender Typus christlicher Religion dar. Das charakteristische Profil des ‚neuzeitlichen Christentums' tritt allerdings nicht schon dadurch zutage, daß die vielfältigen Einflüsse beschrieben werden, die die Neuzeit auf die Entwicklung des Christentums ausübte. Vielmehr „steht das Christentum … in einem durchaus dialektischen Wechselverhältnis zur Neuzeit: Es gibt gute Gründe für die Hypothese, daß die Neuzeit in gleichem Maße aus spezifischen Einsichten und Argumenten des Christentums hervorgegangen ist, wie sie andererseits durch ihre Entfaltung wiederum das Christentum zutiefst beeinflußt hat" (1,89). Die im Zuge historischer Analyse hervortretenden Interdependenzen zwischen Christentum und Neuzeit sind freilich nicht als empirische Sachverhalte, sondern als theoretische und damit hypothetische Konstruktionen anzusehen. Sie bilden ein Netzwerk von sozialhistorischen und kulturhistorischen Interpretationen, mit denen das neuzeitliche Christentum seine spezifische Wirklichkeitsdeutung auf den Begriff bringt: „Was neuzeitliches Christentum ist, ist eine Frage der Deutung und kann oder muß auf verschiedene Weise beantwortet werden. Es gibt das neuzeitliche Christentum allein in der Form einer Theorie zu seiner Interpretation in der Absicht, den Bestand, die Phänomene und die Tendenzen, die sich

Zeitschriften-

nach der Auffassung eben dieser Theorie als neuzeitliche Religion vorfinden, zu erklären" (1,90). Daß sich das neuzeitliche Christentum nur in einem Prozeß reflexiver Selbstauslegung und immer nur in hypothetischer Relationalität zu seinen Entstehungsbedingungen zu erfassen vermag, dies gehört gerade zu den konstitutiven Merkmalen einer Religionspraxis, die sich selbst als neuzeitlich und damit als historisch bedingt und historisch begrenzt signiert.

Zum Inventar der Interpretationsfiguren, mit deren Hilfe sich das neuzeitliche Christentum selbst auslegt, gehören vor allem die religionstheoretischen *Hypothesen* der Säkularisierung, der Pluralisierung und der Privatisierung der Lebenswelt im ganzen und der Religionspraxis im besonderen (> 133). Die sowohl in der Soziologie und Historiographie wie in der Christentumstheorie etablierten Deutungsmuster von Neuzeit und Moderne kennzeichnen die gesellschaftshistorischen Prozesse, in deren Verlauf die neuzeitliche Welt und damit auch das neuzeitliche Christentum entstand und in deren Rahmen es sich weiter fortentwickelt. Im Zuge der ständig fortschreitenden Ausdifferenzierung der kulturellen und sozialen Welt nimmt auch die christliche Religionspraxis pluriforme Gestalt an. Im Verlauf der umfassenden Säkularisierung der Lebenswelt diffundieren ursprünglich kirchlich institutionalisierte religiöse Gehalte in die verschiedensten Bereiche des individuellen und gesellschaftlichen Lebens, während sich die kirchlich verfaßte Religion zu einem bestimmten und begrenzten Typus des neuzeitlichen Christentums ausformt. In der Konsequenz des Individualisierungsprozesses schließlich wird die private Lebenssphäre zum Sitz der Religion im Leben des neuzeitlich orientierten Menschen. Indem die religiöse Lebenspraxis in die Entwicklungsprozesse der neueren Gesellschaftsgeschichte eingezeichnet wird, gewinnt das neuzeitliche Christentum seine spezifischen Konturen. Es findet sich als öffentliches, privates und kirchliches Christentum vor; und es wird in diesen Formen praktiziert. Die These von der „dreifache(n) Gestalt des Christentums in der Neuzeit" (1,90ff) ist das Ergebnis eines Interpretationsprozesses, in dem empirisch beobachtbare und beschreibbare religiöse Lebensformen auf die Grundstrukturen der neuzeitlichen Lebenswelt zurückgeführt und damit zu ebenso signifikanten wie legitimen Ausformungen neuzeitlichen Christentums erklärt werden.

3. Gehen die Bedeutungsgehalte von ‚Neuzeit' und ‚Moderne' auch im populären wie im wissenschaftlichen Sprachgebrauch weitgehend ineinander über, so enthält der Terminus der ‚*Moderne*' gleichwohl spezifische, über das Bedeutungsspektrum der allgemeiner gefaßten Formulierung ‚Neuzeit' hinausreichende Konnotationen.

Der Begriff der ‚Moderne' bringt – zum einen – das für die Neuzeit charakteristische *Zeitbewußtsein* (> 233) in pointierter Weise zum Ausdruck. Fungiert der Begriff der ‚Neuzeit' vornehmlich als Reflexionsformel zur theoretischen Rekonstruktion der kategorialen Rahmenbedingungen und Grundstrukturen der zeitgenössischen Lebenswelt, so verdichtet sich in den Begriffen der ‚Moderne' und der ‚Modernität' das der eigenen Lebenswelt verpflichtete Gegenwartsbewußtsein auf unmittelbare Weise. Im Zuge der Ausformung des neuzeitlichen Geschichts- und Zeitbewußtseins wurde ‚Modernität' zum Signet einer Wirklichkeitsperspektive, die die Gegenwart zur Höhe der Zeit stilisiert, zur Maxime einer Lebenshaltung, die Aktualität zum Programm sinnhafter Lebenspraxis erklärt, und zur Devise avantgardistischer Fortschrittsprojekte, die die dynamischen Momente in der vorwärtsdrängenden Zeit aufspüren, um die Gegenwart über sich selbst hinauszuführen und damit erst zu ihrer Erfüllung zu bringen. Weiß sich die

Attitüde der Modernität allem Vergangenen überlegen, so hofft sie gleichzeitig, von der selbst initiierten Zukunft überboten zu werden. In der Perspektive ihrer Modernität wird die Gegenwart dementsprechend weniger als Ergebnis einer historischen Entwicklung aufgefaßt und aus ihren geschichtlichen Voraussetzungen begriffen; vielmehr gilt die Gegenwart als das Ursprungsdatum ständig in Gang zu setzender Fortschrittsprozesse. ‚Moderne' meint somit nicht nur „bloße Gegenwärtigkeit, sondern das, was die Gegenwart über sich selbst für die Zukunft hinaustreibt" (335,287).

Aufgrund ihres dynamischen Bedeutungsgehalts kommt der Kategorie der ‚Moderne' in herausgehobener Weise die Qualität eines „*Bewegungsbegriff(s)*" (329,300) zu, in dem „die Dynamik der fortschreitenden Zeit selbst zu einer Kategorie des historischen Bewußtseins geworden" ist (342,58). Seine Karriere im allgemeinen Bewußtsein wie in der historiographischen Theoriebildung verdankt der Begriff der ‚Moderne' denn auch einer spezifisch neuzeitlichen Erfahrung, der Beschleunigung der historischen Zeitabläufe, vor allem aber der ständigen Akzeleration der gesellschaftlichen Prozesse, die die Neuzeit in Gang setzten und von denen sie seitdem in Bewegung gehalten wird. Mit dem Begriff der Moderne verbindet sich deshalb nicht nur die historische Aktualität der Gegenwart, sondern auch deren historische Relativität: „Wenn jede Zeit sich selbst als ‚modern' begreift, so bedeutet dies gleichzeitig, daß jede Modernität dazu bestimmt ist, zu veralten" (335,287).

Mehr noch als die eher deskriptive Kategorie der ‚Neuzeit' enthält der Begriff der ‚Moderne' – zum zweiten – deutliche *normativ-distinktive* Bedeutungsgehalte. „Von Anfang an ist der Ausdruck ‚modernus' nicht nur ein zeitlich gliedernder, sondern zugleich ein normativer Begriff, der die ‚Jetzigkeit' der eigenen Zeit als eigene Qualität hervorhebt" und die Gegenwart als einen „spezifischen Sinnhorizont" qualifiziert (333,827). So wird der „Titel des ‚Modernen'" in der Renaissance „für eine qualitative Differenz beansprucht, nämlich für die Auszeichnung der wissenschaftlichen und Bildungsbestrebungen der Humanisten gegenüber einer veraltenden scholastischen Bildung einerseits, gegenüber einer zugleich vorbildlichen und zur Überbietung herausfordernden antiken Tradition andererseits" (333,827). In analoger Weise gehen Romantik und Idealismus davon aus, „daß sich die moderne Kultur von der antiken wesentlich unterscheidet", und beenden damit „die jahrhundertealte Auffassung, daß die Kunst der Alten absolut vorbildlich sei" (333,828). In ihrer normativen und distinktiven Funktion (334,54) wird die Kategorie der ‚Moderne' schließlich in der Mitte des 19. Jahrhunderts zum „Schlüsselwort für die künstlerischen Avantgarden" (333,828). Dem Kunstideal der klassischen Antike stellten die Verfechter der ‚Modernen Kunst' die Authentizität zeitgenössischer Ausdrucksformen gegenüber. Ebenso wandte sich das moderne Fortschrittsdenken in kulturkritischer Absicht gegen die geschichtsphilosophische Verklärung vergangener Epochen, zumal der Antike und des Mittelalters.

Schließlich verdichtet sich im Begriff der ‚Moderne' die *ambivalente* Statur der Neuzeit. Im Spiegel der zeitgenössischen ästhetischen Produktionen wie im Rahmen philosophischer Reflexion stellt sich die moderne Welt als „janusköpfig" und „selbstwidersprüchlich" (333,828) dar. Die Faszination des Neuen verbindet sich mit Irritationen, die sich ebenso in der Zwiespältigkeit des modernen Lebensgefühls wie in einer skeptischen Beurteilung der vermeintlichen Errungenschaften der modernen wissenschaftlich-technischen Welt niederschlagen. In einer der Modernität verpflichteten Zeitkritik verweben sich Fortschrittsidee und Krisenbewußtsein (348) ineinander und führen zu einer eigentümlich ambivalenten Bewertung der Moderne. Während die moderne Kunst die Widersprüchlichkeit moderner Lebenserfahrung und Wirklichkeitswahrnehmung in deren ästhetischer Verdichtung unmittelbar widerspiegelt, wird in der modernen Geschichtsphilosophie die Formel von der „Ambivalenz der Moderne" (335; 341) geprägt. In ihr drückt sich die Einsicht aus, daß die gesellschaftlichen Modernisierungsprozesse die Ideale der Neuzeit nicht nur unvollkommen einlösen; vielmehr verselbständigte sich der Prozeß sozialer und kultureller Modernisierung gegenüber den von der Aufklärung formulierten Zielen einer humanen und sozial gerechten Lebenswelt. Die ihrer Eigendynamik folgende Modernisierung der gesellschaftlichen Lebensverhältnisse führt zu vielfältigen Spannungen und Verwerfungen in der Gegenwartskultur.

In diesem dreifachen Bedeutungsgehalt – als epochales Deutungsmuster der Jetztzeit, als normatives Prinzip kultureller Gestaltung und als heuristische Chiffre zur Erfassung der ambivalenten Gegenwartslage – bringt sich die ‚Moderne' in der zeitgenössischen Lebenskultur und damit auch in der unlösbar in diese verwobenen *Religionspraxis* zur Geltung.

Das für die Gegenwartsepoche insgesamt charakteristische *Modernitätsbewußtsein* prägt den verschiedenartigen Erscheinungsformen der zeitgenössischen Religionspraxis durchgängig seinen Stempel auf. Daß die Religion „in der Lebenswelt der Moderne" (343) nicht hinter den aktuellen gesellschaftlichen und kulturellen Entwicklungstrends, den bewußtseinsprägenden und stilbildenden ‚Moden' der Zeit, zurückbleiben darf, sondern daß sie sich hinsichtlich ihrer sozialen Formen, ihrer kulturellen Gestaltungen und ihrer reflexiven Ausdrucksformen auf der Höhe der Zeit befinden muß, um mit der vorwärtsdrängenden Zeit Schritt halten zu können, bildet eine Maxime, der sich ebenso die einzelnen Individuen wie die religiösen Gemeinschaften und schließlich die religiösen Organisationen verpflichtet wissen. Wie die Dynamik der ‚Modernität' im ständigen Wandel der privatreligiösen Lebensstile und Lebensformen zum Ausdruck kommt, so schlagen sich die jeweils als aktuell und modern geltenden sozialen Umgangsformen und kommunikativen Verhaltensweisen in der gemeinschaftlich praktizierten Religion, insbesondere in den Vergemeinschaftungsformen der parochialen Gruppenkultur, nieder. Am deutlichsten bringt sich das Postulat religiöser ‚Modernität' aber in speziellen Modernisierungsprogrammen zur Geltung, mit deren Hilfe die sozialen Institutionen der öffentlichen Religionspraxis – Gemeinde, Kirche und Diakonie – an die Modernitätsstandards von Wirtschaft und Gesellschaft herangeführt werden sollen. Schließlich folgt auch die Entwicklung der religiösen Reflexionskultur der Dynamik des Modernisierungsprozesses; wie die ‚moderne' Theologie sowohl hinsichtlich ihrer Problemstellungen als auch hinsichtlich ihrer methodischen Verfahrensweisen in die zeitgenössische Wissenschaftskultur eingebunden ist, so entwirft vor allem die Praktische Theologie (> Einführung: 2.3.3.) ihre gegenwartsverbundenen Theoriekonstrukte in ständigem Bezug zu dem sich wandelnden Zeitgeist.

Die *normativen* Bedeutungsgehalte des Modernitätsbegriffs kommen besonders deutlich in der charakteristisch modernen Signatur der kulturellen, teils ästhetisch, teils reflexiv ausgeformten Manifestationen zeitgenössischer Religionskultur und insbesondere in den vielfältigen wechselseitigen Verflechtungen von spezifisch religiösen und allgemeingesellschaftlichen Momenten der Lebenskultur zum Tragen. Indem die Religionspraxis ihre ästhetischen Produktionen und ihre reflexiven Wirklichkeitskonstrukte nach dem Muster der augenblicklich in Geltung stehenden Modernitätsideale gestaltet, findet sie nicht nur Anschluß an den modernen Kulturmarkt; vielmehr erweist sich die Religion darüber hinaus als eine Lebensdimension, in der sich die charakteristisch modernen Momente der Lebenskultur besonders markant ausprägen und sich zur ‚Modernität' als einem religiös grundierten, sowohl in der privaten Alltagspraxis als auch im öffentlichen Kulturbetrieb wirksamen kulturellen ‚Stil' (345) verdichten. Im gängigen Buchsortiment bilden typisch modern akzentuierte, teils eher trivial-erbauliche, teils eher sachlich-informierende Titel eine eigene und breit ausgebaute Sparte; in der Tagespresse, in politischen und kulturellen Zeitschriften sowie in unterschiedlich formatierten Fernsehproduktionen kommt dem Thema der modernen Religion ein hoher Stellenwert zu. In der modernen Kunst (> 233), auch in der kirchlichen Kunst und zumal in der kirchlichen Architektur, verschmelzen religiöse Sinngehalte und moderne, teilweise avantgardistische Ästhetik miteinander. Vor allem aber avancierte die populäre Musikkultur zum Medium religiöser Modernisierung; religiös imprägnierte Popmusik breitet sich ebenso in der privaten Lebenskultur wie in bestimmten, meist für jugendkulturelle Milieus veranstalteten Gottesdiensten aus (275,137ff); in der Alltagskultur gängige Musiktitel finden Eingang in die ästhetische Kultur der Kasualien (> 232-3), insbesondere in die effektvoll und erlebnisintensiv und insofern ‚modern' gestalteten Trauungsfeiern und Bestattungszeremonien. Auf dem Hintergrund der von wechselnden ästhetischen Moden beherrschten Alltagskultur formen sich neuartige Symbolwelten und szenische Rituale aus, die in der Gestalt innovativer liturgischer Inszenierungsmuster in gruppengemeinschaftliche Gottesdienste (> 212-3:3.2.2.) und zumal in die liturgischen Veranstaltungen der Kirchentage (> 222-3) einfließen.

Die *ambivalente* Statur der Moderne schließlich prägt Profil und Funktion des in der religiösen Reflexionskultur verankerten Bildungs- (> 233) und Beratungswesens (> 222-2) sowie die Programmatik vielfältiger kirchlicher Reformprojekte (> 212-4:1.2.). Im Interesse einer kritischen Vermittlung zwischen den unveräußerlichen Prinzipien neuzeitlicher Religion und den sich ständig wandelnden Lebensbedingungen deckt der schulische Religionsunterricht (> 223) die in die moderne Lebenswelt eingelagerten Widersprüche und Verwerfungen auf und leitet die SchülerInnen zu einer reflexionsgeleiteten Wahrnehmung und zu einer verantwortungsbewußten Gestaltung der sich ständig modernisierenden Lebenskultur an. Der kirchliche Konfirmandenunterricht (> 212-3:3.5.1.) zielt auf die Ausformung einer Glaubens- und Lebenshaltung ab, in der sich die Verpflichtung auf die Grundsätze des protestantischen Christentums und die Verantwortung für die Humanisierung der individuellen wie gesellschaftlichen Lebenswelt untrennbar ineinander verweben. Die religiös grundierte Erwachsenenbildung (> 223) zielt auf die kontinuierliche Auseinandersetzung mit der in sich widersprüchlichen Lebenswelt sowie auf die Ausformung von Lebenseinstellungen und den Aufbau von Weltanschauungen ab, in denen die Ambivalenzen des Lebens nicht wegreduziert, sondern bearbeitet werden. Besonders deutlich bringen sich die zu weiten Teilen aus der sozialkulturellen Modernisierung resultierenden Lebenskonflikte und Lebenskrisen in den Institutionen der religiösen Lebensberatung (> 222-2) zur Geltung. Schließlich werden die umfassenden Projekte zur Reform der Kirche sowie die auf unterschiedliche Bereiche der zeitgenössischen Religionskultur fokussierten Konzeptionen der modernen Seelsorge (> 213), der modernen Predigt und des modernen Religionsunterrichts (> 223) insgesamt auf der Folie einer ambivalenten Beurteilung der Moderne, auf dem Hintergrund des prekären Verhältnisses zwischen gesellschaftlichem Fortschritt und religiöser Entwicklung entworfen (> 212-4: 1.2.).

2. ,Postmoderne' – die vieldeutige Signatur einer Epochenschwelle

1. Fungierte der Begriff der ,Moderne' lange Zeit als eine im allgemeinen Bewußtsein verwurzelte und mittlerweile trivialisierte Kategorie zur Etikettierung der Gegenwartsepoche und insbesondere zur Kennzeichnung der in sie eingelagerten Fortschrittspotentiale, so verstärkte sich in den zurückliegenden Jahrzehnten das Bewußtsein für die ambivalente Statur der modernen Lebenswelt. Auf dem Hintergrund einer insgesamt skeptischen Beurteilung ihrer ideellen Prinzipien wie ihrer faktischen Konsequenzen wurde die Moderne – sowohl in historischer wie in normativer Hinsicht – zu einer im Abschluß befindlichen Epoche der neueren Geschichte erklärt und die Gegenwart zu einer *Epochenschwelle* stilisiert, zu einer „geschichtsbewegten Zeit", in der sich „die ,Moderne' (verstanden im umfassendsten Sinne der gesamten Kultur der Neuzeit) in einem Zustand des Umbruchs oder des Übergangs zu neuen Horizonten der weltgeschichtlichen und ästhetischen Erfahrung befindet" (346,9). Zur Bezeichnung der nachmodernen, gerade im Entstehen begriffenen Ära wurde das Etikett der ,Postmoderne' eingeführt.

Die „Wende" in der Beurteilung der spätmodernen Gegenwartslage wurde durch unterschiedliche, aber zusammenspielende Faktoren eines *modernitätskritischen* Bewußtseins ausgelöst: „durch ein neues Bewußtsein für die Markthörigkeit des Modernismus und die Naturverdrängung im Funktionalismus, durch den Verlust des avantgardistischen Protest- und Schockvermögens, durch den Widerruf subjektbezogener Kriterien der Identität und Selbststeigerung" sowie „durch den Siegeszug einer technologisch raffinierten, überaus wirksamen Unterhaltungs- und Massenkultur"; die für die Spätmoderne charakteristischen und vom Gegenwartsbewußtsein als krisenhaft empfundenen Phänomene schufen grundlegend „neue Voraussetzungen" für das Verhältnis von „Rationalität und Lebensinhalt, Sinnproduktion und Sinnesbildung" (346,9).

Wurde die Vokabel der *,Postmoderne'* in der Anfangsphase des populärwissenschaftlichen Diskurses mit diffusen Bedeutungsgehalten angereichert und vornehmlich feuilletonistisch gebraucht, so etablierte sich inzwischen in den eher wissenschaftlich verfaßten Analysen und Argumentationen ein differenzierteres und prägnanteres Verständnis von ,Postmoderne'. Gleichwohl verdichtete sich die von der ,postmodernen Bewegung' (354,84) zur Programmformel erhobene Chiffre auch im Zuge ihrer Verwissenschaftlichung nicht zu einer präzisen theoretischen Kategorie. Im Rahmen der in unterschiedlichen wissenschaftlichen Fachgebieten verankerten Theoriediskurse fungiert der Begriff der ,Postmoderne' als eine elastische Formel zur deskriptiven Erfassung und interpretativen Erschließung der in sich widersprüchlichen Gegenwartslage: als ein ebenso vieldeutiges wie flexibles „Deutungsmuster" (366,357) der pluriformen, als ,postmodern' geltenden Eindrücke und Erscheinungen, als „Anzeige eines Zustandes, dessen Beschreibung noch unsicher ist" (358,2), als theoriestrategischer ,Suchbegriff' (355,89) im „Dickicht der Phänomene" (364,3), als ein ebenso „vielschichtiges" wie „zum Teil widersprüchliches Beobachterkonstrukt" (366,357). „Allzuvieles und zugleich zu wenig Faßbares wird unter den Begriff oder Namen Postmoderne subsumiert, mit dem Etikett Postmoderne versehen und auf dem Markt angeboten. Der Faszination, die sich mit dem

Ausdruck Postmoderne verbindet, korrespondiert die Unübersichtlichkeit und Vagheit seines Gebrauchs" (362,15). Der „Fragwürdigkeit des Begriffs" (362,15) entspricht die unübersichtliche Diskurslage: „Die Postmodernedebatte verläuft eher als ein Diskursgestöber denn als ein geschlossener Denk- und Gesprächszusammenhang" (366,355). Angesichts der vorwissenschaftlichen Statur der Vokabel wird den Theoretikern der Postmoderne denn auch angeraten, den Begriff wieder an die alltagsweltliche Reflexionskultur zurückzugeben und „den Sinn der Wortprägung ‚Postmoderne' zu trivialisieren" (349,77).

Ist die Unschärfe des Postmoderne-Begriffs und die Diffusität der um die Formel zentrierten Debatte in deren Ursprung in einer populären Zeitdiagnostik begründet, in der Unmittelbarkeit der theoretischen Ausdrucksformen zu den von ihnen reflektierten Alltagserfahrungen, so nutzen die _Theorien_ der Postmoderne die elastische Statur der Kategorie, um solche Gegenwartsphänomene zu konturieren, die sich einer exakten begrifflichen Bestimmung entziehen, und verwahren sich im Interesse einer kongenialen Nachzeichnung der Wirklichkeit gegen die Vereinnahmung der Praxis durch ihr nicht entsprechende kategoriale Deutungsmuster und insbesondere gegen eine zu enge begriffliche Fassung ihrer Leitkategorie. Die theoretischen Explikationen der postmodernen Lebenssituation suchen die pluriformen Aspekte der nachmodernen Lebenswelt in ihrer originären Charakteristik zu erfassen und damit dem „diffusen postmodernen Lebensgefühl" (369,125) eine reflexive Ausdrucksgestalt zu verleihen. Das besondere Interesse der theoretischen Analysen gilt dabei der für die Postmoderne charakteristischen Wirklichkeitsoptik. In der Perspektive der Postmoderne nimmt die Wirklichkeit schillernde Gestalt an, verweben sich Wirklichkeit und Möglichkeit der Lebens- und Weltkonstruktionen untrennbar ineinander; angesichts der „Überfülle des Möglichen" (368,36) erscheint „nichts ... mehr selbstverständlich so wie es ist, es könnte auch anders sein" (369,100f). Liegen „Ziel" und „Wert" der postmodernen Lebenskultur „darin, daß wir unterschiedliche Meinungen und Stile als gleichberechtigte Beschreibungsweisen betrachten, die jederzeit durch andere abgelöst werden können sollten" (356,1279f), dann erscheint die Lebenswirklichkeit im Spiegel ihrer theoretischen Reflexion als eine fiktive Inszenierung ihrer selbst, als eine von „Ironie" durchtränkte „Maskerade hoch zwei" (359,76).

Die für die postmoderne Alltagsweltanalyse charakteristischen Momente der Relativität, Fiktionalität und Widersprüchlichkeit der Wirklichkeit prägen sich in unterschiedlicher Weise in den in verschiedene _wissenschaftliche_ Kontexte eingebetteten Diskursen über die Postmoderne aus. Kommt in der von Albert Einstein entwickelten Relativitätstheorie und in der von Werner Karl Heisenberg formulierten Unschärferelation der Wandel des naturwissenschaftlichen Weltbildes signifikant zum Ausdruck (357,65ff.175ff), so bringt sich die fiktionale Statur der Wirklichkeit vor allem in den literaturwissenschaftlichen und kunstwissenschaftlichen Analysen der Postmoderne und insbesondere in der Theorie der postmodernen Architektur zur Geltung (356,1277). Die vornehmlich philosophisch orientierten Theoriekonzepte stellen in kritischer Absicht die aus der ‚Dialektik der Aufklärung' (340) herrührenden und die Spätmoderne tiefgreifend beeinflussenden Ambivalenzen heraus. Der philosophischen Kritik der Moderne fällt ebenso das „Wunschbild der autonomen Persönlichkeit" zum Opfer, das „schon längst an den Manipulationen der Konsumindustrie und der Massenmedien gescheitert" ist (356,1279), wie die für die moderne Wirklichkeitskonstruktion fundamentale Fortschrittsidee (356,1278). Vor allem aber wendet sich die postmoderne Kritik der Moderne gegen die von der Aufklärung ausgelöste „höchst fragwürdige Hypostasierung der Rationalität", die verkennt, daß „gerade die Entwicklung und Anwendung wissenschaftlicher Erkenntnisse ... uns in zunehmendem Maße vor technische und moralische Probleme" (356,1278) stellt, sowie gegen die ebenso von der Aufklärung erzeugte und auf dem Hintergrund der Globalisierung der sozialkulturellen Wirklichkeit deutlich hervortretende „eurozentristische ... Hybris" (356,1279) der Moderne. Dem neuzeitlichen Rationalitätsprinzip wird die von der Moderne ausgegrenzte Wirklichkeitsperspektive, das „Andere der Vernunft" (373), kritisch entgegengesetzt.

2. In der seit den 80er Jahren des 20. Jahrhunderts in einer breiteren Öffentlichkeit geführten *Debatte* um Statur und Gehalt der ‚Postmoderne' werden die Grundzüge der ‚Moderne' sozial- und ideengeschichtlich rekonstruiert und die von dieser repräsentierten ideellen Gehalte einer kritischen Analyse unterzogen. Das Spektrum der kontroversen Positionen reicht von einer vehementen Kritik an den Grundlagen und den Folgen des gesellschaftshistorischen Modernisierungsprozesses bis zu der emphatischen Verteidigung der Moderne. In kritischer, gegen die Moden des postmodernen Zeitgeistes gewandter Attitüde wird der ‚Geist der Moderne' beschworen, das ‚Projekt der Moderne' unter veränderten Bedingungen reformuliert und die normative Bedeutung der von der Aufklärung festgesetzten Prinzipien für die Gegenwart hervorgehoben (338,452). Die Kritiker der Postmoderne attestieren deren Repräsentanten zwar eine in die Kritik der Moderne eingelagerte erhöhte Sensibilität für die Zeitprobleme und ein ethisch qualifiziertes Interesse an der Humanisierung der zeitgenössischen Lebenswelt: „Ob nun die Moderne als verdinglichter und verwerteter, als technisch verfügbar gemachter oder als totalitär aufgespreizter, vermachteter, homogenisierter, eingekerkerter Lebenszusammenhang beschrieben wird, stets sind die Denunziationen durch eine besondere Empfindlichkeit für komplexe Verletzungen und sublime Vergewaltigungen inspiriert" (339,391). Gleichwohl weisen die Kritiker der Postmoderne-Theorie in ideologiekritischer Absicht darauf hin, „daß sich unter dem Schlagwort ‚postmodern' jene konservativen Stimmungen erneuern lassen, die sich seit der Mitte des 19. Jahrhunderts vom gesellschaftlichen Modernisierungsprozeß provoziert fühlten" (354,85). Ebenso decken freilich auch die Verfechter der Postmoderne in ihren modernitätskritischen Analysen „die Ungleichzeitigkeit des von der Entwicklung Ausgegrenzten" auf und verweisen auf den langen „Schatten" des Antimodernismus in der neuzeitlichen Entwicklung von Gesellschaft und Kultur (333,828): „Postmodernisierung will die Fragwürdigkeit prämoderner Resistenzen inmitten unserer Modernisierungsdynamik dartun" (363,18).

Stehen sich Kritiker und Verteidiger der Postmoderne in der zeitgenössischen Debatte auch unversöhnlich gegenüber, so lassen sich sowohl die extremen Gegenpositionen des Postmoderne-Diskurses als vor allem auch die zwischen ihnen angesiedelten Vermittlungspositionen doch als zwar unterschiedlich akzentuierte, aber gemeinsam in die neuzeitliche *Reflexionskultur* eingepaßte Interpretationskonzepte zur Erfassung der Spätmoderne begreifen. Die positionell unterschiedlich gelagerten Theorien weisen in ihren sozial- und kulturwissenschaftlichen Analysen gemeinsam auf die Defizite der spätmodernen Lebenssituation hin und registrieren die sozialkulturellen Verwerfungen, die aus dem Siegeszug des technisch-industriellen Fortschrittsprozesses und insbesondere aus dem von der modernen Wirtschaftsgesellschaft in Geltung gesetzten Diktat des Ökonomischen resultieren. Und sie revidieren – allerdings in jeweils verschiedenartiger Weise – das ‚Projekt der Moderne', indem sie entweder in gegenwartskritischer Intention die

Maximen in Erinnerung rufen, die bei der Genese der Neuzeit Pate standen, in deren Fortgang aber zunehmend in Vergessenheit gerieten, oder indem sie die Aufmerksamkeit auf die im Zuge gesellschaftlicher Modernisierung verdrängten Momente der Lebenskultur lenken, das ‚Gehäuse' (369,99) des von der Aufklärung geschaffenen und ständig weiter verfestigten Weltbildes aufsprengen und die von der Moderne unterschlagenen Potentiale der Wirklichkeitswahrnehmung und Wirklichkeitsgestaltung zurückfordern.

Auf dem Hintergrund dieser Diskussionslage erscheint es zweifelhaft, ob die Postmoderne „als eine epochale Ablösung der Moderne, sozusagen als geschichtliche Trans-Moderne, verstanden werden kann" (354,83). An die Stelle der anfänglichen „Kontrastierung von Moderne und Postmoderne" (337,42) trat denn auch mit dem Fortgang der Debatte eine differenziertere Bestimmung des *Verhältnisses* von Moderne und Postmoderne. Zielt das Programm der Postmoderne darauf ab, das der Moderne immanente Zeit- und Geschichtsbewußtsein – „die Schemata der Chronologie, der Epochen, des Fortschritts, der Überholung und Überwindung" (358,13) – aufzuheben, dann kann sich die Postmoderne nicht selbst als eine historisch abgegrenzte „Epoche" (360,366) begreifen. ‚Postmoderne' meint vielmehr die „denkerische Entfaltung und Einlösung der harten und radikalen Moderne dieses Jahrhunderts", in der „Motive, die längst da waren – aber in gedämpften Formen, in Nebensträngen, verstreut und eher verborgen als prominent –, ... jetzt Radikalität und Bestimmungskraft" erlangen (357,82f). Ebensowenig stellt sich die Postmoderne in der umgekehrten Betrachtungsweise, aus der Perspektive der Moderne, als eine die Moderne generell außer Kraft setzende und ihr antithetisch gegenübertretende Epoche dar. Signalisiert das Stichwort der ‚Postmoderne' in seinen kritischen Konnotationen, daß „die moderne Gesellschaft das Vertrauen in die Richtigkeit ihrer eigenen Selbstbeschreibungen verloren hat" (337,7), so besteht die konstruktive Leistung einer Theorie der ‚Postmoderne' in einer „andere(n), variantenreichere(n) Beschreibung der Moderne" (337,7). Der postmoderne Blick auf die Moderne deckt zugleich die Diskontinuitäten wie die Kontinuitäten in der spätmodernen Entwicklung von Gesellschaft und Kultur auf; in einer historischen Übergangsphase belehrt er die Zeitgenossen darüber, „daß diejenigen evolutionären Errungenschaften, die die moderne Gesellschaft von allen ihren Vorgängerinnen auszeichnen, nämlich voll entwickelte Kommunikationsmedien und funktionale Differenzierung, aus bescheidenen Anfängen in Größenordnungen hineingewachsen sind, die die moderne Gesellschaft auf Irreversibilität festlegen" (337,42).

„Postmoderne" ist demnach „nicht mehr (aber auch nicht weniger) als der *moderne* Geist, der einen langen, aufmerksamen und nüchternen Blick auf sich selbst wirft, auf seine Lage und seine vergangenen Werke, nicht ganz überzeugt von dem, was er sieht, und den Drang zur Veränderung verspürt. Postmoderne ist die Moderne, die volljährig wird: die Moderne, die sich selbst aus der Distanz betrachtet statt von innen, die ein vollständiges Inventar von Verlust und Gewinn erstellt, sich selbst psychoanalysiert, die Absichten entdeckt, die sie niemals zuvor gründlich analysiert hat, und findet, daß sie sich gegenseitig ausschließen und widersinnig sind" (361,333).

Besteht die kritische Intention der Postmoderne-Theorien im Aufweis der Widersprüchlichkeit der modernen Lebenserfahrung und der Ambivalenzen der modernen Lebenswelt, so liegt ihre *konstruktive* Absicht in einer ebenso umfassenden wie detailgenauen Erfassung der zeitgenössischen Lebenskultur und insbesondere in der Analyse der in die Spätmoderne eingelagerten dynamischen Entwicklung. Zur Rekonstruktion der Gegen-

wartssituation bedient sich die postmoderne Theoriebildung der von der Theorie der
Moderne ausgearbeiteten Beschreibungsmuster, insbesondere der interpretativen Hypothesen der Pluralisierung und Individualisierung (> 133), und arbeitet die charakteristischen Differenzen zwischen Moderne und Postmoderne auf dem Hintergrund der am
Ende des 20. Jahrhunderts zu beobachtenden Pluralisierungs- und Individualisierungsschübe heraus.

Zu den ebenso in der alltäglichen Erfahrung wie in deren theoretischer Rekonstruktion
präsenten „postmoderne(n) Befindlichkeiten" (369,107) werden vor allem Erscheinungen gezählt, die sich im Zuge des umfassenden *Pluralisierungsprozesses* herausbildeten;
sie gelten als Indizien für einen „tiefgreifende(n) Wandel von geschlossenen und verbindlichen zu offenen und zu gestaltenden sozialen Systemen" (369,100). So läßt sich in
der Gegenwart eine zunehmende „Fragmentierung von Erfahrungen" (369,107) beobachten, der Zerfall eines „in sich stimmigen Erlebniskosmos" in eine „Fülle von Erleb-
nis- und Erfahrungsbezügen, die sich aber in kein Gesamtbild mehr fügen" (369,107).
Der Fragmentierung der Erfahrung entspricht die Segmentierung der sozialkulturellen
Lebenswelt, die „Pluralisierung von Lebensformen und Milieus", in deren Folge sich
miteinander konkurrierende Lebensstile und ihnen entsprechende Lebensmodelle des
privaten Lebens sowie kaum untereinander verbundene, ganz „unterschiedliche Lebens-
milieus" herausbilden (369,108). Im Unterschied zu den geschlossenen Theorien der
Moderne halten die Theorien der Postmoderne ihre Wahrnehmungsperspektive für das
Außergewöhnliche, Abweichende, nicht Verrechenbare und Besondere offen und setzen
an die Stelle universaler Wahrheitsansprüche die Vielfalt miteinander konkurrierender
Wirklichkeitsoptiken. Bildete ‚Pluralität' in der Theorie der Moderne nur einen Teil-
aspekt der mehrdimensionalen Rekonstruktion der Wirklichkeit, so avanciert die Kategorie in der Theorie der Postmoderne zum zentralen Paradigma der Wirklichkeitsinterpretation. Und hält das Weltbild der Moderne an der fundamentalen Einheit der pluriformen
Wirklichkeit fest, so stellt sich die Lebenswirklichkeit in der Perspektive der Postmoderne als bis in ihre Wurzeln pluralisiert dar.

Verschärft sich der sozialkulturelle Pluralisierungsprozeß am Übergang aus der Moderne
in die Postmoderne, so verkehrt sich der neuzeitliche *Individualisierungsprozeß* im Zuge
seiner postmodernen Radikalisierung offensichtlich in sein Gegenteil. Zielte die Individualisierung in ihrer modernen Gestalt auf die Ausbildung einer zwar lebensgeschichtlich wandelbaren, gleichwohl aber in sich konsistenten personalen Identität (> 311) ab,
so verliert das „moderne Identitätsgehäuse" in der Postmoderne „seine Paßformen für
unsere Lebensbewältigung" (369,100); die identitätsstiftenden „Regulative der Moderne" –
„Strukturen der Tradition, des Zwangs, der Ab- und Ausgrenzung" und zumal „gemeinsame religiöse Bindungen" – büßen ihre „Bindekraft, Verbindlichkeit, Überzeugungskraft" (369,109) ein. Das aus der Welt entlassene Subjekt wird nicht nur in herausgehobener Weise zum „individualisierten Sinn-Bastler" (369,111), zum „Konstrukteur
seines eigenen Sinnsystems" (369,112), zur „ArchitektIn und BaumeisterIn des eigenen
Lebensgehäuses" (369,100), zum kreativen Erfinder „eigenwilliger Identitätsprojekte"
(369,129). Vielmehr tritt an die Stelle der in sich geschlossenen und sich ihrer selbst
gewissen Persönlichkeit die in sich widersprüchlich verfaßte „fragmentierte Identität"
(369,124). Die Auflösung der mit sich selbst identischen Persönlichkeit wird von den
Theoretikern der Postmoderne freilich nicht als pathologisches Phänomen beurteilt:
„Fragmentarisches ist nicht defizitär, sondern Normalität" (369,127).

Den auf die Einheit der Wirklichkeit abgestellten Weltbildern der Moderne setzt die postmoderne Theorie somit die Legitimität des *Andersartigen* entgegen. Die Theoretiker der Postmoderne wenden sich emphatisch gegen jede Form von Totalitarismus, Absolutismus und Universalismus und begreifen sich selbst als engagierte Anwälte des individuell Besonderen und kulturell Differenten. Aus der Perspektive der Postmoderne lassen sich die vielfältigen, aus der verschärften Pluralisierung und der radikalisierten Individualisierung der Lebenswelt resultierenden Widersprüche als ‚riskante Chancen' (371) für die weitere Entwicklung der Lebenskultur begreifen: „Vielfalt prägt die Signatur der Gegenwart, Diversifikation ist ihr Trumpf, Freude am Individualisierungsreichtum ihre Grundstimmung, multiversale Kultur ihr Ideal und Kritik am unitären Denkzwang der Vergangenheit ihr Ehrgeiz" (363,11f).

3. Stellt sich die Kultur der Spätmoderne insgesamt als ein unübersichtlicher, vielfältig ausdifferenzierter und in sich uneinheitlicher Lebenskosmos dar, so ist auch die „*religiöse* Gegenwartsszene" von „irritierend widersprüchlichen Tendenzen" (126,8) gekennzeichnet. Zwar dokumentiert die ‚Renaissance des Religiösen' (> 110) den hohen Stellenwert der mit subjektiven Erlebniseffekten und ästhetischen Inszenierungsformen angereicherten Religion in der zeitgenössischen Lebenswelt; im Zuge der radikalen Pluralisierung und Individualisierung der Religion verlor das in der kulturellen Welt der bürgerlichen Neuzeit verwurzelte Christentum aber seine charakteristischen sozialkulturellen Konturen und büßte damit auch seine dominante Bedeutung für die Konstitution der Persönlichkeit wie für die Integration der Gesellschaft ein: „Von Traditionsabbruch, Glaubwürdigkeitskrise und Weltanschauungskonkurrenz" bedroht, wird die „christliche Lebenspraxis immer mehr zwischen rapidem Verschleiß und fanatischem Wildwuchs zerrieben" (126,8).

Auf dem Hintergrund des umfassenden „sozialkulturellen Integrations-, Funktions- und Orientierungsverlustes der Religion" büßt – zum einen – die institutionell verfestigte, die „*verkirchlichte* Religiosität" (126,8) an Bedeutung ein. Die „De-Institutionalisierung" der Religion „im Sinne einer Entkirchlichung alltagspraktischer Deutungs- und Handlungssysteme" (126,8), die Auflösung kompakter Organisationsformen religiöser Vergemeinschaftung und die gleichzeitige Vervielfältigung individuell ausgestalteter religiöser Lebensstile und Lebensformen, führten zu einer weitreichenden „Umformung" (126,8) der Religionskultur. Dabei veränderte sich „nicht so sehr das Volumen gesellschaftlicher Religiosität" als vielmehr deren „innere Verfaßtheit": „Die Menschen bestimmen ihre Religiosität nicht mehr in ihrer Spiegelbildlichkeit zu kirchlichen Positionen", sondern entscheiden in eigener Regie „über ihre Identifikationsbereitschaft gegenüber dem zuhandenen Angebot an sozialen Manifestationsformen von Religiosität" (126,33f).

Die Transformation der Religionskultur in der „postmodernen Moderne" betrifft – zum anderen – insbesondere den mit den ideellen Prinzipien der Aufklärung untrennbar verbundenen und für den Aufbau der neuzeitlich-modernen Lebenswelt in hohem Maße mitverantwortlichen *Protestantismus* (364): „Der moderne volkskirchliche Protestantismus findet sich vor zwischen moderner Aufklärungsrationalität und postmodernem Individualitäts-, Erlebnis-, und Betroffenheitskult" (364,6). Auf der einen Seite erscheinen „das mit der Moderne amalgamierte protestantische Christentum" (364,15) und der „rationalisierte Religionsbetrieb des volkskirchlichen Christentums" (364,7) kaum „anschlußfähig für die Postmoderne" (364,15). Gelten „Erlebniskultur, individuelle-zufälli-ge Sinnentwürfe, subjektivistischer Dezisionismus, Wertepluralismus" als die „Kennzei-chen unserer weithin als ‚postmodern' etikettierten gesellschaftlichen Situation" (364,14), so setzt der moderne Protestantismus auf deren Gegenstücke: auf die Rationa-lisierung (> 231) der privaten Lebensführung, die Ausformung einer ihrer selbst gewis-sen Identität, und auf die Rationalisierung der gesellschaftlichen Lebensordnung, den Aufbau eines in sich kohärenten und für die Individuen transparenten Sinnkosmos. Im kirchlichen und theologischen Urteil wird daher das ‚postmoderne Leben' und insbe-sondere die von den Theoretikern der Postmoderne proklamierte „radikale Pluralität der Lebensentwürfe und Lebensformen" häufig als „Fehlentwicklung" der zeitgenössischen Lebenskultur bezeichnet (372,14). Auf der anderen Seite läßt sich in der neueren syste-matisch-theologischen und praktisch-theologischen Reflexion der Postmoderne aber eine zunehmende Sensibilität für die „Übergangsphänomene von der Moderne zur Postmo-derne" (372,48) und eine „Aufwertung" der für die postmoderne Wirklichkeitsoptik cha-rakteristischen Figur der „Differenz" und des „Widerspruch(s)" (372,15) registrieren. Die produktive Anknüpfung an die Postmoderne-Debatte ist von der Einsicht geleitet, „daß sich hier genuin reformatorische Motive mit den Notwendigkeiten der Postmoderne auf eine fruchtbare Art und Weise verbinden können" (372,33).

Die Kongruenz von postmoderner und protestantischer Wirklichkeitsoptik läßt sich im Rahmen einer „funktionale(n) Auslegung reformatorischer Theologie" (364,10) und ins-besondere im Kontext einer an der zeitgenössischen Lebenssituation orientierten Relek-türe der das „Wirklichkeitsverständnis des christlichen Glaubens" (374) durchgängig prägenden protestantischen *Rechtfertigungslehre* schlaglichtartig demonstrieren. Als umfassende „Konstitutionstheorie" (375,30) der Wirklichkeit stellt das Rechtfertigungs-paradigma eine Theoriefolie dar, die es ermöglicht, das zeitgenössische „Interesse der Menschen an der Kultur der Individualität" (275,35) produktiv aufzunehmen und theolo-gisch zu explizieren. Wird „der Glaubende" durch die von außen kommende Rechtferti-gung „der Nötigung enthoben, die Einheit seiner Identität durch eigene Handlungen auf-bauen und legitimieren zu müssen", so entkommt er damit zugleich „der Nötigung", die immer nur „partielle und temporäre Identität zur absoluten Identität steigern zu müssen" (364,11).

In der von den Prinzipien des Protestantismus geleiteten „*Identitätsarbeit*" (364,16) greift das Individuum dementsprechend nicht auf das von der bürgerlichen Moderne fa-vorisierte Modell der in sich gereiften und dadurch mit sich identischen Persönlichkeit (> 311) zurück, auf ein „Identitätskonzept, das die Entfaltung und Herausbildung einer voll-ständigen und dauerhaften Ich-Identität anstrebt und für erreichbar hält und das dement-sprechend eine starke Ich-Identität für das Merkmal einer gesunden, reifen Persönlichkeit hält", „fragmentarische Ich-Identitäten" dagegen als „pathologische Abweichungen" beurteilt (376,170). Statt zu seiner Selbstkonstitution auf die in der Persönlichkeitsent-faltung liegenden Entwicklungspotentiale zurückzugreifen, vergewissert sich die prote-stantische Individualität vielmehr ihrer Authentizität in der riskanten Wahrnehmung von Lebenskontingenzen, der ebenso unverfügbaren wie ständig überraschenden „subjekti-ve(n) Evidenz(en)" (364,6). Die protestantisch-theologische Anthropologie sieht deshalb im Zerbrechen des organologisch grundierten Persönlichkeitsideals (> 212-4:2.2.3.) und in der Entstehung postmoderner ‚Patchworkidentität(en)' (371,146) nicht vorwiegend einen Verlust an personaler Integrität, sondern vor allem einen „Zugewinn kreativer Lebensmöglichkeiten" (371,146) und einen Anreiz zum „produktive(n) Umgang mit der eigenen Lebensgeschichte" (364,18).

Wie sich die „im Christentum angelegten Muster zum Identitätsaufbau" als „mit der (post-)modernen Situation des Identitätsaufbaus in hohem Maße kompatibel" (364,16) erweisen, so läßt sich auch die Kehrseite postmoderner Entwicklungstendenzen, insbesondere die Zunahme des *Fundamentalismus* (377) in einer ebenso widersprüchlichen wie unübersichtlichen Lebenswelt, mit den von der reformatorischen Theologie ausgearbeiteten Reflexionsfiguren interpretieren. Das „totalitäre Ich" (369,114), das sich „den Modernisierungsanforderungen zu verweigern sucht, das traditionelle Identitätsgehäuse verteidigt, also an Fundamenten festzuhalten bemüht ist, obwohl sich ihre gesellschaftliche Funktionalität längst aufgelöst hat" (369,117), stellt sich als die postmoderne Gestalt des von Luther beschriebenen Sünders dar, des ‚homo incurvatus in seipsum' (364,6). In der von den Theoretikern der Postmoderne herausgestellten Einsicht schließlich, daß sich in der „postmoderne(n) Situation" nachmoderne und „antimoderne Identitätsformen" (364,17) auf ambivalente Weise ineinander verweben, bildet sich die komplexe Statur theologischer Anthropologie ab: „Luthers ‚simul iustus ac peccator' kann geradezu als das positiv gewendete Produktionsprinzip einer postmodernen, d.h. aktualistischen, fragmentaristischen Identität gewertet werden" (364,16).

Indem die systematisch-theologischen und praktisch-theologischen Analysen der religiösen Gegenwartslage die charakteristisch protestantischen Prinzipien religiöser Wirklichkeitskonstruktion mit den Grundperspektiven der zeitgenössischen Theorie der Postmoderne zur Deckung bringen, schließen sie sich an diejenigen dominanten *Strömungen* innerhalb der Postmoderne-Debatte an, die die Postmoderne weniger als eine gegen die Moderne gewendete und sie außer Kraft setzende Epoche, sondern vielmehr als eine aus der Moderne selbst hervorgegangene und mit ihr aufs engste verbundene Entwicklungstendenz begreifen. In den theologisch akzentuierten Interpretationen der postmodernen Lebenssituation dokumentiert sich damit zugleich auch die von Philosophie und Theologie herausgestellte wechselseitige Beziehung zwischen Christentum und Neuzeit. Insofern stellen sich die postmodernen Reformulierungen traditioneller theologischer Theorieparadigmen als Ausdrucksformen einer in der bürgerlich-neuzeitlichen Reflexionskultur verankerten theologischen Theorietradition dar.

3. ‚Bürgertum' – der lange Schatten eines exemplarischen Gesellschafts- und Kulturmodells

1. ‚Neuzeit' und ‚Moderne' stellen nicht nur theoretische Kategorien zur reflexiven Selbstauslegung der Gegenwartsepoche dar. Viel greifbarer als in ihren sekundären Interpretationen präsentiert sich die Neuzeit in ihrer primären, *lebenspraktischen* Gestalt. Im Spiegel der von der Neuzeit geschaffenen sozialen und kulturellen Produktionen treten nicht nur die originären Konturen der modernen Lebenskultur sowie die charakteristischen Strukturen der neuzeitlichen Gesellschaftsordnung zutage. Vielmehr läßt sich auf dem Hintergrund kulturellen und sozialen Wandels auch die in die neuzeitliche Lebenswelt eingelagerte Entwicklungsdynamik erkennen. Wie sich in den pluriformen sozialkulturellen Gestaltungen Idee und Wirklichkeit der Neuzeit auf ambivalente Weise miteinander verweben, so verschränken sich im Fortschritt der Moderne die Chancen

und Grenzen eines Kultur- und Gesellschaftsmodells, das zwar deutlich die Signatur einer bestimmten und begrenzten geschichtlichen Epoche trägt, gleichwohl aber Statur und Dynamik des privaten wie des gesellschaftlichen Lebens bis in die Gegenwart tiefgreifend prägt. Die pluriformen empirischen Erscheinungsformen der neuzeitlichen Lebenskultur stellen sich zu einem zwar vielfältig ausdifferenzierten, insgesamt aber vom ‚Geist‘ der Neuzeit durchtränkten Lebenskosmos zusammen.

Die neuzeitliche *Lebenswelt* stellt sich als ein komplexes Gefüge sozialer Ordnungsmuster und kultureller Lebensformen dar. Sie ist als das Ergebnis verschiedenartiger, aber ineinander verflochtener gesamtgesellschaftlicher Transformationsprozesse zu begreifen. Die Ausdifferenzierung der sozialen Strukturen, die Demokratisierung des politischen Systems, die Industrialisierung und Kommerzialisierung der Arbeits- und Konsumwelt, die Pluralisierung der Kultur und die Verwissenschaftlichung des Denkens beeinflußten die Lebensverhältnisse in der Moderne in umfassender Weise. Auf der Grundlage dieser makrokosmischen Veränderungen der Lebenswirklichkeit wurde die private Alltagswelt (> 310) als ein sozial und kulturell geordneter Mikrokosmos erstellt. Die elementaren sozialen Grundformen der alltäglichen Inszenierung des Lebens – Ehe und Familie (> 212-1:3.), Beruf (> 212-4:2.3.) und Geselligkeit – tragen ebenso die Signatur der Moderne wie die verschiedenen Segmente der kulturellen Alltagswelt: Musik und Mode, Konversationspraxis und Festkultur. Im Rahmen der neuzeitlichen Lebenswelt werden die ideellen Prinzipien der Moderne – das Axiom individueller Autonomie (> 133) und die Maxime rationaler Lebensführung und Gesellschaftsordnung (> 231) – lebenspraktisch zur Geltung gebracht. Und nirgends anders als in den Lebensbeziehungen der alltäglichen Welt verwirklicht sich das neuzeitliche Christentum.

Als „soziale Bewußtseins- und Trägerschicht" (378,178) des ‚modernen‘ Gesellschafts- und Kulturmodells gilt das ‚*Bürgertum*‘ (381), eine gesellschaftliche Formation, deren facettenreiche und in sich uneinheitliche sozialkulturelle Statur sich in verschiedenen Phasen der neuzeitlichen Geschichte ausformte. Läßt sich das in der Epoche der Renaissance und des Humanismus entstandene und an der Verwirklichung der protestantischen Reformation maßgeblich beteiligte ‚Stadtbürgertum‘ (382,338) als die zugleich begrenzte wie exemplarische Grundform bürgerlicher Urbanität (> 232-1) begreifen, so setzten sich im Zuge der „bürgerlichen Revolutionen" vom 17. bis zum 19. Jahrhundert die „teilweise bereits in den mittelalterlichen und frühneuzeitlichen Stadtkulturen ausgebildeten Lebensformen des Bürgertums allgemeingesellschaftlich" durch (378,178). Auf dem Hintergrund „der fortschreitenden Entwicklung von Gesellschaft und Staat im 19. Jahrhundert" läßt sich dann eine zunehmende interne „Differenzierung" und „Pulverisierung des Bürgertums" beobachten; dem Spektrum der bürgerlichen Gesellschaftsschichten sind ebenso das „industrielle Großbürgertum" der Kaufleute, Bankiers und Unternehmer wie das „Kleinbürgertum" der Handwerker, Gewerbetreibenden und Angestellten, die „staatliche Bürokratie und militärische Elite" wie insbesondere das mit dem Protestantismus eng liierte „Bildungsbürgertum" (378,179) zuzurechnen. Die dominante Stellung des Bürgertums in der sich modernisierenden Gesellschaft führte im 20. Jahrhundert schließlich zu einer „umfassende(n) Nivellierung der Mittelstandsgesellschaft nach bürgerlicher Maßgabe" (378,179).

In dem Maße, in dem die bürgerlichen Lebensstile und Lebensformen, Weltanschauungen und Gesellschaftsmuster allgemeingesellschaftlich approbiert wurden, verlor das

Bürgertum die Statur einer von anderen sozialen Klassen oder Schichten markant abgegrenzten und originär konturierten gesellschaftlichen Formation. Das ‚Bürgerliche' wurde zum immer weniger greifbaren Attribut einer *Lebenskultur*, in der sich die typischen Merkmale des Bürgertums – die liberale politische Grundhaltung, die umfassende Allgemeinbildung, die Partizipation an der literarischen, musikalischen und dramaturgischen Hochkultur, die Pflege einer ästhetisch ausgeformten ‚Häuslichkeit' – auf diffuse Weise ineinander vermengen. Damit büßte auch der Begriff des ‚Bürgertums' seine spezifischen Konnotationen ein und verblaßte zu einem Allgemeinbegriff der populärwissenschaftlichen Diskussion. Wird der Begriff des ‚Bürgertums' dagegen nicht als eine mit den Termini ‚Neuzeit' und ‚Moderne' verschmolzene „breitflächige Kategorie" (387,18) zur Selbstauslegung der Gegenwart, sondern als sozialgeschichtlicher Terminus gebraucht, dann erscheint ‚Bürgertum' „als ein historischer Begriff, der trotz gewisser Nachklänge in der Umgangssprache der Wirklichkeit des ausgehenden 20. Jahrhunderts nicht mehr entspricht" (383,354), sondern „für das lange 19. Jahrhundert zu reservieren" ist (387,57).

In den zeitgenössischen Sozial- und Kulturwissenschaften büßte das in der Epoche des Bürgertums entworfene *Strukturmodell* der klassen- und schichtspezifisch gegliederten Gesellschaft dementsprechend an Plausibilität ein; neuere kultursoziologische Analysen suchen die Transformation von der bürgerlichen zu der nachbürgerlichen Lebenswelt zu erfassen, indem sie das vom Bürgertum entworfene Schema sozialer Schichtung durch ein neuartiges soziales Organisationsmuster ersetzen und die zeitgenössische Lebenswelt als ein Ensemble nebeneinander existierender und vielfach miteinander vernetzter Milieus begreifen (397). Gleichwohl ist die neuzeitliche Lebenskultur, auch in ihrer gewandelten zeitgenössischen Gestalt, noch immer von den Lebensformen und den Idealen durchtränkt, die das Bürgertum in seiner Blütezeit geschaffen hat. Ebenso wirken die charakteristischen Grundmuster sozialer Wirklichkeitskonstruktion fort, auf die das Bürgertum in seiner Genese zurückgriff und die es im Zuge seiner Konsolidierung zu einem in sich geschlossenen Gesellschaftsmodell zusammenfügte.

2. Als generelle *Rahmenbedingungen* für die neuzeitliche Karriere des Bürgertums gelten verschiedene, in der gesellschaftlichen Entwicklung angelegte und von den verschiedenen Strömungen des Bürgertums energisch vorangetriebene Fortschrittstendenzen. Die politische Grundlage der bürgerlichen Welt bildet die „Emanzipation" der „demokratisch-konstitutionell und rechtsstaatlich-liberal geordneten Gesellschaft von der feudalen Herrschaftsordnung des absolutistischen Staats". Ihr entspricht die Schaffung und Erhaltung einer „autonom bestimmte(n), staatsfreie(n) Sphäre der kritischen, literarisch-publizistischen, in Diskursen selbstorganisierten, politischen Öffentlichkeit", die sich im Zusammenspiel mit den „Institutionen der Erziehung, Bildung und des Kulturbereichs" zur charakteristisch ‚bürgerlichen' Öffentlichkeit (> 222-1) ausformt. Ihr ökonomisches Gegenstück bildet die „rechtlich geschützte Sphäre der freien (nicht feudalen) Eigentums- und zunftlosen Marktordnung" (378,178). In den miteinander verschränkten „bürgerlichen Grundvorstellungen einer gesamtgesellschaftlichen Ordnung" verbinden sich „politische Leitbilder und allgemeine Lebensideale", insbesondere die „Weltanschauung des Rationalismus" und der typisch bürgerliche Liberalismus (378,178), untrennbar miteinander. Genese und Konsolidierung des Bürgertums verdanken sich somit dem Zusammenspiel von politischen, ökonomischen und weltanschaulichen Komponenten des neuzeitlichen Fortschrittsprozesses.

Auf der Grundlage dieser typisch neuzeitlichen Verfassung der sozialen Lebenswelt entfalteten sich die „bürgerliche *Kultur*" (383,352) und die aufs engste in sie verwobene ‚bürgerliche Religion'. Wie „Wissenschaft, Bildung und Kunst der Zeit" insgesamt „durch das gebildete und besitzende Bürgertum geprägt" wurden (383,352), so wirkten die allgemeingesellschaftlich approbierten bürgerlichen Lebensideale insbesondere auf die soziale und kulturelle Entwicklung der Religion ein. Formten sich zunächst in den englischen Freikirchen „ausgeprägt ... kleinbürgerliche Sozialmilieus" aus (383,353), so stützten sich auch die deutschen Großkirchen seit dem 19. Jahrhundert immer stärker auf die bürgerlichen „Mittelschichten" (385,590). Auf der Basis dieser Liaison von Kirche und Bürgertum „bildeten sich die Merkmale der bürgerlichen Religiosität heraus. Religion legitimiert das Familienglück, sie fördert die bürgerlichen Tugenden und dadurch das materielle Wohlergehen und den sozialen Aufstieg" (385,590). Im Zusammenhang der Entstehung und Entwicklung der bürgerlichen Lebenskultur erwies sich die Religion somit als eine „ausgesprochen kulturelle Kraft" (385,591).

Deutlicher noch als in der bürgerlichen Imprägnierung der Lebenskultur kommt die dominante Bedeutung des Bürgertums für den Aufbau der neuzeitlichen Lebenswelt in dem auf den Prinzipien der bürgerlichen Weltanschauung aufruhenden neuzeitlichen *Gesellschaftsmodell* zur Geltung. Das Grundrißmuster der bürgerlichen Lebenswelt (> 310) verdankt sich einer charakteristischen Distinktion, der Aufspaltung der sozialen und kulturellen Wirklichkeit in die private und die öffentliche Lebenssphäre. Der Ausbau der privaten, um Haus und Familie zentrierten Lebenskultur (> 212-1) des autonomen, von äußeren Zwängen befreiten und nur der inneren Stimme seines Gewissens verpflichteten Individuums und umgekehrt die Freigabe der öffentlichen Institutionen an ihre rationalen Eigengesetzlichkeiten (> 231) markierten das Entstehungsdatum der dual strukturierten bürgerlichen Gesellschaftsordnung. In der weiteren gesellschaftshistorischen Entwicklung grenzten sich die beiden Hemisphären der bürgerlichen Welt immer deutlicher voneinander ab und erhielten die Statur von Gegenwelten, die nur aus ihrer Kontrastierung verständlich und nur im Zuge von markanten Passagen (> 232-3) wechselseitig füreinander zugänglich werden.

Die bürgerliche *Privatsphäre* umgrenzt „jenen Verfügungsraum sozialer und individueller Lebensgestaltung, der gleichermaßen von öffentlicher Gewalt und gesellschaftlicher Publizität unterschieden ist, wie er vor deren Ein- und Übergriffen bewahrt sein will" (379,1001). „War es für das ‚Bürgertum' aller seiner Schichten und Gruppen bezeichnend, daß seine Kultur stark familiengebunden gewesen ist" (383,352), so avancierte die Familie (> 212-1:3.) in der Blütezeit des Bürgertums zu der Institution, auf der nicht nur die private Lebenskultur aufruht, sondern die zugleich als ‚Kernzelle' und ‚Keimzelle' des gesellschaftlichen Lebenskosmos betrachtet wird. Als „sich selbst begründende, als Selbstzweck begreifende Gemeinschaft, als eine durch emotionale Beziehungen statt durch Zweckhaftigkeit und Konkurrenz geprägte Sphäre" (387,27) vereinigt die bürgerliche Familie alle Ideale, die bei der Genese des Bürgertums Pate standen und denen das Bürgertum in seiner weiteren Entwicklung verpflichtet blieb. Die um das bürgerliche Familienleben zentrierte Privatsphäre umreißt schließlich den Erfahrungshorizont, in dem sich die bürgerliche Frömmigkeit (> 211) als paradigmatische Form protestantischer Lebenshaltung ausformte, und den Gestaltungsraum, in dem sich die für den neuzeitlichen Protestantismus ebenso charakteristische bürgerliche Privatreligion (> 212-1) entfaltete.

In dem vom Bürgertum entworfenen Modell sozialer Wirklichkeitskonstruktion tritt der privaten Sphäre als dem Nukleus der bürgerlichen Lebenswelt die *öffentliche* Sphäre des gesellschaftlichen Lebens gegenüber. Sie ist, wie die bürgerliche Privatsphäre, als eine genuine Produktion des Bürgertums zu betrachten. Die typisch ‚bürgerliche' Öffentlichkeit (> 222-1) hat sich gegen Ende des 18. Jahrhunderts „im Gegenüber zum kameralistischen Verwaltungsstaat entwickelt, in dem die Repräsentanten öffentlicher Gewalt (Fürsten, Stände, staatliche Bürokratie, Militär, Gerichtsbarkeit und kirchliche Körperschaften) durch hierarchische Zuordnung die gesellschaftliche Einheit garantierten. Mit der Herausbildung der bürgerlichen Öffentlichkeit verlieren diese Gliederungseinheiten nicht nur ihren Charakter als jeweils ‚souveräne Lebenstotalität' ..., sondern ihre Lebensform selbst, ihre Legitimation, Gestalt und Ortsbestimmung". Das grundlegend neue Paradigma, den „Funktionszusammenhang", durch den die verschiedenen Momente des öffentlichen Lebens „miteinander in Beziehung gesetzt" werden, bildet die ‚Publizität'. Unterscheidet sich die am „Übergang von der feudal-herrschaftlichen zur funktional-demokratischen Integration" entstandene bürgerliche Öffentlichkeit durch ihren „Mangel an unmittelbarer Vergesellschaftung" von der „klassisch-antiken Polis", so hält sie gleichwohl an deren „politischem Ideal" fest. Ebenso geht die „Kommunikationsstruktur" des „mittelalterlich-städtischen Markt(es)" – die auf der „Verbreitung" und dem „Austausch von Nachrichten und Waren" aufruhende „öffentlich relevant gewordene Privatsphäre der freien Bürger" – „modellbildend in die bürgerliche Öffentlichkeit" ein (380,894).

Die *bürgerliche* Öffentlichkeit erhält ihre neuartige Statur einerseits durch die externe „Ausweitung des Gesellschaftlichen auf das gesamte Leben" (380,894) und andererseits durch ihre interne Ausgestaltung zu einer dezidiert „partizipationsorientierten Öffentlichkeit" (380,896). Das „tragende Fundament" der von den ideellen Maximen des aufstrebenden Bürgertums durchtränkten Öffentlichkeit bildet dementsprechend „nicht die Autorität, sondern die menschliche Einsicht"; „wesentliche Kriterien dieser neuen Öffentlichkeit sind deshalb auch die freie Diskussion, das kritische Bewußtsein und die Abwesenheit von Zwang, also die Toleranz" (390,80). Ihren adäquaten Gestaltungsraum findet die bürgerliche Öffentlichkeit in der mit der Genese und Entfaltung des Bürgertums aufs engste verknüpften modernen Stadt. Auf der Grundlage der charakteristisch bürgerlichen „Urbanität des gesellschaftlichen Lebens" (386,23) bildete sich das zwischen bürgerlicher Privatreligion und öffentlichem Christentum vermittelnde ‚urbane Christentum' (> 232) heraus.

Die Distinktion und Relationierung der beiden bürgerlichen Gesellschaftssphären dirigiert den Fortschritt der sozialkulturellen Entwicklung in der Neuzeit. Die interne Konsolidierung der beiden voneinander unterschiedenen und gleichzeitig aufeinander bezogenen Lebenssphären vollzog sich auf der Basis jeweils unterschiedlicher sozialer Organisationsmuster. Die Entfaltung der bürgerlichen Hauskultur folgte den zentripetalen Gesetzen des modernen *Individualisierungsprozesses*. Die auf dem interaktionellen Arrangement der familialen Primärgemeinschaft aufruhende Sozialwelt verdankt sich der Verdichtung der personalen Beziehungen unter einander Vertrauten. Sich selbst im Gegenüber zum anderen als unverwechselbare Individualität zu entdecken, den anderen als einen anderen zu verstehen und sich gegenseitig Spielraum für die individuelle Selbstentfaltung der Persönlichkeit einzuräumen, macht den Tugendkatalog der um das autonome Individuum zentrierten und auf die Gestaltung einer in sich konsistenten Lebensordnung abzielenden Privatwelt aus. Der Aufbau der bürgerlichen Privatwelt zielt dementsprechend auf die Konstitution der Persönlichkeit als einer unverwechselbaren und mit sich selbst identischen Individualität und auf die Integration der vielfältigen primären Erlebnis- und Erfahrungsmomente in einem sinnhaften Lebenskosmos ab.

Die Entwicklung des öffentlichen Lebens folgt dagegen den zentrifugalen Kräften des modernen *Pluralisierungsprozesses.* Während die familiären Lebensgemeinschaften jeweils markant konturierte, in sich einheitliche Lebensstile kreieren und ihren durch primäre Erfahrungen gedeckten Wirklichkeitskonstruktionen die Charakteristik von in sich geschlossenen Weltbildern verleihen, zergliedert sich die öffentliche Lebenswelt sowohl im Blick auf die praktische Lebenswirklichkeit als auch hinsichtlich deren kognitiver Rekonstruktionen in der Folge ihrer neuzeitlichen Entwicklung in eine Fülle pluraler Teilwelten. Die Aufspaltung des gesellschaftlichen Lebenskosmos in autonome, ihren jeweiligen Eigengesetzlichkeiten folgende Sektoren wirkt auf die Konstitution der personalen Identität zurück; die Parzellierung der Erfahrungswelt spiegelt sich in einer Fragmentierung der Persönlichkeit in eine Vielzahl sozialer Rollen wider. Sie stellen einerseits die interaktionellen Organisationsmuster der sozialen Welt dar, die von der Gesellschaft festgelegten Regieanweisungen, denen der einzelne in den verschiedenen Szenen seines Alltagslebens zu folgen hat, und andererseits die individualitätskonstituierenden Identitätsvorschriften, mit deren Hilfe sich der einzelne situativ in seiner Lebenswelt verortet und sich damit selbst definiert (398,105ff). Die unterschiedliche Gewichtung von Person und Rolle verdeutlicht die divergente Statur der privaten und der öffentlichen Sozialwelt. Während die nur graduell differierenden familialen Rollen, die Einstellungs- und Verhaltensformen wechselseitiger Zuwendung, zu einem integralen Persönlichkeitskonzept verschmelzen, wirken die markant voneinander unterschiedenen Rollenvorschriften und Verhaltenskonzepte des öffentlichen Lebens umgekehrt auf eine Diffusion der Persönlichkeit hin.

Die divergenten Strukturen der privaten und der öffentlichen Lebenswelt wirken schließlich auf die Art und Weise zurück, in der die beiden Lebenssphären zueinander in *Beziehung* treten. Verdankt sich die soziale Statur der bürgerlichen Gesellschaft auch dem Auseinandertreten der voneinander unterschiedenen Lebensregionen, so schotten sich die beiden Hemisphären der Lebenswelt im Zuge ihrer internen Ausgestaltung nicht gegeneinander ab, sondern halten ihre Grenzen füreinander durchlässig. Der sozial- und kulturhistorische Fortschritt des privaten und des öffentlichen Lebens verdankt sich auch und gerade deren wechselseitiger Beeinflussung. Gleichwohl folgt der aus der Relationierung der lebensweltlichen Sektoren resultierende Fortschrittsprozeß in den beiden Lebenssphären einer gegenläufigen Entwicklungslogik. Im Rahmen des neuzeitlichen Individualisierungs- und Privatisierungsprozesses (> 133) greift die häusliche Lebenskultur auf die sozialen und kulturellen Manifestationen der öffentlichen Kultur zurück; sie resorbiert die vielfältigen, zu einem Großteil aus ihr selbst hervorgegangenen und dann jenseits der Grenzen der Privatwelt umgestalteten Lebensformen und nutzt die in das öffentliche Leben eingelagerten Pluralisierungstendenzen zur Modernisierung und Vitalisierung der privaten Lebenskultur. Im Zuge der Umformung öffentlicher in private Lebensformen werden die pluriformen Momente des öffentlichen Lebens in den in sich konsistenten Kosmos des privaten Lebens eingeschmolzen und gewinnen dadurch ihre integrativen Valenzen zurück. Im umgekehrten Richtungssinn, beim Übergang in die öffentliche Lebenssphäre dagegen diffundieren die privaten Lebensformen in die verschiedenen, ihren jeweiligen Eigengesetzlichkeiten folgenden Segmente des öffentlichen

Lebens und verlieren dabei ihre integrative Funktion. Auch im Blick auf die wechselseitige Beeinflussung der beiden Hemisphären erweist sich somit die private Lebenssphäre als der Nukleus der bürgerlichen Lebenswelt.

3. Das Bürgertum bringt die in ihm liegenden produktiven Potentiale allerdings nicht nur in den sozialen und kulturellen Gestaltungen der neuzeitlichen Lebenswelt zur Geltung. Die lebenspraktischen und ideellen Momente bürgerlicher Lebenseinstellung und Weltgestaltung verdichten sich vielmehr zu einer alle Bereiche des Lebens umfassenden *Haltung*, zur „Bürgerlichkeit", „verstanden als ein sozial bestimmter und kulturell geformter Habitus: ein in sich zwar vielfach abgestuftes und variiertes, in seinen Grundzügen jedoch verbindliches Kulturmodell, das entscheidende Momente sozialer Identität in sich birgt. Es vermittelt bürgerliches Selbstverständnis und Selbstbewußtsein, definiert durch den Gebrauch materieller Güter, durch den Bezug auf ideelle Werte, durch die Benutzung kultureller Verhaltensmuster, die zusammengenommen ein lebensweltliches Ensemble bilden. Es ist gleichsam die ‚zweite Natur' der Bürgerlichen, die sich darin verkörpert, die sich in eigenen Formen und Normen habitualisiert und damit der ‚Kultur' eine doppelte Funktion zuschreibt, als Identitätsmodell wie als Distinktionsmittel" (386,18). Die bürgerliche Lebenshaltung bezeichnet somit eine die gesamte Lebenspraxis umfassende Attitüde, einen eigenen modernen Lebensstil. Zur ‚Bürgerlichkeit' gehört ebenso der gebildete Umgang mit anderen wie „ein ästhetisches Verhältnis zur Hochkultur", der „Respekt vor der Wissenschaft" (387,27) wie eine „Art von politischem ‚Gesinnungshabitus'" (386,28), die aufgeschlossene, der Modernität entsprechende Einstellung zur Technik (386,34) wie ein spezifisch bürgerliches Berufsverständnis und Berufsethos (> 212-4:2.3.).

Die bürgerliche Lebenshaltung gestaltet sich zu der charakteristischen bürgerlichen *Lebensform* aus; in ihr werden die pluriformen Erlebnis- und Handlungsmomente der vielfältig ausdifferenzierten neuzeitlichen Lebenswelt einerseits alltagspraktisch miteinander verbunden und andererseits in einem ebenso vielgestaltigen wie in sich geschlossenen System symbolischer Verweisungen untereinander vernetzt. Die Welt des Bürgers ist eine durch und durch praktische und zugleich sublime und vergeistigte, eine mit Bedeutung aufgeladene Symbolwelt. Die in die Alltagswelt verwobenen symbolischen Bedeutungsgehalte bilden nicht nur die Codes, durch die sich der Tiefensinn der vom Bürgertum geschaffenen kulturellen Produktionen erschließt; sie stellen vielmehr zugleich das kommunikative Medium dar, mit dessen Hilfe sich die Bürger unter sich und über sich verständigen: „Man braucht dabei nur an Sprachverhalten und Bildung zu denken, an Kleidung und Körperlichkeit, an Eßkultur und Wohnstile, an Familienformen und Ehrbegriffe, um vor sich ein breites, alltägliches Verhaltensspektrum zu sehen, das wie ein Signalsystem funktioniert. Seine Wirkung beruht auf ‚sozialen Zeichen' und ‚symbolischen Formen', in denen sich eine bestimmte Umgangsweise mit materieller und geistiger Kultur ausdrückt, bestimmte Muster von Stil und Geschmack als Signets für ‚Bürgerlichkeit'" (386,18f).

Die bürgerliche Lebenshaltung enthält eine *dynamische* Komponente. Auf der Grundlage der neuzeitlichen Axiome individueller Autonomie und lebensweltlicher Rationalität experimentiert das Bürgertum in kritischem Diskurs wie in der lebenspraktischen Wirklichkeit mit neuen Formen des individuellen und gemeinsamen Lebens. Es entwirft die modernen gesellschaftlichen Institutionen der privaten und öffentlichen Lebenswelt, an vorderster Stelle das bürgerliche Familien- und Geschlechterrollenmodell (386,36) sowie die modernen Bildungs- und Wohlfahrtsorganisationen. In der typisch bürgerlichen Reflexionskultur, der sich ebenso die moderne Geschichtswissenschaft wie die mit ihr verbundene moderne Theologie verdanken, bringt sich die Fortschrittsdynamik der bürgerlichen Lebenshaltung und Welteinstellung exemplarisch zur Geltung. In selbstreflexiver Perspektive betrachtet das Bürgertum die von ihm geschaffene Welt als Ausdruck des niemals abgeschlossenen Projekts der Moderne. „Der Begriff der ‚bürgerlichen Gesellschaft' hatte und – so meinen manche – hat noch heute eine utopische Komponente. Zentral für das so bezeichnete Modell menschlichen Zusammenlebens ist in der Tat ein Versprechen oder – besser – eine verpflichtende Erwartung, die (bisher) nur teilweise eingelöst worden ist" (387,41).

Unter dem Vorzeichen seiner Modernität partizipiert das bürgerliche Bewußtsein schließlich auch an deren *Ambivalenz*. Der „Bürgerstand" verstand sich schon bei seiner sozialhistorischen Genese als „das verkleinerte Abbild der modernen Gesellschaft" (388,194) und zählte sich dementsprechend nicht zu den „Mächte(n) des socialen Beharrens", sondern zu den „Mächte(n) der socialen Bewegung" (388,Vf). Mit ihrer Entfaltung drängte die bürgerliche Kultur dann über sich hinaus zur „Verbürgerlichung" (387,31) der Gesellschaft. In ihrer weiteren Entwicklung verlor die bürgerliche Welt – teils im Zuge ihrer Verwirklichung und damit ihrer Trivialisierung, teils im Zuge des Scheiterns ihrer religiös grundierten Prinzipien – ihren ideellen Glanz. In der Spätmoderne schließlich wendet das Bürgertum die von ihm entwickelte historisch-kritische Perspektive auf sich selbst an, zieht die Bilanz des bürgerlichen Reformprojekts und betrachtet seine eigene Welt als eine im Abschluß befindliche historische Epoche: „Die Größe, die Dramatik, aber auch die Ambivalenzen und Widersprüche des ‚bürgerlichen Projekts' gerieten ins Bewußtsein" (387,42).

4. Auf der Basis und in den Grenzen der bürgerlichen Welt bildeten sich die sozialen Organisationsmuster und die kulturellen Gestaltungen des *neuzeitlichen Christentums* sowie die insbesondere für den neuzeitlichen Protestantismus charakteristische Frömmigkeitsattitüde heraus. So facettenreich sich die in die zeitgenössische Religionspraxis eingelagerten Lebensstile und Lebensformen, Interaktionsszenen und Kommunikationsmuster auch darstellen, die Ausdrucksformen der neuzeitlichen Religion sind insgesamt von den Vorstellungen und Verhaltensformen des Bürgertums überformt. Die durchgängige bürgerliche Imprägnierung der vielfältigen Erscheinungsformen christlicher Lebenspraxis verleiht der neuzeitlichen Religionskultur ihr in sich geschlossenes Profil.

Wie die kulturellen Gestaltungen des neuzeitlichen Christentums in ihren Ursprüngen auf die bürgerliche Epoche zurückgehen, so bringt sich die in der Neuzeit angelegte wechselseitige Verschränkung von Christentum und Bürgertum auch in der Übertragung des bürgerlichen Gesellschaftsmodells auf die *soziale* Organisation der Religion zur Geltung. Während sich die Statur der gesellschaftlichen Lebenswelt in der Folge der sich ständig beschleunigenden Modernisierungsprozesse und zumal im Übergang in die ‚postmoderne Moderne' grundlegend wandelte, lehnt sich das soziale Organisationsmuster der institutionell verfaßten Religion weiterhin an das vom Bürgertum entworfene Gesellschaftsmodell an. Die beiden Charakteristika des bürgerlichen Gesellschaftsbildes – die Distinktion von privater und öffentlicher Lebenssphäre und die Dominanz des Privaten gegenüber der Öffentlichkeit – bilden die Grundprinzipien der sozialen Organisation der Religion. Im Rahmen einer theoretischen Rekonstruktion des topographischen Grundrißmusters des zeitgenössischen Christentums lassen sich dementsprechend zwei idealtypische ‚Gestalten' (399,50; 1,90ff) des neuzeitlichen Christentums, das private und das öffentliche Christentum, voneinander unterscheiden und aufeinander beziehen; das kirchliche Christentum, das sozial am festesten institutionalisierte und kulturell am deutlichsten profilierte Segment der zeitgenössischen Religionskultur, speist sich aus Formen sowohl des privaten als auch des öffentlichen Christentums (> Einführung:3.3.). Wie sich die Christentumspraxis insgesamt nach dem Muster der bürgerlichen Gesellschaftsordnung organisiert, so ordnen sich insbesondere die kirchlich institutionalisierten und professionell ausgeformten Handlungs- und Kommunikationsformen der neuzeitlichen Christentumskultur den verschiedenartigen sozialen Typen der zeitgenössischen Christentumspraxis zu.

Das *private* Christentum stellt die Idealgestalt bürgerlicher Religionspraxis dar. In ihm wird das Axiom individueller Autonomie praktisch ratifiziert, die Attitüde des ‚freien Bürgers' zu einer religiös grundierten Lebenshaltung ausgeformt und die bürgerliche Hauskultur (> 212-1) religiös geheiligt. In der privaten Lebenssphäre kann die Religion ihre integrative Funktion (> 123) entfalten, die ihr im Rahmen des bürgerlichen Weltbildes zugeschrieben wird. Die kirchlich institutionalisierte und professionell ausgeübte Seelsorge (> 213), deren Bedeutung mit dem Ausbau der bürgerlichen Lebenskultur ständig anwuchs, bildet eine artifizielle Version der alltagsweltlichen Privatreligion, eine habituelle Ausformung bürgerlicher Lebenseinstellungen und eine methodische Raffinierung bürgerlicher Verhaltensmuster. Im szenischen Arrangement des Seelsorgegesprächs verdichten sich die charakteristischen Momente der in der bürgerlichen Privatwelt gepflegten Konversationskultur: die Intimität der Kommunikationssituation, die Vertrauensbeziehung zwischen den Gesprächspartnern, der zwischen Gefühl und Rationalität schwebende Sprachstil, die hohen Erwartungen, die in das Medium der Sprache gesetzt werden, und die auf der reflexiven Bearbeitung der individuellen Lebensgeschichte aufruhende Rekonstruktion der Persönlichkeit. Die in der Neuzeit mit dem Berufsbild des Pfarrers geradezu kongruent gesetzte Figur des Seelsorgers schließlich entsteht im Zuge der Übertragung des bürgerlichen Persönlichkeitsideals auf den Pfarrer, den beruflichen Repräsentanten (> 212-4:3.3.) der bürgerlichen Privatreligion.

Im Rahmen der spezifisch bürgerlichen Öffentlichkeit bildeten sich die verschiedenen Versionen *öffentlicher* Christentumspraxis heraus: die auf dem bürgerlichen Bildungsideal aufruhenden und in das öffentliche Bildungswesen eingepaßten Institutionen der religiösen Erziehung (> 212-4:2.2.), die von der altruistischen Gesinnung des Bürgertums gespeisten und nicht nur für Kirchenmitglieder, sondern für jedermann zugänglichen Einrichtungen des Wohlfahrts- und Beratungswesens (> 222-2) und die als moderne Gestalt typisch bürgerlicher Öffentlichkeit zu begreifende religiöse Medienpublizistik (> 222-5). Der öffentlichen Religionspraxis sind ebenso die nicht im Kirchenchristentum, sondern in der gesamtgesellschaftlichen Lebenskultur verankerten und für die Integration (> 123) des Gesellschaftssystems konstitutiven Kasualien (> 232-3) zuzuordnen. Während die Entwicklung des privaten Christentums dem sich in der Neuzeit ständig beschleunigenden Individualisierungsprozeß folgt, unterliegen die öffentlichen Gestaltungen der Religion in zunehmendem Maße der jeweiligen Dynamik der öffentlichen Teilwelten, denen sie sich zuordnen, und insbesondere der in der Moderne wirksamen ökonomischen Rationalität. Unter dem Diktat der in die öffentliche Lebenssphäre eingelagerten Gesetzmäßigkeiten verwandeln sich diakonische Anstalten zu Unternehmen, mutiert die Medienwelt zur Unterhaltungsindustrie, entsteht ein freier Kasualienmarkt.

Auch das sowohl mit den Lebensformen der Privatwelt als auch mit den Institutionen der öffentlichen Lebenssphäre verknüpfte *kirchliche* Christentum stellt sich als eine paradigmatische Gestalt bürgerlicher Religionspraxis dar. Die soziale Herkunft, die kulturellen Orientierungen und der Lebensstil der Mitglieder parochialer Gruppen und zumal der Gottesdienstbesucher lassen die praktizierenden Christen geradezu als exemplarische Repräsentanten bürgerlicher Milieus erscheinen. Im Gottesdienst, der klassischen Grundgestalt kirchlicher Christentumspraxis, werden die vom Bürgertum hochgeschätzten ästhetischen und reflexiven Kommunikationsmedien kultiviert, wird die Instrumental- und Vokalmusik der bürgerlichen Epoche gepflegt, wird Prosa und Poesie bürgerlicher Provenienz vorgetragen. Die Mitte des neuzeitlichen, zumal des protestantischen Gottesdienstes bildet die Predigt, eine artifizielle Prägung der rhetorischen Hochkultur des Bürgertums. Ebenso trägt die parochiale Geselligkeitskultur die Züge bürgerlicher Lebenspraxis. In den sozial unterschiedlich sortierten und kulturell milieuspezifisch zusammengesetzten Primärgruppen wird die gehobene Konversation gepflegt, wird gemeinsam klassische Musik ausgeübt, werden ‚Handarbeiten' im spezifisch bürgerlich-sublimen Sinne des Begriffs angefertigt und Hilfeleistungen für andere organisiert. Vor allem aber läßt die allen Gemeindekreisen gemeinsame Hochschätzung primärer sozialer Beziehungen und deren emotionale Besetzung den bürgerlichen Zuschnitt des Kirchenchristentums erkennen.

Wie sich in der kirchlichen Christentumspraxis öffentliche Institutionen und private Lebensformen ineinander verweben, so trägt die neuzeitliche Religionspraxis insgesamt zur *Verschränkung* der beiden Hemisphären der bürgerlichen Welt bei. So enthält die Seelsorge, die am deutlichsten privat ausgeformte Kommunikationsform des neuzeitlichen Christentums, im Zuge ihrer Modernisierung eine soziale Akzentuierung (> 213). Indem die als persönliche Lebenskonflikte und Lebenskrisen bewerteten situativen Anlässe des Seelsorgegesprächs auf allgemeingesellschaftliche Ursachen zurückgeführt werden, tritt der unlösbare Zusammenhang zwischen privatem und öffentlichem Leben heraus. Umgekehrt tragen die verschiedenen, in unterschiedliche Institutionen des öffentlichen Bildungswesens eingelagerten Formen religiöser Erziehung (> 212-4:2.2.) deutlich die Signatur des privaten Lebens. In der religionspädagogischen Praxis werden die Maximen des bürgerlichen Bildungsideals zu einem originären Stil privatreligiöser Kommunikation ausgeformt und damit lebenspraktisch verwirklicht. Die strikte Beachtung der Autonomie des anderen und die Ablehnung von Autorität als Mittel pädagogischer Macht, die subjektive Konturierung der Erfahrungswelt, die Vorstellung des Lebenslaufs als einer biographisch grundierten und individuell ausgeformten Bildungsgeschichte, vor allem aber die Funktionalisierung der Religion im Dienste der Persönlichkeitsbildung – dies alles sind zugleich religiös wie pädagogisch akzentuierte Ratifizierungen bürgerlicher Lebensmaximen. Die kommunikativen Formen religiöser Erziehung behalten ihre private Grundierung auch dann bei, wenn die eng mit der Seelsorge verflochtene religiöse Bildungsarbeit in artifizieller, methodisch versierter und professionell institutionalisierter Fassung ausgeübt wird. Und wie die individuellen Züge des bürgerlichen Persönlichkeitsideals auf den Pfarrer übertragen werden, so verdichten sie sich in den Vorstellungen, die auf den Religionslehrer als eine für die Entwicklung der Persönlichkeit bedeutsame Gestalt projiziert werden. Im wechselseitigen Einfluß zwischen privater und öffentlicher Religionskultur dominiert damit, ganz im Geiste des Bürgertums, die auf die Konstitution der autonomen Individualität abzielende private Lebenskultur.

Ebenso markant kommen die Verschränkung der Lebenssphären sowie die Dominanz des privaten gegenüber dem öffentlichen Leben in anderen Sektoren der zeitgenössischen Religionskultur zum Ausdruck. Die in das gesellschaftlich organisierte Wohlfahrtswesen integrierte *diakonische* Christentumspraxis (> 222-2) stellt einen Kristallisationspunkt des öffentlichen Christentums dar, die paradigmatische Grundform, in der sich das bürgerliche Christentum als eine ‚Religion der Nächstenliebe‘ in der gesellschaftlichen Öffentlichkeit zur Geltung bringt. Gleichwohl sind sowohl die teils eher alltagsnah, teils mehr professionell verfaßten Hilfeleistungen und die in die diakonischen Aktivitäten eingelagerten Kommunikationsstile deutlich privat konturiert. Vor allem aber ist die von religiösen wie von moralischen Motiven unterlegte altruistische Grundhaltung der ‚Nächstenliebe‘ als ein spezifisches Moment bürgerlicher Lebenshaltung anzusehen. Ebenso lassen sich die *Kasualien* (> 232-3) als Ordnungsmuster des gesellschaftlich standardisierten Lebenslaufs wie als Inszenierungen individueller Lebensgeschichten, als Instrumente gesellschaftlicher Integration oder als Initiationsrituale für biographische Rekonstruktionsprozesse auffassen. In der protestantischen *Gottesdienstkultur* (> 212-3:3.) schließlich bringt sich der vom Bürgertum forcierte neuzeitliche Privatisierungsprozeß mit besonderer Deutlichkeit zur Geltung. Zur Feier des öffentlichen Gottesdienstes versammelt sich das aus autonomen Individuen zusammengesetzte bürgerliche Publikum und vergewissert sich im Rahmen bürgerlicher Konventionen und bürgerlicher Kommunikationsmedien der religiösen Grundierung seiner alltäglichen Privatwelt. In einer intimen, der bürgerlichen Privatsphäre angeglichenen Erlebnis- und Handlungssituation singen und beten die Gottesdienstteilnehmer, jeder für sich; im Gestus frommer Andacht (> 212-4:2.1.) hört und verarbeitet jeder die Predigt.

Der prägende Einfluß des Bürgertums auf die christliche Religionspraxis bringt sich aber nicht nur in der sozialen Organisation und in den kommunikativen Gestaltungen der Religionskultur zur Geltung. Die durchweg privat konturierten religiösen Praktiken verdichten sich vielmehr in einer aus dem verinnerlichten Habitus der ‚Bürgerlichkeit‘ entwickelten religiösen Attitüde: in der insbesondere für den bürgerlichen Protestantismus charakteristischen *‚Frömmigkeit‘* als einer integralen Lebenshaltung, in der die moralischen und religiösen, ästhetischen und reflexiven Momente der neuzeitlichen Christentumskultur ineinander verschmelzen.

211
Frömmigkeit – die integrale Gestalt individueller Christentumspraxis

1. Frömmigkeit als Lebensstil und Lebensform

1. ‚Frömmigkeit' und ‚Spiritualität' bilden die paradigmatischen Begriffe zur Bezeichnung und Beschreibung der sozialkulturellen Gestalt, zu der sich die individuelle Religiosität im Kontext der neuzeitlichen Lebenswelt ausformt. Während der vorwiegend in der Christentumskultur der bürgerlichen Epoche verwurzelte Begriff der ‚Frömmigkeit' in der religiösen Umgangssprache zunehmend verblaßte und gleichzeitig mit negativen Akzenten versehen wurde, hat der aus dem französischen Katholizismus des 17. und 18. Jahrhunderts (426,10) entliehene und in der Gegenwart mit neuartigen Bedeutungen angereicherte Begriff der ‚Spiritualität' im Rahmen der ‚Renaissance der Religion' (> 110) „fraglos heute Konjunktur" (431,381). Im Verbund mit den populärwissenschaftlichen Modebegriffen des ‚Lebensstils' und der ‚Lebensform' beginnt der Spiritualitätsbegriff „den älteren der Frömmigkeit zu verdrängen" (431,382).

Durch den Austausch der Begriffe geht der damit bezeichnete Sachverhalt freilich nicht verloren; vielmehr übernimmt der Begriff der Spiritualität die traditionellerweise der ‚Frömmigkeit' zugeschriebenen *Bedeutungsgehalte* und stellt sie in pointierter Weise heraus. Zum einen betont der Begriff der Spiritualität in seiner modernen Fassung die Authentizität der um die Individualität zentrierten religiösen ‚Lebensform'; während „Frömmigkeit in der Alltagssprache vielfach negativ konnotiert" ist, der Fromme als „Frömmler" gilt, der „die besondere Glaubenspraxis mit seinem Alltag nicht zureichend verbindet und doch den elitären Anspruch der religiösen Besonderheit zumindest implizit zu erheben scheint" (431,382), gilt spirituelle Lebenspraxis als ein in der individualisierten Lebenskultur hochgeschätzter und mit ideellem Wert besetzter ‚Lebensstil', in dem sich die religiöse Individualität in originärer Weise zur Geltung bringt. Zum anderen hebt der Spiritualitätsbegriff die individuelle Ausdrucksgestalt religiöser Lebenspraxis von den institutionellen, insbesondere den kirchlich vorgeformten Lebensmustern ab; haben die Begriffe ‚Frömmigkeit' und ‚fromm' einen „deutlich kirchlichen Geltungsraum", so kommt die „alltagssprachliche Bezeichnung ‚spirituell'" eher in „religiösen Bezugsfeldern außerhalb oder am Rande der organisierten christlichen Religion vor" (432,28).

Vor allem aber drücken sich in dem emphatisch aufgeladenen Terminus ‚Spiritualität' die *innovativen* Potentiale aus, die der individualisierten Religion in der säkularen Gegenwartskultur zugeschrieben werden; dem allseits „beklagten Verlust traditioneller Frömmigkeit steht innerhalb und außerhalb der Kirche eine Fülle von Gestalten und Typen einer unerwarteten neuen Spiritualität gegenüber: Fernöstliche Meditationspraktiken finden ihre Anhängerschaft, Kultfilme und Kultkonzerte ziehen besonders die Jugend an, aber auch innerhalb herkömmlicher Kirchengemeinden wird nach neuen Formen geistlichen Lebens und Gestaltens gesucht" (426,7). Sind auf dem Hintergrund einer religiösen

„Aufbruchsmentalität" (408,316) und des zeitgleichen Anwachsens der allgemeinkulturellen ‚Lebensstilbewegung' (435) die unterschiedlichsten Gestalten ‚spiritueller Lebenspraxis' „wieder im Kommen" (425,128), so greift die wissenschaftliche Reflexionskultur
auf den klassischen Begriff der ‚Frömmigkeit' zurück, formt ihn zu einer theoretischen
Kategorie aus, mit deren Hilfe sich die „Religiosität im ausgehenden 20. Jahrhundert"
(406) erfassen läßt und erklärt ‚Frömmigkeit' zu einer phänomenologischen „Grundperspektive der Praktischen Theologie" (414) wie zu einer interdisziplinären „Forschungsaufgabe" (407) der mit ihr eng verbundenen Kulturwissenschaften.

2. Im Rahmen der theologischen Reflexionskultur wird der Begriff der *Frömmigkeit* bis
in die Gegenwart mit zwei verschiedenartigen Bedeutungsakzenten versehen. Sie verbinden sich im modernen Protestantismus auf spannungsreiche Weise miteinander (>
212-3:1.1.1.) und verleihen der protestantischen Frömmigkeit die Gestalt einer ebenso
komplex strukturierten wie in sich geschlossenen ‚Lebensform' (> 240), einer „abgerundete(n), der Gesamtschau zugängliche(n) Lebensgestalt" (416,189).

Frömmigkeit bezeichnet – einerseits – die *„subjektive,* auch emotionale Seite der Religiosität" (421,655), die religiöse Gestimmtheit, die den einzelnen als unverwechselbare
Individualität auszeichnet und sich aufs engste mit seiner originären Lebenserfahrung
und Lebensgeschichte verbindet. Im Unterschied zum Begriff der ‚Religiosität', einer
eher theoretischen und vorwiegend in der Religionspsychologie (> 112) gebräuchlichen
Kategorie, zielt der Begriff der Frömmigkeit aber auf die phänomenologische Konturierung der „manifesten Formen gelebter Religion" (432,29), auf die Beschreibung der in
der Lebenspraxis ausgestalteten und empirisch wahrnehmbaren „Gestalt von gelebter
Religion" (412,61) ab; „wo Religion als individuell gelebte Gestalt nicht mehr erkennbar
ist, sondern in einer allgemeinkulturellen Orientierung aufgeht oder aber in der nichtkommunizierbaren Subjektivität verharrt, ist sie alltagssprachlich nicht mehr benennbar,
sondern allenfalls in theoretischen Konstrukten zu vermitteln und von daher jedenfalls
als Religion auch nicht sozial wirksam" (432,29). Neben diesen deskriptiven Bedeutungsgehalten enthält der Frömmigkeitsbegriff eine ebenfalls aus der subjektiven Akzentuierung der Religionspraxis gewonnene kritische Bedeutungskomponente. Als Programmbegriff der „Emanzipation des Individuums von der kirchlichen Institution" bezeichnet ‚Frömmigkeit' weniger die „objektive(n), in der Sitte begründete(n)" religiösen
Verhaltensmuster als vielmehr deren Gegenstück, die aus dem „subjektiven ‚Privatverhältnis' zu Gott" resultierende (413,73) und „gegenüber der förmlichen Kirchlichkeit"
(423,61) selbständige Praxis individueller Religion. ‚Frömmigkeit' ist dementsprechend
als „der eigene und selbständige Beitrag" des Individuums „zur Realisierung von Religion" anzusehen, in dem „die individuelle Selbstbestimmung des Menschen zur Religion" (423,61) ihre lebenspraktische Erfüllung findet.

Gerade die lebenspraktische Akzentuierung widersetzt sich nun aber – andererseits –
einer individualistischen Verengung des Frömmigkeitsbegriffs und verleiht der phänomenologischen Kategorie eine markante *soziale* Komponente. Unter den Bedingungen
der Moderne ist es „unzulänglich, Frömmigkeit als reines Individualphänomen zu verstehen"; vielmehr formt sich die Frömmigkeit im Zusammenhang der sozialkulturellen
Lebenswelt aus und enthält daher „durchaus Sozialaspekte", „etwa dadurch, daß die Art
und Weise religiöser Erfahrung durch soziale Umwelteinflüsse vorgegeben ist oder dadurch, daß Frömmigkeit sich in ganz bestimmten, durch Tradition festgelegten Formen

äußert" (413,71). Mit Frömmigkeit wird insofern „der sichtbare und beschreibbare Reflex des Glaubens im sozial vermittelten Verhalten" (421,655) bezeichnet. In der neueren Theologie wird die soziale Statur der Frömmigkeit und deren Bedeutung für die Gestaltung der gesellschaftlichen Lebensverhältnisse programmatisch hervorgehoben. Soll die Frömmigkeit nicht „um den Preis wahrer Lebens- und Weltverantwortung" erkauft werden, dann führt die Entwicklung der religiösen Lebenspraxis „fort von allen bloß individuellen, innerlichen Formen der Frömmigkeit vergangener Zeit. Gelebter Glaube gewinnt wohl heute nur in dem Maße seine zu rechtfertigende Gestalt, da der Einzelne sich gesellschaftlich zu begreifen vermag" (422,728).

In der lebensgeschichtlich fundierten und lebensweltlich ausgeformten Frömmigkeit verschmelzen schließlich die individuelle und die soziale Komponente zu einer integralen „Lebensform" (408,508) und einem „charakteristische(n) *Lebensstil*" (427,7; 436), zu einer „individuelle(n) Lebensgestalt, in der die religiöse Orientierung zur organisierenden Mitte des gesamten Lebensentwurfs geworden ist" (432,13); in bestimmten Frömmigkeitskulturen bringt sich diese „Gesamtlebensgestalt" mitunter „bis hin zum Stil der Kleidung oder zur körperlichen Gestik" (432,13) zur Geltung. Die religiös grundierten und kulturell ausgestalteten Lebensstile stellen einerseits „Identitätskonzepte" dar, in deren Rahmen die Individuen die Stabilität und Kontinuität ihres „Identitätsbewußtsein(s) in unterschiedlichsten Lebenssituationen" (437,110) im Rückgriff auf „habitualisierte Muster von Alltagsroutinen" (437,110) absichern; sie sind insofern als „sichtbares Ergebnis" einer „im biographischen Prozeß bewährten Strategie der Lebensführung" (437,112) zu betrachten. In der kritischen und konstruktiven Auseinandersetzung der frommen Individuen mit ähnlich konturierten oder auch mit andersartigen Lebensstilen bilden sich andererseits umgreifende Lebensstilmuster heraus, „kollektiv geteilte Lebensstile" und milieuspezifische „Lebensstiltypen" (437,111), die von den Individuen angeeignet und modifiziert werden.

3. Im Unterschied zu der in der theologischen Tradition geprägten Kategorie der Frömmigkeit weist der in der populärwissenschaftlichen Diskurskultur verwurzelte Begriff der *Spiritualität* eine erhebliche „definitorische Unschärfe" (428,462) sowie den „höchsten Formalisierungsgrad" auf und eignet sich daher dazu, die ganze „Bandbreite" der in die zeitgenössische Religionskultur eingelagerten „Religiositätsformen" (432,28) empirisch zu erfassen und kritisch zu sortieren.

Auf der einen Seite wird der Begriff der Spiritualität zur theologischen Selbstexplikation der spezifisch *christlichen* Religionskultur verwendet, mit dem Frömmigkeitsbegriff gleichgesetzt und zur Profilierung der charakteristisch evangelischen Frömmigkeitsgestalt genutzt. Wie im Frömmigkeitsbegriff, so ergänzen sich auch im Begriff der Spiritualität die „polaren Momente wechselseitig": „einerseits eine authentische, nicht fremdbestimmte, sondern erfahrungs- und emotionsbezogene statt extrem intellektualisierte Subjektivität, andererseits eine phantasievolle, nicht geregelt vorgegebene, eine universal lebensweltlich-venetzte statt partikulare, eine altruistisch statt (gruppen-)egoistisch orientierte Gestaltung von Gesellschaft und Kultur" (412,62). Wie die Frömmigkeit, so bezeichnet auch die Spiritualität eine „geistliche" Lebensgestalt, die ‚vita spiritualis', „einen durch regelmäßige Praxis habitualisierten, durch spezifische Merkmale identifizierbaren, kognitiv-affektiven, – individuellen Ausdruck des Verhaltens-zu-Gott" (428,462), eine „Grundhaltung des Christen, die sich in allen Vollzügen seines Lebens prägend auswirkt" (433,290).

In der christlichen Spiritualitätskultur lassen sich unterschiedliche konfessionsspezifi
sche *Gestalten* von Spiritualität voneinander unterscheiden: die orthodoxe Spiritualität
(426,21ff), die römisch-katholische Spiritualität (Barth 32ff), die evangelische Spiritualität (426,44ff) oder auch die im Zuge der Globalisierung der Religionskultur entstandene ökumenische Spiritualität (426,92ff). In programmatischer Absicht wird auf eine
Wiederbelebung des vom Pietismus geprägten Frömmigkeitsideals hingewirkt, Spiritualität als praktischer „Vollzug des Glaubens" (449,220) und als eine „geistliche Formung"
(449,218) begriffen, die sich durch asketische Praktiken „im Anschluß an die alte Trias
,meditatio, oratio et tentatio'" (449,219) herausbildet. Stellen Gebet, Gottesdienst, Bibelbetrachtung, Kontemplation und Meditation (438) die klassischen „Formen geistlicher Praxis" (431,382) dar, so gewinnen im Rahmen der christlichen Spiritualitätsbewegung vor allem die ,Exerzitien' zunehmend an Bedeutung. Wurde die untrennbar mit
Ignatius von Loyola (405,703) verbundene „Exerzitienbewegung" der katholischen Kirche „bis Ende des 18. Jahrhunderts fast ausschließlich vom Jesuitenorden getragen"
(405,704), so übernahm das evangelische Christentum – insbesondere im Rahmen der
Jugendbewegung (> 212-3:3.5.1) und der Singbewegung (> 212-2:1.) sowie der Berneuchener Bewegung (> 212-3:3.2.2.) – nach dem Ersten Weltkrieg die Frömmigkeitspraxis
der ,Retraiten', ,Einkehrtage' und ,Freizeiten' (> 233): „Morgen- und Abendandachten,
Bibelarbeiten, meditative Übungen, Schweigezeiten, Seelsorgegespräche und Einzelbeichte ließen ein neues Gespür für die liturgische Durchformung des Tages entstehen"
(405,704). „Exerzitien im evangelischen Sinn bezeichnen ausgesonderte Tage, in denen
die Arbeit unterbrochen wird, um durch Sichsammeln, Nachsinnen, Beten und eucharis-
tisches Feiern stille zu werden vor Gott, mit dem Ziel, die Berufung des Christen zu
erneuern und gestärkt und wacher im Glauben zurückzukehren an den vorgegebenen
Platz in der Welt" (405,703).

Auf der anderen Seite wird der Begriff der Spiritualität von der zeitgenössischen Religionswissenschaft und Praktischen Theologie aber auch genutzt, um die *neuartigen*, für
die gegenwärtige Religionskultur charakteristischen Gestalten individueller Religionspraxis zu erfassen, die Frömmigkeitsformen und Frömmigkeitsbewegungen also, die
teils in selbständiger Anknüpfung an christliche Frömmigkeitstraditionen entstanden,
teils durch die Umgestaltung anderer religiöser Traditionen und insgesamt „im Zuge
eines erneuten Interesses an religiöser Erfahrung und religiöser Praxis, auch an Techniken der Gewinnung von religiöser Erfahrung" (432,16). In dieser Hinsicht dient der Begriff der Spiritualität zur „Unterscheidung" der originären Spiritualitätsformen „von tradierter christlicher Religiosität, wobei gleichzeitig die Notwendigkeit eines lebenswirk-
samen Transzendenzbezuges betont wird" (432,16). Als „wichtigste Wurzel" der zeitgenössischen Spiritualitätskultur gilt die „moderne Esoterik im weitesten Sinne" (431,381);
ein hoher „Stellenwert" kommt ebenso der Wiederbelebung der christlichen und außerchristlichen „Mystik" zu (431,386). In dem neu gefaßten Begriff der Spiritualität löst
sich dementsprechend die für den Frömmigkeitsbegriff charakteristische Verkoppelung
von individuellen und sozialen Komponenten auf: „Der Begriff ,Spiritualität' dient in
diesem Kontext der Kennzeichnung aller jener Lebensformen einer äußersten Sinn-
suche", die „zwar alltagsverankert", aber „nicht alltagsverwoben" sind (431,381). Der
Begriff der Spiritualität wird somit enger gefaßt als der der Frömmigkeit; während die
„symbolisch-expressive(n) Handlungsformen" in der zeitgenössischen Spiritualitätspra-
xis „im Vordergrund stehen", ist die „alltags-ethische Komponente nur von begrenzter
Bedeutung" (431,384).

In der Folge des neu erwachten Interesses an spirituellen Lebensformen und Lebensstilen bildete sich eine überaus vitale, in die zeitgenössische „Erlebniskultur" (428,464) verwobene und teilweise mit der Esoterik verbundene *Spiritualitätsbewegung* heraus. Sie folgt den Gesetzmäßigkeiten der individualisierten, pluralisierten und synkretistisch verfaßten Gegenwartskultur. Steht das Individualitätsideal der Moderne bei der Ausformung einer „spirituell authentische(n) Persönlichkeit" (428,464) Pate, so unterliegt die Spiritualitätsbewegung in ihren kommerzialisierten Versionen der Eigenrationalität des ökonomischen Systems, den regulativen Prinzipien der „Nachfrage" und der „Marktorientierung": „Von einem breiten Spiritualitätentablett wird nach Gusto ausgewählt, individuell modifiziert, eigenschöpferisch entfaltet" (428,462).

Ebenso übernimmt die Spiritualitätsszene die für die zeitgenössische Religionskultur insgesamt charakteristische Tendenz zum *Synkretismus.* „Spiritualität" und „Konfessionalität" treten auseinander; bilden die „spirituelle(n) Elemente" die „Konstanten" der um das autonome Individuum zentrierten Religionspraxis, so kommt den konfessionellen Prägungen subjektiver Religiosität die Statur von „Variablen" zu (428,463). „Die Ikone neben dem Kruzifix auf dem Zimmeraltärchen einer evangelischen Theologiestudentin unter dem Mandala an der Wand" – die ästhetische Mixtur religiöser Symbole bildet die zeitgemäße Ausdrucksgestalt teils individuell ausgestalteter, teils kulturell vorgeformter ,Bastelspiritualitäten' (428,463). Wie die explizit religiös konturierte Spiritualitätsbewegung die „Erlebnisdimension des Glaubens" (428,463) betont und die Effizienz religiöser Praktiken an der „schnellstmögliche(n) religiöse(n) Triebstillung durch Pragmatik" (428,464) mißt, so entstehen jenseits des Spiritualitätsmarktes im engeren Sinne säkulare, aber religionsadäquate Erscheinungsformen von Lebensstilen, beispielsweise Formen der Askese oder des Körperkults (> 212-3:3.3.3.), insbesondere die Konvention des ,Joggings' (431,385).

Die gesamtkulturell verankerte Spiritualitätsbewegung wirkt schließlich auf die protestantische und insbesondere auf die *kirchliche* Frömmigkeitspraxis zurück. Erfährt die charakteristisch protestantische, aus reflexiven und meditativen Komponenten zusammengesetzte ,Bibelfrömmigkeit' (> 212-4:3.) im Rahmen der neuen Spiritualität insgesamt einen „Plausibilitätsverlust" (428,464), so läßt sich im Zuge der Zunahme erlebnisintensiv ausgestalteter Gottesdienstformen (> 212-3:3.) ein „Bedeutungsverlust der Predigt" beobachten, die „Umwidmung der Predigt zum Teil, aber nicht Zentrum des Gottesdienstes" (428,464).

2. Die geschichtliche Entwicklung des christlichen Frömmigkeitsverständnisses

1. Die christliche *Frömmigkeitskultur* verdankt sich sowohl hinsichtlich ihrer verschiedenartigen Erscheinungsformen als auch hinsichtlich ihres charakteristischen Gesamtprofils einer jahrhundertelangen religiösen und theologischen Tradition. Im Wechselspiel zwischen den sich ständig wandelnden religiösen Lebensformen und Lebensidealen und deren theologischer Reflexion bildeten sich epochenspezifisch profilierte Frömmigkeitshaltungen und Frömmigkeitspraktiken heraus. Sie lösen einander, teils in kritischer Absetzung von den in Geltung stehenden Frömmigkeitskonventionen, teils in konstruktiver Anknüpfung an die tradierten Frömmigkeitsstile, ab und spiegeln insgesamt die für die neuzeitliche Christentumsgeschichte charakteristischen Entwicklungstendenzen wider.

In der *mittelalterlichen* Frömmigkeitskultur bildeten sich zwei unterschiedlich ausgeformte, aber miteinander verflochtene Typen christlicher Frömmigkeit heraus. Die „am
Ordensideal orientierte priesterliche Frömmigkeit" (412,54) ruht auf den „drei fundamentalen evangelischen Räten" des Gehorsams, der Keuschheit und der Armut auf
(408,510). „Die Räte und ihre Kasuistik werden weiterhin ergänzt und differenziert
durch die Regeln des Ordens. Auf diese Weise entsteht eine festgeschriebene und detailliert geordnete Lebensform"; sie ist hinsichtlich ihrer lebensweltlichen Verankerung „in
eine Kommunität" eingebettet, „die ihrerseits in die Welt und in den Kosmos eingeordnet ist" (408,511). Die vielgestaltig entfaltete und mit der mittelalterlichen Mystik, einer
„Radikalisierung dieser Frömmigkeit" (408,512), verbundene ‚Ordensfrömmigkeit' läßt
damit „greifbar am Lebenssinn teilnehmen" (408,511). Im Spätmittelalter entstand dann
eine zweite, in manchen Charakterzügen mit der monastischen Frömmigkeit verwandte,
gleichwohl aber ihr gegenüber eigenständige Frömmigkeitsgestalt: die in der ‚devotio
moderna', einer „breiten Frömmigkeitsbewegung", verwurzelte „Laienfrömmigkeit"
(412,54). Die mittelalterliche Laienfrömmigkeit orientierte sich an den für die Lebenshaltung des einzelnen wie für die Organisation des gesellschaftlichen Lebenskosmos
konstitutiven Ordnungsmustern der „Berufe und Stände", entwickelte eine christlich
fundierte „Berufsethik" und erhob die Tugenden der ‚Treue', des ‚Gemeinsinns' und der
‚Gerechtigkeit' in den Rang von Frömmigkeitshaltungen; die alltagspraktisch ausgeformte Frömmigkeitspraxis stellt den „Grund" und das „Motiv für dasjenige Handeln"
dar, „das in den gesellschaftlichen Strukturen und Ordnungen der Welt zu leben befähigt" (408,512).

Die in der mittelalterlichen Laienfrömmigkeit angelegte und bis in die Gegenwart wirksame sozialethische Pointierung der Frömmigkeit prägt die Bedeutung, die *Luther* dem
Begriff in seiner Bibelübersetzung beilegt; das Wort ‚Frömmigkeit' bildet einen „Sammelbegriff für den Komplex ‚recht – richtig – nützlich – tüchtig'" und symbolisiert die
„grundlegende sozialethische Neuorientierung des reformatorischen Christentums": „Die
Tüchtigkeit im Beruf, das ordentliche Tun dessen, was vor die Hand kommt, ist im Gegensatz zu allem religiösen Sonderwerk Gottesdienst, wahre Frömmigkeit" (416,178).
Der „Widerspruch zur Ordensfrömmigkeit" (408,513) kommt ebenso in einem zweiten
Moment zur Geltung, das Luther dem evangelischen Verständnis der Frömmigkeit unterlegte. Die kritische Instanz des frommen Lebens bildet das sowohl von den Traditionen als auch von den Institutionen der kirchlich oder gesellschaftlich verfaßten Religion
emanzipierte Gewissen (412,55); auf ihm ruht die persönliche Frömmigkeit des einzelnen auf. Indem Luther die „dialektische Einheit von Rechtfertigungsglaube und Weltgestaltung" (416,181) zum Prinzip seines theologisch fundierten Frömmigkeitsverständnisses erhob, schuf er das für das neuzeitliche Christentum charakteristische Paradigma
gleichermaßen individualitätskonstitutiver wie wirklichkeitsgestaltender Frömmigkeitspraxis.

2. Das markanteste Programm zur Reform der evangelischen Frömmigkeitspraxis unter
den Bedingungen der Neuzeit findet sich im *Pietismus*. Es setzt die von Luther markierte
„Linie der Subjektivierung" (412,56) der Religion konsequent fort und begründet sich
gleichermaßen aus einer religionskritischen Zeitdiagnose wie aus einer zeitkritischen
Diagnose der Religion. Im Gegensatz zu der fortschreitenden institutionellen Verfestigung der christlichen Lebenskultur und der daraus resultierenden Konventionalisierung
der religiösen Lebensformen sowie im Widerspruch zu der zunehmenden Theoretisie-

rung der Religion im Rahmen des theologischen Wissenschaftsbetriebs entsteht die pietistische Auffassung der Religion, ihre Begründung und Entfaltung in der Lebensgestaltung der frommen Individualität. Das von Philipp Jacob Spener (> 212-4:3.1.1.1.1.) in seinen ‚Pia Desideria' (439) formulierte „neue Programm der Frömmigkeit" (408,514) begreift die Frömmigkeit als Ausdrucksgestalt „gelebter Religion", „die sich sowohl gegen die organisierte Religion (Kirche) wie auch gegen die gelehrte Religion (herrschende Theologie) ausdrücklich absetzt und ihr eigenes Profil in charakteristischen Gegensatzbestimmungen wie Herz – Verstand, Laie – Pfarrer, Glaube – Theologie, Gotteskind – Weltkind" findet (412,56). Indem Spener feststellt, „daß es mit dem Wissen in dem Christentum durchaus nicht genug sei, sondern es vielmehr in der praxi bestehe" (439,60f), führt er die Religion auf ihre lebenspraktische Statur zurück. Indem er die Frömmigkeitspraxis in der privaten Lebenssphäre ansiedelt, in der Familie und in analog strukturierten Primärgruppen, löst er das neuzeitliche Individualitätsprinzip ein.

Die vom Pietismus programmatisch geforderte ‚praxis pietatis' verwirklicht sich zwar in der individuellen Frömmigkeit, einem religiös grundierten und markant ausgeformten frommen Lebensstil; aber sie geht nicht in der Kultivierung innerlicher Religiosität, in der Festigung der persönlichen Frömmigkeitshaltung und in der Vervollkommnung der privaten Lebensführung auf. Ihren adäquaten lebenspraktischen Ausdruck findet die Frömmigkeit vielmehr in ihrer *kommunikativen* Ausgestaltung, in der gemeinschaftlichen Pflege der im privaten Leben verwirklichten Religion. Spener fordert dementsprechend, „daß nämlich jeglicher Christ … andere, absonderlich seine Hausgenossen, nach der Gnade, die ihm gegeben ist, zu lehren, zu strafen, zu ermahnen, zu bekehren, zu erbauen, ihr Leben zu beobachten, für alle zu beten und für ihre Seligkeit nach Möglichkeit zu sorgen gehalten sei" (439,59).

Mit dem Programm der alltagsweltlich verankerten allgemeinen *Seelsorge* (> 213) löst Spener die Prinzipien der pietistischen Frömmigkeitsreform ein (440). Wie die Initiative der Seelsorgepraxis auf die Laien übergeht, so wird die Seelsorge aus ihren institutionalisierten und professionalisierten Verfestigungen herausgelöst und in ihren ursprünglichen lebensweltlichen Kontext, ins Privathaus, zurückverlagert; an die Stelle der kirchlichen Beichtpraxis tritt der Hausbesuch (> 212-4:3.3.3.). Der in dem protestantischen Prinzip des ‚Priestertums aller Gläubigen' (> 340) begründeten Alltagsseelsorge wird das diakonische Tatchristentum (> 212-2:2.4.) als sozialethische Komponente derjenigen „Lebensgestalt" zur Seite gestellt, „die allein dem Glauben entspricht" (408,514).

Wie die pietistische Frömmigkeitsreform die Institutionen der privaten Lebenswelt für die Religion in Anspruch nimmt und dadurch die private Religionspraxis gegenüber dem kirchlichen Christentum aufwertet, so verändert sich mit der Ratifizierung des religiösen Privatisierungsprogramms schließlich auch das Verständnis und das Profil des evangelischen *Pfarrerberufs* (> 212-4:3.3.). Den Prinzipien der pietistischen Pastoraltheologie (> 313) entsprechend soll der Pfarrer seinen Beruf nicht nur in den kirchlich-institutionalisierten Berufsrollen des Liturgen, Predigers und Lehrers, sondern vor allem auch in seinen privaten Lebensbeziehungen ausüben und sich damit in seiner gesamten Lebenspraxis als der exemplarische Repräsentant der neuzeitlichen Privatreligion, als fromme Persönlichkeit präsentieren. Findet das vom Pietismus entworfene Frömmigkeitsprogramm in dem in der bürgerlichen Christentumskultur verankerten Idealbild des Pfarrers als einer professionalisierten religiösen Individualität seine Zuspitzung, so setzt mit dem Pietismus

gleichzeitig auch die „Verengung des Frömmigkeitsverständnisses" (432,14) und damit
die „semantische Verengung des Begriffs ‚fromm'" ein; auf dem Hintergrund der
Gleichsetzung von ‚Pietisten' und ‚Frommen' bezeichnet Frömmigkeit „eine Art elitäres
Christentum" (432,15). „Je mehr die Frömmigkeit zum Spezifikum und zum sichtbaren
Ausdruck des Christen wird, desto mehr nähert sich diese Vorstellung dem geistlich-
mönchischen Frömmigkeitsideal" an (408,514).

Während das pietistische Frömmigkeitsprogramm die privatreligiöse und die sozialethische Komponente des Frömmigkeitsbegriffs miteinander verknüpfte, verschmelzen im
Rahmen des von der Aufklärung angestoßenen und von der Romantik forcierten *Individualisierungsprozesses* (> 133) Religion und Individualität vollends zu der in der Le-
benskultur des Bürgertums verwurzelten ‚Herzensfrömmigkeit'. Für Johann Gottfried
Herder etwa ist die zur persönlichen Frömmigkeit geformte Religion „Sache des Gemüts, des innersten Bewußtseins" (441,141), der persönlichen „Überzeugung" (441,142).
Religion ist das, „was unser Herz zwingend anspricht, unserer Triebe sich bemächtigt,
Gesinnung erweckt und unser innigstes Bewußtsein bindet" (441,237). Und wie sich die
Religion untrennbar mit der Individualität jedes einzelnen Menschen verknüpft, so ver-
bindet sie auch alle Menschen untereinander: „In allen Ständen und Klassen der Gesellschaft darf der Mensch nur Mensch sein, um Religion zu erkennen und zu üben. In alle
Neigungen und Triebe des Menschen greift sie ein, um solche mit sich zu harmonisieren
und sie auf der rechten Bahn zu führen" (441,135).

Die ‚*Herzensfrömmigkeit*', in der sich die Religion nicht hinter ihren sekundären Erscheinungsformen verbirgt, sondern sich in ihrer natürlichen, reinen und ungebrochenen
Ursprungsgestalt zur Erfahrung bringt, wendet sich, dem Pietismus folgend, nicht nur
gegen die Herrschaft religiöser Konventionen, sondern ebenso gegen die Dogmatisierung
religiöser Vorstellungen. „Wenn Religion sich von Lehrmeinungen unterscheidet, so läßt
sie jeder ihren Platz, nur *sie* will nicht Lehrmeinung sein. Lehrmeinungen trennen und
erbittern; Religion vereint: denn in aller Menschen Herzen ist sie nur eine" (441,135). In
dem so gefaßten Begriff der Frömmigkeit treffen sich die beiden grundlegenden Paradigmen neuzeitlicher Auffassung von Religion. Frömmigkeit bezeichnet die Religion als
eine durch und durch praktische Angelegenheit; sie ist „gelebte Religion" (409). Frömmigkeit bezeichnet die Religion zugleich als untrennbar mit der Lebenspraxis des einzelnen verbunden; sie ist die „subjektive Seite der Religion" (402,1158).

3. Hat der Pietismus das exemplarische Programm zur praktischen Reform der evangelischen Frömmigkeitskultur entworfen, so gilt Friedrich *Schleiermachers* theologisches
Konzept der Frömmigkeit (447) als der klassische Entwurf neuzeitlicher Frömmigkeitstheorie. In kritischer Auseinandersetzung mit den dezidiert subjektivistischen Frömmigkeitsauffassungen der Aufklärung und in konstruktiver Anknüpfung an das vom Pietismus entwickelte komplexe Verständnis der Frömmigkeit erhebt Schleiermacher den Begriff der Frömmigkeit in den Rang einer theologischen Fundamentalkategorie, mit deren
Hilfe sich nicht nur der unlösbare Zusammenhang zwischen frommer Individualität und
religiöser Gemeinschaft begründen läßt. Vielmehr nutzt Schleiermacher die Kategorie
der Frömmigkeit zur Ausarbeitung einer mehrperspektivisch angelegten Theorie individuell und gemeinschaftlich praktizierter Religion, in der sich die kulturtheoretische Fundierung, die systematisch-theologische Profilierung und die praktisch-theologische Ratifizierung der Frömmigkeit miteinander verschränken.

In der Theologie Schleiermachers erhält der Begriff der *Frömmigkeit* prominente Bedeutung. Die Frömmigkeit wird in der Subjektivität begründet; sie bildet aber zugleich die Grundlage der religiösen Gemeinschaftsbildung. Zum „Siz der Frömmigkeit" (442,26) bestimmt Schleiermacher das ‚Gefühl' (446); als „Grundton" (442,27) der individuellen wie der gemeinschaftlichen Lebensführung liegt es der Reflexion wie der Aktion voraus: „Die Frömmigkeit an sich ist weder ein Wissen noch ein Thun, sondern eine Neigung und Bestimmtheit des Gefühls" (442,26). Das Spezifikum der Frömmigkeit als des religiösen Gefühls besteht darin, „daß wir uns unsrer selbst als schlechthin abhängig bewußt sind, das heißt, daß wir uns abhängig fühlen von Gott" (442,31). Wie Schleiermacher die individuelle religiöse Lebenspraxis aus elementaren anthropologischen Grundstrukturen ableitet, so entwickelt er in analoger Weise den Begriff der Kirche aus fundamentalen Prinzipien der Sozialität: „Das fromme Selbstbewußtsein wird wie jedes wesentliche Element der menschlichen Natur in seiner Entwicklung notwendig auch Gemeinschaft, und zwar einerseits ungleichmäßig fließende, andrerseits bestimmt begrenzte, d. h. Kirche" (443,41). Die Frömmigkeit bildet somit „die Basis aller kirchlichen Gemeinschaften" (443,14). Eine Kirche ist dann „nichts anderes als eine Gemeinschaft in Beziehung auf die Frömmigkeit" (443,15).

Indem Schleiermacher die Frömmigkeit in das Kategoriensystem seiner phänomenologischen Kulturtheorie (> Einführung: 3.1.2.) einzeichnet, tritt die charakteristische Ausdrucksform der anthropologisch wie ekklesiologisch begründeten Frömmigkeit heraus. Die Form sozialer Handlungspraxis, in der die Frömmigkeit ihre gleichermaßen subjektskonstitutive wie gemeinschaftsstiftende Funktion erfüllt und in der Individualität und Gemeinschaft sich wechselseitig beleben, nennt Schleiermacher das ‚darstellende Handeln' (444,502ff). Nur indem der einzelne sein religiöses Selbstbewußtsein zur Darstellung bringt, kann er sich selbst als mit sich identische Individualität erfassen. Durch die gegenseitige Selbstdarstellung frommer Individuen wird aber nicht nur die Frömmigkeit des einzelnen angeregt, sondern sogleich auch die religiöse Gemeinschaft auf der Basis der „brüderliche(n) Liebe" (444,514) konstituiert: „Es ist in unserem ursprünglichen Selbstbewußtsein gegeben, daß wir die einzelnen Momente des Daseins nur zusammenknüpfen können, indem was in dem einen Moment war, Objekt wird für den anderen, und das ist nur möglich in dem Heraustreten in die Erscheinung, daß aber auch die Identität des persönlichen und des Gemeingefühls nur Wahrheit hat, sofern wir in Gemeinschaft stehen mit anderen und unser Selbstbewußtsein austauschen können; so daß alles Darstellen nichts anderes ist, als die beständige Realisation des menschlichen Wesens selbst" (444,517).

In der praktisch-theologischen Entfaltung der Frömmigkeit und des mit ihr verbundenen Handlungstypus der ‚Darstellung' (448,755ff) lassen sich die institutionellen Formen der Frömmigkeit deutlich konturieren und von anderen Gestalten sozial organisierter Religion abgrenzen. Bildet das darstellende Handeln auch die Grundform religiöser Kommunikationspraxis, so rechnet Schleiermacher den *kirchlich* verfaßten Kommunikationssituationen, in denen sich die Frömmigkeit als Gefühl individuell und unmittelbar zum Ausdruck bringt, gleichwohl nur den Gottesdienst und die Predigt (> 212-4:3.1.3.2.1.) zu. Beide dienen keinem anderen Zweck als der unmittelbaren Darstellung von Frömmigkeit; sie sind nichts anderes als „mitteilende Darstellung und darstellende Mitteilung" (445,75). Seelsorge und religiöse Erziehung gehören dagegen zum Bereich des ‚wirksamen Handelns'. Finden sich in den seelsorgerlichen wie in den religionspädagogischen Kommunikationssituationen auch Momente darstellenden Handelns, so verfolgt sowohl die Seelsorge als auch die Erziehung einen außerhalb ihrer selbst liegenden Zweck. Beide stellen Instrumente zur Wiederherstellung des sozialen Verhältnisses dar, auf dem die Frömmigkeit und das aus ihr hervorgehende darstellende Handeln aufruhen, der Beziehung zwischen der religiösen Individualität und der kirchlichen Gemeinschaft (445,445).

In der *Folgezeit* treten die von Schleiermacher miteinander verschränkten persönlichkeitskonstitutiven und gemeinschaftsbildenden Aspekte des Frömmigkeitsbegriffs auseinander und werden jeweils zu Grundmotiven einander gegenüberstehender Frömmigkeitsauffassungen wie zu Zielsetzungen verschiedenartiger Projekte zur Reform der Frömmigkeit erhoben. „Während die Erweckungsbewegung tendenziell Elemente der Verinnerlichung auf Kosten ihrer Kulturwüchsigkeit betonte und Frömmigkeit vornehmlich als privatorganisierte ‚Seelengestimmtheit' auffaßte, stellte der Konfessionalismus auf Kosten der Chancen zu Individualisierung und Differenzierung die objektive Bestimmtheit der Kirchengestalt in den Vordergrund, der die jeweils individuellen Ausformungen spiegelbildlich zu entsprechen hatten"; sowohl durch die radikale Subjektivierung als auch durch die strikte Objektivierung der Frömmigkeit wurde „ein beträchtliches Frömmigkeitspotential aus dem kirchlich-theologischen Bereich verdrängt, wenn nicht vertrieben" (412,60).

Im Zuge des sich beschleunigenden Individualisierungs- und Privatisierungsprozesses büßte aber auch die „aufgeklärt-gebildete Frömmigkeit" (262,57), der „bürgerlich-liberale, ‚protestantische' Typ einer ethisch-kulturell orientierten ‚distanzierten Kirchlichkeit'" (418,125) an Bedeutung ein. Hatte Goethe die Frömmigkeit noch als eine in beiden Sphären der bürgerlichen Gesellschaft verankerte Lebenshaltung begriffen und zwischen ‚Hausfrömmigkeit' und ‚Weltfrömmigkeit' unterschieden (451,243), so verlagerte sich die an der „Übereinstimmung zwischen Humanität und Religion" und der „kulturelle(n) Harmonie mit dem Zeitgeist" (418,127) orientierte bürgerliche Frömmigkeitskultur immer mehr aus der kulturellen Öffentlichkeit in die „bürgerliche Privatheit" (418,130). In dem Maße, in dem das bürgerliche Haus (> 212-1) aber die Statur eines „dialogisch geöffnete(n) Raum(s) geselliger Kommunikation" verlor, unterlag die bürgerlich-protestantische Hausfrömmigkeit einer „weitere(n) Privatisierung": „Die Frömmigkeit zog sich zurück vom Gespräch, verstummte und regredierte in die intime Innerlichkeit einer welt- und sprachlosen Beziehung der frommen Seele zu ihrem Gott" (418,130). Im 20. Jahrhundert wird der Begriff der Frömmigkeit schließlich in programmatischer Absicht von seinen privatistischen Prägungen befreit und für ein Wirklichkeitsverständnis reklamiert, das sich dezidiert der Moderne verpflichtet weiß. In seinem Vortrag über ‚Weltfrömmigkeit' (452) reformuliert Eduard Spranger die aktive weltgestaltende Funktion der Frömmigkeit und fordert die sozialethischen und politischen Konsequenzen einer modernen Frömmigkeitshaltung ein.

3. Charakteristika und Entwicklungstendenzen der zeitgenössischen Frömmigkeitskultur

1. Die Frömmigkeitskultur der *Gegenwart* ist von einer pluralen „Vielfalt" unterschiedlich ausgeformter „Spiritualitäten" (431) geprägt. Die „Variationsweite" der Spiritualitätsformen spannt sich von „Typengruppen" der „mystisch-kontemplativen Frömmig-

keits-Formen weltabgewandter oder gar weltverneinender reiner Innerlichkeit und dem Typenspektrum einer Welt-Frömmigkeit, das von transzendental gebundener geistlich-religiöser Weltverantwortung bis hin zur immanent-religionslosen Welt-‚Frömmigkeit' des atheistisch-sozialistischen Humanismus reicht" (400,1124). Neben „Ausprägungen lokaler und regionaler Volksfrömmigkeit" (432,27) finden sich vielfältige Versionen „gruppenorientierte(r) Frömmigkeit mit religiösen Sondernormen", beispielsweise die „Gemeinschaftsfrömmigkeit" und die „Jugendgruppenfrömmigkeit" (432,26) oder auch die Spiritualitäten von ‚Ökogruppen' und ‚Friedensgruppen' (432,27) sowie die originäre ‚Frauenspiritualität' (454) und ‚feministische Spiritualität' (453). Der von einer Minorität kultivierten „Spiritualität evangelischer Kommunitäten", die an „altkirchlich-monastische" Frömmigkeitstraditionen anknüpft (455), steht die für die Majorität des volkskirchlichen Christentums charakteristische ‚Kasualfrömmigkeit' (432,26) gegenüber. Ein ganz spezifisches Profil trägt schließlich die „spezielle Frömmigkeit" der „kirchlichen Führungselite": „Pfarrerfrömmigkeit, Priesterfrömmigkeit, Pfarrhausfrömmigkeit" (432,26).

2. Die Renaissance der Spiritualität drückt sich aber nicht nur im Facettenreichtum der zeitgenössischen Religionskultur aus. Die „neue Zuwendung zur Frömmigkeit" schlägt sich vielmehr und vor allem auch in sozialkulturellen „*Bewegungen*" (408,516) nieder, in denen die in der Frömmigkeitspraxis eingelagerten dynamischen Momente ihren Ausdruck finden. Verdanken sich die das Erscheinungsbild der gegenwärtigen Religionskultur tiefgreifend prägenden Spiritualitäts- und Lebensstilbewegungen auch spezifischen Momenten der gesellschaftlichen und kulturellen Situation im Ausgang des 20. Jahrhunderts, so knüpfen sie zu einem Großteil doch an Reformbewegungen an, die sich in verschiedenen Epochen der Christentumsgeschichte, in verschiedenartigen sozialkulturellen Lagen und im Rahmen unterschiedlicher religiös-kultureller Milieus herausbildeten.

Eine Vielzahl unterschiedlicher, bis in die Gegenwart wirksamer religiös-kirchlicher Reformbewegungen greift sowohl hinsichtlich ihrer ideellen Vorstellungen als auch hinsichtlich ihrer organisationspraktischen Programme auf den *Pietismus*, „die bedeutendste Frömmigkeitsbewegung oder religiöse Erneuerungsbewegung des Protestantismus nach der Reformation" (456,606), zurück. Aufgrund ihrer „Ausrichtung auf die Verinnerlichung des Christentums beim einzelnen Individuum" sind die in der pietistischen Reformbewegung (> 212-4:2.1.2.) kultivierten „Frömmigkeitsformen" als „charakteristisch neuzeitlich" zu bezeichnen (456,606). Der an der Entstehung und Entwicklung der bürgerlich-protestantischen Privatreligion maßgeblich beteiligte Pietismus bringt seine innovatorischen Potenzen aber nicht nur in der Ausformung einer um das fromme Individuum zentrierten und deutlich an den Lebensformen des Gemeindechristentums orientierten Frömmigkeitskultur zur Geltung. Vielmehr setzt sich die pietistische Reformbewegung in kritischer Absicht auch mit den vielfältigen „geistigen Bewegungen" der säkularen Lebenskultur auseinander und wirkt durch ihr „Engagement in allerhand Reich-Gottes-Aktivitäten" an der „Gestaltung der sozialen Verhältnisse" in der sich modernisierenden Gesellschaft mit (456,606).

Die pietistische Erneuerungsbewegung findet ihre historische „Fortsetzung" (456,621) in der facettenreichen, Traditionen des angelsächsischen ‚Revival' und Impulse kontinentaleuropäischer Reformbewegungen zusammenschließenden und ebenso die freikirchliche

che Frömmigkeitskultur wie bestimmte Versionen des volkskirchlichen Gemeindechristentums prägenden ‚*Erweckungsbewegung*' des 18. und 19. Jahrhunderts (457). Wie die
frömmigkeitspraktischen Reformideen der Erweckungsbewegung „auf mannigfache
Weise in die Theologie und ins kirchliche Leben eingegangen und in ihm aufgehoben"
sind (458,206), so beeinflussen die von der Volksmissions- und Hausmissionsbewegung
(> 212-4:3.3.3.) entworfenen Konzepte zur Rechristianisierung der säkularen Gesellschaft die epochenspezifischen Programme zur Reform von Kirche und Gemeinde (>
212-4:1.) bis in die Gegenwart. Ebenso verdankt sich aber auch die auf der Idee christlicher Nächstenliebe fußende ‚Innere Mission' (459) und die aus ihr erwachsene ‚Diakonische Bewegung' (460,849) den frömmigkeitspraktischen Reformimpulsen der Erweck-
kungsbewegung. Im Rahmen des diakonischen Tatchristentums (> 212-2:2.4.) entstanden „z. T. heute noch bedeutende freie christliche Werke" wie das Blaue Kreuz und das
Weiße Kreuz (461,360).

Festere organisatorische Gestalt gewannen die an einem bestimmten Frömmigkeits- und
Kirchlichkeitstypus orientierten Reformbestrebungen in der ‚*Gemeinschaftsbewegung*'
(462) und dem von ihr ins Leben gerufenen ‚Gnadauer Verband' (456,624) sowie in der
aus der schottischen Erweckungsbewegung hervorgegangenen ‚Evangelischen Allianz'
(463). Auf dem Boden der für die Gemeinschaftsbewegung charakteristischen, aus Elementen der angelsächsischen ‚Evangelisations'- und ‚Heiligungsbewegung' (461,355f)
und der im Pietismus verankerten ‚Bibelbewegung' (462,80f) zusammengesetzten
Frömmigkeitskultur entstanden der ‚Jugendbund für entschiedenes Christentum', die
‚Deutsche christliche Studentenvereinigung' (> 222-4), verschiedene Missionsseminare
(461,360) sowie die Heilsarmee (464). Strittig blieb unter den verschiedenen Strömungen der Erweckungsbewegung sowie in der vielschichtigen, weltweit agierenden und
auch im deutschen Protestantismus der Gegenwart bedeutungsvollen ‚Evangelikalen
Bewegung' (465) die Verflechtung mit der ‚Pfingstbewegung' (461,361), aus der die
ursprünglich in den USA beheimatete ‚Charismatische Bewegung' (466) hervorging.

Ein ganz anderes frömmigkeitstypologisches Profil weisen die im *Kulturprotestantismus*
(> 221) des späten 19. und des frühen 20. Jahrhunderts verankerten und „Theologie,
Frömmigkeitsstil und Politik" (467,232) dieser Epoche prägenden Modernisierungstendenzen auf. Der unterschiedliche religiös-theologische Richtungen umfassende und ein
breites „Spektrum modernitätsoffener und reformorientierter Kräfte" zusammenschlie-
ßende, insgesamt aber im bürgerlichen ‚Bildungsprotestantismus' (467,233) verwurzelte
‚freie Protestantismus' (467,232) stellt die „kulturelle Gestaltungskompetenz" (467,233)
des neuzeitlichen Christentums heraus und sucht, „zwischen reformatorischer Tradition
und moderner, in der Aufklärung entstandener Kultur zu vermitteln" (467,231). Die auf
religions-, kirchen- und kulturkritischen Zeitdiagnosen und insbesondere auf der Analyse
der „vielfältigen Krisenphänomene in der Gesellschaft des Kaiserreiches" (467,235) basierenden Ideen zur ‚Modernisierung des Christentums' (467,236) zielen auf eine zivilreligiös konturierte „kulturelle Integration" (467,236) der pluralisierten Lebenswelt ab.
Festere organisatorische Strukturen gewann die „theologisch-kirchenpolitische Bewegung" (467,231) in der ‚Vereinigung der Freunde der Christlichen Welt', einer 1886
gegründeten Zeitschrift (468,159ff), in dem 1910 veranstalteten ‚Fünften Weltkongreß
für Freies Christentum und Religiösen Fortschritt' (467,234) sowie im ‚Protestantenbund' (467,234) und im ‚Evangelisch-sozialen Kongreß' (467,236).

Einen integralen Fokus der pluriformen religiös-kirchlichen Erneuerungsbewegungen bildet schließlich die ebenso vom Pietismus und der Erweckungsbewegung wie vom ‚freien Protestantismus' geförderte und die gegenwärtige Christentumspraxis tiefgreifend beeinflussende *Ökumenische* Bewegung (469,826ff). Ist „der Pietismus mit seinen international verschiedenen Prägungen" insgesamt als „so etwas wie eine geistliche ökumenische Bewegung im Protestantismus" (470,51) anzusehen, so stellt sich die im 19. und 20. Jahrhundert allgemein verbreitete ökumenische „Gesinnung …, welche die herkömmlichen Grenzen von Nation, Konfession, Klasse usw. überwinden will" (470,47), zugleich als eine Spätfolge der Aufklärung dar, die „mit ihrem kritischen Rationalismus und Liberalismus", vor allem aber mit den von ihr propagierten neuzeitlichen Ideen der „Gewissens- und Religionsfreiheit" und dem daraus abgeleiteten Postulat religiöser Toleranz den „absoluten Konfessionalismus" relativierte (470,51). In der Verschränkung von aufklärerischem Religionsverständnis und modernem Säkularismus setzte sich an der Wende zum 20. Jahrhundert die Einsicht durch, „daß in der Freiheits- und Aufklärungsgeschichte und auch etwa in der Proklamation der Menschenrechte auf säkulare Weise genuine Anliegen der christlichen Botschaft zur Geltung kamen, welche die Kirchen als solche aufgrund ihrer oft engen Bindungen zu den herrschenden Gesellschaftsbildern nicht hatten durchsetzen können" (470,52). In dem Maße, in dem „in breiten Kreisen des Kirchenvolkes das konfessionelle Bewußtsein" schwand, verstärkte sich die „Entkonfessionalisierung des öffentlichen Lebens" (470,69). Gleichzeitig sortierten sich die in der pluralen Gesellschaft etablierten religiösen Weltanschauungen nach neuen Mustern: „Im ökumenischen Dialog der Theologen gingen oft die Fronten ernster Meinungs- und Glaubenskämpfe quer durch die Konfessionen, wobei die ‚Konservativen' und die ‚Progressiven' von jeder Seite sich jeweils näher standen als die Konfessionsgenossen der anderen Richtung" (470,69).

Wie die „Internationalisierung" und die „Interkonfessionalisierung" (470,51) der Religionskultur „nicht durch die offiziellen Kirchen, sondern durch Initiativen einiger christlicher Gruppen und Bewegungen" (470,52) initiiert und erst später in festere Organisationsformen überführt wurde, so kennzeichnet die „Spannung von ‚Bewegung' durch ein Netzwerk ökumenischer Aktivitäten und ‚Institution' durch den Zusammenschluß der offiziellen Kirchen" (470,52) bis heute die *organisatorischen* Strukturen der Ökumene. Zu den Organisationsformen der Ökumene zählen ebenso die weit verzweigte internationale ‚Missionsbewegung' (470,53f), die ‚Bewegung für Praktisches Christentum' (Life and Work) (470,54ff) und die ‚Bewegung für Glauben und Kirchenverfassung' (Faith and Order) (470,55ff) wie der Ökumenische Rat der Kirchen, der Lutherische Weltbund, der Reformierte Weltbund (470,64) und deren nationale Komitees. Seit dem Zweiten Vatikanischen Konzil ist schließlich auch eine „ökumenische Neuorientierung der Römisch-katholischen Kirche" (470,69) zu verzeichnen. Die Hochschätzung der „ökumenische(n) Arbeit" als einer fundamentalen „Dimension" (471,84) des modernen Katholizismus schlägt sich ebenso in der Gründung des ‚Rats zur Förderung der Einheit der Christen' nieder (470,66) wie in den Aktivitäten verschiedener ökumenischer Bewegungen, beispielsweise der ‚Una-Sancta-Bewegung' (470,68) oder einer Reihe ‚neuer geistlicher Bewegungen' (472,669ff) wie der ‚Fokolarbewegung', der ‚charismatischen Gemeinde-Erneuerung' oder der aus der ‚Marianischen Congregation' hervorgegangenen Spiritualität der ‚Gemeinschaften Christlichen Lebens' (472,670f).

3. Am Ausgang des 20. Jahrhunderts stellt sich die christliche Frömmigkeitskultur als ein pluriformer Kosmos vielfältig ausdifferenzierter und komplex untereinander vernetzter

religiöser Teilkulturen dar. An die Stelle von in sich geschlossenen Frömmigkeitskulturen trat ein breites Spektrum sowohl hinsichtlich ihrer sozialen Verfassung als auch hinsichtlich ihrer kulturellen Prägung neuartiger spiritueller Lebensformen. Die Pluralisierung der Frömmigkeitspraxis verdankt sich dem Zusammenspiel zweier gegenläufiger Entwicklungstendenzen, der Regionalisierung und der Globalisierung der Religion (473). Während sich die konfessionsspezifischen Konturen der Frömmigkeitsgestalten immer mehr abschleifen, verfestigt sich umgekehrt die Indigenisierung der Religion in die regionalen Lebenskulturen. Je mehr sich die auf persönlichen Optionen aufruhenden und individuell ausgestalteten Lebensstile aus vorgeprägten Frömmigkeitstraditionen lösten, um so enger verschmolzen sie mit den in einer bestimmten Lebenskultur in Geltung stehenden sozialen Konventionen und kulturellen Stilmustern.

Mit der Einbindung der lebenspraktisch ausgeformten Religion in die zwar an ihren Grenzen durchlässigen, gleichwohl markant voneinander unterschiedenen religionsgeographischen und milieuspezifischen Regionen korrespondiert der gegenläufige Prozeß der *Globalisierung* religiöser Lebensformen und Lebensstile. Zwar formen sich die für den einzelnen verbindlichen religiösen Lebenshaltungen und Welteinstellungen nach wie vor in den begrenzten Erfahrungshorizonten sozialkultureller Lebensregionen aus. Gleichwohl entsteht das originäre Profil neuartiger Spiritualitätstypen im Zuge vielfältiger Austauschprozesse zwischen den von unterschiedlichen religiösen Traditionen gespeisten Kulturwelten. Die externe Erweiterung des Frömmigkeitsspektrums wirkt auf die interne Statur der Frömmigkeitskulturen zurück. An die Stelle von sozial fest institutionalisierten und kulturell homogenen Religionskulturen treten elastische, lose organisierte und synkretistisch verfaßte Formen moderner Spiritualität.

So unübersichtlich sich das Erscheinungsbild der christlichen Frömmigkeitspraxis in der Gegenwart aber auch darstellt, die pluralen Gestalten lebensgeschichtlich fundierter und lebensweltlich indigenisierter Spiritualität lassen sich gleichwohl auf ein gemeinsames Grundprinzip zurückführen, auf die für die christliche Frömmigkeit charakteristische Verschränkung von individueller Religiosität und sozialkultureller Wirklichkeitsgestaltung. Die in den verschiedenen Stadien der neuzeitlichen Christentumsgeschichte ausgeformte Signatur christlicher Frömmigkeit tritt im Fokus der vom *Protestantismus* geschaffenen und vom Bürgertum tiefgreifend beeinflußten Religionskultur markant hervor. In ihr verbinden sich die polaren Komponenten der Frömmigkeitspraxis untrennbar miteinander. Auf dem Hintergrund des vom Protestantismus energisch vorangetriebenen Individualisierungsprozesses bildete sich die zur Hausfrömmigkeit ausgestaltete bürgerlich-protestantische Privatreligion heraus. Sie bildet den Nukleus der bürgerlichen Lebenswelt und zugleich den Ausgangspunkt für vielfältige, vom Protestantismus in Gang gesetzte Modernisierungsprozesse in Gesellschaft, Kultur und Kirche. Wie die privaten Lebensformen auf die kirchliche Frömmigkeitskultur übertragen wurden, so prägte die protestantisch-bürgerliche Privatreligion auch den öffentlichen Institutionen ihren Stempel auf. Mag der bürgerliche Protestantismus in der Spätmoderne auch als marginale Erscheinung bewertet werden, so läßt sich gleichwohl die protestantische Religionskultur der Gegenwart nur aus ihren historischen Wurzeln begreifen und nur im Spiegel der von ihr geschaffenen sozialen und kulturellen Manifestationen verstehen.

212
Die bürgerlich-protestantische Privatreligion als sozial-kulturelles Paradigma des neuzeitlichen Christentums

212-1
Die bürgerlich-protestantische Hausfrömmigkeit als paradigmatische Grundgestalt des neuzeitlichen Christentums

Der soziale *Lebensraum*, in dem die private Religiosität der Neuzeit ihre lebenspraktischen Konturen erhält und zu einer eigenen religiösen Lebenskultur ausgebaut wird, ist das bürgerliche Haus. Die soziale *Gemeinschaft*, in der die persönliche Frömmigkeit (> 211) mit den Mitteln gepflegt wird, die die private Lebenswelt zur Verfügung stellt, ist die bürgerliche Familie. ‚Haus‘ und ‚Familie‘ fallen im Sprachgebrauch der bürgerlichen Epoche (> 210) zusammen (477,4); sie sind die klassischen Chiffren zur Selbstinterpretation einer Religionspraxis, die sich von der öffentlichen Lebenssphäre (> 222-1) und damit auch von der Institution der Kirche (> 322) abgrenzt, um in der Opposition gegenüber dem öffentlich und kirchlich verfaßten Christentum, freilich auch in einer selbständigen Beziehung zu ihm, die neuzeitlichen Prinzipien der Autonomie des Menschen und der Individualisierung seiner Lebenswelt zu verwirklichen.

1. Die bürgerlich-protestantische Idee des Hauses

Das bürgerliche Haus und die bürgerliche Familie sind *Idee* und *Wirklichkeit* in einem, die mit hohen ideellen Ansprüchen befrachteten Institutionen (> 321) der neuzeitlichen, um das Individuum zentrierten Lebenskultur und zugleich deren empirisch-reale Manifestationen. Im populären Sprachgebrauch bezeichnet das Haus den funktional gegliederten Wohn- und Lebensraum der bürgerlichen Kleinfamilie, auf dessen Basis und in dessen Grenzen sich das alltägliche Familienleben organisiert. Der Begriff des Hauses fungiert aber zugleich auch als ‚Bedeutungsträger‘ (474,21ff) wie als sinnliche Metapher (475) für die emotional hochbesetzte und ideologisch angereicherte Sphäre des Privaten (476,1018f), in der sich das Individuum beheimatet fühlt und sich deshalb frei entfalten und damit zu sich selbst kommen kann. Das Haus bildet die „unantastbare Rückzugszone, in der wir die Waffen fallen lassen können, mit denen wir uns gegen Zugriffe und Zumutungen der Öffentlichkeit wappnen, in der wir uns entspannen und gehenlassen, zwanglos und unbeschwert vom Panzer der Ostentation, der uns draußen beschützt“ (478,8). Der „klar abgegrenzte Bereich“ des „Privatlebens“ hat „in der uns geläufigen Lesart erst im 19. Jahrhundert und nur in einigen Gegenden namhafte Gestalt gewonnen“ (478,8). Gleichwohl sieht das Bürgertum (> 210) im privaten Lebensraum des Hauses den schon in der klassischen Antike (474,48ff) präfigurierten und dann im Laufe der geschichtlichen Entwicklung sukzessive realisierten Archetyp der um das autonome Individuum geordneten sozialen und kulturellen Welt (476). Auf dem Hintergrund der sich immer rascher verändernden Moderne wurde die im Haus kultivierte Privatsphäre zu einer vermeintlich stabilen Gegenwelt erklärt und im Zuge des Bedeutungsverlusts der bürgerlichen Schichten in der industriell-technischen Gesellschaft mit einer religiösen Aura versehen. Die Privatwelt wurde zum heiligen Bezirk wahrhaft humaner Lebensgestaltung stilisiert.

In dieser doppelten Konnotation als Idee und Wirklichkeit wurden Haus und Familie zu einem zentralen Thema der bürgerlichen *Philosophie* und *Theologie*. Haus und Familie gelten als die primäre Institution der bürgerlichen Gesellschaft. Die Grenzen des Hauses markieren eine nach außen abgeschlossene und in sich selbst vollständige Welt, einen Mikrokosmos, der die verschiedenen gesellschaftlichen Lebensbereiche im Keim enthält und aus dem die sekundären gesellschaftlichen Institutionen (> 321) hervorgehen. „Haus und Hof" – so beschreibt F. Schleiermacher (> 211) die im Zuge der neuzeitlichen Transformation der Lebenswelt entstandene Privatsphäre – repräsentierten „alle Elemente der Kultur in ihrer Verbindung mit dem einzelnen Leben" (480,120). Angesichts der Natürlichkeit und Authentizität der häuslichen Lebensformen erscheinen die öffentlichen Gestaltungen von Kultur und Sozialität von vielfältigen Verfremdungen entstellt. Zerfällt die Einheit der Lebenswelt dort in die voneinander getrennten und von sozialen Antagonismen deformierten Konstrukte der gesellschaftlichen Welt, so sind die verschiedenen Dimensionen der Lebenspraxis in der bürgerlichen Familie auf geradezu natürliche Weise ineinander aufgehoben.

Die *Familie* gilt dem Bürgertum (> 210) als eine Gemeinschaft der Bildung und Erziehung, der gegenseitigen Liebe und der unterhaltsamen Geselligkeit, als eine mit hohen Idealen besetzte Gefühlswelt, in der sich die häusliche Kultur zugleich ästhetisch und reflexiv entfaltet, in der die Hausmusik gepflegt wird, die Poesie und das Spiel und ebenso die besinnliche Konversation. In all diesen privaten kulturellen Produktionen, vor allem aber in der häuslichen Fest- und Feierkultur, stellt sich die Familie ihre Welt selbst vor. Die Familie ist eine in sich abgeschlossene „Totalität alles dessen, was sonst nur zerspalten vorhanden ist", eine „vollständige Repräsentation der Idee der Menschheit" (480,134). Das Integral der facettenreichen privaten Lebenswelt bildet die häusliche Religionspraxis, in der Individuum und Familiengemeinschaft organisch ineinander aufgehen. In der „Verschlossenheit und Heiligkeit" des Hauses wird nach Schleiermachers Vorstellung „jede Familie in ihrem Innern eine solche Gemeinschaft des frommen Selbstbewußtseins aufrichten" (481,44). Und wie alle Institutionen des öffentlichen Lebens auf der primären familiären Welt aufbauen, so geht auch die Kirche aus Haus und Familie hervor. „Die Familie ist die ursprüngliche Kirche" (482,Beil.24).

Der *bürgerliche Protestantismus* versieht Haus und Ehe mit der Weihe einer religiösen Institution. In der bürgerlichen Häuslichkeit findet er Luthers Idee des Hauses verwirklicht. „Wie eine selige ehe were das, wo solchs ehevolck beysamen were und stunde also yhren kindlin fuer, Fuerwar, yhr haus were eine rechte kirche, ein auserwelet Kloester, ja ein Paradißs, Denn Vatter und Mutter werden Gott hie gleich, denn sie sind Regenten, Bisschoff, Babst, Doctor, Pfarrer, Prediger, Schulmeister, Richter und Herr, der Vatter hat alle namen und ampt Gottes uber seine Kinder" (479,490). Die erbauliche Hausväterliteratur des 19. Jahrhunderts, zumal aber die religiöse Portraitkunst, stilisieren die Familie Luthers zu der exemplarischen bürgerlichen Familie und verleihen damit umgekehrt dem bürgerlichen Haus reformatorische Würde. Im Rahmen des bürgerlichen Protestantismus ist „der eigentümliche Ort der Frömmigkeit ... nicht die Kirche, sondern die Familie, genauer: das zur freien Geselligkeit geöffnete bürgerliche Haus" (484,127). Es wurde zum „,Sitz im Leben' der bürgerlichen Frömmigkeit" (484,130). Steht „die Wiege des Glaubens … in der Familie" (483,61), dann bildet die „Hausgemeinde" die exemplarische Grundform der „protestantische(n) Gemeinde" (483,64).

2. Konturen der bürgerlich-protestantischen Hausfrömmigkeit

2.1. Entstehung und Entwicklung der häuslichen Religionskultur

Der Primat der ursprünglichen, im Haus praktizierten Frömmigkeit gegenüber der öffentlichen und kirchlichen Religionsausübung besteht freilich nicht nur in einer blassen Idee. In den verschiedenen Epochen seiner historischen Entwicklung hat der Protestantismus die auf die Individualität zentrierte häusliche *Lebenskultur* zu einer eigenen religiösen Welt ausgebaut und der bürgerlichen Familie die kulturellen und sozialen Formen ihrer religiösen Selbstinszenierung zur Verfügung gestellt.

Während die *Reformation* auf der einen Seite die Heiligenbilder und andere Produktionen der ästhetischen Religionskultur (> 233) aus den Kirchen entfernte und damit zur Entwertung des Kirchengebäudes als Raum privater Andacht beitrug, hat sie auf der anderen Seite die Genese und Entfaltung der privaten, auf die Institutionen von Haus und Familie gegründeten Frömmigkeitspraxis bewußt gefördert und gepflegt. Vor allem auch für den Hausgebrauch wurden die Katechismen verfaßt (489,356f; 486; 487), in denen nicht nur die Grundlagen der christlichen Hauspädagogik niedergelegt waren. Aufgrund seiner „Funktionsvielfalt" war Luthers Katechismus zugleich als „Andachtsbuch für den einzelnen, Agende für die Hausgemeinde, Fibel und Kinderbuch" konzipiert (488,723). Ebenso sind viele der Lieder und Gebete, die in der Folge des reformatorischen Frömmigkeitswandels entstanden, nicht nur für den gottesdienstlichen Gebrauch bestimmt; sie sollen – auch nach dem Willen der Initiatoren des neuen Evangelischen Gesangbuchs (1994) – für die häusliche Andacht (> 212-4:2.1.) genutzt werden. Wurde der kirchliche Festkalender (> 233) in der Reformationszeit – zum einen aufgrund der protestantischen Kritik an der katholischen Heiligenverehrung, zum anderen aus sozialen und wirtschaftlichen Erwägungen – um viele Heiligentage bereinigt und im wesentlichen auf den in der biblischen Tradition begründeten heilsgeschichtlichen Festkanon reduziert, so förderte die Reformation umgekehrt die religiöse Ritualisierung des häuslichen Alltags.

Ein feingliedriges System liturgischer Formulare – der Morgen- und der Abendsegen, das Tischgebet und das Bettgebet – regelte die private *Begehung* der Alltagszeit und verlieh der protestantischen Hausfrömmigkeit ihre paradigmatische „Erstgestalt": „Mit diesen Gebeten ließ sich die durch die Katechismen zu pflegende fromme Grundeinstellung zu dem von Gott gegebenen, befristeten und behüteten Leben im Tageslauf familiär am unmittelbarsten darstellen und persönlich am unauffälligsten verinnerlichen" (490,389). Zum Repertoire der alltäglichen Passageriten gehören schließlich die Segensgesten (> 232:3) und die Abschiedsriten, die auf der Schwelle des Hauses, auf der Grenze zwischen der privaten und der öffentlichen Lebenssphäre zelebriert werden, wie etwa der Reisesegen. Wenn sich die in der reformatorischen und nachreformatorischen Zeit geschaffenen religiösen Alltagskonventionen im Zuge der neuzeitlichen Entwicklung der protestantischen Frömmigkeitskultur auch zunehmend auflösten und die „vom Katechismus mitgeprägte Frömmigkeitssprache aus der Alltagssprache" auswanderte

(490,408), so behielt die in den Grenzen der häuslichen Lebenswelt praktizierte Frömmigkeit gleichwohl eine dominante Stellung im Kontext der pluriformen Religionskultur des neuzeitlichen Protestantismus.

In der Epoche des *Pietismus* und der *Aufklärung* wurde die protestantische Idee individueller Frömmigkeit vollends ratifiziert und die häusliche Religionskultur in neue institutionelle Formen gefaßt. Auf der Basis der von Spener programmatisch geforderten collegia pietatis entstand eine gegenüber der kirchlich organisierten Christentumspraxis relativ selbständige Gemeinschaftskultur. In Hausandachten (> 212-4:2.1.) und Bibelstunden (> 212-4:3.1.1.2.), in freier Gebetsgemeinschaft und in der gruppeninternen Darstellung religiös grundierter und auf die persönliche Bekehrung (> 112) fokussierter Autobiographie (> 312) findet die pietistische Laienfrömmigkeit die ihr entsprechenden kommunikativen Formen religiöser Verständigung. Bleiben diese originären Muster einer auf die Vitalisierung individueller Frömmigkeitspraxis abzielenden Kommunikationskultur dem pietistischen Milieu verhaftet, so entfaltet sich im Rahmen des aufgeklärten Bürgertums und auf der Basis des bürgerlichen Familienlebens eine breit ausgebaute und facettenreiche Frömmigkeitskultur.

2.2. Die selbstreferentielle Struktur der privaten Frömmigkeitspraxis

Die „*bürgerliche Familienreligion*" (491,63) verdankt ihr soziales und kulturelles Profil einer charakteristischen Symbiose von privater Lebenswelt und säkularer Religionspraxis. Die protestantische Hausfrömmigkeit entstand und sie entfaltete sich im Zuge der neuzeitlichen Privatisierung (> 133) der Lebenswelt. In dem Maße, in dem die verschiedenen Sektoren der öffentlichen Lebenssphäre – zumal das in der modernen Lebenswelt dominante ökonomische System – den Gesetzmäßigkeiten der Zweckrationalität (> 231) unterstellt und dem Zugriff des einzelnen entzogen wurden, erhielt die Privatsphäre den Rang einer Kontrastwelt. Der Lebensraum des Privathauses wurde zu einem mit großem sozialen und kulturellen Aufwand gehüteten Refugium, in dem die fromme Individualität sich nicht in den Zwängen, Antagonismen und Ambivalenzen der Außenwelt verliert, sondern sich auf sich selbst zurückzieht und in der häuslichen Einkehr zu sich selbst kommt. Das Privathaus wurde gleichermaßen zu der sozialen Institution, in der sich die private, nach außen abgeschlossene Lebenspraxis empirisch realisiert wie zur sinnbildlichen Repräsentanz der Idee individueller Autonomie, zu einem symbolisch besetzten Lebensraum. Im Spiegel ihrer ästhetischen Reproduktion vergewissert sich die gebildete Individualität der Originalität und Authentizität ihrer nach innen gekehrten Privatwelt und damit ihrer eigenen, religiös begründeten Unverwechselbarkeit und Unvertauschbarkeit.

Die Individualisierung des privaten Lebensraums kommt am unmittelbarsten in dem zugleich rational geordneten wie symbolisch besetzten *Interieur* des bürgerlichen Hauses zum Ausdruck. Die bis ins einzelne durchdachte Ausstattung des Hauses ist zwar auch auf alltagspraktische Zweckmäßigkeit, insbesondere auf die gerade für den Protestantismus charakteristische „Pflege der Geselligkeit" (485,186), abgestellt und spiegelt insofern die rationale Lebenseinstellung des aufgeklärten Bürgertums wider. Die Innenwelt des protestantischen Bürgerhauses lebt aber auch und weit mehr von den symbolischen Sinngehalten ihres ästhetischen Ambientes. Im Schutz des nach außen verschlossenen

Hauses schafft sich das kreative Subjekt seine private, nur ihm selbst zugängliche Sinnenwelt. Jeder stattet seinen intimen Lebensraum, das Privatzimmer, auf seine Weise mit für ihn bedeutungsvollen ästhetischen Objekten aus: mit fotografischen Portraits, in denen sich unvertauschbare soziale Beziehungen sinnlich verdichten, mit Gegenständen von subjektivem Erinnerungswert, die für die Sinnhaftigkeit der biographischen Lebensentwicklung bürgen, mit Geschenken, in denen die gegenseitige Sympathie einander emotional verbundener Individuen unverlierbare Gestalt gewinnt. In der durchkomponierten privaten Sinnenwelt herrscht nicht das Gesetz rationaler Zweckmäßigkeit, sondern die Logik der Gefühle. Und wie sich das Arrangement der emotional besetzten Privatwelt der ästhetischen Invention ihres Schöpfers verdankt, so verfügt auch nur er über den Schlüssel zu seiner symbolisch codierten Welt. Erschließt sich die sinnhafte Ordnung des privaten Lebensraums seinem Bewohner wie von selbst, so bleiben die bewußt verdeckt gehaltenen symbolischen Besetzungen der ästhetischen Privatwelt jedem anderen, zumal jedem Fremden, für immer verborgen.

Im Panoptikum seiner selbst erstellten Welt inszeniert das bürgerliche Individuum das Spiel seines privaten Lebens. Es nutzt die ästhetischen Spiegelungen seiner selbst als Kulissen seiner Selbstdarstellung und kultiviert die für den bürgerlichen Lebensstil charakteristischen Medien der *selbstreferentiellen* Kommunikation. Im Schein des Kerzenlichts blendet das Individuum die Außenwelt aus und hält Zwiesprache mit sich selbst. In der Stille des Raums hört das Individuum auf seine innere Stimme. Religiöse Andacht und Meditation, Einkehr und Besinnung bilden die Grundformen einer Kultur der Innerlichkeit, der Selbstwahrnehmung, Selbsterfahrung und Selbstverwirklichung. Der im bürgerlichen Milieu beheimatete Typus spirituellen Lebensstils (> 211) wurde in der neuesten Zeit durch die methodische Aneignung und versierte Ausübung von Meditationstechniken zu einer eigenen Lebenskunst entwickelt. Die nach innen gekehrte Selbstwahrnehmung verschreibt sich nicht dem Irrationalen und Undurchschaubaren. Sie ist vielmehr selbst rational geordnet und zielt auf die Transparenz der verinnerlichten Lebenswelt ab. Die bürgerlich-protestantische Kultur der Individualität verschließt sich auch nicht gegenüber der Außenwelt. In der selbstreferentiellen Verständigung des Individuums mit sich selbst wird die objektive Ereigniswelt mit dem Kosmos subjektiv verarbeiteter Erinnerungen verknüpft und damit das vielgestaltige und in sich widersprüchliche Geflecht der Lebenslinien zu einem Universum sinnhafter Lebenserfahrung und Lebensführung komponiert.

Schließlich geht die Kultur des privaten Lebens auch nicht in der reinen Introspektion der in sich gekehrten frommen Individualität auf. In den Grenzen der eigenen vier Wände wird das bürgerliche Individuum *kulturell* produktiv. Hier wird die private Kleinkunst gepflegt, werden Gedichte verfaßt, die nicht für die Öffentlichkeit und häufig nicht einmal für den Hausgebrauch, sondern nur für die Relektüre des Autors selbst bestimmt sind, Poesie aus dem eigenen Herzen und für das eigene Herz. Hier wird bei geschlossenem Fenster Flöte gespielt und Violine, verhalten und leise, nur für das eigene Ohr. Hier wird die intime Korrespondenz zwischen gleichgestimmten Herzen gepflegt, werden in ausgesucht persönlichem Stil verfaßte Briefe mit feierlichem Gestus geöffnet, mit Andacht gelesen und in unverwechselbarer Handschrift beantwortet. Vor allem aber werden in der symbolisch dekorierten Privatwelt Tagebücher und Skizzenhefte mit religiös grundierten Selbstreflexionen gefüllt. Anschließend wird die Autobiographie unter Verschluß genommen und vor fremden Einblicken geschützt. Die regelmäßige Bilanzierung des eigenen Lebens, eine dominante Komponente der protestantischen Frömmigkeitskultur, zielt auf die Rationalität der Lebensführung (> 231) wie auf die Transparenz der Lebenswelt ab. In der literarischen Gattung der Autobiographie (> 312) schuf das protestantische Bürgertum das klassische Medium individueller Selbstvergewisserung.

2.3. Die soziale Statur der häuslichen Religionspraxis

Wie sich das bürgerliche Individuum seinen unantastbaren Privatraum schafft, um sich den anderen zu entziehen und sich in der selbstreferentiellen Kommunikation seiner unverwechselbaren Einzigartigkeit zu versichern, so gestaltet sich die bürgerliche Familie einen *gemeinsamen* Lebensraum, in dem sie die gemeinschaftliche Identität ihrer Mitglieder, ihre interne soziale und kulturelle Verbundenheit wie ihre externe Abgrenzung gegenüber der Öffentlichkeit, kultiviert. Das Wohnzimmer des bürgerlichen Hauses bildet zum einen das kommunikative Zentrum des familiären Lebens. Im Wechsel der Tageszeiten versammelt sich die bürgerliche Familie an den kommunikativen Plätzen der gemeinsamen Wohnwelt: morgens an der Frühstückstheke, mittags am Eßtisch, abends in der Couchecke. Der regelmäßige Wechsel der Schauplätze des Familienlebens symbolisiert die für alle Familienmitglieder verbindliche Ritualisierung des Alltagslebens. Auf der Basis der rational strukturierten Ordnung von Zeit und Raum pflegt die Familiengemeinschaft ihren originären Lebensstil.

Die bürgerliche Wohnstube dient der Familie aber nicht nur als Versammlungsraum. Sie stellt zum anderen auch das *sinnlich-ästhetische* Ambiente der familiären Privatwelt dar. Im Zuge der Kommerzialisierung des Geschmacks wurden die Vorstellungen von bürgerlicher Wohnkultur zwar immer gleichförmiger; die Topographie des familiären Aufenthaltsraums wurde – zumal seit der Erfindung der Couchecke und vollends im Zeitalter des Fernsehens – standardisiert. Gleichwohl bringt jede Familie in der Einrichtungskultur und vor allem in der sinnlich-ästhetischen Dekoration ihrer Innenwelt ihr individuelles kulturelles Profil zur Geltung. Die Privatisierung des Wohnraums geht Hand in Hand mit einer Säkularisierung seiner symbolischen Ausstattung. An die Stelle des aus der kirchlichen Religionspraxis entlehnten Herrgottswinkels mit dem Kruzifixus und anderen ursprünglich im Kirchenraum beheimateten ästhetischen Objekten tritt das private Familienheiligtum. Der heilige Bezirk wird zum Memorialbezirk, in dem fotographische Erinnerungsstücke aus verschiedenen biographischen Stadien der Familiengeschichte zu einer ikonographisch durchkomponierten Bilderwand arrangiert werden.

In diesen bedeutungsgeladenen Kulissen gewinnt die *explizit* religiöse Lebenspraxis der bürgerlichen Familie greifbare Gestalt. Hier, im privaten Lebensraum und in der privaten Lebenszeit, wird die Religion dramaturgisch inszeniert. Tagtäglich, vor allem aber an herausgehobenen Daten der individuellen Lebensgeschichte wie der gemeinsamen Familiengeschichte, formiert sich die private Lebensgemeinschaft zur religiös agierenden Gruppe. Bei Tisch oder am Abend und manchmal bis in die Nacht wird die seelsorgerlich konturierte Konversation (> 213) gepflegt. Sonntags versammelt sich die Familie zum gemeinsamen Musizieren oder zum geselligen Spiel. Der Rhythmus des Kirchenjahres (> 233) ordnet die private Festkultur. Religiöse Symbolik ziert an Ostern den Tisch, an Weihnachten den Baum. Persönliche Geschenke werden ausgesucht und von Segenswünschen (> 232-3) begleitet untereinander ausgetauscht.

Mit besonderem ästhetischen Aufwand und nach der agendarischen Ordnung privater Liturgien werden schließlich die Gedenktage der privaten Geschichte gefeiert: Ehe- und Familienjubiläen, vor allem aber das individuellste unter den bürgerlichen Festen, der *Geburtstag* (493,106ff). „Der Aufwand, mit dem diese Feiern begangen werden, ... ist Hinweis auf das Bedürfnis, Markierungen im Lebenszyklus zu begehen und zugleich in einer Welt der Individualisierung persönliche Beziehungen zu pflegen" (492,43). Lassen sich die festlichen Begehungen der Geburtstage aufgrund ihrer lebensstrukturierenden Funktion als ‚Kasualien' (492,43; > 232-3) begreifen, so bestehen hinsichtlich der szenischen Dramaturgie der ritualisierten Handlungssequenzen vielfältige Analogien zur kirchlichen Gottesdienstpraxis.

Die an die Form der bürgerlichen Hausandacht (> 212-4:2.1.) angelehnten Geburtstagsfeiern sind nichts anderes als mit den Mitteln der privaten Lebenswelt inszenierte Gottesdienste. In der durch und durch säkularen *Inszenierung* der häuslichen Feier finden sich zahlreiche Formen religiöser Kommunikation, die ursprünglich in den Gottesdienst- und Kasualliturgien beheimatet waren, im Zuge der Privatisierung und Säkularisierung der Religionspraxis aber in die häusliche Religionskultur eingeflossen sind. So sind etwa die biographisch grundierten Tischreden, die in der Pose des Predigers vorgetragen und mit Andacht gehört werden, sowohl was ihre thematischen Gehalte als auch was ihre sprachliche Ausdrucksform anbelangt, nach dem Muster der Kasualreden, insbesondere der biographischen Grabrede (> 232-3) gestaltet. Ebenso finden sich im Repertoire der privatisierten Geburtstagsliturgie meditative Elemente wie etwa die besinnliche Betrachtung von Fotoalben, Dias oder Videos und schließlich vor allem vielfältige verbale und gestische Segenshandlungen (> 232-3). Selbst wenn kein Pfarrer im Rahmen der Institution des Hausbesuchs (> 212-4:3.3.3.) an der Feier teilnimmt und die private Frömmigkeitswelt mit kirchlichen Weihen versieht: Am Geburtstag wird der bürgerliche Wohn- und Festraum zum privaten Kirchenschiff, der mit dem guten Geschirr und festlichem Zierrat gedeckte Eßtisch und der mit den individuellen Geschenken dekorierte Couchtisch zum Hausaltar. Verwandte und Freunde übernehmen die Rolle der Paten, der Familienvater agiert als hauseigener Pfarrer.

Die ästhetische Kultur des bürgerlichen Hauses lebt von ihrer Selbstinszenierung. Sie nutzt die Kulissen des häuslichen Interieurs, um sich zwischen den Innenwänden des nach außen abgeschlossenen Hauses, auf der Bühne der zugleich empirisch-realen wie sublim-imaginären Innenseite der gesellschaftlichen Wirklichkeit selbst in Szene zu setzen. Im Spiel mit der Wirklichkeit, in der ästhetischen Imagination und der dramaturgischen Inszenierung ihrer selbst stellt sich die schillernde Erlebniswelt der intimen Lebensgemeinschaft zu einem bedeutungsgeladenen Selbstportrait bürgerlicher Häuslichkeit zusammen. Im Zuge der Selbstpräsentation der *bürgerlichen* Familiengemeinschaft entsteht ein stilisiertes Konstrukt sozialer und kultureller Wirklichkeit, das, von den Gesetzmäßigkeiten expressiver und dramaturgischer Wirklichkeitskonstruktion durchtränkt, eine gebündelte Perspektive auf das Ganze der Lebenswelt öffnet. Die pluriforme soziale und kulturelle Wirklichkeit verdichtet sich zu der bürgerlichen Weltanschauung, in der sich die Ambivalenzen und Antagonismen der modernen Welt in der Harmonie des privaten Lebenskosmos aufheben und in der zugleich die Grenzen zwischen den einander ablösenden Epochen der gesellschaftlichen Modernisierung verschwimmen, eine gewissermaßen zeitlose Rekonstruktion der Moderne, wo längst vergangen Geglaubtes durch seine Wiederaufführung gegenwärtig und die Gleichzeitigkeit des Ungleichzeitigen erlebbar wird.

Die Kultur der bürgerlichen Privatwelt geht freilich nicht in ihrer unmittelbaren sinnlich-
ästhetischen Selbstreproduktion auf. Zu den charakteristischen Momenten bürgerlicher
Weltanschauung gehört ebenso die *reflexive* Auseinandersetzung der gebildeten Individualität mit der neuzeitlichen Lebenswelt, die rationale Sortierung der Problembestände,
die aus der Statur der modernen, industriell-technischen Gesellschaft resultieren, und die
kritische Bilanzierung der Ambivalenzen und Antagonismen, die mit dem Fortschritt der
gesellschaftlichen Modernisierung zutage treten und ihre langen Schatten auch auf die
häusliche Lebenwelt werfen. Wie bürgerliche Lebenshaltung und bürgerlicher Lebensstil
im sozialen und kulturellen Milieu der Privatwelt Gestalt gewinnen, so bündeln sich die
unterschiedlichen Problemgehalte der neuzeitlichen Lebenswelt im populären wie wissenschaftlichen Diskurs über das Schicksal der bürgerlichen Familie in der modernen
Gesellschaft. Im Rahmen bürgerlicher Selbstreflexion wird die Familie gleichermaßen
zum bevorzugten Sujet gesellschaftstheoretischer Debatten wie zum alltagspraktischen
Forum einer eigenen, familiären Diskurskultur. In der selbstreferentiellen Auseinandersetzung der Familie mit sich selbst wird die Idee der bürgerlichen Familie auf dem Hintergrund ihrer jeweils aktuellen und empirisch-konkreten Ratifizierungen auf die Probe
gestellt.

3. Genese und Wandel der Familie in der (Post-)Moderne

3.1. Der Wandel der familialen Sozialformen im Spiegel wissenschaftlicher Reflexion

1. In ihrer doppelten Gestalt als ideelles Leitbild und als empirische Sozialform der privaten Lebenswelt wurde die Familie zum Thema einer eigenen Fachrichtung der Soziologie. Keine andere sozialwissenschaftliche Disziplin bringt bis in die Gegenwart das
bürgerliche Bewußtsein, aus dem sie entstand und zu dessen Spiegel und Medium sie
dann wurde, so markant zum Ausdruck wie die *Familiensoziologie*. In der soziologischen Theorie der ‚modernen‘ Familie, in der Analyse ihrer Charakteristik, ihrer Entstehung und ihrer Entwicklung verweben sich Beschreibung und Bewertung der paradigmatischen bürgerlichen Lebensform untrennbar ineinander. Im privaten wie öffentlichen,
populären wie wissenschaftlichen Diskurs über sich selbst findet die bürgerliche Familie
in Idee und Wirklichkeit ihre moderne Gestalt.

Zwei *Grundzüge* des neuzeitlichen Bewußtseins treten in der Entwicklung der Familiensoziologie von ihren Anfängen im 19. Jahrhundert bis in die Gegenwart markant hervor:
das Interesse an der historischen Begründung und phänomenologischen Beschreibung
der ‚modernen‘ Familie sowie die ambivalente Beurteilung der neuartigen Familienkonfiguration.

Daß „die Geburt der modernen Familie" (501) zu den Stichdaten der neuzeitlichen Gesellschaftsentwicklung zählt, erscheint dem populären Bewußtsein der Moderne inzwischen als Allgemeinplatz. Denn nirgends wird die Umstellung der sozialen Welt im Zuge
der Neuzeit so anschaulich vermittelt und vor allem der primären Erfahrung des einzelnen so unmittelbar evident gemacht wie in der Konstitution der bürgerlichen Familie.
‚Von der Großfamilie zur Kleinfamilie‘ – in diese Formel gießt die moderne Theorie der
Familie die historische Wende, der sich die neuzeitliche Familie verdankt. Die soziologische Begründung des familientheoretischen Paradigmas lieferte Emil Durkheim in seiner

klassisch gewordenen ‚*Kontraktionsthese*‘ (498). Danach entstand die moderne Kleinfamilie, Kernfamilie oder Gattenfamilie im Zusammenspiel von drei sachlich wie historisch ineinander verwobenen Komponenten eines sozialen Kontraktionsprozesses: durch
die Verkleinerung des familialen Sozialsystems; durch die externe Abgrenzung der Familie als Organisationsform des privaten Lebens gegenüber der gesellschaftlichen Öffentlichkeit wie gegenüber dem Verwandtschaftszusammenhang, dem nach außen „offe-
ne(n), multilineare(n) Gattenfamiliensystem“ (499,85); und schließlich durch die Konzentration der von der Familie zu erbringenden Leistungen auf die genuin familialen
kulturellen und sozialen Funktionen.

Die augenfälligste Komponente des familialen Kontraktionsprozesses besteht in der
quantitativen *Verkleinerung* des Familienverbands. Lassen sich aufgrund differenzierter
gesellschaftshistorischer Studien über die Genese und Entwicklung der primären Vergemeinschaftungsformen in der Antike verschiedene nebeneinander existierende Familienkonfigurationen nachweisen – weit verzweigte Verwandtschaftszusammenhänge und
Großfamilien, die patriarchalisch verfaßte Generationenfamilie und auch die aus Mann,
Frau, unmündigen Kindern und anderen im Haus lebenden Verwandten bestehende Va-
terfamilie (495,62) –, so hat sich in den verschiedenen Stadien der neuzeitlichen Gesellschaftsentwicklung die Gattenfamilie als der in der Moderne dominierende Familientypus herausgebildet. Aus der „große(n) Haushaltsfamilie“ des Mittelalters und der frühen
Neuzeit wurde die „Kleinfamilie“ des 19. Jahrhunderts (500,38ff.97ff).

Die neuzeitliche Kontraktion der Familie führte zu weitreichenden *Konsequenzen* sowohl hinsichtlich der internen sozialen Organisation und des kulturellen Milieus der privaten Lebensgemeinschaft als auch im Blick auf die Einbettung der familialen Institution
in das Netzwerk der gesellschaftlichen Institutionen. Im Zuge der Ausdifferenzierung der
gesellschaftlichen Lebenswelt trat die Familie Funktionen, die sie vorher erfüllte, weitgehend an andere soziale Institutionen ab: ihre ökonomischen Leistungen an das moderne Wirtschaftssystem, ihre pädagogischen Funktionen an das Bildungssystem. Indem sie
ihre Multifunktionalität verlor, gewann sie aber gerade ihre genuin neuzeitliche Charakteristik. Die Familie wurde zur Grundform primärer Lebensgemeinschaft, zum sozialen
und kulturellen Nukleus der privaten Lebenssphäre. In der Folge der zunehmenden Inti-
misierung und Emotionalisierung der privaten Lebenswelt (505,24) fielen der Familie spezifische Leistungen zu, die von anderen Institutionen nicht erbracht werden können. In
der neuzeitlichen Gesellschaftsordnung bildet „die bürgerliche Ehe- und Familienordnung einen elementar selbstverständlichen Sinn- und Verweisungszusammenhang …,
der Liebe, Ehe, Zusammenleben/gemeinsames Haushalten, Sexualität und Familienbil-
dung plausibel ‚unter einem Dach‘ vereinigt“ (506,154).

2. Die historische Beschreibung der Genese und Entfaltung der modernen bürgerlichen
Familie war von Anfang an von einem *kritischen* Bewußtsein begleitet, das Gewinn und
Verlust der Kontraktion zur Kleinfamilie bilanzierte. Schon der Initiator der bürgerlichen
Familientheorie, Wilhelm Heinrich Riehl, konstatierte einen Dissens zwischen der in der
bürgerlichen Weltanschauung verwurzelten „Idee der Familie“ (497,125ff) und der empirischen Wirklichkeit des von vielfältigen Verwerfungen der sich modernisierenden
Gesellschaft bedrohten Familienlebens. Zum einen erweist sich die Kontraktion der Familie als Motor des Individualisierungsprozesses, in dessen Folge sich das für die Stabilität der gesellschaftlichen Lebensordnung konstitutive Gemeinschaftsbewußtsein auf-

löst. Zum anderen trägt die Abgrenzung der privaten Lebensform gegenüber den größeren sozialen Zusammenhängen des Verwandtschaftsverbands und der öffentlichen Lebenssphäre zur gesellschaftlichen Isolation der Familie bei. Indem die Familie konstitutive Funktionen an die verschiedenen Institutionen der sich ausdifferenzierenden Gesellschaft abtritt und dabei ihre integrale Stellung im sozialen Lebenskosmos preisgibt, unterstützt sie die zentrifugalen Kräfte der gesellschaftlichen Modernisierung und wird
damit schließlich zu ihrem eigenen Gegenbild, zu einem maßgeblichen Faktor gesellschaftlicher Desintegration. Mit der kulturkritischen Klage über „die Auflösung des Fa-
milienbewußtseins" korrespondierte Riehls anachronistische Leitidee des „ganzen Hauses" (497,158). Der „Wiederaufbau des Hauses" (497,292) sollte der Erschütterung der
„Grundfesten der Gesellschaft" (497,23) Einhalt gebieten. Programmatisch forderte Johann Hinrich Wichern die Restitution der gesellschaftlichen Lebenswelt aus dem Geist
der christlichen Lebensordnung und erklärte „die christliche Wiederherstellung der Familien und Hausstände" zu einer „der Hauptaufgaben der innern Mission" (523,182).

Unter veränderten historischen und gesellschaftlichen Bedingungen und mit anderen
Zielsetzungen zählen *Familienberatung* und *Familientherapie* (> 222-2) bis in die Gegenwart zu den dominanten Aufgaben der gesellschaftlichen Wohlfahrtsorganisationen
wie insbesondere der Diakonie. War die Familie schon immer „die Domäne der pastoralen Seelsorge" (496,16), so nimmt der Bedarf an Beratung in der Folge der modernen
Gesellschaftsentwicklung ständig zu. „Dabei ergibt sich die Beratungsbedürftigkeit nicht
so sehr aus der individuellen Schwäche einzelner, sondern vielmehr aus der zunehmenden Differenziertheit und Komplexität unseres gesellschaftlichen Lebens" (496,16).

3. Die *neuere Familiensoziologie* knüpft an die Tradition der bürgerlichen Familientheorie an. Sie nimmt sowohl die sozialhistorische Betrachtung von Genese und Entwicklung
des familialen Sozialsystems als auch das Ensemble der in der Kontraktionsthese zusammengeschlossenen Theoreme auf und unterzieht die traditionellen Theoriemuster
einer kritischen Analyse. In einem späteren Stadium des gesellschaftshistorischen Entwicklungsprozesses wird zum einen die historisch-phänomenologische Beschreibung der
familialen Lebensformen komplexer und der Erkenntniswert der groben Raster relativiert, mit denen in der Rezeption der Kontraktionsthese Entwicklung und Bestand der
modernen Familie beschrieben und erklärt wurden. Eine genauere Beobachtung der empirischen Wirklichkeit überzeugt davon, daß sich auch in der Neuzeit unterschiedliche
Typen familialer Organisation nebeneinander finden. Die bürgerliche Kleinfamilie, die
durch eine spezifische Rollenverteilung zwischen Mann und Frau, durch die intensive
pädagogische Zuwendung zu den Kindern und vor allem durch ihr charakteristisches
kulturelles Milieu gekennzeichnet ist, bildet nur einen, allerdings dominanten Familientypus unter anderen. Zum anderen treten im Fortschritt der gesellschaftlichen Differenzierung und Individualisierung aber auch die der modernen Familie aufgelasteten Risiken immer deutlicher in das populäre wie wissenschaftliche Bewußtsein. Mit der Relativierung des schichtspezifischen bürgerlichen Familienmodells korrespondieren zunehmend kritische Bewertungen der Kleinfamilie, in denen sich das bürgerliche Krisenbewußtsein in neuem wissenschaftlichen Gewand darstellt. Die externe Desintegration der
Familie infolge ihres gesellschaftlichen Funktionsverlusts und die interne Desorganisa-
tion der Familie infolge ihrer konstitutionellen Instabilität werden zu Argumenten einer
umfassenden Kritik der bürgerlichen Familienform.

3.2. Die ambivalente Statur der Familie in der sich modernisierenden Gesellschaft

1. Der zeitgenössische *Diskurs* über das Schicksal der Familie in der sich modernisierenden Gesellschaft wird einerseits in der Familie selbst, zumal in der Konversationspraxis
hochbürgerlicher Familienverbände geführt, andererseits in den Institutionen der öffentlichen Reflexionskultur: im universitären Wissenschaftsbetrieb, in Akademien (> 222-4)
verschiedener Couleur und in einer Vielfalt von untereinander vernetzten Forschungs-
instituten, neuerdings vor allem auch im Rahmen der interdisziplinär organisierten Frauenforschung. Die familientheoretische Debatte konzentriert sich im wesentlichen auf drei
Problembündel, in denen sich die Ambivalenzen der neuzeitlichen Lebenswelt in jeweils
charakteristischem Zuschnitt widerspiegeln. Ein erster Problemdiskurs thematisiert die
institutionelle Stellung der Familie im Gefüge der neuzeitlichen Gesellschaftsordnung
sowie die der familialen Institution zugewiesenen sozialen und kulturellen Aufgaben und
macht auf die daraus resultierende Überlastung der bürgerlichen Kleinfamilie aufmerksam. Ein zweiter Problemdiskurs beschreibt die sozialkulturelle Charakteristik der modernen Familienkonfiguration, zumal die Emotionalisierung der familialen Lebenskultur
und die Neuformatierung des Geschlechterverhältnisses, und legt die in der bürgerlichen
Familie angelegten Risiken für die Autonomie des einzelnen wie für die Stabilität der
Familiengemeinschaft offen. Ein dritter Problemdiskurs geht dem sich ständig beschleunigenden Wandel der familialen Sozialformen, zumal der Individualisierung der Lebensbeziehungen und der Pluralisierung der Lebensformen nach und artikuliert Erosion und
Zerfall der bürgerlichen Familie in der Moderne. Sowohl die unterschiedlich fokussierten Analysen des modernen Familiensystems als auch die daraus abgeleiteten Problem-
anzeigen verschränken sich vielfältig miteinander.

Die unterschiedlich akzentuierten familientheoretischen Reflexionskonstrukte und Pro-
blemmarkierungen sortieren sich um eine wissenschaftlich fundierte, gesellschaftshisto-
risch und sozialwissenschaftlich ausgearbeitete Analyse der *institutionellen Stellung* der
Familie im größeren Kontext der gesellschaftlich organisierten Lebensordnung sowie um
die Bestimmung der Bedeutung, die der familialen Institution im Zusammenhang von
Genese und Entwicklung der modernen industriell-technischen Lebenswelt zukommt.
Als elementare Institution des privaten Lebens steht die moderne Familie im Zentrum
des gesellschaftshistorischen Transformationsprozesses, der zur Herausbildung der neuzeitlichen, auf der Distinktion und Relation von privater und öffentlicher Lebenssphäre
aufruhenden Gesellschaftsordnung führte. Die Genese der bürgerlichen Familie als einer
gegenüber den traditionsverbundenen und traditionsvermittelnden Verwandtschaftszu-
sammenhängen wie vor allem gegenüber den unterschiedlich spezifizierten Institutionen
der öffentlichen Welt selbständigen Form des sozialen Lebens bildet nicht nur ein signifikantes Resultat, sondern umgekehrt vor allem auch eine notwendige Voraussetzung des
gesellschaftlichen Differenzierungsprozesses, dem sich die moderne Lebenswelt verdankt. Insofern markiert die Entstehung der neuzeitlichen Familienkonfiguration zugleich den Ursprung der gesellschaftlichen Modernisierung. In der Familie als Institution
des privaten Lebens werden die neuzeitlichen Ideen der Liberté, Egalité und Fraternité,
individueller Autonomie und wechselseitiger Akzeptanz, praktisch verwirklicht und eingeübt. Als Gegenstück zu der ihren Eigengesetzlichkeiten folgenden gesellschaftlichen
Öffentlichkeit stellt die Familie der autonomen Individualität ein lebensweltliches Re-
servat zur Verfügung, in dem jeder nach seiner Façon leben und sich abseits gesellschaftlicher Obligationen selbst verwirklichen kann.

Mit der weiteren Ausdifferenzierung der neuzeitlichen Lebenswelt, zumal mit der zunehmenden Verselbständigung des ökonomischen Systems gegenüber dem privaten Leben wie auch gegenüber den übrigen Sektoren der öffentlichen Lebenssphäre, steigerte sich die Bedeutung der familialen Institution für die Konstitution der modernen Gesellschaft. Zugleich verschärften sich die dem bürgerlichen Familienmodell inhärenten *Konfliktpotentiale*. Sie resultieren aus Spannungen, die sich aus traditionellen und neuartigen sozialen wie kulturellen Erwartungen an die Familie einerseits und der Leistungsfähigkeit der modernen Familienform andererseits ergeben. Wandelte sich auch die soziale Gestalt der häuslichen Lebensgemeinschaft, so blieb der Institution der Familie gleichwohl ein Sortiment von Funktionen zugewiesen, die nicht an andere gesellschaftliche Institutionen delegiert werden können, deren Erfüllung für die Gesellschaft aber von fundamentaler Bedeutung ist. Auch in der bürgerlichen Gesellschaft gehört die Organisation der Geschlechterbeziehung sowie die Aufgabe der Zeugung und Erziehung von Kindern zu den primären Aufgaben des familialen Sozialsystems. Die Koordination der familialen Erziehung mit dem sich zunehmend ausweitenden und ausdifferenzierenden gesellschaftlichen Bildungssystem ergibt zwar reichlich Stoff für Konflikte zwischen Schule und Familie, professionellen und familialen ErzieherInnen. Doch lassen sich die pädagogischen Konkurrenz- und Konfliktprobleme einerseits durch generelle Abgrenzungen und Zuordnungen, andererseits durch pragmatische Regelungen im Einzelfall lösen. Dagegen stellen sich die dem bürgerlichen Familienmodell inhärenten Konflikte hinsichtlich der Organisation des Geschlechterverhältnisses als fundamentale systemimmanente Probleme dar. Sie spitzen sich mit der Konsolidierung der bürgerlichen Familie in der neuzeitlichen Lebenswelt laufend zu. Zwei unterschiedliche, aber eng miteinander verbundene Konfliktpotentiale des bürgerlichen Familienmodells sind bis in die Gegenwart virulent geblieben: die Überlastung der Familie im Zuge der Emotionalisierung ihres kulturellen Milieus und die sich im 19. Jahrhundert herausbildende typisch bürgerliche Konturierung der Geschlechterrollen.

2. Die bürgerliche Kleinfamilie entstand im Zuge der Umstellung des familialen Sozialsystems von einer rationalen Arbeits- und Wirtschaftsgemeinschaft zu einer von Intimität und Emotionalität getragenen *Gefühlsgemeinschaft*. Dementsprechend wandelten sich die soziale Grundlage wie das kulturelle Milieu der Ehe. Statt der Verbindung zwischen zwei Familien wurde das persönliche Vertrauensverhältnis einander emotional verbundener Partner, zumal aber das in der Epoche der Romantik neu gefaßte, ästhetisierte und sublimierte Gefühl persönlicher Zuneigung, die ‚Liebe', zum Motiv der Eheschließung wie zur dauerhaften sozialkulturellen Grundlage der Ehe erhoben. Die Emotionalisierung sozialer Primärbeziehungen prägt nicht nur die auf Intimität gestellte Lebensgemeinschaft des ehelichen Liebespaares, sondern ebenso das vertrauliche Verhältnis zwischen Eltern und Kindern, und verleiht damit der bürgerlichen Zweigenerationenfamilie die Statur einer gegenüber den Eigengesetzlichkeiten gesellschaftlicher Rationalisierung scheinbar resistenten, weil unverwechselbar individuellen Lebensform.

Indem die Familiengemeinschaft konsequent auf das Gefühl als den unmittelbarsten Ausdruck autonomer Individualität zentriert und zum kulturellen Sinnbild wie zur sozialen Instanz individueller Selbstkonstitution erklärt wird, fällt ihr eine über ihre traditionellen Funktionen hinausreichende neuartige Bedeutung zu. Im Zusammenhang der neuzeitlichen Gesellschaftsordnung, im wechselseitigen Zusammenspiel von privater und öffentlicher Lebenssphäre, erhält die familiale Privatwelt den Status einer *Gegen-*

welt, in der die Orientierungsprobleme, die im Zuge der Ausdifferenzierung der Gesellschaft entstehen, aufgefangen, die außerhalb des Hauses, in der gesellschaftlichen Öffentlichkeit, zumal aber in der Arbeitswelt verorteten Konflikte kompensiert und die bürgerlichen Individuen für die Autonomieverluste, die ihnen im Fortschritt der industriell-technischen Lebenswelt zugemutet werden, entschädigt werden sollen. Die Rückverweisung von gesellschaftlichen Konfliktpotentialen an die private Primärgemeinschaft zerstört aber einerseits die Autonomie der Familie gegenüber den Ansprüchen der Gesellschaft und führt andererseits zu einer ständigen, von außen gesteuerten Überlastung der auf sich selbst gestellten Familie und damit zur Gefährdung ihrer sozialen Stabilität. „Die Privatsphäre ist nicht das, was sie zu sein scheint: eine gegen die Umwelt abgegrenzte Sphäre. Sie ist die ins Private gewendete und hineinreichende Außenseite von Verhältnissen und Entscheidungen, die anderswo ... unter weitgehender Nichtberücksichtigung der privat-biographischen Konsequenzen getroffen werden" (507,214).

3. Als besonders problematisch und konfliktträchtig stellt sich in diesem Zusammenhang die in das bürgerliche Familienmodell eingelassene Zuweisung der *Geschlechterrollen* dar. Auf der einen Seite fußt die Idee der modernen Familie auf dem Prinzip der Gleichberechtigung von Mann und Frau. Die eheliche Lebensgemeinschaft, deren soziale Strukturen nicht auf hierarchischen Ordnungsmustern, sondern auf der Ausbalancierung gleichgewichtiger Bedürfnisse und Ansprüche aufbauen, und deren innere Dynamik nicht von der Ausübung von Macht, sondern von der wechselseitigen Wertschätzung der Ehe-,Partner' gesteuert wird, gilt dementsprechend als Modellfall gesellschaftlicher Demokratisierung. Auf der anderen Seite bildet sich in der Unterscheidung und Entsprechung der Geschlechterrollen aber in besonders signifikanter Weise ein der Egalisierung der sozialen Beziehungen diametral widersprechendes Differenzierungsmuster ab: die für die bürgerliche Gesellschaftsordnung charakteristische Aufspaltung der Lebenswelt in eine private und eine öffentliche Lebenssphäre. Im Zuge der Konstitution und der weiteren Entwicklung der bürgerlichen Gesellschaft wurde das dichotomische Grundmuster der modernen Gesellschaft auf die Organisation des Geschlechterverhältnisses und damit auf die interne soziale Struktur von Ehe und Familie übertragen. Die Rollen von Männern und Frauen wurden teils in Fortführung traditioneller Vorstellungen verteilt, teils nach den Bedürfnissen der modernen, industriell-technischen Lebenswelt neu zugeschnitten.

Die Rolle des *Mannes* definiert sich demnach vorwiegend auf dem Hintergrund des ökonomischen Systems, jenes Segments der öffentlichen Lebenssphäre also, das in exemplarischer Weise der familialen Lebenswelt konträr gegenübersteht. In der vornehmlich ihnen reservierten und von ihnen dominierten Sphäre des öffentlichen Lebens gehen die Männer, von den Obligationen der privaten Lebenswelt unbehelligt, ihrer Erwerbstätigkeit nach und erwirtschaften durch den Verkauf ihrer Arbeitskraft die finanziellen Ressourcen für den Unterhalt der Familie. Das Profil, das die Männerrolle auf dem Hintergrund der rational verfaßten, auf Konkurrenz gestellten und auf ökonomischen Erfolg abzielenden Wirtschaftsorganisation gewinnt, stellt sich aus den klassischen Werten der Moderne zusammen, aus rationaler Welteinstellung, persönlicher Durchsetzungskraft und finanzieller Selbständigkeit.

Der Status der *Frau* wird, den Vorstellungen der bürgerlichen Gesellschaft entsprechend, im Gegenüber zur sozialen Stellung des Mannes definiert, das ihr zugewiesene Rollenbündel aus den Elementen der bürgerlichen Lebenswelt zusammengestellt, die aus der Männerwelt ausgegrenzt wurden. Der Frau fällt demnach eine eigene, in der Privatwelt angesiedelte und daher nicht beruflich verfaßte ökonomische Tätigkeit zu: die Versorgung des Haushalts. Der dominante Schwerpunkt der weiblichen Arbeitssphäre liegt aber im kulturellen Bereich, in der ästhetisch und pädagogisch akzentuierten Pflege der familialen Lebenswelt und vor allem in der Kultivierung der für Ehe und Familie konstitutiven emotionalen Beziehungen unter den Mitgliedern der häuslichen Primärgemeinschaft.

Die von der bürgerlichen Gesellschaft entworfenen männlichen und weiblichen Rollenstereotypen sind keine unmittelbaren Abbilder der empirischen Realität. Sie haben vielmehr die Statur von *theoretischen* Vorstellungen. Deshalb spiegelt sich in der idealtypischen Beschreibung der gesellschaftlichen Lebensverhältnisse die praktische Wirklichkeit der lebensweltlich ausdifferenzierten und schichtspezifisch segmentierten Familienkultur des 19. und 20. Jahrhunderts auch nur in gebrochener Perspektive wider. In ihrer reinen Gestalt wurde die Aufteilung der Lebenswelt nach dem Muster der bürgerlichen Gesellschaft, ihre Spaltung in eine Männerwelt und eine Frauenwelt, nicht gleichermaßen in allen Schichten der neuzeitlichen Gesellschaft, am ehesten noch im urbanen Hochbürgertum praktisch wirksam. Gleichwohl prägten die bürgerlichen Vorstellungen von der geschlechtsspezifischen Verteilung der familialen Rollen den unterschiedlichen Konfigurationen von Ehe und Familie gemeinsam ihren Stempel auf. Bis in die Gegenwart dirigieren die aus der Genese der bürgerlichen Familie übernommenen Ansichten über männliche und weibliche Rollenbilder die familiäre Lebenspraxis hinter dem Rükken der Akteure und wirken damit untergründig auf die lebenspraktische Gestaltung des familiären Lebens ein. Ihre eigentliche und offenliegende Wirksamkeit entfalten die von der Gesellschaft entworfenen Ideen, Leitbilder und Ordnungsmuster der privaten Welt aber, indem sie im Rahmen gesellschaftshistorischer Theoriebildung, zumal auch im Rahmen der Frauenforschung, zu theoretischen Kategorien der rational-wissenschaftlichen Rekonstruktion der modernen Lebenswelt erhoben und als idealtypische Figuren zur Deutung aktueller Problemlagen genutzt werden.

Zu den erklärungsbedürftigen Sachverhalten der zeitgenössischen Familienkultur gehört an erster Stelle das trotz vielfacher Emanzipationsbestrebungen weiter fortbestehende soziale *Ungleichgewicht* zwischen Männern und Frauen. Die empirisch-analytische Forschung klärt den dem modernen Familiensystem inhärenten Widerspruch zwischen Idee und Wirklichkeit der modernen Familie, zwischen dem Anspruch auf Parität und der tatsächlichen Disparität der Geschlechter auf, indem sie auf die komplexe Funktion von kulturellen Vorstellungen für die Gestaltung sozialer Wirklichkeit verweist. Den sozialwissenschaftlichen Rekonstruktionen der familialen Lebenswelt zufolge schlägt sich die am Anfang der bürgerlichen Epoche ausformulierte Entgegensetzung von Männer- und Frauenrollen zwar nicht unbedingt in ihrer reinen Form und auch nicht durchweg in offen zutage liegender Gestalt in der empirischen Alltagspraxis von Ehe und Familie nieder. Das bürgerliche Familienmodell bringt sich gleichwohl in subtiler und damit viel wirksamerer Weise auf dem Umweg über die rollenspezifische Selbstdefinition der Akteure, über die Festlegung ihrer wechselseitigen Haltungen und Beziehungen und damit über die untergründige Regieführung im zwischengeschlechtlichen Rollenspiel zur Geltung und reproduziert dabei ständig die nur dem Scheine nach überwundene Abhängigkeit der Frauen von den Männern. Den divergierenden bürgerlichen Rollenbildern zufolge orientieren sich Frauen in ihrer Funktion als Repräsentantinnen der primären Lebenswelt, zumal aber aufgrund ihrer geschlechtsspezifischen Sozialisation (514), in ihrer Einstellung und in ihrem Verhalten generell an den von ihnen mitgestalteten sozialen Beziehungen und Netzwerken, am „Dasein für andere" (509) und speziell in dem frauenspezifischen Lebenskreis von Ehe und Familie an ‚ihren' Männern. Die personale Identität (> 311) der Männer dagegen zentriert sich um die von ihnen internalisierten Autonomieansprüche. Die idealtypische Selbstdefinition des Mannes entsteht dementsprechend weniger aus seiner Selbstrelationierung im Gefüge der sozialen Lebenswelt, sondern in der Rückbeziehung des autonomen Individuums auf sich selbst. Männer sind demzufolge, zumal in der auf persönliche Autonomie abgestellten privaten Lebenssphäre, viel deutlicher als Frauen auf sich selbst fixiert.

Das aus den divergierenden Rollenzuschreibungen und Selbstdefinitionen resultierende Ungleichgewicht der Geschlechter reduziert auf der einen Seite die Emanzipationschancen der Frauen sowohl in der öffentlichen Lebenssphäre, der Produktions- und Konsumtionswelt, als auch innerhalb des ihnen zugewiesenen privaten Lebenskreises. Auf der anderen Seite *stabilisiert* die bürgerliche Vorstellung von der Ergänzung der Geschlechter aber sowohl die distinkte Relation zwischen der privat-weiblichen und der öffentlich-männlichen Sphäre der modernen Gesellschaft als auch das Ungleichgewicht der Geschlechter in der primären Lebensbeziehung. Die Zuweisung der Geschlechterrollen nach dem Modell wechselseitiger Ergänzung bildet eine konstitutive Voraussetzung für den Bestand der modernen Industriegesellschaft, in der sich Erwerbsarbeit und Hausarbeit, produktive und reproduktive Tätigkeiten gegenseitig bedingen. „Die Industriegesellschaft ist insofern auf die ungleichen Lagen von Männern und Frauen angewiesen" (507,174). Ebenso ruht die Stabilität der von vielfältigen objektiven und subjektiven Risiken belasteten bürgerlichen Familie auf der reziproken Entsprechung der Geschlechterrollen, auf der ungleichen Balance der persönlichen Ansprüche, der hierarchischen Positionen und der sozialen Rollen von Frauen und Männern auf. Die soziale Stabilität der bürgerlichen Gesellschaft und des bürgerlichen Familienmodells wird somit um den Preis des sozialen Ungleichgewichts zwischen Mann und Frau erkauft.

Die Analyse bürgerlicher Familienstrukturen deckt den Fortbestand einer in die neuzeitliche Gesellschafts- und Familienordnung eingelassenen ‚Gegenmoderne' auf und enthüllt das wahre Gesicht der idealisierten Moderne. „Was sich in die private Form des ‚Beziehungsproblems' kleidet, sind – gesellschaftstheoretisch gewendet – die Widersprüche einer im Grundriß der Industriegesellschaft halbierten Moderne, die die unteilbaren Prinzipien der Moderne – individuelle Freiheit und Gleichheit jenseits der Beschränkung von Geburt – immer schon geteilt und qua Geburt dem einen Geschlecht vorenthalten, dem anderen zugewiesen hat" (507,118). Die Kritik an der Zuweisung der Geschlechterrollen weitet sich damit zur Kritik des bürgerlichen Familienmodells und darüber hinaus zur Kritik an einer Gesellschaft aus, die sich zu ihrer theoretischen Legitimation auf die Ideen der Moderne beruft und sie im gleichen Atemzug in ihrer Praxis widerruft. Die bürgerliche Familie bildet ein Theorieprisma, in dem sich die Ambivalenzen und Antagonismen der Moderne auf paradigmatische Weise brechen. Sie stellt zugleich eine Form primärer Vergemeinschaftung dar, in der Idee und Wirklichkeit individueller Lebensgestaltung in der empirischen Lebenspraxis ständig miteinander kollidieren.

3.3. Die Familie im Prozeß lebensweltlicher Pluralisierung und Individualisierung

1. In der *zeitgenössischen* familientheoretischen Debatte spiegelt sich die ambivalente Statur der Moderne auf exemplarische Weise wider. Die kritische Theorie der modernen Familie eignet sich die im Zuge wissenschaftlicher Analyse aufgedeckten Frakturen der gesellschaftlichen Lebenspraxis in ihrem Theoriedesign selbst an. Sie überträgt die Ambivalenzen der gesellschaftlichen Lebenspraxis auf die Formatierung ihrer Reflexion und kopiert die antagonistischen Strukturen der neuzeitlichen Lebensverhältnisse auf die wissenschaftliche Theoriebildung. Auf der einen Seite wird in der alltagspraktischen und gesellschaftstheoretischen, populären und wissenschaftlich formatierten Reflexionskultur der soziale und kulturelle Bedeutungsverlust, die interne Instabilität und die sich ständig beschleunigende Erosion der Familie beklagt und die historische Entwicklung der familialen Institution als Defizienzprozeß beschrieben. Auf der anderen Seite mißt die Theorie die Praxis an genau den Ideen, die bei der Genese des bürgerlichen Familienmodells Pate standen. Die familientheoretische Debatte deckt damit nicht nur die Kluft zwischen Norm und Wirklichkeit auf, sondern sie stabilisiert auch – teils untergründig, teils absichtsvoll – rückwirkend die mit der neuzeitlichen Familie untrennbar verbundenen modernen Ideale, an erster Stelle die neuzeitliche Maxime individueller Autonomie. Die bürgerliche Familientheorie tritt damit nicht nur in die Rolle einer moralischen Instanz ein, die im Zeichen der Auflösung traditioneller Formen privater Vergemeinschaftung die Praxis an ihre ideellen Grundlagen erinnert. Die kritische Theorie der privaten Lebenswelt eignet sich vielmehr auch die Rolle eines Ratgebers für die praktische Gestaltung zugleich modernitätsverpflichteter wie empirisch ratifizierbarer Lebensformen an und begleitet die in der sich zunehmend pluralisierenden und differenzierenden Lebenswelt Orientierungslosen – vor allem durch das Instrument einer ausufernden Lebensberatungsliteratur – bei der lebenspraktischen Realisierung der von der bürgerlichen Moderne geheiligten und von ihren Nachfahren gehüteten Ideen.

Die charakteristische Synthese von moralischem Impetus und praktischer Intention schlägt sich in der empirischen Akzentuierung der zeitgenössischen Familientheorie nieder. Zum Kernbestand der gegenwärtigen familientheoretischen Diskussion gehört die in praktischer Absicht vorgenommene theoretische *Bilanzierung* der Chancen und Risiken des privaten Lebens auf der Folie einer vorurteilsfreien phänomenologischen Inspektion der gesellschaftlichen Wirklichkeit. Zu den augenfälligen, in den Medien, in populärwissenschaftlichen Publikationen und in der alltäglichen Konversationspraxis registrierten und als neuartig empfundenen Erscheinungen der gegenwärtigen Familienkultur gehört ein mittlerweile klassisch gewordenes Sortiment von Tatbeständen, die teils als Indikatoren für den Zerfall der traditionellen sozialen Lebensformen (496,1), teils als Vorzeichen einer besseren Zukunft, der Eröffnung neuer Chancen für die Realisierung der neuzeitlichen Ideale, für Emanzipation und Individualisierung, gewertet werden: der Anstieg der Scheidungsrate und die daraus resultierende Verkürzung der Ehen mit wechselnden Partnern, die statistische Zunahme von ‚nichtehelichen Lebensgemeinschaften‘ und – zumal in der urbanen Sozialwelt – der Singlehaushalte sowie der ebenso zur alltäglichen Normalität avancierten Familienformen des kinderlosen (Ehe)Paares, der Lebensgemeinschaft von Kindern mit alleinerziehenden Elternteilen und vor allem von Ehepartnern mit gemeinsamen und Stiefkindern.

In dem sich ständig beschleunigenden Wandel der familialen Lebensverhältnisse bringt sich der Prozeß gesellschaftlicher Pluralisierung zur Geltung. Er führt nicht nur zur Aus-

differenzierung einer breiten Palette nebeneinander bestehender und weithin auch gesellschaftlich akzeptierter Formen privater Vergemeinschaftung, sondern vor allem auch zu
einer „*Entkopplung*" der „Lebens- und Verhaltenselemente" (507,164), auf deren un-
trennbarer Kombination das bürgerliche Familienmodell aufruhte. Basierte der Idealtypus der bürgerlichen Familie auf der Vorstellung der in einer Familie verwirklichten
Integration von Gattenliebe und Kinderliebe, von Blutsverwandtschaft und Dauerhaftigkeit des Zusammenlebens von Eltern und Kindern, so läßt sich für die Situation der gegenwärtigen Familie feststellen, „daß dieser so eindeutig zugeschnittene Sinn- und Verweisungszusammenhang für das Handeln unverbindlicher wird und sich lockert"
(506,155). Partnerschaft und Haushalt, Sexualität und Kindererziehung müssen nicht
mehr unter einem Dach miteinander vereint, sondern können in unterschiedlichen, untereinander vernetzten sozialen Räumen und kulturellen Milieus verortet werden.

Im Zuge der Pluralisierung der Lebensformen löste sich schließlich auch das von der
bürgerlichen Familienvorstellung entworfene und durch den bürgerlichen Familientypus
stabilisierte Modell einer normativen *Familienbiographie* auf. Nach dem traditionellen
Schema gliedert sich der Verlauf der Familiengeschichte in drei Phasen. Auf die Zeit der
Familiengründung folgt die im eigentlichen Sinne familiäre Phase des Zusammenlebens
von Eltern und Kindern und schließlich die kinderlose Zeit der Eltern (495,118). „Sukzessive Ehen" (512,73) und „multiple Elternschaften" (511) verleihen nicht nur den in-
dividuellen wie den familialen Biographien komplexere Strukturen: „Die lebenslange
Einheitsfamilie, die die in ihr zusammengefaßten Elternbiographien von Männern und
Frauen in sich aufhebt, wird zum Grenzfall, und die Regel wird ein lebensphasenspezifi-
sches Hin und Her zwischen verschiedenen Familien auf Zeit bzw. nicht-familialen
Formen des Zusammenlebens" (507,188). In der Folge der Dynamisierung familialer
Biographien werden gleichzeitig auch die Beziehungen, die einzelne Familienmitglieder
aufgrund verwandtschaftlicher Bindungen zu anderen Familien unterhalten, sowie die
Beziehungen zwischen Familien und Verwandtschaftsverbänden pluriformer. An die
Stelle der Verbindung zweier Verwandtschaftsverbände durch die Eheschließung zweier
Partner treten vielfältige Überlagerungen von verschiedenen Verwandtschaftssystemen,
auf die Eltern und Kinder bedarfsweise zurückgreifen können. Die elastischen und dy-
namischen Familien- und Verwandtschaftsbeziehungen sind nicht von vornherein als
Krisensymptome zu begreifen. Sie belegen vielmehr die Zunahme von Differenzierung,
Komplexität und Kontingenz in der sich individualisierenden Gesellschaft.

2. Die empirische Inspektion der pluralisierten Familienkultur wirkt auf die Architektur
der wissenschaftlichen Familientheorie zurück. In der Konsequenz der phänomenologischen Bilanzierung verliert die Kontraktionsthese vollends an Plausibilität. Im Zusammenhang einer Mikroanalyse der miteinander konkurrierenden familialen Lebensformen
läßt sich die Vielfalt an Familientypen eher im Widerspruch zu dem traditionellen Deutungsmuster als Ergebnis eines fortschreitenden *Differenzierungsprozesses* erklären, der
sich am Übergang von der Moderne zur ‚Postmoderne' zunehmend beschleunigt. „Bei
der Frage nach der Zukunft ‚der' Familie wird häufig von falschen Voraussetzungen
ausgegangen. Es wird die bekannte Form der Kernfamilie mit irgendeinem verschwom-
menen Zustand der ‚Familienlosigkeit' konfrontiert oder unterstellt, daß ein anderer Fa-
milientyp die Kernfamilie ersetzt. Sehr viel wahrscheinlicher ist …, daß nicht ein Typus
von Familie einen anderen verdrängt, sondern daß eine große Variationsbreite von familialen und außerfamilialen Formen des Zusammenlebens nebeneinander entstehen und

bestehen wird" (507,195). Die von der Kontraktionsthese suggerierte „Einheitlichkeit und Konstanz der Begriffe – Familie, Ehe, Elternschaft, Mutter, Vater usw. – verschweigt und verdeckt die wachsende Vielfalt der Lagen und Situationen" und macht es für die empirische Familientheorie „immer schwerer, Begriff und Wirklichkeit aufeinander zu beziehen" (507,164).

Mit der Pluriformität der familialen Vergemeinschaftungsformen korrespondiert die zunehmende Komplexität der internen Familienstrukturen, zumal aber die Individualisierung der lebensweltlich parzellierten und lebensgeschichtlich aufgeschichteten Lebensformen und Lebensstile der einzelnen Familienmitglieder. Zum analytischen Interpretationsraster wie zum moralischen Programm der zeitgenössischen Familientheorie avancierte denn auch das Paradigma der *Individualisierung*. Wie sich Ehepartner „weniger als Hälften einer größeren Einheit denn als eigenständige Wesenheiten begreifen" (513,237), so folgt auch die Pflege der familialen Binnenkultur den Gesetzmäßigkeiten des Individualisierungsprozesses. Nicht nur die Elternteile, sondern auch die Kinder entfalten ihren je eigenen, ihren verschiedenartigen Biographien und differenten Lebenslagen entsprechenden Lebensstil.

Die Individualisierung der familialen Lebenswelt wird durch die *Dynamisierung* der individuellen und familialen Biographien und deren wechselseitige Beziehungen, durch die zunehmende Mobilität der Familienmitglieder und die Elastizität der familialen Lebensform verstärkt. Auf dem Hintergrund vielfältiger externer Anforderungen an die Familienmitglieder verliert die alltagspraktische Organisation der familiären Privatwelt ihre lebensvergewissernde Selbstverständlichkeit und mutiert „zu einem dauernden Jonglieren mit auseinanderstrebenden Mehrfachambitionen zwischen Berufserfordernissen, Bildungszwängen, Kinderverpflichtungen und dem hausarbeitlichen Einerlei" (507,118). Angesichts einer breiten Palette von „Wahlmöglichkeiten und -zwänge(n)" (507,163) unter miteinander konkurrierenden Familienmodellen erhält selbst die institutionelle Ordnung der privaten Lebenswelt die Gestalt einer individuellen Option: „Es ist nicht mehr klar, ob man heiratet, wann man heiratet, ob man zusammenlebt und nicht heiratet, heiratet und nicht zusammenlebt, ob man das Kind innerhalb oder außerhalb der Familie empfängt oder aufzieht, mit dem, mit dem man zusammenlebt, oder mit dem, den man liebt, der aber mit einer anderen zusammenlebt, vor oder nach der Karriere oder mitten drin ... Alle derartigen Planungen und Absprachen sind prinzipiell aufkündbar" (507,163f). In der Verschränkung von externen gesellschaftlichen Ansprüchen an die Familie und internen individuellen Bedürfnissen einzelner Familienmitglieder „entsteht der Typus der ,Verhandlungsfamilie auf Zeit', in der sich verselbständigende Individuallagen ein widerspruchsvolles Zweckbündnis zum geregelten Emotionalitätsaustausch auf Widerruf eingehen" (507,118). Entscheidungen, die in jeweils lebensweltlich und lebensgeschichtlich originären Situationen getroffen wurden, sind unter veränderten Bedingungen widerrufbar, „ja, sie soll(en) sogar widerrufbar sein nach den biographischen Zwängen, die im individualisierten Lebenslauf angelegt sind, die vom Einzelnen immer wieder ,Aktualisierung' und ,Optimierung' seiner Entscheidungen verlangen; die wiederum aufgenommen und verstärkt werden durch die neuen psychologischen Leitbilder, die zu mehr ,Offenheit', ,Lernfähigkeit', ,Wachstum' auffordern" (510,218).

3. In der Folge des gesellschaftlichen Individualisierungsprozesses hat der bürgerliche Familientypus seine *Vorbild- und Leitfunktion* für die soziale Organisation des privaten

Lebens weitgehend eingebüßt. Das bürgerliche Familienmodell entfaltete seinen Glanz freilich von jeher mehr in der Welt kultureller Ideen als in der sozialen Wirklichkeit, mehr in der vom Bürgertum selbst gepflegten, von ideellen Werten durchtränkten und auf die ästhetische wie diskursive Selbstdarstellung des Bürgertums fokussierten Kultur als in der ihren Eigengesetzlichkeiten folgenden gesellschaftlichen Praxis. Bis in die Gegenwart gibt ‚die Familie' ein ergiebiges Thema für publizistische Essays und politische Kommentare ab, für empirische Untersuchungen und gesellschaftshistorische Analysen, vor allem aber für audio-visuelle Inszenierungen, für kontroverse Podiumsdiskussionen, unterhaltsame Talk-Shows und populäre Serienproduktionen. Unter dem Diktat ihrer Selbstinszenierung, im Zuschnitt des weniger von der Anschauung der Alltagspraxis gespeisten als vielmehr von den Regeln medialer Veröffentlichung dirigierten und zunehmend trivialisierten Bildes vom bürgerlichen Familienleben verliert die Idee der bürgerlichen Familie freilich nicht nur ihre lebensorientierende Funktion, sondern auch ihren ideellen Glanz.

Mit dem realen Bedeutungsverlust der bürgerlichen Familie und dem Verblassen der bürgerlichen Familienidee verbindet sich aber keineswegs eine Verlangsamung des gesellschaftlichen Individualisierungsprozesses. Vielmehr bringt sich die neuzeitliche Idee individueller *Autonomie* in zweifacher Weise, sowohl innerhalb neuer Familienkonfigurationen als auch außerhalb der Institution des privaten Lebens, verstärkt zur Geltung. Auf der einen Seite verselbständigen sich die Mitglieder gegenüber dem Familienverband. Sie pflegen ihren originären Lebensstil zunehmend in der Isolation gegenüber der familialen Sozialwelt, im Rahmen der deutlich privatisierten, selbstreferentiell strukturierten Formen der häuslichen Lebenskultur: in der andächtigen Rezeption persönlich geschätzter Musiktitel durch den Kopfhörer oder in der stummen Lektüre des in der Nachttischschublade aufbewahrten Lieblingsbuches. Die aus dem sozialen Kontext der Familiengemeinschaft gelöste Praxis privater Lebenskultur verbreitet sich auf Kosten der sozialen Familienaktivitäten.

Auf der anderen Seite geht mit der Deinszenierung und Verinnerlichung der familialen Kultur eine *Auswanderung* der in der familialen Privatwelt entstandenen, in ihr entfalteten und durch die Familienidee geheiligten Lebensformen in die öffentliche und, was die sozialen und kulturellen Formen der häuslichen Religionspraxis angeht, vor allem auch in die kirchliche Lebenswelt einher. Während sich die von bürgerlichen Lebenseinstellungen und Lebensstilen geprägten Inszenierungen der häuslichen Lebenswelt in ihrem ureigenen Terrain zunehmend auflösen, leben sie jenseits ihres sozialen und kulturellen Ursprungsorts fort. Damit werden aber auch die Grenzen zwischen den voneinander getrennten und immer auch miteinander verbundenen Lebenssphären fließend. Die moderne Familie war von ihren Anfängen an keine gegenüber der Gesellschaft isolierte und allein ihren Eigengesetzlichkeiten folgende Institution. Sie stand immer unter dem Diktat der sozialen Gesetzmäßigkeiten und im Schatten der kulturellen Leitbilder, die die gesellschaftliche Lebensordnung im ganzen dirigieren, zumal aber unter der Regie der Bedürfnisse, die die ökonomisch grundierte moderne Lebenswelt über die Verteilung der Geschlechterrollen an die Familie anmeldet. In umgekehrter Richtung tritt nun in einer späteren Phase der gesellschaftlichen Entwicklung die private Lebenswelt auf die Bühne der Öffentlichkeit und prägt den gesellschaftlichen Lebensformen ihren Stempel auf. Im Rahmen der öffentlichen Welt leben die ideellen Grundlagen, die sozialen Vergemeinschaftungsformen und die kulturellen Inszenierungsmuster der privaten Welt fort. Bei der wechselseitigen Verschränkung der Lebenssphären fällt der Religionspraxis eine dominante Bedeutung zu. Die facettenreiche Religionskultur der Moderne verklammert – sowohl in ihrer öffentlich als auch in ihrer kirchlich institutionalisierten Form – die im Zuge gesellschaftlicher Modernisierung auseinandertretenden Lebenssphären miteinander und bringt damit die für die individuelle wie für die gesellschaftliche Lebenswelt konstitutive Integrationsfunktion (> 123) der religiösen Lebenspraxis zur Geltung.

212-2
Der Konnex zwischen privater und öffentlicher Religionskultur

Die private, in der Idee des bürgerlichen Hauses begründete und in der Realität der bürgerlichen Familie verwurzelte Religionspraxis stellt eine *eigenständige Gestalt* des neuzeitlichen Christentums dar. Sie gewinnt ihr charakteristisches Profil aus der engen Verbindung von Religion und Individualität; und sie unterscheidet sich aufgrund ihres privaten Charakters markant von der kirchlichen und öffentlichen Christentumskultur. Auf der Grundlage der von der Aufklärung und vom Pietismus geprägten Idee persönlicher Frömmigkeit entwickelte sich die häusliche Religionspraxis zu einem dominanten Typus neuzeitlicher Religionsausübung. Mit der Entfaltung der bürgerlichen Individualitäts- und Familienkultur wurde die protestantische Hausfrömmigkeit schließlich zum sozialen und kulturellen Fundament der facettenreichen modernen Christentumspraxis. Als selbständiger, seiner Eigenlogik verpflichteter Typus gelebter Religion tritt die häusliche Religionskultur in Beziehung zu den übrigen Gestalten des neuzeitlichen Christentums. Sie beerbt einerseits die kirchliche und öffentliche Christentumspraxis. Und sie prägt andererseits den jenseits ihrer Grenzen praktizierten Formen des Christentums ihren Stempel auf.

Gerade die vielfältigen *Vernetzungen* von privater, öffentlicher und kirchlicher Religionskultur lassen nun aber die Eigenständigkeit der in der Privatsphäre praktizierten Religion und deren Bedeutung für die Christentumspraxis im ganzen allzu leicht in Vergessenheit geraten. Zwar waren viele der kulturellen Formen der häuslichen Religion ursprünglich im Gottesdienst beheimatet. Die rituell-liturgischen Muster religiöser Kommunikation sind im Zuge der Privatisierung des Christentums aus der Kirche ausgewandert und wurden in veränderter Form in der privaten Lebenswelt in Geltung gesetzt. In einer gängigen kirchlich-theologischen Urteilsweise stellt sich die bürgerlich-protestantische Hausfrömmigkeit denn auch als privatisierte Gestalt kirchlicher Frömmigkeit und zugleich als ein säkulares Zerfallsprodukt des kirchlichen Christentums dar. Gleichwohl läßt sich die in der Privatwelt inszenierte Religion nicht zutreffend als bloßes Derivat des kirchlichen Christentums begreifen. Die aus dem Rückblick auf die gesellschaftlich-historische Entwicklung der neuzeitlichen Christentumspraxis gewonnene und mit der kritischen Klage über den Zerfall des kirchlichen Lebens unterlegte Optik dieses Urteils wird der durchaus nicht einlinigen, sondern mehrdimensionalen Entwicklung der neuzeitlichen Christentumspraxis schwerlich gerecht. Sie verkennt zum einen die fundamentale Bedeutung der häuslichen Frömmigkeitskultur als originäre Gestalt neuzeitlichen Christentums. Sie übersieht zum anderen die produktiven Potenzen, die von der neuzeitlichen Konkurrenz und Korrelation zwischen der privaten, der öffentlichen und der kirchlichen Religionskultur ausgingen und noch immer ausgehen. So unveräußerlich und unübertragbar die spezifischen Konturen der häuslichen Privatreligion im einzelnen auch sein mögen, die Prinzipien, auf denen die bürgerliche Religionskultur aufruht, stehen in den verschiedenen Sphären der modernen Lebenswelt gleichermaßen in Geltung. Und die kulturellen Formen, in denen die neuzeitliche Christentumspraxis Gestalt gewinnt, finden sich ebenso in der privaten wie in der öffentlichen und in der kirchlichen Lebenswelt. In der Produktion und Rezeption der bürgerlichen Religionskultur treten die private, die öffentliche und die kirchliche Lebenspraxis in kommunikativen Austausch miteinander. Die bürgerliche Hausfrömmigkeit verschließt sich nicht gegenüber den größeren Horizonten der kulturellen Lebenswelt. Sie verdankt ihre Vitalität und Kreativität vielmehr auch und gerade den vielfältigen Impulsen aus der öffentlichen Religionskultur und der kirchlichen Gemeinschaftskultur.

1. Die integrative Funktion der ästhetischen Religionskultur

1. Der Konnex zwischen öffentlicher und privater Christentumspraxis kommt besonders deutlich in der ästhetischen Religionskultur zur Geltung. So stehen die *religiöse Hausmusik* und der öffentliche, insbesondere der kirchliche Konzertbetrieb (> 233) in einem wechselseitigen Verhältnis zueinander. Die elektronische Reproduktionstechnik (> 222-5) bringt die öffentliche Aufführung für den privaten Konsum ins Haus und schafft damit eine gegenüber der öffentlichen Konzertveranstaltung eigenständige, in der häuslichen Privatwelt verankerte Situation ästhetischer Rezeption. Aus dem geselligen Ambiente der repräsentativen Öffentlichkeit (> 222-1) herausgelöst wird die musikalische Inszenierung zum Medium intimer und andächtiger Versenkung des frommen Individuums. Die Speicherung von Musikproduktionen auf Tonträgern trägt einerseits zur Individualisierung der ästhetischen Kommunikationsszenen bei. Sie erlaubt den jederzeitigen freien Zugriff auf bestimmte Musiktitel, in denen sich hochgradig individualisierte Stimmungen und persönliche mentale Verfassungen verdichten und in analogen Lebenslagen des Individuums abrufen lassen. Die im Hinblick auf die individuellen Verwendungssituationen sortierte Kollektion bedeutungsbesetzter Musiktitel wird zum Medium ästhetisch arrangierter biographischer Kontinuität. Andererseits führt das abrufbereit zur Verfügung stehende Mediensortiment zu einer Ritualisierung der privaten Musikkultur. Bestimmte Musiktitel ordnen sich typischen, im Ablauf des Tages, der Woche und des Jahres wiederkehrenden Dispositionen des Individuums zu und symbolisieren damit die für die Religionspraxis charakteristische zyklische Struktur der Lebenszeit (> 233).

Auf diesem Hintergrund entwickelte sich eine eigene, für die bürgerliche Religiosität charakteristische *Frömmigkeitskonvention*: die in regelmäßigem Turnus repetierte feierliche Rezeption etwa von Haydn- und Mozartmessen (am Sonntagvormittag), von verschiedenen Requien (am Totensonntag), vor allem aber der Bachschen Oratorien (in der Passions- und Weihnachtszeit). Wenn sich die Gemeinde am Sonntagmorgen oder an den hohen Festtagen des kirchlich normierten Jahreskreises zum Gottesdienst versammelt, partizipiert das fromme Individuum in der privat-religiösen Atmosphäre des Hauses an der kirchlich und öffentlich institutionalisierten Frömmigkeitskultur. Das mit der kirchlichen Christentumspraxis assoziierte Zeitschema des Kirchenjahres (> 233) wird als Zeitparameter der häuslichen Religionskultur in Geltung gesetzt. Die kirchliche Zeitordnung dirigiert den Rhythmus der privaten Frömmigkeit.

Die private Konvention der musikalischen Andacht findet eine Parallele in einer gesellschaftlichen Konvention, die in ihren kulturhistorischen Ursprüngen in die Blütezeit der bürgerlichen Hausfrömmigkeit im 19. Jahrhundert zurückreicht und bis in die Gegenwart lebendig geblieben ist: im jährlich wiederkehrenden Besuch von entsprechenden kirchlichen und öffentlichen *Konzertveranstaltungen.* Die religiös grundierte und ästhetisch ausgeformte Gewohnheit des ritualisierten Konzertbesuchs stellt zum einen das säkulare Pendant zur Sitte des Festtagskirchgangs (> 233) dar; sie dokumentiert insofern die Auswanderung der sozial organisierten Religionspraxis aus der kirchlichen in die öffentliche Religionskultur. Zum anderen bildet sich in der säkularisierten Kultpraxis ein charakteristischer Wandel der privat, öffentlich und kirchlich institutionalisierten Frömmigkeitskultur ab.

2. Den frömmigkeitsgeschichtlichen Hintergrund des ritualisierten Konzertbesuchs bildet die puritanisch-asketische (> 231) *Passionsfrömmigkeit* (518; 517), die charakteristisch protestantische Variante eines originären, durch Bernhard von Clairvaux und insbesondere durch die „persönliche Leidensfrömmigkeit" (518,727) des Franziskus vorbereiteten und die mittelalterliche Religiosität tiefgreifend prägenden Frömmigkeitstypus. Sowohl in ihrer protestantischen Version als auch in ihrer ursprünglichen, in der katholischen „Volksfrömmigkeit" (518,722) verwurzelten Gestalt zielt die „auf das körperlich-seelische Leiden und den Tod Jesu Christi konzentrierte" Frömmigkeit (518,722) auf „eine konsequente Vergegenwärtigung der vollen Menschlichkeit Christi unter Einschluß all seiner Erniedrigung, seiner Schwäche und Leiden" (518,725) und insbesondere auf die „affektiv-emotionale Wahrnehmung des leidenden Menschen Christus" (518,722) ab.

Ihren *ästhetisch-religiösen* Ausdruck findet die in der spätmittelalterlichen Leidensmystik (compassio) (518,730) und ihren späteren protestantischen Folgeerscheinungen verinnerlichte Passionsfrömmigkeit ebenso im ikonographischen Wandel „vom ‚romanischen' zum ‚gotischen' Christusbild", das dem Kruzifixus in „Haltung und Aussehen des Körpers und des Hauptes zunehmend die Spuren von Mißhandlungen und Kreuzesleiden" (518,727f) verleiht, wie in verschiedenen Gestalten einer dramaturgischen Inszenierung der Leidensgeschichte Jesu: in volkstümlichen Passionsspielen (518,734f) und in ‚Kreuzweg'-Begehungen, die – analog zu den Passions-Andachten (518,736f; > 212-4:2.1.) – „ursprünglich wohl als eine geistliche Wanderung in Meditation und Gebet gedacht" waren und dann zu Prozessionen ausgeformt wurden (518,736). Eine „neue Blüte" erlebte die Passionsfrömmigkeit in der Epoche des Barock, in der „vielfältige Formen individueller und kollektiver Verehrung der Leidensgeheimnisse in Gebeten, Andachten, Begehungen und Festen" (518,731) entstanden und die Meßfeier, zumal aber die Karfreitagsliturgie, „als Passionsgedenken" (518,733) ausgestaltet wurde. „Die wichtigste Gedenkzeit bildet die alljährliche Wiederholung der Leidenszeit Christi im Triduum sacrum" vom Abend der Gefangennahme am Donnerstag über den Todestag und den Karsamstag bis zum Auferstehungstag (518,732).

Die revitalisierte Passionsfrömmigkeit prägte nicht nur der religiösen Vorstellungswelt und der spirituellen Lebenshaltung des *bürgerlichen Protestantismus* insgesamt ihren Stempel auf. Die Konzentration der religiösen Glaubenseinstellung auf die Leidens- und Sterbegeschichte Jesu dokumentiert sich vielmehr im besonderen auch in der Zentrierung des kirchenjahreszyklischen Festkalenders um den Karfreitag. In der Folge der zugleich verinnerlichten wie veräußerlichten Todesfrömmigkeit (> 232-3) wurde „die Bedeutung des Karfreitags immer mehr gesteigert" (516,127). Während der Karfreitagsgottesdienst mit der jährlichen Abendmahlsfeier zum Grunddatum des familiären Festtagskirchgangs avancierte, bildete sich im kirchlich distanzierten Bildungsbürgertum gleichzeitig die Gewohnheit heraus, das Gedenken der Todesstunde Jesu im Rahmen einer musikalischen Aufführung der von Felix Mendelssohn-Bartholdy wiederentdeckten Bachschen Passionsoratorien zu begehen. Die romantischen Interpretationen der barokken Passionen zielen auf eine charakteristische Aktualisierung der Leidensgeschichte, auf die innere Beteiligung der Rezipienten an der ästhetischen Inszenierung ab. Die spannungsreiche Symbiose von dramatischer Inszenierung der Handlung und gesteigerter Verinnerlichung ihrer religiösen Erlebnisgehalte wird im Wechselspiel von Rezitativ, Arie und Choral in Szene gesetzt. Die individuelle Versenkung der Rezipienten in Drama, Poesie und Musik, das alles bestimmende Gefühl frommer Andacht, hebt die ästhetische Versinnlichung des Leidens und Sterbens Jesu vom gewöhnlichen Konzertbetrieb ab und verleiht dem musikalischen Ereignis den Charakter einer religiösen Feier. Die Trauerkleidung der Besucher stilisiert die Veranstaltung zu einem fiktiven Bestattungsritus.

Im Zuge eines charakteristischen Wandels der protestantischen Frömmigkeitshaltung verdrängte das *Heiligabendchristentum* (519) die Karfreitagsreligiösität. Die fiktive Geburtsstunde Jesu wurde zum Stichdatum des jährlichen Festtagskirchgangs (515,28), die Christvesper zum Höhepunkt der häuslichen Weihnachtsfeier, die Heilige Familie zum Symbol der bürgerlichen Familiengemeinschaft. In der ebenso in der privaten wie in der kirchlichen und in der öffentlichen Lebenssphäre verankerten weihnachtlichen Festkultur kommt die integrative Funktion der ästhetischen Religionspraxis augenfällig zum Ausdruck. Das Repertoire der volkstümlichen, im Haus wie in der Kirche und schließlich in den öffentlichen Medien gepflegten Weihnachtsmusik überschneidet sich vielfältig. Die Pflege des ausschließlich in der Advents- und Weihnachtszeit in Gebrauch stehenden nationalen und internationalen Liedguts wird aber zunehmend in die private Sphäre des Hauses verlagert. Während die Beschallung von Verkaufsräumen mit weihnachtlicher Hintergrundsmusik immer seltener praktiziert wird, bringen die Medienproduzenten ein breites Angebot von Tonträgern mit weihnachtlichen Musiktiteln der verschiedensten Stilrichtungen auf den Markt und bereichern damit das ästhetische Ambiente der häuslichen Weihnachtskultur.

3. Die musikalisch-ästhetische Religionskultur, eine eigenständige Dimension der „praxis pietatis" (521) geht aber nicht in der rezeptiven Beteiligung am kirchlichen und öffentlichen Konzertbetrieb und in der privaten Nutzung von Medien auf. Seit der Blütezeit der bürgerlichen Hausfrömmigkeit im 19. Jahrhundert beteiligen sich die musikalisch geschulten Laien aktiv an der *Aufführung* religiöser Vokal- und Instrumentalmusik in Haus und Kirche und tragen damit zur Vermittlung von privater, kirchlicher und öffentlicher Christentumspraxis bei. Gleichzeitig mit der Sammlung und Verbreitung von religiös grundierten Volksliedern für den Hausgebrauch entstand auf dem Boden des bürgerlichen Protestantismus, vor allem in den angelsächsischen und skandinavischen Ländern (520,658), zumal aber in den Freikirchen, eine von der Romantik beeinflußte Gattung von Kirchenliedern, in denen die gefühlsbetonte Frömmigkeit der bürgerlichen Epoche ihren Ausdruck fand. Zur „Aktivierung des kirchlichen Laienmusizierens" (520,658) trug schließlich die „Entstehung der Chorvereinigungen oder Kirchengesangsvereine (bei), die mit freier Mitgliedschaft an die Stelle der früher feudal oder städtisch unterhaltenen Sängergruppen treten" (520,658), wie die evangelische Posaunenchorarbeit (522), die „Posaunenchorbewegung" und die „Posaunenmission", die bis heute zu

den „beständigsten Träger(n) des gemeindlichen Lebens" (520,638) gehört und „eine der größten Laienbewegungen des deutschen Protestantismus überhaupt darstellt" (522,9). Eine Blütezeit erlebte das gemeinsame Singen in Familie und Schule in den freien wie in den kirchlichen Jugendgruppen im Zeichen der um die Wende zum 20. Jahrhundert entstandenen Wandervogelbewegung. Während die verschiedenen Ausgaben volkstümlicher Lieder (wie der Zupfgeigenhansl) weite Verbreitung fanden, blieb die Renaissance der Vokalwerke von Heinrich Schütz in Gottesdiensten und Kirchenkonzerten, vor allem aber auch an häuslichen Abenden im Kreis von Familienverbänden und Freundeskreisen einer musikalisch gebildeten und dem kirchlichen Christentum verpflichteten bürgerlichen Elite vorbehalten. Insgesamt bilden die populäre religiöse Volksmusik und die anspruchsvolle Kirchenmusik eine wichtige Klammer zwischen dem privaten, kirchlichen und öffentlichen Christentum.

Ebenso beeinflussen sich die privaten und die öffentlichen *literarischen Produktionen*, persönliche Tagebuchaufzeichnungen und die für das bürgerliche Publikum verfaßte und von ihm rezipierte und diskutierte Literatur wechselseitig; die Vermittlung zwischen der häuslichen Kleinliteratur und der öffentlichen Hochliteratur erfolgt durch die private Lektüre literarischer Publikationen und an festlichen Abenden, etwa in der Vorweihnachtszeit, gelegentlich auch im Rahmen von Lesungen religiös grundierter Texte im Familienkreis. Autorenlesungen auf den Kirchentagen und in Veranstaltungen der Kirchengemeinde machen die Leser mit den Verfassern repräsentativer Gegenwartsliteratur bekannt und stellen damit eine persönliche Beziehung zwischen den Produzenten und Konsumenten zeitgenössischer Literatur her.

Schließlich sind auch die häusliche *Kleinkunst* und die ästhetischen Produktionen der öffentlichen Kunstszene untrennbar miteinander verbunden; Reproduktionen alter und zeitgenössischer Kunstwerke gehören zur ständigen Dekoration des Hauses. An den herausgehobenen Festtagen des kirchlichen Jahreskreises, zumal in der Vorweihnachtszeit, wird das Haus mit ästhetischen Objekten dekoriert, die sich ebenso in der Kirche wie auf dem Weihnachtsmarkt finden und die verschiedenen Sphären der religiösen Symbolwelt untereinander verbinden. Die aktive Beteiligung an der Produktion bildender Kunst schließlich wird auf den Kirchentagen, auf Akademietagungen, aber auch in Gemeindegruppen gepflegt. Werden die selbstgefertigten ästhetischen Versinnlichungen religiöser Erfahrung in das symbolische Arrangement des Privatzimmers integriert, dann bilden sie den musikalischen Tonträgern vergleichbare Medien, über die sich individuell verschlüsselte religiöse Erlebnisgehalte abrufen und subjektive mentale Verfassungen erzeugen lassen. Die bürgerliche Kultur bildet ein vielfältig verknotetes Netzwerk produktiver und rezeptiver Lebenspraxis. Und in die facettenreiche Kulturwelt der bürgerlichen Gesellschaft sind auch die religiösen Produktionen verwoben, denen das neuzeitliche Christentum sein Profil verdankt.

2. Die private Signatur der öffentlichen Religionskultur

2.1. Die paradigmatische Bedeutung der privaten Religionskultur für die öffentliche Christentumspraxis

Wie sich die private Frömmigkeitskultur nicht gegenüber dem öffentlichen und dem kirchlichen Leben verschließt, sondern ihre Vitalität gerade aus der produktiven Rezeption der öffentlichen und kirchlichen Religionskultur gewinnt, so nimmt umgekehrt die in den Grenzen des Hauses praktizierte Religion Einfluß auf die soziale und kulturelle Welt des *öffentlich* und des *kirchlich* organisierten Christentums. Die persönliche Frömmigkeit findet zwar im bürgerlichen Haus ihren ‚Sitz im Leben'. Aber sie bleibt nicht in die Grenzen der intimen familiären Welt eingeschlossen. Sie bringt vielmehr die für die private Frömmigkeitspraxis konstitutive Verknüpfung von Religion und Individualität auch außerhalb der häuslichen Lebenssphäre zur Geltung und prägt der öffentlichen Religionspraxis ihren Stempel auf. Entwickelt sich die öffentliche Christentumspraxis auch nach anderen Gesetzmäßigkeiten als die in der Privatwelt kultivierte Frömmigkeit, so fließen doch vielfältige in der Privatsphäre ausgearbeitete Muster der Religionspraxis in die öffentliche Religionskultur ein. Indem es seine individualitätskonstitutive Funktion auch jenseits der Grenze privater Lebenspraxis, in der Sphäre gesellschaftlicher Öffentlichkeit (> 222-1) bewährt, wird das private Christentum zu einem sozialen und kulturellen Paradigma der volkskirchlichen Religiosität.

Der Konnex zwischen der öffentlichen und der privaten Religionskultur kommt in den charakteristisch *modernen* Gestaltungen der öffentlichen Christentumspraxis – in der religiösen Kultur des evangelischen Kirchentages (> 222-3), in den religiösen Produktionen der Medienwelt (> 222-5) und in den religiös motivierten Aktivitäten der Diakonie (> 222-2) – markant zum Ausdruck. Die gegenüber den Kirchenorganisationen (> 322) wie gegenüber der religiösen Privatwelt eigenständigen Organisationsformen modernen Christentums sind im Zuge der neuzeitlichen Rationalisierung (> 231) der Lebenswelt entstanden. Religion wird hier nicht in den gewissermaßen natürlichen Lebenszusammenhängen, in Haus und Gemeinde praktiziert, sondern auf der Basis artifizieller und abstrakter sozialer Konstrukte, im Kontext strategisch durchorganisierter Großveranstaltungen, hochtechnisierter Apparate und funktionaler Einrichtungen. Das öffentliche Christentum ist zudem aufs engste mit den verschiedenen Segmenten der gesellschaftlichen Öffentlichkeit, mit der sozialen und der kulturellen, der politischen und der ökonomischen Welt verflochten. Die Institutionen und Organisationen des öffentlichen Christentums unterliegen daher auch den Eigengesetzlichkeiten der modernen gesellschaftlichen Systeme.

Die auf den Kirchentagen, in der religiösen Medienkommunikation und im christlichen Wohlfahrtswesen praktizierte Religion verliert gleichwohl im Zuge ihrer rationalen Organisation nicht ihre aus der *privaten Lebenswelt* entlehnte Charakteristik. Während die im Privathaus und in der Ortsgemeinde ausgeübte Religionspraxis weit mehr von gesellschaftlichen Konventionen gesteuert ist, als es das auf seine Originalität fixierte Individuum selbst wahrnimmt, zeichnet sich umgekehrt die in die abstrakten Institutionen der öffentlichen Lebenswelt eingepaßte Christentumspraxis durch ein hohes Maß an persönlicher Beteiligung jedes einzelnen aus. So verdankt sich die christliche Diakonie in ihren Ursprüngen der subjektiven Selbstverpflichtung des einzelnen auf die von ihm selbst und auf seine individuelle Weise ausgeübte Nächstenliebe, dem persönlichen Tatchristentum, in dem sich die im frommen Herzen verwurzelte religiöse Motivation und die diakonische Hilfeleistung wie selbstverständlich miteinander verbinden. Ebenso lebt das Kirchentagschristentum von dem außergewöhnlichen persönlichen Engagement der Veranstaltungsteilnehmer. Sofern sie das Programmangebot nicht nur oberflächlich zum Zweck der Unterhaltung (> 222-5) nutzen, sondern sich mit den ideellen Zielen der Kirchentagsbewegung identifizieren, drücken sie die hohe Verbundenheit mit der öffentlich inszenierten Religionskultur oft auf geradezu enthusiastische Weise aus. Die Diskussionsforen bilden die Schaubühne individueller Selbstpräsentationen, in denen subjektive religiöse Gesinnung und persönliche moralische Überzeugung eine unauflösliche Symbiose miteinander eingehen. Im Rahmen der religiös grundierten Darstellung von persönlichen Standpunkten und Urteilen werden Stellungnahmen zu sozialen und politischen Problemkonstellationen zu pathetisch unterlegten religiösen Bekenntnisgesten stilisiert.

2.2. Das Kirchentagschristentum: die öffentliche Inszenierung der privaten Frömmigkeit

Das *Kirchentagschristentum* (> 222-3) ist nicht die auf Dauer gestellte, sondern die veranstaltete Religion. Es schöpft seine produktiven Energien aus seiner öffentlichen Inszenierung und der darin erzeugten dramatischen Steigerung des religiösen Erlebens (> 112). Sie läßt sich nicht auf der Bühne des gleichförmig ablaufenden alltäglichen Lebens verwirklichen, sondern nur außerhalb der trivialen Alltagswelt, im Rahmen einer extraordinären, kunstvoll komponierten und mit außergewöhnlichem organisatorischen Aufwand produzierten Gegenwelt. Der Kirchentag wird aufgebaut und abgebaut. Er ist ein Erlebnisraum auf Zeit. Und wie die Kirchentagsfrömmigkeit in einem eigens für sie errichteten Raum inszeniert wird, so folgt die religiöse Kultur des Kirchentags auch einer anderen Zeitstruktur (> 233) als die in der alltäglichen Lebenswelt praktizierte Religion. Analog zum Zeitparameter des Festes unterbricht der Kirchentag den kontinuierlichen Ablauf der gleichförmigen Alltagszeit und setzt an ihre Stelle die Ereigniszeit, den religiös qualifizierten Augenblick, in dem sich das Leben symbolisch verdichtet. Die Einheit von Erlebnisraum und Erlebniszeit, auf der die Intensivierung des religiösen Erlebens aufbaut, ist nur in den engen Grenzen der in zweijährigem Turnus stattfindenden und auf wenige Tage beschränkten Veranstaltungen zu realisieren.

Gleichwohl bleibt das zwischen der öffentlich präsentierten Religion und der innerlichen Gesinnungsfrömmigkeit vermittelnde Kirchentagschristentum nicht in die lokalen und temporären Grenzen der Veranstaltung eingeschlossen. Während die fehlende Verknüpfung von Kirchentag und Gemeindeleben seit dem Entstehen des Kirchentags von seinen Kritikern beklagt wird, bestehen vielfältige *Beziehungen* zwischen der privaten Frömmigkeitspraxis der Besucher und der öffentlichen Religionskultur des Kirchentags. Für einen Großteil der Besucher bleibt das Kirchentagschristentum in den alltäglichen Zwischenräumen seiner dramatischen Inszenierung zwar latent. Von den hochverbundenen unter den regelmäßigen Kirchentagsteilnehmern wird die Religion des Kirchentags aber zum einen in der Privatwelt des einzelnen, zum anderen in Freundeskreisen von Gleichgesinnten dauerhaft gepflegt. Sie praktizieren einen eigenen, an den Zielen wie an den Kommunikationsformen des Kirchentags orientierten Frömmigkeitsstil. Die in den Programmheften der religiösen Großveranstaltungen überlieferten religiösen Texte – meditative Poesie und kritische Diskursliteratur, Lieder und Gebete sowie nach den Bedürfnissen der Kirchentagsfrömmigkeit ausgesuchte und auf die moderne Lebenswelt hin ausgelegte Bibelworte – stellen der privaten Besinnung und der gemeinschaftlichen Reflexion das adäquate Material zur Verfügung. Das Quellenbuch des Kirchentags wird zum Brevier für die religiöse Begehung des Alltags. Prägt einerseits die im religiösen Ereignis des Kirchentags verortete Religiosität die private Alltagsfrömmigkeit, so bildet andererseits die in der Privatsphäre gepflegte Kirchentagsfrömmigkeit das kulturelle und religiöse Fundament, auf dem die in langen Frequenzen stattfindenden Kirchentage aufruhen.

Die private Konturierung der öffentlichen Religionspraxis verdankt sich freilich nicht allein der Initiative des einzelnen, seinem subjektiven Interesse an der öffentlichen Religionskultur und deren Transformation in die private Lebenswelt. Die dialektische Beziehung zwischen öffentlicher Präsentation und subjektiver Aneignung der Religion ist vielmehr in den objektiven *Strukturen* des öffentlichen Christentums angelegt. In den sozialen und kulturellen Mustern, die einerseits dem Kirchentag, andererseits aber auch den diakonischen Einrichtungen zugrundeliegen, spiegelt sich der Prozeß der Urbanisierung der modernen Lebenswelt wider. Die dialektische Beziehung von privater und öffentlicher Lebenswelt, das Organisationsprinzip der urbanen Raum-, Zeit- und Kommunikationsstrukturen (> 232-1), bildet sich in der organisatorischen Architektur der Kirchentage, in der urbanen Topographie des Veranstaltungsgeländes wie in der urbanen Physiognomie der kommunikativen Praxis ab. Das architektonische Ensemble der Messe symbolisiert die urbane Ordnung des Erlebnis- und Aktionsraums der Kirchentagskultur. Geschlossene Hallen, in denen die Gesinnungsgenossen unter sich sind, säumen den Markt, auf dem jeder die urbane Freiheit genießt, über das Pflaster flaniert und Kontakte knüpft, anderen seine Ansichten anbietet und die Meinungen anderer übernimmt, seine Überzeugungen äußert und die Urteile anderer abweist oder teilt. Zwischen den Messehallen, in denen religiös besetzte Zeitfragen im gemeinsamen Diskurs erörtert werden, findet sich die Halle der Stille, wo das Individuum in der selbstreferentiellen Kommunikation zu sich selbst kommt, das Substitut des privaten Zimmers im gemeinsamen Haus.

In diesem Ambiente, in der kunstvollen Verwebung von öffentlichem und privatem Christentum gewinnt die religiöse Kultur der Kirchentage ihr *urbanes Profil* (> 232-1). Die pluriforme Welt des Kirchentags setzt sich aus Elementen der privaten wie der öffentlichen Kultur zusammen. Die in der religiösen Primärgruppenkultur entwickelten Formen der Bibelarbeit stehen in Konkurrenz und Korrelation zu den öffentlich veranstalteten populärwissenschaftlichen Diskussionen, die Meditationspraktiken in der Halle der Stille neben politischen Demonstrationen. Die Verwebung von öffentlichem und privatem Christentum bleibt aber nicht in die Grenzen der religiösen Messe eingeschlossen. Im Zeitalter der Massenmedien öffnet sich der Markt für ein breiteres Publikum. Durch die mediale Übertragung in Rundfunk und Fernsehen wird der Kirchentag einerseits zu einer der klassischen öffentlichen Inszenierungen moderner Religionskultur. Der Kirchentag kommt aber andererseits durch seine mediale Ausstrahlung ins Haus, wo das öffentliche Ereignis wie alle audiovisuellen Produktionen privat konsumiert wird.

2.3. Die Medienreligion: die private Aneignung veröffentlichter Christentumskultur

Die religiösen *Medienproduktionen* (> 222-5) sind insgesamt markante Exempel für die untrennbare Verbindung von öffentlichem und privatem Christentum. Auf der einen Seite führt die zentrale Stellung der Massenkommunikationsmittel in der modernen Gesellschaft zu einem quantitativen Bedeutungszuwachs und zu einem qualitativen Strukturwandel der öffentlichen Lebenssphäre (> 222-1). Die soziale und kulturelle, zumal aber die politische Öffentlichkeit wird für jeden zugänglich; und sie erhält im Zuge ihrer medialen Inszenierung eine neue Qualität: Die mediale, zumal die audiovisuelle Konstruktion des öffentlichen Lebens ist nicht nur ein fiktives Abbild der gesellschaftlichen Öffentlichkeit, sondern diese selbst. Auf der anderen Seite beeinflußt das Fernsehen aber auch die private Lebenskultur in außerordentlichem Maße. Die regelmäßige Partizipation an der Medienwelt wird zu einer dominanten Konvention des privaten Alltagslebens. Das Interieur des privaten Wohnraums wird auf das Fernsehgerät zentriert, die ursprünglich für die familiäre Privatkonversation arrangierte Couchecke zum Zuschauerraum verwandelt. Die individuellen oder familiären Fernsehgewohnheiten regeln den Rhythmus der alltäglichen Zeitordnung. Das Fernsehprogramm liefert den Stoff für die private Alltagskonversation. Vor allem aber formt die audiovisuelle Optik die alltagspraktischen Wahrnehmungsperspektiven und Verhaltensmuster. Was die Erwachsenen an Kindern beobachten, gilt auch für sie selbst: Im Zuge ihrer Internalisierung werden die Gesetze der fiktionalen Medienwelt für die reale Alltagswelt in Geltung gesetzt.

Die Eigenlogik der medialen Reproduktionstechnik, in der die öffentliche Produktion und die private Rezeption der Wirklichkeit eine unauflösbare Symbiose miteinander eingehen, prägt auch der medial vermittelten *Religionskultur* ihren Stempel auf. Auf dem Hintergrund seiner medialen Formatierung verliert das neuzeitliche Christentum seine konfessionell-kirchlichen Konturen und mutiert zur öffentlich approbierten und für alle Gesellschaftsmitglieder gleichermaßen gültigen Kulturreligion (> 140). Die Egalisierung und Standardisierung ihrer religiös-moralischen Gehalte stimuliert aber gerade die private Aneignung der Medienreligion. Der Verpflichtungscharakter der öffentlichen Religion wird durch die persönliche Identifikation des einzelnen mit den allgemeingültigen religiös-moralischen Grundlagen des gesellschaftlichen Lebens eingelöst. Kommt das öffentliche Leben durch die Mattscheibe ins Privathaus, so dringt die im Rahmen gesellschaftlicher Öffentlichkeit produzierte Religion durch das Wort zum Sonntag in das fromme Herz. Die Medienreligion bildet eine wichtige Klammer zwischen der öffentlichen und der privaten Religionspraxis.

2.4.   Das diakonische Tatchristentum: die Gestaltung der öffentlichen Welt nach dem Muster des privaten Hauses

Zu den charakteristisch modernen sozialen und kulturellen Gestaltungen des neuzeitlichen Christentums, in denen sich die private und die öffentliche Lebenswelt aufs engste miteinander verbinden, gehören schließlich auch die Einrichtungen der *Diakonie* (> 222-2). Die bürgerliche Familienidee stand schon bei der Genese der modernen Diakonie um die Mitte des 19. Jahrhunderts Pate. Die Ursprungsprogramme der Diakonie basieren auf einer Zeitdiagnose, in der die Folgen des gesellschaftlichen Modernisierungsprozesses für die soziale wie für die religiöse Lebenswelt, für die private wie für die öffentliche Lebenssphäre kritisch bilanziert werden. Die Entkirchlichung der Gesellschaft und die Auflösung der primären gesellschaftlichen Lebensformen von Haus und Familie stellen sich als die beiden Kehrseiten eines sozialen und kulturellen Zerfallsprozesses dar, der nur durch eine die Gesellschaft im ganzen umfassende und gleichzeitig die Frömmigkeit des einzelnen belebende Volksmission aufgehalten werden kann. Dem Leitbild des im persönlichen Bekenntnis verwurzelten und in der privaten Lebenswelt praktizierten Tatchristentums entspricht das angestrebte soziale Organisationsmodell von Religion, die Volkskirche (> 331). Die Kirche der Zukunft wurde als Gemeinschaft aller praktizierenden Christen vorgestellt, die sich in Gruppen und Vereinen organisieren.

Wie sich die Reform der religiösen Organisation, der Kirche, nicht ohne eine Wiederherstellung der grundlegenden Institutionen des privaten Lebens denken läßt, so sind auch
in den spezifisch *diakonischen* Zielen der Inneren Mission privates und öffentliches
Christentum aufs engste miteinander verwoben. Das Interesse an einer Reform der sozialen Verhältnisse richtet sich vorrangig auf die Stabilisierung der primären Institutionen der bürgerlichen Gesellschaft. Programmatisch fordert etwa Johann Hinrich Wichern
die Restitution der gesellschaftlichen Lebenswelt auf der Basis von Haus und Familie.
„Die christliche Wiederherstellung der Familien und Hausstände in jeder Beziehung und
die Erneuerung und Wiedergeburt aller damit unmittelbar zu verknüpfenden Verhältnisse
… wird eine der Hauptaufgaben der innern Mission sein" (523,182). Die diakonischen
Einrichtungen der Gründerzeit werden denn auch nach dem Modell der bürgerlichen
Familiengemeinschaft organisiert. Das von Wichern ins Leben gerufene Rauhe Haus in
Hamburg gliedert sich in ‚Familien‘, die von ‚Brüdern‘ geleitet werden. An der Institution des bürgerlichen Hauswesens orientiert sich auch der Aufbau der ‚Kolping-Familie‘
und der in ihr zusammengeschlossenen Gesellenhäuser. In dem von Theodor Fliedner
entwickelten Modell des ‚Mutterhauses‘, dem die Kranken-‚Schwestern‘ für die Zeit
ihres Lebens angehören und an dessen Spitze der Hausvater (‚Hausvorstand‘) steht, fand
die moderne Krankenpflege ihre dem Geist der Zeit entsprechende Organisationsgestalt
(> 222-2).

Die Einrichtungen der Anstaltsdiakonie sind heute nicht mehr nach dem Muster der privaten Gemeinschaftsformen, sondern in Analogie zu ökonomischen Betrieben organisiert. Gleichwohl verweben sich auch in den Organisationsstrukturen der gegenwärtigen
diakonischen Einrichtungen, zumal in der Lebens- und Arbeitswelt der modernen *Krankenhausbetriebe* (> 222-2), öffentliche und private Lebenssphäre auf charakteristische
Weise miteinander. Krankenhäuser sind öffentliche Anstalten par excellence. Sie stehen
im Bedarfsfalle jedem offen, unterliegen der öffentlichen Gesetzgebung und beziehen
ihre finanziellen Ressourcen aus der öffentlichen Hand. Mit der fortschreitenden technischen und organisatorischen Rationalisierung der medizinischen Praxis wurden alle
fremden, zumal alle privaten Einflüsse und Motive aus den klinischen Arbeitsabläufen
ausgesondert; die Welt des Krankenhauses wurde dem Diktat der von der Öffentlichkeit
festgelegten und von ihr kontrollierten allgemeingültigen Gesetzmäßigkeiten unterstellt.
Im Zuge ihrer Professionalisierung verlor die diakonische Praxis die persönliche Handschrift der handelnden Subjekte; die Handlungs- und Entscheidungsspielräume des einzelnen verkleinerten sich; an die Stelle von individueller Spontaneität und Kreativität trat
die Zuverlässigkeit der Routine. Gehen in das Berufsethos der medizinischen und pflegerischen Professionen auch individuelle, zumal privat-religiös grundierte Momente – wie
das für die bürgerlich-protestantische Gesinnungsreligion charakteristische Motiv der
‚Liebe‘ (525,147) – ein, so sind die diakonischen Berufe doch insgesamt an der rationalen Effektivität ihrer Arbeitsleistungen orientiert und auf das öffentliche Gemeinwohl
verpflichtet. „Das moderne Krankenhaus (ist) ein total vergesellschafteter Ort, an dem
sich die moderne, medizinisch-technische Rationalität konzentriert; es ist durchorgani-
siert, verwaltet, in Abläufen programmiert, hierarchisiert, spezialisiert, techniert, pro-
fessionalisiert" (524,682).

Das moderne Krankenhaus stellt sich aber nicht nur als eine geradezu exemplarische
Repräsentanz der von der Öffentlichkeit gesetzten und überwachten Zweckrationalität
dar. In der sozialen und kulturellen Physiognomie der klinischen Lebenswelt finden sich

vielmehr auch deutliche Charakterzüge und Stilelemente der *privaten* Lebenssphäre. Die historische Entwicklung von der Siechenanstalt zum modernen Krankenhausbetrieb folgte nicht nur der Logik gesellschaftlicher Rationalisierung, sondern zugleich auch den Gesetzen der Privatisierung der Lebenswelt. Die Humanisierung der Krankenhausbetriebe ist durchweg nicht nur von der Steigerung der medizinischen Effizienz geleitet, sondern ebenso von der Privatisierung der klinischen Arbeits- und Lebenskultur. Die Verwebung von öffentlicher und privater Welt kommt augenfällig in der charakteristischen Struktur des klinischen Lebensraums zur Geltung. Er gliedert sich – wie die architektonische Topographie des Kirchentags – nach den Gesetzen der urbanen Lebenswelt, der dialektischen Distinktion und Relation von öffentlicher und privater Lebenssphäre (> 232-1). In den vom Ablauf des medizinisch-pflegerischen Betriebs tolerierten Grenzen genießt der Patient die Rechte des freien Bürgers. Er kann sich in sein Zimmer zurückziehen, die Tür hinter sich schließen und seine Zeit in der wenigstens fragmentarisch mit persönlichen Utensilien und symbolischen Mitbringseln der Besucher dekorierten Privatumgebung verbringen. Er kann ebenso durch die Gänge flanieren, Kontakte pflegen und Bekanntschaften schließen, die nicht selten die begrenzte Zeitspanne des Klinikaufenthalts überdauern. In großen Kliniken geht man zum Kiosk, in die Cafeteria oder zum Friseur. Die Halle schließlich repräsentiert den urbanen Markt, wo man die anderen beobachtet, ihre Meinungen zur Kenntnis nimmt oder einfach nur dasitzt, um einmal etwas anderes zu sehen und zu hören.

3. Die Verwebung von öffentlicher und privater Religionskultur in der Krankenhausseelsorge

3.1. Der Besuch als soziale Grundform der Krankenhausseelsorge

Die Welt der Klinik ist eine artifizielle Lebenswelt auf Zeit, ein fein abgestuftes System kommunikativer Lebensformen. Die sozialen Umgangsformen und kulturellen Umgangsstile sind im Krankenhaus gewiß noch mehr formalisiert und standardisiert als in der alltäglichen und natürlichen Wohnwelt. Gleichwohl sind die für die klinische Lebenskultur charakteristischen Begegnungssituationen immer auch vom Flair der privaten Welt durchzogen. Die privateste Form der Kommunikation im Krankenhaus bildet der *Besuch* (> 212-4:3.3.3.2.) am Bett und die in die Konvention des Krankenbesuchs eingelagerte Konversation. Diese in der artifiziellen Welt des Krankenhauses geradezu selbstverständliche und natürliche Begegnungssituation ist von einer solchen Intimität, daß sie selbst in der wirklichen Privatwelt kaum Vorbilder findet. Sie ist dort, zumindest im Erwachsenenleben, ganz unüblich. Denn die Kanten des Betts markieren die engsten Grenzen der Privatwelt eines Menschen, Grenzlinien, die so gut wie keiner überschreiten darf. Gerade die Überschreitung der Grenze von der fiktiven Privatwelt des Krankenhauses zur realen Privatwelt des Patienten und umgekehrt macht nun aber den sozialen Sinn des Krankenbesuchs aus. Der Besuch von Repräsentanten seiner für die Zeit des Krankenhausaufenthalts unterbrochenen alltäglichen Privatwelt, von Angehörigen, Nachbarn und Freunden, verbürgt dem Patienten angesichts der vielfältigen Irritationen der künstlichen Lebensatmosphäre des Krankenhauses die fortdauernde Stabilität seiner natürlichen Lebenswelt. Sie bestätigt die Differenz zwischen der natürlichen und der kunstvoll erstellten Privatwelt und sichert zugleich den Vorrang der natürlichen Alltagswelt gegenüber ihrer fiktiven Substitution.

Aus der natürlichen Ursprungsgestalt des privaten Krankenhausbesuchs leiten sich die für die verschiedenen *klinischen Berufe* typischen Begegnungssituationen am Bett des Patienten ab. Der kontinuierliche Besuch des Pflegepersonals, die regelmäßige Visite des Ärzteteams sowie der sporadische Besuch von KrankenhauspfarrerInnen symbolisieren freilich nicht die Durchlässigkeit der Grenze zwischen fiktiver und realer Privatwelt. Die professionellen Besuchssituationen sind vielmehr in die institutionellen Kontexte des Klinikbetriebs eingebunden und insofern organische Elemente der klinischen Arbeitsorganisation. Der Patient nimmt die Träger der pflegerischen, medizinischen und religiösen Berufe deshalb nicht als Privatpersonen, sondern als Repräsentanten der für ihn realen und ihm doch zugleich auch fremden Welt des Krankenhauses wahr. Sie kommen nicht aufgrund ihrer persönlichen Beziehung zum Patienten an sein Bett, sondern wegen der von ihnen zu erbringenden Arbeitsleistungen.

Im Zuge der Rationalisierung der klinischen Arbeitswelt haben die beruflich verfaßten Besuchssituationen das ursprüngliche *private Profil* des Krankenbesuches in unterschiedlichem Maße eingebüßt. Während sich die Konversation anläßlich der Arztvisite in der Regel auf die Erörterung der medizinischen Diagnose und Therapie beschränkt und während sich angesichts des raschen Wechsels des Pflegepersonals immer seltener eine kontinuierliche persönliche Beziehung zwischen Patient und PflegerInnen herstellen läßt, kultivieren die KrankenhauspfarrerInnen bewußt die private Konturierung ihrer beruflichen Kommunikationssituationen. Im Interesse der Aufrechterhaltung der personalen Identität (> 311) des Kranken widersetzen sie sich der vollständigen Integration ihrer Dienstleistungen in die rational geordnete klinische Arbeitswelt und pflegen das Image des klinischen Außenseiters (530), eines beruflichen Repräsentanten des privaten Lebens in einer versachlichten Arbeitswelt. Arbeitet das Krankenhaus als „eine naturwissenschaftlich, medizinisch-technisch orientierte bürokratische Großinstitution" insgesamt „nach Prinzipien der Zweckrationalität und Wirtschaftlichkeit", so bringt das „Subsystem Krankenhausseelsorge" gezielt den „subjektiven Faktor" der klinischen Lebenswelt ins Spiel: „Kommunikative Bedürfnisse und emotionale Zuwendung stehen im Vordergrund. Es geht um Begleitung (absichtslos da sein, mitaushalten, annehmen, stützen, entlasten), Begegnung (als Person, als Gegenüber erkennbar werden, aufdecken, Konflikte bearbeiten) und Deutungsangebote (Hilfen zum Verstehen und/oder Bewältigen der gegenwärtigen Lebenssituation ...)" (526,15). Die „Patienten-Orientierung" (527) der klinischen Seelsorge, die dezidierte Absicht der Berufsträger, „den kommunikativen Bedürfnissen der Patienten, ihren Wünschen nach gefühlsmäßiger Zuwendung durch das Personal, nach Zeit für Gespräche" (526,15) Rechnung zu tragen, wirkt auf die Selbstorientierung der KrankenhauspfarrerInnen zurück. „Die wünschenswerte und notwendige Professionalität der Seelsorge im Krankenhaus gerät ... in Konflikt mit dem unter Seelsorgern/innen hoch geschätzten Postulat der Betroffenheit. Begriffe wie ‚sich einlassen', ‚sich anrühren lassen', ‚sich einbringen' etc. sind Ausdruck des Wunsches, sich von der ‚affektiven Neutralität', wie sie ärztliches und pflegerisches Personal mehr oder weniger praktizieren müssen, zu distanzieren und zu unmittelbaren, direkten, emotionalen Begegnungen zu finden, in denen auch der Seelsorger/die Seelsorgerin selbst als individuelle, unverwechselbare Persönlichkeit erkennbar wird" (526,21f).

Die Idee individueller Autonomie prägt aber nicht nur das Berufsbild (> 313), das KrankenhauspfarrerInnen von sich selbst entwerfen und mit dem sie sich sowohl den anderen klinischen Berufsträgern als auch den Patienten präsentieren. Praktisch wirksam wird die religiös grundierte Individualitätsidee in der privaten Konturierung der am Krankenbett geführten *Seelsorgegespräche* (> 213). Die Berufssituationen der KlinikpfarrerInnen sind nicht so deutlich definiert wie die Arbeitssituationen der übrigen klinischen Berufsträger. Im Unterschied zu den ÄrztInnen und PflegerInnen kommen die KrankenhauspfarrerInnen nicht turnusmäßig an jedes Krankenbett. Ihre Besuche finden nur vereinzelt und sporadisch statt und enthalten deshalb für die beiden Gesprächspartner, vor allem aber für den Patienten, das Moment des Überraschenden. Angesichts der sich ständig verkürzenden Belegzeiten lassen sich auch immer seltener längere Gesprächsketten herstellen. Die klinischen Seelsorgegespräche verlaufen daher nicht nach so streng standardisierten Mustern wie die übrigen für den Krankenhausbetrieb typischen Handlungsabläufe. Sie folgen weniger den von den Berufsträgern internalisierten Regeln des professionellen Handelns und orientieren sich statt dessen vorwiegend an den unterschiedlichen subjektiven Lebenssituationen der PatientInnen.

Gleichwohl bleibt die szenische Gestaltung der Seelsorgegespräche nicht allein der subjektiven Invention und Kreativität der beiden Gesprächspartner überlassen. Wie jede andere Berufstätigkeit, so ist auch die professionell ausgeübte Klinikseelsorge in *institutionalisierte Formen* gefaßt. Deutlicher noch als die Seelsorgegespräche, die in der Alltagswelt mit natürlichen Vertrauenspersonen oder auch mit professionellen SeelsorgerInnen geführt werden, weisen gerade die im engeren Sinne seelsorgerlichen Gespräche am Krankenhaus typische Verlaufsmuster auf. Sie repetieren sich in der kontinuierlichen Berufspraxis der SeelsorgerInnen und bewähren ihre allgemeine Gültigkeit unabhängig von den an den Kommunikationsprozessen beteiligten Individuen. Die Gesetzmäßigkeiten dieser vorprogrammierten Gesprächsprozesse leiten sich nicht aus der natürlichen Privatwelt des Gesprächspartners her, sondern aus der aktuellen Krankheitssituation des Patienten und somit aus den spezifischen Bedingungen der klinischen Lebenswelt. Dennoch verdanken die unterschiedlichen Kommunikationsmuster der klinischen Seelsorge ihr charakteristisches Profil der intendierten Privatisierung der Gesprächssituation und der kunstvoll erstellten persönlichen Beziehung zwischen den Kommunikationspartnern.

3.2. Die drei kommunikativen Typen der Krankenhausseelsorge

Drei charakteristische *Organisationsmuster* klinischer Seelsorge lassen sich idealtypisch voneinander unterscheiden: der einmalige Besuch des Klinikpfarrers am Bett des Patienten, die Kette von mehreren aufeinander aufbauenden und sich in ihrer Intensität steigernden Gesprächen sowie die in rituell-liturgische Formen gefaßte Interaktion am Krankenbett. In den drei für die klinische Seelsorge typischen Kommunikationsmustern wird die Begegnungssituation zwischen Patient und Klinikpfarrer auf je verschiedene Weise mit Charakterzügen der Privatwelt unterlegt.

3.2.1. Das Kontaktgespräch

Einen ersten Typus klinischer Seelsorge bilden die Gespräche, in denen die KlinikpfarrerInnen einzelne PatientInnen entweder turnusmäßig oder auf deren Verlangen hin aufsuchen und den persönlichen Kontakt zu ihnen herstellen. Die auf eine einmalige Begegnung begrenzten *Kontaktgespräche* knüpfen an die in der Privatwelt verwurzelte Konvention des Krankenbesuches an. Die Kommunikationsformen der seelsorgerlichen Konversation ergeben sich dementsprechend nicht aus den gleichförmigen Handlungsmustern der klinischen Arbeitswelt, sondern aus der facettenreichen Gesprächskultur der alltäglichen Privatwelt (> 213). Das Spektrum der am Krankenbett praktizierten Konversationsformen reicht von der zwanglosen Unterhaltung über Allerweltsthemen bis zu autobiographischen Reflexionen (526,20f), von der in sachlicher Atmosphäre verlaufenden Lebensberatung bis zu Gesprächsszenen, in denen sich die Gesprächspartner mit ihrer Person zutiefst engagieren. In den hinsichtlich ihres Inhalts wie ihrer Form offenen Konversationsprozessen herrscht nicht die berufliche Routine, sondern die Dynamik des freien Gesprächs vor. Die Entscheidung darüber, welchen Intentionen die seelsorgerliche Unterhaltung folgen soll, welche Lebensthemen zu Gesprächsthemen gemacht und welche Gesprächsebenen betreten werden sollen, bleibt weitgehend den Dialogpartnern überlassen. Sie unterwerfen sich nicht einer festgelegten und eingeschliffenen Methodik der Gesprächsführung, sondern wechseln im Verlauf der meist nur lose aneinander anschließenden Gesprächsszenen die Rollen und führen auf der Bühne des Sprachspiels selbst Regie. Sowohl die Intentionen der seelsorgerlichen Unterredung als auch die Gesprächsthemen und schließlich die Kommunikationsformen der klinischen Seelsorgegespräche werden in jedem einzelnen Fall unter den Interaktionspartnern ausgehandelt und im Fortgang der Unterredung modifiziert.

Die Spezifizierung der *Kommunikationssituation* erfolgt in der Regel über das Instrument der Rollenzuweisung, wobei die Initiative – im Kontrast zu den typischen klinischen Begegnungssituationen – häufig dem Patienten zufällt. Schreibt er dem Klinikpfarrer die ihm aus der Alltagswelt vertraute Berufsrolle des Gemeindepfarrers zu und sieht in seinem Gegenüber einen beruflichen Repräsentanten der Institution Kirche in der Organisation der Klinik, dann nimmt der Patient entweder unreflektiert oder durchaus absichtsvoll die entsprechende Rolle des Kirchenmitglieds ein. Der Patient entzieht sich den mit dem Krankenbesuch verbundenen privaten Anmutungen und lenkt das Gespräch in Richtung einer sachlichen Debatte über die im öffentlichen Diskurs gängigen Themen aus dem Umkreis von Kirchenmitgliedschaft, Kirchenverbundenheit und populärer Kirchenkritik. Da sich der Klinikpfarrer aufgrund seiner eigenen Vorstellungen von seinem Beruf der ihm zugewiesenen Rolle widersetzt und statt dessen die von ihm verfolgten seelsorgerlichen Intentionen ins Spiel zu bringen sucht, sind solche, den privaten Charakter der Begegnung vermeidenden Gesprächsprozesse häufig von Irritationen und Dissonanzen zwischen den Gesprächspartnern gekennzeichnet. Begreift der Patient den Klinikpfarrer dagegen als den gewissermaßen freiberuflichen Seelsorger in der Krankenhauswelt und damit als fiktive Privatperson in beruflicher Verkleidung, dann nimmt das Gespräch deutlich private Züge an. Das Selbstbild des Klinikpfarrers und die ihm vom Patienten zugewiesene Rolle werden im Verlauf des Gesprächs zur Deckung gebracht. Auf der Kongruenz von pastoralem Selbstbild und Fremdbild bauen die für das seelsorgerliche Gespräch konstitutive persönliche Beziehung zwischen den Interaktionspartnern und der daraus resultierende private Charakter der Unterredung auf.

3.2.2. Die Gesprächskette

Einen zweiten Typus klinischer Seelsorge bilden kleinere *Ketten von Gesprächen*, die die KlinikseelsorgerInnen mit von ihnen ausgewählten PatientInnen führen. Die aufeinander aufbauenden Gesprächsgänge schließen an das Explorationsgespräch an, setzen dessen einvernehmliche individuelle Konturierung voraus und sind im Gegensatz zu den sachlichen Diskursen im Zusammenhang des Erstgesprächs deutlich an der subjektiven Situation des Patienten orientiert und um seine persönliche Krankheits- und Lebenssituation zentriert. Im Unterschied zu den privaten Besuchen am Krankenbett, in denen sich Erzählungen über die außerklinische Alltagswelt mit Erkundungen über den Krankheitszustand des Besuchten vermischen, ordnen sich die Gesprächsreihen organisch in den institutionellen Kontext der Klinik ein. Die Gespräche verlieren sich nicht in der Vielfalt der alltagsweltlichen Lebensbezüge des Besuchten, sondern fokussieren das gemeinsame Interesse der Kommunikationspartner auf die aktuelle Lage des Patienten, auf die Verarbeitung seiner Krankheitserfahrung durch ihn selbst.

Das Grundmuster der seelsorgerlichen Kommunikation stammt daher auch nicht aus dem Repertoire alltagsweltlicher Kommunikationsformen, sondern aus dem Reflexionsbestand der modernen *Medizin*. In Anknüpfung an die ethischen Grundsätze der anthropologischen Medizin (> 312), in der die Krankengeschichte als Dimension der Lebensgeschichte begriffen wird, behandeln die KlinikseelsorgerInnen ihren Gesprächspartner, den Kranken, nicht als diagnostizierbaren und rubrizierbaren medizinischen Fall, sondern nehmen ihn als unverwechselbare religiöse Individualität wahr. Sie bedienen sich der Kompetenzen der Ärzte, um den Kranken in seiner spezifischen Lebenssituation verstehen zu können, und leiten den seelsorgerlichen Umgang mit der subjektiven Lebenslage des Patienten aus den spezifischen Bedingungen des Krankheitsverlaufs ab. Stellt die Krankheit auch „kein persönlichkeitsindifferentes Geschehen" dar, sondern engagiert sie den Patienten mit seiner Person, zumal mit den „ungelösten Konflikten" (528,136) in seinem Leben, so bildet sich gleichwohl in der Dynamik der seelsorgerlichen Gesprächsprozesse auch der typische Verlauf von Krankheiten ab, die einer längeren klinischen Behandlung bedürfen.

Die in den Seelsorgegesprächen zu bearbeitenden „*Grundfragen* des menschlichen Lebens" (528,136) sind eng mit der individuellen Lebensgeschichte des Patienten verbunden und doch zugleich auch charakteristisch für die generelle Situation klinisch Kranker. Ebenso folgt der individuelle Verarbeitungsprozeß der Krankheit einem Schema von charakteristischen Reaktionsweisen des Kranken und typischen Bewältigungsformen der Krankheit. Zumal bei der Begleitung von Sterbenskranken, einer der wichtigsten Berufsaufgaben der KlinikseelsorgerInnen, lassen sich generalisierbare Verhaltensmuster des Patienten beobachten. Die letzte Epoche einer unverwechselbar individuellen und doch zugleich auch von der gleichförmigen Ordnung des menschlichen Lebenslaufs überformten Lebensgeschichte gliedert sich in biographisch aufeinander aufbauende „Phasen des Sterbens" (529,151; > 312). Aber wie keiner an der Stelle eines anderen leben kann, so kann auch keine wie eine andere sterben. Die Gespräche mit Sterbenskranken dienen daher der Individualisierung des Sterbens als eines biographischen Lebensprozesses, der Aneignung der letzten Phase des eigenen Lebens „in personspezifischer Weise" (529,151).

3.2.3. Die rituell-symbolische Seelsorge

1. Einen dritten Typus klinischer Seelsorge bilden Kommunikationsszenen, in denen sich Komponenten der seelsorgerlichen Konversation mit symbolischen Elementen und *litur-*

gischen Handlungen vermischen. Er ordnet sich einer eigenständigen Version von Seelsorge zu, die sich „in Auseinandersetzung mit religiösen Strömungen der Gegenwart … als Begleitung und Anregung für spirituelle Erfahrungen versteht" (526,20; 533) und „auf neue Weise Symbole und Rituale aus der christlichen Tradition, aber auch solche aus anderen Religionen mit ihrer lebenserschließenden Kraft" (526,20) im Sinne von „Deutungsangebote(n)" (526,15) in die seelsorgerliche Kommunikation einführt. Sind die Kontaktgespräche mit dem Krankenhauspfarrer in der Privatwelt des Patienten verankert und ordnen sich die um die Krankheitsgeschichte des Patienten zentrierten Gesprächsketten in die klinische Arbeitswelt ein, so entstammen die kommunikativen Grundformen des dritten Typus klinischer Seelsorge der explizit religiösen Lebenswelt, der kirchlichen Christentumspraxis.

Die zum Teil deutlich liturgisch-rituell ausgeformten Interaktionsszenen setzen sich aus einem Ensemble von Kommunikationsformen zusammen, die ursprünglich in der gottesdienstlichen *Liturgie* beheimatet waren, im Kontext der klinischen Organisation aber deutlich private Züge angenommen haben. Die in privatem Rahmen begangenen, gleichwohl mit den Konturen kirchlicher Feiern versehenen Rituale sind von jeher in besonderer Weise mit der Institution des Krankenhauses verbunden. Sie bilden in gewisser Weise die historischen Ursprungssituationen der Krankenhausseelsorge. Längst bevor sich die Profession des Klinikpfarrers als ein gegenüber dem Gemeindpfarramt (> 323) selbständiger Beruf mit eigenen professionellen Aufgaben, Leistungen und methodischen Verfahrensweisen herausbildete, gehörten Krankenhausgottesdienste (534) sowie liturgische Andachten (> 212-4:2.1.), Gebete und Lesungen am Krankenbett oder auch das mit Sterbenskranken gefeierte Krankenabendmahl zu den selbstverständlichen Berufspflichten der Gemeindpfarrer.

Im Berufskreis der KlinikpfarrerInnen erhalten die poimenisch-liturgischen Handlungen nun den Status eines gegenüber den beiden konversationellen Grundtypen eigenständigen Typus der Krankenhausseelsorge. Zum einen steht das *kirchliche Profil* der liturgischen Handlungen in einem deutlichen Kontrast zu den Arbeits- und Lebensformen der säkularen Klinikinstitution und der in sie eingebetteten Seelsorgepraxis. Die klinischen Seelsorgegespräche, die auf die Erhaltung und Wiederherstellung der individuellen Autonomie des Patienten in der durchorganisierten Welt der Klinik abzielen, fügen sich – wenn auch kritisch – in die klinische Arbeitsorganisation ein. Sie begründen sich aus ihrer kompensatorischen Funktion im Rahmen der Krankenhauswelt und erweisen sich aus allgemein-humanitären Gründen als „geradezu unentbehrlich" für die Institution des Krankenhauses, „die in der Gefahr steht, über dem bloßen Funktionieren zu vergessen, daß sie eine Institution von Menschen für Menschen ist" (531,21). Im Unterschied zu den auf allgemeinverbindlichen, kulturreligiösen (> 140) Maximen aufruhenden Seelsorgediskursen nehmen sich die im Krankenhauszimmer arrangierten kirchlichen Rituale wie Szenen aus, die auf einer anderen Bühne spielen und mit fremden Stilmitteln inszeniert werden. Der Klinikpfarrer kommt nicht in seiner konventionellen Funktion ans Krankenbett, als in die Arbeitsorganisation des Krankenhauses eingebundener Berufsträger, sondern – dem Hausbesuch (> 212-4:3.3.3.) des Gemeindpfarrers vergleichbar – als Repräsentant der Institution Kirche. Er agiert in der Rolle des kirchlichen Amtsträgers, häufig im Talar, übernimmt – anders als in den mit ihm geführten Seelsorgegesprächen – selbst die kommunikative Regie und gestaltet die Kommunikationssituation nach den Mustern, die als charakteristisch für die binnenkirchliche Religionspraxis gelten.

Die aparte Stellung der privatisierten kirchlichen Feiern im beruflichen Kontext von KlinikpfarrerInnen beruht zum anderen auf ihrer *rituellen Struktur*. Der „Rückgriff auf ‚expressiv religiöse Symbolik', also Elemente der geistlichen Kommunikation" (532,480), kontrastiert mit der auf rationale Einsicht abgestellten klinischen Seelsorgepraxis, in der eine Ritualisierung der Gesprächsprozesse bewußt vermieden wird. Die von den KlinikpfarrerInnen geführten Kontaktgespräche folgen nicht gleichförmigen und immer wiederkehrenden Handlungsmustern, sondern halten den Verlauf der Gespräche sowohl hinsichtlich ihrer thematischen Gehalte als auch hinsichtlich ihrer Konversationsform für vielfältige und überraschende Wendungen offen. Die linear aneinander anschließenden und logisch aufeinander aufbauenden Unterredungen im Rahmen einer Gesprächsreihe zielen auf einen registrierbaren Fortschritt in der individuellen Verarbeitung der Krankheits- und Sterbegeschichte des Patienten ab. Die seelsorgerliche Kommunikation gelingt nur dann, wenn der in seine Geschichte verstrickte Patient den Bannkreis seiner Ängste und Konflikte durchbricht, sich mit Hilfe des beruflichen Gesprächspartners aus rituellen Wiederholungszwängen (> 132) befreit und die vor ihm liegende Lebenspassage Schritt für Schritt begeht.

Dennoch kommt den symbolisch und rituell verfaßten Interaktionsformen im Zusammenhang gerade der klinischen Seelsorge besondere Bedeutung zu. Stößt die diskursiv-rationale Bearbeitung der Lebensprobleme, die sich in der Krankheit verdichten, in der Situation von Schwerkranken und Sterbenden an deutliche Grenzen, so erweist der *sinnlich-symbolische* Umgang (> 132) mit der Lebenswirklichkeit gerade in den Grenzsituationen des Lebens seine wirklichkeitserschließende, sinnstiftende und gemeinschaftsbildende Funktion. Die an den symbolischen Interaktionsformen orientierte Seelsorgearbeit engagiert die Kommunikationspartner nicht weniger als die rationale Auseinandersetzung mit den Ambivalenzen und Konflikten der Lebenserfahrung und Lebensführung. Aber sie erschließt die Wirklichkeit auf andere Weise. Sie ordnet den Lebensraum und die Lebenszeit des Menschen nicht nach den Gesetzmäßigkeiten des zergliedernden Verstandes, sondern nach der eigenen, auf der ganzheitlichen Wahrnehmung der Wirklichkeit aufruhenden Logik des Symbolischen. Im Unterschied zur alltagsweltlichen Seelsorge (> 213), in der einzelne, klar umgrenzte Lebensprobleme kommunikativ bearbeitet werden, tritt in der Situation von Schwerkranken und Sterbenden das Leben als Ganzes in den Blickpunkt. Und während die alltäglichen Lebensprobleme im Vorgriff auf die zukünftige Lebenspraxis im Interesse ihres Gelingens bearbeitet werden, stellt sich unter dem alles beherrschenden Eindruck der unaufhaltsam fortschreitenden Erkrankung die Aufgabe einer Lebensbilanz, in der die schon abgeschlossene Lebenszeit im Rückblick zu einer sinnhaft geordneten Lebensgeschichte komponiert wird.

Die Ausweitung des Lebensraums bei gleichzeitiger Verkürzung der noch zur Verfügung stehenden Lebenszeit verändert nun die *Wahrnehmungsperspektive* des Individuums in prinzipieller Weise. Setzt der diskursiv-rationale Umgang mit der Wirklichkeit die Welt aus einzelnen Mosaiksteinchen zusammen, indem er das Ergebnis schon gemachter Erfahrungen mit zukünftigen Handlungsabsichten verbindet, so betrachtet der sinnlich-symbolische Umgang mit der Lebenswirklichkeit das Leben als ein Textum, in dem sich die Fäden des Lebens vielfältig miteinander verschlingen, sich aber gerade in ihrer für den rationalen Verstand nicht entwirrbaren Komplexität zu einer unverwechselbar individuellen Lebensgeschichte verweben. Im Medium ihrer sinnlich-symbolischen Verdichtung findet die verinnerlichte Welt ihren ungebrochenen Ausdruck; denn die Symbole sind die Sprache der anders nicht mitteilbaren Gefühle. Die symbolisch vermittelte und rituell geordnete Interaktion zielt aber nicht nur auf die interne Integration der konfliktreich verfaßten und ambivalent erfahrenen Lebensgeschichte ab. Sie stellt vielmehr auch die integrative Einheit von subjektiver Innenwelt und sozialer Außenwelt des Individuums her. Über die Vermittlung von Symbolen, die in der kirchlichen und öffentlichen Religionspraxis in Geltung stehen, partizipieren die Kommunikationspartner an der umfassenden Wirklichkeit, die nicht an den Grenzen subjektiver Erkenntnis und Erfahrung endet, sondern das einzelne Leben in dem rational nicht erfaßbaren, weil unendlichen Kosmos der Welt aufhebt. Die symbolische und rituelle Kommunikation am Krankenbett durchbricht die zwanghafte Isolation von Sterbenskranken und überführt die um sich selbst kreisende Auseinandersetzung des Patienten mit sich selbst in gemeinschaftliche kommunikative Handlungen.

2. Die gegenwärtige *Klinikseelsorge* greift in vielfältiger Gestalt auf die privatisierten kirchlichen Symbolhandlungen zurück. Sie schließt damit einerseits an die Ursprungsformen der klinischen Seelsorgepraxis an. Sie ratifiziert aber andererseits zugleich auch einen Paradigmenwechsel, der sich in den vergangenen Jahrzehnten im Gebiet der Seelsorgetheorie vollzogen hat. Die Programme der psychologisch grundierten ,Beratenden Seelsorge' (> 213; > 222-2) grenzten sich ursprünglich dezidiert von kirchlich-theologisch argumentierenden Seelsorgekonzeptionen ab, die das Seelsorgegespräch als „liturgische(s) Gespräch" (536,15) begriffen, die Seelsorge, wo immer sie ausgeübt wird, „im Raume der Kirche" (535,97) verorteten und ihren „kirchliche(n) Charakter" dadurch gewährleistet sahen, „daß ein Gespräch, das seelsorglich-kirchlich ergeht, innerhalb des Bereiches der Zeichen von Wort und Sakrament liegen muß. Ihre Kraft und ihr Schutz stehen dahinter, ihre Nähe oder Ferne ist von ausschlaggebender Bedeutung" (535,107). Nach dem Urteil der von der Seelsorgebewegung (> 213) inspirierten Seelsorgekonzeptionen müssen die kirchlich normierten und kommunikativ ritualisierten Konversationsprozesse „als Fehlformen des Gesprächs angesehen werden, weil sie zu einem autoritären oder methodistischen Mißbrauch der Sprache verführen und leicht in den Sog klerikaler Selbstbehauptungstendenzen geraten" (536,12). Die moderne Poimenik begreift die Seelsorge nicht als eine spezifisch kirchliche Form religiöser Kommunikation, sondern als eine in den Lebenszusammenhängen der säkularen Welt praktizierte und gegenüber der kirchlichen Christentumspraxis eigenständige Form religiös grundierter und an der Individualität des Seelsorgesuchenden orientierte Form von Lebenshilfe. Die moderne Seelsorge verfolgt daher nicht die traditionelle Zielsetzung der kirchlichen Seelsorge, die Rückführung des Seelsorgesuchenden in den sozialen, kulturellen und religiösen Kontext der kirchlichen Lebenswelt. Die seelsorgerliche Kommunikation zielt vielmehr auf die individuelle Autonomie des Klienten, auf die Wiederherstellung und Ausweitung seiner persönlichen Freiheit. Dem intendierten Ziel des seelsorgerlichen Handelns muß auch „die Sprachstruktur des Gespräches selber" (536,10) entsprechen. Besteht das „spezifisch Seelsorgerliche" (536,10) der auf „partnerschaftliche Gegenseitigkeit" (536,42) abgestellten Kommunikation darin, daß „das Gespräch befreien kann und zugleich diese Freiheit einzuüben vermag" (536,10), dann kann sich die Seelsorge nicht solcher Gesprächsverfahren bedienen, in denen „ein vorher festgelegtes Programm absolviert" wird (536,42). Im Interesse der individuellen Autonomie des Klienten widersetzt sich die moderne Seelsorge daher allen Versuchen, „in verobjektivierender Manier" den „lebendigen Gesprächsablauf zu ritualisieren" und damit der Seelsorge „den Charakter einer religiösen ,Begehung'" zu verleihen, „die in einer Art Wiederholungszwang in die ewiggleiche

Kreisbahn um denselben Mittelpunkt einschwingen läßt" (536,19). Als „Paradigma" (536,42) moderner Seelsorgepraxis gilt vielmehr das Kontrastmodell zur liturgischen Seelsorge, das an der therapeutischen Gesprächsbeziehung orientierte „freie Gespräch" (536,46ff).

Gerade die *pastoralpsychologische* (> 132*)*, an die anthropologischen Grundvorstellungen der psychoanalytischen Theorie Sigmund Freuds (537) angelehnte Seelsorgelehre wurde nun aber zunehmend auf die Bedeutung der Symbolbildung für die Konstitution der Persönlichkeit und für die Konstruktion der Lebenswelt aufmerksam. Auf der einen Seite wurde im Zuge der Aufnahme und Fortschreibung der psychoanalytischen Symboltheorie das Symbol als Schlüssel zu den Konflikten und Ambivalenzen, den strukturellen Grundformen der menschlichen Lebenserfahrung, begriffen und sowohl in der psychoanalytischen Therapie als auch in der Seelsorgepraxis entsprechend genutzt. Auf der anderen Seite wurde die symbolische Dimension der Selbst- und Welterkenntnis als ein konstitutives Moment der Religionspraxis wiederentdeckt. Sind „nun aber alle Tätigkeitsbereiche in der Kirche durchsetzt von symbolischen Einsprengseln" (538,65) und liegt ein wesentliches „Kennzeichen religiöser Praxis" darin, „Symbole so wirken zu lassen, daß sie zu denken geben, daß sie einen verborgenen Sinn erschließen, der vorher noch nicht manifest war" (538,45), dann besteht zwischen der psychoanalytischen Therapie und der pastoralpsychologischen Seelsorge eine religiös qualifizierte Affinität. Sie kommt in der analogen Statur von psychoanalytischer Symboltheorie und pastoralpsychologischer Seelsorgelehre zum Ausdruck: „Wenn Pastoralpsychologen den Konflikt als das zentrale Thema ihrer Theorie bezeichnen, so dürfte dies nicht so sehr das Ergebnis von objektivierbaren Daten sein als vielmehr der Einfluß des christlichen Vorverständnisses von menschlicher Existenz, deren fundamentale Aussage darin besteht, den Menschen als im Konflikt befindlich zu beschreiben" (538,52).

In der poimenisch akzentuierten *„symbolische(n) Kommunikation"* (538,60ff) koinzidieren psychologische Grundstrukturen und religiöse Wirklichkeitskonstruktion. Die Arbeit der Seelsorge beschreitet den „Weg von den Konflikten hin zu den Symbolen" (538,66). Auf der Basis „einer methodischen Korrelation von Konflikt und Symbol" werden aber nicht nur christliche Grundsymbole als Medien der Selbst- und Welterkenntnis in das Seelsorgegespräch eingeführt. Vielmehr erhalten die zugleich in der kirchlichen wie in der privaten Religionspraxis verankerten Formen symbolischer Kommunikation, beispielsweise die Erzählung von biblischen Texten oder das Gebet, den Status poimenischer Verfahrensweisen. Die kommunikative „Strukturierung" des Seelsorgegesprächs erfolgt „in Richtung auf biblische Geschichten" (538,83); ebenso „strukturiert" das in der Seelsorge praktizierte Gebet den kommunikativen Verlauf der Interaktion und damit die durch die Seelsorge vermittelte religiöse Erfahrung „in einem bestimmten Sinn" (538,109). Hinsichtlich des symbolisch-rituellen Charakters der Kommunikation besteht schließlich eine deutliche Korrelation zwischen dem typischen Verlauf von Seelsorgegesprächen und der gottesdienstlichen Liturgie. Die „Struktur des Gottesdienstes" läßt sich geradezu als „ein geheimes Curriculum", als „die geheime Agenda und Geschäftsordnung eines seelsorgerlichen Gesprächs" (538,101) begreifen, das mit der Gesprächseröffnung, dem Introitus, beginnt und mit dem Segensgruß eines ‚Adieu' endet, ein Credo einschließt, eine Anamnese und die Communio (538,101ff). Wie der Gottesdienst „als der Niederschlag von seelsorgerlichen Erfahrungen" zu verstehen ist, so kann umgekehrt die Seelsorge als die vielleicht „legitimste Form des Gottesdienstes" (538,105) aufgefaßt werden.

Die symbolische Komposition des individuellen Lebenskosmos und die rituelle Kommunikation mit den Partnern der gemeinsamen Lebenswelt sind ursprünglich keine spezifischen Merkmale gerade der seelsorgerlichen Kommunikation. Symbol und Ritus gehören vielmehr zu den paradigmatischen Grundformen der Religionspraxis überhaupt. Symbolische Formen und rituelle Elemente finden sich ebenso in der privaten wie in der öffentlichen und der kirchlichen Christentumspraxis. Die in die seelsorgerliche Kommunikationsszene eingepaßten symbolischen Sprachkonstrukte und die in der seelsorgerlichen Kommunikation praktizierten rituellen Handlungen sind denn auch aus unterschiedlichen *lebensweltlichen Kontexten* der Christentumspraxis entlehnt. Zum traditionellen Repertoire der zwischen religiöser Feier und seelsorgerlicher Konversation angesiedelten Krankenhausseelsorge zählen etwa die feierliche Rezitation von bestimmten Bibeltexten (insbesondere von ausgewählten Psalmworten), die andächtige Zitation von entsprechenden Liedstrophen (meist aus der Gesangbuchrubrik ‚Angst und Vertrauen‘) sowie die Verwendung von rituellen Gebeten (wie des Vaterunsers und verschiedener Gebetstexte aus Alltagsritualen) und schließlich der Gebrauch von Segensgesten (> 232-3) und Segensworten (in explizit kirchlicher wie in säkularer Formulierung). Die verbalen und gestischen Symbolkonstrukte haben jeweils einen bestimmten ‚Sitz im Leben‘. Sie sind ritualisierte, unveränderliche und immer wiederkehrende Elemente teils der gottesdienstlichen Liturgie, teils der Agenden der in den alltäglichen sozialen Netzwerken gefeierten Kasualien, teils der häuslichen Frömmigkeitskultur. Die ursprünglichen Kontextualisierungen der klassischen Symbolkonstrukte christlichen Glaubens und Lebens gehen auch in deren poimenisch-liturgischen Verwendungszusammenhängen nicht verloren.

In der Neuinszenierung der Symbole am Krankenbett werden religiöse *Schlüsselerfahrungen* reaktiviert, die mit den vertrauten Texten und Gesten verknüpft sind, werden Erinnerungen an exemplarische Lebenssituationen wachgerufen, die sich in anderen Erlebnisräumen abspielen. Die mit vielfältigen, gleichwohl prägnanten Bedeutungen besetzten symbolischen Konstrukte repräsentieren daher über ihre unmittelbar wirksame Symbolik hinaus die verschiedenen Segmente der religiösen Lebenswelt. Sie verknüpfen den aktuellen Lebensraum des Patienten mit den jenseits der klinischen Lebenswelt angesiedelten privaten und kirchlichen Lebenssphären und heben die sich überlagernden Lebensräume ineinander auf. Im Unterschied zur diskursiv-rationalen Seelsorgearbeit verdichtet sich in den symbolisch-rituellen Konstruktionen die Lebenswelt eines Menschen im ganzen. Die symbolischen Medien bilden eine Klammer zwischen den empirisch-realen und den durch sinnlich-symbolische Imagination realisierten Lebensräumen des Patienten.

Wie sich im Spiegel der Symbole der sozial gegliederte Lebensraum des Menschen verdichtet, so komprimiert sich in der rituell-symbolischen Kommunikation am Krankenbett auch die biographisch geordnete *Lebenszeit* (> 312) des Patienten. Die im Rahmen der häuslichen, schulischen und kirchlichen Erziehung erlernten und in der eigenen Lebenspraxis bewährten Symbolkonstrukte – Bibeltexte, Gesangbuchstrophen und Gebetsverse – stehen in einem engen Zusammenhang mit der biographischen Entwicklung individueller Religiosität. Die Grundsymbole des christlichen Glaubens sind von konstitutiver Bedeutung für die Genese der Frömmigkeit in der Kindheit (> 212-4:3.2.) wie für die Umformulierung des religiösen Glaubens in den Phasen des Erwachsenenlebens und des Alters. Obwohl die ritualisierten Dokumente christlichen Glaubens im Wandel der Lebensperspektiven gleich bleiben und auch über die Grenzen eines menschlichen Lebens hinaus ihre Beständigkeit erweisen, nehmen die symbolischen Repräsentationen religiöser Erfahrung im Fortschritt der Lebenserfahrung und der Wirklichkeitsdeutung immer wieder neue Bedeutungen an. Sie zeigen in den voneinander unterschiedenen und zugleich aufeinander aufbauenden Epochen der individuellen Frömmigkeitsgeschichte jeweils ein anderes Gesicht; sie sprechen in neuen Lebenssituationen eine andere Sprache. Die mit vielfältigen Erinnerungen befrachteten Symboltexte repräsentieren daher über ihre aktuellen Bedeutungsbesetzungen hinaus die teils kontinuierliche, teils krisenhafte Entwicklung der sich religiös begründenden Individualität. In der Krankheits- und Sterbesitutation überlagern sich nun die verschiedenen Stadien der individuellen Lebensgeschichte. Sie verdichten sich im Spiegel der symbolischen Ausdrucksformen religiöser Erfahrung zu einem sinnhaften Lebenskosmos und stehen damit sinnbildlich für die Einheit und Ganzheit des sich schließenden Lebenskreises. Die in das Seelsorgegespräch integrierten religiösen Sprachkonstrukte bilden somit eine symbolische Klammer zwischen den ineinander aufgehobenen Epochen eines Lebens. Sie verbürgen die sinnhafte Ganzheit und Einheit der zu Ende gehenden Lebenszeit.

3. Deutlicher noch als in den aus konversationellen, symbolischen und rituellen Elementen zusammengesetzten Formen der Krankenhausseelsorge kommt die integrative Funktion symbolischer Wirklichkeitserschließung in den im Klinikzimmer zelebrierten *rituellen Handlungen* zum Ausdruck. Schon die in den Rang einer Lebensbilanz erhobenen Gespräche mit Schwerkranken und Sterbenden nehmen häufig die Gestalt eines ursprünglich in der kirchlichen Lebenswelt verankerten Rituals an. Die kommunikative Dynamik der mit großer Ernsthaftigkeit geführten und von den PatientInnen wie von den SeelsorgerInnen mit dem Gewicht einer abschließenden religiösen Bewertung des Lebens belasteten Gespräche folgen dem Ablaufschema der *Beichte* (> 213). Herausragende biographische Ereignisse, zumal nicht revidierbare, für andere folgenreiche Handlungen werden vom Patienten erinnert, auf dem Hintergrund der Verantwortung des Menschen für seine eigene Lebensführung wie für das Leben anderer als Schuld anerkannt und gegenüber dem Pfarrer in der Form eines Bekenntnisses geäußert. Die ritualisierte Kommunikationsszene wird durch die vom Pfarrer als Repräsentanten der Kirche ausgesprochene Absolution fortgeführt und mit einem liturgisch gefaßten Gebet abgeschlossen.

Zu den am Krankenbett praktizierten privatisierten Formen kirchlicher Rituale ist vor allem auch das *Krankenabendmahl* (540,30ff) zu zählen. Es wird in seiner protestantischen Version im Kreis der persönlichen Vertrauenspersonen des Patienten gefeiert und verklammert damit die private, die kirchliche und die klinische Lebenswelt nicht nur symbolisch, sondern auch empirisch miteinander. Während das Krankenabendmahl im römisch-katholischen Ritus neben Bußsakrament und heiliger Ölung zu den konstitutiven Elementen des ‚Versehgangs‘ gehört und als viaticum (Wegzehrung) verstanden wird, wurde es von den Reformatoren teils kritisch (Luther, Melanchthon), teils polemisch (Calvin), teils zustimmend (Brenz) beurteilt (541).

Nimmt das Krankenabendmahl deutlichen Bezug auf die kirchliche Liturgie und schließt zumal die Abendmahlsfeier am Sterbebett die Erinnerung an früher erlebte gottesdienstlich-liturgische Szenen ein, so findet die *Krankensalbung* (544,446ff) keine Analogie in der traditionellen protestantischen Gottesdienstpraxis. Ursprünglich in der Erinnerung an die Heilungswunder Jesu und auf dem Hintergrund des Zusammenhangs von Sünde und Krankheit praktiziert, wurde die Krankensalbung in der Alten Kirche mit dem Bußverfahren verknüpft (542,665) und im Mittelalter zunehmend auf die Todesgefahr eingeschränkt, an das Lebensende verlegt und in der Verbindung mit Buße und Eucharistie als „Sakrament der Sterbenden" (542,666) aufgefaßt. Nahm schon das Konzil von Trient die Krankensalbung in die Siebenzahl der Sakramente auf (542,667), so erlebt das in der aktuellen Lebenssituation des Patienten verortete Ritual, vor allem auch unter dem Einfluß von Grundeinsichten der psychosomatischen Medizin (542,668; > 312), in der römisch-katholischen Religionspraxis seit dem Zweiten Vatikanischen Konzil eine regelrechte „Renaissance" (543,418). Die Krankensalbung wird aber auch von protestantischen KrankenhauspfarrerInnen praktiziert. In der vom Liturgischen Ausschuß der VELKD erarbeiteten und 1994 erschienenen Neubearbeitung der Agende III bildet das Gebet das „Kernstück der Krankensegnung" (540,84; 544,450f). Ebenso findet sich im Evangelischen Gesangbuch für Bayern und Thüringen unter der Rubrik ‚Krankheit und Heilung' ein liturgisches Formular für die ‚Krankensegnung' (S.1484f). Es enthält neben dem eröffnenden Friedensgruß und der abschließenden Segnung sowie Gebeten und Lesungen auch die ‚Salbung'.

Die Verdichtung des Lebenshorizonts in sinnlich wahrnehmbaren symbolischen Formen und die Begehung des Lebenswegs in sinnhaft geordneten rituellen Handlungen bildet einen *eigenständigen Typus* poimenischer Arbeit. Indem sich die in die klinische Arbeitswelt integrierte Seelsorge privatisierter Formen der kirchlichen Lebenspraxis bedient, bringt sie ein zentrales Motiv der christlichen Glaubenshaltung lebenspraktisch zur Geltung. An die Stelle der Selbstrechtfertigung des Menschen vor dem Forum seiner zerbrechlichen Lebensgeschichte und seiner in sich widersprüchlichen Lebenswelt tritt die nicht von ihm selbst bewirkte, sondern ihm unverdient zukommende Rechtfertigung seiner Person durch Gott. Die in der biographischen Reflexion zutage tretenden Frakturen und Dissonanzen einer menschlichen Lebensgeschichte werden in den symbolischen Handlungen nicht beseitigt, aber aufgehoben. Die rituellen Segnungsgesten (> 232-3) verbürgen dem Individuum seine bedingungslose Anerkennung als Geschöpf Gottes und die Achtung seiner Biographie als eines unverwechselbaren, von Gott begleiteten und gesegneten Lebenswegs.

Die drei Grundformen klinischer Seelsorge sind nur idealtypisch voneinander zu trennen. Die situative Konversation am Krankenbett, die biographische Bilanzierung der Lebenslinie im Verlauf einer Gesprächsreihe und die Verdichtung des Lebenshorizonts in symbolisch-rituellen Formen gehen vielfältig ineinander über und schließen häufig aneinander an. Die drei Grundtypen religiöser Kommunikation sind aber nicht nur im Rahmen der artifiziellen Welt der Klinik eng miteinander verklammert, sondern ebenso in den natürlichen, alltagsweltlichen Horizonten der neuzeitlichen Religionspraxis. Die triadische Einheit von konversationeller Verständigung, biographischer Reflexion und symbolisch-ritueller Feier bildet das *Grundmuster* der um die Individualität zentrierten protestantischen Religionskultur. Die Verwebung der dialogischen, selbstreferentiellen und symbolischen Kommunikationsformen charakterisiert die protestantische Religionskultur ebenso in der privaten wie in der öffentlichen und der kirchlichen Christentumspraxis. In der Urgestalt der privaten Religion, der bürglich-protestantischen Hausfrömmigkeit (> 212-1), sind die gesellige Unterhaltung, die lebensgeschichtliche Reflexion und die festliche Begehung des Lebens organisch ineinander aufgehoben. In der öffentlichen Ka-

sualpraxis (> 232-3), beispielsweise im Handlungs- und Erlebniszusammenhang der Bestattung, bestehen vielfältige Wechselwirkungen zwischen dem seelsorgerlichen Gespräch, der biographisch grundierten Kasualrede und der symbolischen Handlung. Im
Gottesdienst (> 212-3:3) der kirchlichen Gemeinde schließlich sind die dialogische
Kommunikation, die selbstreferentielle Auseinandersetzung des frommen Individuums
mit sich selbst und die symbolischen Formen der religiösen Lebenspraxis zu einer kunstvoll komponierten Inszenierung verarbeitet.

212-3
Der Konnex zwischen privater und kirchlicher Religionskultur

1. Bürgerlicher Protestantismus und kirchliches Christentum

1.1. Das kirchliche Christentum zwischen privater und öffentlicher Lebenssphäre

*1.1.1. Die Synthese von Herzensfrömmigkeit und Weltoffenheit im modernen Protestan-
tismus*

Haus und Familie, der nach außen abgeschlossene Lebensraum und die um die fromme
Individualität zentrierte Lebenswelt, bilden die Wiege des bürgerlichen Protestantismus.
Wie die protestantische Individualitätsreligion nur im Schutz der *Privatsphäre* entstehen
und gedeihen konnte, so verdankt sich die in der primären Gemeinschaft entfaltete Lebenskultur umgekehrt ihrer religiösen Grundierung. Der neuzeitliche Protestantismus
partizipiert nicht nur an der Privatisierung der Lebenswelt. Er stellt vielmehr selbst eine
treibende Kraft des Individualisierungsprozesses dar. Im kommunikativen Austausch mit
den persönlichen Vertrauten werden die ästhetischen und reflexiven Ausdrucksformen
der religiösen Erfahrung gepflegt. Hier werden ebenso die für die fromme Individualität
verbindlichen Lebensmaximen eingelöst: die rationale Ordnung der persönlichen Lebensführung (> 231), die unbedingte Achtung des anderen und die Verpflichtung des
einzelnen auf das Wohl der Gemeinschaft. Wie sich die zu Tugenden verinnerlichten
ethischen Werte auf das unantastbare Gewissen des einzelnen stützen, so sind auch die
zu Gesinnungen stilisierten politischen Einstellungen in der Persönlichkeit verwurzelt.
Die protestantische Individualitätsreligion bildet den Nukleus der weit ausdifferenzierten
bürgerlichen Welt. In der primären Lebenswelt bündeln sich die Linien des individuellen
und des gemeinschaftlichen Lebens, werden die Grenzen zwischen den unterschiedlichen
Lebensräumen durchlässig, überlagern sich die Szenen, aus denen sich das private und
das öffentliche Leben zusammensetzt.

Die im Mikrokosmos der primären Lebenswelt ausgearbeiteten Muster der Lebenshaltung und Lebensführung bewähren ihre allgemeine Gültigkeit nicht nur in der familiären
Innenwelt, sondern vor allem auch jenseits der Privatsphäre, im Makrokosmos der gesellschaftlichen *Öffentlichkeit* (> 222-1). In der von den Vorstellungen des 19. Jahrhunderts geprägten bürgerlichen Welt spielt sich nicht nur das private, sondern auch das
öffentliche Leben in unterschiedlichen Varianten des Hauses ab. Die medizinische Praxis
wird entweder im Privathaus ausgeübt, wo der Patient in der Rolle des Gastgebers den
Arzt zum Besuch einläßt, oder in den teils wohnlich, teils funktional gestalteten Praxis-

räumen im Erdgeschoß des Arzthauses und schließlich im Krankenhaus, wo sich Lebens- und Kommunikationsformen der privaten und der öffentlichen Sphäre vielfältig miteinander verweben und in ihrer untrennbaren Verbindung die Grundlage für die um das Individuum zentrierte klinische Seelsorgepraxis abgeben. Bildung und Erziehung verlagerten sich vom Haus in den Kindergarten, wo die Kleinkinder nicht von der Mutter, sondern von einer ‚Tante' betreut werden, oder vor allem ins Schulhaus, wo die gesellschaftlich festgesetzten Anforderungen der öffentlichen Bildungsorganisation im kunstvoll erstellten privaten Milieu der Schulstube eingelöst und – zumal im Religionsunterricht – auf die Persönlichkeitsbildung fokussiert werden. Das gesellige Leben schließlich spielt sich in der Form offener oder geschlossener Primärgruppen im Gasthaus, im Vereinshaus oder im Bürgerhaus ab, wobei das Vergemeinschaftungsprinzip der Wahlverwandtschaft neben und an die Stelle der Familien- und Verwandtschaftsverbände tritt; Gaststube und Kneipentheke bilden bis heute bevorzugte Plätze alltagsweltlicher Seelsorge (> 213); größere Familienfeste, zumal im Zusammenhang von Kasualien, werden in abgeschlossenen Hinterzimmern oder im Gasthaussaal gefeiert.

Aber nicht nur die um die gleichermaßen gesellige wie pädagogische Institution der Familie geordneten Funktionen des öffentlichen Lebens, auch der *wirtschaftliche* und der *politische* Sektor der Gesellschaft bedienen sich zu ihrer Selbstbeschreibung der Metapher des Hauses als Urbild sozialer Organisation. Industriekonzerne organisieren sich um das Stammhaus, wo einst die Gründerväter des Unternehmens den ‚Geist des Hauses' (> 222-2) prägten und wo heute mit den Mitteln von Imagepflege und Mitarbeiterbetreuung die mentale Verbundenheit der Angestellten untereinander und ihre persönliche Loyalität gegenüber der Direktionsetage gepflegt werden; die Familienunternehmen der Gründerzeit dienten den diakonischen Einrichtungen als Vorbilder ihrer sozialen Organisation. Wie das ‚privatwirtschaftliche', so läßt sich auch das ökonomische Handeln staatlicher Institutionen mit Kategorien der Privatwelt beschreiben. Zur Verwaltung der öffentlichen ‚Haushalte' wird den zuständigen Ministern die Tugend häuslicher Sparsamkeit empfohlen; im Interesse einer humanen Organisation des Sozialwesens wird das Gebot der Solidarität – das säkulare Substitut der privat-religiös grundierten Nächstenliebe – angemahnt; die Industriepolitik wird an die Grenzen des Wachstums erinnert und zur Erhaltung der religiös qualifizierten Schöpfungsordnung, der ‚Umwelt' des Individuums aufgefordert. Vor allem aber greifen die aus dem griechischen Stammwort ‚Oikos' abgeleiteten Programmbegriffe der Globalisierungsdebatte – ‚Ökonomie', ‚Ökologie' und ‚Ökumene' (546,339) – auf die seit der Antike verbreitete Vorstellung von der „Welt als ‚Haus'" (545,102ff) zurück.

Selbst zur Beschreibung *politischer Organisationen* läßt sich die Metapher des Hauses verwenden; die ökonomische und politische Union europäischer Staaten wird als ‚europäisches Haus' vorgestellt. Und wenn sich die Landesväter am runden Tisch oder zum Gruppenphoto versammeln, dann nutzen sie die privaten Konnotationen ihrer medialen Präsentation, um die Distanz zum Bürger aufzuheben und persönliche Vertrautheit zwischen Politikern und Wählern zu suggerieren. Die im Rahmen der repräsentativen Öffentlichkeit (> 222-1) erstellten Selbstinszenierungen der politischen Klasse sind von vielfältigen privatreligiösen Motiven und Momenten durchsetzt. Politische Ansprachen an herausragenden Stichdaten der politischen Geschichte wie zu den religiösen Festtagen enthalten Anklänge an privatreligiöse Reden. Moralische Appelle an die Staatsbürger werden mit religiösen Verpflichtungen unterlegt, die dem Repertoire häuslicher Tugendon entlehnt sind. Öffentliche Parteitage nehmen mitunter den Charakter von privatreligiösen Feiern an. Die öffentlichen Inszenierungen der Zivilreligion (> 140) stellen sich insgesamt als ein Spiegelbild der bürgerlichen Privatreligion dar.

Auf der Schwelle zwischen der uneinsehbaren Privatwelt und der auf permanente Selbstpräsentation bedachten Öffentlichkeit gewann der *moderne Protestantismus* (> 240) sein unverwechselbares, aus Herzensfrömmigkeit und Weltoffenheit zusammengesetztes Profil. Die Individualisierung der Religion entstand zwar im Zeichen der Trennung von privatem und öffentlichen Leben. Aber sie trug nicht nur zur Konsolidierung der Privatwelt und ihrer Abgrenzung gegenüber dem öffentlichen Leben bei, sondern ebenso zur Integration der Gesellschaft und schließlich zur Vermittlung zwischen den beiden Grundsphären der bürgerlichen Gesellschaftsordnung. Die um die Individualität zentrierte Religionskultur belegt die integrative Kraft des Religiösen (> 123) in einem dreifachen Sinne. In der privaten Lebenssphäre bildet die Religion die Basis der sich ihrer selbst gewissen Individualität (> 111). In der öffentlichen Lebenssphäre fungiert die Religion als Integral der sich ständig weiter ausdifferenzierenden Gesellschaft (> 121). Die Religion stellt schließlich die Klammer zwischen den beiden Grundsphären der bürgerlichen Lebenswelt dar (> 131); sie wird zum Ferment der auf der religiös-moralischen Gesinnung des Individuums aufruhenden bürgerlichen Gesellschaft (> 210).

1.1.2. Das Schicksal des kirchlichen Christentums in der Moderne

1. Die neuzeitliche Institutionalisierung (> 321) der Religion in der privaten wie in der öffentlichen Lebenssphäre, vor allem aber der auf der Basis des Individuums hergestellte organische Zusammenhang zwischen der privaten und der öffentlichen Religionspraxis erweisen sich aber nun für die explizit *kirchliche* Christentumspraxis als prekär. Denn sowohl das private als auch das öffentliche Christentum grenzen sich auf je verschiedene Weise kritisch von der kirchlich organisierten Religion ab und verbünden sich hinter dem Rücken der Kirche miteinander. Setzt die Privatreligion das persönliche Gewissen an die Stelle kirchlicher Autorität und stellt sie die alltagspraktische Frömmigkeit gegen die kirchlich normierte Religionsausübung, so entkleidet die öffentliche Kulturreligion (> 140) das kirchliche Christentum seiner konfessionellen und denominationellen Konturen und sucht die religiöse Wahrheit statt dessen in allgemeingültigen, ebenso verwaschenen wie synkretistischen religiösen Vorstellungen und Verpflichtungen.

Der moderne Protestantismus verdankt sich der *Emanzipation* des frommen Individuums von kirchlichen Bevormundungen und verwahrt sich deshalb energisch gegen alle Übergriffe kirchlicher Autoritäten und Institutionen auf die gerade auch in religiöser Hinsicht autonome Persönlichkeit. Wie sich das in der privaten und in der öffentlichen Lebenssphäre praktizierte Christentum von den vermeintlich vormodernen Lebensformen der kirchlich dirigierten Religionspraxis absetzt, so begründet es seinen Modernitätsanspruch und seine Zukunftschancen aus den kreativen Potenzen der neuzeitlichen Individualitätsidee und deren Ratifizierung in der Individualisierung der Religion. Die kritische Distanzierung gegenüber der kirchlich regulierten Religion und die konstruktive Ausarbeitung einer neuen religiösen Kultur auf der Basis der frommen Individualität bilden die beiden sich gegenseitig entsprechenden und sich stützenden Komponenten eines im Interesse individueller Autonomie in Gang gesetzten Emanzipationsprozesses.

Erst indem es sich von den Kirchenorganisationen löste und sich in eigenständigen Sozialformen, in Vereinen und Verbänden, organisierte, gewann das protestantische ‚Tatchristentum' sein unverwechselbares, aus persönlicher Frömmigkeit und effizienter Hilfeleistung zusammengesetztes Profil (> 222-2). Ebenso konnte sich die protestantische ‚Bildungsreligion' (547,190) erst entfalten, als die Zuständigkeit für die religiöse Bildung und Erziehung von der Kirche an die Gesellschaft überging und zumal der für alle Gesellschaftsmitglieder obligatorische schulische Religionsunterricht staatlicher Regie unterstellt wurde (> 223). In dem Maße, in dem sich das Christentum im Zuge der neuzeitlichen Institutionalisierung der Religion von den Kirchenorganisationen lossagte, konnte es die sozialen und kulturellen Spielräume nutzen, die ihm die private und die öffentliche Lebenswelt zur Verfügung stellen.

Die Verselbständigung des neuzeitlichen Protestantismus gegenüber den Kirchenorganisationen wirkt nun auf die kirchliche Christentumspraxis, zumal aber auf die seiner Pflege verpflichteten kirchlichen Institutionen zurück. Im Zuge der „gesellschaftliche(n) Wandlungsprozesse, die sich auf das Verhältnis zur Kirche nachhaltig auswirken" und von den Repräsentanten der Kirchenorganisationen „in dramatischer, kritischer Zuspitzung" (551,11) wahrgenommen werden, verringert sich die *Relevanz* des kirchlichen Christentums für die religiöse Lebensführung des einzelnen wie für die religiöse Grundierung der Gesellschaft. In der modernen Lebenswelt ist das Monopol der Kirche auf die Religionspraxis gebrochen. Nicht alles Christentum ist von vornherein kirchliches Christentum. Die Welt des modernen Protestantismus reicht weit über die Grenzen der kirchlich organisierten Religionspraxis hinaus. Die kirchlich normierte Religionsausübung bildet nur noch ein deutlich begrenztes Segment im facettenreichen Spektrum der institutionalisierten Christentumspraxis. Mit dem Fortschritt des Individualisierungsprozesses (> 133) wird der Stellenwert des kirchlichen Christentums immer geringer; die Bedeutung des kirchlichen Christentums für die von privatreligiösen Vorstellungen und Praktiken geprägte Religionskultur wird offensichtlich auch in der Zukunft rückläufig sein.

Ist „Glaube und Christsein" aber längst nicht mehr „mit äußerlich zählbarer Teilnahme an der ‚veranstalteten Kirche' gleichzusetzen" (551,28), dann nimmt das am Veranstaltungsangebot der Kirchengemeinde orientierte religiöse Verhalten die Statur einer aparten Religionspraxis an. Verlieren die kirchlichen Konventionen, zumal die sonntägliche Kirchgangssitte (> 233), ihre selbstverständliche Gültigkeit und ihren für alle Mitglieder verpflichtenden Charakter, dann wird die Partizipation an den kirchlichen Lebensformen zur *Option des einzelnen*. „Nachlassende Traditionslenkung vergrößert die Bewegungsfreiheit und erweitert individuelle Wahlmöglichkeiten" (551,35). Nicht die Kirche entscheidet über das Verhalten ihrer Mitglieder, sondern das autonome Individuum verfügt über das Schicksal des kirchlichen Christentums. Die Individualisierung der Religion holt die kirchliche Religionspraxis ein und bedroht die Stabilität (550) des kirchlichen Systems wie die Zukunftschancen des kirchlich organisierten Christentums. Der „lautlose Abschied von der Kirche" (550,7), vor allem aber die kontinuierlich wiederkehrenden „Austrittswellen" (550,14), allseits bekannte und viel diskutierte Symptome des religionshistorischen Wandlungsprozesses, führen zur Erosion der kirchlichen Verbandsorganisationen. „Es bröckelt an den Rändern" (549).

2. Die Auswanderung der Religion aus der Institution der Kirche und ihre Neuinstitutionalisierung auf der sozialen Basis der Privatwelt veranlaßt die kirchlichen Großorgani-

sationen einerseits zu *organisationspraktischen* Maßnahmen (> 322). Kirchliche Planungsgruppen werden mit dem Entwurf rationaler Strategien zur Erhaltung und Rückgewinnung der Kirchenmitglieder beauftragt. Im Zeichen der weiter fortschreitenden Entkirchlichung der Religionskultur erscheint nicht nur eine Neubelebung der „,inneren Mission' gegenüber getauften und konfirmierten Kirchenmitgliedern" angezeigt, sondern ebenso eine neuartige ‚äußere Mission' der Kirchen an einer säkularisierten und individualisierten Gesellschaft, die sich aus kirchlicher Perspektive als „Missionsland" (551,9; 553,225f) ausnimmt. Das 1983 von der VELKD vorgelegte Programm der ‚missionarischen Doppelstrategie' zur „Entwicklung von Kirchenmitgliedschaft" (552) verfolgt das Ziel, „Kirchenmitgliedschaft zu stabilisieren und neue Motivation zur Kirchenmitgliedschaft zu wecken" (552,28), indem einerseits „an der Volkskirche und ihren Chancen … festgehalten", andererseits „ihr Einladungscharakter aber missionarisch verstärkt" wird (553,127). Das Strategiepapier beruft sich zu seiner Begründung auf die in CA VII festgeschriebenen Prinzipien evangelischer Ekklesiologie (‚daß allezeit müsse eine heilige, christliche Kirche sein und bleiben') und bedient sich zur Erläuterung des untrennbaren Zusammenhangs von ‚Sammlung und Sendung' einer Anspielung auf die moderne industrielle Welt. „Verdichtende" und „öffnende Formen kirchlicher Arbeit" sollen so funktionieren wie ein „Zwei-Takt-Motor, bei dem im Spiel von Verdichtung und Öffnung als zwei Takten Bewegung entsteht und Energie frei wird" (552,4). Die Ausarbeitung der „mittelfristigen Kirchenstrategie" (552,6) schließt an Programme an, die im Zusammenhang der Gemeindeaufbau- (> 332), Gemeindewachstums- und Haushalterschaftsbewegung (553,223ff) in den skandinavischen und vor allem in den lutherischen Kirchen der USA entwickelt wurden (Evangelical Outreach, Caring Community).

3. Die Transformation des kirchlichen Christentums zu einem eigenen, zwar nur partikularen, gleichwohl aber besonders deutlich profilierten Typus neuzeitlicher Religionsausübung macht andererseits eine theoretische *Reflexion* seiner Eigenart, eine gleichermaßen theologische wie soziologische Reformulierung seiner fundamentalen Prinzipien und seiner zeitgenössischen Gestaltungsformen notwendig. In einer historischen Situation, in der das kirchliche Christentum auf der Bühne einer allgemein verbreiteten populären Kirchenkritik permanent zur Rede gestellt wird, erweist sich die den kirchlichen Glaubens- und Lebensformen verbundene Religionspraxis als explizit begründungsbedürftig. Die kirchliche Religion tritt damit in ein selbständiges Verhältnis zur christlichen Religionspraxis. Sie muß sich als eine signifikante Ausprägung religiöser Weltanschauung und religiöser Vergemeinschaftung selbst definieren und sich dabei gleichzeitig in ein adäquates Verhältnis zu den nicht kirchlich organisierten Formen des neuzeitlichen Christentums setzen. Der von den kirchlichen Leitungsorganen im Interesse der Stabilisierung der kirchlichen Institution initiierten Strategiedebatte tritt damit ein von der wissenschaftlichen Theologie zu erfüllender Theoriebedarf zur Seite, die Ausarbeitung einer phänomenologischen Topographie des zeitgenössischen kirchlichen Christentums. Als Reflexion der Kirche auf sich selbst wird die Theologie in dieser Hinsicht zu einer Funktion der Institution Kirche, zu einer „Theorie der religiösen Institution von sich selbst"; „der ‚Sinn' der religiösen Institution wird von ihr selbst in einer zusammenhängenden Theorie ausgearbeitet, innerhalb derer sowohl die religiöse Welt- und Lebensdeutung wie die religiöse Ethik als Programm sozialisierter Lebensgestaltung expliziert und begründet werden" (548,69). Gleichwohl geht die theologische und soziologische Selbstreflexion der Kirche nicht in einer Apologie des kirchlich institutionalisierten Christentums auf. Indem die Theologie die empirische Praxis der kirchlichen

Religionsausübung mit deren unveräußerlichen Grundsätzen in Beziehung setzt und gleichzeitig die vielfältigen Verflechtungen der Kirche mit den übrigen gesellschaftlichen Institutionen sowie die Verwebung der kirchlichen Christentumspraxis in die moderne Religionskultur aufdeckt und detailliert beschreibt, wird sie zum wissenschaftlichen Reflex der „Problemlage der gegenwärtigen Lebenswelt" (548,69). Wie durch ihre Reform- und Strategiedebatte, so sucht und findet die Kirche auch durch ihre wissenschaftliche Selbstthematisierung den Anschluß an die moderne Lebenswelt und damit an die vom Individualisierungsprozeß geprägte Religionskultur der Gegenwart.

1.2. Die Vermittlung von privater Frömmigkeit und kirchlichem Christentum in der Theorie-Architektur der Praktischen Theologie

Im Spiegel des Gegenwartsbewußtseins stellt sich die prekäre Lage des kirchlichen Christentums als eine neuartige, erst in den vergangenen Jahrzehnten virulent gewordene, sich zunehmend verschärfende und daher als krisenhaft empfundene Situation dar. Ebenso nehmen sich die strategisch-organisatorischen Planungen wie die analytisch-phänomenologischen Rekonstruktionen der kirchlichen Lebenswelt wie aktuelle Ausdrucksformen des kirchlichen Zeitgeistes aus. Gleichwohl reichen die Ursprünge dieser Problemkonstellation wie ihre theoretische Bearbeitung in die Genese des neuzeitlichen Christentums in der *Aufklärung* zurück. In klassischer Weise stellte etwa J.S. Semler (> 123) dem in den partikularen ‚Religionsparteien' verkörperten Kirchenchristentum die ‚freie' Religion, die ‚Privatreligion aller fähigern Christen' als die ‚wahre christliche Religion' gegenüber. Zur Entscheidungsinstanz über den Wahrheitsgehalt und die Verbindlichkeit religiöser Glaubensvorstellungen wie Frömmigkeitspraktiken wird das autonome Individuum erklärt, das sich die religiöse Wahrheit frei von kirchlicher Bevormundung selbständig ‚akkomodiert'. In ähnliche Richtung zielt die Kirchenkritik des *Pietismus*. Sein Interesse galt „jener Frömmigkeitspraxis, die er aus der konfessionellen Verengung herauslösen und damit auch von den kirchenpolitischen Ansprüchen und Zumutungen an die religiösen Subjekte befreien wollte" (570,82). Der Theologie wird „ein neues Konstitutionsprinzip unterlegt: diejenige fromme Lebenserfahrung gerinnt in ihrer Komplexität zum leitenden Konstruktionsprinzip theologischer Theoriebildung, deren Integrität durch kirchlich-institutionelle Identität nicht mehr garantiert erscheint" (570,80).

Semlers kirchenkritische Christentumstheorie und der pietistische Rekurs auf die sich selbst verpflichtete Frömmigkeit markieren einen Wendepunkt in der theologischen *Beschreibung* und *Bewertung* der durch die Individualisierung der Lebenswelt geprägten Religionspraxis. Sie spiegeln gleichzeitig die reale Situation der Kirchen im Rahmen der neuzeitlichen Gesellschaftsordnung wider. Wie sich Privatreligion und Kirchenreligion in der Neuzeit voneinander trennen, um in ein selbständiges Verhältnis zueinander zu treten, so verselbständigen sich auch die gesellschaftlichen Institutionen – Staat und Kirche, Wirtschaft und Kultur – gegeneinander und nehmen eigenständige Beziehungen zueinander auf. Die Kirche als Institution der Religion wird damit in zweifacher Weise legitimationsbedürftig. Gegenüber dem Individuum und der von ihm repräsentierten Privatreligion muß die Notwendigkeit religiöser Vergemeinschaftung begründet werden, gegenüber den übrigen gesellschaftlichen Institutionen die Selbständigkeit und Eigenart der kirchlichen Institution. Indem sie sich dieser doppelten Aufgabe zuwendet, wird die

Theologie zu einer Wissenschaft im neuzeitlichen Sinne des Begriffs. In der Theoriearchitektur der theologischen Wissenschaft verweben sich religionsphilosophische und
kulturtheoretische, historische und soziologische Perspektiven miteinander.

Die Reflexion der Kirche auf sich selbst, die Erörterung ihrer internen sozialen Verfas-
sung wie ihrer externen Relationierungen, verleiht aber nicht nur der protestantischen
Theologie im ganzen ein neues, komplexes Profil. Die vielschichtige, im theologischen
Denken reflektierte Problemlage der Kirche in der modernen Lebenswelt kennzeichnet
im besonderen auch die „neuzeitliche(n) Konstitutionsbedingungen der *Praktischen
Theologie*" (570). „Die Privatisierung des Glaubens ..., die Pluralisierung der religiösen
Weltansicht und Lebensdeutung, die Differenzierung und Umschichtung der vielfältig
religiös-kirchlichen Funktionen, die soziale Segmentierung und Institutionalisierung der
Kirche und schließlich die anwachsende Komplexität des modernen Gesellschaftsgebildes überhaupt – all dies sind Aspekte einer umfassenden gesamt-gesellschaftlichen Dif-
ferenzierungsbewegung, deren Folgeprobleme für die Neuzeit vor allem mit dem Begriff
der Religion verbunden sind" (570,93). In dieser für das kirchliche Christentum prekären
Lage gewinnt die Praktische Theologie ihre neuzeitliche, wissenschaftliche Gestalt (>
Einführung: 3.1.); sie mutiert von einer auf die pastorale Berufspraxis fokussierten und
pragmatisch akzentuierten Handlungslehre zu einer in sich vielfältig ausdifferenzierten
und mit den neu entstehenden Sozial- und Kulturwissenschaften aufs engste verzahnten
Theorie des sozial organisierten und kommunikativ praktizierten Christentums. In den
hinsichtlich ihrer Ausführung voneinander unterschiedenen, gleichwohl gemeinsam um
das „ekklesiale Paradigma" (571,42ff) zentrierten Theoriekonzeptionen wissenschaftlicher Praktischer Theologie bildet sich die komplexe Statur der modernen Religionskultur
ab. Das phänomenologische Interesse an der christlichen Welt und der Wille, aufgrund
begründeter Einsicht in die vielschichtige Gegenwartssituation zum prinzipiengeleiteten
Fortschritt des kirchlichen Christentums beizutragen, verleihen der Praktischen Theologie ihr charakteristisches, aus empirischer Analyse und strategischer Konzeptionalisierung zusammengesetztes Profil.

1.2.1. *Praktische Theologie als Kunstlehre der Kirchenleitung*
(Friedrich Schleiermacher)

Die auf der Synthese von „kirchlichem Interesse" und „wissenschaftlichem Geist"
(554,§§12.258) aufruhende Erarbeitung von theoretisch reflektierten Verfahrensweisen
zur verantwortungsbewußten wie effizienten Fortentwicklung der kirchlich institutionalisierten Christentumspraxis kennzeichnet die ersten Entwürfe wie die weitere Entwicklung der wissenschaftlich formatierten Praktischen Theologie. *Friedrich Schleiermacher*,
der Begründer der wissenschaftlichen Praktischen Theologie, legt seiner praktisch-theologischen Theoriebildung eine prinzipielle Erörterung des Verhältnisses von individueller Frömmigkeit und kirchlicher Organisation des Christentums zugrunde. In den ‚Reden
über die Religion' und später in der Glaubenslehre hebt er die individuelle Konturierung
der religiösen Erfahrung pointiert hervor (> 211). Angesichts der für die Neuzeit charakteristischen Symbiose von Religion und Individualität bedarf das kirchliche Christentum, zumal aber die fortschreitende rationale Organisation der Kirchen einer eigenen
Begründung. „Wenn fromme Gemeinschaften nicht als Verirrungen angesehen werden
sollen: so muß das Bestehen solcher Vereine als ein für die Entwicklung des menschli-

chen Geistes notwendiges Element nachgewiesen werden können" (554,§22). Die Begründung der Kirche aus dem kommunikativen Charakter der gelebten Religion wird in der Philosophischen Ethik, der „Wissenschaft der Geschichtsprinzipien" (554,§35), einer umfassenden Sozial- und Kulturtheorie, ausgearbeitet und in der Praktischen Theologie weiter entfaltet. Individuelle Frömmigkeit und kirchliche Organisation werden nicht einander entgegengesetzt, sondern in ihrem notwendigen Zusammenhang dargestellt: „Die evangelische Kirche ist eine Gemeinschaft des christlichen Lebens zur selbständigen Ausübung des Christenthums" (555,62); „der eigentliche Zwekk der religiösen Gemeinschaft ist ... die Circulation des religiösen Interesses" (555,65).

Daß die Selbständigkeit der frommen Individualität durch die kirchliche Organisation der Religionspraxis nicht behindert, sondern die individuelle Frömmigkeit der autonomen religiösen Subjekte durch die gegenseitige Darstellung der religiösen Erfahrung gefördert wird, versteht sich unter den Bedingungen der sich zunehmend verfestigenden gesellschaftlichen Systeme nicht von selbst. Es bedarf dazu einer sachgemäßen *sozialen* Verfassung des kirchlichen Lebens. Die soziale Struktur der Kirche unterscheidet sich fundamental von der Organisationsform des politischen Systems, in dem die Staatsbürger durch äußere Disziplin und Herrschaft auf das Staatswesen verpflichtet werden. Der Zusammenhalt der kirchlichen Gemeinschaft basiert demgegenüber auf deren Gemeingeist, der sich seinerseits wieder der Gesinnung des einzelnen verdankt. Um den Charakter der religiösen Gemeinschaft zu erhalten, deren Selbständigkeit gegenüber den anderen gesellschaftlichen Institutionen zu wahren und den Fortschritt des auf der persönlichen Frömmigkeit aufruhenden kirchlichen Christentums zu fördern, wird eine verantwortungsbewußte, „besonnene Einwirkung auf die Kirche" (554,§263) erforderlich. Sie ist unter den Bedingungen der komplexen modernen Lebenswelt nur auf der Basis wissenschaftlicher Reflexion zu leisten.

Das dem kirchlichen Christentum verpflichtete und zum Zweck der Kirchenleitung entwickelte *Theoriekonstrukt*, eine neuartige Form von Theologie also, nennt Schleiermacher ‚positive Wissenschaft'. Sie ist „ein solcher Inbegriff wissenschaftlicher Elemente, welche ihre Zusammengehörigkeit nicht haben, als ob sie einen vermöge der Idee der Wissenschaft notwendigen Bestandteil der wissenschaftlichen Organisation bildeten, sondern nur, sofern sie zur Lösung einer praktischen Aufgabe erforderlich sind" (554,§1). Bildet die Theologie im ganzen den „Inbegriff derjenigen wissenschaftlichen Kenntnisse und Kunstregeln, ohne deren Besitz und Gebrauch eine zusammenstimmende Leitung der christlichen Kirche, d.h. ein christliches Kirchenregiment, nicht möglich ist" (554,§5), und rückt sie damit den Begriff der ‚Kirchenleitung' ins Zentrum aller ihrer Disziplinen, so besteht die spezielle Aufgabe der Praktischen Theologie in der Entwicklung von „Verfahrensweisen" (554,§264) und „Kunstregeln" (554,§265) der kirchenleitenden Praxis. Praktische Theologie ist „die Technik zur Erhaltung und Vervollkommnung der Kirche" (555,25). Die kirchlichen Leitungsfunktionen beziehen sich zum einen auf die lokale kirchliche Gemeinschaft: „Die örtliche Gemeine, als ein Inbegriff in demselben Raum lebender und zu gemeinsamer Frömmigkeit verbundener christlicher Hauswesen gleichen Bekenntnisses, ist die einfachste vollkommen kirchliche Organisation, innerhalb welcher eine leitende Tätigkeit stattfinden kann" (554,§277). Der „Geschäftsführung im einzelnen" tritt zum anderen die „Leitung und Anordnung im großen" (554,§25) zur Seite; sie ist „auf das Ganze gerichtet" und hat „die organische Verbindung der Gemeinen, das heißt die Kirche, zum Gegenstand" (554,§271). Die Praktische

Theologie unterteilt sich dementsprechend in die Theorie des Kirchendienstes (554,§277ff; 555,64ff) und in die Theorie des Kirchenregiments (554,§309ff; 555,521ff). Wie Schleiermacher die neuzeitliche Gestalt des kirchlichen Christentums aus der Beziehung von individueller Frömmigkeit und kirchlicher Gemeinschaft erschließt, so erläutert er die unterschiedlichen kirchlichen Leitungsfunktionen aus dem Zusammenspiel von primärer religiöser Gemeinschaft und abstraktem kirchlichen System.

1.2.2. Praktische Theologie als Theorie der kirchlichen Ausübung des Christentums (Carl Immanuel Nitzsch)

In konstruktiver Anknüpfung, aber auch in kritischer Auseinandersetzung mit den von Schleiermacher ausgearbeiteten Prinzipien neuzeitlicher Praktischer Theologie entfaltet *Carl Immanuel Nitzsch* (556; 557) seinen umfassenden Entwurf einer ‚Theorie der kirchlichen Ausübung des Christentums‘. Die Theologie im ganzen, insbesondere aber die Praktische Theologie wird als eine Funktion der Kirche begriffen. „Durch Theologie gelangt die Kirche zu ihrem wissenschaftlichen Selbstbewußtsein. Sie verständigt sich über die Gründe und Prinzipien ihres Daseins, über ihr Zeitverhältniß und ihren Lehrinhalt. Dieses wissenschaftliche Wissen … hat in allen seinen Theilen die weitere Selbstbethätigung der Kirche im Auge … Demnach vollendet sich die kirchliche Wissenschaft durch Theorie der kirchlichen Ausübung des Christenthums und wird so zu einer praktischen Theologie" (556,1). In der religionshistorischen Situation um die Mitte des 19. Jahrhunderts, in der das private, das öffentliche und das kirchliche Christentum auseinandergetreten sind, muß das originäre Profil der kirchlichen Religionsausübung herausgearbeitet werden; „die kirchliche Praxis muß sich von der Ausübung des Christenthumes im Allgemeinen als besonderes unterscheiden lassen" (556,13). „Der bestimmtere Begriff der Kirche und des kirchlichen Lebens" (556,14) ergibt sich aus der Distinktion von Reich Gottes und Kirche, der allgemeinen sittlichen Christentumspraxis und der besonderen kirchlichen Form christlicher Gemeinschaftspraxis. Beide stehen freilich in einer engen Relation zueinander. „Vermöge dieses Unterschiedes ist und bleibt das kirchliche Leben ein Moment des christlichen … und doch wieder wird das kirchliche Leben ein den Fortschritt und die Vollkommnung des Christlichen und Sittlichen bedingendes Leben … Demnach ist die kirchliche Ausübung eine Uebung im Christenthume und zum Christenthume, welche sich als eine besondere von der sittlichen unterscheidet" (556,14).

Das *methodische Instrumentarium* für seine detailliert ausgeführte und mit dem Anspruch der Wissenschaftlichkeit versehene Theorie des kirchlichen Christentums gewinnt Nitzsch durch die Verschränkung von drei wissenschaftlichen Verfahrensweisen, der begrifflich-logischen (556,126), der empirisch-deskriptiven (556,124) und der technisch-regulativen Methode (556,127). Der triadischen Logik praktischer Theoriebildung entsprechend legt Nitzsch zunächst „die Idee des kirchlichen Lebens", den „urbildliche(n) Begriff" (556,136ff) der kirchlichen Ausübung des Christentums dar. Das konstitutive Prinzip des kirchlich organisierten Christentums ergibt sich aus der untrennbaren Verbindung von „Religion und religiöser Gemeinschaft" (556,136ff). Die Religion kann nur „in dem Maße persönlich werden, als sie gemeinsam geworden ist und Gemeinschaft gewirkt hat und umgekehrt" (556,136), „weshalb denn allenthalben in dem Grade und Umfange und nach der Art, als Religion entwickelt ist und Gemeine über-

haupt besteht, im Hause, im Volke, in der Welt, zu den übrigen notwendigen Gemein-
schaftsarten der Cultus hinzukommt, folglich die Religion nicht bloß persönlich, sondern
auch gemeinsam, nicht bloß sittlich, sondern auch feierlich, nicht bloß zufällig und un-
stetig, sondern auch amtlich und stetig geübt wird" (556,137). In der zweiten methodischen Perspektive, der empirischen Analyse des kirchlichen Christentums, kommt „das
Evangelische kirchliche Leben und der jetzige Zeitpunct" (556,352ff) in seiner historischen Entwicklung in den Blick. Die Aufgabe der praktisch-theologischen Ekklesiologie
besteht darin, den urbildlichen Begriff der gemeinschaftlich ausgeübten Christentumspraxis mit den empirischen Erscheinungen des kirchlichen Lebens zu vermitteln und
schließlich in der dritten methodischen Perspektive „das kirchliche Verfahren oder die
Kunstlehren" (557,1ff) für die vielfältigen Betätigungsformen des kirchlichen Christentums zu entwickeln. „Unter Voraussetzung des urbildlichen Begriffs von den kirchlichen
Functionen und des dermaligen Zeitpunctes sollen mit möglichster Annäherung an die
concreten Verhältnisse die zweckmäßigen Verfahrensweisen sowohl in Ansehung der
unmittelbar erbauenden als der ordnenden und regierenden Thätigkeit gesucht und dargestellt werden" (557,1). Im Unterschied zu Schleiermacher fokussiert Nitzsch die Kirchenleitung und deren Theorie nicht auf die handelnden Subjekte. „Das Subjekt dieser
kirchlichen Ausübung des Christenthums ist der ersten Potenz nach weder der einzelne
Christ als solcher noch der Kleriker, sondern eben die Kirche" (556,15).

1.2.3. Praktische Theologie als Instrument kirchlicher Modernisierung
(Friedrich Niebergall)

Um die Wende zum *20. Jahrhundert* hatte sich aufgrund der fortschreitenden Säkularisierung (> 133) und der sich ständig beschleunigenden Individualisierung (> 133) der
Gesellschaft die prekäre Situation des kirchlichen Christentums in der modernen Welt
zugespitzt. Die im Rahmen kulturwissenschaftlicher Erörterungen wie in der populären
Diskurskultur geführte zeitkritische Debatte schärfte zudem das Bewußtsein der theologischen Praktiker wie der praktischen Theologen für die Ambivalenzen der Moderne (>
210). Nach dem Urteil der allgemein verbreiteten und geradezu trivial gewordenen Reli-
gions- und Kirchenkritik schien das Schicksal zumal des kirchlich organisierten Christentums in der säkularisierten und individualisierten Gesellschaft besiegelt. Die wissenschaftliche Praktische Theologie, die nun entschlossen die schon in ihren Ursprungsentwürfen angelegte „Wende zur Erfahrungswelt" (570) vollzog und sich der empirisch-
exakten Analyse der sozial organisierten Christentumspraxis widmete, konnte sich dem
Eindruck des Zeitgeistes nicht entziehen. Der wissenschaftliche Aufschwung und die
gleichzeitige Popularisierung der empirischen Soziologie und Psychologie stellten der
Praktischen Theologie die grundlegenden Einsichten und die methodischen Mittel für
ihre Situationsdiagnosen zur Verfügung.

Die praktischen Theologen des theologischen Liberalismus, beispielsweise *Friedrich
Niebergall* (564), knüpften unmittelbar an die gängigen Urteilsweisen der Epoche an und
entwickelten aus der genauen Beobachtung und der kritischen Bewertung der gesellschaftlich-historischen Lage von Christentum und Kirche organisationspraktische Programme zur Reform des kirchlichen Christentums. Der zeitdiagnostische Blick des
praktischen Theologen schweift einerseits in die Weite der säkularen Gegenwartskultur,
die Lebenswelt des „der Kirche entfremdete(n), bildungsstolze(n) oder schon kulturmü-

de(n) Zeitgenosse(n)" (559,2), und wendet sich andererseits im Interesse der Vermittlung von säkularer Kultur und kirchlichem Christentum der wissenschaftlich-exakten Erfassung der zeitgenössischen Kirchlichkeit, der Charakterisierung der „kirchlichen" (558,100ff) unter den Kirchenmitgliedern zu. Sie sind nicht als ein „bestimmter Menschentypus" aufzufassen, was einem „Postulat der Dogmatik" (558,100) gleichkäme, sondern mit den Mitteln der empirisch arbeitenden religiösen Volkskunde als ein repräsentativer Mikrokosmos der pluriformen modernen Gesellschaft zu beschreiben, in die sich im Zuge der kulturell-historischen Ausdifferenzierung der Christentumspraxis die unterschiedlichsten Ausprägungen von Frömmigkeit und Kirche eingelagert haben. „Man findet in den Leuten eine ganze Dogmen-, Kirchen-, ja fast Religionsgeschichte in nuce wieder" (558,101).

Niebergall beurteilt sowohl die *Säkularisierung* als auch die *Individualisierung* der modernen Lebenswelt ambivalent. In der deskriptiven und bilanzierenden Perspektive stellt sich die Säkularisierung der Lebenswelt als ein unumkehrbarer gesellschaftlich-historischer Prozeß dar. Im Zuge ihrer neuzeitlichen Entwicklung ist die Gesellschaft „aus der Selbstverständlichkeit der christlichen Haltung herausgerückt" (560,8); „wie vorher der Glaube selbstverständlich gewesen war, so wurde es nun die Leugnung" (561,100). Wurden „in dem großen Prozeß der Säkularisation" zunächst „die andern Lebensgebiete, das rechtliche, das politisch-bürgerliche, das künstlerische und wissenschaftliche aus der religiös-kirchlichen Vormundschaft entlassen ..., so greift jetzt diese Scheidung auch das mit dem religiösen Leben von der Schrift und Tradition her verbundene Denken an" (562,208) und löst die für die kirchliche Religionspraxis konstitutiven Konventionen auf. „Pflicht und Gewöhnung, am kirchlichen Leben teilzunehmen, sind fast überall dahin. Wir sind ganz auf die freiwillige und bewußte Teilnahme angewiesen. Das kirchliche Leben regelt sich auch nach dem Stand von Angebot und Nachfrage" (560,11).

Niebergall bilanziert aber nicht nur die durch die neuzeitliche Transformation der Lebenswelt entstandenen Risiken und Verluste des kirchlichen Christentums. Er begreift die Säkularisierung wie die Individualisierung von Kultur und Gesellschaft vielmehr als die beiden Komponenten eines vom Christentum selbst ausgelösten *Emanzipationsprozesses*, als charakteristische Konsequenz der protestantischen Reformation, in der die „Kennzeichen der alten Religion" abgestreift und die vielfältigen Vernetzungen des Christentums mit der säkularen Lebenspraxis, mit der sich demokratisierenden Gesellschaft und der sich ausdifferenzierenden Kultur sowie mit dem modernen Bildungs- und Sozialwesen hergestellt wurden. Die Reformation ist „ein wichtiges Glied in dem Vorgang der Säkularisation und der Vergeistigung der Religion sowie in der Umwandlung ihres autoritären Charakters" (563,8). Analog beurteilt Niebergall die neuzeitliche Privatisierung der Religion. Er konstatiert, „daß Religion eine Sache des persönlichen Bedürfnisses geworden" ist (561,43) und hebt gleichzeitig die emanzipatorischen Intentionen der protestantischen Symbiose von Religion und Individualität hervor. „Diese Welt der religiösen Persönlichkeit hat unsere ganze Stellung und Auffassung umgestaltet; sie hat uns frei gemacht von der bald knechtisch bald zornig getragenen Herrschaft der alten Gedanken und Vorstellungen" (562,209).

Die *Zukunft* des kirchlichen Christentums kann deshalb nicht durch den Rückgriff auf die Restbestände vermeintlich noch stabiler Kirchlichkeitskonventionen, sondern nur durch die entschlossene Fortführung des protestantischen Emanzipationsprozesses gefördert werden. Deshalb wendet sich Niebergall vehement gegen den in der protestantischen Frömmigkeit und Kirchlichkeit fortlebenden „praktische(n) Katholizismus" (558,103), gegen die „Dressur zur Kirchlichkeit" (558,102) und den „Katholicismus naturalis", der zu Ostern „Hunderte zum Abendmahl zwingt, die das ganze Jahr hindurch weder durch Kirchenbesuch noch in ihrem ganzen Gehaben ein höheres Bedürfnis verraten" (558,103), wie gegen die „Reformationsfestchristen" (558,112), gegen das „Kaisergeburtstagschristentum der Religion, Sitte und Ordnung" (558,113) und gegen das „Charfreitagschristentum" (558,113) und schließlich gegen alle Formen der vom protestantischen Bürgertum hochgeschätzten, aber ebenso irrationalen wie religiös und ethisch unverbindlichen „ästhetischen Frömmigkeit" wie vor allem gegen die „Kasualienfrömmigkeit", die der „Verwechslung zwischen Erbauung und Rührung" zum Opfer fällt (558,107). Eine dem Geist des Protestantismus verpflichtete Reform des kirchlichen Christentums muß der Versuchung widerstehen, „Frömmigkeit und Kirchlichkeit mit Emphase zu vereinerleien" (558,103) und statt dessen „betonen, daß sich für uns die Einerleiheit von Kirchlichkeit und Frömmigkeit aufgelöst hat und bloß die Möglichkeit übrig geblieben ist, daß die Kirchlichkeit zur Frömmigkeit führe" (558,111). Dazu bedarf es freilich einer Modernisierung und das heißt vor allem auch einer Individualisierung der kirchlichen Kommunikationsformen, zumal einer Erneuerung der protestantischen Predigtkultur (> 223).

1.2.4. *Praktische Theologie als Phänomenologie des zeitgenössischen Christentums (Paul Drews)*

Schleiermachers theologisches Interesse galt der Vermittlung von individueller Frömmigkeit und kirchlicher Organisation des Christentums. Nitzsch arbeitete auf der von Schleiermacher gelegten Theoriebasis das originäre Profil des kirchlich ausgeübten Christentums heraus. Niebergall bediente sich der empirischen Psychologie und Soziologie, um die Gegenwartslage des kirchlichen Christentums detailliert zu erfassen und aus der kritischen Zeitdiagnose organisatorische Prinzipien für die Reform der kirchlichen Lebenswelt zu entwickeln. Auf diesen Grundlagen baut das „Drews'sche Programm einer empirischen Kirchenwissenschaft in praktischer Absicht" (570,349) auf. Die von *Paul Drews* (568) entworfene Theoriearchitektur praktisch-theologischer Ekklesiologie besteht aus dem „Zusammenspiel von spezifischer Gesellschaftswahrnehmung, innertheologischen Argumentationen, gezieltem wissenschaftlichen Methodenrekurs und praktischem Kirchenverständnis" (570,349). In den Mittelpunkt seines praktisch-theologischen Interesses stellt Drews „die Ermittlung und Darstellung der tatsächlichen religiösen Zustände in unserem Volk, ... die wirkliche Religion, nicht ... die Vorführung irgendwelcher philosophischer oder theologischer Anschauungen" (565,4). Die Praktische Theologie wechselt damit die Theorieform. Sie tritt nicht mehr als dogmatisch begründete und an den kirchlichen Traditionen orientierte theologische Lehre auf, sondern verschreibt sich statt dessen der wissenschaftlich-exakten Forschung. Indem die Praktische Theologie insgesamt „mehr deskriptiv-induktiv als systematisch-deduktiv betrieben" (565,1) wird, schafft sie die notwendigen Voraussetzungen für die Konstruktion einer eigenständigen praktisch-theologischen Kirchentheorie, einer wissenschaftlich rekonstruierten und detailliert ausgearbeiteten Topographie des zeitgenössischen kirchlichen Christentums.

Die Grundlinien seiner empirischen Religions-, Christentums- und Kirchentheorie gewinnt Drews aus einer psychologischen und soziologischen Analyse der neuzeitlichen

Christentumspraxis. In der zeitgenössischen religiösen und kirchlichen Lebenswelt kommen die *Individualisierung* und *Pluralisierung* (> 133) der modern-gesellschaftlichen Lebensverhältnisse nicht nur besonders markant zum Ausdruck. Vielmehr trug der Protestantismus in entscheidendem Maße zu der Modernisierung von Gesellschaft und Kultur bei. Er findet deshalb in der individualisierten und pluralisierten Gegenwartskultur seine originären Prinzipien wieder. Der neuzeitlichen Synthese von Religion und Individualität entsprechend, gründet sich die Glaubensgewißheit nicht auf unabhängig von der religiösen Individualität in Geltung stehende dogmatische Lehren und frömmigkeitspraktische Konventionen, sondern primär auf solche „Thatsachen, die ich selbst erleben kann" (567). „Was ich brauche, ist also eine Thatsache, die nicht für mich nur Gegenstand verstandesmäßiger Überlegung ist, sondern deren Gegenstand ich selbst bin, die sich selbst auf mich richtet, die ich erlebe und die mich so Gottes gewiß macht, … eine Gottesoffenbarung an mich" (567). Die lebenspraktische Aufgabe jedes Christen besteht deshalb darin, daß „jeder das Christentum in der seiner Geistes- und Gemütsart entsprechenden Weise in sich zu gestalten hat" (567), die Aufgabe des praktisch-theologischen Wissenschaftlers darin, den „empirisch-psychologischen Thatbestand" des „Werdens und Seins der religiösen Individualität" (567) mit den Mitteln psychologischer Analyse zu beschreiben.

Der psychologischen Untersuchung der individuellen Religiosität tritt die *soziologische* Erforschung der zeitgenössischen Religionskultur, der „Atmosphäre, in der die Religion gedeiht", (567) zur Seite. Die „gründliche, unparteiische und leidenschaftslose Behandlung" (565,4) der pluralen religiösen Welt deckt auf, „daß unser Volk gar nicht mehr nur in zwei oder drei Konfessionen religiös sich scheidet, sondern daß eine breite Schicht religiösfeindlich, eine andere religiösgleichgültig, eine dritte religiös recht eigenartig, selbständig, vielleicht nach ihrer Meinung christlich, aber überkonfessionell gestimmt ist" (567). Die empirische Analyse des modernen Christentums lehrt aber ebenso zwischen Religion und Kirche zu unterscheiden. Drews exemplifiziert diese Distinktion an der kritischen Bewertung von „Kommunismus und Sozialismus". Die politisch-ideologischen Bewegungen, die sich im Zuge der Neuzeit formierten, waren nach seinem Urteil zumindest in ihren Ursprüngen „keineswegs auf Atheismus, Religionsfeindschaft, viel eher freilich auf Kirchenfeindschaft eingestellt" (567). Wie die in Gesellschaft und Kultur verwobene Religionspraxis der Moderne, so stellt auch die kirchliche Christentumspraxis „keine in sich völlig einheitliche und selbständige Größe" dar (567). Die im Zusammenhang der neuzeitlichen Christentumsgeschichte entstandene subjektbezogene Frömmigkeit ist „selbst der schlagende Gegenbeweis gegen die … so eifrig verfochtene These von der Notwendigkeit der äußern Einheit der Kirche … In der Mannigfaltigkeit menschlicher Anlagen liegt auch die Notwendigkeit verschiedener Richtungen und Gemeinschaften innerhalb des Christentums begründet" (567). Kirchlichkeit entsteht unter den Bedingungen der Moderne im „Aneignungsmodus der Wahl" (570,427). Das fromme Individuum partizipiert an den vielfältigen und unterschiedlichen Formen des kirchlichen Christentums auf seine eigene, seiner religiösen Lebenshaltung und Lebensführung entsprechende Weise.

Der *triadische Aufbau* der praktisch-theologischen Kirchentheorie von Drews, das Zusammenspiel von Religionspsychologie (> 112), Religionssoziologie (> 122) und Kirchensoziologie (> 122), ergibt sich aus der Grundstruktur der modernen religiösen Lebenswelt, aus der Distinktion und Relation von privatem, öffentlichem und kirchlichem

Christentum. Macht die Subjektverbundenheit der Religion die Ausarbeitung einer „Psychologie des religiös-sittlichen Lebens als einer besonderen Disziplin der Praktischen Theologie" (567) notwendig, so widmet sich die „religiöse Volkskunde" der „Ermittlung und Darstellung der tatsächlichen religiösen Zustände in unserem Volk" (565,4; 569). Sie verschafft der Praktischen Theologie dann „eine wirkliche Kenntnis des gegenwärtigen religiösen Lebens innerhalb und außerhalb der Landeskirchen" (565,1), wenn sie ihre Forschungspraxis nicht auf die Grenzen des kirchlichen Christentums beschränkt, sondern „zugleich das sittliche Gebiet mit umspannt" (567). Der „evangelischen Kirchenkunde" als dritter Disziplin des praktisch-theologischen Forschungprojekts fällt die Aufgabe zu, „das kirchliche Leben der Gegenwart in allen seinen Verzweigungen, seinen mannigfaltigen Ausgestaltungen und Erscheinungsformen wissenschaftlich zu erfassen und darzustellen" (567). Die der Gegenwart verpflichtete praktisch-theologische Kirchentheorie, die „Einführung in die konkreten Zustände und Verhältnisse des kirchlichen Lebens" (567), muß sich notwendigerweise der empirischen Forschung verschreiben. Aber sie kann nicht in der „Feststellung der empirischen Wirklichkeit des religiös-kirchlichen Lebens und ihre(r) wissenschaftlichen Erklärung" (567) aufgehen. Sie hat vielmehr die „gründliche Kenntnis des empirischen kirchlichen Lebens" (567) mit den fundamentalen Prinzipien des Protestantismus zu vermitteln. Sie hat zu erörtern, „welche Maßstäbe und Normen für das kirchliche Leben zu gelten haben, wie die Tätigkeiten der Kirche nicht nur empirisch hinzunehmen, sondern im Wesen der evangelischen Kirche, d.h. zuletzt im Wesen der evangelischen Frömmigkeit begründet sind" (566,77), und damit das „Recht, ja (die) Notwendigkeit des empirischen Kirchenwesens, der Volkskirche nachzuweisen" (566,76). „Auf diesen beiden Pfeilern, dem Ideal und der gegenwärtigen Wirklichkeit, ruht die Arbeit der Praktischen Theologie" (567). Trug das Programm von Drews auch vornehmlich zum wissenschaftlichen Fortschritt der praktisch-theologischen Theoriebildung bei, so zielt es gleichwohl auf eine Reform des kirchlichen Lebens ab, auf eine gleichermaßen der individuellen Frömmigkeit des einzelnen verpflichtete wie der modernen Welt zugewandte Kirche, „in der die Religion gedeiht" (567). Der Dreiklang von empirischer Forschung, kritischer Beurteilung und strategischer Konzeptionalisierung verleiht der praktisch-theologischen Kirchentheorie von Drews ihr typisch modernes Profil. Sie hat „die Gesetze des religiös-kirchlichen Lebens, die im Verborgenen in Kraft sind, zu erforschen und festzustellen, die gegenwärtigen Erscheinungen richtig zu deuten und von ihnen aus Linien in die Zukunft zu ziehen" (567).

1.3. Die Statur des volkskirchlichen Christentums im Spiegel demoskopischer Untersuchungen

1.3.1. *Entkirchlichung und Kirchendistanz – die Situation des kirchlichen Christentums im ausgehenden 20. Jahrhundert*

1. In den verschiedenen Stadien ihrer wissenschaftshistorischen Entwicklung wandelten sich die Erkenntnishorizonte, die Interessenslagen und die konzeptionellen Paradigmen der praktisch-theologischen Theoriebildung. Gleichwohl blieb die Praktische Theologie im Wechsel ihrer wissenschaftlichen Architektur „bei ihrem Gegenstande, dem Handeln der Kirche; indem sie aber dessen sich konkret differenzierende Weite neu zu vermessen begann, wendete sie sich gleichsam innerhalb desselben Gegenstandes nach außen"

(571,51). Je deutlicher sich die *Individualisierung* und die *Pluralisierung* der gesellschaftlich institutionalisierten Religionskultur auch auf das kirchlich verfaßte Christentum auswirkten, desto weniger konnte sich die praktisch-theologische Ekklesiologie gegenüber den tiefgreifenden Wandlungen der individuellen Frömmigkeit wie der gemeinschaftlichen Religionspraxis verschließen.

Die Entwürfe praktisch-theologischer *Ekklesiologie* in der ersten und in der zweiten Hälfte des 19. Jahrhunderts waren von dem Bestreben geleitet, das Recht und die Notwendigkeit des kirchlich organisierten Christentums in einer sich zunehmend pluralisierenden und individualisierenden Religionskultur nachzuweisen. Die auf empirischen Analysen der zeitgenössischen christlichen Welt aufbauenden Programme zur Reform des kirchlichen Christentums in den ersten Dekaden des 20. Jahrhunderts waren von dem Willen bestimmt, der Diffusion religiöser Überzeugungen und Lebensstile durch eine Reorganisation des kirchlich verfaßten und in der sozialen Lebenswelt der Kirchengemeinde praktizierten Christentums zu begegnen. Die in den achtziger Jahren des 20. Jahrhunderts vorgelegten Gesamtentwürfe der Praktischen Theologie (> Einführung:3.2.) nehmen beide Intentionen auf. Sie suchen die detailgenaue phänomenologische Rekonstruktion der modernen Religionskultur mit einer systematisch entfalteten Theorie des kirchlich verfaßten Christentums kritisch zu vermitteln. Die Analyse des „komplexen Zusammenhang(s) von Religion und Gesellschaft, dessen Teil die Kirche ist" (2,69), macht die Entwicklung einer praktisch-theologischen Theoriearchitektur notwendig, die einerseits der „differenzierten Gestalt des neuzeitlichen Christentums" (1,70; > 321) gerecht zu werden, andererseits aber die „Einheit der kirchlichen Praxis" (1,68) zu begründen vermag. Mit der Entwicklung neuartiger Grundmuster ihrer Theoriebildung reagiert die Praktische Theologie auf die Problemlage des kirchlich verfaßten Christentums auf dem Hintergrund des sich weiter beschleunigenden Differenzierungs- und Pluralisierungsprozesses der vielfältig institutionalisierten Religionspraxis.

Spiegeln sich schon im Wechsel der praktisch-theologischen Theoriekonzeptionen von Schleiermacher bis zu Drews die jeweiligen Entwicklungsstadien der neuzeitlichen Christentumsgeschichte wie vor allem die gesellschaftlich-historisch bedingten *Problemkonstellationen* des kirchlichen Christentums wider, so verschärfte sich die prekäre Lage des kirchlich organisierten Christentums in den letzten Jahrzehnten des 20. Jahrhunderts erneut. Die Pluralisierung der gesellschaftlichen Religionskultur und die Individualisierung der religiösen Lebenspraxis setzten sich weiter fort und holten das konfessionelle Kirchenchristentum ein. „Spätestens seit dem Ende der 60er Jahre sind im Verhältnis zu den Konfessionen Phänomene einer zunehmenden Individualisierung des Glaubensverständnisses ausschlaggebend, die mit dem Höhepunkt des Modernisierungsschubes zusammenhängen" (585,118). Der „strukturelle Wandel neuzeitlicher Gesellschaftskulturen" kommt in der „Fokussierung der religiösen Themen und Lebensgestalten auf eine erfahrungsbezogene, biographienahe und lebensweltlich-relevante Individualisierung von Religion" (585,10) zur Geltung. Er beeinflußt sowohl die öffentliche Kultur der Religion als vor allem auch die soziale Statur der Kirchenorganisationen tiefgreifend.

Aus der in der gesellschaftlichen Religionskultur zu beobachtenden „Tendenz zur Deinstitutionalisierung öffentlicher Religion durch das zunehmende Ausmaß ihrer Individualisierung" resultieren einerseits die für die religiöse Gegenwartsszene charakteristischen *„Synkretismusbildungen"* (585,320). Sie sind als ein ebenso signifikanter wie exemplarischer „Ausdruck der Individualisierung und Pluralisierung von Religion und Kultur anzusehen" (588,71). Auf dem Hintergrund des kulturellen und religiösen Synkretismus tritt nicht nur die komplexe Statur der (post-)modernen (> 210), multireligiös verfaßten und von den Gesetzmäßigkeiten transversaler Logik dirigierten Lebenswelt zutage, „die Begegnung und gegenseitige Veränderung trennscharf unterscheidbarer religiöser Welten, Symbolsysteme und Praxisformen" (587,10); „im Schmelztiegel der Religionen" (586) werden vielmehr „in einem oft nur schwach profilierten und sozial wenig verpflichtenden Herkunftshorizont einzelne Elemente verschiedenster Herkunft und geringer Verträglichkeit kurzfristig und veränderlich verknüpft – und dabei so weitgehend umgestaltet, daß die ursprünglichen Kontexte und auch der eigene Rezeptionshorizont schnell unkenntlich werden" (587,10). Die „Konturen des modernen Synkretismus" (586) prägen auch keineswegs nur „die weitläufige Szenerie der neureligiösen, theosophischen und esoterischen Bewegungen und ‚Lebenshilfe'-Unternehmungen … Vergleichbares ist bis weit in das kirchliche Christentum hinein akzeptabel geworden, das sich weniger denn je als eine sich bloß repetierende Monokultur darstellt" (587,10).

Andererseits bildet die „Individualisierung der Religion" einen „zentrale(n) Umstand, der … den Prozeß der *Entkirchlichung* in der modernen Gesellschaft bestimmt hat" (585,9f); „bei genauerer Sicht entpuppt sich der Prozeß der Entkirchlichung nämlich als ein komplexer Vorgang der unterschiedlichsten Abstandnahmen und symbiotischen Formen der Kirchendistanz … ohne religiösen Interessensverzicht" (585,8). Selbst der formale Abschied von der Kirchenzugehörigkeit ist, wie empirische Untersuchungen (582) belegen, aufs engste mit der biographischen und lebensweltlichen Situation des einzelnen verknüpft und insofern auf den neuzeitlichen Konnex von Religiosität und Individualität zurückzuführen: „Die Austrittsneigungen sind dort am häufigsten, wo individuelle Autonomie-Erwartungen lebensphasenspezifisch am prägnantesten ausgebildet sind" (585,33). Der Primat des Individualitätsprinzips stellt zwar nur im Ausnahmefall die Kirchenzugehörigkeit, generell aber die Intensität der Konfessionsverbundenheit in Frage. „Die herkömmlichen kirchlichen Konfessionen erfüllen ihre Aufgabe nicht mehr selbstverständlich, schon gar nicht automatisch und erst recht nicht mit gleichsam protektionistischer Hoheitsgewalt über ihre einzelnen Mitglieder, die sich auch als relativ eng verbundene Kirchenglieder in der eifersüchtig gehüteten Rolle eines Subjekts ihrer eigenen Lebensführung und Identitätsfindung sehen. Sie verhalten sich gegenüber ihrer eigenen Konfessionskirche (ebensowenig wie gegenüber den fremden) nicht indifferent, sondern kritisch, gewissermaßen in historisch und reflexiv gebrochener Wahrnehmung" (585,118). In der individualisierten Gesellschaft konstituiert die Konfessionszugehörigkeit nicht mehr vornehmlich eine Rechtsbeziehung zwischen dem Kirchenmitglied und einer kirchlichen Verbandsorganisation. Die Zugehörigkeit zu einer konfessionellen Ausprägung des Christentums stellt vielmehr primär ein „Identitätsmerkmal" (585,118) der autonomen Individualität dar; sie „fungiert als nicht unwesentlicher Teil der eigenen Identitätsstaffage" (585,119), als eine biographisch grundierte religiöse Lebensperspektive zur „identitätsverbürgenden Kultivierung der lebensgeschichtlichen Herkunftswelt", als „eine Art religiöses Indigenat" (585,119).

Die Ratifizierung des neuzeitlichen Individualitätsprinzips im sozialen und kulturellen Fortschritt der pluriformen Religionspraxis führt aber nicht nur zur Lockerung der Kirchenbindung und damit zu einer Ermäßigung der normativen Bedeutung, die dem explizit kirchlich verfaßten Christentum in der modernen Religionskultur zukommt. Auf dem

Hintergrund der neuzeitlichen Entwicklung der Religion wird vielmehr das Verhältnis von *Kirche* und *Religion* geradezu auf den Kopf gestellt. Die antimodernistische Gesellschaftskritik, die das kirchliche Bewußtsein seit der Mitte des 19. Jahrhunderts prägte und den kirchlichen Reformprogrammen wie der Gemeindebewegung (> 332) um die Wende zum 20. Jahrhundert ihren Stempel aufdrückte, ging wie selbstverständlich von der Identifizierung von Kirche und Religion aus. Sie sah in der Individualisierung der gesellschaftlichen Lebenswelt eine Bedrohung der traditionellen kirchlichen Gemeinschaftsformen und führte die sukzessive Auflösung der Kirchenbindung und die mit der Unkirchlichkeit verbundene Religionslosigkeit der modernen Gesellschaft auf die neuzeitliche Symbiose von Säkularisierung und Individualisierung der Lebenskultur zurück.

Die seit der Mitte des 20. Jahrhundert populär gewordene gleichfalls modernitätskritisch akzentuierte und an der Säkularisierungsthese orientierte *Kirchenkritik* kehrt die Richtung der Kritik um und lastet den Bedeutungsverlust von Kirche und Christentum nicht den modernen Entwicklungen der Gesellschaft, sondern den Kirchen selbst an. Sie registriert die geradezu explosionsartige Ausweitung und Vervielfältigung der kirchlichen Aktivitäten im Gebiet des Sozialwesens (> 222-2) und der Kulturpflege (> 221), beklagt die mangelnde religiöse Valenz der durchwegs säkularen Aktionen und mahnt eine Konzentration der kirchlichen Institution auf ihre originären religiösen Funktionen an. Die Diffusion der religiösen Lebenshaltungen und Lebensorientierungen resultiert nach diesem kirchenkritischen Urteil aus dem Profilverlust der Großkirchen, die den Anschluß an die moderne Lebenswelt um den Preis ihrer eigenen Bedeutungslosigkeit erkauft.

2. Am Ende des 20. Jahrhunderts stellt sich das Verhältnis von Kirche und Religion in wiederum veränderter Perspektive dar. Im Zeichen einer offenkundigen „*Renaissance des Religiösen*" (585,8) steht die Unkirchlichkeit oder gar die Religionslosigkeit der gesellschaftlichen Lebenswelt nicht mehr zur Debatte. Ebensowenig steht die soziale und kulturelle Einbindung des kirchlichen Christentums in die säkulare Lebenswelt zur Diskussion. Der neuralgische Punkt im Verhältnis von Kirche und Gesellschaft liegt vielmehr in der Religionspraxis selbst, in den Frakturen zwischen der weit fortgeschrittenen Individualisierung der pluriform institutionalisierten Religionspraxis und der sozialkulturellen Statur des volkskirchlichen Religionssystems. Die Kernfrage der kirchlichen Organisation von Religion lautet daher: „Wie religionsfähig ist die Volkskirche?" (585). Die im Rahmen praktisch-theologischer Ekklesiologie ausgearbeitete Analyse der modernen religiösen Welt und umgekehrt die empirische Untersuchung der institutionellen Bedingungen der kirchlich verfaßten Religionspraxis legen die systemimmanenten Probleme der religiösen Großorganisationen offen: ihre geringe soziale und kulturelle Mobilität und ihre mangelnde Anschlußfähigkeit an die progressiven Tendenzen des religionshistorischen Individualisierungsprozesses. „Die pastoral-professionell durchorganisierten Volkskirchen sind unter den Bedingungen der modernen Gesellschaft in dem Maße an ihrer eigenen Unfähigkeit zur Religion gescheitert, wie sie mehr auf gesellschaftliche Protektion statt auf Bildung und Sozialisation, mehr auf kulturelle Indoktrination als auf lebensweltliche Indigenisation und Plausibilität, mehr auf Distanz zur Gesellschaft als auf differenzierte Teilnahme an ihren Entwicklungen, mehr auf Konformisierung ihrer Mitglieder als auf deren lebensgeschichtliche Erfahrungen vertraut haben" (585,8).

Unter dem Eindruck der sich zunehmend selbst beschleunigenden sozialkulturellen Fortschrittsprozesse im „ökumenischen und multireligiösen, so verstanden also im pluralistischen Zeitalter" wurde das *„‚moderne' ekklesiale Paradigma"* (571,212) im Interesse einer Vermittlung zwischen entkirchlichter Religionskultur und kirchenverbundenem Christentum den veränderten historischen und gesellschaftlichen Bedingungen entsprechend reformuliert. Die Entkirchlichung der Gesellschaft und die Austrittsneigungen der Kirchenmitglieder, die Deinstitutionalisierung der Religionspraxis und die Diffusion der religiösen Glaubensvorstellungen und Lebensstile, der sowohl in der öffentlichen Religionskultur wie im kirchlichen Christentum zu beobachtende religiöse Synkretismus und die Dekonfessionalisierung der religiösen Überzeugungen und Wirklichkeitskonstrukte bilden die dominanten Themen einer ekklesiologischen Theoriebildung, die einerseits soziologische, kulturtheoretische und theologische Verfahrens- und Urteilsweisen eng miteinander verwebt, andererseits ihre Forschungs- und Erkenntnisperspektive über die Grenzen binnenkirchlicher Wahrnehmung der religiösen Praxis hinaus auf das facettenreiche Spektrum der außerhalb der Kirche institutionalisierten, zugleich aber mit dem kirchlichen Christentum auf vielfältige Weise verbundenen Religionspraxis ausweitet. Die praktisch-theologische Ekklesiologie entwickelte sich zu einer „rekonstruktiven ‚Ethnographie' der lebensweltlichen Christentumspraxis und ihrer volkskirchlichen Verhältnisse und Vermittlungen" (585,13).

3. Aus dem charakteristisch modernen Epochenbewußtsein leiteten sich aber nicht nur die von der gesellschaftlich-historischen Situation der Moderne gestellten Themen der kirchlichen Selbstreflexion und die wissenschaftlichen Aufgaben der auf Modernität bedachten praktisch-theologischen Theoriebildung ab. Vielmehr gewann die Debatte um die Stellung des kirchlichen Christentums in der modernen Gesellschaft im Zuge der Popularisierung der christlichen Reflexionskultur eine neuartige *wissenschaftstheoretische* Statur. Die Diskussion um die Chancen und Grenzen kirchenverbundener Religionspraxis verlagerte sich von der kircheninternen und akademisch-theologischen Reflexion in die gesellschaftliche Öffentlichkeit. In dem Maße, in dem sich die Mitglieder der Kirchenorganisationen im Medium des öffentlichen Diskurses an der Diskussion um das zukünftige Schicksal der Volkskirche beteiligten, sich ein eigenes Urteil über die Gegenwartsrelevanz und die Zukunftsaussichten kirchlicher Glaubenseinstellungen und Beteiligungsformen bildeten und in empirischen Befragungen und öffentlichen Stellungnahmen ihre Beziehung zum kirchlichen Christentum erläuterten, wurde die Theorie der Kirche zu einem konstitutiven Bestandteil und zu einem prominenten Sachverhalt der öffentlichen Meinungsbildung.

Die Kirchen forcierten den öffentlichen Meinungsbildungsprozeß in ihrem eigenen Interesse. Sie machten sich die in der Öffentlichkeit erörterten Fragen nach der gegenwärtigen Stabilität und der zukünftigen Entwicklung des volkskirchlichen Religionssystems zu eigen und verliehen dem öffentlichen Diskurs durch eine Vielfalt von *empirischen Untersuchungen* über die Erwartungen, die Kirchenmitglieder an die kirchlichen Organisationen richten, über die Erfahrungen, die sie mit der Kirche machen, über ihre Vorstellungen von Kirche und ihr wirkliches Kirchlichkeitsverhalten und schließlich über die mentale Verbundenheit der Mitglieder mit ihrer Kirche wissenschaftliches Format. Seit den siebziger Jahren des 20. Jahrhunderts wurden von eigens eingerichteten kirchlichen Planungsstäben demoskopische Untersuchungen zur Statur der Volkskirche (> 331) in Auftrag gegeben und von interdisziplinär besetzten wissenschaftlichen Gremien ausgewertet. Das ihr von den Mitgliedern zugeschriebene soziale, kulturelle und religiöse Profil der Kirche wurde einerseits von den kirchlichen Leitungsgremien mit der Absicht diskutiert, effektive Strategien zur Stabilisierung und Reform des kirchlichen Lebens zu entwerfen. Andererseits lieferte das nach exakten Forschungsmethoden erhobene empirische Material den Stoff für vielfältige kirchensoziologische (> 122), kulturtheoretische und praktisch-theologische Analysen.

Die Konjunktur des ekklesiologischen Themas schlug sich in einer Flut von kommentierender soziologisch-theologischer Literatur nieder, deren allgemeingültige Einsichten in die Grundlegung neuer, am inneren Zusammenhang der komplexen religiösen Lebenswelt interessierter und auf die wissenschaftstheoretische Einheit der Praktischen Theologie abzielender praktisch-theologischer Theoriesysteme einflossen. Die Ergebnisse der empirischen Untersuchungen wurden aber vor allem auch über die Grenzen der theologischen Fachwelt hinaus in einer breiten Öffentlichkeit erörtert. Einschlägige Foren der evangelischen Kirchentage (> 222-3) und Tagungen der evangelischen Akademien (> 222-4) trugen zur Ausbildung einer eigenen, um das Thema der *Volkskirche* zentrierten Diskurskultur bei. In den publizistischen Medien, in kirchlichen Sonntagsblättern und christlichen Wochenschriften (> 212-4:3.1.1.1.) sowie in den an das gebildete bürgerliche Publikum (> 222-1) gerichteten Printmedien und Rundfunk- und Fernsehsendungen (> 222-5) fand die ekklesiologische Thematik eine breite Resonanz.

1.3.2. *Kirchlichkeit und Kirchenverbundenheit – der Paradigmenwechsel in der empirischen Kirchentheorie*

1. Zu den prominentesten Projekten der „kirchlichen Auftragsforschung" (583,136ff) seit den siebziger Jahren des 20. Jahrhunderts zählen die drei im Abstand von jeweils zehn Jahren erstellten *EKD-Studien* zur Kirchenmitgliedschaft. Die Ergebnisse der ersten Befragung aus dem Jahre 1972 wurden 1974 unter dem Titel ‚Wie stabil ist die Kirche?' (572) veröffentlicht; die Ergebnisse der zweiten Befragung aus dem Jahre 1982 folgten 1984 unter dem Titel ‚Was wird aus der Kirche?' (573). Die Ergebnisse der jüngsten Befragung aus dem Jahre 1992 schließlich wurden in einer ersten Zusammenfassung 1993 unter dem Titel ‚Fremde Heimat Kirche' (575) der Öffentlichkeit vorgelegt; 1997 schloß sich unter dem gleichen Titel eine ausführliche Auswertung der Repräsentativerhebung an (576), eine sorgfältige Dokumentation und Interpretation der erstmals durchgeführten themenorientierten Erzählinterviews unter dem Titel ‚Quellen religiöser Selbst- und Weltdeutung' (577; 578) bildete 1998 den Abschluß.

Veränderten sich in der Abfolge der empirischen Feldforschungen auch die Beobachtungsperspektiven, so sind die drei Studien doch gemeinsam an einem mit „evolutions- bzw. systemtheoretischen Denkvorstellungen" (583,160) verschränkten „organisationstheoretischen Ansatz" (573,15) orientiert. Die Befragungen konzentrieren sich auf die „Kirchenmitgliedschaft als Forschungsthema" (573,11ff). Kirche wird nicht vorrangig als „geistliche Wirklichkeit" wahrgenommen, sondern vielmehr als „irdische Realität" und „gesellschaftliche Größe" (573,11), als „organisiertes soziales System" (583,162), als eine in die moderne Gesellschaft eingebettete „Großorganisation" (573,11). Ist das Forschungsinteresse der soziologischen Untersuchungen auch „auf das Verständnis der Kirche in der Sicht ihrer Mitglieder", zumal auf „die Einstellung der Mitglieder zur Kirche als einer sozialen *Organisation*" (573,15) fokussiert, so bleiben Anlage und Auswertung der empirischen Forschungsprojekte gleichwohl nicht einer binnenkirchlichen

Perspektive verhaftet. In der Abfolge der Studien weitet sich die Optik der Betrachtung zunehmend in Richtung einer Topographie der zeitgenössischen Religionskultur aus.

So vielfältig sich auf der einen Seite die differenzierten Erkenntnisse über die Statur des volkskirchlichen Christentums in der zweiten Hälfte des 20. Jahrhunderts im einzelnen darstellen, so markant treten in der Profilierung der unterschiedlichen Formen zeitgenössischer Christentumspraxis deren gemeinsame, durch die gesellschaftlich-historischen Prozesse der Pluralisierung und Urbanisierung, vor allem aber durch die Individualisierung der religiösen Lebenswelt bestimmten Charakterzüge hervor. Die zunehmende Fokussierung der religiösen Wirklichkeitskonstruktion auf das autonome Individuum und die daraus resultierende *Privatisierung* der christlichen Lebenskultur kommt in den drei eng miteinander verbundenen Studien in unterschiedlicher Nuancierung und in verschiedenen Problemkontexten zur Geltung.

Eine dominante konzeptionelle Perspektive, die in der ersten Studie programmatisch thematisiert, in den Folgeuntersuchungen weiter ausgearbeitet und jeweils an den veränderten empirischen Daten überprüft wird, besteht in einer Neuinterpretation verschiedener Grade und Typen von *Kirchlichkeit*, der unterschiedlichen Beziehungen, die die Mitglieder zu ihrer Kirche unterhalten, und ihrer Verbundenheit mit dem kirchlich verfaßten Christentum. Im Zeichen der Säkularisierungsthese (> 133) hatte die Kirchensoziologie (> 122) der fünfziger Jahre versucht, „das unterschiedliche Verhältnis der Evangelischen zu ihrer Kirche" mit populär gewordenen Kategorien wie „kirchentreu und kirchenfern, Rand- und Kerngemeinde" (573,141) zu erfassen und die Entkirchlichung der Gesellschaft durch die sich ständig vergrößernde Distanz der Mitglieder zu den Glaubensvorstellungen und Verhaltenskonventionen des traditionellen Kirchenchristentums zu belegen. Zur Begründung der Entfremdung der Kirchenmitglieder von der Kirche wurde auf die augenfällige Diskrepanz zwischen „normativ äußerst rigiden Kirchlichkeitsvorstellungen" (583,26) und dem faktischen Verhalten des Großteils der Kirchenmitglieder verwiesen. Die den kirchlichen Normen und Konventionen entsprechende Religionspraxis, das regelgerechte Verhalten der am parochial verfaßten kirchlichen Leben intensiv partizipierenden Kirchenmitglieder wurde in den Rang der exemplarischen Grundform christlicher Lebenspraxis erhoben und als Maßstab für die Bewertung graduell defizienter Kirchenbeziehungen genutzt.

2. In den EKD-Studien zur Kirchenmitgliedschaft wird demgegenüber ein „*Paradigmenwechsel*" (583,21) hinsichtlich der Beschreibung und Bewertung des Verhältnisses von Religionspraxis und Kirchenbindung vollzogen. Gleichzeitig haben sich vor diesem gemeinsamen Hintergrund in der Abfolge der Studien die thematischen und methodischen Schwerpunkte der Untersuchungen in signifikanter Weise verschoben.

Die *erste EKD-Studie* stand unter dem Eindruck alarmierender Austrittszahlen und zeigte sich bemüht, trotz aller Krisenfaktoren die „relativ stabile Basis" (572,133) der Volkskirche herauszustellen. Den Ausgangspunkt bildete ein an der Systemtheorie (> 122) Niklas Luhmanns orientierter organisationssoziologischer Ansatz. Die Kirche wurde als Organisation aufgefaßt mit der Folge, daß zunehmend „ihre Mitglieder ... über Verbleib oder Austritt" (576,19) entschieden. Unter dieser Voraussetzung konnte die Frage in den Mittelpunkt rücken, wie die Kirche im Bewußtsein ihrer Mitglieder gesehen wird: „Wie verstehen sie selbst ihre Rolle als Mitglied, welche Erwartungen an die Kirche haben sie, was bewegt sie dazu, zumindest durch einen finanziellen Beitrag ihre Mitgliedschaft zu erhalten?" (576,20).

Als zugleich deskriptives wie interpretatives Instrument zur adäquaten Erfassung des Verhältnisses von christlicher Lebenspraxis und Kirchenbeziehung, als „globaler Maßstab für die allgemeine Einstellung zur Kirche" (573,25) diente dabei die neuentwickelte Kategorie der ‚Verbundenheit' mit der Kirche. Die Erhebung von „Aussagen über die Intensität der Verbundenheit, die man mit ihr empfindet" (573,25), ermöglichte eine Steigerung der Wahrnehmungskomplexität, die Distinktion charakteristischer, nicht nur graduell-quantitativ, sondern qualitativ voneinander unterschiedener und in „mehrere(n) Dimensionen" (572,273) aufgeschichteter *Mitgliedschaftsprofile*: „Neben etwa einem Drittel hochverbundener, kerngemeindlich orientierter Mitglieder kam die große Mehrheit der sogenannten volkskirchlich-distanzierten Mitglieder in den Blick. War ihr Teilnahmeverhalten bis dahin an einem Bild ‚erfüllter Kirchlichkeit' gemessen und sodann als ‚Verkümmerung' oder ‚Verfallsprodukt' diffamiert worden, so gelang es, auf der Basis der Befragungsergebnisse die innere Plausibilität ihres Teilnahmeverhaltens zu beschreiben" (576,22).

Vor dem Hintergrund der pluralisierten religiösen Welt stellt die für vielfältige, miteinander komplex verbundene Momente der religiösen Lebenseinstellung und für vielschichtige Motive der Kirchenbeziehung offene Interpretationskategorie der *Verbundenheit* ihre interpretative Kraft unter Beweis. Die Kategorie der mentalen wie lebenspraktischen Verbundenheit erlaubt es zudem, die Kirchenbeziehung nicht auf der Basis weniger, verobjektivierter Kriterien bestimmen zu müssen, sondern das „Gefühl der Verbundenheit" (573,149) als einen Akt der Selbstinterpretation und Selbstexplikation des einzelnen, als ein signifikantes Moment seiner personalen Identität und der darin verwurzelten Religionspraxis zu erfassen, zu beschreiben und zu beurteilen. Im Zeichen der Individualisierung der Religionspraxis erweist sich die „persönliche Verbundenheit" (573,149) als eine wirklichkeitserschließende Kategorie zur Erforschung lebensgeschichtlich und lebensweltlich indigenisierter Frömmigkeit und Religiosität. „Im Kontrapunkt zur Frage nach der Austrittsneigung", dem ursprünglichen Anlaß der EKD-Studien, markiert „die Frage nach dem ‚Verbundenheitsgefühl mit der Kirche'" daher „ein leitendes Interesse der ganzen Untersuchung" (572,184).

Doch in der Folge traten auch die Schwächen der ersten EKD-Studie zutage. Der organisationssoziologische Ansatz bestätigte sich in dieser Eindeutigkeit nicht: „So stellte sich heraus, daß die Mitgliedschaft in weiten Bereichen von einer noch unproblematisierten Selbstverständlichkeit bestimmt war, zugleich aber gab es Anzeichen dafür, daß einige Aspekte der Mitgliedschaft zunehmend zum Gegenstand der Entscheidung wurden" (576,23). Sodann rückten mit der differenzierteren Wahrnehmung der unterschiedlichen Mitgliedschaftsprofile neue Fragestellungen ins Blickfeld: Zwar konnte „das Teilnahmeverhalten der sogenannten *Distanzierten* erstmals genauer beschrieben und als spezifische Form gewürdigt werden, doch blieb darüber hinaus ihr Verhältnis zur Kirche wie zur Religion weitgehend im Dunkeln" (573,23).

Die *zweite EKD-Studie* widmete daher diesem Mitgliedschaftstypus ihre besondere Aufmerksamkeit. Der theoretische Ansatz wurde erweitert und darauf abgestimmt, die Konturen des ‚distanzierten' Kirchenverhältnisses genauer erfassen zu können. Dabei lesen sich „die Ergebnisse der zweiten Untersuchung … auf den ersten Blick wie eine Wiederholung der zehn Jahre zuvor gewonnenen Eindrücke" (576,25). Dennoch konnte nun die Verwobenheit der Kirchenmitgliedschaft in biographisch-familiäre Prozesse schärfere Konturen gewinnen: „Wie stark die Bestimmung von Nähe und Distanz zur Kirche lebensphasenspezifisch ist und welch große Rolle die biographischen Übergangspunkte für den Kirchenkontakt spielen, war nach der zweiten Erhebung präziser zu beschreiben" (573,27). Allerdings stellte sich ebenso heraus, daß sich gerade das Mitgliedschaftsprofil der ‚Distanzierten' einer tiefergehenden und detaillierteren Erfassung verschloß. Die Uneindeutigkeiten, mit der sie auf eine Reihe von Fragestellungen reagierten, führte dazu, ihr Verhältnis zu Kirche und Religion als ‚unbestimmt' zu bezeichnen. Damit hinterließ die zweite EKD-Studie ein ambivalentes Bild. Zwar hatte „das Bild des ‚distanzierten' Kirchenmitglieds einige neue Konturen gewonnen, doch war mit der ‚Unbestimmtheits-Kategorie' eher die Komplexität eines Problemfeldes benannt, denn eine befriedigende Antwort gefunden worden" (473,28).

Vor diesem Hintergrund wurde die methodische Matrix der EKD-Studien einer kritischen Prüfung unterzogen. Dabei stand die Frage im Vordergrund, „ob es einen Zusammenhang zwischen dem theoretischen Hintergrund der beiden EKD-Erhebungen auf der einen und der Klassifizierung des Teilnahmeverhaltens der kirchlich Distanzierten als Unbestimmtheit auf der anderen Seite gibt" (580,382). Der standardisierte Rahmen des bisherigen Verfahrens bot offensichtlich keine befriedigenden Möglichkeiten, die Vielfalt subjektiv gefärbter und individuell geprägter religiöser Lebenswelten in der Moderne aufzuschlüsseln: „Wenn es um die Aufhellung der ‚lebensweltlichen' Verankerung kirchlich-religiöser Beziehungen und deren Einbettung in die subjektiven Erfahrungshorizont geht, dann kommt vorab definierten Kategorien kaum wirkliche Erschließungskraft zu" (577,10). Die *Unbestimmtheits-Kategorie* rückte damit in den Status einer „black box" (579,153) ein, unter die nurmehr das subsumiert wurde, was sich unter den gegebenen methodischen Prämissen einer genaueren Aufhellung entzog. Damit mußte schließlich auch die Frage offen bleiben, „ob in der Perspektive der Fragenden stets das ‚unbestimmt' erschien, was mit dem bestimmten Religions- und Kirchenverhältnis der standardisierten Befragung nicht in Übereinstimmung zu bringen war – oder ob es sich bei jenem ‚unbestimmten' Verhältnis der sogenannten Distanzierten zu Kirche und Religion vielmehr um die angemessene Beschreibung einer Beziehung handelte, die unter den Bedingungen der Spätmoderne eben nicht näher bestimmbar war" (576,29).

3. Die *dritte EKD-Studie* zog daraus die fälligen Konsequenzen und führte so einen wesentlichen Schritt weiter. Bereits äußerlich unterscheidet sie sich von ihren Vorgängern dadurch, daß sie erstmals nicht nur die Evangelischen in Ostdeutschland einbezieht, sondern auch die Gruppe der Konfessionslosen eigens berücksichtigt. Entscheidender jedoch ist eine methodische Neuerung: Die beiden ersten EKD-Studien beschränken sich auf das quantitative Verfahren der standardisierten Repräsentativbefragung. In der dritten EKD-Studie hingegen findet sich eine Kombination dieses Ansatzes mit dem qualitativen Verfahren einer nicht standardisierten Erhebung: „Dazu wurden erstmals neben der Repräsentativbefragung 34 themenorientierte Erzählinterviews geführt (…), in denen die subjektive Sicht der Befragten, ihre Erfahrungen und Ansichten zum Themenkomplex Religion, Kirche, Glaube, Christentum zur Darstellung kommen" (576,30).

Die EKD-Studie gewinnt so den Anschluß an die *Diskussionslage der Sozialwissenschaften*. Seit den 80er Jahren läßt sich dort eine Auseinandersetzung zwischen den

Vertretern des quantitativen und des qualitativen Paradigmas empirischer Sozialforschung beobachten. Die eine Seite setzt auf den standardisierten Fragebogen, den es in
seiner repräsentativen Verteilung auszumitteln gelte, während sich die andere Seite für
den konkreten Einzelfall interessiert, der in seiner typologischen Qualität zutage treten
soll. Über die Vereinbarkeit beider Paradigmen besteht bisher keine Einigkeit. Dennoch
zeigt sich die EKD-Studie davon überzeugt, daß eine Kombination des quantitativen mit
dem qualitativen Verfahren „interessante Möglichkeiten" bietet, „den Rahmen jeder der
beiden Methoden auszuweiten" und „vertiefte Erkenntnisse über das Verhältnis von
Evangelischen und Konfessionslosen in Ost- und Westdeutschland zur Kirche" (577,11f)
zu gewinnen.

Mit der Methode des *themenorientierten Erzählinterviews* wählt die EKD-Studie in ihrem qualitativen Teil ein Verfahren, das den Gesprächsverlauf möglichst wenig durch
die Art des Fragens vorstrukturiert. Der Eingangsimpuls benennt mit den Stichworten
Kirche, Glaube, Christentum und Religion zwar „Assoziationsfelder" (577,13) als Ausgangspunkt für die eigene Erzählung des Interviewpartners, wird aber zugleich bewußt
weit gefaßt, „damit die biographische Artikulation gemäß der erlebten, inneren Dauer erfolgen kann und somit also die subjektive Interpretation der eigenen Lebensgeschichte
aufhellt" (580,385). Auf diese Weise trägt die EKD-Studie bereits im methodischen Ansatz der grundlegenden Einsicht Rechnung, daß die modern-individualisierte Religionspraxis ihre primären Haftpunkte zunehmend in den vielfältigen Prägungen und Übergängen der jeweiligen Lebensgeschichte findet. Damit „zeigen die Interviews – in Abstim-
mung mit, aber deutlicher als der repräsentative Teil allein –, wie vielfältig und viel-
deutig das gelebt wird, was als Distanz zur Kirche umschrieben wird" (580,390f). Während auf der Grundlage des quantitativen Verfahrens zwar unterschiedliche Ver-
bundenheitstypen mit jeweils eigenen Mitgliedschaftsprofilen erhoben werden konnten,
eröffnet die qualitative Fortschreibung des methodischen Ansatzes nun die Möglichkeit,
die „Eindimensionalität" dieser Verbundenheitskategorie in Richtung auf eine milieu-
theoretische Erfassung der volkskirchlichen Wirklichkeit zu überwinden: „Die Kirche
hat aufgehört, ein einheitliches Milieu zu sein; vielmehr finden sich unterschiedliche Milieus der Gesellschaft auch in der Kirche wieder" (581,394).

1.3.3. *Plurale Religionskultur und individuelle Kirchenbeziehung – die Signatur des volkskirchlichen Christentums*

1. Mit der Konzentration der Forschungsperspektive auf die Verbundenheit der Kirchenmitglieder mit der kirchlichen Institution korreliert im Fortgang der drei EKD-Studien eine Ausweitung des Forschungsinteresses über die kirchlich organisierte Christentumspraxis hinaus auf die in unterschiedlichen sozialen wie kulturellen Gestaltungen
verfaßte *zeitgenössische Religionskultur*. Die phänomenologische Beschreibung von
signifikanten Momenten und „Tendenzen der religiösen Gegenwartsszene" (585,8) überzeugt augenfällig von der ambivalenten Statur des Christentums in der Moderne (> 210).
„Die religiöse Gegenwartslage wird von irritierenden Widersprüchen geprägt: Hier leere
Gottesdienste, zunehmender Bedeutungsverlust und Erstarrung überkommener kirchlicher Lebensformen … Andererseits gibt es allenthalben auch gegenläufige Symptome:
überbordende Kirchentage beider Konfessionen, spirituelle Aufbrüche und ein Aufschwung von Religiosität, der sich auch einer keineswegs nur voyeuristischen Faszination außerkirchlicher Alternativen verdankt" (585,7).

Die zu Beginn der neunziger Jahre, nach der deutsch-deutschen Vereinigung erstellte *dritte* EKD-Studie faßt die Ambivalenz von religiöser Inflation und kirchlicher Deflation in die Formel „Religion ‚boomt' – die Kirchen leeren sich" und fragt im Blick auf die Stabilität wie auf die Zukunftschancen des volkskirchlichen Religionssystems: „Laufen solche möglichen Entwicklungen an der Kirche in Ost und West vorbei?" (575,7). Spiegelt sich in den Ergebnissen der dritten Mitgliedschaftsuntersuchung auch „eine höchst ambivalente Stimmungslage" wider und zeichnet sich im Blick auf die pluriforme religiöse Welt der Gegenwart „ein Bild voller Widersprüche und gegenläufiger Entwicklungen (ab), das nicht leicht zu interpretieren ist" (575,7), so zeigt sich gleichwohl, daß sowohl die Konjunktur der ‚neuen Religiosität' als auch die sich wandelnde Verbundenheit mit der kirchlich institutionalisierten Christentumspraxis auf die Pluralisierung und Individualisierung der religiösen Lebenswelt zurückzuführen sind. Resultiert aus der detaillierten Untersuchung der mentalen Beziehung zum kirchlichen Christentum eine neue Deutung von Kirchlichkeit, die „Interpretation der Kirchenmitgliedschaft als einer Privatsache" (573,170), so sind auch die Prozesse der „innerkirchlichen Emanzipation" wie die Herausbildung von „subkulturellen Lebenswelten ... liberal-synkretistischer Art" (585,9) Indizien für einen generellen Wandel der Religionskultur in Richtung auf ihre Individualisierung.

Wie die kirchlich organisierte Christentumspraxis, so ist auch die in die verschiedensten Kontexte der gesellschaftlichen Lebenswelt eingelassene Religionspraxis nur im „Übergang von der Systemperspektive zur *Subjektperspektive*" und damit im Zusammenhang der „elementaren alltagsweltlichen und biographischen Lebensvollzüge der Religion" (585,10) zu begreifen. „Nicht so sehr das Volumen gesellschaftlicher Religiosität hat sich also grundlegend verändert, sondern ihre innere Verfaßtheit: Die Menschen bestimmen ihre Religiosität nicht mehr in ihrer Spiegelbildlichkeit zu kirchlichen Positionen, sondern umgekehrt: die Identitätsbedürftigkeit des Menschen entscheidet über ihre Identifikationsbereitschaft gegenüber dem zuhandenden Angebot an sozialen Manifestationsformen von Religiosität" (585,33f). Die differenten, einerseits im Rahmen des kirchlich organisierten Christentums, andererseits in distanzierter Relation zu ihm entstandenen und sich ständig wandelnden religiösen „Lebensformen" sind gemeinsam „in einer unhintergehbaren kulturellen Pluralisierung der religiösen Orientierungs- und Handlungsmuster verankert" (585,11).

Die in sich selbst widersprüchlichen Phänomene der „Pluralität, Diversifikation, Individualisierung" bringen es mit sich, daß die lebenspraktischen Akte religiöser Identifikation „jenseits von *Ambivalenzen* und Konfliktmöglichkeiten nicht zu haben sind. Voreilige Ambivalenzentmischung und Konfliktvermeidung, wie sie nicht selten als Ziele innerkirchlicher Einheits- und Formierungsprogramme mit und ohne geistliche Legitimation propagiert werden, drohen ... die Praxis der christlich-religiösen Lebenswelten um ihre Entfaltungsmöglichkeiten zu bringen ... Im ambivalenten Spannungsfeld von Urbanisierung und Provinzialisierung, von Pluralität und Eindeutigkeit, von häretischem Wahlzwang und rigider Verbindlichkeit, von Synkretismus und Fundamentalismus gilt es heutzutage, die Vielfalt der produktiven Chancen einer realitätsgerechten, biographienahen und zukunftsfähigen Christentumspraxis aufzuspüren, um Orientierungsfunktion und Gestaltungsaufgabe christlich-religiöser Lebenswelten unter den widersprüchlichen, komplexen Bedingungen der modernen Gesellschaftskultur sachgemäß wahrzunehmen" (585,11).

Die Individualisierung der Religionskultur und die daraus resultierende Entschränkung von religiöser Lebenspraxis und kirchlicher Organisation führt nun allerdings nicht zu einer Auflösung der *sozialen Formen* praktizierter Religion und damit zu einer im Zuge der Entkirchlichung sich herausbildenden generellen Deinstitutionalisierung religiöser Lebensformen. „Auch individualisierte Religiosität – ob nun innerhalb oder außerhalb überkommener Kirchlichkeit – entfaltet sich nicht in einem gesellschaftsfreien Raum und kommt ohne konstitutive Bezüge auf eine sozialkulturelle Plausibilitätswelt nicht aus, in der sie ihr Dasein fristet" (585,11).

Wurden die komplexen sozialen und kulturellen Rahmenbedingungen distanzierter Kirchlichkeit schon in der ersten EKD-Studie von 1974 herausgearbeitet, so verdichteten sich die empirischen Erkenntnisse über die lebensweltliche Fundierung der zwischen kirchlichem, öffentlichem und privatem Christentum angesiedelten *volkskirchlichen* Religionspraxis in den Folgeuntersuchungen weiter und wurden in der Analyse und Interpretation der Daten schließlich zu einem allgemeingültigen Theorem der soziologischen und theologischen Analyse des volkskirchlichen Christentums ausformuliert. Charakteristisch für die volkskirchliche Frömmigkeit und Kirchlichkeit ist demnach ein Typus von distanzierter Kirchenverbundenheit, in dem sich alltagsweltliche Frömmigkeit und religiöse Festkultur, lebenszyklische und jahreszyklische Beteiligung (> 233) an der kirchlich organisierten Religion, religiöse Individualität und kirchliche Institution, generell religiöse Grundierung der Lebensführung und situative Ausübung der Religion auf komplexe Weise miteinander verweben. „Zum Profil dieses Mitgliedschaftstyps gehört es, die Mitgliedschaft punktuell zu aktivieren. An den Krisen- und Schnittpunkten der Lebensgeschichte, Geburt, Adoleszenz, Heirat und Tod, wird kirchliche Begleitung in Form von Amtshandlungen ausdrücklich gewünscht. Im Rhythmus des Jahres nimmt man an den Festgottesdiensten – vor allem zu Weihnachten – teil. Zu diesen ausgewählten Punkten im Lebens- und Jahreszyklus werden die Feier und der Ritus erbeten; Wegmarken sollen gesetzt, die Zeit soll strukturiert werden. Das Leben soll seine religiöse Deutung erfahren und damit Bedeutung und Würde über den Alltag hinaus. In den ‚Zwischenzeiten' scheint die Kirchenmitgliedschaft in den Hintergrund zu treten, bildet einen so stillen wie selbstverständlichen Horizont der Alltagswelt, liefert einen lockeren Orientierungsrahmen für Werte, Regeln und Überzeugungen, die das Alltagsleben ‚irgendwie' mitbestimmen, ohne daß man sich ihrer immer bewußt ist, ohne auch daß man sein Verhältnis zu diesem Orientierungsrahmen konkret zu bestimmen wüßte" (575,15).

2. In engem Zusammenhang mit den Mitgliedschaftsuntersuchungen steht die Programmschrift ‚*Christsein gestalten*', eine von der Studien- und Planungsgruppe der EKD erarbeitete „Studie zum Weg der Kirche" (574). Sie skizziert die „nachlassende Traditionslenkung" (574,14ff) in der modernen Kultur und Gesellschaft, die „Strukturen der Kirchenbeziehung" (574,23ff) im volkskirchlichen Religionssystem und „Typen gegenwärtiger Praxis" im Kontext des kirchlichen Christentums (574,48ff) und leitet daraus Prinzipien für die „Gestaltungsaufgabe" (574,73ff) zeitgenössischer Christentumspraxis ab. Als Rahmenperspektive für die teils analytischen, teils strategischen Erwägungen im Blick auf künftige kirchliche Praxis macht sich die Studie die Grundeinsicht der „subjektive(n) ‚Verortung' von Glaube und Kirche" (574,24) zu eigen: „Die Kirchenbeziehung wird vom primären Lebenskontext her und auf ihn hin geordnet, nicht umgekehrt die eigene Lebenswelt von der Kirche her und auf sie hin geformt" (574,28). Während die „Kirche sowie das politische und öffentliche Leben ... von der Mehrheitsmeinung in

den Lebenshintergrund verwiesen" werden, ist umgekehrt eine „ungebrochene Dominanz der Privatsphäre im Erlebnishaushalt der Bevölkerungsmehrheit" (574,23f) zu beobachten. Steht „für die Masse der Bevölkerung … eindeutig und mit Abstand die eigene Familie im Vordergrund der Lebensorientierung", dann sind die zukunftsträchtigen Gestaltungsaufgaben volkskirchlichen Christentums an der Schnittstelle von Kirche und Familie, der „primäre(n), emotional hoch besetzte(n) Bezugsgruppe für das eigene Selbstverständnis" (574,23), anzusiedeln. Denn „dauerhaft prägend und persönlichkeitsformend wirken nur solche christliche Gehalte, die im persönlichen Umfeld verankert sind" (574,33).

Als exemplarische „*Gestaltungsschwerpunkte*" (574,90ff) werden in der Studie daher zum einen der „Lebens-, Familien- und Jahreszyklus" (574,90ff), zum anderen „Nachbarschaftsgefüge und Gemeinwesen" (574,102ff) genannt. Bildet einerseits „die Auslegung der christlichen Wahrheit im Kontext der primären Fragen nach Lebenssinn und biographischer Vergewisserung angesichts elementarer Tatbestände wie Geburt, Heranreifen, Lebenspartnerschaft, Tod" ein „zentrales Bewährungsfeld für kirchliches Handeln" (574,92f), so gilt andererseits, „daß Wohnwelt und Haushalt nach wie vor den organisierenden Schwerpunkt der individuellen Lebensführung darstellen. Hier sind die familiären Primärbeziehungen und damit die bedeutsamsten Sozialbeziehungen des Individuums fixiert und verankert. Die Wohnwelt ist die Basis im individuellen Koordinatensystem" (574,102). „Die große Chance kirchlicher Arbeit auf der Ebene von Nachbarschaft und Gemeinwesen besteht darin, die latent vorhandenen Beziehungsnetze und Solidaritäten zu aktivieren und Nachbarschaft in neuer Weise als Raum der Nächstenliebe des konkreten Christseins zu deuten und zu gestalten" (574,103). Indem sie sich der Erkenntnisse der praktisch-theologischen Ekklesiologie bedient, wird die Kirche auf die Individualisierung und Privatisierung der Religionspraxis aufmerksam. Sie erkennt sowohl die Probleme als auch die Chancen, die in der Individualisierung der Christentumspraxis liegen, und findet damit Anschluß an die zeitgenössische Religionskultur.

3. Die mit den Methoden empirischer Sozialforschung gewonnene und auf der Basis theologischer Interpretation erstellte *Topographie* der zeitgenössischen Religionskultur legt den Einfluß des Pluralisierungsprozesses und des Individualisierungsprozesses auf die Entwicklung des neuzeitlichen Christentums offen. Die Entdeckung der lebensweltlichen und lebensgeschichtlichen Indigenisation der individuell konturierten Religionspraxis intensiviert einerseits das Interesse an einer detaillierten Differenzierung der unterschiedlichen Ausprägungen des privat, öffentlich und kirchlich praktizierten Christentums. Die phänomenologische Untersuchung der lebenspraktisch realisierten Religion wird aber andererseits auf die Konvergenzen zwischen den differenten Religionskulturen und damit auf die gesellschaftlich-historischen Grundlagen aufmerksam, die das facettenreiche Spektrum religiöser Orientierungen, Lebensstile und Verhaltensweisen jenseits ihrer jeweils spezifischen sozialkulturellen Profile gemeinsam prägen. Die Pluralisierung und die Individualisierung der Lebenswelt sind eng miteinander verschränkt. Im Modus der Wahl macht sich das Individuum die ihm entsprechende Variante religiöser Wirklichkeitsdeutung und Lebensorientierung zu eigen und identifiziert sich auf diese Weise im Medium religiöser Lebenspraxis mit sich selbst. Die Erforschung der gegenwärtigen Religionspraxis und die öffentliche Diskussion über die Statur der zeitgenössischen Religionskultur wirkt auf die Individualisierung der Christentumspraxis zurück. In der Ver-

bindung von analytischer Wahrnehmung und strategischer Konzeptionalisierung verstärkt die kirchliche Auftragsforschung die sich ständig weiter verfestigende Symbiose
von Individualität und Religiosität und damit die Privatisierung auch der kirchlichen
Lebenswelt.

Lenken die empirischen Untersuchungen zum Verhältnis von Religion und Kirche die
Aufmerksamkeit auch in herausgehobener Weise auf die individuellen Konturen gegenwärtiger Religionspraxis, so stellt die *Privatisierung* der Religionskultur gleichwohl keine Erscheinung erst der zweiten Hälfte des 20. Jahrhunderts dar. Zwar registriert die Soziologie im Kontext der Diskussion um die charakteristischen Wandlungen der sozialkulturellen Lebenswelt in der ,postmodernen' Epoche (> 210) gegenwärtig einen
neuen Individualisierungsschub, der die verschiedensten gesellschaftlichen Bereiche
erfaßt und zu einer Verbreiterung der Kluft zwischen öffentlicher und privater Lebenssphäre führt. Die neuerliche Beschleunigung des Individualisierungsprozesses ist aber
nur im Zusammenhang einer langfristigen Umgestaltung der gesellschaftlichen Lebensverhältnisse zu begreifen, in deren Verlauf die konstitutiven Prinzipien neuzeitlicher
Lebensordnung und damit zugleich auch die Maximen neuzeitlicher Christentumspraxis
verwirklicht werden. Die von der protestantischen Reformation in ihren Grundzügen
formulierte und in der Epoche des Bürgertums (> 210), der Aufklärung und des Pietismus praktisch verwirklichte Verbindung von Religion und Individualität fand ihren reflexiven Ausdruck in der theologischen Begründung der individualitätskonstitutiven
Funktion der Religion, in der neuen Fassung der Religionspraxis als persönliche Frömmigkeit (> 211). Mit dem Fortschritt des Individualisierungsprozesses traten die aus der
Modernisierung der gesellschaftlichen Lebenswelt resultierenden Ambivalenzen immer
deutlicher hervor. Auf der einen Seite führte die Individualisierung der Religionspraxis
zu einer generellen Deinstitutionalisierung (> 321) der auf das Individuum gestellten
religiösen Welt; die Privatisierung der Religionskultur bildet die soziale und kulturelle
Basis für die Entkirchlichung des Christentums, aus der die mittlerweile selbstverständlich gewordene Diastase zwischen individuell praktizierter und kirchlich verfaßter Religion resultiert. Auf der anderen Seite machte die Individualisierung der Religion aber
auch vor den Kirchentüren nicht halt. Sie prägte dem kirchlichen Christentum ihren
Stempel auf und verlieh damit gerade auch der kirchlich ausgeübten Christentumspraxis
ihr spezifisch modernes soziales und kulturelles Profil.

2. Die private Signatur der kirchlichen Religionskultur

2.1. Das private Christentum als Leitbild der kirchlichen Christentumspraxis

Wie die Religionspraxis der bürgerlichen Öffentlichkeit, so trägt auch die im Rahmen
kirchlicher Lebensformen praktizierte Religion die Charakterzüge der ursprünglich im
Haus kultivierten privaten Frömmigkeit. Unter dem Einfluß des Individualisierungsprozesses wandelten sich die kommunikativen Formen wie die ästhetischen und reflexiven
Gehalte der kirchlichen Religionspraxis. Das private Christentum, die exemplarische
Grundform neuzeitlichen Christentums, wurde zum kulturellen Leitbild wie zum sozialen Grundmuster der kirchlichen Christentumspraxis. Die kirchliche Religionskultur der
Gegenwart verdankt ihr charakteristisch modernes Profil geradezu der Transformation
der religiösen Lebenswelt im Zuge ihrer neuzeitlichen Individualisierung. Gewiß sind

kultische Handlung und religiöse Rede wie die Institutionen religiös grundierter Seelsorge, Erziehung und Diakonie nicht erst an der Schwelle zur Neuzeit entstanden. Es gibt die Grundformen der kirchlichen und beruflichen Religionspraxis seit den Ursprüngen des Christentums und in ihren genuin protestantischen Versionen seit der Reformation. Die bestimmte kulturelle Gestalt aber, in der wir Gottesdienst und Predigt, das Ensemble der lebensgeschichtlichen Passagerituale, die kirchliche Erziehungs- und Bildungsarbeit im kirchlichen Kindergarten und in der kirchlichen Jugendarbeit, im Konfirmandenunterricht und in der Erwachsenenbildung sowie die vielfältigen Formen parochial organisierter diakonischer Hilfe heute kennen, gestalten und erleben, verdankt sich deren neuzeitlicher Konturierung.

Die Transformationen, die die Grundformen des kirchlichen Lebens in der Moderne erfuhren, sind von einer solchen Tragweite, daß mit guten Gründen davon gesprochen werden kann, daß die gegenwärtigen kirchlichen Lebensformen nichts anderes sind als Reproduktionen der um die private Welt, um Haus und Familie zentrierten bürgerlichen *Privatreligion* (> 212-1). Deshalb ist das kirchliche Leben der Gegenwart ohne die häusliche Religionskultur nicht zu denken und nur aus dem historischen wie sachlichen Zusammenhang zwischen kirchlichem und privatem Christentum zu verstehen. Auf der einen Seite verdanken sich die im kirchlichen Christentum praktizierten Kommunikationssituationen und Kommunikationsformen ihren Ursprüngen im privaten Christentum. Die kirchliche Religionskultur nahm im Zuge ihrer neuzeitlichen Entwicklung vielfältige Momente der privaten Religionspraxis in sich auf und entwickelte die in der Privatwelt ausgearbeiteten Formen ästhetischer und reflexiver Religionspraxis kunstvoll weiter. Das kirchliche Christentum glich sich dabei immer mehr an das private Christentum an. Auf der anderen Seite nimmt das kirchliche Christentum aber umgekehrt auch in vielfältiger Weise Einfluß auf die häusliche Religionspraxis. Das private Christentum lebt, wenn auch in schwindendem Maße, von Impulsen, die es aus der kirchlich praktizierten Religion erhält. Je deutlicher sich die religiösen Kulturen im Verlauf der gesellschaftlichen Pluralisierung voneinander trennten und gegeneinander abgrenzten, umso markanter trat die integrative Funktion der um das Individuum zentrierten Religionspraxis hervor. Die in der Privatsphäre praktizierte Religion wird zum Integral der differenten Lebenswelten (> 310), in denen sich jeder bewegt, indem er ständig ihre Grenzen überschreitet.

Ihren unmittelbarsten Ausdruck findet die neuzeitliche Metamorphose der kirchlichen Lebenswelt in der Privatisierung des kirchlichen *Milieus* und in der Individualisierung der kirchlichen *Kommunikationsstile*. In der modernen Kirchengemeinde spielt sich das kirchliche Leben weitgehend im Gemeindehaus, einer „Innovation des ausgehenden 19. Jahrhunderts" (593,363), ab. Das Gemeinde-‚Zentrum' bildet den realen wie symbolischen Raum für die Entfaltung einer vielgliedrigen, auf die persönliche Partizipation am Gemeindeleben und die Pflege von primären sozialen Beziehungen abgestellten Gruppenkultur. Aber nicht nur die alltagsverbundenen und freizeitspezifischen, häufig auch von säkularen Themen und Zielen überformten Aktivitäten der kirchlichen Gruppenarbeit folgen der Logik des Individualisierungsprozesses. Auch in das Kirchengebäude, den klassischen Raum kirchlicher Religion, hält die individualisierte Religionspraxis Einzug. Gerade die typisch kirchlichen Situationen religiöser Kommunikation, Liturgie und Predigt, sind in ihren zeitgenössischen Versionen auf die Selbstvergewisserung des frommen Individuums, auf die Ausbildung personaler Identität und auf subjektive Lebensorientierung zentriert.

Die Individualisierung der kirchlichen Religionskultur wird durch vielfältige *innovative Impulse* verstärkt. Die einerseits von Ideen des Pietismus geleiteten, andererseits an freikirchlichen Gemeindestrukturen orientierten Programme zur Reform des kirchlichen Lebens zielen auf eine Reorganisation der lokalen Kirchengemeinde durch die Intensivierung persönlicher Beziehungen unter den Gemeindemitgliedern ab und knüpfen dabei an die in der natürlichen Primärwelt vorhandenen Beziehungsnetze an. Die Primärgruppe wird zum exemplarischen Grundmodell kirchlicher Christentumspraxis erklärt. In analoger Weise intendieren liturgische Reformprogramme eine Belebung der gottesdienstlichen Kommunikation, indem sie Stilelemente der häuslichen Lebenswelt auf die Feier des sonntäglichen Gottesdienstes übertragen, kommunikativ Begrüßungs- und Segnungsgesten in den Ablauf des Gottesdienstes einführen und der liturgischen Feier insgesamt Umgangsformen der Primärgruppenkultur unterlegen. Die Privatisierung der liturgischen Kultur macht sich ebenso in der gefühlsbetonten Gebetssprache geltend wie in der persönlichen Tönung der Predigt oder in der Aufnahme von zeitgenössischen Liedern in das Gesangbuch (1994), die teils aus der ökumenischen Feierpraxis, teils aus dem Repertoire der Kirchentagskultur entlehnt sind und nicht nur im Gottesdienst, sondern auch in der kirchlichen Gruppenkultur gesungen werden. Die sozialen und kulturellen Grundformen des privaten Lebens werden schließlich auch auf die pädagogische Praxis der Kirche übertragen. Die zugleich pädagogischen wie theologischen Prinzipien individueller Autonomie und persönlicher Beziehung innerhalb der Gruppe prägen die Ziele, die Inhalte und die Kommunikationsformen der kirchlichen Jugendarbeit, des Konfirmandenunterrichts und der kirchlichen Erwachsenenbildung. Die Individualisierung und Emotionalisierung religiöser Mitteilungsakte kennzeichnet zwar zunächst lediglich einen Wandel des kulturellen Stils kirchlicher Religionspraxis. Er stellt aber das Symptom einer tiefgreifenden Umstellung der kirchlichen Kommunikationswelt, ihrer sozialen Struktur wie ihrer kulturellen Gestaltung, im Zuge der neuzeitlichen Individualisierung der Religion dar.

2.2. Die Gemeinde als kirchliche Privatwelt

1. Die Privatisierung des kirchlichen Christentums findet ihre soziale Basis in der Organisation der lokalen *Kirchengemeinde* (> 332). Neben Haus und Familie, der elementaren Institution der auf das fromme Individuum gestellten Christentumspraxis, bildet die Kirchengemeinde einen eigenen, mit dem privaten Leben freilich eng verwobenen sozialen Kontext praktisch verwirklichter Frömmigkeit. Während sich die Konfessionszugehörigkeit des einzelnen in der verinnerlichten mentalen Verbundenheit mit den religiösen Grundsätzen einer Religionsgemeinschaft ausdrückt und während sich die Mitgliedschaft in einer kirchlichen Verbandsorganisation vornehmlich als veräußerlichtes Rechtsverhältnis darstellt, kommt die Beziehung, die der einzelne zur örtlichen Kirchengemeinde unterhält, in der realen und lebenspraktischen Beteiligung am kirchlichen Leben, zumal in der Teilnahme am alltagszyklisch und jahreszyklisch geordneten liturgischen Angebot (> 233), aber auch an den von der Kirchengemeinde organisierten geselligen Veranstaltungen und in der aktiven Mitgliedschaft in Gemeindegruppen und kirchlichen Vereinen zur Geltung.

Das *Gemeindechristentum* stellt sich als ein charakteristischer Typus christlicher Religionspraxis dar, in dem Frömmigkeit und Kirchlichkeit ineinander aufgehen. Einerseits nutzt der einzelne die vielfältigen Partizipationsmöglichkeiten, die ihm das soziale Netzwerk der parochialen Lebenswelt bietet, im Interesse seiner religiösen Selbstdefinition; er formt seine individuelle Frömmigkeit zu einem eigenen, von spezifischen Verpflichtungen und Verhaltenskonventionen geprägten religiös-kirchlichen Lebensstil. Andererseits bildet die praktizierte Kirchlichkeit umgekehrt das Fundament der auf primäre Vergemeinschaftung abgestellten Sozialform der Kirchengemeinde. Das den lokalen Verhältnissen entsprechend organisierte und pluriform verfaßte Gemeindeleben erhält seine soziale Struktur aus den qualitativ voneinander unterschiedenen und quantitativ unterschiedlich intensiven Beteiligungsformen der kirchlich praktizierenden Christen. Die Kirchengemeinde räumt ihren Mitgliedern ebenso die Möglichkeit einer nur sporadischen Beteiligung an einzelnen Veranstaltungen und Projekten ein wie die ehrenamtliche Mitarbeit in verschiedenen Gemeindediensten, die Mitwirkung bei der Leitung der parochialen Kirchenorganisation wie schließlich die nebenamtliche und hauptamtliche Beschäftigung in den verschiedenen Sparten des kirchlichen Berufssystems. Im Unterschied zu der abstrakten kirchlichen Großorganisation, mit der sich der einzelne vorwiegend in kritischer Distanz identifiziert und an deren Gestaltung er nur in engen Grenzen mitwirken kann, stellt die Kirchengemeinde den realen sozialen Rahmen für die praktizierte individuelle Frömmigkeit zur Verfügung. Aufgrund der in ihr verwirklichten organischen Beziehung von privater Frömmigkeit und primärer religiöser Vergemeinschaftung bildet die lokale kirchliche Gemeinde „das ursprüngliche Organisationsprinzip des religiösen Lebens im Protestantismus". „Dementsprechend gibt es für den evangelischen Christen keine höhere religiöse Lebensform als die Zugehörigkeit zu einer bestimmten Gemeinde ... Die communio sanctorum ist zuerst durch die im Gottesdienst der Feier oder des Alltags sich zusammenfindenden Einzelnen repräsentiert" (1,586).

Im sozialen und kulturellen Horizont der ebenso pluriformen wie mobilen Lebenswelt der lokalen Kirchengemeinde wird aber nicht nur die Synthese von privater Frömmigkeit und religiöser Gemeindschaft in exemplarischer Weise verwirklicht. Vielmehr steht das in der Gemeinde organisierte kirchliche Christentum auch in überaus enger Beziehung zu den Ursprüngen der privaten Religion in der häuslichen Religionskultur. In den vielfältigen Gestalten praktizierten Gemeindechristentums setzt sich die häusliche Frömmigkeit fort und gewinnt im erweiterten sozialen Horizont an Profil. *Haus* und *Gemeinde* gelten daher als die beiden elementaren, einander entsprechenden und miteinander verwobenen Grundmuster religiöser Organisation. Wie die Institution des Hauses, so ist auch die soziale Welt der Gemeinde Idee und Wirklichkeit in einem, das Leitprinzip der protestantischen Organisation kirchlicher Religionspraxis und zugleich die reale Lebenswelt der in der Wohnwelt beheimateten Bürger und Kirchenmitglieder wie die lokal begrenzte Arbeitswelt der PfarrerInnen, deren Berufsausübung sich ebenso in den Gemeinderäumen und in der Kirche wie in den Privathäusern und zu einem Großteil im Pfarrhaus abspielt, der symbolischen wie realen Repräsentanz der Symbiose von privatem und kirchlichem Christentum. Seit dem Auseinandertreten von Bürgergemeinde und Christengemeinde wurde die ‚Gemeindeidee' zur Leitfigur vielfältiger kirchlicher Reformbemühungen. Sie zielen ebenso auf eine Vitalisierung des Gemeindelebens wie auf eine Restitution der häuslichen Frömmigkeit ab und greifen zu ihrer theologischen Begründung wie zur Veranschaulichung ihrer Reformideen auf die Vorbildfunktion der sozialen Ursprungsgestalt des Christentums, auf die häusliche Gemeindepraxis im Urchristentum zurück.

2. In der Genese und *Entwicklung* der Gemeinde als konstitutiver Sozialform praktizierten Christentums verschränken sich Idee und Wirklichkeit der in Haus und Kirche organisierten Religionspraxis in vielfältiger Weise. In der Perspektive theologischer Geschichtsschreibung entsteht die Gemeinde in der Zeit des Urchristentums aus dem Haus, der Keimzelle des sozial organisierten Christentums: „Zum gemeinsamen eucharistischen Mahl versammelte man sich in Häusern, und das Haus wurde zum neuen gottesdienstlichen Zentrum anstelle von Tempel und Synagoge" (589,31). Die „eigentliche Leistung der frühen paulinischen Gemeinden, deren Zellen die Hausgemeinden gewesen sein dürften", besteht in ihrer Funktion als soziales Organisationsprinzip des sich konsolidierenden frühen Christentums, in ihrer „schwer zu überschätzende(n) integrative(n) Kraft" (590,485). Als sich die urchristlichen Gemeinden extern ausweiteten und intern ausdifferenzierten, griff die in den Pastoralbriefen dokumentierte Gemeindetheorie auf die antike Ökonomik zurück und begriff das „Haus als Modell für Gemeinde" (590,485). Die Ausbreitung der christlichen Religion vollzog sich sodann auf dem Hintergrund der für das römische Religionssystem charakteristischen „Unterscheidung von öffentlicher (auf den Staat und seine Belange bezogener) und privater (an Haus bzw. Familie gebundener) Religion", wobei sich die religiösen Aktivitäten der Christen, die sich „in Hauskirchen bzw. Vereinshäusern versammeln", nicht auf den „Bereich des Hauses beschränken und dort isolieren". Das Christentum entwirft und realisiert vielmehr „ein Modell religiös begründeter menschlicher Gemeinschaft, das in seinem universalen Anspruch den vorgegebenen ‚häuslichen‘ Rahmen letztlich überschreitet und die Scheidung häuslich-familiärer und öffentlicher Belange nicht akzeptiert" (590,486). In der Epoche der Germanenmission „tritt das abendländische Christentum in gewisser Weise in eine neue Phase der ‚Verhäuslichung‘ ein … Im Vorgang der Christianisierung kommt es zu beachtlichen, in ihren Auswirkungen zum Teil noch heute spürbaren Kompromissen mit überlieferten häuslichen Organisationsformen von Religion und Kult" (590,486). Eine andersgeartete „erneute ‚Verhäuslichung‘ des Christentums" wird schließlich im Entstehen und im Ausbau des mittelalterlichen Kloster- und Ordenswesens vollzogen (590,486).

Die lutherische *Reformation* erhob das soziale Konstrukt der auf primärer Gemeinschaftsbildung aufbauenden Gemeinde zum leitenden Prinzip protestantischer Kirchenorganisation. „Für den sprachlich so sensiblen Reformator war die ‚Kirche‘ ein ‚blindes, undeutliches Wort‘, während ‚Gemeinde‘ genau den Sinn von öffentlicher Sammlung und Versammlung trifft" (594,15). Gleichzeitig verlieh die reformatorische Theologie dem Haus eine eigene religiöse und kirchliche Würde. „Die sog. Dreiständelehre darf als Ausdruck und Modell solcher erneuten Aufwertung des Hauses auch in seiner religiösen Bedeutung verstanden werden: Nicht nur die Ordnungen des status politicus bilden sich danach im Hause ab; auch der status ecclesiasticus findet seine Entsprechung in den häuslichen Verhältnissen" (590,487): „Das Haus ist Kirche" (591,264; vgl. 590,491). Der *Pietismus* stellt die Beziehung von häuslicher und kirchlicher Religiosität in veränderter Wertung in den Mittelpunkt seiner Kirchenreform: „Was die Kirche zur Pflege des religiösen Lebens tut, reicht nicht aus; deshalb müssen häusliche Bet- und Erbauungsstunden ergänzend hinzutreten. Einerseits wird hierdurch das Haus in seiner religiösen Funktion weiter aufgewertet; andererseits geht der abbildhafte Zusammenhang zwischen Kirche und Haus, der beide aufeinander bezieht und sie doch in ihrem eigenen Recht und ‚Stand‘ beläßt, dadurch ein Stück weit verloren" (590,487).

3. Die um die Wende zum 20. Jahrhundert entstandene „*Gemeindebewegung*" (594,138; > 332) knüpft an die reformerischen Ideen des Pietismus an, intendiert eine stärkere Verknüpfung von Hausfrömmigkeit und Gemeindechristentum und erstrebt mit Hilfe einer detaillierten Strukturierung der enorm angewachsenen städtischen Kirchengemeinden eine Intensivierung der persönlichen Beziehungen unter den Gemeindemitgliedern. Emil Sulze, der ‚Vater des neuzeitlichen Gemeindedenkens' (494,138), unterteilte die parochiale Großorganisation in Bezirksgemeinden, die vom Presbyterium und einem „Hausväterverband" geleitet wurden, verfolgte aber als Ideal die Schaffung noch kleinerer sozialer Einheiten, die „Abendmahlsgemeinde" und die „überschaubare Seelsorgegemeinde", „in der jeder auf irgendeine Weise erfaßt, gekannt, besucht und versorgt wird" (594,138f). Eine dichte Vernetzung von häuslicher und kirchlicher Gemeinde strebt die nach dem Zweiten Weltkrieg entstandene „Haushalterschaftsbewegung" an, ein „vom Lutherischen Weltbund aus den USA und Skandinavien importiertes Modell zum missionarischen Gemeindeaufbau ... Dieses Programm sollte den Gottesdienst gleichsam aus der Kirche mit Hilfe von Besuchsdienstarbeit in die Häuser der Menschen übersetzen helfen" (594,223). Ebenfalls auf dem Hintergrund des freikirchlichen Religionssystems in den USA wurde unter dem Titel ‚Kirche als Familie' (592,676) ein zugleich liturgisches wie gemeindeorganisatorisches Reformprogramm entworfen, das die gottesdienstliche Gemeinde wie überhaupt die Kirchengemeinde analog zur Familie begreift. Erhielten in der jüngsten Vergangenheit insgesamt „Hauskreise und andere Kleinstgemeinden eine wachsende Bedeutung für den Gemeindeaufbau wie für die Darstellung und Fortexistenz von Kirche überhaupt" (590,487), so gewann das „Konzept einer ‚Hauskirche' als Basiseinheit künftiger christlicher Gemeinschaftsbildung" in der gesellschaftlichen und kirchlichen Situation der DDR besondere Plausibilität (590,488).

3. Die Privatisierung des protestantischen Gottesdienstes

3.1. Individualisierung und Pluralisierung der liturgischen Religionskultur

Die Individualisierung des kirchlichen Christentums spiegelt sich nicht nur in der sozialen Struktur der parochialen Lebenswelt, in der Organisation der Kirchengemeinde auf der Basis von privat-religiösen Gemeinschaftsformen wider. Ebenso signifikant stellen sich die *kulturellen* Auswirkungen des Individualisierungsprozesses auf das kirchliche Christentum dar. Die neuzeitliche Privatisierung der Lebenswelt prägt die kirchliche Religionskultur durchgehend. Sie beeinflußt sowohl die ästhetischen wie die reflexiven, die pädagogischen wie die seelsorglich-diakonischen Kommunikationsformen im Kontext des parochialen Lebenszusammenhangs als auch die Erwartungen, die kirchlich praktizierende Christen an das parochial organisierte Christentum richten, die Maßstäbe, an denen sie die Gegenwartsbedeutung der kirchlich ausgeübten Religionspraxis messen, und damit schließlich die Intensität der mentalen Verbundenheit mit der örtlichen Kirchengemeinde. Besonders deutlich treten die kulturellen Wandlungen, denen das Gemeindechristentum im Zuge seiner Privatisierung unterlag, in der neueren Entwicklung der liturgischen Kultur heraus, in charakteristischen Veränderungen des sonntäglichen Gottesdienstes. Am Wandel der liturgischen Konventionen und Kommunikationsformen lassen sich daher die Konsequenzen des Individualisierungsprozesses für das kirchliche Christentum exemplarisch beobachten.

Die dominante Stellung der privaten Religionspraxis im Rahmen des neuzeitlichen Christentums führte zunächst zu einer generellen Lockerung der *liturgischen Konvention* (>233), zu einer tendenziellen Auflösung der sonntäglichen Kirchgangssitte. Je mehr sich auf der einen Seite die Symbiose von Individualität und Religion verfestigte, desto brüchiger wurde auf der anderen Seite die Gewohnheit des regelmäßigen Kirchgangs im wöchentlichen Zeitrhythmus. Die von der EKD in Auftrag gegebenen demoskopischen Untersuchungen zum Profil des volkskirchlichen Christentums, insbesondere zur Beteiligung der Kirchenmitglieder am liturgischen Angebot der Kirchengemeinden, dokumentieren, „daß die Vorstellung vom Evangelisch-Sein für die überwiegende Mehrheit der Protestanten das ‚Zur-Kirche-gehen‘ nicht unbedingt einschließt" (595,19). Die niedrige Einstufung des Kirchgangs auf einer Skala von Indikatoren für Kirchlichkeit und Kirchenverbundenheit besagt allerdings nicht, „daß Gottesdienstbesuch für die Betreffenden völlig gleichgültig ist". Lehnt die große Mehrheit der volkskirchlichen Christen den regelmäßigen, alltagszyklisch praktizierten Kirchgang als für sie gültige Verhaltensform auch ab, so anerkennt sie gleichwohl den prinzipiellen Zusammenhang zwischen privater und gottesdienstlicher Religionspraxis. In der Verschränkung von praktischer Reserve gegenüber der traditionellen Kirchgangskonvention und prinzipieller Akzeptanz der liturgischen Religionspraxis drückt sich daher über den empirischen Tatbestand sinkender Gottesdienstbeteiligung hinaus „ein grundsätzliches Urteil über den Status des Kirchgangs" (595,20) aus. Der Gottesdienstbesuch wird mit einem persönlichen „Freiheitsvorbehalt" (595,20) versehen und der Entscheidung des autonomen religiösen Individuums anheimgestellt, das „selbst über Art und Häufigkeit des Kirchgangs" (596,299) entscheidet. Nach dem Urteil der Kirchenmitglieder gibt es hinsichtlich der liturgischen Gewohntheiten des einzelnen „keinen äußeren oder inneren Zwang. Kirchgang ist frei und Gottesdienstbesuch Ausdruck persönlicher Überzeugung. Eben das ist Kennzeichen des Evangelisch-Seins" (595,20).

Die Individualisierung der kirchlichen Religionspraxis beeinflußt aber nicht nur die Kirchgangsgewohnheiten der Kirchenmitglieder. Sie führt auch zu einer Veränderung der subjektiven Erwartungen, die die Kirchenmitglieder dem liturgischen Angebot der Kirchengemeinde entgegenbringen, der persönlichen Einstellungen, die sie zum Gottesdienst einnehmen, der Verhaltensweisen, die sie in der liturgischen Feier pflegen und in der Folge dieser insgesamt individualisierten liturgischen Attitüde schließlich zu einem *Funktionswandel* des Gottesdienstes auf dem Hintergrund seiner lebensweltlichen und lebensgeschichtlichen Kontextualisierung. Im Horizont bürgerlich-protestantischer Frömmigkeit wird die liturgische Praxis nicht als „autoritäre Verwaltung des öffentlich sanktionierten und für alle verbindlich erklärten Glaubens" (597,230) aufgefaßt, sondern als integraler Bestandteil individuell praktizierter Frömmigkeit. „Der Gottesdienst hilft … dazu mit, daß der Glaube zu einem Lebensstil wird und daß die Frömmigkeit eine Beheimatung findet" (597,282). Der Sinn des protestantischen Gottesdienstes besteht daher auch nicht in der Präsentation idealer Religion, sondern in der realen religiösen Kommunikation des liturgischen Publikums, der zur liturgischen Feier versammelten autonomen Individuen. „Gottesdienste sind Versammlungen, in denen Menschen vor Gott ihren Glauben suchen, neu finden, ausdrücken, stärken (lassen) wollen, indem sie Erfahrungen verarbeiten und sich für neue Erfahrungen öffnen, den Grund ihres Lebens aufsuchen, ihre Sicht von Leben und Welt erneuern, indem sie sich selbst und ihre Geschichte als Vergangenheit und Zukunft vergegenwärtigen" (598,183).

3.2. Die beiden Grundtypen des protestantischen Gottesdienstes

Die Orientierung der liturgischen Religionskultur an der privaten Christentumspraxis führte zu einer Pluralisierung der Gottesdienstformen (600). In den vergangenen Jahrzehnten bildete sich in den Kirchengemeinden ein vielgliedriges Netzwerk liturgischer Veranstaltungen und Kommunikationsformen heraus, das den unterschiedlichen Bedürfnissen und Erwartungen der Kirchenmitglieder Rechnung zu tragen sucht. Die hinsichtlich ihrer situativen Verortungen in der pluriformen christlichen Lebenspraxis, ihrer handlungspraktischen Zielsetzungen und ihrer kommunikativen Inszenierungsmuster voneinander unterschiedenen Gottesdienstformen lassen sich idealtypisch auf zwei kommunikative *Grundtypen* des protestantischen Gottesdienstes zurückführen: auf die „großkirchliche Gottesdienstpraxis" (597,225ff) und die „gruppengemeinschaftliche Gottesdienstpraxis" (597,230ff). Der eine Typus liturgischer Praxis zielt auf die Selbstvergewisserung der frommen Individualität ab, der andere auf die Bildung und Pflege primärer religiöser Gemeinschaft. Beide Grundformen der zeitgenössischen liturgischen Religionspraxis resultieren aus der Individualisierung der liturgischen Religionskultur. Sie bedienen sich zur kommunikativen Ausgestaltung der liturgischen Feier paradigmatischer Grundmuster der häuslichen Privatreligion und festigen damit die für die neuzeitliche Christentumspraxis konstitutive soziale und kulturelle Beziehung von Kirche und Haus, von kirchlicher und privater Religionspraxis. Die religiöse Privatwelt überformt die Gehalte und die Stilmittel der kirchlichen Inszenierungen von Religion. Trotz dieser gemeinsamen sozialkulturellen Grundlagen unterscheiden sich die beiden Grundtypen gegenwärtiger Gottesdienstpraxis markant voneinander. Knüpft der klassische protestantische Gottesdienst an die in der Abgeschlossenheit des Hauses kultivierten Formen religiöser Identitätsbildung und somit an die ästhetische und reflexive Kultur der Innerlichkeit an (> 212-1:2.2.), so nehmen die im Zusammenhang der Gemeindereform entstandenen Gottesdienstmodelle die in der Familie entwickelten Formen primärer Vergemeinschaftung auf (> 212-1:2.3.).

3.2.1. Die Kultivierung der individuellen Frömmigkeit im agendarischen Hauptgottesdienst

Der erste Typus des protestantischen Gottesdienstes, der *agendarische* Hauptgottesdienst am Sonntagvormittag, in dem sich Liturgie und Predigt spannungsreich aufeinander beziehen, baut hinsichtlich seiner kommunikativen Grundstrukturen auf der in der privaten Lebenswelt kultivierten selbstreferentiellen Frömmigkeitspraxis auf (599). Er schließt an die innerhalb der engsten Grenzen der intimen Lebenssphäre praktizierten Frömmigkeitsformen der religiösen Einkehr und der autobiographischen Selbstbesinnung an und ordnet sich, auch wenn die religiöse Inszenierung der frommen Individualität außerhalb des Privathauses organisiert wird, in die bürgerlich-protestantische Kultur religiöser Individualisierung ein. Als einzelner, ganz bei sich selbst und in sich gekehrt, geht einer zur Kirche, auch wenn er in Begleitung seines Ehepartners oder seiner ganzen Familie den Gottesdienst besucht. Er löst sich für die Dauer des Kirchgangs aus seinen natürlichen Lebensbeziehungen und zieht sich im Interesse seiner religiösen Selbstfindung und Selbstwahrnehmung aus den Relationen seiner alltäglichen sozialen Welt zurück. Als einzelner, nicht selten in Gedanken versunken, verläßt der Gottesdienstbesucher die Kirche wieder, auf dem Rückweg von der fiktiven in seine reale Privatwelt noch immer mit sich selbst beschäftigt. Auch während des Gottesdienstes begreift sich der Besucher als einzelner und verhält sich in den wechselnden Situationen der liturgischen Inszenierung entsprechend. Als einzelner betet er und singt er, nur für sich selbst. In der Rolle des aus einer alltäglichen Lebenswelt zurückgezogenen, ganz auf sich selbst gestellten und auf sich selbst eingestimmten Individuums hört er die Predigt.

Der protestantische Predigtgottesdienst ist in hohem Maße individualisiert. Die gottesdienstliche Feier, vor allem aber ihre protestantische Mitte, die *Predigt*, gilt dem einzelnen Zuhörer. Die homiletische Kommunikation hat sich in der Folge der Individualisierung auch der spezifisch kirchlichen Religionspraxis und zumal dann, wenn der Prediger moderne homiletische Programme wie ,persönlich predigen' oder ,seelsorglich predigen' befolgt, dem dualen und intimen Kommunikationsmodus des Seelsorgegesprächs angeglichen. Wie der Prediger die Kanzel zum Ort seiner religiösen Selbstdarstellung macht, so setzt sich der einzelne Zuhörer auf unverwechselbar individuelle Weise zu dem Gehörten in Beziehung. Die protestantische Predigt hat darum nicht die Form eines an die öffentliche Allgemeinheit gerichteten Kanzelvortrags, sie ist vielmehr als persönliche Anrede an den einzelnen gehalten. Und nicht schon die Deklamation allgemeingültiger, kirchlich autorisierter Wahrheit, sondern erst die subjektive Aneignung und die individuelle Verarbeitung der in Sprache gefaßten religiösen Erfahrung durch den einzelnen Rezipienten, die Predigtarbeit des Zuhörers also, bringt die Predigt an ihr Ziel.

Das Prinzip radikaler Individualisierung dirigiert aber nicht nur die homiletische Situation. Auch das Ensemble der *liturgischen* Kommunikationsformen, die gottesdienstlichen Gesänge und Gebete, die liturgischen Lesungen und Gesten zielen nicht auf die Herstellung sozialer Relationen, sondern auf die selbstreferentielle Verständigung des frommen Individuums mit sich selbst ab. Die liturgische Situation setzt weder voraus, daß ein Gottesdienstbesucher zum anderen in Beziehung tritt, noch läßt sie dies überhaupt zu. Die Handlungen, die die Gottesdienstteilnehmer zu vollziehen haben, sind gleichförmig und parallel ausgerichtet. Es sind keine Aktionen, die auf eine reziproke Beziehung unter den Gottesdienstbesuchern hin angelegt wären und aus ihrer gegenseitigen Entsprechung verständlich würden, so wie etwa bei der kirchlichen Trauung ein Akteur dem anderen das Ja-Wort gibt und darin symbolisch wie real die Konstitution einer sozialen Beziehung zum Ausdruck bringt. Im Sonntagsgottesdienst singen entweder alle, beten alle oder hören alle zu. Aber sie hören nicht einander zu. Sie sprechen sich im Laufe der Liturgie auch nicht an, und sie antworten einander nicht. Die Besucher des protestantischen Sonntagsgottesdienstes kommunizieren kaum miteinander, selbst dann nicht, wenn sie sich alle persönlich kennen und untereinander nicht nur als Kirchgänger, sondern auch aus alltäglichen Lebenszusammenhängen vertraut sind. Sie nehmen nicht einmal deutlich Kontakt zueinander auf. Allenfalls am Anfang und am Ende des Gottesdienstes kommt es zu freilich ganz förmlichen Beziehungen zwischen einzelnen Gottesdienstbesuchern, wenn man seinen Banknachbarn nach den Regeln der gesellschaftlichen Konvention begrüßt oder sich von ihm verabschiedet, genauso wie es das bürgerliche Publikum bei einem Konzert oder bei einer Theaterveranstaltung gewohnt ist. Im Unterschied zu den kasuellen Feiern, wo die Teilnehmer durch ihre Lebensbeziehungen untereinander verbunden sind und wo gerade diese sozialen Beziehungen religiös begangen werden, besteht das gottesdienstliche Publikum aus einer Summe von einzelnen. Wie das protestantische Kirchengebäude von der Pracht sinnlicher Objekte entleert ist, so abstrahiert die protestantische Liturgie die Gottesdienstbesucher auch von der Fülle der menschlichen Beziehungen, denen außerhalb des Gottesdienstes ihre Gefühle gelten. Der protestantische Gottesdienst entläßt jeden für die Dauer der liturgischen Feier aus den sozialen Obligationen seiner Lebenswelt und stellt das vereinzelte Individuum sich selbst gegenüber.

Die Abstraktion des einzelnen von den sozialen Relationen seiner Alltagswelt bildet sowohl die Voraussetzung als auch die Konsequenz und insofern eine konstitutive Komponente der selbstreferentiellen liturgischen und homiletischen Kommunikation. Die radikale Individualisierung der liturgischen Kommunikation drückt sich in der *Sublimierung* und in der *Verinnerlichung* der liturgischen Aktionen aus. Im Unterschied zum römisch-katholischen Verständnis des Meßgottesdienstes werden die gottesdienstlichen Handlungen nicht schon durch ihre Ausführung wirksam. Nach protestantischem Verständnis sind die liturgischen Inszenierungen vielmehr als der sinnlich wahrnehmbare Ausdruck der in das Subjekt verlagerten Aktivitäten und zugleich als affektive Impulse für die innere Arbeit der frommen Subjektivität zu verstehen. Im Gegensatz zu den Kasualien, aber durchaus auch im Unterschied zu einem römisch-katholischen Hochamt, wird den Besuchern eines protestantischen Gottesdienstes die liturgische Handlung auch nicht vorgeführt, um ihn an der selbstwirksamen Darstellung religiöser Wirklichkeit rezeptiv teilnehmen zu lassen. Im protestantischen Gottesdienst ist die Trennung von Akteuren und Zuschauern aufgehoben. Jeder Gottesdienstteilnehmer ist beides in einem: Darsteller und Erlebender, der Akteur seiner religiösen Selbstinszenierung und der Rezipient seiner im Medium von Liturgie und Predigt vermittelten Selbsterfahrung. Der einzelne erlebt sich selbst, wenn er singt oder betet oder hört. Er macht sich selbst zum Objekt seiner Wahrnehmung. Er hört sich singen. Und er erlebt sich selbst beim Hören. Er empfindet sich selbst beten, ob er schweigt oder spricht. Wer zum Gottesdienst kommt, kommt zu sich selbst. Und um zu sich selbst zu kommen, besucht er den Gottesdienst.

3.2.2. *Die Verwebung von liturgisch-expressiven und alltags-pragmatischen Lebensformen in der gruppengemeinschaftlichen Gottesdienstkultur*

1. Verdankt sich die Individualisierung des klassischen protestantischen Predigtgottesdienstes vorwiegend der subjektiven inneren Einstellung der Gottesdienstbesucher, der von ihnen eingenommenen und im Verlauf der Handlung aufrecht erhaltenen Attitüde selbstreferentieller Frömmigkeit, so kommt die Privatisierung der gottesdienstlichen Handlung im zweiten Grundtypus zeitgenössischer liturgischer Kultur im *sozialen* und *kulturellen* Arrangement des Gottesdienstes objektiv und sinnenfällig zum Ausdruck. Hier bildet die private Lebenswelt nicht den sublimen, durch subjektive Imagination erstellten und in das fromme Individuum zurückverlagerten Lebenskontext zur interpretativen Verarbeitung ästhetischer Eindrücke und gedanklicher Anregungen. Die private Welt wird vielmehr mit den Mitteln liturgischer Dramaturgie sinnlich in Szene gesetzt. Die symbolische wie lebenspraktische Konvergenz von alltäglicher und liturgischer Privatwelt bildet das Konstruktionsprinzip neuartiger experimenteller und innovativer liturgischer Modelle. Nach den Regeln liturgischer Kunst werden in die Komposition des religiösen Gemeinschaftshandelns vielfältige symbolische Verweisungen auf die private Alltagswelt eingearbeitet. Die teils offenliegenden, teils symbolisch verschlüsselten Querverbindungen zwischen liturgisch-expressiver und alltags-pragmatischer Lebensform ergeben das Grundmuster von liturgischen Feiern, die gleichermaßen auf die Bil-

dung und Pflege religiöser Primärgemeinschaften wie auf die Kultivierung von persönlichen, alltagspraktischen Frömmigkeitsstilen abzielen.

Das engmaschige Netzwerk der liturgischen Gemeinschaftsveranstaltungen ist auf der Folie zweier gesellschaftlicher Ordnungsmuster organisiert: zum einen nach dem Schema der *Altersklassen*, zum anderen auf der Basis sozialer *Gruppen*. So sortieren die regelmäßig stattfindenden und von einer stabilen Klientel besuchten Eltern-Kind-Gottesdienste, Familiengottesdienste und Gottesdienste für Alleinstehende das liturgische Publikum nach Klassifikationen, die der sozialen Gliederung der gesellschaftlichen Lebenswelt entlehnt sind und vor allem die sozialkulturelle Statur der privaten Lebensführung betreffen. Ebenso wenden sich Schulgottesdienst, Konfirmanden- und Jugendgottesdienste an bestimmte, sozial begrenzte Zielgruppen. Noch deutlicher sind solche gottesdienstlichen Veranstaltungen einem bestimmten Besucherkreis vorbehalten und durch ihn geprägt, die teils von einer außerhalb der kirchlichen Lebenswelt etablierten Gruppe, teils von Gruppierungen der Kirchengemeinde mit unterschiedlichen Zielsetzungen und Mentalitäten, teils von Gruppen veranstaltet werden, die sich eigens zur Organisation von Gottesdiensten zusammenschließen. Sowohl in den klassenspezifischen wie in den gruppenspezifischen, zumal aber in den Gottesdiensten, die von extern deutlich abgegrenzten und intern homogenen Gruppen für sich selbst arrangiert werden, ist das Subjekt der liturgischen Handlung nicht der von seiner sozialen Welt zurückgezogene einzelne Gottesdienstteilnehmer, sondern die Gruppe, innerhalb deren der einzelne sowohl in der Alltagswelt wie in der liturgischen Kommunikation einen präzise definierten sozialen Platz einnimmt.

Die Gottesdienste, in denen sich soziale Gruppen versammeln, um sich im Medium liturgischer, symbolischer und ritueller Kommunikationsformen ihrer kollektiven Identität bewußt zu werden, bauen auf der *Homogenität* der durch bestimmte Lebenslagen und Lebenssituationen sowie religiös-kulturelle Gemeinsamkeiten untereinander verbundenen Teilnehmer auf. Sie tragen zur Ausbildung und Kultivierung von gruppenspezifischen religiös-kirchlichen Milieus bei und pflegen auf der Grundlage einer charakteristischen liturgischen Kreativität ihre jeweilige originäre Gottesdienstkultur. Sofern die an Gruppengottesdiensten Beteiligten auch außerhalb der gottesdienstlichen Versammlungen in der Alltagswelt und insbesondere im parochialen Lebenskontext engen Kontakt untereinander pflegen, stabilisieren die gottesdienstlichen Veranstaltungen über die liturgische Gemeinschaft hinaus die parochiale Gruppenkultur, aber auch die in der Alltagswelt verorteten sozialen Gemeinschaften der Familie, des Freundeskreises, der Schulklasse oder der Jugendgruppe und wirken auf diese Weise an der organischen Verknüpfung von kirchlicher und privater Lebenswelt mit.

Die Gottesdienstgruppen sind zu einem Teil auch untereinander vernetzt. Sie partizipieren dann an größeren liturgischen *Teilkulturen*, die teils im Zusammenhang der liturgischen Bewegungen (> 233) und der Jugendbewegung des beginnenden 20. Jahrhunderts, teils nach dem Zweiten Weltkrieg auf der Basis der Kirchentagskultur oder auch im Kontext verschiedener spirituell-liturgischer Reformbewegungen entstanden.

Die u.a. von den frömmigkeitspraktischen Ideen Wilhelm Stählins (601) und Karl Bernhard Ritters (603; 604) beeinflußte, in 21 regionale Konvente gegliederte und durch den ‚Berneuchener Dienst‘ erweiterte *Michaelsbruderschaft* (602) wurde 1931 in Marburg gegründet. Sie verbindet die von den Mitgliedern als verbindlich anerkannte, liturgisch geordnete spirituelle Alltagspraxis – regelmäßige Meditation und Kontemplation sowie insbesondere ritualisierte, an die Konvention des Stundengebets (605) angelehnte Gebetsfrömmigkeit und planmäßige tägliche Bibellektüre (> 212-4:3.1.1.) – mit der in Freizeiten und Einkehrtagen (Kloster Kirchberg) gepflegten und um vielfältige Gestalten der Abendmahlsfeier (> 232-3) zentrierten liturgischen Gemeinschaftspraxis.

Die 1947 von Roger Schutz gegründete, an ökumenischen Ideen wie an monastischen Lebensformen orientierte *Communauté de Taizé* in Burgund (606) wurde zu einem Zentrum interkonfessioneller Begegnungen und Versammlungen wie beispielsweise des 1974 einberufenen ‚Konzils der Jugend‘. In neuerer Zeit werden von der in 25 Ländern verbreiteten Taizé-Bewegung den Kirchentagen (> 222-3) vergleichbare Großveranstaltungen – mit Bibelarbeiten (> 212-4:3.1.1.2.), Gesprächskreisen und tageszyklischen Gebeten in 20 Sprachen – organisiert, die von bis zu 70000 meist jugendlichen Teilnehmern, zumal auch aus osteuropäischen Ländern, besucht werden; das 21. ‚Europäische Jugendtreffen‘ fand 1998/99 in Mailand statt. Das charakteristische Liedgut von Taizé, das ursprünglich vor allem in der alternativen Gottesdienstkultur gepflegt wurde, fand inzwischen Eingang in die neuen Gesangbücher der evangelischen Kirchen.

2. Die im Rahmen der liturgischen *Gruppenkultur* inszenierten Gottesdienste unterscheiden sich hinsichtlich der liturgischen Attitüde der Akteure, hinsichtlich der kommunikativen Struktur der liturgischen Aktionen und hinsichtlich der symbolisch-ästhetischen Statur der liturgischen Inszenierungen deutlich von der liturgischen Praxis des klassischen protestantischen Predigtgottesdienstes.

Tritt in der selbstreferentiell verfaßten Gottesdienstpraxis die Entfaltung sozialer Beziehungen unter den GottesdienstbesucherInnen hinter der verinnerlichten Selbsterfahrung der frommen Persönlichkeit zurück, so dominiert in den Gruppengottesdiensten umgekehrt das alle Beteiligte untereinander verbindende Interesse an der Gestaltung einer gemeinschaftlichen liturgischen Erfahrungs- und Erlebniswelt. Die *liturgische Haltung* des einzelnen ist daher nicht von Reserve, Distanz und Abgrenzung gegenüber den Ansprüchen bestimmt, die andere an ihn richten. Die liturgische Gruppenkultur gewinnt ihre Vitalität vielmehr aus der Aufgeschlossenheit der TeilnehmerInnen für kommunikative Begegnungen mit anderen, aus dem wachen Interesse, das sie den HandlungspartnerInnen entgegenbringen, aus der aufmerksamen Beachtung ihrer subjektiven Bedürfnislagen und der sensiblen Wahrnehmung ihrer emotionalen Befindlichkeiten. Ziehen sich die einzelnen im dynamischen Wechsel der Handlungssequenzen auch immer wieder auf sich selbst zurück, um sich ihrer selbst zu vergewissern, so richtet sich ihr Interesse doch vorrangig auf den kommunikativen Austausch von religiösen Erfahrungen und Erlebnissen untereinander.

Die für die Gruppengottesdienste charakteristische liturgische Haltung wird im individuellen Kommunikationsverhalten der TeilnehmerInnen sowie in den kollektiv erstellten *Kommunikationsbeziehungen* unter den AkteurInnen praktisch ratifiziert. Im Zusammenhang des gruppen-gemeinschaftlichen liturgischen Handelns kommt den GottesdienstteilnehmerInnen nicht der Status autonomer und auf sich selbst gestellter frommer Persönlichkeiten zu, sondern die Rolle von gleichgestellten Mitgliedern eines sozialen Ensembles, das die je eigenen und individuellen Sinnwelten in den sozialen und kulturellen

Horizont einer alle Akteure untereinander verbindenden und gemeinschaftlichen Lebenswelt integriert und die vielfältigen personalen Beziehungen innerhalb der Gottesdienstgruppe im Medium liturgischer Dramaturgie in Szene setzt. Die Akteure der liturgischen Inszenierung agieren dementsprechend nicht vornehmlich als auf sich selbst rückbezogene Darsteller ihrer selbst, sondern auf der Basis reziproker Verhaltensweisen und tragen damit produktiv zur Herstellung des Beziehungsnetzes bei, das sich im Zuge der vielfach aufgeschichteten liturgischen Kommunikation herausbildet und in einem kunstvoll erstellten Arrangement von responsiven Handlungen und Gesten sinnlich abbildet. Sowohl die Gehalte der religiösen Rede, der Lieder, Gebete und meditativen Texte als auch vor allem das liturgische Netzwerk von Beziehungsgesten – des Händedrucks, der Umarmung und gelegentlich auch des Austauschs von symbolischen Gaben – sind auf die Herstellung neuer und die Verdichtung schon bestehender persönlicher Beziehungen abgestellt. Im Rahmen der für die Gruppengottesdienste charakteristischen, auf dualen Kommunikationsmustern aufbauenden Interaktionsszenen gewinnen die Interaktionspartner neue Erfahrungen und Einsichten, indem sie ihre Lebensperspektiven untereinander austauschen, sich wechselseitig an die Stelle des anderen versetzen und sich selbst im Wechselspiel von Aktion und Reaktion mit anderen Augen sehen lernen.

Die untereinander ausgetauschten und mit hoher Bedeutung besetzten persönlichen Gefühle, vor allem aber deren in der liturgischen Interaktion wahrgenommene wechselseitige Entsprechungen finden in der sinnlich-ästhetischen *Inszenierung* symbolisch chiffrierter Religionspraxis ihre expressive Ausdrucksgestalt. Die Gruppengottesdienste, die von den Beziehungen leben, die die TeilnehmerInnen zueinander aufnehmen, und in denen die religiöse Gemeinschaft einprägsam dargestellt und ebenso eindrücklich erlebt wird, verlangen ein hohes Maß an innerer Beteiligung wie an kreativer Äußerung der TeilnehmerInnen. Hier regelt nicht die hochgradig formalisierte und rituell verfestigte Liturgie den Ablauf der Interaktion, sondern die mobile Dynamik sich selbst regulierender und für überraschende Wendungen offener Kommunikationssysteme. „Die Gelegenheit zur persönlichen Mitbeteiligung weit über das großkirchliche, festgeschriebene, dürftige Rollenheft hinaus nimmt in kleinen Gruppengemeinschaften zu, die spirituellen Erwartungen können ebenso wie die gemeinschaftlichen Integrationshoffnungen höhergespannt werden" (597,233). Der emotionalen Besetzung der liturgischen Aktion entspricht deren expressive Anreicherung. Die ‚neue' Gottesdienstpraxis wendet sich in kritischer wie in reformerischer Absicht gegen das „ästhetische Erfahrungsdefizit beim liturgischen Feiercharakter des Gottesdienstes" (585,74f) und sucht den Formalismus der gottesdienstlichen Liturgie durch produktiv verarbeitete Anleihen bei der ästhetischen Kultur der bürgerlichen Welt zu überwinden. Formen des Ausdruckstanzes, häufig aus einfachen Ballettfiguren komponiert, und des dramaturgischen Spiels, in denen – wie beispielsweise im Bibliodrama (> 212-4:3.1.1.2.2.) – mimische und gestische Momente gegenüber der expressiven Detaillierung von Charakterzügen und Handlungsmomenten dominieren, verbinden die liturgische Feierpraxis mit den ästhetischen Gestaltungen der bürgerlichen Hochkultur.

Die absichtsvoll und kunstvoll an die säkulare Kultur bürgerlicher Provenienz angelehnten, nach den Regeln kultureller Gemeinschaftsveranstaltungen arrangierten Gruppengottesdienste bedienen sich zur gemeinschaftlichen Ausübung liturgischer Religionspraxis aber vor allem auch der kommunikativen Mittel, die ursprünglich in der privaten, zumal in der *häuslichen Lebenswelt* ausgearbeitet wurden. Sie machen sich das in der

Privatwelt, vornehmlich in der Freizeitwelt, entwickelte kreative Potential der Teilneh-merInnen auf den Gebieten der Musik und der Poesie, der Malerei und der Plastik, des Theaterspiels und neuerdings auch der Körperkultur zunutze und pflegen ebenso den konversationellen Erfahrungsaustausch, aber auch die reflexiv-verbale und gestisch-sym-bolische Auseinandersetzung der TeilnehmerInnen untereinander. Stellen sich die kom-munikativen Praktiken einerseits als liturgisch raffinierte Umgangsformen der bürgerli-chen Alltagswelt dar, so beeinflußt andererseits die ästhetisch-kommunikative Gottes-dienstpraxis umgekehrt den Verhaltens- und Umgangsstil in den verschiedenen Primär-gruppen der alltäglichen Lebenswelt.

Die enge Verbindung von kirchlich-liturgischer Gruppenkultur und allgemein-gesell-schaftlicher Kulturwelt kommt in der charakteristischen *Modernität* der ‚neuen' Gottes-dienstformen zum Ausdruck, einem Anspruch, den die InitiatorInnen der alternativen liturgischen Kultur vor allem gegenüber den traditionellen Gottesdienstformen erheben. Sowohl der regelmäßige Besuch des klassischen Hauptgottesdienstes am Sonntagmorgen als auch die Beteiligung an ‚besonderen' liturgischen Veranstaltungen zu unterschiedli-chen Zeiten und in unterschiedlichen Frequenzen sind Konventionen volkskirchlicher Minderheiten. Sie unterscheiden sich hinsichtlich ihrer religiösen Einstellungen und so-zialkulturellen Profile allerdings charakteristisch voneinander. Gilt die sonntägliche Kirchgangssitte (> 233) als die klassische Ausdrucksform traditionsgeleiteter Kirchlich-keit, als Verhaltensnorm der mit der Institution der Kirche eng verbundenen ‚Kirchen-treuen' wie als Garantin für die Stabilität der explizit kirchlichen Christentumspraxis, so steht die liturgische Gruppenfrömmigkeit exemplarisch für die Dynamik und Mobilität moderner, gegenüber dem Fortschritt gesellschaftlicher und kultureller Entwicklung auf-geschlossener und der Zukunft des Christentums verpflichteter Religionspraxis. Ver-bürgt die liturgische Kultur des agendarischen Hauptgottesdienstes die Identität und Be-ständigkeit kirchlichen Christentums im Wandel der gesellschaftlichen Verhältnisse, so kommen in der gegenwartsverbundenen und nicht selten avantgardistischen liturgischen Kultur die beiden modern-gesellschaftlichen Entwicklungsprozesse der Pluralisierung und der Individualisierung der neuzeitlichen Lebenswelt zur Geltung. Auf der einen Seite führte das wache Bewußtsein für die vielfältigen und unterschiedlichen individu-ellen Bedürfnisse und Erwartungen der Kirchenmitglieder zu einer fortschreitenden Plu-ralisierung des weitgefächerten Spektrums liturgischer Veranstaltungen; Angebot und Nachfrage regeln den liturgischen Markt. Auf der anderen Seite folgen die experimen-tellen und innovativen liturgischen Inszenierungen dem raschen Wandel religiöser und kultureller Strömungen. Die alternative liturgische Szene ist ständig in Bewegung; was gestern noch als zeitgemäß empfunden wurde, wird morgen von einem neuen liturgi-schen Trend abgelöst.

3.3. Frauenliturgien als Modellfall religiöser Individualisierung

Wesentliche Impulse verdankt die liturgische Gegenwartskultur den von der feministi-schen Bewegung inspirierten *Frauenliturgien*. Sie nehmen in dem breitgefächerten Spektrum liturgischer Formen eine Sonderstellung ein. Zum einen kommen in den mit kreativer Phantasie ausgestalteten und auf innovative Veränderung der traditionellen Gottesdienstpraxis abzielenden liturgischen Modellen die allgemeinen Charakteristika der zeitgenössischen Gottesdienstreform besonders markant zur Geltung: der enge Konnex der religiösen Lebenspraxis mit den sozialen und individuellen, politischen und kulturellen Problemlagen der Moderne, die Einbindung der liturgischen Kultur in die pluriform verfaßte neuzeitliche Religionskultur, die Dominanz sinnlicher Inszenierung symbolisch und rituell verfaßter Religionspraxis und vor allem die Integration von individuell-selbstreferentiell und gruppen-gemeinschaftlich praktizierter Spiritualität. Zum anderen tragen die nicht an speziellen sozialen Merkmalen wie Schicht und Bildung, Alter und Familienstand, sondern an der generellen Geschlechtszugehörigkeit orientierten und auch nur zum Teil eng begrenzten kulturellen Milieus verhafteten Frauenliturgien deutlicher noch als etwa die Jugendgottesdienste oder die Familiengottesdienste zur gesellschaftlichen, kulturellen und religiösen Integration bei. Als Elemente und Generatoren einer eigenen, in Deutschland noch im Entstehen begriffenen weiblich akzentuierten Religionskultur stehen die Frauenliturgien quer zu den übrigen an gesellschaftliche Differenzierungsmuster angelehnten Gruppengottesdiensten. Schließlich stellen sich die teils in den Lebenszusammenhang der Kirchengemeinde, teils in andere Formen institutionalisierter Religionspraxis eingelassenen Frauenliturgien in besonders augenfälliger Weise als Produkt und Instrument lebensweltlicher Individualisierung und Indigenisation dar. Sie können insofern als Musterfall für die Abschattungen des gesellschaftlichen Individualisierungsprozesses auf die kirchliche und außerkirchliche Religionspraxis gelten.

3.3.1.   Der historische, soziale und kulturelle Hintergrund der zeitgenössischen Frauenliturgien

1. Die unterschiedlichen *Konzeptionen* von Frauenliturgien wurden in ihren Grundzügen seit den siebziger Jahren des 20. Jahrhunderts vorwiegend in den Kirchen der USA entwickelt, in der Folgezeit hinsichtlich ihrer theologischen Programmatik, vor allem im Rahmen von Tagungen der Evangelischen Akademien (> 222-4), diskutiert und zu originären Modellen zeitverbundener Gottesdienstpraxis ausgearbeitet. Die in verschiedenartige soziale und kulturelle Kontexte verwobenen Liturgien fanden Eingang in die Religionskultur der Kirchentage (> 222-3) und wurden schließlich auch in die Gottesdienstkultur zumal der urbanen Kirchengemeinden aufgenommen. Trotz der mittlerweile weit fortgeschrittenen Differenzierung und Pluralisierung der untereinander vernetzten liturgischen Projekte streben die unterschiedlichen Typen von Frauenliturgien gemeinsam eine organische Verbindung von unmittelbarer spiritueller Erfahrung und religiös-theologischer Reflexion und damit die Ausformung eines eigenen Typus integraler Frömmigkeitspraxis an. Die von Frauen für Frauen arrangierten, teils in regelmäßigem wöchentlichen oder monatlichen Turnus am Abend oder auch zur sonntäglichen Gottesdienstzeit stattfindenden, teils als selbständige Veranstaltungen konzipierten Gottesdienste werden in der Regel von einer Gruppe vorbereitet, setzen aber häufig auch mit einer in den Ablauf der Liturgie integrierten Vorbereitungsphase ein. Die rationale Planung der Frauengottesdienste und die sie begleitende Reflexion betten die liturgische Praxis in den größeren Zusammenhang der sich konsolidierenden weiblich konturierten Religionskultur und darüber hinaus in die Diskurskultur der Frauenbewegung ein, die auf die Bewußtseinsbildung der Frauen und die Kultivierung originär weiblicher Identität abzielt.

2. Die Einbindung der liturgischen Dimension religiöser Lebenspraxis in die Lebenswelt der Frauen und die Verbindung der liturgischen Feier mit dem kritisch-konstruktiven

Diskurs über weibliche Lebenssituationen und Lebensprobleme kommt besonders augenfällig im ‚*Weltgebetstag der Frauen*' zum Ausdruck, der jeweils am ersten Freitag im März in über 170 Ländern begangen wird und „nicht nur ein Stück alter Quatember-Tradition wieder lebendig macht, sondern an vielen Orten zu einem Fest der Begegnung ausgestaltet wird, das von der gemeinsam gefeierten Liturgie bestimmt ist, die jeweils von den Frauen eines bestimmten Landes erarbeitet wird" (607,139). Der jährliche Gebetstag geht auf zwei unterschiedliche Initiativen zurück. Einerseits auf dem Hintergrund sozialer Notlagen in der nordamerikanischen Gesellschaft, andererseits zur „Unterstützung des Aufbaus eines Frauenbildungssystems in Indien, China und Japan" (613,436) entstanden in den Jahren 1887 und 1890 in den USA selbständige Gebetstage, die 1920 miteinander verbunden und 1968 in die Verantwortung eines Internationalen Komitees überstellt wurden. Seit 1970 beteiligen sich auch Frauen aus der römisch-katholischen Kirche an den Gebetstagen (613,436). Aus einer „Basisbewegung von Laiinnen" hervorgegangen, entwickelte der Weltgebetstag in seiner über 100jährigen Geschichte „eine eigene Dynamik, die sehr bald über konfessionelle und nationale Grenzen hinauswuchs" (613,435). Er bildet mittlerweile den Nukleus einer „weltumspannende(n) ökumenische(n) Bewegung" (613,435), die „Brücken zwischen Konfessionen, zwischen Rassen und Nationen, zwischen Generationen sowie zwischen sozialen und ideologischen Gruppierungen" (614,1157) schlägt.

In den Gebetstagen finden Frauen nicht nur „Freiraum für eigene theologische Arbeit", sondern vor allem auch für „das Experimentieren mit neuen *Gottesdienstgestaltungen*" (613,436), in denen die Teilnehmerinnen „ihre eigenen Vorstellungen von Bibelarbeit, Gottesdienst und Verkündigung" (613,437) verwirklichen können. Das dreigliedrige liturgische Ablaufschema setzt sich aus der „intensive(n) Information über den Lebenskontext der Autorinnen", dem „Prozeß der Aneignung" – einer „Werkstatt für Frauentheologie und Frauenspiritualität" – und der Entwicklung von praktischen „Konsequenzen" (613,437) für die „Projektarbeit" (613,438) zusammen. ‚Informed prayer' und ‚prayerful action' (613,437), „die untrennbare Einheit von Beten und Handeln, von Kontemplation und Aktion", von „spirituelle(r) Erfahrung und aktive(r) Weltverantwortung" (613,436) bilden den charakteristischen Grundzug der politisch grundierten Gottesdienstpraxis. Die vielfältigen Begleitmaterialien für die vorbereitende Gruppenarbeit dienen nicht nur der detaillierten Information über die soziale Lage von Frauen in unterschiedlichen gesellschaftlichen Kontexten und politischen Systemen, sondern vor allem auch der weltweiten Solidarisierung der Frauen untereinander und damit der Ausbildung einer regional indigenisierten und zugleich global vernetzten weiblichen Kulturwelt.

3. Den sozialkulturellen Kontext der von Frauen gestalteten Feierpraxis bildet die am Ende des 19. Jahrhunderts im Zusammenhang der „Emanzipationsbewegungen der Neuzeit" (611,472) entstandene *Frauenbewegung*. Sie stellt nicht nur einen Motor des gesellschaftlichen und kulturellen Individualisierungsprozesses (> 133) dar, in dessen Verlauf sich Frauen ihrer eigenen Identität bewußt werden und für ihre soziale Gleichberechtigung kämpfen, sondern darüber hinaus einen prominenten Faktor bei der Genese der modernen demokratischen Gesellschaftssysteme sowie insbesondere bei der Ausformulierung der Menschenrechte. Vor allem aber wurde durch den Einfluß der Frauenbewegung auf die öffentliche Meinungsbildung die ambivalente Statur der modernen industriell-technischen Lebenswelt aufgedeckt. Die sich im 19. Jahrhundert beschleunigenden gesellschaftlichen Modernisierungsprozesse, insbesondere die Demokratisierung der

verschiedenen Lebensbereiche und die Ausbreitung des gesellschaftlichen Bildungssystems, versprachen den Frauen größere Partizipationschancen am gesellschaftlichen Leben. Die zunehmende Dominanz des ökonomischen Systems und seine Neuordnung in der
Folge der Industrialisierung und Technisierung der Arbeitswelt trugen aber weder zum
Fortschritt der Frauenemanzipation noch zu einer Integration der sich weiter ausdifferenzierenden Lebenswelt bei. Vielmehr spaltete sich nun die soziale und kulturelle Welt noch
deutlicher als in der vorindustriellen Gesellschaft in eine männliche Öffentlichkeits-
sphäre und eine weibliche Privatsphäre auf. Gleichzeitig vertiefte sich die in der bürgerlichen Gesellschaft angelegte Kluft zwischen Männer- und Frauenrollen (> 212-1:3.2.).

Die regressiven Tendenzen des gesellschaftlichen Modernisierungsprozesses wurden in
der *bürgerlichen* und der *sozialistischen* Frauenbewegung (611,476ff) in Deutschland
kontrovers diskutiert. In der ,*neuen*' Frauenbewegung, der ,feministischen' Bewegung
des 20. Jahrhunderts, verbinden sich die unterschiedlich konturierten Strömungen der
Emanzipationsbewegung und deren disparate politische Zielsetzungen, wissenschaftliche
Reflexionskonstrukte und kulturelle Profile spannungsreich miteinander: der politische
Kampf für die Gleichberechtigung der Frauen in der sich modernisierenden Gesellschaft,
die kritische Aufdeckung der weiterhin virulenten patriachalischen Strukturen der neuzeitlichen Lebenswelt und der Aufbau einer genuin weiblichen Kulturwelt, einer zu-
gleich ästhetisch und reflexiv verfaßten und auf kommunikative Partizipation angelegten
Frauenkultur.

Mit dem Fortschritt der Frauenbewegung im 20. Jahrhundert etablierte sich im Kontext
der von Frauen entwickelten Reflexionskultur die interdisziplinär organisierte *Frauenforschung*. Sie widmet sich der soziologischen, kulturtheoretischen und sprachwissen-
schaftlichen Analyse der weiblich perspektivierten Wirklichkeitswahrnehmung sowie
dem Diskurs über die Gegenwartssituation von Frauen und entwirft innovative, zum Teil
an postmoderne Formatierungen des wissenschaftlichen Denkens angelehnte Modelle
integraler Wissenschaft. Wurde der Religion, ihrer gesellschaftlichen Verfassung wie
ihrem kulturellen Fortschritt, im Rahmen der weiblichen Reflexions- und Diskurskultur
von jeher ein besonderer Stellenwert beigelegt und bildete sich im Zusammenhang der
wissenschaftlichen Frauenforschung eine eigene Version von Religions- und Christen-
tumskritik heraus, so nimmt die in Nordamerika und in den Niederlanden etablierte, in
Deutschland freilich weiterhin umstrittene Feministische Theologie die Erkenntnisse der
kritischen Religionsforschung auf und entwickelt im Kontext der akademischen Theologie, vor allem aber auch im Zusammenhang der religiösen Reflexionspraxis eigenständige theologische Positionen und Diskurse.

Zu den klassischen Themenkomplexen und Problemfeldern der auf die Profilierung
weiblicher Spiritualität (628) abzielenden *Feministischen Theologie* gehört die kritische
Analyse männlicher Gottesbilder (629; 630; 631), die Wiederentdeckung „verschwiege-
ne(r) Frauentraditionen in der Bibel" (623,342), die Entwicklung einer feministischen
Christologie (632; 633; 634; 635; 636) und einer ganzheitlichen theologischen Anthropologie (637; 624; 625; 626) wie etwa auch die Formulierung einer neuen Mariologie (639;
642). So unterschiedlich sich die vielfältig konturierten und zum Teil von verschiedenen
Versionen der Befreiungstheologie inspirierten Beiträge zur feministischen Diskurskultur ausnehmen, sie intendieren insgesamt die Integration von theologischer Reflexivität
und lebenspraktischer Frömmigkeit. „Eine Stärke feministischer Theologie liegt darin,

daß sie eine im besten Sinne fromme Theologie ist, die ihre Quellen in einer praxis pietatis und in einer existentiellen Praxis hat" (643,171).

3.3.2. Das pluriforme kulturelle Profil der Frauenliturgien

Ein thematischer Schwerpunkt der feministischen Theologie und Frömmigkeit lag von ihren Anfängen an auf der Kritik der traditionellen kirchlichen *Gottesdienstpraxis* und der Entwicklung einer neuen, den Bedürfnissen und Erfahrungen der Frauen adäquaten liturgischen Spiritualität. Im Interesse einer Aktualisierung, Vitalisierung und Demokratisierung der liturgischen Kultur verfällt die traditionelle, weithin erstarrte und von männlich-hierarchischen Momenten dirigierte Gottesdienstpraxis einer umfassenden Kritik. „Was christliche Erinnerung bewahren sollte, scheint eher die christliche Botschaft zu leblosen Formen gerinnen und die Fähigkeit und Praxis gemeinsamen Erinnerns, Erzählens und Teilens zu einem Versorgungs- und Betreuungsverhältnis vieler gegenüber wenigen Spezialisten für Überlieferung und Wahrheitsverkündigung erstarren zu lassen" (618,46). In der Perspektive der feministischen Kritik werden die traditionellen Gottesdienste und zumal die Abendmahlsliturgien „selten als Gedächtnismahlfeiern (erfahren), die die Sehnsucht nach Heil und den Protest gegen Unheil am Brennen halten und für den Kampf um Befreiung und Solidarität nähren, stärken und heilen", sondern eher als Veranstaltungen, die vor allem Frauen mit „Vergessen, Ausgrenzung, Entmündigung und Beschwichtigung" (618,46) begegnen. Die an den individuellen Lebensinteressen der Teilnehmerinnen und an ihren spezifischen Lebenssituationen orientierte Erneuerung der liturgischen Praxis kann freilich nicht allein in einer aktualisierenden Reformulierung der traditionellen Gottesdienstformulare bestehen. Die innovative Feierkultur entsteht vielmehr im Zuge einer Pluralisierung, Spezialisierung und Individualisierung der liturgischen Formen und Gehalte. Gegenüber den Abstraktions- und Verallgemeinerungstendenzen traditioneller Liturgie wird daher in den Frauenliturgien die differenzierte Konkretheit und die sozialkulturelle Pluriformität lebensweltlich und lebensgeschichtlich verankerter Erfahrungen betont und die Liturgie als eine Grundform individueller Kommunikation begriffen, in deren Medium Frauen ihre religiös begründete Autonomie gewinnen.

Im sozialen und kulturellen Kontext der alternativen liturgischen Kultur entstand eine Vielfalt innovativer Projekte und *Modelle* von Frauenliturgien. Ihre Spannbreite reicht von der rein sprachlichen Veränderung der traditionellen kirchlichen Gottesdienstliturgien bis zur Kreation von eigenen, der besonderen weiblichen Spiritualität adäquaten liturgischen Gestaltungen, die nicht nur verschüttete und verdrängte Traditionsstränge der Christentumspraxis wieder aufnehmen, sondern vorzüglich auch Elemente aus nichtchristlichen Religionen in die gottesdienstliche Praxis integrieren. Zwischen der behutsamen Adaption der agendarischen Liturgie an die religiöse Kultur der Frauen und der deutlich feministisch akzentuierten Inszenierung der pluriformen gesellschaftlichen Religionskultur siedelte sich ein breites Spektrum von Gottesdienstformen an, die zwar den „Reichtum an Lebens- und Glaubenserfahrungen" (620,7) von Frauen in der liturgischen Praxis zum Ausdruck bringen wollen und sich dazu „unkonventionelle(r) Methoden wie Identifikation, Imagination" oder auch „körperliche(n) Nacherleben(s)" von „spirituelle(r) Erfahrung" (620,8) bedienen, sich in ihrer Verlaufsstruktur aber großenteils an die Grundform des agendarischen Gottesdienstes anlehnen und sowohl die innere „Dramatik" (620,7) der liturgischen Religionspraxis als auch die „überzeugende Einheit der Liturgie" (620,8) zur Darstellung bringen wollen. Solche Gottesdienstmodelle nehmen die liturgische Idee der Erneuerten Agende, die Vermittlung von Vielfalt und Einheit der kirchlichen Gottesdienstkultur, auf und nutzen die Variabilität und Elastizität des Agendenwerks, das sich selbst nicht als ein „Buch zum Ablesen", sondern als „eine Vorlage für eigenständiges gottesdienstliches Handeln in Verbundenheit mit anderen Gemeinden und mit der Christenheit" (608,9) begreift.

Das insgesamt konsistente kulturelle Profil der unterschiedlich konturierten Frauenliturgien verdankt sich der Idee der *Einheit* und *Ganzheit* religiöser Erfahrung. Sie kommt einerseits in der Einheitlichkeit des kulturellen Milieus der Gottesdienste, ihrer sowohl sinnlich eindrücklichen als auch rational durchkomponierten Gestaltungs- und Erlebnisdynamik, andererseits in der ‚Ganzheitlichkeit' der liturgischen Haltung und Wahrnehmung der Teilnehmerinnen zur Geltung. Gegenüber den traditionellen, aus der Perspektive männlicher Wirklichkeitswahrnehmung entworfenen Formen des Gottesdienstes zielen die von Frauen entwickelten Liturgien auf die Überwindung rationaler Verengungen und damit auf eine Feierpraxis ab, die die Teilnehmerinnen „mit Seele, Geist und Sinn" (610,256) engagiert. „Neben das Wort im Gottesdienst treten deshalb gleichberechtigt das Symbol, die Zeichenhandlung, die Geste, das Sich-berühren und das Empfinden – tritt die Körperlichkeit, die allzulange schamhaft verschwiegen wurde" (621,13). Besondere Bedeutung kommt der kreativen Ausgestaltung von Segnungsgebärden und Segnungsritualen (> 232-3) zu, in denen sich Wort und Gestus, Spiritualität und Körpererfahrung organisch miteinander verbinden.

3.3.3. Die charakteristischen Momente der Frauenliturgien

1. Die besondere Aufmerksamkeit der feministischen Liturgiekritik und Liturgiereform gilt dem Medium der gottesdienstlichen *Sprache*. Die kritische Analyse der in der Liturgie verwendeten Sprachkonstrukte und die eingeforderte Reform des liturgischen Kommunikationsmediums basieren auf der empirischen Beobachtung, daß Frauen „in der Sprache der Gottesdienste, der Lieder, Gebete und der dort verwendeten Bibeltexte nicht oder selten" vorkommen (609,253). Deshalb ist die Entwicklung einer liturgischen Sprachkultur erforderlich, in der sich Frauen wiederfinden, ihre originären Lebenserfahrungen ausdrücken und damit ihre eigene personale Identität (> 311) entfalten und kultivieren können. Die hohe Bedeutung des verbalen Kommunikationsmediums für die Produktion und Rezeption der religiösen Vorstellungswelt ergibt sich zum einen aus grundlegenden allgemein-hermeneutischen Einsichten der feministischen Diskussion. „Die Sprache, die uns für unsere Kommunikation und unseren Selbstausdruck zur Verfügung steht, die Muttersprache heißt und uns in ihren wesentlichen Grundlagen zunächst meist durch die Mutter vermittelt wurde, diese Sprache ist ein getreuer Spiegel der gesellschaftlichen Situation von Frauen und Männern. Hier wie dort gibt das Männliche den Ton an; hier wie dort wird das Weibliche verschwiegen und in die Zweitrangigkeit gedrängt. Die Sprache aber prägt die, die in ihr denken, träumen und sprechen" (643,110). Im Blick auf die religiöse Sprachkultur verstärkt sich die feministische Sprachkritik auf dem Hintergrund der theologischen Hermeneutik. „In der Theologie – speziell der protestantischen – kommt der realitätsschaffenden Macht des Wortes eine hervorragende Bedeutung zu" (643,113). Ist die Sprache der Luther-Bibel, der Gesangbuchliteratur

(643,119) und der Liturgietradition, die deutsche Sprache also „wie die meisten anderen Sprachen ein patriachalisch organisiertes System" (645,48), dann bedarf es der „Sprachphantasie der Kirche" (643,114), um die sowohl hermeneutisch wie theologisch begründete Reform der religiösen Sprachwelt voranzutreiben, eine neuartige liturgische Sprachkultur zu entwickeln und in der liturgischen Praxis zu institutionalisieren. „Eine möglichst vielfältige Bilderwelt (könnte) der Unerforschlichkeit und der umfassenden Liebe Gottes weit besser gerecht werden als die Begrenzung auf die gewohnten Vater-Herr-und König-Formulierungen" (643,115; 646).

Die in den feministischen Diskurs eingebettete Kritik an der männlich profilierten und auf die verbale Rationalität beschränkten Sprachkultur des Gottesdienstes findet ihre Fortführung und Erweiterung in der kritischen Analyse der patriachal verfaßten religiösen und liturgischen *Vorstellungswelt*, zumal in der „feministische(n) Kritik an der androzentrischen Engführung der christlichen Gottesbilder" (643,138) und in der Forderung nach einer „Revolution des Symbolischen, die zur weiblichen Freiheit und Autonomie führt" und sowohl die religiöse als auch „die entsprechende politische Praxis von Frauen" zu begründen vermag (643,146). Wie die Kritik der religiösen Sprache, so knüpft auch die kritische Analyse der christlichen Vorstellungsgehalte an die empirische Beschreibung ihrer einseitig männlichen Konturen an. „Wenn Gott in ‚seinem' Himmel ein Vater ist, der über ‚sein' Volk herrscht, dann liegt es in der ‚Natur' der Dinge, entspricht es dem göttlichen Plan und der kosmischen Ordnung, wenn die Gesellschaft männlich beherrscht ist" (629,27). Wird der religiös grundierte „Lebensentwurf" des Individuums aber vorzüglich „am Gottesbild konturiert", dann entdecken Frauen in den Grundgehalten der christlichen Vorstellungswelt nicht nur die ihnen aus der kirchlichen und außerkirchlichen Lebenswelt geläufigen Momente der „Herrschaft und Unterdrückung" wieder. Vielmehr verstellt ihnen der patriachalische Zuschnitt der christlichen Glaubensaussagen auch die Möglichkeit, in der liturgischen Kommunikation und Erfahrung „der eigenen Existenz im religiösen Deutungshorizont ihre Perspektive zu geben" (643,138f) und sich selbst im Gegenüber zur transzendenten Instanz als autonomes Individuum wahrzunehmen. „Am ‚Du', das im Gebet, im Lied, im Gedanken, Seufzen oder Jubel gemeint ist, entwickeln sich die eigenen Möglichkeiten, konturieren sich die eigenen Grenzen. Stehen hier keine Symbole zur Verfügung, in denen sich Frauenerfahrung abbildet, bleibt die Autonomie der Frauen eine geliehene, vom Männlichen gestaltete Pseudoautonomie, die nicht in der Tiefe der weiblichen Lebensgeschichte und des weiblichen Unbewußten verwurzelt ist" (643,145).

Als symbolische *Identifikationsfiguren* weiblicher Spiritualität werden teils biblische Frauengestalten wie Maria, die Mutter Jesu, oder auch – im Kontrast zu der „einwilligenden Maria" – die „eigenwillige Eva" (643,166) sowie weibliche Gottesbilder aus der biblischen Tradition (643,157ff), beispielsweise die Weisheit (643,160; 627), in das Repertoire personifizierter religiöser Vorstellungen aufgenommen. Neben der Anlehnung der liturgischen Kultur an Traditionen der christlichen und außerchristlichen Mystik (643,170) gewinnen im Zuge der Annäherung von feministischer und ökologischer Bewegung auch Momente der Natursymbolik an Bedeutung.

2. Die feministische Liturgiereform beschränkt sich nicht auf die kritische Analyse der männlich dominierten Kirchensprache und die konstruktive Ausformung einer alternativen, weiblich konturierten Sprachkultur. Sie bleibt ebensowenig auf die Ablösung pa-

tiarchalischer Weltbilder und die Entwicklung einer originären, an der weiblichen Wirklichkeitswahrnehmung orientierten Kultur religiöser Symbolik begrenzt. Vielmehr begreifen die innovativen Entwürfe von Frauenliturgien die Sprache als ein gleicherma-ßen *komplexes* wie *integrales* Expressions- und Kommunikationsmedium, in dem sich verbale und nonverbale Zeichensysteme, diskursiv-reflexive und symbolisch-ästhetische Vorstellungskomplexe und vor allem auch mimische und gestische Ausdrucksformen individueller und gemeinschaftlicher Wirklichkeitserfahrung und Wirklichkeitserschlie-ßung untrennbar miteinander vermischen. Wie das Individuum im vieldimensionalen Ausdruck seiner selbst die integrale Einheit seiner originären seelischen, geistigen und körperlichen Charakteristik entdeckt und sich damit im Medium selbstreferentieller Wahrnehmung überhaupt erst konstituiert, so verdankt sich die ständige Neukonstruktion der primären sozialen Wirklichkeit der ganzheitlichen Wahrnehmung des anderen, der Verknüpfung der emotionalen, kognitiven und somatischen Momente interaktiver Be-gegnungen zu originären Beziehungen. In der Konvergenz von integraler Selbstwahr-nehmung und vieldimensionaler Kommunikation findet die religiös begründete Idee der Ganzheit des Individuums, der Einheit von Seele, Geist und Körper, ihre liturgieprakti-sche Verwirklichung.

Im Interesse der Ganzheitlichkeit religiöser Erfahrung und Kommunikation zielt die fe-ministische Liturgiereform deshalb darauf ab, die Eindimensionalität der verbal und ko-gnitiv verfaßten Gottesdienstpraxis aufzubrechen und „die vergessene *körperliche Di-mension*" (643,132), insbesondere aber „die spezifische Körperlichkeit der Frau" (643,129) in die liturgische Praxis „zu integrieren und sie für die geistliche Kompetenz zurückzugewinnen" (643,132). Eine charakteristische Komponente von Frauenliturgien besteht daher darin, „den Körper wichtig zu nehmen, ihn als Resonanzboden spiritueller Erfahrung zu entdecken, der geübt und erweckt werden muß, um wirklich klingen zu können ... Im Atmen, Singen, Tanzen, Hören, Schauen, Begreifen, Riechen erwachen Lebendigkeit und Durchlässigkeit. Der Gottesdienst sollte ein Platz für solche Erfahrun-gen sein, die heilsam wirken in den Zertrennungen und Spaltungen unserer Wirklichkeit" (643,131).

Die Aktivierung des Körpers als Medium religiöser Erfahrung bleibt nicht auf die Vitali-sierung der Sinnesorgane und die Kultivierung der ‚Körpersprache' (673) in ästhetisch ausgeformten Gottesdiensten begrenzt. Im Rahmen spirituell-religiöser Gruppenkultur werden verschiedene Versionen methodisch organisierter ‚*Körperarbeit*' – unter ande-rem auch „europäisch assimilierte Yoga-Methoden" (664,1345) – praktiziert, in denen die Wechselwirkungen zwischen körperlicher Spannung und Entspannung sowie die Korrespondenzen zwischen Körper, Geist und Seele zur Erfahrung gebracht werden sol-len. Um den „Körper als spirituellen Raum" (643,131) wahrnehmen zu können, ist es notwendig, die lange Zeit verschütteten körperlichen Expressions- und Kommunikati-onsformen zu kultivieren, „die Fähigkeit der leiblichen Wahrnehmung und der leiblichen Ausdrucksformen zu üben und zu pflegen" (653,116) und ein „wache(s) Gespür für das eigene leibliche Gleichgewicht und die dafür notwendige Ordnung" (653,116f) zu ent-wickeln.

Die Hochschätzung des menschlichen Körpers als Medium individueller Selbsterfahrung wie als Instrument kommunikativer Selbstdarstellung fügt sich – allerdings in kritischer Pointierung – in allgemeinkulturelle Entwicklungsprozesse der modernen Lebenswelt ein (667). Hat „das zwanzigste Jahrhundert ... den Körper wiederentdeckt", der „seit der Antike ... nicht mehr in gleicher Weise geliebt, gefühlt und verehrt worden" war (649,300), so fand die Aufwertung des Körperlichen in den unterschiedlichen Versionen eines allgemein verbreiteten *säkularen Körperkults* ihre kulturprägenden Ausdrucksgestalten. Die hohe Bedeutung des Körpers sowohl für das eigene Selbstwertgefühl als auch für die Selbstpräsentation gegenüber anderen kommt in verschiedenartigen, teils in der privaten, teils in der öffentlichen Lebenssphäre verankerten Praktiken zur Geltung.

Zu den *privaten* Erscheinungsformen des zeitgenössischen Körperkults sind die zu Alltagsritualen (> 232-3) verfestigten Konventionen der regelmäßigen Hygiene und Kosmetik, die mitunter konfessorisch zur Schau gestellten persönlichen Ernährungsstile und die teils mit religiösen Motiven unterlegten und von kontinuierlichen Gewichtskontrollen begleiteten Fastenkuren sowie vor allem die turnusmäßigen alltagssportlichen Betätigungen zu zählen. Bodybuilding und Schönheitskuren bilden die rituellen Praktiken, Fitneßcenter und Beautyfarmen die heiligen Stätten, in denen die „Körperkultur moderner Konsumgesellschaft(en)" (653,116) den körperbewußten Zeitgenossen die ihren individuellen Bedürfnissen entsprechenden und zu marktgerechten Dienstleistungsprodukten zugeschnittenen Angebote offeriert.

In der *öffentlichen* Lebenssphäre stellt der Körperkult einen eigenständigen und dominanten Sektor des geselligen Lebens dar, das Fundament „einer großen Gesundheitsgesellschaft", in der „Sport für alle" (653,116), Gesundheitspflege und Krankheitsvorsorge zum sozialpolitischen Programm erhoben wird. Alltagssport, Vereinssport und Hochleistungssport bilden die untereinander verbundenen Sparten einer auf die Optimierung körperlicher Leistungsfähigkeit abzielenden ‚Sportgesellschaft'. Weist das Finanzvolumen des kommerziellen Sportbetriebs (666) auf die profane Statur der zeitgenössischen Körperkultur hin, so belegen die an die Dramaturgie religiöser Rituale angelehnten und mit religiösen Symbolen durchsetzten Inszenierungen sportlicher Großereignisse die sakrale Valenz des Sports in der modernen Gesellschaft. In Medienkommunikation (> 222-5) und Werbung findet der Körperkult die adäquaten Foren seiner Selbstdarstellung. Während die Übertragung herausragender Sportereignisse zur ‚Heiligung' der Körperkultur beiträgt, nutzen einschlägige Werbespots die Darstellung des Körpers zur verkaufsfördernden Produktpräsentation.

Die an der Ganzheitlichkeit religiöser Selbst- und Welterfahrung orientierten *Liturgiekonzeptionen* nehmen die emanzipatorischen Effekte des säkularen Körperkultes auf. Sie wenden sich emphatisch gegen die ‚Leibfeindlichkeit' des abendländischen Christentums (653,112ff) und die daraus resultierende „Überbesorgtheit gegenüber den körperlichen Ausdrucksweisen" (689,179) in den neuartigen Liturgien. Die Integration der ‚Körpersprache' in die pluriforme liturgische Dramaturgie knüpft gleichwohl nur mittelbar an die allgemein verbreitete ‚Heiligung' des Körpers an. Sie lehnt sich viel eher an milieuspezifische Alternativkulturen an, die aus dem Protest gegen die kommerzielle Vermarktung zumal des weiblichen Körpers und der Kritik an dem nicht weniger von ökonomischen Gesetzmäßigkeiten dirigierten Hochleistungssport entstanden.

Die unbefangene Einstellung zum „Körperliche(n)" als der elementaren „Lebensgrundlage" des Menschen (653,114) greift einerseits auf *Traditionselemente* der antiken Askese (665,287), des „maßvolle(n) Leben(s)" (653,114), zurück. Andererseits verbinden sich in der „neue(n) Spiritualität der Natur und des Körpers und der beide vermittelnden Sinne" (668,42) charakteristische Momente der religiösen Mystik mit lebensphilosophischen Prinzipien der ökologischen Bewegung (669). Auf der „Grundlage eines holistischen Gewahrseins" (658,85), eines „Eins-Seins mit sich und der Welt" (658,35), findet der Mensch den „Weg zum Ganzheitlichen Sein" (658), einer „in Worten kaum faßbare(n) Harmonie" (658,35). In den Reflexionsdiskursen zur theoretischen Fundierung einer integralen Gottesdienstpraxis verbindet sich die religiös-philosophische Idee der Harmonie von Leib, Seele und Geist schließlich aufs engste mit dogmatisch-theologischen Prinzipien des Christentums: „Der pastoralen theologischen Reflexion darf man wünschen und raten, sich des Inkarnatorischen des christlichen Glaubens zutiefst gewahr zu werden und die Frage der Leiblichkeit nicht länger nur mit Bezug auf die Auferstehung der Toten zu diskutieren" (653,157).

3. Mit der Wiederentdeckung des Körpers als Medium religiöser Selbsterfahrung und Selbstdarstellung geht eine Renaissance der sakralen *Tanzkultur* einher. Während der kultische Tanz in außereuropäischen Ländern und zumal in der lateinamerikanischen Religionskultur schon immer ein konstitutives „Element der Volksfrömmigkeit" (647,656) bildete, blieb „religiöses Tanzen im Abendland" bislang eher ein „Randgruppen-Phänomen" (654,20). Erst unter dem Einfluß der interkulturellen ökumenischen Bewegung (647,656) fand der kultische Tanz Eingang in die sich modernisierende und pluralisierende Liturgiepraxis der deutschen Kirchen. Tänzerische Figuren und Szenen flossen nicht nur in die Frauenliturgien, sondern vor allem auch in die liturgischen Inszenierungen der Kirchentagsgottesdienste ein; besondere Beachtung fand beispielsweise der ‚Vaterunser-Tanz' in der Liturgischen Nacht des Düsseldorfer Kirchentags. Im Zuge einer breiteren Approbation verloren die ursprünglich sperrigen Momente ‚getanzter Liturgie' ihre experimentelle Statur und wurden schließlich auch in die parochiale, zumal in die gruppenspezifische Gottesdienstpraxis übernommen. Die liturgische Tanzkultur wird durch überregionale Organisationen wie die 1958 in den USA entstandene ‚Sacred Dance Guild' und die 1978 in Australien gegründete ‚Christian Dance Fellowship' gefördert (647,656).

Die Integration tänzerischer Elemente in die Dramaturgie liturgischer Feiern geht von der Erkenntnis aus, daß Spiel (> 233) und Tanz zu den elementaren Formen *symbolisch-ästhetischer* Wirklichkeitskonstruktion gehören. Der Tanz, in dem das Individuum „mit seinem ureigensten ‚Instrument', dem Körper" (648,1224), die Wirklichkeit nachbildet, sie umgestaltet und neue Wirklichkeiten schafft, „gehört zu den darstellenden Künsten" (661,60). „Der Tanz ist für den Menschen eine elementare Ausdrucksform (648,1224), „eine lebendige Sprache, die vom Menschen gesprochen wird und vom Menschen kündet", und zugleich „eine künstlerische Aussage, die sich über den Boden der Realität emporschwingt, um auf einer übergeordneten Ebene in Bildern und Gleichnissen von dem zu sprechen, was den Menschen innerlich bewegt und zur Mitteilung drängt" (661,53).

Wie in anderen Dimensionen der Sprache, so verbinden sich auch im symbolisch-ästhetischen Medium des Tanzes *individuell-selbstreflexive* und *kommunikativ-expressive* Momente religiös grundierter Selbsterfahrung und Fremderfahrung untrennbar miteinander. Der Tanz bildet einerseits ein Medium des „Selbstausdruck(s)", der „Selbstexploration und Selbstverwirklichung" (660,15), in dem „die Kreativität im Menschen" (655,15) freigesetzt und eine „innere Bewegung ... in eine äußere" (653,122) umgesetzt wird. Im Interesse der Intensivierung individueller Selbsterfahrung „sucht der moderne Tänzer, dabei aber ähnlich dem religiösen ergriffen, seinem eigenen Innenleben Ausdruck zu verleihen" (648,1224). Andererseits bildet der Tanz aber auch ein kommunikatives Medium; „indem Gefühle über die Bewegung in den Raum projiziert werden, werden die Bewegungen selbst sofort kommunikativ" (662,263). In der Harmonie von musikalischem Rhythmus (> 233) und tänzerischer Bewegung schließlich werden der Körper als Repräsentanz der Individualität und der Raum als Symbol des Ganzen ineinander aufgehoben. Von den Gesetzmäßigkeiten musikalischer Rhythmen dirigiert, gestaltet der Tänzer „als einzelner, als Paar oder in der Gruppe das ihn Bewegende ... in den Raum hinein aus" und ‚verkörpert' damit nicht nur ein persönliches „seelisches Geschehen" (648,1224), sondern zugleich auch das soziale und emotionale Beziehungsnetz einer sich im Tanz vergemeinschaftenden Gruppe.

Die *religiöse Valenz* des Tanzes, der Bewegung im symbolischen Lebensraum und der ‚Begehung' (670,422) der Grenze zur jenseitigen Welt, beruht auf seiner transzendenten Statur. Einerseits stellt der Tanz eine symbolische Gestalt der Lebensbewegungen dar; er integriert „gleichermaßen das Gehen, das Schreiten, die Gebärde, das Laufen, das Springen usw." (653,117). Andererseits liegt „der Tanz über dem Üblichen, Alltäglichen der menschlichen Bewegungsphänomene" und „übersteigt ... das alles noch einmal durch die Dichte und Vielzahl der Abfolgen, durch Tempo und Temperament, durch Vielgestaltigkeit und Komposition. Wir sprechen da von Tanz, wenn eine Bewegungsabfolge nicht mehr in das übliche Verhaltensmuster an alltäglichen Handlungen paßt, sondern dieses in reicher Weise überboten wird" (653,117f). Der Tanz bildet daher nicht nur ein Instrument zur „Steigerung des normalen Bewegungsrepertoires" (653,123), ein „ausdrücklich zwanglose(s) Medium ..., das geeignet ist, sich von Verkrampfungen seines Erlebens oder Ausdrucks zu befreien" (653,119), sondern darüber hinaus ein Vehikel zur Überschreitung der Grenze der alltäglichen Sinnwelt (> 232-3). Insofern kann das Tanzen als „Paradigma für ein befreites Leben" (653,120) gelten.

Die *liturgische Tanzbewegung* der Gegenwart nimmt die emanzipatorischen Momente der religiösen Tanzkultur auf. Ihre reformerischen Programme zur Umgestaltung der traditionellen Gottesdienstkultur richten sich zum einen gegen die „zunehmende Intellektualisierung der Kulturen zum Beispiel im Christentum und im Judentum" und die daraus resultierende „Verbalisierung und Musikalisierung" der gottesdienstlichen Kommunikation (653,123). Im Interesse einer Vitalisierung der Kultpraxis wird die Grenze zwischen „Buchreligion" und „Kultreligion", zwischen der „Religion der Lehre" und der „Religion des Tanzes" (672,9) aufgehoben und der Tanz als exemplarische Gestalt „der gesteigerten und hervorgehobenen und darum für die Feier adäquaten Bewegung" (653,124) zu einer Grundform integraler Gottesdienstpraxis erhoben. Zum anderen wendet sich die liturgische Tanzbewegung aber auch gegen gesellschaftshistorische Entwicklungen, die die körperlichen Bewegungen für fremde Zwecke instrumentalisieren und sie damit ihres spielerisch-dynamischen Charakters berauben. „In einer Zeit, in der Bewegungen und Ausdrucksmöglichkeiten zum großen Teil fremdbestimmt und außengesteuert sind", fungiert die innovative Gottesdienstpraxis als „progressive Subkultur"; sie soll „die normierten Bewegungsabläufe nicht noch verstärken", sondern „Gegennormen zur kompakten Mehrheit der etablierten Gesellschaft aufzeigen", „Freiräume schaffen, Bewegungsfreiheit gestatten und fördern" (651,63).

Wie sich die spirituelle ‚Körperarbeit' als spezifisch religiöse Variante in das pluriforme Spektrum der zeitgenössischen Körperkultur einordnet, so ist auch die liturgische Tanzbewegung in ein milieuspezifisches Segment der weit ausdifferenzierten *Tanzkultur* eingebettet. Während „in anderen Kulturen ... die Menschen alles, was sie sind und erleben, tanzend" zum Ausdruck bringen (689,179) und während der Tanz zumal in archaischen Gesellschaften „eine eigene, viel umfassendere soziale Funktion besaß" (651,12), wurde er im Zuge der kulturellen Modernisierung der europäischen Gesellschaften (649) zunehmend aus den alltagsweltlichen Lebensbeziehungen ausgeschlossen und in eng begrenzte Lebensregionen verdrängt. Als „ein Fossil des lebendigen Tanzes" (651,12) wurde der Tanz dann entweder in der artifiziellen Version des „klassischen Ballett(s)" (660,14) oder im Rahmen geselliger Konventionen, meist „im Zusammenhang mit Festen" (689,179), als Gesellschaftstanz praktiziert. Knüpft die Neubelebung des Volkstanzes an die Jugendbewegung des beginnenden 20. Jahrhunderts an, die „auf die bindenden, gesellenden Reigen des Volkes und der Kinder" zurückgriff (649,298), so schließt die deutsche „Ausdruckstanzbewegung" unmittelbar an den ‚modern dance' in den USA (660,14) und mittelbar an ungebrochene amerikanische Traditionen an, die „treuer als die europäischen jenen Urstand bewahrt, in dem der Tanz aus innerer körperlicher und seelischer Nötigung geboren wird" (649,298).

In engem Zusammenhang mit der Renaissance einer facettenreichen Tanzkultur steht die Entwicklung der *Tanztherapie*. Sie bildet neben der Musiktherapie (> 232-3), der Drama-, Poesie- und Kunsttherapie (660,16) sowie dem Psychodrama (> 212-4:3.1.1.2.2.) eine methodisch eigenständige Version „expressiver und kreativer Therapien" (660,13). Die auf unterschiedlichen (tiefen)psychologischen Therapiemodellen (660,19ff) aufruhende Tanztherapie – „eine Anfang der 70er Jahre aus den USA in die Bundesrepublik reimportierte Form der Bewegungspsychotherapie – hat sich konsequent aus geistigen und künstlerischen Strömungen entwickelt, die im Deutschland der 20er Jahre sehr einflußreich waren" (659,10). Im Unterschied zur klassischen Psychoanalyse, die versucht, „durch verbale Methoden das Unbewußte zu entschlüsseln, begannen Tänzer Methoden der Beobachtung und Verwendung von Bewegung zu entwickeln, um Zugang zu unbewußten Schichten der Persönlichkeit zu finden" (660,15). Das Konzept der Tanztherapie zielt darauf ab, „das Potential, das der zwischenmenschlichen Beziehung innewohnt, zu entfalten" (663,10) und damit „die eigenverantwortliche und kreative Auseinandersetzung des Menschen mit sich selbst und seiner Umwelt" (658,25) zu fördern. Tanztherapien finden nicht nur in der allgemeinen Persönlichkeitstherapie, sondern vor allem bei der therapeutischen Bearbeitung von Trauer und Angst (658,199ff), aber auch bei speziellen psychischen Störungen und Erkrankungen (658,208ff) Anwendung. Zur wissenschaftlich fundierten Weiterentwicklung der Therapieverfahren wurde 1966 die American Dance Therapy Association und 1984 die Deutsche Gesellschaft für Tanztherapie gegründet (660,487ff).

Im *sakralen Tanz* (656; 650), der sich sowohl in schriftlosen als auch in sogenannten Hochkulturen findet (648,1224), fließen die religiöse, ästhetische und therapeutische Dimension des Tanzes von jeher zusammen. Der Tanz, ein sowohl kulturgeschichtlich wie religionsgeschichtlich vielschichtiges Phänomen (649,V), ist „ursprünglich kultischer Art" (670,423). Er stellt ebenso „eine Manifestation von Machtgefühl" dar wie ein „Mittel der Ekstase und des Rausches", „wirkt gemeinschaftsbildend und -fördernd" und „hat apotropäische Funktion" (651,10f). Die liturgische Tanzbewegung der Gegenwart nimmt die vieldimensionalen Funktionen des Tanzes auf, nutzt die in die zeitgenössische Kultur eingebetteten Formen des Tanzes als „Mittel zur religiösen Erfahrung" (655,12) und sucht damit, die Grenze zwischen kulturellen Konventionen und kultischen Praktiken aufzuheben. „Wir streben eine Wechselwirkung an: Tanz aus dem profanen in den sakralen Bereich umwandeln und von dort wieder in den Alltag nehmen" (655,12). Die elementaren Grundformen gottesdienstlichen Tanzens – beispielsweise der ‚Reigenkreis‘ (656,11) oder die ‚Prozessionslinie‘ (670,423ff; 653,138f) – stellen sich dementsprechend als liturgische Umformungen von Bewegungsfiguren dar, die einerseits in der säkularen Tanzkultur, andererseits in der religiösen Kultpraxis verankert sind.

Wie die facettenreiche *religiöse Tanzkultur* alltagsweltliche und gottesdienstliche Kulturen miteinander verbindet, so vermittelt sie auch zwischen privater Frömmigkeitspraxis und liturgischer Kultfeier. Auf der einen Seite stellt die religiöse Tanzbewegung der Gegenwart die Bedeutung des Tanzens für die private Religionskultur heraus. Sie weist auf die „Wesensverwandtschaft von Spiritualität und Tanz" (653,109), von selbstreferentieller Frömmigkeitshaltung und zweckfreier Selbstdarstellung hin und strebt eine Vitalisierung der persönlichen Frömmigkeitspraxis durch die ästhetische Versinnlichung der verinnerlichten Religiosität an. Die produktive Ausgestaltung individueller Frömmigkeitsstile zu kulturellen Praktiken, die Umformung der Herzensfrömmigkeit in Richtung auf eine „leibintegrative", eine „bewegte und bewegende Spiritualität" (652,18) charakterisiert andererseits aber auch den intendierten Wandel der gemeinschaftlich verfaßten Gottesdienstkultur. Wird der Gottesdienst in seiner traditionellen und zumal in seiner protestantischen Version „von einer Abfolge von Körperhaltungen" beherrscht, „die mit einer eigenständigen Bewegungsdimension nicht mehr viel gemein haben" (651,44), so suchen die einer integralen Gottesdienstpraxis verpflichteten liturgischen Reformkonzeptionen nach „neuen liturgischen Bewegungssymbolen" (651,44). Auf dem Hintergrund des geschärften Bewußtseins für die dramaturgische Statur liturgischer Kommunikationsprozesse wird die ursprüngliche „Affinität des Tanzes zum Ritual und zum Kult" (653,123) wiederentdeckt und die Liturgie insgesamt „als Ort gemeindlichen Tanzens" (653,149ff; vgl. 655,162ff) begriffen.

Zu den *privaten* Formen religiöser Körper- und Tanzkultur gehören die beiden eng miteinander verbundenen Frömmigkeitspraktiken des körperbewußten Betens und des tanzenden Meditierens. Für das persönliche Gebet, dessen frömmigkeitspraktische Charakteristik darin besteht, „sich mit seinem Beten in eine Gebärde ganz hineinzugeben und gesammelt dazusein, um sich so der Gegenwart Gottes zu öffnen" (653,147), stellt die Tradition christlicher Spiritualität ein breites Repertoire von „Haltungen und Gebärden" bereit: „Das Stehen, das Knien, das konzentrierte Sitzen, jeweils mit aufgerichtetem, weil konzentriertem und wachem Oberkörper; ferner ist die Prostratio, das Sich-Hinwerfen auf die Erde, zu nennen, und noch Zwischenformen bis hin zum Knien" (653,143f). In der aus der privaten Gebetspraxis entwickelten liturgischen „Anbetung" geht die Körperkonzentration in die tänzerische Bewegung über. Im teils liturgisch geordneten, teils „unchoreographierte(n) und individuelle(n) Tanzen" (653,148) begibt sich der Beter in den „Tanz-Raum vor Gott", um „die Nähe Gottes aufzusuchen" und das „betende Tanzen als Tanz vor seinem – wie die Bibel es nennt – ‚Angesicht‘ zu verstehen" (653,147). In analoger Weise verbinden sich im ‚meditativen Tanzen‘ (657) Körpergefühl und Körperbewegung, Med-itari und Ek-stase (657,18f) organisch miteinander. Die methodisch verfaßte Verlaufsdynamik der Tanzmeditation (653,132ff) führt vom „Aufwärmen zur

Lockerung von Leib, Seele, Geist" über das „zur Ruhe kommen mit Atem- oder sonstigen Übungen" zu „einem konkreten Tanz oder einem Bewegungsthema" und endet damit, daß „jeder für sich Wirkung und Inhalte des Tanzes, der Gebärde, des Bewegungsthemas meditier(t)" (657,213).

Die explizit *kommunikativen* Formen des liturgisches Tanzes ergeben sich einerseits aus der ästhetischen Statur des Gottesdienstes als festlichem „Ort gemeindlichen Tanzens" (653,149), andererseits aus der dramaturgischen Logik des Gottesdienstes als einer rituell geordneten „Verhaltenssequenz" (671,11). In der facettenreichen liturgischen Tanzkultur finden sich dementsprechend sowohl „Tänze, die durch ihre Schönheit und ihren Charakter die Atmosphäre der Feier gestalten und bereichern wollen", als auch Formen „funktionsbezogene(n) Tanzen(s)" (653,151), die tänzerische Gestaltung einzelner liturgischer Sequenzen, beispielsweise des Bußakts, des Glaubensbekenntnisses, der Gabenbereitung oder des Vaterunsers (651,73ff) und schließlich „der Tanz als Weise der Verkündigung" (653,151). Indem „alle Mitfeiernden als Beteiligte und Handelnde" (653,154) fungieren, trägt die ‚getanzte Liturgie' nicht nur zur Aktivierung der Gottesdienstbesucherinnen bei. Vielmehr wird der Gottesdienst im Zuge seiner frömmigkeitspraktischen wie dramaturgischen Umgestaltung zum exemplarischen Ort „einer lebendigen und aktiven Gemeindespiritualität" (653,155).

4. Aufgrund der in sie eingelagerten innovativen Potentiale stellen die Frauenliturgien eine wichtige Triebfeder der zeitgenössischen *Liturgiereform* dar. Anfänglich als kreative Experimente entworfen, verfestigten sich die originären liturgischen Inszenierungen zu kopierbaren und repetierbaren, allgemein approbierten und teilweise ritualisierten Modellen einer dauerhaft institutionalisierten Kultpraxis. In gewandelter Gestalt flossen die ursprünglich für die feministische Spiritualität und Liturgiekultur charakteristischen Momente in andere Versionen der facettenreichen gruppengemeinschaftlichen Gottesdienstpraxis ein und bewirkten eine weitreichende Transformation der liturgischen Dramaturgie. In der Pluralisierung der liturgischen Inszenierungstechniken und in der Verlagerung der liturgischen Kommunikationsstile von reduktionistisch-verbalen zu ganzheitlichen Wahrnehmungs-, Expressions- und Kommunikationsmedien entdeckt die feministische Liturgiereform die Früchte ihrer Arbeit wieder. Mit ihrer allgemeinen Approbation büßten die in den Frauenliturgien ausgearbeiteten Gestaltungsformen integraler Kultpraxis aber nicht nur ihre extraordinäre Statur ein. Vielmehr schliffen sich in der Adaption an die allgemein-kirchliche Gottesdienstpraxis auch die originären Konturen einer spezifisch weiblichen Frömmigkeits- und Liturgiepraxis ab.

Die weiblich profilierte Liturgiekultur löst sich gleichwohl nicht in einer insgesamt von der Idee ganzheitlicher Spiritualität geleiteten Kultpraxis auf, sondern bewahrt in dem breiten Spektrum der zeitgenössischen Gottesdienstpraxis ihre Eigenständigkeit. Im Interesse der Identitätsvergewisserung der Frauen werden in den Frauenliturgien religiöse und auch liturgische *Traditionen* wiederentdeckt und wiederbelebt, die von der patriachalen Prägung der christlichen Religionskultur verschüttet waren. „In den liturgischen Ordnungen sind noch Spuren und Vermächtnisse verschiedener Gemeinden und Gemeinschaften enthalten – und die Beiträge der Frauen verborgen –, die zu verschiedenen Zeiten in verschiedenen Kontexten Formen und Inhalte gemeinsamen Erinnerns, Erzählens und Teilens der christlichen Botschaft als Heil- und Lebensmittel gesucht, praktiziert und weiterentwickelt haben. Feministische Christinnen, die Liturgie als Lebensmittel wiederbeleben wollen, beanspruchen das Frauenerbe, das in herrschender Liturgie verborgen ist" (618,50). Die liturgische Frauenkultur knüpft aber nicht nur an kirchlich approbierte, in die Christentumstradition eingelassene, sondern auch an außerkirchliche und außerchristliche Religionstraditionen und Glaubensvorstellungen an, deren vielfältige identitätsstiftende Funktionen höher bewertet werden als die auf Vereindeutigung christlicher Glaubensgehalte abgestellten traditionellen Gottesdienstformen. „Wir brauchen heute eine neue Annäherung zwischen den historischen und eschatologischen Ritualen der jüdisch-christlichen Tradition und jenen Religionen, die der Natur nahe waren und die das Leben der Menschen in die Rhythmen und Ordnungen der Natur hineinstellten" (638,122).

Auf der Basis ‚postchristlicher' weiblicher Spiritualität werden schließlich zunehmend neue *Rituale* entwickelt, die sich auf Natur, Jahreszeiten oder Mondphasen beziehen und der geschlechtsspezifischen Identität von Frauen Rechnung zu tragen suchen. „Mit der Göttin wird der weibliche Körper und der in ihm inkarnierte Lebenszyklus bejaht und mit dem Prozeß des Werdens und Vergehens in Natur und Kosmos in Verbindung gebracht. Menstruation, Gebären und Alter der Frauen werden nicht länger versteckt oder als Krankheit herabgewürdigt, sondern sie werden als wichtige Dimensionen auch spirituellen Lebens wahr- und ernstgenommen" (643,166). Ebenso werden spezifische biographische Lebenssituationen, zumal bisher ignorierte Übergangs- und Schwellenerfahrungen von Frauen rituell begangen. „Es entstehen Rituale für die Menarche, eine Scheidung, das Coming out eines lesbischen Paares, das Verlassen des Elternhauses, den Beginn eines autonomen Lebens, Liturgien, die den Lebenszyklus begleiten, Heilrituale mit Segnung für vergewaltigte Frauen etc." (610,257).

5. Deutet sich in partiellen Strömungen der facettenreichen religiösen Frauenkultur auch mitunter die Mutation der christlichen Religionskultur zu einer undeutlich profilierten Naturreligion und gleichzeitig die Rückkehr zu biologistischen Deutungen der weiblichen Identität an, so wenden sich die der Feministischen Theologie verbundenen Entwürfe weiblicher Spiritualität dezidiert gegen regressive Tendenzen in der zeitgenössischen Frauenbewegung und betonen die soziale und insbesondere die *politische* Funktion der in die Frauenreligion eingelassenen Mythen. „Der Rückgriff auf den Mythos kann nur produktiv sein, wenn er den Vorgriff auf eine zukünftige Gestalt des Frauseins bzw. auf viele Gestalten des Frauseins animiert" (643,154). Auf dem Hintergrund einer Symbiose von Feministischer Theologie und Befreiungstheologie wird „der Alltag ... in das Fest mithineingenommen und so als politischer Ort von Frauen neu entdeckt" (621,13). Im Kontext ihrer gleichermaßen alltagspraktischen wie politischen Akzentuierung wird die Gottesdienstpraxis „zu einer Quelle der gegenseitigen Ermutigung zu politischem und sozialem Engagement" (617,64) und damit nicht nur zu einem integralen Bestandteil der politischen Emanzipationsbewegung der Frauen, sondern auch zu einem Motor der umfassenden Modernisierung der Gesellschaft, der Herstellung gerechter sozialer Strukturen. „Feministische Liturgie muß Erinnerung und Feier des feministischen Alltagskampfes sein – kein ausgegrenzter, abgesonderter Bereich der Zuflucht und Geborgenheit, der unkonkreten, konflikt- und folgenlosen ‚Feierlichkeit'" (618,54). Notwendig ist daher die permanente kritische Reflexion und Revision der Frauenliturgien mit dem Ziel, „im Feiern und Weiterentwickeln feministischer Liturgie den biblischen Zusammenhang von theoretisch-theologischer, politischer und liturgischer Befreiungsarbeit ein(zu)klagen und zu verwirklichen" (618,55). Die Frauenliturgien stellen insofern

einen exemplarischen Modellfall für die spannungsreiche Synthese von Ästhetisierung und Politisierung der Liturgiekultur dar.

3.4. Liturgische Frömmigkeit und politisches Bewußtsein

1. Die facettenreiche *liturgische Gruppenkultur* stellt sich als ein weitgespanntes und in sich pluriformes Spektrum unterschiedlichster Gestalten kultischer Religionspraxis dar. Sie verdankt ihren Formenreichtum der Pluralisierung der milieuspezifischen Profile kollektiver Frömmigkeitshaltungen, der expressiven Ausdrucksstile religiöser Gemeinschaftserfahrung und der kommunikativen Arrangements der gottesdienstlichen Feiern. Gleichwohl sind die disparaten Ausformungen liturgischer Gemeinschaftspraxis durch eine gemeinsame Intention untereinander verbunden. Das Grundmotiv der teils eher experimentellen, teils mehr an die protestantische Liturgietradition angelehnten, aber durchweg innovativen Gottesdienstmodelle besteht in der Reform der liturgischen Kultur auf der Basis ihrer Einbettung in die sich wandelnde Religionskultur und darüber hinaus in die gesellschaftliche Lebenskultur im ganzen. Die liturgischen Reformprojekte nehmen einerseits die in den gesellschaftlichen Entwicklungsprozeß eingelagerten Fortschrittsmomente, zumal die innovativen Potentiale des gesellschaftshistorischen Pluralisierungs- und Individualisierungsprozesses, auf und nutzen sie im Interesse einer umfassenden Vitalisierung der liturgischen Gemeinschaftspraxis; in der protestantischen Gottesdienstkultur spiegeln sich insofern die charakteristischen Wandlungsprozesse der allgemeingesellschaftlichen Lebenskultur in vielfältigen Brechungen wider. Andererseits beeinflussen die über die Grenzen parochialer Christentumspraxis und konfessioneller Prägungen hinaus wirksamen Gottesdienstkulturen aber auch umgekehrt die Fortentwicklung der zeitgenössischen Religionskultur und tragen damit zur Verklammerung von allgemeingesellschaftlicher Lebenspraxis und religiös grundierter Lebenseinstellung und Weltgestaltung bei.

Indem sich die ,neuen' Gottesdienstkulturen gegenüber allgemeingesellschaftlichen Trends, flüchtigen Modeerscheinungen und beständigeren Entwicklungstendenzen, öffnen, das in den teils kontinuierlich verlaufenden, teils von epochalen Umbrüchen geprägten Wandel der gesellschaftlichen Lebensverhältnisse eingelagerte Modernitätsbewußtsein kultivieren und dabei selbst zu Generatoren des kulturellen Fortschritts avancieren, erben sie auch die in die sozialkulturellen Modernisierungsprozesse eingelagerten *Ambivalenzen*. Im gleichen Maße, in dem die liturgische Gruppenszene in der Folge einer ständigen Pluralisierung ihrer Erscheinungsformen an kultureller Vielfalt gewinnt, verflüchtigen sich die integrativen Potentiale der kultischen Religionspraxis, die die traditionelle Gottesdienstkultur auszeichnen. Und während sich die subjektive Erlebnisqualität der liturgischen Inszenierungen im Zuge der Individualisierung ihrer kommunikativen Stile laufend steigert, vermindert sich gleichzeitig das gruppenspezifische Gemeinschaftsbewußtsein, auf das die ,alternativen' Gottesdienste setzen. Bilden die Widersprüche zwischen der milieuspezifischen Parzellierung der Lebenswelt (674) und ihrer sozialkulturellen Integration sowie zwischen der Emanzipation der Individualität von allgemeinverbindlichen sozialen und kulturellen Obligationen und der Einbettung des einzelnen in die kollektiven Horizonte des gemeinschaftlichen Lebenskosmos die allgemeingültigen Formgesetze der spannungsreich verfaßten Statur der Moderne (> 210), so verschärfen sich die typisch neuzeitlichen Ambivalenzen im Gebiet der religiösen und insbesondere der kultischen Lebenspraxis. Gilt die Religion als sozialkulturelles Integral (> 123) der sich gegeneinander verselbständigenden Sektoren der pluriformen Lebenskultur, dann kann sich die organisierte Religionspraxis nicht fraglos den Gesetzmäßigkeiten des Pluralisierungs- und Individualisierungsprozesses unterwerfen. Zumal die kultische Religionspraxis muß auch die Kehrseite gesellschaftlicher Modernisierung mittels rituell-symbolischer Wirklichkeitskonstruktion zu Bewußtsein bringen und die integrative Funktion der Religion unter Beweis stellen.

Die liturgischen Reformprojekte nehmen die in die soziale und kulturelle Lebenswelt eingelagerten Ambivalenzen auf und begreifen die gottesdienstliche Feier als symbolisches Medium, in dem die Widersprüche der Lebenserfahrung nicht wegretouchiert, sondern markant zur Geltung gebracht werden. Auf der einen Seite schließen sich die neuartigen liturgischen Inszenierungen dem allgemeingesellschaftlichen Prozeß der *Individualisierung* der Lebenswelt und der Privatisierung der Lebenskultur (> 133) an und suchen die Idee der religiös begründeten Autonomie der Individualität durch eine Erhöhung der individuellen Partizipationschancen der TeilnehmerInnen praktisch zu ratifizieren. „Die Individuen im Gottesdienst ernstnehmen, heißt, sie beteiligen, als einzelne oder als Gruppe – mit ihren Themen, mit ihren besonderen Erfahrungen, mit ihrem Glauben und ihren Zweifeln, ihren Beschädigungen, mit dem, woran sie leiden und worauf sie hoffen" (677,303). Auf der anderen Seite wird in den gruppengemeinschaftlichen Gottesdiensten aber die Diastase zwischen einzelnem und Ganzem aufgehoben. „Der Gottesdienst hilft dem einzelnen, indem er ihn nicht sich selbst überläßt, sondern ihn mit einem größeren Ganzen verbindet" (677,304). Dazu bedarf es der Schaffung neuer expressiver und kommunikativer „Formen …, mit Hilfe derer die einzelnen Subjekte gemeinsam gottesdienstlich handeln können. Die Liturgie hilft dem einzelnen, sich auszudrücken und sich zu überschreiten" (677,306f). Indem die liturgischen Symbolisierungen der individuellen und gemeinschaftlichen Lebenspraxis „dem einzelnen die Konfrontation mit den dunklen Seiten des Lebens, mit Sünde und Schuld, mit dem Bösen und Sinnwidrigen nicht erspar(en)" (677,308), tragen sie schließlich nicht nur zur integralen Selbsterfahrung des einzelnen sowie zur Bearbeitung der lebensweltlichen Ambivalenzen im Kontext gruppengemeinschaftlichen Erfahrungsaustausches bei, sondern auch zur Wahrnehmung und Bewältigung der spannungsreichen Statur der Lebenswelt im ganzen. Insofern kommt der kultischen Religionspraxis „eine gesamtgesellschaftliche Funktion" (677,309) zu.

Ebenso greifen die verschiedenartigen Modelle innovativer Gottesdienstpraxis die Fortschrittspotentiale des kulturellen *Pluralisierungsprozesses* (> 133) auf und betrachten die „unterschiedliche(n) gottesdienstliche(n) Auffassungen und Feierstile, die einander korrigieren und ergänzen", als die „liturgische(n) Entsprechungen" allgemeingesellschaftlicher Entwicklungstendenzen, die nicht nur das Profil des „neuzeitlichen Protestantismus" tiefgreifend prägen, sondern vor allem auch „zur Signatur des ökumenischen Zeitalters" (675,82) gehören. Gleichwohl wirken die zu durchkomponierten Modellen verdichteten liturgischen Experimente aber in mehrfacher Hinsicht der zunehmenden Ausdifferenzierung der kultischen Religionspraxis entgegen.

Zum einen greifen die *innovativen* liturgischen Kreationen auf die klassischen Formelemente der Gottesdienstkultur (Gebet, Lesung, Lied, Ansprache und Segen) zurück und machen damit die neuartigen, in ihrer kulturellen wie sozialen Reichweite begrenzten expressiven und kommunikativen Gestaltungen und die allgemein approbierten Formen der protestantischen Liturgietradition wechselseitig füreinander anschlußfähig. Zum anderen unterlegen die rational durchorganisierten Gottesdienstmodelle den detailliert ausgearbeiteten liturgischen Inszenierungen in der Regel das ebenso allgemeinverbindliche wie situativ elastische Ablaufschema gottesdienstlicher Handlungen, das in der strukturellen Gliederung der Erneuerten Agende (Eröffnung und Anrufung; Verkündigung und Bekenntnis; Abendmahl; Sendung) paradigmatisch dokumentiert wird (679; 678). „Die ‚Erneuerte Agende' verfolgt ... das Ziel, in der Gestaltung des Gottesdienstes Individuum und Gemeinschaft, Tradition und Gegenwart, Pluralität und Einheit in einer ausbalancierten Weise zur Geltung zu bringen" (677,298). Die mediale und kommunikative Homogenität der unterschiedlichen liturgischen Gestaltungen wirkt schließlich auf die Ausbildung einer liturgisch geformten Frömmigkeitsattitüde zurück, die zwar nur im Rahmen der gruppengemeinschaftlichen Kultpraxis entwickelt und kultiviert werden kann, gleichwohl aber nicht an das spezifische Profil einer partikularen Gottesdienstpraxis gebunden bleibt. Indem die pluriformen Gottesdiensttypen auf „Exklusivansprüche" verzichten und statt dessen den „gegenseitige(n) Austausch zwischen den gottesdienstlichen Kulturen" (675,83) forcieren, fördern sie die Ausformung einer integralen liturgischen Spiritualität.

2. Sind die unterschiedlichen Versionen gruppengemeinschaftlicher Gottesdienstpraxis insgesamt von den Ambivalenzen der Moderne geprägt, von den Divergenzen und Konvergenzen zwischen subjektiven und kollektiven religiösen Erfahrungen sowie zwischen Pluriformität und Homogenität der liturgischen Religionskultur, so kommt die spannungsreiche Statur der zeitgenössischen Kultpraxis in einem eigenständigen liturgischen Genre, in den *politisch* akzentuierten Gottesdiensten, besonders signifikant und in charakteristischer Pointierung zur Geltung. Das Interesse dieser modellhaft ausgearbeiteten und durch vielfältige Publikationen prominent gewordenen Gottesdienstformen gilt der Vermittlung von zwei divergierenden Momenten der allgemeingesellschaftlichen wie kirchlich-religiösen Modernisierungsprozesse, die auf je verschiedene Weise die Entwicklung der neueren protestantischen Liturgiekultur tiefgreifend beeinflußten. Zum einen erfuhren die gruppenspezifischen Liturgien durch die Neubelebung der spirituellen Lebenspraxis (> 211) und die Konjunktur des Ästhetisch-Symbolischen (> 233) in der Gegenwartskultur prägende Impulse. Die Verknüpfung von Alltagsspiritualität und liturgischer Frömmigkeitshaltung, von privater Festkultur und liturgischer Feierpraxis stellt ein dominantes Prinzip der zeitgenössischen Gottesdienstreform dar. Es findet seinen Ausdruck in der zunehmenden Ästhetisierung der protestantischen Kultpraxis. Zum anderen verstärkte sich, teils unter dem Einfluß christlicher Protest- und Initiativgruppen, in den vergangenen Jahrzehnten das Bewußtsein für die gesellschaftskritische Relevanz der religiösen Kultpraxis. Es bringt sich in der von einer permanenten kritischen Kommentierung begleiteten Politisierung der Gottesdienste zur Geltung. Zwischen politischer Gestaltung und religiöser Inszenierung der Lebenswelt zu vermitteln, bildet die Intention eines charakteristisch modernen Programms zur Reform der gesellschaftlichen Lebenswelt und den Impuls zur Entwicklung innovativer liturgischer Modelle. Sie zielen darauf ab, ästhetisch-liturgische Frömmigkeitshaltungen und sozial-politische Gesinnungen miteinander zu verbinden und damit die spannungsreiche Synthese von Politik und Religion (680) im Medium liturgischen Gemeinschaftshandelns symbolisch wie real herzustellen.

Zu den politisch akzentuierten Liturgien, die in der kirchlichen und gesellschaftlichen Öffentlichkeit breite Resonanz fanden, zählen vor allem die *Politischen Nachtgebete*, die *Liturgische Nacht*, das *Feierabendmahl* und die *Friedensandachten.* Die in bestimmten kulturellen, politischen und religiösen Umbruchsituationen entstandenen liturgischen Reformprojekte folgen jeweils einem eigenständigen Programm, in dem sich gesellschaftskritische Diagnosen und liturgiewissenschaftliche Reflexionen miteinander verschränken. Das charakteristische liturgische Profil der verschiedenartigen Gottesdienstmodelle resultiert aus der jeweils unterschiedlichen Gewichtung von religiöser Feierkultur und politischer Aktion. Gleichwohl sind die gleichermaßen der ästhetischen wie der politischen Dimension religiöser Kultpraxis verpflichteten Liturgien sowohl sachlich wie historisch untereinander verbunden. Sie nehmen gemeinsam die für die neuere Gottesdienstpraxis allgemeingültig gewordenen Prinzipien der Individualisierung und Pluralisierung der Liturgiekultur auf und bewerten die prekäre Beziehung zwischen liturgischer Spiritualität und politischem Bewußtsein als pointierte Ausdrucksgestalt der in die Modernisierung der Religion eingelagerten Ambivalenzen. Das adäquate Forum zur experimentellen Erprobung und produktiven Weiterentwicklung der innovativen liturgischen Modelle sowie zur publikumswirksamen Präsentation und kritischen Diskussion ihrer leitenden Ideen bildet die spirituell fundierte wie politisch imprägnierte Religionskultur der Kirchentage (> 222-3).

Während die für das allgemeine Zeitbewußtsein sperrigen politischen Liturgien in der Medienöffentlichkeit vornehmlich als Anknüpfungspunkte für kontroverse Bearbeitungen der spannungsreichen Beziehung zwischen Religion und Politik, zwischen Kirche und Gesellschaft im allgemeinen genutzt wurden, führte die innertheologische Diskussion der reichhaltig dokumentierten und vielfältig kommentierten Gottesdienstmodelle zu einer weitreichenden Revision der *liturgiewissenschaftlichen* Theoriebildung. Die Abkehr der neueren Liturgiewissenschaft von der vornehmlich historischen Arbeitsweise und die Ausarbeitung neuartiger, an der empirisch-phänomenologischen Deskription wie an der sozialwissenschaftlichen Analyse religiösen Gemeinschaftshandelns orientierten Theorieperspektiven markieren einen Wendepunkt in der liturgischen Wissenschaftsgeschichte. In einer Situation, in der sich die Gottesdienstpraxis weit ausdifferenziert hat und „politische Gottesdienste, multimediale Experimente, Liturgische Nächte, Mahlfeiern in Gruppen, die Wiederentdeckung der Feste, des Spiels, der Meditation" einen „Umbruch traditioneller Gottesdienstgewohnheiten" wie „einen tiefgreifenden Funktions- und Strukturwandel des Phänomens Gottesdienst" (676,449) signalisieren, erscheint die „gelehrte historische Einzelforschung ... zunehmend als museale Verwaltung eines ehrwürdigen Bestandes" und „die fast ausschließliche Konzentration des liturgiewissenschaftlichen Interesses auf Geschichte und Gegenwart des agendarisch verbindlichen Gottesdienstes" als „Ausdruck eines antimodernistischen Syndroms" (676,450). Angesichts der vielfältigen Modernisierungstendenzen im Gebiet der liturgischen Praxis bedarf die Liturgiewissenschaft einer entsprechenden Transformation, der Entwicklung einer phänomenologischen Liturgik, „die das sich verändernde Gesamtfeld in seiner Komplexität begreift und die Frage nach Sinn und Gestalt des Gottesdienstes, seiner verschiedenen Erscheinungsformen, in unserer Gesellschaft beantwortet" (676,449). „Praktisch-theologische Theoriearbeit, die sich auf empirische Untersuchungen stützt und von den Humanwissenschaften lernt, muß die dogmatische Lehre vom Gottesdienst ergänzen. In den letzten Jahren sind Forschungsergebnisse aus Religionssoziologie, Verhaltensforschung, Lernpsychologie, Sprachphilosophie, Kommunikationstheorie und

Semiotik sowie tiefenpsychologische und interaktionistische Symboltheorien zur Beschreibung und Erklärung gottesdienstlicher Phänomene herangezogen worden ... Diese Ansätze zu vertiefen und in einen größeren Rahmen einer Gottesdiensttheorie zu stellen, bleibt eine Aufgabe der Praktischen Theologie" (675,84).

3.4.1. Die Politischen Nachtgebete

1. Die für die liturgische Gruppenkultur der jüngeren Zeit insgesamt charakteristische und bestimmte Segmente der pluriformen Gottesdienstpraxis dominant prägende Synthese von politischer Gesinnung und religiöser Überzeugung fand eine markante Ausdrucksgestalt in den von Ideen des religiösen Sozialismus (681) und von Entwürfen politischer Theologien (682), insbesondere von unterschiedlichen Programmen der Befreiungstheologie (683), beeinflußten ‚Politischen Nachtgebeten'. Die 1968 in Köln ins Leben gerufenen und über einige Jahre monatlich veranstalteten „politischen Gottesdienste" (684,8) wurden von einer ca. 40köpfigen Planungsgruppe intensiv vorbereitet und im Schnitt von über 800 Teilnehmern (685,218) besucht. „In einer kirchlich und politisch emotionalen Situation" (686,528) entstanden und ursprünglich als „Experiment" gedacht, entwickelten sich die innovativen liturgischen Inszenierungen, in denen sich Sachinformation und Gebet, die kontroverse Diskussion der nationalen und internationalen Gegenwartslage und die Entwicklung gemeinsamer politischer Initiativen und Aktionen miteinander verschränken, zum „Modell" (685,217) einer originären liturgischen Kultur. Die politischen Liturgien prägten in einer charakteristischen Phase seiner kulturhistorischen Entwicklung das Profil des Kirchentages (> 222-3). Sie wurden darüber hinaus, wenn auch in begrenztem Maße und in modifizierter Gestalt, in das sich ausweitende Spektrum der Veranstaltungskultur zumal großstädtischer Kirchengemeinden aufgenommen, den jeweiligen lokalen Verhältnissen angepaßt und konstruktiv weiterentwickelt.

In Opposition gegenüber der von vorherrschenden politischen Ideologien suggerierten Trennung von *Religion* und *Politik* und im Unterschied zu ebenso verwaschenen wie unverbindlichen kulturreligiösen Einstellungen mit konservativem Einschlag gehen die Initiatoren des religiös-politischen Reformprojekts von dem Grundsatz aus, „daß Glaube und Politik untrennbar sind" und „daß das Evangelium kritisch und entwerfend auf gesellschaftliche Zustände wirken muß" (684,7f). Die liturgischen Veranstaltungen zielen dementsprechend zum einen auf die Schaffung und Pflege eines religiös fundierten und deutlich positionell ausgeformten politischen Bewußtseins, auf die reflexive Schärfung der „politische(n) Aufmerksamkeit" (684,11), zum anderen auf die praktische Ratifizierung gesellschaftskritischer politischer Programme ab. Die Fokussierung der gesellschaftspolitischen Analysen auf ebenso konkrete wie präzise begrenzte Themenstellungen und die Überführung der politischen Programme in „reale Aktionsmöglichkeit(en)" (684,9) verknüpfen die Gottesdienstprojekte aufs engste mit der religiös grundierten und politisch akzentuierten Alltagspraxis der Teilnehmer. Entwickelten sich die charakteristischen Konturen der politischen Liturgien auch aus der Abgrenzung gegen die „falsche Sakralität" der konventionellen Gottesdienstpraxis, einer erstarrten Liturgiekultur, „die uns zum Verstummen bringt" (684,12), so beschränkt sich das vom Geist kritisch-progressiver Lebenshaltung und Welteinstellung durchtränkte Programm der Politischen Nachtgebete gleichwohl nicht auf liturgie- und kirchenreformerische Intentionen. Die

Politischen Nachtgebete sind vielmehr als Ursprungsformen eines neuartigen „Modell(s) christlicher Reflexion" (686,528) zu begreifen, in dem sich politische und religiöse Lebenspraxis miteinander verschränken.

Zur Entwicklung dieser charakteristisch modernen Frömmigkeitskultur bedarf es vor allem der Kreation einer neuen *religiösen Sprachkultur*, in der die auseinandertretenden Sprachformen der öffentlichen Diskurskultur und der Privatwelt, der politischen Rationalität und der individuellen Frömmigkeit ineinander aufgehoben sind, einer Sprache also, „die den Zerfall nicht bestätigt, sondern die einander widerstreitenden Elemente der Rationalität und der Hoffnung zu einer neuen, produktiven, weltverändernden Einheit bringt" (687,233). Indem die aus vielfältigen, artifiziell ausgearbeiteten Textelementen komponierten Liturgien „in keiner Weise Rationalität unterschlagen" (687,233), erzeugen sie „eine Stimmung von Gespanntheit, Aufrichtigkeit und Intensität, die von vielen Menschen als eine heute mögliche Frömmigkeit empfunden wird" (684,12). Das exemplarische Medium dieser innovativen Reflexions- und Sprachkultur bildet das „entprivatisierte Gebet" (688), die „überindividuelle Formulierung einer Gruppensprache", die einer „mit anderen zusammen spricht, und zwar mit Menschen, die er kennt und die er als reale Gruppe empfindet, weil gemeinsame Interessen vorhanden sind … In der Gruppe, die sich im Gebet verdeutlicht und ausspricht, überwindet der einzelne seine Vereinzelung, weil ein Interesse vorhanden ist, das alle teilen, und eine Sprache, die alle ausdrückt. Die kollektive Idee und die Gruppensprache entlasten den einzelnen" (687,232).

Die „neu entstandene *Gemeinde* des Politischen Nachtgebetes", in der konfessionelle Differenzen an Bedeutung verlieren und die „Grenze zu den Nicht-Christen" aufgehoben wird, unterscheidet sich deutlich von der traditionellen Gottesdienstgemeinde; „die neuen Konfessionen der ‚traditionell' oder ‚progressiv' Denkenden stehen quer zu den historischen Abgrenzungen" (684,11). Gleichwohl bringen sich aber sowohl in den „einzelnen Untergruppen, die jeweils völlig selbständig ein Nachtgebet herstellen" (685,218), als auch in der „Großgemeinde", die sich „einerseits nach den Gesetzen der herkömmlichen Gemeinden" strukturiert, „andererseits nach denen einer politischen Versammlung" (686,527), die für die parochiale Gottesdienstkultur charakteristischen schicht- und milieuspezifischen Attribute der Teilnehmer besonders signifikant zur Geltung. Unter den Veranstaltern wie unter den Besuchern der Gottesdienste finden sich in ganz überwiegendem Maße „Pädagogen, Angestellte, Theologen, einige Lehrlinge und Schüler, Studenten", dagegen keine Arbeiter (686,531). Strebten die Initiatoren der Politischen Nachtgebete ursprünglich die Ausbildung einer pluriformen politisch-religiösen Reflexionskultur an, in der unterschiedliche theologische und politische Standpunkte durch die „Einheit der Interessen" (686,532) untereinander vermittelt werden, so verengte sich im Laufe der Entwicklung sowohl das kulturelle Milieu der Gottesdienste als auch das soziale Profil der Teilnehmer. „Die Gruppe der Gottesdienstbesucher ist homogener geworden" (685,219).

2. Wurden die Politischen Nachtgebete auch nur über einige Jahre hinweg praktiziert, so reichen die *Auswirkungen* des liturgischen Programms doch weit über die engen Grenzen einer gesellschaftshistorischen Epoche hinaus. Zum einen knüpfen die in späteren Jahren entwickelten Formen politisch akzentuierter Gottesdienste – die Liturgische Nacht, das Feierabendmahl und die Friedensandachten – an die Ideen der Politischen Nachtgebete an und reformulieren die Synthese von liturgischer Frömmigkeit und sozialpolitischem

Engagement unter den veränderten Bedingungen der jeweiligen Zeit. Zum anderen verfestigte sich in den vergangenen Jahrzehnten die spannungsreiche Synthese von sozial-politischen Gesinnungen und modern-religiösen Frömmigkeitsstilen und avancierte zu einem dominanten Grundzug der protestantischen Gottesdienstkultur im ganzen. In dem Maße, in dem ursprünglich in gesellschaftlichen und kirchlichen Minderheitskulturen etablierte, religiös grundierte und politisch markant ausgeformte Lebenseinstellungen und Lebensstile von der Majorität der Gesellschafts- und Kirchenmitglieder akzeptiert und dabei ihrer innovativen Valenzen entkleidet wurden, bildete sich ein Kanon von Generalthemen einer der Moderne verpflichteten religiösen Grundhaltung und Welteinstellung heraus, die mittlerweile die privat, gesellschaftlich und kirchlich institutionalisierte Frömmigkeits- und Reflexionskultur tiefgreifend prägen. Die mit dem Pathos religiöser Überzeugungen imprägnierten, teilweise von Krisenmentalitäten gespeisten und mit Reformpostulaten verbundenen Globalthemen einer religiös fundierten und allgemeinverbindlichen Lebenshaltung tragen zur Verklammerung von ‚Kirche' und ‚Welt', von explizit kirchlicher und allgemeinchristlicher Religionskultur bei.

Zu dem über die Konfessionsgrenzen hinweg allgemein approbierten Sortiment von *religiös-politischen Gehalten*, die in themenorientierten Gruppengottesdiensten artikuliert, in der Liturgie mit den Mitteln medialer Präsentationen und szenischer Aufführungen dargestellt und in homiletischen Reflexionsdiskursen bearbeitet werden, gehören etwa die gewaltfreie Schaffung von Frieden, die Herstellung sozialer Gerechtigkeit im eigenen Land und in der ganzen Welt, die Bewahrung der Schöpfung und das Zusammenleben mit Fremden in der interkulturell und interreligiös verfaßten Lebenswelt. Die mittlerweile kanonisierten humanitären Postulate bilden ebenso den dogmatisch-ethischen Kernbestand der gesellschaftlich institutionalisierten Kulturreligion (> 140) wie insbesondere das Themenreservoir der Medienreligion und speziell des ‚Worts zum Sonntag' (> 222-5). Die homiletischen und liturgischen Inszenierungen der allgemeinreligiösen Themen greifen auf die in der medialen Öffentlichkeit etablierten Bearbeitungen der human-religiösen Maximen zurück und entlehnen nicht nur die stilistischen Formen ihrer kommunikativen Präsentationen, sondern vor allem auch das reformerische Pathos ihrer von kollektiven Überzeugungen durchtränkten rhetorischen und dramaturgischen Arrangements der allgemeingesellschaftlichen Moralreligion.

3.4.2. Die Liturgische Nacht

1. Die *Liturgische Nacht*, ein vierstündiger spätabendlicher „Gottesdienst als Spiel, Fest und Feier (689,109), wurde zum ersten Mal 1973 auf dem Düsseldorfer Kirchentag veranstaltet. Die theologische Konzeption und die liturgische Verlaufsform der Großveranstaltung mit ca. 4000 Teilnehmern hatte eine Planungsgruppe entworfen, in der Repräsentanten unterschiedlicher liturgischer Initiativen – wie beispielsweise des ‚Arbeitskreises für Gottesdienst und Kommunikation (AGOK)' oder des Liturgischen Arbeitskreises der Michaelsbruderschaft – vertreten waren. Dem von der ‚AG Gottesdienst' unter dem Leitwort ‚Gefeierte Versöhnung' ausgearbeiteten Programm entsprechend sollte die Liturgische Nacht den End- und Höhepunkt einer dreitägigen Veranstaltungsreihe bilden, in der sich die reflexive Auseinandersetzung mit der zeitgenössischen Liturgiereform und die praktische Gestaltung kreativer Gottesdienstpraxis miteinander verschränken. Die an die Programmstruktur der Kirchentage (> 222-3) angelehnte und hinsichtlich ih-

rer Verlaufsdynamik rational durchkomponierte Sequenz liturgischer Veranstaltungen sollte am Donnerstag mit Diskussionsforen über die Gegenwartslage des Gottesdienstes und einem politisch akzentuierten Abendgottesdienst beginnen, am Freitag mit thematischen Veranstaltungen über politische Liturgien unter dem Stichwort ‚Steine statt Brot‘ sowie innovativen Gottesdiensten in den Kirchen der Stadt fortgeführt werden und am Sonnabend in einen nächtlichen Gottesdienst mit integrierter Abendmahlsfeier in einer Messehalle unter dem Motto ‚Brot und Spiele‘ münden (689,108f). Sowohl die theologische Programmatik als auch die dramaturgische Ausgestaltung der Liturgischen Nacht (689,56ff) wurden in der Vorbereitungsgruppe kontrovers diskutiert (689,103ff) und später von der Presse kritisch kommentiert (689,82ff).

In der Verbreiterung des liturgischen Angebots wie in seiner konzeptionellen Profilierung, vor allem aber in der programmatischen Anordnung der Veranstaltungen kommt eine charakteristische *Transformation* der Kirchentagskultur in den siebziger Jahren des 20. Jahrhunderts zur Geltung. „Auf den politischen Kirchentag folgt der heitere, auf Kritik und Provokation in Stuttgart die festliche ‚Versöhnung‘ in Düsseldorf" (689,106). Die Wende von der Politisierung zur Ästhetisierung der Gottesdienste läßt sich als Reaktion der kirchlich und gesellschaftlich verfaßten Christentumspraxis auf charakteristische Wandlungen der allgemeingesellschaftlichen Lebenskultur begreifen: „Die Kirche paßt sich an. Nach dem Abflauen der Politisierungswelle steigt sie um auf den Kreativitätsboom" (689,106). In dieser Hinsicht stellt sich das theologisch wie kulturtheoretisch fundierte Programm der Liturgischen Nacht dann als „ein öffentliches Signal" (689,106) für die untergründigen Wandlungen der Religionskultur und insbesondere für deren Abschattungen auf den kulturellen Fortschritt der Liturgiepraxis dar.

Die umfassende *Ästhetisierung* der liturgischen Kultur ist aber nicht nur als eine elastische Reaktion der Gottesdienstpraxis auf die kulturelle Umwelt des Religionssystems zu bewerten. Vielmehr reagierte die Liturgiereform mit der Ankündigung eines „schöpferische(n) Frühling(s)" (689,178), in dem „Fest und Feier" (> 233) zu „tragende(n) Kategorien der Liturgik" (690,70) erklärt wurden, in direkter Weise auf sich selbst. In dem liturgischen Paradigmenwechsel spiegelt sich die ambivalente Statur der zeitgenössischen Gottesdienstpraxis, die spannungsreiche Synthese von politischer Grundierung und ästhetischer Inszenierung, markant wider. Der nicht lediglich registrierte, sondern programmatisch geförderte Wandel der Liturgiekultur nimmt einschlägige Erfahrungen mit den politischen Liturgien in kritischer Perspektive auf und stellt insofern eine unmittelbare Folgeerscheinung der zurückliegenden liturgischen Reformepoche dar: „Noch während das Modell des ‚Politischen Nachtgebets‘ die Praxis der neuen Gottesdienste bestimmte, rührten sich andernorts Gegenbewegungen" (689,106).

Die zunehmend kritischere Einschätzung politischer Liturgien speiste sich dementsprechend auch nicht vornehmlich aus den Argumenten ihrer Gegner, die sich vehement gegen die Vermengung von religiöser und politischer Praxis verwahrten. Vielmehr verstärkte sich innerhalb der liturgischen Reformbewegung selbst die Kritik an der rigiden Reduktion liturgischer Pluriformität im Zuge der konsequenten Politisierung der Gottesdienstkultur und insbesondere an der daraus resultierenden Verfremdung des *liturgischen Mediums*. „Gerade die politisch Engagierten entdeckten neu, was in den Jahren der dogmatischen Orthodoxie ebenso wie in der Phase der harten politischen Agitation, der Entlarvungen und Appelle verschüttet war: ein ungeheures Bedürfnis nach Kommunika-

tion, nach Nähe, Wärme, Freude, unverstellter Begegnung, nach der sinnlichen Vergewisserung der Wahrheiten, von denen christlicher Glaube lebt. Hier war ein Defizit, das
schmerzhaft erfahren wurde – im normalen Gemeindegottesdienst ebenso wie in den
‚traditionellen' Politliturgien" (689,106f). Die „Klimawende in der liturgischen Groß-
wetterlage" (689,107) führte zu einer Reform der liturgischen Reform, zur Entwicklung
neuer Gottesdienstkonzeptionen unter dem „Leitbegriff ‚lebendige Liturgie'" (690,70).
In der Liturgischen Nacht schließlich, einem dramaturgisch durchkomponierten und von
vielfältigen „non-verbale(n) Ausdrucksformen" durchsetzten Gottesdienstmodell verdichteten sich kulturgeschichtliche und kultgeschichtliche „Praxisprozesse, die seit län-
gerem im Gange waren": „Experimente mit Multi-Media-Elementen, Familiengottesdienste mit Spielcharakter, Workshops für ‚Kreativen Gottesdienst', für non-verbale
Ausdrucksformen" (689,106).

Richtet sich die neuerliche Gottesdienstreform nur indirekt gegen die politische Akzentuierung der Kultpraxis, so gilt ihre vorrangige, liturgiewissenschaftlich begründete Kritik der Vorherrschaft der diskursiven über die ästhetische Rationalität (> 233) in der
protestantischen Gottesdienstpraxis. Das Programm der Liturgischen Nacht wendet sich
gegen die „*Intellektualisierung* des protestantischen Gottesdienstes" durch das „Überge-
wicht der Predigt" gegenüber den liturgischen Kommunikationsformen, gegen die aus
der „Inflation der Worte" resultierende „Verarmung in den Ausdrucksmöglichkeiten des
Glaubens" und zielt umgekehrt darauf ab, „die ‚Verschulung' der Liturgie rückgängig zu
machen, um dadurch ihren Reichtum, ihre Vitalität und Kraft wiederzuentdecken"
(689,126). Im Rückgriff auf die „ursprüngliche" Logik von „Liturgie als Dramaturgie"
(689,126) verfällt nicht nur die „europäisch-protestantische Tradition", in der die „Gestaltung eines Gottesdienstes von einem Text oder Thema" ausgeht, um „dies dann logisch zu entfalten" (689,125), insgesamt der Kritik. Vielmehr sieht die zeitgenössische
liturgische Erneuerungsbewegung gerade in den Reformprojekten der jüngsten Vergangenheit, in den ‚Gottesdiensten in neuer Gestalt' und zumal in den ‚Politischen Nachtgebeten', exemplarische Modellfälle typisch protestantischer Gottesdienstpraxis, in denen
„diese Tendenz natürlicherweise auf die Spitze getrieben" wird: „Man sammelt Material,
stellt einen Gedankenzusammenhang her, reichert ihn an mit Beispielen, entwickelt Ar-
gumentationsketten, zieht Schlüsse, zeigt Anwendungen. Die Liturgie, die so zustande-
kommt, ist ein Gefüge von Texten, eine möglichst dichte Kombination von Gedanken-
schritten" (689,125). In den unterschiedlichen Versionen ästhetisch ausgeformter Gottesdienstmodelle dagegen „geht es nicht um den lehrmäßigen Fortschritt thematischer
Entfaltung, sondern um anschauliche Handlungsvollzüge, um symbolische Kommunikation in ihrer ganzheitlichen Bedeutung, um die Sprache der Gebärden, in denen der
Glaube sich Ausdruck verschafft" (689,125).

2. Die durchgängig ästhetisch konturierten Liturgien lösen die für die Entwicklung der
neueren Gottesdienstkultur charakteristische Ambivalenz von liturgischer Spiritualität
und politischer Aktion auf. Sie kehren gleichwohl nicht zu den vormodernen Versionen
kirchlicher Kultpraxis zurück, in denen liturgische Frömmigkeitspraktiken und alltägliche Lebensstile nur sporadisch aufeinander bezogen waren. Vielmehr greifen die kreativen Gottesdienstformen das schon in den liturgischen Bewegungen des frühen 20. Jahrhunderts (> 233) formulierte Postulat der ‚*Alltagsnähe*' des Gottesdienstes auf und reichern die liturgischen Inszenierungen mit vielfältigen Formen der säkularen Alltagskultur an: „Auch wenn das bunte Layout der Liturgischen Nacht auf manche den Eindruck

einer großen Show gemacht hat: Wir wollten das genaue Gegenteil. Wir wollten durch im Grunde einfache Begegnungen und Gebärden elementare christliche Erfahrungen ausdrücken: Sehnsucht nach Frieden, Erbarmen, Liebe, Freude" (689,131). Zugleich entwickelt die Liturgiereform der siebziger Jahre ein waches Bewußtsein für die charakteristischen, in den Fortschritt der modernen Lebenskultur eingelagerten Ambivalenzen und erhebt die spannungsreiche Vermittlung zwischen religiöser Individualisierung und Vergemeinschaftung sowie zwischen Regionalisierung und Globalisierung der Religionskultur zum Organisationsprinzip neuartiger Gottesdienstmodelle, die einerseits für spontane und kreative Aktionen der Teilnehmer offen gehalten werden und andererseits der dramaturgischen Logik ästhetischer Versinnlichung religiöser Erfahrung folgen.

Zu den programmatischen Prinzipien der ‚Lebendigen Liturgie‘ gehört an erster Stelle die religiös begründete Idee individueller *Autonomie*, der Selbstbestimmung und Selbstentfaltung der frommen Persönlichkeit. Auf dem Hintergrund der Beobachtung, „daß die Liturgie oft ein Unterdrückungsinstrument gewesen ist" (689,181), strebt die liturgische Erneuerungsbewegung im Zuge einer Pluralisierung der liturgischen Ausdrucksformen (689,185) und einer gleichzeitigen Individualisierung der liturgischen Aktivitäten die Entwicklung ritueller Kommunikationsformen an, „in denen der Spielraum für jeden Teilnehmer viel größer ist, als dies bis jetzt in der religiösen Geschichte der Fall gewesen ist" (689,183). Im Unterschied zu „den Festen und Feiern der Gesellschaft, bei denen der einzelne oft Veranstaltungsobjekt bleibt" (689,110), zielt das Programm der Liturgischen Nacht auf die gleichberechtigte aktive Partizipation aller Beteiligten an den liturgischen Handlungssituationen und damit auf den Abbau hierarchisch geordneter Rollenzuschreibungen ab. Die „Feier des befreiten Lebens der Gemeinde Jesu" (689,131) folgt durchweg einer „demokratische(n) Tendenz: Gottesdienst ist Sache des ganzen Volkes Gottes. Alle sind Liturgen, Mithandelnde, Subjekte und nicht Objekte der Liturgie" (689,131).

Die Programme der ‚Lebendigen Liturgie‘ verabsolutieren das Prinzip der Individualität allerdings nicht. Sie verhalten sich vielmehr kritisch gegenüber den Folgen des Individualisierungsprozesses, zumal gegenüber der in der modernen Lebenswelt zu registrierenden Isolation der Persönlichkeit, und suchen den in der Konkurrenz- und „Leistungsgesellschaft" ausgeprägten „Hang zum Individualismus zugunsten einer echten *Kommunikation* zu durchbrechen" (689,110). In der szenischen Dramaturgie der Gottesdienste wechseln daher Ausdrucksformen selbstreferentiell verfaßter Frömmigkeitspraxis (> 212-1), Meditation und künstlerische Gestaltung, und gruppengemeinschaftliche Kommunikationsformen, Spiel und Tanz, einander ab. Verinnerlichung und Veräußerlichung (689,186) der religiösen Erfahrung werden reziprok miteinander verschränkt.

In den kritischen Ideen und in den konstruktiven Prinzipien der liturgischen Reformbewegung spiegelt sich die Signatur der zeitgenössischen Religionskultur wider. Ihr verdankt das Programm der ‚Lebendigen Liturgie‘ auch seine *ökumenische* Grundierung. Die Kritik an der Intellektualisierung und Privatisierung der Gottesdienstkultur sowie die Intention der Demokratisierung der liturgischen Kommunikation und der Intensivierung der liturgischen Erlebnisprozesse kulminieren in der aus der ökumenischen Bewegung entliehenen Idee der ‚Versöhnung‘. Hatten sich die Kirchentage (> 222-3) in den sechziger Jahren zu Foren der ‚Begegnung‘ verschiedener nationaler und internationaler politischer Initiativen und kirchlicher Gruppierungen entwickelt, so nimmt die Liturgische

Nacht nun die institutionell verankerten Globalisierungstendenzen auf und trägt in gewandelter Form zur multinationalen und interkulturellen Profilierung der Kirchentagskultur bei. Die dramaturgische Komposition der Liturgischen Nacht rezipiert nicht nur im Interesse einer Pluralisierung und Vitalisierung der Liturgiekultur vielfältige Ausdrucks- und Kommunikationsformen aus nord- und südamerikanischen, afrikanischen und asiatischen Christentumskulturen und verschmilzt sie zu einem Gesamtentwurf ökumenischer Gottesdienstpraxis. Vielmehr begreift sich die auf die Vernetzung divergenter Religionskulturen abgestellte Liturgie auch im politischen Sinne als Motor religiöser Globalisierung, als Wegbereiterin „einer großen interkulturellen Revolution" (689,183). Die multikulturelle Liturgie soll „die Bereitschaft zur Versöhnung artikulieren und diese zeichenhaft feiern" (689,110) und damit „so etwas wie eine expressive Verarbeitung der Kirchentagserfahrungen selbst" darstellen (689,108).

3. In der offenen *Verlaufsstruktur* der Liturgischen Nacht werden die Leitvorstellungen der ‚Lebendigen Liturgie' praktisch ratifiziert. Der Ablauf der mehrstündigen, von vielen Szenenwechseln strukturierten Liturgie folgt nicht der streng ritualisierten Handlungslogik agendarisch geordneter Gottesdienste, sondern den Inszenierungstechniken, die zur Organisation der Großveranstaltungen des Kirchentages ausgearbeitet wurden. Das triadisch gegliederte „Aufbauprinzip der Veranstaltung" (689,124) ergibt sich aus der wechselseitigen Verschränkung von selbstreflexiven, gruppengemeinschaftlichen und großgruppenspezifischen Interaktionsformen. Die „Stationenfolge dreier Phasen" setzt mit der Eröffnung im Zentrum der Messehalle ein, wird in der Gruppenarbeit – „zerstreut über den ganzen Raum" – fortgeführt und in der gemeinsamen Meditation und Kommunikation abgeschlossen (689,124). Die experimentelle Ausgestaltung der nur in ihren Grundzügen vorstrukturierten und lose miteinander verknüpften Interaktionsszenen wird in die Selbstverantwortung der autonomen Individuen und Gruppen überstellt und der spontanen Initiative und kreativen Phantasie der Teilnehmer anvertraut. Die Liturgische Nacht stellt sich dementsprechend „als Folge verschiedener ‚liturgischer' Stationen und ‚Nummern'", dar „mit Pausen dazwischen, mit Gesprächen, Kontakten, Möglichkeiten zum Gestalten, Malen, Berichten, zum Ausruhen, Schweigen, Meditieren, mit Essen, Trinken, Begrüßung von Gästen, viel Improvisation – am Ende einmündend in eine große Kommunion" (689,108).

4. Wie das Politische Nachtgebet, so wirkte auch die Liturgische Nacht nur mittelbar auf die Reform der kirchlichen *Kultpraxis* zurück. Während die liturgische Großveranstaltung hinsichtlich ihres inszenatorischen Profils an die nur auf dem Kirchentag gegebenen institutionellen Bedingungen gebunden blieb, verstärkte die mediale Verbreitung des liturgischen Großereignisses und zumal die intensive populäre und wissenschaftliche Diskussion über das Programm der ‚Lebendigen Liturgie' die Tendenzen zur Ästhetisierung der Liturgiekultur im allgemeinen. „Liturgische Nächte werden weitergefeiert und immer wieder von neuem ausprobiert von anderen Menschen, aus anderen Anlässen und an vielen Orten", niemals aber als „Abklatsch" des Vorbilds, sondern jeweils als ein „anderes Original" (689,8f).

Von besonderer Bedeutung für die sich ständig reformierende Gottesdienstkultur blieb aber vor allem die in der Liturgischen Nacht praktizierte Form der *Abendmahlsliturgie*, in der Sättigungsmahl und Symbolhandlung miteinander kombiniert werden. Um das Prinzip der ‚Alltagsnähe' auch für die christliche Mahlfeier in Geltung zu setzen, greifen die Initiatoren der Liturgischen Nacht auf die urchristliche Abendmahlspraxis (> 232-3) zurück und suchen, die „Alternative" zwischen ‚Abendmahl' und ‚Speisung' (689,132) aufzuheben und „die reinliche Scheidung von Agape und Sakrament" (689,137) zu überwinden. „Was bisher eher im kleinen Kreis praktiziert wurde, wurde hier öffentlich erfahrbar: die Realität und Leiblichkeit der Tischgemeinschaft Jesu, der eigentliche Sitz im Leben auch der Eucharistie in einer wirklichen Mahlzeit, in der Brot und Wein, Kommunion und Kommunikation vital auf einander bezogen sind, reale Symbole, nicht nur aufgesetzte Interpretamente auf leere Gesten" (689,136). In den ebenfalls im Rahmen der Kirchentagskultur erprobten und in die parochiale Gottesdienstpraxis übernommenen ‚Feierabendmahlen' fand die neue Abendmahlspraxis ihre adäquate liturgische Gestalt.

3.4.3. Das Feier-Abend-Mahl

1. Das *Feier-Abend-Mahl* stellt „ein festliches Abendmahl in offener Gestalt mit thematischer Ausrichtung" dar (695,874). Die Grundform der neuartigen Abendmahlsliturgie wurde von einem Projektausschuß ausgearbeitet und zum ersten Mal 1979 im Rahmen eines dreitägigen ‚Forums Abendmahl' auf dem Nürnberger Kirchentag mit großem organisatorischen und ästhetischen Aufwand in der Lorenzkirche inszeniert. Seitdem bildet die am Feierabend des Freitags von mehreren tausend Mitwirkenden gestaltete Mahlfeier die Mitte der fünftägigen ‚Großliturgie Kirchentag' (695,877), die mit einer Vielzahl von Eröffnungsgottesdiensten beginnt und mit der seit 1983 als Abendmahlsgottesdienst gestalteten Schlußveranstaltung endet. Das Feierabendmahl kann als signifikantes Indiz für einen Wandel der Kirchentagskultur (> 222-3) gewertet werden, als Resultat einer „liturgische(n) Klimawende" (690,71), in deren Folge die „gottesdienstliche Dimension des ganzen Kirchentages" (690,75) zunehmend zur Geltung gebracht wurde. Zu den im großen Rahmen inszenierten und publikumswirksamen Gestaltungen zeitverbundener Liturgien ist neben dem Feierabendmahl die auf dem Dortmunder Kirchentag 1991 in der Westfalenhalle veranstaltete, deutlich politisch grundierte und von Ideen der Befreiungstheologie inszenierte Beatmesse (694,65ff) zu zählen. Die 1988 in Finnland entstandene und von Laieninitiativen getragene Thomasmesse (695,883), ein gleichermaßen um die gemeinschaftliche Abendmahlsfeier wie um die individuelle Gebets- und Beichtpraxis zentriertes Gottesdienstmodell, in dem sich traditionelle Liturgien und zeitgenössische Sprach- und Musikkultur ineinander verweben, bildet mittlerweile einen festen Bestandteil im liturgischen Angebot vorwiegend städtischer Kirchengemeinden.

Ihr originäres *Profil* verdanken die in die Religionskultur der Kirchentage eingebetteten Feierabendmahle der organischen Verwebung von liturgisch-ästhetischer Feier und politischer Reflexion, der in vielfältigen Programmschriften und Organisationskonzepten dokumentierten Idee der „Verschränkung von Lobpreis und Weltverantwortung" (696,40), der Integration von „liturgische(r) Identität" (697,73), kritischer „Weltverantwortung" (696,35) und persönlichem „Lebensstil" (697,73). Das Feierabendmahl nimmt einerseits „bewußt die Impulse des Politischen Nachtgebets der späten sechziger Jahre" auf: „Durch Informationen, Berichte und Erzählungen wird die Gemeinde mit Situationen der Ungerechtigkeit, des Leidens, der Ausbeutung, mit der Bedrohung des Friedens und der Gefährdung allen Lebens auf der Erde konfrontiert" (700,125). Andererseits steht das Feierabendmahl „in der Tradition der Liturgischen Nacht von Düsseldorf 1973.

Es ist der eucharistische Zweig, der aus der gemeinsamen Erfahrung von damals heraus sich entwickelt hat" (697,73). Während aber in den unterschiedlichen „Gottesdienstkonzepten der späten sechziger und der siebziger Jahre … das politische Thema bzw. der festlich-kreative Charakter der gottesdienstlichen Kommunikation die liturgische Gestaltung" (701,41) jeweils dominant bestimmte, strebt das liturgische Modell des Feierabendmahls eine integrale Gottesdienstpraxis an, in der politisches Bewußtsein und gottesdienstliche Feier, „Kampf und Kontemplation, soziales Engagement und Lob Gottes, Diakonie und Liturgie" (696,13) in Einklang miteinander gebracht werden.

Die Initiatoren der *integralen* Konzeption gottesdienstlicher Liturgie grenzen ihr Programm dementsprechend nach zwei Seiten hin ab. Wie die gottesdienstliche Feier nicht zur politischen ‚Lagebesprechung' deformiert werden darf, zur „Vorbereitung der Aktion angesichts der Tagesordnung der Welt" (696,30), so darf es umgekehrt „nicht zu einem Hinwegfeiern der Probleme kommen" (696,35), zu einer religiösen Binnenkultur, in der „Essen und Trinken, Leiden und Sterben, Tanz und Freude … in separierte Räume verdrängt sind, so daß für die Gemeinde nur noch Innerlichkeit übrigbleibt" (696,12). Vielmehr gilt es, „die gesellschaftliche Dimension des Abendmahls zu erkennen und in der Gestaltung zu verwirklichen" (696,32). Die liturgische Kultur der Feierabendmahle soll weder von den Lebensanschauungen „einer linken Elite" dominiert noch von der Mentalität des „protestantischen Kleinbürgertums" geprägt sein. Das ekklesiologische Leitbild der neuartigen, politisch grundierten Feierpraxis bildet vielmehr die Vorstellung einer „offene(n) Kirche" (696,12), in der „der Spalt sich schließt zwischen denen, für die der Gottesdienst in erster Linie in der sozialen Aktivität im Alltag geschieht, und denen, die bisher in geschlossenen Kirchen ihre schönen Gottesdienste pflegten" (696,13).

Während die explizit politischen Liturgien der vergangenen Jahrzehnte den partikularen Lebenseinstellungen und Weltanschauungen einer begrenzten gesellschaftshistorischen Epoche verhaftet blieben und lediglich hinsichtlich der Popularisierung ihrer politischen Ideen Eingang in die allgemeingesellschaftliche Religionskultur fanden, stellt das Feierabendmahl eine *exemplarische Grundform* ganzheitlicher Gottesdienstpraxis dar, deren theologische Ideen den praktisch-theologischen Diskurs der neueren Zeit nachhaltig bestimmten und deren liturgische Prinzipien bis in die Gegenwart ihre Geltung behielten. Im Unterschied zu anderen für die Kirchentagskultur charakteristischen Veranstaltungsformen wird das Feierabendmahl – in veränderter Gestalt – auch im Gemeindechristentum und zumal in der parochialen und überparochialen Gruppenkultur praktiziert. Das Feierabendmahl bildet somit eine wichtige Klammer zwischen Kirchentagschristentum und Gemeindefrömmigkeit.

Um das liturgische Modell aus dem ‚Kirchentag' in den ‚Kirchenalltag' (691) zu übertragen, war es notwendig, „das große Vorbild … in der Gestaltung ‚schlanker' zu machen" (696,99), das liturgische Großereignis in eine „leicht wiederholbare Form mit wenig Vorbereitungszeit" (696,81) zu überführen und die Grundgestalt des Feierabendmahls unter Beibehaltung ihrer elementaren Strukturen im jeweiligen ‚Sitz im Leben' (696,19) entsprechend zu modifizieren. In der parochialen Lebenswelt wird das Feierabendmahl vornehmlich in drei unterschiedlichen, teils ‚großen', teils ‚kleinen' *Varianten* praktiziert (696,19). Das „einfache Feierabendmahl für die Gruppe" (696,81ff), die Begehung des werktäglichen Feierabends, einer exemplarischen „Situation der ‚Oase'", in einem „Raum mit kommunikativer Atmosphäre" ist weniger „von festen Ordnungen, dagegen stärker vom Lebensstil der Teilnehmer geprägt, thematisch nicht orientiert, kommunikativ, meditativ" und schließt ein „gemeinsames Essen" im Anschluß an die symbolische Mahlfeier ein (696,81). Die größere „Gemeindeform des Feierabendmahls" (696,84ff) mit fünfzig bis zweihundert TeilnehmerInnen wird bei „besondere(n) Anlässe(n) im Leben der Gemeinde" sowie an „Festtage(n) im Kirchenjahr" praktiziert; sie ist „je nach den Möglichkeiten des Ortes stärker agendarisch geprägt (Kirche) oder mit mehr kommunikativen Elementen (Saal)" (696,84) durchsetzt. Das „große Feierabendmahl" (696,97ff) im Rahmen von Kirchentagen, Stadtteiltreffen oder Begegnungen von Gemeinden schließlich enthält die Summe der liturgischen „Elemente, die Weltverantwortung und/oder Kommunikation zum Ausdruck bringen" (696,97). So unterschiedlich sich die verschiedenen Versionen des Feierabendmahls hinsichtlich ihrer praktischen Gestaltung auch darstellen, sie folgen insgesamt dem „liturgische(n) Programm" (695,878), das in den ‚Lorenzer Ratschlägen' in sechs unveräußerlichen Prinzipien gebündelt wird: Anstiftung zur Hoffnung, anders leben, solidarisch handeln, universal denken, Kinder nicht ausschließen, menschlich feiern (699,159ff).

2. Das Feierabendmahl bildet den Nukleus einer eigenständigen *Frömmigkeitskultur* (> 211), in der sich divergierende und konvergierende Entwicklungstendenzen der neueren protestantischen wie ökumenischen Christentumspraxis auf charakteristische Weise miteinander verschränken. Wie die auf den Kirchentagen veranstalteten Mahlfeiern zugleich als Indizien wie als Generatoren einer allgemeinen Ästhetisierung der Religionskultur anzusehen sind, so ordnen sich die von Gemeinden und Gruppen praktizierten Varianten des liturgischen Modells in die „große Zahl meditativer und kreativer Gottesdienstexperimente" (695,874) ein, die in der Folge eines religiös-kulturellen Wandlungsprozesses, der sowohl in der privaten wie in der kirchlichen Lebenspraxis zu registrierenden Konjunktur von „Fest und Feier" (695,874), entstanden. Ein charakteristisches Segment der rituell-symbolisch verfaßten religiösen Lebenskultur bildet die „neue Abendmahlsbewegung" (675,80; 705), in deren Kontext nicht nur die „Tiefendimensionen des Abendmahls" (702,43) herausgestellt und in erlebnisträchtigen Gestaltungen der Mahlfeiern sinnlich erfahrbar inszeniert wurden. Vielmehr formte sich im Zuge der „Wiederentdeckung des Abendmahls" (701,22) auch ein originärer, um die Abendmahlsfeier zentrierter Frömmigkeitstypus aus, in dem sich individuelle Religiosität, gruppengemeinschaftliche liturgische Verhaltensweisen und typische Kirchgangskonventionen aufs engste miteinander verbinden. War der „eucharistische Lebensstil" (705,91ff) ursprünglich in religiösen Subkulturen beheimatet, in „Gruppen der liturgischen Bewegung, für die das Abendmahl Zentrum einer eucharistischen Frömmigkeit war" (701,40), so bildet die Abendmahlsfrömmigkeit mittlerweile einen sowohl auf den Kirchentagen als auch im Gemeindechristentum fest etablierten Typus zeitgenössischer Spiritualität.

Die „Abendmahlsbewegung der Gegenwart" (701,39ff), in der sich eine weniger von dogmatischen Vorstellungsgehalten als von frömmigkeitspraktischen Lebenshaltungen geprägte Auffassung der liturgischen Symbolhandlung und eine durchreflektierte Gestaltung der rituellen Kommunikationspraxis miteinander verschränken, nimmt „ihren Ausgang nicht bei der Lehre, sondern bei der Erfahrung, beim Vollzug der Feier und den Möglichkeiten ihrer liturgischen Gestaltung" (701,22). Sie begreift die Mahlfeier „primär als *Gemeinschaftsmahl*" (701,43) und kritisiert dementsprechend die protestantische „Praxis der Winkelmesse", den „allgemeine(n) Brauch, das Abendmahl vom Gemeindegottesdienst zu trennen und im Anschluß an den Gottesdienst im kleinen Kreis zu halton" (701,21). Gewinnt die protestantische Abendmahlspraxis den „Anschluß an die größere ökumenische Tradition eucharistischer Feier" (701,50) dadurch zurück, daß die Mahlfeier wieder ins Zentrum der gottesdienstlichen Handlung gerückt wird, so verdankt sie ihre frömmigkeitspraktische Indigenisierung der Pluralisierung ihrer kommunikativen Gestalten und deren Einbettung in die pluriformen Gemeinschaftsformen der zeitgenössischen Christentumspraxis. In der kirchlichen Gruppenkultur wird das Abendmahl „in vielfältigen Formen und Kontexten" gefeiert, „nicht mehr nur im kerngemeindlichen Milieu, sondern mit besonderer Intensität und Lebendigkeit gerade an den ‚missionarischen' Kontaktstellen der Volkskirche: auf Freizeiten mit Konfirmanden, in Familiengottesdiensten zusammen mit Kindern, in Projekt- und Aktionsgruppen, häufig im Rahmen einer gemeinsamen Mahlzeit, als Abschluß von gemeindlichen Friedenswochen, als das große Gemeindefest und nicht zuletzt als Feierabendmahl auf den Kirchentagen" (701,42).

Im Zuge der Einbettung der Mahlfeier in die unterschiedlichen Kontexte religiöser Gemeinschaftspraxis bildete sich ein neues, an der Individualisierung und Pluralisierung der neuzeitlichen Religionskultur orientiertes *Partizipationsmuster* heraus. Die in der alltagszyklischen Kirchgangskonvention (> 233) verankerte Gewohnheit des Abendmahlsbesuchs im Anschluß an den Gottesdienst ist als typische Verhaltensweise einer volkskirchlichen Minderheit (> 122), als Attribut hochgradiger ‚Kirchentreue' anzusehen. Die in die jahreszyklische Kirchgangskonvention (> 233) eingebettete Sitte des Abendmahlsbesuchs lediglich an herausgehobenen Daten des Kirchenjahres, zumal am Karfreitag (> 212-2) stellt eine – mittlerweile allerdings zunehmend zerfallende – liturgische Partizipationsform der vom kirchlichen Christentum abgelösten und in der bürgerlich-protestantischen Privatreligion (> 212-1) verankerten Christentumspraxis dar. Die Mitwirkung an situationsverbundenen und von den TeilnehmerInnen gemeinsam arrangierten Mahlfeiern bildet dagegen das kommunikative Zentrum lebenspraktisch ausgeformter, ebenso individualisierter wie pluralisierter Frömmigkeitshaltungen.

3. Die einerseits an der Kultivierung individueller Frömmigkeitshaltungen, andererseits an der Ausbildung gruppengemeinschaftlicher Lebensformen orientierte Abendmahlspraxis prägt dem Stil der innovativen liturgischen *Inszenierungen* ihren Stempel auf. In den variierenden Modellen des Feierabendmahls verbinden sich individualitätsvergewissernde und gemeinschaftsstiftende Handlungs- und Erlebnismomente auf vielfältige Weise miteinander.

Trägt die eucharistische Feierkultur der Pluralisierung der Frömmigkeitshaltungen durch die Vielgestaltigkeit der experimentellen Liturgien Rechnung, so fördert sie die äußere und innere Beteiligung der TeilnehmerInnen an der gemeinsam gestalteten Feier durch die *Individualisierung* der Handlungs- und Erlebnisakte. Den Gestaltungsprinzipien des liturgischen Programms entsprechend sollen Feierabendmahle so arrangiert werden, daß sich die TeilnehmerInnen als autonome Individuen erfahren, sich mit sich selbst identifizieren und „ganz persönlich wohlfühlen" (696,18). In der von wechselseitiger Sympathie und empathischen Umgangsstilen geprägten Atmosphäre der Gruppenfeier kann sich der einzelne dann auch authentisch äußern, auf die politischen Informationen mit „echte(r) Betroffenheit" reagieren und seine individuellen Empfindungen in die liturgisch geformte, gleichwohl aber deutlich individualisierte Ausdrucksform „ehrliche(n) Loben(s)" (696,37) kleiden. Die politischen Reflexionsgehalte der Gottesdienste werden daher nicht in „möglichst objektive(n) Darstellungsformen" präsentiert, sondern in individuell konturierter Gestalt, in „personale(r) Vermittlung von Information und Betroffenheit" durch authentische „Zeuge(n)" vorgetragen (696,38). Im „gegenseitige(n) Austausch von Betroffenheit" (696,57) entwickelt sich die für die eucharistische Spiritualität charakteristische, an Vorstellungen des Pietismus angelehnte Frömmigkeitshaltung, in der „persönliche Heilsgewißheit" und „solidarisches Mitleiden" (696,51) ineinander aufgehen.

Die Feierabendmahle haben nicht nur in ihren aufwendigen Ausgestaltungen im Rahmen der Kirchentage, sondern auch in ihren alltagsnäheren Ausformungen die Statur von extraordinären *Ereignissen*, die aufgrund ihrer charakteristischen Handlungs- und Erlebnisqualität sowohl aus der alltagsweltlich routinisierten als auch aus der kirchlich konventionalisierten Religionspraxis heraustreten und den Charakter festlicher Begehungen (> 233) annehmen. Beruht die gegenüber der konventionellen gottesdienstlichen Abendmahlspraxis erhöhte Kommunikationsdichte der gruppengemeinschaftlichen Abendmahlsfeiern auf der durchgängigen aktiven Beteiligung aller Gruppenmitglieder an den liturgischen Interaktionen, so resultiert der hohe subjektive Erlebniswert der symbolischen Inszenierungen der Lebenswirklichkeit aus der Intensivierung der individuellen Wahrnehmungsprozesse. Die innere Anteilnahme an der gemeinsam gestalteten Feier wird durch die Anreicherung der symbolischen Handlung mit expressiven Komponenten stimuliert: „Das Feierabendmahl sucht eine größere Dynamik der Ausdrucksformen. Expressive Elemente werden durch die Rezitation von Gedichten, durch Tanz und Bewegung eingeführt. Meditative und konzentrierende Wirkungen werden durch Meditation, bildhafte Sprache, Lichteffekte und einfache Symbolhandlungen erreicht" (695,881). Die vielfältigen sinnlichen Eindrücke bündeln sich in der integralen Wahrnehmung der pluriformen Inszenierung durch den einzelnen Rezipienten: „Der ganze Mensch soll erfahren, daß Gott gut ist" (699,162).

Die liturgische Praxis des Feierabendmahls zielt allerdings nicht auf eine Vereinzelung der TeilnehmerInnen, sondern auf die Vermittlung zwischen Individuum und Gruppe ab. Das subjektive Erleben der einzelnen ist daher durchgängig in das religiöse *Gemeinschaftshandeln* eingebettet. Wie das Abendmahl frömmigkeitspraktisch „heute primär als Gemeinschaftsmahl erlebt wird", so begreift die liturgiewissenschaftliche Reflexion die eucharistische Symbolhandlung als Modellfall integraler, zwischen subjektivem Erleben und kommunikativer Vergemeinschaftung vermittelnder Religionspraxis. „Den neuen Abendmahlsfeiern gelingt es offenbar, zeichenhaft erfahrbar zu machen, daß es das gibt: Nähe, Wärme, Zuwendung in einer Welt, die überwiegend als kalt und feindlich, in einer Kirche, die oft als erstarrt und tot erlebt wird" (701,43). In der Absicht, „dafür zu sorgen, daß Gemeinschaft unter den Teilnehmern geweckt, gepflegt und weiterentwickelt" wird, greifen die Initiatoren des Feierabendmahls auf Stilelemente des Familiengottesdienstes zurück und führen vielfältige, aus der alltagsweltlichen Geselligkeitskultur entlehnte „kommunikative Elemente" (696,56) in die Gruppenliturgie ein: sich miteinander bekanntmachen, Erfahrungen untereinander austauschen, sich verabreden (696,57ff). Die kommunikative Statur der gemeinsamen Feier kommt aber nicht nur in der geselligen Atmosphäre des Feierabendmahls zur Geltung. Die neuartige Abendmahlspraxis zielt vielmehr vor allem auch darauf ab, die Abendmahlsliturgie im engeren Sinne, „die Mahlfeier selbst offener (zu) gestalten" (696,58): „Wir bilden einen Kreis um den Altar. Wir reichen uns Brot und Wein mit guten Worten weiter" (699,163). Besondere Bedeutung kommt dem ‚Friedensgruß' zu, einem liturgischen Kontaktritus (> 232-

3), der die verschiedensten kommunikativen Gesten einschließt: „‚ein Zeichen des Friedens‘, ein kurzes Wort, einen Händedruck, eine Umarmung, einen Gruß" (696,58).

Die Symbiose von Individualisierung und Vergemeinschaftung führt insgesamt zu einer
Anlehnung der gruppengemeinschaftlichen Abendmahlspraxis an die Feierkultur der
Privatwelt (> 212-1). Nicht die einem „Dinosaurier" vergleichbare abstrakte „Großinstitution" der Kirche bildet den institutionellen Rahmen der Feierabendmahle, sondern die
in der primären Erfahrung erlebbare religiöse Gemeinschaft, die „menschlichere" Kirche
„mit mehr Charme" (696,12), die ‚Wohlfühlkirche‘ (697,74), in der die Sehnsucht des
Menschen „nach Beheimatung, nach Schutz und Geborgenheit" erfüllt und „Nähe, Wärme, herzliche Zuwendung" erlebt wird (703,130). Und wie das Abendmahl aus den Kir-
chenmauern auswandert und nicht nur in Kirchentagshallen und Gemeindesälen, sondern
auch „in den Häusern" (699,163) gefeiert wird, so zieht beim festlichen Feierabendmahl
umgekehrt das häusliche Ambiente in die Kirchenräume ein. Wie in der häuslichen guten
Stube wird der Boden des Gemeindesaals mit Teppichen belegt (697,74). Wie bei häuslichen Festtagen wird der Tisch gedeckt und geschmückt und der Erlebnisraum mit „fest-
liche(m) Schmuck und andere(n) Zeichen des Festes" (699,163) dekoriert. Im Verlauf
des Festes werden „Gästebuchblätter" angelegt und Gaben überbracht (696,58). Zum
Schluß wird eine ‚Gute-Nacht-Geschichte‘ (697,77) erzählt und ein Abendlied gesungen
(697,109). Die häusliche Feierkultur wird auf die gruppengemeinschaftliche Abendmahlspraxis kopiert.

Ruht die kreative Ausgestaltung der detaillierten Handlungs- und Erlebnisszenen der
Mahlfeier auf den Konventionen auf, die in der häuslichen Religionspraxis ausgearbeitet
wurden, so folgt der *Handlungsverlauf* der Mahlfeier der rituellen Logik der kirchlich
institutionalisierten Symbolhandlung. „Das Feierabendmahl hält sich auch in ganz offenen Formen weitgehend an den Ablauf des Herrenmahles, wie er sich seit Jahrhunderten
ausgeprägt hat" (696,25). Die Konventionalisierung der Feierkultur und die Ritualisierung der Handlungsstruktur wirken einerseits der Pluralisierung und Individualisierung
der Handlungs- und Erlebnisprozesse entgegen. Sie unterstellen die privatisierte Abendmahlspraxis dem Reglement objektiv gültiger und unumstößlicher liturgischer Ordnungen und vermindern damit die Spielräume für individuelle Eingriffe in den sich selbst
regulierenden Handlungsprozeß. Indem die Standardisierung der Handlungsprogramme
die Kontingenzanteile der Erlebnisprozesse reduziert, schaffen sie aber auf der anderen
Seite gerade die für die Individualisierung des Rituals (> 232-3) notwendigen Bedingungen. Bewirkt die Vertrautheit mit den konventionalisierten Interaktionsstilen und mit den
ritualisierten Handlungsvorgaben die für die innere und äußere Beteiligung notwendige
Verhaltenssicherheit, so macht die Reglementierung der festgeschriebenen Handlungsabläufe das Risiko subjektiver Investitionen kalkulierbar.

Die dialektische Wechselbeziehung zwischen objektivierter Handlungsstruktur und individualisierter Erlebnispraxis kommt in den *liturgiereformerischen Intentionen* des Feierabendmahls auf exemplarische Weise zum Ausdruck. Die „Grundgestalt des Feierabendmahls" lehnt sich an das in der Erneuerten Agende dokumentierte Verlaufsschema
der Gottesdienstliturgie an (696,25ff) und folgt damit „weithin den Stationen des klassischen Meßordinariums" (701,49). Zwischen Eröffnung und Abschluß der Handlungsse-
quenz stehen vier paarweise einander zugeordnete liturgische Szenen (Klage und Ankla-
ge/Zeichen der Hoffnung; Gabenbereitung/Lobpreis) sowie die rituelle Kernszene, die

Symbolhandlung des sakralen Essens und Trinkens (> 232-3). Die kreative Ausgestaltung der Handlungsszenen wirkt aber einer ritualistischen Entleerung ihrer Sinngehalte entgegen. Die Reinszenierungen der liturgischen Mahlfeier zielen darauf ab, „die gleichsam geronnenen Formen des Ritus wieder in die Handlungsvollzüge zu übersetzen, aus denen sie ursprünglich gebildet worden sind" (701,49), und gleichzeitig in der protestantischen Abendmahlstradition verschüttete liturgische Handlungs- und Erlebnisformen in die Mahlfeiern zurückzuholen. „Im Feierabendmahl (wird) der eucharistische Lobpreis, die Christusanamnese, die Geistepiklese, der eschatologische Ausblick und anderes neu entdeckt und liturgisch entfaltet" (701,50).

4. Stellt sich das Feierabendmahl einerseits als eine eigenständige Komponente der ästhetischen Religionskultur dar, so verdankt es sein unverwechselbares Profil andererseits der durchgängigen *politischen Grundierung* der gruppengemeinschaftlichen Feier- und Reflexionspraxis. Die „politische Dimension" (695,880) des liturgischen Modells kommt zum einen in der thematischen Fokussierung der Gottesdienste (700,125), zum anderen durch die Beteiligung politischer Initiativ- und Aktionsgruppen wie beispielsweise der Gefangenenhilfsorganisation amnesty international (697,75) zur Geltung, deren Generalsekretär im Rahmen des Feierabendmahls in der Nürnberger St. Lorenz-Kirche eine Ansprache hielt (697,84ff). Die politische Reflexion bleibt allerdings nicht auf bestimmte Partien des Gottesdienstablaufs begrenzt, sondern wird – teils in Form subtiler „Hinweise" (695,879), teils durch eine entsprechende Ausgestaltung liturgischer Formelemente, beispielsweise der „Klage (oft als Kyrie-Litanei)" oder der „Fürbitte" (695,880) – in die Gesamtinszenierung eingebettet und auch in ästhetisch-symbolischen Ausdrucksformen, in „Musik und Gebärden, Zeichen und Bilder(n)" (692,7) zum Ausdruck gebracht.

Die im politischen wie im religiösen Bewußtsein allgemein verankerten und in die überkonfessionelle Kulturreligion (> 140) eingeflossenen Problemkomplexe – „die Müllkatastrophe, die Vernichtung des Regenwaldes, die Peinigung der Tiere, die Vergiftung der Gewässer, der Kolonialismus seit Kolumbus, Sexismus und Rassismus" (692,7) – werden in den Feierabendmahlen zum einen in diskursiv-rationaler Form bearbeitet. Insofern sind die deutlich von gesellschaftskritischen Intentionen dominierten und auf politische Aufklärung und Bewußtseinsbildung abzielenden Gestaltungen der Mahlfeiern einem bestimmten Segment der zeitgenössischen *Religionskultur* zuzuordnen, dem ökumenisch orientierten ‚politischen Christentum', das sich in der Diskurskultur der Kirchentage herausbildete und sich gleichzeitig in der kirchlichen Gruppenkultur etablierte. Andererseits verwahren sich die Programme des Feierabendmahls aber gegen eine Überfremdung der liturgischen Feiern durch die Dominanz der diskursiven Vernunft, stellen die Notwendigkeit der Vermittlung von religiöser und politischer Rationalität (> 231) heraus und betrachten das Medium der Liturgie, in seinem Wortsinn als „Dienst des Volkes Gottes" (692,7) verstanden, als eine integrale Form politisch grundierter wie frömmigkeitspraktisch ausgeformter Lebenseinstellung.

Die Verbindung von liturgischer Frömmigkeit und politischer Weltverantwortung spiegelt sich in einem an der Integration der divergierenden Welt- und Lebensperspektiven orientierten Verständnis und einer entsprechenden Gestaltung der christlichen *Mahlfeier* wider. In den innovativen Inszenierungen des Abendmahls werden die kulturreligiösen Prinzipien zeitgenössischen Christentums – ökologische Weltverantwortung, ökumeni-

sche Verständigung und soziale Solidarität – zugleich symbolisch inszeniert wie lebenspraktisch eingelöst. Das Feierabendmahl fördert zum einen die ökologische Bewußtseinsbildung und die Entwicklung alternativer Lebensstile: „Jede Abendmahlsfeier ist ...
ein Erntedankfest. Wir können hier nicht den Schöpfer preisen und gleichzeitig seine
Schöpfung ausbeuten und zerstören. Unserem Dank in der Mahlfeier müssen darum
Schritte eines anderen Lebens im persönlichen und gesellschaftlichen Alltag entsprechen. Wir müssen lernen, mit den Gaben dieser Erde sorgsamer umzugehen" (699,160).
Das Feierabendmahl stellt zum anderen einen „Ort der Versöhnung" dar: „Wer an Jesu
Tisch sitzt, kann nicht mehr partikulare Interessen verfolgen. Er lernt universal denken"
(699,161). Schließlich „wird die Eucharistie zur Vision einer neuen, gerechten und soli-
darischen Gemeinschaft" (701,44), in der „die Fähigkeit zu gefeierter Versöhnung in
Musik, Spiel, Fest und Feier" (693,100) eingeübt wird: „Wir können nicht Gäste des
Gekreuzigten sein, ohne solidarisch zu leben wie er" (699,160).

Zur theologischen Fundierung der integralen Abendmahlsauffassung berufen sich die
Programme des Feierabendmahls auf die *Konvergenzerklärung* des Ökumenischen Rates
der Kirchen von Lima (706; 707), in der „der Zusammenhang zwischen dem Weltbezug
der Eucharistie und der Weltverantwortung der Christen" herausgestellt und die von
ökumenischem Geist inspirierte Synthese von politischer Welteinstellung und spiritueller Lebenshaltung in einer „eucharistische(n) Utopie" verdichtet wird (700,122): „Die
eucharistische Feier fordert Versöhnung und Gemeinschaft unter all denen, die als Brü-
der und Schwestern in der einen Familie Gottes betrachtet werden, und sie ist eine ständige Herausforderung bei der Suche nach angemessenen Beziehungen im sozialen, wirtschaftlichen und politischen Leben ... Alle Arten von Ungerechtigkeit, Rassismus,
Trennung und Mangel an Freiheit werden radikal herausgefordert, wenn wir miteinander
am Leib und Blut Christi teilhaben ... Als Teilnehmer an der Eucharistie erweisen wir
uns daher als unwürdig, wenn wir uns nicht aktiv an der ständigen Wiederherstellung der
Situation der Welt und der menschlichen Lebensbedingungen beteiligen. ... Solidarität
in der eucharistischen Gemeinschaft des Leibes Christi und verantwortliche Sorge der
Christen füreinander und für die Welt finden in den Liturgien spezifischen Ausdruck: in
der gegenseitigen Vergebung der Sünden; dem Friedensgruß; der Fürbitte für alle; dem
gemeinsamen Essen und Trinken; dem Bringen der Elemente zu den Kranken und Ge-
fangenen oder der Feier der Eucharistie mit ihnen. Alle diese Äußerungen der Liebe in
der Eucharistie sind direkt auf das Selbstzeugnis Christi als Diener bezogen, an dessen
Dienst die Christen selbst teilhaben" (706,24).

5. Das vom Geist der Ökumene inspirierte Programm des Feierabendmahls zielt schließlich nicht nur auf eine Erneuerung der Abendmahlspraxis ab, sondern ebenso auf eine
umfassende *Reform* von Gemeinde und Kirche.

Im Lebenszusammenhang der *Kirchengemeinde* kommen die reformerischen Potentiale
der innovativen Abendmahlspraxis in doppelter Weise zur Geltung. Zum einen strebt die
‚neue Abendmahlsbewegung' eine Vitalisierung der kirchlichen Liturgiekultur im ganzen an. Die „lebendige Liturgie" wirkt der „Lethargie" (692,7) der zeitgenössischen
Gottesdienstkultur entgegen und führt zu einer umfassenden „Erneuerung der Gemeinde
aus dem Abendmahl" (705). Zum anderen vernetzt das pluriforme liturgische Konzept
die teils im kirchlichen, teils im öffentlichen Christentum verorteten partikularen Frömmigkeitskulturen miteinander. Das Feierabendmahl stellt ein „Integrationsmodell" dar,

das nicht nur „die freien Liturgien und die klassische Meßform schöpferisch vermittelt" und damit „Brücken zwischen zwei gottesdienstlichen Kulturen" schlägt, sondern darüber hinaus auch „die Aufbruchsbewegung der Jugend und das Kirchentagserleben mit dem Gemeindealltag vor Ort" verbindet (675,80).

„Abendmahlsreform ist zugleich *Kirchenreform*" (696,22; 703,128ff). Die erneuerte Abendmahlspraxis kulminiert in einer originären ekklesiologischen „Vision" (703,128), in der „die Kirche von morgen als eine Kirche des Teilens" begriffen wird, „als eine offene Kirche lebendiger Beteiligung", weder „als die große religiöse Betreuungsanstalt, als die Institution allseitiger pastoraler Versorgung und sakramentaler Verwaltung" noch „als die Gruppenkirche, die Avantgarde engagierter evangelistischer oder prophetischer Stoßtrupps", sondern „als eine Gemeinschaft, die versucht, möglichst viele ihrer Glieder an diesem Grundvorgang zu beteiligen: Brotbrechen, Leben empfangen, Leben weitergeben" (703,131). Indem das Abendmahl als „Mahl der Einheit" (704,61) und seine Gestaltung als eine „interkulturelle Aufgabe" (696,22) aufgefaßt wird, gewinnt die Kirche „inmitten der auseinanderstrebenden Teile die Kraft zur Integration" zurück und wird „selbst zu einer Kraft der Integration" (703,136). Als „eucharistische" (696,13) und damit „universale Kirche" (696,12) fungiert die „neue Kirche" schließlich als Motor „einer menschlicheren Gesellschaft", in der die neuzeitlichen Ideen von „Freiheit, Gleichheit, Brüderlichkeit" (698,41) eingelöst werden.

6. Zu den aus der Gemeinschaftsidee abgeleiteten Reformpostulaten der ‚neuen Abendmahlsbewegung' gehört vor allem auch die in der „überwiegende(n) Mehrheit der christlichen Kirchen" (709,35) übliche und mittlerweile auch „in vielen Gemeinden fast aller deutschen Landeskirchen" (709,11) praktizierte Zulassung von *Kindern* zum Abendmahl. Haben die orthodoxen Kirchen „den altkirchlichen Brauch der Kinderkommunion in der speziellen Ausformung der Säuglingskommunion durch die Jahrhunderte hindurch beibehalten" (708,189), so wurde in der römisch-katholischen Kirche (IV. Laterankonzil 1215), zunächst in der Folge einer zunehmenden Dogmatisierung der Wandlungslehre und der Verdinglichung der sakralen Materie (> 232-3), später dann auch in Anlehnung an die protestantische Konfirmationspraxis (708,190), eine untere Altersgrenze (ca. 10. bis 14. Lebensjahr) für die Zulassung zum Abendmahl festgesetzt und die Erstkommunion zu einem eigenständigen kirchlichen Ritus ausgeformt. Erst durch ein Dekret des „eucharistischen Papstes" Pius X. (1910) wurden Erstbeichte und Erstkommunion wieder vorverlegt (ca. 7. Lebensjahr) und „den Kindern das ihnen in der Taufe grundsätzlich gegebene Recht, an der Eucharistie teilzunehmen, zurückerstattet" (708,190).

Die *evangelischen Kirchen* schlossen sich – trotz ihres ganz anders gearteten Abendmahlsverständnisses (> 232-3) – hinsichtlich der Zulassungspraxis der römisch-katholischen Tradition an. Sie betrachteten die „Beichtfähigkeit" und die „ausreichende intellektuelle Fähigkeit zum Verständnis des Abendmahls" als unverzichtbare Komponenten der Abendmahls-‚Würdigkeit' und damit als „unabdingbare Voraussetzungen" zur Beteiligung an der Mahlfeier (708,191). Indem die Zulassung zum Abendmahl – bis in die neuere Zeit – als ‚eigentlicher Inhalt' (708,191) des kirchlichen Konfirmationsritus betrachtet und die sowohl didaktische wie frömmigkeitspraktische Vorbereitung auf den ersten Abendmahlsgang zu einem integralen Bestandteil des Konfirmandenunterrichts erklärt wurde, verfestigte sich der Konnex von Konfirmation und erster Abendmahlsteilnahme. Die Verknüpfung von Einsegnungszeremonie und Abendmahlsfeier verlieh dem sowohl in der bürgerlichen Familienreligion (> 212-1) als auch in der kirchlichen Religionspraxis auf je verschiedene Weise verwurzelten Übergangsritual der Konfirmation seine eigentümliche Doppelstellung. Die Konfirmation fungiert einerseits als festlich begangener Passageritus an der Schwelle von der biographischen Epoche der Kindheit ins Erwachsenenalter und andererseits als feierliche Aufnahme der religionsmündig gewordenen Kirchenmitglieder in die Gemeinde unter Verleihung der in der Abendmahlszulassung symbolisch verdichteten kirchlichen Rechte. Vor allem aber wirkt die Verbindung von Konfirmationsgottesdienst und Abendmahlsfeier auf die Kirchgangsgewohnheiten und insbesondere auf die Abendmahlssitte des protestantischen Bürgertums zurück. Das Konfirmationsabendmahl wurde zum Initiationsritus einer charakteristischen Kirchlichkeitskonvention (> 212-2), der sporadischen Abendmahlsteilnahme an herausgehobenen Daten des Kirchenjahres, zumal am Karfreitag.

Im Zuge der schon von der jüngeren liturgischen Reformbewegung (> 233) geforderten und in der neueren Zeit dann realisierten Rückverlagerung des Abendmahls in den als *Gemeinschaftsfeier* begriffenen Gemeindegottesdienst wurden die Kinder zunehmend in die Abendmahlsliturgie einbezogen (709,11; 710). Die Befürworter der neuartigen Abendmahlspraxis berufen sich sowohl auf exegetisch- und dogmatisch-theologische Argumente (711,13ff) als auch auf erlebnis- und entwicklungspsychologische Einsichten (712,27ff). Sie unterlegen dem Abendmahl zum einen ein mehrdimensionales, aus den urchristlichen Mahlfeiern gewonnenes und in der gegenwärtigen Frömmigkeitspraxis dominantes Verständnis, in dem das Abendmahl als Ausdruck des „Gnadenhandelns Gottes" (709,34) betrachtet, das in den Arnoldshainer Thesen wie in der Leuenberger Konkordie formulierte „koinonia-Motiv" (709,119) herausgestellt und der „Fest- und Freudencharakter" (709,120) der Symbolhandlung betont werden. Zum anderen verweisen die Protagonisten der Abendmahlsreform auf den Erlebnischarakter (712,32), die „gefühlsmäßig(en)" Komponenten (712,35) und die „lebensgeschichtliche Bedeutung" (712,34) des Abendmahls und fordern deshalb nicht nur eine organische Einbeziehung der Kinder in die liturgische Gemeinschaftspraxis, sondern auch eine kindgemäße Inszenierung der Mahlfeiern.

Stellt man schließlich „die Wichtigkeit des *familiären* Kontextes für die religiöse Entwicklung und Erziehung von Kindern" (709,154) in Rechnung, dann erweisen sich sowohl die im Zusammenhang der parochialen Gottesdienstkultur immer häufiger durchgeführten Familiengottesdienste (709,182) als auch spezielle Gottesdienstangebote für Kinder- und Jugendgruppen (713) als exemplarische Situationen einer erneuerten Abendmahlspraxis, die alle Mitglieder der Gemeinde an der liturgischen Gemeinschaftspraxis beteiligt und damit nicht nur auf eine Reform der Abendmahlspraxis im ganzen abzielt, sondern darüber hinaus auf die „geistliche Erneuerung der gesamten Gemeinde Jesu Christi" (709,197), in der „Kinder als aktive Partner" (714,1) anerkannt werden. Unter Berufung auf das in der Taufliturgie verankerte ,Kinder-Evangelium' (Mt 19, 13ff) plädieren die Initiatoren des Familienabendmahls dafür, zumal die „Mahlfeiern bei Familiengottesdiensten oder bei Freizeiten für Kinder zu öffnen", „rufen besonders die Eltern auf, ihren Kindern das Mitfeiern zu ermöglichen" und „bitten die Leiter der Gottesdienste um eine bessere, familiengemäße Gestaltung" (699,162).

3.4.4. Die Friedensandachten

1. Die „im politischen Herbst des Jahres 1989" (720,116) jeweils montags um 17.00 Uhr in der Leipziger Nikolaikirche veranstalteten und von mehreren hundert TeilnehmerInnen besuchten ‚*Friedensandachten*' stellen sich aufgrund der genuinen gesellschafts-historischen Rahmenbedingungen, der charakteristischen Zusammensetzung der Gottes-dienstgruppe und des originären liturgischen Profils als ein eigenständiges Modell politi-scher Liturgie dar.

Im Unterschied zu den politischen Nachtgebeten, der Liturgischen Nacht und den Feier-abendmahlen sind die Leipziger ‚Friedensgebete' nicht nur in allgemeingesellschaftliche Entwicklungsprozesse, soziale Reformbewegungen und kulturelle Strömungen, einge-bettet, sondern darüber hinaus in eine historisch singuläre politische *Ereignislage*, den „Prozeß der ‚Wende'" (677,293), eingebunden und mit weitreichenden politischen Ak-tionen, den sich regelmäßig an die Gottesdienste anschließenden ‚Montags-Demonstra-tionen', verknüpft. Wie die an den massenhaften Protestbewegungen beteiligten Gruppen „sowohl ihre Handlungsmotive aus den konkreten gesellschaftlichen Bezügen ableiteten, als auch ihre Aktivitäten wieder auf ihren konkreten gesellschaftlichen Hintergrund be-zogen" (721,110), so verdankten die „öffentlichen Gottesdienste aus aktuellem politi-schen Anlaß" (677,295) sowohl ihre externe Bedeutung für den gesellschaftlichen Re-formprozeß wie ihre interne Erlebnisqualität der unmittelbaren Verknüpfung der liturgi-schen Inszenierungen mit aktuellen politischen Bewußtseinslagen und Protesthaltungen.

Die durchgängige *politische* Imprägnierung der Friedensandachten kommt nicht nur im kulturellen Milieu, in der kommunikativen Statur und in der dramaturgischen Inszenie-rung der Gottesdienste, sondern vor allem auch in den reziprok aufeinander bezogenen liturgischen Haltungen, den Darstellungsattitüden der liturgischen Akteure und den Wahrnehmungsattitüden der liturgischen Rezipienten, markant zur Geltung. Auf der Seite der Akteure vermischten sich in den von tagespolitischen Ereignissen überschatte-ten und auf die unmittelbar anschließenden Protestaktionen vorbereitenden Andachten liturgische und politische Lebenskultur untrennbar miteinander. So entstanden nicht nur neue politisch-religiöse Ausdrucksformen: in die Form von Klagepsalmen gekleidete Situationsberichte, mit religiösen Utopien versetzte politische Willenskundgebungen und persönlich gehaltene, gleichwohl aber politisch getönte Glaubensbekenntnisse. Vielmehr führte das dominante Interesse an der Politisierung der Gottesdienste in der aktuellen Handlungspraxis mitunter auch zu regelrechten Verfremdungen des liturgischen Me-diums, etwa wenn „Gebete, in denen sich jeder äußern konnte, zur Abgabe politischer Statements genutzt wurden" (723,133). Umgekehrt läßt sich die für die Friedensandach-ten charakteristische Wahrnehmungsperspektive der Rezipienten, die politische Aufla-dung der mitgeteilten Gehalte im Zuge ihrer rezeptiven Verarbeitung, schon aus geringer historischer Distanz an der „Beobachtung" illustrieren, „daß Sätze heute fast belanglos klingen, die damals eine hohe politische Brisanz hatten oder von den Zuhörern politisch interpretiert wurden, auch wenn sie von dem Prediger nicht politisch gemeint waren" (723,132).

Die für die Friedensandachten charakteristische Symbiose von politischer Wirklich-keitsinterpretation und liturgischer Religionspraxis ist nur in begrenztem Maße als Re-sultat eines liturgischen Programms anzusehen. Sie ruht primär auf dem außerhalb der

Gottesdienstpraxis kultivierten, markant profilierten und in vielfältigen Initiativen und Aktionen praktisch ratifizierten politischen *Zeitbewußtsein* auf. Gewannen die Politischen Nachtgebete ihre gesellschaftskritische Akzentuierung vornehmlich aus einem als reformerisch begriffenen liturgischen Konzept, das die Planung von konkreten politischen Aktionen zu einem integralen Bestandteil der Gottesdienstpraxis erklärte, so fanden die Friedensandachten die den liturgischen Inszenierungen komplementäre politische Praxis in bereits institutionalisierter Gestalt vor. Die politische Konturierung der Andachten ist insofern als eine Rückwirkung organisierter politischer Praxis auf den Handlungsverlauf und den Kommunikationsstil der liturgischen Arrangements anzusehen.

Ebenso unterscheidet sich das liturgische Modell der Friedensandachten von den unterschiedlichen Versionen politisch grundierter Abendmahlsfeiern. Erhalten die Feierabendmahle ihre politischen Konturen durch ihre teils implizite, teils explizite Bezugnahme auf einen ebenso im gesellschaftlichen Allgemeinbewußtsein wie insbesondere in der zeitgenössischen Religionskultur fest verankerten Kanon kulturreligiös fundierter Lebensmaximen, so stießen die in den Friedensandachten reformulierten politischen Forderungen zwar auch auf eine sich ständig verbreiternde Resonanz im gesellschaftlichen Bewußtsein der DDR. Gleichwohl wurden die pluriformen und teilweise diffusen politischen Programme (726) der an den Andachten und Demonstrationen beteiligten Gruppen insgesamt auf der Basis *oppositionellen* politischen Bewußtseins und politischen Handelns entwickelt, im Widerstand gegen die herrschenden Verhältnisse entworfen, in der Form des Widerspruchs gegen die Politik der Regierung formuliert und im Interesse einer ,Revolution' der sozialen und kulturellen Lebensbedingungen vorgetragen.

Nicht das Bekenntnis zu allgemein religiös grundierten gesellschaftspolitischen Postulaten, sondern die pointiert *kritische* Stellungnahme zu der vorherrschenden und bislang unumstößlich in Geltung stehenden Gesellschaftsordnung und der dezidierte Wille zu einer fundamentalen Veränderung der politischen Lage, vor allem aber die mit persönlichen Risiken verbundene und in religiösen Überzeugungen verwurzelte Zivilcourage der TeilnehmerInnen machten die Friedensandachten zu „öffentliche(n) Ereignisse(n) von herausragender Bedeutung für das Gemeinwesen im ganzen" (677,293), insbesondere aber zu einem wichtigen Faktor im Diskurs über die religiös-ethische Fundierung und die strategische Optimierung der extraordinären politischen Aktionen. In den Friedensandachten, in denen unterschiedliche Oppositionsgruppen „Zuflucht unter dem ,Dach der Kirche'" (720,117) suchten und fanden, „wurden die Ziele der gesellschaftlichen Erneuerung formuliert und akklamiert. Hier konnten die Menschen ihre Betroffenheit artikulieren, ihre Ängste benennen und überwinden" (677,293), „Hilfe zum Verständnis der gesellschaftlichen Situation" finden und „auf dem Hintergrund christlichen Denkens" die politischen „Handlungsspielräume" ausloten (723,135).

2. Sind die Leipziger Friedensandachten und ähnliche Veranstaltungen in anderen Städten der DDR auch aufs engste mit den politischen Ereignissen ihrer Zeit verbunden, so reicht ihre historische *Genese* gleichwohl weit hinter die akute gesellschaftliche Konfliktlage zurück. Wie die unterschiedlichen Konzeptionen feministischer Liturgien nicht lediglich als Ausdruck modischer und damit historisch eng begrenzter Zeitströmungen anzusehen sind, sondern sowohl ihre politischen Gehalte als auch ihre kulturellen Aus-

drucksformen aus dem Reservoir einer lang andauernden sozialen und kulturellen, politischen und religiösen Bewegung, der Frauenemanzipationsbewegung, schöpfen, und wie die Politischen Nachtgebete nicht nur vom kurzatmigen Zeitgeist einer historisch eng begrenzten Epoche lebten, sondern die negative Kehrseite jahrzehntelanger gesellschaftlicher Entwicklungen aufdeckten, so fügen sich auch die Friedensandachten in eine mehrere Generationen umgreifende soziale Bewegung ein: in die seit dem Zweiten Weltkrieg neu formierte und weltweit verbreitete ‚Friedensbewegung' (715).

Die pluriform verfaßte, teils national, teils international agierende *Friedensbewegung* stellt einen Musterfall für die Vermittlung von kritisch-politischem Bewußtsein und modern-religiöser Lebenseinstellung und Weltverantwortung dar. Speisten sich die verschiedenen Zweige der Friedensbewegung auch aus den unterschiedlichsten religiösen und kulturellen Traditionen, so kommt gerade den christlich fundierten Strömungen der religiös-politischen Oppositions- und Reformbewegung eine herausgehobene Bedeutung für die Humanisierung der sich modernisierenden Gesellschaftssysteme zu. Und formierten sich die christlichen Friedensbewegungen ursprünglich außerhalb der mit der staatlichen Politik zum Teil eng verflochtenen Kirchenorganisationen, in der Form von kirchenunabhängigen Vereinigungen und Konferenzen, so wirkten ihre kritischen Intentionen und Postulate gleichwohl auf die offizielle Meinungsbildung in kirchlichen Gremien zurück. In meist kompromißhaft abgeschwächter Version fanden die Ziele der christlichen Friedensbewegung schließlich Eingang in kirchenamtliche Verlautbarungen.

Zu den internationalen Organisationen, die sich die Herstellung und Bewahrung des politischen Friedens zum Ziel setzten, ist vor allem auch die 1958 in Prag gegründete *‚Christliche Friedenskonferenz'* (CFK) zu zählen. Ihre Initiatoren gingen von der Erkenntnis der Mitschuld der Christenheit an den beiden Weltkriegen aus und setzten sich für „Versöhnung" und „friedliche Zusammenarbeit zwischen den Völkern", insbesondere aber für die Überwindung des Kalten Krieges und ein weltweites Verbot von Atomwaffen ein. Bildete die CFK über Jahrzehnte hinweg eine „wichtige Plattform für den Austausch zwischen osteuropäischen und westeuropäischen Christen", so widmete sie sich mit der zunehmenden Beteiligung von Christen aus Ländern der Dritten Welt seit den sechziger Jahren auch den fundamentalen „Problem(en) weltweiter Gerechtigkeit" (718,639).

In der *Bundesrepublik Deutschland* (718,640ff) flossen die kritischen Positionen der Friedensbewegung nicht nur in die parteipolitischen Auseinandersetzungen über die nationale und internationale Verteidigungs- und Bündnispolitik ein. Die Friedensthematik avancierte vielmehr auch zu einem konstitutiven Problemkontext der theologischen Diskurskultur; die Ausarbeitung unterschiedlich profilierter und kontrovers diskutierter Entwürfe einer ‚Friedensethik' (718,634ff) wurde zu einer dominanten Aufgabe der ethischen Theoriebildung. Vor allem aber verbreitete sich mit dem sich ständig verstärkenden Zweifel an der ethischen Legitimität der sich selbst beschleunigenden militärischen Aufrüstung sowie an der politischen Effizienz der Abschreckungsstrategie der NATO (719) die Basis verschiedener, zu einem großen Teil religiös fundierter Protestbewegungen, die sich in den jährlichen ‚Ostermärschen' miteinander verbanden. Die Politisierung der Religionskultur beeinflußte nicht nur die Kirchentage, sondern ebenso die parochiale Gruppenpraxis sowie die religiös fundierten Lebensstile der einzelnen in tiefgreifender Weise.

In dem Maße, in dem sich einerseits eine mit meist religiös geprägten Symbolen gesättigte ästhetische Kultur des Friedens, andererseits eine reflexiv verfaßte Diskurskultur mit der Forderung nach einer eigenen ‚Friedensforschung‘ (717,374f) und ‚Friedenserziehung‘ (716,1) herausbildete, wurden schließlich auch die *Kirchenorganisationen* und zumal die EKD, die sich jahrzehntelang zu Fragen der Friedenssicherung geäußert hatte (718,641f), zu „wichtige(n) Träger(n) der Diskussion" über allgemeine Fragen der „Rüstung, Sicherheits- und Entwicklungspolitik" wie insbesondere über „die unmenschlichen Auswirkungen der Militarisierung der Dritten Welt" (715,1384). In Anknüpfung an die Praxis niederländischer Kirchen wurden zunächst in einzelnen Parochien, seit 1980/81 auch in der Regie von Landeskirchen jeweils im November Friedenswochen durchgeführt. Der kritischen Bewußtseinsbildung dient die 1981 erschienene und im Anschluß an die ‚Heidelberger Thesen‘ von 1959 entwickelte Denkschrift ‚Frieden wahren, fördern und erneuern‘ (718,642).

In der „durchorganisierten Gesellschaft" (715,1383) der *Deutschen Demokratischen Republik* wies die teils von der staatlichen Politik geförderte, teils oppositionell agierende Friedensbewegung ein vielschichtiges und ambivalentes Profil auf. Die in die politischen Organisationen eingebundenen Zweige der Friedensbewegung zielten in ihren Aktivitäten vorwiegend darauf ab, die ideellen und pragmatischen Ziele der staatlichen ‚Friedenspolitik‘ intern zu popularisieren und extern durch die mediale Verbreitung (727) von staatlich organisierten Großdemonstrationen und kirchlichen Friedensinitiativen der internationalen Öffentlichkeit zu präsentieren sowie die von Staat und Partei sanktionierte Politik für anders geartete Bemühungen der Kirche anschlußfähig zu machen. Die von der Regierung teils ignorierte, teils bekämpfte oppositionelle Friedensbewegung dagegen stellte sich gegen die „innere Militarisierung" von Staat und Kultur, Wirtschaft und Erziehungswesen und forderte, „außenpolitische Ziele einer Friedenspolitik auch innergesellschaftlich zu verwirklichen" (715,1383). Die teils unversöhnlich nebeneinanderstehenden, teils kritisch miteinander vermittelten Intentionen der friedenspolitischen Positionen bildeten sich in der pluriformen Friedensarbeit der Kirche ab. Hatte die Kirche schon seit der Gründung des Bundes der Evangelischen Kirchen in der DDR (1969) „Konzepte für eine umfassende Friedenserziehung nicht nur für Kinder und Jugendliche, sondern auch für die Gemeindeglieder" (724,92) entwickelt, so führte sie in den siebziger Jahren regelmäßige Friedenswochen und im Herbst 1980 zum ersten Mal eine zehntägige Friedensdekade unter dem zur religiös-politischen Parole avancierten biblischen Motto ‚Schwerter zu Pflugscharen‘ (Jes 2, 4; Micha 4, 3) durch (724,92).

Aus der kirchlich organisierten Friedensarbeit gingen schließlich die *Friedensandachten* hervor, die die Leipziger Nikolaigemeinde für die in den Friedensdekaden entstandenen und sowohl hinsichtlich ihrer politischen Ideen als auch hinsichtlich ihrer strategischen Programme pluriformen Gruppierungen (722) einrichtete. Den Trägerkreis der Friedensgebete bildete ein Konglomerat verschiedener ‚Basisgruppen‘, wie beispielsweise die Arbeitskreise ‚Frieden‘ und ‚Frauen für den Frieden‘, die ‚Initiativgruppe Hoffnung Nicaragua‘ sowie verschiedene Umweltgruppen (723,123). Spiegelte sich in der Zusammensetzung der TeilnehmerInnen „die ganze Bandbreite kirchlicher Gruppierungen" wider, so traten in den politischen Proklamationen, die in den Gottesdiensten vorgetragen wurden, entsprechend vielfältige und „äußerst divergierende Ansichten nebeneinander" und gegeneinander: die Positionen „von Kreisen (zum Beispiel der Christlichen Friedenskonferenz), die sehr stark die Friedenspolitik der Regierung unterstützten, und etwa den Friedensgruppen, die der offiziellen Sicht kritisch gegenüberstanden" (724,93). Die Klammer zwischen den teils konvergierenden, teils divergierenden Positionen bildete der „Geist der Gewaltlosigkeit", eine religiös-politische Maxime, die, auch nachdem es zu Inhaftierungen nach Friedensgebeten gekommen war, „bis hinaus auf die Straßen zu den immer größeren Demonstrationen" (724,99) in Geltung blieb.

3. Die Friedensandachten sind hinsichtlich ihrer lebensweltlichen Einbettung in die gesamtpolitischen Problemkontexte ihrer Zeit, hinsichtlich der politischen Interessenlagen der Teilnehmer und vor allem hinsichtlich der politischen Funktion der Veranstaltungen, der Verkoppelung von gottesdienstlichen Handlungen und politischen Aktionen, als integrale Komponenten einer ebenso vitalen wie historisch einzigartigen politischen Protestbewegung anzusehen. Gerade aufgrund ihrer externen politischen Kontextualisierung und ihrer internen politischen Grundierung stellen sich die Friedensandachten aber gleichzeitig als ein eigenständiges „Modell lebendiger *Liturgie*" (720,116) dar, in dem „ursprünglich kirchliches, liturgisches Verhalten in Anspruch genommen" wurde, um „die religiöse Dimension der Herbstereignisse" (720,117) aufzudecken, das diffuse „Zeiterleben" im Medium von rational geordneter „Liturgie und gemeinsame(m) Gottesdienst" zu artikulieren und zu reflektieren und damit „nach zukünftigen Möglichkeiten zur Förderung solcher lebendiger, liturgischer Erfahrungen" zu suchen (720,116). Die Friedensandachten können daher als exemplarische Modellfälle zeitverbundener und zukunftsorientierter Liturgiepraxis gelten, in der sich die Elementarisierung der liturgischen Handlungskonzepte, die Individualisierung der liturgischen Erlebnisformen und die Säkularisierung der liturgischen Inszenierungsstile ineinander verweben.

Die Friedensandachten nehmen nicht die komplexen Organisationskonzepte auf, die im Rahmen der zeitgenössischen Liturgiereform ausgearbeitet und den verschiedenen Modellen ‚alternativer' Gottesdienstpraxis, wie beispielsweise den Feierabendmahlen, zugrunde gelegt wurden. Das liturgische *Konzept* (677,292f) der Friedensandachten lehnt sich vielmehr an das Grundgerüst des protestantischen Gottesdienstes an, elementarisiert die liturgischen Handlungsstrukturen im Interesse ihrer „Allgemeinverständlichkeit" (720,120) und transformiert die liturgischen Handlungsakte in die einerseits von Kommunikationsformen der säkularen Öffentlichkeit, andererseits von Ausdrucks- und Wahrnehmungsstilen der Privatwelt geprägte Kommunikationssituation.

Der liturgische Ablauf der Friedensandachten folgt einem *dreigliedrigen* Schema. Der Mittelteil der Liturgie – ein möglichst vielen Teilnehmern geläufiges Gesangbuchlied, ein eher liturgisch gehaltenes Gebet und eine kurze, meist an die biblische Tageslosung (> 212-4:3.1.) angelehnte Ansprache – folgt der konventionellen Ordnung protestantischer Liturgietradition. Die liturgischen Elemente werden nicht umgeformt, sondern lediglich durch ihre inhaltliche Gestaltung mit charakteristischen Akzenten versehen. Der Schlußteil der Liturgie wird dagegen nicht nur mit einem eigenen Schwergewicht versehen, sondern auch in originärer Weise in Gestalt eines Passageritus (> 232-3) liturgisch ausgeformt. Den Abschluß der Andacht bildet der mit großer symbolischer Bedeutung besetzte doppelgliedrige Segensgestus: „Dem Schlußsegen des Montagsgebets folgte in Leipzig die Sendung auf die Straße" (720,117).

Ihre originären Konturen erhalten die politischen Andachten vor allem durch die Umformung der *Eingangsliturgie*. Am Anfang der liturgischen Veranstaltungen stehen die

von Vertretern verschiedener politischer Gruppierungen im Stil der Informationsver-
mittlung vorgetragenen Berichte und Erklärungen. Sie übernehmen die Funktion der
gottesdienstlichen ‚Abkündigungen' und umreißen gleichzeitig den teils konstanten, teils
variablen Themenhorizont der Andachten. Neben Mitteilungen über den aktuellen Stand
von Verhandlungen mit Repräsentanten kommunaler Verwaltungen und über „Begeg-
nung(en) mit Gruppen, Bürgerrechtsbewegungen und oppositionellen Parteien" kommen
vor allem die generellen Themen der ‚friedlichen Revolution' zur Sprache: „der Konflikt
um den Wahlbetrug im Mai, das Ausreisefiasko, die SED-Medienmanipulation, die Bedrohung durch den staatlichen Machtapparat" (728,5). Vor dem Hintergrund der publizistischen Propaganda gegen die politische Reformbewegung, der Zitation von entsprechenden Zeitungsartikeln und Leserbriefen, werden persönlich gehaltene ‚Stimmen der
Betroffenheit' artikuliert. Die säkularisierte ‚Schriftlesung' mündet in ein aus ‚Fürbitten'
und ‚Credo' zusammengesetztes liturgisches Verbundelement ein, in dem sich öffentlicher Protest und persönliche Anteilnahme, Anklage und Klage ineinander verweben: in
der konzentrierten Atmosphäre persönlicher Betroffenheit und zugleich „in bewußt de-
monstrativer, bekenntnishafter Weise" (720,117) gedenkt die Gottesdienstgruppe der
inhaftierten Teilnehmer früherer Andachten und Demonstrationen.

4. Die Bedeutung der Friedensandachten für die Reform der liturgischen Praxis reicht
über die Grenzen der mittlerweile historisch gewordenen Epoche hinaus. Sie liegt in der
integralen Statur der innovativen Gottesdienstpraxis, der in der Liturgie hergestellten
Vermittlung von „*Individuum* und *Gemeinschaft*" (677), sowie von säkularer und kirchlicher Religionskultur. Die hohe Erlebnisqualität der situationsverbundenen Liturgien
beruhte einerseits auf der durch die „gemeinsame Erfahrung dieser Demonstrationen,
Aktionen und Gottesdienste" kultivierten „Massenemotionalität" einer „gleichgesinnten"
Großgruppe (720,118) und insbesondere auf dem Kollektivbewußtsein der Gottes-
dienstteilnehmer, die aufgrund ihrer erhöhten Partizipationschancen alltagspraktische
„Gemeinschaftserfahrung ... spontan in liturgisches Verhalten" umsetzen konnten
(720,121). Die Friedensandachten förderten aber ebenso die Ausbildung persönlicher
Frömmigkeitsstile: „In der Basis- und Gemeinschaftsliturgie ... fand die Spiritualität der
Einzelnen zu einem gemeinschaftlichen Ausdruck, der das Individuelle nicht zum
Durchschnittswert reduzierte", sondern den „Lebensraum für eine vielfältige Spiritualität" schuf, „die schließlich als eine Stimme gehört wurde" (720,121). Die paradigmatische Bedeutung der Friedensandachten für die zeitgenössische Liturgiekultur kommt
aber vor allem darin zur Geltung, daß die liturgischen Inszenierungen der Alltagswirklichkeit nicht auf einer kirchlichen „Sonderkultur" aufruhten, sondern auf „jener allge-
meinverständlichen Kunst und Kultur, die sich nicht als ‚spezifisch christlich' versteht"
(720,121).

In den Friedensandachten wurden drei *Grundprinzipien* der zeitgenössischen Liturgiereform exemplarisch realisiert: die alltagsweltliche Verankerung der liturgischen Religionspraxis, die an den Interessen der Teilnehmer orientierte Gestaltung der Handlungs-
und Erlebnisprozesse und die Rückbindung der liturgischen Ausdrucksformen und Inszenierungsstile an die säkulare Kultur. Die Leipziger Friedensandachten stellen daher
„ein wichtiges Erbe" dar, „das die Kirchen der DDR in die größere Gemeinschaft der
evangelischen Kirche im vereinten Deutschland einzubringen haben" (677,295).

3.5. Gottesdienste für gesellschaftliche Teilkulturen

1. In dem sich wandelnden Spektrum liturgischer Veranstaltungen haben sich zwei auf bestimmte gesellschaftliche Gruppierungen zugeschnittene Gottesdienstangebote als stabil erwiesen: der *Familiengottesdienst* und der *Jugendgottesdienst*. Hinsichtlich der Zusammensetzung des Teilnehmerkreises wie des kulturellen Profils, der behandelten Themen und der kommunikativen Stile sind die Familiengottesdienste und die Jugendgottesdienste zwischen der traditionellen sonntäglichen Gottesdienstpraxis und der alternativen liturgischen Szene angesiedelt. Die zielgruppenorientierten Gottesdienstangebote richten sich nicht, wie der sonntägliche Hauptgottesdienst der kirchlichen Gemeinde, ganz allgemein an die Gesamtheit der Kirchenmitglieder, sondern speziell an bestimmte gesellschaftliche Gruppierungen, deren äußere Abgrenzung und innere Homogenität sich aus gemeinsamen sozialen Merkmalen ergibt. Wer nicht der Altersklasse der Jugendlichen angehört, nimmt in aller Regel nicht am Jugendgottesdienst teil. Und wer nicht in einem Familienverband lebt, kommt nur im Ausnahmefall zu einem ausdrücklich als Familiengottesdienst angekündigten Gottesdienst. Gleichwohl sind Jugend- und Familiengottesdienste keine geschlossenen Veranstaltungen. Sowohl die für Jugendliche wie vor allem die für Familien arrangierten Gottesdienste bedienen sich gewöhnlich weniger der aparten Stilmittel alternativer Subkulturen. Sie nehmen eher allgemeingültige Motive der Jugendkultur und der Familienkultur auf und halten die liturgischen Inszenierungen für einen möglichst großen Kreis von TeilnehmerInnen offen.

Jugendgottesdienste und Familiengottesdienste gehören daher auch nur bedingt zu dem schillernden Spektrum experimentell-innovativer Gottesdienstprojekte. Sie bilden vielmehr feste Bestandteile des *klassischen* liturgischen Repertoires der Kirchengemeinden. Verdankt die alternative liturgische Szene ihre Vitalität dem raschen Wechsel der liturgischen Formen, der ständigen Erneuerung alter und der phantasievollen Kreation neuer liturgischer Gestaltungen, so haben sich vor allem für die Familiengottesdienste, aber auch für die Jugendgottesdienste und die Schulgottesdienste (777), relativ feste liturgische Modelle und Formulare herausgebildet, die sich teils mehr an den normalen Verlauf des agendarischen Hauptgottesdienstes, teils mehr an erprobte und bewährte Formen der ‚neuen‘ Gottesdienste anlehnen.

So wurden im Rahmen der seit einigen Jahrzehnten geführten Diskussion um die Gestaltung der *Familiengottesdienste* (778) vor allem zwei aus unterschiedlichen Deutungen des Gottesdienstes abgeleitete liturgische Verlaufsformen ausgearbeitet (779,85f; 781,13ff). Im „problemorientierten Typ", der den Gottesdienst als ‚Lernprozeß‘ (732) begreift, schließen – einem pädagogischen Arbeitsschema folgend (733,51ff) – die Phasen der Motivation, der Problemdarstellung, der Problemlösung und der Lösungsverstärkung aneinander an (778,792f). Der an ästhetischen Erlebnisabläufen orientierte „festorientierte Typ" dagegen setzt mit einer Einstimmung in die liturgische Inszenierung ein, führt nach einer fokussierenden Verstärkung des religiösen Erlebens auf das Zentrum der sinnlich ausgestalteten Feier – eine narrativ gestaltete Predigt, eine Bildmeditation oder eine (pantomimische) Spielszene – hin und mündet in eine Abschlußszene, in der Gottesdienst und Alltag miteinander verknüpft werden (778,793ff).

Tendieren die zumeist in unregelmäßigen Abständen oder nur sporadisch veranstalteten Jugendgottesdienste eher zum Typus der liturgischen Gruppenveranstaltungen, so basiert

der Besuch der regelmäßig, häufig an einem bestimmten Sonntag im Monat stattfindenden Familiengottesdienste eher auf der *traditionellen* sonntäglichen Kirchgangssitte.
Sind die Jugendgottesdienste deutlich von den jeweils als modern geltenden Momenten
der jugendspezifischen Kulturwelt geprägt und spiegelt sich in ihnen daher der rasche
Wechsel kultureller und religiöser Zeiterscheinungen wider, so sind die sozialen Umgangsformen wie die kulturellen Ausdrucksformen der Familiengottesdienste von eher
traditionellem Zuschnitt.

2. *Jugendkultur* (735) und *Familienkultur*, die gesellschaftlich-kulturellen Grundlagen
der beiden zielgruppenorientierten Gottesdiensttypen, sind unterschiedliche, teilweise
komplementäre, teilweise konträre Produktionen des gesellschaftlichen Individualisierungsprozesses. Wie die bürgerliche Familie (> 212-1:3.) ihre dominante Bedeutung als
Grundform privater Lebensordnung dem allgemeingültig gewordenen Prinzip individueller Autonomie verdankt, so ist auch das Gegenstück zur verbürgerlichten Familienkultur, die Oppositions- und Protestkultur der Jugend (743), von der Idee individueller
Selbstbestimmung inspiriert. Die sich im Zuge gesellschaftlicher Differenzierung for-
mierende Altersklasse der Jugendlichen und ‚Jungen Erwachsenen‘ erhebt das Prinzip
autonomer Selbstbestimmung zur alles bestimmenden Lebensmaxime und löst es in der
pointierten Abgrenzung gegenüber der Erwachsenenwelt, insbesondere aber gegenüber
dem Lebensstil der bürgerlichen Familie, sowohl in der privaten wie in der öffentlichen
Lebenssphäre ein. In den Grenzen des Hauses richten sich die Jugendlichen in einer Enklave ein, dem mit Postern von Idolen beklebten, in systematischer (Un)Ordnung gestalteten und nur bedingt zugänglichen Privatzimmer. In der gesellschaftlichen Öffentlichkeit bekennen sich die Jugendlichen zu einer ausgewählten Musikrichtung (747),
deren Sound sie mit Hilfe aufwendiger elektronischer Übertragungsanlagen ins Privathaus übertragen, besuchen absichtsvoll ausgesuchte Lokale und drücken in ihrem sym-
bolisch-expressiven Outfit die Zugehörigkeit zu einer bestimmten Untergruppierung der
sich ständig in Positur befindlichen Klasse der Jugendlichen aus. Sie nutzen auf diese
Weise die sich verengenden Spielräume individueller Selbstbestimmung in der zunehmend von Uniformierungs- und Kommerzialisierungstendenzen bedrohten Lebenswelt
der Jugendlichen.

Jugendkultur und Familienkultur stellen freilich keine homogenen lebensweltlichen
Konstrukte dar. Beide gesellschaftlichen Teilkulturen sind vielmehr pluriform verfaßt
und vor allem *schichtspezifisch* segmentiert. Wie die kirchliche Gottesdienstkultur im
ganzen, so bleiben auch die Jugendgottesdienste und Familiengottesdienste hinsichtlich
ihrer Teilnehmerkreise überwiegend auf die bürgerlichen Gesellschaftsschichten begrenzt und hinsichtlich ihres kulturellen Profils weitgehend dem bürgerlichen Milieu
verhaftet, dem gesellschaftlichen Terrain, auf dem die neuzeitliche Individualitätsidee
geboren wurde und auf dem sie einerseits in der bürgerlichen Familienkultur, andererseits, wenn auch in teilweise verfremdeter Erscheinung, in wesentlichen Segmenten der
Jugendkultur Gestalt gewann. Während die Jugendgottesdienste überwiegend mit den
genuinen Stilmitteln der Jugendkultur gestaltet werden und sich daher häufig wie
Fremdkörper in der dem bürgerlichen Haus verbundenen Gottesdienstkultur ausnehmen,
knüpfen die Familiengottesdienste unmittelbar an die bürgerliche Privatkultur an. Sie
verstärken damit entweder absichtsvoll oder unbewußt die in der modernen Gesellschaftsentwicklung angelegte ‚Verbürgerlichung‘ (> 210) der kirchlichen Religionskultur, stabilisieren rückwirkend die teils reale, teils fiktive Dominanz bürgerlicher Lebens-

vorstellungen und Lebensstile in der Gesellschaft und beschneiden so zwangsläufig den Wirkungskreis der parochial organisierten Christentumspraxis.

3. Den zielgruppenorientierten Gottesdienstformen kommt eine doppelte *Integrationsfunktion* zu. Aufgrund ihrer Einbettung in sozialkulturell begrenzte und außerhalb der kirchlichen Lebenswelt präformierte gesellschaftliche Teilkulturen tragen sie in herausgehobener Weise zu der Verknüpfung von alltagsweltlich-säkularer und religiös-kirchlicher Lebenswelt bei. Bedienen sich die auf ein bestimmtes Publikum zugeschnittenen liturgischen Inszenierungen der in der Jugend- und Familienkultur vorgeprägten sozialen Verhaltensweisen und kulturellen Muster, so wirken die sinnlich-eindrucksvollen religiösen Begehungen umgekehrt auf den privaten Lebensstil und die kommunikativen Umgangsformen in der privaten Lebenswelt zurück. Die Jugend- und Familiengottesdienste sind aber nicht nur mit der privaten Religionspraxis der TeilnehmerInnen verflochten, sondern auch in je spezifischer Weise in die multiforme parochiale Lebenswelt eingebunden. Die Jugendgottesdienste bilden ein wichtiges Element im Lebenszusammenhang der teils in kirchlichen Gruppen und christlichen Vereinen (> 222-2) mit sozialpädagogischen, freizeitspezifischen und religiös-kirchlichen Zielsetzungen, teils in offenen Gemeinschaftsformen organisierten kirchlichen Jugendarbeit. Die liturgischen Veranstaltungen werden häufig als symbolische wie reale Zentren der sonst nur lose miteinander verbundenen Aktivitäten kirchlicher Jugendarbeit angesehen, als notwendige Scharniere zwischen der sich gegenüber dem parochialen Lebenszusammenhang verselbständigenden Jugendarbeit und der Kirchengemeinde aufgefaßt und mitunter auch als Instrumente der Verkirchlichung der Jugendarbeit begriffen. In analoger Weise fügen sich die Familiengottesdienste in die ,Familienarbeit' zumal der städtischen Kirchengemeinden ein, die ein ,Familienzentrum' mit diversen Betreuungseinrichtungen, Veranstaltungsangeboten und Gruppen unterhalten. Der Familiengottesdienst fungiert als Fokus der vielfältigen familienbezogenen Aktivitäten der Kirchengemeinde, als Gemeinschaftsveranstaltung der sonst kaum untereinander vernetzten Gruppen, als religiöses Integral der säkularen Dienstleistungsfunktionen der kirchlichen Gemeinde und als Instrument der Verkirchlichung der sozialen Familienarbeit. Der „,Familienbetrieb' Gemeinde" (730,44) rekrutiert die Kirchgänger aus den ursprünglich zu anderen Zwecken konstituierten Gruppen.

3.5.1. *Jugendgottesdienst und Konfirmationsfeier im Kontext von Jugendarbeit und Konfirmandenarbeit*

1. Die teils im Kirchenraum, teils im Jugend- oder Gemeindehaus, teils im Rahmen von Jugendtreffen und Jugendfreizeiten und zu unterschiedlichen sonntäglichen wie werktäglichen Terminen veranstalteten Jugendgottesdienste sind deutlicher als andere altersklassenspezifische Gottesdienste in eine gesellschaftliche Subkultur eingebettet. Die seit dem Entstehen der ,Jugendbewegung' zu Beginn des 20. Jahrhunderts von Soziologie und Kulturtheorie akribisch erforschte und detailliert beschriebene *Jugendkultur* (734; 744; 755,113ff) bildet eine eigene, inzwischen weit ausdifferenzierte gesellschaftliche und kulturelle Teilwelt, die sich ebenso in der privaten wie in der öffentlichen Lebenssphäre etablierte und weitreichenden Einfluß auf die häusliche wie die kirchliche Christentumspraxis nimmt. Je mehr die Generation der Jugendlichen und der ,Jungen Erwachsenen' in den Status einer gesellschaftlichen Avantgarde einrückte und zum Leit-

bild der übrigen gesellschaftlichen Altersklassen avancierte, desto mehr steigerte sich der Einfluß der jugendspezifischen, gegenüber der sozialen Altersklasse der Erwachsenen oppositionellen und auf Emanzipation von traditionellen Leitbildern abzielenden Wertvorstellungen und Lebenshaltungen. In der Vermittlung von Kritik und Konstruktion kreiert die Altersklasse der Jugend einen eigenen Lebensstil und organisiert ihre Lebenswelt im Protest gegen die sich ständig weiter verfestigenden und abstrakten gesellschaftlichen Systeme auf der Basis konkreter primärer Vergemeinschaftung, in informellen und formellen, stabilen und wechselnden Gruppen.

Im Rahmen der altersklassen- und gruppenspezifischen Binnenkultur der Jugendlichen kommt der *Religion* von jeher eine dominante Bedeutung zu. Die kulturelle Welt der Jugend ist von vielfältigen religiösen Momenten und Motiven durchsetzt (745), deren spezifische religiöse Valenz sich allerdings häufig hinter ihrer säkularen Gestalt verbirgt. So kann beispielsweise die „Musik-Szene der Jugendlichen", das „zentrale jugendeigene Ausdrucksmedium", als „eine Art ‚funktionales Äquivalent' für Religion" (731,81f) angesehen werden (746). Die Jugendkultur bildet aber zugleich auch den Nährboden für vielfältige und neuartige explizit religiöse Subkulturen (738,84ff; 739,226ff; 740,178ff). War die Jugendbewegung von ihren Ursprüngen an von einer eigenen Religiosität grundiert, so gilt die Altersklasse der Jugend seit der Entstehung der ‚Jugendreligionen' vollends „als avantgardistische Trägergruppe einer Renaissance des Religiösen" (731,66). Schließlich gehört die Religion auch zum festen Themenbestand der jugendlichen Reflexionskultur. Nach empirischen Umfragen siedeln Jugendliche und junge Erwachsene die Religion in der Privatsphäre an. Sie stellen die Individualisierungsfunktion der Religion heraus und schreiben ihr eine hohe Bedeutung für die Ausarbeitung und Stabilisierung personaler Identität zu. Sprechen Jugendliche von Religion, so sagen sie, daß sie ‚„Trost brauch(en)'; daß es wichtig ist, ‚etwas glauben zu können', ‚einen Halt zu haben'" (742,143). Von der Kirche erwarten Jugendliche „Begleitung ohne doktrinären Herrschaftsanspruch", „Glaubensangebote ohne eiserne Abonnementsverpflichtung", „die orientierende Behandlung von Problemen, die in der Welt, vor allem aber im persönlichen Lebenslauf augenscheinlich und dringend sind" (742,159).

In den *Jugendgottesdiensten* wird die soziale, kulturelle und religiöse Welt der Jugendlichen in Szene gesetzt. Sie planen den Gottesdienst in eigener Initiative und mit der ihnen eigenen Reserve gegenüber formaler Perfektion und führen in der liturgischen Feier auf natürliche Weise und mit der in der alltäglichen Gemeinschaftskultur erworbenen Routine Regie. Mit den Jugendlichen zieht der Alltag in die Kirche ein. Die Jugend okkupiert die Kirche und macht das Kirchenschiff für die Dauer der Veranstaltung zum Haus der Jugend. Wie selbstverständlich pflegen die Jugendlichen ihre gewohnten Umgangsformen. Sie sprechen im Gottesdienst dieselbe, allenfalls durch geringfügige Adaptionen an die liturgische Situation variierte Alltagssprache. Und sie inszenieren die religiösen Züge ihrer klassenspezifischen Kultur in den sinnlich-ästhetischen Formen, die sie sonst in der Alltags- und Freizeitwelt pflegen, vornehmlich im Medium ihrer Musik. Unter den Händen der Jugendlichen verwischen sich die Grenzen zwischen der profanen und der heiligen, der alltäglichen und der liturgischen Welt (738,124ff). Sowohl die liturgische Konvention des sonntäglichen Gottesdienstbesuchs als auch die Beteiligung an der liturgischen Gemeinschaftspraxis alternativer religiöser Subkulturen bauen auf der Unterscheidung von profaner und religiöser, alltagsweltlicher und liturgischer Lebensform auf. Die liturgischen Verhaltensweisen und die Frömmigkeitshaltungen der sonntäglichen Kir-

chenbesucherInnen sind deutlich von ihren alltäglichen Umgangsformen und Lebenseinstellungen abgesetzt. Ebenso erwarten die TeilnehmerInnen an religiösen Gruppenfeiern
von den sinnlich-ästhetischen Inszenierungen der gemeinschaftlich praktizierten Religion eine eigene, gegenüber der Trivialität der Alltagswelt gesteigerte und aparte Erlebnisqualität.

Im Unterschied zu den beiden idealtypisch voneinander unterschiedenen Kirchgangspro-
filen ist der Besuch des Jugendgottesdienstes nicht mit einer eigenen liturgischen Attitüde verbunden, nicht in eine bestimmte Einstellung zum kirchlichen Christentum eingebettet, nicht in der traditionellen Kirchgangssituation verwurzelt und auch nicht mit au-
ßergewöhnlich hohen Erwartungen an die gottesdienstliche Veranstaltung besetzt. Jugendgottesdienste verlangen von ihren TeilnehmerInnen weder eine über das gewöhnliche Maß hinausreichende Zustimmung zu den religiösen Vorstellungen und Praktiken
des kirchlich institutionalisierten Christentums noch einen hohen Grad an mentaler Kirchenverbundenheit. Die religiösen Gehalte der Gottesdienste sind, sofern es sich nicht
um liturgische Veranstaltungen denominationell gebundener Jugendverbände handelt,
weniger von konfessionell-kirchlichen Bekenntnisrichtungen als vielmehr von der *ökumenischen* Christentumspraxis geprägt, an allgemeingesellschaftlich approbierte kulturreligiöse (> 140) Anschauungen angelehnt und zum Teil mit religiösen Vorstellungen
aus dem Umkreis nicht-christlicher Religionen durchsetzt (738,84ff). Im Medium der
Selbstinszenierung jugendlicher Religionskulturen, durch die Prägekraft der jugendspezifischen Weltansichten, Verhaltensweisen und Sprachmuster, aber auch unter dem Einfluß von jugendspezifischen spirituellen Bewegungen oder der Kirchentagsbewegung
gewinnen die divergierenden Momente der religiösen Subkultur ein ebenso charakteristisches wie relativ konsistentes Profil.

2. Die vielfältigen Kontraste und Konvergenzen zwischen bürgerlicher Familienkultur
und Jugendkultur, zwischen Gemeindechristentum und Jugendreligion, zwischen kirchlicher Organisation und frommer Individualität bündeln sich im *Konfirmationsgottesdienst*, in seiner pluriformen liturgischen Struktur wie vor allem in den divergierenden
Funktionsbestimmungen, die der Konfirmationsfeier von den daran Beteiligten wie von
praktisch-theologischen Analysen und Programmen unterlegt werden.

Aus der Perspektive der kirchlichen Verbandsorganisation stellt die Konfirmation einen
Rechtsakt dar, in dem die Religionsmündigkeit der über Vierzehnjährigen in einer öffentlichen Symbolhandlung bestätigt und den getauften und konfirmierten Kirchenmitgliedern verschiedene kirchliche Rechte wie die Zulassung zum Abendmahl und die
Ausübung der Taufpatenschaft (769) verliehen werden.

Die Repräsentanten der parochialen Gemeinde, die bei der Einsegnung Pate stehen, fassen die kirchliche Feier vorwiegend als Einführung der Konfirmierten in den Lebenszusammenhang der *Gemeinde* auf. Dieses von den Bedürfnissen des Gemeindechristentums geleitete Verständnis der Konfirmation findet seine theologische Begründung und
seine programmatische Ausführung in gemeindeorganisatorischen Reformmodellen, die
von der Überzeugung ausgehen, „daß die Konfirmandenarbeit eine wesentliche ‚Schalt-
stelle' für das Gemeindeleben darstellt" (758,13), und den Konfirmandenunterricht als
Instrument des ‚Gemeindeaufbaus' nutzen wollen: „Die gewünschte Integration junger
Christen in das Leben der Gemeinde und Kirche läßt sich nur dann verwirklichen, wenn

die Konfirmation wieder als Eingliederung eines getauften jungen Christen in die Gemeinde der mitarbeitenden mündigen Gemeindeglieder verstanden wird und dieses Konfirmationsverständnis die Gestaltung des Unterrichts bestimmt" (759,7). – Die PfarrerInnen, die gemeinsam mit der KonfirmandInnengruppe den didaktisch-katechetischen Teil der Konfirmationsfeier gestalten und darin nicht nur die Grundbestände christlicher Glaubensvorstellungen, zumal die zentralen Elemente der reformatorischen Katechismen aufnehmen, sondern sie zugleich mit den exemplarisch vorgeführten Arbeitsergebnissen des vorausgehenden Konfirmandenkurses verknüpfen, sehen in der Konfirmation vor allem auch eine Art *Abschlußfeier* von kirchlichem Unterricht und Konfirmandenarbeit.

Die Eltern der KonfirmandInnen wiederum begreifen den Konfirmationsgottesdienst als konstitutives Element der in der bürgerlich-protestantischen *Hausfrömmigkeit* verwurzelten Festkultur, als kirchlichen Auftakt der von langer Hand vorbereiteten Feier im Familien-, Verwandtschafts- und Freundeskreis. Die neueste EKD-Untersuchung stellt heraus, daß von der überwiegenden Mehrzahl der Kirchenmitglieder solche Interpretationen der Konfirmation favorisiert werden, „mit denen eine lebens- und familiengeschichtliche Dimension angesprochen wird. Die Konfirmationsfeier wird zunehmend als Familienfeier interpretiert ... Die Phase der Kindheit ist vorüber, der Beginn eines neuen Lebensabschnitts soll festlich inszeniert werden. Als solche ist die Konfirmation ‚eine gute alte Tradition‘, die man gewahrt wissen will" (575,18). Innerhalb der bürglich-protestantischen Religionskultur kommt der Konfirmation eine der säkular-religiösen Jugendweihe (772; 740,184ff) vergleichbare Funktion zu. Als „funktionales Äquivalent zur Konfirmation" und als „quasi-religiöser Akt" war die Jugendweihe (> 232-3) „ursprünglich ein Moment bürgerlichen Emanzipationsstrebens", die „symbolische Mündigsprechung des Individuums" (771,139f). Das Passageritual der Jugendweihe entstand um die Mitte des 19. Jahrhunderts aus den Jugendfeiern der ‚Freireligiösen Gemeinden‘ (773,11ff). Es entwickelte seine „Wirkungskraft in den verschiedenartigsten politisch-sozialen Bewegungen und ideellen Strömungen" (772,429) der Zeit, in den Vereinigungen der ‚Proletarischen Freidenker‘ (773,15ff) wie in den ‚Deutschgläubigen Bewegungen‘ des 20. Jahrhunderts, insbesondere aber in den unterschiedlichen politisch-religiösen Kulturen einerseits des Nationalsozialismus (774,112ff), andererseits der DDR (773,26ff) und wird derzeit von verschiedenen Organisationen (773,67ff) angeboten.

In ähnlicher, wenn auch eigener Weise wird die Konfirmationsfeier schließlich von den KonfirmandInnen selbst begriffen: als eine Art besonders feierlich inszenierter Jugendgottesdienst, in dem die Altersklasse der Jugendlichen vor die kirchliche Öffentlichkeit tritt und sich selbstbewußt der Erwachsenenwelt präsentiert. Die Einsegnung gilt dann als rituelle Bekräftigung ihrer Mündigkeit, als dramaturgische Inszenierung des *Übergangs* von der Kindheit in die Erwachsenenwelt, als die symbolische Verdichtung einer Lebenspassage, die sich in der modernen Gesellschaft nicht mehr in einem klar definierten und terminierten Statusübergang vollzieht, sondern sich zu einer relativ langen Lebensphase ausweitete, die mit vielfältigen Problemen der subjektiv-biographischen Selbstidentifikation wie der objektiv-gesellschaftlichen Integration der Jugendlichen verbunden ist: „In unserem Kulturkreis stellt sich dieser Übergang heute als eine Übergangsperiode dar, die durch starke Diskrepanzen zwischen bio-physischer Frühreife und hoher sozialer Geltung von ‚Jugendlichkeit‘ einerseits, zeitlich hinausgeschobener Ablösung von der Herkunftsfamilie und fortdauernder Abhängigkeit von Ausbildungsinstitutionen andererseits gekennzeichnet ist" (770,90). Für die KonfirmandInnen ist „der Akt der Konfirmation ... zum einen wirklich ‚Aussegnung' aus der kindlichen Welt und der kindlichen Art der Kirchzugehörigkeit; und er ist zum zweiten Ermutigung und Wegweisung für die langwierige und schwierige Aufgabe der Jugendphase mit ihren Identitätskrisen" (765,199).

3. Die weitgespannte kirchlich-theologische Diskussion der vergangenen Jahrzehnte strebte eine Integration der unterschiedlichen Sinngebung des Konfirmationsgottesdienstes durch die Entwicklung pluriform verfaßter liturgischer Modelle und zugleich eine stärkere Verzahnung von *Unterricht* und Feier an. Je mehr sich das Interesse der phänomenologischen Analysen und reformerischen Programme auf die lebensweltliche und lebensgeschichtliche Situation der KonfirmandInnen konzentrierte, desto mehr verlagerte sich der reformerische Elan von den liturgischen Fragestellungen auf die pädagogischen Aspekte von Konfirmation und Konfirmandenarbeit und damit vor allem auf die Neubestimmung der Aufgaben und Verfahrensweisen des Konfirmandenunterrichts. Im Zusammenhang einer grundlegenden Revision des kirchlichen Unterrichts wurde die Individualisierungs- und Sozialisationsfunktion der Konfirmandenarbeit als deren zentrale Aufgabe herausgestellt. Die reflexionsgeleiteten und zugleich der pädagogischen Alltagspraxis verbundenen Reformmodelle der Konfirmandenarbeit gehen von der Grunderkenntnis aus, „daß Lernen heute eine notwendige Vollzugsform von Glaube ist" (770,95), und betonen daher den untrennbaren Zusammenhang von individueller Frömmigkeit, religiös-theologischer Reflexion und lebenspraktischer religiöser Urteilskompetenz.

Das Interesse an der lebensweltlichen und lebensgeschichtlichen Indigenisierung der gleichermaßen auf religiöser Erfahrung wie auf religiöse Reflexion abgestellten Konfirmandenarbeit schlägt sich in einer grundlegenden Revision der *Stoffpläne* nieder. Bildet die Erfahrungswelt der Jugendlichen den pädagogischen Reflexionshorizont der Konfirmandenarbeit, dann ist die Lebensrelevanz der zu erarbeitenden Wissensbestände als oberstes Kriterium für die Auswahl der im Konfirmandenunterricht zu behandelnden Themenkomplexe anzusehen. Der pädagogische Wert der Unterrichtsthemen ergibt sich dementsprechend nicht schon aus der mit unfraglicher Selbstverständlichkeit vorausgesetzten Gültigkeit kirchlich-christlicher Tradition, sondern vielmehr aus ihrer Bedeutung für die Lebenssituation der KonfirmandInnen. Um in der Konfirmandenarbeit ein möglichst breites Spektrum an jugendspezifischen Problemzusammenhängen bearbeiten zu können, wird der Themenkatalog der Konfirmandenkurse im Zuge der Reformdebatte systematisch auf die Relevanz der einzelnen Unterrichtsgegenstände für die religiöse Lebensdeutung und Lebensorientierung der Jugendlichen hin überprüft und der Umfang der für die christliche Reflexionskultur unverzichtbaren und allgemeinverbindlichen Themen auf einen elementaren Grundbestand zurückgeführt.

Die Inspektion und Neuprogrammierung der Konfirmandenarbeit spiegelt sich aber nicht nur in revidierten Lernzielkatalogen wider, sondern vor allem auch in einer generellen Umformatierung des religiösen *Wissens*, das im Konfirmandenunterricht vermittelt und erarbeitet wird. Die von den KonfirmandInnen entwickelten Lebensperspektiven müssen sich zwar im Horizont der altersspezifischen Lebenswelt der Jugendlichen bewähren. Gleichwohl kann die Aufgabe der Konfirmandenarbeit nicht in einer situationsbegrenzten Selbstreflexion der Jugendlichen aufgehen. Mehr als in anderen biographischen Stadien wird gerade in der Übergangsphase des Jugendalters der Erwerb von Reflexions-,

Urteils- und Handlungskompetenz im Blick auf zukünftige Lebensaufgaben notwendig und damit die Aneignung von aus dem „Erfahrungswissen" gewonnenem, aber darüber hinausgehendem „Innovationswissen" (770,95). Die Zukunftsrelevanz der Konfirmandenarbeit verlangt eine Erweiterung ihres Reflexionshorizonts sowohl über die altersklassenspezifische Weltsicht der Jugendlichen wie über die Grenzen der explizit kirchlichen Lebenswelt hinaus. Die Konfirmandenarbeit soll den Jugendlichen, dem „Nachwuchs der Volkskirche" (760), helfen, „auch wenn sie später nicht als aktive Kirchenglieder oder als bekennende Christen leben werden, bewußter, verantwortungsvoller und menschlicher in der Gegenwart zu leben" (761,12).

Aus der veränderten Aufgabenstellung des Konfirmandenunterrichts resultiert schließlich eine charakteristische Umstellung der *pädagogischen Situationen*, Kommunikationsformen und Umgangsstile innerhalb der KonfirmandInnengruppe. Zwei religionspädagogische Leitsperspektiven prägen das neue Erscheinungsbild der Konfirmandenarbeit: das Prinzip lebensweltlicher Sozialisation und das Prinzip lebensgeschichtlicher Individualisation. Zum einen rückt die Bildung und Pflege primärer Gemeinschaft in den Mittelpunkt der Konfirmandenarbeit. An die Stelle des traditionellen frontalen Unterrichts tritt die Gruppenarbeit. Der Gemeinschaftspflege dienen aber vor allem die mehrtägigen KonfirmandInnenkurse und die aus der Praxis der Jugendarbeit entlehnten KonfirmandInnenfreizeiten: „Die Ausbildung eines neuen Interaktionskreises unter Gleichaltrigen" eröffnet die „Chance, gleiche Problemlagen unter gleichermaßen Betroffenen gemeinsam zu lösen" (770,93). Zum anderen zielt die Konfirmandenarbeit auf die Bildung personaler Identität ab. Die „Schlüsselfunktion der Konfirmation und des KU in der heutigen volkskirchlichen Situation" ist in deren Bedeutung für die Konstitution autonomer religiöser Subjektivität begründet. Die Konfirmandenarbeit hat deshalb „die Leistung des Glaubens für die Bewältigung der Probleme der Biographie-Konstruktion in einer problematischen Phase des Lebenszyklus zu verdeutlichen und im Ausdrucksstil der Gleichaltrigen und Gleichbetroffenen kommunikabel zu machen" (770,93). Hinsichtlich der kommunikativen Gestaltung der Unterrichtsstunden setzt daher die Reform des Konfirmandenunterrichts daher auf die Selbsttätigkeit der KonfirmandInnen, auf ihre reflexiven Eigenleistungen und ihre gestalterische Produktivität. Kreative Aktionen, Formen des Spiels, der Feier und des Festes verleihen der Konfirmandenarbeit ihr charakteristisches Profil und unterscheiden sie vom schulischen Religionsunterricht. Im Zuge seiner methodischen Reform legt sich der reformierte Konfirmandenunterricht an die Umgangsformen der Jugendkultur, an den Arbeitsstil der Jugendarbeit und mitunter an das kulturelle Milieu von Selbsterfahrungsgruppen an.

Die beiden religionspädagogischen Leitperspektiven der Sozialisation und der Individualisation kommen in der Begriffsverschiebung vom Konfirmandenunterricht zur *Konfirmandenarbeit* zum Ausdruck. Im Kontext ihrer subjektskonstitutiven Bedeutung läßt sich die Konfirmandenarbeit als „kirchliche Begleitung Jugendlicher in der puberalen Ablösephase" begreifen. Die Aufgabe der Konfirmandenarbeit besteht dann darin, „das Evangelium in der Situation der Pubertierenden zur Geltung zu bringen und den Konfirmanden zum Gegenstand des Unterrichts zu machen." Charakteristische Lernziele der Konfirmandenarbeit sind „Gewinn von Gruppen-Identität; Gewinn von handlungsorientierendem Wissen; Gewinn alternativer, schöpferischer Verhaltensmöglichkeiten" (762,375f). Empirische Untersuchungen über die Leistungen der Konfirmandenarbeit bestätigen das Recht und die Notwendigkeit der didaktischen und methodischen Reform des Konfirmandenunterrichts und wirken auf ihre Weiterentwicklung zurück. In der aktuellen Wahrnehmung und Beurteilung durch die KonfirmandInnen und in ihrer späteren Erinnerung an die KonfirmandInnenzeit besteht die Bedeutung der Konfirmandenarbeit nicht so sehr in ihrer materialen Bildungsfunktion, sondern in ihrem subjektiven Erlebnisgehalt. Den Lehrinhalten des traditionellen Konfirmandenunterrichts stehen die Kirchenmitglieder überwiegend reserviert und kritisch gegenüber. „Hohe Zustimmung findet (dagegen) vor allem das Gruppenerlebnis, überhaupt der Erlebnisaspekt des Konfirmandenunterrichts" (572,154).

4. Das Prinzip der Selbstbestimmung kommt aber nicht nur in einer Revision der Konfirmandenarbeit, sondern ebenso in einer *Reform der Konfirmationsfeier* zur Geltung. Sie zielt auf die „aktive Einbeziehung der Konfirmanden in die gottesdienstliche Liturgie" (763,331) ab, durchsetzt das agendarische Formular der Konfirmationsfeier mit Stilelementen des Jugendgottesdienstes und überstellt die Ausgestaltung des Festgottesdienstes weitgehend in die Selbstverantwortung und die Regie der KonfirmandInnen. Hatten Pietismus und Aufklärung die Beziehung von religiösem Glauben und frommer Individualität dadurch zur Geltung gebracht, daß sie den subjektiven Verpflichtungscharakter der Konfirmation herausstellten und das Konfirmationsversprechen ins Zentrum des Konfirmationsgottesdienstes rückten, so verwirklichen die derzeitigen Konfirmationsagenden das Prinzip religiöser Autonomie in der genau umgekehrten Weise. Sie relativieren die Bedeutung des Gelöbnisses, fassen die Selbstverpflichtung der KonfirmandInnen in weniger verbindliche und offene Fragestellungen und setzen an die Stelle der verpflichtenden Antwort den Hinweis auf die lebenspraktische Realisierung des religiösen Glaubens: ‚Die Antwort auf diese Frage werdet ihr mit eurem ganzen Leben geben müssen'. Während in vielen Konfirmationsgottesdiensten „jede Art von Gelübde oder Verpflichtung entfällt" (766,247), konzentriert sich die Reform der Konfirmationsagenden auf neue Formulierungen der Einsegnungsformel: „Nimm hin den hl. Geist, Schutz und Schirm vor allem Argen, Stärke und Hilfe zu allem Guten, von der gnädigen Hand Gottes, des Vaters, Sohnes und hl. Geistes" (763,329). Die neuen Konfirmationsagenden rücken damit vom Verpflichtungscharakter der Konfirmationsfeier ab und begreifen den Konfirmationsgottesdienst vornehmlich als Segenshandlung.

In der Folge der generellen Individualisierung der in Unterricht und Feier vermittelten religiösen Erfahrung und der durchgängigen Privatisierung der pädagogischen und liturgischen Kommunikationsstile verschränkten sich aber nicht nur die pädagogischen und liturgischen Leitperspektiven von Konfirmandenarbeit und Konfirmationsgottesdienst miteinander. Vielmehr veränderten sich im Zuge der lebensweltlichen und lebensgeschichtlichen Kontextualisierung der Konfirmandenarbeit auch die *Rollen* und die kommunikativen *Beziehungen* unter den pädagogischen und liturgischen Akteuren grundlegend. Auf der einen Seite verstärkte sich im Zuge der Individualisierung und Privatisierung von Unterricht und Feier der schon immer dominante „personale Bezug zum Konfirmator" (770,93). Für die KonfirmandInnen sind die PfarrerInnen RepräsentantInnen einerseits der christlich-kirchlichen Tradition, andererseits der Erwachsenenwelt, „Bürge(n)" (572,278ff) für die in der Kontinuität des christlichen Lebens- und Glaubensanschauungen aufgehobene Sinnhaftigkeit religiöser Lebenshaltung. Auf der anderen Seite verlagerte sich die den PfarrerInnen zugeschriebene Autorität aber deutlich von ihrer formell-amtlichen Begründung zu ihrer empirisch-persönlichen Bewahrheitung. Das traditionelle Leitbild des Konfirmators als kirchlich-pädagogischer Autoritätsfigur verlor seinen Glanz und machte einer auf die Person gestellten Berufsrolle Platz. Innerhalb der Konfirmandenarbeit mutierte die pädagogische Rolle des kirchlichen Lehrers zur poimenischen Attitüde. Sie baut nicht auf der Überlegenheit des Älteren und Erfahreneren auf, sondern auf der Grundtugend des Seelsorgers, auf der „Sensibilität gegenüber den Phänomenen der Konfirmanden(-gruppe)" (762,376). Aus den kirchlich-pädagogischen Autoritätsfiguren werden persönliche Vorbilder und Leitbilder, die mit ihrer Person verbürgen, was sie im Unterricht vermitteln. Für die Jugendlichen ist „am Pfarrer gerade dies interessant, daß er als Person eine Autorität beansprucht und verkörpert, die in gewisser Weise quer zur Autorität der Eltern und Lehrer steht, unabhängig von Elternhaus und Schule, beide relativierend, insofern mindestens vorübergehend für die Ablösungsaufgabe des Jugendlichen bedeutsam. Kurz, in der entscheidenden Phase, in der sich kirchliche Mitgliedschaft inhaltlich füllt und grundlegend formt, ist die Kirche der Pfarrer, der Pfarrer die Kirche" (572,276).

Der Individualisierung der pastoralen Berufsrolle entspricht die Privatisierung der *Beziehung*, die sich im Verlauf der KonfirmandInnenzeit zwischen PfarrerInnen und KonfirmandInnen entwickelt. Durch den in der Konfirmandenarbeit praktizierten ständigen Rekurs auf die persönliche Beziehungsebene werden Verhaltensmuster reaktiviert, die in der Privatwelt der Jugendlichen, teils in der Familie, teils in den altersklassenspezifischen Peer-groups ausgebildet wurden, und auf die pädagogischen Kommunikationssituationen übertragen werden. Die Individualisierung der kommunikativen Beziehungen, die die KonfirmandInnen im privatisierten Milieu der Konfirmandenarbeit zu den PfarrerInnen aufnehmen, realisiert sich vor allem über teils bewußt, teils unbewußt vorgenommene Anleihen bei ideellen Vater- und Mutterbildern. Sie verläuft über lebensbestimmende Imagines, die in der biographischen Epoche der Kindheit dominante Gestalt gewannen und ihre langen Schatten auch auf die Übergangsphase der Jugend werfen. Die persönlichen Beziehungen zwischen KonfirmandInnen und PfarrerInnen, die während der Dauer des Konfirmandenkurses und vor allem außerhalb der formellen Unterrichtsstunden im Rahmen von freizeitspezifischen und damit deutlich von privaten Umgangsformen geprägten Aktivitäten geformt wurden, finden im Konfirmationsritual ihren symbolischen Ausdruck. Im Rahmen der liturgischen Handlung, die sich insgesamt an der Ablaufstruktur der lebenszyklischen Passageriguale orientiert, fungieren die PfarrerInnen als symbolische Vater- und Mutterfiguren. Sie geleiten die Jugendlichen behutsam über die Schwelle des Hauses in die öffentliche Lebenswelt und legen ihnen beim Übergang von der Kindheit in die Erwachsenenwelt segnend die Hand auf. Die zentrale Symbolhandlung des Konfirmationsritus verbindet Kirche und Haus, die kirchlich-öffentliche und die persönlich-intime Lebenssphäre symbolisch miteinander. Unter den Augen ihrer Mütter und Väter und an deren Stelle vollziehen die Pfarrerinnen und Pfarrer einen der häuslichen Lebenspraxis entlehnten „Zärtlichkeitsgestus, der im kirchlichen Ritus aufgenommen wird" (767,103).

Die Privatisierung der Konfirmandenarbeit und der Konfirmationsfeier setzt eine aus den EKD-Studien (> 212-3:1.3.) gewonnene Einsicht über die *Personalisierung* der Kirchenbeziehung im Kontext des volkskirchlichen Christentums in die Praxis um. „Zu den bemerkenswerten, in sich freilich spannungsreichen und vieldeutigen Ergebnissen der Erhebung gehört, in welch hohem Maße das Verhältnis der Kirchenmitglieder zur Kirche an den Pfarrern orientiert, durch die Pfarrer und in den Pfarrern vermittelt ist" (572,59). Die persönliche Beziehung zum Pfarrer, die in der primären Begegnung mit ihm und in der Regel anläßlich der lebensgeschichtlichen Passageriffuale und der damit verbundenen Seelsorgegespräche entsteht, wird von den Betroffenen freilich weniger als Ausdruck ihrer Kirchenverbundenheit begriffen, als die in der primären Lebenswelt erlebbare und praktizierbare Realisierung der Kirchenmitgliedschaft. Das persönliche Verhältnis zwischen dem religiösen Berufsträger und der religiösen Individualität verselbständigt sich vielmehr gegenüber der mentalen Verbundenheit der Kirchenmitglieder mit der kirchlichen Organisation. Als eigenständige Gestalt religiöser Institutionalisierung (> 321) löst sich die beruflich praktizierte Christentumspraxis von der kirchlich organisierten Christentumspraxis. Die privat konturierte und mit hohen subjektiven Investitionen besetzte Beziehung zum Pfarrer tritt in Konkurrenz zu der eher von kritischer Reserve belasteten und formal gehaltenen Einstellung gegenüber der abstrakten Kirchenorganisation. „Die positive Disposition zur Begegnung mit dem Pfarrer ist im Grund stärker und ausgeprägter als das Verbundenheitsgefühl mit der Kirche" (572,63). Die für die Statur des volkskirchlichen Christentums konstitutive personale Beziehung zwischen den Kirchenmitgliedern und den beruflichen Repräsentanten der gelebten Religion bildet sich idealtypisch in der Konfirmandenarbeit und in der Konfirmationsfeier heraus. „In der Konfirmationserfahrung begegnet die Kirche als Pfarrer. Und so prägt sie sich den Evangelischen grundlegend ein" (572,155).

5. In neuerer Zeit wird die Diskussion um eine Reform der Konfirmandenarbeit und der Konfirmationsfeier von einem neuen ‚Individualisierungsschub' eingeholt. Schon in der Frühphase der Reformdebatte in den sechziger Jahren des 20. Jahrhunderts hatten praktische Theologen den Erfolg der teils pädagogischen, teils liturgischen Erneuerungsbewegung in Zweifel gezogen und vorgeschlagen, den „Konfirmandenunterricht üblicher Prägung" abzuschaffen und die Konfirmationsfeier zu „entmythisier(en)" (766,243). Einerseits könnten die „Zugangs- und Vorbereitungswege" (766,244) zur Konfirmation *variabel* gestaltet und das Konfirmationsalter offengehalten werden. Den unterschiedlichen Einstellungen der Jugendlichen zu Kirche und Gemeinde entsprechend könnten etwa Ferienkurse, die längere Mitgliedschaft in kirchlichen Jugendgruppen oder auch ein Zyklus von Vortrags- und Diskussionsveranstaltungen im Stile kirchlicher Erwachsenenbildung an die Stelle des ein- oder zweijährigen Konfirmandenunterrichts treten. Andererseits könnte die Konfirmation analog zur Taufpraxis „in jedem Gottesdienst ohne besonderen liturgischen Aufwand" (766,247) erfolgen.

Neuere Reformvorschläge knüpfen an die Skepsis gegenüber der „pädagogisch-didaktischen Effektivierung des kirchlichen Unterrichts" (763,323) an und wenden sich aus theologischen Gründen gegen die „keineswegs unproblematische *Pädagogisierung* des protestantischen Christentums" (763,323). Sie konstatieren, daß die seit langem bestehende „Spannung mit dem liturgischen Akt der Konfirmation und der katechetischen Aufgabe des Konfirmandenunterrichts" (763,320) durch die Schaffung eines „regelrechten Markt(s)", „auf dem Konzepte und Modelle zur Unterrichtsvorbereitung produziert und konsumiert werden" (763,324), nicht beseitigt, sondern vollends offenkundig geworden ist. Der durchgängigen Pädagogisierung der Konfirmandenarbeit wird die religiöse Segnungs- und Vergewisserungsfunktion der Konfirmationsfeier gegenübergestellt. „Die Konfirmation widersetzt sich dem katechetischen Interesse. Ihre Feier erinnert an dessen Einbettung in eine Liturgie des Lebens, die es in ihrem religiösen Gehalt zu erfassen gilt" (763,327). In ihrem genuinen Sinngehalt bildet die Konfirmationsfeier nicht primär den Abschluß einer wie immer gearteten pädagogischen Praxis. Ihre originäre Bedeutung gewinnt die Symbolhandlung vielmehr aus ihrer Funktion für die Konstitution biographisch fundierter personaler Identität in einer ebenso signifikanten wie riskanten „Etappe in der eigenen Biographie" (763,321). Der Regreß auf den individuell-biographisch grundierten Eigensinn der Konfirmation relativiert die Bedeutung des kirchlichen Unterrichts und wirkt auf die Organisation der Konfirmandenarbeit zurück. Die aus der religiösen Bedeutung der Konfirmationsfeier resultierende Aufgabe der Konfirmandenarbeit besteht darin, „die Konfirmanden ihre religiöse Auslegungskompetenz in Position und Kritik selber erproben und zur Darstellung bringen zu lassen" (763,331). Ob diese Aufgabe freilich in den institutionellen Formen des Konfirmandenunterrichts zu lösen ist, erscheint denen fraglich, die „radikal für seine Abschaffung und seine Überführung in eine die Lebensphase begleitende Jugendarbeit" plädieren (771,147).

Die kritische Reserve gegenüber der Konfirmandenarbeit, zumal in der pädagogisch akzentuierten Gestalt des Unterrichts, die positive Bewertung der flexibleren Gemeinschaftsformen der Jugendarbeit und das Verständnis der Konfirmationsfeier als eines festlichen Gottesdienstes der Jugend konvergieren in der Idee individueller *Autonomie*. Die entsprechenden Reformprogramme sind nicht vom Standpunkt der kirchlichen Institution aus entworfen, sondern aus der Perspektive der Jugendlichen. Im Mittelpunkt der Reformprojekte steht daher auch nicht das strategische Interesse der kirchlichen Verbandsorganisation an einer effektiven Rekrutierung des Nachwuchses. Die Reformvorschläge knüpfen vielmehr umgekehrt an der Lebenssituation der Jugendlichen an und zielen auf eine Unterstützung der Individualisierungstendenzen ab, die in der Jugendkultur angelegt sind und die Religiosität der Jugendlichen prägen. Deutlicher als die in den gesellschaftlichen Systemen etablierten Altersklassen partizipieren die Jugendlichen an den gesellschaftlich-historischen Wandlungsprozessen, zumal an der zunehmenden Flexibilisierung und Individualisierung der sozialen und kulturellen Lebenswelt. Mehr als in früheren und in späteren Phasen ihres Lebens stehen die Jugendlichen unter dem Zwang, grundlegende und folgenreiche „Entscheidungen über ihren eigenen biographischen Werdegang zu fällen" (754,155). Als exemplarische Trägerschicht und Avantgarde gesellschaftlicher Modernisierung sind sich die Jugendlichen aufgrund ihrer spezifischen Lebenserfahrung des Tatbestandes bewußt, „daß tragbare Gruppenbeziehungen immer wieder neu hergestellt, traditionsgeleitete Wertvorstellungen durch Eigenreflexion neu legitimiert werden müssen und ähnliches, was in der Soziologie unter dem Stichwort Individualisierung aufgenommen wird" (754,153). Im sozialen Kontext von jugendspezifischen Primärgemeinschaften, der „identifikationsstiftenden Clique" (754,155) oder der formelleren Jugendgruppe, gewinnt die „individualisierte Religiosität als Suche nach Orientierung" (754,157) kommunikative Gestalt.

6. Die an der originären Lebenswelt der Jugendlichen orientierten und auf ihre individuelle Selbstbestimmung abzielenden Programme zur Neugestaltung von Konfirmandenzeit und Konfirmationsgottesdienst favorisieren einen bestimmten Typus von *Jugendarbeit*. Sie grenzen sich gegenüber einer „Aufgabenbestimmung der Jugendarbeit als Einführung und Integration in die Gemeinde" (734,419) ab und wenden sich ebenso gegen den „Primat der Erwachsenenorientierung", gegen eine Form von Jugendarbeit, die hinsichtlich ihrer praktischen Gestaltung „vorwiegend Arbeit an der Jugend" ist und „nur in Ansätzen Arbeit mit der Jugend" (753,351), „wechselseitige Begleitung von Jugendlichen und Erwachsenen" (751,120). Zielt die Jugendarbeit weder auf die Einführung der Jugendlichen in die Lebenswelt des kirchlich verfaßten Christentums noch auf

die Integration der Jugendlichen in die Erwachsenenwelt, sondern auf die „Mündigkeit" (734,419) der Jugendlichen ab, dann besteht die Aufgabe der Jugendarbeit darin, „die personale und soziale Identität und die Deutungsfähigkeit der Jugendlichen als kommunikationsfähiger Subjekte zu fördern" (750,37) und ihnen „Räume zum selbstbestimmten Finden und Ausagieren eines Lebensstils und -gefühls" (755,129) zur Verfügung zu stellen.

Die nicht aus den Perspektiven der Erwachsenen entworfene, sondern an den spezifischen Lebenslagen und den genuinen Lebensformen der Jugendlichen orientierte Konzeption bildet das theologisch wie pädagogisch begründete *Grundmodell* sowohl der Verbandsjugendarbeit als auch der gemeindebezogenen Judenarbeit (755,109). Die aus der neuzeitlichen Individualitätsidee abgeleiteten Maximen der Selbstbestimmung und der Selbstorganisation der Jugendlichen gehen ebenso in die traditionelle, nach Altersgruppen gegliederte ‚geschlossene Gruppenarbeit' wie vor allem in die ‚offene Jugendarbeit' (756,382ff) ein, wo die Jugendlichen in „zwanglosem Zusammentreffen in Verbindung mit bedürfnisorientierten Angeboten" (749,895) einen „Raum freier Geselligkeit" und „wechselseitiger Kommunikation" (756,364) finden.

Die Verknüpfung von Jugendarbeit und Konfirmation führt schließlich zu einer Neubestimmung des Verhältnisses von Religionsunterricht, Konfirmandenarbeit und Jugendarbeit. Das im Zusammenhang der Gemeindereformbewegung entwickelte Konzept des ‚Gesamtkatechemunats' (752,220) hatte die unterschiedlichen Praxisformen kirchlicher Erziehung hinsichtlich ihrer Funktionen für den Lebenszusammenhang der Kirchengemeinde voneinander unterschieden und aufeinander bezogen. „Alle Formen der Begegnung der Generationen in der christlichen Gemeinde haben eine gemeinsame Mitte, von der sie herkommen und zu der sie immer wieder zurückführen müssen: die gottesdienstliche Versammlung, der gemeinsame Gebrauch von Wort und Sakrament, die aktive Bruderschaft und Diakonie. Sie sind alle Hilfeleistung zur Gliedschaft am Leibe Christi, zur Einübung dessen, was in der Taufe geschehen ist" (757,51). In dem auf kirchliche Vergemeinschaftung abzielenden Gesamtkatechumenat nehmen Konfirmandenunterricht und Konfirmation eine zentrale Stellung ein. Die integrative Intention des Programms kommt in der „Einheit von Unterricht, Segnung und Erstabendmahl" (757,56) exemplarisch zur Geltung.

Wird dagegen „die zunehmende Autonomie der Jugendlichen als ... zentrale Aufgabe der genannten Praxisfelder" angesehen (752,223), dann sind Religionsunterricht, Konfirmandenarbeit und Jugendarbeit an deren spezifischen Leistungen für den *Individualisierungsprozeß* zu messen. Die Distinktion und Relation zwischen den verschiedenen Typen religionspädagogischer Praxis ergibt sich aus der jeweils unterschiedlich verfaßten Beziehung von institutioneller Normierung der kommunikativen Prozesse und individueller Selbstbestimmung der daran Beteiligten. Während der Religionsunterricht fest „in die Organisationsstrukturen der öffentlichen Schule eingelagert" und der Konfirmandenunterricht ebenso deutlich „in die Organisationsstuktur der Volkskirche eingeordnet" (752,224) ist, baut die institutionelle und kommunikative „Grundstruktur der Jugendarbeit" auf der „freie(n) Geselligkeit" (752,224) auf. Sind die Lernziele im Religionsunterricht vorgegeben und können die Jugendlichen im Konfirmandenunterricht nur unter verschiedenen Optionen wählen, so werden die angestrebten Ziele und die Gestaltungsformen in der Jugendarbeit „im kommunikativen Prozeß sich selbst-regulierender

Gruppen Jugendlicher unter Beratung von Sozialpädagogen definiert" (752,228). Deshalb bietet die Jugendarbeit gegenüber dem schulischen Religionsunterricht, aber auch gegenüber dem kirchlichen Konfirmandenunterricht „ohne Zweifel bessere Voraussetzungen für die erörterte Funktion der helfenden Begleitung" Jugendlicher „im Übergang der Pubertät" (752,223). „Der Konfirmandenunterricht könnte daran gut anknüpfen. Und vielleicht läßt sich so auch die Konfirmation neu begreifen, indem sie dann für viele Jugendliche die wöchentlich-regelmäßige Teilnahme an einer Jugendgruppe zum Abschluß bringt" (754,154).

3.5.2. *Familiengottesdienst und Christvesper als Klammer zwischen häuslicher und parochialer Lebenswelt*

Im Unterschied zu den Jugendgottesdiensten, die von einer bestimmten und begrenzten sozialen Altersklasse und für sie selbst veranstaltet werden, richten sich die von den örtlichen Kirchengemeinden angebotenen *Familiengottesdienste* an eine größere volkskirchliche Allgemeinheit. Anders als die meist nur sporadisch veranstalteten und deutlich von Gruppenmilieus geprägten Jugendgottesdienste sind die zur üblichen Gottesdienstzeit am Sonntagvormittag und in regelmäßigen mehrwöchigen Abständen stattfindenden Familiengottesdienste an der traditionellen Kirchgangskonvention orientiert. Entsteht im Zuge der kontinuierlichen Organisation von Familiengottesdiensten unter der Regie einer Planungsgruppe mitunter auch eine eigene liturgische Subkultur und nähern sich die Familiengottesdienste dann dem liturgischen Typus der Gruppengottesdienste an, so steht der Besuch der Gottesdienste gleichwohl allen Gemeindemitgliedern offen. Öffnet der Kirchenvorstand den Jugendlichen die Kirche mit einer gewissen Reserve und eher in der Absicht ihrer allmählichen Integration in den parochialen Lebenszusammenhang als aus innerer Zustimmung zu den liturgischen Selbstinszenierungen der kirchenfremden Jugendkultur, so identifiziert sich die Gemeinde deutlich mit den Gottesdiensten, in denen die Kultur des bürgerlichen Hauses gepflegt und die Institution der Familie geheiligt wird. Die häufig von einem Team aus regelmäßigen TeilnehmerInnen geleiteten Gottesdienste basieren hinsichtlich der Zusammensetzung des liturgischen Publikums wie hinsichtlich des vorherrschenden kulturellen Milieus auf der Konvergenz von Hausfrömmigkeit und Gemeindechristentum, auf der gewissermaßen natürlichen „Analogie von Familie und Sonntagsgemeinde" (482,475). Die Familiengottesdienste stellen sich insofern als Selbstinszenierungen der bürgerlichen Familienkultur im Raum der Kirche dar. „In der Reihe der Veranstaltungen der Gemeinde für die Familie nimmt der Familiengottesdienst einen wichtigen Platz ein. Er betont den Ursprung (der Familie) in Gott" und bringt das religiöse „Selbstverständnis der Familie als ‚Heilige Familie'" (784,7) zur Geltung.

Tragen die Familiengottesdienste auf der einen Seite zur internen Integration der in ihnen präsenten Familienverbände bei, zur „Zusammenführung von Kindern und Erwachsenen", so wird andererseits durch „eine sinnvolle Zuordnung von Gemeindegottesdienst, Kindergottesdienst und Familiengottesdienst" (730,42) nicht nur das facettenreiche liturgische Angebot der Kirchengemeinde vernetzt. Vielmehr verfestigt sich über die „integrative Gottesdienstpraxis" (730,44) das soziale Netzwerk der parochialen Gemeinde. Das mit großem Aufwand gepflegte und auf Dauer gestellte liturgische Angebot für Familienverbände ist daher auch von *gemeindereformerischen* Absichten geleitet und insofern als eine Form kirchlicher Gemeinschaftspraxis zu verstehen, die die Kirchengemeinde im Interesse ihrer Selbstintegration organisiert. Der enge Konnex von parochialer Kirchenorganisation und familialer Institution verspricht Chancen für eine Vitalisierung des Gemeindelebens über die Pflege der liturgischen Familienkultur; der Familiengottesdienst „führt die Familie zur familia Dei (gleich Gemeinde)" (784,7). Die Verknüpfung von familialer Gottesdienstpraxis und parochialer Gemeindereform resultiert aus einer fundamentalen Einsicht, die im Zuge der EKD-Studien zur Statur des volkskirchlichen Christentums, insbesondere zur Struktur der in der primären Lebenswelt verorteten, parochial organisierten Christentumspraxis gewonnen wurde und die über die Gestaltung von Familiengottesdiensten hinaus das Gottesdienstangebot der Kirchengemeinde im ganzen betrifft: „Die Untersuchung bestätigt die strukturelle Nähe der Ortsgemeinden zur Lebenswelt der Familien. Sozialisation, Erziehung, Wohnwelt, Freizeitwelt und ihre Themen bilden den primären Horizont der Ortsgemeinde. Hier liegt ihre spezifische Stärke (und ihre Grenze). Daraus erwachsen gemeindepädagogisch bestimmte Aufgaben für die Gottesdienstgestaltung. Der Gottesdienst ist als Gottesdienst der familia Dei vor Ort zu verstehen und zu feiern. Die ‚natürliche' Lebenssituation der Gemeindeglieder, die auf Dauer oder für bestimmte Phasen ihres Lebens dem Gottesdienst einen festen Platz in ihrem Alltag geben, sollte aufgenommen werden" (730,41f).

Über ihre familienintegrative und gemeindeintegrative Funktion hinaus kommt der liturgischen Kultur der Familiengottesdienste aber auch *gesellschaftsintegrative* Bedeutung zu. Werden die Familiengottesdienste schon seit geraumer Zeit „bewußt ökumenisch konzipiert" (783,5) und tragen sie damit zur interkonfessionellen Verständigung zwischen den örtlichen Kirchengemeinden bei, so gewinnen sie neuerdings zunehmend den Zuschnitt von interkulturellen Veranstaltungen, an denen sich Gemeindegruppen aus der außereuropäischen christlichen Ökumene beteiligen, und mitunter von interreligiösen Feiern, in denen das wechselseitige Verständnis unter Angehörigen unterschiedlicher Religionsgemeinschaften gefördert wird.

Wie die bürgerliche Familienfrömmigkeit aufs engste mit den Kasualien und mit der christlichen Festkultur verknüpft ist, so besteht auch eine enge Beziehung zwischen *Familiengottesdienst, Kasualgottesdienst* und *Festgottesdienst*. Bildet die kirchliche Trauung das Initiationsritual für spätere Kirchenbesuche im Kreise der Familie, so werden Taufen häufig in Familiengottesdiensten gefeiert, wobei den anwesenden Kindern eine aktive Beteiligung an der Gestaltung des Kasualgottesdienstes eingeräumt wird. Wie der Gottesdienst nur ein partielles, allerdings konstitutives Element der lebenszyklischen Familienfeiern bildet, so werden auch die jahreszyklischen Feiern gleichermaßen in den voneinander unterschiedenen und aufeinander bezogenen Lebenssphären des Hauses und der Kirche gefeiert. „Im Rahmen gesellschaftlicher Sitte verbinden die Feste Familien und Kirche" (730,30), häusliche und kirchliche Religionskultur miteinander.

Der volkskirchliche Stichtag für die kirchliche Heiligung der bürgerlichen Familie ist der Heilige Abend. Der familienweise Besuch der *Christvesper*, die sich in vielen Kirchengemeinden an den vorangehenden Eltern-Kleinkind-Gottesdienst anschließt, bildet den Grundstein einer eigenen Kirchgangssitte, der gegenwärtig dominierenden liturgischen Konvention des Festtagskirchgangs (> 233). In der festlichen Begehung der Geburt Christi kommt die Verwebung der verschiedenen religiösen Teilkulturen, vor allem aber die enge Beziehung von häuslicher und kirchlicher Weihnachtsfeier deutlich zur Geltung. In der Kirche werden dieselben Lieder gesungen wie zu Hause, die Weihnachtsgeschichte, die zentrale sinnliche Repräsentanz des Weihnachtsfestes, wird in der Kirche gelesen und in hochbürgerlichen Familien zu Hause noch einmal aufgesagt. Der festliche Familiengottesdienst am Heiligen Abend reproduziert die unter dem häuslichen Weihnachtsbaum gepflegte Stimmung und verlagert somit die Hausfrömmigkeit ins Kirchenschiff. So fremd sich die PfarrerInnen am Heiligen Abend in ihrer eigenen Kirche vorkommen mögen, so zu Hause fühlen sich die Familienverbände in dem mit vielfältigen sinnlichen Eindrücken angereicherten Szenarium. Entlehnt die Familie bei den häuslichen Geburtstagsfeiern (> 212-1) ihre Stilmittel dem Reservoir kirchlich, gottesdienstlich approbierter Darstellungsformen, so bemächtigt sich die Privatwelt in der Christvesper umgekehrt des kirchlichen Raums, um die Genese der Heiligen Familie zu begehen. Wenn es bei der Weihnachtsfeier im Kirchenschiff richtig gemütlich wird, dann fühlt man sich in der Kirche nicht nur wie zu Hause, man ist in der Kirche zu Hause. Das ‚Heiligabendchristentum' (519) kann als der klassische Fall praktizierter Kulturreligion (> 140) angesehen werden.

3.6. Der protestantische Gottesdienst im Zentrum der Gemeindereform

1. Die vielgestaltige *liturgische Kultur* der Gegenwart verdankt ihren Reichtum an sozialen Kommunikationsformen und ästhetischen Inszenierungsmustern der Pluralisierung und der Individualisierung der religiösen Lebenswelt. Neben und an die Stelle des hochgradig ritualisierten und von dem strengen Regelwerk der Agende dirigierten Gottesdienstes treten die von spontaner Kreativität und experimenteller Innovation inspirierten Gruppengottesdienste. Zwischen den beiden Grundformen liturgischer Praxis sind die zielgruppenorientierten und altersklassenspezifischen Gottesdienste (wie der Familien- und der Jugendgottesdienst) sowie die situationsgebundenen Gottesdienste (wie der Konfirmationsgottesdienst oder die Christvesper) und schließlich die (einerseits in den Citykirchen der Großstädte, andererseits in kirchlichen Tagungsstätten für ein bestimmtes Publikum veranstalteten) „Gottesdienste mit besonderen religiösen und kulturellen Programmangeboten" (786,43) angesiedelt. Die liturgische Szene wird zunehmend pluriformer. Der liturgische „Spielplan" (786,43) verzeichnet ein sich ständig erweiterndes Spektrum an gottesdienstlichen Angeboten, in denen sich die vielfältigen Differenzierungen der gesellschaftlichen und religiösen Lebenswelt, die speziellen Lebenslagen, individuellen Bedürfnisse und subjektiven Interessen der Gottesdienstbesucher widerspiegeln. Die verschiedenen Gottesdienstformen folgen gemeinsam dem Richtungssinn der religiösen Individualisierung; aber sie vermitteln die individuelle religiöse Erfahrung auf unterschiedliche Weise. Während der agendarische Hauptgottesdienst die fromme Individualität von den sinnlichen Objektivationen der religiösen Welt wie von den sozialen Beziehungen zwischen den Gottesdienstteilnehmern abstrahiert und die religiöse Selbstvergewisserung in das fromme Subjekt zurückverlagert, wird die Religion im Rahmen der Gruppengottesdienste dramaturgisch in Szene gesetzt und die religiöse Erfahrung im Medium sinnlicher Wahrnehmung und auf der Grundlage religiösen Gemeinschaftserlebens vermittelt.

Die unterschiedlichen Gottesdienstformen lassen sich allerdings nur idealtypisch voneinander trennen. Im Rahmen der ebenso pluriformen wie flexiblen Gottesdienstpraxis verschränken sich die liturgischen Kommunikationsformen vielfältig miteinander. In neuerer Zeit ist vor allem ein zunehmender Einfluß der liturgischen Gruppenkultur auf den sonntäglichen *Hauptgottesdienst* zu beobachten. Die unsinnlichen und spröden Agendengottesdienste wandeln ihr liturgisches Gesicht. Kommunikative Inszenierungen, in denen nicht die Reinheit der Form die liturgische Erfahrung dirigiert, sondern in denen die Fülle sinnlicher Wahrnehmungen das religiöse Erleben beflügelt, fügen sich in den agendarischen Gottesdienstverlauf ein. Ritualisierte Handlungsstruktur und symbolische Versinnlichung der religiösen Welt, verbale Kommunikation und ästhetische Wahrnehmung, innere Verarbeitung und dramaturgische Ausdrucksform, subjektive Selbstvergewisserung und soziale Interaktion ergänzen einander. Die soziale und kulturelle Transformation der Hauptgottesdienste, die Fortentwicklung der agendarischen Ordnung zur ,neuen Form' folgt der Logik des Privatisierungsprozesses. Sie setzt die beiden Konstitutionsprinzipien der häuslichen Frömmigkeit für das kirchliche Christentum in Geltung: die symbolische Besetzung von Objekten, in denen sich die private Kulturwelt sinnlich verdichtet, und die symbolische Besetzung menschlicher Beziehungen, in denen sich die private Sozialwelt fokussiert. Solche ,neuen' Gottesdienste sind nichts anderes als kirchliche Inszenierungen der häuslichen Lebenswelt.

2. Während sich die Grenzen zwischen den verschiedenartigen liturgischen Kommunikationsformen in der Praxis auf natürliche Weise verwischen und die idealtypisch voneinander unterschiedenen Grundformen des protestantischen Gottesdienstes in liturgischen Mischformen aufgehen, streben liturgische Erneuerungsbewegungen und gemeindeorganisatorische *Reformprojekte* gezielt eine stärkere Vernetzung der Gottesdienstangebote und eine Bündelung der liturgisch ausgeformten Frömmigkeitsstile an. Die gemeinsame Basis der unterschiedlich akzentuierten Reformkonzeptionen bildet die hohe Einschätzung der liturgischen Praxis als der zentralen Dimension religiösen Handelns und Erlebens. Wie sich in der liturgischen Selbstpräsentation und Selbstwahrnehmung des Individuums die Charakterzüge originärer Frömmigkeitshaltungen symbolisch verdichten, so findet das religiöse Gemeinschaftshandeln im Gottesdienst seine paradigmatische Grundgestalt. Eine nicht von organisationsstrategischen Überlegungen geleitete, sondern aus den genuinen religiösen Lebensformen entwickelte Reform der kirchlichen Christentumspraxis hat deshalb von einer Reform der liturgischen Religionskultur auszugehen. Der Gottesdienst als „das schlagende Herz der Kirche" (788,4) und als „die Mitte des Gemeindelebens sollte auch zur Mitte der Gemeindearbeit werden" (788,19).

Die am ekklesiologischen Modell einer *„offene(n) Volkskirche"* (786,40) orientierten Reformkonzeptionen fördern auf der einen Seite die Pluralisierung der liturgischen Religionspraxis in der Moderne. Sie streben nicht die Vereinheitlichung der pluriformen Gottesdienstpraxis an, sondern zielen darauf ab, „die Mittelpunktstellung, in der die Gottesdienste bei den Kirchenmitgliedern stehen, durch ein vielfältigeres Gottesdienstangebot zu stärken" (788,18). Auf der anderen Seite suchen die zeitgenössischen Reformkonzepte aber den zentrifugalen Tendenzen in der zeitgenössischen Liturgiekultur entgegenzuwirken und „die verschiedenen Gruppen, Traditionen, Generationen, Glaubensüberzeugungen und Lebenserfahrungen zusammenzuführen" (786,41). „Nötig ist eine integrative Gottesdienstpraxis. Sie wird sich bemühen, zwischen den verschiedenen Formen des Gottesdienstes und den unterschiedlichen Kirchgangsgewohnheiten Verbindungen herzustellen, Brücken zu bauen und Übergänge zu schaffen" (786,44). Die auf den vielfältigen Konvergenzen zwischen den unterschiedlich konturierten Gottesdienstpraxen aufbauende „Integration ist als eine Art Netzwerk zu verstehen. Ziel ist nicht die totale Vereinnahmung, sondern die Öffnung der verschiedenen Lebenswelten und Glaubensweisen füreinander und für die Kommunikation des Evangeliums" (786,44).

3. Die an der Restitution des *Gemeindechristentums* orientierten und auf den ‚Gemeindeaufbau' fokussierten Reformprogramme zentrieren das pluriforme Gottesdienstangebot dagegen deutlicher um den sonntäglichen Gemeindegottesdienst. Sie stellen den untrennbaren Zusammenhang von Gottesdienstpraxis und Gemeindeorganisation, die „liturgische Dimension der Gemeinde" (791,303), heraus und berufen sich zur Begründung der zentralen Stellung des Gottesdienstes als „Mitte der Gemeindearbeit" (787) auf den historisch gegebenen wie sachlich gebotenen Vorrang des Gottesdienstes vor der Gemeinde. Hat „nicht die Kirche den Gottesdienst, sondern der Gottesdienst die Kirche hervorgebracht" (790,244), dann ist die Liturgie „eine notwendige, eine wesentliche Lebensäußerung der Kirche. In gewisser Weise steht und fällt die Kirche mit dem Gottesdienst … Man mißversteht das Christentum und man leitet die Kirche in ihrer Reform auf eine falsche Fährte, wenn man meint, es gäbe auf Dauer wirksame Präsenz des Christlichen in der Welt an der Liturgie vorbei" (785,84). Wie die Liturgiekonstitution des II. Vatikanischen Konzils die Liturgie als ‚„Gipfel und Quelle' des Tuns der Kirche" (787,75) bezeichnet, so wurde die Einsicht, „daß der Gottesdienst Mitte der Gemeinde sei", zum fundamentalen „Grundsatz der Evangelischen Kirche nach 1945" (791,303). Die gottesdienstliche Gemeinde gilt demnach als „die trinitarisch versammelte Gemeinschaft der Heiligen" (791,329).

Die Gemeindereformprogramme sehen die Mittelpunktstellung des Gottesdienstes im Lebenszusammenhang der Kirchengemeinde nicht nur durch allgemeingesellschaftliche Entwicklungen gefährdet, durch „nachlassende Traditionslenkung und Mobilität" und in deren Folge durch „veränderte Sonntagsgewohnheiten", sondern vor allem auch durch die aus der „pluralistische(n) *Differenzierung* unserer Gesellschaft" (791,305) resultierende „Atomisierung" der parochialen Lebenswelt „in lauter Grüppchen und Kreise" (791,306) mit ihrer jeweiligen „Eigendynamik" (791,305). In dem Maße, in dem das Sozialsystem der parochialen Gemeinde im Zuge seiner internen Pluralisierung in eine „Summe vieler Gruppen und Kreise" zerfiel, die „die Kirche noch als gemeinsames Dach brauchen" (791,305), verlor der Gottesdienst seine integrative Funktion als „Mitte der Gemeinde" und wurde statt dessen zum Integral partieller und sich gegeneinander verselbständigender Primärgemeinschaften, zur jeweiligen „Mitte einer Gruppe" (791,304). Die Reintegration der sich parzellierenden Gemeindeorganisation kann daher nur über eine Restitution des Gemeindegottesdienstes erfolgen, durch die integrative Funktion der liturgischen Gemeinschaftspraxis. Die Aufgabe des Gottesdienstes besteht darin, ‚„Vollversammlung der ganzen Gemeinde' zu sein und Einheit in der Vielfalt zu stiften" (791,307).

Kritisch und zugleich ambivalent beurteilen die Gemeindereformprogramme auch die *Privatisierung* der liturgischen Kultur. Einerseits wenden sie sich gegen den dominanten Einfluß der privaten Religionspraxis auf die kirchliche Christentumskultur, zumal gegen die überhandnehmende Rezeption privater Stilmittel im öffentlichen Gemeindegottesdienst. Der liturgische Raum darf im Zuge der liturgischen Inszenierung nicht zum „Wohnzimmer" werden, „in dem ich es gemütlich habe" (791,309). Ebensowenig darf die liturgische Sprachform durch die vermeintlich natürliche, in Wirklichkeit aber ebenso banale wie triviale Alltagssprache ersetzt werden. Andererseits bedienen sich die li-

turgischen Konzepte der Gemeindeaufbaubewegung aber zur Beschreibung der gemein-
schaftstiftenden Funktion des Gottesdienstes gerade der Sprachmuster der privat-häusli-
chen Lebenssphäre. Aus der liturgischen „Anbetung und Dankbarkeit wächst geschwi-
sterliche Gemeinde, die sich in Gottes Gegenwart wie ein Kind bei seinem Vater oder
seiner Mutter geborgen weiß" (791,316). Die exemplarischen liturgischen Reformkonzeptionen der Gemeindeaufbaubewegung, wie beispielsweise das Projekt ‚Gottesdienst
leben. Ein Weg, Kirche zu erfahren' (791,318ff), verstärken denn auch die Individualisierung der liturgischen Kommunikationsformen und die Privatisierung der liturgischen
Kultur. Sie zielen darauf ab, „durch persönliches Erleben des Gottesdienstes sich Gemeinschaft bilden zu lassen, die vielleicht auch zu einem Kern für Gemeindeaufbau
wird" (791,322). Die Vitalisierung der parochialen Gemeinschaft wird von einer Reform
der Gottesdienstpraxis auf der Basis primärer Vergemeinschaftung und durch eine Steigerung der liturgischen Erlebnisqualität erwartet. „Man kann sich gut vorstellen, wie die
Erlebnisdichte solcher Gottesdienste zu der engen Gemeinschaft einer Großgruppe führt,
die vielleicht auch zum Trägerkreis eines erneuerten Gottesdienstes der ganzen Gemeinde wird" (791,322).

Die liturgischen Konzeptionen der Gemeindereformbewegung zielen aber nicht nur auf
die Integration der parochialen Lebenswelt ab, sondern ebenso auf die Verknüpfung von
häuslicher Frömmigkeit und liturgischer Praxis und insofern auf eine Revitalisierung der
traditionellen Konvention des sonntäglichen Kirchgangs. Der Konnex zwischen alltäglicher Frömmigkeitkultur und kirchlicher Gottesdienstpraxis bildet die Basis der traditionsgeleiteten und gemeindeverbundenen liturgischen Konvention, des „Kirchgang(s)
im Rhythmus des Alltags" (786,23). Die liturgische Praxis der „Gruppe der Evangelischen", die „dem Gottesdienst einen festen Platz in ihrem alltäglichen Kalender einräu-
men" (786,3), ist in doppelter Weise sozial verankert, sowohl in der „Primärgruppe, mit
der man die Kirchgangssitte teilt (Familie, Freunde, Nachbarschaft)" als auch in der
„Gemeinde, der man sich stark verbunden fühlt" (786,24).

Die Reformprogramme, die von der konstitutiven Funktion der liturgischen Praxis für
die Bildung religiöser Gemeinschaft ausgehen, heben daher auf die *Alltagsverbundenheit*
der liturgischen Inszenierungen ab. „Es kommt darauf an, daß der Gemeinde im Lichte
ihrer alltäglichen Erfahrung die Schritte der sonntäglichen Liturgie wieder vertraut werden, damit sich ein Gefühl der Geborgenheit entwickelt" (791,317) und die Gottesdienstbesucher in der Kirche „zu Hause sein können" (789,22). Die Vergemeinschaftungsfunktion des sonntäglichen Hauptgottesdienstes wird in einer Folge von „Schrit-
te(n)" herbeigeführt, „die zu diesen Höhepunkten des Gottesdienstes am Sonntag hinfüh-
ren und von ihnen her wieder neu in den Alltag der Welt und seinen Lebensgottesdienst
weiterführen. Angefangen vom Ruf der Glocken über den Weg aus der Vereinzelung in
die Versammlung, das Betreten der Kirche, das Sitzen in den Bänken, das gemeinsame
Singen und Beten, die Anrufung des dreieinigen Gottes, die Gebete, der Wechselgruß,
die Lesungen und ihre Auslegung, das Glaubensbekenntnis, die Feier des Abendmahls,
das Teilen zur Kollekte, die Fürbitten, die Entlassung mit dem Segen, die Nachgespräche
in kleineren und größeren Gruppen, die Verabredungen für den Sonntag oder die Woche
und vieles andere mehr" (791,325). Der doppelten Vergemeinschaftungsfunktion des
Gemeindegottesdienstes werden die liturgischen Modelle am ehesten gerecht, die einerseits die agendarische Form der gottesdienstlichen Liturgie wahren, sie andererseits aber
mit   Gemeinschaftsformen   der   primären   Lebenswelt   verknüpfen.   Die

liturgischen Reformkonzeptionen der Gemeindeaufbaubewegung schließen insofern organisch an neuere Entwicklungen der Gottesdienstpraxis an.

212-4
Der Konnex zwischen privater, kirchlicher und öffentlicher Religionskultur

1. Privates, kirchliches und öffentliches Christentum bilden charakteristisch voneinander unterschiedene und jeweils eigenständig ausgeformte *Gestalten* zeitgenössischer Religionsausübung. Die verschiedenen Typen christlicher Religionspraxis sind auf dem Hintergrund der Ausdifferenzierung der modernen Lebenswelt entstanden (> 133). Im Fortschritt der neueren Gesellschafts- und Religionsgeschichte haben sie sich zunehmend extern gegeneinander verselbständigt und dabei laufend an interner Konsistenz dazugewonnen. Ihr originäres Profil verdanken die differenten Gestalten gelebter Religion den verschiedenartigen institutionellen Kontexten, in die sie verwoben sind und aus denen sie die sozialen Muster ihrer kommunikativen Inszenierungen und die kulturellen Formen ihrer kognitiv und symbolisch verfaßten Wirklichkeitskonstruktionen beziehen. Wie sich die private Frömmigkeitskultur nur in den Grenzen des sich gegen die Außenwelt verschließenden Hauses (> 212-1) entwickeln und entfalten konnte, so verdankt sich die kirchliche Christentumspraxis der charakteristisch modernen Sozialgestalt des kirchlichen Religionssystems, der in die lokale Wohnwelt eingepaßten und in vielfältigen, milieu- und lebensstilspezifischen Gruppen und Kreise gegliederten Parochie (> 212-3:2). Ebenso gewinnen die in die öffentliche Lebenssphäre eingelagerten religiösen Praktiken und Wirklichkeitsvorstellungen ihre charakteristischen Konturen aus der sozialen und kulturellen Statur des gesellschaftlich institutionalisierten Wohlfahrts-, Bildungs- und Medienwesens (> 212-2).

Lassen sich private, kirchliche und öffentliche Religionskultur idealtypisch deutlich voneinander abgrenzen, so verschließen sich die parzellierten Regionen der religiösen Welt lebenspraktisch nicht gegeneinander, sondern nehmen vielfältige *Beziehungen* zu ihren jeweiligen religiösen Umwelten auf. Die wechselseitigen Relationen zwischen privater und kirchlicher, zwischen privater und öffentlicher sowie schließlich zwischen kirchlicher und öffentlicher Christentumspraxis stellen sich allerdings ganz unterschiedlich dar. Auf der einen Seite führt die Überlagerung analoger Strukturmuster zur Verschmelzung von unterschiedlich institutionalisierten Religionskulturen. Auf der anderen Seite konfligieren die divergenten Ausformungen institutionalisierter Religionspraxis und die in sie eingelagerten Konzepte religiöser Lebenshaltung und Welteinstellung aber auch miteinander. Schließlich bilden sich an den Grenzen zwischen den distinkten religiösen Lebenswelten neuartige Religionskulturen heraus, die sich nicht mehr eindeutig einer der drei idealtypischen Grundformen neuzeitlichen Christentums zuordnen lassen, sondern die triadische Logik der religionsphänomenologischen Rekonstruktion aufsprengen. Die teils symbiotische, teils antithetische, teils synthetische Statur der Verknüpfungen verleiht der zeitgenössischen religiösen Welt ihre zugleich pluriforme wie spannungsreiche Statur.

2. Das *zeitgenössische Christentum* stellt sich dementsprechend als ein vielmaschiges Netzwerk dar, in dem sich markant voneinander unterschiedene persönliche Frömmigkeitsstile, religiöse Teilkulturen und soziale Vergemeinschaftungsformen auf vielfältige,

teils organische, teils spannungsreiche Weise miteinander verknüpfen. Das gemeinsame ideelle wie reale Fundament der weit ausdifferenzierten religiösen Welt bildet die in der populären wie wissenschaftlichen Reflexionskultur der Moderne ausgearbeitete und in den unterschiedlichen Formen der persönlichen Lebensführung, der gemeinschaftlichen Lebensgestaltung und der gesellschaftlichen Lebensordnung praktisch eingelöste Vorstellung von der religiös begründeten Autonomie des Individuums. Avancierte die Individualitätsidee zum umfassenden Leitprinzip der modernen Lebenskultur und Gesellschaftsordnung, so prägt sie insbesondere der von den religiös-theologischen Prinzipien und frömmigkeitspraktischen Maximen des Protestantismus durchtränkten Religion der Neuzeit ihren Stempel auf.

Der moderne Protestantismus (> 240) ist untrennbar mit der neuzeitlichen Idee *individueller Autonomie* verbunden. Sie bildet das gleichermaßen kritische wie konstruktive Prinzip der protestantischen Lebenshaltung und Welteinstellung. Stellt „die Gestaltung des persönlichen Lebens, sei es im Sinne der sittlichen Persönlichkeit, sei es im Sinne frommen Erlebens, das eigentliche protestantische Gestaltprinzip" dar und trägt „sowohl die bürgerliche wie die romantische Persönlichkeit" den typisch „protestantischen Charakter" (793,51), so bringen sich die religiös fundierten Prinzipien des modernen Protestantismus und damit die aus dem Individualitätsaxiom abgeleiteten kritisch-konstruktiven Maximen gleichwohl nicht nur in der privaten Lebensführung der frommen Persönlichkeit, sondern ebenso auch in den gemeinschaftlichen Lebensformen und schließlich in den fundamentalen Institutionen der modernen Gesellschaft zur Geltung. Auf der Basis der Individualitätsidee gewinnt der Protestantismus die charakteristische integrale Gestalt, in der sich persönliche Frömmigkeitsstile, religiöses Gemeinschaftshandeln und sozialkulturelle Weltgestaltung organisch miteinander verbinden.

Wie der neuzeitliche Typus des Christentums insgesamt auf dem Boden der modernen *Individualitätskultur* entstand, so verdanken die pluriformen Ausprägungen des privat, kirchlich und öffentlich verfaßten Christentums ihre jeweils charakteristisch ausgeformten sozialkulturellen Profilierungen der untrennbaren Verwebung von Religion und Individualität. Die um die Individualität zentrierte Frömmigkeitspraxis findet ihren ‚Sitz im Leben' nicht nur in Haus und Familie (> 212-1), dem paradigmatischen Lebensraum der privatisierten Religion, sondern ebenso in den verschiedenen institutionellen Kontexten des öffentlichen und kirchlichen Lebens (> 212-2). Zielen die in das öffentliche Gesundheits- und Wohlfahrtswesen eingepaßten Einrichtungen der Lebensberatung (> 222-2) auf die ‚Rekonstruktion des Menschen' (794) ab, so stellt der in die öffentliche Schulorganisation integrierte Religionsunterricht (> 223) die gleichermaßen religiöse wie pädagogische Institution dar, in der in exemplarischer Weise die persönlichkeitskonstitutiven Momente individueller Selbstbildung (> 212-4:2.2.) zur Geltung gebracht werden. Besonders deutlich tragen schließlich die charakteristisch modernen Ausprägungen kirchlich organisierter Religionspraxis die Signatur der privaten Lebenswelt: die auf den persönlichen Beziehungen unter einander Vertrauten aufruhende parochiale Gruppenkultur (> 212-3:2.), die an Umgangsstile der Privatwelt angelehnte Gottesdienstpraxis (> 212-3:3.) und die auf die persönliche Selbsterbauung der Zuhörer abgestellte Predigtkultur (> 212-4:3.1.).

Aus der Idee der Individualität leitet sich nicht nur das statische Grundgesetz der neuzeitlichen, um die autonome Persönlichkeit zentrierten Lebenswelt, sondern ebenso das dynamische *Entwicklungsprinzip* der sich ständig fortentwickelnden Religionskultur der Moderne ab. Wie sich das neuzeitliche Individualitätsaxiom in der sozialkulturellen Statur der modernen religiösen Welt manifestiert, so dirigiert der Prozeß der Individualisierung den sozialhistorischen und kulturhistorischen Fortschritt der öffentlichen und zumal der kirchlichen Religionspraxis. Die teils kontinuierlich verlaufende, teils durch diverse Reformprojekte beschleunigte Privatisierung der Christentumspraxis vollzieht sich in zwei miteinander verschränkten und sich wechselseitig verstärkenden Entwicklungsprozessen. Auf der einen Seite greifen die vielfältigen Reformen der Christentumspraxis im Interesse einer Modernisierung der kirchlichen und öffentlichen Lebensformen auf die in der Hausfrömmigkeit ausgearbeiteten Ursprungsgestalten privatisierter Religion zurück. Auf der anderen Seite resorbiert die in der privaten Lebenswelt verortete Christentumspraxis im Interesse ihres eigenen sozialen und kulturellen Fortschritts umgekehrt die in die kirchliche Religionskultur eingeflossenen und dort teils nur variierten, teils markant umgeformten Muster privatisierter Religionspraxis.

Führte die Verselbständigung des privaten gegenüber dem öffentlichen Leben an der Schwelle zur Moderne zu der für die bürgerliche Gesellschaft (> 210) charakteristischen Aufspaltung der Lebenssphären, so verdankt sich die vom Individualisierungsprozeß dirigierte Ausgestaltung der modernen Lebenswelt der wechselseitigen Beeinflussung der miteinander verwobenen Lebensregionen. Im Zuge der durchgängigen Privatisierung der religiösen Lebensformen stellt die Religion in einem Zuge ihre *individualitätskonstitutiven* wie *wirklichkeitsintegrativen* Valenzen unter Beweis.

1. Die integrale Statur der individualisierten Religionskultur

1.1. Die symbiotische Beziehung zwischen privater und kirchlicher Religionskultur

Private Frömmigkeitspraxis und Gemeindechristentum stehen in einem engen sozialen und kulturellen Zusammenhang miteinander. In dem Maße, in dem das private Christentum die Vorherrschaft über die kirchliche Religionskultur gewann, wurden die in der häuslichen Religionspraxis entwickelten Lebensformen auf die *soziale* Welt der Kirchengemeinde übertragen. Das kirchliche Leben organisiert sich auf der Basis primärer Gemeinschaften, in Gruppen und Kreisen, die sich aufgrund ihrer partiellen Zielsetzungen charakteristisch voneinander unterscheiden, jeweils eine eigene gruppenspezifische Binnenkultur aufbauen und ihre Mitglieder nach dem Prinzip der Wahlverwandtschaft, durch natürliche Assimilation rekrutieren. So pluriform sich die spezifischen Aktivitäten der Gemeindegruppen auch darstellen und so unterschiedlich der Organisationsgrad der teils nur lose und zeitlich befristet, teils dauerhaft institutionalisierten und zum Teil vereinsmäßig verfaßten Gruppierungen beschaffen ist, die soziale Stabilität und die kulturelle Identität der kirchlichen Primärgruppen basiert insgesamt auf den Vergemeinschaftungsformen der alltäglichen Privatwelt, auf der wechselseitigen Sympathie, die sich einander persönlich Vertraute entgegenbringen, und auf der kontinuierlichen Intensivierung der persönlichen Beziehungen, die sich unter den Angehörigen einer sozialen Gemeinschaft auf natürliche Weise herausbilden.

Wie die kirchliche Lebenswelt die Muster ihrer sozialen Organisation der privaten Lebenssphäre entlehnt, so schließt sie sich auch hinsichtlich ihrer *kulturellen* Gestaltungen an die häusliche Religionspraxis an. Die paradigmatische Bedeutung der privaten Religionskultur für die kirchliche Christentumspraxis kommt exemplarisch in der Transformation der liturgischen Praxis zur Geltung, in der Pluralisierung und Individualisierung der Kirchgangskonventionen wie in der Privatisierung der liturgischen Kultur, der kommunikativen Umgangsformen wie der ästhetischen Inszenierungsmuster der Gottesdienste. Folgt das pluriforme liturgische Angebot der Kirchengemeinde insgesamt den Prinzipien des modern-gesellschaftlichen Individualisierungsprozesses, so kommt die Symbiose von häuslicher und kirchlicher Frömmigkeitspraxis sowohl in den gruppengemeinschaftlichen Versionen der zeitgenössischen Gottesdienstkultur als auch in den auf bestimmte soziale Gruppen fokussierten und gleichermaßen in die parochiale wie in die alltägliche Lebenswelt eingebetteten Typen liturgischer Praxis, in Jugendgottesdiensten und Familiengottesdiensten, insbesondere aber in den Konfirmationsfeiern und Heiligabendgottesdiensten markant zum Ausdruck.

Die gemeindeorganisatorischen *Reformprogramme* knüpfen an die doppelte soziale und kulturelle Verortung von parochialer Gruppenkultur und gruppengemeinschaftlicher Gottesdienstpraxis in Haus und Kirche an. Sie festigen den Zusammenhang zwischen privater Frömmigkeitspraxis und Gemeindechristentum und tragen mit der Forcierung persönlich konturierter Frömmigkeitsstile zur weiteren Individualisierung der Religionspraxis und mit der Favorisierung primärer religiöser Gemeinschaftsbildung zur fortschreitenden Privatisierung des kirchlichen Lebens bei. Bringt sich der Konnex von häuslicher und kirchlicher Religionspraxis in dem kontinuierlichen Wandel der kirchlichen Lebenswelt, in der zunehmenden Angleichung der sozialen Strukturen und der kulturellen Gehalte des Gemeindechristentums an die religiöse Privatwelt, auf natürliche Weise zur Geltung, so schärfen die gemeindeorganisatorischen und liturgischen Reformkonzepte das Bewußtsein für die sich selbst beschleunigende Individualisierung der modernen Lebenswelt und nutzen die in den gesellschaftlichen Fortschrittsprozeß eingelagerten Reformpotentiale für eine Revision der kirchlichen Lebensformen.

1.2. Die prekäre Beziehung zwischen gesellschaftlichem Fortschritt und religiöser Entwicklung

1. Auf dem Hintergrund des weit fortgeschrittenen Individualisierungsprozesses erscheinen die sozialen und kulturellen Tranformationen der kirchlichen Lebenswelt als geradezu selbstverständliche Konsequenzen der neuzeitlichen Gesellschaftsentwicklung. Für das zeitgenössische Allgemeinbewußtsein nehmen sich die Postulate der von kritischen Ideen unterfütterten und zu innovatorischen Konzepten stilisierten Reformprogramme daher als impulsiv angereicherte und pathetisch vorgetragene, in ihrem Kern gleichwohl einigermaßen triviale Allgemeinplätze aus. Im Spiegel der historischen *Wandlungen* der Reformkonzepte, ihrer ideellen Intentionen und ihrer organisationspraktischen Strategien, bildet sich gleichwohl die komplexe Statur des Verhältnisses von privater, kirchlicher und öffentlicher Religionspraxis in signifikanter Weise ab. Während die aneinander anschließenden und aufeinander aufbauenden Projekte der Kirchenreform darauf abzielen, den sozialen und kulturellen Konnex von häuslicher und parochialer Christentumspraxis zu festigen, stellt sich die Beziehung zwischen kirchlichem Christentum und gesellschaftlicher Entwicklung der Religion in den verschiedenen Stadien der kirchlichen Erneuerungsbewegungen zwar unterschiedlich, insgesamt aber durchaus prekär dar.

Die auf säkularisierungskritischen Diagnosen basierenden und von der Idee einer alle Schichten und Kulturen der sich pluralisierenden Gesellschaft umfassenden Volkskirche (> 331) geleiteten Reformprojekte des *19. Jahrhunderts* galten vornehmlich der Restauration der privaten Institutionen der Ehe und Familie (> 212-1:3.) als der sozialen und kulturellen Fundamente des gesellschaftlichen Lebenskosmos. Die sich im Interesse gesellschaftlicher Restabilisierung engagierende Kirche wurde als treibende Kraft eines Reformprozesses begriffen, der alle Sektoren der sich ausdifferenzierenden Lebenswelt – die familiale Gemeinschaft wie die Arbeitswelt, das Wohlfahrtswesen wie die Bildungsinstitutionen – in gleichem Maße betrifft. Als Avantgarde eines gesamtgesellschaftlichen Revirements bildete die Kirche die Trägerinstitution der ,Inneren Mission', einer Reformbewegung, die den zentrifugalen Kräften des sozialkulturellen Differenzierungsprozesses entgegenwirken, die sich individualisierende und damit deformierende Gesellschaft zu ihren traditionalen, religiös fundierten Ordnungsmustern zurückführen und die überlieferten Formen christlichen Glaubens und Lebens wiederherstellen sollte. Der Optik des bürgerlichen Weltbildes entsprechend sollte die Reform im Mittelpunkt der konzentrisch vorgestellten Weltordnung, im Herzen der religiösen Persönlichkeit und im Leben der familialen Gemeinschaft, ansetzen und von dort aus – im Zuge einer Umformung der Herzensfrömmigkeit zur ,tätigen Liebe' – auf eine Rechristianisierung der größeren Lebenskreise des Individuums hinwirken.

Die Gemeindebewegung des beginnenden *20. Jahrhunderts* hatte sich von der Hoffnung auf eine umfassende Restauration der säkularen Gesellschaft aus dem Geist kirchlich fundierter Lebensvorstellungen und Gesellschaftsordnungen verabschiedet. Sie grenzte die Reichweite ihrer Reformprogramme auf die binnenkirchlichen Sozialsysteme ein und konzentrierte sich auf die Herstellung funktionsgerechter Sozialstrukturen im Rahmen der örtlichen Parochien, zumal auf die effektive Organisation der sich ständig vergrößernden urbanen Kirchengemeinden. Das nach den Mustern primärer Vergemeinschaftungsprozesse gestaltete und der abgestuften Intensität personaler Beziehungen entsprechend gegliederte Sozialsystem der ,Seelsorge-Gemeinde' fungierte als artifizielles Substitut für die sich auflösenden natürlichen Formen der privaten Lebenswelt. An die Stelle der zunehmenden ,Vergesellschaftung' des Menschen im Zuge der Rationalisierung (> 231) und Urbanisierung (> 232) der Lebenswelt sollte die ,Vergemeinschaftung' der autonomen Individuen treten (792). Die Kirche wurde dementsprechend als eine sich permanent reformierende Verbandsorganisation aufgefaßt, deren organisatorische Stabilität auf der inneren Verbundenheit und der äußeren Beteiligung ihrer Mitglieder aufruht. Die sozialen Leistungen, die die Kirchenorganisation für ihre Mitglieder erbringt, können deshalb nicht durch eine Rationalisierung der kirchlichen Apparate und Systeme, sondern nur durch eine Verdichtung der Beziehungsnetze innerhalb der Gemeinde, der primären kirchlichen Lebenswelt, optimiert werden.

Wie ihre historischen Vorbilder, so entwickeln auch die *zeitgenössischen* Konzeptionen zur Reform des kirchlichen Lebens ihre kritischen Prinzipien und ihre programmatischen Intentionen auf der Folie des gesellschaftlichen Individualisierungsprozesses (> 133). In einer gesellschaftshistorischen Epoche, in der die Individualisierung der Lebenswelt weit fortgeschritten ist und nicht nur das öffentliche, sondern vor allem auch das kirchliche Leben tiefgreifend beeinflußt, erfährt der neuzeitliche Individualisierungsprozeß aber eine neue Bewertung. Die Reformbewegungen des 19. und des beginnenden 20. Jahrhunderts begegneten der Emanzipation des Individuums von traditionalen Lebensformen und sozialen Bindungen mit Skepsis und Kritik. Im Widerspruch gegen die sozialen und kulturellen Modernisierungstendenzen zielten sie darauf ab, den Individualisierungsprozeß durch die Stärkung der häuslichen und kirchlichen Gemeinschaften aufzuhalten oder zumindest seine Folgeerscheinungen abzumildern. Die gemeindeorganisatorischen und zumal die liturgiepraktischen Reformprojekte der Gegenwart dagegen lösen die traditionelle Symbiose von vergangenheitsverbundener Kulturkritik und zukunftsverpflichteter Kirchenreform auf und entwerfen ihre innovatorischen Konzepte, von eher sperrigen Spurenelementen restaurativen Einschlags abgesehen, in der Form eines auf die kirchliche Lebenswelt zugeschnittenen Individualisierungsprogramms.

2. Die zeitgenössischen Programme zur Reform der gesellschaftlichen wie kirchlichen Lebenswelt vollziehen damit einen generellen *Paradigmenwechsel.* Die auf einer phänomenologischen Rekonstruktion der modern-religiösen Entwicklungsprozesse aufruhenden Reformkonzeptionen beziehen ihren innovatorischen Elan nicht mehr aus der Kritik der für die gesellschaftliche Stabilität bedrohlichen Individualisierungstendenzen, sondern polen das Verhältnis von individualisierter Gesellschaft und individualitätskritischer Kirche um. Im Gegenzug zu restaurativen Versionen der Kirchenreform wird die Kirche nicht als letzte Bastion einer um ihre Stabilität ringenden Gesellschaftsordnung angesehen, sondern umgekehrt in den Status einer exemplarischen ‚Institution der Freiheit' (> 321), einer mit den neuzeitlichen Emanzipationsbewegungen aufs engste verbundenen und der Fortschrittsdynamik der Moderne verpflichteten sozialen Organisation erhoben.

Der Wechsel der Betrachtungsperspektive schlägt sich aber nicht nur in einer Neuformatierung der praktisch-theologischen Ekklesiologie nieder. In der Spätphase des kirchlichen Reformprozesses verlieren vielmehr auch die globalen, in früheren Epochen ausgearbeiteten *Interpretationen* des Verhältnisses von sozialkultureller Modernisierung und religiös-kirchlicher Erneuerung ihre zeitgebundene Plausibilität. Die kantigen Ursprungsmodelle gesellschaftskritisch profilierter Kirchenreform entstanden auf der Folie einer antimodernistisch akzentuierten Gegenüberstellung von ‚Kirche' und ‚Welt'. In späteren Stadien der aneinander anschließenden kirchlichen Erneuerungsbewegungen behielt das Verhältnis von Kirche und Gesellschaft zwar seine spannungsreiche Statur. Die Initiatoren der ‚Gemeindebewegung' fanden aber eine elegantere Lösung des Problems. Sie milderten die oppositionelle Konstruktion ab und formulierten sie zu einer kompensatorischen Beziehung um. In ebenfalls individualitätskritischer Perspektive wurden den auf den Gesetzmäßigkeiten primärer Vergemeinschaftung aufruhenden Gemeindegruppen und kirchlichen Vereinen Integrationsleistungen zugeschrieben, die in der traditionalen Gesellschaftsordnung von den Institutionen des privaten Lebens wahrgenommen worden waren.

Unter veränderten Bedingungen fand die Diskussionslage der Jahrhundertwende Eingang in die gegenwärtige praktisch-theologische Debatte, in der sich zwei unterschiedlich akzentuierte, aber eng miteinander verbundene Reformpositionen herausgebildet haben. In den teils mehr auf die Reform der parochialen Sozialorganisation abgestellten, teils mehr an der Erneuerung der Gottesdienstkultur und insbesondere an der Ausbildung individuell ausgeformter liturgischer Frömmigkeitsstile interessierten Reformkonzeptionen wird die reziproke Relation von religiöser *Individuation* und *Sozialisation* unterschiedlich gewichtet. Während die diagnostischen Analysen und die strategischen Pro-

gramme des ‚Gemeindeaufbaus‘ – im Rückgriff auf die ‚Gemeindebewegung‘ der Jahrhundertwende – die zunehmende Vereinzelung der Individuen in der modernen Massen-
gesellschaft registrieren und in kompensatorischer Absicht die Optimierung religiöser
Vergemeinschaftungsprozesse ins Zentrum der Gemeindereform stellen, forcieren die
‚alternativen‘ Gottesdienstkonzeptionen umgekehrt die in Gesellschaft und Kultur eingelagerten Individualisierungspotentiale und betonen die individualitätskonstitutive
Funktion religiöser Gemeinschaftserfahrungen. Weder in der Gemeindereform noch in
der Gottesdienstreform wird aber der im Zuge der neuzeitlichen Religionsgeschichte
hergestellte und für die moderne Christentumskultur konstitutive Konnex von Religion
und Individualität grundsätzlich in Frage gestellt. Vielmehr entdecken die Protagonisten
der religiösen Modernisierungsprogramme in der Individualisierung der Lebenswelt die
ursprünglichen Prinzipien des Protestantismus wieder und nutzen das neuzeitliche Axiom individueller Autonomie als Begründungsfigur für ihre theologisch fundierten Reformkonzeptionen. Zur praktischen Ratifizierung der religiös grundierten Individuali-
sierungspostulate greifen Gemeinde- und Gottesdienstreform ohne Umschweife auf die
in der häuslichen Lebenswelt ausgearbeiteten kommunikativen Formen und kulturellen
Gehalte zurück und gleichen die kirchliche Christentumspraxis zunehmend an die private Religionskultur an.

3. Die von der zeitgenössischen Praktischen Theologie hergestellte *Synthese* von gesellschaftlichem Fortschritt und religiöser Entwicklung prägt schließlich nicht nur dem
kirchlichen Christentum, sondern auch den übrigen Gestalten des neuzeitlichen Christentums und damit der zeitgenössischen Religionskultur insgesamt ihren Stempel auf.
Auf dem Hintergrund populärer gesellschafts- und zeitkritischer Diagnosen hatten die
Kirchenreformer des 19. Jahrhunderts und ihre späteren Nachfahren den Zerfall der bürgerlichen Gesellschaftsordnung und die Entwurzelung der Persönlichkeit im Zuge der
beginnenden Individualisierung der Lebenswelt beklagt. Die Reformer der Gegenwart
verbuchen die mittlerweile durchgängige Individualisierung der Lebenswelt nun als
doppelten Gewinn. Der Siegeszug der Individualisierung verspricht nicht nur dem einzelnen einen sich ständig steigernden Zuwachs an persönlicher Autonomie. Vielmehr
bildet die Individualisierung auch das umfassende Formgesetz der sich pluralisierenden
und ausdifferenzierenden Gesellschaft.

Die Individualisierung stellt zum einen das *dynamische Entwicklungsprinzip* dar, dem
der soziale und kulturelle Fortschritt der privaten, der kirchlichen und der öffentlichen
Lebens- und Religionspraxis in gleichem Maße und in analoger Weise folgt. Die Individualisierung bildet zum anderen aber auch das statische Grundgesetz der parzellierten
religiösen Welt, das *integrale Ordnungsprinzip*, in dem die strukturellen Differenzen
zwischen den sich gegeneinander verselbständigenden Lebenssphären aufgehoben sind
und die verschiedenen Sektoren der modernen Lebenswelt füreinander durchlässig werden. Die Individualisierung ist deshalb schließlich auch als das *basale Reformprinzip* der
sich ihrer Geschichte bewußten, ihrer Zeit verbundenen und ihrer Zukunft verpflichteten
Umgestaltung des privaten, kirchlichen und öffentlichen Christentums anzusehen.

1.3. Die konstruktive Beziehung zwischen Individualisierung und Integration der religiösen Lebenswelt

1. Der von Kirche und Theologie vollzogene Perspektivenwechsel, die Umstellung der Kirchenreform von der traditionsverbundenen Polemik gegen die Entkirchlichung der Gesellschaft zur fortschrittsorientierten Apologetik der sich individualisierenden Lebenswelt führt zu einer *Relativierung* der Reformpostulate. Je enger sich die kirchlichen Reformbewegungen mit den gesellschaftlichen Fortschrittskräften verbünden, um so deutlicher reduzieren sich die Ansprüche, die die Kirchenreformer an ihre innovatorischen Projekte stellen. In der veränderten Perspektive erscheint Kirchenreform nicht mehr als ein revolutionärer Akt, in dem die Gesellschaft vom Kopf auf die Füße gestellt wird, sondern als ein kontinuierlicher Prozeß, in dessen Verlauf sich Gesellschaftsgeschichte und Religionsgeschichte wechselseitig miteinander verknüpfen. Wie die protestantische Theologie in dem neuzeitlichen Axiom individueller Autonomie ihr ureigenstes Prinzip wiederentdeckt, so sieht die Kirchenreform in der Individualisierung von Gesellschaft und Kultur die reformerischen Kräfte am Werk, die das neuzeitliche Christentum einst selbst ins Leben rief. Verstärken die gleichermaßen dem Geist des Protestantismus wie der kirchlichen Modernisierung verpflichteten Reformbewegungen auch die in die gesellschaftlichen Entwicklungsprozesse eingelagerten Fortschrittstendenzen, so sind die Pluralisierung und Individualisierung der kirchlichen Religionskultur gleichwohl nicht vorwiegend als das Resultat strategischer Maßnahmen, sondern vielmehr umgekehrt als eine notwendige Voraussetzung der Gemeinde- und Liturgiereform anzusehen.

Bringt sich der kirchenreformerische Paradigmenwechsel zum einen in einer neuen Bewertung der gesellschaftshistorischen Modernisierungsprozesse, in der makroperspektivischen Verzahnung von Gesellschafts- und Religionsgeschichte zum Ausdruck, so kommt die Umstellung der theoretischen Perspektiven und praktischen Strategien der Kirchenreform zum anderen in einer ebenso neuartigen mikroperspektivischen Rekonstruktion der zeitgenössischen Religionspraxis zur Geltung. Mit der Relativierung der reformerischen Intentionen korreliert eine *Relationierung* des kirchlichen Christentums in der sich ausdifferenzierenden religiösen Welt. Folgt die Entwicklung der kirchlichen Religionskultur nicht eigenen, von den allgemeingültigen Gesetzmäßigkeiten der gesellschaftlichen Modernisierung deutlich unterschiedenen und ihnen entgegengesetzten Prinzipien, sondern partizipiert sie an der umfassenden Fortschrittslogik der Moderne, dann verliert das kirchliche Christentum die Statur einer distinkten Gegenwelt und mutiert zu einer zwar eigenständigen, gleichwohl aber mit den anderen Ausformungen zeitgenössischer Religionspraxis aufs engste verknüpften Gestalt neuzeitlichen Christentums. Mit der Entschränkung von Religion und Kirchlichkeit büßt das explizit kirchliche Christentum seine paradigmatische Bedeutung als Leitbild für die unterschiedlichen Ausprägungen der Christentumspraxis ein und tritt mit ebenso eigenständigen Versionen neuzeitlicher Religion, mit dem privat und öffentlich verfaßten Christentum, in das Verhältnis einer produktiven Konkurrenz um die ebenso prinzipiengeleitete wie effektive Fortentwicklung der Religionskultur.

2. Damit stellt sich das Problem der Beziehung zwischen gesellschaftlicher Modernisierung und religiöser Entwicklung in neuer Gestalt. Hatten die Reformprojekte des 19. und des beginnenden 20. Jahrhunderts die prekäre Beziehung zwischen fortschreitender *Indi-*

vidualisierung und nachlassender *Integration* der Gesellschaft in die Regie der Kirche überstellt und ihr die Verantwortung für die Konsolidierung der sich ausdifferenzierenden Lebenswelt übertragen, so wird die Aufgabe sozialkultureller Integration nun in den gesellschaftlichen Fortschrittsprozeß selbst zurückverlagert und die Individualisierung als dasjenige integrale Prinzip in Geltung gesetzt, das die Entwicklung der Religionspraxis in den unterschiedlichen Lebenssphären dirigiert und daher die soziale und kulturelle Homogenität der sich gegeneinander verselbständigenden religiösen Lebenswelten zu gewährleisten vermag. Die Einheit der religiösen Lebenswelt verdankt sich damit nicht der reduktionistischen Rückführung der privaten und öffentlichen Christentumspraxis auf ihre kirchliche Ursprungsform, sondern ihrer komplexen Vernetzung auf der gemeinsamen Basis der Individualisierung.

Unter diesen Umständen sind dann Fortschritte der religiösen Modernisierung nicht so sehr im Inneren der partiellen und jeweils originär ausgeformten Religionskulturen, sondern weit mehr an den durchlässigen *Grenzen* zwischen privatem, öffentlichem und kirchlichem Christentum zu erwarten. Wie sich die zeitgenössische Gemeinde- und Liturgiereform vom Ziel der Verkirchlichung der ,entkirchlichten' Religion verabschiedet und den anderen Gestalten des neuzeitlichen Christentums ihr Eigenrecht zuerkennt, so schärft sie das Bewußtsein für die wechselseitigen Beziehungen zwischen den sich dynamisch fortentwickelnden Segmenten der modernen Religionskultur und wendet ihr Interesse den Fortschrittsenergien zu, die bei der Verknüpfung der unterschiedlich formatierten religiösen Teilwelten frei werden.

3. Am augenfälligsten tritt die Aufhebung der Grenzen zwischen voneinander unterschiedenen und aufeinander bezogenen Lebenswelten an den wechselseitigen Übergängen zwischen der *privaten* und der *kirchlichen* Christentumspraxis zutage. Der Konnex von häuslicher und kirchlicher Religionspraxis bringt sich ebenso in der Angleichung der sozialen Strukturen und der kulturellen Gehalte des Gemeindechristentums an die religiöse Privatwelt zur Geltung wie in den Anleihen, die die familiale Religionskultur umgekehrt bei den kirchlich ausgeformten Gestaltungen kommunikativ praktizierter Religion macht. Wie die häuslichen Geburtstagsfeiern als privatisierte Gottesdienste und die familiären Weihnachtsfeiern als privatreligiös inszenierte Festliturgien angesehen werden können (> 212-1), so verbinden sich in der für das volkskirchliche Christentum konstitutiven Kasualfrömmigkeit (> 232-3) kirchliche und familiäre Feierriten aufs engste miteinander. Aber nicht nur die bürgerliche Festkultur, auch die kontinuierliche und alltagsverbundene Frömmigkeitspraxis, die von der zeitgenössischen Gemeinde- und Gottesdienstreform geförderte Kultivierung persönlich angeeigneter und in Haus und Kirche praktizierter religiöser Lebensstile, baut auf dem unlösbaren Zusammenhang von privater und kirchlicher Religionskultur auf. Die enge reziproke Beziehung zwischen privatem und kirchlichem Christentum wird freilich nicht erst im Zuge kirchlicher Reformen hergestellt. In ihrer primären Gestalt bildet die Verwebung von privater und kirchlicher Christentumspraxis ein konstitutives Merkmal der ebenso in den religiösen Gemeinschaften der Kirchengemeinde wie in den Institutionen der privaten Lebenssphäre verorteten bürgerlich-protestantischen Frömmigkeitspraxis.

In der *öffentlichen* Lebenssphäre stellen sich die Folgen des neuzeitlichen Individualisierungsprozesses dagegen ganz anders dar. Zwar gehen Grundformen der privaten Lebenspraxis auch in die charakteristisch modernen, jenseits der Grenzen des bürgerlichen

Hauses und außerhalb der verfaßten Kirchen angesiedelten Organisationsformen neuzeitlichen Christentums ein (> 212-2) und prägen der Kultur der diakonischen Unternehmen (> 222-2), den Inszenierungen der Kirchentage (> 222-3) und den Produktionen
der Medienkommunikation (> 222-5) den Stempel der individualisierten Gesellschaft
auf. Aber während Privatreligion und Gemeindechristentum auf geradezu selbstverständliche Weise miteinander verschmelzen, gehen Individualisierung und Rationalisierung der Lebenswelt in den Institutionen der öffentlichen Religionspraxis eine spannungsreiche Synthese miteinander ein. Die für die Konstitution der bürgerlichen Gesellschaft charakteristische Aufspaltung des gesellschaftlichen Lebenskosmos in die öffentliche und die private Lebenssphäre bildet sich unmittelbar in der ambivalenten Statur der
religiös konturierten Institutionen des öffentlichen Lebens und mittelbar in den Programmen zur Reform des Wohlfahrts-, Bildungs- und Medienwesens ab. Konvergieren
die auf die Konstitution der Individualität abgestellten Funktionen der häuslichen und
der parochialen Religionskultur miteinander, so kollidieren die Ansprüche der Individuen im Krankenhaus, in der Schule und in vergleichbaren sozialen Einrichtungen mit
den systeminternen Eigengesetzlichkeiten der zweckrational (> 231) durchgestalteten
Organisationen. Die von religiösen Motiven unterfütterte und programmatisch eingeforderte Individualisierung der öffentlichen Lebenswelt wird unter diesen Umständen zum
schillernden Postulat unvollendeter Humanisierungsprojekte.

2. Andacht, Bildung und Beruf als paradigmatische Grundformen integraler religiöser Lebenspraxis

1. Im Zuge der durchgängigen Individualisierung der Lebenswelt haben sich verschiedene *institutionelle Grundformen* neuzeitlicher Religionspraxis herausgebildet, in denen
sich nicht nur private und kirchliche Christentumspraxis miteinander verzahnen, sondern
darüber hinaus auch persönliche Frömmigkeit, kirchliches Christentum und öffentliche
Religionskultur miteinander verknüpfen. In ihnen wird einerseits die neuzeitliche Idee
individueller Autonomie lebenspraktisch ratifiziert, andererseits die integrative Funktion
der Religion (> 123) für Gesellschaft und Kultur unter Beweis gestellt und damit die für
die moderne Gesellschaftsentwicklung charakteristische Diastase zwischen gesellschaftlicher Individualisierung und Integration aufgehoben.

Zu den religiös konturierten Institutionen, in denen die Grenzen zwischen den voneinander unterschiedenen Lebenssphären durchlässig gemacht und die gegeneinander verselbständigten Sektionen der parzellierten Lebenswelt ineinander aufgehoben werden, sind
in herausgehobener Weise die *Andacht*, die *Bildung* und der *Beruf* zu zählen. Die – mit
unterschiedlichen Akzentuierungen – sowohl in der privaten wie in der kirchlichen und
schließlich in der öffentlichen Religionspraxis verankerten und als Integrale des ausdifferenzierten Lebenskosmos fungierenden Gestalten institutionalisierter Lebenspraxis
verbinden sich aufs engste mit der Subjektivität. Andacht meint die selbstreferentielle
Versenkung der frommen Persönlichkeit in sich selbst. Bildung bezeichnet den Prozeß,
in dessen Verlauf das Individuum sich selbst unverwechselbar originäre Konturen verleiht. Im Beruf führt das Subjekt, der bürgerlichen Berufsidee zufolge, sein soziales
Handeln auf die inneren Motive seiner individuell ausgeformten Lebenshaltung und
Welteinstellung zurück und verwirklicht sich damit in der sozialen und kulturellen Gestaltung der Wirklichkeit.

Auf dem Hintergrund der neuzeitlichen Gesellschafts- und Religionsgeschichte wandelten die in der inneren Welt des Individuums verwurzelten und zu religiösen Attitüden stilisierten Formen der Selbstbeziehung und Selbstverwirklichung ihre Gestalt und mutierten zu veräußerlichten, kommunikativ praktizierten und methodisch organisierten Formen des *sozialen Gemeinschaftshandelns*. Aus der andächtigen Frömmigkeitshaltung entwickelte sich die um Bibellektüre und Schriftauslegung zentrierte Andacht als eine klassische Form gruppengemeinschaftlicher Religionsausübung. Aus der gewissermaßen natürlichen Selbstentfaltung der autonomen Individualität entstand das moderne Bildungssystem, ein Geflecht von zielgerichteten, aufeinander aufbauenden und durchgängig der Rationalität pädagogischer Interaktion verpflichteten Handlungsprozessen. In der Folge der Rationalisierung (> 231) der ökonomischen Welt schließlich löste sich der Beruf zunehmend aus seiner Verankerung in der sich selbst verwirklichenden Individualität. In seiner veräußerlichten Gestalt bildet der aus dem Prinzip der Arbeitsteilung resultierende Beruf die Organisationsform der Erwerbsarbeit.

In der Folge der neuzeitlichen Ausdifferenzierung der gesellschaftlichen Lebenswelt wurden Andacht, Bildung und Beruf schließlich zu den elementaren Kommunikations- und Aktionsformen jeweils eigenständiger, aber eng miteinander verflochtener *Institutionen*. Die institutionelle Grundform der Andacht bildet die in der bürgerlich-protestantischen Familienreligiosität verankerte Hausandacht; aus ihr haben sich die unterschiedlichen, teils in die kirchliche, teils in die öffentliche Lebenspraxis, zumal in die verschiedenen Bildungsinstitutionen, eingebetteten Versionen der Andacht entwickelt. Bildung und Erziehung bezeichnen institutionelle Handlungsziele der Schule; an sie lagerten sich die übrigen, an den verschiedenen Stadien der Persönlichkeitsbildung und der Berufsausbildung orientierten pädagogischen Institutionen, Kindergarten und Erwachsenenbildung, Berufsschule und Universität, an. Ebenso ordnen sich die verschiedenen Versionen von Arbeit, die aufs engste mit der Bildung verbundene Haus- und Familienarbeit sowie die auf die Selbstverwirklichung des Individuums abzielende Freizeitarbeit, der gesellschaftlich institutionalisierten Berufsarbeit zu.

Die sozialkulturellen Transformationen der Andacht, der Bildung und des Berufs markieren verschiedene Entwicklungsstadien des gesellschaftshistorischen Prozesses, in dessen Verlauf die *Individualisierung* der Lebenswelt institutionelle Formen gewann. Im Zuge ihrer Umformung zunächst zu interaktionellen Handlungsmustern, dann zu institutionellen Handlungskonstrukten wurde die für die Andacht, die Bildung und den Beruf konstitutive Beziehung von Religion und Individualität aus ihrer symbiotischen Ursprungsgestalt in immer komplexere Gestalten überführt. Sowohl in der Bedeutungsgeschichte der Begriffe als auch in der sozialhistorischen Ausformung der jeweiligen Praxiskonstrukte spiegeln sich die komplexen Beziehungen zwischen selbstreferentiellen, primärgemeinschaftlichen und gesellschaftlichen Wirklichkeitskonstruktionen auf signifikante Weise wider. Gleichwohl ging die Rückbindung der Andacht, der Bildung und des Berufs an die Individualität im Fortschritt lebensweltlicher Rationalisierung nicht verloren. Auf dem Hintergrund des neuzeitlichen Individualisierungsprozesses steigerten sich vielmehr die individualitätskonstitutiven Potentiale der um das autonome Subjekt zentrierten Institutionen. Andacht, Bildung und Beruf stellen diejenigen Institutionen dar, in denen das neuzeitliche Axiom individueller Autonomie, der Selbstbeziehung, Selbstentwicklung und Selbstentfaltung der Persönlichkeit, zum Prinzip gesellschaftlicher Rationalisierung erhoben wird.

2. Das neuzeitliche Individualitätsaxiom ist *Idee und Wirklichkeit* in einem, das elementare Paradigma der bürgerlichen Weltanschauung und das basale Grundrißmuster der sozialen Lebenswelt. Die symbolischen und pragmatischen Komponenten der Individualitätsidee verbinden sich spannungsreich miteinander. Auf der einen Seite büßt das Individualitätsprinzip im Fortschritt seiner Verwirklichung seinen ideellen Glanz ein; je größer der praktische „Nutzungswert" der Idee wird, umso mehr schwindet der „Bedeutungswert" der ideellen Vorstellung, bis die programmatische Idee schließlich zu einer trivialen Allerweltsformel verblaßt (795,23). Ebenso verliert die Idee der Individualität angesichts ihres partiellen Scheiterns an den rationalen Eigengesetzlichkeiten (> 231) der gesellschaftlichen Welt ihre dominante Stellung als paradigmatische Leitkategorie der sozialen und kulturellen Wirklichkeitskonstruktion; sie wird mit ihr entgegenstehenden Formgesetzen der modernen Lebenswelt kontrastiert und auf spannungsreiche Weise mit ihnen verbunden. Auf der anderen Seite gewinnt das Individualitätsaxiom aber gerade durch die nicht aufhebbare Inkongruenz von ideellem Anspruch und praktischer Realisierung an kritischer Valenz hinzu; die permanente Widerständigkeit der Vorstellung versetzt das von seiner Trivialisierung bedrohte Axiom in den Status einer kritischen Idee zur Humanisierung der gesellschaftlichen Lebensverhältnisse zurück.

Auf der Grenze zwischen Abnutzung und Aufwertung der Individualitätsidee entstanden nicht nur die in soziale und kulturelle Reformbewegungen eingebetteten, mit ideellen Ansprüchen unterlegten und zu praktischen Programmen stilisierten Projekte zur Individualisierung der privaten, kirchlichen und öffentlichen Religionskultur. Vielmehr differenzierten sich parallel zu der praktischen Ausgestaltung der bürgerlichen Individualitätskultur auch die mit der Idee individueller Autonomie liierten symbolischen *Vorstellungskomplexe* immer weiter aus. Im Interesse der Vermittlung zwischen Prinzip und Praxis formte sich ein Ensemble intermediärer Leitideen aus, die sich einerseits als ideologische Derivate des Individualitätsaxioms darstellen, andererseits aber mit konkreten Vorstellungsgehalten der empirischen Wirklichkeit angereichert sind. Die zwischen Idee und Wirklichkeit pendelnde Statur der gleichermaßen in der Reflexions- wie in der Erlebnis- und Handlungspraxis verankerten Vorstellungskomplexe läßt die ‚verkleinerten' Ideen einerseits als alltagspraktische Realien erscheinen und erschwert damit die Unterscheidung von pragmatischen und symbolischen Wirklichkeitshorizonten. Aus ihrem schwankenden Status gewinnen die paradigmatischen Vorstellungshorizonte der bürgerlichen Lebenswelt andererseits aber gerade ihre pluriforme, ebenso ideelle wie lebenspraktische, kritische wie programmatische Funktionalität.

Zu den aus der Individualitätsidee abgeleiteten und gleichermaßen mit ideellen Bedeutungen besetzten wie lebenspraktisch konturierten Paradigmen bürgerlicher Wirklichkeitskonstruktion gehört Idee und Wirklichkeit des ‚*Hauses*' (> 212-1:1). In dem vielschichtigen Sinngehalt des Begriffs fließen symbolische und reale Bedeutungskomponenten zusammen. Das ‚Haus' bildet ebenso eine elementare Leitidee des um das Individuum zentrierten bürgerlichen Gesellschafts- und Lebensentwurfs wie den empirischen Lebensraum der Familiengemeinschaft, auf deren Basis und in deren Grenzen sich Hauskultur und Hausreligion lebenspraktisch entfalten. In dem Maße, in dem die Grundformen privater Frömmigkeitspraxis auf die kirchliche und öffentliche Christentumskultur übertragen wurden, büßten sie weder ihre symbolisch-ideellen Gehalte noch ihre empirisch-konkreten Konturen ein. Vielmehr fungiert das Paradigma des Hauses auch jenseits der Grenzen der privaten Lebenssphäre als ein symbolisches wie reales Integral der ausdifferenzierten Christentumspraxis der Neuzeit. So wurde die in die sozialkulturelle Gestalt der Andacht (> 212-4:2.1.) gefaßte und in der bürgerlich-protestantischen Bibelfrömmigkeit (> 212-4:3.1.1.) verankerte Kultur privater ‚Erbauung‘ (> 212-4:3.1.) zur umfassenden Grundgestalt neuzeitlicher Religionsausübung. Ebenso bildet das ‚Haus‘ den Vorstellungsrahmen für die an die Kindheit (> 212-4:3.2.) angelagerte und in die gesellschaftliche Bildungsorganisation eingepaßten Institutionen des ‚Kindergartens‘ und des ‚Kinderhorts‘. In Idee und Wirklichkeit des protestantischen Pfarrhauses (> 212-4:3.3.2.) schließlich verweben sich private und berufliche Welt untrennbar miteinander.

Stellt das bürgerliche ‚Haus‘ das Muster für die Privatisierung der sozialkulturellen Lebensräume dar, so bezeichnet die ‚*Lebensgeschichte*‘ das charakteristisch neuzeitliche Paradigma für die Individualisierung der Lebenszeit. Die in der Idee der Individualität begründete und in der neuzeitlichen Anthropologie ausgearbeitete Vorstellung originärer Biographie (> 312) schreibt dem autonomen Individuum in einem Zuge den Status eines selbstverantwortlichen Subjekts seiner selbstgestalteten Lebensführung wie des eigenwilligen Autors seiner einzigartigen Lebensgeschichte zu. Die Vorstellung von der inneren Logik einer Biographie hebt die im Fortschritt der Lebensentwicklung ständig wechselnden und nicht selten einander widersprechenden Selbstkonzepte des Individuums ineinander auf und integriert sie in einen ganzheitlichen Entwurf lebensgeschichtlich ausgeformter personaler Identität (> 311). Indem die geisteswissenschaftliche und zumal die anthropologische Pädagogik ihre verschiedenartigen Konzeptionen insgesamt auf der Grundlage der neuzeitlichen Bildungsvorstellungen (> 212-4:2.2.) erstellt und die Idee lebensgeschichtlicher Bildung und Erziehung in die pädagogische Praxis transponiert, nutzt sie die gleichermaßen ideelle wie pragmatische Statur des biographischen Parameters und gewinnt daraus ihre kritische wie konstruktive Programmatik. Die in der Vorstellung der ‚Lebensgeschichte‘ verdichteten symbolischen und realen Sinngehalte gehen ebenso in das Bild der Kindheit ein wie in die ideelle wie pragmatische Selbstkonstitution der Pfarrer und Pfarrerinnen, deren Berufs- und Lebenskarrieren sich als untrennbare Kehrseiten der Entwicklung und Entfaltung persönlicher Identität darstellen.

In der Andacht, der Bildung und dem Beruf sowie in den daraus abgeleiteten sozialkulturellen Konstrukten der Bibelfrömmigkeit, der Kindheit und des Pfarrerberufs verschränken sich somit *ideelle* und *pragmatische* Gehalte auf untrennbare Weise miteinander.

2.1. Andacht: das Paradigma religiöser Selbstvergewisserung

2.1.1. Die Andacht als Grundform protestantischer Religionskultur

1. Die Andacht, eine „sehr offene und vielgestaltete Veranstaltung privater und kirchlicher Frömmigkeit“ (796,138), stellt eine paradigmatische *Grundform* protestantischer Religionskultur dar, in der der „Reichtum christlicher Frömmigkeit evangelischer Prägung“ (800,11) augenfällig zum Ausdruck kommt. In den verschiedenen, einerseits in der privaten, andererseits in der kirchlichen, aber auch in der öffentlichen Lebenswelt praktizierten Typen der Andacht verbinden sich subjektive Selbstvergewisserung und religiöse Gemeinschaftserfahrung auf unterschiedliche und jeweils charakteristische Weise miteinander. Ebenso gehen Religion und Bildung in den pluriformen Versionen der Andacht – zumal aber in deren exemplarischer Grundgestalt, der gleichermaßen reli-

giös wie pädagogisch akzentuierten Hausandacht – eine untrennbare Symbiose miteinander ein. Schließlich bildet sich im Rahmen der in das Kirchenchristentum eingebetteten Andachtspraxis eine Attitüde heraus, in der beruflich verfaßte Frömmigkeit und religiös fundierte Berufsausübung untrennbar miteinander verschmelzen. Zwar ruht die aufs engste mit der Alltagsspiritualität verbundene Andacht auf dem von der Reformation formulierten Prinzip des allgemeinen Priestertums (> 340) auf; die von der pietistischen Reformbewegung (> 211) geförderte Konvention der privatreligiösen Frömmigkeitspraxis wendet sich ausdrücklich gegen die Dominanz der kirchlich und beruflich institutionalisierten Religion; und noch heute ist die gruppengemeinschaftliche Andachtspraxis nicht ohne die „aktive Mitarbeit von Laien", den „Fachleute(n) des Alltags" (800,114), zu denken. Gleichwohl läßt sich die ehrenamtliche Wahrnehmung kirchlicher Andachtspraxis durch Jugendgruppenleiter, Kirchenvorsteher oder Lektoren als praktische Verwirklichung der von Luther geschaffenen neuzeitlichen Berufsidee (> 212-4:2.3.1.) und als moderne Fortentwicklung der von ihm entworfenen Rolle des ‚Hausvaters' begreifen. Sowohl hinsichtlich ihrer Symbiose mit der im bürgerlichen Haus kultivierten Bildungsreligion als auch hinsichtlich ihrer Verknüpfung mit der in der gesellschaftlichen Öffentlichkeit verankerten Institution des Berufs stellt die Andacht eine integrale Gestalt religiöser Lebenspraxis dar, in der „institutionell eine Verbindung zwischen Religion und Alltag" (800,33) hergestellt wird.

2. Im Rahmen der protestantischen Frömmigkeitskultur entwickelte sich eine breite Palette unterschiedlicher *Gattungen* der Andacht: das liturgisch ausgeformte Tagzeitengebet (805) mit Psalmrezitation, Lesungen und Gebeten; die in die protestantische Schriftfrömmigkeit eingelagerte Bibelandacht mit Lied, Textauslegung und Gebet; die in pietistischen Kreisen gepflegte Gebetsgemeinschaft; die in der zeitgenössischen Spiritualität (> 211) verankerte meditative Besinnung mit Bildbetrachtungen (800,156ff; 802), Symbolhandlungen (> 232-3) und Körperübungen (> 212-3:3.3.3.) sowie die beispielsweise auf den Kirchentagen (> 222-3) praktizierte thematische Andacht, in der sich Information, Reflexion und Frömmigkeit organisch miteinander verbinden (799,343). In der traditionellen Version eines „kurzen Wortgottesdienst(es)" (797,898) wird die Andacht vorwiegend im Gemeindechristentum, insbesondere in der parochialen Gruppenkultur (> 212-3:2.2.), gepflegt und in neuerer Zeit in programmatischer Absicht gefördert. Die von unterschiedlichen milieuspezifischen Frömmigkeitsstilen geprägten Gruppenandachten sind entweder „kasuell, das heißt durch besondere Situationen innerhalb der Gemeinde oder ihrer Gruppen veranlaßt" (797,898) oder an bestimmte Daten des Tages-, Wochen- und Jahreszyklus angelehnt (Morgen- und Abendandacht; Wochenschlußandacht; Advents- und Passionsandachten). So vielfältig sich die Formen und Funktionen der Andacht aber auch darstellen, die gleichermaßen in der privaten Religiosität wie im Gemeindechristentum verwurzelten Frömmigkeitspraktiken verfolgen ein gemeinsames Ziel: die ‚Erbauung' (> 212-4:3.1.1.).

3. Mit ‚Andacht' werden aber nicht nur „konkrete Veranstaltungen" bezeichnet, „die Menschen planen und durchführen" (800,23); vielmehr meint das Wort ‚Andacht' im alltäglichen Sprachgebrauch auch eine „innere *Haltung*", eine subjektive „Befindlichkeit" (800,20). Erfuhr der ursprünglich weit gefaßte und hinsichtlich seines allgemeinen Bedeutungsgehaltes mit der ‚attentio', der „Anspannung des Geistes" (798,71) verwandte Begriff der Andacht unter dem Einfluß der ‚devotio moderna', einer „eigenständige(n) Frömmigkeitsbewegung des Spätmittelalters" (803,605), eine „Einengung auf

den religiösen Bereich" (798,72), so verbinden sich in Luthers Sprachgebrauch die allgemeinen und die spezifisch religiösen Bedeutungskomponenten des Begriffs untrennbar
miteinander. Dem protestantischen Frömmigkeitsverständnis (> 211) entsprechend begreift Luther die ‚Andacht' als die im religiösen Glauben fundierte Konzentration des
handelnden Subjekts auf die ihm anvertraute Arbeit, insbesondere die Zuwendung zu
den Kranken „mit liebe, andacht und ernst" (806,303). Auf dem Hintergrund der neuzeitlichen Verknüpfung von Religion und Individualität avancierte der Begriff der Andacht schließlich zur paradigmatischen Bezeichnung für die privatisierte Frömmigkeitsattitüde. So verlagerte etwa Kant die Andacht in die religiöse Haltung der frommen Persönlichkeit zurück und definierte sie als „die stimmung des gemüths zur empfänglichkeit
gottergebener gesinnungen" (806,303). Verschwand der in der bürgerlichen Erbauungskultur verwurzelte Terminus auch zunehmend aus der Alltagssprache, so bildet ‚Andacht' im gegenwärtigen Sprachgebrauch noch immer den Inbegriff der selbstreferentiellen Verständigung der frommen Individualität mit sich selbst (> 212-1).

2.1.2. Entstehung und Entwicklung der bürgerlich-protestantischen Hausandacht

1. Mit der Entstehung und Entfaltung der bürgerlich-protestantischen Hausfrömmigkeit
(> 212-1) wandelten sich sowohl der semantische Gehalt als auch die sozialkulturelle
Gestalt der Andacht: „Aus dem Andächtigsein als frommer Haltung wird die Andacht zu
einer häuslichen, nichtöffentlichen, geordneten Veranstaltung" (798,74). Als elementare
„christliche Lebensform der Familie" (798,78) trägt die *Hausandacht* in herausgehobener Weise zur Konstitution und Konsolidierung der protestantischen ‚Familienreligiosität' (807) bei. In der häuslichen Andacht findet nicht nur die für die protestantische Privatreligion charakteristische Symbiose von selbstreferentieller Frömmigkeitshaltung und
religiösem Gemeinschaftshandeln ihre adäquate institutionelle Gestalt. Vielmehr fungieren die am Morgen oder am Abend abgehaltenen Hausandachten auch als Instrumente
zur rituellen Ordnung der Alltagszeit und zur religiösen Heiligung des in die Alltagswelt
eingebetteten Familienlebens. Vor allem aber dokumentiert sich im Ausbau einer liturgisch ausgeformten Hausfrömmigkeit die Eigenständigkeit der privaten gegenüber der
kirchlichen Christentumspraxis. Während sich die kirchliche Kultpraxis seit der Reformation zunehmend auf die Feier des sonntäglichen Gottesdienstes reduzierte (> 233),
wurden die im Rhythmus der Alltagszeit abgehaltenen Hausandachten zum frömmigkeitspraktischen Integral der um die religiöse Individualität zentrierten Privatwelt. Je
weiter sich schließlich die sonntägliche Kirchgangssitte (> 233) lockerte, desto mehr
verfestigten sich die liturgischen Konventionen der häuslichen Lebenskultur. Die Verlagerung der liturgischen Frömmigkeitspraxis aus der Kirche ins Haus ist als ein charakteristisches Indiz für die neuzeitliche Privatisierung der christlichen Lebenskultur anzusehen.

Hinsichtlich der *Gestaltung* der Hausandacht greift der bürgerliche Protestantismus auf
das historische „Grundmodell evangelischer häuslicher Andacht" (798,73) zurück, das
Martin Luther im Kleinen Katechismus entworfen hat. Den zeitgebundenen Vorstellungen der hierarchisch geordneten Familiengemeinschaft entsprechend sollten die gleichermaßen pädagogisch wie frömmigkeitspraktisch akzentuierten Hausandachten „vom
Hausvater und in der Regel mit vorformulierten Texten durchgeführt" werden (808,29).
In der Folgezeit erhielt die evangelische Hausandacht eine „relativ feste Struktur"

(800,52ff). Sie setzt sich aus Liedern zusammen, die teils dem gottesdienstlichen Repertoire entliehen, teils ausdrücklich für den Hausgebrauch verfaßt waren, aus Gebeten, die eigens für die häusliche Andacht zusammengestellten Gebetsbüchern entnommen wurden, und aus Lesungen von Bibel- und Katechismustexten, die gemeinsam memoriert wurden. Von großem Einfluß auf die Kultur der häuslichen Andacht waren insbesondere die vielfältigen Gattungen religiöser Erbauungsliteratur (> 212-4:3.1.1.1.) sowie die in die Hausbibeln, die Hausgesangbücher und die Hausgebetsbücher eingebundenen ‚Embleme‘, „stark symbolische Sinnbilder“, durch die auch die bildende Kunst eine „feste Funktion“ (800,54) in der protestantischen Frömmigkeit erhielt. In der Zeit der Orthodoxie und des Pietismus wurden „viele der ursprünglich häuslichen Gesänge nun auch in die umfangreichen Gesangbücher aufgenommen, die gleichermaßen für Kirche, Schule und Haus bestimmt waren“ (800,55).

2. In der Epoche des Bürgertums (> 210) avancierte die Hausandacht schließlich zum Nukleus der protestantischen *Familienkultur*. In der religiösen Alltagskonvention der häuslichen Andacht verbinden sich nicht nur die selbstreferentiellen und gruppengemeinschaftlichen Komponenten protestantischer Privatreligion auf natürliche Weise miteinander. Vielmehr verschmelzen in der um die Institution der Hausandacht zentrierten Familienreligiosität auch Frömmigkeits- und Bildungskultur ineinander. Indem die protestantische ‚Bildungsreligion‘ die „christliche Erziehung zum vornehmsten Heilsweg“ (801,53) erklärt, wird die Familie zur „religiösen Schule“ (801,56). Indem die Familie im Gegenzug zu dem zunehmenden Bedeutungsverlust des Kirchenchristentums die Religion in ihrer ursprünglichen und unverstellten Gestalt bewahrt, wird die Familie zur Kirche: „Die Familie selbst erscheint vielen Protestanten des Bürgertums kirchlicher als die Kirche selbst“ (801,53).

Das symbolische und reale Integral der bürgerlichen Hausfrömmigkeit bildet die *Bibel* (> 212-4:3.1.), in der „man geistliche Erbauung, sittliche Belehrung und praktischen Rat sucht“ (801,49). In der Andacht, dem „aufmerksam situationsbezogenen Bedenken der Schrift“ (796,139), wird einerseits „die persönliche Beziehung zur Bibel“ (801,51) gepflegt und andererseits die familiengemeinschaftliche „häusliche Religion“ kultiviert, „in deren Mittelpunkt Bibellesen und Bibelauslegung stehen“ (801,52). Bibellektüre und Schriftauslegung bilden aber auch die integrale, religiös fundierte und pädagogisch operationalisierte Methode zur Ausbildung einer am Individuum orientierten religiösen Lebenshaltung und zur Aneignung einer religiös grundierten Weltanschauung. Die zentrale Stellung der Bibel als Buch der Bücher kommt schließlich im Interieur des bürgerlich-protestantischen Hauses zur Geltung. „Als Mittelpunkt des Hausgottesdienstes wird die Familienbibel in hohen Ehren gehalten. Während man andere Bücher im Bücherschrank oder im Studierzimmer des Vaters aufbewahrt, stellt man die Bibel im Empfangszimmer aus“, auf einem mit einem Tuch bedeckten kleinen Tisch (801,61), dem privatisierten Substitut des Kirchenaltars. Stellt die säkulare Bibliothek den symbolischen wie mitunter auch realen Arbeitsraum des Mannes dar, so festigt sich im Fortschritt der neuzeitlichen Familienkultur die Überzeugung, „daß religiöse Erziehung Frauensache ist“ (801,58). Aus der religiös-pädagogischen Rolle der Hausfrau und Mutter entwickelten sich schließlich die Berufsbilder der Erzieherin (> 212-4:3.2.2.5.) und der Lehrerin (> 212-4:2.3.2.).

Wie sich – zumal in der nordamerikanischen Frömmigkeitskultur des 19. Jahrhunderts – das „häusliche Bibelstudium tatsächlich zum intellektuellen Ritual“ (801,59) entwickelto, so erhielt die Hausandacht eine geradezu „*mythische* Struktur" (801,67ff). „Mit Hilfe der biblischen Unterweisung schuf man eine zeitenthobene Zeit, eine ewige Gegenwart, in der soziale Werte die Unveränderlichkeit des Mythos erhalten" (801,69). „Die als ewig aufgefaßte Familie feiert sich in der häuslichen Religion gewissermaßen selbst. Indem sie den Himmel vorwegnimmt und das Paradies nachahmt, kann sie das wiederholen, was in der heiligen Vergangenheit geschehen war" (801,68). Die um Bibelstudium und Andacht zentrierte und auf die Synthese von Bildung und Frömmigkeit abgestellte bürgerlich-protestantische Familienreligion schafft eine eigene, an der Integration der sozialen und kulturellen Lebensverhältnisse orientierte Wirklichkeit oder zumindest deren Illusion. „In der Arbeitswelt mögen die Männer von ihren Familien getrennt sein, aber beim ‚Ritual' sind sie mit ihrer Familie vereinigt", die Generationen untereinander verbunden, die Unterschiede der sozialen Klassen aufgehoben (801,69).

3. In der historischen Entwicklung der Andacht verschränken sich die *Privatisierung* des Kirchenchristentums und die *Verkirchlichung* der privaten Frömmigkeitskultur miteinander. Trägt die in der bürgerlichen Epoche ausgeformte Gestalt der Familienandacht zu der für den neuzeitlichen Protestantismus charakteristischen ‚Verhäuslichung' der Religionspraxis bei, so wurde das liturgische Modell des „‚privaten' Gottesdienst(es)" (800,59) schon in der Epoche des Pietismus modifiziert und zum Nukleus einer neuartigen Gemeinschaftsfrömmigkeit erhoben. Von der reformatorischen Idee des allgemeinen Priestertums (> 340) inspiriert, entstanden die ‚collegia pietatis', über die Grenzen des bürgerlichen Hauses hinausreichende religiöse Gemeinschaftsformen, „die durch die in ihrer Mitte stehende ‚Andacht' im Sinn einer geistgewirkten ‚erbaulichen' Schriftauslegung, sowie durch Gebet, Lied und Geistesgemeinschaft bestimmt sind" (798,76). Während die im Pietismus weit verbreiteten Andachtsbücher der „Pflege vorwiegend häuslicher Privatandacht" (798,76) und zumal der Frömmigkeitspraxis des einzelnen Christen dienten, zielten die „in geschlossenen Zirkeln" (796,141) abgehaltenen Erbauungsveranstaltungen auf die Ausbildung einer zwischen Familie und Kirchengemeinde angesiedelten gruppengemeinschaftlichen Frömmigkeitskultur ab.

In der Folgezeit verschoben sich die Gewichte zwischen *Hausandacht* und *Gemeinschaftsandacht*. War die Sitte der täglichen Hausandacht schon immer auf bestimmte soziale Schichten und kulturelle Milieus begrenzt, so büßte die bürgerliche Hauskultur im Zuge der durchgängigen Säkularisierung der Lebenswelt ihre religiöse Imprägnierung zunehmend ein. An die Stelle der religiösen Alltagskonventionen traten säkulare Muster häuslicher Lebensordnung. Während sich die bürgerliche Familie nun zum gemeinsamen Essen, zum geselligen Spiel oder schließlich zum unterhaltsamen Fernsehabend versammelt und die Hausandacht mittlerweile „aus der Familie weitgehend ausgewandert ist" (798,78), übernahm die kirchliche Religionskultur die Frömmigkeitsform der Andacht und wandelte sie zu einer gegenüber dem agendarischen Gottesdienst eigenständigen ‚kleinen Form' (798) kirchlicher Liturgiepraxis um. Die insbesondere im Rahmen der ‚Gemeindereformbewegung' (> 212-3:3.6.) des 19. und 20. Jahrhunderts forcierte „Installierung der Andacht in der Gemeinde" zielt darauf ab, „die Form privater und familiärer praxis pietatis, die einstmals aus dem gemeindlichen Leben in das ‚Haus' übernommen worden war, nun wieder in der Gemeinde heimisch zu machen" (800,66).

Die Rückführung der Andacht aus dem Haus in die Kirche erfolgte im Interesse einer *Vitalisierung* der parochialen Lebenskultur und insbesondere der liturgischen Gemeinschaftspraxis. In Opposition zu einer ritualistisch erstarrten und weitgehend anonymen Gottesdienstpraxis wird die „Andacht in der Gruppe" (798,80) zum Instrument der Individualisierung der kirchlichen Religionskultur. Weil die zur gruppengemeinschaftlichen Andacht Versammelten „zusammenkommen, um ein Stück des jeweils individuellen Lebens gemeinsam zu gestalten, wird die persönliche, emotionelle Komponente stärker sein können als dies dem Gemeindegottesdienst als Vollversammlung gelingt" (798,80). Auch in ihrer verkirchlichten Version behält die Andacht ihre charakteristische integrale Statur bei. Die teils frei gestalteten, teils liturgisch gebundenen Gemeindeandachten bewahren ebenso das Moment selbstreflexiver Frömmigkeitshaltung, das vor allem die ‚stille Andacht' der Quäker prägt, wie die Elemente der häuslichen Konvention, persönlich formulierte oder liturgisch geformte Gebete, sowie schließlich die aus der Gottesdienstpraxis übernommene Schriftauslegung und den Segen. Die im ausgehenden 19. Jahrhundert entworfenen ‚Hausagenden' (804) schließlich versuchen, die verkirchlichte und mittlerweile liturgisch breit ausgebaute Version der Gemeindeandacht wieder in der häuslichen Privatfrömmigkeit zu etablieren und tragen damit zu einer Verkirchlichung der Hausfrömmigkeit bei.

In den miteinander verschränkten Prozessen der ‚Verhäuslichung' und der ‚Verkirchlichung' der Andacht kommen die in die Andacht als eine elementare Grundform gemeinschaftlicher Frömmigkeitspflege eingelagerten *integrativen* Valenzen zum Ausdruck. Die Andacht verklammert häusliche und kirchliche Religionskultur auf charakteristische Weise miteinander. Die einerseits in der Privatreligion, andererseits im Gemeindechristentum verankerten Andachten weisen nicht nur ein ähnliches kommunikatives, kulturelles und frömmigkeitstypologisches Profil auf. Vielmehr verschränken sich in den teils in die alltagsweltliche Zeitordnung, teils in den Festzyklus des Kirchenjahres (> 233) eingebetteten Andachten die ebenso in der häuslichen wie in der parochialen Frömmigkeitskultur ineinander verwobenen Zeitparameter miteinander; auf der für die Andacht charakteristischen Ritualisierung der Zeit bauen die verschiedenen Kirchgangskonventionen (> 233) auf. Die Liturgiereform des II. Vatikanischen Konzils schließlich strebt eine Verschränkung von privater und kirchlicher Frömmigkeit auf der Basis der katholischen Volksfrömmigkeit an; die Neubelebung der ‚Kreuzwegandacht', ‚Rosenkranzandacht', ‚Marienandacht' und ‚Herz-Jesu-Andacht' (796,138) zielt auf die Ausformung einer integralen liturgischen Spiritualität ab.

2.1.3. Formen der Andacht in der öffentlichen Religionskultur

1. Ist die Andacht in ihrer Grundgestalt auch als eine Institution des privaten Christentums anzusehen, so bildeten sich im Zuge der zunehmenden Verflechtung von privater und öffentlicher Lebenswelt unterschiedlich ausgeformte und teils in die kirchliche, teils in die öffentliche Religionspraxis integrierte *Varianten* der Andacht heraus. Im Rahmen der kirchlichen Institution werden reduzierte Versionen der Andacht in der nicht vorwiegend liturgisch akzentuierten, sondern auf unterschiedliche Ziele abgestellten parochialen Gruppenkultur sowie im Zusammenhang des kirchlichen Verwaltungswesens, etwa bei Tagungen, Konferenzen und Gremiensitzungen, gehalten. Die an den Beginn oder an das Ende von Gruppenveranstaltungen und Gremienberatungen gestellten Andachten dienen neben ihrer frömmigkeitspraktischen Funktion zugleich der Verkirchlichung der ansonsten nicht spezifisch kirchlich profilierten Arbeitspraxen, dem „Ausweis christli-

chen, kirchlichen Selbstverständnisses der Gemeindekreise" (798,69). Eine ähnliche Doppelfunktion nehmen auch die Andachten wahr, die in die mit der Kirche verbundenen öffentlichen Institutionen des Wohlfahrtswesens und der Freizeitorganisation eingebettet sind: Andachten auf der Krankenhausstation (800,9) oder in diakonischen Einrichtungen, in Kur- und Ferienheimen, auf Campingplätzen und Kreuzfahrtschiffen.

2. Eine breite Palette charakteristisch modern akzentuierter Gestalten der Andacht bildete sich im Zusammenhang des öffentlichen *Medienwesens* heraus: literarische Andachten in kirchlichen Printmedien, unterschiedlich titulierte Morgenandachten und Tagesschlußmeditationen im Rundfunk (809; 810) sowie insbesondere das im Fernsehen übertragene ‚Wort zum Sonntag' (> 222-5). Wie die in Haus und Kirche praktizierten Andachten Familienfrömmigkeit und Gemeindechristentum miteinander verklammern, so verschränken sich in den im Rahmen des öffentlichen Medienwesens produzierten, im Kontext der privaten Hauskultur rezipierten und meist von kirchlichen Amtsträgern präsentierten Rundfunk- und Fernsehandachten öffentliche, private und kirchliche Religionskultur miteinander. Während die absichtsvoll an die Form der Andacht angelehnten und explizit kirchlich-religiös konturierten Sendungen aus dem vornehmlich auf Unterhaltung abgestimmten Angebotssortiment der Medienveranstalter heraustreten und den routinemäßigen Ablauf des Programms unterbrechen, nehmen verschiedene, vornehmlich im Nachmittagsprogramm plazierte Talkshows Stilelemente der Andacht auf und passen ursprünglich deutlich kirchlich-religiös profilierte Kommunikationsformen an die Inszenierungsmuster der säkular-religiösen Medienkommunikation an. In den gleichermaßen auf Unterhaltung wie auf Lebensberatung abgestellten und auf der Fiktion medial inszenierter Intimität aufruhenden Fernsehproduktionen werden Situationen des Bekennens und Gestehens (> 213) arrangiert, religiös grundierte Lebensweisheiten tradiert und Segnungsgesten (> 233-3) praktiziert (‚Passen Sie gut auf sich auf!'). Die täglich zur gleichen Uhrzeit ausgestrahlten Medienproduktionen fungieren gleichzeitig als Instrumente zur Ritualisierung der privaten Alltagszeit.

3. Die in unterschiedliche lebensweltliche und institutionelle Kontexte eingepaßten Versionen der Andacht akzentuieren jeweils verschiedenartige Aspekte der pluriform ausgestalteten zeitgenössischen *Religionskultur*. Während sich die literarischen Andachten in kirchlichen Wochenblättern und Gemeindebriefen deutlich an einen kirchlich orientierten Adressatenkreis wenden und sowohl der privaten Erbauung als auch der Pflege der markant ausgeformten kirchlichen Christentumskultur dienen, gelten die an die Form der Andacht angelehnten Rundfunk- und Fernsehproduktionen vornehmlich der Verpflichtung des einzelnen auf die eher verwaschenen dogmatischen Vorstellungsgehalte und moralischen Maximen der allgemein approbierten Kulturreligion (> 221). So verschiedenartig sich die kommunikativen Gestalten und die religiösen Konturierungen der in der privaten, öffentlichen und kirchlichen Lebenswelt verankerten Formen der Andacht aber auch ausnehmen, sie verfolgen neben ihren unterschiedlichen frömmigkeitspraktischen Zielsetzungen gleichwohl ein gemeinsames Interesse: die Pflege der mit der neuzeitlichen Religionspraxis und insbesondere mit dem modernen Protestantismus untrennbar verwobenen Bildung. In dieser Hinsicht nehmen auch die typisch modernen Versionen der Andacht die in deren Grundgestalt, der bürgerlich-protestantischen Hausandacht, angelegte Symbiose von Frömmigkeit und Bildung auf.

2.2. Bildung: das Paradigma religiöser Lebensentfaltung

2.2.1. Die privatreligiösen Konturen der Bildung

1. Wie die Andacht, so ist auch die *Bildung* zu den paradigmatischen Grundformen neuzeitlichen Christentums zu zählen, in denen die Religion ihre individualitätskonstitutiven wie wirklichkeitsintegrativen Valenzen unter Beweis stellt. In der gleichermaßen auf die Konstitution der sich ihrer selbst gewissen Individualität wie auf die Konstruktion der in sich sinnhaften Wirklichkeit abzielenden Bildung wird einerseits die neuzeitliche Idee individueller Autonomie eingelöst und andererseits die integrale Statur des pluriformen Lebenskosmos hergestellt.

Die Bildung stellt die *kritische* Kraft dar, mit deren Hilfe der mündige Bürger seiner Welt gegenübertritt, sich von den Fesseln sozialer Bindungen, kultureller Konventionen und moralischer Obligationen befreit und sich zum selbstverantwortlichen Autor seiner Lebensführung macht. Die durch Bildung erworbene Fähigkeit zum kritischen Urteil ermöglicht dem einzelnen den selbstbewußten Umgang mit sich selbst und seiner Welt. Die Bildung stellt dem autonomen Subjekt aber auch die *konstruktiven* Ideen zum Entwurf eines reflexiv ausgearbeiteten Weltbildes zur Verfügung, in dessen Schnittmustern der einzelne nicht nur seine originär-individuelle Handschrift, sondern ebenso die allgemeingültigen, von subjektiven Erfahrungen unabhängigen Prinzipien gesellschaftlicher Wirklichkeitskonstruktion entdeckt. Ihre Vollendung findet die lebensgeschichtlicher Ganzheitlichkeit und lebensweltlicher Einheitlichkeit verpflichtete Bildung (844) in der Verschmelzung von Selbstbild und Weltbild, in einem *integralen* Konstrukt von Wirklichkeit, in dem sich die subjektiven Konturen und die objektiven Strukturen der Lebenswelt wechselseitig überlagern. Sich selbst zu einer gebildeten Persönlichkeit zu formen und seine Welt zu einem Kosmos sinnhafter Erfahrung zu gestalten, macht die beiden untrennbaren Kehrseiten des modernen, von den Ideen des Humanismus geprägten und vom Geist der Aufklärung inspirierten Bildungsideals aus.

2. Die religiös grundierten Institutionen der Andacht und der Bildung stehen in einem engen sachlichen und historischen *Zusammenhang* miteinander. Stellt die Bildung der frommen Persönlichkeit eine konstitutive Komponente der auf die religiöse Selbstvergewisserung des Individuums abzielenden Andacht dar, so bildet die religiös grundierte Beziehung des Individuums zu sich selbst umgekehrt die Grundfigur der auf die Selbstentfaltung der autonomen Individualität hinzielenden Bildung. Und wie sich die institutionellen Leitideen (> 321) der Andacht und der Bildung, lebensgeschichtliche Ganzheitlichkeit und lebensweltliche Einheitlichkeit, miteinander verweben, so gehen die beiden Ausdrucksformen religiöser Lebenshaltung und Weltgestaltung in ihrer gemeinsamen Ursprungsgestalt, in der häuslichen Frömmigkeits- und Erziehungspraxis, ineinander auf.

Die religiös grundierten Institutionen der Andacht und der Bildung verdanken sich aber nicht nur einem gemeinsamen Ursprung. Sie bleiben vielmehr auch in ihrer kultur- und sozialhistorischen *Entwicklung* eng miteinander verflochten. Wie die unterschiedlichen, aus der privaten in die kirchliche und öffentliche Lebenswelt eingewanderten Versionen selbstreferentieller und gruppengemeinschaftlicher Andacht aus der privaten Hausandacht entstanden, so bauen auch die vielfältigen Einrichtungen des modernen Erziehungswesens – vom Kindergarten über die verschiedenen Sparten des Schulwesens bis zur Erwachsenenbildung – auf der häuslichen Bildung auf. Und wie sich das Erscheinungsbild der kirchlichen und öffentlichen Religionskultur der Rückbeziehung auf die in der Privatwelt ausgearbeiteten Formen der Frömmigkeitspflege verdankt, so schöpfen auch die in Schule und Kirche institutionalisierten Bildungsprozesse ihre anthropologischen Vorstellungen und ihre pädagogischen Maximen, ihre kommunikativen Umgangsstile und ihre interaktionellen Handlungsmuster aus dem Reservoir der Reflexions- und Lebensformen, die in der privaten Lebenswelt ausgearbeitet wurden. Stellen sich der Kinder-‚Garten‘, das Schul-‚Haus‘ und das Klassen-‚Zimmer‘ als artifizielle Substitute häuslicher Lebensräume dar, so trägt auch die rationale Organisationsform moderner Erziehung, der Unterricht, deutlich die Signatur teils selbstreferentieller, teils gruppengemeinschaftlicher, aber durchweg privatisierter Lebenskultur. So unterschiedlich sich die pluriformen Gestalten der Andacht und die verschiedenartigen Formen der Bildung in ihren jeweiligen sozialkulturellen Kontexten auch ausnehmen, sie sind insgesamt als Produktionen und als Generatoren des Individualisierungsprozesses anzusehen, der Religionskultur und Bildungskultur gleichermaßen seinen Stempel aufprägt.

2.2.2. Der bürgerliche Protestantismus als Bildungsreligion und Bildungskultur

1. Begründet sich das unlösbare „Verhältnis von *Bildung* und *Religion*" (840,26) in der neuzeitlichen Individualitätsidee, so findet es seine reflexiven wie lebenspraktischen Ausdrucksgestalten einerseits in der religiösen Grundierung der vom Bürgertum geschaffenen ‚Bildungskultur‘ und andererseits in der daraus abgeleiteten Profilierung des Protestantismus zu einer ‚Bildungsreligion‘.

Der *Begriff* der Bildung, eine zentrale Kategorie bürgerlicher Lebenshaltung und Weltgestaltung, „setzt sich in der zweiten Hälfte des 18. Jahrhunderts als in seiner pädagogischen und idealistischen Bedeutung neues Grundwort durch und wird zwischen 1770 und 1830 mit der Entstehung des modernen Erziehungswesens in Deutschland zum Leitbegriff eines in der geschichtlichen Situation des Übergangs zu einer offenen Gesellschaft sozial ermöglichten Ideals geistiger Individualität, freier Geselligkeit und ideennormativer Selbstbestimmung einer bürgerlichen Oberschicht, der ‚Gebildeten‘" (811,921). In seiner vielschichtigen und schillernden Bedeutungsvielfalt meint bürgerliche Bildung ebenso die Tugend des Herzens wie den Entwurf der Welt, den auf der Harmonie der seelischen und geistigen Kräfte aufruhenden Stil persönlicher Lebensführung wie die in der kongenialen Einfühlung in andere angeeigneten Formen des gesitteten Umgangs. Die ineinander verwobenen Facetten bürgerlicher Bildung fließen im „Bildungswissen" (814,938) zusammen, das auf die „freie Selbstentfaltung aller Geisteskräfte der Person" (815,206) abzielt, als eine eigene „Wissensform" (814,938) dem ‚Herrschafts-‘ oder ‚Leistungswissen‘ (815,205) gegenübertritt und auf dem Hintergrund der zunehmenden Spezialisierung und Instrumentalisierung avancierten technischen Wissens die Totalität der Erkenntnis „aus dem Schutt einer reinen Arbeits- und Massenzivilisation" wiederherstellen soll (815,207). Zählte die Bildung neben der wirtschaftlichen Unabhängigkeit des ‚freien‘ Bürgers ursprünglich zu den Triebkräften der bürgerlichen Emanzipationsbewegung (> 210), so wurde sie im Rahmen der sich konsolidierenden bürgerlichen Gesellschaft zum Integral der sich ausdifferenzierenden Lebenswelt und übernahm insofern religionsanaloge Funktionen.

Erfuhr der Bildungsbegriff im Zuge seiner philosophischen und pädagogischen Fortentwicklung auch vielfältige Wandlungen, so hat er gleichwohl seine individualitätskonstitutiven wie wirklichkeitsintegrativen Gehalte bis in die Gegenwart beibehalten. Die integrale Statur des bürgerlichen Bildungsbegriffs kommt in seinen religiösen Konnotationen markant zur Geltung. In den Bildungstheorien des *20. Jahrhunderts* wird der dynamische Prozeß der Bildung als „Formung der Seele" verstanden, als „die individualisierende Verlebendigung" der „objektiven Kultur", „die Verwandlung objektiven Geistes in subjektiven Geist" (828,82). Als persönlich angeeigneter und individuell ausgeformter Habitus begriffen meint Bildung „die innere Form und geistige Haltung der Seele" (829,140). Als individuelle Kompetenz aufgefaßt bezeichnet Bildung die „Selbstbestimmungs- und Mitbestimmungsfähigkeit des einzelnen" (830,17).

Die affine Beziehung zwischen Bildung und Religion stellt eine reziproke Relation dar. Wie die bürgerliche Bildung die Signatur religiös konturierter Lebenshaltung und Welteinstellung trägt, so prägt die bürgerliche Bildungsidee umgekehrt dem neuzeitlichen Christentum, insbesondere aber dem modernen *Protestantismus,* ihren Stempel auf. Trug „die Reformation mit ihrer Betonung von Bildung, des Lesens und der literalen Kultur" (843,124) in entscheidendem Maße zur Genese und Entfaltung der bürgerlichen Bildungswelt bei, so nimmt der Protestantismus im Ausbau der bürgerlichen Lebenskultur das Profil einer „Bildungsreligion" (837) an, in der religiöse Bildung und gebildete Religiosität ineinander aufgehen. Fungiert die Religion im Rahmen der bürgerlichen Bildungskultur als Ferment pädagogischer Individualisierung, so kommt der Bildung im Rahmen der neuzeitlichen Religionskultur die Funktion eines in der Grundstruktur religiöser Erkenntnis und Erfahrung selbst angelegten Prinzips der Lebens- und Weltgestaltung zu. In der modernen Lebenswelt überformen sich Bildung und Religion wechselseitig. Einerseits erweist sich die Religion sowohl im Rahmen der säkularen Lebenswelt, insbesondere im Kontext der pädagogischen Institutionen, als auch „auf ihrem eigenen Feld" als „eine Bildung befördernde Macht" (837,207). Andererseits hat der religiöse Glaube selbst „die Form von Bildung" (837,213). Deshalb ist „ein gebildetes menschliches Selbstsein" nicht nur als eine „Folge des Glaubens" (837,213) anzusehen, sondern als unmittelbare Ausdrucksgestalt des Glaubens selbst.

2. Die organische Verwebung von Bildung und Religion drückt sich nicht nur im religiös-theologischen Selbstverständnis des bürgerlichen Protestantismus (> 240), sondern viel greifbarer in den engen *institutionellen* Beziehungen zwischen Kirche und Schule (> 223) aus, die die Entwicklung des deutschen Bildungs- und Schulwesens bis in die Gegenwart tiefgreifend prägen (857,41ff; 845). War die Kirche bis ins Spätmittelalter die alleinige Trägerin der Kloster- und Domschulen, so unterstanden auch die späteren Stadt- und Privatschulen der kirchlichen Aufsicht. Erst mit dem Entstehen des landesherrlichen Schulregiments und der Einführung der allgemeinen Schulpflicht im 17. Jahrhundert trennten sich Schule und Kirche allmählich voneinander, bis die ‚geistliche Schulaufsicht' schließlich in der Weimarer Verfassung endgültig aufgehoben wurde (851,118f). Auch danach blieben Bildungssystem und Religionssystem freilich eng miteinander verflochten. Auf der einen Seite betrachtet die öffentliche Schule „die religiöse Erziehung als einen Bestandteil ihres Erziehungsauftrages" (851,119) und erteilt nicht nur den Religionsunterricht – den Regelungen des Grundgesetzes entsprechend – „unbeschadet des staatlichen Aufsichtsrechtes ... in Übereinstimmung mit den Grundsätzen der Religionsgemeinschaften" (Art. 7,3), sondern leitet auch die Ziele und Inhalte schuli-

scher Bildung insgesamt aus der „europäischen Bildungstradition" ab, „für die das Christentum prägend gewesen ist" (851,119). Auf der anderen Seite gehört es „zum Selbstverständnis der Kirche, daß sie nicht nur für den Religionsunterricht, sondern für das Schulwesen im ganzen Mitverantwortung trägt" (851,120) und sich im Sinne eines „freien Dienst(es) an einer freien Schule" (852,38; 853,44) aktiv an der Fortentwicklung von gesellschaftlicher Bildungsorganisation und Bildungspolitik beteiligt.

Die engen wechselseitigen Verflechtungen der pädagogischen und religiösen Institutionen prägen daher nicht nur der historischen Entwicklung des schulischen Religionsunterrichts (858) ihren Stempel auf. Vielmehr verdankt sich das mittlerweile breit ausgebaute und den Bedürfnissen der unterschiedlichen Altersklassen, Berufe und Bevölkerungsgruppen entsprechend diversifizierte System der teils vom Staat, teils von der Kirche, teils von verschiedenen Verbänden getragenen *Bildungseinrichtungen* insgesamt programmatischen Bildungsideen und praktischen Bildungskonzepten (854), die im Zusammenhang theologischer und kirchlicher Reformbewegungen ausgearbeitet wurden. So stellt sich die Reformation des 16. Jahrhunderts mit ihrem Eintreten „für eine allgemeine, jeden Menschen meinende Unterweisung und Bildung" (855,22) zugleich als „Reform der Kirche" wie als „Reform des Bildungswesens" (855,21) dar: „Überall wurden ,deutsche Schulen' nötig, damit jeder lesen lernen konnte, um selbst die Bibel, die ,allgemeinste' Lektion, zu lesen" (855,22). In gleicher Weise läßt sich auch der Pietismus mit der „enormen Aufwertung der katechetischen Tätigkeit" (855,33) als bildungspraktische Reformbewegung verstehen. Stellt Francke in kritischer Opposition „gegen die von der Protestantischen Orthodoxie immer weiter ausdifferenzierte Lehre" die biographischen Aspekte der persönlichen Frömmigkeitsbildung, der Bekehrung und der Heiligung, ins Zentrum seines an der „Subjektivität des einzelnen" orientierten Erziehungsprogramms (855,33), so verdichten sich Zinzendorfs pädagogische Ideen im religiös besetzten und im theologischen „Inkarnationsgedanken" begründeten Symbol des Kindes (855,35). Die im religiös-kirchlichen Kontext der Erweckungsbewegung des 19. Jahrhunderts entstandene und im Frömmigkeitstypus des diakonischen ,Tatchristentums' (> 212-2) verwurzelte „Rettungshauspädagogik" bildet die historische Grundform der modernen Sozialpädagogik (856,22). Der Kulturprotestantismus schließlich, der den „Kulturstaat" aufs engste mit der Religionskultur „eines freien, humane kulturelle Auswirkungen entbindenden Christentums" (856,33) verknüpfte, legte den Grundstein für das moderne, gleichermaßen der Kultur wie der Religion verbundene Bildungssystem.

Gilt die „evangelische ... Bildungsverantwortung" (854) auch dem „öffentliche(n) Bildungs- und Ausbildungssystem einer Gesellschaft im ganzen" (845,497), so kommt sie in den unterschiedlichen Versionen zugleich theologisch wie pädagogisch fundierter *Schultheorie* markant zur Geltung. Sie basieren gemeinsam auf dem untrennbaren Zusammenhang von „Christentum und Schule" (859), führen vor, wie „unser Schulwesen ... in seinem Ursprung mit dem Christentum" zusammenhängt (859,151), und betrachten „das Christentum in seinen jeweiligen geschichtlichen Ausprägungen" als „integrierende Komponente" der pluriformen, im schulischen Unterricht auszulegenden „Überlieferung" (860,52). Wie sich „der Religionsunterricht in der Schule nicht durch kirchliche Ansprüche, sondern aus sachlichen Zwangsläufigkeiten, die geistesgeschichtlich bedingt sind, begründet" (860,52) und deshalb „an der Entwicklung eines wachen Selbstverständnisses der Schule mitzuarbeiten" (859,190) hat, so verbinden sich in der dem modernen Bildungsverständnis verpflichteten schulischen Erziehung „humanistische Idee" und „Christentum" aufs engste miteinander: „Die geistige Wirklichkeit, auf die die Schule sich gründen soll, das abendländische Kulturgut, das deutsche Bildungserbe und das Christentum sind als geistige Überlieferung Grundlage des Schulwesens" (859,156).

3. In pointierter Weise bringt die zeitgenössische *Religionspädagogik* (> 223) die Symbiose von Religion und Bildung zur Geltung. Sie greift zur Ausformulierung ihrer gleichermaßen theologisch wie pädagogisch begründeten Reflexionskonstrukte auf die in die bürgerliche Bildungsidee eingelagerten humanitären und religiösen Gehalte, insbesondere auf das neuzeitliche Axiom individueller Autonomie, zurück und versteht Bildung als „Selbstbildung" (840,24) der SchülerInnen, als deren „Befähigung zur Freiheit" (861,86), als den pädagogisch geförderten „Prozeß, zu sich selbst zu gelangen" (846,234). Wie sich die religionspädagogische Theoriebildung an der „neuprotestantische(n) Einsicht in die spezifischen Bedingungen einer dem individuellen Autonomiebewußtsein" entsprechenden „Mitteilung des Glaubens" orientiert, so zielt die religionspädagogische Praxis in ihren vielfältigen Gestalten insgesamt auf „die Freigabe des Rechts der Subjektivität" ab (863,218). Die aus der neuzeitlichen Individualitätsidee gewonnenen Maximen religiöser Bildung werden in einer subjektzentrierten Unterrichtsgestaltung ratifiziert. Sie werden didaktisch eingelöst, indem die SchülerInnen den Inhalt des Religionsunterrichts als einen „individuell für sie glaubbare(n)" selbst entdecken, und methodisch, indem die pädagogischen Verfahren „auf die Gestaltungsproduktivität der Schüler/innen" abgestellt werden: „Glaube will für sie wachsen an dem, was ihnen als überzeugende Wahrheit im eigenen Leben – so Gott will – selber einleuchtet" (863,218).

Die zeitgenössische Religionspädagogik greift aber nicht nur in konstruktiver Absicht, zur Ausarbeitung ihrer theologisch-pädagogischen Prinzipien, ihrer didaktischen Konzepte und ihrer methodischen Verfahrensweisen, auf die bürgerlichen Bildungsvorstellungen zurück. Sie nutzt vielmehr auch die in der Idee autonomer Selbstbildung von jeher enthaltenen *kritischen Potentiale* und wendet sich im Geist des Neuhumanismus (811,926) gegen die in der Moderne zunehmende Instrumentalisierung und Operationalisierung der Bildungs- und Erziehungsprozesse. Richtete sich das bürgerliche Bildungsideal schon seit dem 18. Jahrhundert gegen die „scholastisch erstarrte Gelehrsamkeit der Schulen" (811,922) und wandte sich Wilhelm von Humboldts Programm einer „universellen formalen Geistesbildung" zu Beginn des 19. Jahrhunderts gegen die Deformierung der als Selbstzweck gedachten Bildung zu einer an fremden Ansprüchen und Bedürfnissen orientierten utilitaristischen Erziehungspraxis (811,926), so wurde im beginnenden 20. Jahrhundert „ein auf pestalozzischen und humboldtischen Grundlagen zeitgemäß erneuerter Begriff von allgemeiner Bildung zum Rettungssymbol vor der in industrieller Arbeitswelt, Gesellschaft und wissenschaftlicher Zivilisation drohenden Gefahr der Selbstentfremdung des Menschen in Handlungszwängen" (811,927).

Unter dem ständig wachsenden „Rationalisierungszwang der industriellen Gesellschaft und der wissenschaftlichen Zivilisation" (811,936) verloren die bürgerlichen Bildungsvorstellungen in der zweiten Hälfte des 20. Jahrhunderts schließlich ihren ideellen Glanz und damit auch ihre kritische Statur. Das im Zeichen einer umfassenden ‚Bildungsreform' den Gesetzmäßigkeiten rationaler Organisation unterstellte und mit den verschiedenen gesellschaftlichen Institutionen eng vernetzte Bildungs- und Erziehungssystem absorbierte und neutralisierte den Bildungsbegriff. Die Konjunktur von ‚Bildungspla-

nung' und ,Bildungsverwaltung' und die aus ihr resultierende „Verschulung aller Aus-
bildungswege" leistete einer „Formalisierung und Nivellierung des Bildungsbegriffs zu
einem pragmatischen, vor allem auch anthropologisch indifferenten terminus technicus
der Verwaltungssprache Vorschub" (811,936).

Im Gegenzug zu sozialwissenschaftlich perspektivierten Konzeptionen der Pädagogik
(864,31ff), die darauf abzielen, die rationale Statur der pädagogischen Institutionen offenzulegen und die Effizienz der pädagogischen Handlungsprozesse durch „Leistungs-
planung und -messung nach konstruierten ,Lernzielen'" (833,242) zu steigern, knüpfen
die kritisch akzentuierten Programme der gegenwärtigen Religionspädagogik an die
Theorietradition der *geisteswissenschaftlichen* Pädagogik an (862,81). Waren die ideellen Gehalte der bürgerlichen Bildungsvorstellungen zunehmend „von sozialwissenschaftlichen Kategorien wie der der ,Sozialisation' zugedeckt worden" (844,408), so
widersetzen sich die der neuzeitlichen Individualitätsidee verpflichteten Entwürfe der
Religionspädagogik der „Verdrängung des Bildungsbegriffs durch den Erziehungsge-
danken" (862,54) und erheben die „spekulativen Restbestände" der empirischen Erziehungstheorien in den Rang eines „bewahrenswerte(n) Erbe(s)" (861,65).

2.2.3. Die philosophisch-theologischen Vorstellungshorizonte der Bildungstheorie

Kommt die symbiotische Beziehung von Bildung und Religion in der zeitgenössischen
Religionspädagogik auch in exemplarischer Weise zum Ausdruck, so wird sie gleichwohl nicht erst im Zuge eines bildungstheoretisch perspektivierten Reformprogramms,
durch die religiös motivierte Kritik an einer rigiden Pädagogisierung der Bildungspraxis
und die theologisch formatierte Neufassung der Bildungstheorie, hergestellt. Vielmehr
sind theologische und pädagogische Perspektiven in der wechselvollen *Geschichte* (854)
des Bildungsbegriffs und der Bildungstheorie von jeher unlösbar ineinander verwoben.

Mit dem Begriff der Bildung verbinden sich vor allem drei unterschiedliche, in verschiedenen Epochen seiner Entwicklung ausgearbeitete und in der neuzeitlichen Bildungstheorie miteinander verschränkte *Vorstellungskomplexe*: zum einen die an der organischen Entwicklung des Menschen und seiner Kultivierung orientierte Erziehungsvor-
stellung „der römischen bzw. humanistischen eruditio und cultura animi", zum anderen
die teleologischen, um die philosophischen Kategorien des Urbilds und Vorbilds zentrierten und von theologischen „Motive(n) der imago-Dei-Lehre" (813,1099) gespeisten
Bildungsideen sowie schließlich bildungstheoretisch umformulierte Grundprinzipien der
Anthropologie (812,569), insbesondere die für das neuzeitliche Individualitätsbewußt-
sein charakteristische Vorstellung originärer Lebensgeschichte. Wechselte die Regie in
den aneinander anschließenden und aufeinander aufbauenden Entwicklungsstadien der
Bildungstheorie zwischen den verschiedenen mit ihr befaßten Wissenschaftsgebieten, so
erfolgte „die Entfaltung der Bildungsworte" insgesamt vornehmlich „außerhalb des pädagogischen Raumes" (812,579), in Philosophie und Theologie.

1. Der umgangssprachliche Gebrauch des Bildungsbegriffs lebt bis heute von dem metaphorischen Gehalt der Vokabel (844,429). Sowohl die mit der gewissermaßen naturhaften Entwicklung von Kindern und Jugendlichen verbundene Vorstellung „vom Wachstum und von der Reife der Persönlichkeit" als auch der an den aktiven Ernährungs- und

Erziehungsleistungen der Eltern orientierte Sprachgebrauch vom ‚Aufziehen' und ‚Großziehen' der Kinder greifen auf eine „uralte Analogie" zurück, auf „den Vergleich zwischen einem Vorgang im vegetativen Bereich und einer Erfahrung im humanen Bezugsfeld" (850,18). Der in ältere Versionen der Entwicklungspsychologie eingeflossene Vorstellungsgehalt des Bildungsbegriffs lehnt sich an die *organologische* Begriffstradition der römischen Antike an, in der die Bildungsvokabel einerseits mit der Kultivierung der natürlichen Umwelt des Menschen, „der Pflege von Boden, Pflanze und Tier", und andererseits mit der Humanisierung des menschlichen Charakters, „dem Herausführen aus Roheit" (812,569) und der Gestaltung einer sublimen ‚cultura animi' in Beziehung gebracht wird. Die Vorstellung, daß sich das menschliche Leben, wenn es von störenden Einflüssen von außen geschützt wird, nach inneren Gesetzmäßigkeiten selbst entfaltet, wurde von Renaissance und Humanismus (862,63) aufgegriffen und in der Epoche der Aufklärung, insbesondere von Jean-Jacques Rousseau, zum kritischen Prinzip einer an der Individualitätsidee orientierten Bildungslehre erhoben: „Bildung wird hier zur reinen Selbstentfaltung" (862,64). – In ganz anderem, organisationstheoretischen Bedeutungskontext wird die organologische Metapher von der gegenwärtigen Praktischen Theologie aufgenommen, zur Etikettierung der zeitgenössischen Gemeindereform als Gemeinde-‚Bildungs'-Bewegung und Gemeinde-‚Wachstums'-Bewegung (> 210) genutzt und mit dem frömmigkeitstheoretischen Begriff der ‚Erbauung' in Beziehung gesetzt.

2. Der in der deutschen Sprache verwurzelte Bedeutungssinn von ‚Bildung' verdankt sich allerdings weniger der naturhaften Metaphorik als vielmehr dem *ästhetischen* Gehalt der Vokabel. Im Unterschied zum „Lateinischen und seinen Folgesprachen" (812,569) verbindet sich „das althochdeutsche Grundwort" umgangssprachlich mit Begriffen wie ‚Abbilden, Bildnis', ‚Gebilde, Gestalt', ‚Sinnbild, Zeichen' und in seiner strengeren wissenschaftlichen Verwendung schließlich mit dem Bedeutungsgehalt der lateinischen Begriffe ‚forma', ‚formatio', ‚imago' und ‚imitatio' (811,921). Auf dem Hintergrund seiner ästhetischen Konnotationen machte der Bildungsbegriff zunächst in der deutschen Philosophie und Theologie und später in der Pädagogik Karriere und avancierte zu einer zentralen Kategorie der neuzeitlichen Bildungstheorien.

Der „historische Ursprung des Bildungsbegriffs" (838,259) ist dementsprechend „nicht im humanistischen und pädagogischen, sondern im mystisch-theologischen und naturphilosophisch-spekulativen Bedeutungsfeld" (811,921) zu suchen. Die exemplarische Ursprungsgestalt neuzeitlicher Bildungstheorien findet sich in der von der deutschen Mystik (866) ausgearbeiteten *Imago-Dei*-Vorstellung, in der „Gottebenbildlichkeit und Bildung des Menschen" (838) ineinander aufgehen. Meister Eckhart greift in seiner „mystische(n) Bildungslehre" einerseits unter Berufung auf Genesis 1,26 „auf die ursprüngliche, schöpfungsmäßige Gottebenbildlichkeit des Menschen zurück" und ist andererseits in Anlehnung an 2 Korinther 3, 18 „an der Erneuerung dieser Bestimmung des Menschen durch seine Verwandlung in das Bild Christi interessiert" (838,262). Durch das „Ineinanderblenden von Schöpfung und Erlösung" (838,263) wird die bei der Erschaffung des Menschen erfolgte „Einbildung des Geistes Gottes in die natürliche Matrix" (811,922) „eigentümlich dynamisiert im Sinn des paulinischen Gedankens von der transformatio in das Bild des Sohnes" (838,262). Im Unterschied zu der Vorstellung einer organologischen Lebensentwicklung wird Bildung im Rahmen der mystischen Frömmigkeitstheorie nicht als kontinuierlicher und „langfristiger Prozeß" (862,62), sondern als ein in der vita contemplativa verortetes, ebenso kontingentes wie transzendentes

Ereignis aufgefaßt, als „Akt einer Neugeburt" (862,62). Aufgrund ihrer nicht pädagogischen, sondern „theologische(n) Wurzel" (838,261) widersetzen sich die an die Mystik anknüpfenden Bildungstheorien einer technischen Operationalisierung der Bildungsprozesse. „Diese ‚Bildung' läßt sich nicht lehren und lernen oder examinieren, sie ist nicht pädagogisch verfügbar. ‚Bildung' ist hier ein rein religiös-spiritualistischer und kein pädagogischer Begriff" (838,263).

In der weiteren *Entwicklung* des Bildungsbegriffs verschränkten sich die unterschiedlichen, einerseits am organologischen Entwicklungsprozeß der Persönlichkeit und andererseits am Akt religiöser Selbstkonstitution der Individualität orientierten Vorstellungen von Erziehung und Bildung miteinander. Dadurch erhielten die bis in die Gegenwart gültigen Konzeptionen pädagogischer Theoriebildung ihre komplexe und spannungsreiche Statur.

In exemplarischer Weise verknüpfte Friedrich *Schleiermacher* in seiner auf den Prinzipien der Philosophischen Ethik aufbauenden Pädagogik „Selbstbildung und Weltbildung" (819,134) zur „weltbildenden Selbstdarstellung" (819,395) und legte damit das wissenschaftstheoretische Fundament für die vor allem von Wilhelm Dilthey fortgeführte Tradition der „geisteswissenschaftlichen Pädagogik" (820,343), in der die Pädagogik als „Blüte und Ziel aller wahren Philosophie" aufgefaßt und „im weitesten Verstande" als „Bildungslehre des Menschen" (821,7) begriffen wird. Schleiermacher stellt einerseits die individualitätskonstitutiven Elemente der Bildung heraus und unterlegt der nur bedingt methodisierbaren ‚Erziehungskunst' (820,348) „das Bildungsideal der harmonischen Persönlichkeit" (820,344f). Andererseits stellt die Erziehung aber auch das integrale Organisationsziel der durch die Bildungsidee miteinander vernetzten Institutionen des Staates und der Kirche, der Wissenschaftsorganisation und der verschiedenen Formen freier Geselligkeit dar: „Diese sittlichen Lebensgemeinschaften sind … aus ihrem eigenen Prinzip heraus Erziehungsgemeinschaften" (820,350). Der „Prozeß der Erziehung" (819,19) vollzieht sich demnach im „Spannungsfeld zwischen einem Subjekt- und einem Objektpol" (820,351): „Es sind also dieses zwei verschiedene Gesichtspunkte der Erziehung, das Ausbilden der Natur und das Hineinbilden in das sittliche Leben. In jedem Akt muß beides sein, aber in verschiedenem Verhältnis" (819,376). Indem Schleiermacher die in den unterschiedlich akzentuierten Begriffen der Erziehung und der Bildung enthaltenen Bedeutungsmomente ineinander aufhebt, begreift er die pädagogische Praxis als „die Einleitung und Fortführung des Entwicklungsprozesses des Einzelnen durch äußere Einwirkung … bis zur bürgerlichen Selbständigkeit" (819,371f).

Mit der synthetischen Konstruktion einer integralen Bildungs- und Erziehungslehre hat Schleiermacher das wissenschaftstheoretische Paradigma für die *moderne Pädagogik* entwickelt, in der sich individuelle Selbstbildung und kommunikative Erschließung der Lebenswirklichkeit miteinander verschränken. Johann Gottfried Herder hatte sein Konzept der „Selbstbildung" (862,68) noch im deutlichen Anklang an die mystische Vorstellungstradition formuliert und die theologische Imago-Vorstellung mit den ideellen Gehalten des Humanismus verbunden: „Den Tieren gabst du Instinkt, dem Menschen grubest du dein Bild, Religion und Humanität in die Seele" (818,248). Schleiermacher siedelte den Bildungsprozeß nun nicht mehr dominant in der religiösen Kontemplation, sondern „auf der Seite der Spontaneität, der vita activa, der ‚organisierenden' Tätigkeit" (811,924) an. Den untrennbaren „Zusammenhang von Bildung und Arbeit" (862,97) stellte später Georg Kerschensteiner pointiert ins Zentrum seines Programms einer ‚Arbeitsschule'. Wilhelm von Humboldt ging in seinem klassisch gewordenen Bildungsprogramm ebenfalls von der „‚Wechselwirkung' von (werdendem) Ich und (sich erschließender) Welt" (813,1099) aus. Gleichwohl trat bei ihm „unter dem Einfluß des transzendentalen Idealismus ... der Gedanke der Selbstverwirklichung in den Vordergrund ..., sei es im Sinne der Ausbildung vorgegebener Anlagen oder der Selbstbildung nach dem Vorbilde eines Bildungsideals, das aber – wie das Kunstwerk in der künstlerischen Erziehung – zu individueller Abwandlung reizen soll" (838,265): „Alle Bildung hat ihren Ursprung allein in dem Inneren der Seele und kann durch äußere Veranstaltungen nur veranlaßt, nie hervorgebracht werden" (811,926). Bildung meint dementsprechend die „Erzeugung einer Welt in der Individualität" (811,926).

3. Ein drittes, aus der philosophischen Anthropologie entwickeltes Paradigma der Bildungstheorie stellt schließlich die auf dem Hintergrund des neuzeitlichen Individualisierungsprozesses entstandene und im Zusammenhang der ‚Lebensphilosophie' (825) ausgearbeitete *historisch-biographische* Vorstellung vom menschlichen Leben dar. Indem Dilthey „lebensphilosophisches Denken mit dem Gedanken der Geschichtlichkeit" (826,582) verband, legte er den Grundstein für einen eigenständigen Traditionsstrang der Bildungstheorie, an den die geisteswissenschaftlich konturierten Konzeptionen der Pädagogik und vor allem die an sie angelehnten religionspädagogischen Bildungskonzeptionen der Gegenwart anknüpfen. Gehen in die biographisch grundierten Bildungstheorien auch Motive sowohl der organologischen als auch der mystischen Bildungsvorstellungen ein, so stellt sich die „anthropologische Pädagogik" (831,165) aufgrund ihrer philosophisch-pädagogischen Maximen und insbesondere aufgrund ihrer originären Kategorien doch als ein selbständiger Typus der Bildungstheorie dar.

Die biographische Bildungstheorie gewinnt ihre eigenständige wissenschaftstheoretische Charakteristik aus ihrer Einbettung in eine philosophische Theorie des *Verstehens*. Wie das „Rätsel des Lebens" (822,140) das Grundthema des philosophischen Denkens insgesamt darstellt, so ist insbesondere die Pädagogik als eine phänomenologisch-analytische Theorie aufzufassen, die darauf abzielt, „das Leben aus ihm selber verstehen zu wollen" (823,4). Den Erkenntnisgegenstand der verstehenden Pädagogik bildet die im „teleologischen Charakter des Seelenlebens" (821,185) angelegte und von vielfältigen kontingenten Ereignissen beeinflußte Lebensentwicklung des Individuums. Das sich gegenüber verallgemeinernden Schematisierungen verschließende und nur dem kongenialen Verstehen zugängliche Geheimnis des Lebens umreißt zugleich den Horizont, in dem sich Bildung und Erziehung als Formen reflexiver Lebenspraxis vollziehen. Besteht der Sinn der Bildung in der selbstreferentiellen Auseinandersetzung des Individuums mit sich selbst, im Akt biographischen Selbstverstehens, so gewinnt der die Bildungsprozesse begleitende Erzieher die Maximen seines Handelns im Zuge biographischen Fremdverstehens: „Von der frühesten Kindheit an stellt das zu erziehende Individuum auf jeder Stufe seiner Entwicklung dem Erzieher die Aufgabe, durch verstehende Analysen dessen, was ist, eine Verweisung darauf zu gewinnen, was aus dem zu erzielenden Individuum werden soll, und daraus Regeln zu bilden, denen die Erziehung folgen kann" (831,127f).

Der Komplementarität von Lebensentwicklung und Erziehung entsprechend leitet die biographisch-verstehende Pädagogik nicht nur die Handlungsmaximen der Erziehungspraxis, sondern auch die *Kategorien* ihrer rekonstruktiven Theoriebildung aus der Grundstruktur des menschlichen Lebens ab. Verdankt jedes einzelne Leben seine unverwechselbare Charakteristik der historisch-einzigartigen Verschmelzung von biographischer Originalität und genereller Typik der Lebensdynamik, dann erschließt sich die als Bildung begriffene Lebensentwicklung mit Hilfe der dialektisch miteinander verschränkten biographischen Parameter von Lebensgeschichte und Lebenslauf (831; > 312). Wird der ‚Lebenslauf' als gleichermaßen umfassender wie begrenzter „Zeitraum der Erfahrung" (835,46) und die ‚Lebensgeschichte' als der „Sinnrahmen" aufgefaßt, „innerhalb dessen wir ein Bild von uns selbst ausbilden und eine Selbstanschauung gewinnen" (835,54), dann ist der Prozeß der Erziehung selbst als pädagogisch ausgeformte „Topik des Lebenslaufs" (835,15) zu verstehen.

Eine erste klassische Ausformulierung fand das biographische Verständnis von Bildung und Erziehung in der gleichermaßen theologisch wie pädagogisch fundierten Bildungstheorie von Johann Amos *Comenius* (816). Er unterlegt seiner ‚Didactica magna' ein viergliedriges Schema von Altersstufen, ordnet ihnen entsprechende Lernaufgaben und Unterrichtsmethoden zu und leitet daraus die Einrichtung eines nach biographischen Entwicklungsphasen gegliederten Schulsystems ab. Die biographische Logik des planmäßigen Erziehungsprozesses ergibt sich einerseits aus den Gesetzen der Natur, in der alles zur rechten Zeit geschieht; ihnen folgt auch die Entwicklung und Entfaltung des menschlichen Lebens und damit der lebenslange Prozeß der Bildung (Pampaedia). Andererseits sind Ursprung und Ziel der Bildung in der religiös grundierten Idee der Imago Dei zusammengeschlossen. Ergibt sich die Notwendigkeit der Bildung aus der Erlösungsbedürftigkeit des Menschen, so begründet sich ihre Möglichkeit aus seiner auch nach dem Sündenfall fortbestehenden Bildsamkeit.

Auch Jean-Jacques *Rousseau* begründet die pädagogische Praxis in seiner vom Geist der Aufklärung inspirierten Erziehungsgeschichte des ‚Emile' schöpfungstheologisch: „Alles, was aus den Händen des Schöpfers kommt, ist gut; alles entartet unter den Händen des Menschen" (817,107). Statt den Menschen zu „dressieren wie ein Zirkuspferd" und ihn „um(zu)biegen wie einen Baum" (817,107), hat die Erziehung des Menschen von den Vernunftideen ‚Gott, Freiheit und Unsterblichkeit' auszugehen, die in jedem Menschen ursprünglich angelegt sind. Das maßgebliche anthropologische Prinzip der Erziehung findet sich in der ‚Ordnung der Natur' (831,109). Sie bringt sich unter der zurückhaltenden Begleitung des Zöglings durch seinen Erzieher in den verschiedenen Stadien der pädagogischen Lebensentwicklung auf jeweils individuelle Weise selbst zur Geltung: „Behandelt euren Zögling seinem Alter gemäß. Weist ihm sofort seinen richtigen Platz an und haltet ihn dort so fest, daß er sich nicht von ihm zu entfernen sucht. Dann wird er, noch bevor er weiß, was Vernunft überhaupt ist, die beste Schulung durchmachen, die ihn zu ihr hinführt" (817,208).

Die von Rousseau beschriebene Erziehungsgeschichte des Menschen verläuft allerdings nicht kontinuierlich, sondern weist charakteristische Zäsuren und Umbrüche auf. So tritt am Übergang von der Kindheit in die Jugendzeit das Alter der Vernunft dem Alter der Natur antithetisch gegenüber. Zwischen beiden Lebensphasen erlebt der Edukand eine „zweite Geburt" (817,440). Sie markiert zugleich die biographische Genese der *Religion*. Das Kind lebt in selbstverständlicher Abhängigkeit; es lernt von früh an, das „harte Joch" zu tragen, „das die Natur dem Menschen auferlegt, das schwere Joch der Notwendigkeit, unter das sich jedes endliche Wesen beugen muß" (817,208). Der Jugendliche dagegen wird zur Selbständigkeit gegenüber der Gesellschaft erzogen. Die Religion wird zur Signatur der neuen Lebensstufe und damit zum Thema der Erziehung. Das in die Erziehungsgeschichte des Emile eingearbeitete Glaubensbekenntnis eines savoyischen Vikars (817,545ff) begründet die Religion aus dem dialektischen Verhältnis zwischen Mensch und Gesellschaft. Nicht schon die natürliche Ordnung, sondern erst die soziale Lebenswelt macht Religion notwendig. Denn die Religion verdankt sich der in den gesellschaftlichen Lebensverhältnissen repräsentierten Vernunft. Die Religion, die Bindung des Herzens an Gott, wird zum Grund individueller Freiheit, der doppelten Unabhängigkeit des einzelnen Menschen von Sinnlichkeit und Leidenschaft wie von der Gesellschaft.

Die biographisch grundierten Bildungstheorien der Folgezeit halten an der untrennbaren Beziehung von Lebensentwicklung und Erziehung fest, gewichten das Verhältnis von generalisiertem Lebenslauf und originärer Lebensgeschichte aber unterschiedlich. Johann Heinrich *Pestalozzi* entwirft sein dreigliedriges Schema biographisch-pädagogischer Entwicklungsstufen des Menschen auf dem Hintergrund der aufeinander aufbauenden Evolutionsstadien der Menschheit. Dem primitiven, zivilisierten und autonomen Menschen entsprechen die Lebensalter des Kindes, des Jugendlichen und des Erwachsenen: „Sinnengenuß, gesellschaftliches Recht und Sittlichkeit scheinen sich gegeneinander zu verhalten wie Kinderjahre, Jünglingsalter und Männeralter" (827,174.vgl.221). Wilhelm *Dilthey* stellt in seiner als Theorie biographischen Verstehens konzipierten Pädagogik dagegen den Eigenwert der jeweils in sich selbst sinnhaften lebensgeschichtlichen Entwicklungsstadien heraus: „Jede Epoche des Lebens hat in sich einen selbständigen Wert, denn jede ist ihren besonderen Bedingungen entsprechend einer Erfüllung mit belebenden, das Dasein steigernden und erweiternden Gefühlen fähig" (824,218). „Die Entwicklung besteht aus lauter Lebenszuständen, deren jeder für sich einen eignen Lebenswert zu gewinnen und festzuhalten strebt. Armselig die Kindheit, welche den reiferen Jahren geopfert wird" (824,219).

2.2.4. Lebensgeschichte und Lebenslauf als religiös-pädagogische Paradigmen von Bildung und Erziehung

1. Die *neueren* Versionen anthropologischer Pädagogik (> 312) erheben die in der geisteswissenschaftlichen Pädagogik ausgearbeiteten biographischen Parameter in den Status bildungstheoretischer Axiome und nutzen die Kategorien der Lebensgeschichte und des Lebenslaufes sowohl in kritischer wie in konstruktiver Absicht. Im Gegenzug zu der zunehmenden Rationalisierung der Erziehungsorganisationen und Erziehungsprozesse und der daraus resultierenden ‚Verleugnung des Kindes' (834) bringt die biographisch grundierte Pädagogik die elementaren Prinzipien der Selbstbildung des Individuums, zumal die „Freiheit des Edukanden" (831,89ff) als des „Subjekt(s) seiner Erziehung" (831,85ff), zur Geltung und erstellt ihre detailliert ausgearbeiteten, gleichermaßen dem pädagogischen Verstehen wie dem erzieherischen Handeln verpflichteten Theoriekonstrukte auf der Basis biographietheoretischer Reflexionen.

Die theorieleitende Kategorie der anthropologischen Pädagogik bildet der Begriff des *Lebenslaufs.* Verbinden sich Lebenslauf und Lebensgeschichte in der praktischen Lebenserfahrung und Lebensentfaltung auch untrennbar miteinander, so sind die unterschiedlichen Perspektiven biographischer Lebenskonstruktion im Interesse präziser pädagogischer Theoriebildung gleichwohl voneinander zu unterscheiden. Während die kontingente Lebensgeschichte des Individuums „durch Einmaligkeit gekennzeichnet" ist und daher nicht unmittelbar zum Erkenntnisgegenstand pädagogischer Theoriebildung erhoben werden kann, „gehört das, was sich im Leben wiederholt, zwar zum Lebenslauf, aber nicht zur Lebensgeschichte" (831,16). Da die „Wiederholung" aber die elementare „curriculare Kategorie" darstellt, „auf der alles durch Übung erworbene Können beruht" (831,16), sind die theoretischen Prinzipien und die praktischen Verfahrensweisen der Pädagogik aus dem unlösbaren Zusammenhang von ‚Lebenslauf und Erziehung' (831) zu entwickeln.

Der *Konnex* von Lebenslauf und Erziehung kommt in der anthropologischen Pädagogik auf mehrfache Weise zur Geltung. Ihre „primäre Bedeutung" gewinnt die wechselseitige Verschränkung von Lebensentwicklung und Erziehungsprozeß im Horizont der Selbsterfahrung und Selbsterkenntnis des sich bildenden Individuums: „Was die Erziehung, die einem Menschen während seines Lebenslaufs zuteil wird, für ihn persönlich bedeutet, wird ihm nur im Horizont dieses Lebenslaufs verständlich: nicht erst im Rückblick, sondern schon im mitlaufenden, Erinnerung und Erwartung verbindenden Selbstverständnis. Umgekehrt hat die Erziehung, die einem Menschen widerfährt, mehr oder weniger Einfluß darauf, welche Bedeutung sein Lebenslauf für ihn erhält" (831,13). Aus der Korrelation von Lebenslauf und Bildung sind – in sekundärer Hinsicht – auch die an ihrer Effizienz zu messenden Intentionen und Verfahren des pädagogischen Handelns abzuleiten: „Die Absichten erzieherischen Verhaltens gewinnen und verlieren ihren Sinn mit den Wirkungen, die sie in den Lebensläufen der erzogenen Individuen haben" (831,13f). Schließlich umreißt der Lebenslauf den sozialkulturellen Horizont, in dem die institutionell ausdifferenzierten und biographisch miteinander vernetzten Einrichtungen des modernen Bildungs- und Erziehungssystems zusammengeschlossen sind: „Das ‚curriculum vitae' enthält alles, was uns das Leben zu lernen gibt. Es ist der umgreifende Zusammenhang, in dem die partiellen ‚curricula' der verschiedenen Erziehungseinrichtungen – von dem, was das Kind in der Familie oder im Waisenhaus zu lernen hat, und dem, was ihm Kindergarten und Fernsehen zu lernen bieten, bis zu den Lehrplänen der Schulen, die es besuchen muß – im Blick auf die Bildung des Individuums und seiner Selbstverwirklichung als Person in den verschiedenen Rollen, die es für die Gesellschaft zu spielen hat, zu rechtfertigen sind" (832,31).

2. Während die geisteswissenschaftliche und zumal die biographisch grundierte Pädagogik nur einen – allerdings dominanten – Typus im Spektrum der zeitgenössischen Bildungs- und Erziehungstheorien darstellt, schließt sich die *Religionspädagogik* in ihren neueren Entwürfen überwiegend an die von Dilthey begründete Tradition verstehender Pädagogik an. In kritischer Opposition „gegenüber allen bloß allgemeinen, von der Individualität der Person abstrahierenden und ihr fremd gegenübertretenden Formen von Bildung und Religion" (841,437) wird Bildung als Selbstbildung der autonomen Individuen und der „Religionsunterricht als Institution für den Schüler in Begleitung seines Lebenslaufs" (845,454ff) aufgefaßt. Zur theoretischen Rekonstruktion und zur praktischen Konzeptionalisierung der individuellen Selbstbildungsprozesse nutzt die gegenwärtige Religionspädagogik die in der Tradition geisteswissenschaftlicher Bildungstheorie vielfältig variierten, gleichermaßen pädagogisch wie religiös konturierten Parameter

des Lebenslaufs (848) und der Lebensgeschichte (842) und sucht damit, die Synthese von biographisch ausgeformter Frömmigkeit (865,147ff) und individualitätskonstitutiver Bildung wiederherzustellen.

Die zeitgenössischen religionspädagogischen Bildungskonzeptionen führen die Tradition der geisteswissenschaftlichen Pädagogik aber nicht nur fort. In ihrer religionspädagogischen Perspektivierung erhält die anthropologische Pädagogik vielmehr eine neue und zugespitzte Gestalt. Während die klassischen Entwürfe biographisch grundierter Erziehungslehre auf der Kongruenz von generalisiertem Lebenslauf und individueller Persönlichkeitsentwicklung aufbauen, stellen die religionspädagogischen Bildungstheorien den biographischen Parameter der mit der Individualität aufs unmittelbarste verbundenen *Lebensgeschichte* (> 312) ins Zentrum ihrer Theoriekonstrukte. Begründet sich die Notwendigkeit der Erziehung insgesamt aus dem in Kultur und Gesellschaft vorhandenen „lebensgeschichtlichen Rekonstruktionsbedarf" (841,439) und besteht das integrale Ziel der vielfältigen Bildungsprozesse dementsprechend in der sich in der pädagogischen „Biographiebegleitung" (843,166) herausbildenden „lebensgeschichtlichen Rekonstruktionsfähigkeit" (841,447), so trägt insbesondere der Religionsunterricht zu der für die Selbstkonstitution der Individualität notwendigen „Transformation von Lebenslauf in Lebensgeschichte" (841,439) bei. Die religiöse Bildung, in der sich die „Lebensgeschichte als kritische Perspektive" (841,435) der religiösen Entwicklung und die „Religion als kritisches Prinzip von Lebensgeschichte und Bildung" (841,442) wechselseitig miteinander verschränken, stellt somit die Institution dar, in der die sich selbst bildenden Individuen die Kunst biographischer Lebenskonstruktion und -rekonstruktion erlernen.

Zentriert die zeitgenössische Religionspädagogik ihre Bildungstheorien um den biographischen Parameter der individuellen Lebensgeschichte, so bedient sie sich zur konstruktiven Ausarbeitung ihrer Konzepte der verschiedenen in der philosophischen und theologischen Tradition ausgearbeiteten Kategorien pädagogischer Individualisierung. Zu den prominenten Schlüsselkategorien der zeitgenössischen religionspädagogischen Bildungstheorie gehört vor allem der in Philosophie, Psychologie und Pädagogik ausgearbeitete Begriff der *‚personalen Identität'* (> 311). Er fungiert als Integrationsfigur der ausdifferenzierten Bildungsprozesse (836) und stellt insofern das fundamentale „Leitprinzip der Religionspädagogik" (847,8) dar. Als Axiom der religionspädagogischen Prinzipienlehre wie als Telos der erzieherischen Praxis kommt der Identität des sich selbst bildenden Individuums die Funktion eines Integrals zur „Verschränkung der einzelnen Faktoren" im „Beziehungsgeflecht ganzheitlich-biographischer Lernprozesse" (847,40) zu.

Indem die neuere Religionspädagogik schließlich an die Imago-Dei-Vorstellung der mystischen Bildungslehre anknüpft (861,85) und die „Konvergenz des Rechtfertigungs- und Bildungsverständnisses" (861,85; 863,221) herausstellt, bettet sie ihre Bildungstheorien in die *theologische* Tradition ein. Ihr sind auch die gleichermaßen frömmigkeits- wie bildungstheoretisch besetzten anthropologischen Kategorien pietistischer und romantischer Provenienz entlehnt, die in allerneuester Zeit wieder Eingang in das begriffliche Instrumentarium der religionspädagogischen Theoriebildung finden. Dazu sind vor allem die Begriffe der ‚Herzensbildung' und der ‚Gemütspflege' (844,413) zu zählen: „Im Gemüt als personaler Mitte erlangt der Mensch jene Ahnung von seiner Bestimmung, auf die sich Bildung nach christlichem Verständnis immer beziehen soll. Insofern geht es bei der Gemütsbildung um das ‚Kernstück' christlicher Religiosität" (849,208).

2.3. Beruf: das Paradigma religiöser Weltgestaltung

2.3.1. Die religiös grundierte Idee des Berufs

1. Der *Beruf* stellt die exemplarische Grundform religiös grundierter Weltgestaltung dar. Meint die Frömmigkeitshaltung der Andacht (> 212-4:2.1.) die selbstreferentielle Versenkung des Individuums in sich selbst und der Prozeß der Bildung (> 212-4:2.2.) die lebensgeschichtliche Ausformung der Persönlichkeit, so bezeichnet der Beruf die gesellschaftliche Institution, in der die Selbstvergewisserung und die Selbstentfaltung des Subjekts ineinander aufgehoben und auf spannungsreiche Weise mit den rationalen Eigengesetzlichkeiten der gesellschaftlichen Lebenswelt vermittelt werden. Auf der einen Seite ist der Beruf, die „durch Arbeit vermittelte Lebensform", untrennbar „an die Person gebunden": „Der ethische Sinn des Berufsbegriffs zielt auf die Selbstbestimmung des Menschen zur Arbeit" (915,52). Auf der anderen Seite ist der einzelne in seiner Rolle als Berufsträger aufs engste in das arbeitsteilig organisierte Wirtschaftssystem (878,18ff) eingebunden. Verlagerte sich der „Sinn der Arbeit" mit der zunehmenden Spezialisierung der Berufsarbeit auch „vom individuellen Beruf weg auf den Zweck erhöhter Bedürfnisbefriedigung durch den Tauschprozeß" und wird die fortschreitende „Ökonomisierung" der Arbeit und der daraus resultierende „Wegfall beruflicher Sinngebung" als „Entfremdung des Menschen" von sich selbst registriert, so führt gerade „die Dynamik der modernen Arbeitswelt" rückwirkend zu einer erneuten „Individualisierung der Arbeit als Beruf" (915,53) und zur Ausbildung eines „erneute(n) Berufsbewußtsein(s) ... mit durchaus individualisierten Zügen" (915,54): „Die innere Verpflichtung der Lebensführung durch den äußeren Beruf macht den ethischen Sinn der Berufsarbeit aus" (915,53).

Die Distinktion und Relation von subjektiver „Innenseite" (915,54) und objektiver Außenseite des Berufs kommt in der begrifflichen Unterscheidung von religiös grundierter ‚vocatio' und ökonomisch begriffener ‚occupatio' sowie in der Komplexität soziologischer *Berufsdefinitionen* zum Ausdruck, in denen sich individuelle und gesellschaftliche Momente des Berufs als einer integralen Lebensform miteinander verschränken: „Beruf soll ... heißen eine freie, möglichst kontinuierlich ausgeübte, vorwiegend auf Eignung und Neigung gegründete, erlernte und spezialisierte sowie entgeltliche Dienstleistung, die als Funktion einer arbeitsteilig organisierten Wirtschaft der Befriedigung materieller oder geistiger Bedürfnisse dient" (881,2). Stellt der Beruf in seiner modern-säkularen Gestalt auch keine explizit religiöse Institution dar und findet sich die dominant „‚subjektive' Berufsbestimmung ... im allgemeinen nur noch bei ständisch orientierten Berufen mit hochentwickeltem Berufsbewußtsein" (871,507), so behielt der deutsche Begriff ‚Beruf' gleichwohl seine religiös-ethische Konnotation. Auch in der modernen Arbeitswelt ist „die Frage nach Sinn und Verantwortung im Beruf bzw. nach Möglichkeit oder Unmöglichkeit einer ethisch oder religiös verstandenen Berufserfüllung unter den technischen Bedingungen der industriellen Gesellschaft immer wieder wach gehalten worden" (871,507).

2. Die Anreicherung des Berufsbegriffs durch religiös imprägnierte „Berufs-Ideen" (877,18) schlägt sich in dem vielschichtigen *Berufsverständnis* der Moderne nieder. In ihm überlagern sich verschiedene, in den wechselnden Epochen der Gesellschaftsgeschichte ausgearbeitete und jeweils von unterschiedlichen Berufsgruppen favorisierte

„Formen der Berufsvorstellung" (882,192) und verbinden sich auf teils organische, teils spannungsreiche Weise miteinander.

In der in ihren Ursprüngen auf die mittelalterliche Gesellschaftsverfassung zurückgehenden und „vor allem im selbständigen kleinbürgerlichen Mittelstand" sowie „in den freien Berufen" fortlebenden *„traditionell-ständische(n) Berufsauffassung"* erscheint die Berufstätigkeit „eingebettet in eine objektive, fortdauernde Ordnung, die nicht nur den Beruf, sondern das ganze Leben erfaßt"; der Beruf wird dementsprechend als „soziale Daseinsform schlechthin" (882,192) aufgefaßt. Die vor allem in „Akademikerkreisen" verbreitete „idealistisch-ganzheitliche Berufsauffassung des *Neuhumanismus*" (882,193) reformuliert das auf die Integration von subjektiver und objektiver Wirklichkeit abzielende Berufsverständnis unter den veränderten Bedingungen der individualisierten Lebenswelt. An die Stelle der ursprünglichen religiösen Gehalte der beruflichen Lebensform, des „Glaubens und der Nächstenliebe" (871,503), traten deren „säkularisiert-idealistische Derivat(e)" (871,501), „Pflicht" und „Vernunftgesellschaft" (871,503). Sie wurden vom „deutschen Bürgertum im 19. Jahrhundert" zu einer originären Berufs-‚Gesinnung' stilisiert und zu einer das Leben tiefgreifend prägenden „‚Religion' der Arbeit" (871,503) verschmolzen. In der „Berufstheorie des deutschen Idealismus" (871,503) verbindet sich dementsprechend „der Gedanke der überpersönlichen Bestimmtheit der objektiven Berufsaufgabe mit dem Gedanken der daseinserfüllenden Entfaltung aller individuellen Anlagen in der Berufstätigkeit" (882,193). Die im Bürgertum verwurzelte, gleichermaßen an der persönlichen Berufung des Individuums wie an der rationalen Gestaltung der säkularen Welt orientierte und auf die „sittliche Qualifikation des weltlichen Berufslebens" (875,72) abzielende „religiöse Berufsauffassung" (882,193) stellt „eine der folgenschwersten Leistungen der Reformation und also speziell Luthers" (875,72) dar. Er gilt als der „Schöpfer des Begriffs Beruf im modernen Sinne" (868,140).

Die Neuformulierung des Berufsbegriffs durch *Luther* (874) ist – wie der aus der Imago-Dei-Lehre entwickelte neuzeitliche Bildungsbegriff (> 212-4:2.2.) – in der deutschen Mystik angelegt. Wurde der mit dem Begriff der Berufung gleichgesetzte Berufsbegriff traditionellerweise mit der „vocatio des Mönchs" (873,194) verbunden, so hat die deutsche Mystik „einen entschiedenen Schritt nach vorwärts getan" (873,203), indem sie „zuförderst einen Ruf Gottes" konstatierte, „der ganz unabhängig von Mönchtum und Ordenseintritt an den Menschen ergeht. Es ist die im tiefsten Inneren vernehmbare Stimme, mit der Gott die Seele zu ihrem Ursprung ruft" (873,204). Luther hält an der „Verschmelzung von Berufung und Beruf" (872,692) fest, bestreitet aber, „daß das beschauliche Leben den Vorzug hat vor dem tätigen" (873,209), und hebt das „Berufungsprivileg des Mönchstandes" (867,833) auf. Statt dessen verbindet Luther die vocatio spiritualis mit dem reformatorischen Prinzip des „allgemeine(n) Priestertum(s)" (872,691; > 340) und bezieht sie „auf die weltlichen Berufe des Handwerkers, des Landmanns, aber auch des Vaters bzw. der Mutter" (915,52). Die „geistliche Bedeutung von ‚Beruf' als ‚Berufung'" wird von Luther somit zugleich erweitert wie „verweltlicht" (915,52).

Fallen in Luthers theologisch fundiertem Berufsverständnis „Berufung und Beruf trotz der Verallgemeinerung der Berufungsvorstellung zusammen", so treten die beiden Begriffe im „Übergang zur Moderne" auseinander; „das *neuzeitlich-moderne* Berufsverständnis löst sich von den theologischen Voraussetzungen der Berufung ab, wodurch der Begriff der Berufung endgültig auf die religiös-christliche Sphäre eingeschränkt wird" (872,689) und nur noch „gelegentlich (etwa bei geistlichen und humanitären Berufen) eine Rolle" (869,437) spielt. Auf dem Hintergrund der fortschreitenden Arbeitsteilung und der beginnenden Industrialisierung setzte sich seit dem 19. Jahrhundert eine „funktionelle Berufsauffassung" durch, „die den Beruf als erwerbsmäßige Ausübung einer durch technisch-wirtschaftliche Verhältnisse vorgegebenen Funktion sieht" (882,193). Das typisch moderne Berufsverständnis hat seinen klassischen Ausdruck in der Berufsdefinition von Max Weber gefunden: „Beruf soll jene Spezifizierung, Spezialisierung und Kombination von Leistungen einer Person heißen, welche für sie Grundlage einer kontinuierlichen Versorgungs- und Erwerbschance ist" (876,80).

3. Auch unter den Bedingungen der industriell-technischen Arbeitswelt blieben aber die *religiösen Gehalte* der Berufsvorstellungen in veränderter Gestalt erhalten.

Zum einen hat Luthers Neufassung der Berufsauffassung, nach der jeder Mensch „unabhängig von seinem Stand von Gott persönlich berufen und verpflichtet" ist, „dadurch fortgewirkt, daß sie ein *Berufsethos* begründete, das die berufliche Pflichterfüllung des einzelnen als Dienst vor Gott erscheinen ließ" (882,193). Im Zuge der vom neuzeitlichen Protestantismus geförderten „Säkularisierung" der religiös-theologischen Berufsvorstellung avancierte „der individuelle weltliche Beruf zu einem Zentrum des Selbstverständnisses" des einzelnen (882,193). „Arbeit und Berufserfüllung" wurden „zum zentralen Lebensinhalt" aufgewertet und die berufliche Lebensform zur exemplarischen Grundgestalt „religiöse(r) Lebensbewährung in der Welt" (879,26) erhoben.

Mit der religiös-moralischen Anreicherung der Berufsidee korrespondiert die *soziale* Bedeutungssteigerung der Berufsinstitution im Rahmen der modernen Wirtschaftsgesellschaft. Zwar umfassen „der Beruf und die berufliche Arbeit ... nicht mehr den ganzen Lebenssinn und Lebensalltag des modernen Menschen" (879,26) und vermögen insofern „nicht mehr das Ganze seines Weltverhältnisses zu tragen und mit Sinn zu erfüllen" (867,834). Gleichwohl bildet die berufliche Lebenssphäre sowohl „die wesentlichste ‚Kontaktstelle'", durch die das Individuum „mit der sozialen Umwelt verbunden ist" (878,280), als auch den „wesentlichste(n) Bereich personbildender sozialer Lebensaktivität" (879,31), in dem sich „der soziale Lebenserfolg" (879,28) des einzelnen dokumentiert. Die „wesentlichsten Leistung(e)n des Berufs für den modernen Menschen" bestehen demnach in der „Umweltstabilisierung" und in der „Innenstabilisierung der Person" (879,32).

Zum anderen wurde die „theologische Struktur des Begriffs" (867,834), die unauflösbare Verschränkung von „Berufung im religiös-theologischen Verstande" und Beruf als „auf Fristung des Lebensunterhalts abgestellte Erwerbstätigkeit" (872,692), in der Unterscheidung und Beziehung von ‚*innerem*' und ‚*äußerem*' Beruf wieder aufgenommen und in einer doppelten, subjektiven und objektiven Sinngebung der Berufsarbeit reformuliert. Die vor allem mit der „Forderung nach Berufserfüllung" (869,439) und dem daraus abgeleiteten subjektiven „Sinn der Arbeit" (869,440) verbundene Vorstellung des inneren Berufs „übernimmt für die neuzeitliche Subjektivität die Qualität einer individuellen Berufung und verbindet sich mit Begriffen der Anlage, des Talents, der Begabung" (867,834). Der von den ökonomischen Gesetzmäßigkeiten der „Spezialisierung und Rationalisierung" (869,439) geprägte äußere Beruf dagegen „empfängt seinen allgemeinen Sinn aus der Hingabe an die Gesellschaft, in der Erfüllung der Pflichten"; in dieser Bedeutungsvariante avancierte der Beruf zu einem philosophisch-theologischen „Grundbegriff der Pflichtenlehre" (867,834). Der „Zusammenhang von Berufung und Beruf" läßt sich unter den Bedingungen der Moderne „reformulieren" (872,712), indem einerseits „die Berufstätigkeit in den Rahmen der durch die Berufung initiierten Freiheitsverwirklichung" gestellt (872,713) und andererseits „der in der christlichen Tradition primär auf das individuelle Heil bezogene Begriff der Berufung so überschritten wird, daß er zugleich zum Ausgangspunkt der Weltgestaltung werden kann" (872,712).

2.3.2. Genese und Transformation der ‚bürgerlichen' Professionen

1. Das synthetische, aus privatreligiösen und sozialethischen Komponenten zusammengesetzte Berufsverständnis charakterisiert vor allem die im Zuge der neuzeitlichen Gesellschaftsentwicklung entstandenen und untrennbar mit der Genese und Konsolidierung der bürgerlichen Gesellschaft verbundenen *Professionen*. Die „Ärzte, Advokaten, Richter, Ingenieure und evangelischen Pfarrer des 19. und frühen 20. Jahrhunderts gelten in mehrfacher Beziehung als bürgerlich" (883,11). Ihre Träger gehören „zur gesellschaftlichen Formation ‚Bürgertum'" (883,11), genauer: zum aufstrebenden „Bildungsbürgertum" (883,19). Sie orientieren sich an typisch „bürgerlichen Werten" (883,11) und ratifizieren das Prinzip individueller Autonomie in der „professionellen Selbständigkeit und Unabhängigkeit" (883,31) der sich im Beruf verwirklichenden Persönlichkeit. Zu den „Grundprinzipien der bürgerlichen Ideologie" (883,31) gehören aber ebenso „Werte wie Arbeitsamkeit" oder „Leistung" und vor allem die Verpflichtung des Berufsträgers auf den humanen Fortschritt der sozialen Lebenswelt, den „Dienst am Allgemeinwohl" (883,36). In den beiden tragenden Prinzipien der Berufsorientierung, „der Individualität und der Selbstverantwortung" (883,36) des einzelnen Berufsträgers, werden die gegenläufigen Prozesse der „Individualisierung" und der „Vergesellschaftung" ineinander aufgehoben (880,201) und die „bürgerliche(n) Werte" zu einer „professionelle(n) Ethik" (883,36) ausgeformt, in der sich die Lebenshaltung des protestantischen Bürgertums auf exemplarische Weise widerspiegelt. Aufgrund „ihrer Rolle und Funktion in der bürgerlichen Gesellschaft" (883,11) waren die typisch neuzeitlichen „Professionen ... zuerst Vorreiter, dann Garanten der bürgerlichen Gesellschaft" (883,43).

Hatte schon Schleiermacher (905,717ff) die sozialhistorische Genese der bürgerlichen Berufe rekonstruiert und daraus die Notwendigkeit neuartiger, an den beruflichen Praxen orientierter ‚positiver' Wissenschaften wie beispielsweise der Theologie (> 212-3:1.2.1.) abgeleitet, so wurde der vieldimensionale Prozeß der *Professionalisierung* von der neueren Berufssoziologie detailliert beschrieben. Die Grundlage des Professionalisierungsprozesses bildet der Vorgang der ‚Verberuflichung' von „nicht-beruflicher Arbeit" (880,198): „Je komplexer in einer Gesellschaft die funktionelle Differenzierung wird, desto mehr bisher ‚nebenberuflich' oder ‚ehrenamtlich' übernommene Positionen werden beruflich organisiert" (878,33). Die ‚Professionalisierung' bezeichnet demgegenüber ein neues Stadium der „Rationalisierung" (880,195) der Arbeitswelt, die „Verwandlung von Berufen" (877,78), den „Aufstieg einfacher Berufe zu Tätigkeiten von ‚gehobener' Art", „die Ausbildung von neuen Berufen und das Umschlagen von normaler Berufsarbeit in außerordentliche" (880,193). Der gesellschaftshistorische Vorgang der Professionalisierung ist gleichzeitig „zu verstehen als ein Prozeß zunehmender Verwirklichung von Selbstbestimmung und Selbstherrschaft für bestimmte Gruppen und deren Angehörige am Arbeitsmarkt oder, anders herum betrachtet, als Prozeß zunehmender Befreiung von Fremdbestimmung und Fremdherrschaft" (877,77).

Die präzise begriffliche Abgrenzung zwischen ‚Beruf' und ‚Profession' blieb in der kontroversen berufssoziologischen Debatte der neueren Zeit strittig (877,32ff). Jenseits der unterschiedlichen Auffassungen haben gleichwohl drei grundlegende *Merkmale* der Professionen allgemeine Gültigkeit erlangt. Die Arbeitspraxis der Professionen beruht demnach auf einem berufstypischen „systematisierte(n) Wissen" (878,57); es bildet die Grundlage einer ‚spezialisierte(n) intellektuelle(n) Technik', die sich die einzelnen Berufsträger „in langer Ausbildung angeeignet haben" (878,41) und die sie im Anschluß an die wissenschaftliche Forschung (880,207) ständig raffinieren. Das spezifische Berufsbewußtsein der Professionen ist sodann durch deren Bezug „zu den zentralen Werten der Gesellschaft und die sich daraus ergebende besondere Verantwortung gegenüber den Klienten und der Gesellschaft" (878,41) geprägt, durch die „Ausbildung einer sozialen Dienstgesinnung" (880,203) und einer ‚altruistisch(en)' Berufshaltung (880,207) unter „Ausschluß der Profitorientierung bei der Dienstleistung" (878,41). Der gesellschaftliche Status der an ihre „Vorläufer" (880,216), die ‚Freien Berufe' (884), anknüpfenden Professionen schließlich ist durch „die soziale Autonomie der Berufsgenossen", die „Unabhängigkeit des einzelnen Experten", sowie durch die „Autonomie der Berufsgruppen von Staat und Gesellschaft" (880,196) gekennzeichnet.

Wie sich die Professionen in der Ausformung ihrer originären Arbeitspraxis, ihres genuinen Berufsbewußtseins und ihres spezifischen sozialen Status herausbilden, so können sie sich im gegenläufigen Prozeß der *„Deprofessionalisierung"* (880,199) auch wieder auflösen, beispielsweise durch den „Einbruch unwissenschaftlicher Ideen in formaltheoretisches Denken" (880,204), durch die Einschränkung der „gesamtgesellschaftliche(n) Ausrichtung auf bloßes ‚Wirtschaftsbewußtsein'" (880,204) oder durch den Verlust der beruflichen Unabhängigkeit im Zuge der organisatorischen Rationalisierung der Arbeitswelt.

2. Die originäre Statur der bürgerlichen Professionen läßt sich am Beispiel der *pädagogischen*, der *sozialen* und der *medizinischen* Berufe auf exemplarische Weise vorführen. In den jeweils auf eine bestimmte Dimension der individuellen wie der gemeinschaftlichen Lebenswelt bezogenen und dementsprechend unterschiedlich profilierten Berufen kommen die pluriformen Momente der professionalen Berufskonstrukte in wechselnder Signifikanz zur Geltung. In der Institutionalisierung der Bildungsberufe tritt die Korrelation von externer Abgrenzung und interner Ausdifferenzierung des Berufssystems zutage. In der Berufspraxis der Beratungsberufe bringt sich die komplexe Synthese von emotionalen Beziehungen und rationalen Arbeitstechniken zum Ausdruck. Das Profil der medizinischen Behandlungsberufe ist durch die spannungsreiche Vermittlung zwischen traditionsgeleiteten berufsethischen Maximen und fortschrittsorientierter Medizintechnik, zwischen der ganzheitlichen persönlichen Zuwendung zum Patienten und den spezialisierten beruflichen Arbeitsleistungen gekennzeichnet.

Die beiden Grundtypen pädagogischer Professionen, der Beruf des Gymnasiallehrers und der Beruf des *Volksschullehrers* (885), entstanden zum einen im Zuge ihrer externen

Verselbständigung gegenüber anderen Professionen und Institutionen, zumal gegenüber dem Beruf des Pfarrers und der Organisation der Kirche, und zum anderen im Laufe der Verwissenschaftlichung der pädagogischen Ausbildungsgänge. „Die Aussonderung des Erzieherischen, der Lehre zu einem eigenen Sozialbereich setzt erst mit der Differenzierung der sozialen und wirtschaftlichen Funktionen ein, die die moderne, erst bürgerliche, dann industrielle Gesellschaft gebracht hat"; pflegte ursprünglich „der Priesterstand ... Gelehrsamkeit als eine seiner Funktionen", so „spaltete sich das Lehramt als ein Besonderes und Eigenes" im Zuge der Ausdifferenzierung der gesellschaftlichen Lebenswelt von ihm ab: „Die Schulen des früheren Mittelalters waren in der Hauptsache Kloster-, Dom- und Pfarrschulen, und der Lehrberuf eine Durchgangsstufe oder Abart des geistlichen Berufes" (885,37). Blieb „das Schulhalten" von der Reformation bis in die frühe Neuzeit auf dem Lande eine „Nebenfunktion des Dorfküsters" (885,38f), so stellten die im Mittelalter aufblühenden Handelsstädte im Interesse der „gewerbetreibende(n) Bürger" „private Lese-, Schreib- und Rechenmeister" an (885,38). Während der Schulunterricht in kleineren Städten vornehmlich von stellungslosen Theologen erteilt wurde (885,39), bildeten sich in größeren Städten eigene Zünfte mit ‚Schullehrlingen‘, ‚Schulgesellen‘ und ‚Schulmeistern‘ heraus. Damit setzte die „Selbstrekrutierung" des Lehrerstandes (885,41) ein: „Im 17. und 18. Jahrhundert bildeten die Schulmeister, die ihr Handwerk beim Vater gelernt hatten, die Elite der Lehrerschaft. Denn sie waren es, die das Schulehalten zuerst als Hauptberuf ausübten" (885,42). Mit der Institutionalisierung der Seminarausbildung entstand schließlich der Typus des ‚gelehrten‘ Schullehrers (885,43).

Der *„Emanzipationskampf"* der Lehrer „gegen die Kirche und den Pfarrer, der zu einem hervorstechenden Merkmal des Lehrerstandes über ein Jahrhundert hin wurde" (885,43) und bis in die ersten Jahrzehnte des 20. Jahrhunderts die Debatte um die institutionelle Stellung des schulischen Religionsunterrichts (> 223) tiefgreifend beeinflußte, fand erst mit der Aufhebung der geistlichen Schulaufsicht und der Verbeamtung der Lehrerschaft seinen endgültigen Abschluß (886,35). Stellt die Verberuflichung des Volksschullehrers ein signifikantes Moment der „Verbürgerlichung ... unterbürgerliche(r) Schichten" (885,46) dar, so gewann der Lehrerberuf erst im Zuge seiner Professionalisierung seine charakteristisch modernen Konturen, die „Ermessensfreiheit" und „persönliche Verantwortung für Urteile und Handlungen" sowie die „Priorität des sozialen Dienstes vor den ökonomischen Motiven" (886,32).

Die sozialgeschichtliche Entwicklung des *Gymnasiallehrerberufs* folgt analogen berufshistorischen Gesetzmäßigkeiten. Seine Ursprünge liegen zum einen in der adeligen Hoferziehung und zum anderen in der bürgerlichen Hauserziehung. Bildete der Adelshof – wie später das Bürgerhaus (> 212-1:1.) – ursprünglich eine „funktionsfähige Erziehungsinstitution", so verlagerten sich im Zuge der „Ablösung der ständischen durch die bürgerliche Gesellschaft" (896,151) „Bildung und Erziehung" in die ‚höheren‘ Schulen und wurden „im Übergang zur Moderne eine vorrangig bürgerliche Angelegenheit" (896,152). Gleichwohl stellt „die Lehrtätigkeit an den Gelehrten- und Lateinschulen" zunächst „noch keinen professionellen, lebenslangen Beruf", sondern eine „vorübergehende Beschäftigung" dar (896,156), „eine Vorstufe auf das eigentliche, vornehmlich auf das geistliche Amt" (896,157). Der Magister an den Lateinschulen, dessen „unmittelbare(s) Erbe" später der einer spezifischen „Wissenschaftsorientiertheit" verpflichtete Gymnasiallehrer antritt (896,157), findet sein Vorbild in dem an den adeligen ‚Hofmeister' angelehnten Berufsbild des bürgerlichen ,Hauslehrers' (896,167), aus dem sich „langsam die selbständige Profession eines Berufserziehers entwickelt" (896,163). Gleichzeitig mit der „Professionalisierung des Lehrerberufs" vollzog sich eine „Neustrukturierung des Bildungssystems"; der „Ausdifferenzierungsprozeß des Schulwesens" wirkte auf das pädagogische Berufssystem zurück und führte dazu, „daß nunmehr unterschiedliche Berufsbilder des Lehrers nebeneinander existieren": „Aufgrund der mit der Professionalisierung verbundenen Differenzierung und Spezialisierung des Berufsfeldes ist der Lehrer jetzt nicht mehr einfach nur Lehrer, sondern spezialisierter Fachlehrer durch seine wissenschaftliche Ausbildung und Schulstufenlehrer durch seine Stellung im dreigliedrigen Schulsystem" (896,43).

3. Die für die ,bürgerlichen' Berufe insgesamt charakteristische Verknüpfung von Klientenbeziehung und Dienstleistungsgesinnung sowie die Korrespondenz von Professionalisierungs- und Deprofessionalisierungstendenzen lassen sich exemplarisch an der Arbeitspraxis der erst in einem späten Stadium des Professionalisierungsprozesses entstandenen *Beratungsberufe* beobachten. Die „helfende(n) Professionen" – Psychotherapeuten und Psychologen, Sozialarbeiter und Sozialpädagogen (889,62) – arbeiten „mit und am Menschen, sie bilden, behandeln, beraten, pflegen, betreuen" (889,66). Ihre berufliche Arbeitspraxis baut auf der in der Arbeitssituation erstellten und für die Erbringung der Arbeitsleistungen konstitutiven interpersonalen Beziehung zwischen Berater und Klient und deren dynamischer Ausgestaltung auf.

Die nicht an die abstrakten Arbeitsabläufe der „arbeitsteilige(n) Industrieproduktion" angelehnte, sondern an dem „Idealbild" (870,486) ganzheitlicher, den Berufsträger wie den Klienten mit seiner Person engagierender Arbeitsverrichtungen orientierte „Beziehungsarbeit" (889,76) und „Gefühlsarbeit" (890) bildet einen eigenständigen, zwar in der alltäglichen Lebenswelt präfigurierten, gleichwohl aber hochgradig professionalisierten *„Arbeitstypus"* (890,629). Geht die „personenbezogene Dienstleistungsbeziehung" auch nicht in einer „zweckrational strukturierten Tauschbeziehung" auf, sondern schwingt in der Arbeitssituation „eine ,persönliche' Dimension ... mehr oder minder immer mit" (891,66), so sind die zu „fachlichen Qualifikationen" ausgeformten kommunikativen „Kompetenzen des alltäglichen Umgangs mit Gefühlen" gleichwohl nicht „als bloße Merkmale der ,Persönlichkeit' der Arbeitskraft" zu betrachten (891,79). Der „beruflichfachliche Umgang mit Gefühlen" (891,67), die „Inszenierung einer emotional relevanten Szene" (891,68f), das „Verstehen mit Hilfe von Gefühl" (891,71), die ,Empathie', wie schließlich die „Arbeit an den eigenen Gefühlen" (891,72) stellt vielmehr ein Ensemble systematisch aufeinander bezogener und hochgradig raffinierter Arbeitsleistungen dar. Die „Spezialisten in Gefühlsarbeit" (890,646) eignen sich ihre spezifischen Kompetenzen in einem langen beruflichen Sozialisationsprozeß an, in dem sich das „Erlernen von Technik" und die „Aufnahme von ,Normen', ,Standards', Lebensstilen und Strategien im Umgang mit den Klienten" (890,650) untrennbar miteinander verbinden.

Die Beratungsberufe sind deutlicher als andere Professionen von den in der Gegenwart virulenten *Deprofessionalisierungstendenzen* betroffen. Ist die Notwendigkeit von fachspezifisch geschulten und berufspraktisch versierten Experten für die Organisation komplexer beruflicher Handlungsprozesse weitgehend unstrittig, so werden die ethische Legitimität und die praktische Effizienz der aus der natürlichen Alltagspraxis entwickelten und mit ihr aufs engste liierten beruflichen Lebensberatung (> 222-2) zunehmend in

Zweifel gezogen. Die „helfenden Berufe" beanspruchen eine „ungeheure Verfügungs-
macht" über ihre Klienten; die ihnen „um des Helfens willen" erteilte „Erlaubnis, in
mehr oder weniger großem Ausmaß in die Privatsphäre, in die Intimsphäre der Klienten
einzudringen" (889,67), birgt für die Handlungspartner der professionellen Beziehungs-
und Gefühlsarbeiter aber hohe persönliche Risiken. Ihnen stehen offensichtlich keine
entsprechenden berufstechnischen Gratifikationen gegenüber. Im Lichte einer populär
gewordenen Kritik entlarven sich die Experten als „hilflose Helfer" (892) und die „helfenden Professionen" als „die ‚als-ob'- und die ‚möchte-gern'-Professionen" (889,81).

Die *„mißlungene Professionalisierung"* (889,78) individualitätskonstitutiver Hilfeleistung dokumentiert sich nicht nur in der fehlenden Effizienz professioneller Beratung,
sondern ebenso deutlich in der mangelnden Stringenz der methodischen Handlungsstrategien und in der fehlenden Konsistenz der berufsspezifischen Wissenskonstrukte: „Die
Verfeinerung der Methoden beschränkt sich nach wie vor auf eine Sublimierung der
Alltagserfahrung, auf die Explizierung ‚extraprofessioneller Fähigkeiten'" wie beispielsweise der ebenso in der alltagsweltlichen Konversationspraxis kultivierten wie in
den Beratungsinstitutionen praktizierten „Techniken der Gesprächsführung" (889,75);
„das systematische Wissen ist synkretisch, zu breit, zu vage, zu ungenau, zu sehr den
Moden ausgesetzt" (889,75).

Die Kritik an dem sich ständig ausweitenden professionellen Beratungswesen führt zu
einer Deprofessionalisierung (889,70) der persönlichkeitskonstitutiven Dienstleistungen,
zu einer Rückverlagerung der Lebenshilfe in die Selbstverantwortung der *Laien* (889,71)
und zur Organisation subsidiärer Einrichtungen wie „Selbsthilfegruppen" (889,62).
Während der Glanz des Expertenwesens verblaßt, erscheinen „strahlende Kompensa-
tionsfiguren einer enttäuschten Gegenwart … wie Kometen am Himmel: Heimwerker,
Nichtprofessionelle, Ehrenamtliche, Nachbarschaftshelfer" (889,77). Sie eignen sich das
ursprünglich in der Alltagserfahrung verankerte und dann im professionellen Rahmen
kultivierte Wissen in seiner raffinierten Form wieder an und bedienen sich dazu sowohl
einschlägiger populärwissenschaftlicher Literatur als auch fachspezifischer Bildungsver-
anstaltungen, wie sie in den Einrichtungen der Erwachsenenbildung, beispielsweise von
den Volkshochschulen, angeboten werden. „In einer eigentümlichen Gegenbewegung
zur immer wieder beklagten Verwissenschaftlichung des alltagspraktischen Denkens
wird so wissenschaftliches Wissen veralltäglicht, gleicht sich in seiner letzten und elabo-
riertesten Form dem an, was man immer schon weiß, wird zum Alltagswissen" (889,74).
Ebenso ebnet die Nutzung von fachspezifischen Methoden der Lebensberatung durch die
Laien die Grenze zwischen professioneller und alltagsweltlicher Lebensberatung ein. Die
Kompetenzsteigerung der Laien wirkt schließlich auf die Beurteilung der Experten zurück: „In der Praxis wird aus der sich wissenschaftlich definierenden Profession der
Nachbar, der Kumpel, der Freund, der dem Klienten etwa das sagt, was jeder sagt, und
der ihm etwa so begegnet, wie ihm jeder begegnet" (889,76).

4. In der komplexen Statur der *medizinischen* Berufe schließlich dokumentiert sich die
für die bürgerlichen Professionen insgesamt charakteristische doppelte Verpflichtung der
Berufsträger einerseits auf eine aus den Humanitätsideen der Neuzeit entwickelte und
religiös grundierte Berufsethik und andererseits auf die aus der Fortschrittsdynamik der
Moderne gewonnene und industriell-technisch raffinierte Rationalität der beruflichen
Arbeitswelt. Aufgrund seines intermediären Status „zwischen Technik und Humanität"

(893) gilt der moderne Arzt zugleich als Garant der in die bürgerliche Lebensordnung eingelagerten ideellen Werte wie als Exponent der die moderne Lebenswelt durchgängig prägenden Verwissenschaftlichung und Technisierung.

Die Professionalisierung der medizinischen Berufe ist zugleich als Resultat wie als Motor einer sich an der Schwelle zur Neuzeit vollziehenden Transformation der *Krankheits-* und *Heilungsvorstellungen* anzusehen. Für die religiös imprägnierte vorneuzeitliche Auffassung war die „Befreiung von Krankheit" ein zugleich realer wie symbolischer Akt, sichtbares und faßbares Zeichen einer „eschatologische(n) Hoffnung", der „Erlösung von allen Übeln" (893,10). Wie der Geheilte die Verwandlung seines Lebens auf den Eingriff einer transzendenten Instanz in die naturhafte Ordnung der Welt zurückführte, so verstand sich der Arzt „als Instrument eines höheren Willens, nach dem ein solches Wunder geschah" (893,10). Ist die mit extraordinären Erwartungshaltungen besetzte und zur ‚ärztliche(n) Kunst' stilisierte medizinische Berufspraxis auch heute noch von teils latenten, teils manifesten „Reste(n) ritueller Praxen" durchsetzt (889,69) und „rückt der Arzt" in der säkularisierten Lebenswelt gerade „durch die wissenschaftlichen Erfolge der Medizin in die Funktion des Priesters ein", der „u.U. über Leben und Tod" des Patienten entscheidet (909,90), so vollbringt nach allgemeiner Auffassung nicht der mit übernatürlichen Kräften ausgestattete Arzt, sondern vielmehr die sich ständig perfektionierende „Technik jetzt im Dienst der Humanität ihre inzwischen so selbstverständlich gewordenen Wunder" (893,10).

Die Umformung des Krankheitsverständnisses im Zeichen der „naturwissenschaftliche(n) Revolution" (893,10) wirkt auf die Statur der *medizinischen Berufspraxis* zurück und führt zu einer Abstraktion der funktionellen Berufshandlungen von der Person des Berufsträgers. Im Zuge der methodischen und zumal der technischen Raffinierung der diagnostischen und therapeutischen Verfahren verselbständigen sich die professionellen Dienstleistungen gegenüber dem Subjekt des Handelns: „Die eigentliche Kompetenz liegt gar nicht in der Person des Arztes, sondern in den wissenschaftlichen und technischen Möglichkeiten, die er vermittelt" (893,44). Wird die „Heilung" von Krankheit in der „moderne(n) Medizin" als ein wissenschaftlich beschreibbarer und technisch steuerbarer Vorgang begriffen, dann spielt die „persönliche Zuwendung des Arztes zum Kranken ... für den biologischen Heilungsprozeß keine Rolle" (894,472). Durch die instrumentell-methodische Rationalisierung ihrer Berufshandlungen werden „die Ärzte in die Lage gebracht, mehr Repräsentanten oder gar Funktionäre der Medizin zu sein, als in Person und individuell in Anspruch genommen zu werden. Ihre Autorität ist durch ihren Beruf garantiert" (893,44). Mit der Distinktion von Berufsträger und Berufspraxis verändern sich auch die interpersonale Beziehung zwischen Arzt und Patient und das in sie eingelagerte medizinische Berufsethos: „Das Verhältnis des Arztes zum Kranken (ist) nicht mehr primär durch das Ethos der Barmherzigkeit ..., sondern durch das Ethos der wissenschaftlichen Rationalität" geprägt (894,472).

Gleichwohl gingen die humanitären Gehalte von Krankheit und Heilung und das mit ihnen verknüpfte ärztliche Berufsethos im wissenschaftlich-technischen Fortschritt der Medizin nicht verloren. Zumal die biographisch perspektivierte *anthropologische Medizin* (> 312) stellt die Einsicht heraus, daß „Heilung ... als ein ganzheitlicher Vorgang zu verstehen" ist und „der Heilungsprozeß ohne die innere Beteiligung des Patienten und ohne seinen Gesundungswillen kaum gelingt" (894,472). „Ein sachgemäßes Verhältnis des Kranken zu sich selbst" schließt alle Dimensionen der individuellen Lebensführung und der sozialen Lebenswelt und damit „die religiöse Dimension ein" (893,93). Auf der Basis eines integralen Verständnisses von Krankheit läßt sich dann der „Prozeß der Heilung" im Anklang an das theologische Bußverständnis (> 213) als eine umfassende Lebenswende verstehen, in deren Verlauf „der Patient … ‚ein anderer Mensch' wird oder werden muß" (893,99). Weist „das christliche Verständnis der ärztlichen Aufgabe … dem Ethos der Barmherzigkeit die orientierende und leitende Funktion für das ärztliche Handeln" (894,472) zu, so tritt es zugleich allen „Tendenzen zur Verselbständigung der Technik gegenüber der Humanität" (893,92) entgegen: „Spezialisierung ist das Programm der Naturwissenschaft, das der Humanität heißt Integration" (893,104).

Ihre exemplarische Repräsentanz fand die analog zur Vorstellung integraler Selbstbildung (> 212-4:2.2.) formulierte medizinische Ganzheitsidee in der Figur des *Hausarztes*. Er gilt im allgemeinen Bewußtsein wie vor allem in seinen literarischen Stilisierungen als paradigmatische Verwirklichung integraler Berufs- und Lebensführung, als „der Freund der Familie, der Vertraute der Großeltern und der Kinder, der freundliche Helfer in jeder Krankheit und der sachverständige Ratgeber für alle Lebensfragen" (893,39). Zwar zeigt die Medizingeschichte, „daß von einer dominierenden Stellung des Hausarztes im Gesundheitswesen nicht die Rede sein kann und daß er nicht zu den Leitbildern gehört, die die Entwicklung" der medizinischen Profession bestimmten (893,41). Das „leuchtende Idealbild des Arztes" (889,69) verdankt sich vielmehr „romantisierende(n) Neigungen" (893,41), der anachronistischen Verklärung des medizinischen Berufs im Zeichen seiner technischen Spezialisierung. Gleichwohl blieb die „Idee des Hausarztes" (893,44), der in seiner Person privates Leben und gesellschaftlichen Beruf zusammenschließt, in seinem Haus die ‚Sprechstunde' (893,41) abhält und umgekehrt zum ‚Hausbesuch' (> 212-4:3.3.3.) ans Krankenbett kommt, über die medizinische Lebenssphäre hinaus wirksam und beeinflußte vor allem das ideelle Berufsbild der Pfarrer und Pfarrerinnen.

Während zentrale Funktionen der Bildungs- und Beratungsberufe auch nach der modernen Ausdifferenzierung des Berufssystems als Teilrollen des *Pfarrerberufs* erhalten blieben, wanderten die ursprünglich mit der Seelsorgepraxis (> 213) aufs engste verknüpften medizinischen Arbeitsleistungen und Kompetenzen im Zuge seiner allmählichen Professionalisierung aus dem Beruf des Pfarrers aus. Behielt der zugleich als kirchliches Amt (> 323) wie als Ausdrucksgestalt individueller Frömmigkeitspraxis (> 313) begriffene Pfarrerberuf sein ambivalentes, in der Frühphase der bürgerlichen Epoche ausgeformtes Profil weitgehend bei, so mutierte der Beruf des Arztes zur paradigmatischen Profession (895), in der sich die humanitären Ideale der Neuzeit und die technische Rationalität der Moderne auf exemplarische Weise miteinander verschränken. Der sich selbst beschleunigende Fortschritt der Medizin führte nicht nur zu einer rapiden Steigerung des Prestiges, das die Ärzte im allgemeingesellschaftlichen Bewußtsein genießen. „Die Zuschreibung der Lebensführungskompetenz an die Ärzte auf Grund ihres enorm vermehrten Fachwissens" (909,91) und die daraus resultierende Stilisierung des Arztes zum „umfassenden Garanten des Lebens" (909,90) verstärkten vielmehr auch „die Faszination, die der Arztberuf schon in sehr früher Zeit … auf die Pfarrerschaft ausübte" (910,34), und führten schließlich zu der für die poimenische Reformbewegung (> 222-2) charakteristischen „Orientierung des Seelsorgers am Arzt" (909,90).

2.3.3. Religion als Beruf

1. Wie in den übrigen Sphären der bürgerlichen Lebenswelt, so bildete sich auch im Gebiet der öffentlich und kirchlich verfaßten *Religionspraxis* ein mit den bürgerlichen Professionen und zumal mit den Bildungs-, Beratungs- und Behandlungsberufen eng verknüpftes, aber gleichwohl organisatorisch selbständiges und intern weit ausdifferenziertes System von Berufen heraus. Stellt der Beruf in seiner bürgerlichen Ausformung selbst schon eine religiös grundierte Institution dar, die integrale Lebensform, in der sich private Lebensführung und rationale Weltgestaltung untrennbar ineinander verweben, so potenzieren sich in den explizit mit den verschiedenen Dimensionen (> 110) der religiösen Lebenspraxis befaßten Berufen die religiösen Valenzen der individualisierten Berufseinstellung und der professionalisierten Berufstätigkeiten.

Zum einen wird in den ‚religiösen‘ Berufen das in der Reformation begründete und in der Epoche des Bürgertums ausgeformte *integrale Berufsverständnis* mit besonderer Deutlichkeit kultiviert. Die untrennbare Verbindung von innerer ‚Berufung‘ und äußerem ‚Beruf‘, die Investition individueller Sinnerwartungen in die mit der Person des Berufsträgers aufs engste verflochtene und zugleich der Rationalität der modernen Arbeitswelt verpflichtete Berufsarbeit sowie ein religiös unterfüttertes Berufsethos verleihen den religiösen Berufen ihr charakteristisches Profil. Im Zuge der engen Rückbindung des Berufs an das sich in der Berufsarbeit selbst verwirklichende Individuum rückt die religiöse Gesinnung des Berufsträgers in den Status einer unhintergehbaren Instanz ein, vor der die Inhaber religiöser Berufe ihr Handeln rechtfertigen und um die sich ihre zugleich persönliche wie berufliche Identität (> 311) zentriert. Die religiös angereicherte Berufsmotivation wirkt auf die Erwartungshaltung zurück, mit der die Klienten den verberuflichten Individuen begegnen. Sie projizieren die mit den religiösen Institutionen verbundenen Vorstellungen auf die Inhaber der religiösen ‚Gesinnungsberufe‘ (1,119) und stilisieren die Berufsträger, zumal die Pfarrer und Pfarrerinnen, zu „Bürge(n)“ (917,278) religiöser Wahrheit, zu „Repräsentanten des Heiligen“ (908,20), zu „Idealfiguren“ (908,152), die ein „geheiligtes Leben in diesem Beruf“ (908,169) führen und in deren „personale(r) Präsenz“ (917,279) sich die zugleich privat wie beruflich verwirklichte Religion verdichtet.

Zum anderen gewinnen die in die private wie in die öffentliche Lebenspraxis eingelassenen Momente religiöser Lebens- und Welteinstellung im religiösen *Berufshandeln* die greifbare Gestalt, die sie einer berufspraktischen Bearbeitung zugänglich machen. Religiöse Komponenten sind zwar auch in die Berufspraxis der übrigen bürgerlichen Professionen eingelagert: in die verschiedenen Fachgebiete des schulischen Unterrichts, in die den Klienten mit seiner Person engagierenden Prozesse der Lebensberatung oder in die Neuperspektivierung des Lebens im Zusammenhang von Krankheit und Genesung. In den ausdrücklich mit der Religion befaßten Berufen tritt die Affinität von Religion und Bildung, Religion und Lebensführung, Religion und Heilung aber offen zutage. Betrachten die mit den religiösen Berufen verwandten Professionen die Religion als implizite Dimension von Bildung, Beratung und Behandlung, so bildet die Religion im Rahmen der spezifisch religiösen Berufspraxis umgekehrt den expliziten Gegenstand der Berufsausübung, den manifesten Nukleus einer integralen Wirklichkeitsperspektive, in der die pädagogische, soziale und medizinische Praxis als latente Momente beruflich verfaßter Lebenspraxis aufgehoben sind.

2. Die Ausformung eines breitgefächerten Sortiments religiöser Berufe steht in engem Zusammenhang mit der neuzeitlichen *Institutionalisierung* der Religion (> 321), der externen Verselbständigung der religiösen Organisationen gegenüber dem politischen System, den Bildungsinstitutionen und dem Wohlfahrtswesen und der gleichzeitigen internen Ausdifferenzierung der kirchlichen Sozialsysteme. Vor allem aber ist die Verberuflichung der Religion als Resultat wie als Motor eines in der Moderne zu beobachtenden Struktur- und Funktionswandels der Kirche zu begreifen. In dem Maße, in dem die Großkirchen die Statur volkskirchlicher Verbandsinstitutionen (> 331) annahmen und schließlich hinsichtlich ihrer organisatorischen Gestalt zu Dienstleistungsunternehmen (> 322) für ihre Mitglieder mutierten, verlagerte sich das Schwergewicht der Kirchenbeziehung zunehmend von der aktiven Beteiligung am kirchlichen Gemeindeleben zu einer ökonomisch grundierten Tauschbeziehung. Sowohl die von einer Minderheit besuchten innerkirchlichen Veranstaltungen – Gottesdienst, Predigt und parochiale Gruppenkultur – als auch die von der Mehrheit der Kirchenmitglieder in Anspruch genommenen kulturellen und karitativen Aktivitäten – wie beispielsweise die Kasualhandlungen oder die kirchlichen Beratungseinrichtungen – werden nach Qualitätsmaßstäben beurteilt und dementsprechend genutzt. Im Zuge der Optimierung der sozialen und kulturellen Leistungen kirchlicher Organisationen gehen bisher ehrenamtlich übernommene Funktionen zunehmend in die Zuständigkeit von professionell arbeitenden Berufsträgern über. Die Kirche wird zu einer „eigenständige(n) gesellschaftliche(n) Arbeitsorganisation, die durch ihre Beschäftigten auf verschiedenen Organisationsebenen in verschiedenen Organisationsformen ihre Organisationsziele als ‚Religionsgemeinschaft' verfolgt" (911,192).

Die Vielfalt der im engeren Sinne ‚*kirchlichen Berufe*' (911) resultiert aus der Diversifizierung der kirchlichen Arbeit in die unterschiedlichen Tätigkeitsfelder von Gottesdienst und Verkündigung, Erziehung und Bildung, Seelsorge und sozialer Hilfe, Organisation und Leitung (911,192). In jedem der kirchlichen Funktionsbereiche bilden sich Berufe mit spezifischen Tätigkeitsmerkmalen, originären Kompetenzen und einem eigenen Profil heraus. Beschränkte sich das Sortiment der „gemeindebezogenen Berufe" (1,515) ursprünglich auf das Ensemble der liturgischen Akteure, auf den Pfarrer und die Trias der ‚unteren Kirchenbeamten', „Küster, Vorsänger, Organisten", so traten ihnen im Laufe der Ausdifferenzierung des kirchlichen Lebens bei gleichzeitiger Konsolidierung der Kirchenorganisationen weitere teils hauptberufliche, teils ehrenamtliche Mitarbeiter zur Seite: GemeindehelferInnen und Gemeindeschwestern (‚Sozialarbeiter'), Gemeindemissionare und Predigthelfer (‚Lektoren'), Katecheten (‚Gemeindepädagogen') und Kindergärtnerinnen (‚Erzieherinnen'; > 212-4:3.2.2.5.) sowie die kirchlichen Verwaltungsberufe (911,192). Der Ausbau eines breitgefächerten kirchlichen Berufssystems und die damit verbundene Neuverteilung beruflicher Kompetenzen wirkte auf Funktion und Struktur des Pfarrerberufs zurück. Die Entstehung neuer kirchlicher Berufe führte zu einer „Reduktion der Berufsrolle des Pfarrers im ganzen", zur „Einschränkung seiner Zuständigkeit" und zur „Verminderung dessen, wofür er in Anspruch genommen wird" (1,505). Ihren theologischen Reflex findet die Ausdifferenzierung des kirchlichen Berufssystems in zahlreichen ökumenischen Dokumenten, insbesondere in den Konvergenzerklärungen von Lima, in denen die „Vielfalt der Charismen" (918,41) und die ihr entsprechende Pluriformität der kirchlichen Ämter (> 323) aus der „Berufung des ganzen Volkes Gottes" (918,29) begründet wird.

Das pluriforme religiöse Berufssystem verdankt sich aber nicht nur einer Neusortierung der binnenkirchlichen Berufswelt, sondern ebenso der organisatorischen Verfestigung der *externen Beziehungen*, die die Kirche zu den in verschiedenartiger Weise mit der Religion befaßten Institutionen des öffentlichen Lebens aufnimmt. Im intermediären Bereich zwischen Kirche und Gesellschaft formten sich neuartige, zwar mit den Kirchenorganisationen eng verbundene, gleichwohl aber ihnen gegenüber auch eigenständige Berufe heraus. Die Professionalisierung dieses originären Typus ‚religiöser' Berufe erfolgte im Rahmen der Institutionen, in denen die ‚religions-pädagogischen' oder ‚religions-diakonischen' Berufstätigkeiten verortet sind. Die dort entwickelten Berufskonstrukte wirkten dann ihrerseits wieder auf die Profilierung der im engeren Sinne kirchlichen Berufe zurück und führten zur Ausformung neuer kirchlicher Berufsbilder wie denen des ‚Gemeinde-Pädagogen' oder des ‚Gemeinde-Diakons'.

Die *„Entstehung neuer Berufe"* (911,197) und deren Rückwirkungen auf das kirchliche Berufssystem läßt sich in zwei ganz unterschiedlichen Bereichen der vieldimensionalen religiösen Lebenspraxis exemplarisch vorführen: an der Verberuflichung des für den modernen Protestantismus charakteristischen ‚diakonischen Tatchristentums' (> 212-2:2.4.) und an der Professionalisierung der für die Integration von privater, öffentlicher und kirchlicher Christentumspraxis fundamentalen ästhetischen Religionskultur (> 212-2:1.).

Bezeichnet der Begriff des *Diakons* im römisch-katholischen Kirchenrecht den ersten von drei Graden des geistlichen Amtes, eine „Stufe auf dem Wege zum Priesteramt" und gleichzeitig ein eigenes, teils hauptamtlich, teils ehrenamtlich ausgeübtes kirchliches Amt (912,849; > 323), so kannte die Reformation nur den ehrenamtlichen Diakonat. Seine moderne Gestalt verdankt der Beruf des Gemeindediakons der „Verberuflichung ‚Sozialer Arbeit'" (911,201) im Rahmen der „neueren Diakonischen Bewegung" (912,849) des 19. Jahrhunderts und insbesondere der Initiative von Johann Hinrich Wichern. Die vor allem auch im Zusammenhang der „bürgerliche(n) Frauenbewegung" (911,201; > 212-3:3.3.1.) entstandenen und ursprünglich in kirchlich-religiösen Vereinen (> 222-2) ehrenamtlich ausgeübten Tätigkeiten verfestigten sich zu den Berufsbildern der Diakonisse und des Diakons (911,198ff) und wurden in dieser Gestalt schließlich in das Berufssystem der kirchlichen Gemeinde integriert (911,203).

Der – meist nur in einem Teilarbeitsverhältnis (913,660) ausgeübte – Beruf des *Kirchenmusikers* entwickelte sich in analoger Weise. Er geht in seinen kirchlichen Ursprüngen auf die gesteigerten Bedürfnisse der sich zunehmend ausdifferenzierenden Gottesdienstpraxis zurück: „Als die Liturgien komplexer wurden, wurden auch die musikalischen Aufgaben je nach Erfordernis spezifischer definiert" (914,1153) und die liturgischen Kompetenzen neu verteilt. Der Kantor, „Teil des niederen Klerus", war nun für die Solopartien der responsorialen Psalmodie zuständig, der Diakon für den gesanglichen Vortrag des Evangeliums in der Messe und der Priester für die umfangreichen musikalischen Passagen der eucharistischen Liturgie (914,1153).

Sein eigenständiges Profil erhielt der *Beruf* des Kirchenmusikers aber nicht vornehmlich im Rahmen seiner liturgischen Berufsfunktionen, sondern durch die Erweiterung seines Tätigkeitsfeldes über die kirchliche Religionskultur hinaus. Sie bildet die Basis für die Umformung des liturgischen Amtes zu einem in die Institutionen der pädagogischen und ästhetischen Lebenskultur eingebundenen und zugleich charakteristisch bürgerlichen wie urbanen Beruf. War das ‚Kantorat' schon im späten Mittelalter mit dem ‚Lateinschulamt' verbunden, so wird das ‚Lehrer-Kantor-Modell' (913,661) in der protestantischen Religionskultur erneuert. Während „im ländlich-kleinstädtischen Bereich ... dem Küster der Lektoren- und Vorsängerdienst übertragen" wird, entwickelt sich in den größeren Städten das ‚Schulkantorat' zum ‚Stadtkantorat' (911,196).

Die Transformation des Kirchenmusikerberufs zu einer eigenständigen und hochqualifizierten *Profession* erfolgte schließlich unter dem Einfluß der „kirchenmusikalischen Laienbewegungen" des 19. Jahrhunderts; sie trugen nicht nur zu einer „Aktivierung des kirchlichen Laienmusizierens" (913,658) bei, sondern bilden gleichzeitig die sozialkulturelle Basis für die neu entstehenden ‚Chorvereinigungen', die sowohl speziell die gottesdienstliche Liturgie als auch generell die ästhetische Kultur der Kirchengemeinden und darüber hinaus den öffentlichen Konzertbetrieb maßgeblich mitgestalteten, sowie für die ‚Bläserchöre', die der Volksmission eine eigene ästhetisch-religiöse Note verliehen (913,660). Seitdem zählt der ebenso mit dem gottesdienstlichen Organistenamt wie mit der künstlerischen Leitung von meist vereinsmäßig verfaßten Vokal- und Instrumentalensembles wie mit der Organisation des religiösen Konzertbetriebs betraute Beruf des Kirchenmusikers zu den intermediären religiösen Professionen, die mit den unterschiedlichen sozialen und kulturellen Dimensionen religiöser Lebenspraxis (> 110) befaßt sind und in denen sich kirchlich und öffentlich verfaßte Religionspraxis auf exemplarische Weise miteinander verbinden.

Der *intermediäre* Status der einerseits in das Religionssystem, andererseits in die ästhetische, sozialdiakonische oder pädagogische Berufspraxis eingebundenen Berufe kommt in der doppelten sozialen Verankerung der Berufsträger zum Ausdruck. Der sowohl für die ästhetische Gestaltung der Gottesdienste als auch für das kirchenmusikalische Veranstaltungsangebot der Kirchengemeinde zuständige Kirchenmusiker ist gleichzeitig Mitglied des parochialen Arbeitsteams wie selbständiger Musikproduzent. Der Mitarbeiter in einer diakonischen Beratungsstelle hat die Position eines kirchlichen Angestellten und die Profession eines Sozialarbeiters oder Psychologen inne und ist daher gleichzeitig den ideellen Grundsätzen der religiösen Organisation wie den pragmatischen Eigengesetzlichkeiten professionellen Berufshandelns verpflichtet. Die in der Regel noch andere Fächer unterrichtende Religionslehrerin ist aufgrund ihrer Vokation (> 323) von der Kirche berufen und aufgrund ihres Berufs Mitglied des schulischen Lehrkörpers.

3. In der *gesellschaftshistorischen* Entwicklung der religiösen Berufe überlagern sich zwei charakteristisch moderne Entwicklungsprozesse: der Prozeß der Institutionalisierung der Religion und der Prozeß der Professionalisierung des gesellschaftlichen Berufssystems. Die spannungsreiche Verknüpfung beider Entwicklungsprozesse verleiht den teils in das kirchliche Religionssystem, teils in andere Institutionen der modernen Lebenswelt eingebundenen religiösen Berufen ihr charakteristisches Profil.

In der *Verberuflichung* der Religion spiegelt sich die komplexe Statur organisierter Religion in der sich modernisierenden Gesellschaft wider. Auf dem Hintergrund der ‚Entkirchlichung' (> 212-3:1.1.2.) der Religionspraxis verlor das explizit kirchlich verfaßte Christentum an gesellschaftlicher Bedeutung und kultureller Gestaltungskraft. In dem Maße aber, in dem genuin religiöse Funktionen aus den Kirchenorganisationen auswanderten und in andere, nicht explizit religiös verfaßte Institutionen der bürgerlichen Gesellschaft integriert wurden, lösten sich auch die nicht unmittelbar mit der kirchlichen, zumal mit der gottesdienstlichen Religionsausübung verbundenen, sondern im Zuge der Ausdifferenzierung der kirchlichen Lebenswelt an sie angelagerten Berufsfunktionen aus dem kirchlichen Berufssystem. Sie gingen in andere Berufssparten, beispielsweise in das pädagogische oder sozialdiakonische Berufssystem, über und wurden dort zu integralen Elementen säkularer, von der Kirche emanzipierter Berufsausübungen umgeformt. Die weitere Entwicklung des religiösen Berufssystems in den unterschiedlichen Institutionen der bürgerlichen Gesellschaft folgte dementsprechend weniger den spezifischen Bedürfnissen der kirchlichen Organisationen als vielmehr der allgemeinen Fortschrittsdynamik der Arbeitswelt, den Gesetzmäßigkeiten der Verberuflichung von Arbeit und der Professionalisierung von Berufen. Die Transformation ehrenamtlicher Arbeit zu beruflichen Tätigkeiten und schließlich zu professionalisierten Berufskonstrukten wirkt auf die im engeren Sinne kirchlichen Berufe, zumal auf den Beruf der Pfarrer und Pfarrerinnen, zurück. Aus dem ‚kirchlichen Amt' wurde eine gesellschaftliche Profession (906; > 333).

Sowohl die allgemein-religiösen als auch die spezifisch kirchlichen Berufe weisen in exemplarischer Weise die für die neuzeitlichen *Professionen* typischen Merkmale auf. Auf dem Hintergrund der gesellschaftlichen Arbeitsteilung üben nicht nur die in den Bildungs- und Beratungsorganisationen angestellten Berufsträger, sondern mittlerweile auch viele Pfarrer spezialisierte Tätigkeiten aus. Wie die Mitarbeiter in der Gemeinde- und Anstaltsdiakonie „selbständige Arbeit" verrichten und „eigene Verantwortung" (911,204) für ihre methodisch organisierten und ökonomisch effektiven Arbeitsleistungen tragen, so sind auch Pfarrer und Pfarrerinnen zwar Angestellte der Kirchenorganisationen, gleichwohl aber „ganz selbständig tätig und nicht weisungsgebunden" (1,513). Und wie die Kirchenorganisationen ihren Mitarbeitern, zumal aber den von ihnen angestellten Pfarrern und Pfarrerinnen, „persönliche Verpflichtungen" auferlegen, „deren Einhaltung erwartet wird, wenn sie auch nur schwer kontrolliert und beaufsichtigt werden können" (1,513), so wachen die unterschiedlichen Berufsverbände (913,661) über die Einhaltung der ethischen Maximen und der professionellen Standards der in kirchlichen und außerkirchlichen Einrichtungen erbrachten Berufsleistungen. Schließlich verfügen die religiösen Berufsträger über eine teils in kircheneigenen, teils in ‚öffentlichen' Berufsbildungsanstalten erworbene, sowohl interdisziplinär-integrale wie berufspraktisch-spezialisierte Ausbildung (911,193). Das hervorstechendste gemeinsame Attribut der spezialisierten religiösen Berufe bildet aber die für sie typische Berufseinstellung; in den ‚religiösen' Berufen potenziert sich die für die Professionen insgesamt charakteristische altruistische Berufsgesinnung, das permanent unter Beweis gestellte Dienstleistungsethos und der mitunter zur Schau getragene Verzicht auf Profitorientierung.

Folgen die religiösen Berufe in ihrer neuzeitlichen Entwicklung in herausgehobener Weise der Fortschrittsdynamik der Professionalisierung, so partizipieren sie umgekehrt in besonderem Maße an den in den Professionalisierungsprozeß eingelagerten *Deprofessionalisierungstendenzen.* Wie sich die religiösen Lebenshaltungen der Berufsträger zwar im Laufe der Berufsausübung verdichten, aber nicht erst durch die Übernahme eines religiösen Berufs entstehen, so werden auch die handlungspragmatischen Grundformen der Berufsausübung nicht erst in der professionalisierten Religionspraxis ausgeformt; sie sind in ihren Ursprüngen vielmehr in der alltagsweltlichen Religionskultur verortet. Auch in ihren professionalisierten Versionen bleiben die Dienstleistungen der religiösen Berufe an die ihnen zugrundeliegenden Gestaltungsformen der allgemeinen Christentumspraxis zurückgebunden.

So bestehen enge wechselseitige *Beziehungen* zwischen der kirchlichen, insbesondere der gottesdienstlichen Musikkultur und der vom Protestantismus mit besonderer Intensität gepflegten Hausmusik; die kirchlichen Laien wirken auf vielfältige Weise und häufig mit der Kunstfertigkeit musikalischer Experten an der ästhetischen Ausgestaltung der Gottesdienste und am kirchlichen Konzertbetrieb mit (> 212-2:1.). Ebenso wäre das kirchliche Beratungswesen, beispielsweise die Arbeit der Telefonseelsorge (> 222-2), ohne die umfangreiche Beteiligung von ehrenamtlichen MitarbeiterInnen nicht denkbar; die Laien unterstützen nicht nur die von beruflichen Experten erbrachten Arbeitsleistungen, sondern bringen auch durchaus eigenständige, aus der alltagsweltlichen Lebenspraxis gewonnene Formen sozialer Arbeit in die institutionalisierten Hilfesysteme ein. Die Anstalts- und zumal die Gemeindediakonie schließlich basiert auf dem für das neuzeitliche Christentum charakteristischen und im allgemeinen Priestertum aller Gläubigen (> 340) begründeten ‚diakonischen Tatchristentum' (> 212-2:2.4.); in ihm verbinden sich alltagsweltliche Hilfe, ehrenamtliches Engagement und professionelle Berufsleistungen organisch miteinander.

Bildet die spannungsreiche *Verbindung* von Professionalisierung und Deprofessionalisierung ein allgemeines Charakteristikum der bürgerlichen Berufe, so verschränken sich die Entstehung und die Auflösung von Berufskonstrukten im Gebiet der Religion auf prekäre Weise miteinander. Zum einen läßt die unmittelbare Verankerung der religiösen Berufsarbeit in der alltagsweltlichen Lebenskultur sowohl die Legitimität einer religiösen Expertokratie als auch die Effektivität und Rentabilität eines eigenen religiösen Berufssystems als zweifelhaft erscheinen. Auf dem Hintergrund der ständigen Kompetenzsteigerung der Laien, aber auch angesichts der Verknappung der öffentlichen und kirchlichen Finanzressourcen werden bislang von hauptberuflichen MitarbeiterInnen erbrachte Arbeitsleistungen zunehmend in den Kompetenzbereich der Laien zurückverlagert und in der Form nebenberuflicher und ehrenamtlicher Aktivitäten organisiert.

Zum anderen verblassen im Zuge ihrer radikalen Professionalisierung und Methodisierung die spezifisch *religiösen* Valenzen religiöser Kommunikation und Interaktion. Auf paradoxe Weise büßen die religiösen Professionen gerade im Zuge ihrer Professionalisierung ihr eigenständiges Profil ein und gleichen sich zunehmend an das Erscheinungsbild der übrigen, mit ihnen eng verwandten bürgerlichen Berufspraxen an. Die religiösen Berufsträger partizipieren an deren beruflichem Selbstverständnis, sie bedienen sich deren methodischer Strategien und entwickeln ihr Berufswissen auf der Basis des säkularen Wissenschaftsbetriebs. Die Angleichung der explizit religiösen Berufe an ihre gesellschaftliche Umwelt tritt in der Mutation der diakonischen Berufe besonders signifikant zutage. Indem sich die Diakonie (> 222-2) weniger an ihren religiösen Ursprungsmotiven als vielmehr an den ihr abverlangten professionellen Leistungen orientiert, verlieren die sozialen Dienstleistungen ihren „spezifisch religiösen Charakter" (916,264): „Letztlich reduziert sich der religiöse Gehalt solcher Aktivitäten nach dem Auswaschen aller expressiv-religiösen Symbolik auf die Bereitstellung des Motivs, überhaupt etwas zu tun. Wie die Leistung zu erfolgen hat, richtet sich dagegen nach Erfordernissen und Auffassungen der Umwelt" (916,264f).

2.3.4. Soziale Berufsrolle und religiöse Berufsidentität

1. Während sich die religiöse Grundierung der mit dem öffentlichen und kirchlichen Beratungs- und Wohlfahrtswesen verflochtenen Berufe zunehmend verflüchtigt und zu einem eher sperrigen Moment der subjektiven Berufsmotivation oder des formalen Treueverhältnisses zum Arbeitgeber verblaßt, wird die originär religiöse Valenz der in die Schulorganisation bzw. in die Kirchenorganisation eingebundenen Berufe der *ReligionslehrerIn* und der *PfarrerIn* von der Praktischen Theologie bis in die jüngste Zeit programmatisch herausgestellt.

Sowohl die religionspädagogischen Theorien des modernen Religionslehrerberufs als auch die pastoraltheologischen Konzeptionen des zeitgenössischen Pfarrerberufs (> 313) beurteilen die sich ständig verstärkende *Professionalisierung* der religiösen Berufe ambivalent. Auf der einen Seite steigerte sich durch die moderne Rationalisierung der Berufskonstrukte die methodische Effizienz und die ökonomische Effektivität der in Schule und Kirche zu erbringenden Arbeitsleistungen. Auf der anderen Seite löste sich aber im Zuge der Professionalisierung der religiösen Berufe die aus der neuzeitlichen Individualitätsidee abgeleitete und in der bürgerlichen Berufsidee ausformulierte Vorstellung des Berufs als einer integralen Lebensform zunehmend auf. In dem Maße, in dem die Berufspraxis ihren rationalen Eigengesetzlichkeiten unterstellt und gegenüber subjektiven Eingriffen seitens der Berufsträger abgeschirmt wird, zieht sich das Individuum aus seinem Beruf zurück und verlagert seine kreative Selbstentfaltung sowie seine subjektiven Sinnerwartungen in andere Regionen der Lebenswelt, vorwiegend in die private Lebenssphäre.

Im Gegenzug zu der sich ständig verstärkenden Abstraktion der Berufspraxis von der Person des Berufsträgers suchen die gegenwärtig dominierenden praktisch-theologischen Berufstheorien die *Einheit* und Ganzheit der spezifisch religiösen Berufe zu restituieren. Sie greifen dazu auf die typisch bürgerlichen Berufsvorstellungen zurück und reichern sie mit religiösen Gehalten an. Die elementare Kategorie der um die religiös begriffene Persönlichkeit des Berufsträgers zentrierten religionspädagogischen und pastoraltheologischen Berufstheorien bildet der Begriff der ,Berufsidentität' (898,165; vgl. 907,6). Stellt die untrennbare Verbindung von Beruf und Person eines der charakteristischen Merkmale der bürgerlichen Professionen dar, so wird die Symbiose von religiösem Selbst- und Weltverhältnis zum fundamentalen Prinzip der ihrerseits religiös grundierten Berufstheorien erhoben.

2. Die praktisch-theologischen Theorien des *Religionslehrerberufs* entwickeln ihre programmatischen Berufskonzeptionen auf dem Hintergrund einer sowohl pädagogisch wie religiös fundierten Kritik an vorherrschenden Berufsauffassungen. Wurde „in fast allen Konzepten der Nachkriegszeit ... die Berufsrolle des Religionslehrers in erster Linie über Fachinhalte, Bedürfnisse der Schüler oder Anforderungen der Gesellschaft" (897,7) definiert, so betonen die an den „Autonomieansprüche(n) der Religionslehrer" (899,169) orientierten und um die „religiöse Selbstrolle des Religionslehrers" (899,177) zentrierten Berufskonzeptionen den hohen „Stellenwert der Persönlichkeit" des Lehrers (897,7) für die religionspädagogische Berufspraxis und die konstitutive Bedeutung eines ,authentische(n) Selbstkonzept(s)' für die Berufsorientierung des Religionslehrers (899,180). Die von der Religionspädagogik eingeforderte Ganzheitlichkeit der Berufspraxis bildet sich

in der integralen Statur der Berufstheorie ab. In den Theoriekonzeptionen des Religionslehrerberufs verzahnen sich allgemeinpädagogische, bildungstheoretische, lernpsychologische und frömmigkeitstheoretische Perspektivierungen der zugleich religiösen wie pädagogischen Berufspraxis untrennbar miteinander.

In der Berufspraxis der ReligionslehrerInnen stellt sich das Problem der Beziehung von Rolle und Person auf drei sich überlagernden Ebenen: hinsichtlich der *allgemeinpädagogischen* Funktion des Religionsunterrichts, hinsichtlich der *didaktischen* Bestimmung seiner spezifischen Bildungsgehalte und hinsichtlich deren *methodischer* Vermittlungsform.

Der Professionalisierungsprozeß bringt sich – zum einen – in der Spezialisierung der religionspädagogischen Berufsarbeit auf ein bestimmtes Segment der *allgemeinen Bildung* zur Geltung. Aufgrund der institutionellen Stellung des Religionsunterrichts (> 223) als eines eigenständigen Unterrichtsfaches nehmen Religionslehrer und Religionslehrerinnen die Funktion spezialisierter Fachlehrer wahr; sie sind für ein bestimmtes und begrenztes Segment der schulischen Bildung zuständig und verfügen über entsprechende theologische und pädagogische Fachkompetenzen, die sie sich in einer teils akademischwissenschaftlichen, teils berufspraktischen Ausbildung angeeignet haben. Widerspricht die Fragmentierung der schulischen Bildungsprozesse und die daraus resultierende Spezialisierung der pädagogischen Berufskompetenzen schon der neuzeitlichen Bildungsidee (> 212-4:2.2.), so widersetzt sich zumal die Religion aufgrund ihrer identitätsstiftenden Funktion der Parzellierung der mit der Entfaltung der Individualität untrennbar verbundenen Persönlichkeitsbildung. Wie dem Religionsunterricht stellvertretend für das ganze Schulsystem „die Aufgabe" zufällt, „den Schülern zur Identitätsfindung zu helfen" (903,142), so steht der Religionslehrer mit seiner Person für die Idee ganzheitlicher Bildung: „Was auch immer er sich an Bildung aneignet, macht ihn nicht nur menschlich und pädagogisch reifer, es kann und wird vermutlich auch in seinem Fachunterricht zur Geltung kommen" (900,322).

Die personalistische Berufstheorie des Religionslehrers begründet sich somit aus der *integralen* Statur des pädagogischen Berufshandelns: „Die Behauptung vom Primat der Person ist eine Folge der Zentrierung der Bildungstheorie auf Persönlichkeitsbildung" (896,104). Fungiert der pädagogische Berufsträger nicht als „Erziehungsspezialist" (887,11), sondern tritt im Unterricht die „Lehrerperson als Lehrer der Person" (896,338) in Erscheinung, dann muß sich der Lehrer in seinem Beruf „als Person und gebildeter Mensch einsetzen" (888,35). Zielt das pädagogische Handeln auf die Autonomie der sich selbst bildenden SchülerInnen ab, dann muß der Lehrer selbst ein „mündiger Mensch sein" (888,195).

Die um die Lehrerpersönlichkeit zentrierte religionspädagogische Berufstheorie findet – zum anderen – ihre Entfaltung in einer *didaktischen* Kritik an der Verobjektivierung der Unterrichtsgehalte. In zumindest graduellem Unterschied zu anderen Schulfächern stellt sich das in den Lehrplänen umrissene Unterrichtsgebiet der ‚Religion' als überaus pluriform dar. Die religiöse Lebenswelt, in die die SchülerInnen in den verschiedenen Schularten und Schulstufen in jeweils pädagogisch angemessener Weise eingeführt werden und in der sie sich mit ihrer Person verorten sollen, schließt ebenso die markant ausgeprägten Gestaltungen des konfessionell-kirchlich verfaßten Christentums ein wie die eher verwaschenen und synkretistischen Erscheinungen der öffentlichen Kulturreligion (> 140) und schließlich die zunehmend verblassenden Formen der in der Privatsphäre praktizierten Religion. Entsprechend komplex stellen sich die religionspädagogischen Bildungsprozesse dar. Die für die subjektive Aneignung der ‚Religion' notwendige Verknüpfung von objektivem Sachwissen, kritischer Urteilsbildung und persönlicher Stellungnahme kann nicht allein den SchülerInnen aufgelastet werden. Vielmehr macht die Vermittlung der Unterrichtsgegenstände deren individuell konturierte Präsentation seitens des Religionslehrers unumgänglich: „Erst wenn Bildung wieder als Grundfunktion entdeckt und anerkannt wird, wird auch die Bedeutung der Lehrer-Person als identitätsstiftender und bildender Vermittlerin zwischen der Subjektivität des Schülers und der Objektivität der Wirklichkeit faßbar" (896,15).

Beide Komponenten des Bildungsprozesses, die pädagogische Vermittlung und die frömmigkeitspraktische Aneignung von Religion verbinden sich in der personal begriffenen religionspädagogischen *Berufskompetenz* der LehrerInnen organisch miteinander. Stellt der Lehrer auf der einen Seite die facettenreiche Religionskultur der Gegenwart in einer von ihm vorgenommenen subjektiven Perspektivierung vor, so bürgt er auf der anderen Seite mit seiner persönlichen Stellungnahme für die Sinnhaftigkeit der religiösen Wirklichkeitsdeutung und bringt damit nicht nur seine pädagogische Fachkompetenz, sondern, in diese eingelagert, vor allem auch seine „persönliche Kompetenz im Umgang mit Religion als sinnstiftendem Moment menschlichen Lebens" (901,77) zur Geltung. Verliert das religiöse „Bildungswissen" ohne „eine persönliche Beziehung" (900,332) seine originär religiöse Valenz und schließt die „theologische Bildung" (900,323) des Religionslehrers daher „so etwas wie ‚Glaube'" (900,332) ein, dann stellt „die religiöse Selbsteinschätzung oder die religiöse Selbstrolle des Religionslehrers" (901,54) kein für die Berufsausübung unmaßgebliches Persönlichkeitsmerkmal des Lehrers dar. Vielmehr kommt der Entwicklung eines „geglückten Selbstkonzeptes" des Religionslehrers konstitutive Bedeutung für seine „handlungsfähig machende Berufsidentität" (898,165) zu. Und „wenn es also stimmt, daß der Religionslehrer, ähnlich wie der Pfarrer, seinen Beruf mit seiner Person ausübt, dann ist sein soziales Berufsproblem" umgekehrt „auch sein persönliches Identitätsproblem" (900,326). Im Religionsunterricht gehen Berufsrolle und Berufsidentität des Lehrers ineinander auf.

Wie sich die personalistische Theorie des Religionslehrers gegen eine Funktionalisierung der Lehrerrolle und gegen eine Objektivierung der Religion verwahrt, so tritt sie – schließlich – der an den modernen Wissenschaftsbetrieb angelehnten religionspädagogischen *Unterrichtsmethodik* entgegen. Fühlten sich vergangene Lehrergenerationen, zumal im gymnasialen Unterricht, den Organisationszielen des modernen Schulwesens, der Vermittlung von fachspezifischem Wissen und der Ausbildung selbständiger Urteilsfähigkeit, verpflichtet, so gehen die neueren religionspädagogischen Theorien von der ebenso selbstverständlichen wie von bestimmten Versionen der Schultheorie verdrängten Einsicht aus, „daß im Religionsunterricht Menschen zusammenkommen und nicht allein Wissen verschoben wird" (897,7). „Persönlich bedeutungsvolle(s)" und damit überhaupt erst „sinnvolles Lernen" impliziert immer auch eine „persönliche Dimension" (904,476). Im Rahmen lernpsychologischer Erwägungen ist daher der „pädagogische(n) Bedeutung der Person des Lehrers" (904,478) hohe Bedeutung beizumessen. Besteht der Vorgang des ‚identifikatorischen Lernens' (904,477) in der „Orientierung an verläßlich und glaubwürdig vorgelebtem Verhalten" (904,478), dann ist an der Erkenntnis festzuhalten, daß in der Praxis des Religionsunterrichts „die Person des Religionslehrers stärker wirkt als die Sachen, die er vermittelt" (903,149). Die Effizienz religiöser Bildung und Erziehung resultiert demnach weniger aus der technischen Perfektion professioneller Unterrichtsgestaltung als vielmehr daraus, daß der Lehrer in der „Dramaturgie des Unterrichts" (900,325) seine ‚Selbstrolle' kreativ ausgestaltet, „sein ganzes Personsein in seine Berufsausübung einbringt" (900,323) und dadurch zum „entscheidende(n) Faktor im sozialen System der Schule" wird (899,166).

Im Rahmen der „‚privatistischen' Interpretation von Erzieherverhalten oder ‚Erziehungsstil' im Sinne einer an der Lehrerindividualität sich einseitig orientierenden Erziehungspraxis" (887,10) verschmelzen *pädagogische Rolle* und *religiöse Individualität* des Religionslehrers untrennbar miteinander. Stellt „die religiöse Lebenspraxis des Religionslehrers mit ihren genuinen Ausdrucksformen" (899,186) das Medium dar, in dem sich den Schülern die von ihnen subjektiv anzueignende religiöse Wirklichkeit erschließt, dann bildet die religiöse Selbstäußerung des Lehrers ein konstitutives Moment der pädagogischen Interaktion. Die dem „Identifikationslernen des Schülers" entsprechende und auf dessen „religiöse Selbstfindung" abzielende Unterrichtspraxis erfolgt in der „Form ehrlicher gläubiger Selbstdarstellung auf seiten des Lehrers" (902,91).

Umgekehrt wirkt die privatreligiöse Grundierung der Berufspraxis auf die zugleich persönliche wie berufliche *Selbstidentifikation* des Lehrers zurück. Die in seiner privaten Lebenspraxis verankerte „Spiritualität des Religionslehrers" (902,21) wird zu einem „bestimmende(n) Faktor" seines beruflichen „Selbstverständnisses" (899,186). Die „Arbeit an der eigenen Person" (902,60), der „Umgang mit dem eigenen Selbst" (898,180), ‚Selbst-Gestaltung', ‚Selbst-Erfahrung' und ‚Selbstintegration' (898,179) stellen zugleich Formen privater Frömmigkeitspflege wie „‚Berufstugenden' von Religionslehrern" (898,180) dar. In der „Kultivierung seiner Empathie" (898,181) schließlich, der aus dem Berufsbild der LebensberaterInnen und der SeelsorgerInnen entlehnten und pädagogisch umgeformten Berufshaltung, fließen individuelle und berufliche Kompetenzen zusammen. Begründen sich die personalistischen Theorien des Religionslehrers aus der Affinität von religiös grundierter Persönlichkeitsbildung und frommer Selbstentfaltung, so nähern sie den religionspädagogischen Beruf in ihren Ausführungen an den pastoralen Beruf an. Der Religionslehrer ist „ähnlich wie der Pfarrer Bürge für die Wahrheit, Lebenskraft und Relevanz von Religion" (899,187).

3. Deutlicher noch als die religionspädagogischen Theorien des Religionslehrerberufs bringen die praktisch-theologischen und insbesondere die pastoraltheologischen (> 313) Konzeptionen des *Pfarrerberufs* die religiöse Valenz des Berufs als einer integralen Lebensform zur Geltung. Trägt der Pfarrerberuf auf der einen Seite die Signatur einer in die pluriforme religiöse Lebenswelt verflochtenen und mit den übrigen bürgerlichen Berufen aufs engste verbundenen Profession, so erhält er sein originäres Profil auf der anderen Seite durch die unlösbare Beziehung von privater Lebensführung und sozialer Berufspraxis. Während sich die Symbiose von Berufsträger und Berufsarbeit in den anderen bürgerlichen Berufen im Zuge deren Modernisierung zunehmend auflöste und auch für den Beruf des Lehrers vornehmlich hinsichtlich seiner Funktion als Religionslehrer reklamiert wird, gilt der Pfarrerberuf – sowohl in der externen Bewertung seitens der kirchlichen und gesellschaftlichen Öffentlichkeit als auch in seiner internen Wahrnehmung seitens der Berufsträger – nach wie vor als diejenige Institution, in der Lebens-

arbeit und Arbeitsleben, individualisierter Beruf und verberuflichte Individualität ineinander aufgehen. Dem Pfarrerberuf und der an ihn angelagerten und ebenso deutlich religiös grundierten privaten Lebenswelt der Pfarrer und Pfarrerinnen, dem Pfarrhaus, wird
daher jenseits seiner vielfältigen sozialen und kulturellen Funktionen symbolische Bedeutung für die Integration der komplexen religiösen Lebenswelt beigemessen. Sowohl
hinsichtlich seiner realen Bedeutung für die Entfaltung und Fortentwicklung des privat,
kirchlich und öffentlich verfaßten Christentums als auch hinsichtlich seiner symbolischen Funktion als Lebens- und Berufsideal bildet der Pfarrerberuf den Prototyp des bürgerlichen Berufs als der integralen Form religiöser Weltgestaltung (212-4:3.3.).

3. Bibelfrömmigkeit, Kindheitsreligion und Pfarrerberuf als paradigmatische Gestalten
integraler religiöser Lebenspraxis

1. Stellen Andacht, Bildung und Beruf paradigmatische Grundformen religiöser Selbstvergewisserung, Lebensentfaltung und Weltgestaltung dar, so bilden Bibelfrömmigkeit,
Kindheitsreligion und Pfarrerberuf ihnen entsprechende und für die protestantische Religionskultur typische *Gestalten* individualisierter wie integraler Religionspraxis. Die Bibel gilt als das zentrale Medium der von der Reformation ausgehenden und in der bürgerlichen Lebenswelt breit entfalteten literalen Erbauungskultur, in deren Rahmen sich
Bibellektüre und Schrift-,Auslegung' als charakteristisch protestantische Praktiken religiöser Selbstvergewisserung einordnen. Die Kindheit umreißt den biographischen Ur-
sprungshorizont der religiösen Lebensentfaltung, in dem sich die für die protestantische
Frömmigkeitshaltung charakteristische ,Religion des Kindes' ausformt. Im Beruf der
Pfarrer und Pfarrerinnen und dem untrennbar mit ihm verbundenen evangelischen Pfarrhaus schließlich wird die aus der neuzeitlichen Individualisierung der Lebenswelt resultierende und vom bürgerlichen Protestantismus geförderte Synthese von persönlicher
Frömmigkeit, religiöser Hauskultur und rationaler Weltgestaltung exemplarisch verwirklicht.

2. In der protestantischen *Schriftfrömmigkeit* verbinden sich fundamentale theologische
Grundsätze der Reformation mit elementaren kulturellen Konventionen des Bildungsbürgertums. Signalisiert die Entstehung der Bibelfrömmigkeit im Zeitalter der Reformation die Transformation der christlichen Religionspraxis von einer in private Liturgien,
kirchliche Riten und öffentliches Volksbrauchtum (> 232-3) gefaßten Kultreligion zu
einer Religion des Wortes und der Schrift, so schuf die Epoche des Bürgertums die kulturellen Voraussetzungen für die gleichermaßen auf religiöse Erbauung wie auf reflexive
Wirklichkeitserschließung abzielende Frömmigkeitspraxis der Schrift-,Auslegung'. Indem die Bibel nicht mehr nur als religiöses Symbolobjekt verehrt, sondern in ihrem alltagspraktischen Gebrauch geheiligt wurde, erhielt die protestantische Religionskultur ihr
charakteristisches, um die ,Heilige Schrift' zentriertes Profil. Seitdem gehört die individuelle Bibellektüre zu den dominanten Formen privater Frömmigkeitspraxis, die gemeinsame ,Arbeit' an der Bibel zu den unverzichtbaren Elementen des gruppengemeinschaftlichen Gemeindechristentums, die Fähigkeit zur kritischen Interpretation biblischer
Texte zu den elementaren Kompetenzen, die der in das öffentliche Schulwesen integrierte Religionsunterricht zu vermitteln hat. In der klassischen Ausdrucksgestalt der
Schriftfrömmigkeit, der protestantischen Textpredigt, verschränken sich die verschiedenen Dimensionen der Bibelfrömmigkeit, die andächtige Versenkung des Individuums in

die Heilige Schrift, die kommunikative Erschließung biblischer Perikopen und die reflexive Verknüpfung von historischem Text und gegenwärtiger Situation, aufs engste miteinander.

Die facettenreiche Schriftfrömmigkeit stellt aber nicht nur eine um das literarische Medium der Bibel zentrierte integrale Gestalt protestantischer Religionspraxis dar. In ihr wird zugleich auch die aus dem Prinzip individueller Autonomie abgeleitete reformatorische Idee des *Priestertums aller Gläubigen* (> 340) praktisch ratifiziert. Wurde die in die Volkssprache übersetzte Bibel in der Zeit nach der Reformation zum jedermann zugänglichen christlichen Haus- und Volksbuch (> 212-4:2.1.), so organisierte sich die vom bürgerlichen Pietismus geförderte Schriftfrömmigkeit als eine in kritischer Absicht gegen die kirchliche Lehr- und Interpretationsautorität gerichtete Laienbewegung. Dem hermeneutischen Grundsatz der ‚Selbstauslegung' der Schrift entsprechend erschließt sich der Sinn biblischer Texte nicht auf dem Hintergrund restriktiver kirchlicher Auslegungstradition, sondern im Zusammenhang ihres autonomen privatreligiösen Gebrauchs, in der frömmigkeitspraktischen Lektüre biblischer Worte, Sentenzen und Perikopen. In der Entstehung und Entfaltung der protestantischen Schriftfrömmigkeit bringt sich der gleichermaßen vom Protestantismus wie vom Bürgertum forcierte Prozeß religiöser Individualisierung daher auf exemplarische Weise zur Geltung.

In analoger Weise stellt sich auch die in der Neuzeit entstandene und ebenfalls im bürgerlichen Protestantismus beheimatete religiöse *Kinderkultur* als Modellfall religiöser Individualisierung und Integration dar. Die in der häuslichen Privatfrömmigkeit verwurzelte, im öffentlichen Kindergartenwesen methodisch gepflegte und im Kindergottesdienst zu einer spezifisch kindgemäßen Version kirchlicher Liturgiepraxis verdichtete ‚Religion des Kindes' bildet eine charakteristisch ausgeformte Gestalt protestantischer ‚Bildungsreligion' (> 212-4:2.2.2.), in der sich persönliche Frömmigkeit und rationale Wirklichkeitserschließung untrennbar miteinander verschränken. Wie sich die Kindheit als eine originäre Lebensform im Zuge der Ausdifferenzierung des gesellschaftlichen Altersklassensystems, zumal aber in der oppositionellen Gegenüberstellung von Erwachsenenwelt und Kinderwelt herausbildete, so nahm auch die für die Lebenseinstellung und die Wirklichkeitskonstruktion des Kindes typische Kinderreligion im Laufe ihrer Entfaltung die Züge einer eigenständigen und von der Erwachsenenreligion markant unterschiedenen religiösen Welt an. Die in die originäre Lebenswelt des Kindes eingelagerte Kindheitsreligion bildet aber nicht nur einen altersklassenspezifisch begrenzten Horizont religiöser Lebensentfaltung, sondern zugleich auch die lebensgeschichtliche Basis der weiteren religiös grundierten Entwicklung der Persönlichkeit. Die lebensgeschichtlich ausgeformte Religion des Kindes ist daher in zweifacher Weise als exemplarische Verwirklichung der neuzeitlichen Individualitätsidee anzusehen.

Im Beruf der *Pfarrer und Pfarrerinnen* schließlich kommt die individualitätskonstitutive wie wirklichkeitsintegrative Funktion der Religion in vielfacher Hinsicht zur Geltung. Der Pfarrerberuf, in dem sich Charakterzüge des kirchlichen Amtes (> 323), der gesellschaftlichen Professionen (> 212-4:2.3.2.) und der ‚Freien Berufe' auf spannungsreiche Weise ineinander verschränken, ist in seiner gesellschaftshistorischen Genese eng mit den übrigen ‚bürgerlichen' Berufen verbunden. In ihrer weiteren Entwicklung konzentrierten sich der medizinische, der juristische, der pädagogische und der theologische Beruf zunehmend auf eine bestimmte und begrenzte Dimension der Lebenswelt und schärften dabei ihr spezifisches Berufsprofil. Während sich die übrigen Sparten der bürgerlichen Berufe aber im Zuge des ökonomischen, technischen und wissenschaftlichen Fortschritts zunehmend gegeneinander verselbständigten, behielt der Pfarrerberuf seine integrale Statur bei. Nach wie vor stellen sich die vielfältigen Berufsarbeiten der Pfarrer und Pfarrerinnen als pluriformes Sortiment unterschiedlicher, teils an medizinische, teils an pädagogische, teils an schriftstellerische Tätigkeiten angelehnter Berufsleistungen und die in Seelsorge, Religionsunterricht und Predigt angewandten Berufsmethoden als Kombinationen von ursprünglich in anderen Berufen ausgearbeiteten Verfahrenstechniken dar. Die komplexe Verwebung divergierender und konvergierender Berufsrollen verleiht dem um die Religion als integraler Lebensdimension zentrierten Pfarrerberuf sein charakteristisches Profil.

Bringt sich die wirklichkeitsintegrative Funktion des Pfarrerberufs in der Verschränkung der unterschiedlichen Dimensionen individueller wie gesellschaftlicher Lebenspraxis zur Geltung, so kommen seine *individualitätskonstitutiven* Valenzen zum einen in der Privatisierung der kommunikativen Beziehungen zwischen Berufsträgern und Klienten, zum anderen in der symbiotischen Verschmelzung von beruflicher und personaler Identität (> 311) der Berufsträger zum Ausdruck. Während sich die für die bürgerlichen Berufe insgesamt charakteristische personale Beziehung zwischen Berufsträger und Klient im Zuge der Technisierung der Arbeitsverfahren zunehmend lockert, streben Pfarrer und Pfarrerinnen in den von ihnen strukturierten beruflichen Handlungssituationen eine Verdichtung der kommunikativen Beziehungen an. Sie erzeugen eine an die Privatwelt angelehnte Kommunikationsatmosphäre und bedienen sich dazu entsprechender Handlungsstile und Handlungsstrategien. Das von persönlicher Symphathie getragene pädagogische, poimenische oder homiletische Verhältnis bildet die Grundlage für die Förderung der individuellen Autonomie des Schülers, Seelsorgesuchenden oder Predigthörers.

Die im Interesse des anderen vorgenommene Privatisierung der Berufssituationen wirkt auf das Verhältnis zurück, das die *Berufsträger* selbst zu ihrem Beruf einnehmen. Während in den übrigen Berufen die innere Beziehung der Berufsträger zu ihrer Berufsarbeit im Zuge der Rationalisierung der Arbeitswelt zunehmend einer sachlich-abstrakten Relation Platz macht, ruht der Pfarrerberuf nach wie vor auf der Synthese von Beruf und Person, Rolle und Identität auf. In der Berufspraxis der Pfarrer und Pfarrerinnen verschmelzen persönliche Gesinnungen, Begabungen und Neigungen mit rationalen Urteilen, Entscheidungen und Handlungen zu einem professionellen Habitus; persönlich konturierte Frömmigkeits- und Arbeitsstile gehen in der ganzheitlich gedachten und individuell ausgeformten Lebens- und Berufsidentität auf; private Frömmigkeitspraxis, kirchliche Gesinnung und gesellschaftliche Arbeitspraxis verbinden sich zu einer integralen Lebensform, in der der Beruf zum Ausdruck der Persönlichkeit und die Persönlichkeit zur Grundlage der Berufsausübung wird. Das evangelische Pfarrhaus schließlich, eine der herausragenden Produktionen des neuzeitlichen Protestantismus, ist zugleich privater Lebensraum und beruflicher Arbeitsplatz der gleichermaßen ihrer privaten Gesinnung wie den rationalen Anforderungen ihrer Profession verpflichteten Pfarrer und Pfarrerinnen.

3. In der Bibelfrömmigkeit, in der Kindheitsreligion und im Pfarrerberuf finden die andächtige Selbstvergewisserung, die gebildete Selbstentfaltung und die berufliche Selbstverwirklichung des Protestanten nicht nur ihre jeweiligen exemplarischen Ausdrucksgestalten. Vielmehr kommt in ihnen auch die *Verflechtung* von Frömmigkeitspraxis, Bildung und Beruf in jeweils charakteristischer Ausformung zur Geltung. In Bibelarbeit

und Textpredigt, den klassischen Formen der im Gemeindechristentum institutionalisierten Bibelfrömmigkeit, verbinden sich die in der Andacht gepflegte frömmigkeitspraktische ‚Aneignung' biblischer Sentenzen und Vorstellungsgehalte mit der durch exegetische Bildung angereicherten reflexiv-interpretativen ‚Auslegung' biblischer Texte; die Predigtmeditation, in der die frömmigkeitspraktische Aneignung und die wissenschaftliche Auslegung biblischer Perikopen methodisch miteinander verschränkt werden, stellt eine professionalisierte Gestalt der Andacht dar. Ebenso findet die in die Institutionen der Elementarerziehung eingepaßte und gleichermaßen auf die unmittelbare Selbstentfaltung der Kinder wie auf die reflexive Durchdringung der Lebenswirklichkeit abzielende Pflege der Kinderreligion ihre professionelle Gestalt im Beruf der Erzieherin. Pfarrer und Pfarrerinnen schließlich repräsentieren in ihrer Person den für den Protestantismus unauflösbaren Konnex von Frömmigkeit, Bildung und Beruf. Sowohl in ihren Selbstdefinitionen als auch in der Wahrnehmung durch andere stellen sich Pfarrer und Pfarrerinnen gleichermaßen als fromme Individuen, als gebildete Persönlichkeiten und als kompetente BerufsträgerInnen dar.

Die ‚Bibel', das ‚Kind' und der ‚Pfarrer' sind Wirklichkeit und *Idee* in einem. Wie das ‚Haus' im bürgerlichen Sprachgebrauch zugleich den Wohnraum der Familie wie die Idee des privaten Lebens bezeichnet (> 212-1:1.), so wird auch das mit dem Beruf der Pfarrer und Pfarrerinnen untrennbar verbundene Pfarrhaus mit ideellen Gehalten angereichert und zum Idealtyp bürgerlich-protestantischen Familienlebens stilisiert. Ebenso fungiert die Kindheit zugleich als Bezeichnung einer altersklassenspezifischen Lebensform wie als das zentrale Symbol der auf den Rechtfertigungsglauben gegründeten und im biblischen ‚Kinderevangelium' verdichteten protestantischen Frömmigkeitshaltung. Die Bibel schließlich ist einerseits religiöse, theologische und kirchliche Gebrauchsliteratur, das Erbauungsbuch, in das sich die fromme Individualität im Interesse ihrer religiösen Selbstvergewisserung versenkt, das Quellenbuch, aus dem die exegetische Forschung die Anfänge der christlichen Religionsgeschichte rekonstruiert, und das Bekenntnisbuch, auf dem die normativen Grundsätze der unterschiedlichen christlichen Konfessionen und Denominationen gemeinsam aufruhen. Gerade aufgrund ihrer zentralen Stellung in der protestantischen Religionskultur wird die Bibel aber zugleich auch idealisiert und zu der ‚Heiligen Schrift' aufgewertet, in der die ebenso unveränderlichen wie sinnstiftenden Maximen christlichen Glaubens und Lebens für alle Zeiten und damit auch für die jeweilige Zeit niedergelegt sind.

3.1. Die Bibel als Medium religiöser Selbstvergewisserung

3.1.1. *Bibelfrömmigkeit als exemplarische Grundgestalt protestantischer Frömmigkeitskultur*

3.1.1.1. Literale Erbauung als Grundform bürgerlich-protestantischer Frömmigkeitspraxis

3.1.1.1.1. *Erbauung als integrale Funktion der individuellen wie der gemeinschaftlichen Frömmigkeitskultur*

1. Der Begriff der *Erbauung* bildet jenseits seiner im heutigen Sprachgebrauch dominierenden sentimentalen und mitunter trivialen Konnotationen einen Schlüsselbegriff der

praktischen Ausübung wie der theologischen Reflexion von Frömmigkeit (> 211). Seine zentrale Stellung im Kontext der protestantischen Frömmigkeitskultur verdankt der Begriff der Erbauung seiner mehrfachen Integrationsfunktion. Er dient zum einen als umfassende Bezeichnung für die verschiedenen, in Haus und Kirche ausgeübten Frömmigkeitspraktiken. Im Begriff der Erbauung sind die unterschiedlichen Dimensionen religiöser Lebenspraxis, frommes Erleben und religiöse Reflexion, Vision und Erkenntnis, mystische Versenkung und kommunikativer Diskurs zusammengeschlossen. Der Begriff der Erbauung dient zum anderen zur Kennzeichnung der gemeinsamen Intention der unterschiedlichen religiösen Aktivitäten. So pluriform die verschiedenen Frömmigkeitspraktiken verfaßt sind, sie dienen sowohl in ihrer jeweiligen Eigenart als auch in ihrem Zusammenspiel gemeinsam der Erbauung. Der doppelte Bedeutungsgehalt des Begriffs weist auf die für die Religionspraxis charakteristische Identität von Handlungsabsicht und Handlungsvollzug hin: das religiöse Handeln ist kein instrumentelles Handeln; es verfolgt keine außerhalb seiner selbst liegenden Absichten; sein Zweck liegt in ihm selbst; Erbauung zielt auf nichts anderes als eben auf Erbauung ab. Schließlich verdichtet sich in den verschiedenen, aber immer aufeinander bezogenen Verwendungsformen des Begriffs (sich – an etwas – erbauen, sich gegenseitig erbauen) die dialektische Beziehung von subjektskonstitutiver und gemeinschaftsbildender Funktion der Religion. Sowohl in seinem alltagssprachlichen Gebrauch als auch in seiner Verwendung als theologische Kategorie hebt der Begriff der Erbauung die dynamische Statur der Frömmigkeitspraxis, ihrer intrapersonal-selbstreferentiellen wie ihrer kommunikativ-interaktiven Versionen hervor. Der Begriff der Erbauung bildet somit in mehrfacher Hinsicht ein semantisches Integral der unterschiedlichen Kommunikationsformen protestantischer Religionskultur.

2. In seiner wechselvollen, insgesamt von der zunehmenden Individualisierung seines Bedeutungsgehaltes geprägten *Geschichte* erlebte der Begriff der Erbauung in verschiedenen Reformepochen und Reformbewegungen eine Konjunktur: In der Ursprungszeit des Christentums, in der pietistischen Erneuerungsbewegung, in der Erweckungsbewegung des 19. Jahrhunderts und schließlich wieder im Zusammenhang der Gemeindewachstums- und Gemeindeaufbaubewegung. Jede dieser Reformbewegungen griff auf frühere Bedeutungsgehalte des Begriffes zurück und bediente sich seines vielschichtigen Sinngehalts.

Im *neutestamentlichen* Sprachgebrauch kommt sowohl die dynamische Statur der Frömmigkeit wie die dialektische Verbindung von individueller und gemeinschaftlicher Religionspraxis zum Ausdruck. Der Begriff der Oikodome wird zum einen in seinem direkten, „materiell-handwerklichen" Sinn gebraucht, zum anderen aber vor allem in breit ausgearbeiteter Metaphorik auf die Kirche als soziale Gemeinschaft wie als religiös-theologische Vorstellung übertragen und sowohl für den Vorgang des Bauens als auch für das Bauwerk selbst, das ‚Haus Gottes' oder die ‚Wohnung Gottes' verwendet (919,18). Dominiert im neutestamentlichen Schrifttum auch die soziale Konnotation des Begriffs, so „erhält Erbauung trotz seiner ekklesiologischen Prägung eine individualistische Nuance" (919,19); individuelle „Selbsterbauung" und „gegenseitige Erbauung" (919,19) stehen in einem Wechselverhältnis zueinander. Als Medium der religiösen Erbauung gelten die verschiedenen Formen des gelesenen und gesprochenen Worts: „Psalm, Lehre, Offenbarung, Zungenrede, Übersetzung der Zungenrede" (920,21).

Während Luther die Vokabel wenig gebraucht, ist im 16. und vor allem im 17. Jahrhundert eine „Akzentverschiebung in Richtung auf den Glauben des einzelnen" (921,297) zu beobachten, die „Umprägung des Begriffes ins Subjektive und Psychische" (920,25). Der *Pietismus* machte den Begriff der Erbauung einerseits „durch programmatischen Gebrauch … zu einem populären Wort" (920,26) und trug damit zu der subjektivistischen Engführung seines Bedeutungsgehalts bei, die sich durch den „inflationären Gebrauch der Vokabel" (921,297) im 18. und 19. Jahrhundert verfestigte. Andererseits erhob der Pietismus die Erbauung „zum programmatischen theologischen Begriff" (961,70). Die „auf den inneren Menschen und auf den Einzelnen gerichtete Glaubensstärkung" (922,319) bildet die Schlüsselkategorie eines „auf der Basis des Liebesgebotes und des allgemeinen Priestertums" (922,320) aufbauenden frömmigkeitspraktischen Reformkonzepts. Spener begreift die Erbauung nicht nur „als Recht und entsprechend als Pflicht aller Christen" (922,320), als das dynamische Prinzip der sich selbst vervollkommnenden religiösen Lebenspraxis, das sich in den verschiedenen „Relationen, in denen der Einzelne steht – im Privatleben, in Kirche und Gesellschaft" (922,319), auf selbstverständliche Weise zur Geltung bringt. Vielmehr wird der Begriff nun deutlich ‚strategisch' (922,321) akzentuiert und „der auf praktische Realisierung zielende konzeptuelle Charakter der Erbauung" (922,320) herausgestellt: „Der für Spener so wichtige Begriff der Erbauung selbst steht grundsätzlich für ein gezieltes, methodisch durchdachtes, differenziertes und planvolles Handeln. Strategie ist insofern ein wesentliches Moment von Erbauung" (922,153).

3. Die vom Pietismus hergestellte Verbindung von frömmigkeitspraktischen und konzeptionellen Bedeutungsgehalten charakterisiert auch die späteren theologischen Ausformulierungen des Begriffs. Im Gefolge von Schleiermacher und Nitzsch erhoben die *praktisch-theologischen* Theoriesysteme des 19. und des beginnenden 20. Jahrhunderts (E. Achelis, F. Niebergall) den Begriff der Erbauung zu einer zentralen Kategorie einerseits der Frömmigkeitstheorie (> 211), andererseits der Ekklesiologie (> 322). Hatte der Begriff durch die Betonung des „Gefühlvollen und Erlebnishaften" im Sinne „pietistische(r) Seelenpflege und persönliche(r) Selbsterbauung stark individualistische Züge erhalten" (961,70), so stellen die unterschiedlichen Konzeptionen praktisch-theologischer Kirchentheorie die Ursprungsbedeutung von ‚oikodome' als „Selbsterbauung der Kirche" (920,27) heraus und nutzen den ekklesiologisch qualifizierten Begriff zum Entwurf der praktisch-theologischen Prinzipienlehre: „Die praktische Theologie ist nichts anderes als die Lehre von der Selbstbetätigung der Kirche zu ihrer selbst Erbauung" (925,25). Programmatisch macht sich schließlich die Gemeinde-, Aufbau'-Bewegung den metaphorischen Gehalt des Begriffs zunutze, um das „Baugeschehen" auszudrücken, „das Paulus mit dem unübersetzbaren Begriff ‚OIKODOME' anspricht" (927,5). Im Rückgriff auf die „biblische Denk- und Sprachform von Oikodome" (928,236) wird die Grundlegung der „Oikodomik" als „Lehre vom Gemeindeaufbau" (928,250) formuliert.

Die praktische Theologie des 19. und des beginnenden 20. Jahrhunderts verwendete den Begriff der Erbauung nicht nur allgemein im Zusammenhang der Ekklesiologie, sondern auch speziell innerhalb der *Homiletik* und der *Liturgik*. Sie verlieh ihm die Statur einer theorieleitenden Kategorie und nutzte sie zur Kennzeichnung der kommunikativen Struktur des liturgischen und homiletischen Handelns, vorzüglich aber zur Verwebung beider religiöser Kommunikationsformen. Schleiermacher, der die Predigt als ein organisches Element des Gottesdienstes auffaßte und den „Zwekk des Cultus" als „darstellende Mittheilung des starker erregten religiösen Bewußtseins" (924,73) definierte, grenzte die nicht dem ‚wirksamen', sondern dem ‚darstellenden' Handeln zuzurechnende, auf Erbauung abzielende Gemeindepredigt auf der einen Seite von „einem Verständnis der Predigt als Lehrpredigt im orthodox-kirchlichen, aber auch rationalistischen Sinne", auf der anderen Seite „gegenüber bewußt missionarischen Tendenzen" (961,18) ab.

Die im 19. Jahrhundert geführte Debatte um die ‚*Kultuspredigt*' (961,66ff) knüpfte an Schleiermachers Verständnis der religiösen Rede an, griff aber zur Vermittlung zwischen darstellendem und wirksamem Handeln auf die Ursprungsbedeutung des Begriffs zurück und betonte, daß „der neutestamentliche, paulinische Gedanke der Erbauung primär den Aufbau der Gemeinde zum Gegenstand hat" (961,73). In analoger Weise strebten auch die zeitgenössischen Entwürfe der Liturgik eine Vermittlung zwischen symbolisch-darstellender und organisatorisch-wirksamer Form kommunikativen Handelns an: „Die Erbauung ist also nicht bloß die unbeabsichtigte Wirkung des Gottesdienstes, sondern vor allem auch der Zweck seiner Vollziehung" (926,42). Im Rückgriff auf die Reformation, in der sich „der öffentliche Gemeindegottesdienst … aus dem erziehenden Hausgottesdienst" (926,26) entwickelte, wird der im Gottesdienst praktizierten „zweckbewußten Erbauung" (926,44) durchaus auch eine pädagogische Note beigelegt.

3.1.1.1.2. Erbauungsliteratur als Medium der protestantischen Frömmigkeitskultur

1. Als zentrales Medium der auf individuelle wie gemeinschaftliche ‚Erbauung' abzielenden Frömmigkeitspraxis wie als primäre Quelle religiöser Erkenntnis gilt im Rahmen protestantischer Religionskultur die ‚*Schrift*'; eine dominante Form privater wie geselliger Frömmigkeitsausübung bildet die erbauliche Lektüre. „Das Christentum versteht sich als Buchreligion. Das Buch konserviert die Offenbarung, und dementsprechend ist vorrangig Lesen die Methode, es zu erschließen. Durch Lesen wird der tote Buchstabe lebendig" (931,83). Bezeichnet die ‚Schrift' im Rahmen protestantischer Frömmigkeit auch vorwiegend das Buch der Bücher, die Bibel als ‚Heilige Schrift' und rückt der biblische Kanon im Zuge der Reformation ganz ins Zentrum der erbaulichen Lektüre, so bleibt die Frömmigkeitsbibliothek des Protestanten gleichwohl nicht auf die Schriften des Alten und Neuen Testaments begrenzt. Zur Bibel als Zentralschrift der protestantischen Lesekultur gesellen sich der in der häuslichen, schulischen und kirchlichen Erziehung traktierte Katechismus und vor allem das Gesangbuch, das Frömmigkeitsdokument, in dem der fromme Protestant zu Hause ist und das er in die Kirche mitbringt, um in Gemeinschaft mit religiös Gleichgesinnten aus seinem eigenen Buch zu singen. Die Liedstrophen und die Gebetstexte des Gesangbuchs werden ebenso im Gottesdienst wie in der privaten Andacht, aber auch in der kirchlichen Gruppenkultur und im Konfirmandenunterricht gesungen, gelesen und meditiert. Die Trias der religiösen Bücher, deren fromme Lektüre eine Grundform der privaten wie kirchlichen Frömmigkeitspraxis ausmacht, erweitert sich um ein breites Spektrum an Erbauungsschriften, die zum Großteil als persönlich akzentuierte Auslegungen und lebenspraktische Anwendungen biblischer Texte und Motive verfaßt und von vielfältigen untergründigen und deutlichen Anklängen an gängige Katechismussätze, Gesangbuchstrophen und Gebetsformulierungen durchsetzt sind. Das um die Bibel zentrierte religiöse Schrifttum, Grundlage wie Produkt der protestantischen Schriftreligion, bildet ein reales wie symbolisches Integral protestantischer Frömmigkeitskultur in Haus und Kirche.

Die protestantische Lese- und Auslegungskultur verdankt ihre Entstehung wie ihre weitverzweigte Entfaltung ihrer Einbettung in die *literale Kulturwelt* des Bürgertums (934).
Die pathetische Heiligung der Sprache, die fromme Verehrung des geschriebenen Wortes, der sakral-magische Umgang mit Büchern gehören zu den primären Tugenden, die
das Bildungsbürgertum in seinen säkular-religiösen Weihehallen, den privaten und öffentlichen Bibliotheken, und vornehmlich zu den heiligen Zeiten des häuslichen Tages-,
Wochen- und Jahresrhythmus, am Feierabend, am Sonntag und an Festtagen pflegt. Aus
der anthropologischen Bestimmung des menschlichen Wesens als sprachlicher Kreatur
(936) resultiert die Sakralisierung der Sprache, der Glaube an die erkenntnisleitende Potenz verbaler Wirklichkeitserschließung, an die kommunikative Macht sprachlicher Verständigung und an die heilende Kraft des zugleich menschlichen wie göttlichen Wortes.
Die gesprochene, geschriebene und gelesene Sprache bildet das Fluidum der bürgerlichen Kultur, das Medium, in dem sich die öffentliche wie die private Lebenssphäre der
bürgerlichen Welt konstituiert.

Am Übergang von der höfisch-repräsentativen zur bürgerlichen *Öffentlichkeit* (> 222-1)
„findet die bürgerliche Gesellschaft eine erste Gestalt als literarische Öffentlichkeit, in
deren kulturellem Raum sich Autoren und Leser weitgehend über die Medien von Presse
und Literatur … begegnen" (929,894). Seitdem gilt die Pressefreiheit, eine genuin neuzeitliche Version der Meinungsfreiheit, als ein unverzichtbares Grundrecht, ohne das die
demokratische Gesellschaftsform nicht zu denken ist. Und wie die politische Kultur der
modernen Gesellschaftssysteme auf der verbalen Auseinandersetzung zwischen den divergierenden gesellschaftlichen Interessensgruppen, Klassen und Parteien aufruht, so
führt die Kodifizierung und Revision des wissenschaftlichen, zumal des medizinischen,
juristischen und ökonomischen Schrifttums und die darauf aufbauende Diskurskultur
zum rationalen Fortschritt der Vernunfterkenntnis wie zur sozialen Fortentwicklung des
Gemeinwesens. Im Zeitalter des Bürgertums und im Rahmen der öffentlichen Sprachkultur entstand, zunächst in der Form von religiösen Printmedien, dann in religiösen
Rundfunk- und Fernsehproduktionen (> 222-5) auch die „öffentliche Verkündigung
durch Kommunikation". Sie kann „als christlich-religiöse Variante der qualifiziert verstandenen öffentlichen Meinung begriffen werden" (929,895f).

Die literale Kultur des Bürgertums hat aber nicht nur die öffentliche, sondern vor allem
auch die *private Lebenssphäre* geprägt. Sich in ein Buch versunken aus der Außenwelt
zurückzuziehen und in die unvertauschbar individuelle Innenwelt einzutauchen, bildet
eine der klassischen Privatisierungstechniken des „bildungsbürgerlichen Individualismus. Lesen nämlich privatisiert. Vor dem Buch ist jeder allein und stumm für sich"
(938,20). Zu den literalen Konventionen der häuslichen Privatwelt gehört ebenso die mit
eigener Hand und in der Absicht privater Erbauung aufgesetzte Korrespondenz unter
einander persönlich Vertrauten wie die selbstreferentielle Verständigung der in sich gekehrten Individualität mit sich selbst im Spiegel autobiographischer Notizen.

Die verschiedenen Gestalten intimer Schreib- und Lesekultur bündeln sich in einer eigenen Gattung von säkular-religiöser *Seelsorgeliteratur*; Zeitungen und Zeitschriften religiöser und säkularer Provenienz enthalten Rubriken der Lebensberatung, in denen Privatleute ihre persönlichen Lebensprobleme im Ton individueller Betroffenheit darlegen,
um im Medium öffentlicher Publikation bei Fachleuten Rat zu finden. Wie Formen der
privaten Schreib- und Lesepraxis in die öffentliche Diskurskultur eingehen, so bedient

sich umgekehrt die bürgerliche Privatwelt der öffentlichen Publikationsmedien und eignet sich die öffentlich verbreitete Literatur durch Privatlektüre auf persönliche Weise an. Entspringen schon die am Anfang des bürgerlichen Literaturbetriebs verfaßten „Moralischen Wochenschriften" (944,42ff) den „Bedürfnissen eines bürgerlichen Lesepublikums" (930,107), so setzt sich der Prozeß der Individualisierung und Privatisierung der Schriftkultur in der Folgezeit ständig fort. „Die Beziehungen zwischen Autor, Opus und Publikum verändern sich: sie werden zu intimen Beziehungen der psychologisch am ‚Menschlichen', an Selbsterkenntnis ebenso wie an Einfühlung interessierten Privatleute untereinander" (930,114).

Im Rahmen der Konjunktur des christlichen *Zeitschriftenmarktes* im 19. Jahrhundert entwickelte sich nicht nur die Gattung der „privat-besinnlicher Frömmigkeitsübung" dienenden „‚erbauliche(n)' Blätter" (944,57f). Vielmehr bildete sich sowohl in den christlichen Publikationsorganen, die eher theologisch orientiert und an ein gebildetes christliches Publikum gerichtet waren, als auch in den Zeitschriften, die sich der Pflege der spezifisch kirchlichen Christentumspraxis verpflichtet wußten, ein eigenes Genre erbaulicher Literatur, die ‚Zeitungsandacht' als „religiöse(r) Leitartikel" (944,96) heraus. „Religiöse Artikel an der Spitze von Gemeindeblättern, kurz ‚Andacht' genannt", wurden zum „selbstverständlichen Inventar evangelischer Zeitschriften" (944,94).

Die für den Protestantismus charakteristische Form der Erbauung durch andächtige Lektüre erlebte mit dem Entstehen der bürgerlichen Epoche und mit dem Fortschritt lebensweltlicher Individualisierung eine Blütezeit. Gleichwohl ist die protestantische Lesekultur nicht nur als Frucht bürgerlicher Schriftkultur anzusehen. Vielmehr stellt sich die religiöse Kultur des Christentums (943), zumal aber die Religionspraxis des Protestantismus, auch umgekehrt als *Motor* der modernen Lesekultur dar. Nimmt das Christentum von seinen Ursprüngen an unter den „Buchreligionen", die auf „heiligen Schriften gründen" und „sakrale Lesekulturen" (938,12) hervorgebracht haben, eine herausgehobene Stellung ein, so wird das ‚Schriftprinzip' (945) im „evangelische(n) Credo der Reformation" (939,85) in radikaler Weise eingelöst. Die „Gründergestalten" der protestantischen Religionspraxis, „Luther und Calvin, haben die Bibellektüre zum alleinigen Heilsweg erklärt. Durch die Schrift und nur durch sie finde der Glaube zum persönlichen Verkehr mit Gott, nicht durch mystische Bildbetrachtung, wie in der griechisch-russischen Orthodoxie, und nicht über den kirchlichen Klerus, wie im römischen Katholizismus" (939,85). Säkularer Literaturbetrieb und religiöse Heiligung des Wortes, humanistische Sprachkultur und protestantischer Schriftglaube gehen schon in der frühen Neuzeit eine bis in die Gegenwart reichende Symbiose ein. „Die Renaissance der klassischen Literatur in Italien und die Reformation des biblischen Christentums in Deutschland haben am Ende des Mittelalters zu einer Lesefrömmigkeit zusammengefunden, die den Stolz des modernen Buchmenschen, des ‚homme de lettres' auf den Weg brachte" (938,18).

In der protestantischen Reformation sind aber nicht nur die Ursprünge der privat-religiösen Lesekultur angelegt. Vielmehr bildet die in der privaten Lektüre praktizierte Methode der Wirklichkeitserschließung (942; 947), die Kombination von rezeptivem Lesen und produktivem Auslegen, auch das hermeneutische Paradigma der *kirchlichen* Religionskultur des Protestantismus. Die protestantische Bindung des religiösen Glaubens an die Schrift findet in der kommunikativen Gestaltung des typisch protestantischen ‚Wort'-

Gottesdienstes seine praktische Verwirklichung. Die „‚sola-fide'-Lehre (ist) eng verknüpft mit der Zentrierung des Glaubens auf ‚Gottes Wort' und, persönlichkeitsstruktu-
rell, mit der Umorientierung von der Sinnlichkeit der katholischen Sakramentalität zur
Dominanz des wortregulierten Handelns" (937,98). Sowohl die gottesdienstlichen
‚Schrift'-Lesungen, in denen sich christliche Relektüre des Alten Testaments und verge-
wissernde Rückbindung des Glaubens an die verschriftlichte Botschaft des Neuen Testaments nach dem Schema von Verheißung und Erfüllung miteinander verbinden, als
vor allem auch die textgebundene protestantische ‚Schrift'-Predigt verleiht dem evangelischen Gottesdienst sein charakteristisches, an der literalen Kommunikation orientiertes
Profil. Die Zentrierung der kirchlichen Religionspraxis auf die Lektüre und die Auslegung der ‚Heiligen Schrift' bildet die paradigmatische Grundlage der protestantischen
Schriftfrömmigkeit, der kirchlichen wie der häuslichen Frömmigkeitskultur.

2. Der „Pflege privater religiöser Erbauung" dient die *Erbauungsliteratur*, ein Genre
religiösen Schrifttums, das „sich nicht an die gottesdienstliche Gemeinde, sondern allgemein an den christlichen Leser" (921,297) wendet.

Hatte sich schon seit der *frühen Christenheit* eine Vielfalt von unterschiedlichen Gattungen erbaulichen Schrifttums herausgebildet (populär-exegetische Schriften, Ermunte-
rungs- und Trostschriften, Hagiographien und religiös grundierte Autobiographien wie
beispielsweise Augustins Confessiones), so entwickelten sich in der Frömmigkeitskultur
des Mittelalters neue Formen der Erbauungsliteratur: Stundenbücher, Beichtspiegel, Anweisungen zum geistlichen Leben und mystisch geprägte Passionsschriften (wie Thomas
von Kempens Imitatio Christi). Eine eigene Gattung religiöser Erbauungsliteratur bilden
die im Zusammenhang der Ars-moriendi-Frömmigkeit verfaßten Anweisungen zum seligen Sterben, die in ihren Ursprüngen auf die antike Philosophie, insbesondere auf die
Stoa, zurückgehen (932,151) und im „aufstrebende(n) Bürgertum" (933,144) des späten
Mittelalters, zumal in Gestalt der Sterbebüchlein der ‚Wiener Schule' (933,145ff), weite
Verbreitung fanden.

Luther, „einer der meistgelesenen religiösen Schriftsteller seiner Zeit" (921,298), verfaßte nicht nur erbauliche Sermone zu einer Vielzahl frömmigkeitspraktischer Themen,
sondern auch die für die protestantische Frömmigkeitspflege unverzichtbaren Lied- und
Katechismustexte. Mit der Übersetzung der Bibel in die deutsche Sprache schuf Luther
schließlich das zentrale Medium der protestantischen Schriftfrömmigkeit, die bis in die
Gegenwart klassisch gebliebene ‚Lutherbibel'.

Während die religiöse Erbauungsliteratur in *Orthodoxie* und *Pietismus* eine Blütezeit
erlebte (J. Arndt, Sechs Bücher vom wahren Christentum nebst dessen Paradiesgärtlein;
J. Gerhard, Meditationes sacrae; J.F. Starck, Tägliches Handbuch in guten und bösen
Tagen; G.Tersteegen, Auserlesene Lebensbeschreibungen heiliger Seelen) und die *Aufklärung* eine eigene Gattung von Erbauungsliteratur hervorbrachte, in der sich vernünfti-
ge Welterkenntnis und fromme Innerlichkeit miteinander verbinden, trat in der Folgezeit
die säkular-religiöse Dichtung das Erbe der religiös-kirchlichen Erbauungsliteratur an (J.
Milton, Das verlorene Paradies; F.G. Klopstock, Messias; O. Goldsmith, The Vicar of
Wakefield; J.W. Goethe, Die Leiden des jungen Werthers; J.H. Jung-Stilling, Lebensgeschichte). Im *19. Jahrhundert* schließlich wurde eine Fülle von klassischen Erbauungs-
büchern der verschiedenen Epochen neu aufgelegt.

Befruchten sich die literale Frömmigkeitspraxis und die bürgerliche Lesekultur in den Anfängen der bürgerlichen Epoche wechselseitig und verdanken sie sich gegenseitig ihre Blüte in der Glanzzeit des protestantischen Bildungsbürgertums, so partizipieren sie in der Folgezeit auch gemeinsam an den *Veränderungen* der kulturellen Konventionen wie der medialen Formen der Wirklichkeitserschließung. War die privatreligiöse Konvention der täglichen Hausandacht (> 212-4:2.1.2.) mit gemeinsamer erbaulicher Lektüre und gemeinschaftlicher Gebetspraxis schon immer einem sozial und kulturell eng begrenzten Milieu, dem religiös gestimmten und der christlichen Kulturwelt verbundenen Bildungsbürgertum verhaftet, so blieb auch die Gewohnheit des Bücherlesens bestimmten Gesellschaftsschichten vorbehalten. Die Konjunktur der Erbauungsliteratur in der Epoche des Bürgertums trug deshalb nicht nur zur inneren Konsolidierung der protestantischen Hauskultur, sondern ebenso zur Selbsterhaltung der bürgerlichen Gesellschaftsklasse in der sich modernisierenden Industriegesellschaft bei. Spätestens seit dem letzten Drittel des 20. Jahrhunderts, im Zeichen der „Postmodernisierung der Religion" (940) wird die bürgerliche Religionskultur von den Folgen des gesellschaftlichen Modernisierungsprozesses eingeholt. Auf der einen Seite führten die Rückwirkungen der industriellen Arbeitswelt auf die private Zeitordnung (> 233) zu einer weiteren Individualisierung sowohl der Lesegewohnheiten als auch der häuslichen Frömmigkeitskonventionen. Wird die Lektüre belletristischer Literatur unter der Dominanz des audiovisuellen Mediums zunehmend aus der kulturellen Gestaltung des Alltags verdrängt, vom Feierabend in die Nacht verlegt und zur Bettlektüre stilisiert, so „erlauben die modernen Arbeitsbedingungen nur noch selten eine gemeinsame Andacht. Für die Texte folgt daraus, daß weniger an ein gemeinschaftliches, sondern mehr an ein individuelles Lesen zu denken ist. Auch ist weithin das laute Vorlesen einer stillen Lektüre gewichen" (931,82).

Auf der anderen Seite erscheint das *zukünftige Schicksal* der bürgerlich-protestantischen „Schriftfrömmigkeit" (940,175) überhaupt zweifelhaft. Die tiefgreifende Veränderung der Kommunikationskultur, die Verlagerung der medialen Reproduktion von Lebenswirklichkeit von der literalen zur audiovisuellen Wahrnehmung signalisiert das Ende des „Gutenbergzeitalter(s)" (940,172). Mit der bürgerlichen Schriftkultur scheint sich auch die Konvention der erbaulichen Lektüre von Büchern aufzulösen. Tritt an die Stelle der „Lesekultur" auch nicht der vielbeschworene „televisionäre Analphabetismus" (940,172), so wirken die Gesetzmäßigkeiten der audiovisuellen Inszenierung von Wirklichkeit (> 222-5), die Gliederung der Darstellung in komprimierte Sequenzen bei ständigem Szenenwechsel und die Fokussierung des Rezeptionsinteresses auf die mitgeteilten Informationsgehalte, auf das Produktdesign der Gebrauchsliteratur zurück. Zeitungs- und Zeitschriftenartikel werden nicht nur mit schlagkräftigen Headlines überschrieben, sondern für den eiligen Leser auch mit summierenden Vorspannen versehen. Das Layout moderner Printmedien gleicht einem Patchwork, das eine Vielzahl von Kurzinformationen in bunter Präsentation auf knappem Raum vereinigt und möglichst viele Inhalte auf einen Blick erfassen läßt. Die literarische Großform des breit ausgearbeiteten Leitartikels und des detailliert informierenden Hintergrundkommentars weicht zunehmend redaktionell vorsortierten und für den schnellen Zugriff des Lesers aufbereiteten Materialsammlungen und Meinungsäußerungen.

3. Die in der Gegenwart gebräuchlichen Gattungen religiöser Erbauungsliteratur folgen insgesamt der Entwicklung zur literarischen Kleinform. In den kommunikativen Kontext der häuslichen *Morgenandacht* (> 212-4:2.1.) eingepaßt ist die „auf den Tag bezogene

Erbauungsliteratur, Kalender, Bibellesen, Losungen" (931,80), die in einer Auflage von jeweils mehr als einer Million verbreitet werden und „über einen festen Stamm von Lesern verfüg(en)" (931,81). Der marktführende ‚Neukirchener Kalender' enthält auf der Vorderseite des jeweiligen Kalenderblatts die erbauliche Auslegung eines Bibelworts und auf der Rückseite eine dazupassende alltagspraktische und mit moralischen Ansprüchen unterlegte Beispielgeschichte; er findet sein säkulares Pendant in Abreißkalendern mit Sinnsprüchen weisheitlichen Gehaltes und geflügelten Worten aus dem Repertoire klassischer bürgerlicher Literatur.

Das *Losungsbuch* der Herrnhuter Brüdergemeine, das die im Losverfahren gezogene alttestamentliche Tageslosung mit einem neutestamentlichen Schriftzitat, dem ‚Lehrtext', kombiniert und in seiner ursprünglichen Gestalt für die „tägliche Gebets- und Lebensgemeinschaft" (953,230) der Brüdergemeine verfaßt wurde, erschien zum ersten Mal 1731. Es entwickelte sich weit über die Grenzen der Brüderunität hinaus zu „einem der verbreitetsten Andachtsbücher in der Welt" (953,231) und verleiht der morgendlichen Andacht eines Millionenpublikums „verschiedener Sprache und kirchlicher Zugehörigkeit" (954,187) ihr charakteristisches, aus der lebensorientierenden Funktion biblischer Texte gewonnenes Profil. „Das Lesen der Losung tritt an die Stelle der privaten Hausandacht" (953,231).

Zu den literarischen Formen der gegenwärtig gebräuchlichen Erbauungsliteratur sind schließlich die in Haus und Kirche, in Gemeindegruppen und spirituellen Bewegungen verwendeten *Gebetbücher* zu zählen. Sie enthalten in der Regel literarische Vorlagen für das ‚Gebet in der Gemeinschaft', für die ‚Hausandacht' und für das ‚Gebet des Einzelnen' und fungieren zunehmend als literarische Generatoren einer neuartigen, ökumenisch und teilweise interreligiös verfaßten Religiosität (955,120).

Anders als die diversen Gattungen der klassischen Erbauungsliteratur sind die kleinsten literarischen Formen religiöser Printmedien wie *Traktate* und *Spruchkarten* nicht in einen ritualisierten Verwendungszusammenhang eingebettet und nicht in der bürgerlichen Lesekultur verankert. Sie „stellen die geringsten Anforderungen an den Leser. Wenn das Buch die Fähigkeit des Lesers, einen großen geistigen Zusammenhang zu erfassen, voraussetzt, der Kalender, die Bibellesen und Losungen die Verpflichtung zur täglichen Lektüre verlangen, genügt beim Traktat ein spontanes Lesen" (931,81). Die von der Erweckungsbewegung inspirierte und einer Gefühlsreligiosität verpflichtete Trivialliteratur überzeugt den Leser durch den deutlich markierten religiösen Standpunkt des Verfassers wie durch die Lebensnähe ihrer prägnanten Botschaft und folgt hinsichtlich der Präsentation elementarer christlicher Glaubensvorstellungen häufig einem „Trend zum Flachen, bei den Beispielgeschichten zum Kitschigen" (931,82). Verbinden sich in der Traktatliteratur volksmissionarisch akzentuierte kirchliche Öffentlichkeitsarbeit und persönliche Religiosität aufs engste miteinander, so finden dekorativ gestaltete Spruchkarten im Zusammenhang der bürgerlichen Alltags- und Festkultur, im Rahmen privater Korrespondenz und vor allem als literarische Medien von Glückwünschen sowie zur schriftlichen Begleitung von überreichten oder versandten Geschenken Verwendung.

3.1.1.1.3. Die Bibel als zentrales Medium der protestantischen Erbauungskultur

1. So vielfältig sich die literarischen Formen der bürgerlich-protestantischen Erbauungskultur auch darstellen, die gemeinsame Quelle und die zentrierende Mitte der privaten
wie der kirchlichen Schriftfrömmigkeit bildet das Gedankengut, die Vorstellungswelt
und der Sprachschatz der *Bibel*. Wie sich das erbauliche Schrifttum insgesamt um die
biblische Tradition sortiert und sich um eine zwar jeweils eigenständige, aber durchweg
an exemplarischen Gehalten und sprachlichen Mustern biblischer Texte orientierte Pflege alltagsverbundener Frömmigkeitspraxis bemüht, so ist auch die religiös grundierte
Belletristik von vielfältigen Verweisen auf das Buch der Bücher durchsetzt und nicht
selten als literarisches Spiel mit biblischen Motiven oder als selbständige Fortschreibung
biblischer Erzählstränge verfaßt. Die unterschiedlichen Epochen, Sparten und Stilrichtungen des bürgerlichen Kunstbetriebs, Malerei und Plastik, Oper und Film, nehmen zur
ästhetisch-symbolischen Interpretation der zeitgenössischen Lebenswelt häufig biblische
Motive auf. Ebenso finden sich im politischen wie im alltäglichen, im öffentlichen wie
im privaten Sprachschatz unzählige verdeckte oder offene Anspielungen auf biblische
Sentenzen. Die Kultur des ‚christlichen Abendlandes‘, ihre explizit religiöse Komponente wie ihre religiös-ethische Fundierung und schließlich ihre pädagogische Vermittlung ist ohne den ständigen Rekurs auf die Bibel und deren christliche Auslegungstradition nicht zu denken.

Ihre zentrale Stellung in der privaten wie in der öffentlichen Kulturwelt und ihre paradigmatische Bedeutung für die neuzeitliche Frömmigkeitspraxis verdankt die Bibel der
Genese und *Geschichte* der protestantischen Religionskultur.

War das *reformatorische* Christentum schon in seinen Ursprüngen „eine Art biblischer
Frömmigkeitsbewegung", so hat sich der Protestantismus auch „in späteren Phasen sei-
ner Geschichte … wiederholt programmatisch an diese Grundbestimmtheit erinnert"
(951,31) und im Zuge verschiedener Reformbewegungen den Typus der charakteristischen „protestantischen Bibelfrömmigkeit" (951,32ff) geschaffen. War das Studium der
Bibel in den Anfängen der protestantischen Reform zunächst „primär Aufgabe der
Theologen", so wurde die Zentralschrift protestantischer Religionskultur „durch den
Druck von Postillen und Gesangbüchern, durch den Katechismusunterricht, durch die
Anleitung zu geordneten Formen der Hausandacht sowie durch die Verbreitung der Bibel selbst" zum „tragende(n) Element individueller wie familiengetragener Frömmig-
keit", zum Fundament „bibelgeprägte(r)" Religiosität (951,32).

Der *Pietismus* stellte die Synthese von Frömmigkeit und Bibel nicht nur programmatisch
heraus, indem er die für den religiösen Glauben konstitutive „Autorität der Schrift" auf
die „persönliche Erfahrung" des frommen Individuums gründete (952,80). Vielmehr
verwirklichte die pietistische Reform im Einklang mit der bürgerlichen Emanzipationsbewegung das für den Protestantismus fundamentale Axiom der religiösen Autonomie
jedes Christen, das protestantische Laienprinzip, durch eine Forcierung der erbaulichen
Bibellektüre. „Die mündigen Laien reklamieren das von der Reformation grundsätzlich
erstrittene Recht, das Wort Gottes nicht nur zu hören, sondern auch am Vorgang der
Auslegung und Aneignung der biblischen Botschaft beteiligt zu werden … Die Bibel
wird Mittelpunkt und Medium einer neuen selbstbewußten Laienfrömmigkeit"
(950,126). Die „neue Bibelfrömmigkeit" (952,80) wird vom Pietismus zum einen durch

die allgemeine Verbreitung der Lutherbibel (956,616), zum anderen „durch methodische Anleitung der Theologen und Laien" (952,80) zur Schriftauslegung gefördert. In seinen Pia Desideria (1675) fordert Spener, die Bibelfrömmigkeit nicht nur im Rahmen der gottesdienstlichen Praxis, sondern vor allem auch in der privaten Religionskultur, „im häuslichen Kreis", sowie in „Gemeindeversammlungen besonderer Art" (951,33) zu pflegen. „Trotz der Breitenwirkung des Pietismus blieb die pietistische Bibelfrömmigkeit allerdings Sonderfrömmigkeit" (951,34), wie auch die spätere Erweckungsbewegung „regional begrenzt blieb und auch nur bestimmte Sozialschichten erreichte" (951,35). Gleichwohl reicht die Wirkung der protestantischen Bibelfrömmigkeit weit über die Grenzen des kirchlichen Christentums hinaus. Einerseits auf der Basis des Gemeinschaftschristentums, andererseits im Zusammenhang der bürgerlichen Emanzipationsbewegung bildeten sich zwei für die weitere Entwicklung der protestantischen Religionskultur charakteristische „Grundtypen von Frömmigkeit" heraus, der „biblizistisch-pietistische Typ" und der „bürgerlich-liberale, ‚protestantische' Typ einer ethisch-kulturell", gleichfalls aber an der biblischen Tradition orientierten Frömmigkeit (950,125).

Wie der Pietismus, so hat auch die *Aufklärung* einen eigenständigen Beitrag zum Fortschritt der protestantischen Bibelfrömmigkeit geleistet. „Verwandt waren Pietismus und Aufklärung in der Grundstimmung, daß die biblische Botschaft nicht so sehr auf feste Lehre wie auf Ansporn zu tätiger Frömmigkeit abziele" (952,82). Während der Pietismus aber die Autorität der Heiligen Schrift aus der unmittelbaren Evidenz ihrer religiösen Gehalte für das religiöse Selbstbewußtsein herleitete und damit auf die religiöse Gesinnung des frommen Individuums stellte, unterzog die Aufklärung die biblischen Texte der Vernunftkritik, um die biblische Offenbarung nicht als zufällige Äußerung blinder Gefühlsreligiosität, sondern als Quelle vernunftgeleiteter Erkenntnis, rational begründeter Wahrheit und verstandesmäßig einsehbarer Lehre in Geltung zu setzen. Erwiesen sich viele biblische Vorstellungen im Lichte ihrer historischen Kritik auch als Ausdrucksformen zeitgebundener, voraufklärerischer Stadien der christlichen Religionsgeschichte, so diente die wissenschaftliche Erforschung der biblischen Texte gleichwohl nicht deren Destruktion, sondern der rationalen Bewahrheitung der biblischen Überlieferung. „Die Kritik an der kirchlichen Lehrüberlieferung konnte sogar die Autorität der Bibel steigern und eine Art historischen Biblizismus hervorbringen" (952,81). Wie die Anfänge der wissenschaftlichen Exegese nicht ohne das religiöse Interesse an den primären Urkunden der christlichen Religion zu denken sind, so blieben persönliche Bibelfrömmigkeit und wissenschaftliche Interpretationsarbeit in der protestantischen Schriftforschung bis in die Gegenwart eng miteinander verwoben. Die vom Pietismus und von der Aufklärung auf je verschiedene Weise vorgenommene Distinktion und Relation von Religion und Theologie (923) prägte sowohl die zeitgenössische Exegese wie die in der Folgezeit entwickelten Formen des praktisch-religiösen wie des wissenschaftlich-theologischen Umgangs mit der Bibel. Auf exemplarische Weise verbinden sich „Frömmigkeit und Wissenschaftlichkeit" (957,587) etwa in Johann Albrecht Bengels ‚Gnomon Novi Testamenti', einer akribischen philologischen Analyse und theologischen Erklärung der einzelnen Bibelstellen. Auf der Basis einer „Schriftgnosis" (952,80) liieren sich „die Ehrfurcht vor dem Text und dessen praktischer Bezug mit wissenschaftlicher Forschung" (952,80) zu einer organischen Einheit aus „Textkritik, Schriftauslegung und heilsgeschichtlicher Forschung" (957,586).

Die *bürgerliche Religionskultur* macht von der Bibel vielfältigen und unterschiedlichen Gebrauch. Das Bildungsbürgertum nahm die im Pietismus und Aufklärung geschaffene Synthese von erbaulicher und wissenschaftlicher Schriftforschung auf und nutzte sowohl die literarischen Inszenierungen biblischer Stoffe in der Dichtung als vor allem auch die populär gewordenen Einsichten der theologischen Exegese für einen zugleich religiös-erbaulichen wie modern-kritischen Umgang mit der biblischen Tradition. Im Zusammenhang des populärwissenschaftlichen Diskurses um die Bedeutung der Bibel für die moderne Kulturwelt bildete sich der spezifisch neuzeitliche, säkularreligiöse Gebrauch der biblischen Texte heraus. „Die ‚Schrift‘ war sozusagen ganz zur ‚Bibel‘ geworden" (952,83), das Buch der Bücher zu einem Buch unter anderen, dessen weisheitliche, moralische und ästhetische Momente allerdings hoch bewertet werden. „Klassik und Romantik schätzten an der Bibel ihre dichterische Schönheit, die Fülle menschlicher Erfahrung und allgemeiner Religiosität" (952,83).

Die Entmythisierung der biblischen Texte führte denn auch nicht zu einer vollständigen Entsakralisierung der ‚Heiligen Schrift‘. Als Buch der Bücher, als Inbegriff und Sinnbild bürgerlicher Buch- und protestantischer Schriftkultur gewann die Bibel im Rahmen der bürgerlichen Religionskultur vielmehr eine neue, zugleich religiöse wie symbolische Qualität. Wie die aufgeschlagene Altar-Bibel den von den Heiligenbildern und anderen sakralen Gegenständen entleerten protestantischen Kirchenraum zum heiligen Bezirk macht, so bildet die *Hausbibel* die prominenteste, wenn nicht die einzige sinnliche Repräsentanz der Religion im profanen Interieur des bürgerlich-protestantischen Hauses (> 212-4:2.1.). Selbst wenn sie nicht als Lesebuch genutzt wird, büßt die Familienbibel ihre frömmigkeitspraktische Funktion nicht ein. Die reichhaltige Illustration der prunkvoll gestalteten Hausbibel (beispielsweise mit den graphischen Darstellungen biblischer Szenen des Nazareners Schnorr von Carolsfeld; 958,1468) macht die Bibel zum Bilderbuch für private wie gemeinsame andächtige Betrachtung.

Eine eigene sakrale Qualität erhält die Hausbibel im Zeitalter des Bürgertums als literarisches Medium der religiösen Heiligung der Familie. In einen in die *Familienbibeln* seit dem 19. Jahrhundert eingebundenen Teil trägt die Hausmutter mit Andacht die Familienchronik ein, zumal die herausragenden und im Zusammenhang religiöser Feiern begangenen Daten der familiären Biographie (951,49). Später wird die durch ihre Eintragungen individualisierte Familienbibel an die nächste Generation weitervererbt. Fungiert die Familienbibel als Sinnbild familiärer Identität und Kontinuität, so symbolisiert die im Rahmen des Konfirmationsrituals feierlich überreichte Konfirmationsbibel die religiöse Qualität der individuellen Lebensgeschichte.

Die lebensorientierende Funktion biblischer Sentenzen und Motti kommt schließlich in den oft von den Betroffenen selbst gewählten und in der Hausbibel vermerkten Tauf-, Trau- und Bestattungstexten zum Ausdruck, vor allem aber in dem *Denkspruch*, der in der Konfirmationsfeier verlesen und anschließend in das von den Taufpaten übergebene eigene Gesangbuch eingeklebt wird. Er gilt als „eine Art Lebenslosung, auf die in schwierigen Zeiten zurückgegriffen werden" (951,49) kann. Wird der Denkspruch später als Text der Traurede oder der Bestattungsrede wiederverwendet, dann verdichtet sich in der Identität des biblischen Lebensmottos die Sinnhaftigkeit der individuellen Lebensgeschichte. „Volkskirchliche protestantische Frömmigkeit gewinnt ihren Bibelbezug in ganz hohem Maße gerade in Gestalt der Erinnerung an Sprüche an den Wendepunkten der Biographie" (951,49).

2. Die protestantische Schriftfrömmigkeit rekurriert in vielfältiger Weise auf die Heilige Schrift. Aber sie bezieht sich nicht gleichmäßig auf die ganze Bibel in ihrer kanonischen Gestalt. Im *frömmigkeitspraktischen* Gebrauch des biblischen Schrifttums lösen sich einzelne Textpartien aus der unüberschaubaren Fülle der biblischen Tradition und treten in den Vordergrund des religiösen Interesses. Die in unterschiedlichen Verwendungssituationen approbierten Texte werden einerseits zu schriftlich kodifizierten Teilbibeln (wie etwa das Neue Testament mit Psalmen) oder Sammlungen biblischer Perikopen (wie etwa Schulbibeln und Kinderbibeln) zusammengestellt, zu gebrauchsfähigen Kurzbibeln, die das Ganze der Heiligen Schrift in der Form eines repräsentativen Extrakts enthalten. Andererseits bilden sich in den unterschiedlichen Kontexten der Frömmigkeitspraxis, zumal aber in der privaten Bibelfrömmigkeit, biblische Textkollektionen und Logiensammlungen heraus, die nicht schriftlich fixiert werden, sondern im Zuge praxisimmanenter Kanonisierungsprozesse entstehen und sich ebenso in der unmittelbaren Frömmigkeitspraxis bewähren. Die vor allem in der privaten Religionspraxis, aber auch in der kirchlichen Gruppenkultur in Geltung stehenden ,imaginären' Kanones biblischer Texte orientieren sich hinsichtlich ihrer Auswahlkriterien weniger an der Ganzheit und Einheit der biblischen Überlieferung als vielmehr an der frömmigkeitspraktischen Relevanz einzelner biblischer Textstellen.

Nimmt die mit persönlichen Markierungen, Unterstreichungen und geheimen Codes versehene und in ihrem ständigen Gebrauch geheiligte *private Bibel* des frommen Individuums auch mitunter recht eigenwillige Formen an, so ist ihr sich ständig veränderndes Inventar gleichwohl rational geordnet und in sich einheitlich verfaßt. Im Unterschied zu der alltäglichen, eher zufälligen und flüchtigen, zumal aber um den Eigensinn der Texte unbekümmerten Zitationspraxis biblischer Sentenzen folgt der im Zuge konzentrierter Bibellektüre vorgenommene privatreligiöse Kanonisierungsprozeß einer strengen Logik. Die in die Privatbibel aufgenommenen Texte werden aufgrund unvertauschbar persönlicher Erfahrungen nach dem Prinzip ihrer lebens- und frömmigkeitspraktischen Relevanz ausgewählt und zu einem originären Textkorpus zusammengestellt, das sich um die religiös begründete Identität des Individuums zentriert. In dem sich ständig wiederholenden Regreß auf die bedeutungsvollen Bibelworte verfestigt sich der ,Kanon im Kanon' zu einem in sich konsistenten Grundstock religiöser Erbauungsliteratur.

Die private Kanonisierung der Bibel erfolgt allerdings nicht unabhängig von den kirchlich und öffentlich verfaßten Institutionen protestantischer Bibelfrömmigkeit, in denen anders sortierte *Kollektionen* biblischen Schrifttums in Geltung stehen. Die Hausbibeln, in denen allgemein approbierte Schlüsselworte der Tradition durch fetten Druck hervorgehoben und klassische biblische Geschichten durch Bilder illustriert werden, die Kinderbibeln, in denen sich kindgemäße Texte und Illustrationen gegenseitig interpretieren, und die Schulbücher und Arbeitsmaterialien für die Konfirmandenarbeit, in denen kulturreligiös konturierte Auszüge aus biblischen Schriften mit lebenspraktischen Beispielgeschichten kombiniert werden, bilden den schriftlich fixierten und kollektiv genutzten Kanon, aus dem die individuelle Bibelfrömmigkeit ihren imaginären privaten Bibelkanon gewinnt. Die individuellen und die kollektiven biblischen Kanones überschneiden sich sowohl hinsichtlich ihrer Textbestände als auch hinsichtlich ihrer Gebrauchsformen. Als Schnittmenge der verschiedenen frömmigkeitspraktisch arrangierten Bibelsortimente bildet sich ein gemeinsamer Kernbestand von Texten heraus, die fiktiv-imaginäre und doch zugleich praktisch-reale Bibel der protestantischen Schriftfrömmigkeit.

Neben den verschiedenen in Haus, Schule und Kirche institutionalisierten Versionen religiöser Erziehung stellt die protestantische Textpredigt eine der fundamentalen Institutionen zur Ausformung individuell wie gemeinschaftlich praktizierter Schriftfrömmigkeit und insbesondere zur Vermittlung zwischen privaten und kollektiven Bibelkanones dar. Die in regelmäßigen Abständen wiederkehrenden, in der *Perikopenordnung* festgeschriebenen Predigttexte bilden in ihrem Gesamtbestand einen eigenen Kanon kirchlich praktizierter Bibelfrömmigkeit. Die am Ganzen der Schrift orientierte, durch ihre homiletische Interpretation aber zugleich für die private Religiosität konstitutive Kollektion der biblischen Predigttexte macht den Nukleus der kirchlich praktizierten Schriftfrömmigkeit aus.

Die *historischen Ursprünge* der Predigtperikopen liegen in der bis heute durch Lektoren wahrgenommenen „kultischen Rezitation heiliger Schriften", zunächst alttestamentlicher, dann auch neutestamentlicher Texte, als einem „grundlegende(n) Element des christlichen Gottesdienstes" (935,722). Am Anfang der gottesdienstlichen Lesepraxis stand die lectio continua, „die von Gottesdienst zu Gottesdienst fortgesetzte und jeweils weitergeführte fortlaufende Lesung des Textes ganzer biblischer Bücher" (959,10), oder die Eklogadie, die ‚Bahn-Lesung', in der weniger wichtig erscheinende Textpassagen übersprungen werden. Erst später wurde die lectio selecta üblich, die dem Zyklus des Kirchenjahres folgende Lesung von ausgewählten Evangelien- und Epistelabschnitten, die zunächst für die Festtage, dann für alle Sonntage festgesetzt wurden. Während Zwingli und Calvin die nur selektive Benutzung der Bibel kritisierten und daher die lectio continua gegenüber den Perikopenlesungen bevorzugten, schloß sich die lutherische Reformation mit ihrer gottesdienstlichen Lesepraxis und in deren Folge dann auch in ihrer Predigtpraxis an die Perikopentradition der Meßliturgie an und dokumentierte damit die „Identität und Kontinuität mit der Alten Kirche" (959,25). Die gottesdienstlichen Lesungen waren bis zum neugestalteten Ordo Lectionum Missae von 1969, das einen Dreijahresturnus von Lesungen aus den drei ersten Evangelien enthält (960,96), „ein lebendiges Stück römisch-lutherischer Ökumene" (935,722).

Eine eigene Bedeutung erhielten die gottesdienstlichen Lesungen im Zusammenhang der protestantischen *Predigtkultur*. Während in der katholischen Meßfeier Epistel- und Evangelienlesung durch das ‚Stufengebet' (Graduale) liturgisch voneinander getrennt und aufeinander bezogen werden, treten im evangelischen Gottesdienst Schriftlesung(en) und Predigttext deutlich auseinander. Während die fromme Aneignung des lediglich verlesenen Bibeltextes allein dem Hörer überlassen bleibt, bildet die Predigtperikope die biblische Grundlage der breit elaborierten homiletischen Interpretation. Die Bindung der religiösen Rede an die Ordnung der gottesdienstlichen Lesungen führte in verschiedenen Stadien der homiletischen Theoriegeschichte, insbesondere auch in der Epoche der Liberalen Theologie, zu kritischen Wendungen gegen den Perikopenzwang. Sie bildet zugleich das dominante Motiv für verschiedene Reformen der Perikopenordnung und die Ausarbeitung „mehrgliedrige(r) Perikopensysteme" (959,14). Um die „angesichts der jährlich wiederkehrenden Predigttexte" unvermeidbaren „Wiederholungen und die Monotonie in den Predigten zu vermeiden" (960,94), aber auch, um das Ganze der biblischen Tradition zur Grundlage der Predigtpraxis zu machen, wurden seit dem 17. Jahrhundert und vollends im 19. Jahrhundert verschiedene landeskirchliche Perikopenordnungen geschaffen und schließlich im ‚Eisenacher Perikopenbuch' von 1897 (959,38ff) vereinheitlicht. Die beiden bestehenden Perikopenreihen wurden um je eine neue Jahresreihe von Evangelientexten und Episteltexten und eine Reihe mit alttestamentlichen Texten ergänzt. Die derzeitig gültige, 1958 von der Lutherischen Liturgischen Konferenz vorgelegte und 1978 neu bearbeitete Perikopenordnung enthält sechs Jahresreihen sowie eine Psalmreihe, eine Marginalreihe mit weiteren Texten und eine Continuareihe für verschiedene Kirchenjahreszeiten.

3. Die protestantische Bibelfrömmigkeit hat sich im Laufe ihrer kulturgeschichtlichen Entwicklung zunehmend *pluralisiert*. Die Reformation und der Pietismus, die Aufklärung und das 19. Jahrhundert haben eigenständige Formen der Bibelfrömmigkeit entwickelt und zu deren Ausgestaltung nicht nur auf die sozialen und kulturellen Paradigmen der jeweiligen Epoche, sondern immer auch auf zurückliegende Stadien der bibelverbundenen Christentumspraxis zurückgegriffen und deren charakteristische Momente in sich aufgenommen. In dem breiten Spektrum signifikant voneinander unterschiedener und zugleich ineinander verwobener Umgangsweisen mit biblischen Texten und Sentenzen, Gedankenkomplexen und Erzählszenen spiegeln sich daher nicht nur die für die verschiedenen Epochen der Christentumsgeschichte typischen Frömmigkeitshaltungen wider. In der Pluriformität der Bibelfrömmigkeit bringt sich vielmehr auch die Gleichzeitigkeit höchst unterschiedlicher Einstellungen zur Bibel als Quelle und Medium gelebter Frömmigkeit zur Geltung. Die Ausdifferenzierung der protestantischen Bibelfrömmigkeit stellt sich insofern als ein Resultat der neuzeitlichen Individualisierung der religiösen Lebenspraxis dar. Das protestantische Schriftprinzip legt die fromme Individualität nicht auf einen normativ gültigen Typus von Bibelfrömmigkeit fest. Die breite Palette von frömmigkeitspraktischen Optionen ermöglicht und fördert vielmehr die individuelle Ausformung eines eigenen bibelorientierten Frömmigkeitsstils.

In dem Formenreichtum der protestantischen Bibelfrömmigkeit kommt aber nicht nur die Individualisierung der christlichen Religionspraxis, die Transformation allgemeingültiger und standardisierter Frömmigkeitskonventionen zu persönlich angeeigneten und individuell ausgeformten Frömmigkeitsstilen zum Ausdruck. In der Pluralisierung der protestantischen Bibelfrömmigkeit dokumentiert sich ebenso die Ausdifferenzierung der neuzeitlichen Christentumspraxis und als deren sozialkulturelles Resultat die *Segmentierung* der protestantischen Religionskultur in voneinander geschiedene und zugleich untereinander vernetzte religiöse Teilkulturen. Verbindet sich die Bibelfrömmigkeit auf der einen Seite untrennbar mit der religiösen Individualität, so sind die verschiedenen Typen von Bibelfrömmigkeit auf der anderen Seite jeweils in sozial und kulturell vorgeformten, deutlich profilierten und voneinander unterschiedenen „Religiositätsformen" (951,29) verankert. Im „Bereich der Gemeindereligion" (951,29), auf deren Grundlage und in deren Grenzen sich die „individuelle Bibelllesepraxis" als eine originäre „Gestalt von Frömmigkeit" (951,53) herausbildet, wird die Bibel „als Basis fundamentaler religiöser Sinnstiftung verstanden. Sie ist sowohl für den Bereich der religiösen Erfahrung hoch relevant wie für die Entwicklung ethischer Normen und für die dogmatische Gesamtorientierung. In allen übrigen Formen eines gelebten Protestantismus wird die Relevanz der Bibel zwar durchaus anerkannt, aber nicht ähnlich stringent erlebt. Innerhalb der volkskirchlich gestimmten Christlichkeit kommt es zu einer eher rituell vermittelten punktuellen Bibelrelevanz (,Denksprüche'). Auf der Ebene einer Lebensgestalt, die sich von christlicher Humanität geprägt weiß" und die Bibel als „Symbol abendländischen kulturellen Erbes" betrachtet, „spielen biblische Anklänge bei der Formulierung von ethischen Lebensgrundlagen eine legitimierende Rolle, der Bibelbezug ist aber sporadisch und eklektisch" (951,29).

Divergieren die differenten Einschätzungen und Verwendungsweisen der Bibel auch hinsichtlich ihrer Einbettung in unterschiedliche Frömmigkeitskulturen, so konvergieren sie hinsichtlich des gemeinsamen Interesses an der frömmigkeitspraktischen, *individualitätskonstitutiven* wie *gemeinschaftsstiftenden* Funktion der biblischen Schrifttradition. In welcher Gestalt sich der erbauliche Umgang mit der Bibel auch immer vollzieht, der frömmigkeitspraktische Rückgriff auf die Bibel hat insgesamt „die Funktion, dem gegenwärtigen christlichen Bewußtsein ein breites Ausdrucksspektrum religiöser Erfahrungen zu liefern, in dem das Eigentümliche und das Gemeinsame des christlichen Glaubens zur anschaulichen Darstellung kommt. Dabei dient der Bezug auf die Bibel … einerseits der Vergewisserung der Übereinstimmung des gegenwärtigen mit dem ursprünglichen christlichen Bewußtsein; die biblische Sprache ist andererseits das Medium gemeinsamer religiöser Kommunikation der Christen untereinander" (950,129). Religiöse Identitätsvergewisserung und christliche Kontinuitätsversicherung bilden sich in der für den Protestantismus charakteristischen Interpretationsform der biblischen Texte ab, in der individuell und gemeinschaftlich ausgeübten lebenspraktischen ‚Auslegung' der Heiligen Schrift.

3.1.1.2. Bibel-Arbeit als Frömmigkeitsform des Gemeindechristentums

3.1.1.2.1. Die Bibelarbeit als exemplarische Gestalt gruppengemeinschaftlicher Frömmigkeitspraxis

1. Im Rahmen der *privaten* Bibelfrömmigkeit bildeten sich zwei idealtypisch voneinander unterschiedene Formen der erbaulichen Rezeption biblischer Texte heraus. Der eine, in die Frömmigkeitskultur sowohl des kirchlich distanzierten als auch des kirchenverbundenen Bildungsbürgertums beheimatete Typus von Bibelfrömmigkeit betrachtet die ‚Heilige Schrift' vorwiegend als Almanach religiöser Erbauungssentenzen wie als Florilegium weisheitlicher Sprichwörter und nutzt das aus den biblischen Textbeständen herausgelöste und zu einem eigenen Kanon zusammengestellte Sortiment allgemein approbierter Bibelsprüche als Medium frömmigkeitspraktischer Lebensdeutung. Seine klassische institutionelle Gestalt findet der auf unmittelbare lebenspraktische Nutzanwendung abgestellte Umgang mit biblischen Textelementen in der teils individuell praktizierten, teils in der Familiengemeinschaft abgehaltenen und um die biblische Tageslosung als einer persönlichen Lebensparole zentrierten Hausandacht (> 212-4:2.1.). Einen anderen, vor allem in der privaten Frömmigkeitspraxis des Gemeindechristentums verankerten Typus der Bibelrezeption stellt die ebenfalls in den ritualisierten Ablauf des Alltags eingebettete Konvention der kontinuierlichen Lektüre biblischer Perikopen und Bücher dar. Sie zielt weniger auf die unmittelbare Verknüpfung biblischer Sentenzen mit aktuellen Lebenslagen und Persönlichkeitsdispositionen als vielmehr auf das vertiefte Verstehen des Eigensinns größerer biblischer Textkomplexe ab und faßt die Bibelfrömmigkeit dementsprechend in die Form der eingehenden interpretativen Bearbeitung biblischer Texte.

Die unterschiedlichen Gebrauchsweisen der Bibel im Zusammenhang der häuslichen Erbauungskultur spiegeln sich in den verschiedenen Formen *kirchlich* institutionalisierter Bibelfrömmigkeit wider. Während die Kasualreden (> 232-3) sowie die in die verschiedenen Kontexte der öffentlichen und kirchlichen Religionsrhetorik eingebetteten

Versionen der Andacht auf dem Hintergrund bürgerlich-protestantischer Bibelfrömmigkeit gewöhnlich auf einzelne biblische Sentenzen rekurrieren, formte sich im Horizont der kirchlich verfaßten Christentumspraxis eine eigene Gestalt von Bibelfrömmigkeit heraus, in der nicht verselbständigte Logien zitiert, sondern in die biblische Tradition eingebundene Texteinheiten ‚ausgelegt‘ werden. In einem komplexen Rezeptionsverfahren werden die literarischen Dokumente zugleich als Medien religiöser Selbstvergewisserung genutzt wie als Gegenstände reflexiver Interpretation behandelt. Die verschiedenen Gestalten der gemeindechristlichen Bibelfrömmigkeit zielen auf den „vernunftgemäßen Umgang mit sinnenhafter Schriftbegegnung“ ab und setzen dementsprechend „christliche(s) Leben“ und „theologische Reflexion“ (992,351) konstruktiv zueinander in Beziehung. Die ebenso in der privaten Lektüre wie in der gemeinsamen Bearbeitung praktizierte ‚Auslegung‘ biblischer Texte findet ihre kirchlich institutionalisierten Grundgestalten einerseits in der an das fromme Individuum gerichteten Textpredigt und andererseits in der gruppengemeinschaftlichen Bibelarbeit.

2. Der protestantische *Predigtgottesdienst* trägt in herausgehobener Weise die Signatur privater Religionspraxis und zugleich die Insignien bürgerlicher Frömmigkeitskonvention. Während sich in der zeitgenössischen parochialen Gruppenkultur (> 212-3:3.2.2.) explizit kirchlich-religiöse und allgemein säkularreligiöse, gesellige und sozialdiakonische Motive auf pluriforme Weise ineinander vermischen, bilden Gottesdienst und Predigt die klassischen Institutionen der bürgerlich-protestantischen Frömmigkeits- und Kirchlichkeitspraxis, insbesondere aber der ebenso in der privaten wie in der kirchlichen Religionspraxis verankerten Bibelfrömmigkeit. Die Zentrierung des Gottesdienstes um die monologische Rede und die ihr korrespondierende selbstreferentielle Rezeptionsform verleiht der liturgischen Feier insgesamt den Charakter sublimer, in die fromme Innerlichkeit zurückverlagerter Religiosität. Wie die liturgische Gebetspraxis (> 232-3), zumal das Kollektengebet und das stille Gebet, an die Frömmigkeitspraxis der bürgerlichhäuslichen Religionskultur anknüpft, so stellen sich vor allem die in der protestantischen Schriftfrömmigkeit verwurzelten liturgischen Aktivitäten, Lesen und Hören, als exemplarische Grundformen der privatreligiös konturierten literalen Kultur des bürgerlichen Christentums dar. Die Partizipation am traditionellen protestantischen Gottesdienst (> 212-3:3.2.1.), zumal aber die in die Form andächtiger Versenkung des Individuums in sich selbst gefaßte Verarbeitung der biblisch fundierten Textpredigt stützt sich denn auch weniger auf die Fähigkeit zur wechselseitigen Kommunikation unter den Gottesdienstbesuchern als vielmehr auf solche Kompetenzen, die in der Abgeschlossenheit des innersten Kreises der Privatwelt, in der Selbstwahrnehmung der religiösen Subjektivität und insbesondere in der privaten Lektüre biblischer Texte gepflegt werden.

Wie die individualitätszentrierten Kommunikationsformen der protestantischen Gottesdienst- und Predigtpraxis, so sind auch die *gruppengemeinschaftlichen* Vergesellschaftungs- und Interaktionsformen des kirchlichen Christentums in der bürgerlichen Lebenswelt verankert. Die auf der Basis primärer Vergemeinschaftung erstellte parochiale Gruppenkultur realisiert zum einen das ursprünglich in der privaten Lebenswelt verwurzelte Prinzip bürgerlicher Geselligkeit im Rahmen kirchlicher Religionsausübung. Sie überträgt zum anderen die Umgangsformen der öffentlichen Lebenssphäre, die Grundmuster charakteristisch bürgerlicher Urbanität (> 232-1), auf die kirchliche Lebenswelt. Beide Momente der primärgemeinschaftlich organisierten kirchlichen Lebenswelt verbinden sich im Reformprogramm des bürgerlichen Pietismus. Wie sich die vom Pietismus ins Leben gerufenen religiösen Gemeinschaftsbildungen, die collegia pietatis, als privatisierte Spiegelbilder der öffentlichen Konversationskultur bürgerlicher Provenienz darstellen, so konnte die neuzeitliche religiöse Gemeinschaftskultur auch nur auf dem Boden bürgerlicher Urbanität gedeihen. Die Protagonisten der religiösen Gemeinschaftsbewegung „gehörten ... dem städtischen Bürgertum an, teils der Bildungselite, teils dem Patriziat ... Als Bürger möchte man unter Bürgern zusammenkommen" (962,22).

Beide Formen der kirchlichen Religionskultur, die individualitätskonstitutiven und die gemeinschaftsorientierten Kommunikationsmuster, verschränken sich in der Folgezeit und beeinflussen sich gegenseitig. Sich in der Gemeinschaft mit anderen seiner Individualität und Originalität zu vergewissern, persönliche Erfahrungen untereinander auszutauschen und im Medium der Gruppe unverwechselbar individuelle Beziehungen zu Gleichgesinnten herzustellen und zu kultivieren, wird zur charakteristisch modernen Kommunikationsform der zwischen dem kirchlichen und privaten Christentum angesiedelten *bürgerlichen Frömmigkeitspraxis*. Die religiöse Gemeinschaftskultur wird zugleich zu einem Lebensraum, in dem die mündigen Christen die bürgerliche Emanzipation im Rahmen des kirchlichen Christentums vorantreiben. Die vom Pietismus inaugurierte Modernisierung der christlichen Lebenswelt wendet sich gegen vormodern erscheinende Formen der kirchlich institutionalisierten Christentumspraxis. Und sie strebt eine Demokratisierung der kirchlichen Lebensverhältnisse an, den Primat der Laien über die Vorherrschaft des pastoralen Berufsstandes.

Die Laisierung der kirchlichen Religionskultur macht auch vor den kirchlich praktizierten Formen der protestantischen *Bibelfrömmigkeit* nicht halt. Vielmehr wird gerade die bibelverbundene Christentumspraxis im Gefolge des Pietismus zum Träger und zum Medium religiöser Emanzipation. Zu ihrer religiös-theologischen Gründung beruft sich die bürgerliche Laienfrömmigkeit auf zwei typisch reformatorische Modernisierungspostulate. Sie kombiniert die beiden reformatorischen Axiome, das Schriftprinzip und das Priestertum aller Gläubigen (> 340), miteinander und wendet sich in kritisch-emanzipatorischer Absicht gegen den Alleinanspruch der Predigt und das Monopol der Pfarrer auf die Schriftauslegung.

Die markanteste Konsequenz der modern-demokratischen Reformbewegung des Pietismus besteht in der aktiven Beteiligung der *Laien* an der Interpretation der Bibel. Im Zuge der Einlösung des reformatorischen Laienprinzips wird schließlich der Begriff der Laien umformuliert (> 340). Die Laien werden nicht mehr als die Untertanen der Kleriker begriffen. ‚Laien' sind die sich ihrer Frömmigkeit bewußten Christen nur insofern, als die Theologen exegetisch versierte ‚Experten' sind, nicht aber, was die frömmigkeitspraktische Kompetenz der situativen, lebensweltlich und lebensgeschichtlich profilierten Auslegung der Heiligen Schrift und die persönliche Aneignung der biblischen Texte anbetrifft. Mit der fortschreitenden Institutionalisierung von sich selbst organisierenden Gruppen zur Pflege der individuell und gemeinsam praktizierten Bibelfrömmigkeit machten die Laien den Theologen selbst ihre exegetische Kompetenz streitig. Auf der Basis einer weitverzweigten Bibelgruppenkultur, in Jugendarbeit und Konfirmandenarbeit, Schülerbibelkreisen und Studentengemeinden, auf Kirchentagen (> 222-3) und Tagungen der Evangelischen Akademien (> 222-4) entstand ein neuartiger Typus von gemeinschaftlicher Bibellektüre und Bibelauslegung: die Bibelarbeit. In ihr verweben sich frömmigkeitspraktische Aneignung und kritische Interpretation der biblischen

Texte organisch miteinander. Auf dem Boden der von der Reformation eingeforderten und vom Pietismus eingelösten bibelverbundenen Laienfrömmigkeit entstanden die geselligen Formen kirchlichen Christentums, die sich zugleich der Vitalisierung der privaten Religionskultur wie der aus ihr hervorgehenden Modernisierung der kirchlichen Religionskultur verpflichtet wußten.

3. In ihren frühen Gestalten reicht die Praxis der gruppengemeinschaftlichen Bibellektüre und Bibelinterpretation in die Reformation zurück. Während die lutherische Reformation die „kirchliche Bibelauslegung" (963,3) vornehmlich in unregelmäßigen, mitunter aber auch täglich stattfindenden und teils von Prädikanten gehaltenen Nebengottesdiensten „mit einfacher Liturgie und schlichter, rein exegetischer Predigt" (963,75) pflegte, schuf die Schweizer Reformation mit der Züricher ,Profezei', „einem alttestamentlichen Schriftstudium der Züricher Theologen mit anschließender öffentlicher Gemeindepredigt" (951,32) und der Genfer Congrégation, einer „*Bibelbesprechungsstunde*", in der die Zuhörer der Predigt anschließend mit dem Prediger disputierten, institutionelle Formen des gemeinschaftlichen Bibelstudiums, die nach dem Vorbild der in der reformierten Gemeinde in London geübten Praxis von den niederrheinischen Gemeinden aufgenommen und fortgeführt wurden (963,16f). „Es ist reformierter Boden gewesen, auf dem sich mit oder ohne Leitung des Pfarrers das Bürgertum in der Weise religiös emanzipiert hat, daß es in aktivem Gedankenaustausch, mindestens fragend sich an der Schriftbetrachtung beteiligte" (963,27).

Waren die reformatorischen Ursprungsgestalten der gemeinschaftlich praktizierten Bibelfrömmigkeit „noch nicht in konventikelhafter Form, sondern als Gemeindeeinrichtung" (963,18) konzipiert, so strebte der Pietismus, vor allem in Anknüpfung an die pia desideria von Spener, die Pflege des biblisch fundierten Christentums in „erbauliche(n) Privatversammlungen von guten Freunden" (963,27) und damit die „Herstellung einer intimeren Gemeinschaft innerhalb der Großkirche" (963,75) an. Ihren genuinen Ort findet die Bibelfrömmigkeit nach Speners Vorstellungen aber vorwiegend in der privaten Lebenssphäre, in dem vom „Hausvater" abgehaltenen „*Hausgottesdienst*" (> 212-4:2.1.) mit frommer Schriftbetrachtung und gemeinschaftlicher Gebetspraxis (963,29f). Die von emanzipatorischen Interessen geleitete Gegenüberstellung von kirchlicher und häuslicher Bibelfrömmigkeit, von Pfarrer-Predigt und Laien-Auslegung fand ihren Niederschlag in der in pietistischen Kreisen gängigen Vorstellung, „die Hausandacht und der Privatgottesdienst, nämlich die Gemeinschaftsstunde könne als Ersatz des kirchlichen Wochengottesdienstes gelten" (963,23). Die Herrenhuter Brüdergemeine übernahm die Einrichtung der „Bibelerklärungsstunden" im wesentlichen von den „bible classes, die von englischen und amerikanischen Brüdern der Sitte ihrer Länder entsprechend gehalten" wurden (963,39).

Die Erweckungsbewegung des 19. Jahrhunderts (> 211:3.) nahm die pietistischen Ideen auf. Unter dem Begriff der ,Bibelstunde', einer pietistischen Wortprägung (963,24), wurden inzwischen ebenso die kirchlichen Nebengottesdienste subsumiert, die vorwiegend in den Städten neu eingeführt wurden, wie Versammlungen, die im Pfarrhaus, einem eigens dafür eingerichteten Saal, in einem Privathaus oder auch in der Kirche abgehalten wurden, und schließlich die „Versammlungen der Stillen im Lande, die ein Predigtbuch oder sonstiges Erbauungsbuch miteinander lesen, wohl auch sich an Missionsnachrichten oder, wie man damals zu sagen pflegte, ,Nachrichten aus dem Reiche Gottes' gemeinsam erfreuten" und wo sich in der Folge der ,Verbürgerlichung' (> 210) der Gesellschaft vor allem auch „Bauern, Handwerker, überhaupt Nichttheologen (finden), die es verstehen, wie der Pfarrer, manchmal wohl besser als er, das Bibelwort frei, vielleicht im Dialekt, auszulegen" (963,43). Wesentliche Impulse verdankt die Entwicklung der gruppengemeinschaftlichen Bibelfrömmigkeit der Inneren Mission: „Die eigentliche Stadtmission, zumal in der Großstadt, ist ohne Bibelstunde gar nicht zu denken" (963,49).

Schließlich trug die *Gemeinschaftsbewegung* (> 211:3.) mit den von ihr geschaffenen Institutionen vielfältig zur Konsolidierung der von Laien praktizierten gemeinschaftlichen Bibelfrömmigkeit bei. 1883 wurde der Deutsche Evangelisationsverein gegründet, 1888 die Gnadauer Konferenz, nach deren Gründungsaufruf „die Privaterbauung im gemeinsamen Gebet, Bibelbetrachtung und Austausch geistlicher Erfahrungen eine wichtige Ergänzung dessen bilde(t), was die Kirche in ihren öffentlichen Gottesdiensten bietet" (963,57). 1886 wurde in Bonn die später in Barmen angesiedelte Evangelistenschule ,Johanneum' ins Leben gerufen, deren Lehrplan ebenso griechische Sprachkurse wie „Übungen in erwecklicher und erbaulicher Schriftauslegung" enthält (963,56). Der Fortbildung von Gemeinschaftsleitern diente die Einrichtung von Bibelkursen und Bibelschulen (963,58). Die „wöchentliche Zusammenkunft zur Betrachtung des göttlichen Worts" (963,61) bildet endlich das Zentrum des Gemeinschaftslebens der neugegründeten ,Jünglingsvereine' (später CVJM; > 222-2). Insgesamt erwies sich der Verein (> 222-2), die primäre Gruppengemeinschaft, als die adäquate Organisationsform für die gemeinschaftlich praktizierte Bibelauslegung. Erschließt sich der frömmigkeitspraktische Sinngehalt der biblischen Texte im wechselseitigen Gespräch, dann „muß die Bibelstunde den Charakter der intimeren Gemeinschaft annehmen, in der ein solcher Austausch als etwas ganz Naturgemäßes empfunden wird" (963,104).

Einerseits auf dem Boden der evangelischen Jugendverbände, insbesondere des ,Evangelischen Verbands für die weibliche Jugend' (964,214), andererseits unter dem Einfluß der Reformpädagogik, insbesondere der ,Arbeitsschulbewegung' (964,57ff; > 212-4:3.2.2.), vor allem aber auch im Zuge der Popularisierung von Erkenntnissen der exegetischen Forschung entstand nach dem Ersten Weltkrieg das Genre der ,*Bibelarbeit*' (964). Sie stellt eine gruppengemeinschaftliche Form von Bibelfrömmigkeit dar, in der sich „das persönliche und das sachliche Bibellesen", der exegetisch-kritische und der frömmigkeits-praktische Umgang mit den biblischen Texten, in einem „spannungsreichen Akt" (965,167) miteinander verweben. Ging in die Institution der Bibelarbeit auch das „Erbe des Biblizismus" (964,104ff) ein, so trat die gemeinschaftlich praktizierte Bibelfrömmigkeit im Übergang von der vornehmlich erbaulichen Bibelstunde zur reflektierten Bibelarbeit doch „aus dem engeren Horizont des Pietismus" (951,43) heraus. Zu den konstitutiven Merkmalen der Bibelarbeit, die sowohl im Kontext der schulischen wie kirchlichen Erziehung als auch vor allem in der Jugendarbeit (> 212-3:3.5.1.) und auf den Kirchentagen (> 222-3) gepflegt wird, zählen die „Überwindung eines nur in individualistisch-psychologischem Sinne erbaulichen Schriftumgangs", die „Bejahung der Geschichtlichkeit des Offenbarungszeugnisses und der damit nicht nur den Theologen, sondern auch den Laien zugemuteten geistigen Mühe" und die „Erprobung der Textautorität im Vollzug der gemeinsamen Auslegung statt Behauptung der Textautorität im Sinne eines zuvor zu bejahenden allgemeinen Lehrsatzes" (964,211f).

4. Die protestantische *Bibelfrömmigkeit* ist eine „Gestalt gelebter Religion" (951). Sie ist, wie empirische Untersuchungen belegen, freilich „keine Frömmigkeitsgestalt der

breiten volkskirchlichen Mehrheit ..., nicht einmal der Mehrheit derer, die sich tendenziell mit der Kirche verbunden wissen. Sie war und ist eine Frömmigkeit, die von einer
engagierten Minderheit praktiziert wird, die eben deshalb, weil sie Minderheit ist, auch
der Stützung durch eigene Gruppenbildungen bedarf" (951,200). Nicht nur die gruppengemeinschaftliche, sondern auch die „individuelle Bibelesepraxis, unter den Mitgliedern
der evangelischen Kirchen insgesamt eher selten, korreliert deutlich mit Kirchlichkeit im
allgemeinen: Je mehr sich Menschen mit der evangelischen Kirche verbunden wissen,
desto eher besteht auch die Chance, daß sie zum Kreis derer gehören, die häufig in der
Bibel lesen, ohne daß der Kreis der sehr Verbundenen allerdings mit dem Kreis der häu-
figen Bibelleser identisch wäre" (951,195). Die Konvention der privaten Bibellektüre
stützt sich aber nicht nur durch die gleichzeitige Beteiligung an einer Gemeindegruppe
oder einem Hauskreis ab, sondern auch durch die Ritualisierung der Bibelfrömmigkeit in
der alltäglichen Lebenspraxis. „Auffallend ist, daß die Mitglieder von Bibel- bzw. Haus-
kreisen stärker als Mitglieder anderer gemeindlicher Gruppen zu einer ritualisierten
Form des Bibellesens tendieren: Die Bibel soll immer zur gleichen Stunde gelesen werden", in einer genauen „Tagesordnung", nach einem verbindlichen „Bibelleseplan" und
in einem „geordneten Verfahren" (951,198).

3.1.1.2.2. Das Bibliodrama als integrale Gestalt protestantischer Bibelfrömmigkeit

1. Das *Bibliodrama*, eine in der zeitgenössischen Religionskultur dominierende Ausdrucksgestalt protestantischer Bibelfrömmigkeit, stellt einen integralen, zugleich „erfah-
rungs- und textorientierte(n) Ansatz von Bibelarbeit" (972,305) dar. Angesichts des allseits beklagten Bedeutungsverlusts biblischer Sprachmuster und Vorstellungsgehalte für
die Erschließung der modernen Lebenssituation zielen die unterschiedlichen Versionen
des Bibliodramas gemeinsam darauf ab, die zeitgenössische Lebenswirklichkeit „mit den
Erfahrungen" zu verschränken, „die in den Geschichten, Situationen, Personen, aber
auch in den Gebets-, Meditations- und Lehrtexten der Bibel lebendig, möglicherweise
aber verzerrt und verschüttet sind", „Irritationen, Projektionen, Blockierungen in und
gegenüber biblischen Texten" aufzuheben und „deren befreiende(s), lebensfreundliche(s)
Potential" (972,305) wiederzuentdecken. Verweben sich in der klassischen Version der
gruppengemeinschaftlichen Bibelarbeit frömmigkeitspraktische und reflexive Akzente
der Textinterpretation ineinander, so bündelt das Bibliodrama die verschiedenen Dimensionen des hermeneutischen Prozesses in der dramaturgischen „Inszenierung biblischer
Geschichten" (985,47).

Die im Rahmen der modernen ‚Erlebnisgesellschaft' (970) und insbesondere des „Kreati-
vitätsbooms zu Beginn der siebziger Jahre" (973,44) entstandene *Bibliodrama-Bewegung*" (971,13ff) schließt unterschiedliche, teils eher spielpädagogisch konturierte, teils
eher gruppendynamisch oder therapeutisch akzentuierte, teils eher textexegetisch profilierte „bibliodramatische Richtungen und Schulen" (977,522) zusammen. Im Zuge des in
der parochialen Gruppenarbeit, vor allem aber in der theologischen Fortbildung zu beobachtenden „Bibliodrama-Boom(s)" (973,46) differenzierte sich die „bibliodramatische
‚Szene'" immer weiter aus (971,94). Die Vitalität der Bibliodrama-Bewegung dokumentiert sich in einer „Inflation" (971,9) miteinander konkurrierender Arbeitsformen
und Ablaufmodelle.

Im Zusammenhang mit der Bibliodrama-Bewegung entstand eine weitverzweigte *Lite-raturszene*, in der sowohl praktische Erfahrungen ausgetauscht als auch die theoretischen Grundlagen der verschiedenen bibliodramatischen Modelle diskutiert werden. Ordnet sich ein Großteil der Fachliteratur auch dem Genre des mitunter emphatisch angereicherten Erlebnisberichts oder der kritisch bilanzierenden Selbstreflexion professioneller Bibliodramatiker zu, so entstand in neuerer Zeit eine meist populärwissenschaftlich gehaltene und interdisziplinär verfaßte Diskurskultur. In ihr werden die divergierenden und konvergierenden Reflexionshorizonte der Bibliodrama-Theorie in jeweils unterschiedlicher Akzentuierung miteinander verknüpft. Zu den theoretischen Grundlagen des Bibliodramas sind ebenso die kulturwissenschaftlichen, pädagogischen und psychologischen Versionen der Spieltheorie (> 233) zu zählen wie die aus dem Psychodrama (994; 995) entliehene Rollentheorie (996), die Prämissen und Verfahrensweisen der humanistischen Psychologie (998,574ff) und der Gestalttherapie (999), grundlegende Aspekte der zeitgenössischen Ästhetik (979) sowie insbesondere das Interpretationsmodell der strukturalistischen Textanalyse (971,38ff).

Der Pluriformität der bibliodramatischen Arbeitsformen und Reflexionsmuster entspricht die Vielfalt der praktischen *Anwendungsmöglichkeiten* des Bibliodramas. Wie die reflexionsverbundene Bibelarbeit, so wird auch der dramaturgische Umgang mit biblischen Texten sowohl in den verschiedenen Institutionen schulischer und kirchlicher Bildung – in Religionsunterricht, Konfirmandenarbeit und Erwachsenenbildung – , als auch in unterschiedlich zusammengesetzten Gemeindegruppen und schließlich in den von den Kirchengemeinden in jährlichem Turnus veranstalteten ,Bibelwochen' (966) und ,Kinder-Bibelwochen' (968) praktiziert. Als relativ unspezifischer „Sammelbegriff für mehrdimensionale Bibelarbeit", in der sich „Situation und Tradition wechselseitig" auslegen (972,305), schließt der Terminus ,Bibliodrama' die pluriformen Gestalten kreativer Inszenierung biblischer Szenen zusammen. Im engeren Sinne bezeichnet ,Bibliodrama' dagegen einen mehrtägigen, methodisch organisierten und in logisch aufeinander aufbauenden Phasen gegliederten Arbeits- und „Interaktionsprozeß", in dem eine nach außen abgeschlossene und homogen zusammengesetzte Aktandengruppe unter der Leitung eines ausgebildeten Bibliodramatikers die Inszenierung eines biblischen Textes vorbereitet, ausführt und verarbeitet (971,9). Die ,große' Form des Bibliodramas wird vorwiegend im Rahmen von Bibliodrama-Tagungen, aber auch „auf Foren und in Workshops bei Kirchentagen" (971,93) sowie im Rahmen der Ausbildung und Weiterbildung kirchlicher Mitarbeiter (973,45) praktiziert.

In dem standardisierten *Ablaufschema* eines Bibliodramas tritt dessen integrale Statur, der „Zusammenklang von Bewegung, Handlung und Gespräch" (985,47), markant zutage. Das Bibliodrama zielt in seinem gesamten Verlauf auf die Verwebung der verschiedenartigen Ausdrucksgestalten religiöser Erfahrung und auf die Verschränkung der unterschiedlichen Interaktionsformen innerhalb der Gruppe ab. Gleichwohl hat sich im Zuge der institutionellen Verfestigung der bibliodramatischen Arbeitspraxis ein triadisch gegliedertes Ablaufschema herausgebildet: „Am Anfang steht die Körperarbeit. Dem folgt eine kreative Phase, häufig als Spiel auf der äußeren oder der inneren Bühne (Imagination). Daran schließen sich jeweils Gespräche an, bei denen es genauso um das Verständnis des dem Bibliodramaprozeß zugrunde liegenden Textes wie des Gruppenprozesses und der persönlichen Erfahrung geht. Das abschließende, oft sehr ausgiebige Gespräch ist also genauso exegetisch wie spirituell (seelsorgerlich/therapeutisch) ausgerichtet" (971,10).

2. So pluriform sich Praxis und Theorie des Bibliodramas auch ausnehmen, die Bibliodrama-Bewegung stellt sich hinsichtlich des sie prägenden ‚Lebensgefühl(s)' (977,523) und des von ihr kultivierten ‚Milieu(s)' (973,44) als eine in sich geschlossene und mit der zeitgenössischen Lebenskultur aufs engste verwobene religiöse *Teilkultur* dar. Sie entlehnt nicht nur ihr zentrales „Schlagwort", die Kategorie der ‚Ganzheitlichkeit', der „Gleichrangigkeit der geistigen und der körperlichen, der rationalen und der emotionalen, der kognitiven und der kreativen menschlichen Dimension" (977,522), dominanten Strömungen in der Gegenwartskultur. Vielmehr paßt sich auch das von den verschiedenen Richtungen der Bibliodrama-Bewegung gemeinsam angestrebte Ziel religiös grundierter Persönlichkeitsbildung in die soziale und kulturelle Situation der vom Individualisierungsprozeß (> 133) geprägten ‚Postmoderne' (> 210) ein.

Die dramaturgische Inszenierung biblischer Texte verlangt von den Akteuren die spontane Aneignung und den permanenten Wechsel sozialer Rollen und trägt damit zur Ausbildung der charakteristisch postmodernen „*Identitätsform*" (977,526) bei. Im Bibliodrama als einem „Übungsfeld für die Balance zwischen dem inneren Perspektivenwechsel und einem eigenen Standpunkt" (977,528f) wird aber nicht nur die „Pluralisierung der eigenen Identität" (977,527) gefördert und damit das alltagsweltliche „Verhaltensrepertoire der Spielenden" (977,526) erweitert; in der bibliodramatischen Aufführungspraxis entwickelt sich vielmehr auch ein „erhöhtes Verständnis" für „andere Lebensformen und Anschauungen" (977,527). Die Wahrnehmung des Fremden wirkt schließlich auf die Konstitution der Persönlichkeit zurück: „Die Akzeptanz der eigenen Vielfältigkeit erlaubt auch einen neuen Umgang mit den ‚fremden' Anteilen in der eigenen Person" (977,535). Die „Korrespondenz und Kommunikation zwischen biblischen Gehalten und eigenem Ich" (977,522) enthält somit innovative „Potentiale, die hilfreich für den Umgang mit den gesellschaftlichen Lebensbedingungen sein können" (977,523).

Die Entwicklung und Entfaltung der religiösen Subjektivität erfolgt zwar durchgängig im Zusammenspiel von individueller Selbstwahrnehmung und kommunikativer Interaktion. Gleichwohl verschieben sich die Gewichte zwischen Individuation und Sozialisation in den aufeinander aufbauenden Phasen des bibliodramatischen Arbeitsprozesses. Dem Prinzip der ‚Ganzheitlichkeit' der Person – der Einheit von Körper, Seele und Geist – entsprechend, beginnt der Erlebnis- und Handlungsprozeß eines Bibliodramas mit methodisch geregelter *Körperarbeit*. Sie setzt mit einer „Folge von Entspannungsübungen" – der „Wahrnehmung einzelner Körperteile", der konzentrierten Beobachtung von „Bewegungsfluß" und „Atemrhythmus" – ein, geht in „freie oder angeleitete Bewegungen im Raum" über und mündet schließlich in rhythmische Spielszenen der Gruppe, etwa ins „Gehen oder Tanzen im Kreis" (982,127). Indem die Bibliodrama-Bewegung die Bedeutung der Körpererfahrung für die Selbstwahrnehmung und Fremdwahrnehmung des Menschen herausstellt, verbindet sie sich aufs engste mit dem in der zeitgenössischen Lebenskultur verwurzelten und insbesondere in der alternativen Gottesdienstpraxis beheimateten Körperkult (> 212-3:3.3.3.). Wird in der Gegenwart der ‚Leib' (983) als „Aufführungsort des Lebens überhaupt" (971,30) wiederentdeckt, so machen die dramaturgischen Inszenierungen der Lebenswirklichkeit den Körper zum „Aufführungsort des Bibliodramas" (971,25).

Die Kernphase eines Bibliodramas, die dramaturgische *Inszenierung* eines biblischen Textes durch eine Aktandengruppe, baut auf der offen gestalteten Eingangsphase auf, fokussiert das kreative Spiel aber durchgängig auf das biblische Sujet. Die szenische Rekonstruktion biblischer Texte stellt zwar eine experimentelle und in jedem einzelnen Fall originäre Gestaltung dar; sie verdankt sich der Kreativität der Darsteller und räumt ihnen umgekehrt vielfältige Spielräume für die Ausgestaltung ihrer Rollen und Aktionen ein; im „Medium von Phantasie und Spiel" bilden die „Geschichten, Personen und Situationen der Bibel einen ‚Referenzrahmen'", der „Wahrnehmungen stimuliert und allererst ermöglicht" (974,139). Gleichwohl unterscheidet sich das Bibliodrama als „Geschichtentheater" (988) ebenso von einem gruppendynamischen Selbsterfahrungsprozeß wie von dem durch „therapeutische Techniken und Prozesse" (972,305) geprägten Psychodrama (971,69ff). Durch die „gleichgewichtige Beachtung der Überlieferung und der Situation der Teilnehmer" wird die „Spannung nie in Richtung Biographie aufgelöst"; „insofern ist Bibliodrama immer ‚nur' indirekte Selbsterfahrung und läßt sich am ehesten noch als ein spielpädagogischer und spiritueller Prozeß beschreiben" (972,306).

Aufgrund der originären Aufführungssituation und der genuinen Spieltechnik grenzt sich die bibliodramatische Gestaltungspraxis aber auch gegenüber der öffentlichen *Theaterkultur* ab. Zwar folgt das Bibliodrama den Gesetzmäßigkeiten dramaturgischer Inszenierung von Wirklichkeit und schließt in gewissem Sinne an die Tradition der ‚Mysterienspiele' (993,527ff) an; während der Vorgang der Vergegenwärtigung biblisch überlieferter Situationen und der in sie eingelagerten religiösen Orientierungen und kulturellen Lebenseinstellungen bei der literarischen Aneignung biblischer Texte in die Imagination des Lesers zurückverlagert wird, werden in der dramaturgischen Reinszenierung biblischer Lebensszenen die inneren Motive, Empfindungen und Interessen der biblischen Akteure umgekehrt in Äußerungen, in gestische und sprachliche Handlungen, umgesetzt. Im Unterschied zu Theatervorstellungen werden bibliodramatische Inszenierungen aber nicht für Zuschauer, sondern ausschließlich für die Akteure arrangiert; das Ensemble spielt für sich selbst. Aus dem Grundsatz, daß das Bibliodrama „prozeß- und nicht produktorientiert" (974,142) angelegt ist, ergeben sich schließlich die beiden für die originäre Dramaturgie des Bibliodramas charakteristischen Spielregeln. Die eine Grundregel (‚small is beautiful') gilt der Konzentration des Spielverlaufs auf die elementaren Strukturen der inszenierten Wirklichkeit; das Prinzip des Minimalismus lenkt die „Gestaltungen eher in Richtung Struktur und Ritus als in Richtung verspielt-ausufernder Improvisation" (973,62). Die andere Grundspielregel (‚slow down') reguliert den Zeitrhythmus des Spiels; durch dramaturgische Zeitlupeneffekte wird eine ‚Verlangsamung des Rezeptionsprozesses' herbeigeführt (973,63).

3. Die Abgrenzung des Bibliodramas einerseits gegenüber dem therapeutisch akzentuierten Psychodrama, andererseits gegenüber dem öffentlichen Theaterwesen dient der Fokussierung der Bibliodramapraxis auf deren zentrale Aufgabe, die Erschließung *biblischer Texte* im Lebenszusammenhang der Akteure. So pluriform sich die verschiedenen Versionen des Bibliodramas darstellen, sie betrachten gemeinsam die Bibel als ihre „Basis" (971,33) und begreifen die dramaturgische Inszenierung biblischer Handlungsszenen und Vorstellungsgehalte als eine im Prinzip des allgemeinen Priestertums (> 340) begründete „Auslegung des Wortes Gottes durch das Volk Gottes", als „Predigt der mündigen Gemeinde" (990,126). Im Zusammenspiel von therapeutischen, ästhetischen und reflexiven Komponenten kommt dementsprechend der zugleich „erfahrungsrelevante(n)" wie „ganzheitliche(n) Textauslegung" (982,124) zentrale Bedeutung zu. Der für das Bibliodrama charakteristische Interpretationsmodus der ‚interaktionale(n) Auslegung'

(981,25), in der biblische Texte „in Gesten, Bewegungsfolgen, Bilder, Szenen, Töne und Klänge" (982,129) transponiert werden, wurde mittlerweile im Rahmen theologischer Reflexion zu einem „hermeneutisch fundierten Ansatz zur Erschließung biblischer Texte und christlicher Existenz ausgebaut" (971,9). Das hermeneutische Modell dirigiert nicht nur das abschließende Gruppengespräch, in dem das vorausgegangene Spiel durch gemeinsame Reflexion verarbeitet wird. Vielmehr stellt die ‚ganzheitliche' Interpretation des biblischen Textes auch die Grundlage der dramaturgischen Aktionen dar. Das Bibliodrama ist somit primär als eine eigenständige Gestalt frömmigkeitspraktischer Schriftauslegung zu begreifen, in der sich „fromme Bibelbetrachtung und kritische Textkommentierung", „literaturwissenschaftliche Analyse und lebensbedeutsame Textaneignung" (981,21) ineinander verschränken.

Das Modell des Bibliodramas ordnet sich in die interdisziplinär verfaßte *hermeneutische* Debatte der Gegenwart ein und begreift den Verstehensvorgang insgesamt als einen „hermeneutischen Zirkel" (999,175), in dem sich wissenschaftlich-exegetische und frömmigkeitspraktische Perspektiven der Bibelinterpretation auf dialektische Weise miteinander verbinden. Als „erlebnisorientierte Bibellektüre" ist das Bibliodrama „durch einen ‚Erkenntniszirkel' gekennzeichnet", der mit dem „Ergriffensein durch das Wort" beginnt, in ein „spontanes oder auch in reiflich überlegtes Handeln" übergeht und schließlich in der „kritische(n) Rückfrage an die Begründung des eigenen Ergriffenseins durch eben dieses Bibelwort" wieder zu seinem Ursprung zurückführt (978,147).

Die Theorie des Bibliodramas macht sich aber nicht nur grundlegende Einsichten der zeitgenössischen hermeneutischen Debatte zu eigen, sondern bedient sich auch eines Ensembles charakteristisch moderner *Interpretationsmethoden*; sie werden der traditionellen historisch-kritischen Exegese im Interesse einer Pluralisierung der Wahrnehmungsperspektiven zur Seite gestellt. Zu den von den Theoretikern des Bibliodramas favorisierten Interpretationsperspektiven zählt etwa die sozialgeschichtliche Betrachtung biblischer Traditionsbestände; sie deckt die „vielfältige Korrespondenz" auf, „die zwischen den sozialen Lebensbedingungen konkreter Menschen und ihrer ‚Botschaft', zwischen den Trägern der Überlieferung und der Überlieferung selbst besteht" (969,220). Besondere Beachtung finden auch tiefenpsychologische (991) und insbesondere die an das psychologische Kategoriensystem von Carl Gustav Jung angelehnten Analysemethoden; indem die „lebensverändernden Urbilder, in denen ‚typische Formen von individueller und kollektiver Identitätsentwicklung' verwahrt sind, in einem Prozeß symbolischer Kommunikation in konkrete, lebendige Erfahrungen heutiger Menschen zurückverwandelt werden", wird der „Zusammenhang von Glaubenserfahrungen und grundlegenden menschlichen Lebensvollzügen" aufgedeckt (969,222). Vor allem aber bedient sich das Bibliodrama des Modells der linguistisch-strukturalistischen Exegese, in dem die sprachlich-syntaktische, die semantische und die pragmatische Analyse (971,38ff) eines Textes miteinander verschränkt werden. Das interpretatorische Interesse richtet sich dabei insbesondere auf die textuale Codierung der Wirklichkeit, auf die Charakteristik der Aktanden, auf die Signatur der sozialkulturellen Lebenswelt sowie auf den Symbolgehalt der Sprachkonstrukte: „Nach dieser Methode lassen sich einzelne Codes aus dem Gesamttext herausziehen, indem etwa nach den Subjekten der Handlung, nach den Ortsangaben, den Zeitangaben, den Tätigkeiten oder auch nach den Stichworten der sozio-religiösen Welt, der Herrschaft, der politischen und religiösen Symbole und Mythologien gefragt wird" (973,57f).

Bedient sich das hermeneutische Modell des Bibliodramas auch komplexer exegetischer Methodenkonstrukte, so zielt der bibliodramatische Verstehensprozeß gleichwohl auch in der Phase der Verarbeitung nicht auf eine aus der Perspektive des Theoretikers entworfene und wissenschaftlich verfaßte Analyse historischer Texte ab; die methodische Interpretation biblischer Texte erfolgt vielmehr in einem dezidiert *frömmigkeitsprakti-schen* Interesse. Im Zusammenspiel von dramaturgischer und reflexiver Reinszenierung wird „der biblische Text permanent in Bewegung gehalten, in sich selbst und mit dem Lebenstext der Teilnehmer verschränkt, verknüpft und verflochten. Dabei wird er aber gerade nicht verbraucht und gewissermaßen verschlissen; er wird nicht wie ein Sprung-brett benutzt hin zu einem allgemeineren Thema oder hinein in die Biographie, sondern aus all diesen Anverwandlungen und Transpositionen entsteht er neu wie ein Phönix aus der Asche ... In diesem Sinn mag es sogar angebracht sein, vom ‚heiligen Text‘ zu re-den, was aber nicht heißt, daß ich den Text anbete, sondern daß er bei allen dimensiona-len Verschiebungen, Verwerfungen, Neuentdeckungen, die ich im Lauf meines Lebens mit ihm mache, Gegenüber und Sinnhorizont bleibt" (973,56).

3.1.2. Die Bibel als Medium religiöser Bildung

Die Bibel bildet nicht nur das Grundbuch der protestantischen Religionskultur, den Nuk-leus der vielgestaltigen Schriftfrömmigkeit und den Fixpunkt im historischen Wandel der privat und gemeinschaftlich ausgeübten Erbauungspraxis. Seit der Entstehung der Buchkultur in der Epoche der Reformation wurde die deutsche Bibel auch zum Elemen-tarbuch der in Haus, Kirche und Schule praktizierten und eng mit der privaten, der kirch-lichen und der öffentlichen Religionspraxis verbundenen *Bildung* und *Erziehung* (> 212-4:2.2.).

3.1.2.1. Die Bibel als Medium literarischer Bildung

In den verschiedenen Blütezeiten der *literalen Kultur*, vom Humanismus über die Auf-klärung bis in die Epoche des Bürgertums, fungieren Bücher als Medien der meditativen Versenkung, der geistvollen Unterhaltung und vor allem der persönlichen Bildung. In der Kulturwelt des Bildungsbürgertums, in der die literale Sprachform geheiligt und Bil-dung mit Belesenheit gleichgesetzt wird, wurde die deutsche Bibel neben den philoso-phischen und belletristischen Klassikern in den Rang eines unverzichtbaren Bildungs-gutes erhoben. Wie sich die verschiedenen Gattungen protestantischer Erbauungsliteratur um die Heilige Schrift sortieren, so steht das Buch der Bücher, wenn nicht im Zentrum, so doch an herausgehobener Stelle in der Bibliothek des literarisch gebildeten Prote-stanten. Seinen Goethe und andere schöngeistige Literatur, aber auch die geläufigen Pas-sagen der biblischen Schriften zu kennen und bei Bedarf in der geselligen Unterhaltung oder bei Gelegenheit kleiner Reden auf die literalen Grundbestände des bürgerlichen Bildungskanons zitationsweise zurückzugreifen, gehört zu den selbstverständlichen Ge-pflogenheiten der alltäglichen wie insbesondere der gehobenen Konversations- und Re-dekultur. Und wie die Karriere des Bildungsbürgertums in der Neuzeit ohne die belletri-stische Literatur, das klassische Medium ästhetisch-poetischer Versinnbildlichung der gemeinsamen Lebenswelt, nicht zu denken ist, so wäre auch der Fortschritt der neuzeitli-chen Reflexionskultur ohne die allgemeine Verbreitung der wissenschaftlichen Erkenntnis durch wissenschaftsjournalistische Publikationen nicht möglich gewesen. Erst die Expansion des Fachbuchmarkts und die intensive Nutzung populärwissenschaftlicher Printmedien, allgemeinverständlicher Sachbücher, informativer Zeitschriftenartikel und vielbändiger Konversationslexika schafften die notwendigen Bedingungen für die Partizipation des gebildeten Publikums am wissenschaftlichen Diskurs über die Lebensfragen der Moderne.

Die ästhetische Inszenierung und die reflexive Rekonstruktion der Lebenswelt im Spiegel literarischer Medien verbinden sich eng miteinander. Findet die Synthese von ästhetischer und reflexiver Dimension der literalen Wirklichkeitsreproduktion in der bürgerlichen Kultur (> 210) ihre objektive Ausdrucksgestalt, so fließen die beiden Momente des medial vermittelten Lebenskosmos in subjektiver und verinnerlichter Gestalt in der persönlichen Bildung des bürgerlichen Individuums zusammen. Indem „die Schrift-Sprache zur Wachstumsfuge dessen (wurde) ..., was ‚Geist‘ genannt wird", sucht und findet „die Kulturtradition des Abendlandes ihre hierarchische Aufgipfelung in einem *Literaturkanon*", im „poetischen Kanon von Homer bis Vergil", „im philosophischen Kanon der platonisch-aristotelischen Schriften" und schließlich im „biblischen Kanon aus Mose, den Propheten und Aposteln – grundlegend für die Geistreligion des Christentums. Dabei muß der Begriff Kanon in beiden Bedeutungen gehört werden, die er im Laufe der Geschichte angenommen hat. Kanon zum einen als Norm, Richtmaß oder Kriterium für die Beurteilung von Auffälligkeiten. ... Kanon zum anderen als ästhetisches Gebilde von vollkommener Ordnung, ... voll inneren Reichtums" (939,94).

In dieser doppelten Gestalt, als literarisches Medium ästhetischer Symbolisierung der Lebenswelt und als allgemeinverbindlicher Kodex reflexiver Selbst- und Weltkonstruktion avancierte die Bibel zum Kanon religiös grundierter Allgemeinbildung. In ihrer mehrdimensionalen pädagogischen Verwendung als Kollektion poetischer Schriften und als Summarium religiöser und moralischer Wahrheit hielt die Bibel Einzug in die Schulstuben und wurde vom christlichen Hausbuch und kirchlichen Erbauungsbuch zum *Schulbuch*. Schon 1524 hatte Luther dem ‚Christlichen Adel deutscher Nation‘ ins Stammbuch geschrieben: „Vor allen Dingen sollt in den hohen und niedern Schulen die vornehmst und gemeinest Lection sein die heilig Schrift" (1001,461). In den folgenden Epochen der schulischen Erziehung wurde die Bibel zur „Schulfibel" (1003,33), an der das Lesen erlernt und eingeübt wird, zum narrativen Kompendium, aus dem lehrreiche ‚Biblische Geschichten‘ vorgelesen und erzählt werden (1003,40; 1002), zum Bilderbuch (1003,46), in dem sich elementare Szenen des Lebens in paradigmatischer Form verdichten, und vor allem zum ‚Lehrbuch der Moral‘ (1002,353), in dem die unveräußerlichen Prinzipien eines guten Lebens verzeichnet sind.

Mit der Entstehung, zumal aber mit der Popularisierung der *kritischen Bibelforschung* erweiterte sich das Spektrum der pädagogischen Nutzungsformen der Bibel. Die im Unterricht vorgeführte Bibelkritik, die Verortung der biblischen Schriften in ihrer jeweiligen historischen Entstehungssituation, vor allem aber die kritische Distanzierung gegenüber den in den biblischen Texten dokumentierten, unter den Bedingungen der Moderne aber obsolet gewordenen Lebenshaltungen und Weltanschauungen, wurde zum Inbegriff einer umfassenden Traditionskritik, zum Modell für die durch Bildung und Erziehung zu verwirklichende Modernisierung der Lebenswelt. Die historisch-kritische Betrachtung relativierte zwar die Wahrheitsansprüche der biblischen Texte. Sie machte aber zugleich

eine neuartige, der zeitgenössischen Lebenspraxis und dem autonomen Individuum verpflichtete Aneignung ihrer religiösen Gehalte notwendig und möglich. Der historischen
Perspektivierung der religiösen Lebenswelt trat die biographische Reflexivität der Persönlichkeitsbildung zur Seite. Das neuzeitliche Christentum aus seiner historischen Genese und damit aus der permanenten Verknüpfung von traditionellen und innovativen
Momenten religiöser Lebenspraxis zu begreifen und zugleich sich selbst als biographisch
geformtes und in der lebensgeschichtlich aufgeschichteten Religiosität begründetes Individuum zu verstehen, macht die beiden Seiten der Bildung aus, deren Grundlagen im
schulischen Unterricht erworben und deren Konturen in der Schule des Lebens ausgearbeitet werden.

Die am Exempel der Bibelkritik besonders augenfällige, gleichwohl durchgängige Historisierung und Biographisierung der Bildung (> 212-4:2.2.) führte auf der einen Seite zu
einer Neubestimmung von Aufgaben und Methoden der schulischen Erziehung im ganzen, zu der typisch modernen Auffassung der Bildung als eines vom Individuum selbst
zu leistenden Lebens- und Arbeitsprozesses, der zugleich auf die kritische Aufklärung
der gegenwärtigen Lebensverhältnisse wie auf den ständigen Zuerwerb lebenspraktischer
Kompetenzen abzielt. In seiner pädagogischen Version wurde das neuzeitliche Axiom
individueller Autonomie auf der anderen Seite zur leitenden Idee der modernen *Religionspädagogik*. Seit die religiöse Bildung und Erziehung im deutschen Schulsystem
aufgrund verfassungsrechtlicher und schulorganisatorischer Regelungen (> 223) weitgehend an den Religionsunterricht als spezielles, von den übrigen Lerngebieten abge-
grenztes und damit selbständiges Unterrichtsfach delegiert wurde, trägt der schulische
Religionsunterricht in herausgehobener Weise die Signatur des gesellschaftlichen Bildungssystems und der darin eingelassenen pädagogischen Vorstellungen. Wirken die Religionsgemeinschaften auch an der Ausarbeitung der Lehrpläne und Unterrichtsmodelle
sowie bei der Ausbildung und der Bestellung von ReligionslehrerInnen mit, so besteht
die Aufgabe des schulischen Religionsunterrichts nach allgemeiner Übereinstimmung
gleichwohl nicht in der Verpflichtung der Lernenden auf kirchlich approbierte und deshalb unfraglich gültige religiöse Vorstellungen, Urteilsweisen und Verhaltensregeln,
sondern in der Organisation von Lernsituationen, in denen die sich selbst bildenden Subjekte in altersspezifischer Weise die Verknüpfung der historisch-kritischen und biogra-
phisch-konstruktiven Momente des religiösen Bildungsprozesses vornehmen können.

3.1.2.2. Die pluriforme Gestalt biblischen Unterrichts

Die Synthese von kritischer Beurteilung und konstruktiver Aneignung der religiösen
Lebenswelt prägt insbesondere auch den pädagogischen Umgang mit der biblischen Tradition und verleiht dem *Bibelunterricht* sein spannungsreiches Profil. In dem didaktisch
und methodisch vielfältig ausdifferenzierten Spektrum religionspädagogischer Unter-
richtskonzeptionen verbinden sich die ästhetisch-religiöse, die reflexiv-ethische und die
traditions-kritische Funktion der Bibelinterpretation auf unterschiedliche Weise miteinander (1004). Die divergierenden und konvergierenden Momente des Bibelunterrichts
werden einerseits in charakteristisch voneinander unterschiedenen religionspädagogischen Theoriepositionen, andererseits in der Unterrichtspraxis in den verschiedenen
Schulsparten und Altersstufen unterschiedlich gewichtet und auf verschiedenartige Weise miteinander verflochten.

1. Im Programm der ‚*Evangelischen Unterweisung*' (1005), das die christliche Bildungs- und Erziehungspraxis nicht aus ihrer Einbindung in das gesellschaftliche Bildungssystem, sondern aus ihrem „Zusammenhang mit dem Leben der Kirche" (1005,25) begreift, kommt der Bibel als der „heiligen Schrift" neben dem Gesangbuch als „Gebetbuch der evangelischen Gemeinde" und dem Katechismus als „Summa und Auszug" des biblischen Evangeliums (1005,9ff) eine zentrale Stellung zu. Den Grundsätzen des von theologischen Prinzipien Lutherischer wie Dialektischer Theologie geprägten und kritisch gegen den Kulturprotestantismus gewendeten Programms entsprechend soll die Bibel nicht zur „Pflege eines allgemeinen, religiösen Bewußtseins und religiösen Gefühls" (1005,6) benutzt, sondern als Quelle und Richtschnur christlicher Verkündigung begriffen werden. Im Rahmen kirchlich-christlicher Erziehung ist die Bibel deshalb weder im Kontext gegenwartsspezifischer Verwendungssituationen, als „Sammlung religiöser Theorien" oder als „moralische(s) Gesetzbuch" (1005,9), auszulegen noch in objektivierender Manier historisch-kritisch zu analysieren. Vielmehr fordert die Eigenlogik der auf Verkündigung angelegten und die Rezipienten mit ihren persönlichen Glaubensüberzeugungen engagierenden Bibeltexte, das „Gesetz der Sache" (1005,28), eine den Texten selbst adäquate Umgangsweise und insofern die Erstellung einer pädagogischen Situation, die dem Verpflichtungscharakter der biblischen Botschaft gerecht zu werden vermag. Im „gemeinsame(n) Hören von Lehrer und Kind auf Gottes Anrede in der heiligen Schrift" (1005,17) soll „das Evangelium Jesu Christi wieder zum Wort Gottes an uns" (1005,8) werden. Über seine materiale Bildungsaufgabe hinaus kommt dem Bibelunterricht daher vor allem auch eine formale Bildungsfunktion zu. Die pädagogische Version biblischer Verkündigung ist „Unterweisung im rechten Umgang mit dem Evangelium" (1005,8).

2. Betont die Konzeption der evangelischen Unterweisung den aus formgeschichtlichen Einsichten gewonnenen Verkündigungscharakter der biblischen Schriften und lehnt sie den biblischen Unterricht daher eng an die in der kirchlichen Lebenswelt verorteten Umgangsformen mit der Bibel, an Predigt, Andacht und Erbauung an, so macht das Programm der ‚*Biblischen Didaktik*' (1006; 1010; 1009; 1008; 1011; 1012; 1007) auf die „ausgesprochen didaktischen Formen" (1006,29) der biblischen Texte aufmerksam, betrachtet die Bibel als „ein Buch des Lernens" (1007,1) und stellt die fundamentale Bedeutung der biblischen Sprachgestaltungen für das gegenwärtige Selbst- und Weltverstehen im ganzen, insbesondere aber für die religiösen Bildungsprozesse heraus. Die theoretische Grundlegung des bibeldidaktischen Unterrichts ergibt sich aus der sachlichen wie methodischen Konvergenz hermeneutischer und pädagogischer Einsichten. Wie sich die Wirklichkeit im Medium ihrer Verbalisierung, durch sprachliche Kodierung, Expression und Kommunikation erschließt, so ist auch der Prozeß der Bildung, in dem sich das Individuum die Fähigkeit zur sprachlichen Konstruktion der Wirklichkeit aneignet und ständig weiterentwickelt, als Sprachprozeß verfaßt und insofern selbst ein organischer Bestandteil der lebenspraktischen Konstitution von Wirklichkeit.

Alltagsweltliche Sprachkultur und biblische Sprachwelt, Allgemeinbildung und biblischer Sprachunterricht stehen in einem *reziproken Verhältnis* zueinander. Auf der einen Seite leitet der biblische Unterricht zum bewußten sprachlichen Umgang mit der Lebenswirklichkeit, zur „Sensibilisierung" (1010,147) für gegenwärtige Welt- und Selbsterfahrung an. Er vermittelt Erfahrung durch Sprache und bedient sich dazu der biblischen Sprachkonstrukte. Auf der anderen Seite folgt die pädagogisch-hermeneuti-

sche Dynamik des Bibelunterrichts der Transzendenzfunktion religiöser Wirklichkeitswahrnehmung: „Der Weg des Verstehens verläuft in jedem Falle so, daß Kategorien, die
aus den Erfahrungen menschlichen Zusammenlebens gewonnen sind, dazu helfen müssen, die Erfahrung Gottes genauer zu beschreiben und zu verstehen" (1010,144) und
damit den in die sprachlich verfaßte Lebenswelt Hineinwachsenden „die Augen zu öffnen, verborgene oder verdrängte Wirklichkeit aufzudecken" (1010,147). Die wirklichkeitserschließende Sprachkraft der Bibel kommt freilich nur dann zur Geltung, wenn die
biblischen Texte nicht in gegenwartsspezifische, ihnen selbst fremde Verwendungssituationen hinein aufgelöst und im Interesse lebenspraktischer, zumal moralischer Anwendungen pragmatisch verwertet, sondern in ihrer Eigenart und Widerständigkeit als
originäre Vertextungen von Lebenswirklichkeit wahrgenommen werden.

Besteht demnach die generelle Aufgabe des biblischen Unterrichts darin, die „eigene
Didaktik der Texte ungehindert zur Wirkung" (1006,30) kommen zu lassen, so ergeben
sich die speziellen kommunikativen *Vermittlungs-* und *Erschließungsweisen* der biblischen Sprachkonstrukte aus der genauen exegetischen, zumal formgeschichtlichen Bestimmung ihrer jeweiligen Sprachgestalt (episch-konkrete Texte, Wundergeschichten,
dialogisch-dramatische Texte, Gleichniserzählungen). Die methodisch verfaßte, auf der
Einheit von Form, Inhalt und Situation aufbauende Rekonstruktion der biblischen
Sprachkonstrukte wird in den verschiedenen Altersstufen auf unterschiedliche Weise
geleistet. Während die biblischen Texte in der Grundschule (aber auch darüber hinaus)
durch ihre unmittelbare Präsentation, durch Vorlesen und Erzählen, erfaßt werden, fungiert die Bibel in späteren Stadien der religiösen Sprachbildung als „Arbeitsbuch"
(1006,58). Das Schwergewicht des Bibelunterrichts liegt dann auf dem der gemeinschaftlichen Bibelarbeit vergleichbaren Unterrichtsgespräch, in dem bestimmte Züge des
schriftlichen Textes und seine sprachliche Dynamik herausgearbeitet werden. Gegen
Ende der Hauptschulzeit erreicht der als Sprachlehre des Glaubens konzipierte und auf
hermeneutische Aspekte fokussierte Bibelunterricht vollends reflexive Gestalt. Die Besonderheiten der jeweiligen sprachlichen Form biblischer Texte werden nun ausdrücklich zum Gegenstand des Unterrichts gemacht.

Die im bibeldidaktischen Unterricht angestrebte Verwebung von ästhetisch-religiöser
und hermeneutisch-reflexiver Rezeption der biblischen Texte macht die Ausarbeitung
einer sowohl theologisch als auch pädagogisch fundierten *Methodik* des Bibelunterrichts
notwendig. Die Entwicklung kreativer Arbeitsformen des biblischen Unterrichts schließt
einerseits an die in der häuslichen, kirchlichen und schulischen Erziehung von jeher geübten und von entsprechenden pädagogischen Theorien begleiteten Praxis des Erzählens
(1013; 1012; 1014; 1015) an und leitet daraus Grundformen und Techniken des ‚narrativen Bibelunterrichts‘ ab. Andererseits nimmt die zeitgenössische Religionspädagogik
Grundeinsichten der in Philosophie und Theologie, Sprachwissenschaft, Psychologie
und Soziologie geführten Diskussion um die symbolische Konstruktion der Wirklichkeit
auf und entwirft auf deren Grundlage die Unterrichtskonzeption der ‚Symboldidaktik‘.

3. Der ‚narrative Bibelunterricht‘ geht von der Erkenntnis aus, daß sich die Lebenswelt,
vor allem hinsichtlich ihrer religiösen Dimension, nicht nur im Spiegel ihrer diskursiv-
rationalen Reflexion, sondern vor allem auch im Medium symbolisch-ästhetischer Vorstellungen verdichtet und erschließt. Bilder und Mythen sowie symbolisch verfaßte Erzählungen gehören zum elementaren und unveräußerlichen Grundbestand der christli-

chen Vorstellungswelt, zumal aber der biblischen Tradition. War Jesus „weder Philosoph noch Schriftsteller, sondern Erzähler" (1017,43) und bildete die christliche Religionsgemeinschaft in ihren Ursprüngen eine „Erzählgemeinschaft" (1017,40), dann wird das literarische Erbe des Christentums am ehesten in der pädagogisch akzentuierten Fortführung der biblischen Erzähltradition gewahrt. Durch den Aufbau einer „narrative(n) Unterrichtskultur" (1018,170) soll der Dominanz einseitiger und eindimensionaler rationaler Wirklichkeitsinterpretation und der durch sie verursachten „Verwüstung unserer Erfahrung" (1018,170) entgegengewirkt und die symbolisch verfaßte religiöse Weltansicht im Prozeß der Bildung entwickelt werden.

Der narrative Bibelunterricht bedient sich der verschiedenen Typen des pädagogisch akzentuierten Erzählens (1024,10f) aber nicht nur bei der kommunikativen Inszenierung biblischer Geschichten, sondern auch zu deren gegenwartsbezogener Deutung und macht sich dabei die nicht diskursiv-zerlegende, sondern *ganzheitliche* Rezeption narrativ-symbolischer Sprachkonstrukte zunutze. Der Vorgang verarbeitenden Hörens von Erzählungen läßt sich als ein mehrdimensionaler Prozeß subjektiver Identifikation mit der narrativ kodierten Lebenswirklichkeit verstehen. Auf der personalen Ebene des Bildungsprozesses führt das Hören und Verarbeiten von Geschichten zum Zugewinn neuer Erfahrung und damit zu einer „Ich-Erweiterung" (1024,20), auf der kulturellen Ebene zur externen Vergrößerung und internen Konsolidierung der individuellen und kollektiven Vorstellungswelt, auf der sozialen Ebene zur Erprobung und Übernahme von Rollen (1024,20f). Die verschiedenen Dimensionen pädagogischer Praxis – Individuation, Enkulturation und Sozialisation – lassen sich aber gerade bei der erzählerischen Vermittlung von Lebenswirklichkeit nicht voneinander trennen. Wie sich in der Erzählung die erlebte und erfahrene Wirklichkeit in ihrer Einheit erschließt, so engagiert die narrative Kommunikation Produzenten und Rezipienten mit allen Schichten ihrer Person.

3.1.2.3. Die Bildungsfunktion der religiösen Symbolwelt

1. Deutlicher noch als im narrativen Bibelunterricht kommen die Distinktion und Relation von symbolisch-ästhetischer und diskursiv-reflexiver Konstruktion der religiösen Wirklichkeit in den unterschiedlichen Entwürfen der religionspädagogischen *Symboldidaktik* (1035,163ff) zum Ausdruck. Die neuartige und gegenüber anderen religionspädagogischen Theoriepositionen und Unterrichtsverfahren eigenständige Konzeption religiöser Bildung entstand auf dem Hintergrund einer generellen Wandlung der zeitgenössischen Religionskultur. In dem Maße, in dem sich sowohl in der von Elementen nichtchristlicher Religionen beeinflußten gesellschaftlichen Religionskultur als auch in der privaten und kirchlichen Christentumspraxis eine auf die Vertiefung des religiösen Erlebens und der religiösen Erfahrung, auf Sinnlichkeit, Innerlichkeit und Ganzheit der religiösen Individualität abgestellte, als ‚neue‘ Spiritualität (> 211) bezeichnete Form religiöser Lebenspraxis entwickelte, fanden deren kulturelle und kommunikative Ausdrucksgestalten, Meditation und Kontemplation, vor allem aber die Rezeption und Produktion symbolisch-ästhetischer Gestaltungen Eingang in die religiöse Bildungskultur. Der distanziert-kritischen Behandlung der Religion im Unterricht, dem der Moderne verhafteten und der Rationalität verpflichteten Theoriediskurs über Funktion und Struktur von Religion und Christentum in der neuzeitlichen Kultur und Gesellschaft, tritt damit die unmittelbare Praktizierung der Religion im Medium symbolischer Wirklichkeitskonstrukte zur Seite.

Die Symboldidaktik teilt mit der Unterrichtskonzeption des ‚narrativen Bibelunterrichts'
die Einsicht, daß sich die religiöse Wirklichkeit vorzüglich in *symbolischen* Medien verdichtet und erschließt, in Bildern und Mythen, in Bräuchen und Riten, in Träumen und
Phantasien und in den ästhetischen Produktionen von Literatur, Kunst und Musik.
Gleichwohl geht der an der christlichen Symbolwelt orientierte Religionsunterricht nicht
in der didaktischen Präsentation und kommunikativen Nutzung sinnlich-symbolischer
Manifestationen der religiösen und christlichen Tradition auf. Die pädagogische Erschließung der religiösen Wirklichkeit im Medium der Symbolik führt notwendigerweise
über die Unmittelbarkeit religiöser Wirklichkeitswahrnehmung hinaus. Zu den fundamentalen Aufgaben symboldidaktischer Bildungsprozesse gehört neben der Erweiterung
und Vertiefung der religiösen Erfahrung auch die Einsicht in die originäre Rationalität
der symbolischen Wahrnehmung und Kommunikation und damit die theoretische Reflexion über den sinnhaften Aufbau der religiösen Symbolwelt.

Im zeitgenössischen religionspädagogischen Theoriediskurs stehen sich *zwei Grundkon-
zeptionen* der Symboldidaktik gegenüber, in denen die beiden Momente der religiösen
Bildung, die praktische Unmittelbarkeit symbolischer Wirklichkeitserschließung und die
theoretische Reflexion der religiös-christlichen Symbolwelt, unterschiedlich gewichtet
werden. Die theoretische Fundierung der symboldidaktischen Bildungsprozesse erfolgt
im Zuge der Ausarbeitung jeweils eigenständiger, aber formal analoger und mehrdimen-
sional verfaßter Theoriekonstrukte. Ihre Basis bildet eine Theorie der Religion, aus der
in logischer Stringenz zunächst eine Theorie des Verstehens und schließlich eine Symboltheorie entwickelt und auf die pädagogischen Kommunikationssituationen hin fokussiert werden. In ihrem Kernbestand knüpft die Symboldidaktik an die komplexen philosophischen und theologischen, psychologischen und semantischen Symboltheorien (>
132) unterschiedlicher Provenienz an und leitet daraus sowohl ihre theoretischen Prämissen als auch ihre praktischen Konsequenzen ab.

2. Die eine, von Hubertus Halbfas (1016; 1017; 1018; 1020) ausgeführte Konzeption der
Symboldidaktik nimmt die Argumente auf, die schon immer kritisch gegen die Dominanz der Problemorientierung des Religionsunterrichts geltend gemacht wurden. Sie
knüpft an die theoretische Grundlegung und die praktische Gestaltung des *narrativen
Bibelunterrichts* an und erweitert dieses religionspädagogische Programm zu einem eigenständigen Konzept der Symboldidaktik.

Halbfas begreift die *Religion* als eine anthropologische Konstante mit apriorischem Charakter. Religiöse Erfahrungen und Transzendenzerlebnisse wandeln sich zwar im Laufe
der Geschichte; sie sind ebenso mit der Subjektivität des einzelnen aufs engste verwoben
und insofern nicht verobjektivierbar. Gleichwohl lassen sich elementare Grundformen
des religiösen Erlebens benennen, Grundmuster religiöser Erfahrung, in denen sich die
historischen Manifestationen und biographischen Realisierungen der Religion verwirklichen. Analog strukturiert ist das Medium, in dem sich Religion erschließt. „Symbole
sind nicht geschichtslos, wie sich ja auch die psychische und soziale Struktur des Menschen in einem historischen Prozeß entwickelt hat" (1018,105). Gleichwohl läßt sich die
Vielfalt der Symbolwelt auf grundlegende Urbilder, Archetypen, zurückführen. Sie sind
nicht dem diskursiven Verstand, wohl aber dem „Symbolsinn" (1018,128) zugänglich.
Ihn zu bilden ist die Aufgabe des symboldidaktischen Religionsunterrichts. Sein Ziel
besteht darin, nicht „allerhand Wissenswertes über Symbole zu unterrichten, sondern den

symbolischen Sinn zu wecken, so daß der Mensch wieder mit Symbolen kommunizieren kann, zur unmittelbaren Wahrnehmung in Symbolen fähig wird. Grundlegend dafür ist die Einübung. Sie geschieht durch beständigen Umgang mit Symbolen, betrachtend, erzählend, hörend, spielend, handelnd. Entscheidend ist nicht die rationale Auseinandersetzung, sondern ein emotionaler Bezug, die Entwicklung einer Intuition für das Symbol, oder – symbolisch gesagt – das dritte Auge" (1018,128).

Die religionstheoretisch fundierte und symboltheoretisch ausformulierte Grundthese von der Unmittelbarkeit symbolisch vermittelter religiöser Erfahrung findet in der *pädagogischen* Argumentation ihre Entsprechung: „Kinder kommunizieren auf unmittelbare Weise mit Symbolen" (1022,260) und partizipieren daher in gewissermaßen natürlicher Selbstverständlichkeit am symboldidaktischen Religionsunterricht. „Weil Symbole nicht intellektuell entworfen werden, sondern wesentlich aus dem vorrationalen Unbewußten leben, bedarf es auch nicht der entwickelten Intelligenz, um sich mit Symbolen zu befassen und im Umgang mit Symbolen das eigene Leben zu orientieren" (1022,260). Mit dem Zerbrechen der „ersten Naivität" aber „geht fast immer eine Identitätskrise einher, die meist als Glaubenskrise erlebt wird" (1023,516). Soll die biographische Entwicklung nicht in der „pure(n) rationale(n) Aufklärung" abgebrochen oder regressiv in die erste Naivität zurückgewendet werden, dann bedarf es einer „zweiten Naivität", in der die früheren Stufen der religiösen Lebensentwicklung wirksam bleiben und synthetisch ineinander aufgehoben werden. Die „Symboldidaktik führt weg von der ersten und hin zur zweiten Naivität" (1023,516).

3. Die andere, von Peter Biehl (1028; 1027; 1025; 1026) entworfene Konzeption der Symboldidaktik schließt an grundlegende Intentionen des *problemorientierten Religionsunterrichts* an, vollzieht aber gleichwohl die Wende zur Interpretation der gegenwärtigen Lebenswelt im Medium religiöser Symbolik.

Zur *theologischen* Fundierung seiner symboldidaktischen Konzeption greift Biehl die in Entwürfen der Systematischen Theologie ausgearbeitete Unterscheidung von Religion und Evangelium auf. Religion ist demnach ein „Urphänomen der Menschheit" (1027,111; 1036,112), das bei allen Völkern und in allen Kulturen auftritt, „die geschichtlich geformte vielgestaltige Verehrung einer Manifestation des Geheimnisses der Wirklichkeit" (1027,112; 1036,117). In der Epoche der Neuzeit, zumal aber im Zuge von philosophischer Religionskritik und gesellschaftlicher Säkularisierung verliert die Religion ihre selbstverständliche Geltung. Sowohl das „Phänomen der Religionslosigkeit" als auch „die Tendenz auf Religionsersatz und Kryptoreligion" stellen „eine Herausforderung an die geschichtlich geprägten Religionen" und damit an den christlichen Glauben dar (1027,112), in dem „die Religion ausdrücklich relativiert und in ihrer Ambivalenz deutlich wird" (1027,113). Die komplexe Beziehung zwischen allgemeiner Religion und christlichem Evangelium kommt darin zum Ausdruck, „daß das Evangelium (einerseits) eine religiöse Religionskritik freisetzt, welche die Religion zu ihrer Wahrheit bringt, und daß das Evangelium (andererseits) nur im Kontext christlicher Religion und entsprechender Lebensformen sagbar und lebbar ist" (1027,113).

Analog zu dieser theologischen Grundlegung seiner Konzeption entwickelt Biehl die *Symboltheorie*. Im Unterschied zu der vorwiegend auf Spiritualität und Meditation abzielenden Symboldidaktik von Halbfas betont er den historischen und sozialen Charakter

religiöser Symbolik. Die Symbole sind zwar einerseits „in leiblich-seelischen Grundbe-
findlichkeiten des Menschen" (1029,77) verankert, andererseits aber „geschichtlich und
gesellschaftlich bedingt" (1025,48) und häufig verdeckt, verfremdet, überlagert oder
verdinglicht. Da in den Symbolen aber ursprüngliche Erfahrungen verdichtet sind, können sie revitalisiert und durch ihre Erschließung „neue Erfahrung mit der Erfahrung"
(1025,21f) gemacht werden. „Der Vorgang der Resymbolisierung besteht darin, daß das
zum Signal erstarrte Symbol durch den Bezug auf entsprechende Erfahrungen gleichsam
wieder zum Leben erwacht, wenn es zur Deutung dieser Erfahrungen neu in Anspruch
genommen wird" (1025,192). Dazu bedarf der symboldidaktische Unterricht aber einer
über den bloßen Umgang mit Symbolen hinausreichenden kritischen Urteilsbildung. Sie
ist „theologisch und didaktisch geboten" (1025,169).

Biehl entfaltet die Grundzüge einer *„kritischen Symbolkunde"* (1025,166) aus den theologisch formulierten Prinzipien seiner religionspädagogischen Konzeption. Er gewinnt
die „Kriterien zur Auswahl religiöser Symbole für Bildungs- und Lernprozesse"
(1026,288), indem er sowohl hinsichtlich der vermittelnden Erfahrungen als auch hinsichtlich der Erfahrungen vermittelnden Symbole eine einander entsprechende triadische
Distinktion vornimmt. „Wir unterscheiden zwischen Alltagserfahrungen, religiösen Erfahrungen und christlichen Glaubenserfahrungen. Diesen drei Ebenen werden unter der
Voraussetzung, daß eine enge Beziehung zwischen Erfahrung und Symbol besteht, unterschiedliche Symbole zugeordnet" (1026,288). Den Alltagserfahrungen entsprechen
die Alltagsmythen und Alltagssymbole der Jugendkultur, den religiösen Erfahrungen
sowohl „die religiös potenzierten Alltagssymbole und -rituale" als auch „Symbole, die
Manifestationen des Heiligen darstellen" (1026,288). „Das Verstehen christlicher Symbole (auf der dritten Ebene) setzt häufig religiöse Symbole und Rituale als Verstehens-
bedingung voraus" (1026,288). Die Erschließung der spezifisch christlichen Symbolgehalte erfolgt in einem „Prozeß der Aufnahme, Brechung und Überbietung religiöser
Symbole" (1026,288). Erst in der „christologische(n) Brechung religiöser Symbole"
(1026,288) wird der Religionsunterricht seiner theologisch begründeten Aufgabe gerecht. Die Unterscheidung zwischen Evangelium und Religion markiert „einen ‚dritten
Weg' zwischen einer rückwärtsgewandten Verehrung religiöser Urbilder und einer vermeintlich fortschrittlichen Zerstörung der Sinnlichkeit und Leiblichkeit religiöser Sprache" (1027,120).

Biehl begründet seine symboldidaktische Theoriekonzeption aus der kritischen Distinktion und Relation von theologischer Reflexion und religiöser Erfahrung. Die ständige
Verbindung von reflexiver und symbolischer Rationalität bildet ebenso die *didaktische
Grundform* der symboldidaktischen Unterrichtspraxis. Wie der Religionsunterricht einerseits nicht in der diskursiven Auseinandersetzung mit der zeitgenössischen Lebenswelt aufgehen kann, so kann er sich andererseits nicht in der Revitalisierung der
christlichen Symbolwelt erschöpfen. Beide Komponenten der pädagogischen Arbeit
kommen erst in ihrer Synthese an ihr Ziel. Es besteht im „Aufbau einer Glaubenslehre
für Jugendliche" (1026,298). Dieser eigenständige Typus theologischer Reflexion, die
theologisch wie pädagogisch begründete „Elementartheologie", entsteht „durch eine systematische Verknüpfung der Einsichten, die im Umgang mit den Glaubenssymbolen"
gewonnen wurden (1026,298). Sind die beiden Pole des didaktischen Spannungsverhält-
nisses, religiöse Erfahrung und theologische Erkenntnis, in den verschiedenen Phasen
des religiösen Bildungsprozesses auch unterschiedlich zu gewichten, so zielt der sym-

boldidaktische Unterricht doch insgesamt auf die Reflexivität der protestantischen Religionspraxis ab. „Vollzieht sich das Verstehen der Glaubenssymbole in der Dialektik von Sinnvorgabe und Reflexion, von ganzheitlicher Erschließung des Symbolsinns und kritischer Distanzierung, so überwiegt bei der Verknüpfung von so gewonnenen Einsichten die Reflexion, nämlich die elementare theologische Urteilsbildung" (1026,298f). Die didaktische Zielsetzung des symboldidaktischen Religionsunterrichts und seine kommunikative Gestaltung belegen noch einmal die Affinität von Biehls symboldidaktischer Konzeption zum Programm des problemorientierten Religionsunterrichts. „Mit Hilfe der Symbole kann der Streit um die Auslegung und die Neubeschreibung der Wirklichkeit angesichts der Herausforderungen durch die Zukunft ausgetragen und der Wahrnehmungshorizont für die biblische Verheißung eröffnet werden" (1027,123).

Im Zuge der Konzeptionalisierung der Symboldidaktik entstanden nicht nur die unterschiedlichen, jeweils in sich konsistenten Theoriekonzeptionen, sondern ebenso präzise ausgearbeitete thematische *Unterrichtsmodelle*, Arbeitsmaterialien und Schulbücher. Während Halbfas in den von ihm initiierten Unterrichtsbüchern (1019; 1020; 1021) die vielfältige Symbolwelt der christlichen, zumal aber der biblischen Tradition differenziert behandelt, zentriert Biehl seine Unterrichtsmodelle um Grundsymbole des christlichen Glaubens und Lebens (1025) sowie um die christlichen Symbolhandlungen (1026) und stellt damit der allgemeinen Symboldidaktik eine Sakramentendidaktik zur Seite. Die Symboldidaktik beschränkt sich damit nicht auf die Vermittlung der biblischen Tradition. Der Bibelunterricht verdankt ihr aber gleichwohl wesentliche Impulse.

3.1.2.4. Die Relevanz biblischer Traditionselemente im Kontext schulischer Bildung

Die Entwicklung neuartiger Konzeptionen und Modelle des Bibelunterrichts steht im Zeichen einer didaktischen und methodischen *Modernisierung* der religiösen Bildungsprozesse. Zumal die verschiedenen Versionen des symboldidaktischen Bibelunterrichts, aber auch andere Formen reflexiver und kreativer Bibelarbeit – von der minuziösen Analyse biblischer Texte mit Hilfe linguistischer, sozialgeschichtlicher oder tiefenpsychologischer Interpretationsmethoden (992) bis zur dramaturgischen Inszenierung biblischer Geschichten – nehmen einerseits charakteristische Grundzüge der zeitgenössischen religiösen Reflexions- und Gestaltungskultur auf und verstärken damit umgekehrt den Fortschrittsprozeß der Religion in der Moderne. Andererseits tragen die innovativen Impulse der religionspädagogischen Theorie und Praxis, die theoriegeleitete Revision der Unterrichtsziele und die praxisverbundene Reform der Unterrichtsverfahren, zur organischen Einbettung des Religionsunterrichts in die schulischen Bildungsprozesse und damit rückwirkend zur permanenten Modernisierung der schulischen Bildungsarbeit im ganzen bei. Die sowohl theologisch wie pädagogisch fundierten und didaktisch-methodisch detailliert ausgearbeiteten Unterrichtsmodelle und Unterrichtsverfahren verfolgen damit die Intentionen der religionspädagogischen Reformprogramme, die im Zusammenhang der Bildungsreform in den sechziger und siebziger Jahren des 20. Jahrhunderts im Interesse einer Integration des christlichen Religionsunterrichts in das öffentliche Schulsystem erstellt und in deren Rahmen die institutionellen Bedingungen sowie die schulpädagogischen Aufgaben und Leistungen religiöser Bildung neu definiert wurden.

Als das prominenteste religionspädagogische Programm aus der Epoche der Bildungsreform kann die vielfältig ausdifferenzierte Konzeption des *problemorientierten* Reli-

gionsunterrichts (1001,190ff; 1031) gelten. In ihr bilden sich einerseits die allgemeinver
bindlichen Grundsätze der gesellschaftlichen Bildungs- und Schulreform auf exemplarische Weise ab: die Begründung des pädagogischen Handelns aus der Statur der modernen, der Reflexivität der kritischen Urteilsbildung und der Rationalität des sozialen
Handelns verpflichteten Gesellschaft und Kultur; die kritische Sortierung der traditionellen Bildungsziele und Unterrichtsthemen auf dem Hintergrund ihrer lebensweltlichen
Relevanz; die Orientierung der Unterrichtsgegenstände und Unterrichtsverfahren an der
lebensgeschichtlichen Situation der Lernenden; vor allem aber die Integration von Unter-
richtszielen, Unterrichtsthemen und Unterrichtsmethoden auf der Basis einer durchgängig rationalen Organisation der schulischen Bildungsprozesse. Andererseits spiegeln sich
in der bildungstheoretisch formatierten Debatte um die Problemorientierung des schulischen Religionsunterrichts aber auch die Problemstellungen des neuzeitlichen Diskurses
über die Bedeutung des Christentums für die Modernisierung der gesellschaftlichen Lebensverhältnisse wider: die Bestimmung von Funktion und Struktur religiös begründeter
Lebenshaltung und Weltgestaltung; die Profilierung der christlichen Glaubensweise im
Kontext einer sich pluralisierenden Religionskultur; die Verbindlichkeit der kirchlichen
Christentumstradition auf dem Hintergrund religiöser Säkularisierung. Zum elementaren
Problembestand der Debatte um die sich wandelnde Bedeutung von Christentum und
Kirche für die moderne Lebenswelt gehört schließlich die Erörterung der kulturellen und
gesellschaftlichen Relevanz biblischer Traditionselemente, zumal aber der pädagogi-
schen Funktion biblischer Texte im Rahmen des in die öffentliche Schule eingebetteten
und der religiösen Allgemeinbildung verpflichteten Religionsunterrichts.

Seine gleichermaßen theologische wie pädagogische Fundierung gewinnt der problemorientierte Religionsunterricht aus dem sachlich wie historisch begründeten wechselseitigen Verhältnis von *Christentum* und *Schule* (1030). Die Bildungsaufgabe des Religionsunterrichts leitet sich einerseits aus seinem pädagogischen Kontext, aus der
„Grundlage der Schule" (1030,150) her, andererseits aus der originären Charakteristik
seines Gegenstandes, der geschichtlich ausgeformten und gesellschaftlich verankerten
Christentumspraxis, dem „durch die christliche Verkündigung beeinflußten Denken und
Verstehen" (1030,150). Ist das moderne Schulwesen und das darin eingelagerte neuzeitliche Bildungskonzept „in seinem Ursprung mit dem Christentum" (1030,151) verwoben, dann ist die schulische Bildungsarbeit im ganzen und damit auch der Religionsunterricht als Moment des in Gesellschaft und Kultur verwurzelten Traditionsprozesses
zu begreifen. In der vom christlichen Wirklichkeitsverständnis geprägten Gesellschaft
und Kultur fällt der Schule die Aufgabe zu, die gegenwärtige Lebenswelt im Rückgriff
auf ihre historischen Voraussetzungen transparent und damit den Lernenden ihre „Welt
verfügbar (zu) mach(en)" (1030,158): „Das Christentum wird in der Schule ausgelegt, es
wird verständlich gemacht von seinem Ursprung her" (1030,186). Wird das Christentum
aber nicht als abstrakter Unterrichtsgegenstand, sondern als ein die gesellschaftliche Lebenswelt zentral bestimmendes und den einzelnen mit seinen Glaubensüberzeugungen
engagierendes Wirklichkeitsverständnis begriffen, zu dessen kritischer und zukunftsorientierter Aneignung die pädagogische Arbeit anleitet, dann kann sich der schulische
Religionsunterricht „weder als ein bloß historisches Fach noch als ein Fach der ‚Lebens-
kunde' verstehen" (1030,187). Seine Aufgabe besteht vielmehr darin, den Lernenden
verständlich zu machen, „daß die höchst anspruchsvolle Tradition des Christentums ihren Anfang und ihren Ursprung in der Verkündigung hat" (1030,190). Im Religionsunterricht als „Unterricht über die von der Verkündigung herkommende Tradition"

(1030,190) des Christentums verweben sich historische Kenntnis, kritisches Gegenwartsbewußtsein und persönliche Verpflichtung auf die Wahrheitsgehalte der christlichen Wirklichkeitsdeutung miteinander.

Auf der Basis dieser christentumsgeschichtlichen wie schultheoretischen Grundlegung des modernen Religionsunterrichts wurden zwei unterschiedliche Typen des Bibelunterrichts entwickelt. Das eher an der didaktischen und methodischen Tradition des Bibelunterrichts orientierte, aber deutlich auf die Analogie von *hermeneutischen* und pädagogischen Erkenntnisprozessen fokussierte Unterrichtsmodell sieht die Bildungsaufgabe des Bibelunterrichts in der „selbständige(n) Auslegung der Bibel" (1031,79) durch die SchülerInnen. Als „didaktische Grundform des Religionsunterrichts" (1031,79) gilt die wissenschaftlich reflektierte wie das auslegende Subjekt mit seiner Person engagierende und die gegenwärtige Lebenswirklichkeit erschließende Interpretation biblischer Texte. „Die ‚Dreiheit' von Text, Welt, Person im *einen* Vollzug fördert, profiliert, artikuliert sich gegenseitig" (1031,92).

Im Fortgang der Debatte über die Problemorientierung des Religionsunterrichts wurde dem „Unterricht über die biblischen Schriften" ein zweites Unterrichtsmodell gegenübergestellt: der „problemorientierte Religionsunterricht nach dem ‚*Kontexttypus*'" (1032,264ff). Die innovative Unterrichtskonzeption entstand auf dem Hintergrund einer umfassenden Revision der Lehrpläne und der Entwicklung neuer Curricula für den Religionsunterricht. Den pädagogischen Prinzipien der didaktischen Reform entsprechend sind die Lernziele und Lerninhalte des Religionsunterrichts aus dem Problembestand der zeitgenössischen Kultur und Gesellschaft abzuleiten und im Fortschritt der sozialkulturellen Entwicklung kontinuierlich zu revidieren. Die im Interesse einer Reformulierung der christlichen Bildungsaufgaben vorgenommene phänomenologische Inspektion der religiösen Gegenwartslage führte zu einer kritischen Bewertung des traditionellen Bibelunterrichts. Löst sich im Zuge der Säkularisierung der modernen Religionskultur die Orientierung der christlichen Frömmigkeitspraxis an der Bibel zunehmend auf und verringert sich dementsprechend auch die Bedeutung der biblischen Traditionsgehalte für die religiöse Bildung, dann erscheint die Dominanz biblischer Themen und Stoffe in den Lehrplänen anachronistisch. Das Programm des problemorientierten Religionsunterrichts wandte sich daher kritisch gegen die Zentrierung der religionspädagogischen Praxis um die Bibel: „Muß die Bibel im Mittelpunkt des Religionsunterrichts stehen?" (1033)

Im Interesse einer *lebensweltverbundenen Unterrichtspraxis* wurde das religionspädagogische Erkenntnis- und Lernverfahren umgekehrt. Der „Unterricht über das Christsein und Menschsein in der Gegenwart" (1032,252ff) setzt nicht bei den traditionellen, auf das kirchliche Christentum zugeschnittenen und vorwiegend an den biblischen Textbeständen orientierten Bildungsgehalten ein. Er zielt vielmehr primär darauf ab, das aktuelle Welt- und Selbstverständnis der SchülerInnen „didaktisch in Ansatz zu bringen" (1033,24). Biblische Themen und Texte können dementsprechend nur dann im Unterricht Verwendung finden, wenn sich in ihnen Probleme der gegenwärtigen Lebenswelt widerspiegeln, wenn sie exemplarischen Charakter für bestimmte Perspektiven der christlichen Tradition besitzen und wenn die darin ausgedrückten Sinngehalte den Interessen der SchülerInnen in einer bestimmten Altersstufe entsprechen. An die Stelle der herkömmlichen Lehrpläne, die vorwiegend aus pädagogischen Arrangements biblischer Perikopen bestanden, traten didaktisch und methodisch durchgestaltete Unterrichtsmodelle, in denen die biblischen Texte mit Themen der modernen Lebenswelt verknüpft und die Beziehungen zwischen christlicher Tradition und religiöser Gegenwartssituation eingehend reflektiert werden.

Im Rahmen des gegenwartsverbundenen und an den Lebensproblemen der SchülerInnen orientierten Religionsunterrichts wird die Bedeutung der Bibel für die religiösen Bildungsprozesse zugleich relativiert und relationiert. Die Einführung in die christliche Überlieferung und die Auslegung der Bibel stellen zwar keine selbständigen Bildungsziele dar, wohl aber „notwendige *Teilziele*" (1033,27) der „auf das Ganze der Wirklichkeit und des Menschseins" (1033,23) abgestellten religiösen Bildung und Erziehung. Rücken im Zuge der Curriculumreform anstelle der historischen Textbestände der biblischen Tradition die Grundfragen der gegenwärtigen Lebenswelt ins Zentrum des problemorientierten Religionsunterrichts, so sind die literarischen Dokumente der christlichen Religionsgeschichte doch zur Interpretation der gegenwärtigen Wirklichkeit unentbehrlich. Indem die Lebenswelt der SchülerInnen „durch verschiedene Texte aus verschiedenen Aspekten heraus" (1032,277) beleuchtet wird, verändert sich zwar die pädagogische Funktion der biblischen Überlieferung. Gleichwohl behalten die biblischen Texte ihre „konstitutive Funktion für den Religionsunterricht" (1033,27). Betonen die religionspädagogischen Konzeptionen des narrativen und des symboldidaktischen Religionsunterrichts mehr die ästhetisch-symbolische Bildungsfunktion der biblischen Literatur, so stellt das Programm des problemorientierten Religionsunterrichts deutlich die reflexiven und traditionskritischen Momente neuzeitlicher Bibelinterpretation in den Vordergrund des pädagogischen Interesses.

3.1.3. Die protestantische Textpredigt als Institution lebenspraktischer Schriftauslegung

3.1.3.1. Die Predigt als exemplarische Gestalt protestantischer Frömmigkeits- und Reflexionskultur

Die vielschichtigen Beziehungen zwischen Frömmigkeit und Bibel wie die gemeinsame lebenspraktische Intention der verschiedenen Versionen von Bibelfrömmigkeit spiegeln sich nicht nur in der literalen Kultur des protestantischen Bildungbürgertums, in der schulischen Bildungsarbeit und insbesondere in dem um die biblischen Texte zentrierten Religionsunterricht wider. Vielmehr verdichtet sich die in die unterschiedlichen institutionellen Kontexte der modernen Religionskultur eingelagerte und vielfältig ausgeformte Bibelfrömmigkeit auf exemplarische Weise in der protestantischen *Predigtkultur*. Die in der rhetorischen Gestalt einer öffentlichen Rede verfaßte, hinsichtlich ihrer Produktions-, Kommunikations- und Rezeptionsform aber an die private Frömmigkeitspraxis angelehnte und in den sonntäglichen Gottesdienst, die paradigmatische Institution des kirchlichen Christentums, eingebettete Predigt gilt in der protestantischen Religionspraxis wie in der evangelischen Theologie als das klassische Medium bibelorientierter Erbauung und als exemplarische Grundform zeitgemäßer und lebensnaher Schriftauslegung.

Die protestantische Predigtkultur erlebte in ihrer wechselvollen *Geschichte* von Luthers berühmt gewordenen Invocavit-Predigten über die lehrhaft-dogmatischen Predigten der Orthodoxie, die kunstvoll inszenierte Rhetorik des Barock, die moralisch-religiösen und alltagspraktischen Kanzelreden der Aufklärungszeit, die missionarischen Erweckungspredigten des 19. Jahrhunderts, die modernreligiösen und zeitkritischen Predigten der

Jahrhundertwende und die vom Pathos der Wort-Gottes-Theologie durchtränkten Schriftpredigten der nachfolgenden Epoche verschiedene Zeiten ihrer Blüte. Im Fortgang der Christentumsgeschichte wandelten sich nicht nur die thematischen Gehalte und die rhetorischen Stilrichtungen, die Intentionen und Kommunikationsweisen der Predigt. Auf dem Hintergrund allgemeingesellschaftlicher, innerkirchlicher und theologischer Entwicklungen veränderte sich auch der Stellenwert der gottesdienstlichen Predigt im Zusammenhang des kirchlichen Lebens und ihre Relevanz für die individuelle Frömmigkeitspraxis. Gleichwohl blieb die Predigt im Wechsel der kulturhistorischen Epochen und Zeitströmungen die zentrale Institution des kirchlich praktizierten Christentums, das exemplarische Medium privatreligiös grundierter Bibelfrömmigkeit und darüber hinaus das öffentlich approbierte Sinnbild protestantischer Religionskultur.

Auch als sich die reale *Bedeutung* der gottesdienstlichen Kanzelrede für die Frömmigkeitspraxis der Kirchenmitglieder im Zuge der ‚Entkirchlichung' (> 212-3:1.) der protestantischen Religionskultur zunehmend verringerte, behielt und festigte die Predigt als Institution der religiösen Erbauung wie der theologischen Schriftauslegung ihren paradigmatischen Rang im allgemein-christlichen wie im kirchlich-theologischen Bewußtsein. Die Identifikation der protestantischen Religionspraxis mit der Institution der Predigt kommt ebenso in ihrer dominanten Stellung innerhalb der theologischen Reflexionskultur wie vor allem in ihrer symbolischen Hochschätzung seitens der Kirchenmitglieder zum Ausdruck: „Zumindest im Bewußtsein der Mitgliedschaft unserer Kirche, und zwar sowohl der Kirchentreuen als auch der Distanzierten, ist die evangelische Kirche nach wie vor die Kirche der Sonntagspredigt, das heißt des durch die Predigt charakterisierten Gottesdienstes. Das traditionelle Inbild der evangelischen Kirche ist der Prediger im Talar auf der Kanzel" (1062,14). Die zentrale Stellung der Predigt im theologischen Denken wie ihre hohe Bewertung in der kirchlichen Praxis konvergieren in dem Selbstbild und Fremdbild des protestantischen Pfarrers. „Das Pfarramt ... ist nach wie vor in seinem Kern das Predigtamt" (1062,17).

3.1.3.1.1. Das pluriforme Profil der protestantischen Textpredigt

1. Im Verlauf ihrer neuzeitlichen Entwicklung hat die protestantische Predigtkultur ein breites Spektrum homiletischer *Redegattungen* (1072,258ff) hervorgebracht, in denen biblischer Text und gegenwärtige Lebenssituation auf unterschiedliche Weise zueinander in Beziehung gesetzt werden. Ihr charakteristisches Profil erhalten die in verschiedenen historischen Epochen der Predigtgeschichte entwickelten und in späteren Phasen modifizierten Typen homiletischer Rede aus ihrer Verflechtung teils in die Reflexionskultur, teils in die ästhetische Kultur des Bürgertums, aus ihrer unterschiedlichen Einbettung in die öffentliche, kirchliche oder private Religionskultur sowie aus den mit dem jeweiligen Predigttypus verfolgten pädagogischen, missionarischen oder erbaulichen Intentionen. Unterscheiden sich die in der gegenwärtigen Kanzelrhetorik gleichzeitig praktizierten Predigtweisen hinsichtlich ihrer thematischen Gehalte, ihrer handlungspraktischen Zielsetzungen und ihrer kommunikativen Formen auch markant voneinander, so stellen sie sich doch insgesamt als Modifikationen einer paradigmatischen homiletischen Grundform dar, als Varianten der protestantischen Textpredigt. Das gemeinsame Identitätsmerkmal der facettenreichen protestantischen Predigtkultur bildet die für jeden Predigttypus obligatorische Rückbeziehung von Predigtinhalt und Predigtform auf das biblische

Schrifttum. Als Prototyp der von Pietismus und Aufklärung geschaffenen und in der bürgerlichen Schriftkultur verwurzelten biblischen Lese- und Auslegungspraxis hat die „Institution der Textpredigt" über ihre pragmatische Funktion hinaus „eine demonstrative
Bedeutung. Sie stellt eine Predigtform dar, bei der die intendierte inhaltliche Schriftbindung der Predigt durch die Verlesung und Auslegung eines Textes öffentlich angezeigt
wird" (1067,89).

Zwei *Grundformen* zeitgenössischer Predigtpraxis lassen sich idealtypisch voneinander
unterscheiden: der auf die reflexive Erschließung der gegenwärtigen religiösen Lebenswelt abzielende rhetorische Diskurs und die auf der Unmittelbarkeit sinnlich-symbolischer Wahrnehmung aufruhende und mit ästhetischen Mitteln ausgestaltete rhetorische
Inszenierung. Wie sich die unterschiedlichen rhetorischen Muster der beiden Predigt-
formen in der gegenwärtigen Predigtkultur vielfältig miteinander verweben, so vermischen sich auch die verschiedenen Intentionen der homiletischen Sprechakte, rationale
Aufklärung und religiöse Erbauung, miteinander.

Die als „Sachvortrag" (1069,302) konzipierte und „auf wesentliche Aspekte des christlichen Glaubens bzw. der christlichen Ethik" (1067,93) konzentrierte ,*Themapredigt*' setzt
– dem problemorientierten Religionsunterricht vergleichbar – „bei Einsichten oder Ver-
legenheiten aus der Lebenswelt der Hörer" ein, „um von diesen Problemen aus nach den
Antworten der biblisch-christlichen Überlieferung zu fragen" (1067,92). War die thema-
zentrierte Kanzelrede ursprünglich als biblisch fundierte „Lehr- und Mahnpredigt"
(1069,302) verfaßt, so wandelte sich ihre kommunikative Gestalt im „Zeitalter der ,in-
stitutionalisierten Dauerreflexion'" (1069,303). Wird die religiöse Gewißheit nicht mehr
von Kirche und Theologie verbürgt, sondern im kritischen Diskurs des bürgerlichen Publikums ermittelt, argumentativ in Zweifel gezogen und der Einsicht der autonomen Individuen anheimgestellt, dann zielt die Predigt nicht auf die Proklamation kirchlich autorisierter Wahrheit, sondern auf die Entwicklung der religiösen Urteilskompetenz der einzelnen Zuhörer ab. Die Individualisierung der religiösen Überzeugung bildet sich in der
rhetorischen Gestalt der Predigt ab: Die Themapredigt nimmt dialogische Strukturen an.
Sie wird entweder im Rückgriff auf rhetorische Kunstformen, die in der antiken Philosophie ausgearbeitet und in den paulinischen Briefen aufgenommen wurden, als fiktiver
Dialog zwischen unterschiedlichen religiösen Einstellungen und Standpunkten gestaltet,
oder als explizites, in der Form einer Dialogpredigt oder einer homiletischen Diskussi-
onsveranstaltung organisiertes „Streitgespräch zwischen den verschiedenen Vertretern
der verschiedenen Glaubens-Interpretationen" (1069,303).

Gewinnt die thematische Predigt ihre materiale Einheit aus der Konzentration auf einen
exemplarischen Gedankenkomplex der zeitgenössischen christlichen Lebenspraxis und
ihre formale Struktur aus der Rückbeziehung gegenwärtiger Problemlagen auf biblische
Denkformen und Orientierungsmuster, so beruht die innere Konsistenz des *ästhetischen*
Predigttypus auf der untergründigen Sinneinheit biblisch-christlicher Symbolkonstrukte.
Die gegenwärtig in vielfältigen Versionen praktizierten narrativen, symbolisch-kreativen
oder an medial präsentierte Darstellungen der bildenden Kunst angelehnten Predigtfor-
men basieren auf der im Zusammenhang bürgerlich-protestantischer Religionskultur
hergestellten Affinität von Religion und Kunst.

Die „Identität" (1041,100) von Religion und Kunst wurde von *Schleiermacher* im Rahmen der Ästhetik wie auch im Zusammenhang der Religionstheorie herausgestellt und in

der Theorie der religiösen Rede homiletisch ausgearbeitet. Wie Schleiermacher einerseits die rhetorische Aufgabe des Predigers als zweifachen „Dialog mit seiner Schriftstelle, die er fragt und die ihm antwortet, und mit seiner Gemeine" (1039,248) begreift und damit die hermeneutischen Grundlagen für die neuzeitliche Themapredigt legt, so hebt er andererseits die ästhetische Statur der in „das religiöse Kunstwerk" des „Kultus" (1038,108) eingegliederten gottesdienstlichen Predigt, den „Kunstcharakter der Rede" (1039,251) hervor. Schleiermachers dialogisches Verständnis der homiletischen Kommunikation und die Entfaltung der homiletischen Rhetorik „auf dem Hintergrund der von ihm entwickelten Produktionsästhetik" (1071,255) konvergieren in einer radikalen Individualisierung der homiletischen Produktion, Präsentation und Rezeption. Die dialogische Struktur und die ästhetische Statur der religiösen Rede ermöglichen und fördern die individuelle Autonomie des Redners und des Hörers. „Der Kunstcharakter, der dem Verstehen des biblisch Überlieferten ebenso innewohnt wie seiner gegenwärtig ansprechenden, rhetorisch gesteigerten Mitteilung, setzt die Betonung aufs Individuelle, unverwechselbar Eigene. Kunst ist geradezu die Äußerungsform des Individuellen, die Form seiner Selbstmanifestation, seiner darstellenden Mitteilung. Und was in dieser Form zur Mitteilung kommt, in der Form eines rhetorischen Kunstwerks, läßt sich wiederum nur analog verstehen im Entdecken und Einbringen von Analogien mit jeweils eigener Erfahrung, in der Provokation von neuer Erfahrung durch schon gemachte Erfahrung. D.h., die Predigt ist ein Akt der symbolischen Kommunikation des Glaubens gerade insofern, als die Gemeinde insgesamt, im Ensemble ihrer Glieder, als der Träger dieser symbolisierenden Tätigkeit zu stehen kommt" (1071,255).

Vermischen sich in der gegenwärtigen Kanzelrhetorik Momente der bürgerlichen Diskurskultur und Impulse aus der bürgerlichen Kunstszene vielfältig miteinander, so verbinden sich in ihr auch die divergierenden *Intentionen* der homiletischen Praxis, die Steigerung der religiösen Urteilskompetenz im Blick auf die komplexe Lebenswelt und die Entwicklung der persönlichen Glaubensüberzeugung auf dem Hintergrund der sich individualisierenden Lebenswelt, eng miteinander.

Auf der einen Seite schließt die zeitgenössische Predigtkultur an die Predigtform der Aufklärungszeit an. Sie begreift „Aufklärung" über das neuzeitliche Christentum, zumal über den Stand der historisch-kritischen Bibelforschung, als „ein Stück Erbauung der Gemeinde" (1069,302) und favorisiert einen Predigttypus, der sich konsequent der *rationalen* Erschließung der alltäglichen Lebenswelt auf dem Hintergrund der biblisch-christlichen Religion verschreibt, wobei gegenwärtig die ethische, der praktischen Lebensführung dienende Predigtform gegenüber dem am Fortschritt der christlichen Vorstellungswelt interessierten Typus der dogmatischen Predigt dominiert.

Auf der anderen Seite bringt sich in der gegenwärtigen Predigtkultur aber auch die vom Pietismus herausgestellte Symbiose von Religiosität und Individualität zur Geltung. Unter Berufung auf theologische wie auf kommunikationstheoretische und psychologische Einsichten werden die Kanzelvorträge zunehmend als Ausdruck *persönlicher Frömmigkeit* (> 211) begriffen und im teils direkt gemeinten, teils als literarisches Mittel verwendeten Ich-Stil vorgetragen (1070,221ff). Die Signierung der homiletischen Rede als persönliche Äußerung des Predigers hält einerseits die theologisch gebotene Unterscheidung zwischen der „Transsubjektivität der bezeugten Sache" und der „Subjektivität der Zeugenerfahrung" (1070,226) aufrecht und relativiert insofern die allgemeine Gültigkeit der Auslegung gegenüber der Autorität des auszulegenden biblischen Textes. Die in der Predigt kunstvoll hergestellte Selbstrelativierung der homiletischen Äußerung erlaubt aber andererseits gerade die in der homiletischen Kommunikation intendierte Identifizierung des Hörers mit sich selbst. „Das Ich des Predigers wahrt den demokratischen und dialogischen Charakter der Predigt", indem es „zur Antwort mit einer eigenen Ich-Aussage einlädt" (1070,223).

Verdankt die gegenwärtige Predigtkultur ihre wesentlichen Impulse vorwiegend der Epoche des Pietismus und der Aufklärung, so hat die protestantische Predigt im Zuge ihrer Einbettung in die bürgerliche Redekultur hinsichtlich ihrer institutionellen Grundform wie ihrer rhetorischen Gestaltung auch Momente der vom Bildungsbürgertum (> 210) gepflegten *Bibelfrömmigkeit* in sich aufgenommen. So bildet sich in der standardisierten Eröffnungsszene der homiletischen Inszenierung, im dreigliedrigen „Ritual der Textverlesung" (1068,391) mit Kanzelgruß, bibliographischer Bezeichnung der auszulegenden Textstelle und Bitte um die göttliche Segnung der menschlichen Rede der im bürgerlichen Haus gepflegte sakrale Umgang mit dem Buch der Bücher ab; am Anfang der gottesdienstlichen Predigt steht im Regelfall die symbolisch-rituelle Heiligung der Schrift. Spuren des formalisierten sakral-religiösen Umgangs mit dem heiligen Buch finden sich auch innerhalb der Rede selbst, wenn der Prediger – in Anlehnung an Konventionen der wissenschaftlichen Literaturproduktion – den Bibeltext zitiert, um die Bedeutung homiletischer Grundgedanken durch den Rückgriff auf den Predigttext zu unterstreichen. In der bürgerlichen Predigtkultur hat die rhetorische Figur des ‚Schriftbelegs' zwar nicht mehr die logische Funktion eines Arguments. Die Plausibilität der Darstellung und die Überzeugungskraft der Rede beruhen nicht auf heteronomen Wahrheitspostulaten heiliger Texte, auf dem „normativen Anspruch" und der „autoritative(n) Funktion des Textes für die Predigt" (1068,386f). Die in die Form der Textinterpretation gefaßte homiletische Konstruktion der Wirklichkeit stützt sich vielmehr auf die Einsicht der autonomen Individuen, auf deren kritische Zustimmung zu dem Gehörten und die freie Adaption der Predigtgedanken an die individuelle Wirklichkeitsinterpretation der Zuhörer. Gleichwohl verweist der Schriftbeleg auch in seinem sublimen Gebrauch als rhetorisches Stilmittel symbolisch auf die Sakralität der Heiligen Schrift.

2. Auf andere Weise und zugleich deutlicher noch als die gottesdienstlichen Predigten sind schließlich die anläßlich der lebensgeschichtlichen Passageriten vorgetragenen *Kasualreden* (> 232-3) in der privaten Frömmigkeitspraxis des Bildungsbürgertums verwurzelt und von entsprechenden Einstellungen zur Bibel und Rezeptionsgewohnheiten biblischer Texte geprägt. Die in der Epoche des Bürgertums aufblühende Kasualrhetorik stellt sich sowohl hinsichtlich ihrer thematischen Gehalte als auch hinsichtlich ihrer formalen Gestaltungen als ein klassisches Medium der ästhetischen Religionskultur dar. Vor allem die rhetorisch versiert angelegten Traureden und Bestattungsansprachen bedienen sich nicht nur äußerlich der ästhetischen Sprachform der bürgerlichen Privatwelt, der metaphorischen Verkleidung der Gedanken und der sublimen Umgangsweise mit den Grundproblemen und Grundkonflikten des menschlichen Lebens. Sie nehmen vielmehr in ihrem Aussagegehalt, in ihrer rhetorischen Architektur und in ihrer medialen Präsentation das in der bürgerlichen Privatwelt ausgebildete Interesse an der „Sakralisierung von Lebensgeschichten" (1077,183) auf und entlehnen auch die kommunikativen Muster ihrer rhetorischen Inszenierungen der privaten Religionskultur.

Wie sich das bürgerliche Individuum seine private Symbolwelt schafft, um sich im Spiegel der symbolisch besetzten Objekte selbst wiederzufinden und sich der Authentizität und Originalität seiner individuellen Wirklichkeitskonstruktion, der sinnhaften Einheit seines privaten Lebenskosmos und der Sinnlogik seiner individuellen Lebensgeschichte zu vergewissern (> 212-1:2.2.), so wird auch in der Kasualrhetorik die in sich *widersprüchliche Sinnstruktur* des Lebens im Spiegel einer kunstvoll erstellten religiösen Symbolwelt rekonstruiert. In der vom Symbolschatz der rituellen Inszenierungen durchtränkten, kontinuierlich mit Anspielungen auf die biblische und die bürgerliche Literatur versetzten und durchgängig sinnlich-symbolisch verfaßten Sprache der Kasualreden wird die ambivalente Statur der Lebenserfahrung, die untrennbare Verbindung von Werden und Vergehen, Gelingen und Scheitern, Lebensglück und Lebensleid nicht aufgelöst, sondern im Akt ganzheitlicher Wahrnehmung der Lebenswirklichkeit verdichtet. Die symbolische Kodierung der ästhetisch-symbolischen Rhetorik erschließt sich dem Hörer nicht von selbst. Erst indem die symbolisch verschlüsselte und vielschichtige Wirklichkeitskonstruktion von den Zuhörern auf je subjektive Weise angeeignet und zu ihren spezifischen, unverwechselbar individuellen Lebenserfahrungen und Lebensperspektiven in Beziehung gesetzt wird, gewinnt das vieldeutige homiletische Symbolkonstrukt seinen deutlich begrenzten und präzise definierten Sinn. Die Kommunikationsform der Kasualreden, die symbolische Konstruktion und Dekonstruktion der religiösen Wirklichkeit, nimmt die für die bürgerliche Privatwelt und ihre Individualisierung charakteristische Wahrnehmungsperspektive auf und entwickelt sie zu einer raffinierten rhetorischen Kompositionstechnik.

Die Kasualreden sind aber nicht nur hinsichtlich ihrer Produktions-, Kommunikations- und Rezeptionsform in die religiöse Kulturwelt des Bürgertums eingebettet. Ihr gegenüber der gottesdienstlichen Kanzelrhetorik eigenständiges Profil verdankt die Kasualrhetorik vor allem auch ihrem charakteristischen Rückbezug auf biblische Motive, Sentenzen und Textkomplexe. Die ‚Biblizität‘ der Kasualrede kann geradezu als *hermeneutisches Paradigma* der bürgerlichen Bibelfrömmigkeit gelten, in der sich aktuelle Erlebniswelt und biblische Sprachwelt durch ihre situative Verknüpfung aufs engste miteinander verschlingen und im Vorgang homiletischer Wirklichkeitsinterpretation eine unlösbare Synthese eingehen. Die für die Kasualreden charakteristische Form der Schriftbindung entsteht aus der Kombination von zwei typisch bürgerlichen Umgangsweisen mit der Bibel. Zum einen nutzen die Kasualreden das biblische Schrifttum vorwiegend als Spruchsammlung und legen der situationsgebundenen Rede ein im religiösen Sprachschatz gebräuchliches und häufig in die Gestalt eines Bildworts, einer Metapher oder eines Symbols gefaßtes biblisches Motto zugrunde. Zum anderen folgt die wechselseitige Erschließung von biblischem Sinngehalt und praktischer Lebenswirklichkeit den hermeneutischen Gesetzmäßigkeiten der privaten Bibelfrömmigkeit. Die aktuelle Relevanz eines biblischen Weisheitsworts ergibt sich aus dessen Interpretationsleistung für die individuelle Lebensgeschichte der Betroffenen. In den Kasualreden werden biblische Sentenzen als literarische Medien zur Rekonstruktion von Lebensgeschichten genutzt.

3. Lehnen sich die Kasualreden eher an die säkularreligiöse Bibelfrömmigkeit des Bildungsbürgertums an, so geht die klassische Grundform kirchlich-religiöser Rhetorik, die nicht nur an biblische Sentenzen und Symbolgehalte angelehnte, sondern ausdrücklich als methodisch organisierte Interpretation biblischer Perikopen konzipierte protestantische *‚Textpredigt‘*, in ihren Ursprüngen auf die homiletische Tradition der Reformation

zurück. Ihr verdankt der Protestantismus den paradigmatischen Typus seiner Predigt-kultur, die in der theologischen Arbeit der PredigerInnen hergestellte und in die Gestalt einer öffentlichen Rede gefaßte Symbiose von biblischer Exegese und erbaulicher Schriftauslegung. Die Synthese von wissenschaftlicher Schriftforschung und praktischer Frömmigkeitspflege bildet nicht nur die gemeinsame Basis der unterschiedlichen Pre-digtformen, die sich im Laufe der neuzeitlichen Christentumsgeschichte herausgebildet haben. Die protestantische Textpredigt stellt vielmehr den Nukleus einer neuen, um den theologisch begründeten und homiletisch verwirklichten Zusammenhang von Wort und Glaube zentrierten Religionskultur dar. „Welche Bedeutung die Bibel innerhalb des Protestantismus hat, wird am augenscheinlichsten in der Praxis der theologischen Schriftauslegung und in ihrem Gefolge der Predigt. Sie bildete in den reformatorischen Kirchen von ihren Anfängen an das zentrale Geschehen des Gottesdienstes" und sollte nach Willen der Reformatoren vor allem auch „der kontinuierlichen Schriftauslegung dienen" (1073,32).

Die reformatorische Predigtpraxis schließt in ihren Ursprüngen zwar an die im Mittelal-ter, zumal mit der Gründung und Ausbreitung der Bettelorden aufblühende Predigttra-dition an. Die Reformation verleiht der Predigt aber sowohl eine neue formale Gestalt als vor allem auch einen gänzlich neuen Rang im Zusammenhang von persönlicher Fröm-migkeit und kirchlicher Lebenspraxis. Ihre *Grundgestalt* als Auslegung der Heiligen Schrift verdankt die protestantische Predigt „Luthers Umformung der biblischen Herme-neutik" (1,363), der Abkehr von der traditionellen Methode biblischer Textinterpretation nach dem vierfachen Schriftsinn (sensus litteralis, allegoricus, moralis sive tropologicus, anagogicus) und der Fokussierung der Textaussage auf Christus als „punctus mathemati-cus sacrae scripturae" (1037,2383). Erschließt sich der Sinn eines biblischen Textes nicht aus der kirchlich approbierten Interpretationstradition, sondern aus dem Korpus der bi-blischen Schriften selbst, aus der Rückbeziehung einzelner Perikopen und Textaussagen auf die ‚Mitte der Schrift‘, dann wird die homiletische Schriftauslegung zur traditions-kritischen Instanz. Als Institution kritischer Bibelexegese rückt die protestantische Schriftpredigt in das Zentrum des christlichen und kirchlichen Lebens. „Die ‚Mitte der Schrift‘ wird … konsequent auch zur Mitte der Predigt, und so gewinnt die Predigt ihre zentrale Stellung im evangelischen Christentum" (1,363).

Die Reformation schuf aber nicht nur den bis in die Gegenwart gültig gebliebenen Typus der protestantischen Schriftpredigt und legte damit die Grundlagen für den seit der Ent-stehung und dem Fortschritt der wissenschaftlichen Exegese unauflöslichen Zusammen-hang von exegetischer Forschung und homiletischer Verkündigung. Sie verlieh der Pre-digt vor allem auch eine neue *institutionelle* Stellung im Zusammenhang des kirchlichen Lebens. Während die Predigt im katholischen Mittelalter nur am Rande des Meßrituals oder außerhalb des Sakramentsgottesdienstes gepflegt und einerseits als „Instrument der religiösen Volkserziehung" genutzt, andererseits als „Aufruf zur Buße" (1,346) konzi-piert wurde, stellte sie die Reformation ins Zentrum des protestantischen Wortgottes-dienstes und gab damit nicht nur der religiösen Gemeinschaftsfeier, sondern der christli-chen Frömmigkeitspraxis insgesamt ein gänzlich neues Profil. „Die Verlagerung des Schwergewichts von symbolischen Verrichtungen und Gebräuchen zum gesprochenen Wort bezeichnet den Beginn einer neuen geschichtlichen Epoche", den „Übergang von der Kirche der Sakramente zu der Kirche des Wortes" (1,351).

Die Bedeutung der Predigt für die protestantische Religionspraxis geht freilich nicht in der medialen Umgestaltung von Gottesdienstpraxis und Frömmigkeitspflege, in der Umstellung von der rituellen zur verbalen Kommunikation auf. In der Transformation der religiösen Kommunikationskultur bringt sich vielmehr eine *theologische Idee* zur Geltung, die im Zentrum des reformatorischen Denkens steht und als theoretisches wie praktisches Grundprinzip des Protestantismus sowohl die weitere Entwicklung der evangelischen Theologie als auch die Entfaltung der protestantischen Religionskultur dirigiert. Die reformatorische Theologie erhebt das in die Form der protestantischen Schriftpredigt gefaßte „äußere und tatsächlich gesprochene und gehörte Wort" in den Status eines frömmigkeitskonstitutiven Prinzips. Das „Wort" stellt nicht nur das zentrale, sondern das einzige Medium dar, „in dem das Gottesverhältnis des Christen begründet wird" und in dem sich zugleich die religiöse „Selbständigkeit im Glauben und im Leben als das Ziel der christlichen Existenz" (1,351f) verwirklicht. „Das Wort, das den Glauben begründet, begründet immer auch die Selbständigkeit dieses Glaubens. Denn die Vermittlung durch das Wort wendet sich an den Menschen in seiner Individualität, in seiner unverwechselbaren Besonderheit" (1,352).

Mit der Genese der protestantischen Predigtkultur setzt daher der Prozeß religiöser *Individualisierung* ein, den Pietismus und Aufklärung auf dem Hintergrund der bürgerlichen Emanzipationsbewegung konsequent fortführen. Die „reformatorische Wendung zur Sprache" (1078,109) markiert deshalb auch nicht nur den Beginn einer neuen Epoche der Christentumsgeschichte. Die theologisch proklamierte und homiletisch praktizierte „Befreiung durch das Wort" (1078,108) ist vielmehr das Debüt einer neuen Inszenierung des gesellschaftlichen Lebens: „Die Reformation steht am ‚antiautoritären' Beginn der bürgerlichen Gesellschaft" (1078,109). Im Zuge der Entfaltung der bürgerlich-protestantischen Sprachkultur rückte die Predigt vollends ins Zentrum der protestantischen Religionspraxis ein. Die protestantische Predigt wurde im realen wie im symbolischen Sinn zum „Wahrzeichen des evangelischen Christentums" (1,351) und zu einem Paradigma bürgerlicher Redekultur.

3.1.3.1.2. Die multiforme Funktion des biblischen Textes

Im Zusammenhang der facettenreichen protestantischen Schriftfrömmigkeit, zumal aber im Rahmen der protestantischen Predigtkultur, fungieren die biblischen Textbestände in mehrfacher Hinsicht als *Medien* selbstreferentieller wie gemeinschaftlicher religiöser Erbauung. In der hermeneutischen Erschließung ihres gegenwartsrelevanten und individualitätsverpflichtenden Sinngehalts, in der Verschmelzung von lebenspraktischer Interpretation und subjektiver Aneignung erweisen die biblischen Perikopen, Sentenzen und Vorstellungsgehalte sowohl ihre kommunikationspragmatische als auch ihre individualitätskonstitutive und schließlich ihre gemeinschaftsintegrierende Funktion. Die Institution der protestantischen Textpredigt löst damit das reformatorische Prinzip der Schriftautorität unter neuzeitlichen Bedingungen frömmigkeitspraktisch ein.

1. Die konstitutive Bedeutung der Bibel für die neuzeitliche Frömmigkeitspraxis kommt zunächst in der *kommunikationspragmatischen* Funktion des Predigttextes im Rahmen des komplex verfaßten, gleichermaßen auf die religiöse Überzeugung des Predigers wie auf die fromme Gesinnung des Hörers gestellten homiletischen Kommunikationsaktes

zur Geltung. Sowenig die feierliche Verlesung eines biblischen Textes und die kontinuierliche Rückbeziehung der religiösen Rede auf ihre biblische Grundlage der Predigt eine
gewissermaßen übernatürliche Autorität zu verleihen vermögen, sowenig ist die vom
Prediger rhetorisch inszenierte und vom Hörer reformulierte homiletische Wirklichkeitskonstruktion ohne das beide miteinander verbindende Medium des biblischen Textes zu
denken. In der Verschränkung von religiöser Produktivität und Rezeptivität wird der
biblische Text zu einem diskursiven wie vor allem auch symbolischen Träger der kommunikativ vermittelten religiösen Erfahrung, zur „Plattform", auf der sich „der homiletische Akt als Verständigungsbemühung um die aktuelle Relevanz des christlichen Glaubens entfalten kann" (1068,390). Der biblische Predigttext stellt zwar keine objektive
Basis der experimentellen Wirklichkeitskonstruktion dar, keinen Fixpunkt im Spiel der
Lebenshypothesen. Die Relevanz der biblischen Sprachkonstrukte für die Konstitution
individueller Frömmigkeit kommt vielmehr erst durch deren situativ-aktuelle Bedeu-
tungserschließung und somit in der jeweils originären und innovativen Predigtarbeit des
Redners und des Hörers zum Vorschein. Gleichwohl gehört die kommunikationspragmatische Funktion des biblischen Predigttextes zu den unabhängig von den jeweiligen
Predigern und auch unabhängig von den Rezipienten feststehenden und damit objektiven
Faktoren des homiletischen Verständigungsvorgangs. Der gemeinsame Regreß von Prediger und Hörer auf das gegenüber der religiösen Rede eigenständige und zugleich in sie
verwobene Medium des Predigttextes bildet ein charakteristisches Strukturmerkmal der
homiletischen Kommunikation, ein Spezifikum der kommunikativen Institution der
protestantischen Textpredigt.

Das hermeneutische Verfahren der Verknüpfung von homiletischer Wirklichkeitskonstruktion und biblischem Text ist einerseits in der Predigtarbeit des Predigers, andererseits in der Predigtarbeit des Hörers *institutionell* verankert und methodisch organisiert.
Auf der Seite des Predigers verschmelzen biblischer Text und religiöse Rede im Zuge
der Produktion der Predigt, zumal in der beruflich verfaßten und insofern auch mit professioneller Kompetenz ausgeübten Frömmigkeitspraxis der Predigtmeditation. Auf der
Seite der Rezipienten der Predigt gehört die Rückbeziehung der rhetorisch verschlüsselten religiösen Erfahrung auf den der religiösen Rede zugrundeliegenden biblischen Text
zu den elementaren Bestandteilen der Frömmigkeitskonvention des Predigthörers. Auch
sie schließt eine eigene Form hermeneutischer Kompetenz ein. Gerade weil die produktive Verarbeitung der homiletischen Wirklichkeitsdeutung die Investition der Person
verlangt, bedarf es zur regelgerechten Entschlüsselung der rhetorisch chiffrierten religiösen Erfahrung, zur individuellen Dekonstruktion des homiletischen Sprachkonstrukts
einer nicht nur sporadisch, sondern kontinuierlich ausgeübten Rezeptionspraxis. Das
Hören von Predigten will ebenso gelernt und geübt sein wie der Umgang mit anderen
Medien der kommunikativ erstellten Lebenswelt. Die rhetorische Kunstform der protestantischen Textpredigt konnte sich deshalb nur auf dem Hintergrund der sonntäglichen
Kirchgangssitte (> 233) entfalten. In ihr findet die Kultur der Kanzelrede die notwendigen institutionellen Bedingungen vor.

Im Rahmen der Frömmigkeitskonvention des Predigthörens kommt nun dem Predigttext
eine eigene, *religionsbiographische* Funktion zu. Der regelmäßige Predigthörer erkennt
in den auf subjektive Originalität und situative Einmaligkeit abgestellten Kanzelreden
nicht nur das institutionelle kommunikative Grundmuster der protestantischen Textpredigt wieder, die Vermittlung religiöser Erkenntnis im Medium des biblischen Textes,

jene hermeneutische Figur also, die ihn zur individuellen Aneignung der Predigt anregt. Vielmehr entdeckt er in den sich aneinanderreihenden Erfahrungen mit dem Predigthören, im Fortgang seiner persönlichen homiletischen Hörgeschichte, auch biblische Texte, Vorstellungsgehalte und symbolische Verweisungen wieder, auf deren Hintergrund er bei Gelegenheit anderer Predigten, aber auch im Rahmen privater und gemeinschaftlicher Bibellektüre, seine individuelle religiöse Wirklichkeitskonstruktion entwarf. Für den versierten Predigthörer ist der ihm aus seiner Frömmigkeitspraxis vertraute Predigttext daher, längst bevor der Prediger ihn auf seine Weise zu interpretieren beginnt, schon lebenspraktisch appliziert. Wie die berufliche Predigtmeditation einerseits als einmalige und begrenzte, auf die Erarbeitung einer bestimmten Predigt zentrierte Arbeitsleistung zu verstehen ist, andererseits aber als organischer Bestandteil lebenspraktisch und lebensgeschichtlich verfaßter Bibelfrömmigkeit und damit als Element kontinuierlich verlaufender Religionspraxis, so nimmt auch der Predigthörer den biblischen Text und seine homiletische Auslegung in doppelter Perspektive wahr: als originellen und unverwechselbaren Akt religiöser Wirklichkeitsdeutung und zugleich als integrales Moment seiner lebensgeschichtlich aufgeschichteten religiösen Weltsicht. Die regelmäßig wiederkehrenden Predigttexte und gottesdienstlichen Bibellesungen bilden ein reales wie symbolisches Kontinuum in der wechselvollen homiletischen Hörgeschichte, in der sich Zugewinne an religiöser Erkenntnis und Erfahrung mit vielfältigen Enttäuschungen vermischen.

2. Als Medium des sinnhaften Aufbaus der biographischen Lebenswelt kommt dem biblischen Text eine gegenüber seiner homiletischen Interpretation eigenständige und doch eng mit ihr verbundene Bedeutung zu. Diese *individualitätskonstitutive Funktion* der biblischen Texte ist organisch in die Predigtarbeit des Hörers eingelassen und zugleich aufs engste mit der Praxis privater Bibellektüre verwoben, in der das religiöse Subjekt sich im Akt selbstreferentieller Frömmigkeit (> 212-1:2.2.) der Sinnhaftigkeit seiner individuellen Lebenswelt vergewissert. Im Zusammenhang der privaten Bibelfrömmigkeit, in der andächtigen Bibellektüre und der meditativen Versenkung in die Bibel, entsteht eine persönliche Affinität zu bestimmten, mit hohen lebenspraktischen Bedeutungsgehalten besetzten Bibelstellen. Sie stellen sich zu einem religiösen Poesiealbum, zu einem individuellen Florilegium lebensorientierender Schriftzitate zusammen. Sowenig die formale Berufung auf biblische Wahrheiten die religiöse Gewißheit des frommen Individuums zu begründen vermag, sowenig kann das religiöse Subjekt im Prozeß seiner Selbstdefinition, der Formulierung und Revision seiner originären Glaubensüberzeugungen, auf den Rückgriff auf seinen privaten, individuell selektierten und lebensgeschichtlich sortierten Kanon biblischer Sentenzen und Metaphern verzichten, auf die Kollektion solcher biblischer Texte, die sich in herausgehobener Weise für gerade seine Lebensführung und Lebensdeutung als wirklichkeitserschließend und lebensbestimmend erwiesen haben. In der selbstreferentiellen Verständigung des religiösen Individuums mit sich selbst werden biblische Texte zu Prismen, in denen sich die divergierenden Lebenslinien brechen, zu Spiegeln, in denen sich der einzelne der Kontinuität und des Wandels seiner religiösen Lebensperspektiven und damit der Sinnhaftigkeit seiner Lebenserfahrung vergewissert. Die in der privaten Frömmigkeitspraxis vorgenommenen Bedeutungsbesetzungen von biblischen Texten gehen in die Interpretationsarbeit des Predigthörers ein. Einerseits kommt den mit lebensgeschichtlicher Erfahrung gesättigten Bibeltexten eine mediale Schlüsselfunktion im produktiven Prozeß der Predigtrezeption zu. Andererseits wirkt die im Medium der frömmigkeitspraktisch besetzten Bibelworte vorgenommene

Neuinterpretation religiöser Wirklichkeit im Zuge des homiletischen Kommunikationsaktes auf die private Bibelfrömmigkeit zurück.

3. Über ihre kommunikations-pragmatische und ihre individualitäts-konstitutive Funktion hinaus kommt den biblischen Texten im Rahmen der kirchlichen Religionskultur
schließlich eine *gemeinschaftsintegrierende* Funktion zu. Sowenig sich eine religiöse
Gemeinschaft unter neuzeitlichen Bedingungen durch die abstrakt-formale Berufung auf
einen für sie verbindlichen Kodex heiliger Schriften zu konstituieren und zu konsolidie-
ren vermag, sowenig kann die ,Kirche des Wortes' ohne den beständigen Regreß auf die
für alle Kirchenmitglieder gemeinsam in Geltung stehenden und von ihnen als verpflichtend anerkannten Ursprungsdokumente des christlichen Glaubens existieren. „Die
Christengemeinde ist jene Gruppe von Menschen in der Gesellschaft, deren Zusammengehörigkeit und deren Eigenart darin besteht, daß sie die biblische Tradition als unüber-
holbar aktuell und relevant für die Gestaltung humaner Lebenspraxis mindestens prinzipiell anerkennt" (1068,392). Die „identitätsstiftende und identitätsstabilisierende Funktion der Bibel für die christliche Kirche", insbesondere aber der „Textbezug der Predigt",
läßt sich sozialpsychologisch „als eine Sonderform jenes Phänomens beschreiben, das in
unserer Schriftkultur allgemein zu beobachten ist. Menschliche Gemeinschaften konstituieren sich in unserem Kulturkreis durch ihren Bezug zu schriftlichen Dokumenten"
(1068,392). Bildet die biblische Tradition im Kontext der privaten Religionskultur das
Medium wie die Orientierungsbasis selbstreferentieller Frömmigkeitspraxis, so stellt sie
im Rahmen gemeinschaftlicher Christentumspraxis das mediale Ferment wie die allgemein anerkannte Basis wechselseitiger Verständigung und Vergewisserung dar. In der
Rückbesinnung der Kirche auf die elementaren Grundlagen ihrer kollektiven Überzeugungen wird die Bibel zum realen wie symbolischen Fundament religiöser Vergemeinschaftung.

3.1.3.1.3. Die integrale Funktion der Predigttheorie

1. Die konstitutive Bedeutung der Predigt für das protestantische Christentum kommt
nicht nur in ihrer hohen Bewertung im Zusammenhang der Religionspraxis selbst, sondern ebenso in ihrer dominanten Stellung im Rahmen der theologischen *Reflexionskultur*
zum Ausdruck. Seit der Genese der neuzeitlich-wissenschaftlichen Theologie und schon
davor gehört die Predigt zu den zentralen Gegenständen nicht nur der Praktischen
Theologie, sondern aller theologischer Disziplinen. Sie leisten jeweils eigenständige
Beiträge zur homiletischen Theorieentwicklung. Deckt die Exegetische Theologie im
Zuge der historisch-kritischen Bibelinterpretation den ursprünglichen Sinn der auszule-
genden Texte auf, beschreibt die Historische Theologie die Wirkungsgeschichte der bi-
blischen Texte in den verschiedenen Phasen der Christentumsgeschichte sowie die
Wandlungen der Predigtkultur auf dem Hintergrund sozial- und kulturgeschichtlicher
Entwicklungsprozesse und erörtert die Systematische Theologie die dogmatischen
Grundprinzipien der protestantischen Schriftpredigt, so fällt der Praktischen Theologie
schließlich die Aufgabe zu, die von ihren Schwesterdisziplinen vorgelegten Beiträge zur
homiletischen Theoriebildung zu systematisieren, die divergierenden Erkenntnisperspektiven zu bündeln und im Zusammenspiel von prinzipieller, phänomenologischer und
praktischer Predigttheorie einen Gesamtentwurf evangelischer Homiletik zu erarbeiten.

Je weiter sich das theologische Wissenschaftssystem ausdifferenzierte und je deutlicher sich seine Teildisziplinen sowohl thematisch als vor allem auch methodisch gegeneinander verselbständigten, umso gewichtiger wurde die *integrative Funktion* des homiletischen Themas für die Vernetzung der theologischen Fachdisziplinen. Stützte sich die homiletische Prinzipienlehre von jeher auf dogmatische Begründungsfiguren der Predigt und dokumentierte sie damit den engen thematischen wie methodischen Zusammenhang zwischen Systematischer und Praktischer Theologie, so legitimierte sich die Exegese als klassische protestantische Wissenschaftsform in ihrer jüngeren Vergangenheit zunehmend nicht mehr allein aus ihrer historiographischen Aufgabe, sondern vor allem aus ihren spezifischen Beiträgen zur hermeneutischen Diskussion und damit aus ihrer unverzichtbaren Funktion für die methodologische Grundlegung der protestantischen Textpredigt, insbesondere aber für die praktische Predigtarbeit der PfarrerInnen auf dem ‚Weg vom Text zur Predigt' (1052,28ff).

Die unbestrittene Mittelpunktstellung der Predigt im protestantischen Christentum wird aber nicht nur zur wissenschaftlichen Begründung der einzelnen theologischen Disziplinen und zur Herstellung interdisziplinärer Beziehungen, sondern – vor allem im Zusammenhang der ‚Dialektischen Theologie' – auch zur wissenschaftstheoretischen Selbstdefinition der protestantischen *Theologie* im ganzen genutzt. In der konsequenten Fokussierung des theologischen Denkens auf die prinzipiengeleitete und methodisch organisierte Predigtpraxis und in der arbeitsteiligen Organisation homiletischer Reflexion wird der gemeinsame praktische Sinn aller theologischen Theoriearbeit erkennbar. Der globale wissenschaftstheoretische Grundsatz, „daß Theologie als Wissenschaft der Kirche in ihren sämtlichen Disziplinen nichts anderes sein soll als Predigtvorbereitung" (1054,7), führte einerseits zu einer Ausweitung der homiletischen Perspektive; mit der „Hinwendung der Theologie überhaupt zur Predigt" wurde die Predigt „das zentrale Thema nicht mehr allein der Homiletik, sondern der Theologie und der Kirche im ganzen", die allgemeinverbindliche theologische „Losung" (1064,179). Das gesamttheologische Interesse an der Predigt als Zentrum protestantischer Religionspraxis und als exemplarisches „Konzentrat der theologischen Arbeit" (1065,206) steigerte andererseits die Bedeutung der Homiletik im Zusammenhang des vielgliedrigen praktisch-theologischen Theoriesystems; die Homiletik rückte ganz in den Mittelpunkt des praktisch-theologischen Interesses.

2. Die Zentrierung des gesamttheologischen, zumal aber des systematisch-theologischen Interesses auf die Predigt als exemplarischer Form protestantischer Religionspraxis wirkt sowohl auf die Theoriearchitektur der praktisch-theologischen *Homiletik* als auch auf die Organisation der kirchlichen Handlungspraxis zurück. Die einerseits im Zuge der Lutherrenaissance, andererseits im Kontext der Dialektischen Theologie entworfene und durchweg am reformatorischen Schriftprinzip orientierte Predigttheorie konzentriert sich ganz auf einen Teilbereich der praktisch-theologischen Predigttheorie, auf die homiletische Prinzipienlehre. Sie unterlegt der ‚Kirche des Wortes' eine aus der ‚Wort-Gottes-Theologie' gewonnene Predigtlehre und greift zu deren dogmatischer Fundierung auf die normativen Bekenntnisformulierungen der Reformation zurück. Die paradigmatische Bedeutung der homiletischen Schriftauslegung für die protestantische Religionskultur wird durch die theologische Identifizierung von Wort Gottes und Predigt unterstrichen, die protestantische Schriftpredigt als Grundmuster kirchlicher Verkündigung, als praktische Ratifizierung des reformatorischen Schriftprinzips begriffen: Praedicatio verbi Dei est

verbum Dei (1059,50). Zur Begründung ihrer hermeneutischen Grundsätze bedient sich die Homiletik ebenfalls fundamentaler Prinzipien der paulinisch-lutherischen Theologie und stellt die konstitutive Beziehung von verbaler Verkündigung und religiöser Erfahrung, von Wort und Glauben heraus: Fides ex auditu (Römer 10,17), der „Glaube kommt ganz, allein und ausnahmslos aus dem Hören" (1060,96).

Im Zuge der Vorherrschaft der Dogmatik über die praktisch-theologische Theoriebildung wird die Institution der Predigt aber nicht nur zum Integral des theologischen Wissenschaftssystems und zur beherrschenden Perspektive praktisch-theologischer Predigtlehre, sondern zugleich auch zum Paradigma der weit ausdifferenzierten *kirchlichen Handlungspraxis*. Besteht die Aufgabe der Kirche in nichts anderem als in der ‚Verkündigung des Wortes Gottes‘, dann bildet die protestantische Schriftpredigt den „Inbegriff dessen, was man ‚Verkündigung‘ nennt, ihre reinste, ihre eigentliche Gestalt" (1062,13). Die „Sonntagspredigt (wird) normativ gemacht für alle anderen Kommunikationsbemühungen der Kirche. ‚Verkündigung‘ in diesem Sinn, als Dienst an Gottes eigenem Wort durch treuliche Textauslegung, soll alle Kommunikation in der Kirche sein, auch die Rede bei der Amtshandlung, auch der Unterricht, auch das Gespräch bei der Seelsorge, auch die Volksmission usw." (1062,13). Unter der Dominanz dogmatischer Axiomatik wird einerseits die situative und kommunikative Pluriformität der unterschiedlich konturierten religiösen Aktionsformen eingeebnet und andererseits „die Monopolstellung der Sonntagspredigt umgekehrt wieder zementiert" (1062,13).

3. Die *homiletische Theorietradition* des 19. Jahrhunderts war durchaus auch den Prinzipien der reformatorischen Theologie verpflichtet. Sie suchte gleichwohl der praktischen Pluriformität neuzeitlicher Christentumspraxis dadurch gerecht zu werden, daß sie das genuin praktisch-theologische, phänomenologische Interesse an der homiletischen Redekultur mit den unveräußerlichen Grundsätzen der protestantischen Reformation vermittelte und der Predigttheorie eine synthetische, aus unterschiedlichen Erkenntnisperspektiven komponierte Struktur verlieh. So entfaltete Schleiermacher seine praktisch-theologische Predigtlehre auf dem Hintergrund der Rhetorik als „Theorie der religiösen Rede" (1039,201ff), unterlegte ihr aber in der Glaubenslehre eine aus der Schriftlehre gewonnene dogmatische Begründung; das „Zeugnis von Christo", das sich „in der heiligen Schrift und im Dienst am göttlichen Wort" findet, gehört zu den „wesentlichen und unveränderlichen Grundzüge(n) der Kirche" (1040,278). Nitzsch legt seiner detailliert ausgeführten Predigtlehre ebenfalls eine rhetorische Rahmentheorie zugrunde und kommt über Erörterungen zur „Idee der Rede", zur „Geschichte der öffentlichen Rede" und zur „Idee der Beredsamkeit" schließlich zur Homiletik im engeren Sinne (1044,3ff). Die theologische Begründung der Predigt wird einerseits aus der praktisch-theologischen Ekklesiologie gewonnen; als eine der für die Kirche konstitutiven und „unmittelbar auf Erbauung der Gemeine gerichteten Thätigkeiten" (1044,1) geht die Predigt „aus dem Grunde des kirchlichen Lebens hervor und auf den Endzweck desselben hin" (1044,47). Andererseits verknüpft Nitzsch aber auch in exemplarischer Weise Schriftlehre und Predigtlehre miteinander; die Predigt „ist die fortgesetzte Verkündigung des Evangeliums zur Erbauung der Gemeine des Herrn, eine Verkündigung des durch heilige Schrifttexte vermittelten Wortes Gottes, welche mit lebendiger Beziehung auf gegenwärtige Zustände und durch berufene Zeugen geschiehet" (1044,47).

Die *neuere Homiletik* knüpft, vor allem in der Fortschreibung des homiletischen Programms von Ernst Lange (1062), an die homiletische Theorietradition des 19. und des beginnenden 20. Jahrhunderts an. Indem sie die von der Dialektischen Theologie ins Zentrum der Predigtlehre gestellte Frage „nach *der* Predigt als praedicatio verbi divini, als Ursprung der Kirche, nach ihrem Wesen und ihrer Verheißung" aus der praktisch-theologischen Theoriebildung auslagert und an die Dogmatik zurückverweist, konzentriert sich die im Wissenschaftskontext der Praktischen Theologie verortete Homiletik konsequent auf den „konkreten homiletischen Akt", auf die „wöchentliche Predigtaufgabe und ihre Lösung" (1062,19). Der kritischen Wendung gegen die Mystifizierung der homiletischen Praxis, gegen die „quasisakramentale Überhöhung" der „gottesdienstliche(n) Rede am Sonntagvormittag" (1062,12) und den daraus resultierenden „fundamentalistische(n) Kult des heiligen Buches" (1062,16) wie gegen deren theoretisches Pendant, den dogmatisch „gesteigerten Predigtbegriff", in dem sich „die reale Predigt ... nicht mehr wiederzuerkennen" (1058,5) vermag, entspricht das konstruktive phänomenologische Interesse an der homiletischen Sprachhandlung als kommunikativem Vorgang. Die Predigt wird als eine „Verständigungsbemühung" begriffen, „die streng im Bereich zwischenmenschlicher Kommunikation, ihrer Bedingungen und Möglichkeiten bleibt" (1062,26). An die Stelle der dogmatischen Nivellierung der religiösen Kommunikationskultur tritt das praktisch-theologische Interesse an einer minuziösen Erfassung und Beschreibung der voneinander unterschiedenen Formen religiöser Kommunikation. Die empirisch-phänomenologische Perspektive führt schließlich zu einer soziologischen und kommunikationstheoretischen Relativierung der Bedeutung, die der Predigt im Zusammenhang der zeitgenössischen Religionskultur zukommt.

Im Zuge der kritischen Beurteilung von Predigtpraxis und Predigttheorie koppelt sich die praktisch-theologische Predigttheorie gleichwohl nicht von der wissenschaftlichen Tradition der Homiletik ab. Sie löst sich ebensowenig aus dem interdisziplinären Kontext homiletischer Theoriebildung. Die neuere Homiletik bemüht sich vielmehr sowohl um eine *Reformulierung* der aus der Reformation hergeleiteten homiletischen Prinzipien der Dialektischen Theologie als vor allem auch um den kritisch reflektierten Anschluß an die hermeneutische Diskussion. Der kritisch-innovative Regreß auf den Theoriebestand der homiletischen Wissenschaftsgeschichte kommt exemplarisch in einer Neufassung jener Formel zum Ausdruck, die von der Dialektischen Theologie zur kategorialen Schlüsselfigur der homiletischen Theorie wie der Predigtpraxis erhoben und schließlich zur normativen Verklammerung von Theorie und Praxis genutzt wurde. Die Formel ‚Verkündigung des Wortes Gottes' wird durch die Wendung ‚Kommunikation des Evangeliums' ersetzt und in dieser neuartigen stilistischen Variante zu einem Stereotyp im Sprachschatz der an empirische Untersuchungen zur Gegenwartslage des kirchlichen Christentums angelehnten populärtheologischen Verlautbarungen und Programme (> 212-3:1.3.).

In ihrer homiletischen Verwendung dient die Formel ‚*Kommunikation des Evangeliums'* sowohl zur konkreten Differenzierung der divergenten Kommunikationsformen religiöser Praxis, der verschiedenen „Verständigungsbemühungen der Kirche", als auch zu deren systematischer Integration auf dem Hintergrund der weitverzweigten, gleichwohl in sich konsistenten zeitgenössischen Religionskultur, des umfassenden „Wirkungszusammenhang(s) ‚Kommunikation des Evangeliums'" (1062,13). Die gemeinsame Aufgabe der unterschiedlichen Formen religiöser Kommunikationspraxis besteht in der „bezeugenden Interpretation der biblischen Überlieferung" (1062,13), wobei der Ton auf dem Begriff der Interpretation liegt. Wendet sich die an Einsichten der philosophischen und theologischen Hermeneutik orientierte Homiletik daher gegen die Identifizierung von

Text und Predigt, gegen die vorneuzeitlichen, in der Religlosität des Bürgertums aber
fortlebenden Versionen von Bibelfrömmigkeit also, die auf dem „interpretationslose(n)
Gebrauch der heiligen Formel" (1062,16) aufruhen, so begründet die homiletische Theorie umgekehrt die zwar relative, gleichwohl aber hohe Bedeutung der protestantischen
Schriftpredigt für das christliche Gegenwartsbewußtsein aus deren interpretatorischer
Statur und räumt damit dem Vorgang homiletischer Interpretation eine selbständige Bedeutung gegenüber dem biblischen Text ein. Die „Predigt ist nicht Auslegung des Textes
als geschehener Verkündigung, sondern ist selbst geschehende Verkündigung, und das
heißt nun: Die Predigt ist Ausführung des Textes. Sie bringt zur Ausführung, was der
Text will ... So wird der Text durch die Predigt zur hermeneutischen Hilfe im Verstehen
gegenwärtiger Erfahrung" (1061,347).

Die Kombination von phänomenologischer und hermeneutischer Perspektive kennzeichnet aber nicht nur das theorieleitende Interesse der neueren Homiletik. Sie charakterisiert
vielmehr auch die Kommunikationsstruktur und die Handlungsintention der *Predigtpraxis.* Lange bringt die kommunikative Struktur des ‚homiletischen Akts‘ (1062,20),
die distinkte Relation von Text und Predigt, mit Hilfe eines semantischen Duals zum
Ausdruck, durch die begriffliche Unterscheidung und logische Beziehung von Tradition
und Situation. Als „ein Prozeßgeschehen zwischen Tradition und Situation" (1062,30)
ist die kommunikative Aktion der Predigt „eine Verständigungsbemühung. Gegenstand
dieser Bemühung ist die christliche Überlieferung in ihrer Relevanz für die gegenwärtige
Situation des Hörers und der Hörergemeinde" (1062,20).

Zur zentralen semantischen Figur der phänomenologisch-hermeneutischen, an die
Struktur der Kasualrede (1062,22f) angelehnten Predigtkonzeption wird der Begriff der
‚*homiletischen Situation*‘ (1063,195ff). „Unter homiletischer Situation soll diejenige
spezifische Situation des Hörers bzw. der Hörergruppe verstanden werden, durch die
sich die Kirche, eingedenk ihres Auftrags, zur Predigt, das heißt zu einem konkreten,
dieser Situation entsprechenden Predigtakt herausgefordert sieht" (1062,22). Die teils
kollektiven, teils individuellen Lebenssituationen sind in sich selbst komplex verfaßt und
von inneren Widersprüchen durchzogen. Sie bedürfen daher zu ihrer Erhellung einer
ständigen interpretatorischen Bearbeitung. Ihr dient das kommunikative Medium der
protestantischen Textpredigt, in der die „Klärung der homiletischen Situation ... durch
bezeugende Interpretation der biblischen Überlieferung" (1062,27f) herbeigeführt wird.
Um die neue Einsichten und Erfahrungen anregende, widerständige, „profilierende" und
„verfremdende Funktion" (1062,23) der biblischen Texte zur Geltung zu bringen, ist
zwar „die Rückkehr an den Ursprung des Glaubens, zum biblischen Zeugnis, erforderlich" (1062,29). Insofern fungiert der Prediger in einer Doppelrolle: „Er ist Zeuge als
Interpret und Interpret als Zeuge. Aber als Aktualisierung dieser Überlieferung für eine
bestimmte, in ihrer Weise einmalige homiletische Situation ist seine Aussage neues
Wort, nicht Repetition, sondern verantwortliche Neuformulierung der Überlieferung"
(1062,28f). Denn, „was eigentlich mitzuteilen ist, ist nicht die Eigenaussage des Textes,
sondern diese durch die Situation herausgeforderte Predigttradition. Der Text wird dabei
nicht eigentlich zünftig ausgelegt, sondern im Interesse der Verständigung verbraucht"
(1062,23). Der hermeneutische ‚Verbrauch‘ des biblischen Textes erfolgt daher auch
nicht schon in seiner exegetischen Interpretation im Rahmen der Predigtarbeit der PfarrerInnen, sondern erst im Akt der homiletischen Kommunikation, in der Auseinandersetzung des einzelnen Zuhörers mit der textbezogenen Rede. Indem der Hörer „stärker an

der Über-Setzung des Zeugnisses in seine eigene Lebenssituation" beteiligt wird, „bekommt die Predigt erst ihren vollen Sinn" (1062,35).

Die Theorie der protestantischen Textpredigt nimmt in ihren neueren Bearbeitungen Grundeinsichten der homiletischen Tradition des 19. Jahrhunderts, vor allem aber auch der ‚Liberalen Theologie' auf. Sie gewinnt die Grundsätze ihrer homiletischen Konzeptionen nicht deduktiv, durch die Ableitung der theoretischen Prinzipien der Predigtlehre und der praktischen Verfahrensweisen der Predigt aus einem in sich geschlossenen dogmatischen System. Im Anschluß an die weitverzweigte empirische Wissenschaftstradition der Moderne erhebt die praktisch-theologische Predigttheorie ihre Erkenntnisse vielmehr auf dem umgekehrten Weg, durch das *induktive* Erkenntnisverfahren. Aus der Verschränkung von empirisch-kritischer Inspektion und phänomenologisch-systematischer Rekonstruktion der homiletischen Gegenwartslage entsteht ein differenziertes Bild der zeitgenössischen homiletischen Redekultur.

Die lebensweltliche und lebensgeschichtliche *Pluriformität* neuzeitlicher Frömmigkeit und die daraus resultierende Komplexität kirchlicher Handlungspraxis spiegeln sich in der Theorie der situationsverbundenen und hörerorientierten Predigtpraxis wider. Wie die sonntägliche Kanzelrede nicht zum generellen Paradigma religiöser Kommunikation erklärt werden kann, sondern als eine bestimmte und begrenzte Form kirchlich-religiösen Handelns anzusehen ist, so gleicht auch keine Predigt einer anderen; jede einzelne Predigt ist ein situationsgebundener, seiner Aktualität verpflichteter und damit unverwechselbarer und unwiederholbarer Redeakt, ein Unikat. Die auf die Authentizität individueller religiöser Erfahrung gestellte homiletische Produktions-, Kommunikations- und Rezeptionstechnik löst sogar die Identität der einzelnen Predigt auf. Im Zuge der subjektiven Wahrnehmung und Verarbeitung der Predigt durch den Hörer, im Verlauf seiner Predigtarbeit also, wird nicht nur der biblische Text, sondern auch seine situative Interpretation erneut individualisiert und damit im Interesse lebensweltlicher und lebensgeschichtlicher Situationsklärung ‚verbraucht'. In der Korrespondenz von individualisiertem Predigtverständnis und induktiver Predigttheorie auf der Basis hermeneutischer Prämissen kommt das Erbe der Reformation in neuer Gestalt zur Geltung. Das in der – vom Hörer im Vorgang des Hörens angeeigneten – Predigt aufgehobene ‚Wort' bildet das Medium individualitätskonstitutiver protestantischer Frömmigkeitspraxis.

3.1.3.1.4. Die synthetische Struktur der homiletischen Textinterpretation

1. Indem die charakteristisch moderne, auf situative Differenzierung und kommunikative Individualisierung der Predigtpraxis abzielende Predigttheorie zu ihrer theologischen Grundlegung auf die Reformation zurückgreift und deren hermeneutische Prinzipien im Kontext der zeitgenössischen Rede- und Reflexionskultur reformuliert, partizipiert sie zugleich an der Problemgeschichte der protestantischen Textpredigt und ihrer theoretischen Reflexion. Ein theologisches Grundproblem, das die Wissenschaftsgeschichte der Homiletik seit den Anfängen der protestantischen Schriftpredigt begleitet und das in den verschiedenen Stadien der homiletischen Theoriegeschichte auf unterschiedliche Weise formuliert und gelöst wurde, bildet die Frage nach der *Einheit der Schrift*. Sie stellt sich im Rahmen der homiletischen Prinzipienlehre nicht vorwiegend in dogmatischer Perspektive, sondern vor allem in der doppelten Gestalt eines frömmigkeitsphänomenologi-

schen und eines hermeneutischen Problems, als Frage nach der lebenspraktischen Identität persönlicher Glaubenshaltung und als Frage nach der zentrierenden Mitte der den religiösen Glauben schaffenden Schrift. Mit der Formulierung des protestantischen Schriftprinzips löste die Reformation beide Probleme in einem Zug. Sie leitete die innere Identität der protestantischen Glaubenshaltung aus dem Schriftprinzip her und erklärte die Bindung der persönlichen Frömmigkeit an die Schrift zum unveräußerlichen Axiom des Protestantismus. Als Medium religiöser Identitätsbildung fungiert das in der homiletischen Kommunikation gehörte ‚Wort‘. Die Schriftpredigt konstituiert aber nicht nur die Identität der sich selbst gewissen religiösen Individualität. Im hermeneutischen Vorgang homiletischer Bibelinterpretation gewinnt vielmehr auch die Schrift ihre theologisch begründete Einheit. In der Abkehr von der mehrdimensionalen, auf dem unterstellten vierfachen Schriftsinn basierenden Auslegung und der Zentrierung der biblischen Texte auf Christus als Mitte der Schrift wird die innere Einheit der biblischen Verkündigung durch ihre methodische Interpretation aufgedeckt.

In der Folge der *neuzeitlichen Entwicklung* der Bibelinterpretation zerfällt nun aber die für die protestantische Bibelfrömmigkeit konstitutive Einheit der Schrift und in ihrem Gefolge auch die identitätsstiftende Funktion der biblischen Überlieferung. Löst sich die Einheit der Schrift mit dem Fortschritt der historisch-kritischen Exegese auf, so zieht die bürgerliche Bibelfrömmigkeit daraus die frömmigkeitspraktischen Konsequenzen. Sie betrachtet den biblischen Textbestand nicht mehr als ein organisches, in sich einheitliches und aus sich selbst verständliches Ganzes, sondern als Sammlung höchst unterschiedlich gearteter weisheitlicher oder moralisch-religiöser Sentenzen, deren Sinn sich weniger aus dem Kontext des heiligen Buches, als vielmehr aus der interpretatorischen Funktion biblischer Sentenzen für bestimmte und begrenzte Lebenssituationen und persönliche Verfassungen erschließt. Während die Lektüre von schöngeistiger Literatur zu den signifikanten Gewohnheiten bildungsbürgerlicher Schichten gehört, wird das Buch der Bücher kaum gelesen, sondern viel eher als Reservoir von biblischen Sentenzen und frei nachgebildeten Phrasen betrachtet, die in den diversen Situationen alltagsweltlicher Konversation zur Deutung von Lebenserfahrungen herangezogen und nach Belieben verwendet werden können. In der Klimax von historischer Relativierung und frömmigkeitspraktischer Fragmentierung büßt die Bibel ihre sinnstiftende normative Funktion für die Konstitution des religiösen Glaubens ein. Die biblischen Texte mutieren zu metaphorischen Ausdrucksformen des auf sich selbst zurückverwiesenen religiösen Selbstbewußtseins. In dieser Gestalt, als religiös besetzte und durch ihre Tradition geheiligte Sprichwörter, gehen die biblischen Sentenzen in den alltäglichen Sprachschatz ein. Als expressive semantische Figuren werden die biblischen Worte vor allem den Kasualreden, aber auch den gottesdienstlichen Predigten zugrundegelegt.

2. Die homiletischen *Theoriekonzeptionen* reagieren auf die Fragmentierung der Bibel im Zuge ihrer exegetischen Kritik und auf die gleichzeitige Auflösung der reformatorischen Bibelfrömmigkeit in eine protestantische Bildungs- und Kulturreligion auf unterschiedliche Weise.

Die ‚*Dialektische Theologie*‘ Barthscher Provenienz konstatiert zwar die Irreversibilität der historischen Bibelkritik, begegnet ihr aber mit einer in der Wort-Gottes-Theologie begründeten Reserve. Besteht die Aufgabe der „biblische(n) Wissenschaft“ in der „Erforschung der veritas scripturae ipsius“ und nicht in der „törichte(n) Jagd nach einer historischen Wahrheit supra scripturam" (1053,548), dann muß die Exegese der „Versuchung" widerstehen, „den biblischen Kanon anders zu lesen, als er selber gelesen sein will" (1053,546). Die den hermeneutischen Grundsätzen der Reformation und dem Charakter des Protestantismus als „Buchreligion" (1053,548) verpflichtete theologische Interpretation der Schrift wendet sich daher gegen den aus „einem Sonderinteresse an Antiquitäten" (1053,547) geborenen, lediglich historischen Gebrauch der Bibel als „Quellenliteratur" (1053,546), gegen die Auflösung der Heiligen Schrift in historische Texte, und tritt für eine am Ganzen der Bibel orientierte „Exegese der kanonischen Schrift als solcher, also die zusammenhängende Auslegung" (1053,547) der Bibel ein. Erschließt sich der Sinn der Schrift nach reformatorischer Einsicht aus sich selbst, dann hat sich die protestantische Schriftexegese aber vor allem gegen die „im Zusammenhang mit dem modernen Historismus in der Theologie weithin heimisch gewordene" Vorstellung zu verwahren, „als könne und müsse es beim Lesen, Verstehen und Auslegen der Bibel darum gehen, über die biblischen Texte hinaus zu den irgendwo hinter den Texten stehenden Tatsachen vorzustoßen" (1053,545f). Die historisch-kritische Bibelforschung hat dann ihr Recht, wenn sie nicht die vorreformatorische Praxis des mehrfachen Schriftsinns in neuer Form wieder auflegt, sondern von der Prämisse ausgeht, daß die „historische Wahrheit, die in ihrer Art in der Tat auch die biblische Wissenschaft zu ermitteln hat", nichts anderes ist als „der wahre Sinn und Zusammenhang der biblischen Texte als solcher" (1053,548). Deshalb ist weder „die Annullierung der bibelwissenschaftlichen Arbeitsergebnisse der letzten Jahrhunderte" noch „der Abbruch und die Vernachlässigung der in ihrer Linie liegenden Bemühungen zu fordern, wohl aber eine radikale Neuorientierung hinsichtlich des dabei zu verfolgenden Zieles auf Grund der Erkenntnis, daß die biblischen Texte insofern um ihrer selbst willen erforscht sein wollen, als die Offenbarung, von der sie zeugen, nicht hinter oder über ihnen, sondern in ihnen steht, geschieht und zu suchen ist" (1053,548).

Die Notwendigkeit biblischer Textexegese ergibt sich denn auch nicht aus der Uneinheitlichkeit oder Undeutlichkeit der in der Bibel verkündeten Offenbarung, so als ob der Sinn der biblischen Botschaft erst durch ihre jeweilige Interpretation hergestellt werden müßte. Es verhält sich vielmehr genau umgekehrt. „Was das Wort Gottes ... dunkel und also erklärungsbedürftig macht, das sind die Vorstellungen, Gedanken und Überzeugungen, die der Mensch allezeit und überall von sich aus an dieses Wort heranbringt ... Immer im Nebel dieser unserer geistigen Welt wird das in sich klare Wort Gottes unklar. Klar für uns kann es nur werden, indem eben dieser Nebel sich zerteilt und weicht" (1053,803). Die „Grundform" der „Erklärung" der biblischen Schriften besteht daher in der „Unterordnung" der Auslegung unter die sich selbst auslegende Schrift (1053,803). Diese „prinzipielle Regel aller Schrifterklärung" leitet sich freilich nicht allein aus den methodischen Prinzipien reformatorischer Hermeneutik ab. Vielmehr bringt sich in dem ihr selbst entsprechenden Umgang mit der Bibel das sachliche Zentrum der reformatorischen Theologie, der *Rechtfertigungsglaube*, und damit zugleich der zentrale „Inhalt" der Bibel zur Geltung (1053,807). „Ihr Zeugnis hören und also verstehen heißt: zur Kenntnis nehmen, daß es zwischen Gott und den Menschen so steht, daß Gott dem Menschen gnädig ist: dem Menschen, der dessen bedürftig ... ist, der sich Gottes Gnade aber nicht erwerben kann ... Dies hören heißt die Bibel hören: als ganzes und in jedem einzelnen ihrer Teile und Teilchen ... Die Bibel sagt wohl vielerlei; sie sagt aber in allem vielerlei nur Eines, eben dieses Eine: den Namen Jesus Christus" (1053,807).

Die *Predigtlehre* der ,Dialektischen Theologie' münzt die hermeneutischen und theologischen Prämissen reformatorischer Schriftauslegung unmittelbar in homiletische Prinzipien um und bewährt damit das dogmatische Prinzip der Einheit der Schrift in dem homiletischen Postulat der Einheitlichkeit protestantischer Predigtpraxis. Mit Emphase wendet sich die der Verkündigung des Wortes Gottes verpflichtete Predigtlehre gegen die psychologisch-individuelle Nutzung und situativ-aktualisierende Deutung biblischer Texte in der Predigt. Sie registriert, „wie vollständig gleichgültig die Bibel in allen ihren Teilen an allem persönlich-psychologisch-biographisch Interessanten vorbeigeht" (1055,113) und sieht die Abstinenz der biblischen Überlieferung gegenüber den zufälligen und beliebigen Ausformungen menschlicher Religiosität nicht in „schriftstellerische(r) Unbeholfenheit", sondern „im Wesen der Sache" (1055,114) begründet.

Der sachgemäße, weil ihr selbst entsprechende Umgang mit der Bibel kann daher nicht in einer ausufernden homiletischen Adaption einzelner biblischer Sentenzen und Motive an undeutliche menschliche Lebenssituationen und Gemütsbewegungen bestehen, sondern nur in der Konzentration der Schriftpredigt auf das *Ganze* der Schrift und damit in der Rückkehr zu den reformatorischen Grundsätzen des bibelzentrierten Glaubens. Geht es in der biblischen Verkündigung, so unterschiedlich sich die Textbestände im einzelnen auch darstellen mögen, niemals um die Kultivierung persönlicher Frömmigkeit, sondern immer „um Gott selber, um Gott allein" (1055,114), und sind „Kreuz und Auferstehung der geheimnisvolle Mittelpunkt" (1055,117f) der Schrift, dann dient die „Versenkung in die Bibel" ausschließlich der Erkenntnis, „daß auch wir wieder von allen Seiten diesem Mittelpunkt entgegenstreben müssen" (1055,118). Die Bindung der homiletischen Verkündigung an das Ganze der Schrift bestimmt sowohl die Aufgabenstellung wie Inhalt und Form der protestantischen Textpredigt. „Es gibt nur *eine* Aufgabe der Kirche, und die heißt: ringen um neuen Respekt vor Gott. Diese Aufgabe ist die zentrale Aufgabe der Predigt" (1055,117). Die praktische Konsequenz des homiletischen Programms besteht in der kritischen Wendung gegenüber der im Rahmen bürgerlicher Kanzelberedsamkeit weit ausdifferenzierten Predigtkultur: „Keine Abwechslung in der Predigt! Es muß jeden Sonntag alles und darum jeden Sonntag das gleiche gesagt werden" (1055,116); der Sonntag „sei der Tag, an dem von nichts anderem als von Kreuz und Auferstehung die Rede ist" (1055,116).

3. War die Predigtlehre der ,Dialektischen Theologie' ganz um die Beziehung von Wort Gottes und Verkündigung zentriert, so machte auch die – vor allem von Friedrich Niebergall entworfene – Homiletik der *,Liberalen Theologie'* die Pflege der protestantischen Bibelfrömmigkeit zu einem zentralen Thema ihrer homiletischen Reform: „So stehe zuerst die Predigt ganz im Dienst der Erweckung und Pflege des Bibelgeistes" (1051,48). Gleichwohl leitet die Theorie der ,Modernen Predigt' (> 223) aus der für die protestantische Religionspraxis konstitutiven Beziehung von Bibel und Predigt nicht die Notwendigkeit eines einheitlichen Typus protestantischer Textpredigt ab. Die unterschiedlichen „Grade" der Schriftbindung „von der allgemeinen Erfüllung mit ihrem Sinn und Hauch bis hinunter zur genauen Darlegung einer bestimmten Stelle" (1051,48f) verleihen der neuzeitlichen Predigtkultur gerade ihr typisch modernes, pluriformes Profil.

Vor allem aber gewinnt die ,moderne' Predigttheorie die theorieleitenden Grundsätze, die methodischen Verfahrensweisen und die praktischen Regeln der protestantischen Textpredigt auf genau umgekehrte Weise. Sie stellt dem kritisch-wissenschaftlichen wie religiös-praktischen Umgang mit den biblischen Texten nicht deren theologischen Eigensinn entgegen, um daraus kritische Postulate für eine generelle Neuordnung der Predigtpraxis auf der Basis dogmatischer Verbindlichkeiten herzuleiten. Die Predigttheorie der ‚Liberalen Theologie' rekonstruiert vielmehr mit dem Instrumentarium wissenschaftlicher Forschung die *kommunikative Struktur* der Textpredigt, um aus der Verschränkung von empirischer Analyse und modern-theologischen Prinzipien praktisch-theologische Maximen zum Fortschritt der theoriegeleiteten und methodisch organisierten Predigtpraxis zu gewinnen. Sie betrachtet dementsprechend die biblischen Texte von vornherein in ihrer homiletischen Funktion, als Medien religiöser Wirklichkeitskonstruktion, und benutzt zur Charakterisierung der religiös-theologischen Statur des biblischen Schrifttums an Stelle des dogmatisch-theologischen Begriffs des ‚Wortes Gottes' den später von Ernst Lange wieder prominent verwendeten homiletisch-dynamischen Begriff des ‚Evangeliums'. „Es soll wirkungskräftiger gepredigt werden. Der Mensch von heute soll wirklich mit den Mitteln des Evangeliums gefaßt, angetrieben und getröstet werden. Dabei soll uns Wissenschaft helfen, d.h. planmäßige Untersuchung der in Betracht kommenden Faktoren" (1048,2).

Dem Interesse an der kommunikativen Struktur der Textpredigt entsprechend sind zwei *Grundfaktoren* der homiletischen Praxis zu thematisieren. „Das ist erstens das Evangelium, nämlich die Schriften des Neuen Testamentes. Sie sollen daraufhin untersucht werden, wie sie zu bewegen und zu beruhigen suchen. Ich halte diese Betrachtung des Neuen Testament für dringend nötig; denn zum Bewegen und Beruhigen sind, denke ich, diese Schriften alle ursprünglich geschrieben, also zu praktischen Zwecken. Und zweitens muß das Objekt unserer Tätigkeit, der Mensch, einer genauen Betrachtung unterzogen werden. Der Mensch, als stets sich gleichbleibendes psychisches Gebilde, und der Mensch, wie er sich uns gerade heute gemäß unsrer geschichtlich gewordenen Lage darbietet. Aus diesen beiden Voraussetzungen muß sich dann als Folgerung ergeben, wie wir es zu machen haben" (1048,2).

Zu den primären Aufgaben einer empirisch-analytischen Theorie der protestantischen Textpredigt gehört die subtile Analyse der zeitgenössischen *Bibelfrömmigkeit* als der religiös-kulturellen Grundlage der modernen Schriftpredigt. Die Rekonstruktion der in der bürgerlichen Religionskultur verankerten Bibelfrömmigkeit deckt deren innere Widersprüchlichkeit auf.

Auf der einen Seite ist der bürgerlich-protestantische Umgang mit der Bibel durch die Aufklärung beeinflußt und insofern von der generellen *Entsakralisierung* der biblischen Textbestände geprägt. Mit dem wissenschaftlichen Fortschritt, zumal aber mit der zunehmenden Popularisierung der modernen Exegese wird die historische und kritische Betrachtung der Bibel als „Menschenwort" (1050,9) zur selbstverständlichen und allgemeingültigen Rezeptionsperspektive des Bibellesers und Predigthörers. Für den säkular-modernen Menschen ist die „Bibel eine Sammlung von religiöser Literatur", zudem „religiöse Literatur ... der israelitisch-urchristlichen Periode, geschrieben von und für Menschen einer ganz anderen Zeit und Kultur" (1050,11). Mit ihrer kritischen Betrachtung verliert die Bibel ihre normative Bedeutung für das moderne Christentum. „An die Stelle der Absolutheit der Schrift ist die entwicklungsgeschichtliche Betrachtung getreten" (1051,28). Ebenso löst sich im Zuge der historischen Bibelforschung das dogmatische Postulat der Einheit der Schrift auf. „Nun heißt es nicht mehr ‚Schrift', sondern ‚Schriften'. Alles strebt voneinander. Hatte die alte dogmatische Auffassung zentripetal alles zusammengehalten, so fällt nun zentrifugal alles auseinander" (1051,9).

Auf der anderen Seite finden sich in der bürgerlichen Bibelfrömmigkeit aber auch deutliche Spuren einer formalen *Resakralisierung* des Bibelbuchs, Restbestände einer überwunden geglaubten und als „Bibliolatrie" zu brandmarkenden „Bibelverehrung", „heidnische Neigungen" zum geradezu magischen Umgang mit der „Schrift" als einem „Stück Heiligtum, das mit ehrfürchtiger Scheu betrachtet werden muß" (1050,4f). Die im protestantischen Bildungsbürgertum trotz seiner emanzipatorischen Intentionen offen oder verborgen fortlebenden restaurativen Tendenzen werden durch religiös-kirchliche Strömungen gefördert, deren Umgang mit der biblischen Tradition nicht in der Frömmigkeitspraxis der Moderne begründet ist, sondern sich unreflektiert auf die dogmatisch postulierte und durch die „Inspirationstheorie" (1050,5) fundierte Gleichsetzung von Bibel und Gotteswort beruft. Dieses im trivialen Sinne „dogmatische Denken" erweist sich bis in die aufgeklärte Gegenwart und gerade in ihr als der „Grund- und Eckstein aller Orthodoxie" (1050,5), als eine nicht verarbeitete vormoderne Komponente neuzeitlicher Bibelfrömmigkeit.

Die Theorie der ‚Modernen Predigt' sucht die innere *Konsistenz* der neuzeitlichen Bibelfrömmigkeit jenseits des dogmatischen Postulats der Einheit der Schrift und auch jenseits deren Fragmentierung durch die historisch-kritische Exegese. Sie deckt die widerspruchsvolle Beziehung von rational-kritischer und religiös-praktischer Betrachtung der biblischen Texte auf, um die beiden unverbunden nebeneinander stehenden Komponenten der bürgerlich-protestantischen Bibelfrömmigkeit in der Synthese von wissenschaftlichem Verstehen und religiöser Erbauung aufzuheben und damit die Einheit der religiösen Erlebnis- und Erfahrungswelt zu gewährleisten. Als Integrationsfigur der komplex verfaßten Bibelfrömmigkeit fungiert der Begriff des ‚Evangeliums'. Er bezeichnet auf der einen Seite die verborgene und in der methodischen Interpretation der biblischen Texte aufzudeckende Mitte der Schrift, den Ariadne-Faden im Labyrinth historischer Bibelforschung, und auf der anderen Seite die geheime Mitte der vielfältig aufgeschichteten und ausdifferenzierten religiösen Lebenswelt, das Ferment evangelischer Frömmigkeitspraxis. In der hermeneutisch und kommunikativ vielschichtig verfaßten Evangeliums-‚Verkündigung' fließen historisches Erklären und religiöses Verstehen der biblischen Texte organisch ineinander.

Im Interesse der sowohl wissenschaftlich fundierten wie frömmigkeitspraktisch wirksamen Textinterpretation wendet sich das homiletische Reformprogramm der ‚Liberalen Theologie' daher gegen die *vorkritische* Nutzung biblischer Texte zur Autorisierung der Predigtgedanken. „Es gilt, herauszukommen … aus den biblischen Belegstellen. Diese Abhängigkeit verknechtet uns der Schrift und verknechtet wiederum die Schrift unserem Eigensinn" (1047,26). Die Zukunftschancen der protestantischen Bibelfrömmigkeit liegen nicht im Rückgriff auf frühere Entwicklungsstadien der christlichen Religionsgeschichte, die Fortschrittspotentiale der protestantischen Textpredigt nicht in der Rückkehr zum dogmatischen Gebrauch der Bibel, sondern in ihrer Nutzung „zur persönlichen Aneignung" und damit in einem „freieren und organischen Schriftgebrauch" (1047,26).

Die Kritik der ‚modernen' Predigttheorie gilt aber ebenso der vermeintlich modernen, in Wirklichkeit aber schon obsolet gewordenen *rationalistisch-distanzierten* Haltung gegenüber dem biblischen Schrifttum, der religions-, kirchen- und bibelkritischen Attitüde, die sich gegen jeden Verbindlichkeitsanspruch der Bibel verwahrt. Das durch die historisch-kritische Bibelforschung geschärfte Verständnis für die religiöse Weltsicht der biblischen Autoren und für die Eigenart ihrer literarischen Produktionen zerstört den Konnex zwischen Bibel und Frömmigkeit nicht. Es fördert vielmehr die frömmigkeitspraktische Beziehung zwischen historischem Text und gegenwärtigem Interpreten: „Darum hat uns Gott die Fülle der religiösen Niederschläge in dieser großen, für uns klassischen tausendjährigen Vergangenheit gegeben, weil in ihr Lösungen und Aufgaben für das Leben aller Zeiten aufgespeichert sind" (1050,84). Auf der Basis der gleichermaßen rational einsehbaren wie frömmigkeitspraktisch wirksamen Beziehung von religiöser Individualität und biblischem Evangelium „biegt sich uns langsam unter einem großen praktischen Gesichtspunkt zusammen, was wir unter dem geschichtlich-theoretischen haben auseinanderziehen müssen: aus den Schriften wird wieder die Schrift" (1050,84).

4. Die Homiletik der ‚Liberalen Theologie' hat die synthetische Bibelinterpretation, die Distinktion und Relation von wissenschaftlichem und religiösem Interesse am biblischen Schrifttum, nicht nur zu einem Postulat der modernen Textpredigt erhoben. Sie hat das Programm einer der Moderne verpflichteten homiletischen Bibelinterpretation vielmehr im hermeneutischen Konzept der *‚Praktischen Exegese'* ausgearbeitet und damit die Grundlagen für ein methodisch organisiertes homiletisches Arbeitsverfahren gelegt, in dem die Exegese zum integralen Bestandteil der mehrdimensionalen Predigtvorbereitung wird. Besteht die hermeneutische „Kunst" der homiletischen Bibelinterpretation nicht in der wissenschaftlich versierten, im Prozeß der Predigtarbeit aber dysfunktionalen historisch-kritischen Forschung, sondern darin, „Schrift und Leben einander anzunähern" (1051,43), dann stellt „die Schriftgelehrsamkeit" des protestantischen Theologen nicht per se einen „Gewinn … für den schlichten Glauben" und das „fromme Leben" (1047,25) dar. Ebensowenig kann die homiletische Arbeit der PfarrerInnen aber der methodischen Analyse der biblischen Texte den Abschied geben, auf „ein der Praxis dienendes Verständnis des Neuen Testamentes" setzen und sich am Ende „mit Einfällen und Auskünftchen" (1051,2) aus dem Bestand interpretatorischer Naivität zufriedenstellen. Vielmehr hat die praktische Homiletik eine „Methodenlehre" (1051,47) dafür auszuarbeiten, „wie man die Schrift für den heutigen praktischen Gebrauch lesen soll oder wenigstens kann" (1051,47), die homiletische Interpretation der Bibel also „mit großen, aus der Beschaffenheit der Schrift und der Natur der Praxis gewonnenen Methoden" (1051,2) auszustatten.

Die Grundlage dieser *hermeneutischen Methodologie*, in der einerseits der Eigensinn der biblischen Texte gewahrt und andererseits deren konstitutive Funktion für die protestantische Frömmigkeit aufrechterhalten bleibt und in der schließlich beide Aspekte der Beziehung von Bibel und Frömmigkeit reziprok miteinander vermittelt werden, bildet eine für die moderne Exegese charakteristische, aus der formgeschichtlichen Betrachtung der biblischen Texte gewonnene Einsicht. Weist die historisch-kritische Exegese auf der Basis detaillierter wissenschaftlich-methodischer Textanalysen nach, „daß der Charakter der Schrift durchaus praktisch gerichtet ist" (1051,7), dann müssen die historischen Texte nicht erst im Zuge ihrer homiletischen Interpretation ins Praktische gewendet werden. Sie sind vielmehr von vornherein „auf die Praxis angelegt" (1051,2). Der frömmigkeitspraktischen Intention der biblischen Texte entspricht auf der anderen Seite des hermeneutisch-kommunikativen Vorgangs der Textinterpretation die konstitutive Funktion

der Bibel für die protestantische Frömmigkeitspraxis, die Erkenntnis also, „daß die Praxis die Schrift braucht" (1051,2). Besteht demnach die „Aufgabe der Erbauung" in nichts
anderem als in der „Beeinflussung durch die Überlieferung" (1051,1), dann hat die praktische Exegese – als wissenschaftliche Methode der Predigtarbeit wie als hermeneutisches Modell der Textpredigt selbst – eine „geschichtliche Urkunde" daraufhin zu analysieren, „welchen Ertrag sie für die religiös-sittliche Beeinflussung unseres Geschlechtes
abwerfen kann" (1051,1). „Das wäre der Triumph unsrer historisch-kritischen Theologie,
wenn sie uns in den Stand setzte, die Schrift am rechten Ende anzufassen und damit zugleich ihre gewaltige Kraft in den Dienst unsres Wirkens zu stellen" (1051,3).

5. Die von der Predigttheorie der ‚Liberalen Theologie' ausgearbeitete synthetische
Struktur des homiletischen Arbeits- und Kommunikationsprozesses bildet bis in die Gegenwart die wissenschaftliche Grundlage der *praktischen Homiletik.* Wie die methodisch
organisierte Arbeit der Predigtvorbereitung, so verdankt auch die homiletische Kommunikation ihre innere Konsistenz der „natürliche(n) Einheit von historisch-kritischer Exegese und daraus sich ergebender gegenwärtiger Übersetzung in unser Leben" (1060,92).
Auf der einen Seite hält die Predigtlehre an der Einsicht fest, daß die exegetische Erschließung der historischen Textbestände eine eigene homiletische Interpretation der
Predigtperikopen nicht zu ersetzen vermag. Der historische und der aktuelle Sinn eines
Textes fallen nicht ineinander. Auf der anderen Seite überzeugt aber sowohl die theologische Analyse des homiletischen Kommunikationsprozesses als vor allem auch die
praktische Predigtarbeit der PfarrerInnen davon, daß sich die Gegenwartsrelevanz biblischer Texte erst aufgrund der vorgängigen exegetischen Interpretationsarbeit detailliert
erschließt. Die Einsicht, „daß der exegetische und homiletische Skopus aufeinander bezogen, aber unterschieden sind" (1066,213), verleiht nicht nur der Predigtarbeit ihr charakteristisch synthetisches Profil. Die Distinktion und Relation von historischem Eigensinn des Textes und homiletischer Interpretation gegenwärtiger Wirklichkeit auf dem
Hintergrund der biblischen Tradition ermöglicht ebenso die sachgemäße Unterscheidung
und Beziehung von Text und Predigt und stellt damit den Eigenwert der Predigt gegenüber dem Predigttext heraus. „Die Auseinandersetzung mit dem fremden Text ergibt für
den Prediger die Herausforderung und den Anstoß zum eigenen Reden" (1068,389).

Die Einsicht in die synthetische Struktur homiletischer Textinterpretation deckt schließlich den sachlichen wie methodischen *Zusammenhang* von Predigtarbeit und Predigtakt
auf. Die methodisch organisierte Vorbereitung und Ausarbeitung der Rede und ihre
kommunikative Inszenierung sind durch ihre gemeinsame hermeneutische Struktur aufs
engste miteinander verbunden. Auf der einen Seite verstellt schon die kommunikativ-
praktische Intention der biblischen Texte den Weg in die abstrakt-wissenschaftliche
Selbstvergessenheit des Interpreten. „Ich kann nicht exegesieren, indem ich vom Kom-
munikationsgeschehen absehe, von dem die Texte berichten, auf das die Texte zielen.
Die Form eines Textes macht schon eine Aussage über dessen Kommunikationswillen"
(1059,147). Auf der anderen Seite erinnert aber vollends der bevorstehende Vorgang
homiletischer Kommunikation „die Exegese an das ihr immanente Ziel: Die Texte sollen
wieder werden, was sie waren, gesprochenes Wort, gepredigte Predigt" (1059,148). Die
methodische Analyse der kommunikativen Bedingungen des Predigtaktes stellt deshalb
nicht einen der Exegese fremden Erkenntnisakt dar. Die detaillierte Erforschung des homiletischen Kommunikationsprozesses hilft vielmehr „der Exegese, an ihr Ziel zu kommen" (1059,148), und bildet insofern einen der Exegese selbst immanenten Erkenntnis-

akt. Aufgrund der unlösbaren hermeneutischen Beziehung von Text und Predigt „bleibt für den Prediger die Exegese ohne Kommunikationsforschung lahm und die Kommunikationsforschung ohne Exegese blind" (1059,148).

3.1.3.2. Die Predigtarbeit als methodisierte Gestalt frömmigkeitspraktischer Schriftauslegung

3.1.3.2.1. Die religiöse Rede als Ausdruck der frommen Persönlichkeit

1. Die Textpredigt stellt sich als eine artifizielle Ausdrucksgestalt der protestantischen *Schriftfrömmigkeit* dar. Wie sich in der andächtigen Lektüre biblischer Perikopen Textdeutung und Lebensdeutung untrennbar ineinander verschlingen, so verbinden sich in der zwischen biblischem Text und gegenwärtiger Situation pendelnden Kanzelrede exegetisch-hermeneutische Literaturinterpretation und rhetorisch-kommunikative Wirklichkeitserschließung aufs engste miteinander. Bleibt die komplexe Struktur lebenspraktischer Bibelinterpretation in den privatreligiösen Gestalten der Bibelfrömmigkeit und zumal in der meditativen Versenkung des frommen Individuums in biblische Texte verborgen, so tritt sie in der protestantischen Textpredigt offen zutage. Das originäre Inszenierungsschema der protestantischen Textpredigt resultiert aus der wechselseitigen Verschränkung von interpretativen Verstehensakten und interaktionellen Verständigungsakten.

Die Textpredigt entlehnt aber nicht nur ihre literarisch-rhetorische Gestalt aus der privatreligiösen Konvention der ‚Schriftlesung'. Die in der privaten Religionskultur verankerte Frömmigkeitspraxis prägt vielmehr auch den homiletischen Produktions- und Rezeptionsprozessen, der Predigtarbeit des Redners und der Predigtarbeit des Hörers, und schließlich auch dem homiletischen *Interaktionsschema* ihren Stempel auf. Wie die religiöse Rede in der durchweg privat konturierten Situation häuslicher Literaturproduktion geschaffen und von ihrem Verfasser auf ebenso individuelle Art und Weise rhetorisch in Szene gesetzt wird, so eignet sich jeder Hörer die individuelle Interpretation religiöser Wirklichkeit im Zuge eines von ihm selbst in Gang gesetzten weiteren Individualisierungsprozesses an. Verdankt sich die gesprochene Predigt der konstruktiven Kreativität ihres Autors, so entsteht die gehörte Predigt aus der rekonstruktiven Kongenialität des Rezipienten. Produktionsgenese und Rezeptionsgenese der Predigt (1076,283ff) bauen somit auf analogen hermeneutisch-kommunikativen Bedingungen, auf der untrennbaren Symbiose von religiöser Rede und frommer Individualität, auf.

Die für die protestantische Predigtkultur charakteristische Individualisierung der homiletischen Produktions-, Präsentations- und Rezeptionsakte verleiht der Person des *Predigers* einen herausgehobenen Status im Rahmen der homiletischen Kommunikation. Auf der Kanzel tritt der religiöse Redner zugleich als Autor seiner Rede auf und bürgt mit seiner Person für die Authentizität der vorgestellten Wirklichkeitskonstruktion. Das selbstreferentielle Verhältnis, das der Prediger zu seiner Predigt einnimmt, stellt aber zugleich auch das Paradigma für die individuelle Beziehung des Hörers zu der Predigt dar, die Folie, auf der jeder Rezipient das rhetorische Konstrukt neu zuschneidet und damit seine eigene Predigt entwirft. Die produktive ‚Selbstdarstellung' des Predigers, in der Person und Werk auf untrennbare Weise miteinander verschmelzen, bildet somit die hermeneutische Voraussetzung für die reproduktive ‚Selbsttätigkeit' des Rezipienten, in der er sich als autonome Individualität zum Prediger in Beziehung setzt. Die Figur des mit sich selbst identischen Predigers ist zugleich der Prototyp der frommen Persönlichkeit wie das kommunikative Medium der individualisierten Interaktionssituation.

Die Beziehung zwischen religiöser Rede und frommer Persönlichkeit bildet ein zentrales Thema sowohl der prinzipiellen als auch der praktischen *Predigttheorie*. Sie wurde in den wechselnden Epochen der homiletischen Wissenschaftsgeschichte unterschiedlich gewichtet und im Kontext der verschiedenen homiletischen Theoriekonzeptionen auf jeweils charakteristische Weise formuliert.

2. Entsteht das „Interesse an der Person des Predigers" (1042,165) im Zusammenhang der vom Pietismus geschaffenen und geförderten Kultur persönlicher Frömmigkeit, so findet die Symbiose von frommer Persönlichkeit und religiöser Rede bei *Schleiermacher* ihren homiletischen Reflex. Nach Schleiermachers Verständnis besteht die Aufgabe der Predigt nicht in der distanzierten „Darlegung von Sachverhalten" (1042,18); vielmehr ist die in die gottesdienstliche Gemeinschaftshandlung eingebettete Rede als unmittelbare Ausdrucksgestalt individueller Frömmigkeit, als „Mitteilung des zum Gedanken gewordenen frommen Selbstbewußtseins" (1038,§280) anzusehen, als ein kommunikativer Darstellungsakt, in dem „das unmittelbare religiöse Bewußtsein des redenden zur Anschauung gebracht werden" (1039,124f) soll. Die unlösbare Verbindung von individueller Frömmigkeit und gottesdienstlicher Rede verleiht der homiletischen Kommunikation ihre charakteristischen Konturen. Das homiletische Medium zielt nicht auf die rezeptive Aneignung der Predigtgedanken und damit auf die Belehrung der Zuhörer ab; vielmehr kommt der Predigt im Zusammenhang der religiösen Kommunikation eine mittelbare und in diesem Sinne mediale Bedeutung zu. Die kommunikative Funktion der rhetorischen Selbstdarstellung des Predigers besteht darin, „daß seine religiöse Thätigkeit das Mittel sein soll die religiöse Thätigkeit aller anderen zu erhöhen" (1039,75).

Die Handlungsmotivation des Predigers leitet sich dementsprechend nur indirekt aus den ihm von außen auferlegten und objektiv gesetzten Berufspflichten ab. Primär entsteht die Motivation zum Predigen vielmehr aus der internen Statur des *religiösen Lebens*, das nach seinem kommunikativen Ausdruck verlangt. „Der Trieb der Mittheilung und Darstellung" ist „das herrschende im Geistlichen" (1039,205). Geht die Predigt aber auf geradezu selbstverständliche und natürliche Weise aus der Frömmigkeitspraxis ihres Autors hervor, dann kann der produktive Prozeß, in dem die religiöse Rede entsteht, nicht als ein streng methodisierter und technisch raffinierter Arbeitsvorgang konzipiert werden. Die „Entstehung der religiösen Rede" ergibt sich wie von selbst aus den elementaren Strukturmerkmalen der beruflichen wie privaten Lebenswelt des Geistlichen, aus seinem „Leben mit der Gemeine" und aus seinem „Verkehr mit der h. Schrift" (1039,XVI). Wie der Geistliche aufgrund seiner beruflich ausgeübten religiösen Lebenspraxis „das eigene Interesse für den Gegenstand hat, der zugleich ein Gegenstand im Leben seiner Gemeine ist" (1039,241), so verbindet ihn mit seinen Hörern auch die in der privaten wie in der kirchlichen Frömmigkeitskultur verortete Schriftfrömmigkeit.

In beiden Hinsichten sieht Schleiermacher im religiösen Berufsträger die exemplarische und durch ihre berufliche Stellung wie durch ihre theologische Bildung ausgezeichnete *fromme Persönlichkeit* (> 313). Was den Umfang seiner religiösen Erfahrungswelt und die Intensität und Reflexivität seiner individuellen Frömmigkeitspraxis anbelangt, so soll der Geistliche „in einer Continuität des religiösen Lebens versiren, alles soll in ihm einen religiösen Gehalt haben, und weil er nicht nur ein Christ sein soll, sondern auch ein wissenschaftlicher, so soll er auch im Bewußtsein hierüber sein" (1039,267). Analog verhält es sich hinsichtlich der Verknüpfung von privater Bibelfrömmigkeit und theologischem Umgang mit dem biblischen Schrifttum. Der Geistliche ist „erstens selbst ein Christ und sodann ein Theolog; in beiden Hinsichten müssen wir ihn denken als in beständigem Verkehr mit der Schrift begriffen" (1039,241). Die Predigtarbeit, die „Erfindung" und „Production" (1039,264) der religiösen Rede, stellt sich daher nicht als eine dem frommen Leben entfremdete Berufstätigkeit, sondern vielmehr als eine gesteigerte Form reflektierter Frömmigkeitspraxis dar. „Der religiöse Redner kann ein solcher nur sein durch eine über das Gewöhnliche sich erhebende Intention und Reinheit des religiösen Elements in ihm, und aus diesem permanenten Zustande gehen die einzelnen Produktionen hervor" (1039,240).

Ist die Predigt als eine natürliche Lebensäußerung des Geistlichen und die Predigtarbeit als Ausdruck seiner produktiven Religiosität anzusehen, dann braucht die praktische Predigttheorie zur Rekonstruktion des *homiletischen Arbeitsprozesses* nur auf die Phänomenologie des religiösen Lebens zurückzugreifen: „Giebt es ein eigenes Studium der religiösen Rede: so ist es kein anderes als das religiöse Leben überhaupt mit der religiösen Weltbetrachtung" (1039,279). Besteht die Aufgabe der Predigtarbeit als beruflich institutionalisierter und methodisch reflektierter Version persönlicher Frömmigkeitspraxis in der Synthese von alltagspraktischer Frömmigkeitsausübung und rhetorischer Frömmigkeitsdarstellung, dann sind ihr zwei „Grenzpunkt(e)" (1039,271) gesetzt. Schleiermacher wendet sich auf der einen Seite gegen die „rein mechanische" Auffassung der Predigtarbeit, nach der „der Geistliche ... sich eine Zeit sezen (muß), in der er sein religiöses Leben sistirt und sich der Meditation über seinen Gegenstand widmet" (1039,268). Auf der anderen Seite tut aber auch der Prediger „Unrecht der die Gedankenentwikklung gleichsam dem Ohngefähr des Lebens überläßt" (1039,272).

Aus diesen Kautelen ergibt sich ein zwischen einer Überorganisation und einer Unterbestimmung der Predigtarbeit angesiedeltes dreigliedriges *Modell* des „methodischen Verfahrens" (1039,270) zur Entwicklung und Gestaltung der Rede aus ihrem Ursprung, der homiletischen Invention. „Erstens, daß aus diesem Keim, gleichviel ob eine Einheit von Text und Thema für die thematische Rede oder eine allgemeine Ansicht der Schrifterklärung in der Homilie, Gedanken entwikkelt werden, ist die Aufgabe der Meditation; daß für diese Gedanken der rechte Ausdrukk gefunden werde und in dieser Beziehung auch eine Einheit entstehe, ist ein zweiter Punkt; und daß diese beiden zu einer mündlich lebendig vorgetragenen Rede werden, ist das dritte" (1039,270). Zum versierten Autor der religiösen Rede wird einer allerdings nicht durch eine ständige Raffinierung der Predigtarbeit. Es verhält sich vielmehr umgekehrt. In dem Maße, in dem „die Tüchtigkeit im Leben zunimmt", bekommt der „Act der freiwilligen Gedankenerzeugung ... mehr Uebergewicht und die absichtliche Meditation nimmt immer mehr ab" (1039,278). Kann die Effizienz der Predigtarbeit nicht durch entsprechende Techniken gesteigert werden, so läßt sich umgekehrt der Mangel an lebenspraktisch gewonnener Frömmigkeit und der daraus entwickelten und durchgebildeten religiösen Weltsicht auch nicht durch eine verfeinerte homiletische Arbeitstechnik kompensieren. Ist der „Gedankenproceß ... zu schwach weil des Geistlichen religiöses Leben zu schwach ist: dann ist ihm gar nicht abzuhelfen, dann wird der Geistliche nur ein Echo eines andern und ein Compilator sein, und besser gethan haben einen anderen Stand zu wählen" (1039,277).

3. Lebte das Erbe Schleiermachers in der homiletischen Wissenschaftsgeschichte des 19. Jahrhunderts hauptsächlich im Gebiet der prinzipiellen Predigttheorie, zumal in der programmatischen Verknüpfung von Gottesdienst und Predigt, fort, so knüpfte vor allem Heinrich Bassermann an Schleiermachers Beiträge zur praktischen Predigtlehre an und legte auf der Basis eines populär-psychologischen Verständnisses individueller Frömmigkeit und auf dem Hintergrund der bürgerlichen Redekultur einen neuartigen Entwurf der Homiletik als Kunst der *„geistlichen Beredsamkeit"* (1045) vor. Die konsequent um die „Frömmigkeit des Predigers" (1042,59) zentrierte und auf ihren rhetorischen Effekt abgestellte Predigt soll sich der „Schilderung von Seelenzuständen und -vorgängen, insbesondere der Darstellung des religiös-psychologischen Innenlebens" widmen (1046) und als „persönliche(s) Zeugnis" mit „wirklich religiöse(m) Gefühl" auf die „Macht der subjektiven Wahrheit" (1046) setzen. In einer Neufassung der praktischen Homiletik als „Rhetorik für Geistliche" (1046) werden die Prinzipien der Predigtvorbereitung in die Form rhetorischer Kunstregeln gefaßt. Die Grundmaxime des auf psychologischer Erkenntnis fußenden und an der rhetorischen Praxis orientierten Regelwerks effektiver Predigtproduktion besteht in der Forderung, der Prediger möge „für eines" sorgen, „daß alle Sonntage etwas da sei von frommen Empfindungen" (1046).

4. Hatte Bassermann Schleiermachers homiletische Grundsätze ins Praktische gewendet und die unauflösbare Verbindung von persönlicher Frömmigkeit und religiöser Rede in die Form psychologisch-rhetorischer Verfahrensregeln der homiletischen Kunst gekleidet, so holten sowohl die ,Dialektische' wie die ,Liberale Theologie' die praktisch-homiletische Problemstellung in die prinzipielle Homiletik zurück. Die in dieser Hinsicht einander diametral entgegengesetzten theologischen Positionen begreifen die Synthese von persönlicher Frömmigkeit und rhetorischer Darstellung als Grundsatzproblem der Homiletik und erheben es – allerdings in vollständig konträrer Bewertung – zur fundamentalen Maxime der *homiletischen Ethik*. Als Kodex von homiletischen Verhaltensregeln für den Prediger erhält die praktische Homiletik eine neuartige wissenschaftstheoretische Statur. Die Maximen der prinzipiellen Homiletik werden – zumal im Kontext der ,Dialektischen Theologie' Barthscher Provenienz – nicht vorrangig dadurch für die Predigtpraxis aufbereitet, daß sie in praktisch handhabbare Vorschriften für die Ausarbeitung und den Vortrag der Kanzelrede umgesetzt und dadurch für den Prediger anwendbar gemacht werden. Vielmehr werden die homiletischen Prinzipien in ethische Normen transponiert, die das Selbstverständnis, die Einstellung und das Verhalten des Predigers dirigieren sollen. In dieser Neuformulierung des Themas stellt die Beziehung von Predigt und Prediger dann weniger ein rhetorisch-technisches als vielmehr ein theologisch-moralisches Problem dar.

In der Homiletik der *,Dialektischen Theologie'* Barthscher Provenienz dient die Ausarbeitung einer theologisch fundierten Ethik des Predigers als Instrument zur Ablösung der bürgerlichen Kanzelrhetorik durch die biblische Textpredigt. Nach der kritischen Diagnose von Karl Barth ist die Weiterentwicklung der Erbauungspredigt zur Kanzelberedsamkeit wie deren theoretische Grundlage, die zentrale Stellung der „Individualität des Predigers als oberstes Prinzip" (1054,23) der Homiletik, das „Kennzeichen einer kümmerlichen und kranken Situation mit einem ernsten Hintergrund: der „Not der Kirche, deren Auftrag da völlig vergessen ist", der „Not der Pfarrer, die mit dieser dürftigen Auskunft in Gemeinden gestellt wurden", und der „Not der so betrogenen Gemeinden" (1054,24). Thurneysen sucht die herrschende Predigtpraxis über einen Wandel des theologischen Bewußtseins aus den Angeln zu heben und formuliert einen Kodex kritischer Vorschriften zur Normierung des homiletischen Selbstverständnisses der Prediger. Der nicht dem frömmigkeitspraktischen Effekt seiner Rede, sondern allein dem Wort Gottes verpflichtete Prediger „redet nicht aus eigenem Antriebe, sondern im Auftrag" (1055,112) und ist deshalb, „wenn er ist, was er sein soll, nicht Agitator", sondern „Zeuge vor Gericht, der eine Aussage macht" (1055,112). Deshalb kann es „auf der Kanzel" (1055,113), dem exponierten Ort der Verkündigung des Wortes Gottes, „keine Beredsamkeit" (1055,111) geben, keine „romantische Selbstbespiegelung" (1055,112) und keine „Mitteilung von Lebenserfahrung, auch nicht von frommer Lebenserfahrung (weder fremder noch zu allererst eigener!) ... zu Zwecken der Anregung neuer Lebenserfahrung bei anderen" (1055,113). Nur wenn die Predigt der „Verwechselung des Göttlichen mit dem Menschlichen" (1055,112) entschlossen entgegentritt und den Zuhörer „vor den Tod alles Menschlichen" (1055,114) stellt, wird der Gottesdienst zu dem aus dem säkularen Alltagsleben herausgehobenen Ort, wo „nicht mehr der Mensch, auch nicht als religiöse Persönlichkeit, in der Mitte steht", sondern „wo Gott, wirklich Gott, gedient wird" (1055,114). Ebenso sucht Barth in seiner zu didaktischen Zwecken konzipierten ‚Homiletik' (1054), die Identität von Predigt und Prediger auf der Basis homiletischer Ethik herzustellen. Die in der prinzipiellen Homiletik formulierten „Eigenschaft(en)" (1054,41) der Predigt werden dadurch zur Geltung gebracht, daß sie in „praktische Gesichtspunkte" (1054,49), in „konkrete Verhaltungsweisen und Eigenschaften des Predigers" transformiert werden, die „der Forderung entsprechen, daß Predigt Schriftauslegung ... sein soll" (1054,59). Dem Prediger wird die „Pflicht der Bescheidenheit" (1054,61), der „Ehrlichkeit der Sprache" (1054,66) wie des „Gehorsam(s) dem Text gegenüber" (1054,77) auferlegt.

In formaler Analogie zur Predigtlehre der Dialektischen Theologie, aber unter umgekehrten Vorzeichen formulierte die ‚*Liberale Theologie*' die Beziehung von Predigt und Prediger ebenfalls als Problem der homiletischen Ethik. Sie stellt den zu Ende des 19. Jahrhunderts inflationär gebrauchten Begriff der ‚Persönlichkeit' ins Zentrum der moralisch grundierten Berufstheorie des Pfarrers und betrachtet die bürgerliche Tugend der „Wahrhaftigkeit" (1042,166), die Übereinstimmung von persönlicher Gesinnung und sozialer Aktion, als oberstes Prinzip des beruflichen Handelns.

Im Zusammenhang der pastoraltheologisch ausgearbeiteten Predigtlehre Otto *Baumgartens* kommt die praktische Bedeutung der pastoralen Persönlichkeit und der daraus abgeleiteten Tugend der Wahrhaftigkeit in mehrfacher und unterschiedlicher Perspektive zur Geltung. Aus dem Blickwinkel des Predigers stellt sich die Beziehung von Redner und Rede als frömmigkeitspraktischer und zugleich pastoralethischer Problemzusammenhang dar. Im Interesse der Erhaltung seiner personalen Identität muß der Prediger darauf achten, daß er sich in der Produktion und Präsentation seiner Rede nicht von sich selbst entfernt. Baumgarten faßt die notwendige Übereinstimmung des Predigers mit den religiösen Gehalten seiner Rede in die programmatisch zugespitzte These, „daß der Prediger ‚sich selbst' predigen solle" (1042,166), und leitet daraus das entsprechende praktisch-homiletische Postulat ab: „Wir dürfen nur wirklich Erlebtes, an der Schrift Erlebtes predigen" (1047,80). Die Beziehung, die der Prediger zu seiner Predigt einnimmt, stellt aber nicht nur ein internes Persönlichkeitsproblem des Predigers dar. Im Zusammenhang der homiletischen Kommunikation wird die mit sich selbst identische und rhetorisch agierende Persönlichkeit des Predigers zu einem Faktor des homiletischen Rezeptionsprozesses, zu einem Überzeugungsmedium für den Hörer. Wie die zeitgenössische Erziehungslehre den Erfolg des pädagogischen Handelns in der gewissermaßen natürlichen Lebensbeziehung zwischen Lehrer und Schüler, dem ‚pädagogischen Verhältnis‘, begründet sieht, so ruht auch die Wirkung der religiösen Überzeugungsrede auf der Vertrauensbeziehung zwischen dem Redner und dem Hörer, auf dem homiletischen Verhältnis und damit auf der Glaubwürdigkeit des Predigers als ‚christliche(r) Persönlichkeit‘ (1042,165) auf.

Die Identität von religiösem Subjekt und sozialer Aktion ist schließlich nicht nur auf der Seite des religiösen Redners, sondern ebenso für den frommen *Hörer* der Predigt zu fordern. Besteht das „Ziel" der homiletischen Kommunikation in der „Vollendung der Persönlichkeit" (1047,104) des Rezipienten, dann kann die Predigt nur in einem auf Wahrhaftigkeit gegründeten Akt der persönlichen Identifikation des Hörers mit sich selbst angeeignet werden.

In der protestantischen Schriftpredigt besteht endlich auch eine unveräußerliche Affinität zwischen dem *biblischen Text* und dem religiösen Gehalt der Rede. Wie der Redner und der Hörer im Zuge der homiletischen Kommunikation zu Medien ihrer jeweiligen und gegenseitigen Selbstverständigung werden, so kommt auch dem Text der Predigt eine mediale Funktion im Zusammenhang des religiösen Identifikationsvorgangs zu. Der biblische Text und die religiöse Lebenspraxis werden in der Präsentation und Rezeption der Schriftpredigt dadurch zur Deckung gebracht, daß die fromme Persönlichkeit im Akt kongenialen Verstehens in eine unmittelbare Frömmigkeitsbeziehung zu den Persönlichkeitsidealen des biblischen Schrifttums tritt. In der homiletischen Vergegenwärtigung der biblischen Perikopen, zumal der neutestamentlichen Evangelientexte, wird Jesus, das frömmigkeitspraktische „Urbild des Menschen, der in stetem Verkehr mit Gott steht" (1042,169), zum „Zentrum der Ergriffenheit" (1047,105). Aus der für die protestantische Schriftpredigt konstitutiven Frömmigkeitsbeziehung zur Persönlichkeit Jesu folgt die praktisch-homiletische Maxime: „Wir brauchen keinen neuen Christus zu schaffen oder zu erwarten. Von dem in Christus uns aufgeschlossenen Zentrum des Lebens in Gott, von dieser Realität Gottes im Menschenleben sind nur die Radien immer neu zu ziehen nach der Peripherie des gegenwärtigen Lebens" (1047,104). Aus dem religiös begründeten Prinzip persönlicher Wahrhaftigkeit resultiert schließlich auch Baumgartens Kritik an der kirchlichen Perikopenordnung. „Darum gilt es, ohne Rücksicht auf Kirchenregiment und Perikopen- und sonstige ‚Ordnungen‘, die heute die Hauptsache im Luthertum zu sein scheinen, solche Texte entschlossen zurückzustellen, die uns nicht zum wirklichen Eigentum und Erlebnis geworden sind" (1047,80).

3.1.3.2.2. Die Predigtarbeit als rationaler Arbeitsprozeß

1. In der protestantischen Textpredigt nimmt die kirchlich ausgeformte Schriftfrömmigkeit *institutionelle* Gestalt an. Zwar tragen die in hohem Maße individualisierten homiletischen Produktions-, Präsentations- und Rezeptionsakte durchweg die Signatur privater Frömmigkeitspraxis. Ebenso beruht der frömmigkeitspraktische Effekt einer Predigt

in hohem Maße auf charakteristischen religiösen Kontingenzerfahrungen, die sich ebenso der spannungsreichen Vermittlung von Textauslegung und Situationsdeutung wie der wechselseitigen Überlagerung unterschiedlicher, einerseits vom Prediger, andererseits vom Hörer repräsentierter Erfahrungshorizonte verdanken. Im Unterschied zu experimentellen, häufig durch mediale Inszenierungen angereicherten homiletischen Arrangements haben die klassischen Textpredigten gleichwohl nicht die Statur singulärer Ereignisse. Die sich regelmäßig repetierenden, in den standardisierten Ablauf der Liturgie eingebetteten und in ein gleichförmiges Verlaufsschema gefaßten rhetorischen Handlungs- und Erlebnissequenzen ordnen sich eher der rituellen Frömmigkeitspraxis zu. Stellt die Partizipation am sonntäglichen Gemeindegottesdienst nicht das Resultat einer spontanen Entscheidung, sondern das zentrale Element einer generalisierten Frömmigkeits- und Kirchlichkeitskonvention (> 233) dar, so sind auch die homiletischen Handlungsakte, das Predigthalten und das Predigthören, nicht als spontane Aktionen, sondern als konventionelle Verhaltensweisen zu bewerten. Aufgrund ihres hohen Institutionalisierungsgrades ist die sonntägliche Predigt nicht nur als integraler Bestandteil des gottesdienstlichen Rituals (1072,229ff), sondern auch selbst als ‚Ritual' (1072,228) anzusehen.

Wie die homiletischen Sprechakte (> 232-3) in die „Regelform" (1072,228) der „anredeorientierten, rituellen Textauslegung" (1072,230) gefaßt sind und daher „nach einer geprägten und wiederholbaren Gestalt" (1072,228) ablaufen, so sind auch die homiletischen *Rezeptions-* und *Produktionsprozesse*, die Predigtarbeit des Hörers und die Predigtarbeit des Redners, standardisiert und konventionalisiert. Die institutionelle Statur der Predigt kommt auf der Seite der Rezipienten in der Routinisierung der homiletischen Rezeptionsattitüde und auf der Seite der Produzenten in der Rationalisierung der homiletischen Produktionstechnik zur Geltung.

Im Rahmen der homiletischen *Rezeptionskonvention*, des gewohnheitsmäßigen wie versierten Predigthörens, stellen sich die Predigten nicht als unverbunden nebeneinanderstehende rhetorische Produktionen dar, sondern als aneinander anschließende und aufeinander aufbauende Elemente einer lebensgeschichtlich aufgeschichteten und in sich konsistenten Konstruktion von Wirklichkeit. Im Zuge ihrer individuellen Verarbeitung werden die aneignungsfähigen Gehalte der Predigten in die Textur einer sinnhaft vorstrukturierten und sich im lebensgeschichtlichen Fortschritt des homiletischen Rezeptionsprozesses kontinuierlich wandelnden religiösen Selbst- und Weltanschauung verwoben und in die vom Individuum ausgearbeitete und in seiner Lebenspraxis bewährte Wirklichkeitskomposition eingeschmolzen. Wie sich dem Rezipienten der materiale Gehalt einer Predigt nicht schon aus der immanenten Sinnstruktur der einzelnen Rede, sondern erst aus der Integration der gewonnenen Einsichten in das größere Ganze eines schon ausgearbeiteten Sinnhorizonts erschließt, so eignet sich der Hörer einer Predigt die zu ihrem Verständnis notwendigen formalen Kompetenzen auch nicht in jedem einzelnen Fall aufs neue an. Zur Entschlüsselung und Neuformatierung der komplexen Sprachprodukte greift der routinierte Hörer vielmehr auf eingeübte und bewährte Techniken des homiletischen Verstehens zurück. Führt die auf Dauer gestellte homiletische Rezeptionspraxis einerseits zu einer kontinuierlichen Raffinierung der religiösen Wirklichkeitskonstruktion, so bewirkt sie andererseits eine ständige Verfeinerung der Rezeptionstechniken.

Die *produktive* Predigtarbeit des homiletischen Autors verläuft analog zu der rezeptiven Predigtarbeit des Hörers. Gottesdienstliche Kanzelreden werden nicht als einzelne, isoliert nebeneinanderstehende rhetorische Produktionen entworfen, sondern im Zusammenhang kontinuierlich verlaufender und rational organisierter Berufspraxis mittels standardisierter und routinisierter Verfahrenstechniken ausgearbeitet und nach zwar variablen, aber ziemlich gleichförmigen Gestaltungsmustern erstellt. Wie die Predigtarbeit des Rezipienten aber nicht ohne die innere Beteiligung des religiösen Subjekts zu denken ist, so kommt die untrennbare Verbindung von individueller Spiritualität und beruflicher Predigtpraxis in der Produktionsgenese der Predigt auf exemplarische Weise zur Geltung: „Homiletische Kompetenz als professionelle Kompetenz gründet in einer jeweiligen Gestalt gelebten Glaubens und damit in der persönlichen Frömmigkeit" (1072,443).

2. Die in neuerer Zeit ausgearbeiteten, komplex strukturierten *Modelle* der Predigtvorbereitung verschränken die subjektive Frömmigkeitspraxis des Autors und die objektive Rationalität generalisierter Arbeitsverfahren miteinander. Sie streben zwar eine strengere Methodisierung, Operationalisierung und Professionalisierung der Predigtarbeit an, legen den Schwerpunkt aber gleichwohl auf die individuellen Komponenten des kreativen Arbeitsprozesses. In die zeitgenössischen Vorstellungen von der Genese der religiösen Rede aus der religiösen Lebenspraxis ihres Autors fließen einerseits das Erbe des Pietismus, die frömmigkeitspraktische Konturierung der Religion und die Begründung des Pfarrerberufs aus der frommen Individualität des Berufsträgers (> 313), sowie die homiletische Theorietradition der Pastoraltheologie des 19. Jahrhunderts (> 313) ein, in der die symbiotische Einheit von beruflicher und privater Lebenswelt des Pfarrers (> 212-4:3.3.) herausgestellt wird. Andererseits wird in den theoretischen Rekonstruktionen der beruflichen Predigtarbeit aber auch das von der ‚Liberalen Theologie‘ entworfene Programm der ‚Praktischen Exegese‘ reformuliert. Die Verschränkung von hermeneutischen und kommunikationstheoretischen Perspektiven findet ihren Niederschlag in einer charakteristischen Umformatierung des homiletischen Arbeitsprozesses zur Vorbereitung einer Predigt.

Verwahrte sich die ‚Dialektische Theologie‘ aufgrund des Prinzips der Unverfügbarkeit des sich selbst offenbarenden Wortes Gottes gegen die Ausarbeitung einer praktischen Predigttheorie, zumal aber gegen die Rationalisierung, Operationalisierung und Methodisierung der Predigt-‚Arbeit‘, so bildete sich in der Berufs- und Ausbildungspraxis der PfarrerInnen gleichwohl ein homiletisches *Arbeitsverfahren* heraus, das einerseits den homiletischen Grundsätzen der Wort-Gottes-Theologie verpflichtet blieb, andererseits aber dem Bedürfnis der beruflichen Predigtpraxis nach einer methodischen Organisation der Predigtvorbereitung Rechnung zu tragen suchte. Auf der Basis der allgemein approbierten homiletisch-hermeneutischen Prinzipien wurde die Predigt als Verkündigung des Wortes begriffen und die Predigtarbeit als theologischer Reflexionsprozeß zur gegenwartsverbundenen Auslegung der Heiligen Schrift aufgefaßt. Als Theoriemuster für den linear vorgestellten Vorgang der homiletischen Textauslegung diente die Metapher des ‚Wegs vom Text zur Predigt‘ (1052,28ff). Aus der Aufgabe der Predigt als Übersetzung der biblischen ‚Botschaft‘ in die Gegenwartssituation ergab sich in logischer Konsequenz ein triadisch gegliedertes Ablaufschema des homiletischen Arbeitsprozesses. An den Anfang der Predigtvorbereitung kam die historisch-kritische Textanalyse zu stehen, an ihr Ende die Ausarbeitung der Rede. In einem Zwischenschritt sollte der mit den Mitteln exegetischer Interpretationsmethodik eruierte historische Sinn des Predigttextes zu der Gegenwartssituation der Hörer in Beziehung gesetzt und damit das hermeneutische Grundmuster der auszuarbeitenden Predigt entworfen werden.

Die zunehmende *Methodisierung* der Predigtarbeit resultiert allerdings nicht allein aus den Eigengesetzlichkeiten der beruflichen Predigtpraxis. Vielmehr bringt sich in der Operationalisierung der Predigtvorbereitung auch der zeitgenössische Wandel der homiletischen Reflexionskultur, zumal das gesteigerte Bewußtsein der neueren Homiletik für die hermeneutischen und kommunikationstheoretischen Aspekte der Predigttheorie und die daraus gewonnene Einsicht in die genetische Logik und ökonomische Dynamik des Entstehungs- und Produktionsprozesses einer Predigt, zur Geltung.

In neuerer Zeit hat sich sowohl in der Berufspraxis als auch in der Ausbildungspraxis der PfarrerInnen ein *viergliedriges Schema* der Predigtarbeit herausgebildet, das der homiletischen Bearbeitung des Predigttextes zwar weiterhin breiten Raum gewährt, die Textinterpretation aber in ein Bündel pluriformer homiletischer Reflexionsperspektiven einbindet und damit die hermeneutische in der kommunikativen Perspektive der Predigtarbeit aufhebt. Die Architektur des neuen homiletischen Arbeitsmodells orientiert sich an der kommunikativen Struktur des homiletischen Sprechaktes, dem ‚homiletischen Dreieck‘ von Prediger, Text und Hörer. Die drei grundlegenden Faktoren des homiletischen Kommunikationsprozesses werden explizit zu Reflexionsthemen voneinander abgegrenzter, aber wechselseitig aufeinander bezogener Arbeitsgänge erhoben und in der anschließenden Ausarbeitung der Rede zur Synthese gebracht.

Die methodisch organisierte Predigtarbeit setzt mit der Thematisierung des Autors der Predigt, mit einer ‚*Persönlichen Betrachtung*‘ ein. In ihr wird die in der Bibelfrömmigkeit des Predigers begründete religiöse Beziehung zum heiligen Wort, die „unmittelbare Begegnung mit dem biblischen Text" aufgedeckt, „die Bereitschaft, sich von ihm ergreifen zu lassen" (1084,144), gefördert und somit die in der privaten Religionspraxis beheimatete Rezeptionsform biblischer Texte kultiviert. Die anschließende ‚*Exegetische Arbeit*‘ erhebt zunächst die „Intention" des Textes („das organisierende Prinzip, die geheime Mitte"), sodann das „Kerygma" („die theologischen Aussagen des Textes in logischer Verknüpfung") und schließlich das „Idion" (die materiale und formale „Eigenart des Textes") (1084,146). Im Anschluß an die frömmigkeitspraktische Rezeption des Textes und seine wissenschaftliche Analyse wird in der „‚Homiletischen Besinnung‘ die Reflexion eines exegetisch erarbeiteten Textes auf Anrede hin" (1084,147) transformiert und in der abschließenden ‚*Verkündigenden Darlegung*‘ in die Gestalt der Rede gefaßt (1084,143).

Die *pluriforme Statur* und die komplexe Dynamik des homiletischen Arbeitsprozesses kommt zum einen dadurch zustande, daß den verschiedenen Phasen der Predigtarbeit unterschiedliche Aufgaben zugewiesen werden. Zum anderen werden den einzelnen Arbeitsgängen praktisch-homiletischer Reflexion aber auch jeweils charakteristisch voneinander unterschiedene Arbeitsmethoden unterlegt. Erfolgt die fromme Rezeption des biblischen Textes in der Eingangsphase des homiletischen Arbeitsprozesses „nicht logisch-diskursiv, sondern meditativ-kreisend" (1084,144), so wird der zweite Arbeitsschritt der Predigtvorbereitung, die ‚Exegetische Arbeit‘ von der rationalen Logik wissenschaftlich-methodischer Bibelinterpretation dirigiert. Die ‚Homiletische Besinnung‘ wiederum, in der aus der Analyse der Gemeindesituation und auf dem Hintergrund systematisch-theologischer Erwägungen die Idee der Predigt formuliert werden soll, stellt einen synthetischen Arbeitsvorgang dar, die Schlußphase der Predigtarbeit einen kreativen Akt rhetorischer Konstruktion.

3. Als Motor einer rationalen Organisation der Predigtvorbereitung erwies sich die auf repräsentativen homiletischen Theoriekonzeptionen aufbauende, gleichwohl der praktischen Predigtarbeit verpflichtete homiletische *Anleitungsliteratur.* Wurden homiletische Arbeitshilfen – wie gedruckte Predigten, thematisch sortierte Stoffsammlungen und vorstrukturierte Redekonzepte oder auch Florilegien mit kasuistisch angeordneten und zur applikativen Veranschaulichung homiletischer Leitgedanken gedachten lebenspraktischen Beispielerzählungen – von jeher bei der Predigtvorbereitung benutzt, so entstand auf dem Hintergrund der Idee homiletischer Selbständigkeit, Authentizität und Produktivität der PredigerInnen eine neue Gattung homiletischer Literatur: die entweder von UniversitätstheologInnen oder von homiletisch versierten PfarrerInnen verfaßten und weniger zur unmittelbaren Verwendung in der Kanzelrede als vielmehr zur Vertiefung der homiletischen Schreibtischarbeit entworfenen Predigt-‚Meditationen‘, Predigt-‚Studien‘ und Predigt-‚Hilfen‘.

Die 1945 gegründeten und periodisch erscheinenden ‚*Göttinger Predigtmeditationen*‘ (1086) folgten in ihren ersten Dekaden, zumal unter der langjährigen Herausgeberschaft von Hans-Joachim Iwand (1947-1960), einem homogenen redaktionellen Konzept, in dem sich die von der Lutherrenaissance und von der Dialektischen Theologie herausgestellten hermeneutischen Grundsätze mit dem in der Arbeitspraxis der PfarrerInnen bewährten triadischen Aufbau der Predigtarbeit verbinden. Iwand legt seinen zahlreichen Predigt-Meditationen (1083) als organisierendes Prinzip der Predigtarbeit die ‚Einheitlichkeit der Auslegung‘ (1063,85) zugrunde und führt in den homiletischen Bearbeitungen der Predigtperikopen auf exemplarische Weise die „enge Zuordnung von Wort, Text und dessen Auslegung" (1063,84) vor. „Eine Trennung von historischer Auslegung und dem Bezug auf die Gegenwart erscheint ihm für das homiletische Verfahren nicht legitim" (1063,85); denn der homiletische Interpretationsprozeß ist, so vielfältig und unterschiedlich sich die homiletischen Reflexionen im einzelnen auch gestalten, insgesamt als „souveräne Bewegung von Gott zu den Menschen" (1063,84) zu begreifen. „Der Text, der sich der Bewegung des Wortes verdankt, wird in dieser Sicht zum Subjekt seiner eigenen Auslegung. Die Predigtarbeit vollzieht sich so, daß der ‚Text selbst die Zielsetzung bestimmt, in der die Predigt zu gehen hat‘" (1063,84). Wie das in der menschlichen Rede verborgene göttliche Wort im Akt homiletischer Kommunikation unverfügbar bleibt, so muß auch „die Predigtarbeit, ungeachtet aller Methoden, im Prinzip als ein Widerfahrnis begriffen werden, denn sie ist eben derjenige Vorgang, in welchem der Auslegende zum Glauben an das Wort Gottes gelangt, auf das im Text hingewiesen wird. Die Auslegung ist ein ‚Ereignis‘, zu dessen sachlichem Gehalt der Auslegende selbst nichts beitragen kann, sondern in dem sich seine Unterwerfung unter das im Text angezeigte Wort Gottes vollzieht" (1063,85).

Das dreigliedrige Schema homiletischer Arbeit orientierte sich an der *hermeneutischen Struktur* der protestantischen Textpredigt. Wie die Predigt als paradigmatischer Typus der Schriftauslegung begriffen wurde, so wurde auch der homiletische Reflexionsprozeß konsequent auf die Übersetzung des für den religiösen Glauben konstitutiven Wortes in die gegenwartsverbundene Rede zentriert. Die hermeneutische Predigtarbeit verdankt ihr in sich konsistentes Arbeitsprofil der Konzentration auf den Predigttext, der in sich einheitlichen und methodisch organisierten Erschließung seines Sinngehalts und der Identifizierung von exegetischem und homiletischem Skopus im Fortgang des Interpretationsprozesses. Die Reflexion der kommunikativen Aspekte des homiletischen Aktes trat gegenüber dem Inhalt von Text und Predigt in den Hintergrund. War in dem triadischen Ablauf der Predigtarbeit für „die Gemeinde ... kein methodischer Raum vorgesehen" (1084,142), so blieb „trotz des Begriffes ‚Meditation'" auch die Person des Predigers als Faktor der homiletischen Kommunikation weitgehend unberücksichtigt (1084,143). Unter der Dominanz der hermeneutischen Perspektive wurden die Zuhörer als Adressaten der ‚Botschaft', die PredigerInnen als theologische, zumal exegetisch versierte Schriftinterpreten begriffen. Mit der zunehmenden Einsicht in die Komplexität des homiletischen Kommunikationsprozesses verlor das einlinige Schema hermeneutischer Predigtarbeit an Plausibilität. Die Konzentration der homiletischen Erkenntnisperspektiven auf die kommunikativen Bedingungen des Predigtaktes, zumal die Berücsichtigung von Prediger und Hörer als gegenüber dem Text eigenständige Faktoren homiletischer Kommunikation, machte die Ausarbeitung komplexerer Modelle der Predigtarbeit notwendig.

Die seit 1996 in neuer Folge erscheinenden ‚*Calwer Predigthilfen*' (1088) begreifen die Predigtvorbereitung zwar insgesamt als einen um den biblischen Text zentrierten Auslegungsprozeß, beziehen aber sowohl den Prediger als auch den Hörer als konstitutive Faktoren des homiletischen Kommunikationsaktes in die Predigtarbeit mit ein. Sollen die Predigthilfen auf der einen Seite dazu beitragen, daß jeder Prediger „seinen eigenen Weg zu ‚seiner' Predigt findet" und die religiöse Rede damit zu einem „persönliche(n) Glaubenszeugnis" (1090,10) wird, so hat die homiletische Reflexion auf der anderen Seite auch die „geistige(n), politische(n) und kulturelle(n) Landschaften" zu berücsichtigen, „in denen die christliche Botschaft verkündigt werden will" (1090,9). Der mehrperspektivisch angelegte Prozeß der Predigtvorbereitung setzt sich aus „verschiedenen Wegen" zusammen, „die beschritten werden müssen, um einen biblischen Text in der Predigt neu zur Sprache zu bringen" (1090,9). Auf die drei Arbeitsschritte der Textanalyse – ‚Annäherung' an den Predigttext, Einbindung der Perikope in ‚biblische Zusammenhänge' und detailgenaue ‚Auslegung' des biblischen Textes – folgt die Phase der ‚theologische(n) Entscheidungen', in der die Predigt ihre „theologische Orientierung" gewinnt, sowie die Phase der ‚homiletisch-seelsorgerlichen Erwägungen', in denen die „orientierende Kraft des Textes auf Predigthörende, Gemeinde und Kirche hin" reflektiert und „außertheologisches und außerkirchliches Material" im Sinne homiletischer ‚Anregungen, Anstöße, Kontraste' gesammelt wird; die Erstellung eines „Bauplan(s)" der rhetorisch ausgestalteten Kanzelrede schließt die Predigtarbeit ab (1090,9).

In exemplarischer Weise kommt die Umstellung des homiletischen Arbeitsprozesses von der Dominanz hermeneutischer Perspektiven auf die Reflexion der dynamischen Statur homiletischer Kommunikation im redaktionellen Konzept der 1968 gegründeten und periodisch erscheinenden ‚*Predigtstudien*' zum Ausdruck. Die jeweils von zwei Verfassern als Repräsentanten einerseits des Predigttextes, andererseits der Predigtsituation im wechselseitigen Dialog erstellten Predigtstudien gehen auf Ernst Langes homiletisches Programm zurück und suchen dessen Kernbegriff, die „Kommunikation des Evangeliums" (1062,14), durch die Entwicklung eines „neuen homiletischen Verfahren(s)" (1062,35) sowie eines innovativen Typus „publizistische(r) Arbeitshilfen für den Prediger" (1062,35f) praktisch nutzbar zu machen. Lange kritisiert zwar den „Primat" (1062,40) des Textes in der Predigttheorie und die daraus resultierende Dominanz der Exegese in der Predigtarbeit, hält aber gleichwohl daran fest, daß die „Aufgabe des Predigers streng im Rahmen des Interpretationsauftrags" (1062,36) zu bestimmen ist.

Gerade die Einsicht in die hermeneutische Logik der Textinterpretation, zumal die Entdeckung der konstitutiven Funktion der Rezeptionssituation für das Verstehen von historischen Texten, macht nun aber eine *Ausweitung* der Predigtarbeit über ihr bisheriges Aufgabengebiet hinaus notwendig. Neben die Textanalyse und in strenger Verbindung zu ihr tritt als neue Methodik der Predigtarbeit die Analyse der homiletischen Situation. Das innovative Verfahren der Predigtarbeit ist von dem Interesse geleitet, „dem Prediger möglichst wirksame und leicht hantierbare Methoden zur Erschließung der Situation an die Hand zu geben" (1062,37), ein methodisches Instrumentarium also, mit dessen Hilfe er sich eine genaue „Kenntnis des besonderen Hörerkreises" sowie des „gesellschaftlichen Kraft- und Beziehungsfeldes, in dem der Hörerkreis steht", und schließlich des „Vorverständnisses der Gemeinde von der christlichen Überlieferung" (1062,37ff) verschaffen kann. Erschließt sich der Gegenwartssinn des Predigttextes zum einen erst in der wechselseitigen Beziehung von Text und Situation, so verdankt sich die homiletische Interpretation der im Text verschlüsselten Wirklichkeit zum anderen weniger der exakten Beachtung des exegetischen Regelwerks, der „zünftigen Exegese des Einzeltextes" (1062,41), sondern weit mehr der persönlichen Kompetenz des interpretierenden Subjekts: „Ins Gewicht fällt viel mehr die große interpretatorische Erfahrung, in der sich die Kenntnis der Überlieferung mit der Reflexion auf ihre Übersetzbarkeit und also mit einem geschärften Zeitgefühl verschränkt" (1062,41).

Wie sich die *Individualisierung* des homiletischen Verfahrens schon in einer neuen Fassung der Textinterpretation niederschlägt, in ihrer Umstellung vom Text als ‚Subjekt' seiner Auslegung auf die vom Prediger zu leistende Wirklichkeitsinterpretation, so tritt die Person des Predigers in der Kreation der von ihm selbst produzierten und deshalb auch von ihm selbst zu verantwortenden Rede vollends ins Zentrum der Predigtarbeit. Die Predigt entsteht nicht wie von selbst aus dem Text. Sie verdankt sich vielmehr der produktiven Einbildungskraft und der gestalterischen rhetorischen Kunstfertigkeit des Predigers. „In der Predigtarbeit selbst ist es vor allem der Einfall und seine sprachliche Ausführung und Ausformung, wo die Individualität des Predigers voll zum Zug kommt und kommen muß. Zwar kommt der Einfall nicht unverhofft", sondern „er entsteht bei dem mehrfachen Abschreiten jenes hermeneutischen Zirkels zwischen Text und Situation". „Aber er ist eben doch ein Ergebnis der Intuition, der interpretatorischen Phantasie, er kommt oft überraschend und hat etwas Schöpferisches" (1062,44).

4. Baut das homiletische Programm von Ernst Lange auf der wechselseitigen Beziehung von Predigttext, Predigtsituation und Predigt auf und verschränken sich in dem daraus abgeleiteten homiletischen Arbeitsverfahren hermeneutische, kommunikationstheoretische und produktionsästhetische Perspektiven, so zentriert das von einer katholischen ‚homiletischen Arbeitsgruppe' entwickelte Modell den rhetorischen Gestaltungsprozeß konsequent um den Zusammenhang von „*Kreativität* und *Predigtarbeit*" (1085). Die kommunikative Struktur der homiletischen Sprachhandlung wird auf dem Hintergrund produktions- und rezeptionsästhetischer Perspektiven rekonstruiert, die Predigt als „Erschließungsprozeß" (1085,13) begriffen, „der beim Hörer ausgelöst wird" (1085,16), und der Prediger „mit einem Beleuchter beim Theater" (1085,15) verglichen, „der es immer wieder neu versteht, durch gekonnte Lichtführung, durch spezielle Lenkung der Aufmerksamkeit den Hörern etwas ins Bewußtsein zu rücken, das für sie den Charakter eines ‚Aha'-Erlebnisses hat" (1085,16). Ist die Predigt als individuelle Kreation der religiösen Persönlichkeit anzusehen und die Predigtarbeit als schöpferischer Prozeß ihres

Autors, dann sind die Regeln des homiletischen Arbeitsverfahrens aus der Logik ästhetischer Produktion zu gewinnen. Die homiletische Arbeitsgruppe sucht daher grundlegende „Erkenntnisse der Kreativitätsforschung für die Predigtarbeit fruchtbar zu machen", „Methoden der Ideenfindung ... für die Predigt" zu entwickeln und die Kreativität des Predigers zu „trainieren" (1085,11).

Der „kreative Prozeß" (1085,26) der Predigtarbeit gliedert sich in vier ineinander übergehende *Phasen* ästhetischer Produktivität. Die ‚Präparationsphase' führt über „das Finden von Problemen" und die „Auswahl des Problems" zur „Entdeckung einer Predigtidee" (1085,27). In der anschließenden ‚Inkubationsphase' pendelt die homiletische Arbeit „zwischen dem Formulieren des Problems" und „dem Ausloten von Lösungsmöglichkeiten" hin und her, bis sich schließlich die „endgültige Lösung", die leitende „Idee" (1085,29) der Predigt abzeichnet. Mit der Entdeckung der Predigtidee, dem homiletischen ‚Heureka-Erlebnis', geht der kreative Prozeß der Predigtarbeit in die ‚Illuminationsphase' über, deren Aufgabe in der „intensiven Kultivierung" der homiletischen Invention besteht (1085,31). In der ‚Verifikationsphase' schließlich wird die „subjektive Einsicht" in eine „objektive Form gebracht", die homiletische Idee „konturiert und profiliert" und zur Rede „ausgestaltet" (1085,32).

3.1.3.2.3. Die Predigtmeditation als professionalisierte Gestalt individueller Frömmigkeitspraxis

1. In den modellhaften Arbeitsplänen zur Erstellung einer Predigt werden die verschiedenen, miteinander verwobenen Momente der Predigtarbeit zwar unterschiedlich gewichtet und zueinander in Beziehung gesetzt. Das „Zentrum der Predigtvorbereitung" (1071,135) bildet aber durchweg die ‚Persönliche Betrachtung' (1084,143) des biblischen Textes als Medium individueller Frömmigkeit oder – im allgemeinen homiletischen Sprachgebrauch – die *‚Predigt-Meditation'*. Die Homiletik bedient sich damit zur Charakterisierung der Predigtarbeit eines Begriffs, der in seinem schillernden Sprachgebrauch die vielfältigen Facetten privater Religionspraxis zusammenschließt: spirituellen Lebensstil und methodisch verfaßte Frömmigkeitsübung, ganzheitliche Wirklichkeitswahrnehmung und vertiefte Selbsterkenntnis wie vor allem den Vorgang der religiösen Selbstidentifikation der frommen Individualität.

Die christliche *Meditationstradition*, in die sich die Arbeit an der Predigt als eine charakteristische Version von Frömmigkeitsübung (> 211) einreiht, geht auf die Alte Kirche zurück (1079,789). Sie verbindet sich im Mönchtum des Mittelalters mit der Kontemplation als christlicher Lebenshaltung, mit der Idee der asketischen Lebensführung und mit Elementen der Mystik, nimmt aber auch in der Frömmigkeit der Laien eine hervorragende Stelle ein. Die Reformation und die folgenden Epochen der protestantischen Christentumsgeschichte knüpfen an die mittelalterliche Tradition der Meditation an (1082). Die spirituelle Meditations-Frömmigkeit des 20. Jahrhunderts schließlich ist vor allem durch das „ökumenische Zusammenwachsen verschiedener christlicher Traditionen" (1081,347), durch vielfältige Einflüsse aus der Religionspraxis des orthodoxen Christentums, aber auch aus der Meditationspraxis verschiedener nichtchristlicher Hochreligionen (1081,348) charakterisiert. Im Zusammenhang der privat wie gemeinschaftlich ausgeübten Frömmigkeitspraxis umfaßt der Begriff der Meditation ganz unterschiedliche

Gestalten praktizierter Religiosität: die stille Andacht, das stumme Gebet, die mystische Versenkung, „Schweigen, Entspannung und inneres Lauschen" (1080,824), sowie spezielle Frömmigkeitspraktiken wie neuerdings auch bestimmte Körperübungen. In den Kreis meditativer Frömmigkeitspraxis gehört aber vor allem auch die andächtige Lektüre der Bibel. Sie bildet, seit in der frühen Kirche im Anschluß an jüdische Frömmigkeitskonventionen die Sitte des Stundengebets gepflegt wurde (1080,825), neben der rituell geregelten Gebetspraxis einen festen Bestand christlicher Meditationspraxis. Die zu festgelegten Tageszeiten praktizierte Lektüre der Bibel und anderer Erbauungsliteratur fand ebenso Eingang in die berufliche Brevierpflicht der katholischen Priester wie in die bürgerlich-protestantische Hauskultur und wurde im Rahmen des Stundengebets durch die Berneuchener Bewegung (> 212-3:3.2.) in der Gestalt kirchlicher Christentumspraxis neu belebt.

Die Praxis der ‚*Predigt-Meditation*' schließt an die Frömmigkeitsübung der regelmäßigen meditativen Bibellektüre an. Ihr wird im Zusammenhang der Predigtvorbereitung eine doppelte Bedeutung beigelegt. Predigtmeditation meint hier einerseits die neuerdings an den Anfang der Predigtarbeit gestellte und für die innere Dynamik des homiletischen Arbeitsprozesses wie für das Gelingen der homiletischen Kommunikation entscheidende Arbeitsphase: „Die Leuchtspur, die eine Predigt zum Geschehen für den Hörer macht, entspringt in der Meditation des Textes" (1084,151). Die Praxis der Meditation wird in dieser Hinsicht „weniger in ihrer aszetischen, als vielmehr in ihrer rhetorischen Komponente" (1081,352) zur Geltung gebracht und als intentionaler, auf die Produktion der Kanzelrede abgestellter Arbeitsakt begriffen. Im Interesse einer „kreative(n) Erweiterung des Lebenshorizonts und der sprachlichen Kompetenz" macht sich die PredigerIn am Anfang der Predigtarbeit die „kreative Funktion des Textes für die Predigt" (1068,389) zunutze. Andererseits bezeichnet Predigtmeditation – in Anknüpfung an den allgemeinen Bedeutungsgehalt des Begriffs – aber auch eine die Methodik der Predigtarbeit durchgängig bestimmende und in der Frömmigkeitspraxis des Predigers verwurzelte spirituelle „Haltung" (1084,145). Die andächtige Versenkung in den Bibeltext erfolgt insofern nicht zum Zweck der Ausarbeitung der Kanzelrede, sondern „zweckfrei, d.h. ohne bewußte Einstellung auf die Verkündigung" (1084,144). Als „geistliche Übung" (1084,143) wird die meditative Arbeit am biblischen Text zu einem organischen Moment der kontinuierlichen Frömmigkeitspraxis der PredigerIn.

Ihre spezifischen Konturen erhält die Predigtmeditation durch die charakteristische *Rezeptionsform* der biblischen Texte. Die ursprünglich in der Praxis privater Bibellektüre verortete, andächtig-meditative Versenkung in den Text, der „nichtdiskursive, bildhafte, in den tieferen Erlebensschichten wurzelnde Umgang mit der Heiligen Schrift" (1081,351), zielt im Kontrast zur methodisch exakten Textexegese auf die „existentiell-religiöse Erschließung des Sinngehaltes" (1071,133) der biblischen Schriften ab. Indem der Text nicht im Zuge exegetischer Detailarbeit mit Hilfe des vielgliedrigen Instrumentariums historisch-kritischer Forschung in seine Bestandteile zerlegt und aus kritischer Distanz betrachtet, sondern in seiner unmittelbaren Wahrnehmung ganzheitlich rezipiert wird, gewinnt die homiletische Bibellektüre die für die protestantische Textpredigt grundlegende ‚Einheit der Schrift' zurück. „Als ‚Schrift' mit ihren ‚Texten' wird die Bibel … zum Gnadenmittel. Die geistgewirkte Schrift wird zum vermittelnden Werkzeug des Geistes … So wird die Schrift dem Prediger zur Quelle der Inspiration" (1059,111f). In der Distinktion und Relation von Textexegese und Schriftmeditation im

Rahmen der Predigtarbeit findet die für die theoretische Grundlegung der protestantischen Textpredigt gewichtige „Unterscheidung von Schriftbindung und Textbindung"
(1067,88) ihre praktische Gestalt. Lenkt die exegetische Interpretation die Aufmerksamkeit auf die unverwechselbare Eigenart der Perikope, so öffnet die meditative
Schriftauslegung den Blick auf das Ganze der Heiligen Schrift und zentriert sowohl die
homiletische Interpretation des Textes als auch die schriftverbundene religiöse Rede auf
die ‚Mitte' der Bibel wie der Predigt.

Das Kernstück der Predigtarbeit, die Predigtmeditation, löst die von der praktischen
Homiletik aufgestellten Prinzipien homiletischer *Ethik* ein. In der meditativen Erschließung der religiösen Wirklichkeit im Medium des biblischen Textes wird einerseits die
private Bibellektüre der PredigerIn mit der intentionalen und methodisch organisierten
Predigtarbeit und damit die persönliche Frömmigkeit mit ihrer rhetorischen Ausdrucksgestalt verknüpft. Hier wird die für die Authentizität der persönlich verantworteten und
individuell gestalteten Predigt konstitutive Beziehung zwischen PredigerIn und Predigt
hergestellt. Andererseits verbinden sich in der Predigtmeditation aber auch Predigter-
arbeitung und homiletischer Kommunikationsakt organisch miteinander. Im meditativen
Umgang mit der im Text verschlüsselten Wirklichkeit findet die Predigt die kommunikative Gestalt, die sie für den Zuhörer ‚glaubwürdig' macht. „Hier entscheidet es sich,
ob die Predigt zur Predigt wird" (1084,141).

Otto *Haendler* und Emanuel *Hirsch* haben die komplexe Struktur der Predigtmeditation
als Synthese von persönlicher Frömmigkeitpraxis und homiletischem Berufsethos auf je
originelle Weise herausgearbeitet.

2. *Haendlers* auf der Tiefenpsychologie von Carl Gustav Jung basierende Predigttheorie
knüpft sowohl an Schleiermachers Verständnis der Predigt als Kommunikationsform
individueller religiöser Selbstverständigung als auch an die Homiletik der Liberalen
Theologie an, in der die doppelte Beziehung der Predigt zur empirischen Wirklichkeit
wie zur frommen Subjektivität herausgestellt wird. In der Predigt, der „Verkündigung
der Wirklichkeit Gottes" (1056,321), wird „die ganze Wirklichkeit" (1056,321) in ihren
individuellen wie gemeinschaftlichen, sozialen wie kulturellen, geschichtlichen wie gegenwärtigen Dimensionen in einer vielschichtigen sprachlichen Rekonstruktion verdichtet, um „die Fülle menschlichen Seins in ihrem konkreten jeweiligen Bestand der
Wirklichkeit Gottes gegenüberzustellen, soweit das menschlichem Wirken möglich ist"
(1056,321). Der Akt homiletischer Wirklichkeitskonstruktion engagiert den Prediger
nicht nur in besonderem Maße mit seiner Person. Die Predigt ist vielmehr als genuines
„Produkt des Subjektes" (1056,46) zu begreifen, die homiletische Berufsarbeit als „Lebenswerk" (1056,315) des Predigers.

Hat die prinzipielle Homiletik dementsprechend das „Subjekt des Predigers als Ausgangspunkt und ständige(n) Orientierungspunkt" (1056,15) ihrer Grundlagenreflexion zu
wählen, so zentriert sich die *praktische* Homiletik um das ethische Prinzip der homiletischen Authentizität. „Man kann nur das original ausdrücken, was echte Überzeugung im
engeren Sinne ist" (1056,51). Die Intensität der persönlichen, in seinem „Selbst"
(1056,57ff) begründeten Beziehung, die der Prediger zu seiner Predigt einnimmt, entscheidet über das Gelingen oder Mißlingen seiner homiletischen Wirklichkeitsinterpretation: „Entweder drückt der Prediger sein Wesen aus, oder er drückt die Tatsache aus,

daß er noch kein wirkliches Wesen hat und das Fehlende durch Anleihen ersetzt"
(1056,48). Haendler führt zur Charakterisierung der Unmittelbarkeit des Autors zu seiner
individuellen Produktion die in der Poimenik gängige Kategorie der ‚Echtheit' ein und
verbindet sie zugleich mit der Arbeit der Predigtmeditation: „Die Echtheit der Predigt
hängt davon ab, daß wir den entsprechenden Ausdruck unserer Haltung erarbeiten"
(1056,120).

Die Arbeit an der Predigt betrachtet Haendler nicht als einen von den übrigen Berufstätigkeiten und von der religiösen Lebensführung des Predigers deutlich abgrenzbaren
und seinen zweckgerichteten Eigengesetzlichkeiten folgenden Handlungsakt, sondern als
organisch in die Lebenswelt und Lebensgeschichte des Individuums eingebundenes
Moment persönlicher *Frömmigkeitspraxis.* „Predigtarbeit als Lebensarbeit umfaßt nicht
nur den homiletischen Bereich und dessen Randgebiete, sondern den ganzen Bereich des
Seins" (1056,320). Im strengen Sinne des Begriffs wird die Predigt-Meditation als eine
exemplarische Form christlicher Meditationspraxis begriffen und einerseits hinsichtlich
ihrer individualitätskonstitutiven Funktion, andererseits hinsichtlich ihrer frömmigkeitspraktischen Dynamik auf dem Hintergrund einer allgemeinen Meditationstheorie entfaltet. Hinsichtlich ihrer Bedeutung für die religiöse Selbstkonstitution des Individuums
verbindet sich die christliche Meditationspraxis eng mit der privaten Gebetsfrömmigkeit
(1056,174ff). Wie das Gebet – „das Herzstück des Glaubenslebens", „der eigentliche, ja
der den Menschen als glaubenden Menschen erst konstituierende Vollzug des Selbst"
(1056,176) –, so stellt auch die Meditation einen Akt der „Selbstverwirklichung"
(1056,177) dar. Gleichwohl besteht eine deutliche Differenz zwischen beiden Formen
praktizierter Frömmigkeit: „Der Beter betreibt die grundsätzlich absolute Selbstverwirklichung vor Gott, der Meditator betreibt die grundsätzlich immer relative Selbstverwirklichung am Objekt der Meditation" (1056,178). Wie das Gebet, so ist auch die Meditation nicht als „eine Glaubenshaltung" sondern als „eine Praxis" aufzufassen (1056,164),
als eine innere Bewegung der religiösen Subjektivität, als med-itari („In-die-Mitte-Hin-
eingehen"; 1056,155), als der „Weg zum Selbst" (1056,66).

In der *Predigtarbeit* verbinden sich nun christliche Meditationspraxis und rhetorischer
Gestaltungsprozeß organisch miteinander. Da „Verkündigung nur durch die innere Verschmelzung der Wahrheit mit dem persönlichen Sein ihres Verkünders möglich ist, so ist
Meditation der inhaltvollste und fruchtbarste Weg zur Predigt" (1056,185). Die Predigtmeditation, der „Weg des Subjekts zum Evangelium und zum Text" (1056,149), stellt
einen synthetisch verfaßten hermeneutischen Vorgang dar, das „Verstehen" von Wirklichkeit „als Begegnung der Ganzheiten Evangelium und Subjekt" (1056,149). Wie der
Prediger in der homiletischen Sprachhandlung „als Mensch zugleich in der Gesamtheit
aller Lebensbeziehungen" (1056,19) agiert und damit der religiösen Rede unverwechselbar individuelle Konturen verleiht, so folgt auch die Predigtarbeit nicht einer generali-
sierbaren methodischen Logik, sondern der inneren Dynamik des individuellen Medita-
tionsprozesses. Die „Arbeitsart" – „Linienarbeit, Serpentinenarbeit, und Spiralarbeit" –
„ist durch die Struktur der Persönlichkeit bedingt" (1056,141). Folgt die Predigtarbeit
auch einem Grundmuster, dem Dreischritt von Invention, Exegese und Predigtidee, so
darf der kreative Meditationsprozeß gleichwohl nicht heteronomen Gesetzmäßigkeiten
unterstellt werden. „Die Erarbeitung der Predigt hat sich also, nachdem der Ansatz zu-
standegekommen ist, in einer gegenseitigen Durchdringung von Exegese und Findung zu
vollziehen, aus der sich dann schließlich, obgleich man hier auch nicht von einem Nach-

einander in der konkreten Arbeit reden kann, die Gestalt der Predigt herausarbeitet" (1056,265).

3. Ist Haendlers Predigtlehre durchweg von dem Interesse an einer Integration von Predigtarbeit und Predigtakt sowie an der Rekonstruktion der internen Konsistenz des homiletischen Arbeitsverfahrens geleitet, so stellt *Hirsch* in seinen „Leitgesichtspunkte(n) für die Arbeit des Predigers" (1057,1) den organischen Zusammenhang von beruflicher Predigtarbeit und religiöser Rede wie vor allem die innere Einheit des vielschichtigen homiletischen Arbeitsprozesses durch die Konzentration von Predigt und Predigtvorbereitung auf die religiös begründete und theologisch durchgebildete Individualität des Predigers her. Indem Hirsch der Predigtarbeit „in der Subjektivität des Predigers die sie einheitlich organisierende Mitte" (1071,248) zuweist, „wird die Person des Predigers unweigerlich zum Nerv der Predigtvorbereitung, nimmt die Aufklärung des homiletischen Aktes die Gestalt der Selbstaufklärung der ihn vollziehenden Subjektivität an" (1071,135).

Hirsch entwickelt den „meditativen Weg vom Text zu Thema und Gliederung einer das Evangelium gegenwärtig dolmetschenden Predigt" aufgrund „eines bestimmten, persönlich gelebten und verantworteten Grundverständnisses des Predigtaktes" (1057,II). Wie sich die theologische Reflexion des homiletischen Kommunikationsprozesses eng mit der religiösen Haltung des Theoretikers verbindet, so stellt sich vollends die Predigt gerade in ihrer reflektierten Gestalt als in der *Frömmigkeit* des Redners begründeter Ausdruck subjektiver religiöser Erfahrung und zugleich als Medium zur Konstitution autonomer religiöser Individualität dar. Die Predigt ist „ihrem letzten heimlichen Wesen nach die Umwandlung von etwas persönlich Empfangenem und Ergriffenem in eine freie geistige Rechenschaft, welche unter innerlicher Vergegenwärtigung Gottes den Hörenden einen Weg erschließen möchte zu dem Leben und der Erkenntnis im Umgang mit dem Gott des Evangeliums" (1057,48).

Als Äußerung des religiösen Selbstbewußtseins ist die religiöse Rede aufs engste mit ihrer Genese in der Frömmigkeitspraxis des *Redners* verbunden; sie entsteht in einem geschichtlich und zumal lebensgeschichtlich einmaligen Akt der Gotteserkenntnis, in einem heiligen Augenblick, und kann deshalb nicht „wiederholt werden, wenn in dem Predigenden die Stunde der Meditation, in der sie geboren wurde, verklungen und vergessen ist" (1057,70). Wie die in der meditativen Predigtarbeit gewonnene Erkenntnis, so stellt auch der kommunikative Prozeß der Predigt einen einzigartigen und einmaligen Kommunikationsakt dar. Die in der homiletischen Kommunikation intendierte „Erlebnisübertragung" (1057,43) entsteht, indem der Prediger „in Gegenwart andrer eine verhüllte Zwiesprache mit Gott hörbar macht, welche im letzten Grund und Wesen höchsteigene persönliche Zwiesprache des Predigenden ist" (1057,44).

Im Rahmen des dreigliedrigen homiletischen *Arbeitsprozesses* steht die Predigtmeditation „als die sinngebende Mitte aller Predigtvorbereitung, als ihr heiligstes, schwerstes und innerlichstes Stück" (1057,104) zwischen der Exegese und der Niederschrift der Predigt. Während die exegetische Detailarbeit die Aufmerksamkeit des Interpreten „auf die individuelle Physiognomie des Textes innerhalb der Gesamtbibel" (1057,106) lenkt, knüpft die Predigtmeditation an den zu Ende der wissenschaftlich-exegetischen Textbearbeitung heraustretenden „Tiefenschichtssinn" (1057,104) an. Die „Schwelle, welche von der Auslegung zur Meditation hinüberführt, ... ist die träumende Einfühlung, in welcher der Tiefenschichtssinn des Textes dem ihn Nachverstehenden innerlich gegenwärtig und lebendig wird" (1057,108f) und sich „das von produktiver Einbildungskraft getragene geschichtliche Nacherleben" (1071,134) des Textsinns „zum Vehikel einer Gottesbegegnung steigern oder vertiefen" (1057,109) kann. Stellt die meditative Predigtarbeit den Prediger vor die Aufgabe, „sich das im Text geronnene Lebensverhältnis wieder zu verflüssigen" (1071,134), dann unterliegt die Predigtvorbereitung insgesamt den Gesetzmäßigkeiten hermeneutischer Logik; die subjektive Aneignung der im Text verschlüsselten religiösen Wahrheit bildet ein integrales Moment des individualisierten Verstehensaktes.

Aufgrund der Kongruenz von hermeneutischer Predigtarbeit und kommunikativem Predigtakt, von meditativem Verstehen und homiletischer Verständigung bildet sich aber in der privat-religiös grundierten Predigtarbeit auch die *kommunikative Grundstruktur* des homiletischen Sprechaktes, zumal das dialogische Verhältnis zwischen Prediger und Hörer ab. Auf der einen Seite geht die religiöse Rede unmittelbar aus der Predigtmeditation hervor: „Die der echten Predigtmeditation eigentümliche persönliche Einsamkeit trägt ... alles das in sich, was der Prediger sich bis dahin an Erkenntnis des Evangeliums, an Reichtum biblischer Sprache und an theologischem Wissen erworben hat" (1057,115). Insofern ist die Predigtmeditation nicht nur der Quellgrund der Predigt, sondern in gewissem Sinne schon die Predigt selbst. Auf der anderen Seite nimmt der Meditierende aber in seiner persönlichen Predigtarbeit nicht nur die Rolle des Predigers ein. Er arbeitet vielmehr auch stellvertretend für den Hörer. „Der Meditierende ist sich selbst der einzige Hörer des Textes und Stellvertreter aller sonst noch möglichen Hörer" (1057,137). Die Kongruenz von hermeneutischer und kommunikativer Struktur verleiht der Predigtarbeit schließlich ihre genuine Rationalität. „Die Meditation darf kein uferloser, sich ins Unendliche verlaufender Vorgang sein wollen ... Bei der meditativen Zwiesprache mit dem Text ist das sie vollendende Ziel die geistige Klarheit über den wesentlichen Sinngehalt des Textes als einer gegenwärtigen das Herz erhebenden göttlichen Rede" (1057,136). Die unlösbare Verknüpfung von Predigtarbeit und Predigt wird somit nicht über einen selbständigen, gegenüber der Predigtmeditation isolierten und eigenen Gesetzen folgenden Reflexionsgang hergestellt. Sie ist vielmehr in dem selbstreferentiellen Vorgang meditativer Wirklichkeitserschließung aufgehoben. Hirsch hält daher auch bei der detaillierten Ausformulierung der „Hauptregeln der Predigtmeditation" (1057,104ff) an seiner praktisch-homiletischen Grundidee, der selbstreferentiellen Statur der Predigtmeditation, fest. „Im engeren Sinne ist sie ihm ... allein der Akt des Sichselbst-Verstehens des Predigers in dem lebensbezogenen Gottesverhältnis, auf das hin der Text durchsichtig geworden ist" (1071,135).

3.2. Die Kindheit als Paradigma religiöser Lebensentfaltung

3.2.1. Die Kindheit als paradigmatische Privatwelt

3.2.1.1. Die Idee des ‚Kindes' als symbolisches Integral der religiösen Individualitätskultur

1. Im ‚Kind', einem gleichermaßen realen wie symbolischen Konstrukt, verschmelzen die an die Individualitätsidee angelagerten Lebens- und Vorstellungshorizonte des ‚Hau-

ses' als privatisiertem Lebensraum und der ‚Lebensgeschichte' als individualisierter Lebenszeit miteinander (> 212-4:2). Der Begriff der Kindheit bezeichnet gleichzeitig einen Ausschnitt des gesellschaftlichen Lebenskosmos, den innersten Kreis der privaten Lebenssphäre, wie einen Abschnitt des menschlichen Lebenslaufs, das Ursprungsstadium der individuellen Lebensentwicklung. In der lebensweltlich begrenzten und lebensgeschichtlich befristeten Welt des Kindes überschneiden sich statische und dynamische Perspektivierungen der Lebenswirklichkeit, verweben sich Lebensraum und Lebenszeit zu einem mehrdimensionalen sozialen und kulturellen Konstrukt. Und wie in den Begriffen des ‚Hauses' und der ‚Lebensgeschichte' empirisch-reale und symbolisch-ideelle Bedeutungsgehalte ineinander aufgehen, so sind auch die Begriffe des ‚Kindes' und der ‚Kindheit' über ihren empirisch-realen Wortsinn hinaus von ideellen Sinngehalten gesättigt. Sie fungieren gleichermaßen als empirische Kategorien zur Beschreibung und Strukturierung der Erfahrungswelt wie als symbolische Repräsentanzen der Ideenwelt, aus deren Geist die neuzeitliche Individualitätskultur geboren wurde.

Die ebenso untrennbare wie spannungsreiche Verbindung von empirischen und symbolischen Bedeutungsvarianten kommt sowohl in der *konstruktiven* als auch in der *kritischen* Verwendung der mehrdeutigen Kategorien markant zur Geltung.

2. Wie das ‚Kind' nicht einen naturhaft gegebenen Tatbestand, sondern „ein sozial bestimmtes *Konstrukt*" (1114,109) darstellt, so ist auch die ‚Kindheit' nicht als „eine biologisch-unveränderliche Kategorie", sondern „als gesellschaftliche Konstruktion" anzusehen (1127,13). „Was immer man für die Besonderheit von Kindern und Kindheit in einer bestimmten Gesellschaft halten mag – ihren Unterschied zu Erwachsenen und zu Erwachsenheit, ihre andere Art des In-der-Welt-Seins –, ist als ein durch und durch soziales Phänomen oder als eine soziale Konstruktion zu begreifen" (1108,168). Wie alle übrigen Konstrukte der sozialkulturellen Lebenswelt, so ist auch die von Ideen geleitete und in die gesellschaftlichen Entwicklungsprozesse verflochtene Welt des Kindes „dem geschichtlichen Wandel unterworfen" (1127,13). Existierte die „Kindheit an sich" auch in der vorneuzeitlichen Gesellschaft, so wurde das „kindliche Kind" (1091,156) als „Vorstellungsbild" und als „von diesem geprägte Lebensform" (1127,13) an der Schwelle zur Neuzeit aus der Taufe gehoben. Im Zuge der Privatisierung der Lebenswelt und der Individualisierung der Lebenszeit formte sich nicht nur ein eigenständiger, um das Kind zentrierter und mittlerweile breit ausgebauter sozialkultureller Wirklichkeitshorizont, die ‚Welt des Kindes', aus. Vielmehr verdichteten sich im Zusammenhang der gleichzeitigen Konsolidierung der bürgerlichen Weltanschauung auch die ideellen Vorstellungen vom Kind und seiner originären Lebenswelt.

Die typisch moderne, von den Humanitätsideen der Neuzeit gespeiste Ansicht des „Kindsein(s) als selbständige(m) und vollwertige(m) Modus des Menschseins mit seiner eigenen Würde und seinem eigenen Anspruch auf Respektierung" (1091,156) wirkte einerseits auf den lebenspraktischen Umgang mit den Kindern zurück; auf dem Hintergrund der gesteigerten Aufmerksamkeit für die Eigenart des Kindes und der verstärkten „Zuwendung" (1091,156) zu ihm entstand das emotionale Konstrukt der ‚Mutterliebe' (1107) und deren artifizielle pädagogische Variante, die ‚Liebe' des Erziehers zum Zögling. Andererseits führte die *Idealisierung* des Kindes zu einer ständigen Anreicherung der Idee mit ideologisch hoch besetzten Vorstellungsgehalten. Die Verklärung des Kindes auf dem Hintergrund „romantischer Vorstellungen von der Autonomie oder Fremdheit der Kinder" (1111,65) potenzierte sich durch die ‚Sakralisierung der Kindheit' (1110,13). Mit der Idee des Kindes verbinden sich ebenso die religiös grundierten Vorstellungen „kindliche(r) Unschuld und Reinheit" (1143,203) wie die moralisch akzentuierten und zu bürgerlichen Tugenden stilisierten Vorstellungen der „Bescheidenheit" und der „Unverbildetheit des Kindes" wie schließlich die Vorstellungen der „Kleinheit, Unfertigkeit und Hilfsbedürftigkeit" (1093,648), die die „Kindlichkeit als Leitbild für Frömmigkeit" (1149,131) und das Kind als anthropologisches Urbild des christlichen Erlösungsglaubens erscheinen lassen.

3. In dem Maße, in dem die kindliche Lebensform mit ideellem Glanz versehen und ideologisch überhöht wurde, traten *Idee* und *Wirklichkeit* des Kindes zunehmend auseinander. Im Zuge der neuzeitlichen Gesellschaftsentwicklung dehnte sich die Lebenswirklichkeit der Kinder immer weiter aus. Sie überschritt die Grenzen der privaten Lebenssphäre und etablierte sich als eine zwar immer noch erkennbar eigenständige, gleichwohl aber aufs engste in die unterschiedlichsten gesellschaftlichen Institutionen verflochtene Region der öffentlichen Lebenswelt. Im Gegenzug zu der sozialkulturellen Diffusion der Kinderwelt verfestigte sich die Idee des Kindes als einer gegenüber der Erwachsenenwelt selbständigen und ihr überlegenen Lebensform. Auf dem Hintergrund der realen Gesellschaftsentwicklung veränderte sich nun aber die Funktion der Idee. Je weiter sich die empirischen Erscheinungsformen der schicht- und milieuspezifischen Kindheiten unter dem Diktat der modernen Gesellschaftsentwicklung – zumal auf dem Hintergrund der durchgängigen Ökonomisierung der Lebensverhältnisse, aber auch der Rationalisierung der pädagogischen Einrichtungen – von ihren ideellen Ursprüngen entfernten, desto deutlicher traten die kritischen Valenzen der humanitären Vorstellungen vom Kind und von der Kindheit heraus. In den kulturkritischen Thesen von der ‚verleugneten Kindheit', vom ‚Verschwinden der Kindheit' und den ‚Kindern ohne Kindheit' (1128,20) findet die Idealisierung des Kindes ihre neue, kritische Gestalt.

Die kritische Pointierung der Idee erfolgt zwar vordergründig im Eigeninteresse der Kinder. Sie zielt aber nicht nur auf die Erhaltung der kindlichen Lebenswelt, sondern darüber hinaus auf die Humanisierung der *gesellschaftlichen* Lebenswelt im ganzen ab. Die kritisch gewendete Idee des Kindes erinnert die moderne Gesellschaft an die Prinzipien, die bei ihrer Genese Pate standen und in der um das Kind zentrierten Privatwelt auf exemplarische Weise Gestalt gewannen. Wie sich die empirische Welt der Kinder über die private Lebenssphäre hinaus ausdehnte, so erweiterte sich auch der Geltungsbereich der mit dem Kind verbundenen Idee individueller Autonomie. Die Lebensform des Kindes mutierte zu einem fiktiven Lebensideal, das schließlich zum paradigmatischen Leitbild bürgerlicher Lebensführung und Weltanschauung avancierte. Während sich aber mit dem Übergang aus der privaten in die öffentliche Lebenswelt die scharfen Konturen der Kindheit als einer aparten Lebenswelt abschliffen, schärfte sich das Profil der ideellen Vorstellung vom Kind. Die Kindheit, ursprünglich als Gegenbild zur Erwachsenenwelt entworfen, wurde zum symbolischen Integral der um die autonome Individualität zentrierten Lebenswelt, das Kind zum Urbild der integren Persönlichkeit.

3.2.1.2. Die Kindheit als lebensweltliche Sphäre und als lebensgeschichtliche Epoche

1. In seiner Funktion als empirische Beschreibungskategorie bezeichnet der Begriff der Kindheit zum einen einen eigenständigen Sektor der nach Altersklassen gegliederten

modernen Gesellschaft und zum anderen eine ebenso deutlich abgegrenzte *Epoche* des ebenfalls gesellschaftlich ausgeformten Lebenszyklus (> 312), den „Lebensabschnitt des Menschen" (1091,156), der auf das Säuglingsalter folgt und mit dem Übergang ins Jugendalter (> 212-3:3.5.) abgeschlossen wird. Stellt die lebensweltliche Kolonie der Kinderwelt ein signifikantes Resultat des sozialkulturellen Pluralisierungsprozesses dar, so ist das lebensgeschichtliche Stadium der Kindheit als Produkt der „Verzeitlichung und Chronologisierung" (1126,13) des Lebens anzusehen. Im Zuge der Historisierung der Lebenswelt werden „Lebenslauf und Lebensalter als eine eigenständige gesellschaftliche Strukturdimension" entdeckt und der Lebenslauf „als eine soziale Institution konzeptionalisiert" (1126,1). Treten die altersklassenspezifischen, aufgrund ihrer jeweiligen originären Lebenshaltungen, Lebensstile und Lebensanschauungen gegeneinander abgegrenzten Teilwelten in der synchronen Lebenswelt nebeneinander, so schichten sich die durch ihre charakteristischen Lebensformen und Wirklichkeitskonstruktionen markant voneinander unterschiedenen Lebensstadien im Ablauf der menschlichen Lebenszeit diachron aufeinander.

Im gesellschaftshistorischen Prozeß der „Institutionalisierung des Lebenslaufs" (1126) verschränken sich *Vergesellschaftung* und *Individualisierung* des Menschen untrennbar miteinander. Auf der einen Seite fungiert der gesellschaftlich standardisierte, jenseits biographischer Kontingenzen in Geltung stehende Lebenslauf als Instrument zur allgemeingültigen „Regelung des sequentiellen Ablaufs des Lebens" wie zur allgemeinverbindlichen, den subjektiven Projektierungen des Lebens vorausliegenden „Strukturierung der lebensweltlichen Horizonte …, innerhalb deren die Individuen sich orientieren und ihre Handlungen planen" (1126,3). Auf der anderen Seite ist die „Verzeitlichung bzw. Chronologisierung" von Lebenslauf und Lebenswelt als ein zentrales Moment der neuzeitlichen „Individualisierung" anzusehen, als „ein Teil des umfassenderen Prozesses der Freisetzung der Individuen aus den (ständischen und lokalen) Bindungen", als Element eines „neuen Vergesellschaftungsprogramms, das an den Individuen als eigenständig konstituierten sozialen Einheiten ansetzt" (1126,3). So verschiedenartig sich die in den unterschiedlichen Stadien seiner Lebensentwicklung zu erbringenden Leistungen des Individuums als Autor seiner in den Lebenslauf gefaßten Lebensgeschichte auch ausnehmen, sie zielen insgesamt auf die Konstitution der autonomen Individualität ab: „Die Lebensaufgabe des Menschen besteht darin, Autonomie zu gewinnen, indem er in Einbindung und Ausgrenzung zur Umwelt in deren dreifachem Sinn von Gegenständlichkeit, sozialen Beziehungen und Umgreifendem schlechthin sich selbst gewinnt, dieses Verhältnis zunehmend gestaltet und symbolisch ausformt" (1132,157).

Die *Institutionalisierung* des Lebenslaufs als generalisiertes Zeitschema der individuellen Lebensentwicklung geht in ihren gesellschaftshistorischen Ursprüngen auf die ‚Entdeckung der Kindheit' als einer vom Erwachsenenalter deutlich unterschiedenen Lebensphase zurück. Die Erkenntnis, daß Kinder nicht als „kleine Erwachsene" (1117,24ff) anzusehen sind und die Kindheit daher nicht als eine verkleinerte Kopie der Erwachsenenwelt zu betrachten ist, dokumentiert sich in einem elementaren Grundmodell des menschlichen Lebenslaufs; Kindheit und Erwachsenenalter bilden die beiden einander oppositionell gegenüberstehenden Stadien der Lebensentwicklung. Je mehr sich die historische Auffassung des Lebensverlaufs im populären Bewußtsein wie in der pädagogischen und psychologischen Reflexion durchsetzte, desto differenzierter gestalteten sich die Schematisierungen des Lebenslaufs. Nach der heute gängigen Ansicht unterteilt sich

der Lebenslauf eines Menschen in die Altersklassen der Kindheit, der Jugend, des jüngeren und mittleren Erwachsenenalters und des Seniorenalters (1132,157ff). Ebenso wird
die Lebensphase der Kindheit ihrerseits „weiter unterteilt in Säuglingszeit, frühe Kindheit, Vorschul- und Schulalter" (1092,1035).

Die feinere Rasterung des Lebenslaufsschemas erlaubt nicht nur eine präzisere Deskription der jeweiligen altersklassenspezifischen Lebensformen und Lebenskulturen. Vielmehr löste sich in der Folge der ständigen Diversifizierung der Lebensalter auch die statische Auffassung des Lebenslaufsschemas auf und machte einer *dynamischen* Betrachtungsweise der Lebensprozesse Platz. Lag das Interesse der Lebenslaufforschung in ihren Anfängen vornehmlich auf der Unterscheidung und Profilierung der sich gegeneinander verselbständigenden Lebensalter, so gilt die Aufmerksamkeit der neueren soziologischen und entwicklungspsychologischen Theorien eher den lebensweltlichen Überschneidungen und Mixturen von altersspezifischen Teilkulturen sowie vor allem den
Umbrüchen der Lebensentwicklung und den Umstellungen der Lebensperspektiven an
den lebensgeschichtlichen Grenzpassagen (> 232-3). Die Unterteilung der Lebenszeit in
immer kleinere Quanten trägt daher nicht zu einer Fragmentierung des Lebensganzen,
sondern zum Rückgewinn der in seiner historischen Perspektivierung angelegten ganzheitlichen Auffassung des menschlichen Lebens bei.

2. Der Lebenslauf und die in ihn eingebettete Phase der Kindheit stellen zugleich reale
Tatbestände der sozialen Lebenswelt wie reflexive Konstrukte zu phänomenologischen
Erfassung und Beschreibung der Lebenswirklichkeit dar. Wie das „Alltagswissen" über
„die Prozesse des Selbstwerdens des Kindes" (1092,1035) unmittelbar auf den Umgang
mit Kindern, zumal auf die familialen und außerfamilialen Erziehungsstile, zurückwirkt,
so entwickelten sich die wissenschaftlich verfaßten soziologischen und entwicklungspsychologischen *Theorien* der Kindheit umgekehrt aus der immer genaueren Beobachtung der genuin kindlichen Lebensformen und Lebensentwicklungen.

In der *ursprünglichen*, aus der Perspektive der Erwachsenen entworfenen und noch wenig differenzierten Vorstellung von der kindlichen Lebensentwicklung bildet die Phase
der Kindheit das Gegenstück zum Erwachsenenalter und zugleich dessen Ursprungsstadium. Leben die Erwachsenen in einer komplexen, von ihnen selbst entworfenen sozialkulturellen Welt, so verfügt das Kind noch nicht über einen ausgearbeiteten Wirklichkeitshorizont. Das Kind wird – in wechselnder Metaphorik – als „wachsende Pflanze"
(1117,51) oder als „Tabula rasa", als eine „unbeschriebene Schiefertafel" angesehen,
„auf die die Erfahrungen des Lebens geschrieben werden" (1117,52), die Kindheit nicht
als „ein gesellschaftlicher Status" eigenen Rechts, sondern primär „als Durchgangsphase
zum Erwachsensein ... betrachtet" (1109,30). Die frühen Entwürfe entwicklungspsychologischer Theoriebildung lösen sich zwar von der Vorstellung der Kindheit als einer
allein von den Erwachsenen beherrschten Lebensphase, überführen die Kindheit zumindest partiell in die Regie der Kinder und schreiben ihnen eigene Kompetenzen zum Aufbau ihrer Lebenswelt zu. Indem die älteren „Theorien der kindlichen Entwicklung ... die
spezifischen Fähigkeiten des Kindes und die Phasen des kindlichen Lebenslaufes" aber
„im Spannungsfeld von ‚Reifung' und ‚Entwicklung'" beschreiben und „primär von ihrem Ziel, dem ‚Erwachsensein', zu verstehen suchten" (1092,1036), wiesen sie der
Kindheit weiter den Status eines auf die Erwachsenenwelt zentrierten und von ihr abgeleiteten Lebensstadiums zu.

Die *neueren* Theorien der Persönlichkeitsbildung und zumal die vielfältigen Konzeptionen der wissenschaftlichen Kinderforschung (1112,185ff) vollziehen einen prinzipiellen Perspektivenwechsel. Sie bewerten die Kindheit nicht nur als eine gegenüber der Erwachsenenwelt eigenständige Wirklichkeitsregion und die Kinder als autonome Subjekte ihrer aparten Lebenswelt. Vielmehr wird nun auch die Beziehung zwischen Kindheit und Erwachsenenalter neu gefaßt. In den von der teleologischen Vorstellung einer ständigen Vervollkommnung des Menschen geleiteten Modellen der Lebensentwicklung erscheint die Kindheit als defizientes, im Fortgang der Lebensentwicklung zu überwindendes Stadium der Lebensgeschichte, als die außerhalb der eigentlichen Lebensentfaltung liegende Vorgeschichte der Persönlichkeit. Die auf unterschiedlichen psychologischen Theorieansätzen aufruhenden Konzeptionen des Lebenszyklus dagegen kehren die Relation zwischen Kindheit und Erwachsenenalter um. Sie bewerten die Kindheit als das zentrale, über die Konstitution der Persönlichkeit und ihr lebensgeschichtliches Schicksal schlechthin entscheidende Stadium des Lebenslaufs und zugleich als den zwar verborgenen, gleichwohl in den späteren Lebensstadien ständig präsenten Untergrund individueller Selbstkonstitution wie kommunikativer Weltkonstruktion. Die Kindheit bildet den elementaren Lebenshorizont, in dessen Grenzen sich die Persönlichkeit formt, den Urgrund des Lebens, der zeitlebens Regie über den Menschen führt, und die urbildhafte Wirklichkeit, aus der sich der Erwachsene zeitlebens begreift und zu der er zurückkehrt, um sich in der autobiographischen Reflexion (> 312) sich selbst verständlich zu machen und sich seiner selbst zu vergewissern.

Wird die Lebensentwicklung nicht vom „Schwerpunkt des Erwachsenenalters", der numerischen „Lebensmitte" (1132,268) aus betrachtet, sondern von seinem geheimen Zentrum, der Ontogenese der Lebensgeschichte, dann richtet sich das Interesse der Lebenslaufforschung dominant auf die Ursprungsphase der Lebensentwicklung, die *frühe Kindheit* (1125). In den mittlerweile populär gewordenen und in das psychologische Alltagswissen eingegangenen Theorien der menschlichen Entwicklung vermischen sich die aus traditionalen Auffassungen des menschlichen Lebenslaufs gewonnenen Vorstellungen mit innovativen Einsichten über die Genese der individuellen Autonomie des Menschen. Als zentrales soziales Konstrukt der ersten Kindheitsphase gilt die durch die „mütterliche Fürsorge" (1132,162) und „Zuwendung" (1132,167) konstituierte und von einem spezifisch „affektiven Klima" (1132,169) imprägnierte „frühe Mutter-Kind-Einheit" (1132,160). Auf der Basis des zwischen Mutter und Kind bestehenden „ganzheitliche(n) Verständigungssystem(s), das weitgehend auf Körpersprache beruht" (1132,161), wird „die erste Weltorientierung ... durch die Haltung der Bezugspersonen an das Kind herangetragen" (1132,164), werden dem Kind „Weltbild und Welterfahrung ... durch die Mutter vermittelt" (1132,170).

Während in den frühen Phasen der von Sigmund Freud inspirierten *psychoanalytischen* Kinderforschung „die Interaktion zwischen Mutter und Kind beinahe ausschließlich als die Basis" galt, „auf der sich die Subjektivität des Menschenkindes konstituiert" (1153,272), wurde die tiefenpsychologische Entwicklungstheorie in ihrem weiteren Fortschritt auf „die Bedeutung der kindlichen Sozialerfahrungen in der Interaktion mit Eltern und Umwelt" (1092,1036), zumal aber auf die Interdependenzen von „Symbolisierungstendenzen" (1132,177) und „Autonomie-Gewinn" (1132,171) aufmerksam. Im Zuge der frühkindlichen Lebensentwicklung erweitert sich das Repertoire des nonverbalen Zeichensystems und mit ihm der Erkenntnis- und Erfahrungshorizont des Kindes. „Das

Kind erblickt mit dem Licht der Welt sofort Gegenstände bzw. Gestalten, Figuren"
(1132,164). Sie spiegeln einerseits die „Wertordnung der Erwachsenen" wider
(1132,164), prägen als „erste Schemata" der Weltwahrnehmung „die Grundstruktur der
beginnenden Lebensgeschichte" und präfigurieren gleichzeitig „den Rahmen künftiger
Welt- und Lebensdeutung" (1132,165), wie vor allem die darin eingepaßte biographisch
ausgeformte Gestalt von „Gottesbild und Religiosität" (1132,190).

Andererseits löst sich aber die symbolisch verfaßte Welt des Kindes schon in den ersten
Lebensmonaten von der Erfahrungswelt seiner erwachsenen Bezugspersonen. Sie mutiert von einem Spiegel der Erwachsenenwelt zu einem vom Kind selbst im Spiel mit der
Wirklichkeit erstellten und damit *eigenständigen* Weltentwurf (1119; 1120). In dem Maße, in dem sich das Kind aus der symbiotischen Beziehung zur Mutter löst, sich „von der
Außenwelt abzugrenzen und zwischen Ich und Nicht-Ich zu unterscheiden" (1132,166)
beginnt, erweitert sich nicht nur der Spielraum seiner wirklichkeitserschließenden und
wirklichkeitserschaffenden „Kreativität" (1153,273). Vielmehr erhalten die Objekte der
kindlichen Erfahrungswelt nun eine qualitativ neue Bedeutung. „Während die Funktion
der Dinge in der ersten Phase der Symbolbildung darin besteht, die Einheit mit der Mutter zu symbolisieren, werden sie in der zweiten Phase zum Garanten für die Getrenntheit
und finden aus sich heraus das Interesse des Kindes. Die Dingwelt ist jetzt Symbol einer
eigenen Wirklichkeit, die außerhalb der Verbundenheit mit der Mutter vorkommt"
(1153,273). Indem das kindliche Individuum im Rahmen „eines ganz frühen Projekti-
onsprozesses" (1153,273; > 113) den Dingen eine eigene Bedeutung beilegt, emanzipiert
es sich im Zuge der symbolischen Konstruktion seiner Wirklichkeit von der Erwachsenenwelt. Die Objekte seiner Welt fungieren „als eine Art Unterbrecher, der sich zwischen die ausschließliche Verbindung von Mutter und Kind schiebt. Sie symbolisieren
den Wunsch des Kindes nach Trennung von der Mutter und nach Autonomie"
(1153,273).

Die im Rahmen psychoanalytischer Methodik erstellte Rekonstruktion der Erlebnis-,
Erfahrungs- und Handlungsstruktur der frühen Kindheit läßt sich zu einem komplex verfaßten Konstrukt der menschlichen *Lebensentwicklung* im ganzen ausweiten. Erik H.
Erikson (> 311) verschränkt in seinem „Konzept psychosozialer Identität" die sich in den
voneinander unterschiedenen Phasen des Lebens herausbildende und sich lebensgeschichtlich wandelnde „psychische Binnenstruktur" der Persönlichkeit mit den charakteristischen „soziale(n) Erfahrungen", die der Mensch in den verschiedenen Stadien seiner
Lebensentwicklung macht (1092,1036). Das in der praktischen Lebensführung wie in der
biographischen Reflexion zu lösende „Problem" der sich in signifikanten Ambivalenz-
erfahrungen ausformenden Persönlichkeit besteht darin, „die Einheit des menschlichen
Lebenszyklus und die spezifische Dynamik jeder seiner Phasen, wie sie durch die Gesetze der individuellen Entwicklung und der gesellschaftlichen Organisation vorgeschrieben werden", miteinander in Ausgleich zu bringen (1121,7).

Erikson rekonstruiert die psychosoziale *Dynamik* des Lebenszyklus, indem er die traditionalen organologischen Vorstellungen von der menschlichen Entwicklung mit den innovativen Erkenntnissen der psychoanalytischen Kindheitsforschung verschmilzt: „Man
kann sagen, daß die Persönlichkeit in Abschnitten wächst, die durch die Bereitschaft des
menschlichen Organismus vorherbestimmt sind, einen sich ausweitenden sozialen Horizont bewußt wahrzunehmen und handelnd zu erleben; einen Horizont, der mit dem ne-

belhaften Bild einer Mutter anfängt und mit der Menschheit endet – oder doch mit jenem Ausschnitt der Menschheit, der für das spezielle Leben dieses Menschen zählt" (1121,58). Die fundamentale Bedeutung der frühen Kindheit für den lebenslangen Prozeß der Identitätskonstitution kommt exemplarisch in Eriksons psychologischer Theorie der religiösen Entwicklung zur Geltung. Die „erste Komponente der gesunden Persönlichkeit" (1121,62) und zugleich den „Eckstein" (1121,63) der religiösen Wirklichkeitskonstruktion bildet das in der frühkindlichen Genese psychosozialer Identität verwurzelte „Gefühl eines Ur-Vertrauens" (1121,62): „Wer also behauptet, religiös zu sein, muß aus seiner Religion einen Glauben ableiten können, den er dem Kleinkind in Gestalt des Urvertrauens weitergeben kann" (1121,75).

Deutlicher noch als in den psychoanalytischen Symbol- und Identitätstheorien kommt die Eigenaktivität der Kinder bei der Konstitution ihrer Persönlichkeit wie bei der Konstruktion ihrer Welt in den *komplex* verfaßten Theoriekonstrukten zum Ausdruck, „die die innere Gesetzmäßigkeit im Zusammenspiel physisch-motorischer, kognitiver, emotionaler und soziomoralischer Fähigkeiten ... unter dem Aspekt des strukturellen Aufbaus von Handlungskompetenz darstell(en)" (1092,1036). Die von Jean Piaget (1122; 1123) und Lawrence Kohlberg (1124) auf der Basis umfangreicher empirischer Untersuchungen ausgearbeiteten Theorien der kognitiven und moralischen Urteilsbildung unterlegen der Subjektkonstitution des Kindes jeweils ein rational durchstrukturiertes Modell qualitativ voneinander unterschiedener, logisch aufeinander aufbauender und unumkehrbarer Entwicklungsstufen. Auf der Grundlage dieser Theoriemodelle wurden in neuerer Zeit verschiedene Stufentheorien der religiösen Lebensentwicklung vorgelegt (> 311; 1129).

In der neueren *sozialwissenschaftlichen* Kindheitsforschung schließlich kommt der Wechsel der Beobachtungsperspektiven von der Fremdwahrnehmung der Kinder durch die Erwachsenen zur Selbstdarstellung der Kinder markant zur Geltung. Während die Kultur- und Sozialgeschichte, zumal die empirische Erforschung des ‚Alltags' (> 310) von Kindern, die Pluriformität der sich historisch wandelnden Kinderwelt wie die „Vielfalt heutiger Kindheiten" (1128,19) ins wissenschaftliche wie populäre Bewußtsein rückte, entwickelte sich im Rahmen der Kindersoziologie eine neue Forschungsrichtung. Die erst im Entstehen begriffenen Forschungsprojekte setzen beim „Standpunkt von Kindern" (1108,173) an, „nehmen Kinder ernst als aktive Mitglieder, als Wissende und Teilnehmende in ihren sozialen Welten" (1108,162) und stützen sich bei der Recherche des empirischen Materials wie bei der Präsentation ihrer phänomenologischen Rekonstruktionen vornehmlich auf die „narrative Darstellung der sozialen Konstruktion der Kindheit" (1108,170f).

3. Stellt sich die Kindheit in entwicklungspsychologischer Perspektive als eine in sich abgeschlossene Epoche des Lebenslaufs dar, so bildet sie in sozialwissenschaftlicher Betrachtung einen eigenständigen *Sektor* der nach „age-sets" und ihnen zugeordneten sozialen Status, kommunikativen Verhaltensweisen und kulturellen Lebensstilen gegliederten „Altersklassen-Gesellschaft" (1126,18). Die extern deutlich abgegrenzte und intern weit ausdifferenzierte ‚Welt des Kindes' formte sich im Zuge der Parzellierung der modernen Gesellschaft und der ihr entsprechenden Pluralisierung der sozialkulturellen Lebensformen heraus. Je mehr sich die Vorstellung des Lebenslaufs als allgemeingültiges Schema der menschlichen Lebensentwicklung im populären wie im wissenschaftli-

chen Bewußtsein verfestigte, desto deutlicher traten die altersspezifischen Teilkulturen auseinander. In der neuzeitlichen Gesellschaftsordnung kommt der „soziale(n) Welt der Kinder" der Status einer autonomen Provinz zu; sie ist „eine Welt symbolisch vermittelten Sinns, eines Eigen-Sinns, der sich von den Bedeutungen, die Erwachsene dieser Lebensphase zuschreiben, klar unterscheidet" (1110,15). Wie die lebensgeschichtliche Epoche der Kindheit die weitere Lebensentwicklung des Menschen durchgängig prägt, so ist auch der lebensweltlichen Region der Kinder paradigmatische Bedeutung für die Konstruktion der sozialen Wirklichkeit beizumessen. Die Welt des Kindes ist „die erste Welt des Menschen" (1164,146), die „Grundwelt" (1164,149), aus der die diversen „Subwelten" (1164,148) der folgenden Alterskohorten hervorgehen.

Das gleichermaßen empirisch-reale wie idealtypische Konstrukt der Kindheit ist als Produkt des gesellschaftshistorischen *Individualisierungsprozesses* (> 133) anzusehen, in dessen Verlauf der mündige Erwachsene zunächst ins Zentrum der von ihm beherrschten Welt trat, um dann im weiteren Fortschritt der gesellschaftlichen Individualisierung seinen Machtbereich einzuschränken, die Autonomie des Kindes zu achten und die Grenzen der kindlichen Lebenswelt zu schützen. In dem Maße, in dem „die Idee der persönlichen Identität Gestalt annahm, konnte es nicht ausbleiben, daß sie auch für die Kinder Geltung erlangte" (1116,39). Die Kinder wurden nun nicht mehr als unselbständige Insassen der Erwachsenenwelt, sondern als autonome Akteure ihrer eigenen Welt betrachtet, als eine „neue Kategorie von Individuen …, die sich anders ausdrückten als die Erwachsenen, die ihre Zeit anders verbrachten, sich anders kleideten, anders lernten und letztlich auch anders dachten" (1116,57). Seitdem bildet die Kinderwelt eine selbständige Teilkultur des plural verfaßten Lebenskosmos, eine ‚private' Lebensregion, die Außenstehenden weitgehend unzugänglich bleibt und in der ihre Bewohner auf selbstverständliche Weise leben.

Die sowohl hinsichtlich ihrer originären Muster sozialer Organisation als auch hinsichtlich ihrer genuinen Formen kultureller Gestaltung eigenständige *Welt der Kinder* bildet das Gegenstück zur Welt der Erwachsenen. In der Lebenswelt des Kindes gelten nicht die Gesetzmäßigkeiten der Erwachsenenwelt. Vielmehr folgt der Aufbau der Kinderwelt einer eigenen Ordnungslogik, originären Erlebnisformen und Handlungsweisen, genuinen Regeln der moralischen Urteilsbildung und signifikanten Prinzipien der kognitiven wie symbolischen Wirklichkeitskonstruktion. Die „Organisation des Alltagslebens von Kindern" (1108,166) wird zwar in vielfältiger Weise von den Erwachsenen mitbeeinflußt. Gleichwohl liegt die Regieführung bei der Ausformung charakteristisch kindlicher Lebensformen und Lebenseinstellungen primär bei den Kindern selbst als den autonomen „Akteuren" (1108,164) ihrer Welt. Auf der Bühne ihrer aparten Lebenswelt bringen die Kinder „ihre Erfahrungen, Meinungen, Identitäten, Kulturen, ihre besondere Art und Weise des Handelns und Wissens, ihre Sicht der Welt" zur Geltung und stützen ihre „Aktivität bei der Konstruktion des eigenen sozialen Lebens" auf ihre spezifischen „Interpretationsfähigkeiten" und ihre „sozialen und interaktionellen Kompetenzen", auf ihr „differenzierte(s) Wissen" und ihr „strategische(s) Denken bei der Anbahnung und Aufrechterhaltung von Beziehungen" (1108,166).

In der Gegenüberstellung von Kinderwelt und Erwachsenenwelt bildet sich die für das bürgerliche Weltbild (> 210) charakteristische Distinktion und Relation von *privater* und *öffentlicher* Lebenssphäre ab. Die Erwachsenen bewegen sich – der idealtypischen

Wirklichkeitskonstruktion entsprechend – in beiden Lebenssphären. Sie pendeln zwischen dem privaten und öffentlichen Leben und wechseln auf der Schwelle zwischen beiden Lebensräumen ihre Rollen (> 323) und Identitäten (> 311). Ihren ureigenen Wirkungsbereich finden die Erwachsenen in den von ihnen beherrschten Regionen des öffentlichen Lebens, in Arbeit und Beruf, Wirtschaft und Gesellschaft. Ihre Domäne ist der ‚Markt' (1164,184), wo der Mensch im Zuge seiner ‚Externalisierung' die gesellschaftliche Ordnung produziert (1164,55). Die Kinder dagegen haben nur eine Welt. Ihr Leben spielt sich im engsten und innersten Horizont der Privatsphäre, in dem nach außen abgeschlossenen Lebensraum des Individuums ab: in der häuslichen Kinder-‚Stube' und den davon abgeleiteten Einrichtungen der Kinder-‚Krippe', des Kinder-‚Gartens', des Kinder-‚Horts', des Kinder-‚Heims' und des Kinder-‚Hauses' (1159,252ff).

Die im Lebensraum der Privatsphäre inszenierte Kindheit stellt sich gleichwohl nicht als eine gegenüber der Erwachsenenwelt abgeschottete und von ihr unbeeinflußte Kolonie dar. Vielmehr bezeichnet die Kindheit zugleich den Lebensbezirk, in dem die Welt der Erwachsenen und die Welt der Kinder *aneinandergrenzen* und sich im alltäglichen Umgang zwischen Kindern und Erwachsenen wie vor allem in den darin eingelagerten, teils organisch-natürlichen, teils rational-zweckgerichteten Erziehungsprozessen gegenseitig überlagern. Die wechselseitigen Grenzpassagen zwischen den distinkten Lebensräumen folgen allerdings nicht dem Prinzip des reziproken Ausgleichs zwischen divergierenden sozialen Ordnungsmustern und kulturellen Lebensformen. Während die Erzieher die Erwachsenenwelt als die ihnen bekannte Erfahrungswelt an die Kinder herantragen, lernen die Kinder die ihnen fremde Umwelt ihres Erfahrungsbereichs im Zuge der ‚Internalisierung' (1164,70f) von Vorstellungen kennen, die sie sich durch die Vermittlung der Erwachsenen von ihrer Außenwelt bilden.

Der Übergang aus der Welt des Kindes in die Welt der Erwachsenen im Zuge der ‚*Sozialisation*' (1164,65) des Individuums bezeichnet dementsprechend den Prozeß, in dem sich das Kind die externe Welt mit den Mitteln aneignet, die ihm seine eigene, die private Lebenswelt zur Verfügung stellt. Macht die Entdeckung der von ihren Eigengesetzlichkeiten dirigierten Erwachsenenwelt auch vielfältige Umstellungen der kindlichen Lebens- und Weltkonstruktion notwendig, so bemächtigt sich das Kind der ihm fremden Welt doch vom sicheren Ufer der ihm bekannten Kinderwelt. Es kopiert die von ihm selbst in seiner eigenen Welt erlernten und erprobten Formen der Wirklichkeitskonstruktion, die lebenspraktischen Maximen und weltanschaulichen Prinzipien der Privatwelt, auf die gesellschaftliche Wirklichkeit, integriert die an den Rändern der Kinderwelt auftauchenden Wirklichkeiten in das schon ausgearbeitete Weltbild und schmilzt sie in den um die Individualität zentrierten Wirklichkeitsentwurf ein. Die durch die Erwachsenen, insbesondere durch die Erzieher, vermittelten Rückwirkungen der gesellschaftlichen ‚Objektivationen' auf die Konstitution der kindlichen Persönlichkeit und die spezifisch kindliche Wirklichkeitskonstruktion vermögen dagegen die komplexen Gesetze der öffentlichen Lebenswelt nur in begrenztem Maße auf die in sich konsistente Privatwelt zu übertragen. Indem sowohl die den Kindern ihre Welt präsentierenden Erzieher als auch die sich ihre Welt selbst erschließenden Kinder aus der pluriformen Wirklichkeit „je nach ihrem eigenen gesellschaftlichen Ort und ihren eigenen biographisch begründeten Empfindlichkeiten" bestimmte Aspekte auswählen, wird „die gesellschaftliche Welt für das Individuum doppelt gefiltert" (1164,141). Die ‚Internalisierung' der Außenwelt erfolgt auf der Basis ihrer Individualisierung und Privatisierung.

Die Welt der Kinder kann geradezu als die *Privatwelt* par excellence gelten. Sie entstand und sie entfaltete sich nicht nur in der gegenüber der gesellschaftlichen Öffentlichkeit abgegrenzten Privatsphäre. Vielmehr separierte sich die in Haus und Familie eingepaßte Welt des Kindes noch einmal innerhalb des privaten Lebensraumes selbst. Sie stellt insofern eine private Kolonie in der privaten Welt dar, eine Privatwelt zweiten Grades. Vor diesem sozialgeschichtlichen Hintergrund spielte sich die Idealisierung des Kindes und der Kindheit ab. Die von der Idee individueller Autonomie imprägnierte bürgerliche Weltanschauung stilisierte die Kindheit zur paradigmatischen Privatwelt und das Kind zur exemplarischen Individualität.

4. Die Idealisierung von Kind und Kindheit blieb aber nicht auf die ideologische Dimension der Wirklichkeitskonstruktion beschränkt. Die Verehrung der exemplarischen Individualität bringt sich viel augenfälliger in den kulturellen Manifestationen zur Geltung, die die bürgerliche *Hauskultur* (> 212-1) für die Kinder schuf.

In dem Maße, in dem das Kind zum zentralen Symbol der neuzeitlichen Individualitätskultur avancierte, wurde das ästhetische Interieur des bürgerlichen Wohnhauses zu einer eigenen, auf das Kind fokussierten Symbolwelt ausgestaltet. So entwickelte sich das auf dem Hintergrund bürgerlichen Wohlstands entstandene *Kinderzimmer* zu einem mit symbolträchtigen Objekten, Bildern, Puppen und Spielsachen bis an die Ränder ausgefüllten Sinnbezirk. Indem das Kind seine eigenen vier Wände – zunächst unter Anleitung der Erwachsenen und später in eigener Regie – in ein symbolisches Panoptikum verwandelt und seine private Welt im biographischen Fortschritt seiner Wirklichkeitskonstruktion ständig umdekoriert, experimentiert es mit der Wirklichkeit. Es erschafft eine eigene, nur ihm zugängliche Sinnwelt.

Während die mit symbolischen Bedeutungen besetzte Objektwelt des Kindes den Erwachsenen weitgehend verschlossen bleibt, richten die Erwachsenen in der guten Stube eine eigene symbolische Kinderwelt ein, in der sie sich im Spiegel ihrer Kinder selbst zu entdecken suchen. Sie dekorieren die säkulare Heiligenecke (> 212-1) mit unterschiedlichen Gattungen von *Kinderbildern*. Die von den Kindern vorwiegend in naivem Stil entworfenen und über ihren unmittelbaren Eindruck hinaus vor allem für Kinderpsychologen, aber auch für Religionspädagogen (1133) aufschlußreichen Kreationen präsentieren den Eltern ihr Kind als Künstler, der seiner aparten Wirklichkeit in ebenso originären wie geheimnisvoll verschlüsselten Gestaltungen Ausdruck verleiht. Die gerahmten Fotos der Kinder und Enkel stellen sich zu einer ikonographischen Bilderwand zusammen, in deren andächtiger Betrachtung sich die Eltern in die Welt des Kindes und damit in die Ursprünge ihrer eigenen Lebensgeschichte versenken. Chronologisch geordnete Fotoalben und Videos zeichnen den Lebensweg des Kindes nach.

Besonders augenfällig kommt die reale wie symbolische Bedeutung des Kindes für den Aufbau der bürgerlichen Privatwelt in der um das Kind zentrierten *Festkultur* zur Geltung. Sind schon die Geburtstage (> 212-1) der Erwachsenen Daten, in denen sich der Fortschritt des Lebens in der Rückerinnerung an seine Genese bündelt, so verdichtet sich die von Kindern und Erwachsenen geteilte Privatwelt vollends an den mit besonderem Aufwand begangenen Kindergeburtstagen im Fokus der Kindheit. Wie beim gesellschaftshistorischen Ursprung der Kindheit, so ziehen sich die Erwachsenen an die Grenzen der Kinderwelt zurück, überlassen ihren Lebensraum den Kindern und beobachten von den Rändern aus, wie die Kinder die häusliche Welt als Bühne zur Inszenierung ihrer eigenen Wirklichkeit nutzen und im Spiel (> 233) eine „in sich geschlossene Sinnwelt" erstellen, „die das außerhalb Gelegene vergessen läßt und frei von äußeren Zwecken, frei zu sich selber ist" (1163,312; 1151).

An *Weihnachten* schließlich, dem Fest der Familie wie vor allem der Kinder, potenziert sich die alltägliche wie festliche Heiligung der Kindheit zur Sakralisierung des Kindes als Symbol des Lebensursprungs. Im ritualisierten Ablauf der häuslichen Weihnachtsfeier eröffnet sich das zur sinnlichen Repräsentanz der Kinderwelt ausgestaltete Weihnachtszimmer; indem die Erwachsenen den Kindern ihre Welt aufschließen, überlassen sie sich selbst dem Zauber der Kinderwelt. Das Weihnachtsfest, die symbolische Begehung der Geburt Jesu, bildet aber nicht nur den Nukleus der häuslichen Festkultur, sondern zugleich auch den Fokus des ‚Heiligabendchristentums', das in der Folge eines charakteristischen Wandels der christlichen Religionskultur die ‚Passionsfrömmigkeit' des 19. Jahrhunderts ablöste (> 212-2:1.). An die Stelle des ‚memento mori' tritt als frömmigkeitspraktisches Grundprinzip einer Religion, die die Zeit ‚post Christum natum' datiert und in der Inkarnation, dem „Zur-Welt-Kommen des Menschenlebens" (1152,52), den Grund des religiösen Glaubens findet, das ‚memento nasci', die „Natalität" (1152,49) als „Herkunftssinn" (1152,53) von Glauben und Leben.

5. Die Lebenswelt der Kinder bildete sich zwar im Rahmen der bürgerlichen Haus- und Familienkultur heraus, in der von den vielfältigen Einflüssen der Außenwelt abgeschirmten privaten Lebenssphäre. Die zu einer symbolischen Sinnwelt verdichtete und zu einer charakteristischen „Lebensform" (1094,47) geronnene Kinderwelt blieb aber nicht in die Grenzen der bürgerlichen Hauskultur eingeschlossen. Sie bewies sowohl ihre Eigenständigkeit gegenüber den übrigen altersklassenspezifischen Teilwelten als auch ihre paradigmatische Bedeutung für die Konstitution der bürgerlichen Gesellschaftsordnung, indem sie ihrerseits auf die Welt der Erwachsenen zurückwirkte. Indem sich die Welt der Kinder von der Welt der Erwachsenen emanzipierte, etablierte sie sich gleichzeitig in den verschiedenen Bereichen des *öffentlichen* Lebens und erwies sich dabei als ein movens der Individualisierung auch der öffentlichen Lebenswelt. Wie den Kindern im Rahmen der Rechtsprechung ein eigener Status eingeräumt wird, so bildeten sich innerhalb des sich ausdifferenzierenden medizinischen Systems und des Wohlfahrtswesens (> 222-2) eigene, auf die Kinderfürsorge spezialisierte Sparten heraus. Und wie die Kinder zu einem dominanten Sektor der Familienpolitik avancierten, so lagerte sich an die Kindheit ein breit gefächertes System von Bildungs- und Erziehungseinrichtungen an. In der vom ökonomischen System beherrschten spätmodernen Gesellschaft wurden die Kinder schließlich zu einem gewichtigen Faktor der Mode- und der Unterhaltungsindustrie.

In dem Maße, in dem die Kinder in die unterschiedlichen Bereiche des öffentlichen Lebens einrückten, erweiterte sich aber nicht nur ihr Erlebnis- und Erfahrungshorizont. Vielmehr büßte die Kindheit auch zunehmend ihr charakteristisches *Profil* ein. Wie sich in der modernen Gesellschaft die Grenzen zwischen den ineinander übergehenden Lebensphasen und den sich überlagernden altersspezifischen Teilkulturen insgesamt verwischen, so beeinflussen vor allem die Lebensformen der Kinder und zumal der Jugendlichen die Kultur der Erwachsenenwelt in steigendem Maße. Unter diesen Bedingungen wurde nicht nur die Altersphase der „Kindheit neu geschnitten: Während sich etwa die

Familialisierung in der frühen Kindheit eher noch verschärft, reichen die jugendkultu-
rellen Einflüsse bereits in die frühere Schulkindheit hinein" (1110,21). Vielmehr kehrte
sich nun auch das Verhältnis von Kinderwelt und Erwachsenenwelt um. Zogen sich die
Erwachsenen in den gesellschaftshistorischen Ursprüngen der Kindheit auf ihre eigene
Welt zurück und überließen den Kindern die ihre, so bemächtigen sich die Erwachsenen
nun der mittlerweile konsolidierten Kinderwelt und holen sie in ihre Regie zurück. In der
spätmodernen Lebenskultur verliert die Kindheit offenbar ihre Eigenständigkeit und re-
grediert zu einer unselbständigen Kolonie der Erwachsenenwelt.

3.2.1.3. Genese, Konsolidierung und Destruktion der Kindheit

1. ,Kind' und ,Kindheit' sind nicht nur als soziale, sondern ebenso als *historische* Konstrukte anzusehen. Wie das Kind in einer signifikanten historischen Situation entdeckt
und die Kindheit unter bestimmten gesellschaftshistorischen Bedingungen geschaffen
wurde, so wandelte sich die Welt des Kindes im Fortgang der modernen Sozial- und
Kulturgeschichte. Die sozialgeschichtliche Rekonstruktion der Entstehung der Kindheit
und ihrer vielfältigen Mutationen in den verschiedenen Phasen des gesellschaftlichen
Fortschrittsprozesses deckt auf, „wie jüngere moderne (das heißt westliche) Konstruktionen der Kindheit sich aus ersten bruchstückhaften Anfängen entwickelt haben, wie
Kindheit später in der Mittelklassenfamilie domestiziert und in ein Zwangsverhältnis
zwischen Staat, Familie und Wohlfahrtseinrichtungen eingebunden wurde, und wie dieses dann schließlich über die Klassenstruktur hinweg verallgemeinert wurde"
(1108,171).

Verdankt sich die Genese der Kindheit auf der einen Seite einer spezifischen gesellschaftshistorischen Konstellation und verband sich das weitere Schicksal der Kinderwelt
immer enger mit den jeweiligen sozialen, kulturellen und vor allem ökonomischen Zeit-
verhältnissen, so sind Entstehung und Entwicklung der „Kindheit als ein(es) historisch
neue(n) Modus des Seins in einer (generational geordneten) sozialen Welt" (1108,171)
auf der anderen Seite nicht ohne die ursprüngliche Verankerung der ,Kindheit' in der
bürgerlichen *Ideenwelt* und die fortlaufende Rückbindung der sich wandelnden Lebenswelt der Kinder an die in sie eingelagerten ideellen Motive zu begreifen. In dem Maße,
in dem sich die Kindheit als soziales Konstrukt herausbildete, verdichteten sich auch die
anfänglich nur schemenhaften Eindrücke von der Eigenart des Kindes zu markant ausgeformten und „spezifischen modernen Vorstellungen von ,Kind', ,Kinder' und ,Kind-
heit'" (1108,171). Und wie die ,Entstehung' der Kindheit sowohl als sozialgeschichtli-
ches wie als ideengeschichtliches Datum anzusehen ist, so ist auch die Ausweitung der
Kinderkultur über die Grenzen bürgerlicher Schichten und Milieus hinaus nicht ohne die
ideengeschichtliche Karriere des ,Kindes' im Zuge seiner Idealisierung zu denken: „Die
Kindheit gehörte nicht zu den Ideen, die man bestimmten Teilen der Bevölkerung auf
Dauer vorenthalten konnte" (1116,68). Die ,Geschichte der Kindheit' (1094) stellt daher
einen Musterfall für die wechselseitige Verschränkung von empirischer Sozialwelt und
imaginärer Ideenwelt dar.

2. Die Verwebung von empirischen und ideellen Komponenten kommt im idealtypischen Zuschnitt der sozial- und kulturgeschichtlichen Darstellungen der Kindheit markant zur Geltung. So facettenreich sich die detailgenauen Rückblenden in die Entwick-

lungsgeschichte der Kindheit auch ausnehmen, die von einem charakteristischen *Modernitätsbewußtsein* imprägnierten Theoriekonstrukte bedienen sich durchweg der schematischen Gegenüberstellung von vormodernem und modernem Stadium der Gesellschaftsentwicklung und plazieren „die Wiege der Kindheit" (1116,49ff) in der Moderne. Die „alte traditionale Gesellschaft" (1094,45) hatte vom Kind „nur schwach entwickelte Vorstellungen" (1094,46). Wie „die Griechen ... der Kindheit als einer besonderen Altersstufe nur geringe Aufmerksamkeit" (1116,15) widmeten, so gab es auch „in der mittelalterlichen Welt keine Vorstellung von kindlicher Entwicklung" (1116,25). Auch nach der „Entdeckung der Kindheit im 13. Jahrhundert" (1094,108) blieb das Kind ein undeutliches Schemen, die Kindheit ein Torso. „Die Dauer der Kindheit war auf das zarteste Kindesalter beschränkt, d. h. auf die Periode, wo das kleine Wesen nicht ohne fremde Hilfe auskommen kann; das Kind wurde also, kaum daß es sich physisch zurechtfinden konnte, übergangslos zu den Erwachsenen gezählt, es teilte ihre Arbeit und ihre Spiele" (1094,46). Selbst als sich in den folgenden Epochen das Bewußtsein für die Eigenart des Kindes herausbildete, war „der Auftritt des Kindes in der Familie und in der Gesellschaft ... zu kurz und zu unbedeutend, als daß es sich im Gedächtnis einprägen und besondere Aufmerksamkeit hätte beanspruchen können"; lediglich „in den allerersten Jahren, wenn es noch ein kleines drolliges Ding war", konnte das Kind „auf eine oberflächliche Gefühlszuwendung", das ‚Gehätschel', rechnen; „man vergnügte sich mit ihm wie mit einem Tier, einem ungesitteten Äffchen" (1094,46).

Erst im Zusammenhang der neuzeitlichen Pluralisierungs- und Differenzierungsprozesse, zumal aber im Rahmen der *ökonomischen* Transformation der Gesellschaft fand der „langwierige Prozeß der Entstehung moderner Kindheit" (1109,27) sein Ende. Auf dem Hintergrund charakteristischer „Entwicklungen der Arbeitsgesellschaft" (1109,27) traten Erwachsenenwelt und Kinderwelt endgültig auseinander: „Kinder aus der Erwachsenengesellschaft herauszunehmen, Kinder vor dieser zu schützen und auf diese vorzubereiten, ist als gesellschaftliches Programm im neunzehnten und zwanzigsten Jahrhundert mehr und mehr ausgebildet und im Leben der Kinder immer umfassender realisiert worden" (1109,27). In ihrer modernen Gestalt stellt sich die Kindheit somit als Resultat ökonomischer Entwicklungen dar. Der „Abtrennung der Kinder" von der Erwachsenenwelt entspricht die „Ausdifferenzierung eines besonderen Schutz- und Vorbereitungsraums Kindheit in einer Gesellschaft, die vor allem als Arbeitsgesellschaft strukturiert ist" (1109,27).

Die sozialen und kulturellen Grundlagen für die endgültige Ausformung der Kindheit auf dem Hintergrund der Wirtschaftsgesellschaft waren freilich schon in den vorhergehenden Jahrhunderten mit der Entstehung des modernen Schulwesens gelegt worden. „So wie im 19. Jahrhundert die Adoleszenz durch die Einberufung zur Armee definiert wurde, bestimmte der Schulbesuch im 16. und 17. Jahrhundert die Kindheit" (1116,53). In der „*Verschulung*" (1094,48) der Kindheit verbinden sich gesellschaftliche Institutionalisierung und lebensweltliche Individualisierung auf spannungsreiche Weise miteinander.

Im Zuge des Ausbaus der schulischen Erziehungsorganisation seit dem 17. Jahrhundert wurden die Kinder – auf der einen Seite – aus der Erwachsenenwelt ausgesondert und in eigene *institutionell* verfaßte Lebensräume verwiesen. Die Ersetzung der Lehre durch die Schulausbildung führte dazu, „daß das Kind sich nicht länger einfach nur unter die Erwachsenen mischt und das Leben direkt durch den Kontakt mit ihnen kennenlernt" (1094,47); vielmehr wurden die Kinder nun „von den Erwachsenen getrennt" und „in einer Art Quarantäne gehalten" (1094,48). Damit begann die sich fortlaufend verstärken- de „Scholarisierung" (1109,27) der Kindheit, „ein langer Prozeß der Einsperrung der Kinder (wie der Irren, der Armen und der Prostituierten), der bis in unsere Tage nicht zum Stillstand kommen sollte" (1094,48). Mit der Verschulung der Kindheit veränderte sich aber nicht nur die Lebenssituation der Kinder, sondern ebenso die Vorstellung, die sich die Erwachsenen von den Kindern bildeten: „Weil die Schule dazu bestimmt war, einen des Lesens und Schreibens kundigen Erwachsenen heranzubilden, wurden die Kinder nicht mehr als kleine Erwachsene wahrgenommen, sondern als etwas völlig an- deres – als ungeformte Erwachsene" (1116,53).

Je mehr sich die Schule aber zu einem eigenen Lebensraum der Kinder entwickelte, de- sto deutlicher wurden die Erziehungsziele und Erziehungsstile – auf der anderen Seite – von der sich in der Neuzeit herausbildenden Idee des Kindes als autonomer *Individuali- tät* beeinflußt. Die pädagogische Institution wurde zur Trägerin der modernen Bil- dungsideale (> 212-4:2.2.), der Unterricht zur exemplarischen Grundform kindgemäßer Wirklichkeitsermittlung und Wirklichkeitserschließung. Das sich in der Schule entwik- kelnde und auf die Familie zurückwirkende pädagogische Interesse am Kind erwies sich als ein Movens zur Individualisierung der Kindheit: „Mit der gesellschaftlichen Ausdif- ferenzierung und Institutionalisierung der Kindheit in Bildungswesen und Familie ent- standen für Kinder soziale Räume, in denen die Entfaltung von Individualität möglich wurde" (1109,27). Die auf der „gefühlsmäßigen Einstellung" der Erzieher, ihrer ‚Liebe zum Kind' aufruhende Privatisierung der Schulkultur im 19. und 20. Jahrhundert kommt einer „Revolution" in der Entwicklungsgeschichte der Kindheit gleich (1094,48).

Die Umformung der pädagogischen Kultur auf der Basis der neuzeitlichen Individuali- tätsidee ist allerdings nicht primär als eine in der Eigendynamik des Schulwesens selbst angelegte Konsequenz anzusehen. Sie stellt sich vielmehr als die sekundäre Rückwir- kung eines Individualisierungsprozesses dar, der sich außerhalb der Schulorganisation, in der privaten Lebenswelt vollzog. Fällt die sozialhistorische Genese der Kindheit mit der Entstehung der modernen Zweigenerationenfamilie (> 212-1) zusammen, so bildet der Prozeß der „*Familialisierung* der Kindheit" (1109,27) den sozial- und kulturge- schichtlichen Vorgang, in dessen Verlauf sich Idee und Wirklichkeit des Kindes in ihren modernen Gestalten ausformten. Im Zuge der Herausbildung der bürgerlichen Hauskul- tur als der exemplarischen Grundform des privaten Lebens wird die auf dem „gefühls- mäßigen Zusammenhalt" (1094,48) ihrer Mitglieder basierende Familiengemeinschaft „zu einem Ort unabdingbarer affektiver Verbundenheit" nicht nur „zwischen den Ehe- gatten", sondern auch „zwischen Eltern und Kindern" (1094,48). Die nicht methodisch raffinierten, sondern in die alltäglichen Umgangsformen eingelagerten pädagogischen Komponenten des Verhältnisses von Erwachsenen und Kindern wurden zu einer Aus- drucksform ihrer wechselseitigen intimen Beziehung. Die emotionale Grundierung von Familienidee und Familienwirklichkeit bringt sich ebenso in einer Umstrukturierung der familialen Sozialwelt wie in einer neuartigen, von der Idee individueller Autonomie ge- leiteten Vorstellung vom Kind zur Geltung. „Die Familie beginnt ... sich um das Kind herum zu organisieren, ihm soviel Bedeutung beizumessen, daß es aus seiner einstigen Anonymität heraustritt. Man kann es nicht mehr ohne großen Schmerz verlieren oder ersetzen, den Vorgang der Kinderaufzucht nicht mehr allzu oft wiederholen, und es empfiehlt sich, die Anzahl der Kinder zu beschränken, damit man sich ihnen besser widmen kann" (1094,48).

Stellt die häusliche Privatwelt den primären Erlebnis- und Erfahrungsraum der Kinder dar, das Zentrum ihrer nach außen abgegrenzten Lebenswelt und damit auch das oppositionelle Gegenstück zur Schulwelt, so bildet die *„verhäuslichte Kindheit"* (1109,36) das soziale Grundmuster der Kinderwelt in der bürgerlichen Epoche ihrer Entwicklungsgeschichte und zugleich den kulturellen Nährboden der bürgerlichen Familienideologie, in deren Kontext „das Kindliche idealisiert, Kindheit romantisch verklärt (wurde). Während Kinder keinen ökonomischen Wert mehr haben …, sind die Erwartungen an ihren psychischen Nutzen sehr gestiegen" (1109,28).

In der Gegenwart läßt sich einerseits eine ambivalent zu beurteilende *Potenzierung* der Verhäuslichung der Kindheit beobachten. Sie bringt sich sowohl in der externen Beziehung von familialer und außerfamilialer Kindheit, in der „vermehrte(n) Familialisierung gegenüber der partikularisierten Außenwelt" (1109,34), zur Geltung, als auch in einer Bedeutungssteigerung des Kindes für die interne Konsolidierung der sich zunehmend auflösenden bürgerlichen Familienstrukturen (> 212-1:3.). Auf dem Hintergrund der „innerfamilialen Individualisierungsprozess(e)" verändert sich „die soziale Beziehung und Bindungsqualität zum Kind": „Das Kind wird zur letzten verbliebenen unaufkündbaren, unaustauschbaren Primärbeziehung. Partner kommen und gehen. Das Kind bleibt … In ihm wird eine anachronistische Sozialerfahrung kultiviert und zelebriert, die mit dem Individualisierungsprozeß gerade unwahrscheinlich *und* herbeigesehnt wird. Die Verzärtelung der Kinder, die ‚Inszenierung der Kindheit', die man ihnen angedeihen läßt", sind „Anzeichen dafür" (1115,193).

Andererseits löste sich aber mit der Etablierung der Kindheit in der bürgerlichen Lebenswelt die ‚Verhäuslichung' und ‚Verinselung', ‚Parzellierung' und ‚Kolonisierung' ihres Lebensraums (1141,135) zunehmend auf. „Kinder bewegen sich in derselben Welt wie andere Menschen und nicht nur in den speziell für sie ausgewiesenen Sphären" (1108,66). Die ebenfalls ambivalent zu beurteilende spätmoderne *„Defamilialisierung"* (1109,34) der Kindheit drückt sich augenfällig in einer Gewichtsverlagerung zwischen der privaten und der öffentlichen Lebenssphäre und einer entsprechenden Umschichtung des kindlichen Zeitbudgets aus. Im täglichen „Wechsel zwischen unverbundenen Welten" (1113,8) wandern die Kinder aus der Familie aus und „verbringen mehr Zeit in Institutionen" des öffentlichen Lebens (1109,34). In dem Maße aber, in dem die Kinder in die außerfamiliale Lebenswelt vordringen, ergreift die Wirtschaftsgesellschaft von ihnen Besitz. Unter „den Diktaten der ‚Kinderausstattungs'-Industrie" (1141,138) geht die ursprünglich in der Familie praktizierte „fürsorgliche Belagerung" (1141,147) der Kinder in fremde Hände über. Im Zeichen einer umfassenden „Equipierung der Kindheit" (1141,136) bildet sich eine neuartige Kinderkultur heraus, die „längst nicht mehr als Kultur der Kinder zu verstehen (ist), sondern als Inventarisierung alles dessen, was man für Kinder produziert und kauft" (1141,137).

3. Auf diesem Hintergrund machen die kulturkritischen Thesen vom „Aussterben" (1117,19) und *„Verschwinden der Kindheit"* (1116) im gesellschaftlichen Allgemeinbewußtsein wie in der wissenschaftlichen Kinderforschung Karriere. Sie stützen sich auf eine kritische Bilanz des „gegenwärtigen Kinderlebens" (1140,13) wie vor allem der

„Zukunftsaussichten der Kinder", die nach allgemeiner Einschätzung „durch soziale und ökologische Risiken" wie „belastete Familien, neue Armut, Leistungsdruck, kinderfeindliche Umwelt, Umweltzerstörung" gefährdet sind (1140,9), und fordern programmatisch eine stärkere Berücksichtigung der „Kinderbelange und Kinderrechte" (1140,10) in der alltäglichen Lebenspraxis wie in der Familien-, Bildungs- und Sozialpolitik. Belegt die kritische Bilanzierung der sozialen und kulturellen Gegenwartssituation, „daß die Kinder die Leidtragenden bei vielen der gesellschaftlichen Revolutionen sind, die seit den sechziger Jahren unser Leben bestimmen" (1117,9), so belehrt der Blick in die Geschichte darüber, daß sich der humane Fortschritt der Kinderwelt in sein Gegenteil verkehrte und die Entwicklung der Kindheit mittlerweile wieder an ihrem frühmodernen Ursprungsstadium angelangt ist: „Wir befinden uns in einer der Phasen der Geschichte, in der Kinder die unfreiwilligen Opfer gesellschaftlicher Veränderungen sind, wie auch schon in den ersten Jahrzehnten der industriellen Revolution" (1117,9).

Die zu Risiken stilisierten Veränderungen der Kindheit werden – zum einen – auf einen am Ausgang des 20. Jahrhunderts zu beobachtenden _„Modernisierungsschub"_ (1140,15) und die aus ihm resultierenden ökonomischen, sozialen und kulturellen Folgeerscheinungen zurückgeführt. In der durch ihre Eigendynamik dirigierten Wirtschafts- und Leistungsgesellschaft und zumal unter dem Druck der ökonomischen Benachteiligung von Haushalten mit Kindern (1140,16) verringert sich die Zahl der Kinder (1140,13). In der sozial ausdifferenzierten Gesellschaft leben die Kinder „in größeren Bandbreiten von Lebensformen" (1140,14) und zunehmend nicht mehr in „Normalfamilien", sondern in „Zweitfamilien" oder mit alleinerziehenden Elternteilen (1140,14). In der „multikulturell" und „multireligiös" verfaßten Lebenswelt schließlich wachsen „Kinder verschiedener Ethnien und Kulturen" in einer komplexen Vielfalt „verschiedener Lebensstile" und Wertordnungen (1140,14) auf.

Die Lebensrisiken der Kinder resultieren – zum anderen – aus den sich am Übergang in die ‚Postmoderne' (> 210) verstärkenden _„Individualisierungstendenzen"_ (1140,15). Indem sowohl die Erwachsenen wie die Kinder die Gratifikationen der Individualitätsidee für sich in Anspruch nehmen, kollidieren ihre Lebensinteressen miteinander. Die prinzipiell unaufhebbaren, in der Alltagspraxis gleichwohl in Ausgleich zu bringenden Widersprüche zwischen Erwachsenen- und Kinderwelt verleihen den Lebenskarrieren der Eltern ihre spannungsreiche Statur. Während sich den Eltern generell die Aufgabe stellt, „Berufs- und Familienpläne" miteinander zu verbinden und „nach lebbaren Kombinationen zwischen Familie und Arbeitswelt" zu suchen, führt speziell „der doppelte Lebensentwurf von Frauen … zu einer Verdichtung von Anforderungen" (1140,15). Die zumindest partielle Erfüllung der divergenten Erwartungen macht eine rigide Durchrationalisierung der Alltagszeit erforderlich: „Zeit für Kinder muß im Lebenszusammenhang der Eltern mit anderen Verpflichtungen und Ansprüchen ausbalanciert werden, was angesichts der bisherigen Organisation der Arbeitswelt und der Kindertageseinrichtungen nur schwer zu schaffen ist" (1140,15).

Basiert die in verschiedenen Versionen vorliegende These vom ‚Verlust der Kindheit in der Moderne' insgesamt auf gängigen Zeitdiagnosen, die mitunter emphatisch angereichert und „in kulturpessimistischer Attitüde" zu einem „apokalyptischen Szenario unaufhaltbarer Selbstzerstörung" (1141,131) stilisiert werden, so gewinnen die gleichermaßen hypothetischen wie kritischen Konstrukte ihre _argumentative_ Statur aus einer detaillierten Rekonstruktion der gesellschaftshistorischen Prozesse, die zur Destruktion der Kindheit als einem eigenen Zeit-Raum führten. Wie die Kindheit im Zuge der Modernisierung und Individualisierung der Gesellschaft die ihr eigene Zeitrationalität einbüßt, so löst sich in der spätmodernen Epoche auch der umgrenzte Lebensraum der Kindheit auf.

Im Rahmen einer Rekonstruktion der kindlichen *Zeitökonomie* (> 233) und ihrer Mutationen gewinnt die These vom ‚Verschwinden der Kindheit' in zweifacher Weise Konturen. Wie sich unter dem Druck divergierender Anforderungen die Zeitquanten verringern, die die Erwachsenen den Kindern aus ihrem Zeitbudget zur Verfügung stellen, so verknappen sich auch die dem Kind selbst zur Verfügung stehenden Zeitressourcen durch die zunehmende Pluralisierung und Fragmentierung der Kinderwelt. Die von den Erwachsenen für ihre Welt in Geltung gesetzten Muster der Zeitregulierung, die „Beschleunigung der Lebensrhythmen" und die Verkürzung der Zeittakte, „haben auch im Kinderleben die Zeitbudgets neu geregelt und gefüllt"; im Ablauf ihrer Alltagszeit sind die Kinder „eingespannt in Beschäftigungsphasen, Stundenpläne, Pausen, Intervalle zwischen ‚veranstalteten' Tätigkeiten. Der Zeittakt von Institutionen und Terminnetzen regelt ihr Leben ... Selbst spielen ist zu einem Termingeschäft geworden, das ein Verabredungssystem voraussetzt" (1141,133f). Die Übertragung der Zeitökonomie der Erwachsenengesellschaft auf die Kinderwelt führt aber nicht nur zu der für die moderne Gesellschaft charakteristischen Verknappung der Zeitquanten. Vielmehr beraubt die Erwachsenenwelt die Kindheit auch ihrer eigenen Zeitqualität. Sie nimmt den Kindern „ihren eigenen Rhythmus und ihre eigene Zeit" (1117,34), zwingt sie unter das Diktat der pädagogischen Zeitökonomie zum „Lernen wie am Fließband" (1117,94ff) und produziert damit den neuartigen Typus des ‚gehetzten Kindes' (1117). Unter den Bedingungen der modernen Zeitbeschleunigung mutiert das Kind zum Zerrbild des Erwachsenen.

Deutlicher noch als in der Zeitperspektive läßt sich die Auflösung der Kindheit als einer extern abgegrenzten und intern originär ausgestalteten Sinnwelt im Spiegel der Neuvermessung des gesellschaftlichen *Lebensraums* veranschaulichen. Die Genese der Kindheit als einer eigenständigen Lebensregion verdankt sich der Selbstbegrenzung der Erwachsenenwelt, dem Rückzug der Erwachsenen aus der Kolonie der Kinder. Indem die Erwachsenen die Autonomie der Kinder achteten, die von den Kindern selbst entwickelten Lebensformen unangetastet ließen und die Grenzen der Kinderwelt nicht überschritten, ließen sie den Kindern die für ihre Selbstentfaltung notwendigen Spielräume. Inzwischen eroberte die Erwachsenenwelt die Domäne der Kinder zurück. Die Erwachsenen rückten in die Welt der Kinder ein, belagerten sie bis in ihre entlegensten Winkel und unterstellten sie dem Regime der uniformen Gesellschaft. Als „eklatante(s) Symptom für das Verschmelzen der Wertvorstellungen und Stile von Erwachsenen und Kindern" (1116,146) kann ebenso die „wachsende Homogenisierung von Sprache, Kleidung, Eßgewohnheiten" (1116,151) angesehen werden wie vor allem „das Schicksal, das den Kinderspielen widerfährt: sie schwinden mehr und mehr" (1116,146) und machen dem „Vordringen von Kindern in den Bereich des Spitzensports" (1116,148) Platz.

Am augenfälligsten läßt sich die „Tendenz zur Verschmelzung der Perspektiven von Erwachsenen und Kindern" aber „an den Vorlieben für bestimmte Formen von Unterhaltung ablesen" (1116,148). Wie sich die spätbürgerliche Kulturkritik insgesamt auf eine Kritik der *Medien*, insbesondere des Fernsehens, kapriziert, so kleidet sich auch die

These vom ‚Verschwinden der Kindheit' in die Form einer kritischen Analyse der Mediengesellschaft (> 222-5). Veränderte die extensive Nutzung der technischen Kommunikationsmedien die Alltagswelt der Erwachsenen tiefgreifend, so dirigiert sie in noch größerem Maße die Lebensgewohnheiten der Kinder: „Eine ganze ‚Kinderkultur'-Industrie überform(t) die Spielwelt der Kinder; Fernsehen, Video, Kassetten, Computerspiele" (1113,10). An die Stelle der für die autonome Lebenswelt der Kinder unentbehrlichen „Erfahrungen ‚aus erster Hand'" (1140,25) treten sekundäre, durch die Fernsehwelt der Erwachsenen vermittelte und medial perspektivierte Eindrücke der Außenwelt. Und wie das Fernsehen die „natürliche(n) Sinneserfahrungen" durch die „Einlagerungen von Bildern" in die kindliche Vorstellungswelt ersetzt, so werden durch die medial präsentierten und auf die Alltagswirklichkeit kopierten Lebensszenen „bestimmte Konfliktlösungsstrategien einseitig verstärkt" (1140,25).

Die kritische Analyse der Medienwirklichkeit führt zu der Erkenntnis, „daß das Fernsehen die *Trennungslinie* zwischen Kindheit und Erwachsenenalter aus drei Gründen verwischt, die alle mit seiner undifferenzierten Zugänglichkeit zusammenhängen: erstens, weil es keiner Unterweisung bedarf, um seine Form zu begreifen; zweitens, weil es weder an das Denken noch an das Verhalten komplexe Anforderungen stellt; drittens, weil es sein Publikum nicht gliedert" (1116,94). Die „elektronische Informationsumwelt" verschlingt aber nicht nur die Kindheit; sie „bringt die Erwachsenheit ebenfalls zum Verschwinden" (1116,115) und erzeugt eine „kindliche Gesellschaft", die von der „Weigerung" lebt, „erwachsen zu werden" (1118): „In der Ära des Fernsehens gibt es drei Lebensstufen – am einen Ende das Säuglingsalter, am anderen Ende die Senilität und dazwischen das, was wir als den Kind-Erwachsenen bezeichnen können"; er ist der Prototyp des Menschen, „dessen intellektuelle und emotionale Fähigkeiten sich im Laufe seiner Geschichte nicht entfaltet haben und sich insbesondere von denen der Kinder nicht sonderlich abheben" (1116,116).

In ihrer *sozial-* und *kulturhistorischen* Perspektivierung schließlich stellen sich Konstruktion und Destruktion der Kinderwelt, die „Erfindung der Kindheit" (1116,11ff) und das „Verschwinden der Kindheit" (1116,79ff), nicht nur als Signaturen zweier einander konträr gegenüberstehender Epochen, sondern ebenso als zwei ineinander verschlungene und einander gegenläufige Prozesse der modernen Gesellschaftsentwicklung dar. In der Entstehungsphase der Kindheit traten die „Unterschiede zwischen Kindheit und Erwachsenheit" ins gesellschaftliche Allgemeinbewußtsein; „jede der beiden Sphären (entfaltete) eine ihr eigentümliche Symbolwelt, und schließlich galt es als selbstverständlich, daß das Kind an der Sprache und Bildung des Erwachsenen, an seinen Vorlieben und Gelüsten und an seinem gesellschaftlichen Leben nicht teilnahm und nicht teilnehmen konnte" (1116,63). In der Entfaltungsphase der Kindheit, „in der Zeit zwischen 1850 und 1950 erlebte die Kindheit ihre Hochphase"; es „formte sich das Stereotyp der modernen Familie" und gleichzeitig der „psychische Mechanismus" heraus, der es den Eltern „ermöglichte, gegenüber ihren Kindern ein hohes Maß an Einfühlung, Güte und Verantwortungsgefühl zu entfalten" (1116,81). „Ungefähr in die gleiche Zeit" fällt aber auch „der Anfang vom Ende der Kindheit" (1116,63): „Die symbolische Umwelt, die die Kindheit hervorgebracht hatte", begann sich „langsam und unmerklich aufzulösen" (1116,81). „Enthält die Sprache, in der wir von Kindern sprechen, immer noch viel von der Idee der Kindheit, wie sie sich im 18. und 19. Jahrhundert herausgebildet hat", so werden die ideellen Vorstellungen „der gesellschaftlichen Wirklichkeit von heute nicht mehr gerecht"; die spätmoderne Gesellschaft ist „an den Punkt gelangt, wo Kinder nicht mehr vonnöten sind" (1116,160).

3.2.1.4. Die Religion des Kindes

1. Das ‚Kind' gehört zu den symbolisch-ideellen wie empirisch-realen *Konstrukten*, in denen die neuzeitliche Individualitätsidee Gestalt gewann. Wie sich in den modernen Vorstellungen vom ‚Kind' und von der ‚Kindheit' die ideellen Prinzipien der Neuzeit bündeln, so verdichten sich in der vom Bürgertum geschaffenen ‚Welt des Kindes' die sozialen und kulturellen Konturen der um die autonome Individualität zentrierten Privatwelt. Das Kind fungiert ebenso als symbolisches Integral der bürgerlichen Ideenwelt wie als sozialer Nukleus der bürgerlichen Hauskultur, als ideelles Urbild der modernen Persönlichkeitskultur wie als kulturelles Leitbild der nach Altersklassen gegliederten Gesellschaft.

In den kultur- und sozialgeschichtlichen *Rekonstruktionen* der Kindheit kommt der zwischen Idee und Wirklichkeit pendelnde Status des ‚Kindes' markant zur Geltung. Die von den bürgerlichen Humanitätsidealen durchtränkten Untersuchungen der Entstehung und Entwicklung der Kindheit datieren die Genese der Moderne mit der Entdeckung des ‚Kindes' und feiern seine Geburt als den historischen Augenblick, in dem sich die Idee der Individualität in einer ebenso originären wie paradigmatischen Lebensform manifestierte. Sie betrachten die zu einer eigenständigen Lebensprovinz ausgeformte Kindheit als empirisch verwirklichte Sozialform des privaten Lebens und zugleich als idealtypischen Musterfall gesellschaftlicher Individualisierung. Und wie die Historiographen der Kindheit – im Interesse der Erhaltung des Individualitätsaxioms als des für die neuzeitliche Lebenswelt im ganzen fundamentalen Leitprinzips – über die Autonomie des Kindes mit Argusaugen wachen, so begleiten die von der aparten Kinderwelt faszinierten Erwachsenen das Schicksal der sich in der Spätmoderne auflösenden Kindheit mit dem Gefühl einer tiefen Trauer, in dem sich die Verehrung des ‚Kindes' als charakteristisch neuzeitliche Idee und die Resignation angesichts ihres Scheiterns auf ambivalente Weise miteinander verknüpfen.

Die spannungsreiche Verbindung von symbolischer Idealisierung des Kindes und sozial-kultureller Realisierung der Kindheit prägt schließlich auch den explizit *religiösen* Perspektivierungen der Kindheit ihren Stempel auf. Die Ausgestaltung der Kindheit zu einer um das autonome Individuum zentrierten Lebensregion und die Entwicklung des neuzeitlichen Christentums zu einer von den sozialen und kulturellen Formen des privaten Lebens geprägten Religionskultur stehen in einem untrennbaren Zusammenhang miteinander. Wie in der Idee des ‚Kindes' die gleichermaßen individualitätskonstitutiven wie wirklichkeitsintegrativen Valenzen der Religion zusammenfließen, so verdichtet sich in der empirischen Ausformung einer genuinen ‚Religion des Kindes' die von den Prinzipien des Protestantismus tiefgreifend beeinflußte und charakteristisch neuzeitliche Auffassung des Christentums als „individuelle(r) Religion" (1127,371). Ist die in die Kinderwelt eingelagerte Kindheitsreligion auf der einen Seite als ein typisches Produkt der Moderne, als eine exemplarische „Form neuzeitlicher Subjektivität" (1127,371) anzusehen, so ist auf der anderen Seite nicht zu verkennen, daß die in der Neuzeit ausgearbeitete „Kindheitsvorstellung auch eine spezifisch christliche Wurzel und Begründung besitzt" (1127,412). In Idee und Wirklichkeit des Kindes wird die Einsicht belegt, „daß die Neuzeit in gleichem Maße aus spezifischen Einsichten und Argumenten des Christentums hervorgegangen ist, wie sie andererseits durch ihre Entfaltung wiederum das Christentum zutiefst beeinflußt hat" (1,89).

Die Formel von der ‚Religion des Kindes' (1127) lebt von ihrem schillernden Bedeutungsgehalt. Sie bezeichnet – zum einen – einen empirischen Sachverhalt, einen markant ausgeformten, in der Alltagswelt beobachtbaren und mit den Mitteln von Religionspsychologie (> 112) und Entwicklungspsychologie (> 212-4:2.2.) rekonstruierbaren Typus religiöser Lebenspraxis: die altersklassenspezifische „*Kindesreligion*" (1134,15). Sie zeichnet sich durch ein Repertoire genuin kindlicher Glaubensvorstellungen wie durch ein Ensemble originär kindlicher Praktiken aus und bildet „ein vielschichtiges Insgesamt von Bildern, Erlebnissen, Vorstellungen, Begriffen und Gedanken, von Einstellungen, Haltungen und Gewohnheiten, von Hoffnungen, Erwartungen, Ängsten und Abschreckungen, von Ehrfurcht, Zuneigung und Liebe" (1134,18).

Unterscheiden sich die religiösen Vorstellungen, die moralischen Urteilsbildungen und die frömmigkeitspraktischen Konventionen der Kinder auch deutlich von der Religionspraxis der Erwachsenen, so fließen in die Kindheitsreligion gleichwohl vielfältige Momente der *Erwachsenenreligion* in transformierter Gestalt ein: „So baut sich das Kind unter dem Einfluß von Elternhaus, Schule und Kirche in den naiv-engen Grenzen seiner Verständnis- und Erlebnisfähigkeit seine eigene Religion" (1134,12). Umgekehrt wirkt die Kindheitsreligion – sowohl in der synchronen Verknüpfung der religiösen Teilwelten im alltäglichen Umgang von Erwachsenen und Kindern als vor allem auch in der diachronen Aufschichtung der altersklassenspezifischen Typen biographisch ausgeformter Religiosität – in tiefgreifender Weise auf die Religion der Erwachsenen zurück. Die psychologische Rekonstruktion der religiösen Entwicklung des Menschen deckt auf, „daß die Religion des Erwachsenen viel mehr mit der Kindesreligion zu tun hat, als man bisher zuzugeben bereit war" (1134,15): „Unter der Oberfläche des Erwachsenendaseins, in den Tiefenbereichen" der Persönlichkeit bleiben, „ohne daß dies allzu sehr in Erscheinung zu treten braucht, manche spezifischen Züge der Kindesreligion", „infantile Lebensperspektiven und Lebenstechniken", erhalten (1134,16). „Die Wurzeln der späteren religiösen Entwicklung, die Vorbedingungen späterer religiöser Entscheidungen liegen, sei es unter positivem wie auch unter negativem Vorzeichen in der Kindesreligion selbst" (1134,15).

Die Formel von der ‚Religion des Kindes' bezeichnet aber – zum anderen – auch eine ideelle Vorstellung: das von der realen Kindheit abgelöste, in den Status eines religiösen Habitus erhobene und unabhängig von seiner jeweiligen empirischen Verwirklichung in Geltung stehende Formprinzip der genuin christlichen *Glaubenshaltung*. Indem das Christentum das ‚Kind' zum religiösen Symbol stilisiert und „das göttliche Kind" (1142,85) ins Zentrum der christlichen Erlösungsreligion stellt, wird die idealtypisch begriffene „Kindlichkeit" zum „christliche(n) Leitbild" (1149,126) und das ‚Kind' zum ‚Modell des Glaubens' (1147,403). Beschreibt die Forderung, „‚arglos' und kreativ wie ein Kind" zu sein, das ideelle Leitbild christlicher „Lebenseinstellung und Lebenshaltung" (1148,121f), so formuliert die biblische Losung ‚Werden wie die Kinder' das frömmigkeitspraktische Lebensprogramm des Christen. Es wird durch die ständige Rückkehr des Erwachsenen zu den biographischen Ursprüngen seiner Religion eingelöst:

„Ohne die Möglichkeit einer regressiven Rückkehr zu den Quellen der Kreativität und des möglichen Neubeginns in sonst festgefahrenen Situationen wäre das Dasein ärmer und weniger lebenswert … Benigne Regressionsvorgänge werden zum unverzichtbaren Erholungsmoment der durch die tagtägliche Realitätsbewältigung angestrengten Seele" (1148,102) und zugleich zum Horizont religiöser Transzendenzerfahrung: „Von daher kann man sich betont realitätsflüchtig – und das bedeutet, wider aller Erfahrungen mit sich selbst und seiner Umwelt – sehnsüchtig auf eine andere Welt, andere Wirklichkeit, andere Daseinsweise einstellen" (1148,115).

2. In dieser doppelten Gestalt als Idee und Wirklichkeit wurde das ‚Kind' zum Gegenstand vielfältiger *religiös-theologischer* Deutungen.

Den Ursprung wie den ständigen Bezugspunkt der historisch aufeinander aufbauenden und sich in den exegetischen, dogmatischen und religionspädagogischen Kindheitsvorstellungen der Gegenwart miteinander verschränkenden Auffassungen des Kindes bildet das ‚*Kinderevangelium*' (Mk 10, 13-16 par; 1147,33ff; 1127,405ff). Indem Jesus in einer exemplarischen Sprechhandlung (> 232-3) das ‚Kind' in den Status eines eschatologischen Symbols erhebt und die kindliche Lebensform zum Paradigma der christlichen Frömmigkeitshaltung erklärt, wird er zum ersten ‚Entdecker des Kindes' (1127,405). Die in die Taufliturgie (> 232-3) eingeflossene Perikope dokumentiert freilich weniger die Ursprungsgestalt der neuzeitlichen, auf der ‚Liebe zum Kind' aufruhenden Einstellung der Erwachsenen zu den Kindern, die für das Verhalten der Christen vorbildliche „Kinderfreundlichkeit Jesu" (1144,38), als vielmehr eine neue Fassung der religiös grundierten Kindheitsidee. Wenn „es eine Vorrangstellung der Erwachsenen gegenüber den Kindern gerade in der Gottesherrschaft nicht gibt" und „unleugbare menschliche Überlegenheit an Wissen, Erfahrung, Einfluß und Besitz dadurch relativiert und diszipliniert bleiben muß" (1146,104), dann stellt die Kindheit nicht eine unvollkommene „Vorstufe" des „Erwachsensein(s)" (1145,27), sondern umgekehrt die Lebensepoche dar, in der die christliche Glaubenshaltung idealtypisch zum Ausdruck kommt: „Katholische, evangelische und sonstige Christen empfinden sich in diesem Zusammenhang vornehmlich als Menschen, die etwas empfangen haben und dafür zutiefst dankbar sein können" (1148,56f). Eine „vom Kinderevangelium ausgehende theologische Anthropologie des Kindes" stellt dementsprechend nicht die individuelle Autonomie des Kindes, sondern die „Zuwendung Gottes" zu den ‚Menschenkindern' heraus (1127,411).

Die Spannung zwischen dem religiösen Freiheitsbewußtsein der Moderne und dem für das Christentum charakteristischen religiösen Abhängigkeitsgefühl prägt die Auffassung des Kindes und der Kindheit seit der Epoche der *Reformation*. Calvin begreift die „Lebensalter als Bilder des Fortschritts" und korreliert ihre „Abfolge" mit dem „Fortgang der Heiligung" (1127,67). Mehr als in den späteren Stadien des Lebensfortschritts verlangt die religiöse Erziehung der Kinder eine Anpassung der Katechismuslehre an die kindliche Vorstellungswelt. Die „accommodatio der Eltern" an das Kind gilt Calvin „als Bild für die accommodatio Gottes" an den Menschen (1097,65). Wie Zwingli betont, daß „man die Jugend in guten Sitten und christlicher Zucht aufziehen und üben" (1096) und mit der christlichen Unterweisung schon an der Wiege beginnen solle, so stellt Melanchthon unter Berufung auf das Kinderevangelium heraus, „daß die Versammlung der Kinder in einer christlichen Schule ein sehr schöner Teil der wahren Kirche Gottes ist" (1098,129).

Auch *Luther* entwickelt „eine Vorstellung vom menschlichen Lebenslauf, die von der Einteilung in Perioden oder unterschiedliche Lebensalter bestimmt ist" (1127,43). Die Pointe von Luthers Deutung der Kindheit besteht aber in dem theologisch qualifizierten „Zusammenhang" zwischen der „Hochschätzung des Kinderglaubens und der Rechtfertigungslehre" (1127,60). Aus ihm resultiert „Luthers differenzierte und ‚antirational' akzentuierte Kindessicht" (1091,161), in der Erbsünde und Taufgnade eine „spannungsvolle Einheit" (1127,45) bilden. „Im diametralen Gegensatz zur humanistischen Hochwertung der Vernunft" (1091,160) stellt Luther den „vorbildlichen Glauben des Kindes" (1127,45) als „eines Wesens ohne Vernunft" (1127,63) heraus und entdeckt „das Menschliche in seiner schönsten Gestalt gerade beim kleinen Kind. Unschuld, Natürlichkeit, Furchtlosigkeit, Gottvertrauen, alles das ist vornehmlich im Kindesalter da"; deshalb ist das Kind ein „Symbol des verlorenen Paradieses" und zugleich „ein Vorbild des wahren Christenlebens" (1095,235).

Die Reformpädagogik des 17. Jahrhunderts vermittelte die divergenten, einerseits aus der humanistischen Fortschrittsidee, andererseits aus den theologischen Prinzipien des Protestantismus abgeleiteten Kindheitsvorstellungen der Reformationszeit miteinander. Indem Johann Amos *Comenius* (> 212-4:2.2.) konstatierte, daß „die schöpfungsmäßig im Kind angelegte Gottebenbildlichkeit durch den Fall nicht aufgehoben, sondern nur geschwächt war und durch die Taufgnade als grundsätzlich wiederhergestellt gelten konnte" (1091,163), legte er den Grundstein für eine theologisch fundierte Pädagogik, in der der „menschliche Lebenslauf" zum „Gliederungsprinzip der Erziehungslehre" (1127,78) erhoben und der Erziehungsprozeß insgesamt als „Hinführung der Schüler zur Frömmigkeit" (1099,303) begriffen wurde. Wie jedes Haus als „eine kleine Kirche" (1099,271) anzusehen ist, in der die kindliche Religion gepflegt wird, so soll auch die Schule zu einer religiösen Institution werden, in der „den Schülern das Wort Gottes ... ihrer Fassungskraft entsprechend, zu verkündigen (ist) und sie im Singen von Psalmen und geläufigen Liedern zu üben" sind (1099,305). In der auf der Imago-Dei-Lehre (> 212-4:2.2.) aufruhenden und biographisch grundierten Bildungskonzeption von Comenius stellt die Kindheit die elementare Phase des menschlichen Lebenslaufs dar, die „in dienender Weise den späteren Lebensaltern zugeordnet" ist (1127,84).

Die *pietistische* Einstellung zum Kind stellt sich zwiespältig dar. August Hermann Francke macht in seiner „pessimistischen Anthropologie des Kindes" die „Auffassung von der durch die Erbsünde radikal verdorbenen menschlichen Natur neben der Betrachtung von Herzensfrömmigkeit und Tatchristentum zu einem der tragenden Pfeiler seines pädagogischen Denkens und Handelns"; die konkreten Erziehungsmaßnahmen zielen dementsprechend darauf ab, „durch lückenlose Kontrolle und dauernde Beschäftigung dem kindlichen Eigenwillen keine Chance zur Entfaltung zu geben" (1091,162). Dagegen betont Nikolaus Ludwig von Zinzendorf, der ‚Entdecker der religiösen Eigenwelt des Kindes' und ‚Befreier der Jugend' (1127,112), den Eigenwert jeder biographischen Epoche und ersetzt „in der Organisation der Erziehung die anfänglich versuchte Einteilung der Kinder nach ihrem Bekehrungsstand später immer mehr durch die Gruppierung nach Lebensalter" (1127,115).

Während *Rousseau* (> 212-4:2.2.), nach gängiger Auffassung der „Entdecker der Kindheit, ihrer Eigenart und ihres Eigenrechtes" (1101,269), im Geist der Aufklärung den Zusammenhang zwischen Religion und Vernunft herausstellte und die biographische

Genese der Religion dementsprechend in das Jugendalter als der „zweite(n) Geburt" des Menschen verlegte (1100,440), verband *Herder* auf der Basis seines organologischen Bildungsverständnisses „Religion und Kindheit ... aufs engste miteinander" (1127,189). Für ihn ist das Kind „ein gebildeter ganzer Mensch, obschon im Kleinen", eine „Knospe, in der der ganze Baum ... eingehüllt blühet" (1102,226f). *Schleiermacher*, der als ein ‚Entdecker' der Religion des Kindes gelten (1127,184) kann, nimmt in seinen Frühschriften, in den ‚Reden über die Religion' und vor allem in der ‚Weihnachtsfeier', das „Motiv des ‚göttlichen Kindes'" auf und entwickelt die „Idee einer ‚zweiten Kindheit'", „die das Ziel des Erwachsenwerdens bilden soll" (1127,163). „Die entelechisch-organologische Sicht des Menschen, die Bildung zur Individualität, die dialektische Verschränkung von Kindsein und Erwachsenwerden sowie die Hervorhebung der Unterstützung als grundlegender pädagogischer Tätigkeit konvergieren in der Anerkennung und Achtung einer Kindheit, die vom Erwachsensein zwar nicht abgelöst wird, aber diesem gegenüber doch mit Eigenrecht ausgestattet ist" (1127,167).

Hatte Schleiermacher Kind und Religion sowohl in der theologischen Idee als auch in der pädagogischen Praxis miteinander verbunden, so verschmilzt *Pestalozzi* (> 212-4:2.2.) in seiner Kindheitspädagogik ‚Religion', ‚Kind' und ‚Haus' zu einem die Erziehungspraxis leitenden Ideenensemble. Die Grundlage für die charakteristisch bürgerliche Synthese von Frömmigkeit und Familie bildet der gleichermaßen symbolische wie reale „Zusammenhang von Elternbeziehung und kindlicher Religion" (1127,192): „Glaube an meinen Vater, der Gottes Kind ist, ist Bildung meines Glaubens an Gott. Mein Glaube an Gott ist Sicherstellung meines Glaubens an meinen Vater und an jede Pflicht meines Hauses" (1103,316). Und wie sich Gottesverhältnis und Vaterbeziehung wechselseitig ineinander spiegeln, so sind Genese und Entwicklung der kindlichen Religiosität symbolisch und real in der Mutter-Kind-Beziehung begründet: „Die Liebe zu Gott wird nicht nur in einer der Liebe zur Mutter analogen Form ausgebildet – auf Gott überträgt sich vielmehr eine Liebe, die ohne die Mutter nicht hätte entstehen können" (1127,195).

Friedrich *Fröbel* (> 212-4:3.2.2.) schließlich verschmilzt die religiösen und pädagogischen Komponenten der neuzeitlichen Kindheitsvorstellungen zu einer ‚Metaphysik der Kindheit' (1127,199). Wie er die Geburt eines Kindes auf dem Hintergrund inkarnatorischer Symbolik als „das Erscheinen, das ins Daseintreten eines unsichtbaren, geistigen, eines ewig seienden Wesens" (1104,79f) deutet und die Erziehung als „Pflege" des „ursprünglichen göttlichen Wesens" (1105,16) auffaßt, so vollzieht Fröbel eine „Umkehrung der Lern- und Erziehungsrichtung" (1127,200). Die Erwachsenen brauchen die Kinder, um sich selbst in ihnen „wie in einem Spiegel" zu entdecken: „Durch diese Beachtung der Kinder, der Kindheit wird der Mensch sich selbst und ihm sein Leben klar, es kommt Einheit in dasselbe, das eigene Leben wird ihm zu einem ungestückten Ganzen" (1104,85). Im Geiste Pestalozzis und Fröbels rief dann Ellen Key das 20. Jahrhundert zum ‚Jahrhundert des Kindes' (1106) aus. „Es ist das heilige Kind, in dem der Erzieher dem ‚Mysterium des Lebens' begegne" (1127,262).

3. In den teils divergierenden, teils konvergierenden *Vorstellungen* von der ‚Religion des Kindes', die sich im Rahmen der religiös fundierten Kinderpädagogik herausbildeten, verschränken sich Idee und Wirklichkeit des Kindes auf ebenso vielfältige wie spannungsreiche Weise miteinander. Auf der einen Seite führte das geschärfte Bewußtsein für die Eigenart des Kindes zur Ausformung einer eigenen religiösen Kinderpädagogik.

Sie gewinnt ihre pädagogischen Prinzipien, ihre didaktischen Gehalte und ihre methodischen Verfahrensweisen aus der immer genaueren Beobachtung der kindlichen Lebenswelt und der in sie eingelagerten Kindheitsreligion. Auf der anderen Seite konnte sich aber die Kinderpädagogik der in der Neuzeit zunehmenden Idealisierung des Kindes und der Kindheit nicht entziehen. Flossen die an die Kindheit angelagerten religiös-theologischen Vorstellungen von jeher in die pädagogische Theoriebildung ein, so erhielten die mit dem ‚Kind' liierten ideellen Prinzipien in dem Maße an Bedeutung hinzu, in dem Idee und Wirklichkeit der Kindheit auseinandertraten. Als die Konzeptionen der religiösen Kinderpädagogik auf dem Hintergrund der realen Gefährdungen der Kindheit in der Moderne schließlich zu gesellschaftskritischen und gesellschaftspolitischen Programmen umgeformt wurden, traten die ideellen Komponenten der Kindheitstheorien immer deutlicher in den Vordergrund. Die Balance zwischen phänomenologischem und ideologischem Interesse verschob sich in Richtung auf eine ideelle Anreicherung der Vorstellungen vom Kind und seiner Religion.

Die neueren, im Zusammenhang der modernen Religionspsychologie und *Religionspädagogik* ausgearbeiteten Theorien der Kindheitsreligion stellen das Gleichgewicht zwischen Idee und Wirklichkeit wieder her. Sie gehen durchweg von der Idee individueller Autonomie aus, betrachten die Kinder nicht vorwiegend als Objekte der religiösen Erziehung, sondern primär als Subjekte ihrer Selbstbildung, als „selbständige religiöse Entdecker und eigene kleine Theologen" (1140,70), und wenden ihr Interesse „der spezifisch kindlichen Religiosität" (1131,71) zu. Im Zuge einer differenzierten empirisch-phänomenologischen Analyse der religiösen Eigenwelt des Kindes wurden Psychologen, Pädagogen und Theologen zunehmend auf die Vieldimensionalität (> 110) der Kindheitsreligion aufmerksam. Die „religiöse Lebenslinie'" des Kindes bildet sich nicht nur in der kognitiven Aneignung der ihm von den Erwachsenen präsentierten Wirklichkeitskonstrukte heraus, im „begreifend-hantierenden Umsetzen abstrakter religiöser Aussagen der Erwachsenen in die eigene kindliche Logik" (1135,64). Vielmehr entsteht die religiöse Welt des Kindes im Horizont spezifisch kindlicher „Sinnvergewisserungsversuche" (1135,64), in denen sich religiöse „Gesinnungsbildung" (1,558), moralische Urteilsbildung (1136) und symbolische Wirklichkeitskonstruktion zu einem ebenso eigenständigen wie logisch strukturierten Erfahrungs- und Erkenntniskontext verweben.

Auf der Basis der religionspsychologischen Einsichten (> 112) von W. James und W. Wundt rekonstruierte Richard *Kabisch* zu Beginn des 20. Jahrhunderts auf exemplarische Weise das „Wesen" der komplex verfaßten „Kinderreligion" (1139,59ff): „Wir müssen wissen, zu was für Bildern sich die Religion, die von den Erwachsenen zu ihnen dringt, in den Kindern gestaltet, welche religiösen Gefühle in ihnen ausgelöst werden, zu welchen religiösen Willenshandlungen die Kinder unter dem Druck dieser empfangenen Religion überzugehen fähig sind, auch welche religiösen Erfahrungen sie selbst etwa machen, mit denen sie das empfangene Gut verarbeiten können" (1139,35). Kabisch geht in seiner zugleich religionsphänomenologisch wie religionspsychologisch fundierten Analyse von der Hypothese aus, „daß zwei Religionen im Kinde nebeneinandergehen: eine Religion der Phantasie und eine Religion der Erfahrung" (1139,59). Die „Erfahrungsreligion des Kindes" (1139,36ff) begründet sich aus der Unmittelbarkeit des eigenen Erlebens; in ihr „wird die überlegene, das Leben völlig bedingende Wirklichkeit in einer das Seelenleben unmittelbar ergreifenden Weise im Kinde wirksam" (1139,59). Die „Religion der Phantasie" dagegen knüpft „an die Einflüsse der Umgebung und der geschichtlichen Überlieferung" an; in ihr „sucht das Kind die Quellen seiner Abhängigkeit ... in Vorstellungen zu gestalten" (1139,60). „In der Religion der Erfahrung herrscht die Wirklichkeit und das Erlebnis, in der Religion der Phantasie herrscht die Dichtung und das Sinnbild" (1139,60). Die Aufgabe der religiösen Bildung und Erziehung besteht darin, „eine rechte Erfahrungsreligion und eine rechte Phantasiereligion im Sinne des evangelischen Christentums in den Seelen der Kinder zu begründen" (1139,69) und beide Gestalten kindlicher Religion organisch miteinander zu verbinden (1139,102).

4. Die ‚Religion des Kindes' stellt nicht nur ein zentrales Thema der neuzeitlichen theologischen Ideengeschichte und der modernen pädagogischen Theoriebildung dar. Sie bildet ebenso einen *empirischen* Sachverhalt im Zusammenhang der bürgerlichen Hauskultur und der von ihr tiefgreifend beeinflußten Gemeinschaftskultur der parochialen Kirchengemeinde (> 212-3:2.2.).

Im Zuge der Verhäuslichung der Kindheit zentrierte sich die in der privaten Lebenssphäre verankerte „*Familienreligiosität*" (1154) immer deutlicher um das Kind. Die kindgemäße Gestaltung der alltäglichen Frömmigkeitspraxis (mit entsprechenden Tisch- und Abendgebeten) und insbesondere die kindgerechte Begehung des Jahreszyklus (mit altersklassenspezifischen Deutungen der Festsymbolik) verliehen der liturgisch und ästhetisch ausgeformten Hausreligion ihr originäres, von den Wirklichkeitsperspektiven des Kindes geprägtes Profil. Religiöse Kinderlieder und Kindergebete wurden zum festen Bestandteil der bürgerlichen Hauskultur. Sie bilden das feststehende Repertoire an Frömmigkeitsdokumenten, auf das die Erwachsenen in ihrer eigenen Frömmigkeitspraxis zeitlebens zurückgreifen und das sie ihren Kindern und Enkelkindern überliefern.

Zu den in Haus und Familie tradierten Gestalten kindzentrierter Frömmigkeitspraxis sind aber auch die *ethischen* Gehalte der Familienreligiosität zu zählen. Verschmelzen in der „bürgerlichen Religiosität" religiöse Lebenshaltung und moralische Lebensführung untrennbar miteinander, dann gehört die Internalisierung der „bürgerlichen Tugenden" (1155,590) als den „grundlegenden Dimensionen menschlicher Existenzentfaltung" (1137,1289) ebenso zu den vorrangigen Zielen der häuslichen Erziehung wie die Vermittlung der in Gesellschaft, Familie und Kinderwelt gleichermaßen in Geltung stehenden ‚Werte', der „überlieferte(n) Ordnungsschemata" und ‚transzendierenden Sinngrößen", in die „in erster Linie auch die jüdisch-christliche Überlieferung" Eingang gefunden hat (1138,1361). Wie die klassischen bürgerlichen Tugenden der Aufrichtigkeit, Sparsamkeit und Ordnungsliebe im Zuge des sozialkulturellen Wandels „andere(n) Tugenden wie Solidarität, Toleranz, Kompromißbereitschaft, Wahrhaftigkeit, Zivilcourage" (1137,1289) Platz gemacht haben, so verändern sich auch die in die Zivilreligion (> 140) eingelassenen religiösen Wertvorstellungen.

Wie sich innerhalb des Hauses eine zugleich pädagogisch wie moralisch grundierte Kinderreligion herausbildete, so gliederte sich an die kirchliche „*Gemeinde* als Groß-Familie Gottes" (1158,32) ein vielgliedriges System von teils liturgischen, teils pädagogischen, teils diakonischen Aktivitäten für Kinder an. Neue kindgerechte Gottesdienstformen – Familiengottesdienste, Kindergottesdienste und ‚Krabbelgottesdienste' (1157,118) – gehören mittlerweile ebenso zum festen Bestand der parochialen Angebotspalette wie Kinderbibelwochen (1160) und Kinderkirchentage (1161), Eltern-Kind-Gruppen und ‚Krabbelgruppen' (1157,126f), Kinderchöre (1162) und Instrumentalgruppen. Vor allem aber wird im Zusammenhang eines „kinderfreundlichen Gemeindeaufbaus" (1158) die Forderung erhoben, der für die Kinderreligion paradigmatischen Symbolhandlung der Taufe (> 232-3) durch eine Anreicherung der Liturgie wie durch die Einführung von ‚Tauferinnerungsfesten' „zu einem höheren Status in Theologie und Leben der Gemeinde" zu verhelfen (1157,125). Um der „Ausgrenzung, Vermarktung und Sinnentleerung von Kindern" (1157,122) in der modernen Gesellschaft und insbesondere der „Kindvergessenheit der Kirche" (1156) entgegenzuwirken, sollen die Kinder als „Potential der Kirche" (1157,117f) und als „Basis der Gemeinde" (1157,123) entdeckt werden und „das ‚Kind in der Mitte' der Gemeinde" (1150,343) zu stehen kommen.

Die vielfältigen Projekte zur Reform der Kirchengemeinde auf der Basis ihrer Kinderzentrierung bauen auf dem untrennbaren *Zusammenhang* zwischen Familienreligion und Gemeindechristentum (> 212-3) auf. Sie entwerfen ihre Vorstellungen von der Struktur des parochialen Sozialsystems auf der Folie der häuslichen Familienorganisation. Sie bedienen sich im Interesse einer Vitalisierung des Gemeindelebens der in der privaten Religionskultur ausgearbeiteten kommunikativen Umgangsformen. Und sie gestalten die verschiedenen um das Kind zentrierten liturgischen, pädagogischen und diakonischen Aktivitäten mit den Mitteln, die ihnen die zeitgenössische Hauskultur zur Verfügung stellt. Die ‚Verkindlichung' der parochialen Gemeinschaftskultur stellt sich damit als eine charakteristische Variante der ‚Verhäuslichung' der Kirchengemeinde dar.

So neuartig sich die von einem spezifischen Modernitätsbewußtsein durchtränkten Reformen der Kirche auf der Basis einer Neuentdeckung des Kindes auch ausnehmen, sie finden ihre Vorbilder in *Kindergarten* und *Kindergottesdienst*, den klassischen Organisationsformen der an die Kirchengemeinde angelagerten und in sie eingelagerten Kinderkultur.

3.2.2. Der Kindergarten als institutioneller Lebensraum des Kindes

3.2.2.1. Die Idee des ‚Kinder-Gartens'

Als ‚*Kindergarten*' wird seit den dreißiger Jahren des 20. Jahrhunderts der „Einrichtungstyp frühkindlicher Erziehung" (1168,9) bezeichnet, der nach neueren Bestimmungen der deutschen Sozialgesetzgebung allen Kindern ab dem vollendeten 3. Lebensjahr bis zum Schuleintritt offensteht. Der Terminus ‚Kindergarten' geht auf Friedrich Fröbel zurück. Er bezeichnet damit allerdings „zunächst keine bestimmte Anstalt, sondern den ersehnten Idealzustand eines glücklichen, behüteten, verständnisvoll geleiteten Kinderlebens": „Jede Mutter und jedes junge Mädchen sollte eine echte ‚Kindergärtnerin' werden und sich ihres hohen Berufes als Pflegerin gerade der frühen Kindheit bewußt sein" (1166,229f). Das „Sinn-Bild Garten" (1186,45), das alle konkurrierenden „bildungs- und berufspolitischen Gegenbilder überlebt" hat (1186,46), ist in Fröbels „organisch-mystische(m) Weltbild" (1166,224) und der darin eingebetteten religiös fundierten Bildungstheorie (> 212-4:2.2.) verwurzelt. Wie Fröbel den Menschen als „ein göttliches Gewächs" betrachtet, so sieht er im Erzieher den „Gärtner, der ihm Licht und Nahrung verschafft, das Wesentliche aber seinen Lebenskräften überläßt" (1166,223). Die aus dem Prinzip der individuellen Autonomie des Menschen abgeleitete Bildungsidee wurde in Fröbels Konzeption der Kinderpädagogik ausformuliert und in der von ihm 1817 in

Keilhau bei Rudolstadt gegründeten ‚Allgemeinen deutschen Erziehungsanstalt‘, einem neuartigen Kinderheim, praktisch verwirklicht. Die grundlegenden Momente der an der Kindheit als einer originären Lebensform orientierten Erziehungsinstitution sieht Fröbel im „persönliche(n) Zusammenleben", in einem „einfachen Lebensstil", im „unmittelbaren Umgang mit der Natur", im „praktische(n) Arbeiten" und in der „musische(n) Betätigung" (1166,224).

Das von Fröbel formulierte Ensemble individueller wie sozialer, arbeitspraktischer wie ästhetischer *Bildungsziele* (1193,67ff) des Kindergartens blieb trotz dessen wechselvoller Organisationsgeschichte bis in die Gegenwart erhalten. Der dem Programm ‚kindzentrierter Kindergartenarbeit‘ (1176) verpflichtete „moderne Kindergarten" folgt mit der „Förderung der ‚Selbsttätigkeit‘ der Kinder einem seiner großen pädagogischen Axiome" (1184,326). Ebenso fließen in die zeitgenössischen Konzeptionen der Kindergartenpädagogik aber auch Ideen der „reformpädagogischen Bewegung des ersten Drittels unseres Jahrhunderts", insbesondere der „Arbeitsschulgedanke" (1184,326), wie die Bildungsideale Pestalozzis ein, des „Vater(s) der Sozialpädagogik" (1184,306): „Der Kindergarten gründet in der Integration sozialpädagogischer und allgemeinpädagogischer Aufgaben im Zeichen einer ganzheitlichen und kindgemäßen grundlegenden Bildung. Mit dieser von unmittelbaren Zwecken freien Perspektive ist der Kindergarten zugleich Anwalt des gegenwärtigen Lebensaugenblicks; er dient der dem Kind in der Kindheit eigentümlichen Lebensform" (1184,317). Und wie die Kultur des Kindergartens seit Fröbel untrennbar mit dem ‚Spiel‘ (> 233) verbunden ist, so formte sich im modernen Kindergarten auch eine eigene ästhetische Kultur, zumal eine aus der Lebenswelt der Kinder entwickelte „Kultur des Feierns" (1184,321) aus. Im modernen Kindergartenwesen kommt schließlich auch Fröbels Betonung der Eltern-Kind-Beziehung zur Geltung. Im Rahmen der an den Kindergarten angelagerten ‚Elternarbeit‘ (1193,117ff) können „Eltern zusammen mit ihren Kindern durch die Hilfe des Kindergartens verlorengegangene Möglichkeiten der Selbstverwirklichung neu entdecken" (1183,252).

3.2.2.2. Die Geschichte des Kindergartens

In der Geschichte des Kindergartens (1167) spiegelt sich die Verschränkung von ideellen Bildungsvorstellungen und sozialen Organisationsformen der „öffentlichen Kleinkindererziehung" (1168,9) wider. Hatten sich in den ersten Dekaden des 19. Jahrhunderts aus ersten „Vorformen außerfamilialer Betreuung" die ‚Kleinkinderbewahranstalten‘ entwickelt (1169,13), so bildete sich mit den ‚Kleinkinderschulen‘ ein pädagogisch akzentuiertes Organisationsmodell der Kleinkindererziehung heraus. Das Erziehungsprogramm der von Theodor Fliedner (> 222-2) nach englischen Vorbildern 1835 in Kaiserswerth gegründeten Kleinkinderschule steht ganz im Zeichen der bürgerlichen Familienideologie (1178). Um die Kinder vor ‚Rohheit, Zügellosigkeit, Faulheit, Unreinlichkeit und Unsittlichkeit‘, den moralischen Symptomen der religiösen „Glaubenslosigkeit" (1169,34), zu bewahren, wurden sie „in straffer Disziplin gehalten" und an ‚Ordnung, Reinlichkeit‘ und ‚pünktlichen Gehorsam‘ gewöhnt (1169,33). Der ‚höchste und letzte Zweck der Anstalt‘ bestand darin, den Eltern zu helfen, ‚ihre Kinder der apostolischen Ermahnung gemäß aufzuziehen in der Zucht und Vermahnung zum Herrn‘ (1169,33). Den ‚Kernpunkt der Arbeit‘ bildete dementsprechend ein charakteristischer Typus christlicher Unterweisung: „Das mechanische Auswendiglernen von Gebeten, religiösen

Liedern und Sprüchen wurde als ‚Heiligung' der Kinder angesehen und erfuhr von daher seine didaktische Legitimation, auch wenn viele Stoffe die kindliche Fassungskraft überstiegen" (1169,33f).

Fliedner unterlegte dem Organisationsmodell der Kleinkinderschule aber nicht nur familienpolitische, sondern auch *gesellschaftspolitische* Motive. Er begriff die Institutionalisierung der Kinderpädagogik als ‚wahrhaft inländisches Missionswerk' (1169,35) und ordnete die Kleinkinderschule damit in die zeitgenössische kirchliche Reformbewegung (> 212-4:1.) ein: „Die Auseinandersetzung mit der von Klasseninteressen geprägten gesellschaftlichen Situation in der beginnenden Industrialisierung in Deutschland wurde gleichsam durch eine religiöse Erneuerungsbewegung ersetzt, die die Hilfeleistung bei sozialer Not als Instrument der Missionierung verstand" (1169,35). In ähnlicher Weise definierte Adolf von Bissing-Beerberg, der 1871 den Oberlin-Verein als Trägerverband ins Leben rief, die Aufgabe der evangelischen Kleinkinderschule: Sie ‚ist durch die christliche Erziehung, die sie erteilt, die Grundlage einer jeden socialen Verbesserung, und könnte als solche durch ihre Verbreitung über das ganze Land … eine Regeneration des gesammten Volkes hervorbringen, und wesentlich dazu beitragen, den Vulcan der socialen Revolution, auf dem wir stehen, zu schließen; denn bessere Kinder schaffen ein besseres Volk und dieses schafft sichere staatliche Zustände' (1169,35).

Im Unterschied zu dem gleichermaßen an familienpolitischen wie gesellschaftspolitischen Zielsetzungen orientierten Konzept der ‚Kleinkinderschule' zielt Fröbels Programm des ‚*Kindergartens*' auf die Ausbildung und Pflege einer eigenen häuslichen Kinderkultur ab. Waren Fliedners restaurative Bildungsvorstellungen an zeitgenössische Arbeitsformen der Schulpädagogik angelehnt, so besteht „Fröbels genuine Leistung" im Entwurf einer innovativen, um eine Theorie des Spiels (> 233) zentrierten „Theorie der Kleinkindpädagogik" (1169,37). Im Spiel, der „spezifisch kindlichen Aneignungs- und Durchdringungsweise der Welt" (1169,37), sah Fröbel das zentrale Medium der familialen und außerfamilialen Kinderwelt. Zur Förderung der ‚Spielpflege' verfaßte er seine ‚Mutter- und Koselieder' (1844) (1169,37) und entwickelte ein Sortiment von ‚Spielgaben': Ball, Kugel, Würfel, Walze, flache Bauklötze sowie Flechtblätter und Faltarbeiten (1166,229). Für die „Reigenspiele" schuf Fröbel „eigene, manchmal symbolhaft überfrachtete Liedtexte" (1169,37). Stellt das Spiel die Interaktionsform dar, in der sich Kinder ihre soziale Welt erschließen, so bildet der Umgang mit der Natur die Folie für die individuelle Selbstvergewisserung des Kindes. Bei der „Arbeit im Garten" sollten die Kinder „das Wachstum und Werden der Natur als Spiegelbild der eigenen Selbstwerdung erfahren" (1169,37).

Die im ‚Pestalozzi-Fröbel-Haus' 1880 in Berlin modellhaft ausgeführte Konzeption des ‚*Volkskindergartens*' verband die beiden divergierenden pädagogischen Programme und Institutionen, das „System der christlichen Kleinkinderschule" und „die Kindergärten Fröbelscher Prägung" (1169,40), miteinander. Dem eigentlichen Kindergarten wurden eine ‚Vermittlungsklasse' zur Vorbereitung der Kinder auf die Schule und später ein erstes Schuljahr, die ‚Elementarklasse', sowie ein Kinderhort angeschlossen. Gleichzeitig mit der Ausdifferenzierung der in Altersgruppen gegliederten Organisationsstruktur entstand auch das charakteristische, an die häusliche Privatwelt angelehnte Interieur des Kindergartens (1173). Um „einer Wohnstubenatmosphäre möglichst nahe zu kommen", wurden die Gruppenräume „familienähnlich eingerichtet: mit Bildern, Pflanzen, Haushaltsgeräten und -mobiliar" (1170,54f). Wie zu Hause, so wurden den Kindern auch im Kindergarten ihrem Alter entsprechende „kleine Pflichten auferlegt, beispielsweise die Pflege von Pflanzen" oder „die Zubereitung der Mahlzeiten" (1170,55). Als didaktisches Prinzip der Kindergartenpädagogik wurde der an die jeweilige Jahreszeit angepaßte ‚Monatsgegenstand' eingeführt.

Wesentliche Impulse verdankt die Kindergartenpädagogik schließlich der italienischen Ärztin und Kleinkinderpädagogin Maria *Montessori* (1174,172ff). Sie richtete, von ihren medizinisch-psychiatrischen Erfahrungen im Umgang mit geistig behinderten Kindern ausgehend, 1907 in einem Vorort von Rom eine ‚Casa dei Bambini' ein. Das pädagogische Grundprinzip der auf die Selbsttätigkeit und Selbstentfaltung der kindlichen Persönlichkeit abzielenden und von den Erziehern als „behutsamen Beobachter(n) und individuellen Berater(n)" (1166,290) begleiteten Bildungsprozesse besteht in der Sinnesschulung. Im Umgang mit den Dingen, dem ‚Material' der Wirklichkeitskonstruktion, erstellt das Kind nach dem ‚Bauplan' seiner Seele die soziale und kulturelle Welt. Auf Rudolf Steiners anthroposophisch fundierter Theorie der Persönlichkeitsentwicklung baut die pädagogische Konzeption des Waldorf-Kindergartens (1174,180ff) auf. Sie zielt im Interesse einer „allseitige(n) Entwicklung des Menschen" auf die Integration von kognitiver, moralischer und ästhetischer Erziehung ab (1177,18).

3.2.2.3. Die Institutionalisierung des Kindergartens

Die *Institutionalisierung* der Kleinkindererziehung im 19. und 20. Jahrhundert ist als eine Folge des gesellschaftshistorischen Pluralisierungs- und Differenzierungsprozesses anzusehen. Er bringt sich ebenso in der immer feineren Untergliederung des Lebenslaufs als dem gesellschaftlichen Ordnungsschema der individuellen Lebenszeit wie in der immer detaillierteren Parzellierung der Lebenswelt als dem gesellschaftlichen Ordnungsschema des sozialen Lebensraums zur Geltung. Indem sich die Kindheit als eine extern von den anderen Altersklassen getrennte Lebensepoche ausformte und sich in der Folgezeit intern immer weiter ausdifferenzierte, entstand das ‚Kindergartenalter', ein zwischen Kleinkindalter und Schulalter eingeschobenes und durch seinen passageren Status charakterisiertes Lebensstadium. Und wie das Kindergartenalter eine von den übrigen Phasen der Kindheit unterschiedene Lebensepoche darstellt, so bildet die Lebenswelt des Kindergartenkindes eine eigenständige, zwischen der Familie als der elementaren Institution der privaten Lebenssphäre und der Schule als der zentralen Institution des öffentlichen Erziehungswesens angesiedelte Lebensregion.

Die *intermediäre* Stellung der „Kindheit zwischen privat-familialer Lebenswelt und öffentlich veranstalteter Kleinkindererziehung" (1179,232ff) bildet sich in der institutionellen Statur des Kindergartens als einer mit der Familie aufs engste verknüpften und gleichzeitig der Schule zugeordneten Institution ab. Der „Prozeß der Dissoziation in einen lebensweltlich-privaten und einen öffentlich veranstalteten Bereich gesellschaftlicher Kleinkindererziehung" ist als „ein Aspekt der Entwicklungsdynamik einer Gesellschaft" anzusehen, „die wesentlich bestimmt wird durch Prozesse der Dissoziation" (1179,236). Verklammern die miteinander konkurrierenden und sich ineinander verschränkenden Ursprungsmodelle der Kleinkindererziehung – ‚Kindergarten' und ‚Kinderschule' – private und öffentliche Lebenssphäre in verschiedenartiger Akzentuierung miteinander, so löste sich der Kindergarten im Zuge seiner Organisationsgeschichte zunehmend von der familialen Privatwelt und etablierte sich als ein eigenständiger Sektor des öffentlichen Wohlfahrts- und Bildungswesens.

Hatten Comenius und Pestalozzi noch den untrennbaren Zusammenhang von Familienerziehung und Volkserziehung herausgestellt und die Mutter zu der integralen pädagogischen Gestalt der Elementarerziehung erklärt (1180,103), so wandte sich *Fröbel* von der Idee der ‚Mutterschule' ab. Er „sah als Folge der modernen Entwicklung die Trennung zwischen den Generationen sowie zwischen häuslichem und öffentlichem Leben, häuslicher und öffentlicher Erziehung so weit fortgeschritten, daß er sich eine Lösung der damit entstandenen Probleme nicht mehr allein im Rahmen des einzelnen Familienverbandes vorstellen konnte. Seine Vision einer allgemeinen Volkserziehung beruhte vielmehr auf den Prinzipien der ‚Vermittelung' und ‚Lebenseinigung', deren Einlösung er sich nicht zuletzt auf dem Wege der Ausnützung eines wesentlichen Elementes der Sozialstruktur der sich modernisierenden bürgerlichen Gesellschaft erwartete: des Vereinswesens" (1180,103). Der Forderung, „daß jede Familie sich zu einem Bildungsvereine erweitere oder sich einem anschließe" (1175,8), entsprach die Vorstellung vom Kindergarten als einer „gemeinschaftliche(n) Kinderstube mehrerer Familien" (1175,30).

Paul *Natorp* schließlich, einer der Begründer der Sozialpädagogik in Deutschland (1180,106), stand der Symbiose von bürgerlichem Familienmodell und öffentlicher Elementarerziehung aus gesellschaftspolitischen Gründen kritisch gegenüber. Er wandte sich gegen die ‚Starrheit' des bürgerlichen Familienideals und betrachtete die Institution des Kindergartens als die ‚Form familienhafter Erziehung', die ‚die allzu starre private Abschließung' der bürgerlichen Familie gegenüber der öffentlichen Lebenssphäre ‚in pädagogischer und zwar sozialpädagogischer Absicht zu überwinden die Tendenz zeigt' und ‚den Segen familienhafter Erziehung nach dem sozialen Ideal den Kindern der arbeitenden Klassen, die sie jetzt fast ganz entbehren müssen, allgemein sichern würde' (1180,107).

Die Lösung des Kindergartens von der Familie und seine Integration in die öffentlichen Wohlfahrts- und Bildungsinstitutionen schlägt sich im Wandel der *Organisationsform* des Kindergartenwesens nieder. Verdankten sich die ersten Kindergärten dem „Pioniergeist" (1186,49) der Gründerväter, so wurde das Kindergartenwesen im 19. Jahrhundert als ein charakteristisches Element der „Privatwohltätigkeit" (1169,41) oder der „christliche(n) Liebestätigkeit" (1172,48) begriffen. Als Trägerorganisationen der Kindergärten fungierten sowohl gegenüber der Familie eigenständige als auch vom Staat unabhängige Vereine, die sich – wie auch die aus den ‚Mutterhäusern' entstandenen Ausbildungsstätten für Kleinkinderschul-Lehrerinnen – ihrerseits wieder zu meist konfessionell geprägten Verbänden zusammenschlossen (1172,48f). Während das breit ausgebaute System der ‚Krippenerziehung' (1187,406) in der DDR einen integralen Bestandteil des staatlichen Bildungssystems (1171,92) darstellte, das gleichermaßen auf die „Erfüllung der ökonomischen Aufgaben" wie auf die „Verwirklichung der Gleichberechtigung der Frau" (1171,93) abzielte, bildeten sich in der BRD im Rahmen einerseits der freien, andererseits der öffentlichen Jugendhilfe „zwei große Gruppierungen von Kindergartenträgern" (1172,40) heraus. Die Mehrheit der Kindergärten befindet sich – dem „subsidiär organisierte(n) System der Jugendhilfe" (1171,93) entsprechend – in der Trägerschaft teils der freien Wohlfahrtsverbände, vorwiegend aber der beiden großen Kirchen (1185).

Die evangelischen Kirchen stellen derzeit über 500 000 Plätze in ca. 8000 Einrichtungen bereit, in denen ca. 60 000 Erzieherinnen beschäftigt sind. Die Rechtsgrundlage für die verschiedenen Einrichtungen – Kinderheime, Sonderkindergärten, Schulkindergärten; Kindertagesheime, Krippen, Krabbelstuben, Horte, Kindergärten (1185,58ff) – bilden das 1991 erlassene Kinder- und Jugendhilfegesetz sowie die entsprechenden Landesgesetze (1185,27ff).

3.2.2.4. Das Profil des evangelischen Kindergartens

In dem Maße, in dem die evangelischen *Kirchen*, dem ekklesiologischen Leitbild der „solidarischen Volkskirche" entsprechend, „Aufgaben im Rahmen des deutschen Sozialwesens" (1187,407) übernahmen und die Kirchengemeinde zur klassischen „Trägerform" (1186,49) der Kindergarteneinrichtungen avancierte, wandelten sich sowohl die Zielsetzungen als auch das Erscheinungsbild der Kindergartenerziehung. Das kirchliche Kindergartenwesen weist ein vielschichtiges und zugleich ambivalentes Profil auf. Die unterschiedlichen Konzeptionen der kirchlichen Kindergartenarbeit schreiben dem Kindergarten einerseits einen spezifischen „Verkündigungsauftrag" zu und unterlegen ihr im Rückgriff auf die Ursprungskonzeptionen der Kleinkinderschule eine „missionarische Intention"; andererseits bestehen aber auch „gesellschaftstherapeutische und sozialrevolutionäre Auffassungen" (1183,244f) von Ziel und Aufgabe der kirchlich institutionalisierten Kleinkindererziehung. Jenseits dieser programmatischen Differenzierungen sind in neuerer Zeit vor allem zwei miteinander divergierende und konvergierende Entwicklungstendenzen zu beobachten: die Verschulung und die Verkirchlichung des Kindergartens.

Steht der moderne Kindergarten auch „nicht im Gegensatz zur Familie, sondern in ihrer Fortführung" (1183,246), so wandelte sich sein Profil im Laufe seiner geschichtlichen Entwicklung doch von einer die Familie unterstützenden „Bewahranstalt zum eigenständigen *Bildungsbereich*", dem in das öffentliche Bildungssystem integrierten pädagogischen ‚Elementarbereich' (1183,241). In den Konzeptionen der Kleinkindpädagogik, die von der intermediären Stellung des Kindergartens zwischen Familie und Schule ausgehen, wird die „familiennahe bzw. primärgruppennahe" Statur der Lernprozesse hervorgehoben, „die das Kind schrittweise in die gedeutete und gestaltete Welt der Erwachsenen hineinführen" (1183,242), und der „Erschließung religiöser Erfahrung als einer Ganzheitserfahrung in Gemüt und Gewissen" (1183,244) besondere Bedeutung beigemessen. Andere, im Zusammenhang der Bildungsreformdebatte (> 212-4:2.2.) entstandene und deutlich an der rationalen Organisation der Erziehungsprozesse interessierte Konzeptionen der Kindergartenpädagogik unterstützen dagegen die zunehmenden „Verschulungstendenzen" (1192,263). Sie machen auf den ‚Bildungsnotstand' und die ‚kulturelle Vernachlässigung' der Kinder im Vorschulalter aufmerksam und klagen für sie das ‚Recht auf Bildung' ein (1182,178f). Die ‚Vorschulbewegung', die wesentliche Impulse duch das in den sechziger Jahren des 20. Jahrhunderts entwickelte ‚Head start'-Programm zur „Anhebung der Schulfähigkeit erzieherisch verwahrloster Fünf- und Sechsjähriger in den USA" und die daraus hervorgegangene ‚Frühlernbewegung' erhielt, stellt den „spezifischen Erziehungs- und Bildungsauftrag" heraus (1165,1041).

Konnten sich die kirchlichen Kindergärten der generellen Anbindung des Kindergartenwesens an die Schule nicht entziehen, so zielen neuere, theologisch akzentuierte Kon-

zeptionen des evangelischen Kindergartens auf eine deutlichere Profilierung der spezifisch kirchlichen Kindergartenarbeit und deren Einbindung in die örtliche Kirchengemeinde ab. An die Stelle der ursprünglichen Familialisierung und der späteren Verschulung trat nun der Prozeß der „,*Vergemeindlichung*' des Kindergartens" (1186,51). Begründete sich die kirchliche Kleinkindererziehung ursprünglich aus der ‚volkserzieheri-
schen' Aufgabe des ‚zwischen Kirche und Volk' angesiedelten Kindergartens, so wurde
der kirchliche Kindergarten auf dem Hintergrund der sich ständig verstärkenden Erosion
der kirchlichen Verbandsorganisation (> 212-3:1.3.) in den vergangenen Jahrzehnten
zunehmend als Agentur zur Rekrutierung und Aktivierung der Kirchenmitglieder aufgefaßt und die kirchliche Kindergartenarbeit – analog zur Konfirmandenarbeit (> 212-
3:3.5.1.) – als „planmäßige volkskirchliche Erziehungsarbeit des kirchlichen Nachwuchses" (1186,50) begriffen. Indem der Kindergarten ins „Zentrum des Gemeindeaufbaus"
(1187; > 212-3:2.2.) gerückt wurde, näherte sich die kirchliche Kindergartenkultur an
das Frömmigkeitsprofil des Gemeindechristentums an.

Im Rahmen der miteinander vernetzten Bildungseinrichtungen der Kirchengemeinde
kommt dem *Kindergarten* in dreifacher Hinsicht eine herausragende Bedeutung zu. Zum
einen werden in der frühen Kindheit die Grundlagen für eine lebenslange Kirchenbindung gelegt und die am Gemeindechristentum orientierten Frömmigkeitsstile und Kirchlichkeitseinstellungen ausgeformt. Insofern ist der kirchliche Kindergarten als diejenige
„pädagogische und diakonische Instanz zu verstehen, die einen umfassenden Gemeindeaufbau von der Basis menschlichen Lebensweges an ermöglicht" (1187,407). Zum anderen stellt der Kindergarten einen Kristallisationspunkt der verschiedenen pädagogischen
und diakonischen Aktivitäten der Kirchengemeinde sowie eine Klammer zwischen den
unterschiedlichen, im parochialen Veranstaltungsangebot voneinander getrennten Altersklassen dar. Die Aufgabe der kirchlichen Kindergartenarbeit besteht dementsprechend darin, „familienübergreifende Erfahrungsräume für Kinder und Eltern" zu schaffen und den Gemeindekindergarten zum „Lebensraum und zentrale(n) Ort der Begegnung" auszugestalten (1187,408): „In der Dimension der koinonia schafft der Kindergarten Gemeinschaft und Kommunikation unter den Kindern, zwischen Kindern und
Erzieherinnen, zwischen Kindern und Gemeinde, unter Eltern, zwischen Eltern und Kindern, zwischen Eltern, Kindern und Erzieherinnen, zwischen Eltern und Gemeinde etc."
(1187,407). Schließlich überschneiden sich in der Kindergartenarbeit kirchliche und bürgerliche Gemeinde. Eine Vielzahl von „Projekten, Modellen und Konzeptionen" zielt
deshalb darauf ab, „den Kindergarten als Zentrum für das Gemeinwesen und die christliche Gemeinde zu verstehen und zu nutzen" (1187,407). Indem der kirchliche Kindergarten zum „Nachbarschaftszentrum" (1188) ausgebaut wird, nimmt er die unterschiedlichen, im Laufe seiner geschichtlichen Entwicklung an ihn angelagerten Funktionen auf
und integriert sie in einem an den Bedürfnissen der Kinder wie der Eltern, der kommu-
nalen wie der kirchlichen Gemeinde orientierten Gesamtkonzept evangelischer Kindergartenarbeit.

3.2.2.5. Der Beruf der Erzieherin

Die historische Entwicklung von Berufsbild und Berufswirklichkeit der *Erzieherin* ist
auf engste mit der Organisationsgeschichte des Kindergartens verknüpft. In dem Maße,
in dem sich der Kindergarten von der engen Anbindung an die Familie löste und zu einer

selbständigen Institution im Rahmen des öffentlichen Bildungs- und Erziehungswesens avancierte, wandelten sich nicht nur die von den Kindern, den Eltern und den Anstellungsträgern an das Kindergartenpersonal herangetragenen Erwartungen sowie die von ihm zu erbringenden Arbeitsleistungen. Im Zuge der gesellschaftlichen Institutionalisierung der Kleinkindererziehung und des organisatorischen Ausbaus des Kindergartenwesens erhielt die Arbeit im Kindergarten vielmehr die Statur einer Berufstätigkeit. In seiner heutigen Gestalt stellt der Beruf der Erzieherin eine gegenüber den übrigen Bildungs- und Sozialberufen eigenständige Profession (> 212-4:2.3.2.) dar. Sie ist durch ein Ensemble spezifischer Berufsleistungen und Berufsrollen charakterisiert und verlangt von den Berufsträgerinnen spezielle Berufskompetenzen, die nur durch eine mehrjährige theoretische und praktische Ausbildung (1191) erworben und durch kontinuierliche Fortbildung weiterentwickelt werden können.

Der Beruf der Erzieherin ist ein „typische(r) *Frauenberuf*" (1192,260). Er erhielt seine charakteristischen Konturen durch die „sich schon frühzeitig herausbildende einseitige Orientierung der öffentlichen Kleinkindererziehung an dem bürgerlichen Familienideal" und das darin eingelagerte „Leitbild der ‚intuitiv ahnenden, mütterlichen' Kindergärtnerin" (1191,76). „Die Verberuflichung dieses auf die Familie hin orientierten Weiblichkeitsideals eröffnete im Rahmen der aufkeimenden Emanzipationsbemühungen in der zweiten Hälfte des vorigen und zu Beginn dieses Jahrhunderts Frauen aus bürgerlichen Schichten einige der wenigen Möglichkeiten zur beruflichen Selbstverwirklichung. Zunehmend eröffneten dann in diesem Jahrhundert die sozialen, sozialpädagogischen und pädagogischen Berufe besonders Frauen aus der Unter- und der unteren Mittelschicht wichtige gehobene Berufspositionen" (1191,77). Gilt die angesonnene ‚Mütterlichkeit' im allgemeinen Bewußtsein bis in die Gegenwart als ein charakteristisches „Merkmal des Erzieherinnenberufes" (1192,262), so stellt die Zentrierung der Berufsarbeit auf das Kind bis in die Gegenwart die dominante „Berufsmotivation" der Erzieherinnen dar (1192,260).

In neuerer Zeit bildete sich bei den Erzieherinnen selbst allerdings „zunehmend ein *professionelleres* Berufsverständnis" (1191,78) heraus. Sie sind, wie empirische Untersuchungen belegen, „weit davon entfernt …, ihre Arbeit auf eine emotional getragene Beziehungsarbeit oder aber auf eine Fortsetzung, gar den Ersatz familiärer Erziehung zu reduzieren. Vielmehr verstehen sie ihre Tätigkeit offenkundig als über die bloße Hinwendung zum Kind hinausgehende professionelle Aufgabe" (1193,107). Begreifen sich die Erzieherinnen auch nicht als beruflich agierende Mütter, sondern als „pädagogische Spezialisten" (1184,310), so verschränken sich in ihrer „beruflichen Identität" gleichwohl „persönliche Kompetenzen und soziale Fähigkeiten" untrennbar miteinander (1193,115).

Der Wandel des Berufsbildes wirkte auf die *Ausbildung* der Erzieherinnen zurück. Solange sich der als Ergänzung der Familie konzipierte Kindergarten „an harmonistischen Vorstellungen der intakten Mittelschichtfamilie orientierte", benötigte die Kindergarten-‚Tante' „keine der Lehrerin vergleichbare Qualifikation; die Zuordnung erfolgte nicht zur pädagogischen, sondern zur hauswirtschaftlich-pflegerischen Ausbildung. Die Entfaltung der fraulich-mütterlichen Fähigkeit, die Liebe zum Kind und der beschützende Umgang schienen für die Praxis auszureichen" (1191,77). Die Ausübung des modernen, durch eine Vielzahl sozialpädagogischer Aufgaben charakterisierten Erzieherinnenberufs ist dagegen „ausschließlich auf der Basis umfangreicher und fundierter pädagogischer Kenntnisse vorstellbar" (1193,107). Die zunehmende Professionalisierung der pädagogischen Berufe im allgemeinen und insbesondere des Berufs der Erzieherin machte eine „berufsbezogene und fachlich orientierte Kompetenzanhebung und Rollenprofilierung" (1184,310) notwendig.

Während sich das Berufsbild der Erzieherin auf dem Hintergrund der pädagogischen Professionalisierung der Berufstätigkeit festigte, blieben Rollenzuschreibung und Selbstverständnis der Erzieherinnen im *kirchlichen* Kindergarten spannungsgeladen. Die von der Kirchengemeinde angestellten Erzieherinnen zeigen sich zwar mehrheitlich gegenüber „Belangen des Glaubens" aufgeschlossen (1193,156), fühlen sich aber gleichwohl „in der Regel nicht in dem Maße mit Religion und Kirche verbunden, wie dies von seiten des Trägers gewünscht wird" (1193,209). Suchen die Anstellungsträger vor allem „gläubige Fachkräfte" (1193,213), so begreifen sich die Erzieherinnen selbst eher als „Fachfrau(en) für Pädagogik im Kindesalter" (1186,51) und unterlegen ihrer Berufstätigkeit in Übereinstimmung mit den Eltern der Kindergartenkinder (1193,115) „zuvorderst soziale Beweggründe" (1193,97). „Eine christliche Grundhaltung, vom Träger ausdrücklich erwartet, ist für die Fachkräfte hingegen als Voraussetzung der pädagogischen Arbeit wenig entscheidend" (1193,115). Die bei einzelnen Erzieherinnen festzustellende „größere Nähe zu Religion und Kirche" geht allenfalls als verstärkendes Moment in die pädagogische Berufspraxis ein und führt zu „einer höheren Bewertung des gesellschaftlichen Nutzens der Arbeit" sowie zu einer Intensivierung des beruflichen Verantwortungsbewußtseins (1193,99).

Die Divergenzen zwischen den kirchlichen Rollenzuschreibungen und dem pädagogischen Selbstverständnis der Erzieherinnen kommen in dem *theologischen* Diskurs über die institutionelle Stellung der kirchlichen Erzieherin zwischen „Berufsarbeit und Amt" (1186,50) und insbesondere über die Zuordnung ihres Berufs zum Pfarramt markant zur Geltung. Galt der Beruf der evangelischen Kindergärtnerin unter dem Einfluß des „Diakonissenamts-Modells" lange Zeit als ein eigenständiges kirchliches Amt, so ist in den zwanziger Jahren des 20. Jahrhunderts „die Tendenz festzustellen, die Kindergärtnerin unter die Oberhoheit des Pfarramts zu bringen, sie als eine Art Gehilfin des Pfarramts zu definieren; es geschieht eine Ent-Amtung, eine Laisierung" (1186,50). In gegenläufiger Richtung rückte die Kindergärtnerin „in den Jahren der nationalsozialistischen Bedrohung des kirchengemeindlichen Kindergartens" wieder zur „Trägerin eines diakonischen Gemeindeamts" auf, zur amtlichen ‚Patin'" und zur „in ‚heilige Pflicht' genommenen Amtsträgerin der Gemeinde" (1186,50). Wurde der Beruf der Kindergärtnerin in den fünfziger Jahren dominant aus der Perspektive seines kirchlichen Auftrags begriffen und eine Vokation oder sogar Ordination (> 323) der Kindergärtnerin zur „Mitträgerin des kirchlichen Verkündigungsauftrags" und ‚Taufsakramentsverwalterin' erwogen (1186,50), so verlagerte sich die spannungsreiche Synthese von kirchlicher Rollenzuschreibung und pädagogischem Selbstbild im Zuge der Bildungsreform in die Person der Berufsträgerinnen. Die kirchlichen Erzieherinnen „sollen in ihrer Person religiöse Tradition mit anthropologischen Erfordernissen in Einklang bringen" und dieses „personale Arrangement" (1186,51) zur Grundlage ihres beruflichen Selbstverständnisses wie ihrer praktischen Berufstätigkeit machen.

3.2.3. Der Kindergottesdienst als integrale Gestalt kindgemäßer Liturgie

3.2.3.1. Die integrale Gestalt des Kindergottesdienstes

Der sonntägliche *Kindergottesdienst* stellt eine gegenüber anderen Gottesdienstformen, zumal aber gegenüber dem Erwachsenengottesdienst eigenständige Gestalt liturgischer Religionspraxis dar. Er wird von Kindern im Alter von vier bis dreizehn Jahren besucht, wobei sich das Durchschnittsalter in den vergangenen Jahrzehnten nach unten verschob. Wirken sich „veränderte Freizeitaktivitäten und Sonntagsgewohnheiten, nachlassende Traditionslenkung und fehlende religiöse Sozialisation" (1209,62) auch auf die Frequentierung des Kindergottesdienstes aus, so ist „der Gottesdienstbesuch bei Kindern" doch „doppelt so hoch" wie bei Erwachsenen (1204,347). An der Gestaltung der evangelischen Kindergottesdienste beteiligen sich ca. 60 000 ehrenamtliche MitarbeiterInnen (1195,1043), hauptsächlich Jugendliche zwischen 13 und 16 Jahren (1199,297), die in wöchentlichen Vorbereitungsstunden und Fortbildungstagungen geschult und durch literarische Arbeitshilfen unterstützt werden (1195,1044). Die Landesverbände für Kindergottesdienst (1198,86ff) sind im EKD-Gesamtverband zusammengeschlossen (1199,298). Unter der Schirmherrschaft des Ökumenischen Rates arbeitet die European Conference of Christian Education.

In seiner modernen *Gestalt* ist der Kindergottesdienst als ein eigenständiges Element im facettenreichen Spektrum der ‚alternativen', ‚innovativen' und ‚kreativen' Liturgiekultur anzusehen, die sich im Zuge der neueren Gottesdienstreform herausbildete (> 212-3:3.). Die Verselbständigung gegenüber dem agendarischen Erwachsenengottesdienst kommt sowohl in einem Funktionswandel des Kindergottesdienstes als auch in einer Veränderung seines liturgischen Profils markant zum Ausdruck. Solange die „traditionelle Zielsetzung" des Kindergottesdienstes darin gesehen wurde, „die Kinder auf die Teilnahme am sog. Hauptgottesdienst vorzubereiten" (1205,514), stellte der Kindergottesdienst eine kindgemäße Variante des auf den „Zuspruch der Verkündigung" und den „Vollzug der Liturgie" (1200,21) abzielenden agendarischen Gottesdienstes dar. „Die äußeren Merkmale sind: Verkürzte Liturgie des ‚Hauptgottesdienstes', Erzählung einer biblischen Geschichte mit angehängter Nutzanwendung (in Gruppen), Zusammenfassung durch den Pfarrer" (1199,299).

In dem Maße, in dem der Kindergottesdienst aber „in den Wirkungsbereich der reformerischen Arbeit seit Ende der 60er Jahre" (1199,300) geriet, entstand „im Umfeld des Kindergottesdienstes eine *liturgische Bewegung*" (1202,130). Die in ihrem Rahmen entwickelten Reformkonzeptionen orientieren sich nicht mehr vorwiegend an der agendarischen Ordnung des Gemeindegottesdienstes. Im Interesse der Autonomie der Kinder grenzen sie vielmehr Erwachsenengottesdienst und Kindergottesdienst markant voneinander ab und begreifen den Kindergottesdienst nicht als eine liturgiepädagogische Einrichtung zur Eingewöhnung der Kinder in die traditionelle Gottesdienstkultur, sondern als selbständiges Segment der pluriformen Liturgiekultur der Gegenwart, als liturgische Inszenierung der originären ‚Welt des Kindes' und als integrales Moment einer „lebensweltlich orientierte(n) Festkultur" (1203,351). Die – analog zu den Familien- und Jugendgottesdiensten (> 212-3:3.5.) – in eine extern deutlich abgegrenzte und intern charakteristisch ausgeformte Lebenskultur eingebetteten Kindergottesdienste sollen den Teilnehmern „Zugänge zur Lebenswelt der Kinder" (1203,346) öffnen und ihnen ihren originären Wirklichkeitshorizont als eine „eigenständige Kultur mit ihren Geheimnissen und Gefährdungen, mit ihrer Poesie und ihrer Phantastik, kurz: mit ihrer eigenen Ausdruckswelt und Weltdeutung" (1203,347) erschließen helfen.

Zum Entwurf der altersklassenspezifischen *Gottesdienstmodelle* greift die aufs engste mit der ‚Singbewegung' (1197,777) und ‚Lieder-Bewegung' (1199,300) sowie mit den vielfältigen Versionen ‚kreativer' Gottesdienstpraxis vernetzte ‚Kindergottesdienstbewegung' (1199,296) – zum einen – auf die in der häuslichen Lebenswelt entwickelten (1201,144) und in Kindergarten und Grundschule eingeflossenen Formen sozialer Organisation und kultureller Gestaltung, vor allem aber auf die in der ‚freien Kinderarbeit' (1210,51) gepflegte Kinderkultur zurück und entwickelt den Kindergottesdienst zu einem „kreative(n) Erlebnisraum" (1202,129). Ästhetische Ausdrucksformen, Malen und Basteln, sowie gesellige Aktivitäten, vor allem das freie und szenische Spiel (> 233), gehören zu den elementaren Bestandteilen des zeitgenössischen Kindergottesdienstes. An die Stelle der klassischen, im agendarischen Gottesdienst kultivierten Frömmigkeitsattitüde, der in die Rezeptivität zurückverlegten Produktivität (> 212-3:3.2.1.), tritt die von individueller Spontaneität und Kreativität bestimmte Aktivität der TeilnehmerInnen. Der „teilnehmende Vollzug" bildet das dominante „Medium" der liturgisch vermittelten „Wirklichkeitserfahrung" (1200,19).

Indem die neueren Konzeptionen des Kindergottesdienstes auf eine Aktivierung der einzelnen Teilnehmer und eine Vitalisierung der kommunikativen Inszenierungen abzielen, lehnen sie die liturgische Kultur des Kindergottesdienstes hinsichtlich seiner Partizipationsmuster und seiner Verlaufsformen – zum anderen – an den Typus des *gruppengemeinschaftlichen* Gottesdienstes (212-3:3.2.2.) an. Die Reformmodelle wenden sich gegen die radikale Individualisierung der frommen Persönlichkeit im protestantischen, von der „Dominanz der Predigt" geprägten Gottesdienst: „Die starre, durch festes Gestühl erzwungene Körperhaltung und die damit gegebene Vereinzelung der Gottesdienstbesucher widersprachen den kindlichen Bedürfnissen zutiefst"; die „Bildung von Gruppen" stellt daher von jeher „ein wichtiges Merkmal des Kindergottesdienstes" dar (1205,513). Während sich die Gruppen in der traditionellen Version des Kindergottesdienstes aber nach Alterskohorten sortieren, erfolgt die Vergemeinschaftung der Individuen in den innovativen Konzepten auf der Basis persönlicher Sympathien, Interessen und Neigungen.

Die Anlehnung des Kindergottesdienstes an die häusliche Kinderwelt und seine Einbettung in die gruppengemeinschaftliche Gottesdienstkultur verschränken sich miteinander. Sie sind Indizien für die zunehmende *Privatisierung* des Kindergottesdienstes. Verdanken parochiale Christentumspraxis und zeitgenössische Gottesdienstpraxis ihr charakteristisches Profil wie ihre innovativen Potentiale insgesamt der Rückbindung an die religiöse Privatwelt (> 212-3:3.), so kommt dem Kindergottesdienst die Statur einer Privatwelt zweiten Grades zu. Der Kindergottesdienst bildet eine private Kolonie in der privatisierten parochialen Lebenswelt, eine „Oase für Kinder" (1208) in der von den Erwachsenen dominierten Kirchengemeinde, das „‚schöne Gehege' in einer unwirtlichen Welt" (1206), eine „kinderfreundliche Erzählstube" (1202,129).

Der Kindergottesdienst ist zu den *integralen* Gestalten institutionalisierter Frömmigkeitspraxis zu zählen, in denen sich die unterschiedlichen Dimensionen der Religion (>

110) untrennbar ineinander verweben. Die Vieldimensionalität der liturgisch inszenierten religiösen Wirklichkeit drückt sich nicht nur in der internen Pluriformität des Kindergottesdienstes als einer „gottesdienstlichen-liturgischen-katechetischen-erziehliche(n) Mischform" (1184,341) aus. Die integrale Funktion des Kindergottesdienstes kommt vielmehr ebenso in seiner intermediären institutionellen Stellung zwischen Hausfrömmigkeit und Gemeindechristentum zur Geltung. Wie sich in der privaten Hausandacht (> 212-4:2.1.) Erbauung und Erziehung organisch miteinander verbinden und wie in die häuslichen, schulischen und kirchlichen Bildungsprozesse (212-4:2.2.) Momente religiöser Selbstvergewisserung und Welterschließung eingehen, so verweben sich auch im parochialen Kindergottesdienst frömmigkeitspraktische und pädagogische Intentionen untrennbar ineinander.

Am deutlichsten kommt die integrale Funktion des Kindergottesdienstes schließlich in seiner zentralen institutionellen Stellung im Rahmen der vielfältigen um das Kind zentrierten Aktivitäten der *Kirchengemeinde* zum Ausdruck. Aufgrund seiner pädagogisch-liturgischen Doppelgestalt ist der moderne Kindergottesdienst sowohl mit anderen pädagogischen Einrichtungen der Gemeindearbeit als auch mit anderen liturgischen Veranstaltungsformen vernetzt: mit den altersklassenspezifischen Kinder- und Jugendgruppen und den Kinderstuben, mit den Familiengottesdiensten (> 212-3:3.5.2.) und den ‚Krabbelgottesdiensten' (1197,783), mit teils schon etablierten, teils neu entstehenden Formen der parochialen Arbeit mit Kindern wie den Kinderbibeltagen, Kinderbibelwochen und Kinderkirchentagen oder den Abendmahlsfeiern mit Kindern (> 212-3:3.4.3.) und dem ‚Kinderfrühstück' (1209,62) sowie schließlich mit eher geselligen „Alltagsaktivitäten für Kinder" (1196,291) wie den Spiel- und Tanzgruppen oder speziellen Veranstaltungsangeboten für Familien mit Kindern. Gleichzeitig verbinden der Kindergottesdienst und die an ihn angelagerten Aktivitäten aber auch Erwachsenengottesdienste und Kindergottesdienste miteinander. War der Kindergottesdienst ursprünglich ein Produkt der „Ausgliederung von Kindern aus der Erwachsenenwelt" (1205,511), so fungiert er in seiner neuen Gestalt als Instrument einer „gemeindepädagogische(n) ‚Vernetzung'" der unterschiedlichen „Felder der Gemeindearbeit" (1202,133).

Der Kindergottesdienst hat schließlich „eine integrierende Funktion nicht nur im horizontalen Sinn im Blick auf die Breite der Gemeinde, sondern auch im vertikalen Sinn im Blick auf die *Biographie* des einzelnen" (1201,139). Indem er darauf abzielt, den „Menschen von Kind auf im Gottesdienst zu beheimaten" (1201,145), legt er einen Grundstein für die sich lebensgeschichtlich ausformende und sich im biographischen Fortschritt ständig weiterentwickelnde Frömmigkeitshaltung des Individuums und zugleich die Basis für die spezifisch liturgisch akzentuierte Spiritualität, auf der sowohl die regelmäßige Partizipation am agendarischen Erwachsenengottesdienst als vor allem auch die Beteiligung und Mitwirkung an den unterschiedlichen Versionen ‚innovativer' Gottesdienstpraxis aufruht.

3.2.3.2. Die pluriforme Genese des Kindergottesdienstes

Das ebenso komplexe wie spannungsreiche Profil des zeitgenössischen Kindergottesdienstes resultiert aus seiner zweifachen *Genese* (1198,17ff). Die historischen Wurzeln des Kindergottesdienstes liegen zum einen in dem eher sozialdiakonisch und pädago-

gisch profilierten Konzept der ‚Sonntagsschule', zum anderen in dem mehr gemeindeor-
ganisatorisch und liturgisch akzentuierten Modell der ‚Kinderkirche'.

Finden sich in der Geschichte der christlichen Kirchen auch schon in früheren Stadien
Vorläufer des Kindergottesdienstes, der Kinderpredigt (1207), der ‚Kinderlehre' sowie
anderer schulähnlicher Formen christlicher Unterweisung (1194,183), so geht die
Sonntagsschule' (1196) in ihrer modernen Gestalt auf die Initiative des Baptisten William Fox zurück, der 1785 in London die ‚Gesellschaft zur Gründung und Unterhaltung
von Sonntagsschulen in Großbritannien' gründete. Der „elementarpädagogische" Typus
(1198,41) der Sonntagsschule, ein „sozialdiakonisch geprägter Schulersatz für proletarische Kinder", entstand auf dem Hintergrund des „frühkapitalistischen England"
(1210,50) und insbesondere „im Zusammenhang von fehlendem allgemeinen Volks-
schulwesen, Kinderarbeit, Proletarisierung, Slums und Mangel an sozialen Einrichtungen" (1194,183). Die von den Freikirchen getragene „Sonntagsschulbewegung", ein „typisch protestantisches Phänomen" (1196,290), breitete sich in der Folgezeit rasch in Europa und in den Vereinigten Staaten aus. Durch die Initiative von Johann G. Oncken,
dem späteren Begründer der ersten deutschen Baptistengemeinde, wurde in Hamburg die
erste Sonntagsschule ins Leben gerufen, die unter der Leitung von J.H. Wichern eine
Blütezeit erlebte. Der Bremer Sonntagsschulkongreß von 1882 ersetzte die Begriffe der
‚Sonntagsschule' und der ‚Kinderkirche' durch den seitdem gebräuchlichen Begriff des
‚Kindergottesdienstes' (1194,184).

Der *„gemeindebezogene"* Typus (1194,184) der Sonntagsschule entwickelte sich aus der
spezifisch nordamerikanischen Variante des englischen Modells. Sie stellt eine „zentrale
Einrichtung der Gemeindearbeit" dar, die kirchlich institutionalisierte Form „biblisch-
religiösen" Unterrichts, und bildet in den USA bis heute den „Ersatz für den fehlenden
Religionsunterricht der öffentlichen Schule" (1194,184). „Von einer mächtigen evange-
listischen Laienbewegung getragen" wurde die amerikanische Sonntagsschulbewegung
„mit der neupietistischen Welle nach Europa zurückgebracht" (1210,50). Im religiös-
kirchlichen Kontext Deutschlands fungierte die Sonntagsschule freilich weder als
„Schulersatz" noch als „Schulergänzung", sondern war „ganz der missionarisch-erweck-
lichen Verkündigung der in der Inneren Mission zusammengeschlossenen Vereine verpflichtet" (1210,50). Im Zuge der „kirchliche(n) Adoption der Laieninitiative" (1198,64)
entstand das heutige Modell des Kindergottesdienstes, das „konzeptionell zwei wichtige
Dimensionen" der kirchlich institutionalisierten Religionspraxis in sich vereinigt, die
„katechetische" und die „liturgische" (1194,184).

Mit der *Umformung* der Sonntagsschule zum Kindergottesdienst verschoben sich die
Gewichte von der pädagogischen zur liturgischen Akzentuierung. Das auf dem Hintergrund der liturgischen Reformbewegungen des beginnenden 20. Jahrhunderts (> 233)
formulierte Konzept des Kindergottesdienstes fordert programmatisch eine Abkehr vom
amerikanischen Sonntagsschulmodell und die Entwicklung neuer, kindgerechter Gestaltungen der Gottesdienstpraxis: „Religiöse Unterweisung muß sein und ist nützlich; aber
sie gehört nicht auf den Sonntag und nicht ins Gotteshaus"; die Kinder „müssen wie die
erwachsenen Gemeindeglieder am Sonntag eine Stunde der Gemeinschaft haben, in der
sie Verkehr mit Gott pflegen"; soll im Kindergottesdienst auf der einen Seite „alles
Schulmäßige fernbleibe(n)" (1212,155), so soll auf der anderen Seite „der Gang der Liturgie im ganzen wie alle einzelnen Teile ... dem kindlichen Verständnis angepaßt"

werden (1212,156). In den sechziger Jahren wurde „der grundlegende Unterschied zwischen Unterricht und Gottesdienst" (1200,16) erneut herausgestellt: „Die für jeden Gottesdienst zu beachtende katechetische Struktur und lehrhafte Dimension darf nicht dazu führen, den Kindergottesdienst primär als liturgisch umrahmten Unterricht zu verstehen" (1200,15). Während die Bildungsreformdebatte (> 212-4:2.2.) auch auf Inhalt und Gestalt des Kindergottesdienstes einwirkte und die narrative Auslegung biblischer Texte seit 1970 zunehmend durch die Behandlung lebensweltlicher und kirchengeschichtlicher Themen sowie durch „Symbol-Reihen" (1202,126) ergänzt wurde, betonen neuere Konzeptionen wieder mehr den „Fest- und Feiertagscharakter des Kindergottesdienstes" (1194,185).

3.2.3.3. Die paradigmatische Bedeutung des Kindergottesdienstes

Die Bedeutung des Kindergottesdienstes für die kirchliche Christentumskultur geht nicht in der Einziehung der Kinder in die liturgische Religionspraxis auf. Im Rückgriff auf die religiös grundierten ideellen Gehalte der neuzeitlichen Vorstellungen vom Kind schreiben die Protagonisten der ‚Kindergottesdienstbewegung' dem Kindergottesdienst vielmehr eine paradigmatische *Leitfunktion* für die Liturgiereform und darüber hinaus für die Reform des Gemeindelebens im ganzen zu. Während die „Intellektualisierung des Erwachsenen-Gottesdienstes" (1201,141) unter der „Dominanz der Predigt" (1205,513) zu einer „zunehmenden Verarmung des Gottesdienstes an Ausdrucksformen und sinnlichen Wahrnehmungsmöglichkeiten" (1205,512) führte, hat der Kindergottesdienst umgekehrt „manches bewahrt bzw. entdeckt, was für die unabweisbar anstehende liturgische Reform wichtig ist" (1205,517). Die in die liturgische Kultur des Kindergottesdienstes eingelagerten kreativen Potentiale vermögen der auf eine „ganzheitliche, d.h. alle Sinne einbeziehende Gestaltung des Gottesdienstes" abzielenden „Reform des Erwachsenengottesdienstes" innovative Impulse zu verleihen (1204,357). Entstand der Kindergottesdienst ursprünglich durch seine Loslösung vom Erwachsenengottesdienst und nahmen sich die frühen Modelle des Kindergottesdienstes wie verkleinerte Kopien des Erwachsenengottesdienstes aus, so beschreitet die zeitgenössische Liturgiereform nun den umgekehrten, „fast subkulturell zu nennende(n) Weg ..., um mit Kindern und von Kindern zu lernen, was es bedeutet, Gottesdienst zu feiern" (1203,351).

In der Verschränkung der neuzeitlichen Idealisierung des Kindes mit den Grundprinzipien der reformatorischen Theologie wird das Kind schließlich zum Symbol des Erwachsenseins und der Kindergottesdienst zum liturgischen *Paradigma* der protestantischen Gottesdienstkultur stilisiert: „Die Rechtfertigungslehre versteht den Gottesdienst als Wiederholung jener Welterfahrung, die der Mensch in der frühesten Kindheit macht und die ihn auch im Erwachsenen-Dasein begleitet"; bleibt „auch der erwachsene Mensch jemand ..., der einmal Kind gewesen ist", und soll er, dem Kinderevangelium entsprechend ‚wie ein Kind werden', dann ist „recht verstanden ... jeder Gottesdienst Kinder-Gottesdienst" (1211,40).

Die hohe ideelle wie reale Bedeutung des Kindergottesdienstes für das zeitgenössische *Gemeindechristentum* bringt sich in einer Neuvermessung der liturgischen und organisatorischen Topographie der Kirchengemeinde zur Geltung. In traditioneller Perspektive wurden die verschiedenen, im Zuge eines liturgischen Differenzierungsprozesses ent-

standenen Gottesdienstformen als Nebenformen des ‚Hauptgottesdienstes', als Varianten
des ‚Normalgottesdienstes' oder als lediglich partielle Vergemeinschaftungsformen im
Unterschied zum „Vollgottesdienst der Ortsgemeinde" (1210,51) begriffen. In der neuen
Optik stellt sich das System unterschiedlicher Gottesdienstpraxen nicht mehr als konzentrisch strukturiertes Modell, sondern als Netzwerk eigenständiger, gleichwohl aufeinander bezogener Formen moderner Liturgiepraxis dar. Dem Kindergottesdienst kommt
nicht nur eine zentrale Stellung in der pluriformen liturgischen Kultur der Gegenwart zu.
Vielmehr trägt der Diskurs über Bedeutung und Funktion des Kindergottesdienstes darüber hinaus „zur Anregung einer Leitbilddiskussion in der Gemeinde" (1208,245) bei; in
Frage steht dabei nicht, ob die Kirchengemeinde „einen Ort für Kinder hat" (1208,241)
oder wie sie einen „Erlebnis-, Erfahrungs- und Lebensraum für Kinder" schaffen kann
(1208,245), „sondern ob sie selber dieser Ort ist. Vom Kind her soll die Wirklichkeit der
Gemeinde erschlossen werden" (1208,241).

3.3. Der Pfarrerberuf als Idealgestalt integraler religiöser Lebenspraxis

3.3.1. Der Pfarrerberuf als integrale Lebensform

Der Beruf der Pfarrer und Pfarrerinnen gehört in herausgehobener Weise zu den *integralen* Institutionen (> 212-4:2.), in denen sich einerseits die verschiedenen Dimensionen (> 110) religiöser Lebenspraxis – religiöse Selbstvergewisserung, Lebensentfaltung
und Weltgestaltung – ineinander verweben und andererseits die unterschiedlichen Gestalten des neuzeitlichen Christentums – private, kirchliche und öffentliche Religionskultur – miteinander verschränken. Wie sich in der alltagspraktischen Ausübung des
Pfarrerberufs die vielfältigen Erscheinungsformen kommunikativ praktizierter Religion
bündeln, so verdichten sich in den religiös angereicherten Vorstellungen vom Pfarrer die
Attribute des neuzeitlichen Persönlichkeitsideals – Frömmigkeit und Bildung, persönliche Einfühlungsgabe und soziales Engagement – zu einem symbolischen Portrait der
exemplarischen Individualität. Die originäre Statur des Pfarrerberufs als einer integralen
Lebensform (> 212-4:2.3.) findet ihre einander entsprechenden Ausdrucksformen in der
privaten Konturierung der Berufswelt und in der beruflichen Grundierung der Privatwelt
der Pfarrer und Pfarrerinnen.

3.3.1.1. Die komplexe Struktur und die integrale Statur des Pfarrerberufs

1. Im Vergleich zu den übrigen Berufen stellt sich der Beruf der Pfarrer und Pfarrerinnen
als ein hochgradig *komplexes* soziales Konstrukt dar. Weisen die in der Folge der gesellschaftlichen Arbeitsteilung entstandenen Berufe (> 212-4:2.3.) in der Regel ein markan-
tes Rollenprofil auf, so setzt sich der Pfarrerberuf aus einer Vielzahl pluriformer und
durchaus disparater Berufsrollen zusammen. Führte die Spezialisierung der Berufstätigkeiten gleichzeitig zu einer Reduktion der beruflichen Zuständigkeiten wie zu einer entsprechenden Optimierung spezifischer beruflicher Fähigkeiten, so stellt sich die Berufsarbeit der Pfarrer und Pfarrerinnen als ein breit gefächertes Sortiment verschiedenartig-
ster Berufsleistungen dar, die nur aufgrund vielfältiger Kompetenzen erbracht werden
können. Sind die mit dem Pfarrerberuf verwandten bürgerlichen Professionen jeweils in
ein deutlich umgrenztes Segment des feingegliederten sozialen Kosmos eingebettet, so

ordnen sich die Berufssituationen des Pfarrers ganz unterschiedlichen lebensweltlichen Regionen zu: teils dem privaten, teils dem öffentlichen Leben und in ihrer überwiegenden Zahl der von beiden Sphären der bürgerlichen Lebenswelt gleichermaßen beeinflußten kirchlichen Lebenskultur. Traten im Laufe der gesellschaftlichen Entwicklung Berufswelt und Privatwelt als einander oppositionell gegenüberstehende und von ihren jeweiligen Eigengesetzlichkeiten dirigierte soziale Teilwelten auseinander, so überlagern sich im Pfarrerberuf private und berufliche Lebenswelt. Wurden die beruflichen Arbeitsleistungen im Zuge der Rationalisierung der Arbeitswelt zunehmend standardisiert, so sind in die Arbeitspraxis der Pfarrer vielfältige Momente individueller und situativer Kontingenz eingelagert. Reduzierte sich in den übrigen Berufen die Bedeutung des Berufsträgers für den durchrationalisierten Arbeitsablauf weitgehend auf die Funktion einer austauschbaren Arbeitskraft, so stellt die Persönlichkeit des Pfarrers und der Pfarrerin ein konstitutives Moment ihrer Berufsarbeit dar, den Fundus beruflicher Inspiration und das kommunikative Medium beruflicher Interaktion.

2. Die komplexe Struktur der pastoralen Berufswelt bildet die Basis, auf der die *integrale* Statur des Pfarrerberufs aufruht. Im Zuge der Rationalisierung der Arbeitswelt büßte die in der öffentlichen Lebenssphäre verankerte Institution des Berufs (> 212-4:2.3.) ihre integrative Funktion für die sich parzellierende Lebenswelt (> 310) wie für die sich fragmentierende Person (> 311) zunehmend ein. Wie sich in der immer feineren Rasterung des modernen Berufssystems die Ausdifferenzierung der gesellschaftlichen Welt zur Geltung bringt, so verstärkt die Spezialisierung der Berufsarbeit die desintegrativen Momente gesellschaftlicher Modernisierung. Die Aufgabe lebensweltlicher Integration, der Konstruktion eines in sich konsistenten Weltbildes und des Aufbaus einer integralen Persönlichkeitskonstitution, wurde dem Individuum aufgebürdet und in die private Lebenswelt verlagert. Der auf der integralen Funktion der Religion (> 123) basierende Pfarrerberuf hat dagegen im prinzipiellen Gegensatz zu den unmittelbar in das moderne Wirtschaftssystem eingegliederten Berufen und in zumindest graduellem Unterschied zu den mit den verschiedenen Dimensionen der Lebenspraxis befaßten Professionen seine an der Ganzheitlichkeit der Erfahrungswelt orientierten, wirklichkeitskonstitutiven wie persönlichkeitsintegrativen Valenzen beibehalten.

Die integrale Funktion des Pfarrerberufs bringt sich zum einen in der Mehrdimensionalität der *Berufsrollen,* zum anderen in der pluriformen Einheit des *Berufsgebiets* und schließlich in der Synthese von beruflicher und *privater* Lebenswelt zur Geltung.

3. In den klassischen pastoralen *Berufsrollen* des Liturgen, Predigers, Lehrers und Seelsorgers verschränken sich die verschiedenen Dimensionen praktizierter Religion – religiöser Glaube, religiöses Wissen und religiöse Lebensorientierung – auf vielfältige Weise miteinander. Zwar tritt in den unterschiedlichen beruflichen Handlungsformen jeweils eine der nur idealtypisch voneinander zu trennenden Dimensionen religiöser Lebenspraxis in den Vordergrund. So zielt das Predigen auf die Erbauung (> 212-4:3.1.1.1.) der Zuhörer ab, auf die persönliche Aneignung lebensverpflichtender religiöser Glaubensvorstellungen. Der Unterricht dient der Bildung (> 212-4:2.2.) der SchülerInnen und KonfirmandInnen, dem Aufbau einer rational durchstrukturierten religiösen Wirklichkeitskomposition. Die seelsorgerliche Beratung schließlich gilt der Lebensvergewisserung des Klienten, der Wiederherstellung lebenspraktischer Autonomie (> 213). Gleichwohl sind die nicht explizit zu Handlungszielen erklärten Dimensionen religiöser

Lebenspraxis in den vielschichtigen Arrangements kommunikativ praktizierter Religion immer mit enthalten. So stellt die Predigt von jeher auch eine Institution religiöser Bildung dar, der Religionsunterricht eine Institution religiöser Lebensvergewisserung, die Seelsorge eine Institution religiöser Glaubensvermittlung. Die Interdependenz von vieldimensionaler religiöser Wirklichkeitskonstruktion und eindeutigen Handlungszielen kommt einerseits auf der Seite der Berufsträger, andererseits auf der Seite ihrer Handlungspartner auf unterschiedliche Weise zur Geltung.

In der Perspektive der *Handlungspartner* des Pfarrers tritt die Vielschichtigkeit religiöser Kommunikation hinter der situativen Reduktion komplexer Erfahrung zurück. Die Kommunikationspartner unterlegen den homiletischen, pädagogischen oder poimenischen Interaktionen jeweils spezifische Erwartungen, nehmen entsprechende Rollen und Wahrnehmungsattitüden ein und konzentrieren ihr Interesse auf die manifesten Ziele der kommunikativen Interaktion. Eine dominant belehrende Predigt, eine lediglich erbauliche Unterrichtsstunde oder ein durchweg doktrinäres Seelsorgegespräch wird von den Predigthörern, Schülern und Seelsorgesuchenden weniger als belebende Verfremdung der Situation registriert, sondern eher als eine den Kommunikationsprozeß störende Erwartungsenttäuschung gewertet und als Verletzung des für alle Beteiligten verbindlichen homiletischen, religionspädagogischen oder poimenischen Handlungskontrakts (1274) beurteilt. Indem die Handlungspartner des religiösen Redners, Erziehers oder Seelsorgers ihren Erwartungshorizont begrenzen und ihr Interesse jeweils auf das spezifische Handlungsziel einer Predigt, einer Unterrichtsstunde oder eines Seelsorgegesprächs konzentrieren, nehmen sie die komplexe religiöse Wirklichkeit in der Kommunikationssituation selbst zwar nur in einer partiellen Perspektivierung wahr. Im Zuge ihrer nachgängigen Verarbeitung werden die markant ausgeformten Einsichten und Erfahrungen aber zu den vielfältigen Momenten komplexer religiöser Wirklichkeitskonstruktion in Beziehung gesetzt und in ein integrales Konzept religiöser Lebenshaltung und Welteinstellung verwoben.

Während sich den Handlungspartnern des Pfarrers die rhetorisch oder konversationell chiffrierte religiöse Welt vornehmlich in jeweils situationsspezifischen Fokussierungen präsentiert, als Horizont religiöser Erbauung, Bildung oder Lebensberatung, gibt sich die pluriforme Welt der Religion den *Berufsträgern* in ihrer Berufspraxis selbst als ein zugleich vielgestalter wie einheitlicher Horizont sinnhafter Wirklichkeitserfahrung zu erkennen. Ist die Präsentation der religiösen Rede im sonntäglichen Gottesdienst auch nicht der pädagogischen Berufsrolle des Pfarrers zuzurechnen, so ruhen Predigtarbeit (> 212-4:3.1.3.2.) und Predigtmeditation (> 212-4:3.1.3.2.3.), die professionalisierten Versionen protestantischer Schriftfrömmigkeit, gleichwohl auf der vielseitigen Bildung des Pfarrers auf. Gehen exegetische, systematisch-theologische und praktisch-theologische Einsichten auch nicht als explizite Gehalte, sondern in homiletisch verarbeiteter Gestalt in die weniger auf die theologische Bildung als vielmehr auf die religiöse Erbauung (> 212-4:3.1.1.1.) der Rezipienten abzielenden Kanzelreden ein, so stellt sich eine Predigt in der Perspektive ihres Produzenten gleichwohl als Resultat eines vieldimensionalen beruflichen Arbeitsprozesses dar. Ebenso verflechten sich in der seelsorgerlichen Konversation und zumal in der nachgängigen reflexiven Bearbeitung eines Seelsorgegesprächs oder in der vorauslaufenden Planung einer Unterrichtseinheit die unterschiedlichen Dimensionen der beruflich praktizierten Religion. Bleibt den Trägern weniger komplex verfaßter Berufe der umfassende lebensweltliche Kontext der spezialisierten

Berufsleistungen meist verborgen, so kommt in der pluriformen Berufsarbeit der Pfarrer die Komplexität der Religionspraxis unmittelbar zum Ausdruck. Pfarrern und Pfarrerinnen erschließt sich daher die integrale Statur der pluriformen religiösen Lebenswelt gerade in der Ausübung ihres Berufs.

4. Verdichtet sich die pluriforme Berufswelt der Pfarrer und Pfarrerinnen zum einen in der internen Komplexität der beruflichen Arbeitsprozesse, so kommt die integrale Statur des Pfarrerberufs zum anderen in der vielfachen Vernetzung der disparaten Berufstätigkeiten zu einem in sich konsistenten *Berufsgebiet* zur Geltung. Der berufliche Alltag von Pfarrern und Pfarrerinnen setzt sich aus einer Vielfalt ständig wechselnder Berufssituationen zusammen. Die jeweils in sich abgeschlossenen Arbeitsszenen verdanken ihr charakteristisches Profil ihrer Einbettung in unterschiedliche Sektoren der vielgliedrigen pastoralen Arbeitswelt und unterliegen jeweils einer spezifischen Eigenlogik, den Gesetzmäßigkeiten organisationspraktischen, rituellen, rhetorischen oder konversationellen Berufshandelns. Gleichwohl stehen die disparaten Arbeitsprozesse nicht als unverbundene Elemente einer fragmentierten Berufswelt nebeneinander, sondern verknüpfen sich in der Berufspraxis der Pfarrer und Pfarrerinnen auf vielfältige Weise. So bestehen enge reziproke Beziehungen etwa zwischen der pädagogisch konturierten Konfirmandenarbeit und der liturgischen Gestaltung des Konfirmationsgottesdienstes (> 212-3:3.5.1), zwischen der rituellen Trau- und Taufpraxis (> 232-2) und der seelsorgerlichen Ehe- und Familienberatung (> 222-2) oder zwischen der Beaufsichtigung des kirchlichen Kindergartens (> 212-4:3.2.2.), der Organisation der parochialen Kindergruppenkultur und der Gestaltung des Kindergottesdienstes (212-4:3.2.3.). Am deutlichsten tritt die Vernetzung der beruflichen Arbeitsszenen im Gebiet der Kasualien (> 232-3) und insbesondere anläßlich der Vorbereitung einer Bestattung zutage. Die seelsorgerliche Konversation im Trauerhaus, die rhetorische Produktion der Grabrede am Schreibtisch und die liturgische Komposition der Bestattungsfeier in Kooperation mit dem Bestattungsunternehmer bilden aneinander anschließende und sich überschneidende Phasen eines mehrgliedrigen, gleichwohl aber in sich konsistenten Arbeitsprozesses (1246). Die integrale Statur seiner beruflichen Arbeitswelt überzeugt den Pfarrer von der Einheitlichkeit und Ganzheitlichkeit religiöser Lebenspraxis.

5. Am augenfälligsten kommt die zugleich komplexe wie integrale Statur des Pfarrerberufs schließlich in der untrennbaren Verbindung von *berufspraktischer* und *alltagspraktischer* Lebenswelt zum Ausdruck. Wie sich die Berufstätigkeiten der mit dem Pfarrerberuf verwandten bürgerlichen Professionen und insbesondere der Beratungsberufe (> 212-4:2.3.4.) als methodisch raffinierte Versionen alltagsweltlicher Handlungs- und Arbeitsprozesse darstellen, so ist auch die Berufsarbeit der Pfarrer und Pfarrerinnen als artifizielle Gestalt allgemeinchristlicher Lebenspraxis anzusehen. Religiöse Selbstvergewisserung, Lebensführung und Weltgestaltung ereignen sich nicht nur und nicht vornehmlich unter der Regie von Pfarrern und Pfarrerinnen, sondern in ebenso ursprünglicher wie vielfältiger Weise im Horizont alltagsweltlicher Frömmigkeitspraxis und vorzüglich im Rahmen der privaten Lebenswelt, in Haus und Familie (> 212-1). Aus der teils individuell, teils gemeinschaftlich ausgeübten Alltagsfrömmigkeit entlehnen die Pfarrer und Pfarrerinnen die kommunikativen Arrangements ihrer Berufsarbeit, formen sie zu methodisch organisierten Arbeitsabläufen um und erhöhen damit die Effizienz der von Experten ausgeführten Arbeitsprozesse. So leiten sich die Regeln der Predigterstellung aus der in der protestantischen Schriftfrömmigkeit verwurzelten Praxis literarischer Inter-

pretation und rhetorischer Erbauung ab. Die Methoden des Religions- und Konfirmandenunterrichts ergeben sich aus der Logik der religiösen Persönlichkeitsentwicklung und der familialen Erziehungsarbeit, die Techniken seelsorgerlicher Gesprächsführung aus der alltagsweltlichen Konversationskultur.

In der *Arbeitswelt* der Pfarrer und Pfarrerinnen verschränken sich dementsprechend alltagspraktische und berufspraktische Lebenswelt miteinander. Auch wenn ein Prediger die Kanzelrede nicht als Darstellung seiner frommen Individualität auffaßt und in Gestalt einer persönlichen Einlassung präsentiert, so kommen in seiner rhetorischen Wirklichkeitskomposition doch immer auch Momente seiner individuell konturierten und alltagspraktisch ausgearbeiteten Frömmigkeitshaltung zum Ausdruck. Auch wenn eine Religionslehrerin den Schülern nicht ihre Welt, die Welt von gestern, vorstellt, sondern ihnen in der Attitüde der Hermeneutin deren eigene, erst im Entstehen begriffene Welt zu entdecken und zu verstehen hilft, so gehen gleichwohl die von ihr als wahr erkannten Einsichten auf organische Weise in die pädagogischen Arbeitsprozesse ein. Auch wenn ein Seelsorger sich lebenspraktischer Direktiven und verbindlicher Ratschläge enthält und statt dessen die ihm nur in Grenzen zugängliche Lebenswelt des anderen für diesen transparent zu machen hilft, so verbinden sich in der konversationellen Interaktion doch die persönlichen Lebensperspektiven beider Gesprächspartner miteinander. In den Berufsrollen des Kanzelredners, des religiösen Erziehers oder des seelsorgerlichen Gesprächspartners verweben sich die kommunikationstechnischen und persönlichkeitskonstitutiven Komponenten kommunikativen Handelns auf jeweils charakteristische Weise miteinander.

Wie die individuell konturierten Lebenshaltungen und Welteinstellungen der Berufsträger in die Berufsarbeit der Pfarrer und Pfarrerinnen einfließen, so stellt die berufliche Wahrnehmung religiöser Lebenspraxis umgekehrt ein prägendes Moment der *privaten* Lebensführung von Pfarrern und Pfarrerinnen dar. So eignet sich der Pfarrer in der kontinuierlich praktizierten beruflichen Predigtmeditation eine seine individuelle Spiritualität prägende Frömmigkeitsattitüde an, zieht seine persönlichen Lehren aus dem Umgang mit Jugendlichen und ihren originären Lebensstilen (> 212-3:3.5.1.) und macht sich die Erfahrungen aus beruflichen Seelsorgegesprächen in seiner privaten Lebensführung zu eigen. Im Beruf des Pfarrers treten daher professionelle Organisation kommunikativer Handlungen, private Frömmigkeitspraxis und reflexiv durchgestaltete Lebens- und Weltanschauung – Beruf, Andacht und Bildung – in eine wechselseitige Beziehung zueinander. Stellen sich die Berufskompetenzen der Pfarrer und Pfarrerinnen als professionalisierte Gestalten ihrer persönlichen Lebenskompetenzen dar, so wirkt die Berufsarbeit umgekehrt auf die private Lebenswelt der Berufsträger zurück und trägt zur Ausformung einer gleichermaßen komplex strukturierten wie integral verfaßten religiösen Lebenshaltung und Welteinstellung bei. Die private Grundierung des Berufs und die berufliche Konturierung des privaten Lebens gehen im Pfarrerberuf als einer integralen Lebensform ineinander auf.

3.3.1.2. Entstehung und Entwicklung des Pfarrerberufs

1. Die komplexe Struktur und die integrale Statur der pastoralen Berufswelt bildeten sich im Zuge der *sozial-* und *kulturgeschichtlichen Entwicklung* von Kirchenorganisation und

Pfarrerberuf und zumal in der wechselseitigen Beziehung zwischen den beiden elementaren religiösen Institutionen heraus. So sehr charakteristisch theologische, ekklesiologische oder pastoraltheologische Vorstellungen die konfessionsspezifischen und epochenspezifischen Bilder des katholischen ‚Priesters' und des protestantischen ‚Pfarrers', des pietistischen ‚Seelsorgers', des aufgeklärten ‚Religionslehrers' und des bürgerlich-protestantischen ‚Geistlichen' auch prägten, die signifikanten Wandlungen, denen die soziale und kulturelle Welt des Pfarrers in ihrer wechselvollen Geschichte unterlag, sind nur auf dem Hintergrund der gesellschaftlichen Institutionalisierung (> 321) des Christentums von der nachkonstantinischen Ära über die Epoche des Humanismus und das bürgerliche Zeitalter bis in die Moderne zureichend zu begreifen. Folgte die historische Entwicklung des Pfarrerberufs auf der einen Seite der originären Fortschrittsdynamik seines Arbeitsgebiets, den teils kontinuierlichen, teils epochalen Transformationen der sozial organisierten und kommunikativ praktizierten Religion, so läßt sich die Umformung des geistlichen Amtes (> 323) zum kirchlichen Beruf und schließlich zu einer gesellschaftlichen Profession (> 333) auf der anderen Seite nur aus den Gesetzmäßigkeiten der ökonomischen Welt, der Verberuflichung sozialer Arbeit und der Professionalisierung (> 212-4:2.3.2.) sozialer Berufe, verstehen. Während sich im Verlauf der neueren Christentumsgeschichte die konfessionsspezifischen Konturen der Berufsbilder zunehmend verwischten, schärfte sich im Zuge der Integration des Pfarrerberufs in die moderne Arbeitswelt das professionelle Profil der pastoralen Berufspraxis. Der moderne Pfarrerberuf verdankt seine komplexe Struktur wie seine integrale Statur somit der Verschränkung von religiöser Institutionalisierung und ökonomischer Rationalisierung (1242).

2. Die Pluriformität der pastoralen *Arbeitswelt*, in der sich „spezifisch religiöse Aufgaben" und „Tätigkeiten, die ähnlich von profanen Sozialberufen ausgeübt werden" (1215,1150), miteinander verbinden, ist in der „staats- oder volkskirchliche(n) Überlieferung" westeuropäischer Gesellschaften begründet (1233,23) und schon in der frühen Vorgeschichte des neuzeitlichen Pfarrerberufs präfiguriert. Wie die christliche Religion „von Anfang an in doppelter Gestalt aufgetreten" ist, „als kirchliches Christentum und als das Christentum der Gesellschaft" (1,93), so fielen auch den kirchlichen Amtsträgern sowohl spezifisch kirchliche als auch allgemeingesellschaftliche Funktionen zu. Führte die „Anerkennung des Christentums durch den Staat unter Konstantin" einerseits zur „Ausgestaltung der priesterlichen und sakralen Züge" (1253,7) des kirchlichen Amtes, so übernahm die Kirche andererseits „im zerfallenden Reich vielfach gesellschaftliche und politische Aufgaben" (1253,8); „die Bischöfe, sozusagen die Stadtpfarrer" wurden „zu Erziehern, zu Hütern der öffentlichen Sittlichkeit, auch der Bildung, die Kirche trat in die Wohlfahrts- und Armenpflege ein, sie übernahm bestimmte Funktionen der Rechts- und Friedenswahrung" (1253,8). Der schon in seinen Ursprüngen angelegte „historische Funktionsreichtum des Pfarramts" ist daher nicht vorwiegend „als Ergebnis eines planenden Handelns", sondern als ein Reflex des Verhältnisses von Kirche und Gesellschaft, der „kirchlich-gesellschaftlichen Interaktion und Kommunikation", anzusehen (1233,23).

Das teils organische, teils spannungsreiche „Verhältnis von kirchlicher Organisation und gesellschaftlicher Umwelt" (1236,172) spiegelt sich auch in der weiteren *Entwicklung* des Pfarrerberufs und zumal in seiner neueren Geschichte wider. Die Verberuflichung der unterschiedlichen Formen ‚religiöser' Arbeit, die Umformung der „Aktionsräume der Kirche" zu „Berufsfeld(ern) des Pfarrers" (1216,144), vollzog sich auf dem Hintergrund zweier die moderne Religionskultur tiefgreifend prägenden gesellschaftlicher Wandlungsprozesse: der ‚Entkirchlichung' (> 212-3:1) des Christentums und der Individualisierung (>133) der Religion. Die beiden miteinander verschränkten Prozesse religiöser Entwicklung wirkten in mehrfacher Hinsicht auf die Statur des neuzeitlichen Pfarrerberufs ein. Die neuzeitlichen Transformationen der religiösen Lebenswelt bringen sich zum einen in einer Umschichtung der spezifisch religiösen Berufsfunktionen, zum anderen in einer Neufassung des Verhältnisses zwischen Laien- und Expertenhandeln und schließlich in einer Umstrukturierung der pastoralen Arbeitswelt zur Geltung.

3. Der gesellschaftliche Modernisierungsprozeß führte – zum einen – zu einer Verschiebung der Gewichte zwischen den beiden *explizit kirchlich-religiösen* Arbeitsbereichen der Pfarrer und Pfarrerinnen. In dem Maße, in dem sich „Einfluß und Autorität der Kirche" (1216,121) in der Folge der Säkularisierung und Pluralisierung der Religionskultur verringerten, verlor der „Funktionsbereich der Darstellung und Vermittlung von grundlegenden Werten" (1216,117) der kirchlich-christlichen Tradition an allgemeingesellschaftlicher Relevanz. Damit büßte die gottesdienstliche Predigt als die klassische protestantische Kommunikationsform religiöser Glaubensvermittlung ihre dominante Stellung in der christlichen Lebenswelt und dementsprechend auch ihre zentrale Position in der Berufswelt der evangelischen Pfarrer ein. Dagegen gewann der „Funktionsbereich der helfenden, vor allem emotionalen Begleitung in Krisensituationen und an Knotenpunkten des Lebens" (1216,117), lebensgeschichtlich konturierte Seelsorge (> 213) und lebensbegleitende Kasualpraxis (> 232-3), im Zuge der Privatisierung der Religion an Bedeutung hinzu. Mit der Verlagerung des Schwergewichts von der Predigtkultur zur Seelsorgearbeit veränderte sich zugleich die Kommunikationsstruktur der pastoralen Berufspraxis; die Pfarrer und Pfarrerinnen rückten „aus der distanzierten Position des ‚Gegenübers' in den Vollzügen von Verkündigung und Lehre in die kommunikative ‚Proexistenz' des Helfens und seelsorgerlichen Begleitens" ein (1236,166).

4. Die charakteristischen Wandlungen der modernen Christentumskultur spiegeln sich aber nicht nur in einer Umschichtung der pastoralen Berufsarbeit von der Tradierung der kirchlichen Lehre zur Pflege des christlichen Lebens wider, sondern – zum anderen – auch in einer Modifizierung des Verhältnisses zwischen *allgemeinchristlicher Lebenspraxis* und *religiösem Expertenhandeln*. In dem Maße, in dem die Religion privatisiert und die Pflege persönlicher Frömmigkeit aus der kirchlichen Direktive in die Regie der autonomen Individuen überstellt wurde, verlor die beruflich verfaßte Religionspraxis an Relevanz für die selbstverantwortete und selbstgestaltete Frömmigkeitspraxis. Wird Pfarrern und Pfarrerinnen auch nach wie vor die Rolle des beruflichen „Seelsorger(s) in des Wortes weitester Bedeutung" zugeschrieben, so besteht doch eine deutliche „Diskrepanz zwischen Funktionszuweisung und faktischer Inanspruchnahme" (1236,167).

Die vom Protestantismus geförderte Laisierung der Religionspraxis führte gleichwohl nicht zu einem generellen Funktionsverlust der beruflich verfaßten Religionspraxis, sondern vielmehr zu einem signifikanten *Bedeutungswandel* der religiösen Berufsträger im Zusammenhang der allgemeinchristlichen Lebenspraxis. Indem das reformatorische Prinzip des Priestertums aller Gläubigen (> 340) in der neueren Christentumsgeschichte und zumal in der Epoche des Pietismus praktisch ratifiziert wurde, rückten die religiösen Berufsträger zwar an die Peripherie der religiösen Alltagswelt; aber sie gewannen dort sowohl im Bewußtsein der Kirchenmitglieder als vor allem auch in der Selbsteinschätzung der Pfarrer und Pfarrerinnen eine neuartige Bedeutung für die von Kirche und Pfarrerberuf emanzipierte Frömmigkeitskultur. Der praktische Funktionsverlust der religiösen Berufsarbeit wurde durch eine Umdeutung der pastoralen Berufsrolle kompensiert, die reale Berufsleistung zu einer symbolischen ‚Hintergrundfunktion' der Berufsträger umstilisiert: „Der Pfarrer garantiert durch seine Anwesenheit, daß im Falle der Notwendigkeit einer Erörterung von Lebens- und Sinnfragen, von Leid- und Schuldproblemen, aber auch im Falle des Wunsches nach seelsorgerlichem Trost und Zuspruch gewissermaßen ein Fachmann da ist, an den man sich wenden kann" (1216,114).

Die *Hintergrundpräsenz* des Pfarrers geht allerdings nicht in einer dem Notarzt vergleichbaren Abrufbereitschaft auf. Vielmehr wirkt das Bewußtsein, in Krisensituationen des Lebens auf einen religiösen Experten zurückgreifen zu können, auf die alltägliche Lebensführung der Laien zurück. Sie vergewissern sich der Verläßlichkeit der Alltagswelt, indem sie den jenseits deren Grenzen angesiedelten Pfarrer gerade nicht in Anspruch nehmen, prekäre Lebenslagen nicht zu unbeherrschbaren Krisen erklären und damit generell auf berufliche Eingriffe in ihre Lebenswelt verzichten. Gleichwohl wird die Erfahrung, keinen Pfarrer zu brauchen, sondern das Leben aus eigener Kompetenz meistern zu können, aber durch die symbolische Präsenz des Pfarrers abgesichert. Indem die Religion veralltäglicht und ihre berufliche Wahrnehmung in den Bereich des Außeralltäglichen und Exzeptionellen verwiesen wird, werden die in den Hintergrund der Alltagswelt gerückten und dort stets präsenten Pfarrer und Pfarrerinnen in geradezu paradoxer Weise zugleich überflüssig wie notwendig.

5. Während die explizit religiösen Funktionen der Pfarrer und Pfarrerinnen zuerst ihre spezifisch kirchliche Prägung verloren und dann in die Regie der autonomen Laien übergingen, lagerte sich – schließlich – in der Folge der Säkularisierung des Kirchenchristentums umgekehrt ein breites Spektrum relativ unspezifischer *sozialer* und *kultureller* Aktivitäten an die Kirchengemeinde und den Pfarrerberuf an. In dem Maße, in dem die Kirchengemeinde (> 332) zu einem mit dem dörflichen Vereinswesen oder dem urbanen Kulturbetrieb eng verwobenen Veranstaltungsträger mutierte, wuchsen dem Pfarrerberuf neben seinen traditionellen religiös-kirchlichen Aufgaben neue und im allgemeingesellschaftlichen Bewußtsein durchaus hochbewertete Berufsfunktionen zu. Begegnen die Pfarrer und Pfarrerinnen in Gottesdienst und Predigt nur einer Minderheit der Kirchenmitglieder und reduziert sich ihre Bedeutung für die private Frömmigkeitspflege auf eine ‚Hintergrundfunktion', so stellen sie den gesellschaftlichen Nutzen ihres Berufs in der Organisation kirchlicher Sozialarbeit und Bildungsarbeit und vor allem in der Ausgestaltung eines breit gefächerten und unterschiedlichsten Bedürfnissen entsprechenden Freizeitangebots der Kirchengemeinden unter Beweis. Galten ursprünglich die Predigtkanzel und später das Seelsorgezimmer als der klassische Arbeitsplatz des protestantischen Pfarrers, so spielt sich der Pfarrerberuf in seiner modernen Gestalt weitgehend im Pfarramtsbüro und im Gemeindezentrum ab.

Die in neuerer Zeit zu beobachtende Neuformatierung des Berufsfelds der Pfarrer und Pfarrerinnen hat weitreichende Rückwirkungen auf die *Grundstruktur* des pastoralen Berufshandelns. In früheren Stadien der Verberuflichung religiöser Arbeit standen expressiv-darstellende Kommunikationsformen im Zentrum der pastoralen Berufspraxis; kirchliche Predigt, schulische Katechese und private Seelsorge wurden als zwar in unterschiedliche institutionelle Kontexte verwobene, hinsichtlich ihrer kommunikativen

Grundgestalt aber gleichförmig strukturierte Handlungskonstrukte, als verschiedene Versionen beruflich verfaßter Selbstpräsentation des Pfarrers begriffen (1238,742ff). Im Zuge der Fortentwicklung des Pfarrerberufs verschoben sich nun die Gewichte vom ‚darstellenden‘ zum ‚organisierenden‘ Typus kommunikativen Handelns. Während die ursprünglich an den Rändern des Berufsfeldes angesiedelten rein organisatorischen Berufsaufgaben wie Gemeindeleitung, Finanzplanung oder Personalwesen in der Arbeitspraxis der Pfarrer und Pfarrerinnen immer breiteren Raum einnehmen und mittlerweile die Normalität des beruflichen Alltags symbolisieren, lösen sich die in der Persönlichkeit des Berufsträgers verwurzelten und spezifisch religiös qualifizierten Berufsfunktionen von der beruflichen Alltagswelt und werden von den Pfarrern und Pfarrerinnen als geradezu exzeptionelle Ereignisse im Zusammenhang der ebenso alltäglichen wie durchrationalisierten Berufspraxis, gewissermaßen als religiöse ‚Sonntagsarbeit‘, wahrgenommen.

Die Umstrukturierung des Pfarrerberufs im Zuge seiner Modernisierung kommt aber nicht nur in einer quantitativen Verlagerung der beruflichen Aktivitäten von den expressiven zu den organisatorischen Berufsfunktionen, sondern noch markanter in einer *qualitativen* Strukturveränderung des kommunikativen Berufshandelns zur Geltung. Die Abstraktion der Berufsarbeit von der religiösen Individualität des Berufsträgers und die methodische Formalisierung der beruflichen Arbeitsverfahren betrifft nicht nur die im engsten Sinne organisatorischen Berufsgebiete, sondern ebenso die traditionellen Berufssituationen der Pfarrer und Pfarrerinnen. Rationale Verfahren dirigieren die Predigtarbeit, operationale Techniken die Unterrichtsplanung, komplexe Konversationsmethoden die Seelsorgepraxis. Zielt die Rationalisierung der Berufsarbeit einerseits auf eine Steigerung der Handlungseffizienz ab, so bringt sich in der strategischen Organisation des Berufshandelns andererseits das protestantische Prinzip religiöser Autonomie zur Geltung. Die rationale Organisation der Interaktionsszenen dient der Aktivierung der Handlungspartner des Pfarrers, der Predigtarbeit des Hörers, der Selbstbildung des Schülers und der Selbstentfaltung des Seelsorgesuchenden. Indem die unmittelbare fromme Selbstdarstellung des Pfarrers hinter seinen mittelbaren organisierenden Berufsleistungen zurücktritt, erhält der Pfarrerberuf sein originär protestantisches, am reformatorischen Prinzip des allgemeinen Priestertums orientiertes Profil (1245).

Im Zusammenhang der breit ausgebauten parochialen *Gruppenkultur* (> 212-3:2.2.) schließlich nehmen die Pfarrer und Pfarrerinnen eine aus privatreligiösen und beruflichen Komponenten zusammengesetzte Doppelrolle ein. Sie treten einerseits als im Hintergrund agierende Organisatoren von kommunikativen Situationen auf und übernehmen weniger die Rolle eines prominenten Akteurs als vielmehr die Funktion des Regisseurs, der die Bühne den Interaktionen der Laien überläßt. Erweisen sich Pfarrer und Pfarrerinnen aufgrund ihrer organisations- wie kommunikationsstrategischen Berufskompetenzen als Experten, so nehmen sie andererseits die Rolle von gleichberechtigten Mitgliedern des Interaktionsensembles ein, fungieren in der Position des Laien und partizipieren damit auf unmittelbare Weise an der ebenso vitalen wie facettenreichen Frömmigkeits- und Geselligkeitskultur der Gemeindegruppen. In der Entwicklung des modernen Pfarrerberufs verschränken sich somit Professionalisierung der Kommunikationsorganisation und Deprofessionalisierung der kommunikativ praktizierten Religion auf komplexe Weise miteinander.

6. Verdankt der moderne Pfarrerberuf seine komplexe Struktur der spannungsreichen Synthese von spezifisch kirchlichen und allgemeingesellschaftlichen Berufsfunktionen, von expressiven und organisatorischen Berufsaktivitäten, von realen Berufsleistungen und symbolischen Bedeutungskomponenten, von Experten- und Laienkompetenzen, so gewann er seine integrale Statur durch seine doppelte Verankerung einerseits in der neuzeitlichen Christentumskultur und andererseits in der modernen Berufswelt. Die Interdependenz von religiöser und ökonomischer Welt spiegelt sich in der im reformatorischen Christentum angelegten und in der Epoche der Aufklärung und des Pietismus vollzogenen Entwicklung des geistlichen Amtes zur bürgerlichen Profession wider. Im protestantischen Pfarrerberuf wird einerseits die neuzeitliche, zugleich religiös wie säkular fundierte Idee des Berufs (> 212-4:2.3.) auf exemplarische Weise ratifiziert; der Pfarrerberuf gilt als Prototyp der bürgerlichen Berufe, in denen individuelle Selbstentfaltung und gesellschaftliche Weltgestaltung ineinander aufgehen. Andererseits ruht die neuzeitliche Genese und Entwicklung des Pfarrerberufs aber auf der für die bürgerlich-protestantische Religionskultur charakteristischen Symbiose von privat-religiöser ‚Schriftfrömmigkeit‘ (> 212-4:3.1.1.) und öffentlich-religiösem ‚Tatchristentum‘ (> 212-2:2.4.) auf; die integrale, gleichermaßen von der Idee individueller Autonomie inspirierte wie auf die religiöse Durchgestaltung der gesellschaftlichen Wirklichkeit abzielende Frömmigkeitspraxis stellt die soziale Basis und das kulturelle Fundament dar, auf dem sich der Beruf des evangelischen Pfarrers zu einer dem Fortschritt des protestantischen Christentums verpflichteten Profession ausformte. Sowohl hinsichtlich seines sozialen als auch hinsichtlich seines kulturellen Profils trägt der Beruf der evangelischen Pfarrer und Pfarrerinnen in herausgehobener Weise die Konturen bürgerlich-protestantischer Lebenseinstellung und Weltauffassung.

3.3.1.3. Das bürgerlich-protestantische Profil des Pfarrerberufs

1. Der Beruf des evangelischen Pfarrers stellt sich hinsichtlich seiner neuzeitlichen Genese und Entwicklung als eine typische „*bildungsbürgerliche* Profession" (1221,175) dar. Bestehen zwischen „Protestantismus und Bürgertum" von jeher vielfältige Affinitäten (1252,445), so verdichten sich die Charakterzüge bürgerlicher Lebenshaltung und Lebensführung, bürgerlicher Mentalitäten und bürgerlicher Milieus in der Figur des evangelischen Pfarrers, des „ideale(n) Bürger(s)" (1252,454) und „Musterprotestant(en)" (1248). Die Orientierung seines Lebensstils an der urbanen Kultur (> 232-1), die Hochschätzung der Sprache als Medium symbolischer Wirklichkeitskonstruktion (> 212-4:3.1.1.1.), die Heiligung der Arbeit als Form rationaler Weltgestaltung (> 212-4:2.3.) und vor allem die Pflege der Bildung als Horizont individueller Selbstentfaltung (> 212-4:2.2.) lassen den protestantischen Pfarrer als „Prototyp des gebildeten Bürgers" (1252,457) erscheinen. Die gemeinsame Basis schließlich, auf der die unterschiedlichen Charakteristika der bürgerlichen Lebens- und Welteinstellung aufruhen, die Idee individueller Autonomie, bildet das organisierende Prinzip der beruflichen wie der privaten Lebenswelt der Pfarrer. Wie die „Konzentration der pfarramtlichen Tätigkeit auf die menschliche Seele" nur „im Zusammenhang mit dem Aufkommen der bürgerlichen Lebenswelt" (1252,449) zu verstehen ist, so repräsentiert „der Pfarrer, der im Glauben lebt und zum Glauben ruft", die Idealgestalt des typisch bürgerlichen, „durch und durch innengeleitete(n) Mensch(en)" (1252,456). Bildet die evangelische Pfarrerschaft (1216,75ff) „eine bürgerliche Gruppe in der deutschen Gesellschaft des 18. bis 20. Jahr-

hunderts" (1219; vgl. 1222), „eine der Kerngruppen der ‚gebildeten Stände'" (1221,177)
und einen „integralen Bestandteil des gelehrten Beamtenbürgertums" (1220,25), so stellt
die „Pfarrerkarriere" bis in das letzte Drittel des 19. Jahrhunderts den „wohl häufigste(n)
Weg des sozialen Aufstiegs in das Bildungsbürgertum" (1221,181) dar.

2. Die Verankerung des neuzeitlichen Pfarrerberufs in der bürgerlichen Welt geht in ihren Ursprüngen auf die in der Reformation ausformulierten theologischen *Grundprinzipien* des Protestantismus zurück. In der Genese des bürgerlich-protestantischen Pfarrerberufs verschränken sich die Idee der religiös begründeten Autonomie des Individuums,
die Zentrierung der Frömmigkeitskultur auf die Auslegung der ‚Schrift' (> 212-
4:3.1.1.1.3.) und die untrennbare Verbindung von Religion und Bildung (> 212-4:2.2.)
miteinander.

Aus dem reformatorischen *Laienprinzip* gewinnt der Beruf des evangelischen Pfarrers
seine ebenso charakteristisch protestantische wie typisch bürgerliche Begründung. Bildet
der Klerus nach protestantischer Auffassung keinen eigenen, von den Laien abgegrenzten und religiös überhöhten Stand, sondern sind „in Wahrheit alle Gläubigen Priester"
(1253,15), dann läßt sich die Legitimität einer von der allgemeinchristlichen Frömmigkeitspraxis unterschiedenen und in herausgehobener Weise mit der Pflege der Christentumskultur betrauten Wahrnehmung der Religion nicht aus einer theologisch unterfütterten Ständelehre, sondern sachgemäß nur im Zusammenhang einer an den funktionalen
Erfordernissen der christlichen Lebenspraxis orientierten Berufstheorie ableiten. In der
Umformung des Priesterstandes zum Pfarrerberuf kommt dementsprechend nicht nur die
protestantische Kritik an der katholischen Amtstheologie zur Geltung. Vielmehr spiegeln
sich in der Relativierung und Funktionalisierung des Gegensatzes zwischen ‚Klerus' und
‚Laien' (1238) auch die sozialen Strukturen der gerade erst im Entstehen begriffenen
bürgerlichen Gesellschaftsordnung wider: „Der Pfarrer verdankt seine Existenz einer
theologischen Begründung, in der sich die bürgerlichen Denkmuster der prinzipiellen
Gleichheit und der faktischen Differenzierung schon ankündigen" (1252,447).

Die ‚Laisierung' des protestantischen Geistlichen betrifft sowohl seine berufliche wie
seine *private* Lebenswelt. Sie findet einen markanten Ausdruck in der Aufhebung des
Zölibats und der Gründung des evangelischen Pfarrhauses (> 212-4:3.3.2.), der symbolischen Idealgestalt des bürgerlichen Hauses (> 212-1:1.). Weist das Pfarrhaus, in dem
Wohn- und Arbeitswelt nahtlos ineinander übergehen, „bis heute eine vorbürgerliche
Sozialstruktur" auf, so „sind die Werte und Normen, die das Leben darin bestimmen, um
so stärker dem bürgerlichen Denken verhaftet" (1252,449). Die „bildungsbürgerliche
Lebenswelt im Pfarrhaus" (1215,1155) prägt nicht nur der Berufskultur der evangelischen Pfarrer und Pfarrerinnen ihren Stempel auf. Sie stellt vielmehr zugleich auch die
sozialkulturelle „Eigenwelt" dar, aus der sich bis in die jüngste Vergangenheit ein
Großteil der Pfarrer rekrutierte: „Der Werdegang zahlloser Pfarrer führte aus dem Pfarrhaus über die theologische Fakultät und die Heirat mit einer Pastorentochter wieder in
ein Pfarrhaus zurück" (1216,89). Indem die Reformation „den geistlichen Stand zu einem bürgerlichen Stand" (1232,10) umformte, legte sie den Grundstein für die im evangelischen Pfarrerberuf exemplarisch verwirklichte Synthese von protestantischer Frömmigkeitskultur und bürgerlichem Lebensstil.

Verdankt der Beruf des evangelischen Pfarrers seinen sozialen Status in der bürgerlichen

Gesellschaft der Verwirklichung des reformatorischen Laienprinzips, so fand er im protestantischen „*Schriftprinzip*' das Gestaltungsmuster seiner in der bürgerlichen Kultur verankerten Berufspraxis. Indem die Reformation „das Wort und die Predigt" zum „eigentliche(n) Gnadenmittel" (1253,14) erklärte, verlieh sie der Arbeitspraxis der Pfarrer ein neuartiges Profil. Während die mit der Rolle des Priesters verbundenen „Sakralfunktionen" (1253,16) in den Hintergrund der Berufsausübung traten, erhielt „der Pfarrerberuf, indem ihm als Hauptaufgabe nun die Predigt zugewiesen wurde, im Protestantismus neues Gewicht und neuen Sinn" (1253,15). Mit der Ausarbeitung und dem Vortrag der „schriftauslegende(n) Predigt" (1298,199; > 212-4:3.1.3.) wurde dem Pfarrer „eine schöpferische geistige Tätigkeit zugemutet" (1253,18), in der sich interpretatorische Kompetenz und persönliche Frömmigkeit aufs engste miteinander verbinden (> 212-4:3.1.3.2.). Wurde der evangelische Pfarrer durch die Zentrierung seines Berufs auf die religiöse Rede in die literale und rhetorische Kultur des Bürgertums eingebunden und bildet die Epoche des Bürgertums eine Blütezeit protestantischer Predigtkultur, so tragen auch die übrigen, seit der Aufklärung und dem Pietismus ständig höher bewerteten Berufstätigkeiten der evangelischen Pfarrer und Pfarrerinnen, der religiöse Unterricht und insbesondere die persönliche Seelsorge, deutlich die Konturen bürgerlicher Bildungs- und Konversationskultur (1275,21ff). Die kommunikativen Formen der pastoralen Berufsarbeit entwickelten sich insgesamt „im Kontext einer Kultur, die zunehmend mehr auf Verstehen und Verständigung aufbaut" (1252,452).

Am deutlichsten kommt die Einbettung des Pfarrerberufs in die bürgerliche Lebenswelt im „*Bildungs*akzent des evangelischen Pfarrerberufes" (1215,1155) zur Geltung. Schon in vorreformatorischer Zeit waren bestimmte Schichten des Mönchtums wie der „kirchlichen Amtsträger die einzigen Denker, die es gab", die „Gebildeten" (1253,10). Insbesondere der „städtische Klerus, das heißt eine Gruppe geistlicher Amtsträger innerhalb der Bürgerschaft" (1253,12f), fungierte als Trägerschicht einer charakteristisch modern anmutenden „Art der Bildung, die geistiges Erbe der Antike mit christlicher Lebensordnung verband" (1298,199). Gleichwohl registrierten die Reformatoren in ihren Visitationsprotokollen das im allgemeinen geringe „geistige Niveau der Pfarrer" (1214,361) und suchten die Prinzipien des Protestantismus durch die Bildung der Laien wie insbesondere der Geistlichen zu verwirklichen. Wie sich der mündige Laie durch seine religiöse Bildung auszeichnet, durch die Fähigkeit selbständiger Bibellektüre, so begründet sich der evangelische Pfarrerberuf in der „höhere(n) allgemeine(n) und theologische(n) Bildung", die den evangelischen Geistlichen in die Lage versetzt, „die Bibeltexte in den Ursprachen lesen zu können" (1221,175). Hatte „nur ein Bruchteil der spätmittelalterlichen Geistlichen" ein akademisches Studium absolviert, so gehört die Einführung der generellen Studienpflicht für die angehenden Pfarrer neben der Abschaffung des Zölibats zu den folgenreichsten Reformprojekten der protestantischen Reformation (1253,17).

Die „Synthese reformatorischer Frömmigkeit und Theologie einerseits und humanistischer Bildung andererseits" (1298,202) prägte nicht nur dem bürgerlichen Protestantismus insgesamt ihren Stempel auf. Sie stellt vielmehr insbesondere eine unabdingbare Voraussetzung für die Fortentwicklung des Pfarrerberufs zu einer *bürgerlichen Profession* dar. Indem sich das Berufsbild des evangelischen Pfarrers schon „in der Frühzeit des Protestantismus ... an dem Ideal des ‚Gelehrten' ausrichtete" (1298,202), partizipierten die evangelischen Geistlichen von Anfang an an dem „spezifisch ständischen Prestige der ‚Bildungs'-Schichten" (1279,274), die sich in der Folgezeit im Zentrum der bürgerlichen Gesellschaft etablierten (1218). „Der evangelische Pfarrerstand erhielt damit seinen sozialen Platz an der Seite anderer akademischer Berufe wie des Arztes, des Juristen und des mittleren Staatsbeamten" (1253,18). Die akademische Bildung sicherte dem protestantischen Pfarrer aber nicht nur seinen herausgehobenen sozialen Status in der bürgerlichen Lebenswelt sowie seine zentrale Position im System der bürgerlichen Berufe. Sie stellte vielmehr zugleich einen gewichtigen Faktor im Zusammenhang der Verselbständigung des Pfarrerberufs gegenüber der Kirchenorganisation und seiner Einbettung in die neuzeitliche, vom Kirchenchristentum emanzipierte Bildungs- und Religionskultur dar. Durch „die Zugehörigkeit des evangelischen Pfarrerstandes zum Bildungsbürgertum" wurden die evangelischen Pfarrer „weit über den im strengen Sinn kirchlich-theologischen Bereich hinaus ... die Repräsentanten von Bildung und geistiger Regsamkeit" (1253,19).

3. Auf diesem sozial- und kulturgeschichtlichen Hintergrund sind die in der Neuzeit entwickelten theologischen Bildungsprogramme und insbesondere die epochenspezifischen Projekte zur Reform des *Theologiestudiums* (1267; 1268; 1263) zu begreifen. Sie basieren gemeinsam auf dem schon in der Reformationsepoche ausgeformten und dann vom Bildungsbürgertum reformulierten „humanistische(n) Bildungsideal der Einheit von wissenschaftlicher Vernunfteinsicht und moralischer Lebensgestaltung" (1266,16) und gewichten die unterschiedlichen Komponenten der gleichermaßen auf die Entwicklung wissenschaftlicher Urteilsfähigkeit, auf die Entfaltung der religiös durchgebildeten Persönlichkeit und auf die Aneignung handlungspraktischer Berufskompetenzen abzielenden theologischen Ausbildung in jeweils charakteristischer Weise.

Wie die Reformation, so betrachtete auch der *Pietismus* die „Reform der theologischen Ausbildung" als „Mittel zur Reform der Kirche" (1266,20). Dient die berufliche Ausübung der Religion der Förderung der persönlichen Frömmigkeitspraxis der Laien, dann müssen – einer Forderung von Philipp Jacob Spener entsprechend – die Pfarrer „zum allerfoerderisten selbs wahre Christen seyen / und dann die Goettliche weißheit haben / auch andere auff den Weg deß HErrn vorsichtig zu fuehren" (1224,67). In kritischer Opposition gegenüber den theologischen Bildungsvorstellungen der Orthodoxie betonte der Pietismus daher „emphatisch die Notwendigkeit der Anverwandlung des theologischen Wissens in Glaube und Leben der eigenen Person. Nicht die gelehrte Kenntnis des theologischen Lehrsystems ist Medium des sich bewährenden Glaubens, sondern der unablässige reflexive Bezug auf sich selbst, die ständige Prüfung des eigenen Herzens" (1266,21). Als kritisches Pendant zu den sich zunehmend in den universitären Wissenschaftsbetrieb integrierenden theologischen Fakultäten wurden um die Wende zum 18. Jahrhundert die kirchlichen Predigerseminare gegründet (1222,274f). Sie dienten zum einen „der Förderung von persönlichen Fähigkeiten" (1,147) der Pfarramtskandidaten und zum anderen der Pflege einer an der protestantischen Schriftfrömmigkeit orientierten religiösen Gemeinschaftskultur. „Mit dem Ausbildungsziel des Predigerseminars" verband sich daher „von Anfang an eine theologie- und wissenschaftskritische Einstellung, die in der Regel nur die Bibelwissenschaften gelten ließ" (1,148).

Die *Aufklärung* förderte den Ausbau des zweigliedrigen theologischen Ausbildungssystems (1,148), wies aber sowohl dem wissenschaftlichen Universitätsstudium als auch der kirchlichen Seminarausbildung anders akzentuierte Bildungsfunktionen zu und setzte dementsprechend die theoretische und die praktische Ausbildungsphase in ein quanti-

tativ und qualitativ anders geartetes Verhältnis zueinander. In den pietistischen Reform-
konzeptionen lag das Schwergewicht der Pfarrerausbildung auf den kirchlichen Seminaren, den von religiösem Geist getragenen Bildungsinstitutionen, in denen die scharfen Kanten wissenschaftlicher Kritik abgeschliffen, die fundamentalen theologischen Einsichten zu konstitutiven Momenten der Persönlichkeitsbildung umgeformt und die fragmentarischen Elemente akademischen Wissens in eine integrale Frömmigkeitshaltung eingeschmolzen werden. Die Aufklärung verlagerte den Schwerpunkt der theologischen Ausbildung dagegen in das akademische Studium zurück und stellte den Eigenwert rationaler Wirklichkeitskonstruktion für die Lebenshaltung und Welteinstellung der gebildeten religiösen Individualität heraus. Zeichnet sich die bürgerlich-protestantische ‚Bildungsreligion' (1278,190) durch die Symbiose von kritischer Geisteshaltung und frommer „Herzens- und Charakterbildung" (1298,205) aus, dann bildet das an den Standards des modernen Wissenschaftsbetriebs orientierte und gleichzeitig das sich selbst bildende Individuum mit seiner Person engagierende Theologiestudium nicht eine ambivalent zu beurteilende Vorstufe der mehrgliedrigen Pfarrerausbildung, sondern das zentrale „Medium, durch das sich die aufgeklärte Privatreligion der Gebildeten konstituiert" (1266,48). Im theologischen Studium kommt die für den Protestantismus charakteristische Symbiose von wissenschaftlicher Kritik und gebildeter Religiosität, die „religiöse Schätzung des Wissens" (1280,185), auf exemplarische Weise zum Ausdruck.

Dient das an frömmigkeitspraktischen Zielen orientierte „Studio der Religions-Wissenschaft" (1225,292) – so Gottlieb Jakob Planck – dazu, ein „guter, zufriedener, und für jetzt und für die Zukunft seeliger Mensch" (1225,7) zu werden, so soll die auf die Aneignung berufspraktischer Kompetenzen abzielende *nachuniversitäre* Ausbildung die angehenden Pfarrer „mit den verschiedenen Formen bekannt machen, in denen man die Wahrheiten des Christenthums am gewissesten und am wirksamsten in den Verstand und in das Herz der Menschen nach ihrem verschiedenen Fassungs-Vermoegen und ihrer verschiedenen Gemueths-Stimmung bringen kann" (1225,293). Die in der Berufspraxis anzuwendenden methodischen Verfahren lassen sich aber weder aus theologischen Grundsätzen ableiten, noch überhaupt durch wissenschaftliche Denkoperationen gewinnen. Sie ergeben sich vielmehr auf gewissermaßen natürliche Weise aus dem Zusammenspiel von umfassender wissenschaftlicher Allgemeinbildung und persönlicher Urteilskompetenz des Berufsträgers: „Das Haupt-Erforderniß, das ihm noetig ist, um als Seelsorger wohlthaetig durch die Religion zu wirken, ist auf der einen Seite bloß dieß, daß er selbst von den bessernden und beseeligenden Wahrheiten der Religion eine recht klare, recht bestimmte und gewisse Erkenntniß, und zugleich eine fruchtbare, lebendige und bey ihm selbst schon in Kraft uebergegangene Ueberzeugung haben muß" (1225,311).

Konvergieren die Ausbildungskonzeptionen des *Pietismus* und der *Aufklärung* hinsichtlich ihrer allgemeinen theologischen Bildungsvorstellungen in der Rückführung der Berufskompetenzen auf den religiös fundierten und durch Bildung ausgeformten persönlichen Habitus des Berufsträgers, so divergieren sie hinsichtlich der Verhältnisbestimmung von universitärer und kirchlicher Ausbildungsphase. Während der Pietismus das Predigerseminar als die Bildungsinstitution betrachtet, in der die pluriformen Elemente akademischen Wissens zu einem integralen Selbstkonzept des religiösen Berufsträgers verarbeitet werden, stellt die Aufklärung die persönlichkeitskonstitutive Bedeutung wissenschaftlicher Bildung in den Vordergrund und weist der Vikarsausbildung die Funktion lebensweltlicher und kommunikationspraktischer Diversifikation der im Studium erarbeiteten integralen Wirklichkeitsinterpretation zu.

4. In der seit der Mitte des *20. Jahrhunderts* neu entfachten Debatte über die „Grundlagen der theologischen Ausbildung und Fortbildung" (1268) verschränken sich die in verschiedenen Entwicklungsstadien des protestantischen Pfarrerberufs ausformulierten Bildungsprogramme auf komplexe Weise miteinander (1264; 1239). Den unterschiedlichen Anforderungen des modernen Pfarrerberufs entsprechend soll die Berufsausbildung zum einen auf die Entwicklung „theologische(r) Kompetenz", der „Fähigkeit zum theologischen Urteil", abzielen, zum anderen auf die Entfaltung „,missionarische(r)' Kompetenz", der „Fähigkeit zu Kontakt und Kommunikation", und schließlich auf die Aneignung „kybernetische(r) Kompetenz", der Fähigkeit „zum Handeln im institutionellen Rahmen, zum Umgang mit Finanzen, Recht und Verwaltung" (1269,27ff).

In der Pluriformität der Berufskompetenzen von Pfarrern und Pfarrerinnen kommt zwar die für die bürgerlichen Professionen insgesamt charakteristische Spannung zwischen theoretischer Berufseinstellung, persönlich ausgeformtem Berufshabitus und praktischer Berufsarbeit in exemplarischer Weise zur Geltung. Gleichwohl sind die unterschiedlich ausgeformten Berufskompetenzen nicht als divergente Elemente einer in sich widersprüchlichen Berufsorientierung, sondern als untrennbar miteinander verbundene Komponenten eines zugleich wissenschaftlich wie religiös fundierten Selbstkonzepts der Berufsträger anzusehen. Sie kulminieren in der integralen, um das gebildete Individuum des Berufsträgers zentrierten ,theologischen Kompetenz' (1270). Begründet sich die im wissenschaftlichen Studium erworbene, in der Vikarsausbildung erweiterte und in der berufsbegleitenden Fortbildung modifizierte theologische Kompetenz auch nicht durch „die unmittelbare (religiöse) Emotion und deren Steigerung", so wird sie gleichwohl „durch die Reflexivität des in primärer Selbst-Erfahrung gründenden, erlebnis- und gefühlsmäßig gegenwärtigen religiösen Lebens selber" erst ermöglicht; ist „theologische Kompetenz" auf der einen Seite als „ein auf das Erstarken personaler Identität (Religiosität) gerichtetes Handeln" anzusehen, so stellt gerade „die entfaltete, theoretisch ausgearbeitete persönliche Identität des Theologen" auf der anderen Seite „das einzige Steuerinstrument seiner kompetenten beruflichen Praxis" dar (1270,48).

Die mehrphasige Ausbildung zum Pfarrerberuf ist demnach als ein zwar vieldimensionaler, gleichwohl aber integraler „*Gesamtzusammenhang* der Bildungsgeschichte theologischer Kompetenz" (1268,28), der „Grundlegung, Festigung und Vertiefung des berufsspezifischen Könnens der Inhaber des kirchlichen Amtes" (1268,29) zu konzipieren: „Die erste Phase legt im Kontext universitärer Bildung den Schwerpunkt darauf, durch den Gewinn unabdingbarer theologischer Kenntnisse und Einsichten zu der Grundfertigkeit vorzustoßen, diese Einsichten persönlich zu vertreten. Die zweite Phase legt im Kontext des kirchlichen Vorbereitungsdienstes den Schwerpunkt auf den Gewinn der Fertigkeit, theologische Einsicht im Amt und gemäß seinen Anforderungen zur Geltung zu bringen, und stößt auf diesem Wege zur Erweiterung und Konkretisierung der theologischen Kenntnisse und Einsichten vor. Die Fortbildung erfüllt die in der verantwortlichen Übertragung und Übernahme des Amtes selbst begründete Pflicht zur Festigung und Vertiefung der persönlichen Fähigkeit zur auftragsgemäßen, professionellen Führung des Amtes" (1268,29).

Sowohl die neueren Programme zur Reform der theologischen Ausbildung als auch die reale Ausbildungspraxis verstärken das *bildungsbürgerliche* Profil des protestantischen Pfarrerberufs. In einem weit fortgeschrittenen Stadium der Professionalisierung des Pfarrerberufs wird zwar zunehmend die „ausschließlich humanistisch-geisteswissenschaftliche Ausrichtung des Studiums" (1263,1249) kritisiert, eine generelle Neuorientierung der pastoralen Berufsausbildung auf der Basis ihrer ‚Berufsfeldorientierung' und ‚Klientenorientierung' gefordert und insbesondere „eine Reorientierung und Reorganisation der akademischen Theologie im Sinne des ‚Auf-die-Füße-Stellens' des theologischen Denk- und Lehrprozesses" (1346,283) angemahnt. Gleichwohl blieb der theologische Studienbetrieb bislang weitgehend an der Kultur bürgerlich-protestantischer Schriftfrömmigkeit orientiert und die Vikarsausbildung dem aus dem Pietismus abgeleiteten, privatreligiös konturierten Pfarrerbild verhaftet.

Die Vorstellung der *Schriftgelehrsamkeit* ist zwar mit dem heutigen Berufsbild der Pfarrer und Pfarrerinnen nur schwer in Einklang zu bringen. Sie prägt gleichwohl wie ein letztes Erbe aus den bildungsbürgerlichen Ursprüngen des Pfarrerberufs dem Berufsbild wie insbesondere der theologischen Universitätsausbildung bis in die Gegenwart ihren Stempel auf. In kirchenamtlichen Äußerungen wird „die Mitte des pfarramtlichen Dienstes" darin gesehen, „Menschen von heute das Evangelium nahezubringen", das „Predigtamt" als das Zentrum der pastoralen Berufswelt bezeichnet, aus dem „sich alle wesentlichen Aufgaben und Tätigkeiten des Pfarrers/der Pfarrerin" ableiten (1269,12), und den Pfarrern und Pfarrerinnen angeraten, den „tägliche(n) Umgang mit der Bibel als der Norm und dem Maß aller Gottes- und Menschenerkenntnis" zu pflegen (1272,78). Das an die Kenntnis der antiken Sprachen gebundene und insgesamt durch seine „Textorientierung" (1268,246) charakterisierte theologische Studium weist dementsprechend auf weite Strecken die Konturen bürgerlicher Schriftgelehrsamkeit auf. Stellte die Bibelforschung in ihren Ursprüngen das kritische Potential zur Verwissenschaftlichung des theologischen Studiums dar, so büßte die „protestantische Exegese" im Zuge ihrer Etablierung „das einstmals kritisch-aufgeklärte Profil" (1277,48) zunehmend ein und mutierte zu einem Frömmigkeitsmedium, in dem sich das religiöse Individuum im Spiegel seiner literarwissenschaftlichen Bildung seiner selbst vergewisserte.

Der in den vergangenen Jahrzehnten forcierte Ausbau der *Vikarsausbildung* verdankt sich weithin der Kritik am bildungsbürgerlichen Zuschnitt des theologischen Studiums. Indem die kirchlichen Ausbildungsinstitutionen neue Formen kommunikativen Lernens praktizierten und zugleich eine Erweiterung der exegetischen, historischen und systematisch-theologischen Bildung zunächst um humanwissenschaftliche, vorwiegend psychologische Einsichten, später dann auch um organisationsstrategische Denkformen anstrebten, avancierten sie zu Konkurrenzunternehmen des akademisch-theologischen Wissenschaftsbetriebs. Die Reformimpulse wirkten auf die universitäre Ausbildung zurück und führten zu einer hochschuldidaktischen wie wissenschaftstheoretischen Neuformatierung der akademischen Praktischen Theologie. Gleichzeitig griffen die Studienprogramme der zweiten Ausbildungsphase aber auch die mit der Institution des Predigerseminars ursprünglich verbundenen religiösen Bildungsideen wieder auf und legten ein eigenes Schwergewicht auf die Entwicklung der personalen Identität (1243; > 311) der Pfarramtsanwärter, auf die Ausformung von persönlichen Frömmigkeitsstilen und die Kultivierung einer religiösen Gemeinschaftskultur. Die Seelsorgeausbildung (1271; > 222-2), in der sich die Aneignung von rational verfaßten Kommunikationstechniken und die Reflexion individueller Selbsterfahrung untrennbar ineinander verweben, wurde zum Medium eines gleichermaßen auf die Steigerung der Berufskompetenz wie auf den Fortschritt der Persönlichkeitsentwicklung abzielenden und von der bürgerlichen Idee ‚ganzheitlicher‘ Bildung (> 212-4:2.2.) inspirierten Ausbildungsprogramms.

In den verschieden akzentuierten Phasen der theologischen Ausbildung und insbesondere in deren wechselseitiger Verzahnung kommt sowohl die *komplexe* Struktur als auch die *integrale* Statur des modernen Pfarrerberufs markant zur Geltung. Wie sich in Berufseinstellung und Berufsarbeit der Pfarrer und Pfarrerinnen wissenschaftliche Weltsicht und persönliche Frömmigkeit auf komplexe Weise miteinander verweben, so verschränken sich die teils im akademischen Studium, teils in den kirchlichen Ausbildungsinstitutionen, teils in der berufsbegleitenden Fortbildung erworbenen wissenschaftlichen, persönlichkeitskonstitutiven und berufspraktischen Kompetenzen aufs engste miteinander. In den aneinander anschließenden und aufeinander aufgeschichteten Stadien des theologischen Bildungsprozesses werden die pluriformen Elemente theologischer Bildung ineinander verwoben und zu einer integralen Berufshaltung verarbeitet. Im Rahmen der theologischen Ausbildung gewinnen aber nicht nur die persönlichen Berufsvorstellungen ihre charakteristischen Konturen. Vielmehr formen sich im Horizont der theologischen und insbesondere der praktisch-theologischen Reflexionskultur auch die kollektiven, sowohl zeitgebundenen als auch epochenübergreifenden Berufsbilder heraus, die die Berufseinstellung der Pfarrer und Pfarrerinnen insgesamt prägen. In den praktisch-theologischen Rekonstruktionen der pastoralen Berufswelt verbinden sich Einsichten der modernen Berufstheorie (> 212-4:2.3.) und Prinzipien der neuzeitlichen Pastoraltheologie (> 313) auf spannungsreiche Weise miteinander.

3.3.1.4. Verkirchlichung, Professionalisierung und Privatisierung des Pfarrerberufs

1. Die „*Zukunft* des Pfarrerberufs" (1244) bildet einen zentralen Beratungsgegenstand kirchlicher Planungsgremien und ein prominentes Thema der zeitgenössischen theologischen Diskussion. In sozialwissenschaftlichen und kulturtheoretischen Analysen, in praktisch-theologischen Rekonstruktionen und in pastoraltheologischen Programmen werden die modernen Wandlungen des Pfarrerberufs registriert, die gegenwärtigen Problemlagen der pastoralen Arbeitswelt gesichtet und Konzeptionen für die künftige Gestaltung der Berufspraxis von Pfarrern und Pfarrerinnen ausgearbeitet (1256). Die Inventur des Pfarrerberufs bringt die in seine moderne Entwicklung eingelagerten Ambivalenzen deutlich zutage. Sie betreffen zum einen das institutionelle Verhältnis zwischen kirchlicher Organisation und religiösem Beruf, zum anderen die strukturelle Beziehung zwischen spezialisierten Berufsrollen und integraler Berufsattitüde und schließlich die spannungsreiche Verbindung von individueller Frömmigkeitshaltung und professionalisierten Berufsleistungen.

Die teils im Zusammenhang kirchlicher Personalplanung, teils im Rahmen berufssoziologischer Analyse, teils im Horizont praktisch-theologischer Interpretation entworfenen *Konzeptionen* rekonstruieren die integrale Statur des „zwischen ‚Amt' und ‚Kompetenz'" (1257), zwischen ganzheitlicher Berufsauffassung und spezialisiertem Berufshandeln sowie „zwischen Berufung und Beruf" (1254) angesiedelten Pfarrerberufs auf unterschiedliche Weise. Die kirchlichen Memoranden verleihen der pluriformen Berufswelt der Pfarrer und Pfarrerinnen ein einheitliches Profil, indem sie vornehmlich den Konnex von Kirche und Pfarrerberuf herausstellen, die pastorale Profession als kirchliches ‚Amt' (> 323) begreifen und die beruflich verfaßte Arbeit im Gebiet der Religion als ‚Dienst' der Kirche an der Gesellschaft auffassen. Die aus sozialwissenschaftlicher Perspektive gewonnenen und in der Praktischen Theologie weiter ausgearbeiteten Analysen heben dagegen die professionelle Statur des modernen Pfarrerberufs (> 333) hervor und gewinnen die Einheit des Pfarrerberufs durch die Rückführung der pluriformen Berufsfunktionen auf eine integrale Berufshaltung. Die eher an die pastoraltheologische Tradition (> 313) angelehnten Berufstheorien schließlich nehmen die in der bürgerlichen Berufsidee (> 212-4:2.3.) ausformulierten und vom Pietismus auf das Pfarrerbild projizierten Vorstellungen auf und leiten die Ganzheitlichkeit der pastoralen Berufswelt aus der religiös fundierten personalen Identität (> 311) des Berufsträgers ab.

2. Verbanden sich die charakteristischen Transformationen des Pfarrerberufs von jeher eng mit den sozialen und kulturellen Wandlungen des kirchlich organisierten Christentums, so stellt sich die institutionelle Beziehung zwischen *Kirchenorganisation* und *Pfarrerberuf* in der Gegenwart in einer neuartigen Perspektive dar. Auf dem Hintergrund des ständig gewachsenen Bewußtseins für die organisationsstrategischen und zumal für die ökonomischen Faktoren religiöser Organisation festigte sich der Konnex zwischen Kirche und Pfarrerberuf. Wie die in die moderne Wirtschaftsgesellschaft verflochtenen Kirchenorganisationen (> 322) in der Optik der „ökonomisch-kybernetischen" Kirchenreform (1245) die Gestalt von betriebswirtschaftlichen Unternehmen annehmen, deren Effizienz zum einen auf der rationalen Organisation ihrer internen Betriebsstrukturen und zum anderen auf der Stabilität ihrer externen Umweltrelation, der Korrespondenz von Angebot und Nachfrage, beruht, so wird auch der Pfarrerberuf im Zeichen kirchlicher Finanzreformen dem „Diktat der ökonomischen Logik" (1242) unterstellt.

Die Verknappung der öffentlichen Finanzressourcen macht zum einen eine Verschlankung des kirchlichen Personalbestandes und damit den Entwurf neuartiger Organisationsmodelle religiöser Berufsarbeit, die Einführung der Teilzeitarbeit sowie der nebenberuflichen und ehrenamtlichen Ausübung des Pfarrerberufs, erforderlich. Unter dem Zwang der ökonomischen Verhältnisse verändert sich aber zum anderen auch die Beziehung von Pfarrerschaft und Kirchenorganisation. In der Perspektive der angehenden wie der praktizierenden Pfarrer und Pfarrerinnen stellt sich die Kirche, analog zu anderen Verbandsinstitutionen (> 321), vornehmlich als *Anstellungsträger* dar, der nicht nur über die Einstellung und Entlassung seiner Bediensteten entscheidet, deren Arbeitspensum und Besoldung regelt und den Berufsträgern ihre Arbeitsweise vorschreibt, sondern von seinem Personal auch ein eigenes Treueverhältnis erwartet. Setzte der Pfarrerberuf von jeher „ein … hohes Maß an persönlicher Identifikation des Positionsinhabers mit den Zielen der Programm-Ebene" (1234,54) voraus, „eine Art ‚innerer', d.h. mentaler und emotionaler Übereinstimmung des eigenen praktischen Tuns mit zentralen Inhalten der biblisch-christlichen Tradition" (1216,141), so „nötigt" die Kirche ihre ‚Funktionäre' nun darüber hinaus „zur Identifizierung – mit der verfaßten Gestalt der Kirche, mit ihrer geltenden Ordnung" (1269,13) und fordert von ihren Arbeitnehmern ‚Loyalität' und ‚Vertragstreue' (1269,15) ein.

3. Die enge Anbindung der Pfarrerschaft an die kirchliche Verbandsinstitution und die strenge Verpflichtung der Berufsträger auf die Ziele der kirchlichen Organisation kolli-

dieren nun aber mit der Entwicklung des modernen Pfarrerberufs zu einer mit der kirchlichen Religionsorganisation zwar verbundenen, gleichwohl ihr gegenüber aber auch
eigenständigen religiösen Institution. Während der Pfarrerberuf im Laufe der modernen
Gesellschafts- und Religionsgeschichte immer fester in die gesellschaftliche Berufswelt
verflochten wurde, lockerten sich umgekehrt die Beziehungen zwischen religiöser Organisation und religiösem Beruf. Folgten die verschiedenartigen, von epochenspezifischen
Zielen geleiteten Projekte der Kirchenreform (> 212-4:1.) von jeher den Eigengesetzlichkeiten organisationsstrategischer Stabilisierung der religiösen Verbandsinstitution
und neuerdings insbesondere den Gesetzmäßigkeiten unternehmerischer Planungsstrate-
gie, so wurde die Entwicklung des Pfarrerberufs zunehmend von der ganz andersartigen
Logik des gesellschaftlichen Professionalisierungsprozesses bestimmt.

In seiner modernen Gestalt trägt der Beruf der evangelischen Pfarrer und Pfarrerinnen
sowohl „auf der Ebene der Wissensdimension" als auch auf der „Ebene der sozialen Dimension" deutlich die „Merkmale" einer mit den übrigen ‚bürgerlichen‘ Berufen eng
verbundenen *Profession* (1234,51; > 212-3:2.3.2.). In der Folge einer „Umgewichtung
im Verhältnis von Person und Amt" (1248,253) nahmen die Berufsträger „das Amt in
eigene Regie", begriffen die ihnen übertragene Arbeitspraxis als „produktive Gestaltungsaufgabe" (1248,251) und gewannen ihre „berufliche Sicherheit" weniger „durch
institutionelle Abstützung und Abhängigkeit" als vielmehr aus den spezifischen „Kom-
petenz(en)" (1236,185), die sie einerseits in ihrer Berufsausbildung, andererseits in ihrer
Berufspraxis erwerben. Die Eigenständigkeit des Pfarrerberufs sowohl gegenüber den
Kirchenorganisationen als auch gegenüber anderen Berufen findet ihren Ausdruck im
„Aufbau einer eigenen Standesorganisation" (1222,270), den zur Durchsetzung von berufsspezifischen Interessen seit 1890 gegründeten Pfarrervereinen (1214,365). Sie dienen
der „Pflege der Gemeinschaft mit den Berufskollegen", der „Vertretung eigener Anliegen" gegenüber den Anstellungsträgern und der „Pflege des kirchlichen und sittlich-reli-
giösen Lebens im weitesten Sinne" (1222,270).

Wie die mit ihm verwandten Professionen, so unterliegt auch der Pfarrerberuf der „Tendenz zur *Spezialisierung*" (1214,366). Sie findet ihren Ausdruck zum einen in der be-
darfsorientierten Einrichtung von Spezialpfarrämtern (1217,471f) in verschiedenen intermediären Bereichen zwischen Kirche und Gesellschaft. So bildeten sich in den vergangenen Jahrzehnten in unterschiedlichen Sektoren des öffentlichen Lebens – im Erzie-
hungs- und Bildungswesen, in der Arbeitswelt und im Medienbetrieb (> 222-5), vor allem aber im Bereich der diakonischen Seelsorge und Beratung (> 222-2) – neue, gegenüber dem Gemeindepfarramt eigenständige Berufsfelder, Berufsfunktionen und Berufsbilder heraus. Der mit der Professionalisierung der Berufsarbeit verbundene Spezialisierungsprozeß bringt sich zum anderen aber auch in der Arbeitspraxis der Gemeindepfarrer
und -pfarrerinnen zur Geltung, in der Aufteilung spezifischer Berufsfunktionen im urbanen Teampfarramt und in der Aneignung spezieller Kompetenzen seitens einzelner Berufsträger, beispielsweise im Gebiet der Seelsorge.

Je deutlicher aber die ursprünglich aufs engste miteinander verflochtenen Berufshandlungen des Gemeindepfarrers im Zuge ihrer funktionalen und methodischen Spezialisierung auseinandertraten, um so fragiler wurde die *Gesamtkonstruktion* des komplex verfaßten Berufssystems und damit auch die für die Ausarbeitung einer integralen Berufseinstellung und Berufsorientierung der Berufsträger notwendige Konsistenz der berufli-

chen Lebenswelt. Die gleichermaßen deskriptiv wie programmatisch akzentuierten, an den Einsichten sozialwissenschaftlicher Professionalisierungstheorie orientierten wie von theologischen Interessen geleiteten Konstruktionen des modernen Pfarrerberufs suchen dessen integrale Statur durch den Rückgriff auf seine neuzeitliche Ursprungsgestalt und insbesondere durch den Regreß auf die integrative Funktion der religiösen Berufsarbeit zurückzugewinnen. Indem sie „die exzeptionellen Bedingungen des Pfarrerberufs" (1234,52) herausstellen, verleihen die praktisch-theologischen Berufstheorien dem Pfarrerberuf ein gegenüber den übrigen Professionen eigenständiges Berufsprofil. Ist „die Mehrzahl heutiger Berufe … auf spezielle Bedürfnisse ausgerichtet und deshalb durch ein hohes Maß an Spezialisierung gekennzeichnet", so „ist das Gegenüber des Pfarrers/ der Pfarrerin der ganze Mensch" (1269,2). Besteht die Aufgabe der Gemeindepfarrer aber in der „persönliche(n) Zuwendung zum Menschen in seiner gesamten Existenz" (1269,2), dann fungieren diese nicht als „hochprofessionalisierte Spezialisten für Ethik, Pastoralpsychologie oder Konfirmanden-Unterricht"; „gesucht wird vielmehr die Kompetenz eines Generalisten, der innerhalb einer in Fragmentierung und Segmentierung auseinanderstrebenden Alltagswelt die Aufgabe einer geistlich-pastoralen Integration im sozialen Nahbereich der Gemeinde wahrzunehmen vermag" (1215,1158).

Die integrale Statur der beruflichen Arbeitspraxis wirkt auf die Beziehung des *Berufsträgers* zu seinem Beruf zurück. Der Pfarrer findet sich nicht in der Funktion eines auf bestimmte und begrenzte Berufsleistungen spezialisierten Experten vor, der „einen möglichst reibungslosen oder effizienten, sozusagen technisch perfekten … Vollzug von Dienstleistungen zu gewährleisten" hat (1216,145f). Die „Rolle des Pfarrers" stellt sich vielmehr sowohl in soziologischer als auch in theologischer Interpretation als eine ‚Totalrolle' dar, „die alle Dimensionen der Lebensführung durchdringt" (1276,70). Zu den elementaren Charakteristika des Pfarrerberufs gehört daher die „eigene Identifizierung mit dem Beruf" (1234,10). Sie kommt in dem für die bürgerlichen Professionen insgesamt charakteristischen, im Pfarrerberuf aber besonders ausgeprägten persönlichen Engagement der Berufsträger zum Ausdruck: „Alles Berufshandeln wird mit letzter Überzeugung und letztem Einsatz absolviert, Distanzierung ist kaum möglich" (1234,56). Die Identifikation des Berufsträgers mit seinem Beruf wird durch die Erwartungen der Klienten verstärkt. Anders als von den Trägern der in die technisch-industrielle Arbeitswelt verflochtenen Berufe und deutlicher als von den Inhabern anderer ‚bürgerlicher' Professionen wird von den Pfarrern und Pfarrerinnen persönliche „Glaubwürdigkeit" erwartet (1269,6). Die den Pfarrern unterstellte „Übereinstimmung von Beruf und Person" (1269,6) bleibt nicht auf die Berufspraxis begrenzt. Sie schließt ebenso die in seiner privaten Lebensführung und insbesondere in seiner religiösen Lebenshaltung dokumentierte „persönliche Vorbildlichkeit" (1269,6) ein: „Der Pfarrer … soll nicht nur Theologe sein, nicht nur studierter Experte in Sachen Religion, auch nicht nur ein erfahrener Seelsorger und ein guter Prediger. Der Pfarrer soll mit seinem ganzen Leben und mit seiner ganzen Person die lebensgestaltende Kraft der biblischen Tradition repräsentieren. Das aber bedeutet: Er soll bei aller Modernität, die man bei ihm konstatiert oder kritisiert, auch fromm sein" (1250,191).

Im Rahmen der bürgerlichen Professionen stellt sich der Pfarrerberuf damit als ein eigenständiger Berufstypus dar. In ihm verbinden sich die allgemeinen Merkmale der „Verantwortungsberuf(e)" (1265,28) mit besonderen, aus der kommunikativ praktizierten Religion als dem spezifischen Arbeitsgebiet der Pfarrer und Pfarrerinnen abgeleiteten

Charakteristika. Besteht die Funktion der Kirche unter den Bedingungen der Moderne in der „Organisation von Gesinnung" (1269,13), dann nimmt der Pfarrerberuf die Gestalt eines *„ Weltanschauungsberuf(s)"* (1,118) und „Gesinnungsberuf(s)" (1,119; 1223,191) an. Während „technische Berufe" keiner „derartigen Prägung durch eine Weltanschauung" unterliegen, ist die von ihm vertretene „Weltanschauung" für den Pfarrer keine „Privatsache, die er pflegen könnte oder nicht" (1,8f). Es entspricht vielmehr „der Logik dieses Berufs …, daß der Pfarrer für seine Person übernommen hat und zur Geltung bringt, was er in seiner Berufstätigkeit als Inhalt und Programm vertritt. Ein Weltanschauungsberuf ist dadurch qualifiziert, daß sich zwischen persönlichen oder privaten Äußerungen einerseits und beruflichen oder amtlichen Äußerungen andererseits nicht unterscheiden läßt" (1,119). Bildet die religiöse Gesinnung des Berufsträgers „Ziel und Leitbild seines beruflichen Arbeitens" (1,119), dann kann schließlich „zwischen Berufspraxis und Lebenspraxis nicht oder doch zumindest nicht prinzipiell unterschieden werden" (1,120). Im Pfarrerberuf als einer integralen Lebensform wird somit der zentrale Gehalt der bürgerlichen Berufsidee, die untrennbare Symbiose von Berufspraxis und Lebenspraxis, auf exemplarische Weise verwirklicht.

4. Die teils divergierenden, teils konvergierenden Vorstellungen vom Pfarrerberuf verdanken sich jeweils unterschiedlichen *Perspektivierungen* der komplexen, einerseits mit der Kirchenorganisation verbundenen, andererseits in das neuzeitliche Berufssystem eingelagerten und insgesamt mit den Wandlungen der modernen Christentumskultur aufs engste verflochtenen Berufswelt der Pfarrer und Pfarrerinnen. In der Optik der Kirchen stellen sich die Pfarrer und Pfarrerinnen als Angestellte von Verbandsorganisationen dar, die ihre weltanschaulichen Positionen in der pluralen Gesellschaft offensiv vertreten und sich dazu der personalen und funktionalen Kompetenzen wissenschaftlich ausgebildeter und praktisch qualifizierter Berufsarbeiter bedienen; die in den größeren Zusammenhang kirchlicher Organisationsreformen eingegliederte Reform des Pfarrerberufs zielt dementsprechend auf die enge Einbindung der Berufsträger in die Kirchenorganisation und die daraus resultierende Steigerung kirchlicher Handlungseffizienz ab. Die weniger an einer praktischen Reform als vielmehr an einer reflexiven Rekonstruktion des modernen Pfarrerberufs interessierten sozialwissenschaftlichen Theoriekonstrukte ordnen den Pfarrerberuf in das moderne Berufssystem ein und schälen das teils mit anderen Professionen vergleichbare, teils ihnen gegenüber eigenständige Berufsprofil im Zuge einer Strukturanalyse des Pfarrerberufs heraus; die originäre Charakteristik des Pfarrerberufs besteht demnach in der Dominanz der ideologischen Dimension des Berufs, in der Fundierung der Berufspraxis durch eine religiöse ‚Weltanschauung', auf die sich die Berufsträger persönlich verpflichten und die sie in ihrer privaten ‚Gesinnung' verinnerlichen.

Die im Rahmen der zeitgenössischen *praktisch-theologischen* Reflexionskultur entworfenen, mitunter von religiösem Pathos unterlegten und vornehmlich in der Form programmatischer Essays präsentierten Berufsbilder nehmen die Erkenntnisse der Berufssoziologie in pointierter Weise auf und reichern die personalisierten Berufsvorstellungen durch den Rückgriff auf die neuzeitliche Individualitätsidee und die daraus abgeleitete bürgerliche Berufsvorstellung sowie insbesondere durch Anleihen aus der pastoraltheologischen Theorietradition (> 313) an. Den Vorstellungshorizont, in dessen Rahmen und in dessen Grenzen die praktisch-theologischen Porträts des Pfarrers entworfen werden, bildet weniger die Kirche als soziale Organisation oder der Beruf als gesellschaftliches Konstrukt, sondern primär die privat grundierte, teils handlungspraktisch realisierte, teils lediglich in der Form symbolischer Vorstellungen existente Beziehung zwischen dem Pfarrer als professionalisierter Individualität und dem Kirchenmitglied als religiöser Subjektivität. Die teils reflexiv gestalteten, teils metaphorisch chiffrierten Pfarrerbilder gewinnen ihre Plausibilität aus der Kongruenz von pastoralem Selbst- und Fremdporträt. Wird „dem von allen anderen gesellschaftlichen Erwerbs- und Berufszwängen befreiten Pfarrer" seitens der Kirchenmitglieder wie der gesellschaftlichen Öffentlichkeit „mit einem gewissen soziologischen Recht unterstellt, daß er unter besonders günstigen Umständen die konkrete Bestimmtheit und individuelle Verbindlichkeit christlicher Lebenskompetenz im Wissen und Handeln zu verwirklichen und veranschaulichen vermag", dann besteht „sein vordringliches Berufsmetier" darin, „sich christlicher Überzeugung, Wertentscheidung und Lebensgestaltung zu widmen" (1247,108) und sich im Sinne der „christliche(n) Vorbildlichkeit des Pfarrers" (1247,104) in seiner beruflichen wie in seiner privaten Selbstdarstellung als Exempel „einer integren Verwirklichung individuell gelebter Religiosität" zu erweisen (1247,109).

In der praktisch-theologischen Literatur der Gegenwart tritt der Pfarrer dementsprechend weniger als kirchlicher Funktionsträger oder als Inhaber pluriformer Berufsrollen, sondern in Gestalt einer personalen Repräsentanz humanen Lebens und als *religiöse Leitfigur* in Erscheinung. Der Pfarrer wird als Sinnbild menschlicher Solidarität skizziert, als „begeisterte(r) Wegbegleiter" (1254,310), dessen „fachliche Fertigkeiten" gegenüber seinen Persönlichkeitskompetenzen in den Hintergrund treten (1254,279). Im Rahmen der in die lokale Wohnwelt eingebetteten und auf der „Nachbarschaft" als ihrer sozialen „Basis" aufruhenden Kirchengemeinde (1255,67) fungiert der Pfarrer als „so etwas wie ein professioneller Nachbar, dessen ganze Unentbehrlichkeit sich in der einen Tatsache zusammenzieht, daß Menschen Nachbarn brauchen" (1235,165; 1259). Die volkskirchliche Mehrheit schließlich – so lautet eine Quintessenz der neueren Kirchensoziologie – sieht im Pfarrer einen „Bürge(n) für Sinn und Wert, für gute Tradition und gute Zukunft" (1346,280). Hängt „die Überzeugungskraft und Glaubwürdigkeit" christlicher Lebenshaltung und Weltanschauung „sowohl in ihrem zustimmungsfähigen Anspruch als auch in dessen realer Einlösung vor allem von der erfahrbaren Person des Pfarrers ab", dann „bürgen die Pfarrer heute eher mit ihrer personalen Präsenz als in ihrer amtlichen Funktion" (1247,104). „Im Bild von der ‚Bürgschaft' scheint die Bedeutung des Pfarrers für die Mitglieder jedenfalls am ehesten begriffen werden zu können" (1346,278).

Die in vielfältige Metaphorik gekleideten und deutlich von *Idealisierungen* geprägten Porträts des Pfarrers tragen zu einer Privatisierung (1241) des Pfarrerberufs bei und verstärken gleichzeitig die in die pastorale Berufspraxis eingelagerten Deprofessionalisierungstendenzen (> 212-4:2.3.2.). An die Stelle seiner funktionalen Bedeutung tritt die symbolische Repräsentationsfunktion des Pfarrers. Existiert der Pfarrer „in der säkularisierten Welt ... als personales Relikt von Religion" (1250,196), als „Repräsentant des Heiligen" (1251,20), so fungiert er in der abstrakten Gesellschaftsordnung der Moderne als „elementarer Repräsentant von Subjektivität" (1249), als „der einzig mögliche Projektionsort für die Sehnsucht des Individuums nach sich selbst" (1249,29), als „exemplarische ethisch-religiöse Subjektivität" (1248,255). Die Pastoraltheologie des 19. Jahrhunderts hatte den Pfarrer als „Würdenträger" angesehen, der die bürgerlich-christlichen „Ideen in seiner Person verwirklicht" und daher eine „symbolische Person", ein „Symbol in Person" (1228,35), darstellt: „Den Pastor begleitet also bei all seinem Thun das Bewußtseyn, daß er gleichsam nie allein ist, daß er auch mit seinem Privatleben eine öffentliche Person – nemlich aber diejenige Person ist, in deren ganzem Wesen und Erscheinen die Gemeinde eine Personification des Christenthums selber, ein lebendiges Symbol des christlich Wahren und Guten erblicken und verehren will" (1228,123). Die Praktische Theologie der Gegenwart nimmt das privatisierte Berufsbild und die darin eingelagerten symbolischen Idealisierungen (1251,152) wieder auf. Indem er ein „heiliges, geheiligtes Leben in diesem Beruf" (1251,169) führt, wird der Pfarrer zu einem „religiösen Symbol" (1250,194; 1251,19).

Einen besonderen Akzent erhält die Personalisierung und Privatisierung des Pfarrerberufs schließlich im Zusammenhang des Diskurses über die Berufsidentität von *Pfarrerinnen*. In der Perspektive feministischer Pastoraltheologie stellt sich der in das gesellschaftliche Berufssystem eingeordnete Pfarrerberuf als ein typischer „Männerberuf" (1261) dar, dessen Arbeitspraxis vorwiegend durch das ‚männliche Arbeitsvermögen', durch „Eigenschaften wie etwa Durchsetzungsfähigkeit, Härte sich selbst und anderen gegenüber und die Fähigkeit zur Abstraktion in den Arbeitsvollzügen" geprägt war (1261,22). Gerade weil sich im Pfarrerinnenberuf geschlechtsspezifische Lebenshaltung und beruflicher Arbeitsstil aufs engste miteinander verschränken, bildet die Berufswelt der Pfarrerin ein gegenüber dem traditionellen Typus des Pfarramts eigenständiges soziales Konstrukt, in dem „die ‚weiblichen Tugenden', d.h. die Fähigkeiten, die aufgrund weiblicher Sozialisation erworben wurden, verberuflicht" werden (1261,23). Die feministische Emanzipationsbewegung führte dementsprechend nicht nur dazu, „daß Qualitäten und Fähigkeiten, denen bisher vorwiegend im Bereich des Privaten und der Familie Bedeutung beigemessen wurde, jetzt eine zentrale Funktion im Strukturmodell von Kirche erhalten" (1262,188). Vielmehr prägt die religiöse Frauenkultur (> 212-3:3.3.1.) auch zunehmend dem Beruf der Pastorin ihren Stempel auf und verleiht schließlich dem PfarrerInnenberuf insgesamt ein neuartiges Profil: „Frauenidentität und christliche Identität müssen in diesem Prozeß neu gefunden werden und miteinander ins Gespräch kommen. Dies geschieht vielleicht besonders existentiell in der Person derjenigen, die beide Identitäten auch öffentlich, beruflich vertreten müssen: in der Person der Pastorinnen" (1262,40).

Am deutlichsten kommt die von der neueren Praktischen Theologie programmatisch herausgestellte private Grundierung des Pfarrerberufs aber in der untrennbaren Verknüpfung von beruflicher und *privater* Lebenswelt zur Geltung. Während im Zuge der Aufspaltung der bürgerlichen Lebenswelt in die öffentliche und die private Lebenssphäre Arbeitswelt und Freizeitwelt (> 233) auseinandertraten und der Begriff der ‚Freizeit' „zum Programmbegriff für die fortschreitende Entlastung von der Entfremdung durch eine mechanisierte Arbeitspraxis" (1,120) avancierte, gehen Berufsarbeit und Privatleben in der traditionellen Gestalt des Gemeindepfarramts ineinander über. Bildet die „Arbeit" in ihrem bürgerlichen Verständnis (> 212-4:2.3.) „eine wesentliche Perspektive der verantwortlichen Selbstbestimmung des Menschen", dann kann es konsequenterweise zumindest für die „Freien Berufe" keine „Freizeitforderungen" geben, „die der Entfremdung entgegengesetzt werden sollen" (1,120). In den von Motiven bürgerlicher Weltanschauung durchtränkten Vorstellungen vom Pfarrerberuf stellen sich berufliches und privates Leben vielmehr als untrennbare Kehrseiten einer integralen Lebensform dar. Sie findet ihre sozialkulturelle Manifestation in der Lebenskultur des protestantischen Pfarrhauses.

3.3.2. Das Pfarrhaus als symbolische Lebenswelt

Das evangelische Pfarrhaus, eine originäre Produktion des neuzeitlichen Protestantismus, stellt eine gegenüber der kirchlichen Religionsorganisation eigenständige, mit dem Beruf der Pfarrer und Pfarrerinnen dagegen untrennbar verbundene religiöse *Institution* dar. Gehört die Gründung des Pfarrhauses auch zu den Grunddaten der protestantischen Reformation und wurde Luthers Haushalt in späteren Epochen der Kultur- und Religionsgeschichte auch zum Urbild der in der privaten Lebenssphäre entfalteten christlichen Hausfrömmigkeit (> 212-1:2) wie zum Vorbild des nach außen offenen, vom Geist des diakonischen Tatchristentums (> 212-2:2.4.) inspirierten Hauses (> 212-1:1) stilisiert, so erhielt das Pfarrhaus seine klassische, bis in die Gegenwart verbindliche Gestalt gleichwohl erst in der Epoche des Bürgertums. Im Rahmen des gegenüber dem kirchlichen Christentum reservierten, aber von der Figur des Pfarrers faszinierten Bildungsbürgertums erlebte die religiös grundierte und ästhetisch ausgeformte Pfarrhauskultur ihre Blütezeit. Das Pfarrhaus wurde – zumal im Spiegel späterer, mitunter deutlich ideologisch retouchierter Rekonstruktionen – zu einem Nukleus und zu einem Agens der bürgerlichen Kulturwelt. Prägte die „lange Kette" der im Pfarrhaus aufgewachsenen „Schriftsteller und Geisteswissenschaftler" (1283,14), Philosophen und Künstler der urbanen Bildungskultur (> 212-4:2.2.2.) des 19. Jahrhunderts ihren Stempel auf, so fungierte das Pfarrhaus im dörflichen Alltagsleben als anschauliche und erlebbare Repräsentanz städtischen Lebensstils (1228,123). Und wie sich in der Alltagskultur des evangelischen Pfarrhauses die Grundzüge bürgerlicher Lebenshaltung und Welteinstellung zu einer eigenständigen Lebensform verdichten, so verschränken sich in der Pfarrhausfrömmigkeit die Grundprinzipien des säkularen Protestantismus (> 240), die „Verweltlichung" des Sakralen und die „Vergeistlichung" des Profanen (1283,7), auf exemplarische Weise miteinander.

Das in seine eigene Welt versponnene Bürgertum betrachtete das protestantische Pfarrhaus aber nicht nur als real existierende Manifestation neuzeitlicher Lebenskultur; es fand im Pfarrhaus vielmehr zugleich auch das *symbolische* Medium, in dem sich die Ideen der bürgerlichen Weltanschauung bündelten, das Sujet für zahlreiche literarische Reproduktionen (1293) und die Folie für vielfältige fiktionale Projektionen. Indem das Alltagsleben der Pfarrfamilie zum Idyll stilisiert und das ‚Haus auf dem Berg' in eine außeralltägliche Aura gehüllt wurde, erhielt das Pfarrhaus den Status einer zugleich realen wie symbolischen Wirklichkeit. Seitdem verschwimmen Idee und Wirklichkeit des Pfarrhauses nicht nur in dessen sozial- und kulturgeschichtlichen Rekonstruktionen, sondern auch im gesellschaftlichen Allgemeinbewußtsein und vor allem in den spezifischen Vorstellungen, die sich die Bewohner des ‚heiligen' Hauses von ihrer symbolischen Lebenswelt bilden. „Urbild und Vorbild: Stets war das evangelische Pfarrhaus beides zugleich. Einerseits spiegelte es die Normen bürgerlichen Lebens exemplarisch wider, andererseits wirkte es als Trendmacher im Sinne eines nachahmenswerten Vorbildes ... Mit dieser Doppelrolle von Urbild und Vorbild gibt das evangelische Pfarrhaus bis heute ein Muster für die gesamte protestantische Kultur ab, die stets beides gewesen ist: exemplarisches Muster bürgerlichen Lebens und Vorreiter neuer Entwicklungen" (1283,10).

In der Folge weitreichender gesellschaftlicher *Wandlungen* verblaßte der ideelle Glanz des exemplarischen Bürgerhauses. Auf dem Hintergrund der Säkularisierung der häuslichen Lebensformen verflüchtigte sich die spezifisch religiöse Signatur des originä-

ren Lebensstils: „Die Andachten (> 212-4:2.1.) fallen weg; die Losungen (> 212-4:
3.1.1.1.2.), vor dem Frühstück gelesen; die besondere Gestaltung der Räume (> 212-1:
2.2.); das Lutherbild im Arbeitszimmer und das Kreuz" (1307,306). Im Zuge der Egalisierung der Alltagskonventionen büßte die Pfarrhauskultur ihre aparten Züge ein: „Der
Pfarrer sieht fern wie der Schuster, und seine Kinder lesen Comics und später den ‚Stern‘
wie alle anderen" (1307,304). Schließlich machte auch die Entkirchlichung der Frömmigkeitspraxis vor den Pfarrhaustüren nicht halt: „In vielen Pfarrhäusern gehen die Kinder so selten in den Gottesdienst wie die übrigen Kinder der Gemeinde" (1307,304). Im
Rahmen der Pluralisierung der privaten Lebensformen entwickelte sich die für die Gegenwart charakteristische und sowohl im theologischen wie im kirchenamtlichen Urteil
ambivalent bewertete „Erscheinungsvielfalt des Pfarrhauses" (1311,306). Zwar wird in
vielen Pfarrfamilien weiterhin das „christlich-bürgerliche Leben" in seinen traditionellen
Erscheinungsformen gepflegt und mitunter auch mit dem Anspruch verbunden, damit
verbindliche „Maßstäbe" für die Gestaltung des privaten Lebens setzen zu wollen
(1283,13). Indem sich das Pfarrhaus aber gegenüber neu entstehenden Lebensformen
und Lebensstilen verschließt und sich statt dessen an überkommenen Lebensvorstellungen und Weltbildern orientiert, verliert es seine produktiven Potenzen für die sich modernisierende Lebenswelt. Paßt sich die Pfarrhauskultur dagegen umgekehrt an die mo-
dern-kulturellen Entwicklungen an, dann büßt sie ihre modellhafte „Eigentümlichkeit"
(1307,306) ein. In beiden Fällen verliert das evangelische Pfarrhaus die von ihm selbst
beanspruchte und ihm von anderen zugeschriebene Vorbildfunktion.

Vor allem aber löste sich in den vergangenen Jahrzehnten „die traditionelle, in ihrer
Wirkung so vielfältig fruchtbar gewordene *Symbiose* von Pfarrerberuf und Pfarrhaus"
(1308,246) von beiden Seiten her auf. Auf der einen Seite verblaßte die prägende Kraft
der bürgerlichen Familienideologie und des im evangelischen Pfarrhaus paradigmatisch
verwirklichten bürgerlichen Familienmodells (> 212-1:3.). Waren Pfarrhaus und Pfarrerberuf ursprünglich in der Einheit von Vater- und Pfarrerfigur aufgehoben, so geht mit
der Demontage der traditionellen Hausvaterrolle die Verkoppelung von beruflicher und
privater Lebenswelt verloren; ‚Pfarrfrau‘ und ‚Pfarrerskinder‘ (1312) verwahren sich
gegen ihre Vereinnahmung durch den Beruf des Ehepartners und Vaters und distanzieren
sich von den daraus abgeleiteten Rollen. Ebenso löste sich auf der anderen Seite im Zuge
der Professionalisierung (> 212-4:2.3.2.) des Pfarrerberufs die für das Pfarrhausleben
charakteristische Synthese von Arbeitswelt und Privatwelt der Pfarrer und Pfarrerinnen
auf. Das Pfarrhaus verliert zunehmend seine charakteristische Doppelfunktion und damit
seinen herausgehobenen Status im kirchlichen und gesellschaftlichen Bewußtsein und
mutiert zum privaten Wohnhaus einer Familiengemeinschaft. In der Überblendung von
gegenwärtiger Realität und historischem Bild, in der Verschränkung von moderner Inszenierung und nostalgischer Verklärung blieb das protestantische Pfarrhaus gleichwohl
als soziale Wirklichkeit und mehr noch in der Gestalt eines religiösen Symbols bis in die
Gegenwart erhalten.

3.3.2.1. Idee und Wirklichkeit des bürgerlich-protestantischen Pfarrhauses

1. In seiner klassischen Gestalt stellt das evangelische Pfarrhaus einen sozialen „Organismus eigener Art" (1284,10) dar. In ihm werden die beiden miteinander verschränkten
Grundmaximen des *bürgerlichen Protestantismus*, das Axiom individueller Autonomie

und die Idee lebensweltlicher Integration (> 212-4:1.3.), auf geradezu paradigmatische Weise verwirklicht und zu einer originären, gleichermaßen individualisierten wie integralen Lebensform ausgestaltet. Spiegelt sich in der Geschichte des Pfarrhauses auch die von der Individualitätsidee dirigierte Entwicklung der familialen Institution (> 212-1:3.1.) von der vorbürgerlichen Großfamilie über die bürgerliche Familienform bis zu der pluralen Familienkultur der Moderne exemplarisch wider, so verbinden sich in der sozialen Struktur des modernen Pfarrhauses gleichwohl die individualitätskonstitutiven und die gemeinschaftsintegrativen Momente der unterschiedlichen Familienmodelle miteinander. Wie die in vielen Pfarrhäusern bis in die jüngste Vergangenheit verwirklichte Idee des ‚ganzen Hauses' (> 212-1:3.1.), so wirkt auch die für das moderne Pfarrhaus charakteristische Vorstellung des nach außen ‚offenen Hauses' (1319) den aus der Kontraktion der Familie resultierenden Isolations- und Desintegrationstendenzen entgegen. Ebenso vermischen sich in den alltagspraktischen Lebensformen der Pfarrhäuser unterschiedliche epochen-, schicht- und milieuspezifische Kulturen (1273) ineinander. Zwar blieb die Lebenskultur der Pfarrhäuser bis in die Gegenwart dominant von Lebenseinstellungen und Konventionen bürgerlicher Provenienz geprägt. Im Zeichen kultureller Pluralisierung und Synkretisierung verbindet sich das traditionelle hochbürgerliche Pfarrhausmilieu aber auf teils organische, teils spannungsreiche Weise mit charakteristisch modern-religiösen, beispielsweise der Kirchentagskultur (> 222-3) entlehnten und teilweise von religiös grundierten politischen Überzeugungen geprägten Teilkulturen (212-3:3.4.) sowie mit den innovativen Lebensstilen alternativer Szenen. Im evangelischen Pfarrhaus bringen sich damit einerseits die Individualisierungstendenzen und andererseits die Integrationspotentiale der protestantischen Religionskultur in herausgehobener Weise zur Geltung.

2. Auf der einen Seite wird im protestantischen Pfarrhaus, dem exemplarischen Bürgerhaus die *private* Hauskultur mit besonderer Hingabe gepflegt. In den Grenzen der von der Außenwelt abgeschlossenen Privatsphäre einer „Enklave" und „Oase der Stille, Gelassenheit, Konzentration" (1288,12), in der überschaubaren Welt zwischen „Büchern", „Familie" und „Garten" findet das fromme Individuum in „stille(n) Feierstunden" seine innere „Sammlung und Vertiefung" (1231,62). Im Kreise der Familie werden „die musischen Künste" (1231,63) gepflegt; und wird man auch „schwerlich behaupten können, zur Tradition des evangelischen Pfarrhauses gehöre auch ein ausgeprägter Schönheitssinn" (1309,295), so hat sich das Pfarrhaus um so mehr „zu einer lebendigen Pflegestätte der Musik entwickelt" (1309,303). Die ästhetische Lebenseinstellung verbindet sich mit der „soziale(n) Gesinnung, die in den Pfarrhäusern herrschte und gepflegt und weitergegeben wurde" (1317,336), und insbesondere mit einer pointiert religiös konturierten Lebenshaltung, die in der gemeinschaftlich praktizierten Hausfrömmigkeit kultiviert wird, in einer Alltagskultur des „Worts und Gebets, des Friedens und des Segens" (1285,509). In der religiösen Lebenskultur des Pfarrhauses findet schließlich auch die originäre „Spiritualität des evangelischen Pastors" ihren „Sitz im Leben" (1305,155), ein ebenso typisch bürgerlicher wie charakteristisch „evangelischer Lebensstil", der sowohl auf den Pfarrer selbst als auch auf andere „befreiend, aufmunternd, belebend und emotional wohltuend" wirkt (1306,216). Das protestantische Pfarrhaus stellt damit zugleich ein Modell bürgerlicher Häuslichkeit wie eine soziale Repräsentanz der neuzeitlichen Individualitätsidee dar. In beiden Hinsichten wurde es zum anschaulichen Sinnbild privater religiöser Lebenskultur.

3. Stellt sich das bürgerlich-protestantische Pfarrhaus auf der einen Seite als soziale und kulturelle Manifestation der neuzeitlichen Individualitätsidee dar, so fungiert es auf der anderen Seite als anschauliches Exempel für die *integrale* Funktion der Religion (> 123) in der sich zunehmend ausdifferenzierenden modernen Lebenswelt. In der Lebenskultur des bürgerlichen Pfarrhauses verbinden sich die für den neuzeitlichen Protestantismus charakteristischen Grundformen religiös fundierter Lebenspraxis – Andacht, Bildung und Beruf (212-4:2) – auf paradigmatische Weise miteinander. Wie in vielen Pfarrhäusern noch immer „die alte Hausandacht" (1305,158; > 212-4:2.1.2.) gehalten wird, so gilt das „deutsche Pfarrhaus" von jeher als eine „Urzelle des Geisteslebens" (1293,46), als Pflegestätte humaner Bildung (1298) und christlicher Erziehung. Und wie der bürgerliche Protestantismus die ‚Religion des Kindes' (> 212-4:3.2.1.4.) zur paradigmatischen Grundform religiöser Lebenshaltung erklärt, so wurde „das Kleinkind" im Pfarrhaus „immer mit einer besonderen, geradezu sakralen Aura umgeben" (1299,67). Auch wenn die Pfarrer und Pfarrerinnen der Gegenwart anders als ihre Vorfahren nicht mehr als „Hauslehrer" oder „Hofmeister" (> 212-4:2.3.2.) „durch ein meist unfreiwilliges pädagogisches Praktikum gegangen" (1283,19) sind, stellen sie in der Elternrolle mit ausgeprägtem Engagement ihre pädagogischen Kompetenzen unter Beweis.

Die integrale Statur des Pfarrhauses kommt aber vor allem in der untrennbaren Verwebung von privater und *beruflicher* Lebenssphäre zur Geltung. „Der Lebensstil des Pfarrhauses ist dadurch gekennzeichnet, daß Arbeits- und Wohnbereich ineinander übergehen. Das Pfarrhaus ist nach Zuschnitt und Lage und nach dem Selbstverständnis von Gemeinde und Pfarrer eine halböffentliche Einrichtung", in der Pfarrer und Pfarrerinnen „nicht als Privatperson(en), sondern als Amtsinhaber" wohnen und in der sie deshalb „nur bedingt ... wirklich ,zu Hause' sein" können (1306,211). Die „Deckungsgleichheit von Wohn- und Arbeitswelt" (1311,308) führt einerseits zu einer ‚Verberuflichung' der privaten Lebenswelt, andererseits zu einer Privatisierung der öffentlichen Berufsausübung. Während die liturgischen und konversationellen Formen der alltäglichen Frömmigkeitspraxis durch die auch in der Privatsphäre beibehaltene professionelle Haltung des Vaters und Pfarrers die Konturen beruflich verfaßter Religionspraxis, des Hausgottesdienstes und der Familienseelsorge, annehmen und das Pfarrhaus unter der Regie des professionellen Religionsarbeiters von einem „exemplarische(n) Ort christlicher Lebensführung" (1308,244) zur „Gemeinde im kleinen" (1283,12) mutiert, fließen umgekehrt „persönliche Anteile" des privaten „Lebensentwurfes" in die „Arbeitsgestaltung" der Pfarrer und Pfarrerinnen ein (1306,214) und verleihen damit dem Pfarrerberuf die Statur einer integralen Lebensform: „Die Ganzheitlichkeit eines alternativen Lebensstils müßte in einem ganzheitlich gedachten Beruf realisierbar sein" (1306,212).

Die Bedeutung des Pfarrhauses für die protestantische Religionskultur geht freilich nicht in dessen Vorbildfunktion für die Gestaltung des privaten Lebens, in der anschaulichen Präsentation einer exemplarischen, ebenso vielfältigen wie ganzheitlichen Familienkultur auf. Die integrative Funktion des Pfarrhauses kommt ebenso in seiner gleichermaßen realen wie symbolischen Bedeutung für die *öffentliche* und für die kirchliche Lebenswelt zur Geltung. Im dörflichen und kleinstädtischen Gemeinwesen fügt sich das Pfarrhaus in das viergliedrige architektonische Ensemble der im Ortskern angesiedelten und mit jeweils unterschiedlichen Bedeutungsgehalten besetzten Gebäude ein. Repräsentiert das Kirchengebäude (> 232-3) die kirchliche Religionsorganisation, das Rathaus die verschiedenen Bereiche der öffentlichen Lebenssphäre und das Wirtshaus die an der Grenze zwischen privater und öffentlicher Lebenswelt angesiedelte Region der Geselligkeit, so überschneiden sich im Pfarrhaus die unterschiedlichen Lebenssphären. Unter dem Dach des von der Pfarrfamilie bewohnten und von den Kirchenmitgliedern aus den verschiedensten Anlässen aufgesuchten Pfarrhauses gehen öffentlicher und privater Raum, Bürotrakt und Wohnbereich, Amtszimmer und Seelsorgestube ineinander über. Während das leere Kirchengebäude in der Folge der neuzeitlichen Entkirchlichung des Christentums an Bedeutung verlor, avancierte das vom Geist des bürgerlichen Protestantismus erfüllte Pfarrhaus im Zuge der Privatisierung der Religionskultur zum Nukleus der gegenüber dem kirchlichen Christentum distanzierten bürgerlich-protestantischen Religionskultur und zur symbolischen Repräsentanz des in die alltägliche Lebenswelt eingelassenen Protestantismus. Im kirchenverbundenen Gemeindechristentum schließlich fungiert das „Pfarrhaus als anschauliches Integral der Pfarrerperson, Familie und Gemeinde" (1213,960).

4. In der Optik bürgerlicher Weltanschauung gilt das Pfarrhaus zugleich als empirische Wirklichkeit wie als symbolische Repräsentanz sozialer, kultureller und religiöser *Ideen*. Das Pfarrhaus ist Wohnhaus einer unverwechselbaren individuellen Lebensgemeinschaft und darum Sinnbild autonomer Lebensführung, Ort ganzheitlicher Lebenspraxis und darum Vorbild integraler Lebenskultur, Stätte alltagspraktischer Frömmigkeitspflege und darum Urbild säkularer Religiosität. Aufgrund seiner Anreicherung mit symbolischen Bedeutungen ist das exemplarische Haus von allgemeinem Interesse und das „Leben im Pfarrhaus ... eine öffentliche Angelegenheit" (1299,63): „Alles, was den Pfarrer und das Pfarrhaus betrifft, wird in der Gemeinde noch einmal so eifrig besprochen und kritisirt, als was andre Leute angeht" (1230,432), „nicht im Sinn mißtrauischen Aufpassens, auch nicht blos aus Neugierde", sondern „mit dem Interesse der Ehrerbietung und des Wunsches, an ihm ein Vorbild in allem Guten zu haben" (1228,123). Wie die pastoraltheologischen Lehrbücher (> 313) des 19. Jahrhunderts den Gerüchten, die sich um das Pfarrhaus ranken, und der „Legendenbildung" (1288,1), auf deren Boden die öffentlichen Ansichten des pastoralen Privatlebens entstehen, religiöse Motive unterlegen, so verlangen sie von den Trägern eines Berufs, in dem berufliche und private Selbstdarstellung ineinander übergehen, ihr Haus „vorzuführen", damit „die Gemeinde ein Vorbild sehe häuslichen Friedens und Fleißes, häuslicher Frömmigkeit und Ehrbarkeit" (1226,344). Die an das Pfarrhaus angelagerten Projektionen spiegeln sich in den Vorstellungen wider, die angehende und praktizierende Pfarrer und Pfarrerinnen von ihrer Lebenswelt entwerfen. Die „Klischees, Ideale, Wunschträume vom Pfarrhaus" (1284,12) halten den „Mythos vom Pfarrhaus" (1284,16) bis in die Gegenwart am Leben.

Die Verwebung von Idee und Wirklichkeit des protestantischen Pfarrhauses wird seit dem ausgehenden 18. Jahrhundert in vielfältigen *literarischen* Produktionen kunstvoll gepflegt. Die erbaulich-unterhaltsame Pfarrhausliteratur (1293; 1295; 1300) nahm ihren Anfang mit der „idyllisierende(n) Darstellung eines evangelischen Pfarrhauses" (1296,354) durch J.H. Voß und J.W. Goethe. Die Stilisierung von „Pfarrersfiguren" zu „Gesinnungsfigurationen" (1294) setzte sich in den pastoraltheologischen Selbstdarstellungen der Pfarrer im 19. Jahrhundert fort und erlebte mit den in zahllosen Auflagen erschienenen Pfarrerromanen um die Wende zum 20. Jahrhundert eine letzte Blütezeit.

Im ,*Medienzeitalter*' wurden die literarischen Porträtierungen des Pfarrhauses durch Fernsehproduktionen (> 222-5) ersetzt, in denen die Pfarrer – analog zu den Ärzten und

Lehrern – als „Fernsehheld(en)" (1296) stilisiert und „katholische Geistliche und evangelische Pfarrerinnen und Pfarrer ... in ihrem Eintreten für das Gute im Menschen und in ihrem Wirken mit und gegen die Institution Kirche, in ihren Siegen, Niederlagen und in ihrem Alltag gezeigt" (1254,11) werden. Die medialen Inszenierungen, die dem Fernsehpublikum „nicht nur die beruflichen Tätigkeiten des Pfarrers" präsentieren, sondern auch „Einblicke in das Privatleben der fiktiven Pfarrfamilie" (1296,355), in „Wohnküche" und „Schlafzimmer des Pfarrerehepaars" (1296,360) gewähren, sind nach dem Muster der im Vorabendprogramm dominanten Familienserien entworfen, folgen aber einer eigenen Erzähl- und Inszenierungsstruktur (1296,365f). Indem sie gleichermaßen „dem Massenmedium Fernsehen wie dem Genre Serie gerecht werden und dem religiösen, mythenbeladenen Thema Pfarrhaus entsprechen" (1296,366), tragen die Pfarrerserien – ‚Sieben Tage im Leben eines Pfarrers', ‚O Gott, Herr Pfarrer', ‚Mit Leib und Seele', ‚Wie gut, daß es Maria gibt', ‚Pfarrerin Lenau' – einerseits zur Restauration der bürgerlichen Pfarrhausidylle und andererseits zur Imagewerbung für eine der modernen Lebenskultur verbundene Gestalt des evangelischen Pfarrhauses bei.

3.3.2.2. Entwicklungsstadien des protestantischen Pfarrhauses

1. In der *Geschichte* des evangelischen Pfarrhauses – seiner Entstehung in der Reformationszeit, seiner Blütezeit in der Epoche des Bürgertums und seines Profil- und Bedeutungsverlustes in der zweiten Hälfte des 20. Jahrhunderts – bündeln sich die sozialgeschichtlichen, kulturgeschichtlichen und religionsgeschichtlichen Wandlungen der Neuzeit. Wie sich in den Veränderungen von Struktur und Funktion des Pfarrhauses einerseits die Entwicklung des Pfarrerberufs zu einer bürgerlichen Profession (> 212-4:3.3.) widerspiegelt, so sind die charakteristischen Transformationen der im Pfarrhaus institutionalisierten Lebenskultur andererseits nur auf dem Hintergrund der epochenspezifischen Umgestaltungen der privaten Lebensformen und insbesondere der Ausbildung des bürgerlichen Familienmodells (> 212-1:3.) zu begreifen. Vor allem aber gewinnt in der historischen Rekonstruktion des Pfarrhauses die für den bürgerlichen Protestantismus charakteristische, in der Reformationszeit angelegte und in der bürgerlichen Religionskultur breit entfaltete Hausfrömmigkeit (> 212-1:2.) empirisch greifbare Gestalt. Das evangelische Pfarrhaus stellt sich somit als ein Fokus des sozialen, kulturellen und religiösen Fortschritts und als ein Fundus mehrdimensionaler historischer Forschung dar.

Im Spiegel historiographischer Rekonstruktion gewinnt das Pfarrhaus seine schillernde, zwischen *Idee* und *Wirklichkeit* pendelnde Gestalt. Wie sich in den teils wissenschaftlichen, teils populären Analysen der Familiensoziologie normative Leitbilder und phänomenologische Deskriptionen des privaten Lebens miteinander verweben (> 212-1:3.) und wie sich in den theologischen Theorien der pastoralen Berufs- und Lebenswelt (> 313) fundamentale Prinzipien und empirische Tatbestände ineinander vermischen, so überlagern sich in den programmatisch profilierten und ideologisch imprägnierten Rekonstruktionen des Pfarrhauses fiktive Vorstellungen und empirische Beschreibungen. Die im 19. Jahrhundert entworfenen Porträts von Luthers Familie bilden ebensowenig im direkten Sinne geschichtliche Wirklichkeit ab wie die von der bürgerlichen Belletristik entfalteten Ansichten des zeitgenössischen Pfarrhauses. Gerade in seiner Funktion als fiktives Leitbild religiös grundierter privater Lebenskultur hat das evangelische Pfarrhaus aber Geschichte gemacht. Bis in die Gegenwart nutzen die Bewohner des paradigmatischen Hauses die in früheren Epochen entworfenen Bilder vom Pfarrhaus, um sich im Spiegel historischer Projektionen ihrer aktuellen Lebenswirklichkeit zu vergewissern.

2. Als historisches *Urbild* des evangelischen Pfarrhauses fungiert seit dem 19. Jahrhundert Luthers Haushalt. Das Augustiner-Eremiten-Kloster in Wittenberg diente nicht nur als Wohnhaus einer Großfamilie, sondern zugleich auch als Zentrum eines landwirtschaftlichen und handwerklichen Familienunternehmens, in dem Ackerbau und Viehzucht betrieben und die an dem Kloster haftende Braugerechtigkeit genutzt wurde; neben den Wohnräumen befand sich Luthers Kollegsaal sowie eine Werkstatt für seinen Famulus (1297,168ff). Die unter einem Dach verwirklichte oeconomia christiana bildete einen eigenen Mikrokosmos, in dessen sozialer Struktur sich der makrokosmische, aus der Schöpfungsordnung abgeleitete Aufbau der Gesellschaft widerspiegelte. Wie die Pastoraltheologie des 19. Jahrhunderts in Luthers Haushalt die Idealgestalt ganzheitlicher Lebenspraxis entdeckte, so stilisierte die bürgerliche Familienideologie das erste Pfarrhaus zum Prototyp des ‚ganzen Hauses‘ (> 212-1:3.), eines mit ideellen Gehalten angereicherten Modells des privaten Lebens, in dem sich die vielfältigen sozialen und kulturellen, pädagogischen und religiösen Funktionen der familialen Institution zu einer integralen Lebensform verdichten.

In der historischen Retrospektive wurde das archetypische Pfarrhaus der Reformationszeit aber nicht nur zur Repräsentanz der bürgerlichen Ganzheitsidee stilisiert. In dem historischen Ursprungsmodell des evangelischen Pfarrhauses schien vielmehr auch die für die bürgerliche Lebenswelt charakteristische Trennung von privater und öffentlicher Lebenssphäre aufgehoben und die bis in die Gegenwart plausible Vorstellung des nach außen *offenen* Pfarrhauses (1303,233) verwirklicht. In beiden Hinsichten hat „das Pfarrhaus das Kloster abgelöst. So wie die letzten Mönche vielfach die ersten Pastoren wurden, so ist das Pfarrhaus", sowohl hinsichtlich seiner internen Lebenskultur als auch hinsichtlich seiner externen Funktionen, zur „Nachfolgeinstitution des Klosters" (1289,24) und die klösterliche Lebensform zum „geheime(n) Ideal der protestantischen Pfarrhäuser" (1307,306) geworden. Ihr entlehnt das gleichermaßen der individuellen Frömmigkeitspflege wie dem diakonischen Tatchristentum verpflichtete moderne Pfarrhaus auf der einen Seite die Ritualisierung des „Tagesablauf(s)" und die Sakralisierung des Alltagslebens als eines „Kosmos von symbolischen Bedeutungen" (1307,306) und auf der anderen Seite die mit dem Klosterhospiz (> 232-3) verbundenen sozialdiakonischen Funktionen. Bis heute wird das Pfarrhaus als eine Art „Sozialstation" (1301), als „ein rund um die Uhr geöffnetes sozialaktives Haus mitten in der Gemeinde" (1301,393) und als „Ort geistiger Freiheit und des Vertrauens" (1281,377) begriffen. Schließlich übernahm das Pfarrhaus in verschiedenen historischen Epochen (1302) und zumal in der neuesten Zeit auch den ihm zugeschriebenen „Asylcharakter" (1301,393) von seinem klösterlichen Vorbild: „Der moderne Hang zur Privatheit wird zeichenhaft durchbrochen, wenn das Pfarrhaus dann und wann Asyl und Zuflucht bietet für ein alleingelassenes Nachbarskind oder für den Ausländer, der abgeschoben werden soll" (1305,159).

3. Das Kontrastbild zu dem im 19. Jahrhundert in kulturkritischer Absicht idealisierten Haushalt Luthers bildet das in der Epoche der Aufklärung und des Pietismus entstandene *bürgerlich-protestantische* Pfarrhaus; es hat über „lange Zeit und für eine sehr breite Volksschicht als das typische deutsche Pfarrhaus gegolten" (1286,21). Das neuzeitliche

Pfarrhaus stellt sich sowohl hinsichtlich seiner empirischen Wirklichkeit als auch vor allem im Spiegel seiner idealisierten und romantisierten Projektionen als eine exemplarische Gestalt bürgerlichen Familienlebens, als eine Triebkraft des sozialen und kulturellen Fortschritts und insbesondere als Agens der Verbürgerlichung der protestantischen Religionskultur, ihrer Individualisierung und Privatisierung, dar.

In der Einbettung des Pfarrhauses in die bürgerliche Lebenswelt verschränken sich zwei miteinander konvergierende gesellschaftliche *Entwicklungsprozesse*: die schon in der Reformationszeit angelegte Umformung des Pfarrerberufs vom geistlichen Amt zur bürgerlichen Profession (> 212-4:3.3.1.3.) und die Herausbildung des bis in die Gegenwart fortbestehenden bürgerlichen Familienmodells (> 212-1:3.1.). In dem Maße, in dem der Pfarrerberuf seine „Anziehungskraft für den Adel" verlor und umgekehrt die „Kinder oder Enkel" von Pfarrern, die aus niedereren sozialen Klassen in den Pfarrerberuf aufgestiegen waren, „nur noch selten in handwerkliche Berufe" zurückkehrten (1287,51), erhielt der Pfarrerberuf die Statur eines bürgerlichen Berufsstands. Wie der Pfarrerberuf zur exemplarischen Ausdrucksgestalt der religiös begründeten bürgerlichen Berufsidee avancierte, so wurde das Pfarrhaus zum Modell der neuzeitlichen Kontraktion der Familie (> 212-1:3.1.); in den „Pfarrer- und Lehrerhaushalten, besonders in den wachsenden Städten, (wurden) am frühesten die Weichen zur Bildung eines Resthaushaltes gestellt" (1287,52f). Das Pfarrhaus mutierte vom mehrfunktionalen ‚ganzen Haus' zum Privathaus der bürgerlichen Kleinfamilie. Als ‚gehobenes Bürgerhaus' (1298,202) gehört das protestantische Pfarrhaus seitdem „atmosphärisch zur bürgerlichen Oberschicht" (1287,57); es repräsentiert in herausgehobenem Maße die von dem Ideenensemble des aufstrebenden Bürgertums und insbesondere von dem neuzeitlichen Individualitätsaxiom durchtränkte Lebenskultur des Mittelstandes (1304,424).

In der zeitgenössischen, vom Geist der Aufklärung inspirierten *Pfarrhausliteratur* (1290) wird der „in ländlicher Idylle und ungetrübter Harmonie mit der Familie" lebende Pfarrer dementsprechend als religiös gestimmte und der christlichen Nächstenliebe verpflichtete Persönlichkeit porträtiert: „Des Pfarrers Frömmigkeit besteht in einem kindlichen Gottvertrauen und in nützlicher Tätigkeit für das irdische Wohl der ihm anvertrauten Menschen" (1286,22). In das literarische Porträt der Pfarrersfrau (> 212-4:3.3.2.4.) fließen die Charakteristika des bürgerlichen Frauenbildes ein: Des „Landgeistlichen Hausfrau" ist „von der tätigen, guten Art ..., die es sich und den Ihrigen an nichts fehlen läßt, aber auch dafür auf sich und die Ihrigen etwas einbildisch ist" (1291,428). Zur mustergültigen Pfarrfamilie gehören in Goethes Verwebung von ‚Dichtung und Wahrheit' der pastoralen Familienwelt schließlich zwei Töchter, von denen die eine als „schön und mehr nach außen" gekehrt, die andere als „reizend und mehr nach innen gesinnt" charakterisiert wird, und endlich der „fleißige, dem Vater nacheifernde, etwas herbe Sohn" (1291,428).

Gilt das bürgerlich-protestantische Pfarrhaus sowohl in seiner zeitgenössischen Wahrnehmung als auch in seiner späteren historischen Rekonstruktion einerseits als Modell des bürgerlichen Hauses, des gegenüber der öffentlichen Lebenssphäre abgeschirmten Refugiums, in dem sich die religiöse Individualität frei entfalten und sich in den unvertauschbaren Beziehungen zu den übrigen Familienangehörigen seiner originären Persönlichkeitscharakteristik vergewissern kann, so stellt es sich andererseits als Muster der zwar ebenso unverwechselbar individuellen, gleichwohl aber für vielfältige Anregungen der gesellschaftlichen Kulturwelt offenen *Hauskultur* dar. Im Pfarrhaus, dem exemplarischen Bürgerhaus, wird die ästhetisch konturierte Hausfrömmigkeit (> 212-2:1.), zumal die Hausmusik und die familiäre Festkultur, mit besonderer Hingabe gepflegt. Ebenso entfaltet sich in dem der bürgerlichen Häuslichkeit verpflichteten Pfarrhaus die für den neuzeitlichen Protestantismus charakteristische Kultur der gleichermaßen gemütvollen wie intelligenten Konversation unter einander Vertrauten, die biographisch grundierte Lebensbeichte und das in der bürgerlichen Privatreligion verankerte Seelsorgegespräch (> 213).

4. Seit der Epoche des Bürgertums lebt das evangelische Pfarrhaus von den ihm zugeschriebenen ideellen *Bedeutungsgehalten.* Das zum exemplarischen Privathaus stilisierte Pfarrhaus fungiert im allgemeinen Bewußtsein einerseits als Sinnbild individuell ausgeformter religiöscr Lebenskultur und andererseits als Vorbild bürgerlicher Häuslichkeit. Während Luthers Pfarrhaus, das urbildliche ‚ganze Haus‘, erst nachträglich, im Zuge seiner nostalgischen Verklärung die Statur eines idealtypischen Modells gewann, ist die Genese des neuzeitlichen Pfarrhauses ohne seine gleichzeitige Anreicherung mit symbolischen Bedeutungsgehalten nicht zu denken. Und während dem Pfarrhaus der Reformationszeit seine exemplarische Bedeutung von außen beigelegt wurde, stellt die Symbolfunktion ein internes Strukturmerkmal des neuzeitlichen Pfarrhauses dar. Das bürgerlich-protestantische Pfarrhaus bildet eine von seinen Bewohnern absichtsvoll inszenierte sozialkulturelle Wirklichkeit.

Die dominante Bedeutung der *Symbolfunktion* des Pfarrhauses bildete sich im Zuge verschiedener, für die Genese der neuzeitlichen Professionen wie der bürgerlichen Lebenswelt insgesamt konstitutiver ökonomischer Transformationsprozesse heraus: der Umstellung der finanziellen Vergütung der Berufsarbeit von der Entlohnung für bestimmte Arbeitsleistungen zur abstrakten Besoldung und der Umformung der Hausarbeit von der handfesten körperlichen Betätigung zu sublimen geistigen Arbeitsvorgängen. Der aufgeklärte Landgeistliche und seine Familie sind nicht mehr auf den ökonomischen Ertrag ihres landwirtschaftlichen Anwesens angewiesen; der Pfarrer verdient sein Geld nun mit seinem Beruf, der Religion. Die Pfarrfamilie nutzt daher das ländliche Pfarrhaus in einer neuartigen, sublimen Art und Weise, als Gestaltungsraum für ihr privates Leben und gleichzeitig als pädagogisches Demonstrationsobjekt aufgeklärter Lebens- und Arbeitspraxis. Bildete der landwirtschaftliche Familienbetrieb bisher die ökonomische Grundlage für die Berufsausübung des Pfarrers, so wird das Pfarrhaus jetzt zum integralen Bestandteil der religiösen Berufsarbeit. Von der Kanzel klärt der vielseitig gebildete Dorfpfarrer die Bauern über Viehzucht und Fruchtwechsel auf. Nach dem Gottesdienst führt er sie durch seinen Stall und seinen Garten, einen landwirtschaftlichen Musterbetrieb. Und am Abend schreibt er popularwissenschaftliche Bücher über die verschiedensten Gebiete des Alltagslebens. War die Beziehung der Pfarrfamilie zur Natur früher vornehmlich ökonomischer Art, so macht der aufgeklärte Landpfarrer die mit religiösen Bedeutungsgehalten angereicherte und als göttliche Schöpfung begriffene Umwelt des Menschen nun zum Objekt wissenschaftlicher Erkenntnis und betätigt sich „als Gärtner, Bienenzüchter, Sammler und Forscher" (1304,424), als „Schmetterlingssammler … und Botaniker", aber auch als „Dialekt- und Sprachwissenschaftler" (1288,9). Er widmet sich im Rahmen seiner säkularreligiösen Berufspraxis der Heimatkunde und der Lokalgeschichte, der Verbreitung gesundheitsfördernder Ernährungspraxis und der Entwicklung alternativer Heilverfahren.

In die vom Geist der Aufklärung geprägte und von pädagogischen Interessen geleitete Berufsarbeit bezieht der Pfarrer schließlich auch seine *Familie* mit ein. Wie vernünftig, natürlich und human mit Kindern umzugehen ist, wie eine Ehe wahrhaft glücklich verläuft, wie das alltägliche Leben der Familie auf der Basis neuzeitlicher religiöser und moralischer Maximen einzurichten ist, dies führt die Pfarrfamilie, indem sie sich selbst inszeniert, den anderen vor Augen und stellt damit die unlösbare, bis in die Gegenwart fortbestehende Symbiose von Pfarrerberuf und Pfarrhaus her: „Das Pfarrhaus ist das Siegel auf die Predigt, oder es ist die praktisch gewordene Verkündigung des Evangeliums" (1292,112).

Die „Bedeutung des Pfarrhauses für die bürgerliche Familie" (1252,449) geht aber nicht in dessen Vorbild- und Sinnbildfunktion auf. Vielmehr fungiert das bürgerlich-protestantische Pfarrhaus im Rahmen der von sozialen Antagonismen und kultureller Desintegration geprägten modernen Lebenswelt auch als *Gegenbild* der sich ständig beschleunigenden gesellschaftlichen Modernisierung, als reale Verwirklichung und symbolische Repräsentanz von sozialer und kultureller Stabilität, als Bollwerk gegen die Diffusion der privaten und öffentlichen Lebensordnung.

Während sich die hierarchischen *Familienstrukturen* in der Folge weitreichender gesellschaftlicher Wandlungsprozesse auflösten, lebten im Pfarrhaus die traditionalen Familienvorstellungen und zumal die darin eingelagerte, von Luther aus der Antike übernommene Berufsethik des Hausvaters fort. In dem Maße, in dem die mit religiöser Autorität ausgestattete Figur des ‚pater familias', der in seinem Haus die Rolle des Priesters wie die des Lehrers einnimmt und „die Einheit des ganzen Hauses" (1287,52) nach außen repräsentiert, ihren Glanz verlor, wurden deren Gehalte auf den in einer Doppelrolle agierenden Gemeindepfarrer und Familienvater projiziert. Die Pfarrfamilie erhielt den Status einer symbolischen Reminiszenz an die vorneuzeitliche intakte Welt der Familie: „Im Familienleben des Pfarrhauses soll für die Gemeinde exemplarisch zur Darstellung kommen, daß die grundlegenden Konflikte der bürgerlichen Existenz überwindbar sind … Im Pfarrhaus soll jene Harmonie herrschen, die es im Alltagsleben nicht gibt" (1252,449).

Während sich die ständisch gegliederte *Gesellschaft* zunehmend in voneinander getrennte und einander oppositionell gegenüberstehende soziale Klassen aufspaltete, wurde die gleichermaßen an den Ideen der vorbürgerlichen Welt orientierte wie in die bürgerliche Lebenskultur integrierte Berufswelt des Pfarrers als „Kommunikationsbrücke zwischen den Ständen" betrachtet, auf der sich der gebildete ‚Religionslehrer' „in anregender Konversation mit dem Adel" und „in belehrendem Umgang mit den Bauern" (1304,424) um die in der Religion angelegte Integration der sozialen Lebenswelt bemüht. Während die zunehmende Verstädterung (> 232-1) der Gesellschaft zu fundamentalen Umstellungen der gemeinschaftlichen Lebensgrundlagen wie zu gravierenden Umbrüchen der individuellen Lebensorientierung führte, wurde das in die ländliche Alltagswelt eingebettete Pfarrhaus als „kulturelles Zentrum und ruhender Pol inmitten der bürgerlichen Arbeitsgesellschaft" (1304,424) begriffen und zum Sinnbild ganzheitlicher Lebensführung stilisiert: „Ein protestantischer Landgeistlicher ist vielleicht der schönste Gegenstand einer modernen Idylle …; er ist Vater, Hausherr, Landmann und so vollkommen ein Glied der Gemeine. Auf diesem reinen, schönen, irdischen Grunde ruht sein höherer Beruf" (1291,427). Der Pfarrerberuf, in dem überlieferte religiöse Konventionen und charakteristisch moderne Welteinstellungen zu einer für den säkularen Protestantismus paradigmatischen Lebensform verschmelzen, und das Pfarrhaus, in dem sich traditions-verbundene Frömmigkeit und fortschrittsorientierte Bildung zu einer integralen Kultur privaten Lebens verbinden, wurden damit in den Rang identitätsstiftender Institutionen erhoben und als symbolische Repräsentanzen sinnhafter Lebenswirklichkeit bewertet.

5. Die *Bedeutung* des Pfarrhauses für die protestantische Religionskultur erschöpft sich allerdings nicht in den ideellen Gehalten, die dem exemplarischen Haus im Zuge fiktio-naler Projektionen von außen beigemessen werden, und in den symbolischen Sinninten-tionen, die ihm seine Bewohner im Interesse der öffentlichen Inszenierung ihrer privaten Lebenswelt unterlegen. Vielmehr eignete sich das Pfarrhaus in der Epoche des Bürger-tums die charakteristisch modernen sozialen und kulturellen Funktionen an, denen es bis in die Gegenwart sein charakteristisches Profil verdankt.

Während der vornehmlich den Ideen der Aufklärung verpflichtete Typus des bürgerli-chen Pfarrhauses in entscheidender Weise zur Indigenisierung der Religion in die säkula-re Kulturwelt beitrug, avancierte das Pfarrhaus im Rahmen der pietistischen Frömmig-keitsreform zur sozialen *Trägerinstitution* einer sich neu formierenden und dominant auf der bürgerlichen Privatfrömmigkeit aufruhenden religiösen Gemeinschaftskultur. Das um das „Zentrum des abgeschirmten ‚Studierzimmers'" (1287,57) organisierte Privat-haus der Pfarrfamilie öffnete sich für die neuartigen Gemeinschaftsformen der religiösen Laienbewegung. Es wurde „zum Ausgangspunkt der ‚Collegia pietatis'" und damit zum sozialen und kulturellen Nukleus der vornehmlich auf die Pflege privater Erbauung (> 212-4:3.1.1.1.1.) abzielenden, gleichzeitig aber um „pädagogische und insbesondere ökumenisch-missionarische Akzente" (1304,421) erweiterten Frömmigkeitskultur.

Auf diesem Hintergrund wandelten sich die sozialen *Funktionen* des Pfarrhauses und der in ihm zusammengeschlossenen, teils beruflich, teils privat genutzten Räume. Das ‚Amtszimmer' des Pfarrers, der berufliche Arbeitsraum, wurde privatisiert. Es fungiert seitdem als artifizielles Substitut der nach außen abgeschlossenen häuslichen Privatsphä-re, in der die familiäre Gemeinschaft die intime Konversation pflegt. Im Zuge der Verbe-ruflichung der religiös grundierten Gesprächskultur (> 213) wurde das vom Bildungs-bürgertum geschaffene ‚Studierzimmer' zum Aktionsraum für die „Privatseelsorge" (1281,376), der charakteristisch protestantischen Version poimenischer Berufspraxis, in der sich der Aufbau einer intimen Kommunikationsatmosphäre, die Herstellung einer persönlichen Vertrauensbasis und die Zusicherung der Verschwiegenheit miteinander verbinden. Während das zur Seelsorgestube gewandelte Amtszimmer in herausgehobe-nem Maße die für den bürgerlichen Protestantismus charakteristische Signatur des Pri-vaten erhielt, wurde der private Wohnraum der Pfarrfamilie umgekehrt in die gemein-schaftliche Religionspraxis der pietistischen Laienbewegung einbezogen und als Veran-staltungsort für die pietistischen Erbauungsstunden genutzt. Bis heute versammeln sich in Privathäusern von Gemeindegliedern, vornehmlich aber auch im Pfarrhaus, die teils aus der neupietistischen Erweckungsbewegung hervorgegangenen, teils mit der Arbeit der Evangelischen Akademien (> 222-4) verbundenen, teils in die Kirchentagskultur (> 222-3) eingebetteten ‚Hauskreise'.

In der Anreicherung des Pfarrhauses mit neuartigen sozialen Funktionen dokumentiert sich die *Eigenständigkeit* der bürgerlich-protestantischen Privatreligion gegenüber dem traditionellen Kirchenchristentum. Sowohl im Zusammenhang der von populärer Kirchenkritik beeinflußten und gegenüber der kirchlich verfaßten Religionspraxis reservierten Bildungsfrömmigkeit der Aufklärung wie vor allem auch im Kontext der mit dem kirchlichen Christentum zwar verbundenen, ihm gegenüber gleichwohl autonomen Laienfrömmigkeit des Pietismus erhält das Pfarrhaus den Status einer gegenüber dem Kirchengebäude selbständigen religiösen Institution. Stellt das Pfarrhaus den „Ort der Seelsorge" (1303) dar, in dem die religiöse Konversation „im Gegensatz zum Beichtstuhl, außerhalb des Kultraums" (1303,235) geführt wird, so versammelt sich in dem nach außen offenen Wohnzimmer der Pfarrfamilie „die Kultgemeinschaft außerhalb des Gottesdienstes" (1287,53). Je deutlicher sich die gruppengemeinschaftliche Religionskultur im Pfarrhaus etablierte, um so markanter traten traditionalistisch orientiertes Kirchenchristentum und innovative Laienfrömmigkeit und damit auch deren lokale Repräsentanzen, Kirche und Pfarrhaus, auseinander. Indem sich der bürgerliche Protestantismus von der Institution der Kirche löste und sich statt dessen in der privaten Lebenswelt verortete, gewann das Pfarrhaus seine selbständige Bedeutung für die protestantische Religionskultur. Es wurde zum institutionellen Ort alltagspraktischer Seelsorge und Gemeinschaftsfrömmigkeit.

6. In der *Gegenwart* tritt das Pfarrhaus sowohl hinsichtlich seiner alltagspraktischen Nutzung durch seine Bewohner als auch im kritischen Urteil seiner praktisch-theologischen Deskription offensichtlich „in eine neue Phase seiner Geschichte" ein (1283,21). Sie ist durch einen „merkbare(n) Bedeutungsschwund" (1308,246) des Pfarrhauses gekennzeichnet. Im Zuge ihrer modernen Fortentwicklung verliert die im Pfarrhaus institutionalisierte Lebenskultur ihr gegenüber der sozialen, kulturellen und religiösen Umwelt eigenständiges Profil und damit ihre herausgehobene Stellung als Vorbild und Sinnbild alltagsweltlicher Frömmigkeitspraxis. War das bürgerlich-protestantische Pfarrhaus in seiner Ursprungsepoche mit dem Anspruch aufgetreten, die erst im Entstehen begriffene säkularreligiöse Frömmigkeitspraxis nach seinem Bild zu formen, so paßt es sich nun umgekehrt an die konventionellen Vorstellungen des privaten Lebens an und büßt dabei seine produktiven Valenzen ein. Die Auflösung der alltagspraktischen Lebenswelt wie der symbolischen Sinnwelt des Pfarrhauses dokumentiert sich ebenso im Wandel der architektonischen Gestalt moderner Pfarrhäuser und Pfarrwohnungen, der Assimilation des Baustils an die gerade gängigen Vorstellungen moderner Wohnkultur, wie in der Angleichung der privaten Lebensformen der Pfarrfamilie an die allgemeingültigen Standards zeitgenössischer Familienkultur und schließlich in der für die moderne Lebenswelt selbstverständlich gewordenen Trennung von Privatleben und Berufsarbeit. Indem „die kultur- und religionsgeschichtlich eigentümliche Gestalt des gesellschaftlich und geistlich ,herausgehobenen' evangelischen Pfarrhauses verlorengeh(t)" (1308,256), wird dem „großen, 450 Jahre andauernden kulturgeschichtlichen und religionssoziologischen Experiment ,protestantisches Pfarrhaus'" (1308,246) der Abschied gegeben.

Wie das kirchliche und theologische Gegenwartsbewußtsein das Ende des Pfarrhauses ambivalent beurteilt, so stellen sich auch die *Gründe* für seine Auflösung vielschichtig dar. Auf der einen Seite verlor das aufs engste mit dem aufstrebenden Bürgertum und seiner spezifischen Kulturwelt liierte protestantische Pfarrhaus schon in seiner Blütezeit zunehmend an realer Prägekraft. Je deutlicher sich das Bürgertum in der gesellschaftlichen Lebenswelt etablierte, desto entbehrlicher wurde das Pfarrhaus als sozialkulturelles

Leitbild bürgerlicher Lebensführung. Im Zuge der fortschreitenden Säkularisierung und Urbanisierung der Lebenswelt verschob sich die Bedeutung des mit religiösen Gehalten angereicherten und in seinen Ursprüngen der dörflichen Lebenswelt verhafteten Pfarrhauses von der Funktion eines lebenspraktischen Vorbilds zur Funktion eines eher fiktiven Sinnbilds, bis sich die aparte Sinnwelt der Pfarrfamilie immer mehr von deren empirischer Gestalt ablöste und schließlich vornehmlich in medial inszenierten Projektionen weiterlebte. In dieser historisch-kritischen Perspektivierung richtet sich das Interesse am evangelischen Pfarrhaus weniger auf seine gegenwärtigen Erscheinungsformen als vielmehr auf seine Vergangenheit. Das bürgerlich-protestantische Pfarrhaus fungiert als Material historiographischer Recherche und insbesondere als Forschungsgegenstand der „Kultur- und Sozialgeschichte" (1282) des Bürgertums, seiner Genese, seines Wandels und seines Bedeutungsverlusts im Zusammenhang der ‚Verbürgerlichung' der Gesellschaft (> 210:3.).

Auf der anderen Seite läßt sich die Auflösung des Pfarrhauses, in detaillierterer sozialgeschichtlicher Analyse, aber auch als eine späte Folge genau jener sozialkulturellen *Fortschrittsprozesse* begreifen, die einst zur Genese des bürgerlich-protestantischen Pfarrhauses führten. Das Pfarrhaus verdankt seine Entstehung und Entfaltung der Kombination von zwei typisch neuzeitlichen Entwicklungen, die das soziale und kulturelle Profil des modernen Protestantismus tiefgreifend prägten: der Privatisierung der Religion und der Professionalisierung des Pfarrerberufs (1241).

In einer frühen Entwicklungsphase der bürgerlichen Gesellschaft brachte sich die *Privatisierung* der Religion in der Loslösung der Frömmigkeitspraxis von deren kirchlicher Verfassung und in ihrer Einbettung in die private Alltagswelt zur Geltung; diesem Stadium des religiösen Privatisierungsprozesses entspricht die zeitgenössische Hochschätzung des Pfarrhauses als realer wie symbolischer Repräsentanz der bürgerlichen Privatreligion. Auf dem Hintergrund der weiter fortgeschrittenen Privatisierung der Religion rückte nun aber die Figur des Pfarrers als beruflich agierender religiöser Individualität an die Stelle der im Pfarrhaus exemplarisch verdichteten Privatwelt. „Es scheint, als ob ein Teil jener geistlichen, kirchlichen und sozialen Funktionen, die sich von dem Pfarrhaus ablösen, nunmehr in einer neuen Weise mit der Person des Pfarrers verknüpft werden"; „der Pfarrer als Person tritt mehr und mehr an jene Stellen, die der Protestantismus traditionell seinem ‚Pfarrhaus' zugeordnet hatte" (1308,246).

Die in der Privatisierung der Religion angelegte Konzentration des Interesses auf die Individualität des Pfarrers wird durch die zunehmende *Professionalisierung* des Pfarrerberufs verstärkt. Je mehr der Pfarrerberuf in die moderne Berufswelt integriert wurde, desto deutlicher löste sich die für das evangelische Pfarrhaus charakteristische Symbiose von privater und beruflicher Lebenswelt auf: „Das Ideal des ständig offenen und dienstbereiten Pfarrhauses läßt sich nicht halten" (1281,377). Wie für die Pfarrer und Pfarrerinnen berufliche und private Welt, Arbeitszeit und Freizeit auseinandertraten, so emanzipierte sich die private Lebensgemeinschaft von ihrer Inanspruchnahme durch den Beruf des Vaters oder der Mutter und damit von den extraordinären, nicht in der privaten, sondern in der beruflichen Welt verankerten Anmutungen vorbildhafter Lebensweise und von den ideellen Anreicherungen ihrer Lebenswelt. In der neueren Geschichte wirken somit die von ihm wesentlich beförderten sozialkulturellen Fortschrittsprozesse auf das Pfarrhaus selbst zurück. Das zeitgenössische, in seine Umwelt integrierte und von der Familie des Pfarrers oder der Pfarrerin als Wohnung genutzte Pfarrhaus stellt sich als empirische Manifestation der charakteristisch protestantischen Säkularisierung und Privatisierung der Lebenswelt dar.

3.3.2.3. Die ‚Verberuflichung‘ der Pfarrfrau

1. Wie die aparte Sinnwelt des Pfarrhauses insgesamt zu den genuin protestantischen Erscheinungsformen institutionalisierter Religionspraxis gehört, so stellt insbesondere die mit dem evangelischen Pfarrhaus untrennbar verknüpfte und an der Ausformung der bürgerlichen Privatfrömmigkeit maßgeblich beteiligte „Institution der *Pfarrfrau*" (1318,109) sowohl hinsichtlich ihrer empirischen Verfassung als auch hinsichtlich ihrer idealisierten Gestalt eine charakteristische Manifestation protestantischer Religionskultur dar. Im Wechsel der sozialen Rollen, die der Pfarrfrau zugeschrieben werden, und im Wandel der kulturellen Vorstellungen, die im Zuge vielfältiger Projektionen auf die Figur der Pfarrfrau übertragen werden, bündeln sich drei von ihrer jeweiligen Eigendynamik dirigierte, gleichwohl aber eng miteinander verschränkte gesellschaftshistorische Fortschrittsprozesse: die Entwicklung der privaten Lebensformen, die Umgestaltung der Geschlechterbeziehungen und die Umstrukturierung der Berufswelt.

Die *Geschichte* der Pfarrfrau (1317) läßt sich dementsprechend – zum einen – auf dem Hintergrund des Strukturwandels des Pfarrhauses vom ‚ganzen Haus‘ der Reformationszeit über das mit dem Beruf des Pfarrers untrennbar verbundene bürgerliche Pfarrhaus bis zu dem von heteronomen Ansprüchen gelösten Privathaus der Pfarrfamilie sowie im Rahmen des Funktionswandels des Pfarrhauses vom ökonomischen Betrieb über das vorbildliche Bürgerhaus zum romantisch verklärten und zum fiktiven Sinnbild stilisierten Pfarrhaus des 19. Jahrhunderts begreifen. In der Geschichte der Pfarrfrau spiegeln sich – zum anderen – die teils kontinuierlich, teils sprunghaft verlaufenden Veränderungen der Beziehung zwischen den Geschlechtern (> 212-1:3.2.) wider; die epochen- und milieuspezifischen Vorstellungen von der Geschlechterdifferenz gehen in die einerseits dem Pfarrer, andererseits der Pfarrfrau zugeschriebenen und reziprok aufeinander bezogenen Rollenkonstrukte ein. Die Geschichte der Pfarrfrau ist – schließlich – nur im Horizont des neuzeitlichen Wandels der Berufswelt, der Organisation sozialer Arbeit in der Form von Berufen und deren Transformation zu Professionen (> 212-4:2.3.2.) zureichend zu verstehen. In den einander ablösenden und aufeinander aufgeschichteten Entwicklungsstadien der Institution ‚Pfarrfrau‘ verweben sich die verschiedenen sozialkulturellen Fortschrittsprozesse unlösbar ineinander. In integraler Perspektive läßt sich die komplexe Geschichte der Pfarrfrau insgesamt als mehrstufiger Prozeß der Emanzipation der Pfarrfrau zunächst von der ihr in der hierarchisch verfaßten Gesellschaftsordnung zugeschriebenen Geschlechtsrolle, dann von der ihr in der bürgerlichen Lebenswelt zugewiesenen Haus- und Familienarbeit und schließlich, in der neueren Zeit, vom Beruf ihres Ehemannes begreifen. Die neuzeitliche Individualisierung und Pluralisierung der Lebenswelt von Pfarrfrauen und die moderne ‚Verberuflichung‘ der von ihnen geleisteten Arbeit stehen in einem dialektischen Wechselverhältnis zueinander.

2. Der Konnex „von politisch-sozialem und religiösem Wandel mit dem Wandel des Verhältnisses der Geschlechter" (1318,110) kommt schon in der *Reformation*, der Ursprungsphase des Pfarrhauses und des darin eingelassenen Instituts der Pfarrfrau, exem-

plarisch zum Ausdruck. Indem „die Realität der unehrenhaften ‚papenwife' von dem Ideal der tugendhaften, vorbildlichen Pfarrfrau abgelöst wurde", erhielt die „Rolle der Frau" insgesamt eine neue Bewertung (1318,110). „Durch die geistigen Bewegungen des Humanismus und der Renaissance und verstärkt durch wirtschaftliche Erfolge des Frühkapitalismus und der Handelsexpansion nach Amerika hatte sich in der Oberschicht europäischer Länder ein neues anthropozentrisches Wirklichkeitsverständnis verbreitet"; „das Leitbild des Menschen orientierte sich am Mann", während der Frau allgemeine „Geringschätzung" entgegengebracht wurde (1322,443). Den konventionellen zeitgenössischen Bewertungen der Geschlechterrollen steht das „gewandelte Lebens- und Menschenverständnis" der Reformation (1322,443) und zumal Luthers „Aufwertung der Frauenrolle" (1318,116) im Rahmen einer säkularen Berufsethik (> 212-4:2.3.1.) entgegen. Wie Luther die Ehefrau nicht als Untergebene, sondern als Partnerin des Mannes begriff, so stellte er der seit der Antike in Geltung stehenden Herrschaftsrolle des Hausvaters das „Mutteramt" (1318,116) gleichberechtigt zur Seite. In der religiös begründeten Berufsrolle der „Hausmutter" führt die Frau „neben dem Hausvater das Hausregiment im status oeconomicus" (1318,110). Damit war das für spätere Epochen verbindliche „Ideal" der Pfarrfrau formuliert; sie ist „Gefährtin" des Pfarrers und „Mitregentin" des Pfarrhauses (1318,116). Ordnet sich das Pfarrhaus auf der Basis der für alle christlichen Hauswesen in Geltung stehenden Ethik in die alltägliche Lebenswelt ein, so verdankt die „neue Institution der Pfarrfrau" ihre herausgehobene Stellung der in der Ehe von Pfarrer und Pfarrfrau dokumentierten „Verbindung des geistlichen mit dem Hausstand" (1318,110).

3. Wie sich in dem durch vielfältige Projektionen angereicherten Erscheinungsbild des *bürgerlichen* Pfarrhauses die Familienvorstellungen des aufstrebenden Bürgertums verdichten, so spiegelt sich in den zeitgenössischen Vorstellungen von der Pfarrfrau das Frauenbild des bürgerlichen Mittelstandes wider. Und wie das Pfarrhaus in der Epoche des Bürgertums insgesamt zum exemplarischen Modell, zum Vorbild und Sinnbild häuslicher Lebenskultur erhoben wurde, so erhielt insbesondere die zum Ideal stilisierte Pfarrfrau die Statur einer „Leitfigur", in der sich die beiden in der Reformation ausgeformten Komponenten des Pfarrfrauen-‚Berufs', das „Amt der Ehefrau" und das Amt der „Hausmutter", ineinander verweben (1318,120f). Die ideellen Anreicherungen, denen sich das Prestige des protestantischen Geistlichen in der bürgerlichen Lebenswelt verdankt, wurden auf die in die private wie in die berufliche Lebenswelt des Pfarrers eingebundene Pfarrfrau übertragen. Seitdem wird nicht nur „das ‚Amt' des Pfarrers und das ‚Amt' der Pfarrfrau" aus deren wechselseitiger Ergänzung und Entsprechung begriffen (1318,112f). Vielmehr gibt nun auch „die profan-bürgerliche Vorbildlichkeit, die dem Amt des protestantischen Geistlichen in der Doppelrolle des Hausvaters der je eigenen Pfarrfamilie und des ‚Hausvaters' der Gemeinde zugemessen wurde", den „Maßstab" ab, an dem auch „seine Ehefrau, die Hausmutter des Pfarrhauses", gemessen wurde (1318,112).

Die *pastoraltheologischen* Lehrbücher des 19. Jahrhunderts (> 313) gehen dementsprechend wie selbstverständlich davon aus, daß der Ehe des Pfarrers über deren private Bedeutung für die Lebenspartner hinaus eine öffentliche Funktion zukommt. Weil der protestantische Pfarrer durch seine Ehe überhaupt erst „in den Stand" gesetzt wird, „das Beispiel zu geben, welches ihm geziemt" (1227,222), hat der Pfarrer im Interesse seiner Berufsausübung als Privatperson und damit auch „als Gatte Muster und Vorbild" für andere zu sein (1229,150). Die Pfarrfrau wird als mustergültige, von „Weiblichkeit und Demuth" (1227,256) beseelte Bürgersfrau porträtiert. In der Rolle der Hausmutter ist sie „die Seele ihres Hauses" (1309,305); der ihr angemessene Platz in der Lebenswelt des Pfarrers ist „die anspruchslose Stellung ihres hausmütterlichen Berufes" (1227,236). Als „Pfarrerin" (1227,236) ist die Pfarrfrau „die Seele ihres Mannes" (1227,256); sie teilt „die Freude des Amtes" und „dessen Sorgen", „den idealen Schwung und die Begeisterung des Gatten für seinen Beruf" (1231,66), mischt sich aber nicht in seine Berufsarbeit ein: „Ein Weib, das ihren Beruf erfüllt, ist ehrwürdig, wie der Mann, der seinen Beruf erfüllt; sie braucht also nach des Mannes Beruf nicht zu greifen" (1227,256). Wie das Ideal der bürgerlichen Pfarrfrau das zeitgenössische Frauenbild prägte, so hat die in den Status eines lebenspraktischen Vorbilds erhobene Pfarrersehe über lange Zeit „das bürgerliche Bild der Ehe stark beeinflußt. Gleichzeitig wurde auf diese Weise die Ehe der Pfarrer Ziel für die Projektion von nicht gelebten Ehe-Idealen" (1314,318).

In sozialgeschichtlicher Perspektive stellt sich das in der Epoche des Bürgertums ausgeformte Profil der Pfarrfrau *doppeldeutig* dar. Auf der einen Seite wirkte der aus der neuzeitlichen Transformation der privaten Lebensformen resultierende „Wandel der Familienkultur" (1299,74) besonders deutlich auf die Rolle der Frau zurück. Zwar blieb das Pfarrhaus, auch nachdem seine ökonomischen Funktionen für die Pfarrfamilie entfallen waren, in einem neuen, sublimen Sinn ‚Familienbetrieb' (1261,46), in dem sich privates und berufliches Leben überlagern. Im Zuge der Kontraktion des ‚ganzen Hauses' zur bürgerlichen Kleinfamilie engte sich der Tätigkeitsbereich der Pfarrfrau aber immer mehr ein. Das „umfriedete Haus" (1315), in dem die „neue Häuslichkeit" (1299,74) mit großem ästhetischen und pädagogischen Aufwand gepflegt wurde, bildete nun den originären „Lebensraum der Pfarrfrau" (1318,132).

Auf der anderen Seite verschloß sich das bürgerlich-protestantische Pfarrhaus im Gegenzug zu den allgemeingesellschaftlichen Privatisierungstendenzen aber nicht gegenüber seiner sozialkulturellen Umwelt. Indem das bürgerliche Pfarrhaus die mit seinem reformatorischen Urbild verbundenen diakonischen Intentionen in einer veränderten gesellschaftshistorischen Situation aufnahm, bildete sich auf der Grenze zwischen privater und öffentlicher Lebenssphäre ein neuartiges „*Tätigkeitsprofil*" (1318,132) der Pfarrfrau mit „‚öffentliche(m)' Charakter" (1318,151) heraus: die aus der Frauen- und Mutterrolle entwickelte „soziale Fürsorge für Arme und Kranke" (1318,149). Bis in die Gegenwart „verkörpert die Pfarrfrau" die für den neuzeitlichen Protestantismus charakteristische, „seit dem späten 16. Jahrhundert konfessionalistisch verhärtete Einheit von Sozialem und Religiösem" (1318,152). Die ständige Ausweitung der sozialdiakonischen Arbeit von Pfarrfrauen wird durch einen Wandel ihrer sozialen Herkunft (1316) verstärkt. Während sich die Pfarrfrauen ursprünglich aus „Familien bürgerlicher Funktionsträger", aus „stadtbürgerlichen Handwerks- und Kaufmannsfamilien", und schließlich „aus dem evangelischen Pfarrhaus selbst" (1318,125) rekrutierten, kommt in neuerer Zeit „ein hoher Prozentsatz der Pfarrfrauen … aus sozialen Berufen. Es sind Lehrerinnen, Kindergärtnerinnen, Krankenschwestern" (1314,317).

4. Die wechselvolle Geschichte der Pfarrfrau stellt sich damit vor allem auch als Geschichte der ‚*Verberuflichung*' von Arbeitsleistungen dar, die von der bürgerlichen Gesellschaft als spezifisch weiblich angesehen werden. Die Verberuflichung der von Pfarrfrauen wahrgenommenen sozialdiakonischen Tätigkeiten vollzog sich in mehreren cha-

rakteristisch voneinander unterschiedenen Phasen. In einem ersten Stadium löste sich die Pfarrfrau partiell von der Familienarbeit und partizipierte in steigendem Maße am Beruf ihres Mannes: „Von der Sphäre der Produktion entlastet, wurde die Frau des Pfarrers von der Hausfrau immer mehr zur eigentlichen ‚Pfarrfrau'. Sie stand dem Mann in seelsorgerlichen Fragen beratend zur Seite" und übernahm später auch „in der Gemeindearbeit institutionalisierte Funktionen" (1299,74). In einem zweiten Stadium eigneten sich die Pfarrfrauen ein eigenes, aus dem pluriformen Berufskreis des Mannes entlehntes Arbeitssegment an und nahmen unterschiedliche sozialdiakonische Funktionen entweder in Gestalt eines Ehrenamtes oder auch in der Form einer vergüteten Berufstätigkeit mit entsprechender sozialer Absicherung wahr. Lösten sich die Pfarrfrauen damit auch tendenziell sowohl von der privaten Sphäre der Familie als auch von der beruflichen Sphäre des Ehemannes, so blieben die in kirchlichen und kirchennahen Institutionen arbeitenden Frauen doch über lange Zeit „auf die untergeordneten und minder bewerteten Funktionen von Diakonie, Seelsorge und Unterricht von Frauen und Mädchen fixiert" (1260,97), bis den Frauen schließlich in einem dritten Stadium des Verberuflichungsprozesses der Zugang zum Pfarrerberuf selbst geöffnet wurde. „Dabei zog sich der Weg von der Theologin zur Pfarrerin über die Zwischenstationen der ‚Religionslehrerin', ‚Gemeindehelferin', ‚Pfarrgehilfin', ‚Vikarin', ‚Pfarramtsmitarbeiterin' usw. mit beschränkten, auf Frauen, Mädchen und Kinder bezogenen Funktionsbereichen und großen Rechts- und Versorgungsunsicherheiten ein halbes Jahrhundert hin" (1260,84). Bildet das Theologenehepaar seit der Einführung der Frauenordination (> 323) auch eine weitverbreitete Version der zeitgenössischen Pfarrersehe, so haben sich im Zuge der Pluralisierung der Familienstile gleichwohl ganz unterschiedliche Typen der Pfarrfrau, bis hin zur „männliche(n) Pfarrfrau" (1321), herausgebildet. „Vielleicht gab es einmal die ‚typische Pfarrfrau'", heute „sind die jungen Frauen durchaus ‚Originale'. Sie stehen mitten im Leben, engagieren sich nach Lust und/oder Fähigkeit in der Gemeinde … und bringen eine Menge eigener Interessen mit ins Haus" (1320,10).

3.3.3. Der Hausbesuch als Grundform beruflich verfaßter Privatseelsorge

3.3.3.1. Die private Statur des beruflichen Hausbesuchs

1. Der protestantische Pfarrerberuf verdankt seine originäre Statur der untrennbaren *Symbiose* von privater Lebenskultur und beruflicher Arbeitspraxis. Sie kommt auf der einen Seite in der Privatisierung des Pfarrerberufs (> 212-4:3.3.1.4.), der Rückbindung der klassischen Berufsrollen (> 212-4:3.3.1.1.) des religiösen Erziehers, Kanzelredners und seelsorgerlichen Gesprächspartners an die gebildete, sprachgewandte und einfühlsame Persönlichkeit des Berufsträgers, und andererseits in der ‚Verberuflichung' der Privatwelt, der Einbeziehung des Wohnhauses, des Ehepartners und der Familie in die Arbeitswelt der Pfarrer und Pfarrerinnen, zur Geltung (> 212-4:3.3.2.1.). Die in der bürgerlichen Epoche hergestellte Synthese von privatisierter Berufswelt und verberuflichter Privatsphäre löste sich in der Folge weitreichender sozialkultureller Wandlungsprozesse von beiden Seiten her auf. Im Zuge der fortschreitenden Individualisierung der privaten Lebenspraxis emanzipierte sich die Familie vom Beruf der Mutter oder des Vaters und betrachtet seitdem das Pfarrhaus vornehmlich als Privathaus seiner Bewohner (> 212-4:3.3.2.2.). Umgekehrt verselbständigte sich der Beruf der Pfarrer und Pfarrerinnen auf dem Hintergrund seiner Professionalisierung (> 212-4:3.3.1.4.) gegenüber der Person

des Berufsträgers und folgt seitdem zunehmend den Eigengesetzlichkeiten der modernen Arbeitswelt, der fachlichen Spezialisierung der Berufskompetenzen, der methodischen Optimierung der zu erbringenden Dienstleistungen und der organisatorischen Rationalisierung der Handlungsabläufe (> 212-4:2.3.2.).

Gleichwohl büßte der Pfarrerberuf seine *private* Signatur bis in die Gegenwart nicht vollständig ein. Galt das protestantische Pfarrhaus in seiner Blütezeit als symbolische Repräsentanz religiös fundierter und individuell ausgeformter Hausfrömmigkeit (> 212-1:2.), so wurden die ideellen Gehalte der im neuzeitlichen Individualitätsaxiom begründeten und im bürgerlichen Protestantismus entfalteten Privatfrömmigkeit (> 211) nun auf die Person des Pfarrers als eines „elementare(n) Repräsentant(en) von Subjektivität" (1249) projiziert (> 212-4:3.3.2.2.). Die ideellen Anreicherungen der Pfarrerfigur verstärkten die in die Entwicklung der sozialen Berufe insgesamt eingelagerten und insbesondere den Pfarrerberuf betreffenden Deprofessionalisierungstendenzen (> 212-4: 2.3.2.). Während sich die übrigen ‚bürgerlichen' Professionen zunehmend von ihren ideologischen Unterfütterungen trennten und ihre Berufspraxis weniger aus der Verwirklichung ideeller Vorstellungen als vielmehr aus der pragmatischen Effizienz der von ihnen erbrachten Dienstleistungen begründeten, blieb der Pfarrerberuf weiterhin den an ihn angelagerten symbolischen Sinngehalten verhaftet. Und während sich die sozialen Berufe (> 212-4:2.3.2.) zumindest tendenziell von ihren Ursprüngen in der alltagsweltlichen Lebenspraxis lösten und sich statt dessen an den sich ständig steigernden Ansprüchen an das berufliche Expertenhandeln orientierten, blieben die für den Pfarrerberuf typischen Arbeitsszenen aufs engste in die Lebenspraxis der Laien eingebettet. Im Vergleich mit den übrigen bürgerlichen Professionen erscheinen daher die von Pfarrern und Pfarrerinnen angewendeten Berufsmethoden wenig elaboriert und die von ihnen erworbenen Berufskompetenzen relativ unspezifisch.

2. Die spannungsreiche Beziehung von Rationalisierung und Privatisierung des Pfarrerberufs, die Distinktion und Relation von spezialisierter Berufspraxis und allgemeinchristlicher Lebenspraxis sowie die Verschränkung von persönlichen und beruflichen Kompetenzen in der Arbeitspraxis der Pfarrer und Pfarrerinnen kommt in zwei für den modernen Pfarrerberuf charakteristischen und einander konträr gegenüberstehenden Berufssituationen exemplarisch zur Geltung: in der *Sprechstunde* und im *Hausbesuch.* In den beiden einerseits in die Arbeitswelt der Pfarrer und Pfarrerinnen, andererseits in die Lebenswelt der Kirchenmitglieder eingebetteten Konversationssituationen bringen sich die dialektische Beziehung zwischen beruflicher Handlungspraxis und privater Lebenspraxis sowie die Verschränkung von Professionalisierung und Deprofessionalisierung des pastoralen Berufshandelns auf jeweils unterschiedliche Weise zum Ausdruck. Während die im Pfarrhaus abgehaltene Sprechstunde vorwiegend der zweckgerichteten Erledigung von relativ unpersönlichen, organisatorischen und bürokratischen Angelegenheiten dient, tragen die im Rahmen von Hausbesuchen geführten und an die private Konversationskultur angelehnten Gespräche deutlich private Züge. So unterschiedlich sich die dem Hausbesuch unterlegten Intentionen und die daraus abgeleiteten Gesprächsformen auch ausnehmen, sie sind insgesamt dem Gebiet der beruflich verfaßten und gleichzeitig privat grundierten Seelsorge (> 213) zuzurechnen.

Die zunächst im städtischen, dann auch im dörflichen Pfarramt eingeführte *Sprechstunde* (1327,201) ist als ein signifikantes Moment der organisatorischen Rationalisierung des

Pfarrerberufs (> 333) anzusehen. Die aus der Berufspraxis anderer bürgerlicher Professionen, der Ärzte, der Lehrer und der Verwaltungsbeamten, entlehnte Einrichtung „fester Sprechzeiten" (1343,196) sichert die Erreichbarkeit des an den unterschiedlichsten Arbeitsplätzen tätigen Pfarrers für die Gemeindemitglieder und dient insofern der organisationspraktischen Optimierung der für die sozialen Berufe insgesamt konstitutiven Kontakte zwischen den Berufsträgern und ihrer jeweiligen berufsspezifischen Klientel. Bildet die Sprechstunde für den niedergelassenen Arzt aber das Zentrum seiner Berufsausübung, so kommt ihr in der Arbeitswelt des Pfarrers eher eine marginale Stellung zu. Während sich die für den Pfarrerberuf charakteristischen, in die verschiedenen Gestalten kommunikativ praktizierter Religion eingelassenen Berufssituationen in der Kirche, in der Schule und im Gemeindezentrum abspielen, reduziert sich das Sortiment der in den Sprechzeiten behandelten Themen weitgehend auf die für das moderne Pfarramt typischen organisatorischen Belange. Während „das Bedürfnis nach seelsorgerlicher Einzelaussprache ganz selten einmal als Motiv für den Weg zum Pfarrer auftritt", gehören „Anmeldung von Amtshandlungen, Abholung kirchlicher Bescheinigungen" oder auch die „Vorbereitung von Gemeindeveranstaltungen" zu den konventionellen „Anlässe(n)" des „Gespräch(s) im Pfarrhaus" (1343,196). Entsprechend unpersönlich und formal stellt sich auch die Atmosphäre der in den Sprechzeiten geführten Gespräche dar.

Nimmt sich der Stellenwert der Pfarramts-Sprechstunde im Kontext der pastoralen Arbeitswelt wie im Lebenszusammenhang der Kirchengemeinde auch als vergleichsweise gering aus, so ist die erst in neuerer Zeit entstandene Sprechstunde doch als ein Spätsymptom weitreichender Veränderungen in der internen Statur der *pastoralen Berufswelt* zu bewerten. In der Institutionalisierung der Sprechstunde wird die für den Pfarrerberuf neuartige Unterscheidung von Arbeitszeit und Freizeit sowie vor allem die Trennung von Arbeitsplatz und Privatwohnung augenfällig. Sie dokumentiert sich in einer Neusortierung der im Pfarrhaus zusammengeschlossenen, teils privat, teils beruflich genutzten Räume, insbesondere in der Einrichtung eines vom Studierzimmer des Pfarrers deutlich getrennten Amts- und Sprechzimmers. Im modernen Pfarrhaus fungiert die aus der Raumaufteilung des bürgerlichen Privathauses abgeleitete ‚Studierstube' zugleich als Privatzimmer wie als Arbeitsplatz des Pfarrers, als das Refugium, in das er sich sowohl von seinem Beruf als auch von seiner Familie zurückzieht, in dem er aber zugleich auch die Konzentration für die aus individuellen und beruflichen Komponenten zusammengesetzten Arbeitsprozesse, beispielsweise für die Predigtvorbereitung (> 212-4:3.1.3.2.3.), findet. Das mit dem Pfarramtsbüro architektonisch verbundene ‚Amtszimmer' bildet das Gegenstück zum Studierzimmer, den sowohl gegenüber der Privatwohnung der Pfarrfamilie als auch gegenüber dem privaten Arbeitsraum des Pfarrers abgetrennten öffentlichen Restbezirk des Pfarrhauses. Immer häufiger halten Pfarrer und Pfarrerinnen ihre Sprechstunde allerdings nicht mehr im Pfarrhaus, sondern im Gemeindezentrum ab und unterstreichen damit die Trennung von privater Wohnwelt und beruflichem Arbeitsplatz.

3. Der *Hausbesuch* des Pfarrers oder der Pfarrerin stellt sich in mehrfacher Hinsicht als Gegenstück der Sprechstunde dar. Ist die Einrichtung der Pfarramtssprechstunde als Folgeerscheinung der charakteristisch modernen Rationalisierung des Pfarrerberufs, der Verlagerung der pastoralen Berufsarbeit vom ‚darstellenden' zum ‚organisierenden' Typus kommunikativen Handelns (> 212-4:3.3.1.2.), anzusehen, so bildet der seit der Reformation üblich gewordene und von der pietistischen Reformbewegung geförderte Hausbesuch einen exemplarischen Modellfall der Individualisierung der Religion und

der Privatisierung des Pfarrerberufs. Wurde die in den ‚collegia pietatis' organisierte Privatreligion in der Epoche des Pietismus vorwiegend im Pfarrhaus gepflegt (> 212-4:3.3.2.2.), so verlagerte sich die religiöse Gemeinschaftspraxis in der Folgezeit zunehmend in die Wohnhäuser von Gemeindemitgliedern und erhielt damit vollends die Statur alltagsweltlich indigenisierter und individuell ausgeformter Laienfrömmigkeit. Mit der Trennung von Pfarrhaus und Pfarrerberuf ging schließlich auch die ‚Privatseelsorge' aus der Studierstube des Pfarrers in die Privathäuser der Laien über. Seitdem bildet der in die häusliche Konversationspraxis eingebettete und auf die Pflege privater Frömmigkeit abzielende Hausbesuch die institutionelle Grundform beruflicher Seelsorge (> 213).

Im Zuge seiner Institutionalisierung lagerten sich an den pastoralen Hausbesuch weitere, über die private Seelsorge im engeren Sinne hinausreichende und für das volkskirchliche Religionssystem (> 331) konstitutive *Funktionen* an. In der Gegenwart werden Hausbesuche überwiegend „im Zusammenhang mit einem Todesfall, einer Taufe, Konfirmation oder Hochzeit in der Familie" sowie anläßlich von „hohen Geburtstage(n) und Ehejubiläen" von Gemeindemitgliedern und schließlich im Rahmen von „Reihenbesuche(n) bei Neuzugezogenen, Konfirmandeneltern, Kindergarteneltern und ähnlichen Gruppen" praktiziert (1347,203). Im Rahmen des von der überwiegenden Mehrheit der Kirchenmitglieder entweder explizit begrüßten oder zumindest nicht generell abgelehnten Hausbesuchs (1348,128) fungiert der Pfarrer als „die zentrale Kontaktperson zur Kirche" (1347,199). Im Kontext der Arbeitswelt der Pfarrer und Pfarrerinnen bildet der aus den verschiedensten Anlässen praktizierte Hausbesuch ein integrales Moment ihrer Berufsausübung, die institutionelle Berufssituation, in der sich die unterschiedlichen in der Volkskirche zusammengeschlossenen religiös-kulturellen Milieus und Kirchlichkeitskonventionen, soziale Schichten und Altersklassen überschneiden. Die Bedeutung des Hausbesuchs für das volkskirchliche Religionssystem wie für den ihm zugeordneten Pfarrerberuf kommt insbesondere in seiner Verankerung im volkskirchlichen Kasualienchristentum (> 232-3), der wechselseitigen Beziehung von konversationeller Bearbeitung und ritueller Inszenierung biographischer Schlüsselsituationen, zur Geltung. Wie sich die „Kasualgemeinde" in „sozialmorphologischer Sicht" als „so etwas wie ein ‚Sample' der Gesamtpopulation des volkskirchlichen Mitgliedschaftsbestandes" darstellt (1345,176), so gewinnt der in die bürgerliche Lebenswelt eingebundene Pfarrer in den Kasualgesprächen (> 232-3) Einblick in die vielgestaltige soziale und kulturelle Lebenswirklichkeit.

Im Hausbesuch kommt aber vor allem auch die für die Statur des neuzeitlichen Pfarrerberufs charakteristische Verbindung von *Privatperson* und *Berufsträger* in herausgehobener Weise zum Tragen. Auf der einen Seite wird der in die häusliche Privatwelt aufgenommene Pfarrer als exemplarische religiöse Individualität wahrgenommen, als „ein Glaubende(r) und Glauben Lebende(r)", der „mit seiner ganzen Persönlichkeit hinter jedem seiner Worte steht" (1326,69). Auf der anderen Seite tritt der Pfarrer bei seinem Besuch als „Vertreter des christlichen Glaubens" (1332,330) auf, als „Repräsentant der Kirche" und „Funktionsträger einer Gemeinschaft" (1334,164). Die aus den Attributen der formalisierten ‚Amtsperson' und der Charakteristik des persönlichen ‚Nachbar(n)' zusammengesetzte Figur des beruflichen Besuchers wird von seinen Gesprächspartnern eigentümlich ambivalent bewertet; „als dem Vertreter der öffentlichen Religion ist man ihm gegenüber z.T. recht reserviert, entschuldigt sich wohl auch für den seltenen Besuch der Gottesdienste. Als christlichem Nachbarn begegnet man ihm sehr persönlich und privat. Man spricht mit ihm über die eigenen und seine Familienangelegenheiten" (1344,68).

4. Die ambivalente Einschätzung des pastoralen Hausbesuchs ist in seiner *Geschichte* angelegt. Die *lutherische* Theologie, in der „das Wort der Predigt" als „das persönliche Wort für den einzelnen Menschen" gilt, stand der „individuellen Seelsorge" insgesamt und damit auch dem Hausbesuch „zögernd" gegenüber und gestand dem Pfarrer, „um jeden Schein geistlicher Aufsicht zu vermeiden", das Recht zum Hausbesuch „nur in Krankheitsfällen und zumeist nur auf Anforderung" zu (1,184); noch im 19. Jahrhundert wurde der systematisch praktizierte Hausbesuch von der lutherischen Pastoraltheologie als „unanständig und nachtheilig" (1227,93) bewertet. In der *reformierten* Tradition dagegen wurde der Hausbesuch des Pfarrers von Anfang an als Ersatz für die ,Privatbeichte' (> 213) begriffen und zu einer „feste(n) Institution" (1231,39) ausgebaut; im Rahmen der 1550 von Calvin in Genf eingeführten ,visitatio domestica ordinata', einer „Art von häuslicher Inspektion" (1343,197), sollten die Pfarrer in Begleitung eines Kirchenältesten im Jahresturnus alle Häuser der Gemeinde aufsuchen (1231,17).

Die an der Autonomie des Individuums interessierte, dem kirchlich verfaßten Christentum aber reserviert gegenüberstehende *Aufklärung* bewertete den im „Interesse der Kirchenzucht" (1231,17) praktizierten Hausbesuch als „schamlose Zudringlichkeit in die Privatsphäre der Gemeindeglieder" (1324,118) und lehnte den Besuch kirchlicher Amtsträger im Privathaus ab. Dagegen betrachtete der *Pietismus* das ,Heimsuchen' (1324,118) der einzelnen Seelen als den ,locus classicus' (1324,124) der gegenüber der generellen Seelsorge „in der Predigt und im öffentlichen Gottesdienst" bevorzugten „Privatseelsorge" (1231,21) und versah die ,Colloquia privata' (1231,20) dementsprechend mit der charakteristisch individuellen Akzentuierung, die den Hausbesuch bis in die Gegenwart kennzeichnet. Im Rahmen der von der Erweckungsbewegung inspirierten *Volksmission*, insbesondere aber im Kontext des auf die zunehmende Verstädterung (> 232) der Gesellschaft reagierenden Gemeindereformprogramms von Emil Sulze (1336,488; > 212-3:2.2.), bildete sich schließlich die Institution des seriellen, meist straßenweisen Hausbesuchs (1331,139ff) durch den Gemeindepfarrer, vorwiegend aber durch eigens zu diesem Zweck gegründete Besuchskreise heraus.

Erhielt der pastorale Hausbesuch im Zuge seiner historischen Entwicklung das ihn bis in die Gegenwart prägende, aus den verschiedenartigen Gestalten der teils ehrenamtlich, teils beruflich ausgeübten Privatseelsorge abgeleitete Profil, so ist in der neueren Zeit ein *Zerfall* der beruflichen Konvention des Hausbesuchs zu beobachten. „Das Erlahmen einer in früheren Zeiten offenbar selbstverständlichen pastoralen Aktivität" (1324,118) ist auf verschiedenartige Ursachen zurückzuführen. Zum einen war der regelmäßige Hausbesuch des Pfarrers in den Volkskirchen von jeher nicht so verbreitet wie in den Freikirchen (1342,184). Zum anderen trug „das Aufkommen der beratenden Seelsorge" (> 222-2) und die von ihr forcierte Rückverlagerung der seelsorgerlichen Konversation ins Pfarrhaus zu einer „Vernachlässigung bzw. Abschaffung des Hausbesuchs" bei (1325,293). Der methodisch versierte und mit speziellen Kompetenzen ausgestattete Seelsorger orientiert sich an der Berufspraxis des Arztes und des Psychotherapeuten (> 212-4:2.3.2.). Er empfängt die Klienten in seinem Haus und richtet für die seelsorgerliche Beratung eine Sprechstunde im Pfarrhaus ein; geht der Seelsorger dagegen „auf eigene Initiative zu den Leuten", dann kommt er sich „als Hausierer vor" (1324,120).

Schließlich wirkte die moderne Organisation der Gemeindearbeit auf die Institution des pastoralen Hausbesuchs zurück. In der zeitgenössischen Gemeindepraxis übernimmt das Gemeindezentrum nicht nur vielfältige, bisher an die Kirche und das Pfarrhaus angelagerte Funktionen. Vielmehr entfaltet sich im Kontext der parochialen Gruppenkultur auch eine aus der häuslichen Gesprächskultur entwickelte, privat grundierte Konversationspraxis. Sie tritt weithin an die Stelle des traditionellen Hausbesuchs.

3.3.3.2. Der Hausbesuch als alltagsweltliche Konvention und als berufliche Situation

1. Im *Hausbesuch* des Pfarrers oder der Pfarrerin verschränken sich die alltagsweltlichen Konventionen der privaten Lebenswelt und die professionellen Arbeitsformen der beruflich verfaßten Religionspraxis untrennbar miteinander. Unterlegen die epochenspezifischen praktisch-theologischen Konzepte dem Hausbesuch der Pfarrer und Pfarrerinnen auch sekundäre, teils aus der Situation des kirchlichen Christentums in der Moderne (> 212-3:1.1.2.), teils aus der Reform der Gemeindeorganisation (> 212-3:2.2.), teils aus der Optimierung der pastoralen Berufspraxis (> 333) abgeleitete Intentionen, so gewinnt der beruflich praktizierte Hausbesuch seine sozialkulturelle Gestalt und sein kommunikatives Profil gleichwohl primär aus seiner Einbettung in die private Alltagswelt. In der Rückführung der professionalisierten Version des Hausbesuchs auf seine alltagsweltliche Grundgestalt treten die Konvergenzen und die Divergenzen zwischen religiöser Alltagspraxis und pastoraler Berufspraxis signifikant zutage.

Die soziale Institution, in die sich der pastorale Hausbesuch einfügt und aus deren interner Logik Funktion und Struktur der beruflichen Begegnungssituationen zu begreifen sind, ist das *Haus* (> 212-1:1.). Es stellt nicht nur den institutionellen ‚Sitz im Leben‘ der bürgerlich-protestantischen Privatreligion dar, die „Bastion eines rechten Protestanten, in der er sich mit seinem Individualismus und seiner selbstgezimmerten Frömmigkeit heimisch und sicher fühlt" (1330,255). Vielmehr erhielt die in der häuslichen Lebenswelt kultivierte und zu einer integralen Lebensform ausgestaltete Privatfrömmigkeit im Zuge der neuzeitlichen Christentumsgeschichte die Statur eines sozialkulturellen Paradigmas, das nicht nur für das private Christentum, sondern darüber hinaus auch für die öffentliche (> 212-2) und insbesondere für die kirchliche Religionskultur (> 212-3) in Geltung gesetzt wurde und seitdem die unterschiedlichen Gestalten kommunikativ praktizierter Religion insgesamt überformt. Aber während sich die teils der ästhetischen, teils der konversationellen Hauskultur entlehnten Kommunikationsformen der kirchlichen Religionskultur, Gottesdienst (> 212-3:3) und Predigt (> 212-4:3.1.3.), gegenüber ihren Vorbildern in der häuslichen Lebenswelt verselbständigten und im Rahmen ihrer neuen institutionellen Verankerungen in Kirche und Pfarrerberuf eigenständiges Profil gewannen, blieben die seelsorgerlichen Konversationsakte und zumal die im Privathaus arrangierten Gespräche aufs engste in die Lebenskultur des Hauses eingepaßt. Der Hausbesuch stellt die gleichermaßen privat wie beruflich verfaßte Interaktionssituation dar, in der die Berufspraxis der Pfarrer und Pfarrerinnen direkt in die private Lebenskultur hineinragt und in der umgekehrt die private Lebenssphäre in unmittelbarer Weise zum Aktionsraum der Berufsträger wird.

Den kulturellen Horizont, aus dem sich sowohl die thematischen Gehalte als auch die kommunikativen Umgangsformen des pastoralen Hausbesuchs herleiten, bildet die in der häuslichen Alltagswelt gepflegte und vielgestaltig ausgeformte Praxis privater *Konversation.* Das Spektrum der privaten Konversationsformen reicht von der alltäglichen Gesprächsroutine bis zur geistvollen Unterhaltung, von einvernehmlichen Besprechungen im ,Familienrat' bis zu förmlichen Streitgesprächen zwischen Lebenspartnern, von beiläufigen Wortwechseln bis zu regelrecht arrangierten Gesprächsszenen, die aus der kontinuierlich verlaufenden Konversationsroutine herausragen und von den Gesprächspartnern als extraordinäre Ereignisse gewertet werden; sie bilden die alltagsweltliche Ursprungsgestalt des beruflichen Seelsorgegesprächs (> 213). Wie sich die von unterschiedlichen Intentionen geleiteten Gesprächstypen in der alltagsweltlichen Geselligkeitskultur ineinander vermischen, so stellen sich auch die in den pastoralen Hausbesuch eingelagerten Konversationssequenzen als vielschichtige Interaktionsszenen dar. Während eine Vielfalt der mit dem Pfarrer oder der Pfarrerin geführten Gespräche in den Grenzen höflicher Unterhaltung verläuft, öffnet sich in herausgehobenen Gesprächssituationen der Horizont alltäglicher Konversationsroutine für explizit seelsorgerlich grundierte, individualitätskonstitutive wie wirklichkeitserschließende Gesprächsszenen. Neben den dominierenden konversationellen Interaktionsformen gehen in die pastoralen Hausbesuche mitunter auch andere frömmigkeitspraktische Gestalten der privaten Hauskultur ein, etwa das rituelle oder freie Gebet (1332,325ff) oder eine „kurze Andacht" (1334,165; > 212-4:2.1.). In solchen liturgischen Handlungssequenzen übernimmt der Pfarrer von Berufs wegen die in der bürgerlich-protestantischen Hausfrömmigkeit verankerte Rolle des Hausvaters.

Den situativen Kontext schließlich, in dem sich die institutionellen und die kommunikativen Komponenten der Interaktion ineinander verweben, bildet die in der Alltagswelt verankerte Konvention des *Besuchs.* Wie sich die private Lebenswelt auf der einen Seite gegenüber der öffentlichen Lebenssphäre verschließt, so öffnet sich das Haus auf der anderen Seite für andere Privatwelten. Die Sitte, Nachbarn und Freunde, Arbeits- oder Vereinskollegen zum Zweck geselliger Konversation im Privathaus aufzusuchen, gehört zu den routinemäßig eingeschliffenen Sozialisationspraktiken des Alltagslebens. Indem sich Privatpersonen in ihren Häusern miteinander bekannt machen, untereinander dauerhafte Beziehungen knüpfen oder auch regelmäßig ihre Freizeit gemeinsam verbringen, entstehen die sozialen Netzwerke, in denen sich das über die Familiengemeinschaft hinausreichende, gleichwohl aber deutlich privat konturierte gesellige Leben entfaltet. Die Konvention des wechselseitigen Besuchs wird in unterschiedlichen Gestalten praktiziert: als regelmäßiges, in den Rhythmus der Alltagszeit (> 233) eingepaßtes Zusammentreffen, als förmliche Einladung ins Privathaus, als vorher angekündigter oder überraschender Besuch.

In *herausgehobenen Lebenslagen* des Besuchten, aus Anlaß seines Geburtstags, einer Erkrankung oder auch anläßlich eines Trauerfalls, verfestigt sich die alltägliche Gewohnheit des Hausbesuchs zur gesellschaftlichen Verpflichtung. Die im Rahmen des Gratulationsbesuchs, des Krankenbesuchs und des Kondolenzbesuchs geführte Konversation bildet einen eigenständigen Gesprächstypus. In ihm verbinden sich ritualisierte Verhaltensweisen und kontingente Gesprächsereignisse auf charakteristische Weise miteinander. Auf der einen Seite sind die in eine strenge gesellschaftliche Konvention eingepaßten Gespräche, sowohl hinsichtlich ihrer situativen Bedingungen als auch hinsichtlich ihrer kommunikativen Verfahrensweisen, in hohem Maße ritualisiert. Wie die Sprechhandlungen von Riten des Alltags (> 232-3), Kontakt-, Übergabe- und Segnungs-

gesten, begleitet werden, so sind auch die verbalen Ausdrucksformen der persönlichen
Beziehung zu einem Großteil formalisiert und standardisiert. Auf der anderen Seite enthalten die an signifikanten Wendemarken einer Lebensgeschichte plazierten Gespräche
aber hohe Kontingenzanteile. Zur Bearbeitung der biographischen Schlüsselsituationen
wird die kontinuierlich verlaufende Konversationsroutine außer Kraft gesetzt, um die
alltagsweltinterne Lebenspraxis in experimenteller Attitüde aus der Außenperspektive zu
betrachten. Die in extraordinäre Lebenslagen eingelassenen, biographisch grundierten
und die Gesprächspartner in hohem Maße engagierenden Konversationsszenen bilden
die alltagsweltliche Grundform der beruflich verfaßten Kasualgespräche (> 232-3).

2. Funktion und Struktur des *pastoralen Hausbesuchs* ergeben sich aus der wechselseitigen Verschränkung von privater Alltagswelt und beruflicher Handlungspraxis. Die generelle Charakteristik der Begegnungssituation leitet sich aus der Alltagssitte des privaten
Hausbesuchs ab. Der Besuch des Pfarrers wird in das Schema alltagsweltlicher Begegnungen eingeordnet und nach dem Grundmuster natürlicher Gesprächsabläufe organisiert. Beide Gesprächspartner übernehmen die von der Alltagskonvention vorgegebene
Definition der Situation, das ihnen aus ihrer alltäglichen Lebenswelt bekannte Milieu des
privaten Gesprächs und die in der Alltagskonversation eingeschliffenen Kommunikationstechniken. Der Besuchte agiert in der ihm vertrauten Rolle des ,Gastgeber(s)'
(1328,114); er ist der „Herr des Hauses" (1324,134) und daher auch der ,natürliche' Regisseur des Gesprächs. Der Pfarrer übernimmt die Rolle des Besuchers; er führt keine
gegenüber der Alltagskonvention andersartigen Regieregeln in die Kommunikationssituation ein, sondern greift wie sein Gastgeber auf die Rollenzuschreibungen und
Handlungsmuster zurück, die beiden Handlungspartnern aus der alltäglichen Konversationspraxis vertraut sind.

Durch die Beteiligung eines *Berufsträgers* verschieben sich nun aber die Konturen der
Kommunikationssituation. Im Unterschied zu alltagsweltlich institutionalisierten Gesprächssituationen treffen im Hausbesuch in aller Regel nicht untereinander gut Bekannte, sondern einander weitgehend Fremde aufeinander. Pfarrer und Pfarrerinnen
kommen nicht als Mitglieder alltagsweltlicher Beziehungsnetze und nicht aus privaten
Motiven ins Haus, sondern – wie der Arzt oder der Bestattungsunternehmer – in Ausübung ihres Berufs und aufgrund einer Verpflichtung, die ihnen ihre Profession auferlegt. An die Stelle der alltäglich erprobten und in extremen Lebenssituationen unter
Beweis gestellten Beziehungen unter einander Vertrauten tritt das berufliche Verhältnis
zwischen dem Kirchenmitglied und dem pastoralen Berufsträger. Die beruflich konturierte Begegnungssituation ist daher auch nicht in die Kontinuität gemeinsamer Lebenspraxis eingebettet, wie sie zwischen natürlichen Gesprächspartnern besteht. Das Gespräch hat weder eine in der gemeinsamen Lebens- und Konversationsgeschichte der
Gesprächspartner begründete Vergangenheit noch eine alltagspraktische Zukunft und
trägt deshalb in herausgehobenem Maße die Züge eines einmaligen, exzeptionellen und
kontingenten Ereignisses.

Das doppelschichtige Profil der alltagsweltlich begründeten und beruflich ausgeformten
Konversationssituation spiegelt sich in der komplexen *Kommunikationsstruktur* des pastoralen Hausbesuchs wider. In ihr überschneiden sich die konventionellen Konversa-
tionstechniken der Alltagswelt mit den aus ihnen abgeleiteten, methodisch organisierten
und beruflich praktizierten Gesprächsstrategien. In der Rolle des seelsorgerlichen Ge-

sprächspartners ziehen die in der Kunst der Gesprächsführung (> 213) ausgebildeten und versiert agierenden Pfarrer und Pfarrerinnen die Handlungsinitiative nicht an sich, sondern überlassen die Regie, den Gesetzmäßigkeiten der Besuchssituation entsprechend, dem Gastgeber; sie unterstützen sogar die szenische Dominanz ihres Gegenübers durch die Anwendung raffinierter Techniken der seelsorgerlichen Konversation. In ihrer Funktion als Repräsentanten der Kirche und als Gemeindeleiter verfolgen die Pfarrer und Pfarrerinnen beim Hausbesuch aber auch ihre beruflichen Eigeninteressen; sie unterlegen der Begegnungssituation spezifisch kirchliche Handlungsintentionen und verfolgen ihre Ziele durch eine effiziente Steuerung des Gesprächs.

3.3.3.3. Grundformen des pastoralen Hausbesuchs

In den unterschiedlichen Gestalten des Hausbesuchs (1326,63ff) überlagern sich die verschiedenartigen, teils aus der *privaten* Alltagswelt, teils aus der *parochialen* Sozialwelt, teils aus der *pastoralen* Berufswelt entlehnten Handlungsintentionen und Interaktionsmuster auf jeweils charakteristische Weise.

1. Eine sowohl in dörflichen wie in städtischen Kirchengemeinden (1331) häufig praktizierte Form des pastoralen Hausbesuchs stellen die regelmäßigen oder sporadischen „*Kontaktbesuche*" (1343,197ff) etwa bei neuzugezogenen Gemeindemitgliedern (1335) oder bei den Eltern von KonfirmandInnen dar. Der meist einmalige Besuch ordnet sich in die alltagsweltliche Konvention des Sich-Bekannt-Machens ein und dient als „Medium", um eine „persönliche Begegnung" unter einander allenfalls flüchtig Bekannten herzustellen (1337,17). Wird der eher in sachlicher Atmosphäre verlaufende Besuch des Pfarrers oder der Pfarrerin von den Gemeindemitgliedern vornehmlich „als Akt sozialer Anerkennung und Geltungsbestätigung" (1324,125) gewertet, so nutzen die Pfarrer und Pfarrerinnen die offene Gesprächssituation gleichzeitig dazu, die Gemeindemitglieder über „örtliche Angelegenheiten der Kirchgemeinde" und insbesondere über „neue Formen kirchlicher Arbeit" sowie über „die allgemeine Situation der Kirche in der Welt" (1343,198) zu informieren.

Um dem Besuch des kirchlichen Repräsentanten im Privathaus einerseits „das Odium des Überfalls oder einer peinlichen Visitation" (1324,134) zu nehmen und um den Verlauf des Gedankenaustauschs andererseits möglichst effizient zu gestalten, bedürfen die „Kurzbesuche" (1324,119) einer deutlichen „*Strukturierung*" (1324,129) durch den Pfarrer, insbesondere aber der präzisen Angabe des speziellen Anlasses: „Je deutlicher und eindeutiger der Anlaß eines Besuches der Ausgangspunkt des Gespräches sein kann, um so klarer und vor allen Dingen abgegrenzter ist die Situation für den Besuchten" (1327,202).

2. Anders als die in der Arbeitspraxis der Berufsträger verankerten und von ihnen initiierten Besuche bei bestimmten Klientengruppen sind die *situativen* Hausbesuche anläßlich von „persönliche(n) Jubiläen und Familienfeiern" (1343,201), insbesondere anläßlich eines hohen Geburtstags (1333), oder auch anläßlich eines Krankheitsfalls in alltagsweltlichen Konventionen begründet. Die teils von den PfarrerInnen, teils von ehrenamtlichen MitarbeiterInnen der örtlichen Kirchengemeinde ausgeführten Besuche zielen vornehmlich auf eine Restabilisierung der natürlichen sozialen Netzwerke ab. Sie dienen

dazu, „alte Formen der Begegnung, die in unserer Zeit verloren zu gehen drohen, neu zu entdecken: sich grüßen, sich kennen, sich besuchen, Beziehungen aufbauen, sich die gegenseitige Zusammengehörigkeit bewußt machen" (1337,24). Im Hausbesuch wird „selbstverständliche Mitmenschlichkeit" (1343,202) praktiziert.

Die von beruflichen und ehrenamtlichen Repräsentanten der örtlichen Kirchengemeinde ausgeführten Hausbesuche stellen zugleich ein wichtiges Instrument zur Festigung der in die lokale Wohnwelt integrierten *Gemeindeorganisation* (1341) dar. Wie die von der Kirchengemeinde veranstalteten Gemeindefeste, Ausflüge und Freizeiten, so tragen auch die regelmäßigen Hausbesuche zu einer „Distanzreduzierung" (1334,166) unter den Gemeindemitgliedern bei. Schließlich nutzt der Pfarrer die in der Alltagssitte verankerten und in die parochiale Gemeinschaftskultur eingebetteten Besuche zur Optimierung seiner beruflichen Arbeitspraxis, zur Herstellung und zur Pflege von „Kontakte(n) zwischen ihm und dem engeren Kreis der Gemeindeglieder" (1343,201). Eine eigenständige Version des beruflichen Hausbesuchs bildet die befristete Teilnahme des Pfarrers an einer privaten Familienfeier. Hier präsentiert sich die Familie „dem Pfarrer mit ihren Kontakten, die sie nach ‚außen' unterhält", zu „Nachbarn, Freunde(n) und Verwandte(n)" (1328,115).

Verlaufen die in die alltagsweltliche Konvention des Hausbesuchs eingebetteten Gespräche auch gewöhnlich im unverbindlichen Unterhaltungsstil des ‚Small talk' (1333,157ff), so enthalten sie gleichwohl häufig auch Sprechsequenzen, die dem biographisch grundierten „darstellende(n) Gespräch" (1333,176ff) und damit der explizit *seelsorgerlich* qualifizierten Konversation zuzuordnen sind. Hierzu sind vor allem auch die beim Krankenbesuch (212-2:3.) geführten Gespräche und insbesondere die Kasualgespräche (> 232-3) zu zählen.

3. Ein dritter, sowohl in evangelischen wie in katholischen Kirchengemeinden praktizierter Typus des Hausbesuchs ordnet sich einerseits in die von Ideen der Erweckungsbewegung inspirierte Hausmission (1326,87ff), andererseits in die an zeitdiagnostischen Analysen des kirchlichen Christentums orientierte Gemeindeaufbaubewegung (212-4:1.) ein. Zur Organisation der meist straßenweise durchgeführten *Reihenbesuche* wird eigens ein Besuchsdienst organisiert (1338). Seine Trägerinstitution bildet ein Besucherkreis (1339,39), dessen Mitglieder in Einführungsseminaren und Übungsbesuchen (1340) geschult werden. Die Berichte der ehrenamtlichen Mitarbeiter werden in einer für den Pfarrer bestimmten „Seelsorgekartei" (1336,490) festgehalten.

4. So verschiedenartig sich die in die private Lebenswelt, in die parochiale Sozialorganisation und in die pastorale Berufsarbeit eingelassenen Gestalten des Hausbesuchs ausnehmen, sie sind insgesamt als charakteristisch voneinander unterschiedene und aufeinander bezogene Versionen der *Seelsorge* (> 213) anzusehen. Seelsorge wird in ihrer alltagsweltlichen Grundgestalt von den Betroffenen selbst und zu einem Großteil im Rahmen der in die Alltagssitte des Hausbesuchs eingebetteten Konversation unter einander Vertrauten wahrgenommen. Seelsorge wird aber ebenso in den Hausbesuchen ehrenamtlich tätiger Laien ausgeübt. Die im pastoralen Hausbesuch institutionalisierte berufliche Seelsorge schließlich stellt sich als eine artifizielle Version der Alltagsseelsorge dar. Deshalb kann der Hausbesuch in mehrfacher Hinsicht als „‚Sitz im Leben' der Seelsorge" (1324,125) betrachtet werden.

213
Individualität – das Theorieparadigma der modernen Poimenik

1. Die ideellen Grundlagen der zeitgenössischen Poimenik

1. In der modernen Lebenswelt wird *Seelsorge* in den verschiedensten Lebenszusammenhängen, auf vielfältige Weise und mit unterschiedlichen Zielen ausgeübt. Bezeichnen Predigt und Unterricht präzise begrenzte und markant ausgeformte Situationen religiöser Kommunikation, so werden unter dem Begriff der ,Seelsorge' ganz unterschiedliche Begegnungssituationen, Beziehungsmuster und Handlungsformen subsumiert. Während sich die Konturen der in die kirchliche Gottesdienstpraxis und in das öffentliche Bildungswesen eingelagerten religiösen Institutionen im Zuge ihrer neuzeitlichen Entwicklung tendenziell verfestigten, hat sich das Spektrum der aufs engste mit der privaten Lebenssphäre verbundenen Gestalten der Seelsorgepraxis auf dem Hintergrund der Modernisierung der Lebenswelt immer weiter ausdifferenziert. Und während die homiletischen und pädagogischen Vermittlungsformen von Religion zunehmend den Gesetzmäßigkeiten der Professionalisierung unterworfen wurden, sperrt sich der poimenische Kommunikationsmodus offensichtlich gegen eine rigide Methodisierung. Folgt die Erarbeitung und Inszenierung einer Kanzelrede oder einer Schulstunde weitgehend den allgemeingültigen Regeln standardisierter und operationalisierter Arbeitsverfahren und Arbeitstechniken, so sind die auf ihrer situativen Originalität aufruhenden und von flexiblen Interaktionsformen geprägten Seelsorgegespräche in viel höherem Maße von kontingenten Faktoren beeinflußt.

Angesichts des ebenso facettenreichen wie unspezifischen Erscheinungsbildes praktizierter Seelsorge läßt sich nur schwer angeben, was im exakten Sinne als Seelsorge zu gelten hat, worin die gemeinsamen Charakteristika der pluriformen Seelsorgesituationen und Seelsorgeformen bestehen und welche Intentionen die vornehmlich in die private Lebenswelt, aber auch in die kirchliche Religionspraxis und in die öffentlichen Institutionen (> 222-2) eingelagerte Seelsorge verfolgen soll. Die gegenwärtigen Seelsorgetheorien gewinnen den ihren jeweiligen Konzeptionen und Programmen unterlegten *Begriff* von Seelsorge daher in aller Regel nicht im Zuge empirischer Deskription oder phänomenologischer Analyse, sondern leiten ihr Grundverständnis von Seelsorge vornehmlich aus ideellen und damit theoretischen Prämissen ab. Mehr als andere Gestalten institutionalisierter religiöser Kommunikationspraxis stellt ,Seelsorge' somit ein theoretisches Konstrukt dar. Der Begriff der ,Seelsorge' verdankt seinen von der ,Seelsorgebewegung' mit vielfältigen programmatischen Ansprüchen angereicherten Bedeutungsgehalt (1370) einer Kombination verschiedenartiger theoretischer Typisierungen und Idealisierungen. Sie prägen nicht nur den in der zeitgenössischen Praktischen Theologie dominierenden, auf der Psychologie, der Theorie der menschlichen ,Seele', basierenden Theoriekonzepten der ,Beratenden Seelsorge' (1382,182ff) ihren Stempel auf. Vielmehr sind auch die sozial- und kulturgeschichtlichen Analysen der Genese und Entwicklung der modernen Seelsorgepraxis als idealtypische Rekonstruktionen anzusehen.

2. Zu den theorieleitenden Axiomen der poimenischen Prinzipienlehre gehört an erster Stelle die mit religiösen Valenzen angereicherte Idee *individueller Autonomie*, das Postulat der Mündigkeit, Freiheit und Selbstbestimmung des einzelnen. Aus dem ideellen Grundprinzip neuzeitlicher Lebenshaltung und Welteinstellung werden die Aufgaben und die Ziele, die kommunikativen Rahmenbedingungen und die interaktionellen Verfahrensweisen moderner Seelsorge abgeleitet. Das in der Epoche der Aufklärung formulierte allgemeine Freiheitspostulat bildet aber nicht nur die ideelle Basis, auf der die unterschiedlich konturierten Theoriekonzeptionen der zeitgenössischen Poimenik gemeinsam aufruhen; vielmehr fungiert die religiös grundierte Idee der „Freiheit eines Christenmenschen" zugleich als „kritische Sonde", die an die unterschiedlichen Gestalten moderner Seelsorgepraxis anzulegen ist (1363,25). Das „spezifisch Seelsorgerliche" der vielfältig ausgeformten Gesprächsprozesse besteht demnach in der Gewährung und Einübung von Freiheit (1363,10).

In herausgehobener Weise machen sich die von der ‚Seelsorgebewegung' (1352,62ff) inspirierten Modelle ‚*therapeutischer Seelsorge*' (1366) das Leitprinzip der modernen, um das Individuum zentrierten Lebenswelt zu eigen. Sie finden in den anthropologischen Vorstellungen teils der Tiefenpsychologie, teils der ‚Humanistischen Psychologie' (1362) und insbesondere in der interaktionellen Statur der psychologischen Therapieverfahren (> 112) die Voraussetzungen zum Entwurf integraler poimenischer Theoriekonzepte vor, in denen sich die religiös-theologischen und die psychologisch-therapeutischen Momente der neuzeitlichen Freiheitsidee miteinander verschränken (1367). Dem modernen Individualitätspostulat entsprechend kann das „Ziel der Therapie" nicht darin bestehen, den Klienten auf „ein bestimmtes erwünschtes Verhalten" festzulegen; die seelsorgerliche Kommunikation zielt vielmehr auf die Steigerung der „innere(n) Freiheit" des Klienten ab, auf „ein verstärktes Akzeptieren der eigenen Person", auf „Selbständigkeit, Unabhängigkeit, Flexibilität und Initiative" (1363,115).

Die den Klienten gewährten Freiheitsgratifikationen verdanken sich einer offenen *Gesprächsstrategie*, der gleichermaßen ‚personzentrierten' (1372) wie ‚nicht-direktiven Beratung' (1368). Die freiheitsstiftende ‚Beziehung' zwischen Klient und Berater ruht auf der ‚empathischen Grundhaltung' des Seelsorgers, auf dem Zusammenspiel von ‚Verstehen', ‚Akzeptieren' und ‚Echtheit' der seelsorgerlichen Persönlichkeit auf (1369,38ff). Dem Seelsorger wird dementsprechend nicht die Autorität eines Repräsentanten allgemeingültiger ethischer Normen oder spezifisch kirchlicher Verpflichtungen zugeschrieben; als adäquater Verhaltensparameter gilt vielmehr die für die gegenwärtige Seelsorgepraxis typische Selbstrelativierung des Seelsorgers. Seine Aufgabe besteht darin, sich im Verlauf des Gesprächs „selbst überflüssig zu machen" (1363,61) und dabei seinem Gegenüber umgekehrt „ein größtmögliches Stück an Freiheitsspielraum zur Verfügung zu stellen" (1363,40). Gelingt der poimenische Kommunikationsprozeß, dann wird das Seelsorgegespräch zum exemplarischen Fall von Individualitätskonstitution: „In einem so verstandenen Gespräch vollzieht sich die Zustellung eines Stückes Freiheit, nicht nur der Natur und der Herrschaft gegenüber, sondern sich selbst gegenüber" (1363,42).

Im Fokus der ideengeleiteten Theoriekonstruktion schält sich damit eine idealtypische, durch theoretische Abstraktion gewonnene *Grundgestalt* modernitätsverpflichteter Seelsorge heraus. So pluriform sich die in der privaten Alltagswelt verankerte Seelsorgepraxis auch darstellen mag und so verschiedenartig sich die empirischen Erscheinungsformen der mit ‚Seelsorge' bezeichneten Interaktionssituationen auch ausnehmen mögen, sie folgen einer gemeinsamen Intention. Seelsorge zielt, wo immer und wie immer sie ausgeübt wird, auf die ‚Rekonstruktion des Menschen' (1382), auf die Konstitution der biographisch ausgeformten personalen Identität, wie auf die Integration der um das Individuum zentrierten Lebenswelt, auf die ‚Re-Konstruktion von Wirklichkeit' (1383), ab. Aufgrund ihrer konstitutiven Funktion für die neuzeitliche Christentumskultur avancierte die Seelsorge in den zurückliegenden Jahrzehnten zur zentralen Interaktionsform professionalisierter Religionspraxis und die Poimenik zur dominanten Theorieperspektive der Praktischen Theologie.

Gilt die Seelsorge aufgrund ihrer individualitätskonstitutiven Potentiale als typisch moderne Gestalt religiöser Kommunikationspraxis, so erweist sie sich auch auf dem Hintergrund ihrer neuzeitlichen *Genese* als eine genuine Produktion der Moderne. Während die Grundstatur der homiletischen Kommunikation im Zuge des neuzeitlichen Individualisierungsprozesses umgepolt und das Schwergewicht von der Predigtarbeit des Redners auf die Predigtarbeit des Hörers verlagert wurde (> 212-4:3.1.3.) und während die religiösen Bildungsprozesse aus der Regie des Lehrers in die Eigenverantwortung der sich selbst bildenden Individuen überstellt wurden (> 212-4:2.2.), knüpft die moderne Seelsorgepraxis nicht an die kirchlich institutionalisierte und für alle Kirchenmitglieder verbindliche ‚cura animarum generalis' an, um sie auf der Grundlage des neuzeitlichen Verständnisses der Religion umzuformen. Vielmehr setzen sich die Theorieprogramme der modernen Seelsorge in dezidiert kritischer Absicht von der kirchlich reglementierten ‚Seelenleitung' und zumal von den traditionellen Institutionen kirchlich organisierter Seelsorge, von Beichtpraxis und Kirchenzucht, ab und begründen ihre Konzeptionen im unmittelbaren Rückgriff auf die in die neuzeitliche Lebenswelt eingelagerten ideellen Prinzipien. Im Unterschied zu Predigt und Unterricht stellt sich die moderne Seelsorge damit als eine originäre, aus dem Geist der Neuzeit hervorgegangene Gestalt der individualisierten Religionskultur dar.

3. Das für die neuere Seelsorgelehre charakteristische *Modernitätsbewußtsein* bringt sich in der religionshistorischen Kontrastierung von „traditionsgebundene(r) und moderne(r) Seelsorge" (1354,9) markant zur Geltung. Besteht die „Funktion der Seelsorge" in der traditionalen Gesellschaft in der „Kontrolle der Lebensführung" und der „Leitung der einzelnen Mitglieder der Religionsgemeinschaft in der Bindung an die Tradition" (1354,9f), so verstärkt sich die regulative Funktion der Seelsorge im Zuge der Umformung der Religion von ihrer ritualistischen zu ihrer ethischen Gestalt. An die Stelle des „Orakel(s)" und der „Beratung durch den Zauberer" tritt im Fortschritt der religiösen Entwicklung die „‚ethische' Einwirkung auf die Lebensführung", die „individuelle Belehrung über konkrete religiöse Pflichten"; die kirchlich organisierte Seelsorge bleibt damit auch in ihrer fortschrittlichen Version „das eigentliche Machtmittel der Priester gerade gegenüber dem Alltagsleben und beeinflußt die Lebensführung um so stärker, je mehr die Religion ethischen Charakter hat" (1413,283). Bildet die „traditionsgeleitete Gesellschaft" in ihrer „patriarchalische(n) Verfassung" die „soziologische Voraussetzung der kirchlichen Seelsorge" (1351,29), so ruht die moderne Privatseelsorge auf den sozialen Strukturen und den kommunikativen Stilen der vom neuzeitlichen Individualisierungsprozeß geprägten Lebenskultur auf (1379). Ihr entlehnt nicht nur die in der Alltagswelt praktizierte Laienseelsorge, sondern auch die zur Berufsarbeit der Pfarrer und

PfarrerInnen umgeformte Gestalt der Seelsorgepraxis ihre handlungsleitenden Maximen, ihre interaktionellen Strukturen und ihre methodischen Strategien.

Die Transformation der Seelsorge auf dem Hintergrund des neuzeitlichen Säkularisierungs- und Individualisierungsprozesses tritt im Wechselspiel von Deinstitutionalisierung und *Neuinstitutionalisierung* der Seelsorgepraxis markant zutage. In dem Maße, in dem sich die Seelsorge aus ihren verfestigten kirchlichen Organisationsformen löste, mutierte sie zu einer relativ unspezifischen, in die vielfältigen personalen Beziehungen der privaten Lebenswelt verwobenen und auf einer allgemeinreligiös fundierten altruistischen Lebenshaltung aufruhenden Dimension der Alltagspraxis. Mit der Deinstitutionalisierung der Seelsorge im Zuge ihrer Säkularisierung korrespondiert die gleichzeitige Neuinstitutionalisierung der Seelsorge auf der Basis ihrer Professionalisierung (> 212-4:3.3.1.4.). In der Gegenwart wird die Seelsorge weniger als eine in die kirchliche Religionsorganisation eingepaßte Form religiösen Handelns, sondern primär als ein integraler Bestandteil des gegenüber der Kirchenorganisation relativ eigenständigen Pfarrerberufs (> 212-4:3.3.) aufgefaßt. Im Rahmen der umfassenden Privatisierung der Religion (1386) avancierte die Seelsorge zu der idealtypischen Berufsrolle des Pfarrers; der Begriff des ‚Seelsorgers‘ wurde zur Berufsbezeichnung des auf seine Persönlichkeit gestellten und gewissermaßen frei praktizierenden Pfarrers.

Als paradigmatisches *Leitbild* des professionellen Seelsorgers fungiert seit dem 19. Jahrhundert die ideell angereicherte und mit einem hohen Sozialprestige ausgestattete Figur des Arztes (> 212-4:2.3.2.). Rückte der Arzt mit dem wissenschaftlich-technischen Fortschritt der modernen Medizin zunehmend in die „Funktion des Priesters" ein, der „über Leben und Tod" entscheidet und damit zum „umfassenden Garanten des Lebens" (1354,90) wird, so versuchen die Pfarrer nun umgekehrt in der Rolle des Seelsorgers das verlorene Terrain zurückzugewinnen. Die Seelsorger richten sich im Gebiet der professionellen Lebensberatung ein und reservieren sich ihren eigenen Platz im Spektrum der sich ausdifferenzierenden therapeutischen Berufsbilder. Wie die niedergelassenen Ärzte, so unterhalten die Seelsorger in den Räumen ihres zugleich privat wie beruflich genutzten Hauses (> 212-4:3.3.2.) eine Praxis und machen Hausbesuche (> 212-4:3.3.3.). Die Einbettung der beruflichen Seelsorge in die moderne Beratungs- und Therapiekultur schlägt sich zum einen in der Verwissenschaftlichung der Poimenik und zum anderen in der methodischen Raffinierung der Seelsorgepraxis auf der Basis psychologischer Therapieverfahren nieder.

Die Angleichung der pastoralen Berufswelt an die therapeutische Berufskultur wirkt auf das Profil des *Pfarrerberufs* und insbesondere auf die Beziehung von Person und Berufsrolle zurück. Die Seelsorger führen ihren beruflichen Status nicht mehr vorwiegend auf die Autoritätsstellung zurück, die ihnen ihr kirchliches Amt verleiht. Sie gewinnen oder verlieren ihre gesellschaftliche Reputation vielmehr – wie die Ärzte – durch die Berufsleistungen, die sie aufgrund ihrer spezifischen Berufskompetenzen erbringen. Gleichwohl löst sich die für die gesellschaftlichen Professionen (> 212-4:2.3.2.) und insbesondere für den Pfarrerberuf typische Synthese von Person und Beruf nicht auf, sondern erhält nun auf dem Hintergrund des Professionalisierungsprozesses neue, markante Konturen. Wie im ärztlichen Beruf, so wird auch im pastoralen Beruf die Person des Berufsträgers zum Medium seiner individuell konturierten Berufsausübung. Seelsorger folgen in ihrer Berufspraxis nicht ritualisierten Handlungsschemata, sondern der in der persönlich angeeigneten und individuell ausgeformten Berufserfahrung gewonnen Einsicht. Aufgrund ihrer theoretischen Bildung und ihrer praktischen Erfahrung reagieren die beruflichen Seelsorger elastisch auf ihre Handlungspartner, auf die sich dynamisch wandelnden Handlungssituationen und schließlich auch auf sich selbst.

In analoger Weise richten sich die Erwartungen der *Seelsorgesuchenden* zugleich auf die personalen und die technischen Kompetenzen der beruflich versierten Seelsorger. Die Seelsorgesuchenden betrachten aber nicht nur ihr Gegenüber als integrale Berufspersönlichkeit, sondern sie bringen auch ihre eigenen, in der seelsorgerlichen Alltagspraxis erworbenen personalen und funktionalen Kompetenzen in die Gesprächsprozesse ein. In der beruflichen Seelsorgepraxis überlagern sich daher nicht nur die private Alltagswelt des Klienten und die beruflich verfaßte Arbeitswelt des Beraters; vielmehr verschränken sich in ihr auch die seelsorgerlichen Kompetenzen der Kommunikationspartner wechselseitig. Gilt der Klient in der modernen Seelsorge als das handelnde und selbstreflexiv auf sich reagierende Subjekt des Interaktionsprozesses, so operiert der berufliche Seelsorger eher in einer – für die Struktur der seelsorgerlichen Kommunikation allerdings unentbehrlichen – Nebenrolle; seine Aufgabe besteht in der „Assistenz bei der alltäglichen Rekonstruktion individuellen Lebens" (1382,196).

2. Die idealtypischen Grundformen der modernen Seelsorge

Verbinden sich in der zeitgenössischen Seelsorgepraxis Alltagsseelsorge und professionelle Seelsorge auch untrennbar miteinander, so stellen sich die beiden Gestalten praktizierter Seelsorge gleichwohl als zwei voneinander unterschiedene und aufeinander bezogene *Grundtypen* moderner Seelsorge dar. Die beiden im Zuge der neuzeitlichen Entwicklung der Seelsorge entstandenen Grundformen seelsorgerlichen Handelns verdanken sich unterschiedlichen sozialhistorischen und kulturhistorischen Wurzeln. Die alltagspraktische Laienseelsorge ist hinsichtlich ihrer lebenspraktischen Verortung in den Konventionen der privaten Alltagswelt und hinsichtlich ihrer kommunikativen Stile in der bürgerlichen Konversationskultur verankert. Die beruflich ausgeübte Seelsorge dagegen läßt sich hinsichtlich ihrer originären situativen Bedingungen und hinsichtlich ihrer spezifischen Methodik als eine weit gefaßte und in der kritischen Auseinandersetzung mit der kirchlich organisierten Seelsorge ausgeformte Gestalt der ‚Privatbeichte' begreifen.

2.1. Genese und Statur der Alltagsseelsorge

1. Die paradigmatische Grundform seelsorgerlichen Handelns bildet nach protestantischem Verständnis die *alltägliche Laienseelsorge* (1388). In ihr wird das Prinzip des Priestertums aller Gläubigen (> 340) auf exemplarische Weise ratifiziert. Die von Luther beschriebene mutua consolatio fratrum, das in Situationen religiöser Anfechtung geführte Gespräch unter Vertrauten, und die vom Pietismus ins Leben gerufenen collegia pietatis (> 211), in denen sich Christen wechselseitig Trost zusprechen und sich gegenseitig ihres religiösen Glaubens vergewissern, markieren exemplarische Ursprungsgestalten der in der Alltagswelt verankerten und in die individuelle Frömmigkeitspraxis eingebetteten Seelsorge. Im Zuge der Ausbildung der bürgerlichen Gesprächskultur (1374; 1388,21ff) und deren Ausdifferenzierung im Rahmen der vielfältigen Institutionen der

alltäglichen Lebenspraxis wurde die seelsorgerliche Kommunikation vollends in ihre alltagsweltlichen Kontexte eingepaßt. Aus der Alltagswelt (> 310) stammt der Gesprächsstoff der seelsorgerlichen Konversation; es sind die im Alltag gewonnenen Erfahrungen,
die im seelsorgerlich grundierten Gespräch auf den Begriff gebracht, in allgemeingültige
Weisheitssätze gefaßt und als bewährte Maximen gelingenden Lebens an andere weitergegeben werden. Selbst wenn das im Alltag verortete und auf die Bewältigung alltagsweltlicher Lebenssituationen und Lebensprozesse abzielende Gespräch die Lebenspraxis
auf ihre konfliktgeladenen und als krisenhaft empfundenen Pointen hin fokussiert, so
entfernt sich die seelsorgerliche Kommunikation doch nicht aus den vielfältigen Beziehungsnetzen der alltäglichen Lebenswelt.

Wie sich das interaktionelle Setting und das kommunikative Profil der Alltagsseelsorge
aus den bürgerlichen Gesprächskonventionen herleiten, so werden umgekehrt die alltagsweltlichen *Lebensformen* in spezifisch seelsorgerlich konturierten Gesprächsprozessen empirisch konkretisiert und dynamisch weiterentwickelt. Die Genese, Entwicklung
und Restitution einer Partnerschaft oder einer Ehe erfolgt nicht allein in lebenspraktischer Unmittelbarkeit, sondern vor allem auch durch die reflexive Bearbeitung der Lebensbeziehung, im Zusammenhang vielfältiger aufeinander aufgeschichteter Gesprächsszenen und Gesprächsprozesse, die die Lebenspartner teils kontinuierlich, teils aus prägnanten Anlässen inszenieren (1391). Ebenso werden Bildung und Erziehung im gemeinsamen Gespräch zwischen Eltern und Kindern praktiziert. Die lebenspraktischen
Probleme und Konflikte werden in ihren jeweiligen alltagsweltlichen Kontexten und im
Rahmen derjenigen Institutionen bearbeitet, in denen sie entstehen. Wie die Interaktionspartner die grundlegenden Ordnungsmuster der gemeinsamen Lebenswelt gesprächsweise für sich in Geltung setzen, so wirken sie zugleich im kritischen Diskurs an
deren kontinuierlicher Veränderung und damit am Fortschritt der gesellschaftlichen Lebensordnung mit (1385).

2. Im Zuge der Ausdifferenzierung der alltagsweltlichen Konversationskultur verfeinerte
sich nicht nur das Spektrum der häuslichen Kommunikationsformen. Die neuzeitliche
Institutionalisierung der Seelsorge führte vielmehr auch zu einer Erweiterung der situativen *Grundformen* des seelsorgerlich grundierten Gesprächs. In der modernen, zumal in
der urbanen Lebenswelt (> 232-1) findet „Alltagsberatung" nicht nur „in ‚primären' oder
‚natürlichen' Alltagsbezügen (also Familie, Freunde, Kollegen etc.)" statt, sondern „auch
und in bestimmten Fällen möglicherweise sogar bevorzugt in ‚besonderen' Interaktionskonstellationen und Sondersituationen des täglichen Lebens"; diese „Konstellationen
und Situationen" sind zwar einerseits „in das Alltagsleben, die Lebensweltbezüge des
einzelnen integriert, aber andererseits bezüglich ihrer geringeren Häufigkeit, Stabilität
und Dauerhaftigkeit, formalen und informellen Absicherung, Enge und Verbindlichkeit
aus diesen herausgehoben" (1392,48). Zu solchen standardisierten Interaktionssituationen, in denen die Besprechung von Lebensproblemen zwar nicht das primäre Ziel der
Handlung darstellt, gleichwohl aber als von den Interaktionspartnern akzeptierte Handlungsoption enthalten ist, sind etwa die Fahrt im Taxi (1392) oder der Aufenthalt an der
Kneipentheke (1394; 1395; 1393) zu zählen.

Im Zusammenhang der nicht in die bürgerliche Hauskultur, wohl aber in die urbane Alltagswelt eingebetteten Lebensgespräche bilden sich *semiprofessionelle* Gestalten einer
säkularen und damit charakteristisch modernen Seelsorgepraxis heraus. Fungieren die

‚Alltagsberater' (1392,58) als ‚halber Beichtvater' (1393,342), als „Zuhörer, Vermittler, Tröster und Berater" (1392,58), so sind die von ihnen erbrachten seelsorgerlichen Dienstleistungen in einer „Zwischenstellung" angesiedelt, „einmal im Vorfeld offizieller Hilfestellen, zum anderen als scheinbar distanzierteres Beratungsangebot im Vergleich zu selbstinvolvierten oder engeren Ansprechbezügen. In einer Ersatzfunktion wird diese ‚Alltagsberatung' zudem für die Betroffenen selbst relevant bei einem Scheitern von Lösungsversuchen in natürlichen Bezügen (falls gegeben) und/oder bei einem (objektiven oder subjektiven) Versagen spezialisierter Hilfeinstitutionen" (1392,56). Die Inhalte der Beratungsgespräche in Taxen und an Theken decken sich weitgehend mit dem konventionellen Themenbestand der alltagsweltlichen wie der professionellen Seelsorge. Werden in den Institutionen der Alltagsseelsorge insgesamt „vielfältige Schwierigkeiten, Krisen und Konflikte über die gesamte Spannbreite des alltäglichen Lebens" bearbeitet, so konzentrieren sich die semiprofessionellen Beratungsgespräche insbesondere „auf Beziehungs- (Familie, Ehe, Partnerschaft), Gesundheits- und materiell/finanzielle Bereiche" (1392,58; 1393,339).

3. Wie die mit „anderen, zumeist bezahlten Serviceleistung(en)" (1392,49) verbundene semiprofessionelle Seelsorge, so stellt sich auch die in die religiösen Institutionen der Kirche und des Pfarrerberufs eingebettete und *professionell* ausgeübte Seelsorge als artifizielle Variante der alltagsweltlichen Privatseelsorge dar. Die beruflich verfaßte Seelsorge baut auf der alltäglichen Kultur des seelsorgerlichen Gesprächs auf. Es geht im Gespräch zwischen dem Seelsorgesuchenden und dem Seelsorger um das Gelingen und Scheitern von menschlichen Beziehungen, um die Verarbeitung von Krisen in der persönlichen Lebensführung, um Ratlosigkeit und Verzweiflung, um Schuld und Vergebung, um Krankheit und Leiden, um den Tod des anderen und um das eigene Sterben (1381). Die berufliche Seelsorge gewinnt aber nicht nur ihren Themenbestand aus der ethischen Alltagspraxis. Im Zusammenhang der individuellen und gemeinschaftlichen Lebensformen, zumal aber im Rahmen der alltäglichen Konversationspraxis werden vielmehr auch die Regeln seelsorgerlicher Gesprächsführung ausgearbeitet, erprobt und bewährt, denen sich die institutionalisierte und professionalisierte Seelsorge in raffinierteren Versionen bedient (1385).

2.2. Die institutionellen Gestalten beruflicher Seelsorge

Läßt sich der Übergang vom allgemeinen zum seelsorgerlich konturierten Gespräch in den alltagsnahen Konversationsszenen oft nur schwer bestimmen, so bildeten sich im Zuge der Institutionalisierung und Professionalisierung der Seelsorge deutlich profilierte *Situationen* alltagsverbundener und zugleich beruflich verfaßter Seelsorge heraus. Das Kasualgespräch, der Hausbesuch und die vom Seelsorgesuchenden initiierte Unterredung im Amtszimmer von Pfarrern und Pfarrerinnen bilden drei konventionelle Gestalten professioneller Seelsorge. Sie unterscheiden sich hinsichtlich ihrer situativen Bedingungen, ihrer handlungsleitenden Intentionen und ihrer kommunikativen Verfahrensweisen markant voneinander.

1. Die teils im Privathaus der Betroffenen, teils in den Amtsräumen von Pfarrern und Pfarrerinnen geführten *Kasualgespräche* (> 232-3; 1371) sind in die alltagsweltlichen Institutionen eingebunden, die in den rituellen Handlungen sinnlich inszeniert und in den

begleitenden Gesprächen reflexiv bearbeitet werden. Im Traugespräch wird die Institution der Ehe thematisiert, im Taufgespräch die Institution der Familie, in Gesprächen mit den Konfirmanden und ihren Eltern die für die moderne Gesellschaft charakteristische Gliederung in Altersklassen und deren wechselseitige Beziehungen zueinander, im Bestattungsgespräch der ebenso gesellschaftlich standardisierte Schematismus des Lebenslaufs. Die Kasualgespräche bringen somit die fundamentalen Ordnungsmuster der gesellschaftlichen Welt durch den reflexiven Rekurs auf die ethischen Grundlagen der individuellen und gemeinschaftlichen Lebenspraxis zu Bewußtsein.

Die Kasualgespräche initiieren gleichzeitig eine Kette von *alltagsweltlichen* Gesprächen, die die Betroffenen unter sich führen und in denen die institutionellen Grundformen der alltäglichen Lebenserfahrung und Lebensführung konkrete Gestalt gewinnen. Stellen die öffentlich praktizierten religiösen Feiern Initiationsrituale für vielfältige Begehungen im Rahmen der privaten Frömmigkeitspraxis dar – für die Feier von Jubiläen, Geburtstagen und Jahrestagen wie etwa auch für den regelmäßigen Besuch des Trauernden am Grab des Verstorbenen –, so bilden die Seelsorgegespräche mit Lebenspartnern, die getraut werden wollen, mit Eltern, deren Kinder getauft oder konfirmiert werden, und mit Hinterbliebenen artifizielle Fassungen der natürlichen Gesprächsszenen und Gesprächsprozesse, die unter Ehepartnern, zwischen Eltern und Kindern und mit Trauernden in der alltäglichen Lebenswelt geführt werden. Die Kasualgespräche markieren zum einen den symbolischen und lebenspraktischen Beginn kontinuierlicher alltagsweltlicher Gesprächsprozesse. Sie stellen zum anderen Anknüpfungspunkte für spätere Beratungsgespräche mit dem Pfarrer oder der Pfarrerin dar.

In den Kasualgesprächen wird den Beteiligten damit auf exemplarische Weise und in komprimierter Form die untrennbare *Verbindung* von individueller Lebenspraxis und gesellschaftlicher Lebenswelt, von Subjektivität und Institution vor Augen geführt und damit modellhaft das Grundmuster zur Bearbeitung von individuellen und gemeinschaftlichen Problemlagen vorgestellt. Wie in den kasuellen Handlungen, so wird auch in den sie begleitenden und kommentierenden Seelsorgegesprächen das unverwechselbare und unvertauschbare Leben des einzelnen auf dem Hintergrund der für alle in Geltung stehenden Grundstrukturen der Lebenswelt interpretiert. Die dialektische Beziehung von individueller Lebensgeschichte und gesellschaftlich standardisiertem Lebenslauf verleiht den rituellen Handlungen wie den Kasualgesprächen ihr charakteristisches kommunikatives Profil.

2. Von ganz anderem institutionellen und professionellen Format sind die *Hausbesuche* (> 212-4:3.3.3.), die Pfarrer und Pfarrerinnen aus den verschiedensten Anlässen praktizieren. Gewinnen die Kasualgespräche ihre hohe Bedeutung aus dem extraordinären Zuschnitt der jeweiligen Lebens- und Gesprächssituation, so sind die im Rahmen eines Besuchs in einem Privathaus geführten Unterredungen umgekehrt aufs engste mit bürgerlichen Alltagskonventionen verbunden. Verwandte, Freunde oder Nachbarn anläßlich von Geburtstagen, Krankheitsfällen oder anderen spezifischen Lebenssituationen und Lebenslagen in ihrem Haus aufzusuchen, gehört zu den in der gemeinsamen Wohnwelt üblichen Gepflogenheiten. Aus der Ethik des Alltags resultiert für den Besucher die Verpflichtung zum Besuch und für den Besuchten die Bereitschaft, den Gast zu einem auf die Situation zugeschnittenen Gespräch in sein Haus einzulassen. Auch die professionelle Form des Hausbesuchs durch den Repräsentanten einer öffentlichen Institution –

den Pfarrer, Bürgermeister oder Vereinsvorstand – begründet und legitimiert sich aus der in einem Gemeinwesen in Geltung stehenden Sitte. Sie regelt nicht nur die äußeren Bedingungen der konventionellen Gesprächssituation (1387,294ff); aus der alltäglichen Konversationskultur ergeben sich vielmehr auch die mitunter einigermaßen trivialen Gesprächsthemen des pastoralen Hausbesuches wie die der Situation angemessenen, dem Höflichkeitskodex entlehnten Umgangsformen der Gesprächspartner und die auf natürliche Weise begrenzten Ziele der seelsorgerlichen Unterhaltung (1388).

3. Einen dritten Typus institutionell verfaßter und professionell ausgeübter Seelsorgepraxis bilden die Gespräche, die weniger durch gesellschaftliche Konventionen veranlaßt sind, sondern sich der spontanen *Initiative* von Seelsorgesuchenden verdanken. Sie werden in der Regel nicht im Privathaus des Hilfesuchenden, sondern im Amtszimmer von Pfarrern und Pfarrerinnen arrangiert. Auch in diesen Gesprächen werden alltagsweltliche Lebensthemen und Lebensfragen auf dem Hintergrund der dialektischen Beziehung von individueller Lebensführung und gesellschaftlicher Lebenswelt bearbeitet. Im Unterschied zu den eher alltäglichen Seelsorgegesprächen sind die nicht durch gesellschaftliche Konventionen veranlaßten und von ihnen geprägten Konversationsszenen aber durch ihre situative Originalität und ihre individuell-biographische Authentizität ausgezeichnet. Die hinsichtlich ihres Ziels wie ihres Verlaufs offenen, auf die Spontaneität und Kreativität der Gesprächspartner gestellten Gesprächsprozesse unterliegen weniger dem standardisierten Regelwerk der gewohnten Alltagskonversation. Sie folgen in weit größerem Maße der unberechenbaren und nicht planbaren Dynamik situativer Kontingenz. Sowohl der Seelsorgesuchende als auch der Seelsorger schreiben diesen aus der Trivialität des Alltags herausgehobenen Gesprächsereignissen den Status des Nicht-Alltäglichen und Nicht-Selbstverständlichen, des Besonderen und Überraschenden zu und statten die extraordinären Kommunikationssituationen mit entsprechend hohen Erwartungen aus. Beide erwarten von der seelsorgerlichen Konversation eine Überbietung der Erwartungen, die üblicherweise einer seelsorgerlichen Aussprache entgegengebracht werden. Sie sind daher auch bereit, sich über das gewohnte Maß hinaus im Gespräch zu engagieren.

2.3. Die Beichte als interaktionelles Paradigma der Privatseelsorge

1. Stellen sich die unterschiedlichen, teils in konventionelle Alltagslagen, teils in Grenzsituationen der Alltagswelt eingebetteten Gestalten *beruflicher* Seelsorge auch als artifizielle Varianten der alltagsweltlichen Laienseelsorge dar, so unterscheiden sich die professionell konturierten Gesprächsszenen und zumal die durch einen spontanen Entschluß des Seelsorgesuchenden initiierten Unterredungen mit einem Pfarrer oder einer Pfarrerin aufgrund ihres originären Handlungs- und Erlebnisprofils gleichwohl deutlich von der kontinuierlich verlaufenden und routinisierten Alltagsseelsorge. Zum einen werden dem beruflichen Seelsorgegespräch vergleichsweise hohe Erwartungen entgegengebracht und spezifische, von der alltäglichen Seelsorgepraxis unterschiedene Leistungen abverlangt. Konnte sich der Seelsorgesuchende in den verausgegangenen Gesprächssequenzen mit den Beziehungspartnern seiner natürlichen Lebenswelt von den begrenzten Möglichkeiten konversationeller Lebensberatung überzeugen, so richtet er seine Erwartungen in dem am Ende einer Gesprächskette angesiedelten und als extraordinäres Ereignis bewerteten Seelsorgegespräch mit dem Pfarrer auf die spezifischen Berufskompetenzen des professionell agierenden Seelsorgers. Die Spezifizierung der Erwartungshaltung führt

aber gerade nicht zu einer Versachlichung der Unterredung, sondern zu einer Verdichtung der für Seelsorgegespräche insgesamt typischen intimen Gesprächsatmosphäre.

Zum anderen setzt sich das berufliche Seelsorgegespräch hinsichtlich der charakteristischen interpersonalen *Beziehung* zwischen den Kommunikationspartnern von der in natürliche Lebensbeziehungen eingebetteten Alltagskonversation ab. Begegnen sich in der Alltagsseelsorge persönlich miteinander Vertraute in ihrer gewohnten lebensweltlichen Umgebung, so treffen im beruflichen Seelsorgegespräch zwei einander Fremde in den Praxisräumen eines Berufsträgers aufeinander. Gerade der Tatbestand, daß der professionelle Gesprächspartner in keiner Weise in die Lebensprobleme des Seelsorgesuchenden involviert ist und sich auch im Verlauf des Gesprächs nicht in die Geschichte des Klienten verstricken läßt, ermöglicht es dem Seelsorgesuchenden, sich in einer ungewöhnlichen Unbefangenheit zu äußern und sich dabei in neuartiger Weise selbst wahrzunehmen. Die berufliche Seelsorge, in der einerseits die beiden Alltagswelten der Gesprächspartner voneinander getrennt bleiben und andererseits die Alltagswelt des Seelsorgesuchenden und die Berufswelt des Seelsorgers miteinander verschränkt werden, gewinnt ihr charakteristisches interaktionelles Profil somit aus der Institutionalisierung von Intimität.

Die religiöse Institution, in der sich der seelsorgerliche Habitus zu einer Berufsattitüde ausformt und in der gleichzeitig die Intimität des Gesprächs durch das berufsethische Gebot der seelsorgerlichen Verschwiegenheit abgesichert wird, ist die Institution der *Beichte* in einem weiten Sinne des Begriffs. Die Beichte, eine „Menschheitsinstitution mit einer zentralen Stellung im Leben der Gläubigen" (1396,413), stellt sich sowohl in ihrer traditionellen kirchlichen Version als auch in ihren typisch modernen, säkularreligiösen Varianten als eine exemplarische „Form von Selbstthematisierung" (1405,428) und damit als eine der Seelsorge analoge Kommunikationssituation dar. Die zeitgenössischen, auf die Restitution individueller Autonomie abzielenden Seelsorgekonzepte setzen sich zwar in dezidiert kritischer Absicht von der kirchlich reglementierten Beichtpraxis ab; indem die moderne Poimenik die Seelsorgepraxis aber im Gegenzug an das interaktionelle Modell therapeutischer Gesprächsprozesse und damit an ein säkulares Substitut des kirchlichen Beichtinstituts anlehnt, setzt sie die Grundform des Beichtgesprächs auf ihre Weise für das Seelsorgegespräch in Geltung. Wie Seelsorge und Beichte in einer engen sachlichen Beziehung zueinander stehen, so verschränkt sich auch die wechselhafte Geschichte der zunächst kirchlich institutionalisierten und später professionell verfaßten Seelsorge mit der neuzeitlichen Entwicklung der Beichte.

2. Die Institution der Beichte ist in der *Buße* als einer elementaren „religiösen Lebensform" (1407) und einem „„Zentralbegriff" der christlichen Theologie und Frömmigkeit" (1402,473) verankert. Bildet der Aufruf zur Buße ein dominantes Motiv der neutestamentlichen Verkündigung und gehörten „Buße und Sündenvergebung" im Urchristentum „wie selbstverständlich an den Anfang der vita christiana" (1,177), so formte sich im Rahmen der „Individualfrömmigkeit des späteren Mittelalters" (1397,414) eine neuartige, die persönliche Spiritualität tiefgreifend prägende „Bußgesinnung" (1397,414) und „Bußfrömmigkeit" (1401,455) aus; die „gesamte abendländische Kirche" wurde „von immer neuen Wellen der Bußgesinnung und tätiger Bußbereitschaft ergriffen" (1401,463). Die dominante Stellung der Buße in der mittelalterlichen Frömmigkeitspraxis fand ihren institutionellen Niederschlag in einer „Umformung und Weiterbildung der

Bußliturgie", in der „Eingliederung bzw. Ausscheidung von Elementen der tradierten öffentlichen Buße in die geheime und jederzeit wiederholbare Privatbuße" (1397,414). Nachdem das IV. Laterankonzil die „Pflichtbeichte" (1397,417) vorgeschrieben hatte, kam es in der Folgezeit zu einer „massenhaften Institutionalisierung der regelmäßigen Beichte" (1405,410) und in deren Rahmen zu einer zunehmenden kirchlichen Reglementierung der jurisdiktionell geordneten römisch-katholischen Beichtpraxis. Die Beichte, das ‚Bußsakrament', in dem nach katholischer Lehre „durch hoheitlichen Spruch des Priesters in der Vollmacht Christi dem reuigen Sünder die Schuld seiner nach der Taufe begangenen Sünden getilgt wird" (1397,414), entwickelte sich zu einem kirchlichen „Disziplinierungsinstrument" (1405,410).

Auf dem Hintergrund der protestantischen Rechtfertigungstheologie übte die *Reformation* vehemente Kritik an der Verkirchlichung und Verrechtlichung der Beichtpraxis. Indem Luther in seinen Ablaßthesen betonte, daß das ganze Leben der Gläubigen Buße sei, löste er die Beichtpraxis aus ihrer Verankerung in der kirchlichen Jurisdiktion und restituierte damit den ursprünglichen, frömmigkeitspraktischen Sinn des Begriffs. Buße und Beichte waren nun „nicht mehr durch die Kirche als Heilsanstalt geregelt" (1407,254), sondern in die persönliche Verantwortung der Laien überstellt. Dem protestantischen Prinzip des Priestertums aller Gläubigen (> 340) entsprechend begriff Luther die von ihm hochgeschätzte ‚Ohrenbeichte' als „Trostwort des Bruders für den Bruder, als einzigartiges Heilmittel für die angefochtenen Gewissen" (1401,466). Während die lutherischen Kirchen die regelmäßige ‚Privatbeichte' als Abendmahlsvorbereitung beibehielten, setzten die reformierten Agenden die ‚Offene Schuld', ein liturgisch standardisiertes Sündenbekenntnis, an den Anfang der Abendmahlsfeier; die „private ‚Beichte'" wurde dagegen „in den Bereich der Seelsorge gerückt" (1398,424).

In der Epoche der *Aufklärung* und des *Pietismus* wurde die Beichte vollends in die private Frömmigkeitskultur verlagert. Galt die Beichte im Bewußtsein der Aufklärung „als ein papistisches Überbleibsel, als ein mit der Menschenwürde unvereinbares kirchliches Zwangsinstrument" (1399,427), so verband der Pietismus die Buße mit der Bekehrung, der „eine(n) große(n) Wende im Leben" (1407,255), und setzte an die Stelle der obligatorischen Privatbeichte das von den frommen Individuen in Eigenregie arrangierte „Beichtgespräch" (1399,426). Im 19. Jahrhundert traten die Erweckungsbewegung und das Neuluthertum in gegenläufiger Richtung für eine Erneuerung der Privatbeichte und teilweise auch für eine Verschärfung der Kirchenzucht ein; neue Impulse erhielt die Frömmigkeitspraxis der Beichte schließlich durch die „liturgischen und bruderschaftlichen Bewegungen" nach dem Ersten Weltkrieg und neuerdings auch durch die ‚Charismatische Bewegung' (1399,427).

3. Aufgrund der „wesensmäßig" mit ihr verbundenen „Atmosphäre der Selbstdemütigung" und der „mindestens optisch autoritäre(n) Struktur" geriet die kirchlich institutionalisierte Beichte in der aufgeklärten *Moderne* in Mißkredit (1400,431). Gleichzeitig bildeten sich in der modernen Lebenskultur aber vielfältige „Form(en) der sozialen Behandlung von Abweichung" (1404,309) und „neue Formen der individuellen Gewissenskontrolle" (1404,317) heraus, die sich als säkularisierte Substitute des „ursprünglich im religiösen Kontext entwickelte(n) Modell(s)" (1404,309) der Beichte begreifen lassen. Wie sich die von Max Weber für den Puritanismus geltend gemachten Frömmigkeitsmerkmale der „systematische(n) Affektkontrolle" und des „methodische(n) Leben(s) in

innerweltlicher Askese" (1405,419) als Attribute einer modernen Bußgesinnung darstellen, so hat „gerade die Abschaffung der Beichte im Puritanismus" die für den säkularen Protestantismus charakteristische „systematische Reglementierung des ethischen Alltagshandelns herbeigeführt" (1404,319). Die „im sakralen Kontext entwickelten Formen der Beichte und des Sündenbekenntnisses" spielen „selbst da, wo sie sich von ihrem ‚Herkunftsort' emanzipiert haben, also im säkularen Bereich, weiterhin eine bedeutende Rolle"; „der weltliche Bereich hat die Sphäre der Religion gewissermaßen beerbt" (1404,309). In der neuzeitlichen Transformation der ‚Beicht'-Praxis bringt sich der für die Moderne charakteristische, auf dem Individualisierungsprozeß (> 133) aufruhende Frömmigkeitswandel (> 211) exemplarisch zur Geltung. Fungierte die kirchlich institutionalisierte Beichte als „Vehikel der Festlegung des Ichs auf seine Inhalte, so stehen die neuen Bekenntnisformen eher im Dienst der Dynamisierung des Selbst" (1404,328).

Zu den in der bürgerlichen Lebenskultur entstandenen und zu „Individualriten" (1404,321) ausgeformten *Gestalten* alltagsverbundener Beichte sind etwa die in die häusliche Konversationskultur eingelagerten und insbesondere mit der reflexiven Bearbeitung von Partnerschafts- und Erziehungsproblemen verbundenen Bekenntnisse und Geständnisse zu zählen wie die ebenfalls in der bürgerlichen Privatwelt verankerte, gleichermaßen religiös grundierte wie biographisch ausgeformte „Institution des Tagebuches" (1405,420); im „geistliche(n) Tagebuch, das als Nachfolger der Ohrenbeichte fungiert", tritt „einsame Selbstbesinnung" an die Stelle „sakramentaler Gnade, Selbstkontrolle ausschließlich ethischer Art ersetzt rituelle Formen der Steuerung" (1404,317). Ebenso stellt der „bürgerliche Roman" mit der für ihn typischen „gesamtbiographischen Perspektive" (1405,420f) ein charakteristisch neuzeitliches Medium biographischer Selbstreflexion dar. „Biographische Bekenntnisse" finden sich aber nicht nur in der privaten, sondern ebenso in der öffentlichen Lebenssphäre, beispielsweise in Gerichtsverfahren oder Einstellungsgesprächen und vor allem in der medizinischen ‚Anamnese' (1405,407).

Als klassischer Modellfall der in die säkulare Lebenswelt transponierten Beichte kann schließlich die *Psychoanalyse* gelten, in der nicht nur eine der Beichte analoge „Form von Selbstkontrolle durch Selbstenthüllung angestrebt" wird (1405,427), sondern in der auch die „wesentliche(n) Strukturmerkmale der Beichte" (1404,319) in charakteristischen Transformationen erhalten blieben. Wie die Beichte, so stellt auch das psychoanalytische Therapieverfahren eine ‚Selbstbeschreibung' des Patienten „unter der Regie eines mediengleichen ‚Diskursverwalters'" dar; wie der „Seelenberater" dem Patienten auf der einen Seite „rückhaltloses Vertrauen" (1404,319) abfordert und ihm die Pflicht unbedingter Aufrichtigkeit auferlegt (1406,64), so ist der Therapeut umgekehrt dem aus der pastoralen Berufspraxis entlehnten ‚Beichtgeheimnis' verpflichtet (1404,316). Schließlich stellen sich Beichte und Psychoanalyse auch hinsichtlich ihres fiktiven, aus der Alltagswelt des Klienten herausgehobenen und gleichzeitig mit ihr indirekt verbundenen Status als miteinander verwandte Interaktionsformen zur Bearbeitung individueller Lebensprobleme dar. Durch die Ausblendung der natürlichen Alltagswelt, die Loslösung der Interaktionsszene „von der alltäglichen Umgebung" des Klienten und die „Ausschaltung des gewohnten, vertraulichen Umgangs unter Mitmenschen" (1406,63f) entsteht die für Beichte und Psychotherapie charakteristische, zugleich artifizielle wie exklusive personale Beziehung zwischen den beiden Handlungspartnern. Aufgrund ihrer Zielsetzung, ihrer Rahmenbedingungen und ihrer Verfahrensweisen stehen die psychologischen Therapien daher „in der funktionalen Nachfolge" (1404,320) des kirchlichen Beichtinstituts.

4. Die verschiedenen, teils dezidiert theologisch argumentierenden, teils eher der modernen Psychologie verpflichteten Konzepte der neueren Poimenik stellen die Analogien und Differenzen zwischen Beichte, Psychotherapie und Seelsorge in unterschiedlicher Pointierung heraus. In *theologischer* Perspektive stellt sich das Seelsorgegespräch als charakteristisch protestantische Version der Privatbeichte dar. Die Beichte wird als der „innerste Bezirk" (1400,429) der von psychologischen Therapieverfahren deutlich unterschiedenen Seelsorge begriffen, als das „eigentliche Geheimnis der Seelsorge" (1359,217), als der „Ort", „wo in der Seelsorge wirklich Seelsorge geschieht" (1359,225), als „Höhepunkt" (1359,227) und „Kernpunkt" (1359,229) einer durchgängig religiös grundierten Unterredung, die im „Amt des Seelsorgers" begründet ist und auf „Befreiung durch Vergebung, Trost in Anfechtung, Ermutigung zum Glauben" (1400,431) abzielt.

Die als „*Beichtaussprache*" (1360,263) begriffene Seelsorge grenzt sich einerseits von der in der Moderne „naheliegenden moralischen Aufrüstung" (1360,255) und einer dem Zeitgeist verpflichteten säkularen ‚Lebensberatung', andererseits von der in der römisch-katholischen Buß- und Beichtpraxis verwurzelten „Zwangsbeichte" (1360,285) ab. Als ein auf den Prinzipien des Protestantismus basierendes „Bußgespräch" und „Beichtgespräch" (1360,263) kann die seelsorgerliche Konversation nur dann begriffen werden, wenn sie „aus der Verflechtung mit Buße oder Bußsakrament weitgehend herausgelöst" (1400,433) und an die in der alltäglichen Frömmigkeit verwurzelte und vornehmlich ins „tägliche Gebet des Einzelnen" (1369,266) gefaßte Beichtpraxis als dem „eigentliche(n) Lebensakt des Glaubens" (1360,265) zurückgebunden wird. Seelsorge ist demnach „jene Gestalt und Form der Beichte", in der einer „nicht nur vor Gott, sondern auch vor einem andern Menschen seine Sünde" bekennt, „in der Absicht und mit dem Ziel, mit Hilfe dieses Nächsten sie dann vor Gott hinzulegen" (1360,267).

Die von der ‚Seelsorgebewegung' inspirierten und an *psychologische* Therapieverfahren angelehnten Konzeptionen der Seelsorge arbeiten die charakteristischen Konturen modernitätsverpflichteter Seelsorgepraxis in der Kontrastierung von ‚liturgisch' ausgeformtem Beichtgespräch (1363,19) und ‚freiem Gespräch' (1363,46ff) heraus. Sind „angesichts der völlig veränderten psychischen Situation des Menschen unserer Tage" die Voraussetzungen, „die zur Hochschätzung der Beichte geführt" haben, „nicht mehr gegeben", dann kann „die ständig erhobene Forderung, daß das Ziel jeden seelsorgerlichen Gesprächs das Beichtgespräch sein soll", nur „als eine romantisch-pathetische Forderung ohne jeden Wirklichkeitsgehalt bezeichnet werden" (1363,21f).

Vor allem aber ist die Anlehnung der Seelsorge an die Einzelbeichte (1363,19) aus *sachlichen* Gründen als „Mißbrauch des Gesprächs in der evangelischen Seelsorge" (1363,14) zu bewerten. Angesichts der unterschiedlichen hermeneutischen Prinzipien von Beichte und tiefenpsychologisch fundierter Seelsorge muß „auf das deutlichste betont werden, daß man sich kaum einen größeren Unterschied wie den zwischen Gespräch und Beichte denken kann" (1363,20). Während die Beichte auf das „Aussprechen von bewußtgewordenen Verfehlungen" abzielt, liegt der „therapeutische Effekt der Sprache" in der „sprachlichen Rekonstruktion unbewußt gewordener, also verdrängter, traumati-

scher Szenen" (1363,22). Und während in der Beichte „sporadisch vielleicht noch gegebene Übertragungsbereitschaften" ausgenützt werden, besteht der „seelsorgerliche Weg,
der mit einem Menschen gegangen werden muß", im „konsequenten Versuch, diese immer wieder in Frage zu stellen und damit Götzenbilder zu stürzen, zu denen auch der
heutige Mensch immer wieder hinneigen mag" (1363,24). Im Unterschied zur Beichte
vollzieht sich die auf die Autonomie des Individuums abzielende Seelsorge schließlich
„nicht in einem ritualisierten Akt, der höchste Autorität beanspruchen kann, sondern im
mühsamen Versuch einer Wegbegleitung auf Zeit, die tatsächlich befreiend zu wirken
vermag" (1363,24f).

3. Otto Baumgartens ‚Protestantische Seelsorge': ein exemplarischer Entwurf moderner Poimenik

1. In exemplarischer Weise hat *Otto Baumgarten* (1858–1934) die Grundprinzipien
‚protestantischer Seelsorge' (1356) herausgearbeitet. Wie das charakteristische Erscheinungsbild der modernen, auf die Restitution individueller Autonomie und die Rekonstruktion der Lebenswelt abzielenden Seelsorge aus der sozial- und kulturhistorischen
Entwicklung der neuzeitlichen Christentumskultur verständlich gemacht wird, so wird
die beruflich institutionalisierte Seelsorge an die alltagsweltliche Laienseelsorge zurückgebunden und aus der protestantischen Idee des allgemeinen Priestertums (> 340) begründet. Sowohl in der historischen Deutung als auch in der theologischen Begründung
der modernen Seelsorge kommt die von der Aufklärung formulierte und vom Protestantismus zu einem unveräußerlichen Prinzip moderner Glaubenshaltung erhobene Individualitätsidee markant zur Geltung. In dem Maße aber, in dem die Seelsorgetheorie auf
die in die gesellschaftliche Modernisierung eingelagerten Ambivalenzen (> 210) aufmerksam wird, wandelt sich nicht nur die Bewertung des sich ständig beschleunigenden
Individualisierungsprozesses; in einem späten Stadium der neuzeitlichen Moderne stellen sich der Seelsorge vielmehr auch neuartige Aufgaben. In dieser für das beginnende
20. Jahrhundert charakteristischen Situation entwickelte Baumgarten ein dem prinzipiengeleiteten Fortschritt der sozialen Lebenswelt verpflichtetes Theoriekonzept, in dem
die ideellen Prinzipien, die handlungsleitenden Maximen und die methodischen Verfahrensweisen der protestantischen Seelsorge in ihrer wechselseitigen Verschränkung dargestellt werden.

Der *Modernitätsanspruch* von Seelsorgetheorie und Seelsorgepraxis kommt in der historischen Abgrenzung und Begründung der Seelsorge sowie in deren genuin protestantischer Signierung zum Ausdruck. Die neuzeitliche Seelsorge ist im Zeitalter von Pietismus und Aufklärung entstanden. Sie ist aus einer „Verinnerlichung der Seelen hervorgegangen, die der objektiven Kirchlichkeit einen durchaus subjektiven Zug der Frömmigkeit ... entgegenstellte", aus einer „leidenschaftlichen Ablehnung der unpersönlichen
Christlichkeit" (1356,32). Die Individualisierung der Frömmigkeit führt aber nicht nur
zu einer privaten Grundierung und Konturierung der Seelsorgepraxis, sondern vor allem
zu einem neuen Selbstverständnis des protestantischen Seelsorgers: „Aus dem bloßen
Zudiener der objektiven Gnadenmittel wird ein Führer des christlichen Volks zu einem
geheiligten Leben, aus dem beamteten Beichtvater ein frei gebundener Freund der zu
rettenden oder zu bessernden Seelen, aus dem Beauftragten der staatsartigen Kirche der
Sprecher der christlichen Volksgemeinschaft; der Formeln wiederholende Liturg wird
individualisierender Pädagog" (1356,33).

Die *Individualisierung* der beruflich ausgeübten Seelsorge ergibt sich mit logischer Konsequenz aus dem reformatorischen Prinzip des allgemeinen Priestertums (1357,541), aus der „Achtung vor der protestantischen Freiheit des Individuums" (1356,36). Prägt die protestantische Individualitätsidee auf der einen Seite das charakteristische Profil moderner Seelsorge, so setzt sie der professionellen Seelsorge auf der anderen Seite enge Grenzen. Die seelsorgerliche „Priesterpflicht findet ihre Schranke an der Selbständigkeit und Selbstverantwortlichkeit des Anderen, an dem allgemeinen Priestertum aller Gläubigen. Christen sind anzusehen als solche, die selbst von Gott belehrt, selbst fähig und berechtigt sind, hinzutreten zum Thron der Gnade, auf sich selbst gestellt. Der protestantische Seelsorger kann kein directeur de conscience, kein Seelenleiter, kein autoritärer Gewissensrat unmündiger Christen sein wollen. Wird ihm diese Rolle aufgedrängt durch die Mängel des betreffenden Gemeindegliedes, so muß er vor allem suchen, diesen abnormen Zustand zu überwinden, sich selbst überflüssig zu machen, den Mitbruder zum Subjekt seiner Selbstbestimmung zu erziehen" (1356,61).

Im Kontext *beruflicher* Seelsorge kann das Individualitätsprinzip daher nur in einer eigentümlich gebrochenen Gestalt zur Begründung wie zur Begrenzung der Seelsorge herangezogen werden. „Der rechte Begriff des allgemeinen Priestertums, das vom geistlichen Amt nur gestützt und zum Gemeinsinn gebildet werden soll, und ein pädagogischer Begriff der Seelsorge, die sich selbst entbehrlich machen muß durch Erziehung zur Selbstpflege, weisen in gleiche Richtung" (1356,205). Baumgarten begründet die Legitimität der beruflichen Seelsorge, die „neben der Verantwortlichkeit jedes Nächsten, neben Eltern, Gatten, Geschwistern, Freunden" besteht, daher nicht aus den Defiziten der allgemeinen Seelsorge, aus der „Direktionslosigkeit und mangelhaften Christlichkeit dieser Nächstverantwortlichen", sondern aus der für die neuzeitliche Frömmigkeit konstitutiven Sozialität, aus dem „christlichen Gemeindegedanken" (1356,62). Er verweist die beruflich ausgeübte Seelsorge damit wieder an ihren Ursprung zurück, an die allgemeine und alltägliche Seelsorge aller.

In kritischer Absicht wendet Baumgarten das poimenische Fundamentalprinzip individueller Autonomie schließlich gegen die sich in seiner Zeit verstärkende *Methodisierung* des seelsorgerlichen Handelns. Ist die Seelsorge „das Allerpersönlichste des geistlichen Amts" (1356,66), dann kann ihre praktische Ausübung nur in Grenzen methodisiert werden. Die Effizienz des seelsorgerlichen Handelns beruht allerdings gar nicht auf einer Raffinierung der poimenischen Handlungsstrategien, sondern umgekehrt auf einer Steigerung der persönlichen Kompetenzen des Seelsorgers, auf seinem „geistlichen Charakter, der nicht an eine Sache oder Institution gebunden ist, sondern an die Person" (1356,142). Die methodischen Verfahrensweisen der beruflichen Seelsorge sind dementsprechend als unmittelbare Explikationen persönlicher Begabungen anzusehen; sie sind Ausdruck der „diagnostischen" (1356,114) und „therapeutischen Gabe" (1356,125) der pastoralen Persönlichkeit. Zum Seelsorger wird einer nicht durch die Aneignung standardisierter poimenischer Techniken, sondern im Zuge der Kultivierung seiner Individualität; die seelsorgerliche Berufstätigkeit erfordert „die vollste Durchbildung der Persönlichkeit" (1356,66). Fließen in dem an bürgerliche Bildungsvorstellungen (> 212-4:2.2.) angelehnten Persönlichkeitsideal Selbstreflexivität und Fremdverstehen auf organische Weise ineinander, so läßt sich die seelsorgerliche Interaktion insgesamt als ein hermeneutischer Prozeß begreifen. Er ruht auf der für die moderne Seelsorge charakteristischen ‚empathischen' Grundhaltung des beruflichen Seelsorgers auf; sie findet ihren

Ausdruck im „Sichversetzen in Andere" (1356,279), in der „Kongenialität ... des unmit
telbaren Mitfühlens und gleichartigen und gleichzeitigen Reagierens" (1356,178), im
„Talent ... des Lebens im Anderen" (1356,125).

2. Nach Baumgartens Urteil darf das Prinzip der Individualität allerdings nicht absolut
gesetzt werden. Die individuelle Seelsorge muß vielmehr in der *sozialen* Lebenswelt
verankert werden. Zu den Grunderkenntnissen der Seelsorgelehre von Otto Baumgarten
gehört daher die Einsicht, daß der Seelsorger „sein Absehen nicht mehr bloß auf die Einzelnen richten kann, da diese unlösbar in den geschichtlichen Prozeß des sozialen und
wirtschaftlichen Lebens des Volkes verwickelt sind" (1357,537f). Es bedarf daher einer
„gottgefügten Erweiterung des Horizonts der Seelsorge von der Einzelseele auf den ganzen Umkreis von Beziehungen, in deren Netz sie lebt, und deren Zwang nur die wenigsten sich entziehen können" (1357,538). Mit der „Betonung der sozialen und politischen
Dimension der Seelsorge" (1358,129) überwindet Baumgarten die Grenzen der auf der
bürgerlichen Individualitätskultur aufbauenden Praxis intimer Konversation und setzt
dem poimenischen Handeln neue Ziele. Nicht die Kultivierung der ins Absolute gesteigerten und gegenüber ihrer sozialen Lebenswelt verselbständigten Persönlichkeit macht
die Intention der modernen Seelsorge aus, sondern die an den realen Verhältnissen der
gesellschaftlichen Lebenswirklichkeit orientierte und spannungsreiche Vermittlung von
„bürgerliche(m) Individualismus und soziale(r) Verantwortung" (1412).

Die Verortung der Seelsorge im Spannungsfeld von Individuum und Gesellschaft (1379)
wirkt auf die *Statur* der beruflichen Seelsorgepraxis zurück. Wie Schleiermacher (>
211), so ordnet auch Baumgarten die berufliche Seelsorge nicht dem ‚darstellenden',
sondern dem ‚wirksamen' Handeln zu. Ist das kommunikative Profil der seelsorgerlichen
Interaktion auch von den Umgangsstilen der privaten Konversationskultur geprägt, so ist
die in die Berufswelt der Pfarrer eingebettete Seelsorge gleichwohl weder als eine unmittelbare Ausdrucksgestalt privaten Christentums noch als eine natürliche Situation im
Zusammenhang privatreligiöser Kommunikation anzusehen. In der beruflichen Seelsorge wird das religiöse Erleben nicht in jener Unmittelbarkeit zum Ausdruck gebracht,
die genuin religiösen Mitteilungsakten eigen ist; vielmehr werden in der Seelsorge die
Bedingungen rekonstruiert, unter denen das private Christentum gepflegt werden kann.
Im Zuge der Institutionalisierung der Seelsorge nehmen die elementaren Grundformen
religiöser Kommunikation deshalb artifiziellen Charakter an. Wie das in der Berufsarbeit
des Seelsorgers verankerte „begleitende Handeln" (1356,281.133ff), so sind auch die in
der individuellen Religionspraxis verwurzelten Kommunikationsformen der Seelsorge,
„Gespräch" und „Gebet" (1356,279f.126ff), im Rahmen der poimenischen Interaktion
als „Mittel der Therapie" (1356,279ff) und damit als integrale Faktoren methodischen
Handelns, als Instrumente zur Restitution der Lebenswelt anzusehen.

3. Aus der kritischen Relativierung des modernen Individualitätsprinzips und aus der
lebenspraktischen Relationierung des einzelnen Menschen im Zusammenhang der modernen Lebenswelt, aus der „sozialen Auffassung des religiösen Lebens" (1357,538)
also, entwickelt Baumgarten seine poimenische Konzeption der „*christlich-soziale(n)*
Seelsorge" (1357,537). Sie basiert auf der für das neuzeitliche Christentum charakteristischen Verbindung von Diakonie und Seelsorge (> 222-2) und knüpft insofern in einer
weiter fortgeschrittenen gesellschaftshistorischen Situation kritisch an Wicherns Programm der Inneren Mission an. Verdankt sich Wicherns zugleich volksmissionarisches

wie diakonisches Reformkonzept einer kritischen Zeitdiagnose, so stellt sich Baumgartens Seelsorgekonzeption als eine Reaktion sowohl auf die ambivalent zu beurteilende Moderne als auch auf das von Wichern ins Leben gerufene und von Baumgarten skeptisch beurteilte Programm der Inneren Mission dar. „Wirklich hervorgerufen" ist die christlich-soziale Seelsorge „durch das der Kirche, auch der Inneren Mission überraschend gekommene massenhafte Auftreten der äußeren und inneren Not und des Abfalls vom Christentum, das zum regelrechten Bestand unseres modernen Volkslebens gehört" (1357,537). Beide Erscheinungen, die soziale Notlage breiter Bevölkerungsschichten wie deren Abwendung vom Christentum, sind freilich nicht als zufällige oder gar beiläufige Begleitumstände der modernen Welt zu begreifen. Sie stellen vielmehr miteinander korrespondierende Resultate der modern-gesellschaftlichen Entwicklung dar und sind insbesondere als „eine notwendige Folge" des Industrialisierungsprozesses anzusehen, „der Ersetzung des Handwerks und der Einzelproduktion durch den Maschinen- und Massenbetrieb" (1357,537).

Wie in Wicherns kirchenpolitischem Reformkonzept, so verbinden sich auch in Baumgartens poimenischem Programm die Ziele der sozialen Diakonie mit den Intentionen der *Volksmission*. Im Unterschied zu Wichern, dessen Programm „von Grund auf durch ein romantisierendes Kirchenbild und durch die Frömmigkeit der Erweckung geprägt ist" (1,160f), setzt Baumgarten aber nicht auf eine Intensivierung innerkirchlicher Gemeinschaftsbildung, auf eine Wandlung der Kirche aus einer ‚obrigkeitlichen Anstalt' in eine ‚brüderliche Gemeinschaft' (1409), und auch nicht vorrangig auf die Rechristianisierung der kirchendistanzierten Gesellschaftsschichten, auf die Tätigkeit von „Stadtmissionare(n)" (1410,240), von „Straßenpredigern", durch die „den Proletariermassen direkt das Evangelium gepredigt" werden sollte (1410,148). Die moderne Seelsorge ist vielmehr in eine neu entstandene, in die christlich-soziale Reformbewegung eingebettet; als deren Trägerorganisationen betrachtet Baumgarten den ‚Evangelisch-sozialen Kongreß' und die ‚Kirchlich-soziale Konferenz', zwei gleichermaßen von der Kirchenorganisation unabhängige und der säkularen Christentumskultur verpflichtete Organisationen, die in unterschiedlicher Weise „einer sozial orientierten Seelsorge die Wege gewiesen" haben (1357,537).

Wie sich in Baumgartens poimenisch-diakonischem *Programm* das spannungsreiche Verhältnis von Christentum und moderner Lebenswelt (> 221) widerspiegelt, so zielt das gleichermaßen der neuzeitlichen Individualitätsidee verpflichtete wie an den sozialkulturellen Verhältnissen der Moderne orientierte Konzept ‚protestantischer Seelsorge' auf die Bearbeitung der individuellen Problemlagen ab, die aus der Modernisierung der Gesellschaft resultieren. Die neuere Seelsorgetheorie hat sich Baumgartens Prinzipien zu eigen gemacht; in dem gegenwärtig dominierenden Modell ‚Beratender Seelsorge' verschränken sich die diakonischen und die poimenischen Intentionen beruflicher Seelsorgepraxis wechselseitig miteinander (> 222-2).

Literaturverzeichnis

Die Grundkonzeption der vorliegenden praktisch-theologischen Theorie

1 Dietrich Rössler: Grundriß der Praktischen Theologie, ²1994. – **2** Gert Otto: Grundlegung der Praktischen Theologie, 1986. – **3** Gert Otto: Handlungsfelder der Praktischen Theologie, 1988. – **4** Heinrich Ammer u.a.: Handbuch der Praktischen Theologie, 3 Bde., 1975–78. – **5** Peter C. Bloth u.a. (Hg.): Handbuch der Praktischen Theologie, Bd. 2, 1981; Bd. 3, 1983; Bd. 4, 1987.

1. Die Theoriestatur der vorliegenden Praktischen Theologie

6 Niklas Luhmann: Die Wissenschaft der Gesellschaft, 1990. – **7** Helmut F. Spinner: Art. Theorie, Handbuch philosophischer Grundbegriffe, hg. v. Hermann Krings, Hans Michael Baumgartner, Christoph Wild, Bd. 5, 1974, 1486–1514. – **8** Wolfhart Pannenberg: Wissenschaftstheorie und Theologie, 1977. – **9** Volker Drehsen: Neuzeitliche Konstitutionsbedingungen der Praktischen Theologie. Aspekte der theologischen Wende zur sozialkulturellen Lebenswelt christlicher Religion, 1988. – **10** Volker Drehsen: Art. Praktische Theologie, WBC, 1988, 990–992. – **11** Dietrich Rössler: Die Einheit der Praktischen Theologie, in: Karl Ernst Nipkow u.a. (Hg.): Praktische Theologie und Kultur der Gegenwart. Ein internationaler Dialog, 1991, 43–51. – **12** Dietrich Rössler: Art. Praktische Theologie, 1. Die Entwicklung der evangelischen PT in Deutschland, EKL 3, ³1992, 1290–1295. – **13** Dietrich Rössler: Die Praktische Theologie, in: Wenzel Lohff/Ferdinand Hahn (Hg.): Wissenschaftliche Theologie im Überblick, 1974, 56–61. – **14** Dietrich Rössler: Die Vernunft der Religion, 1976. – **15** Wilhelm Gräb: Die Praktische Theologie auf der Suche nach ihrer Einheit und der Bestimmung ihres Gegenstandes, in: Karl Ernst Nipkow u.a. (Hg.): Praktische Theologie und Kultur der Gegenwart. Ein internationaler Dialog, 1991, 77–88. – **16** Wilhelm Gräb/Dietrich Korsch: Selbsttätiger Glaube. Die Einheit der Praktischen Theologie in der Rechtfertigungslehre, 1985. – **17** Gerhard Krause: Vorwort, in: ders. (Hg.): Praktische Theologie. Texte zum Werden und Selbstverständnis der praktischen Disziplin der evangelischen Theologie, 1972, XI–XXV. – **18** Trutz Rendtorff: Theologie in der Welt des Christentums. Über das Theoriebedürfnis christlicher Praxis, in: ders.: Theorie des Christentums. Historisch-theologische Studien zu seiner neuzeitlichen Verfassung, 1972, 150–160. – **19** Botho Ahlers: Die Unterscheidung von Theologie und Religion. Ein Beitrag zur Vorgeschichte der Praktischen Theologie im 18. Jahrhundert, 1980. – **20** Immanuel Kant: Über den Gemeinspruch: Das mag in der Theorie richtig sein, taugt aber nicht für die Praxis, Kant's Werke Bd. VIII, 1923, 273–313. – **21** Volker Drehsen: Art. Rationalität, Rationalisierung, WBC, 1988, 1027f. – **22** Friedrich Schleiermacher: Kurze Darstellung des theologischen Studiums zum Behuf einleitender Vorlesungen, hg. v. Heinrich Scholz, ³1910. – **23** Friedrich Schleiermacher: Die praktische Theologie nach den Grundsäzen der evangelischen Kirche im Zusammenhange dargestellt, hg. v. Jacob Frerichs, 1850. – **24** Friedrich Daniel Ernst Schleiermacher: Ethik (1812/1813). Auf d. Grundlage d. Ausg. v. Otto Braun hg. u. eingel. v. Hans-Joachim Birkner, 1981. – **25** Friedrich Daniel Ernst Schleiermacher: Gelegentliche Gedanken über Universitäten in deutschem Sinn. Nebst einem Anhang über eine neu zu errichtende (1808), KGA Abt. I, Bd. 6, hg. v. Dirk Schmid, 1998, 15–100. – **26** Wolfgang Steck: Friedrich Schleiermacher am Reißbrett: ‚Die Praktische Theologie ist nicht die Praxis, sondern die Theorie' PthI 12 (1992), 223–250. – **27** Wilhlem Gräb: Kirche als Gestaltungsaufgabe. Friedrich Schleiermachers Verständnis der Praktischen Theologie, in: Günter Meckenstock (Hg.): Schleiermacher und die wissenschaftliche Kultur des Christentums, 1991, 147–172. – **28** Hans-Joachim Birkner: Schleiermachers Christliche Sittenlehre im Zusammenhang seines philosophisch-theologischen Systems, 1964. – **29** Yorick Spiegel: Theologie der bürgerlichen Gesellschaft. Sozialphilosophie und Glaubenslehre bei Friedrich Schleiermacher, 1968. – **30** Carl Immanuel Nitzsch: Praktische Theologie, Bd. 1, 1847. – **31** Carl Immanuel Nitzsch: Zwei Mängel der Praktischen Theologie seit Schleiermacher (1830), in: Gerhard Krause (Hg.): Praktische Theologie. Texte zum Werden und Selbstverständnis der praktischen Disziplin der evangelischen Theologie, 1972, 15–18. – **32** Carl Immanuel Nitzsch: System der christlichen Lehre für academische Vorlesungen, 1829. – **33** Henning Theurich: Art. Nitzsch, TRE 24, 1994, 576–581. – **34** Christian Palmer: Evangelische Pastoraltheologie, 1860. – **35** Christian Palmer: Art. Pastoraltheologie, RE¹, Bd. 11, 1859, 175–190. – **36** E. Chr. Achelis: Lehrbuch der Praktischen Theologie, Bd. 1, ³1911. – **37** Otto Baumgarten: Art. Praktische Theologie, ¹RGG IV, 1913, 1720–1726. – **38** Otto Baumgarten: Neue Bahnen. Der Unterricht in der christlichen Religion im Geist der modernen Theologie, 1903. – **39** Otto Baumgarten: Die Voraussetzungslosigkeit der protestantischen Theologie, 1903. – **40** Otto Baumgarten: Paul Drews' „Problem der praktischen Theologie", EvFr 10 (1910), 179–189. – **41** Wolfgang Steck: Konstitutionsprobleme der Praktischen Theologie, in: ders. (Hg.): Otto Baumgarten. Studien zu Leben und Werk, 1986, 147–182. – **42** Martin Schian: Grundriß der Praktischen Theologie, 1922.

2. Das Theoriekonzept der vorliegenden Praktischen Theologie

43 Karl-Wilhelm Dahm: Beruf: Pfarrer. Empirische Aspekte zur Funktion von Kirche und Religion in unserer Gesellschaft, ²1972. – **44** Helmut Schelsky: Einsamkeit und Freiheit. Idee und Gestalt der deutschen Universität und ihrer Reformen, 1963. – **45** Karl-Fritz Daiber: Grundriß der Praktischen Theologie als Handlungswissenschaft. Kritik und Erneuerung der Kirche als Aufgabe, 1977. – **46** Karl-Fritz Daiber: Religion in Kirche und Gesellschaft. Theologische und soziologische Studien zur Präsenz von Religion in der gegenwärtigen Kultur, 1997. – **47** Godwin Lämmermann: Praktische Theologie als kritische oder als empirisch-funktionale Handlungstheorie? Zur theologiegeschichtlichen Ortung und Weiterführung einer aktuellen Kontroverse, 1981. – **48** Christof Bäumler: Praktische Theologie – ein notwendiges Element der wissenschaftlichen Theologie? ThPr 9 (1974), 72–84. – **49** Walter Neidhart: Aspekte der Beziehungen zwischen den beiden Disziplinen, ThPr 9 (1974), 97–104. – **50** Gert Otto: Praktische Theologie als kritische Theorie religiös vermittelter Praxis, ThPr 9 (1974), 105–115. – **51** Henning Luther: Religion und Alltag. Bausteine zu einer Praktischen Theologie des Subjekts, 1992. – **52** Alfred Schütz: Der sinnhafte Aufbau der sozialen Welt. Eine Einleitung in die verstehende Soziologie, 1974/⁶1993. – **53** Alfred Schütz/Thomas Luckmann: Strukturen der Lebenswelt, Bd. 1, 1979/⁵1994. – **54** Alfred Schütz/Thomas Luckmann: Strukturen der Lebenswelt, Bd. 2, 1984/³1994. – **55** Peter L. Berger/Thomas Luckmann: Die gesellschaftliche Konstruktion der Wirklichkeit. Eine Theorie der Wissenssoziologie, 1980/1995. – **56** Peter L. Berger: Einladung zur Soziologie. Eine humanistische Perspektive, 1971. – **57** Hubert Knoblauch: Die Verflüchtigung der Religion ins Religiöse. Thomas Luckmanns Unsichtbare Religion, in: Thomas Luckmann: Die unsichtbare Religion, ²1993, 7–41. – **58** Klaus Held: Art. Phänomenologie, I. Philosophisch, 1. Transzendentalphänomenologie, TRE 26, 1996, 454–458. – **59** Helmuth Vetter: Art. Phänomenologie, EKL 3, ³1992, 1172–1174. – **60** Reiner Preul/Wilfried Härle: Vorwort, in: dies. (Hg.): Phänomenologie. Über den Gegenstandsbezug der Dogmatik, Marburger Jahrbuch Theologie VI, 1994, VIIf. – **61** Günter Meckenstock: Einführung: Phänomenologische Dogmatik, in: Wilfried Härle/Reiner Preul (Hg.): Phänomenologie. Über den Gegenstandsbezug der Dogmatik, Marburger Jahrbuch Theologie VI, 1994, 1–10. – **62** Wolf-Eckart Failing/Hans-Günter Heimbrock: Vorwort, in: dies.: Gelebte Religion wahrnehmen. Lebenswelt – Alltagskultur – Religionspraxis, 1998, 9f. – **63** Wolf-Eckart Failing/Hans-Günter Heimbrock: Ausblick. Von der Handlungstheorie zur Wahrnehmungstheorie und zurück, in: dies.: Gelebte Religion wahrnehmen. Lebenswelt – Alltagskultur – Religionspraxis, 1998, 275–294. – **64** Wolf-Eckart Failing: Lebenswelt und Alltäglichkeit in der Praktischen Theologie, in: ders./Hans-Günter Heimbrock: Gelebte Religion wahrnehmen. Lebenswelt – Alltagskultur – Religionspraxis, 1998, 145–176. – **65** Hans-Günter Heimbrock: Welches Interesse hat Theologie an der Wirklichkeit? Von der Handlungstheorie zur Wahrnehmungswissenschaft, in: Wolf-Eckart Failing/Hans-Günter Heimbrock: Gelebte Religion wahrnehmen. Lebenswelt – Alltagskultur – Religionspraxis, 1998, 11–36. – **66** Hans-Günter Heimbrock: Alltag, Außeralltäglichkeit, kreative Wahrnehmung, in: Christoph Bizer u.a. (Hg.): Theologisches geschenkt. Festschrift für Manfred Josuttis, 1996, 85–92. – **67** Hans-Günter Heimbrock: Theologie auf dem Wege zur Lebensweltorientierung. Eine Außenansicht des Marburger Graduiertenkollegs, in: Kristian Fechtner/Michael Haspel (Hg.): Religion in der Lebenswelt der Moderne, 1998, 227–250. – **68** Johannes A. van der Ven/Hans-Georg Ziebertz (Hg.): Paradigmenentwicklung in der Praktischen Theologie, 1993. – **69** Don Browning: Auf dem Wege zu einer Fundamentalen und Strategischen Praktischen Theologie, in: Karl Ernst Nipkow u.a. (Hg.): Praktische Theologie und Kultur der Gegenwart. Ein internationaler Dialog, 1991, 21–42. – **70** Karl Ernst Nipkow: Praktische Theologie und gegenwärtige Kultur – Auf der Suche nach einem neuen Paradigma, in: ders. u.a. (Hg.): Praktische Theologie und Kultur der Gegenwart. Ein internationaler Dialog, 1991, 132–151. – **71** Wilhelm Gräb: Lebensgeschichten –Lebensentwürfe – Sinndeutungen. Eine Praktische Theologie gelebter Religion, 1998. – **72** Helmut Hild (Hg.): Wie stabil ist die Kirche? Bestand und Erneuerung, 1974. – **73** Johannes Hanselmann/Helmut Hild/Eduard Lohse (Hg.): Was wird aus der Kirche? Ergebnisse der zweiten EKD-Umfrage über Kirchenmitgliedschaft, 1984. – **74** Klaus Engelhardt/Hermann von Loewenich/Peter Steinacker (Hg.): Fremde Heimat Kirche. Die dritte EKD-Erhebung über Kirchenmitgliedschaft, 1997. – **75** Joachim Matthes: Unbestimmtheit: Ein konstitutives Merkmal der Volkskirche? Anmerkungen zu einem Thema der Diskussion um die EKD-Mitgliedschaftsstudien 1972 und 1982, in: ders. (Hg.): Kirchenmitgliedschaft im Wandel. Untersuchungen zur Realität der Volkskirche. Beiträge zur zweiten EKD-Umfrage „Was wird aus der Kirche?", [2]1991, 149–162. – **76** Joachim Matthes: Die Emigration der Kirche aus der Gesellschaft, 1964. – **77** Volker Drehsen: Wie religionsfähig ist die Volkskirche? Sozialisationstheoretische Erkundungen neuzeitlicher Christentumspraxis, 1994. – **78** Detlef Pollack: Individualisierung statt Säkularisierung? Zur Diskussion eines neueren Paradigmas in der Religionssoziologie, in: Karl Gabriel (Hg.): Religiöse Individualisierung oder Säkularisierung. Biographie und Gruppe als Bezugspunkte moderner Religiosität, 1996, 57–85. – **79** Gerhard Schulze: Die Erlebnisgesellschaft. Kultursoziologie der Gegenwart, [7]1997. – **80** Eilert Herms: Religion und Organisation. Die gesamtgesellschaftliche Funktion von Kirche aus der Sicht der evangelischen Theologie, in: ders.: Erfahrbare Kirche. Beiträge zur Ekklesiologie, 1990, 49–79. – **81** Dietrich Rössler: Die Institutionalisierung der Religion, in: Wenzel Lohff/Lutz Mohaupt (Hg.): Volkskirche – Kirche der Zukunft? – Leitlinien der Augsburgischen Konfession für das Kirchenverständnis heute –, 1977, 41–69. – **82** Reiner Preul: Kirchentheorie. Wesen, Gestalt und Funktionen der Evangelischen Kirche, 1997. – **83** Traugott Schöfthaler: Art. Civil Religion, EKL 1, [3]1986, 754–761. – **84** Reinhart Koselleck: Vergangene Zukunft. Zur Semantik geschichtlicher Zeiten, [3]1984. – **85** Emile Durkheim: Die elementaren Formen des religiösen Leben, [2]1998.

3. Die Theoriearchitektur der vorliegenden Praktischen Theologie

86 Wolfgang Steck: Der Pfarrer zwischen Beruf und Wissenschaft. Plädoyer für eine Erneuerung der Pastoraltheologie, 1974. – **87** Wolfgang Steck: Die Wiederkehr der Pastoraltheologie. Wissenschaftsgeschichtliche Betrachtungen zum Wechsel des Titels, PTh 70 (1981), 10–27. – **88** Wolfgang Steck: Die Ausbildung einer pastoral-theologischen Identität im Vikariat, WzM 31 (1979), 266–284. – **89** Wolfgang Steck: Die Technik der Kirchenleitung unter den Bedingungen der Moderne. Eine kritische Inspektion der ökonomisch-kybernetischen Kirchenreform, in: Joachim Mehlhausen (Hg.): Recht – Macht – Gerechtigkeit, 1998, 681–707. – **90** Wolfgang Steck: Der evangelische Geistliche. Schleiermachers Begründung des religiösen Berufs, in: Kurt-Victor Selge (Hg.): Internationaler Schleiermacher-Kongreß Berlin 1984, 1985, 717–770. – **91** Wolfgang Steck: Art. Autorität, III. Praktisch-theologisch, [4]RGG I, 1998, 1018f. – **92** Manfred Josuttis: Der Pfarrer ist anders. Aspekte einer zeitgenössischen Pastoraltheologie, [3]1987. – **93** Manfred Josuttis: Der Traum des Theologen. Aspekte einer zeitgenössischen Pastoraltheologie 2, 1988. – **94** Manfred Josuttis: Die Einführung in das Leben. Pastoraltheologie zwischen Phänomenologie und Spiritualität, 1996. – **95** Gerhard Krause: Hat die Praktische Theologie wirklich die Konkurrenz der Pastoraltheologie überwunden? ThLit 95 (1970), 721–732. – **96** Joachim Scharfenberg: Einführung in die Pastoraltheologie, [2]1994. – **97** Joachim Scharfenberg: Seelsorge als Gespräch. Zur Theorie und Praxis der seelsorgerlichen Gesprächsführung, [5]1991. – **98** Grundlagen der theologischen Ausbildung und Fortbildung im Gespräch. Die Diskussion über die „Grundsätze für die Ausbildung und Fortbildung der Pfarrerinnen und Pfarrer der Gliedkirchen der EKD". Dokumentation und Erträge von 1988 bis 1993. Im Auftr. d. Gem. Komm. für d. Reform d. Theol.stud., hg. v. Werner Hassiepen und Eilert Herms, 1993. – **99** James W. Fowler: Glaubensentwicklung. Perspektiven für Seelsorge und kirchliche Berufsarbeit, 1989. – **100** Peter C. Bloth: Praktische Theologie, 1994. – **101** Friedrich Wintzer u.a.: Praktische Theologie, ⁵1997. – **102** Friedrich Wintzer: Art. Laie, III. Praktisch-theologisch, TRE 20, 1990, 393–399. – **103** Dietrich Korsch: Religion mit Stil. Protestantismus in der Kulturwende, 1997. – **104** Erwin Fahlbusch: Art. Konziliarer Ökumenismus, EKL 3, ³1992, 863–865. – **105** Jürgen Henkys: Die Praktische Theologie (Einführung), in: Heinrich Ammer u.a.: Handbuch der Praktischen Theologie, Bd. 1, 1975, 11–56. – **106** Jürg Kleemann: Zum Verständnis und Gebrauch des HPTh, in: Peter C. Bloth u.a. (Hg.): Handbuch der Praktischen Theologie, Bd. 2, 1981, 7–9. – **107** Heinz Wagner: Die Diakonie, in: Heinrich Ammer u.a.: Handbuch der Praktischen Theologie, Bd. 3, 1978, 263–318.

110 Religion

108 Falk Wagner: Was ist Religion? Studien zu ihrem Begriff und Thema in Geschichte und Gegenwart, 1986. – **109** Falk Wagner: Art. Religion, II. Theologiegeschichtlich und systematisch-theologisch, TRE 28, 1997, 522–545. – **110** Ulrich Barth: Was ist Religion? ZThK 93 (1996), 538–560. – **111** Detlef Pollack: Was ist Religion? In: ZfR 3 (1995), 163–190. – **112** Walter Sparn: Religion, Glaube und Lernen 5 (1990), 101–135. – **113** Dietrich Rössler: Die Vernunft der Religion, 1976. – **114** Gregor Ahn: Art. Religion, I. Religionsgeschichtlich, TRE 28, 1997, 513–522. – **115** Melford E. Spiro: Religion: Problems of Definition and Explanation, in: Michael Banton (Hg.): Anthropological Approaches of the Study of Religion, 1966, 85–126. – **116** Fritz Stolz: Grundzüge der Religionswissenschaft, 1988. – **117** Hans-Jürgen Greschat: Was ist Religionswissenschaft? 1988. – **118** Hans-Joachim Klimkeit: Art. Religionswissenschaft, TRE 29, 1998, 61–67. – **119** Gernot Wießner: Religionswissenschaft, in: Axel Freiherr von Campenhausen/Gernot Wießner: Kirchenrecht – Religionswissenschaft, 1994, 65–178. – **120** Werner Ustorf: Art. Missionswissenschaft, TRE 23, 1994, 88–98. – **121** Carl August Schmitz (Hg.): Religions-Ethnologie, 1964. – **122** Fritz Stolz: Austauschprozesse zwischen religiösen Gemeinschaften und Symbolsystemen, in: Volker Drehsen/Walter Sparn (Hg.): Im Schmelztiegel der Religionen. Konturen des modernen Synkretismus, 1996, 15–36. – **123** Fritz Stolz: Komplementarität in Zugängen zur Religion, Sociologia Internationalis 30 (1992), 159–175. – **124** Charles Y. Glock: Über die Dimension der Religiosität, in: Joachim Matthes: Kirche und Gesellschaft. Einführung in die Religionssoziologie II, 1969, 150–168. – **125** Ursula Boos-Nünning: Dimensionen der Religiosität, 1972. – **126** Volker Drehsen: Wie religionsfähig ist die Volkskirche? Sozialisationstheoretische Erkundungen neuzeitlicher Christentumspraxis, 1994. – **127** Studien- und Planungsgruppe der EKD: Fremde Heimat Kirche. Ansichten ihrer Mitglieder. Erste Ergebnisse der dritten EKD-Umfrage über Kirchenmitgliedschaft, 1993. – **128** Klaus Engelhardt/Hermann von Loewenich/Peter Steinacker (Hg.): Fremde Heimat Kirche. Die dritte EKD-Erhebung über Kirchenmitgliedschaft, 1997. – **129** Peter Bubmann/Rolf Tischer (Hg.): Pop & Religion. Auf dem Weg zu einer neuen Volksfrömmigkeit? 1992. – **130** Eileen Barker: Neue religiöse Bewegungen. Religiöser Pluralismus in der westlichen Welt, in: Jörg Bergmann u.a. (Hg.). Religion und Kultur, KZSS, SH 33, 1993, 231–248. – **131** Hans-Günter Heimbrock: Magie, Alltagsreligion und die Heilkraft des Glaubens. Etappen und Probleme theologischer und kulturwissenschaftlicher Magiediskussion, in: ders./Heinz Streib (Hg.): Magie. Katastrophenreligion und Kritik des Glaubens. Eine theologische und religionstheoretische Kontroverse um die Kraft des Wortes, 1994, 17–59. – **132** Christoph Bochinger: „New Age" und moderne Religion. Religionswissenschaftliche Analysen, 1994. – **133** Werner Helsper: Okkultismus – die neue Jugendreligion? Die Symbolik des Todes und des Bösen in der Jugendkultur, 1992. – **134** Claus Leggewie: Der Islam im Westen. Zwischen Neo-Fundamentalismus und Euroislam, in: Jörg Bergmann u.a. (Hg.). Religion und Kultur, KZSS, SH 33, 1993, 271–291.

112 Grundzüge der Religionspsychologie

135 Michael Utsch: Religionspsychologie. Voraussetzungen, Grundlagen, Forschungsüberblick, 1998. – **136** Anton A. Bucher: Religionspsychologie – Ein Forschungsüberblick, IJPT 3 (1999), 94–126. – **137** Bernhard Grom: Religionspsychologie, 1992. – **138** Karl Hoheisel: Art. Religionspsychologie, I. Religionswissenschaftlich, TRE 29, 1998, 1–7. – **139** Hans-Günter Heimbrock: Art. Religionspsychologie, II. Praktisch-theologisch, TRE 29, 1998, 7–19. – **140** Hans-Jürgen Fraas: Die Religiosität des Menschen. Ein Grundriß der Religionspsychologie, 1990. – **141** Erich Nestler: Pneuma. Außeralltägliche religiöse Erlebnisse und ihre biographischen Kontexte, 1998. – **142** Werner Gruehn: Die Frömmigkeit der Gegenwart. Grundtatsachen der empirischen Psychologie, ²1960. – **143** Antoine Vergote: Religionspsychologie, 1970. – **144** Bernhard Grom: Religionspädagogische Psychologie des Kleinkind-, Schul- und Jugendalters, 1981. – **145** Hans-Günter Heimbrock: Entwicklung und Erziehung. Zum Forschungsstand der pädagogischen Religionspsychologie, JRP 1 (1984), 67–85. – **146** William James: Die Vielfalt religiöser Erfahrung. Eine Studie über die menschliche Natur, übers., hg. u. mit einem Nachwort vers. v. Eilert Herms, 1979. – **147** Eilert Herms: Nachwort, in: William James: Die Vielfalt religiöser Erfahrung. Eine Studie über die menschliche Natur, übers., hg. u. mit einem Nachwort vers. v. Eilert Herms, 1979, 481–521. – **148** Konrad Stock: Die evangelische Form religiöser Erfahrung, Glaube und Lernen 5 (1990), 112–124. – **149** Sigmund Freud: Totem und Tabu, Studienausgabe Bd. IX, hg. v. Alexander Mitscherlich u.a., ⁵1989, 287–444. – **150** Sigmund Freud: Die Zukunft einer Illusion, Studienausgabe Bd. IX, hg. v. Alexander Mitscherlich u.a., ⁵1989, 135–189. – **151** Sigmund Freud: Zwangshandlungen und Religionsübungen, Studienausgabe Bd. VII, hg. v. Alexander Mitscherlich u.a., ⁵1989, 11–21. – **152** Sigmund Freud: Zur Psychopathologie des Alltagslebens, Gesammelte Werke Bd. IV, hg. v. Anna Freud, ⁴1964. – **153** Sigmund Freud: Warum Krieg? Gesammelte Werke Bd. XVI, hg. v. Anna Freud, ³1968, 11–27. – **154** Hartmut Zinser: Sigmund Freud, in: Axel Michaels (Hg.): Klassiker der Religionswissenschaft. Von Friedrich Schleiermacher bis Mircea Eliade, 1997, 90–102. – **155** Joachim Scharfenberg: Sigmund Freud und seine Religionskritik als Herausforderung für den christlichen Glauben, ³1971. – **156** José Brunner: Die Macht der Phantasie – die Phantasie der Macht. Freud und die Politik der Religion, Psyche 50 (1996), 786–816. – **157** Joachim Scharfenberg: Einführung in die Pastoralpsychologie, 1985. – **158** Joachim Scharfenberg: Art. Pastoralpsychologie, EKL 3, ³1992, 1070–1073. – **159** Isidor Baumgartner (Hg.): Handbuch der Pastoralpsychologie, 1990. – **160** Heribert Wahl: Pastoralpsychologie – eine Grunddimension Praktischer Theologie, MThZ 39 (1988), 23–46. – **161** Anne M. Steinmeier: Wiedergeboren zur Freiheit. Skizzen eines Dialogs zwischen Theologie und Psychoanalyse, 1998. – **162** Martin Jochheim: Seelsorge und Psychotherapie. Historisch-systematische Studien zur Lehre von der Seelsorge bei Oskar Pfister, Eduard Thurneysen und Walter Uhsadel, 1998. – **163** Klaus Winkler: Anmerkungen zur neueren psychoanalytischen Religionspsychologie, PTh 84 (1995), 3–14. – **164** Dietrich Stollberg: Wahrnehmen und Annehmen. Seelsorge in Theorie und Praxis, 1978. – **165** Dietrich Stollberg: Therapeutische Seelsorge. Die amerikanische Seelsorgebewegung. Darstellung und Kritik, 1969.

113 Religion als Projektion und Kompensation

166 Ludwig Feuerbach: Das Wesen des Christentums, 1980. – **167** Karl Marx: Zur Kritik der Hegelschen Rechtsphilosophie. Einleitung, in: Karl Marx/Friedrich Engels: Werke Bd. 1, 1974, 378–391.

122 Grundzüge der Religionssoziologie

168 Günter Kehrer: Einführung in die Religionssoziologie, 1988. – **169** Joachim Matthes: Religion und Gesellschaft. Einführung in die Religionssoziologie I, 1967. – **170** Joachim Matthes: Kirche und Gesellschaft. Einführung in die Religionssoziologie II, 1968. – **171** Volker Drehsen: Art. Religionssoziologie, WBC, 1988, 1066–1068. – **172** Leo Laeyendecker: Art. Religionssoziologie, EKL 3, [3]1992, 1592–1599. – **173** Hartmann Tyrell: Religionssoziologie, GuG 22 (1996), 428–457. – **174** Hans G. Kippenberg: Art. Religionssoziologie, TRE 29, 1998, 20–33. – **175** Michael N. Ebertz: Forschungsbericht zur Religionssoziologie, IJPT 1 (1997), 268–301. – **176** Giancarlo Milanesi: Religionssoziologie. Wandlungsprozesse im religiösen Verhalten, 1976. – **177** Horst Jürgen Helle: Religionssoziologie. Entwicklung der Vorstellungen vom Heiligen, 1997. – **178** Heinz Maus/Friedrich Fürstenberg: Problemgeschichtliche Einleitung, in: Friedrich Fürstenberg (Hg.): Religionssoziologie, [2]1970, 11–31. – **179** Karl-Fritz Daiber: Einleitung, in: ders./Thomas Luckmann (Hg.): Religion in den Gegenwartsströmungen der deutschen Soziologie, 1983, 11–17. – **180** Dietrich Goldschmidt: Zur Religionssoziologie in der Bundesrepublik Deutschland, in: Archives de Sociologie des Religions 4 (1959), Nr. 8, 53–70. – **181** Joachim Matthes: Religion und Weltkultur, in: Max Haller/Hans-Joachim Hoffmann-Nowotny/Wolfgang Zapf (Hg.): Kultur und Gesellschaft, 1989, 321–328. – **182** Joachim Matthes: Wie erforscht man heute Religion? Glaube und Lernen 5 (1990), 126–135. – **183** Joachim Matthes: Auf der Suche nach dem „Religiösen". Reflexionen zu Theorie und Empirie religionssoziologischer Forschung, Sociologia Internationalis 30 (1992), 129–142. – **184** Joachim Matthes: Was ist anders an anderen Religionen? Anmerkungen zur zentristischen Organisation des religionssoziologischen Denkens, in: Jörg Bergmann u.a. (Hg.). Religion und Kultur, KZSS, SH 33, 1993, 16–30. – **185** Volker Drehsen: Zum Interesse der sozialwissenschaftlichen Kritik an der Religion, in: Karl-Wilhelm Dahm/Volker Drehsen/Günter Kehrer: Das Jenseits der Gesellschaft. Religion im Prozeß sozialwissenschaftlicher Kritik, 1975, 281–327. – **186** Emile Durkheim: Die Regeln der soziologischen Methode, hg. u. eingel. v. René König, 1965. – **187** Emile Durkheim: Zur Definition religiöser Phänomene, in: Joachim Matthes: Religion und Gesellschaft. Einführung in die Religionssoziologie I, 1967, 120–141. – **188** Emile Durkheim: Die elementaren Formen des religiösen Lebens, übers. v. Ludwig Schmidts, 1981. – **189** Hans G. Kippenberg: Émile Durkheim, in: Axel Michaels (Hg.): Klassiker der Religionswissenschaft. Von Friedrich Schleiermacher bis Mircea Eliade, 1997, 103–119. – **190** Karl Gabriel: Religionssoziologie als „Soziologie des Christentums", in: Karl-Fritz Daiber/Thomas Luckmann (Hg.): Religion in den Gegenwartsströmungen der deutschen Soziologie, 1983, 182–198. – **191** Ingo Mörth: Religionssoziologie als Kritische Theorie, in: Karl-Fritz Daiber/Thomas Luckmann (Hg.): Religion in den Gegenwartsströmungen der deutschen Soziologie, 1983, 38–85. – **192** Wolfram Fischer/Wolfgang Marhold (Hg.): Religionssoziologie als Wissenssoziologie, 1978. – **193** Volker Drehsen: Kontinuität und Wandel der Religion. Die strukturell-funktionale Analyse in der deutschen Religions- und Kirchensoziologie nach 1945, in: Karl-Fritz Daiber/Thomas Luckmann (Hg.): Religion in den Gegenwartsströmungen der deutschen Soziologie, 1983, 86–135. – **194** Wolfram Fischer/Wolfgang Marhold: Das Konzept des Symbolischen Interaktionismus in der deutschen Religionssoziologie, in: Karl-Fritz Daiber/Thomas Luckmann (Hg.): Religion in den Gegenwartsströmungen der deutschen Soziologie, 1983, 157–181. – **195** Wolf-Jürgen Grabner/Detlef Pollack: Zwischen Sinnfrage und Gottesgewißheit. Die Erstellung eines funktional-substantiellen Religionsbegriffs und seine Operationalisierung in einer Leipziger Kirchenmitgliedschaftsuntersuchung, Sociologia Internationalis 30 (1992), 177–202. – **196** Talcott Parsons: The Social System, 1951. – **197** Niklas Luhmann: Funktion der Religion, 1977. – **198** Traugott Schöfthaler: Religion paradox: Der systemtheoretische Ansatz in der deutschsprachigen Religionssoziologie, in: Karl-Fritz Daiber/Thomas Luckmann (Hg.): Religion in den Gegenwartsströmungen der deutschen Soziologie, 1983, 136–156. – **199** Trutz Rendtorff: Theorie des Christentums. Historisch-theologische Studien zu seiner neuzeitlichen Verfassung, 1972.

123 Die integrative Funktion der Religion

200 Ingo Mörth: Art. Integration, WBC, 1988, 518f. – **201** J. Milton Yinger: Die Religion als Integrationsfaktor, in: Friedrich Fürstenberg (Hg.): Religionssoziologie, [2]1970, 93–106. – **202** Thomas Hobbes: Leviathan oder Stoff, Form und Gewalt eines kirchlichen und bürgerlichen Staates, hg. u. eingel. v. Iring Fetscher, [7]1996. – **203** David Hume: Dialoge über natürliche Religion, neu bearb. v. Günter Gawlick, [4]1968. – **204** Jean-Jacques Rousseau: Der Gesellschaftsvertrag oder Die Grundsätze des Staatsrechts, übers. v. H. Denhardt, hg. v. Heinrich Weinstock,

1973. – **205** Johann Salomo Semlers letztes Glaubensbekenntniß ueber natuerliche und christliche Religion, hg. v. Chr. Gottfr. Schuetz, 1792. – **206** Johann Salomo Semler: Magazin für die Religion, Bd. II, 1780. – **207** Immanuel Kant: Die Religion innerhalb der Grenzen der bloßen Vernunft (²1794), Werkausgabe, hg. v. Wilhelm Weischedel, Bd. VIII, ⁴1982, 645–879. – **208** Georg Wilhelm Friedrich Hegel: Grundlinien der Philosophie des Rechts oder Naturrecht und Staatswissenschaft im Grundrisse, Werke Bd. 7, 1970. – **209** Georg Wilhelm Friedrich Hegel: Vorlesungen über die Philosophie der Geschichte, mit einem Vorw. v. Eduard Gans u. Karl Hegel, SW XI, hg. v. Hermann Glockner, 1961. – **210** Bronislaw Malinowski: Magie, Wissenschaft und Religion. Und andere Schriften, 1973. – **211** Fritz Stolz: Bronislaw Kaspar Malinoswki, in: Axel Michaels (Hg.): Klassiker der Religionswissenschaft. Von Friedrich Schleiermacher bis Mircea Eliade, 1997, 246–263. – **212** Reinhart Koselleck: Kritik und Krise, 1973.

132 Grundzüge integraler Religionstheorie

213 Georg Simmel: Die Religion, ²1912. – **214** Klaus Held: Art. Lebenswelt, TRE 20, 1990, 594–600. – **215** Karl Albert: Art. Lebensphilosophie, TRE 20, 1990, 580–594. – **216** Alfred Schütz: Der sinnhafte Aufbau der sozialen Welt. Eine Einleitung in die verstehende Soziologie, ⁶1993. – **217** Alfred Schütz/Thomas Luckmann: Strukturen der Lebenswelt, 2 Bde., ⁵1994/ ³1994. – **218** Peter L. Berger: Zur Dialektik von Religion und Gesellschaft. Elemente einer soziologischen Theorie, 1973. – **219** Peter L. Berger/Thomas Luckmann: Die gesellschaftliche Konstruktion der Wirklichkeit. Eine Theorie der Wissenssoziologie, ²1971. – **220** Thomas Luckmann: Das Problem der Religion in der modernen Gesellschaft, 1963. – **221** Thomas Luckmann: Die unsichtbare Religion, 1991. – **222** Hubert Knoblauch: Die Verflüchtigung der Religion ins Religiöse. Thomas Luckmanns Unsichtbare Religion, in: Thomas Luckmann, Die unsichtbare Religion, 1991, 7–41. – **223** Hartmann Tyrell/Volkhard Krech/Hubert Knoblauch (Hg.): Religion als Kommunikation, 1998. – **224** George Herbert Mead: Geist, Identität und Gesellschaft. Aus der Sicht des Sozialbehaviorismus, 1973. – **225** Charles W. Morris: Einleitung: George H. Mead als Sozialpsychologe und Sozialphilosoph, in: George Herbert Mead: Geist, Identität und Gesellschaft. Aus der Sicht des Sozialbehaviorismus, 1973, 13–38. – **226** Herbert Blumer: Der methodologische Standort des symbolischen Interaktionismus, in: Arbeitsgruppe Bielefelder Soziologen (Hg.): Alltagswissen, Interaktion und gesellschaftliche Wirklichkeit, Bd. 1, Symbolischer Interaktionismus und Ethnomethodologie, 1973, 80–146. – **227** Wolfram Fischer/Wolfgang Marhold: Das Konzept des Symbolischen Interaktionismus in der deutschen Religionssoziologie, in: Karl-Fritz Daiber/Thomas Luckmann (Hg.): Religion in den Gegenwartsströmungen der deutschen Soziologie, 1983, 157–181. – **228** Arbeitsgruppe Bielefelder Soziologen (Hg.): Alltagswissen, Interaktion und gesellschaftliche Wirklichkeit, 2 Bde., 1973. – **229** Werner Jetter: Symbol und Ritual. Anthropologische Elemente im Gottesdienst, 1978. – **230** Anton A. Bucher: Art. Symbol, 1. Philosophisch, EKL 4, ³1996, 584–586. – **231** Joachim Scharfenberg/Horst Kämpfer: Mit Symbolen leben. Soziologische, psychologische und religiöse Konfliktbearbeitung, 1980. – **232** Paul Tillich: Sinn und Recht religiöser Symbole, in: ders.: Symbol und Wirklichkeit, ³1986, 3–12. – **233** Ernst Cassirer: Philosophie der symbolischen Formen, 1. Teil ⁴1964, 2. Teil ⁵1964, 3. Teil ⁴1964. – **234** Ernst Cassirer: Wesen und Wirkung des Symbolbegriffs, 1977. – **235** Susanne K. Langer: Philosophie auf neuem Wege. Das Symbol im Denken, im Ritus und in der Kunst, 1984. – **236** Christoph Morgenthaler: Carl Gustav Jung, in: Axel Michaels (Hg.): Klassiker der Religionswissenschaft. Von Friedrich Schleiermacher bis Mircea Eliade, 1997, 234–245. – **237** Ernest Jones: Die Theorie der Symbolik, Nachdruck in: Psyche 24 (1970), 942–959. – **238** Alfred Lorenzer: Kritik des psychoanalytischen Symbolbegriffs, 1970. – **239** Alfred Lorenzer: Sprachzerstörung und Rekonstruktion. Vorarbeiten zu einer Metatheorie der Psychoanalyse, 1970. – **240** Joachim Scharfenberg: Kommunikation in der Kirche als symbolische Interaktion, in: Werner Becher (Hg.): Seelsorgeausbildung. Theorien, Methoden, Modelle, 1976, 34–53. – **241** Joachim Scharfenberg: Einführung in die Pastoralpsychologie, 1985.

133 Die Entwicklung der modernen Religionskultur im Horizont des Pluralisierungs-, Säkularisierungs- und Individualisierungsprozesses

242 Peter Gerlitz: Art. Pluralismus, I. Religionsgeschichtlich, TRE 26, 1996, 717–723. – **243** Christoph Schwöbel: Art. Pluralismus, II. Systematisch-theologisch, TRE 26, 1996, 724–739. – **244** Albrecht Grözinger: Art. Pluralismus, III. Praktisch-theologisch, TRE 26, 1996, 739–742. – **245** Klaus Pönnighaus: Art. Pluralismus, WBC, 1988, 977f. – **246** Jean-Marie Charpentier: Art. Pluralismus, 2. Theologisch, EKL 3, ³1992, 1234–1241. – **247** Peter L. Berger: Der Zwang zur Häresie. Religion in der pluralistischen Gesellschaft, 1980. – **248** Ulrich Barth: Art. Säkularisierung, I. Systematisch-theologisch, TRE 29, 1998, 603–634. – **249** Walter Jaeschke: Art. Säkularisierung/Säkularismus, 1. Philosophisch, EKL 4, ³1996, 37–40. – **250** Leo Laeyendecker: Art. Säkularisierung/Säkularismus, 2. Soziologisch, EKL 4, ³1996, 40–43. – **251** Rudolfine Freiin von Oer: Art. Säkularisation, EKL 4, ³1996, 33–37. – **252** Volker Drehsen: Art. Säkularisierung, Säkularismus, WBC, 1988, 1108f. – **253** Hermann Lübbe: Säkularisierung. Geschichte eines ideenpolitischen Begriffs, 1965. – **254** Peter L. Berger/Thomas Luckmann: Secularization and Pluralism, 1966. – **255** Karl Gabriel: Differenzierung oder Säkularisierung? Zu Stellenwert und Funktion des Christlichen in der Gegenwartsgesellschaft, in: Joachim G. Piepke (Hg.): Evangelium und Kultur. Christliche Verkündigung und Gesellschaft im heutigen Mitteleuropa, 1995, 69–79. – **256** Karl Gabriel: Christentum zwischen Tradition und Postmoderne, 1992. – **257** Joachim Matthes: Die Emigration der Kirche aus der Gesellschaft, 1964. – **258** Reinhard Köster: Die Kirchentreuen. Erfahrungen und Ergebnisse einer soziologischen Untersuchung in einer großstädtischen evangelischen Kirchengemeinde, 1959. – **259** Ernst Troeltsch: Die Bedeutung des Protestantismus für die Entstehung der modernen Welt, 1911/1963. – **260** Ernst Troeltsch: Richard Rothe. Gedächtnisrede, 1899. – **261** Falk Wagner: Art. Rothe, Richard, TRE 29, 1998, 436–441. – **262** Falk Wagner: Zur gegenwärtigen Lage des Protestantismus, 1995. – **263** Friedrich Wilhelm Graf: Art. Protestantismus, II. Kulturbedeutung, TRE 27, 1997, 551–580. – **264** Dietrich Korsch: Religion mit Stil. Protestantismus in der Kulturwende, 1997. – **265** Paul Tillich: Der Protestantismus als Kritik und Gestaltung, 1962. – **266** Paul Tillich: Protestantisches Prinzip und proletarische Situation, 1931. – **267** Henning Luther: Art. Individuum/Individualismus, II. Praktisch-theologisch, TRE 16, 1997, 124–127. – **268** Achim Dunkel: Art. Individuum, Individualismus, WBC, 1988, 510. – **269** Walther Ch. Zimmerli: Art. Individualismus, EKL 2, ³1989, 648–652. – **270** Walter Sparn: Art. Mensch, VII. Von der Reformation bis zur Aufklärung, TRE 22, 1992, 510–529. – **271** Thomas Luckmann: Privatisierung und Individualisierung. Zur Sozialform der Religion in spätindustriellen Gesellschaften, in: Karl Gabriel (Hg.): Religiöse Individualisierung oder Säkularisierung. Biographie und Gruppe als Bezugspunkte moderner Religiosität, 1996, 17–28. – **272** Karl Gabriel: Einleitung, in: ders. (Hg.): Religiöse Individualisierung oder Säkularisierung. Biographie und Gruppe als Bezugspunkte moderner Religiosität, 1996, 9–13. – **273** Detlef Pollack: Individualisierung statt Säkularisierung? Zur Diskussion eines neueren Paradigmas in der Religionssoziologie, in: Karl Gabriel (Hg.): Religiöse Individualisierung oder Säkularisierung. Biographie und Gruppe als Bezugspunkte moderner Religiosität, 1996, 57–85. – **274** Michael Krüggeler: „Ein weites Feld ...". Religiöse Individualisierung als Forschungsthema, in: Karl Gabriel (Hg.): Religiöse Individualisierung oder Säkularisierung. Biographie und Gruppe als Bezugspunkte moderner Religiosität, 1996, 215–235. – **275** Wilhelm Gräb: Lebensgeschichten – Lebensentwürfe – Sinndeutungen. Eine Praktische Theologie gelebter Religion, 1998. – **276** Ulrich Schwab: Familienreligiosität. Religiöse Traditionen im Prozeß der Generationen, 1995. – **277** Eberhard Hauschildt: Individualisierung und Standardisierung der Religion, in: Albrecht Grözinger/Jürgen Lott (Hg.): Gelebte Religion. Im Brennpunkt praktisch-theologischen Denkens und Handelns, 1997, 15–29. – **278** Uta Pohl-Patalong: Seelsorge zwischen Individuum und Gesellschaft. Elemente zu einer Neukonzeption der Seelsorgetheorie, 1996. – **279** Arbeitsgruppe Bielefelder Jugendforschung: Zur Konzeption des Bandes, in: Wilhelm Heitmeyer/Thomas Olk (Hg.): Individualisierung von Jugend. Gesellschaftliche Prozesse, subjektive Verarbeitungsformen, jugendpolitische Konsequenzen, 1990, 9f. – **280** Martin Baethge: Die politischen Folgen fortschreitender Individualisierung in der Arbeitsgesellschaft, in: Wilhelm Heitmeyer/Juliane Jacobi (Hg.): Politische Sozialisation und Individualisierung. Perspektiven und Chancen politischer Bildung, 1991, 35–54. – **281** Richard Sennett: Verfall und

Ende des öffentlichen Lebens. Die Tyrannei der Intimität, 1986. – **282** Ulrich Beck. Risikogesellschaft. Auf dem Weg in eine andere Moderne, 1986. – **283** Niklas Luhmann: Die Autopoiesis des Bewußtseins, Soziale Welt 36 (1985), 402–446. – **284** Theo Sundermeier: Art. Synkretismus, EKL 4, ³1996, 602–607. – **285** Volker Drehsen/Walter Sparn: Vorwort, in: dies. (Hg.): Im Schmelztiegel der Religionen. Konturen des modernen Synkretismus, 1996, 9–11. – **286** Wolfgang Lipp: Synkretismus, soziokulturell. Aspekte einer Soziologie der Postmoderne, in: Volker Drehsen/Walter Sparn (Hg.): Im Schmelztiegel der Religionen. Konturen des modernen Synkretismus, 1996, 37–53. – **287** Fritz Stolz: Austauschprozesse zwischen religiösen Gemeinschaften und Symbolsystemen, in: Volker Drehsen/Walter Sparn (Hg.): Im Schmelztiegel der Religionen. Konturen des modernen Synkretismus, 1996, 15–36. – **288** Falk Wagner: Möglichkeiten und Grenzen des Synkretismusbegriffs für die Religionsforschung, in: Volker Drehsen/Walter Sparn (Hg.): Im Schmelztiegel der Religionen. Konturen des modernen Synkretismus, 1996, 72–117. – **289** Friedrich Schweitzer: Synkretismus in biographisch-psychologischer Sicht. Forschungsperspektiven und -desiderate, in: Volker Drehsen/Walter Sparn (Hg.): Im Schmelztiegel der Religionen. Konturen des modernen Synkretismus, 1996, 54–71.

140 Allgemeine Bürgerreligion und originär ausgeformte Religionskulturen

290 Karl-Fritz Daiber: Religion in Kirche und Gesellschaft. Theologische und soziologische Studien zur Präsenz von Religion in der gegenwärtigen Kultur, 1997. – **291** Reinhold Bernhardt: Art. Religion, 2. Theologisch, EKL 3, ³1992, 1545–1548. – **292** Falk Wagner: Art. Naturrecht, II. Neuzeitliche und evangelische Interpretationen seit der Reformation, TRE 24, 1994, 153–185. – **293** Hans Wißmann: Art. Natürliche Religion, I. Theologie und Religionsphilosophie der Antike, TRE 24, 1994, 78–80. – **294** David A. Pailin: Art. Natürliche Religion, II. Theologie und Religionsphilosophie vom 17. Jh. bis zur Gegenwart, TRE 24, 1994, 80–85. – **295** Christof Gestrich: Art. Deismus, TRE 8, 1981, 392–406. – **296** Ruurd Veldhuis: Art. Deismus, EKL 1, ³1986, 795–797. – **297** Heinz Kleger/Alois Müller: Einleitung: Bürgerliche Religion, Religion des Bürgers, politische Religion, Zivilreligion, Staatsreligion, Kulturreligion, in: dies. (Hg.): Religion des Bürgers. Zivilreligion in Amerika und Europa, 1986, 7–15. – **298** Wolfgang Marhold: Bürgerreligion. Soziologische und theologische Bemerkungen zu zwei empirischen Erhebungen in der gegenwärtigen Volkskirche, ThPr 9 (1974), 304–312. – **299** Wolfgang Marhold: Religion und Kirche im industriellen Zeitalter – religionssoziologische Überlegungen zu ihrer Funktion, in: Georg-Eckert-Institut für internationale Schulbuchforschung (Hg.): Religion und Kirchen im industriellen Zeitalter, Schriftenreihe des Georg-Eckert-Instituts für Internationale Schulbuchforschung 23, 1977, 9–23. – **300** Robert N. Bellah: Civil Religion in America, in: Daedalus 96 (Winter 1967), 1–21. – **301** Will Herberg: Religion in a Secularized Society, in: Review of Religious Research, Vol. 3, Number 4 (1962), 145–158. – **302** Wolfgang Vögele: Zivilreligion in der Bundesrepublik Deutschland, 1994. – **303** Rolf Schieder: Civil Religion, 1987. – **304** Rolf Schieder: Civil Religion, VuF 33 (1988), 29–43. – **305** Rolf Schieder: Marktlücke Zivilreligion. Ist die Gegenwart der USA Deutschlands Zukunft? In: Walter Sparn (Hg.): Wieviel Religion braucht der Staat? Politisches Christentum zwischen Reaktion und Revolution, 1992, 81–96. – **306** Traugott Schöfthaler: Art. Civil Religion, EKL 1, ³1986, 754–761. – **307** Helmut Dubiel: Zivilreligion in der Massendemokratie? Soziale Welt 41 (1990), 125–143. – **308** Hermann Lübbe: Religion nach der Aufklärung, 1986. – **309** Hans-Richard Reuter: Zivilreligion? Anmerkungen zu einer religionspolitischen Debatte, DtPfrBl 90 (1990), 327–330. – **310** Wolfhart Pannenberg: Civil Religion? In: Peter Koslowski (Hg.): Die religiöse Dimension der Gesellschaft, 1985, 63–75. – **311** Wolfhart Pannenberg: Systematische Theologie, Bd. 1, 1988. – **312** Niklas Luhmann: Grundwerte als Zivilreligion. Zur wissenschaftlichen Karriere eines Themas, in: ders.: Soziologische Aufklärung, Bd. 3, 1981, 293–309. – **313** Herbert Hanreich: Art. Wertethik, EKL 4, ³1996, 1271–1273. – **314** Hellmuth Plessner: Die verspätete Nation. Über die politische Verführbarkeit bürgerlichen Geistes, ⁵1969. – **315** Jean-Jacques Rousseau: Emile oder Über die Erziehung, hg., eingel. u. m. Anm. vers. v. Martin Rang, 1965. – **316** Gotthold E. Lessing: Über die Entstehung der geoffenbarten Religion, Werke in 25 Teilen, 20. Teil, 17. Bd., hg. v. Leopold Zscharnack, 1970, 193f. – **317** Immanuel Kant: Der Streit der Fakultäten, Werke, hg. v. Wilhelm Weischedel, Bd. IX, 1968, 261–393. – **318** Friedrich Schleiermacher: Über die Religion. Reden an die Gebildeten unter ihren Verächtern, nach der Ausg. v. Rudolf Otto, [7]1991. – **319** Friedrich Schleiermacher: Der christliche Glaube, nach den Grundsätzen der evang. Kirche im Zusammenhange dargestellt, auf Grund der zw. Aufl. u. krit. Prüf. d. Textes neu hg. u. mit Einl., Erläut. u. Reg. versehen v. Martin Redeker, Bd. 1, [7]1960. – **320** Michael N. Ebertz/Franz Schultheis (Hg.): Volksfrömmigkeit in Europa. Beiträge zur Soziologie populärer Religiosität aus 14 Ländern, 1986. – **321** Paul Michael Zulehner: „Leutereligion". Eine neue Gestalt des Christentums auf dem Weg durch die 80er Jahre? 1982. – **322** Paul Michael Zulehner: Pastoraltheologie, Bd. 1 Fundamentalpastoral, Kirche zwischen Auftrag und Erwartung, 1989. – **323** Werner Harenberg (Hg.): Was glauben die Deutschen? Die Emnid-Umfrage. Ergebnisse, Kommentare, [2]1969. – **324** Jugend 97: Zukunftsperspektiven, gesellschaftliches Engagement, politische Orientierungen, hg. v. d. Jugendwerk der Deutschen Shell, Gesamtkonzeption u. Koordin. Arthur Fischer, 1997. – **325** Klaus-Peter Jörns: Die neuen Gesichter Gottes. Was die Menschen heute wirklich glauben, 1997.

210 Neuzeit, Moderne, Bürgertum

1. ‚Neuzeit' und ‚Moderne' – die paradigmatischen Chiffren zur Signierung der Gegenwart

326 Joachim Mehlhausen: Art. Neuzeit, I. Historisch, TRE 24, 1994, 392–401. – **327** Falk Wagner: Art. Neuzeit, EKL 3, [3]1992, 699–704. – **328** Klaus Tanner, Art. Neuzeit, B. Fundamentaltheologisch, WBC, 1988, 880f. – **329** Reinhart Koselleck: „Neuzeit". Zur Semantik moderner Bewegungsbegriffe, in: ders.: Vergangene Zukunft. Zur Semantik geschichtlicher Zeiten, [3]1984, 300–348. – **330** Hans Blumenberg: Die Legitimität der Neuzeit, 1966. – **331** Winfried Schulze: Einführung in die Neuere Geschichte, [2]1991. – **332** Dieter Langewiesche: Neuzeit, Neuere Geschichte, in: Richard von Dülmen (Hg.): Das Fischer Lexikon Geschichte, 1994, 386–406. – **333** Norbert Rath: Art. Modern, Moderne, WBC, 1988, 827–829. – **334** Rainer Piepmeier: Art. Modern, die Moderne, HWPh 6, 1984, 54–62. – **335** Franz-Xaver Kaufmann: Religion und Modernität, in: Johannes Berger (Hg.): Die Moderne – Kontinuität und Zäsuren, 1986, 283–307. – **336** Franz-Xaver Kaufmann: Religion und Modernität. Sozialwissenschaftliche Perspektiven, 1989. – **337** Niklas Luhmann: Beobachtungen der Moderne, 1992. – **338** Jürgen Habermas: Die Moderne – ein unvollendetes Projekt, in: ders.: Kleine Politische Schriften (I–IV), 1981, 444–464. – **339** Jürgen Habermas: Der philosophische Diskurs der Moderne. Zwölf Vorlesungen, 1985. – **340** Max Horkheimer/Theodor W. Adorno: Dialektik der Aufklärung: Philosophische Fragmente, 1947. – **341** Hermann Fischer: Die Ambivalenz der Moderne. Zu Troeltschs Verhältnisbestimmung von Reformation und Neuzeit, in: Horst Renz/Friedrich Wilhelm Graf (Hg.): Troeltsch-Studien 3. Protestantismus und Neuzeit, 1984, 54–77. – **342** Jost Schneider: Ein Beitrag zu dem Problem der „Modernität", Der Deutschunterricht 23 (1971), Heft 6, 58–67. – **343** Kristian Fechtner/Michael Haspel (Hg.): Religion in der Lebenswelt der Moderne, 1998. – **344** Trutz Rendtorff: Die Religion in der Moderne – die Moderne in der Religion. Zur religiösen Dimension der Neuzeit, ThLZ 110 (1985), 561–574. – **345** Dietrich Korsch: Religion mit Stil. Protestantismus in der Kulturwende, 1997. – **346** Robert Weimann: Das Ende der Moderne? Versuch über das Autoritätsproblem in unserer Zeit, in: ders./Hans Ulrich Gumbrecht (Hg.): Postmoderne – globale Differenz, 1991, 9–53. – **347** Reinhart Koselleck: Vergangene Zukunft. Zur Semantik geschichtlicher Zeiten, [3]1984. – **348** Reinhart Koselleck: Art. Krise, in: Geschichtliche Grundbegriffe. Historisches Lexikon zur politisch-sozialen Sprache in Deutschland, hg. v. Otto Brunner, Werner Conze, Reinhart Koselleck, Bd. 3, 1982, 617–650. – **349** Hermann Lübbe: Im Zug der Zeit. Verkürzter Aufenthalt in der Gegenwart, 1992. – **350** Ernst-Wolfgang Böckenförde: Zum Verhältnis von Kirche und moderner Welt. Aufriß eines Problems, in: Reinhart Koselleck (Hg.): Studien zum Beginn der modernen Welt, 1977, 154–177. – **351** Richard Münch: Die Struktur der Moderne. Grundmuster und differentielle Gestaltung des institutionellen Aufbaus der modernen Gesellschaften, 1992.

2. ‚Postmoderne' – die vieldeutige Signatur einer Epochenschwelle

352 Ulrich Beck: Der Konflikt der zwei Modernen, in: Wolfgang Zapf (Hg.): Die Modernisierung moderner Gesellschaften. Verhandlungen des 25. Deutschen Soziologentages in Frankfurt am Main 1990, 1991, 40–53. – **353** Ulrich Beck: Risikogesellschaft. Auf dem Weg in eine andere Moderne, 1986. – **354** Claudius Strube: Art. Postmoderne, I. Philosophisch, TRE 27, 1997, 82–87. – **355** Bernd Beuscher: Art. Postmoderne, III. Praktisch-theologisch, TRE 27, 1997, 89–95. – **356** Willem van Reijen: Art. Postmoderne, EKL 3, ³1992, 1276–1282. – **357** Wolfgang Welsch: Unsere postmoderne Moderne, ²1988. – **358** Wolfgang Welsch: Einleitung, in: ders. (Hg.): Wege aus der Moderne. Schlüsseltexte der Postmoderne-Diskussion, 1988, 1–43. – **359** Umberto Eco: Postmodernismus, Ironie und Vergnügen, in: Wolfgang Welsch (Hg.): Wege aus der Moderne. Schlüsseltexte der Postmoderne-Diskussion, 1988, 75–78. – **360** Hans Ulrich Gumbrecht: Die Postmoderne ist (eher) keine Epoche, in: Robert Weimann/Hans Ulrich Gumbrecht (Hg.): Postmoderne – globale Differenz, 1991, 366–369. – **361** Zygmunt Bauman: Moderne und Ambivalenz. Das Ende der Eindeutigkeit, 1992. – **362** Joachim Track: Theologie am Ende – am Ende Theologie? Ein Gespräch mit Jean-François Lyotard, in: Hans Jürgen Luibl (Hg.): Spurensuche im Grenzland. Postmoderne Theorien und protestantische Theologie, 1996, 15–64. – **363** Hermann Timm: Das ästhetische Jahrzehnt. Zur Postmodernisierung der Religion, 1990. – **364** Georg Pfleiderer: Protestantisches Christentum in der postmodernen Moderne. Versuch einer Identitätsbeschreibung, PrTh 31 (1996), 3–19. – **365** Michael Meyer-Blanck: Praktische Theologie und Postmoderne. Ein Dialog mit Wolfgang Welsch, PTh 85 (1996), 225–238. – **366** Wolfgang Schrödter: Postmodernediskurs und Gesellschaft – Die Vielfalt in Beratung und Therapie, WzM 49 (1997), 354–373. – **367** Uta Pohl-Patalong: Seelsorge zwischen Individuum und Gesellschaft. Elemente zu einer Neukonzeption der Seelsorgetheorie, 1996. – **368** Rolf Schieder: Seelsorge in der Postmoderne, WzM 46 (1994), 26–43. – **369** Heiner Keupp: Subjektsein heute: Zwischen postmoderner Diffusion und der Suche nach neuen Fundamenten, in: Albrecht Grözinger/Jürgen Lott (Hg.): Gelebte Religion. Im Brennpunkt praktisch-theologischen Denkens und Handelns, 1997, 99–129. – **370** Heiner Keupp: Subjektsein heute. Zwischen postmoderner Diffusion und der Suche nach neuen Fundamenten, WzM 51 (1999), 136–152. – **371** Heiner Keupp: Riskante Chancen. Das Subjekt zwischen Psychokultur und Selbstorganisation, 1988. – **372** Albrecht Grözinger: Die Kirche – ist sie noch zu retten? Anstiftungen für das Christentum in postmoderner Gesellschaft, 1998. – **373** Hartmut Böhme/Gernot Böhme: Das Andere der Vernunft. Zur Entwicklung von Rationalitätsstrukturen am Beispiel Kants, 1985. – **374** Wilfried Härle/Eilert Herms: Rechtfertigung. Das Wirklichkeitsverständnis des christlichen Glaubens, 1979. – **375** Wilhelm Gräb/Dietrich Korsch: Selbsttätiger Glaube. Die Einheit der Praktischen Theologie in der Rechtfertigungslehre, 1985. – **376** Henning Luther: Religion und Alltag. Bausteine zu einer Praktischen Theologie des Subjekts, 1992. – **377** Thomas Meyer: Fundamentalismus. Aufstand gegen die Moderne, 1989.

3. ‚Bürgertum' – der lange Schatten eines exemplarischen Gesellschafts- und Kulturmodells

378 Volker Drehsen: Art. Bürgertum, WBC, 1988, 178–180. – **379** Volker Drehsen: Art. Privat, WBC, 1988, 1001–1003. – **380** Volker Drehsen: Art. Öffentlichkeit, WBC, 1988, 894–896. – **381** Gerhard Köbler/Bernd Moeller/Werner Conze: Art. Bürgertum, TRE 7, 1981, 338–354. – **382** Bernd Moeller: Art. Bürgertum. I. Mittelalter und frühe Neuzeit, 1. Einleitung/3. Politische und soziale Gegebenheiten, TRE 7, 1981, 338; 341–346. – **383** Werner Conze: Art. Bürgertum, II. Neuzeit, TRE 7, 1981, 346–354. – **384** M. Riedel: Art. Bürger, bourgeois, citoyen, HWPh 1, 1971, 962–966. – **385** Osmund Schreuder: Art. Bürger, Bürgertum, 4. Bürgertum und Christentum, EKL 1, ³1986, 590–592. – **386** Wolfgang Kaschuba: Deutsche Bürgerlichkeit nach 1800, in: Jürgen Kocka (Hg.): Bürgertum im 19. Jahrhundert, Deutschland im europäischen Vergleich, Bd. 3, 1988, 9–44. – **387** Jürgen Kocka: Bürgertum und bürgerliche Gesellschaft im 19. Jahrhundert. Europäische Entwicklungen und deutsche Eigenarten, in: ders. (Hg.): Bürgertum im 19. Jahrhundert. Deutschland im europäischen Vergleich, Bd. 1, 1988, 11–76. – **388** Wilhelm H. Riehl: Die bürgerliche Gesellschaft, 1851. – **389** Friedrich H. Tenbruck: Bürgerliche Kultur,

KZSS, SH 27, 1986, 263–285. – **390** Trutz Rendtorff: Christentum außerhalb der Kirche. Konkretionen der Aufklärung, 1969. – **391** Jürgen Habermas: Strukturwandel der Öffentlichkeit. Untersuchungen zu einer Kategorie der bürgerlichen Gesellschaft, 1990. – **392** Yorick Spiegel: Theologie der bürgerlichen Gesellschaft. Sozialphilosophie und Glaubenslehre bei Friedrich Schleiermacher, 1968. – **393** Hans-Ulrich Wehler: Modernisierungstheorie und Geschichte, 1975. – **394** Hans-Ulrich Wehler: Deutsche Gesellschaftsgeschichte, Bd. 2: Von der Reformära bis zur industriellen und politischen „Deutschen Doppelrevolution" 1815–1845/49, 1987. – **395** Friedrich Rapp: Fortschritt. Entwicklung und Sinngehalt einer philosophischen Idee, 1992. – **396** Michel Foucault: Von der Subversion des Wissens, 1978. – **397** Gerhard Schulze: Die Erlebnisgesellschaft. Kultursoziologie der Gegenwart, [7]1997. – **398** Peter L. Berger: Einladung zur Soziologie. Eine humanistische Perspektive, 1971. – **399** Dietrich Rössler: Die Einheit der Praktischen Theologie, in: Karl Ernst Nipkow u.a. (Hg.): Praktische Theologie und Kultur der Gegenwart. Ein internationaler Dialog, 1991, 43–51.

211 Frömmigkeit – die integrale Gestalt individueller Christentumspraxis

1. Frömmigkeit als Lebensstil und Lebensform

400 M. Keller-Hüschemenger: Art. Fromm, Frömmigkeit I, HWPh 2, 1972, 1123f. – **401** Volker Drehsen: Art. Frömmigkeit, WBC, 1988, 375–377. – **402** Wolfgang Trillhaas: Art. Frömmigkeit, [3]RGG II, 1958, 1158–1162. – **403** Friedrich Wintzer: Art. Frömmigkeit, III. Praktisch-theologisch, TRE 11, 1983, 683–688. – **404** Manfred Seitz: Art. Frömmigkeit, II. Systematisch-theologisch, TRE 11, 1983, 674–683. – **405** Manfred Seitz: Art. Exerzitien, II. Praktisch-theologisch, TRE 10, 1982, 703–707. – **406** Gerhard Ruhbach: Frömmigkeit und Religiosität im ausgehenden 20. Jahrhundert, VuF 33 (1988), 43–71. – **407** Bernd Jaspert (Hg.): Frömmigkeit. Gelebte Religion als Forschungsaufgabe, 1995. – **408** Dietrich Rössler: Frömmigkeit als Thema der Ethik, in: Anselm Hertz (Hg.): Handbuch der christlichen Ethik, Bd. 2, 1993, 506–517. – **409** Dietrich Rössler: Gelebte Religion als Frage an wissenschaftliche Theologie, in: Johannes Hanselmann/Dietrich Rössler: Gelebte Theologie, 1978, 9–27. – **410** Volker Drehsen: Protestantische Frömmigkeit im neuzeitlichen Strukturwandel der Öffentlichkeit. Einige soziologische Erwägungen zur Problemkonstitution wissenschaftlicher Frömmigkeitsforschung, in: Abdoldjawad Falaturi/Michael Klöcker/Udo Tworuschka (Hg.): Religionsgeschichte in der Öffentlichkeit, 1983, 78–113. – **411** Volker Drehsen: Lebensgeschichtliche Frömmigkeit, in: Walter Sparn (Hg.): Wer schreibt meine Lebensgeschichte? Biographie, Autobiographie, Hagiographie und ihre Entstehungszusammenhänge, 1990, 33–62. – **412** Volker Drehsen: Theologische Frömmigkeitsforschung? In: Bernd Jaspert (Hg.): Frömmigkeit. Gelebte Religion als Forschungsaufgabe, 1995, 45–63. – **413** Friedrich Fürstenberg: Der Strukturwandel protestantischer Frömmigkeit als soziologisches Problem, Archives de sociologie des Religions 4 (1959), Nr. 8, 71–80. – **414** Friedrich Wintzer: Frömmigkeit als eine Grundperspektive der Praktischen Theologie, in: ders./Henning Schröer/Johannes Heide (Hg.): Frömmigkeit und Freiheit. Theologische, ethische und seelsorgerliche Anfragen, 1995, 13–21. – **415** Friedrich Wintzer/Henning Schröer/Johannes Heide (Hg.): Frömmigkeit und Freiheit. Theologische, ethische und seelsorgerliche Anfragen, 1995. – **416** Hans-Martin Müller: Frömmigkeit – Wiederentdeckung einer ekklesiologischen Kategorie? In: Wenzel Lohff/Lutz Mohaupt: Volkskirche – Kirche der Zukunft. Leitlinien der Augsburgischen Konfession für das Kirchenverständnis heute, 1977, 175–192. – **417** Peter Cornehl: Frömmigkeit – Alltagswelt – Lebenszyklus. Propädeutische Notizen, WPKG 68 (1975), 388–401. – **418** Peter Cornehl: Die Funktion der Bibel für die Frömmigkeit als praktisch-theologisches Problem, ThPr 7 (1972), 124–142. – **419** Hans-Günter Heimbrock: Frömmigkeit als Problem der Praktischen Theologie, PTh 71 (1982), 18–32. – **420** Robert Leuenberger: Frömmigkeit als theologisches Problem, ThPr 2 (1967), 110–118. – **421** Siegfried von Kortzfleisch: Frömmigkeit in dieser Zeit. Der Glaube und die gesellschaftlichen Bedürfnisse, Lutherische Monatshefte 11 (1972), 654–658. – **422** Gert Otto: Wandlung der Frömmigkeit, ThLZ 90 (1965), 721–728. – **423** Trutz Rendtorff: Ethik. Grundelemente, Methodologie und Konkretionen einer ethischen Theologie, Bd. 2, [2]1991. – **424** Dietrich von Oppen: Frömmigkeit ohne Vorbilder, in: Hans Jürgen Schultz (Hg.): Frömmigkeit in einer weltlichen Welt, 1959, 28–38. – **425** Helmut Claß: „Wandle vor mir und sei fromm", Das missionarische Wort, Zeitschrift für Verkündigung und Gemeindeaufbau 36 (1983), 128–132. – **426** Hans-Martin Barth: Spiritualität, 1993. – **427** Wolfhart Pannenberg: Christliche Spiritualität. Theologische Aspekte, 1986. – **428** Hansfrieder Zumkehr: Spiritualität als hermeneutischer Schlüssel. DtPfrBl 98 (1998), 462–465. – **429** Fulbert Steffensky: Feier des Lebens. Spiritualität im Alltag, 1984. – **430** Hans Jürgen Luibl: Spiritualität – auf der Suche nach der etwas anderen Frömmigkeit. Über Gottes buntes Treiben im Wandel der Zeiten, PTh 86 (1997), 42–65. – **431** Karl-Fritz Daiber: Vielfalt der Spiritualitäten, Diakonia 29 (1998), 379–389. – **432** Karl-Fritz Daiber/Ingrid Lukatis: Bibelfrömmigkeit als Gestalt gelebter Religion, 1991. – **433** Traugott Stählin: Aspekte ökumenischer Spiritualität, Una Sancta 36 (1981), 290–298. – **434** Geschichte der christlichen Spiritualität, Bd. 1: Von den Anfängen bis zum 12. Jh., hg. v. Bernard McGinn, John Meyendorff u. Jean Leclercq, 1993; Bd. 2: Hochmittelalter und Reformation, hg. v. Jill Raitt in Verb. m. Bernard McGinn u. John Meyendorff, 1995. – **435** Themenheft „Lebensstilbewegung", WPKG 69 (1980), 141ff. – **436** Rudolf Englert/Ursula Frost/Bernd Lutz (Hg.): Christlicher Glaube als Lebensstil, 1996. – **437** Friederike Benthaus-Apel: Religion und Lebensstil. Zur Analyse pluraler Religionsformen aus soziologischer Sicht, in: Kristian Fechtner/Michael Haspel (Hg.): Religion in der Lebenswelt der Moderne, 1998, 102–122. – **438** Klaus Engel: Meditation. Geschichte, Systematik, Forschung, Theorie, 1995.

2. Die geschichtliche Entwicklung des christlichen Frömmigkeitsverständnisses

439 Philipp Jacob Spener: Pia desideria, hg. v. Kurt Aland, [3]1964. – **440** Albrecht Haizmann: Erbauung als Aufgabe der Seelsorge bei Philipp Jakob Spener, 1997. – **441** Johann Gottfried Herder: Von Religion, Lehrmeinungen und Gebräuchen, Sämtliche Werke Bd. 22, hg. v. Bernhard Suphan, 1967, 133–265. – **442** Friedrich Schleiermacher: Der christliche Glaube nach den Grundsätzen der evangelischen Kirche im Zusammenhange dargestellt (1821/22), KGA I, Bd. 7/1, hg. v. Hermann Peiter, 1980. – **443** Friedrich Schleiermacher: Der christliche Glaube nach den Grundsätzen der evangelischen Kirche im Zusammenhange dargestellt, auf Gr. d. zweiten Aufl. u. krit. Prüfung d. Textes neu hg. u. mit Einl., Erläut. und Reg. versehen v. Martin Redeker, Bd. 1, [7]1960. – **444** Friedrich Schleiermacher: Die christliche Sitte nach den Grundsäzen der evangelischen Kirche, hg. von L. Jonas, 1843. – **445** Friedrich Schleiermacher: Die praktische Theologie nach den Grundsäzen der evangelischen Kirche im Zusammenhang dargestellt, hg. von Jacob Frerichs, 1850. – **446** Jan Rohls: Frömmigkeit als Gefühl schlechthinniger Abhängigkeit. Zu Schleiermachers Religionstheorie in der „Glaubenslehre", in: Kurt-Victor Selge (Hg.): Internationaler Schleiermacher-Kongreß Berlin 1984, 1985, 221–252. – **447** Christian Albrecht: Schleiermachers Theorie der Frömmigkeit. Ihr wissenschaftlicher Ort und ihr systematischer Gehalt in den Reden, in der Glaubenslehre und in der Dialektik, 1994. – **448** Wolfgang Steck: Der evangelische Geistliche. Schleiermachers Begründung des religiösen Berufs, in: Kurt-Victor Selge (Hg.): Internationaler Schleiermacher-Kongreß Berlin 1984, 1985, 717–770. – **449** Manfred Seitz: Der Beruf des Pfarrers und die Praxis des Glaubens. Zur Frage nach einer neuen pastoralen Spiritualität, in: ders.: Praxis des Glaubens, [3]1985, 218–226. – **450** Dietrich Engels: Religiosität im Theologiestudium, 1990. – **451** Johann Wolfgang Goethe: Wilhelm Meisters Wanderjahre, Goethes Werke Bd. VIII, Hamburger Ausgabe, hg. v. Erich Trunz, [12]1989. – **452** Eduard Spranger: Weltfrömmigkeit, 1941.

3. Charakteristika und Entwicklungstendenzen der zeitgenössischen Frömmigkeitskultur

453 Andrea Schulenberg: Feministische Spiritualität. Exodus in eine befreiende Kirche? 1993. – **454** Elisabeth Moltmann-Wendel: Leben ist Ganz-sein. Zur gegenwärtigen Frauenspiritualität, WzM 35 (1983), 310–320. – **455** Christoph Joest: Spiritualität evangelischer Kommunitäten. Altkirchlich-monastische Tradition in evangelischen Kommunitäten von heute, 1995. – **456** Martin Brecht: Art. Pietismus, TRE 26, 1996, 606–631. – **457** Ulrich Gäbler: Art. Erweckungsbewegung, EKL 1, [3]1986, 1081–1088. – **458** Gustav Adolf Benrath: Art. Erweckung/Erweckungsbewegungen, I. Historisch, TRE 10, 1982, 205–220. – **459** Jochen-Christoph Kaiser: Art. Innere Mission, EKL 2, [3]1989, 682–686. – **460** Albert Stein: Art. Diakon, Diakonisse, EKL [3]1986, 848–850. – **461** Joachim Cochlovius: Art. Gemeinschaftsbewegung, TRE 12, 1984, 355–368. – **462** Jörg Ohlemacher: Art. Gemeinschaftsbewegung, EKL 2, [3]1989, 77–81. – **463** Waldron Scott: Art. Evangelische Allianz, EKL 1, [3]1986, 1202–1204. – **464** Karl Heinz Gaßner: Art. Heilsarmee, EKL 2, [3]1989, 457–460. – **465** Erich Geldbach: Art. Evangelikale Bewegung, EKL 1, [3]1986, 1186–1191. – **466** Rudolf G. Wagner/Christopher ODonnell: Art. Charismatische Bewegung, EKL 1, [3]1986, 644–648. – **467** Friedrich Wilhelm Graf: Art. Kulturprotestantismus, TRE 20, 1990, 230–243. – **468** Reinhard Schmidt-Rost: Verkündigung in evangelischen Zeitschriften, 1982. – **469** Joseph A. Burgess: Art. Ökumenische Bewegung, EKL 3, [3]1992, 826–839. – **470** Reinhard Frieling, Art. Ökumene, TRE 25, 1995, 46–77. – **471** Heinz-Albert Raem, Art. Ökumenismus, II. Systematisch, TRE 25, 1995, 80–86. – **472** Oswald Eggenberger: Art. Neue geistliche Bewegungen und Gemeinschaften, EKL 3, [3]1992, 669–672. – **473** Eberhard Hauschildt: Die Globalisierung und Regionalisierung der Praktischen Theologie. Beschreibung und Plädoyer, PrTh 29 (1994), 175–193.

212   Die bürgerlich-protestantische Privatreligion als sozialkulturelles Paradigma des neuzeitlichen Christentums

212-1   Die bürgerlich-protestantische Hausfrömmigkeit als paradigmatische Grundgestalt des neuzeitlichen Christentums

1. Die bürgerlich-protestantische Idee des Hauses

474 Ulrich Meyer: Soziales Handeln im Zeichen des ‚Hauses‘. Zur Ökonomik in der Spätantike und im früheren Mittelalter, 1998. – **475** Friedrich Ohly: Art. Haus III (Metapher), Reallexikon für Antike und Christentum 13, hg. v. Theodor Klauser u.a., 1986, 905–1063. – **476** Hannah Rabe: Haus II, HWPh 3, 1974, 1018f. – **477** Andreas Gestrich: Geschichte der Familie im 19. und 20. Jahrhundert, 1999. – **478** Georges Duby: Vorwort zur Geschichte des privaten Lebens, in: Philippe Ariès/Georges Duby (Hg.): Geschichte des privaten Lebens, Bd.1: Vom Römischen Imperium zum Byzantinischen Reich, hg. von Paul Veyne, [2]1989, 7–11. – **479** Martin Luther: Predigten über das zweite Buch Mose 1524–1527, WA 16, 1899. – **480** Friedrich Schleiermacher: Brouillon zur Ethik 1805/06, in: ders.: Werke, Bd. 2, hg. u. eingel. v. Otto Braun, 1967 ([2]1927), 75–239. – **481** Friedrich Schleiermacher: Der christliche Glaube nach den Grundsätzen der evangelischen Kirche im Zusammenhange dargestellt, [7]1960, auf Gr. d. zweiten Aufl. u. krit. Prüfung d. Textes neu hg. u. mit Einl., Erläut. und Reg. versehen v. Martin Redeker. – **482** Friedrich Schleiermacher: Die christliche Sitte nach den Grundsätzen der evangelischen Kirche, hg. von L. Jonas, 1843. – **483** Wolfgang Lück: Lebensform Protestantismus. Reformatorisches Erbe in der Gegenwart, 1992. – **484** Peter Cornehl: Die Funktion der Bibel für die Frömmigkeit als praktisch-theologisches Problem, ThPr 7 (1972), 124–142. – **485** Gerhard Schmidtchen: Protestanten und Katholiken. Soziologische Analyse konfessioneller Kultur, [2]1979.

2. Konturen der bürgerlich-protestantischen Hausfrömmigkeit

486 Hans-Jürgen Fraas: Katechismustradition. Luthers kleiner Katechismus in Kirche und Schule, Göttingen 1971. – **487** Hans-Jürgen Fraas: Art. Katechismus I/1. Protestantische Kirchen/Historisch (bis 1945), TRE 17, 1988, 710–722. – **488** Wolfgang Grünberg: Art. Katechismus I/2. Protestantische Kirchen/Gegenwart, TRE 17, 1988, 723–728. – **489** Wolfgang Grünberg: Bildung und Frömmigkeit. Zur Geschichte der Handbücher – unter besonderer Berücksichtigung von Luthers Enchiridion von 1529, PTh 73 (1984), 354–367. – **490** Werner Jetter: Glaubensüberlieferung und Frömmigkeitssprache – das Beispiel der Katechismuspredigt, ZThK 87 (1990), 376–414. – **491** Peter Cornehl: Gottesdienst, VIII. Evangelischer Gottesdienst von der Reformation bis zur Gegenwart, TRE 14, 1985, 54–85. – **492** Eberhard Winkler: Tore zum Leben. Taufe – Konfirmation – Trauung – Bestattung, 1995. – **493** Eberhard Hauschildt: Alltagsseelsorge. Eine sozio-linguistische Analyse des pastoralen Geburtstagsbesuches, 1996. – **494** Martin Warnke: Zur Situation der Couchecke, in: Jürgen Habermas (Hg.): Stichworte zur ‚geistigen Situation der Zeit‘, Bd. 2: Politik und Kultur, 1979, 673–687.

3. Genese und Wandel der Familie in der (Post-)Moderne

495 René König: Soziologie der Familie, in: ders. (Hg.): Handbuch zur empirischen Sozialforschung, Bd. 7, 1976, 1–217. – **496** Siegfried Keil: Art. Familie, TRE 11, 1983, 1–23. – **497** Wilhelm H. Riehl: Die Familie, 1855. – **498** Emile Durkheim: La famille conjugale, Revue philosophique 40 (1921), 1–14. – **499** Talcott Parsons: Das Verwandtschaftssystem in den Vereinigten Staaten (1943), in: ders.: Beiträge zur soziologischen Theorie, ²1968, 84–108. – **500** Ingrid Weber-Kellermann: Die deutsche Familie, 1974. – **501** Edward Shorter: Die Geburt der modernen Familie, 1977. – **502** Karl Neumann: Familie im Prozeß moderner Gesellschaften, JRP 9 (1992), 1993, 97–117. – **503** Ulrich Schwab: Familienreligiosität. Religiöse Traditionen im Prozeß der Generationen. 1995. – **504** Rosemarie Nave-Herz: Familie heute: Wandel der Familienstrukturen und Folgen für die Erziehung, 1994. – **505** Rosemarie Nave-Herz/Bernhard Nauck: Familie und Freizeit, 1978. – **506** Hartmann Tyrell: Ehe und Familie – Institutionalisierung und Deinstitutionalisierung, in: Kurt Lüscher u.a. (Hg.): Die „postmoderne Familie". Familiale Strategien und Familienpolitik in einer Übergangszeit, 1988, 145–156. – **507** Ulrich Beck: Risikogesellschaft. Auf dem Weg in eine andere Moderne, 1986. – **508** Elisabeth Beck-Gernsheim: Was kommt nach der Familie? Einblicke in neue Lebensformen, 1998. – **509** Elisabeth Beck-Gernsheim: Vom „Dasein für andere" zum Anspruch auf ein Stück „eigenes Leben": Individualisierungsprozesse im weiblichen Lebenszusammenhang, Soziale Welt 34 (1983), 307–340. – **510** Elisabeth Beck-Gernsheim: Von der Liebe zur Beziehung? Veränderungen im Verhältnis von Mann und Frau in der individualisierten Gesellschaft, in: Johannes Berger (Hg.): Die Moderne – Kontinuitäten und Zäsuren (Soziale Welt Sonderband 4), 1986, 209–233. – **511** Peter Gross/Anne Honer: Multiple Elternschaften. Neue Reproduktionstechnologien, Individualisierungsprozesse und die Veränderung von Familienkonstellationen, Soziale Welt 41 (1990), 97–116. – **512** Frank Furstenberg: Die Entstehung des Verhaltensmusters „sukzessive Ehen", in: Kurt Lüscher u.a. (Hg.): Die „postmoderne Familie". Familiale Strategien und Familienpolitik in einer Übergangszeit, 1988, 73–83. – **513** Elisabeth Badinter: Ich bin Du. Die neue Beziehung zwischen Mann und Frau oder Die androgyne Revolution, ³1988. – **514** Sybille Becker/Ilona Nord (Hg.): Religiöse Sozialisation von Mädchen und Frauen, 1995.

212-2 Der Konnex zwischen privater und öffentlicher Religionskultur

1. Die integrative Funktion der ästhetischen Religionskultur

515 Peter Cornehl: Teilnahme am Gottesdienst. Zur Logik des Kirchgangs – Befund und Konsequenzen, in: Joachim Matthes (Hg.): Kirchenmitgliedschaft im Wandel. Untersuchungen zur Realität der Volkskirche. Beiträge zur zweiten EKD-Umfrage „Was wird aus der Kirche", ²1991, 15–53. – **516** Helmut Merkel: Feste und Feiertage, IV. Kirchengeschichtlich, TRE 11, 1983, 115–132. – **517** Henning Schröer: Karfreitagsfrömmigkeit. Gedanken zur empirischen Wahrheit des Protestantismus, in: Friedrich Wintzer/Henning Schröer/Johannes Heide (Hg.): Frömmigkeit und Freiheit. Theologische, ethische und seelsorgerliche Anfragen, 1995, 159–173. – **518** Ulrich Köpf: Art. Passionsfrömmigkeit, TRE 27, 1997, 722–764. – **519** Wolfgang Steck: Heiligabendchristentum. Zu einer eigenen Art volkskirchlicher Frömmigkeit, Nachrichten der Evang.-Luth. Kirche in Bayern 46 (1991), 458–462. – **520** Dietrich Schuberth: Art. Kirchenmusik, TRE 18, 1989, 649–662. – **521** Christoph Krummacher: Musik als praxis pietatis. Zum Selbstverständnis evangelischer Kirchenmusik, 1994. – **522** Wolfgang Schnabel: Die evangelische Posaunenchorarbeit. Herkunft und Auftrag, 1993.

2. Die private Signatur der öffentlichen Religionskultur

523 Johann H. Wichern: Die innere Mission der deutschen evangelischen Kirche. Eine Denk-schrift an die deutsche Nation, Sämtliche Werke Bd. 1, hg. von Peter Meinhold, 1962, 175–366.

3. Die Verwebung von öffentlicher und privater Religionskultur in der Krankenhausseelsorge

524 Horst Seibert: Krankenhaus, WBC, 1988, 682f. – **525** Reinhard Neubauer: Haus für Kranke. Eine christliche Betriebsethik des Krankenhauses, 1981. – **526** Michael Klessmann: Einleitung: Seelsorge in der Institution „Krankenhaus", in: ders. (Hg.): Handbuch der Krankenhausseelsor-ge, 1996, 13–27. – **527** Gerta Scharffenorth/A. M. Klaus Müller (Hg.): Patienten-Orientierung als Aufgabe. Kritische Analyse der Krankenhaussituation und notwendige Neuorientierungen, 1990. – **528** Friedrich Wintzer: Aufgaben und Probleme der Krankenhausseelsorge, in: ders.: Praktische Theologie, [5]1997, 133–146. – **529** Friedrich Wintzer: Zum Seelsorgegespräch mit Sterbenskranken, in: ders.: Praktische Theologie, [5]1997, 147–158. – **530** Christoph Scheytt: Das institutionelle Selbstbild des Klinikseelsorgers im Bezugsrahmen theologischen Verständnisses, PTh 83 (1994), 273–284. – **531** Peter Frör: Seelsorge und Institution. Zu einem vernachlässigten Aspekt der Krankenhausseelsorge, WzM 32 (1980), 14–21. – **532** Henning Luther: Diakonische Seelsorge, WzM 40 (1988), 475–484. – **533** Spiritualität in der Seelsorge im Krankenhaus. Themenheft WzM 46 (1994), 389–439. – **534** Dietrich Stollberg: Seelsorge und Gottesdienst, in: Michael Klessmann (Hg.): Handbuch der Krankenhausseelsorge, 1996, 205–212. – **535** Edu-ard Thurneysen: Die Lehre von der Seelsorge, 1946. – **536** Joachim Scharfenberg: Seelsorge als Gespräch. Zu Theorie und Praxis der Gesprächsführung, [3]1980. – **537** Joachim Scharfenberg: Sigmund Freud und seine Religionskritik als Herausforderung für den christlichen Glauben, [4]1976. – **538** Joachim Scharfenberg: Einführung in die Pastoralpsychologie, [2]1990. – **539** Isidor Baumgartner: Pastoralpsychologie. Einführung in die Praxis heilender Seelsorge, 1990. – **540** Kirchenleitung der Vereinigten Evangelisch-Lutherischen Kirche Deutschlands (Hg.): Agende für evangelisch-lutherische Kirchen und Gemeinden, Bd. III Die Amtshandlungen, Teil 4: Dienst an Kranken, 1994. – **541** K. Dienst: Art. Krankenkommunion, [3]RGG IV, 1960, 33. – **542** Herbert Vorgrimler: Art. Krankensalbung, TRE 19, 1990, 664–669. – **543** Artur Reiner: Die Krankensalbung, WzM 46 (1994), 418–430. – **544** Christian Grethlein: Andere Handlungen – Benediktionen und Krankensalbung, in: Hans-Christoph Schmidt-Lauber/Karl-Heinrich Bieritz (Hg.): Handbuch der Liturgik. Liturgiewissenschaft in Theologie und Praxis der Kirche, 1995, 432–452.

212-3 Der Konnex zwischen privater und kirchlicher Religionskultur

1. Bürgerlicher Protestantismus und kirchliches Christentum

1.1. Das kirchliche Christentum zwischen privater und öffentlicher Lebenssphäre

545 Ulrich Meyer: Soziales Handeln im Zeichen des ‚Hauses'. Zur Ökonomik in der Spätantike und im früheren Mittelalter, 1998. – **546** Hermann Timm: Hausgeist. Die ökomorphe Weiterbil-dung des Menschengeschlechts, in: Hans Klein u.a. (Hg.): Kirche – Geschichte – Glaube. Freundesgabe für Hermann Pitters zum 65. Geburtstag, 1998, 337–345. – **547** Dietrich Korsch: Bildung und Glaube. Ist das Christentum eine Bildungsreligion?, NZSTh 36 (1994), 190–214. – **548** Dietrich Rössler, Die Institutionalisierung der Religion, in: Wenzel Lohff/Lutz Mohaupt: Volkskirche – Kirche der Zukunft. Leitlinien der Augsburgischen Konfession für das Kirchen-verständnis heute, 1977, 41–69. – **549** Albrecht Grözinger: Es bröckelt an den Rändern. Kirche und Theologie in einer multikulturellen Gesellschaft, 1992. – **550** Helmut Hild (Hg.): Wie stabil ist die Kirche? Bestand und Erneuerung, 1974. – **551** Christsein gestalten. Eine Studie zum Weg der Kirche, hg. vom Kirchenamt im Auftrag des Rates der Evangelischen Kirche in Deutsch-land, [3]1986. – **552** Texte aus der VELKD 21, Zur Entwicklung von Kirchenmitgliedschaft.

Aspekte einer missionarischen Doppelstrategie, 1983. – **553** Christian Möller: Lehre vom Gemeindeaufbau. Bd. 1: Konzepte – Programme – Wege, 1987.

1.2. Die Vermittlung von privater Frömmigkeit und kirchlichem Christentum in der Theorie-Architektur der Praktischen Theologie

554 Friedrich Schleiermacher: Kurze Darstellung des theologischen Studiums zum Behuf einleitender Vorlesungen, hg. von Heinrich Scholz, (unv. Nachdr. der 3. Aufl. von 1910) 1977. – **555** Friedrich Schleiermacher: Die praktische Theologie nach den Grundsäzen der evangelischen Kirche im Zusammenhange dargestellt, hg. von Jacob Frerichs, 1850. – **556** Carl Immanuel Nitzsch: Praktische Theologie Bd. 1, 1847. – **557** Carl Immanuel Nitzsch: Praktische Theologie Bd. 2, 1848. – **558** Friedrich Niebergall: Wie predigen wir dem modernen Menschen, Bd. 1: Eine Untersuchung über Motive und Quietive, [3]1909. – **559** Friedrich Niebergall: Wie predigen wir dem modernen Menschen, Bd. 2: Eine Untersuchung über den Weg zum Willen, [2]1906. – **560** Friedrich Niebergall: Die neuen Wege kirchlicher Arbeit. Eine kleine Pastoraltheologie, 1928. – **561** Friedrich Niebergall: Die moderne Predigt. Kulturgeschichtliche und theologische Grundlage. Geschichte und Ertrag, 1929. – **562** Friedrich Niebergall: Die moderne Predigt, ZThK 15 (1905), 203–271. – **563** Friedrich Niebergall: Theologie und Praxis. Hemmungen und Förderungen der Predigt und des Religions-Unterrichts durch die moderne Religion, 1916. – **564** Friedrich Wintzer: Art. Niebergall, TRE 24, 1994, 464–468. – **565** Paul Drews: „Religiöse Volkskunde", eine Aufgabe der Praktischen Theologie, MkiPr 1, 1901, 1ff. – **566** Paul Drews: Das Problem der Praktischen Theologie. Zugleich ein Beitrag zur Reform des theologischen Studiums, 1910. – **567** Paul Drews: Verschiedene, zum Teil kleinere Schriften. Nachweise bei Volker Drehsen, Neuzeitliche Konstitutionsbedingungen der Praktischen Theologie, 1988, 349ff. – **568** Gerhard Krause: Art. Drews, Paul Gottfried, TRE 9, 1982, 188–190. – **569** Leander Petzoldt: Art. Religiöse Volkskunde, EKL 3, [3]1992, 1612–1614. – **570** Volker Drehsen, Neuzeitliche Konstitutionsbedingungen der Praktischen Theologie. Aspekte der theologischen Wende zur soziokulturellen Lebenswelt der Religion, 1988. – **571** Peter C. Bloth: Praktische Theologie, 1994.

1.3. Die Statur des volkskirchlichen Christentums im Spiegel demoskopischer Untersuchungen

572 Helmut Hild (Hg.): Wie stabil ist die Kirche? Bestand und Erneuerung, 1974. – **573** Johannes Hanselmann/Helmut Hild/Eduard Lohse (Hg.): Was wird aus der Kirche? Ergebnisse der zweiten EKD-Umfrage über Kirchenmitgliedschaft, 1984. – **574** Christsein gestalten. Eine Studie zum Weg der Kirche, hg. vom Kirchenamt im Auftrag des Rates der Evangelischen Kirche in Deutschland, [3]1986. – **575** Studien- und Planungsgruppe der EKD: Fremde Heimat Kirche. Ansichten ihrer Mitglieder. Erste Ergebnisse der dritten EKD-Umfrage über Kirchenmitgliedschaft, 1993. – **576** Klaus Engelhardt/Hermann von Loewenich/Peter Steinacker (Hg.): Fremde Heimat Kirche. Die dritte EKD-Erhebung über Kirchenmitgliedschaft, 1997. – **577** Studien- und Planungsgruppe der EKD (Hg.): Quellen religiöser Selbst- und Weltdeutung. Die themenorientierten Erzählinterviews der dritten EKD-Erhebung über Kirchenmitgliedschaft, Bd. 1, 1998. – **578** Studien- und Planungsgruppe der EKD (Hg.): Quellen religiöser Selbst- und Weltdeutung. Die themenorientierten Erzählinterviews der dritten EKD-Erhebung über Kirchenmitgliedschaft, Bd. 2, 1998. – **579** Joachim Matthes: Unbestimmtheit: Ein konstitutives Merkmal der Volkskirche? Anmerkungen zu einem Thema der Diskussion um die EKD-Mitgliedschaftsstudien 1972 und 1982, in: ders. (Hg.): Kirchenmitgliedschaft im Wandel. Untersuchungen zur Realität der Volkskirche. Beiträge zur zweiten EKD-Umfrage „Was wird aus der Kirche?", [2]1991, 149–162. – **580** Ulrich Schwab: Religion im Lebenswerk des Subjekts. Zum biographischen Neuansatz der dritten EKD-Studie „Fremde Heimat Kirche", PTh 87 (1998), 380–391. – **581** Eberhard Hauschildt: Milieus in der Kirche. Erste Ansätze zu einer neuen Perspektive und ein Plädoyer für vertiefte Studien, PTh 87 (1998), 392–404. – **582** Andreas Feige: Kirchenaustritte. Eine soziologische Untersuchung von Ursachen und Bedingungen am Beispiel der evangelischen Kirche von Berlin-Brandenburg, ²1977. – **583** Andreas Feige: Kirchenmitgliedschaft in der Bundesrepublik Deutschland. Zentrale Perspektiven empirischer Forschungsarbeit im problemgeschichtlichen Kontext der deutschen Religions- und Kirchensoziologie nach 1945, 1990. – **584** Ingrid und Wolfgang Lukatis: Die volkskirchliche ‚Mitte'. Sozialdaten – Erfahrungshintergründe – Ausdrucksformen von Kirchlichkeit, WPKG 64 (1975), 150–168. – **585** Volker Drehsen: Wie religionsfähig ist die Volkskirche? Sozialisationstheoretische Erkundungen neuzeitlicher Christentumspraxis, 1994. – **586** Volker Drehsen/Walter Sparn (Hg.): Im Schmelztiegel der Religionen. Konturen des modernen Synkretismus, 1996. – **587** Volker Drehsen/Walter Sparn: Vorwort, in: dies. (Hg.): Im Schmelztiegel der Religionen. Konturen des modernen Synkretismus, 1996, 9–11. – **588** Friedrich Schweitzer: Synkretismus in biographisch-psychologischer Sicht. Forschungsperspektiven und -desiderate, in: Volker Drehsen/Walter Sparn (Hg.): Im Schmelztiegel der Religionen. Konturen des modernen Synkretismus, 1996, 54–71.

2. Die private Signatur der kirchlichen Religionskultur

589 Ferdinand Hahn: Art. Gottesdienst, III. Neues Testament, TRE 14, 1985, 28–39. – **590** Karl-Heinrich Bieritz/Christoph Kähler: Art. Haus, III. Altes Testament/Neues Testament/Kirchengeschichtlich/Praktisch-theologisch, TRE 14, 1985, 478–492. – **591** Dieter Schwab: Art. Familie, GGB 2, 1975, 253–301. – **592** Wolfgang Steck: Art. Kasualien, TRE 17, 1988, 673–686. – **593** Gerhard Wendland: Gotteshaus und Gemeindehaus – ein Plädoyer für die offene Kirchentür. Zur Nutzung und Semantik kirchengemeindlicher Räume, PTh 86 (1997), 360–374. – **594** Christian Möller: Lehre vom Gemeindeaufbau. Bd. 1: Konzepte – Programme – Wege, 1987.

3. Die Privatisierung des protestantischen Gottesdienstes

3.1. Individualisierung und Pluralisierung der liturgischen Religionskultur

595 Peter Cornehl: Teilnahme am Gottesdienst. Zur Logik des Kirchgangs – Befund und Konsequenzen, in: Joachim Matthes (Hg.): Kirchenmitgliedschaft im Wandel. Untersuchungen zur Realität der Volkskirche. Beiträge zur zweiten EKD-Umfrage „Was wird aus der Kirche", ²1991, 15–53. – **596** Peter Cornehl: Individuum und Gemeinschaft im Gottesdienst. Altes Thema, neue Herausforderungen, PTh 85 (1996), 292–310. – **597** Werner Jetter: Symbol und Ritual. Anthropologische Elemente im Gottesdienst, 1978. – **598** Theophil Müller: Evangelischer Gottesdienst. Liturgische Vielfalt im religiösen und gesellschaftlichen Umfeld, 1993.

3.2. Die beiden Grundtypen des protestantischen Gottesdienstes

599 Wolfgang Steck: Sehen, Hören, Fühlen. Sinnlichkeit und Rationalität im protestantischen Gottesdienst, Liturgische Blätter 50 (1990), 5–28. – **600** Eberhard Hauschildt: Die vier Typen liturgischer Erfahrung. Versuch einer Kartographierung der liturgischen Landschaft, PTh 85 (1996), 334–343. – **601** Wilhelm Stählin: Bruderschaft, 1940. – **602** Heinz Henche: Art. Michaelsbruderschaft, TRE 22, 1992, 714–717. – **603** Karl Bernhard Ritter: Die Eucharistische Feier, ³1961. – **604** Karl Bernhard Ritter: Das tägliche Gebet, ²1957. – **605** Ernst Hofhansl/Herbert Naglatzki (Hg.): Evangelisches Stundengebet: beten im Rhythmus von Jahr und Tag, 1995. – **606** Jakob Frey: Art. Taizé, EKL 4, ³1996, 646f.

3.3. Frauenliturgien als Modellfall religiöser Individualisierung

607 Günter Ruddat: Art. Feste und Feiertage, VI. Praktisch-theologisch, TRE 11, 1983, 134–143. – **608** Vereinigte Evangelisch-Lutherische Kirche Deutschlands, Arbeitsgruppe Erneuerte

Agende. Erneuerte Agende, Vorentwurf, 1990. – **609** Herlinde Pissarek-Hudelist: Art. Liturgie, I. Katholisch, in: Elisabeth Gössmann u.a. (Hg.): Wörterbuch der Feministischen Theologie, 1991, 251–254. – **610** Sybille Fritsch-Oppermann: Art. Liturgie, IV. Evangelisch, in: Elisabeth Gössmann u.a. (Hg.): Wörterbuch der Feministischen Theologie, 1991, 256f. – **611** Gerda Scharffenorth: Art. Frauenbewegung, TRE 11, 1983, 471–481. – **612** Teresa Berger: Liturgie und Frauenseele. Die Liturgische Bewegung aus der Sicht der Frauenforschung, 1993. – **613** Ulrike Börsch: Art. Weltgebetstag der Frauen, in: Elisabeth Gössmann u.a. (Hg.): Wörterbuch der Feministischen Theologie, 1991, 435–438. – **614** Ruth Ahl: Art. Weltgebetstag der Frauen, in: Anneliese Lissner u.a. (Hg.): Frauenlexikon. Traditionen – Fakten – Perspektiven, 1988, 1155–1157. – **615** Angelika Schmidt-Biesalski (Hg.): Ein Freitag im März. Weltgebetstag-Taschenbuch, 1982. – **616** Anneliese Knippenkötter: Weltgebetstag der Frauen, in: Teresa Berger/Albert Gerhards (Hg.): Liturgie und Frauenfrage. Ein Beitrag zur Frauenforschung aus liturgiewissenschaftlicher Sicht, 1990, 581–592. – **617** Christine Hojenski u.a.: Feministische Liturgien. Suchbewegungen – Erfahrungen – Reflexionen. Ein Projektbericht, in: Christine Hojenski u.a.: Meine Seele sieht das Land der Freiheit. Feministische Liturgien – Modelle für die Praxis, 1990, 59–75. – **618** Christine Schaumberger: Wir lassen uns nicht länger abspeisen! Überlegungen zur feministischen Suche nach Liturgie als Brot zum Leben, in: Christine Hojenski u.a.: Meine Seele sieht das Land der Freiheit, 1990, 43–58. – **619** Renate Jost/Ulrike Schweiger (Hg.): Feministische Impulse für den Gottesdienst, 1996. – **620** Hanna Strack: Vorwort, in: dies. (Hg.): Den Schatz heben. Gottesdienste nach biblischen Texten, 1992, 7f. – **621** Brigitte Enzner-Probst/Andrea Felsenstein-Roßberg: Wenn Himmel und Erde sich berühren. Texte, Lieder und Anregungen für Frauenliturgien, 1993. – **622** Hanne Köhler: Atem des Lebens, Quelle, Freundin. In lebendigen eigenen Worten mit Gott reden, in: Hildburg Wegener u.a. (Hg.): Frauen fordern eine gerechte Sprache, 1990, 25–39. – **623** Hedwig Meyer-Wilmes: Art. Feministische Theologie, WBC, 1988, 342f. – **624** Herlinde Pissarek-Hudelist (Hg.): Die Frau in der Sicht der Anthropologie und Theologie, 1989. – **625** Theodor Schneider (Hg.): Mann und Frau – Grundproblem theologischer Anthropologie, 1989. – **626** Henrietta L. Moore: Mensch und Frau sein. Perspektiven einer feministischen Anthropologie, 1990. – **627** Iris Öchsner: Arbeit am Mythos der Weiblichkeit. Kritik und Konstruktion feministischer Weisheitstheologie, 1994. – **628** Elga Sorge: Religion und Frau. Weibliche Spiritualität im Christentum, [2]1987. – **629** Mary Daly: Jenseits von Gott Vater, Sohn & Co. Aufbruch zu einer Philosophie der Frauenbefreiung, 1980. – **630** Marie-Theres Wacker (Hg.): Der Gott der Männer und die Frauen, 1987. – **631** Hedwig Meyer-Wilmes: Vater Gott und Mutter Kirche. Über den Zusammenhang von Theologie und Kirchenerfahrung, in: Marie-Theres Wacker: Theologie feministisch: Disziplinen – Schwerpunkte – Richtungen, 1988, 143–157. – **632** Elisabeth Schüssler Fiorenza: Jesus – Miriams Kind, Sophias Prophet. Kritische Anfragen feministischer Christologie, 1997. – **633** Doris Strahm/Regula Strobel (Hg.): Vom Verlangen nach Heilwerden. Christologie in feministisch-theologischer Sicht, 1991. – **634** Roselies Taube/Claudia Tietz-Buck/Christine Klinge: Frauen und Jesus Christus. Die Bedeutung von Christologie im Leben protestantischer Frauen, 1995. – **635** Hildegunde Wöller: Ein Traum von Christus. In der Seele geboren, im Geist erkannt, 1987. – **636** Julie Hopkins: Feministische Christologie. Wie Frauen heute von Jesus reden können, 1996. – **637** Christa Mulack: Jesus der Gesalbte von Frauen, 1987. – **638** Rosemary Radford Ruether: Unsere Wunden heilen – unsere Befreiung feiern. Rituale in der Frauenkirche, 1988. – **639** Rosemary Radford Ruether: Maria – Kirche in weiblicher Gestalt, 1980. – **640** Rosemary Radford Ruether: Sexismus und die Rede von Gott. Schritte zu einer anderen Theologie, 1985. – **641** Rosemary Radford Ruether: Frauenbilder – Gottesbilder. Feministische Erfahrungen in religionsgeschichtlichen Texten, 1987. – **642** Catharina Halkes: Gott hat nicht nur starke Söhne. Grundzüge einer feministischen Theologie, [5]1987. – **643** Ulrike Wagner-Rau: Zwischen Vaterwelt und Feminismus. Eine Studie zur pastoralen Identität von Frauen, 1992. – **644** Sybille Bekker/Ilona Nord (Hg.): Religiöse Sozialisation von Mädchen und Frauen, 1995. – **645** Luise F. Pusch: Das Deutsche als Männersprache. Diagnose und Therapievorschläge, in: dies.: Das Deutsche als Männersprache. Aufsätze und Glossen zur feministischen Linguistik, 1984, 46–68. – **646** Hildburg Wegener u.a. (Hg.): Frauen fordern eine gerechte Sprache, 1990. – **647** J. G. Davies: Art. Tanz, EKL 4, [3]1996, 654–657. – **648** Ulrich Wössner: Art. Tanz, WBC, 1988, 1224. – **649** Curt Sachs: Eine Weltgeschichte des Tanzes (1933), 1992. – **650** Th. P. van Baaren:

Selbst die Götter tanzen. Sinn und Formen des Tanzes in Kultur und Religion, 1964. – **651** Teresa Berger: Liturgie und Tanz. Anthropologische Aspekte, historische Daten, theologische Perspektiven, Pietas Liturgica Studia 1, 1985. – **652** Gereon Vogler: Einführung, in: ders./Josef Sudbrack/Emmanuela Kohlhaas: Tanz und Spiritualität, 1995, 9–18. – **653** Gereon Vogler: Spiritualität und Tanz, in: ders./Josef Sudbrack/Emmanuela Kohlhaas: Tanz und Spiritualität, 1995, 109–159. – **654** Josef Sudbrack: Der Tanz in der Geschichte der christlichen Spiritualität, in: Gereon Vogler/Josef Sudbrack/Emmanuela Kohlhaas: Tanz und Spiritualität, 1995, 19–55. – **655** Hilda-Maria Lander: Tanzen will ich. Bewegung und Tanz in Gruppe und Gottesdienst, 1983. – **656** Maria-Gabriele Wosien: Sakraler Tanz. Der Reigen im Jahreskreis. Tanzbeispiele mit Tonkassette, 1988. – **657** Hilda Maria Lander/Maria-Regina Zohner: Meditatives Tanzen, 1987. – **658** Petra Klein: Tanztherapie. Ein Weg zum Ganzheitlichen Sein, 1993. – **659** Gerd Hölter/Hilarion Petzold/Elke Willke: Vorwort, in: dies. (Hg.): Tanztherapie. Theorie und Praxis. Ein Handbuch, [2]1992, 9–12. – **660** Elke Willke: Einführung: Tanztherapie – Grundzüge der Entwicklung tanztherapeutischer Praxis und Theorie, in: dies./Gerd Hölter/Hilarion Petzold (Hg.): Tanztherapie. Theorie und Praxis. Ein Handbuch, [2]1992, 13–49. – **661** Mary Wigman: Sprache des Tanzes, in: Elke Willke/Gerd Hölter/Hilarion Petzold (Hg.): Tanztherapie. Theorie und Praxis. Ein Handbuch, [2]1992, 53–68. – **662** Irmgard Bartenieff: Tanztherapie, in: Elke Willke/Gerd Hölter/Hilarion Petzold (Hg.): Tanztherapie. Theorie und Praxis. Ein Handbuch, [2]1992, 259–285. – **663** Cary Rick: Tanztherapie. Eine Einführung in die Grundlagen, 1989. – **664** Carsten Colpe: Art. Yoga, EKL 4, [3]1996, 1345. – **665** Reinhart Staats: Art. Askese, EKL 1, [3]1986, 287–292. – **666** Johannes Doll: Art. Sport, WBC, 1988, 1175f. – **667** Irene Diekmann/Joachim H. Teichler (Hg.): Körper, Kultur und Ideologie. Sport und Zeitgeist im 19. und 20. Jahrhundert, 1997. – **668** Jürgen Moltmann: Art. Ökologie, TRE 25, 1995, 36–46. – **669** Günter Altner: Art. Ökologie, EKL 3, [3]1992, 820–824. – **670** Gerardus van der Leeuw: Phänomenologie der Religion, [2]1956. – **671** Manfred Josuttis: Der Weg in das Leben. Eine Einführung in den Gottesdienst auf verhaltenswissenschaftlicher Grundlage, 1991. – **672** Bernhard Lang: Vorwort, in: ders. (Hg.): Das tanzende Wort. Intellektuelle Rituale im Religionsvergleich, 1984, 9–14. – **673** Helmut Wenz: Körpersprache im Gottesdienst. Theorie und Praxis der Kinesik für Theologie und Kirche, [2]1996.

3.4. Liturgische Frömmigkeit und politisches Bewußtsein

674 Gerhard Schulze: Die Erlebnisgesellschaft. Kultursoziologie der Gegenwart, [7]1997. – **675** Peter Cornehl: Art. Gottesdienst, VIII. Evangelischer Gottesdienst von der Reformation bis zur Gegenwart, TRE 14, 1985, 54–85. – **676** Peter Cornehl: Gottesdienst, in: Ferdinand Klostermann/Rolf Zerfaß (Hg.): Praktische Theologie heute, 1974, 449–463. – **677** Peter Cornehl: Individuum und Gemeinschaft im Gottesdienst. Altes Thema, neue Herausforderungen, PTh 85 (1996), 292–310. – **678** Peter Cornehl: Was können wir von der Erneuerten Agende erwarten? PTh 79 (1990), 479–485. – **679** Frieder Schulz: Sieben Besonderheiten der Erneuerten Agende, PTh 79 (1990), 463–471. **680** Christian Walther: Politisches Christentum. Ein kontroverses Phänomen im Protestantismus, 1996. – **681** Johann Baptist Metz/Werner Kroh: Art. Politische Theologie, EKL 3, [3]1992, 1261–1265. – **682** Theodor Strohm: Art. Religiöser Sozialismus, EKL 3, [3]1992, 1614–1619. – **683** Theodor Strohm: Art. Befreiungstheologie, EKL 1, [3]1986, 380–383.

3.4.1. Die Politischen Nachtgebete

684 Fulbert Steffensky: Arbeitsanleitung, in: Dorothee Sölle/Fulbert Steffensky (Hg.): Politisches Nachtgebet in Köln, [2]1969, 7–12. – **685** Klaus Schmidt: Zwischenbilanz nach 25 Nachtgebeten, in: Dorothee Sölle/Fulbert Steffensky (Hg.): Politisches Nachtgebet in Köln, Bd. 2: Texte – Analysen – Kritik, o.J., 214–226. – **686** Fulbert Steffensky: Politisches Nachtgebet und ‚neue Gemeinde'. Erfahrungen in einem Gruppenprozeß, WPKG 60 (1971), 527–534. – **687** Fulbert Steffensky: Erinnerung und Hoffnung – Zur Funktion der religiösen Sprache im Politischen Nachtgebet, in: Dorothee Sölle/Fulbert Steffensky (Hg.): Politisches Nachtgebet in Köln, Bd. 2: Texte – Analysen – Kritik, o.J., 226–233. – **688** Dorothee Sölle: Das entprivatisierte Gebet, in: Uwe Seidel/Diethard Zils (Hg.): Aktion Politisches Nachtgebet, 1971, 19–26.

3.4.2. Die Liturgische Nacht

689 Arbeitskreis für Gottesdienst und Kommunikation (Hg.): Liturgische Nacht. Ein Werkbuch, 1974. – **690** Henning Schröer: Anstiftung zu lebendiger Liturgie, in: Rüdiger Runge/Christian Krause (Hg.): Zeitansage. 40 Jahre Deutscher Evangelischer Kirchentag, 1989, 65–81. – **691** Sybille Fritsch-Oppermann/Henning Schröer (Hg.): Lebendige Liturgie 2. Vom Kirchentag zum Kirchenalltag, 1992. – **692** Sybille Fritsch-Oppermann/Henning Schröer: Vorwort, in: dies. (Hg.): Lebendige Liturgie 2. Vom Kirchentag zum Kirchenalltag, 1992, 7f. – **693** Reiner Degenhardt: Lebendige Liturgie als Dimension des Kirchentags. Eine Bestandsaufnahme mit Wünschen, in: Sybille Fritsch-Oppermann/Henning Schröer (Hg.): Lebendige Liturgie: Texte – Experimente – Perspektiven, 1990, 99–106. – **694** Uwe Seidel: Beatmesse in der Westfalenhalle Dortmund im Deutschen Evangelischen Kirchentag, in: Sybille Fritsch-Oppermann/Henning Schröer (Hg.): Lebendige Liturgie 2. Vom Kirchentag zum Kirchenalltag, 1992, 65–72.

3.4.3. Das Feier-Abend-Mahl

695 Herbert Lindner: Feierabendmahl, in: Hans-Christoph Schmidt-Lauber/Karl-Heinrich Bieritz (Hg.): Handbuch der Liturgik. Liturgiewissenschaft in Theologie und Praxis der Kirche, 1995, 874–884. – **696** Georg Kugler: Feierabendmahl. Zwischenbilanz – Gestaltungsvorschläge – Modelle, 1981. – **697** Georg Kugler/Herbert Lindner: Das Feierabendmahl in St. Lorenz. Überlegungen, Berichte, Reaktionen, in: Georg Kugler (Hg.): Forum Abendmahl, 1979, 73–126. – **698** Georg Kugler: Bilanz einer Anstiftung, in: Forum Abendmahl 2, 1981, 30–41. – **699** Lorenzer Ratschläge, in: Georg Kugler (Hg.): Forum Abendmahl, 1979, 159–171. – **700** Peter Cornehl: Hineinwachsen in Spannungen. Eine theologische Zwischenbilanz der Abendmahlsbewegung, PTh 72 (1983), 120–132. – **701** Peter Cornehl: Evangelische Abendmahlspraxis im Spannungsfeld von Lehre, Erfahrung und Gestaltung, in: Hans Martin Müller/Dietrich Rössler (Hg.): Reformation und Praktische Theologie. FS für Werner Jetter zum 70. Geburtstag, 1983, 22–50. – **702** Peter Cornehl: Zweiter Versuch einer Antwort, in: Georg Kugler (Hg.): Forum Abendmahl, 1979, 39–44. – **703** Peter Cornehl: Brot brechen – Leben teilen. Elemente der Kirche von morgen, in: Forum Abendmahl 2, 1981, 128–136. – **704** Forum Abendmahl 2, 1981. – **705** Rolf Christiansen: Erneuerung der Gemeinde aus dem Abendmahl, PTh 72 (1983), 83–96. – **706** Taufe, Eucharistie und Amt. Konvergenzerklärungen der Kommission für Glauben und Kirchenverfassung des Ökumenischen Rates der Kirchen, [8]1994. – **707** Heinrich Holze: Unreformatorischer Gottesdienst? Die Abendmahlsfeier der Lima-Liturgie aus der Sicht frühreformatorischer Gottesdienstordnungen, ZThK 88 (1991), 287–312. – **708** Eberhard Kenntner: Art. Kinderkommunion, TRE 18, 1989, 188–195. – **709** Eberhard Kenntner: Abendmahl mit Kindern. Versuch einer Grundlegung unter Berücksichtigung der geschichtlichen Wurzeln der gegenwärtigen Diskussion in Deutschland, 1980. – **710** Comenius Institut: Dokumentation 4: Abendmahl mit Kindern. Entwicklung in den Evang. Kirchen in der Bundesrepublik Deutschland und in der Deutschen Demokratischen Republik. Dokumentation 1977–1982, 1983. – **711** Robert Leuenberger: Theologische Überlegungen zum Kinderabendmahl, in: Hans Eggenberger (Hg.): Abendmahl – auch für Kinder? Grundsätzliche Überlegungen, Praxisberichte und Materialien, 1979, 13–26. – **712** Walter Neidhart: Psychologische Überlegungen zum Kinderabendmahl, in: Hans Eggenberger (Hg.): Grundsätzliche Überlegungen, Praxisberichte und Materialien, 1979, 27–36. – **713** Martin Lienhard (Hg.): Mit Kindern Abendmahl feiern. Modelle, Reflexionen, Materialien, 1978. – **714** Ulrich Becker: Geleitwort, in: Comenius Institut: Dokumentation 4: Abendmahl mit Kindern. Entwicklung in den Evang. Kirchen in der Bundesrepublik Deutschland und in der Deutschen Demokratischen Republik. Dokumentation 1977–1982, 1983, 1f.

3.4.4. Die Friedensandachten

715 Bernhard Moltmann: Art. Friedensbewegung, EKL 1, [3]1986, 1382–1384. – **716** Christof Bäumler: Art. Friedenserziehung, EKL 1, [3]1986, 1384–1386. – **717** Kurt Tudyka: Art. Friedensforschung, WBC, 1988, 374f. – **718** Wolfgang Huber: Art. Frieden, V. Kirchengeschichtlich und ethisch, TRE 11, 1983, 618–646. – **719** Wolfgang Lienemann: Art. Rüstung und Abrüstung, 2. Theologisch-ethisch, EKL 3, ³1992, 1732–1736. – **720** Wolfgang Leyk: „Wir sind das Volk". Aufbrüche im Osten als Modell lebendiger Liturgie, in: Sybille Fritsch-Oppermann/Henning Schröer (Hg.): Lebendige Liturgie. Texte, Experimente, Perspektiven, 1990, 116–121. – **721** Wolfgang Elvers/Hagen Findeis: Die politisch alternativen Gruppen im gesellschaftlichen Wandel: Eine empirische Studie zu ihrem Selbstverständnis, in: Wolf-Jürgen Grabner u.a. (Hg.): Leipzig im Oktober. Kirchen und alternative Gruppen im Umbruch der DDR. Analysen zur Wende, 1990, 97–111. – **722** Detlef Pollack (Hg.): Die Legitimität der Freiheit. Zur Rolle der politisch alternativen Gruppen in der DDR, 1990. – **723** Sebastian Feydt/Christian Heinze/Martin Schanz: Die Leipziger Friedensgebete, in: Wolf-Jürgen Grabner u.a. (Hg.): Leipzig im Oktober. Kirchen und alternative Gruppen im Umbruch der DDR. Analysen zur Wende, 1990, 123–135. – **724** Friedrich Magirius: „Selig sind, die Frieden stiften ..." Friedensgebete in St. Nikolai zu Leipzig, in: Jörg Hildebrandt/Gerhard Thomas (Hg.): Unser Glaube mischt sich ein ... Evangelische Kirche in der DDR 1989. Berichte, Fragen, Verdeutlichungen, 1990, 92–99. – **725** Friedrich Magirius: Leipzig, Nikolaikirche. Erfahrungen und Ernüchterungen in der ‚Revolution der Kerzen', in: Walter Sparn (Hg.): Wieviel Religion braucht der deutsche Staat? Politisches Christentum zwischen Reaktion und Revolution, 1992, 39–48. – **726** Kurt Mühler/Steffen H. Wilsdorf: Meinungstrends in der Montagsdemonstration: Nachbetrachtungen zu einer basisdemokratischen Institution, in: Wolf-Jürgen Grabner u.a. (Hg.): Leipzig im Oktober. Kirchen und alternative Gruppen im Umbruch der DDR. Analysen zur Wende, 1990, 159–175. – **727** Gerhard Thomas: Fehl am Platz: Selbstgefühl und Dünkel. Kirche in der Öffentlichkeit, in: Jörg Hildebrandt/Gerhard Thomas (Hg.): Unser Glaube mischt sich ein ... Evangelische Kirche in der DDR 1989. Berichte, Fragen, Verdeutlichungen, 1990, 62–68. – **728** Jörg Hildebrandt/Gerhard Thomas: Vorwort, in: dies. (Hg.): Unser Glaube mischt sich ein ... Evangelische Kirche in der DDR 1989. Berichte, Fragen, Verdeutlichungen, 1990, 5f. – **729** Heino Falcke: Gesellschaft und Kirchen der DDR im demokratischen Wandel. Bericht vom März 1990, in: Walter Sparn (Hg.): Wieviel Religion braucht der deutsche Staat? Politisches Christentum zwischen Reaktion und Revolution, 1992, 23–38.

3.5. Gottesdienste für gesellschaftliche Teilkulturen

730 Peter Cornehl: Teilnahme am Gottesdienst. Zur Logik des Kirchgangs – Befund und Konsequenzen, in: Joachim Matthes (Hg.): Kirchenmitgliedschaft im Wandel. Untersuchungen zur Realität der Volkskirche. Beiträge zur zweiten EKD-Umfrage „Was wird aus der Kirche", ²1991, 15–53. – **731** Volker Drehsen: Wie religionsfähig ist die Volkskirche? Sozialisationstheoretische Erkundungen neuzeitlicher Christentumspraxis, 1994. – **732** Dieter Trautwein: Lernprozeß Gottesdienst. Ein Arbeitsbuch unter besonderer Berücksichtigung der „Gottesdienste in neuer Gestalt", 1972. – **733** Werner Corell: Lernpsychologie. Grundfragen und pädagogische Konsequenzen, ¹⁶1978.

3.5.1. Jugendgottesdienst und Konfirmationsfeier im Kontext von Jugendarbeit und Konfirmandenarbeit

734 Martin Affolderbach: Art. Jugend, TRE 17, 1988, 409–423. – **735** Arno Klönne: Art. Jugendbewegung, TRE 17, 1988, 423–426. – **736** Heinz-Hermann Krüger (Hg.): Handbuch der Jugendforschung, ²1993. – **737** Friedrich Schweitzer: Die Suche nach eigenem Glauben. Einführung in die Religionspädagogik des Jugendalters, 1996. – **738** Heiner Barz: Religion ohne Institution? Eine Bilanz der sozialwissenschaftlichen Jugendforschung, Teil 1 des Forschungsberichts „Jugend und Religion" i. Auftr. d. Arbeitsgem. d. Evang. Jugend i. d. Bundesrepublik Deutschland, 1992. – **739** Heiner Barz: Postmoderne Religion. Die junge Generation in den Alten Bundesländern, Teil 2 des Forschungsberichts „Jugend und Religion" i. Auftr. d. Arbeitsgem. d. Evang. Jugend i. d. Bundesrepublik Deutschland, 1992. – **740** Heiner Barz: Postsozialistische Religion. Am Beispiel der jungen Generation in den Neuen Bundesländern, Teil 3 des Forschungsberichts „Jugend und Religion" i. Auftr. d. Arbeitsgem. d. Evang. Jugend i. d. Bundesrepublik Deutschland, 1992. – **741** Dietlind Fischer/Albrecht Schöll: Lebenspraxis und Religion. Fallanalysen zur subjektiven Religiosität von Jugendlichen, 1994. – **742** Andreas Feige: Erfahrungen mit Kirche. Daten und Analysen einer empirischen Untersuchung über Beziehungen und Einstellungen Junger Erwachsener zur Kirche. Ein Beitrag zur Soziologie und Theologie der Volkskirchenmitgliedschaft in der Bundesrepublik Deutschland, 1982. – **743** Werner Lindner: Jugendprotest seit den fünfziger Jahren, 1996. – **744** Wilfried Ferchhoff/Uwe Sander/ Ralf Vollbrecht (Hg.): Jugendkulturen – Faszination und Ambivalenz. Einblicke in jugendliche Lebenswelten, 1995. – **745** Ralph Sauer: Religiöse Phänomene in den Jugendkulturen, JRP 10 (1993), 17–30. – **746** Bernd Schwarze: Die Religion in der Rock- und Popmusik. Analysen und Interpretationen, 1997. – **747** Dieter Baacke (Hg.): Handbuch Jugend und Musik, 1997. – **748** Winfried Speitkamp: Jugend in der Neuzeit. Deutschland vom 16. bis zum 20. Jahrhundert, 1998. – **749** Günter Hegele: Art. Jugendarbeit, 4. Formen und Methoden, EKL 2, ³1989, 895f. – **750** Wolfgang Deresch: Kirchliche Jugendarbeit: Wege zur persönlichen, sozialen und religiösen Identität, 1984. – **751** Christof Bäumler: Aspekte einer zukunftsorientierten Konzeption der Jugendarbeit, ThPr 21 (1986), 119–130. – **752** Christof Bäumler: Zum Verhältnis von kirchlicher Jugendarbeit, Konfirmandenunterricht und Religionsunterricht, in: ders.: Unterwegs zu einer Praxistheorie. Gesammelte Aufsätze zur kirchlichen Jugendarbeit, 1977, 220–229. – **753** Ulrich Schwab: Evangelische Jugendarbeit in Bayern 1800–1933, 1992. – **754** Ulrich Schwab: Perspektiven evangelischer Jugendarbeit, ThPr 29 (1994), 147–159. – **755** Klaus Wegenast/ Godwin Lämmermann: Gemeindepädagogik. Kirchliche Bildungsarbeit als Herausforderung, 1994. – **756** Karl Ernst Nipkow: Bildung als Lebensbegleitung und Erneuerung. Kirchliche Bildungsverantwortung in Gemeinde, Schule und Gesellschaft, 1990. – **757** Kurt Frör: Die Integration von Unterweisung und Erziehung im kirchlichen Katechumenat, in: Hugo Schnell (Hg.): Kirche und Jugend, 1963, 45–63. – **758** Gottfried Adam: Der Unterricht der Kirche. Studien zur Konfirmandenarbeit, 1980. – **759** Enno Rosenboom: Gemeindeaufbau durch Konfirmandenunterricht (Handbücherei für Gemeindearbeit Heft 22), ²1963. – **760** Christof Bäumler: Der Nachwuchs der Volkskirche. Zur gegenwärtigen Problematik des Konfirmandenunterrichts, ThPr 8 (1973), 230–242. – **761** Walter Neidhart: Aufgaben, Ziele und Möglichkeiten des Konfirmandenunterrichts heute, in: Hans Eggenberger (Hg.): Neue Modelle für den Konfirmandenunterricht, 1970, 9–26. – **762** Dieter Stoodt: Kirchliche Begleitung Jugendlicher in der puberalen Ablösephase durch den Konfirmandenunterricht, WPKG 62 (1973), 375–389. – **763** Wilhelm Gräb: Liturgie des Lebens. Überlegungen zur Darstellung von Religion im Konfirmandenunterricht, PTh 77 (1988), 319–334. – **764** Godwin Lämmermann: Die Konfirmation – ein familien- und psychodynamisches Ritual, EvErz 49 (1997), 308–322. – **765** Henning Luther: Theologie der Konfirmation. Henning Luthers letzte Thesen und Fragen, kommentiert von Christof Bäumler und Walter Neidhart, ThPr 27 (1992), 193–209. – **766** Gert Otto: Konfirmation und Konfirmandenunterricht, in: Christof Bäumler/Henning Luther: Konfirmandenunterricht und Konfirmation. Texte zu einer Praxistheorie im 20. Jahrhundert, 1987, 235–248. – **767** Hans-Jürgen Fraas: Konfirmation und Konfirmandenarbeit heute, Die Christenlehre 46, 1993, 95–105. – **768** Eberhard Hauschildt: Der Konfirmationsglaube. Zur Wahrnehmung seiner Komplexität, in: Frieder Harz/Martin Schreiner (Hg.): Glauben im Lebenszyklus, 1994, 213–227. – **769** Ulrich Schwab: Die Taufpaten. Praktisch-theologische Erwägungen zu Genese und Gestalt einer Institution, ZThK 92 (1995), 396–412. – **770** Joachim Matthes. Volkskirchliche Amtshandlungen, Lebenszyklus und Lebensgeschichte. Überlegungen zur Struktur volkskirchlichen Teilnahmeverhaltens, in: ders. (Hg.): Erneuerung der Kirche. Stabilität als Chance? Folgerungen aus einer Umfrage, 1979, 83–112. – **771** Godwin Lämmermann: Konfirmation und Jugendweihe. Zur Gegenwart und Zukunft eines sozialen Passageritus, PrTh 29 (1994), 134–147. – **772** Peter Constantin Bloth: Art. Jugendweihe, TRE 17, 1988, 428–432. – **773** Thomas Gandow: Jugendweihe, 1994. – **774** Bo Hallberg: Die Jugendweihe, ²1979. – **775** Franz-Heinrich Beyer: Wem gehört das Ritual? Die Jugendweihe im Wandel der Gesellschaft, Glaube und Lernen 13 (1998), 59–66. – **776** Barbara Wolbert: Jugendweihe nach der Wende. Form und Transformation einer sozialistischen Initiationszeremonie, Zeitschrift für Volkskunde 94 (1998), 195–207. – **777** Reinhard Kirste: Jugend- und Schulgottesdienst, in: Hans-Christoph Schmidt-Lauber/Karl-Heinrich Bieritz (Hg.): Handbuch der Liturgik. Liturgiewissenschaft in Theologie und Praxis der Kirche, 1995, 801–816.

3.5.2. Familiengottesdienst und Christvesper als Klammer zwischen häuslicher und parochialer Lebenswelt

778 Wolfgang Ratzmann: Familiengottesdienst, in: Hans-Christoph Schmidt-Lauber/Karl-Heinrich Bieritz (Hg.): Handbuch der Liturgik. Liturgiewissenschaft in Theologie und Praxis der Kirche, 1995, 786–800. – **779** Georg Kugler: Familiengottesdienst, in: Peter C. Bloth u.a. (Hg.): Handbuch der Praktischen Theologie, Bd. 3: Praxisfeld: Gemeinden, 1983, 79–88. – **780** Georg Kugler/Herbert Lindner: Neue Familiengottesdienste II/III/IV, 1976/1979/1980. – **781** Georg Kugler/Herbert Lindner: Vorwort, in: Neue Familiengottesdienste IV, 1980, 13ff. – **782** Jürg Kleemann: Familiengottesdienst – ein Überredungsversuch, WPKG 64 (1975), 474–485. – **783** Kurt Rommel/Martin Schmeißer: Vorwort, in: dies. (Hg.): Kinder- und Familiengottesdienst. Advent – Weihnachten, ³1974, 5. – **784** Kurt Rommel/Martin Schmeißer: Vorwort, in: dies. (Hg.): Kinder- und Familiengottesdienst. Passion – Ostern – Pfingsten 1974, 7.

3.6. Der protestantische Gottesdienst im Zentrum der Gemeindereform

785 Ernst Lange: Was nützt uns der Gottesdienst?, in: ders.: Predigen als Beruf. Aufsätze zu Homiletik, Liturgie und Pfarramt, hg. v. Rüdiger Schloz, ²1987, 83–95. – **786** Peter Cornehl: Teilnahme am Gottesdienst. Zur Logik des Kirchgangs – Befund und Konsequenzen, in: Joachim Matthes (Hg.): Kirchenmitgliedschaft im Wandel. Untersuchungen zur Realität der Volkskirche. Beiträge zur zweiten EKD-Umfrage „Was wird aus der Kirche", ²1991, 15–53. – **787** Karl-Fritz Daiber: Der Gottesdienst als Mitte der Gemeindearbeit, WPKG 69 (1980), 74–90. – **788** Rudolf Roosen: Anlaß und Interesse. Der Gottesdienst als ‚Mitte' des Gemeindelebens und das Teilnahmeverhalten der Kirchenmitglieder, PTh 87 (1998), 2–61. – **789** Theophil Müller: Evangelischer Gottesdienst. Liturgische Vielfalt im religiösen und gesellschaftlichen Umfeld, 1993. – **790** Christian Möller: Lehre vom Gemeindeaufbau. Bd. 1: Konzepte – Programme – Wege, 1987. – **791** Christian Möller: Lehre vom Gemeindeaufbau. Bd. 2: Durchblicke – Einblicke – Ausblicke, 1990.

212-4 Der Konnex zwischen privater, kirchlicher und öffentlicher Religionskultur

1. Die integrale Statur der individualisierten Religionskultur

792 Ferdinand Tönnies: Gemeinschaft und Gesellschaft. Grundbegriffe der reinen Soziologie, ³1972. – **793** Paul Tillich: Der Protestantismus als kritisches und gestaltendes Prinzip, in: ders.: Der Protestantismus als Kritik und Gestaltung, 1962/1966, 29–57. – **794** Dietrich Rössler: Rekonstruktion des Menschen. Ziele und Aufgaben der Seelsorge in der Gegenwart, WzM 25 (1973), 181–196.

2. Andacht, Bildung und Beruf als paradigmatische Grundformen integraler religiöser Lebenspraxis

795 Friedrich H. Tenbruck: Der Fortschritt der Wissenschaft als Trivialisierungsprozeß, KZSS, SH 18, 1975, 19–47.

2.1. Andacht: das Paradigma religiöser Selbstvergewisserung

796 Friedemann Merkel: Art. Andacht, EKL 1, ³1986, 138–140. – **797** Friedemann Merkel: Die Andacht und verwandte „kleine Formen" des Gottesdienstes, in: Hans-Christoph Schmidt-Lauber/Karl-Heinrich Bieritz (Hg.): Handbuch der Liturgik. Liturgiewissenschaft in Theologie und Praxis der Kirche, ²1995, 898–903. – **798** Friedemann Merkel: Andacht – eine vernachlässigte, kleine Form, in: ders.: Sagen – hören – loben. Studien zu Gottesdienst und Predigt, 1992, 69–81. – **799** Peter Cornehl: Die Andacht – zur Homiletik der kleinen Form. Orte, Anlässe, Formen und Funktionen der Andacht, in: Christoph Bizer/Jochen Cornelius-Bundschuh/Hans-Martin Gutmann (Hg.): Theologisches geschenkt. Festschrift für Manfred Josuttis, 1996, 342–349. – **800** Wolfgang Ratzmann: Der kleine Gottesdienst im Alltag. Theorie und Praxis evangelischer Andacht, 1999. – **801** Colleen McDannell: „Gottes Universität". Häusliche intellektuelle Rituale im protestantischen Amerika 1820–1880, in: Bernhard Lang (Hg.): Das tanzende Wort. Intellektuelle Rituale im Religionsvergleich, 1984, 49–70. – **802** Rainer Volp: Art. Andachtsbild, II. Reformations- und Neuzeit, TRE 2, 1978, 668–672. – **803** Émile Brouette: Art. Devotio moderna, I. Die Bewegung der Devotio moderna, TRE 8, 1981, 605–609. – **804** Georg Christian Dieffenbach: Evangelische Haus-Agende, das ist: Vollständige Ordnung des Hausgottesdienstes in Gebeten, Liedern und Bibellectionen für alle Tage des Kirchenjahres, gegründet auf die altkirchlichen Sonn- und Festtags-Evangelien, nebst einer Reihe von liturgischen Andachten und einer Sammlung von Gebeten, ³1866. – **805** Herbert Goltzen: Der tägliche Gottesdienst. Die Geschichte des Tagzeitengebets, seine Ordnung und seine Erneuerung in der Gegenwart, in: Leiturgia, Handbuch des evangelischen Gottesdienstes Bd. 3, hg. v. Karl Ferdinand Müller u. Walter Blankenburg, 1956, 100–295. – **806** Deutsches Wörterbuch von Jacob und Wilhelm Grimm, Bd. 1 (1854), 1984. – **807** Ulrich Schwab: Familienreligiosität. Religiöse Traditionen im Prozeß der Generationen, 1995. – **808** Eberhard Hauschildt: Alltagsseelsorge. Eine soziolinguistische Analyse des pastoralen Geburtstagsbesuches, 1996. – **809** Rolf Schieder: Religion im Radio. Protestantische Rundfunkarbeit in der Weimarer Republik und im Dritten Reich, 1995. – **810** Hans-Dieter Mattmüller (Hg.): Die Wahrheit knechtet nicht. Funkandachten, 1975.

2.2. Bildung: das Paradigma religiöser Lebensentfaltung

811 E. Lichtenstein: Art. Bildung, HWPh 1, 1971, 921–937. – **812** Rudolf Lennert: Art. Bildung, I. Zur Begriffs- und Geistesgeschichte, TRE 6, 1980, 569–582. – **813** Hans-Hermann Groothoff: Art. Erziehung und Bildung, 1. Europa, EKL 1, ³1986, 1097–1102. – **814** J. Debus: Art. Bildungswissen, HWPh 1, 1971, 938f. – **815** Max Scheler: Die Wissensformen und die Gesellschaft. Gesammelte Werke Bd. 8, hg. v. Maria Scheler, ²1960. – **816** Klaus Schaller: Die Pädagogik des J.A. Comenius und die Anfänge des pädagogischen Realismus im 17. Jahrhundert, ²1967. – **817** Jean-Jacques Rousseau: Emile oder Über die Erziehung, hg., eingeleitet und mit Anm. versehen von Martin Rang, 1965. – **818** Johann Gottfried Herder: Ideen zur Philosophie der Geschichte der Menschheit, 1966. – **819** Friedrich Schleiermacher: Pädagogische Schriften, hg. v. Erich Weniger, Bd. 1: Die Vorlesungen aus dem Jahre 1826, ²1966. – **820** Ernst Lichtenstein: Schleiermachers Pädagogik, NZSTh 10 (1968), 343–359. – **821** Wilhelm Dilthey: Pädagogik. Geschichte und Grundlinien des Systems, Gesammelte Schriften IX, ³1961. – **822** Wilhelm Dilthey: Weltanschauungslehre, Abhandlungen zur Philosophie der Philosophie, Gesammelte Schriften VIII, ⁴1968. – **823** Wilhelm Dilthey: Vorrede (1911), Gesammelte Schriften V, ⁵1968, 3–6. – **824** Wilhelm Dilthey: Ideen über eine beschreibende und zergliedernde Psychologie (1894), Gesammelte Schriften V, ⁵1968, 139–240. – **825** G. Pflug: Art. Lebensphilosophie, HWPh 5, 1980, 135–140. – **826** Karl Albert: Art. Lebensphilosophie, TRE 20, 1990, 580–594. – **827** J.H. Pestalozzi: Meine Nachforschungen über den Gang der Natur in der Entwicklung des Menschengeschlechts, in: ders.: Ausgewählte Schriften, hg. v. W. Flitner, 1961. – **828** Georg Kerschensteiner: Das Grundaxiom des Bildungsprozesses und seine Folgerungen für die Schulorganisation, ⁸1953. – **829** Herman Nohl: Die pädagogische Bewegung in Deutschland und ihre Theorie, ⁸1978. – **830** Wolfgang Klafki: Neue Studien zur Bildungstheorie und Didaktik. Beiträge zur kritisch-konstruktiven Didaktik, 1985. – **831** Werner Loch: Lebenslauf und Erziehung, 1979. – **832** Werner Loch: Anfänge der Erziehung, in: Friedemann Maurer (Hg.): Lebensgeschichte und Identität, 1981, 31–83. – **833** Werner Loch: Curriculare Kompetenzen und pädagogische Paradigmen. Zur anthropologischen Grundlegung einer biographischen Erziehungstheorie, Bildung und Erziehung 32 (1979), 241–266. – **834** Werner Loch: Die Verleugnung des Kindes in der evangelischen Pädagogik. Zur Aufgabe einer empirischen Anthropologie des kindlichen und jugendlichen Glaubens, [2]1968. – **835** Klaus Prange: Pädagogik als Erfahrungsprozeß, Bd. 3: Die Pathologie der Erfahrung, 1981. – **836** Horst Rumpf: Unterricht und Identität. Perspektiven für ein humanes Leben, 1976. – **837** Dietrich Korsch: Bildung und Glaube. Ist das Christentum eine Bildungsreligion? NZSTh 36 (1994), 190–214. – **838** Wolfhart Pannenberg: Gottebenbildlichkeit und Bildung des Menschen, ThPr 12 (1977), 259–273. – **839** Reiner Preul u.a. (Hg.): Bildung – Glaube – Aufklärung. Zur Wiedergewinnung des Bildungsbegriffs in Pädagogik und Theologie, 1989. – **840** Reiner Preul: Religion – Bildung – Sozialisation. Studien zur Grundlegung einer religionspädagogischen Bildungstheorie, 1980. – **841** Friedrich Schweitzer: Lebensgeschichte – Bildung – Religion: Rekonstruktionsfähigkeit als Bildungsziel, in: Volker Drehsen u.a. (Hg.): Der ‚ganze Mensch‘. Perspektiven lebensgeschichtlicher Individualität, 1997, 431–447. – **842** Friedrich Schweitzer: Lebensgeschichte und Religion. Religiöse Entwicklung und Erziehung im Kindes- und Jugendalter, [3]1994. – **843** Friedrich Schweitzer: Die Suche nach eigenem Glauben. Einführung in die Religionspädagogik des Jugendalters, 1996. – **844** Karl Ernst Nipkow: „Ganzheitliche Bildung" zwischen dem Ich und den anderen. Eine anthropologisch-ethische und bildungsphilosophische Skizze, in: Volker Drehsen u.a. (Hg.): Der ‚ganze Mensch‘. Perspektiven lebensgeschichtlicher Individualität, 1997, 407–430. – **845** Karl Ernst Nipkow: Bildung als Lebensbegleitung und Erneuerung. Kirchliche Bildungsverantwortung in Gemeinde, Schule und Gesellschaft, 1990. – **846** Hans-Jürgen Fraas: Glaube und Bildung, in: Eckhard Lade (Hg.): Christliches ABC heute und morgen, Handbuch für Lebensfragen und Kirchliche Erwachsenenbildung, 1988, 223–237. – **847** Hans-Jürgen Fraas: Glaube und Identität. Grundlegung einer Didaktik religiöser Lernprozesse, 1983. – **848** Hans-Jürgen Fraas: Lebenslauf und religiöse Entwicklung, in: Gottfried Adam/Rai-ner Lachmann (Hg.): Gemeindepädagogisches Kompendium, 1987, 137–161. – **849** Martin Schreiner: Gemütsbildung und Religiosität, 1992. – **850** Richard Riess: Entwicklung, Lernen, Sozialisation. Elemente im Erziehungsprozeß, in: Frieder Harz/Martin Schreiner (Hg.): Glauben im Lebenszyklus, 1994, 17–29. – **851** Ulrich Becker: Art. Schule und Kirche, EKL 4, [3]1996, 118–121. – **852** Entschließungen der Synode der Evangelischen Kirche in Deutschland (1958), in: Kirchenamt der Evangelischen Kirche in Deutschland (Hg.): Die Denkschriften der Evangelischen Kirche in Deutschland: Bd. 4: Bildung und Erziehung, 1., 1987, 29–39. – **853** Identität und Verständigung. Standort und Perspektiven des Religionsunterrichts in der Pluralität. Eine Denkschrift der Evangelischen Kirche in Deutschland, hg. vom Kirchenamt der EKD, 1994. – **854** Karl Ernst Nipkow/Friedrich Schweitzer (Hg.): Religionspädagogik. Texte zur evangelischen Erziehungs- und Bildungsverantwortung seit der Reformation, Bd. 1: Von Luther bis Schleiermacher, 1991; Bd. 2/1: 19. und 20. Jahrhundert, 1994; Bd. 2/2: 20. Jahrhundert, 1994. – **855** Karl Ernst Nipkow/Friedrich Schweitzer: Einführung, in: dies. (Hg.): Religionspädagogik. Texte zur evangelischen Erziehungs- und Bildungsverantwortung seit der Reformation, Bd. 1: Von Luther bis Schleiermacher, 1991, 15–44. – **856** Karl Ernst Nipkow/Friedrich Schweitzer: Religionspädagogik im 19. und 20. Jahrhundert. Einleitung, in: dies. (Hg.): Religionspädagogik. Texte zur evangelischen Erziehungs- und Bildungsverantwortung seit der Reformation, Bd. 2/1: 19. und 20. Jahrhundert, 1994, 17–43. – **857** Karl Ernst Nipkow: Grundfragen der Religionspädagogik, Bd. 2: Das pädagogische Handeln der Kirche, 1975. – **858** Dieter Stoodt: Arbeitsbuch zur Geschichte des evangelischen Religionsunterrichts in Deutschland, 1985. – **859** Martin Stallmann: Christentum und Schule, 1958. – **860** Gert Otto: Schule – Religionsunterricht – Kirche. Stellung und Aufgabe des Religionsunterrichts in Volksschule, Gymnasium und Berufsschule, [3]1968. – **861** Godwin Lämmermann: Grundriß der Religionsdidaktik, 1991. – **862** Godwin Lämmermann: Religion in der Schule als Beruf. Der Religionslehrer zwischen institutioneller Erziehung und Persönlichkeitsbildung, 1985. – **863** Wilhem Gräb: Der eigene Zugang zum Christentum. Überlegungen zur Begründung und Gestaltung des Religionsunterrichts, ThPr 28 (1993), 204–221. – **864** Wolfgang Steck: Schulzeit und Lebenszeit. Pädagogische Zeitparameter im Wandel der Zeiten, in: Frieder Harz/Martin Schreiner (Hg.): Glauben im Lebenszyklus, 1994, 31–49. – **865** Volker Drehsen: Wie religionsfähig ist die Volkskirche? Sozialisationstheoretische Erkundungen neuzeitlicher Christentumspraxis, 1994. – **866** Themenheft Mystik, EvErz 49 (1997), 2–108.

2.3. Beruf: das Paradigma religiöser Weltgestaltung

867 Trutz Rendtorff: Art. Beruf, HWPh 1, 1971, 833–835. – **868** Peter Albrecht: Art. Beruf, WBC, 1988, 139f. – **869** Helmut Gatzen: Art. Beruf, EKL 1, ³1986, 436–440. – **870** J. Krüger: Art. Arbeit, HWPh 1, 1971, 480–487. – **871** Werner Conze: Art. Beruf, in: Geschichtliche Grundbegriffe. Historisches Lexikon zur politisch-sozialen Sprache in Deutschland, hg. v. Otto Brunner, Werner Conze, Reinhart Koselleck, Bd. 1, 1972, 490–507. – **872** Falk Wagner: Art. Berufung, III. Dogmatisch, TRE 5, 1980, 688–713. – **873** Karl Holl: Die Geschichte des Worts Beruf, in: ders.: Gesammelte Aufsätze zur Kirchengeschichte, Bd. III, 1928, 189–219. – **874** Gustaf Wingren: Luthers Lehre vom Beruf, 1952. – **875** Max Weber: Die protestantische Ethik und der Geist des Kapitalismus, in: ders: Gesammelte Aufsätze zur Religionssoziologie I, ⁹1988, 17–206. – **876** Max Weber: Wirtschaft und Gesellschaft. Grundriß der verstehenden Soziologie, 1. Halbbd., hg. von Johannes Winckelmann, ⁵1976. – **877** Hans Albrecht Hesse: Berufe im Wandel. Ein Beitrag zum Problem der Professionalisierung, 1968. – **878** Hansjürgen Daheim: Der Beruf in der modernen Gesellschaft. Versuch einer soziologischen Theorie beruflichen Handelns, 1967. – **879** Helmut Schelsky: Die Bedeutung des Berufs in der modernen Gesellschaft, in: Thomas Luckmann/Walter Michael Sprondel (Hg.): Berufssoziologie, 1972, 25–35. – **880** Heinz Hartmann: Arbeit, Beruf, Profession, Soziale Welt 19 (1968), 193–216. – **881** Theodor Scharmann: Arbeit und Beruf. Eine soziologische und psychologische Untersuchung über die heutige Berufssituation, 1956. – **882** Friedrich Fürstenberg: Normenkonflikte beim Eintritt in das Berufsleben, in: Theodor Scharmann (Hg.): Schule und Beruf als Sozialisationsfaktoren, 1966, 190–204. – **883** Hannes Siegrist: Bürgerliche Berufe. Die Professionen und das Bürgertum, in: ders. (Hg.): Bürgerliche Berufe. Zur Sozialgeschichte der freien und akademischen Berufe im internationalen Vergleich, 1988, 11–48. – **884** Hans Kairat: „Professions" oder „Freie Berufe"? Professionelles Handeln im sozialen Kontext, 1969. – **885** Wolfram Fischer: Der Volksschullehrer. Zur Sozialgeschichte eines Berufsstandes, Soziale Welt 12 (1961/62), 37–47. – **886** Berthold Michael: Die Professionalisierung des Lehrers. Bemerkungen zu Myron Liebermans Buch „Education as a Profession", Soziale Welt 12 (1961/62), 30–37. – **887** Klaus W. Döring: Lehrerverhalten und Lehrerberuf. Zur Professionalisierung erzieherischen Verhaltens, ⁷1977. – **888** Hans-Hermann Groothoff: Funktion und Rolle des Erziehers, ²1974. – **889** Peter Gross: Liebe, Mühe, Arbeit. Abschied von den Professionen?, Soziale Welt 36 (1985), 60–82. – **890** Anselm Strauss u.a.: Gefühlsarbeit. Ein Beitrag zur Arbeits- und Berufssoziologie, KZSS 32 (1980), 629–651. – **891** Wolfgang Dunkel: Wenn Gefühle zum Arbeitsgegenstand werden. Gefühlsarbeit im Rahmen personenbezogener Dienstleistungstätigkeiten, Soziale Welt 39 (1988), 66–85. – **892** Wolfgang Schmidbauer: Die hilflosen Helfer. Über die seelische Problematik der helfenden Berufe, ²1991. – **893** Dietrich Rössler: Der Arzt zwischen Technik und Humanität. Religiöse und ethische Aspekte der Krise im Gesundheitswesen, 1977. – **894** Dietrich Rössler: Art. Heilung, WBC, 1988, 472. – **895** Claudia Huerkamp: Der Aufstieg der Ärzte im 19. Jahrhundert. Vom gelehrten Stand zum professionellen Experten. Das Beispiel Preußens, 1985. – **896** Godwin Lämmermann: Religion in der Schule als Beruf. Der Religionslehrer zwischen institutioneller Erziehung und Persönlichkeitsbildung, 1985. – **897** Hans-Günter Heimbrock: Vorwort, in: ders. (Hg.): Religionslehrer – Person und Beruf, 1982, 7–10. – **898** Hans-Günter Heimbrock: Zur Bedeutung der Selbst-Findung für das Berufskonzept des Religionslehrers, in: ders. (Hg.): Religionslehrer – Person und Beruf, 1982, 160–182. – **899** Peter Biehl: Beruf: Religionslehrer. Schwerpunkte der gegenwärtigen Diskussion, JRP 2 (1985), 161–194. – **900** Reiner Preul: Rolle und Bildung des Religionslehrers, EvErz 44 (1992), 322–336. – **901** Klaus Ebert: Zur Rolle des Religionslehrers. Überlegungen zu einem schwierigen Beruf, in: Hans-Günter Heimbrock (Hg.): Religionslehrer – Person und Beruf, 1982, 53–80. – **902** Hermann-Josef Silberberg: Von Beruf Religionslehrer. Oder: Die Herausforderung von Identität, Spiritualität und Sachkompetenz, 1982. – **903** Maria Kassel: Tiefenpsychologische Anmerkungen zur Persönlichkeit des Religionslehrers, in: Hans-Günter Heimbrock (Hg.): Religionslehrer – Person und Beruf, 1982, 133–159. – **904** Karl Ernst Nipkow: Erziehung und Unterricht als Erschließung von Sinn. Zum Gespräch zwischen Erziehungswissenschaft und Religionspädagogik in der Gegenwart, in: Klaus Wegenast (Hg.): Religionspädagogik, Bd. 1: Der evangelische Weg, 1981, 459–482. – **905** Wolfgang Steck: Der evangelische Geistliche. Schleiermachers Begründung des religiösen Berufs, in: Kurt-Victor Selge (Hg.): Internationaler Schleiermacher-Kongreß Berlin 1984, 1985, 717–770. – **906** Wolfgang Steck: Die Privatisierung der Religion und die Professionalisierung des Pfarrerberufs. Einige Gedanken zum Berufsbild des Pfarrers, PTh 80 (1991), 306–322. – **907** Horst Birkhölzer/Roman Roessler/Rüdiger Schloz: Der Beruf des Pfarrers/der Pfarrerin heute. Ein Diskussionspapier zur V. Würzburger Konsultation über Personalplanung in der EKD, 1989. – **908** Manfred Josuttis: Die Einführung in das Leben. Pastoraltheologie zwischen Phänomenologie und Spiritualität, 1996. – **909** Reinhard Schmidt-Rost: Seelsorge zwischen Amt und Beruf. Studien zur Entwicklung einer modernen evangelischen Seelsorgelehre seit dem 19. Jahrhundert, 1988. – **910** Reinhard Schmidt-Rost: Probleme der Professionalisierung der Seelsorge, WzM 41 (1989), 31–42. – **911** Gottfried Buttler: Art. Kirchliche Berufe, TRE 19, 1990, 191–213. – **912** Albert Stein: Art. Diakon, Diakonisse, EKL 1, ³1986, 848–850. – **913** Dietrich Schuberth: Art. Kirchenmusik, TRE 18, 1989, 649–662. – **914** Robert D. Hawkins: Art. Kirchenmusiker, EKL 2, ³1989, 1152–1154. – **915** Trutz Rendtorff: Ethik. Grundelemente, Methodologie und Konkretionen einer ethischen Theologie, Bd. II, ²1991. – **916** Niklas Luhmann: Funktion der Religion, ³1992. – **917** Helmut Hild (Hg.): Wie stabil ist die Kirche? Bestand und Erneuerung, 1974. – **918** Taufe, Eucharistie und Amt. Konvergenzerklärungen der Kommission für Glauben und Kirchenverfassung des ökumenischen Rates der Kirchen, ⁸1984.

3. Bibelfrömmigkeit, Kindheitsreligion und Pfarrerberuf als paradigmatische Gestalten integraler religiöser Lebenspraxis

3.1. Die Bibel als Medium religiöser Selbstvergewisserung

3.1.1. Bibelfrömmigkeit als exemplarische Grundgestalt protestantischer Frömmigkeitskultur

3.1.1.1. Literale Erbauung als Grundform bürgerlich-protestantischer Frömmigkeitspraxis

919 Gerhard Friedrich: Art. Erbauung, I. Neues Testament, TRE 10, 1982, 18–21. – **920** Gerhard Krause: Art. Erbauung, II. Theologiegeschichtlich und praktisch-theologisch, TRE 10, 1982, 22–28. – **921** Albrecht Beutel: Art. Erbauung, WBC, 1988, 297f. – **922** Albrecht Haizmann: Erbauung als Aufgabe der Seelsorge bei Philipp Jakob Spener, 1997. – **923** Botho Ahlers: Die Unterscheidung von Theologie und Religion. Ein Beitrag zur Vorgeschichte der Praktischen Theologie im 18. Jahrhundert, 1980. – **924** Friedrich Schleiermacher: Die praktische Theologie nach den Grundsäzen der evangelischen Kirche im Zusammenhange dargestellt, hg. von Jacob Frerichs, 1850. – **925** Ernst Christian Achelis: Lehrbuch der Praktischen Theologie, Bd. 1, ³1911. – **926** Georg Rietschel: Lehrbuch der Liturgik, Bd. 1: Die Lehre vom Gemeindegottesdienst, 2. neubearb. Aufl. v. Paul Graff, 1951. – **927** Christian Möller: Lehre vom Gemeindeaufbau. Bd. 1: Konzepte – Programme – Wege, 1987. – **928** Christian Möller: Lehre vom Gemeindeaufbau, Bd. 2: Durchblicke – Einblicke – Ausblicke, 1990. – **929** Volker Drehsen: Art. Öffentlichkeit, WBC, 1988, 894–896. – **930** Jürgen Habermas: Strukturwandel der Öffentlichkeit. Untersuchungen zu einer Kategorie der bürgerlichen Gesellschaft, 1990. – **931** Hans Wulf: Art. Erbauungsliteratur, IV. Die Erbauungsliteratur in der Gegenwart, TRE 10, 1982, 80–83. – **932** Rudolf Mohr: Art. Ars moriendi, II. 16.–18. Jahrhundert, TRE 4, 1979, 149–154. – **933** Rainer Rudolf: Art. Ars moriendi, I. Mittelalter, TRE 4, 1979, 143–149. – **934** Ute Mennecke-Haustein/Jens Haustein: Art. Literatur und christliche Tradition, EKL 3, ³1992, 117–128. – **935** Albrecht Beutel: Art. Lesen, Lesung, WBC, 1988, 722. – **936** Albrecht Beutel: Sprache und Religion. Eine fundamentaltheologische Skizze, PTh 83 (1984), 2–23. – **937** Alfred Lorenzer: Das Konzil der Buchhalter. Die Zerstörung der Sinnlichkeit. Eine Religionskritik, 1984/1988. – **938** Hermann Timm: Sage und Schreibe. Inszenierungen religiöser Lesekultur. 1995. – **939** Hermann Timm: Wahr-Zeichen. Angebote zur Erneuerung religiöser Symbolkultur, 1993. – **940** Hermann Timm: Das ästhetische Jahrzehnt. Zur Postmodernisierung der Religion, 1990. – **941** Klaas Huizing: Homo legens. Vom Ursprung der Theologie im Lesen, 1996. – **942** Wolfgang Iser: Der Akt des Lesens. Theorie ästhetischer Wirkung, 1976. – **943** Adel Theodor

Khoury/Ludwig Muth (Hg.): Glauben durch Lesen? Für eine christliche Lesekultur, 1990. – **944** Reinhard Schmidt-Rost: Verkündigung in evangelischen Zeitschriften, 1982. – **945** Hans Heinrich Schmid/Joachim Mehlhausen (Hg.): Sola Scriptura. Das reformatorische Schriftprinzip in der säkularen Welt, 1991. – **946** Richard Ziegert (Hg.): Die Zukunft des Schriftprinzips, 1994. – **947** Rainer Fischer: Die Kunst des Bibellesens. Theologische Ästhetik am Beispiel des Schriftverständnisses, 1996. – **948** Gerhard Sauter: Die Kunst des Bibellesens, EvTh 52 (1992), 347–359. – **949** Rainer Volp: Die Kunst, heute die Bibel zu lesen. Zum Umgang mit der Bibel in einem nachliterarischen Zeitalter, PTh 74 (1985), 294–311. – **950** Peter Cornehl: Die Funktion der Bibel für die Frömmigkeit als praktisch-theologisches Problem, ThPr 7 (1972), 124–142. – **951** Karl-Fritz Daiber/Ingrid Lukatis: Bibelfrömmigkeit als Gestalt gelebter Religion, 1991. – **952** Heinrich Karpp: Art. Bibel, IV. Die Funktion der Bibel in der Kirche, TRE 6, 1980, 48–93. – **953** Dietrich Meyer: Art. Brüderunität/Brüdergemeine, TRE 7, 1981, 225–233. – **954** Helmut Bintz: Art. Losungen, EKL 3, ³1992, 186f. – **955** Peter Constantin Bloth: Art. Gebetbücher, IV. Praktisch-theologisch, TRE 12, 1984, 120–124. – **956** Peter Schicketanz: Art. Canstein, TRE 7, 1981, 614–617. – **957** Martin Brecht: Art. Bengel, TRE 5, 1980, 583–589. – **958** K. Lankheit: Art. Schnorr von Carolsfeld, ³RGG V, 1961, 1468. – **959** Herwarth von Schade/Frieder Schulz (Hg.): Perikopen. Gestalt und Wandel des gottesdienstlichen Bibelgebrauchs, 1978. – **960** Friedrich Wintzer: Textpredigt und Themapredigt, in: ders.: Praktische Theologie, ⁵1997, 86–97. – **961** Friedrich Wintzer: Die Homiletik seit Schleiermacher bis in die Anfänge der ‚dialektischen Theologie' in Grundzügen, 1969. – **962** Eberhard Hauschildt: Alltagsseelsorge. Eine sozio-linguistische Analyse des pastoralen Geburtstagsbesuches, 1996.

3.1.1.2. Bibel-Arbeit als Frömmigkeitsform des Gemeindechristentums

963 Paul Wurster: Die Bibelstunde. Ihre Geschichte, Aufgabe und praktische Gestaltung, 1912. – **964** Jürgen Henkys: Bibelarbeit. Der Umgang mit der Heiligen Schrift in den evangelischen Jugendverbänden nach dem Ersten Weltkrieg, 1966. – **965** Jürgen Henkys: Anfänge der Bibelarbeit, ThPr 1 (1966), 161–169. – **966** Wolfgang Schenk: Bibelarbeit und Bibelwoche. Notwendigkeit und Möglichkeit exegetischen Gottesdienstes, 1971. – **967** Walter Wink: Bibelarbeit – ein Praxisbuch für Theologen und Laien, 1982. – **968** Paul von Magnus: Kinderbibelwochen, in: Peter C. Bloth u.a.: Handbuch der Praktischen Theologie, Bd. 3: Praxisfeld: Gemeinden, 1983, 344–348. – **969** Jürgen Lott: Erfahrung – Religion – Glaube. Probleme, Konzepte und Perspektiven religionspädagogischen Handelns in Schule und Gemeinde, 1991. – **970** Gerhard Schulze: Die Erlebnisgesellschaft. Kultursoziologie der Gegenwart, ⁷1997. – **971** Gerhard Marcel Martin: Sachbuch Bibliodrama. Praxis und Theorie, 1995. – **972** Gerhard Marcel Martin: Bibliodrama, in: Wolfgang Langer (Hg.): Handbuch der Bibelarbeit, München 1987, 305–310. – **973** Gerhard Marcel Martin: Bibliodrama – ein Modell wird besichtigt, in: Antje Kiehn u.a.: Bibliodrama, ⁵1992, 44–64. – **974** Gerhard Marcel Martin: ‚Bibliodrama' als Spiel, Exegese und Seelsorge, WPKG 68 (1979), 135–144. – **975** Gerhard Marcel Martin: Das Bibliodrama und sein Text, EvTh 45 (1985), 515–526. – **976** Henning Schröer: Bibliodrama als theologische Herausforderung, EvErz 48 (1996), 42–46. – **977** Uta Pohl-Patalong: Bibliodrama – zur gesellschaftlichen Relevanz eines Booms, PTh 85 (1996), 522–535. – **978** Eberhard Warns: Bibliodrama – Hermeneutik und Theologie, in: Else Natalie Warns/Heinrich Fallner (Hg.): Bibliodrama als Prozeß. Leitung und Beratung, 1994, 127–150. – **979** Else Natalie Warns/Dietrich Redeker: Die ästhetische Dimension des Bibliodramas, in: Else Natalie Warns/Heinrich Fallner (Hg.): Bibliodrama als Prozeß. Leitung und Beratung, 1994, 13–84. – **980** Jürgen Bobrowski: Bibliodramapraxis. Biblische Symbole im Spiel erfahren, 1991. – **981** Roland Kollmann: Bibliodrama in Praxis und Theorie, EvErz 48 (1996), 20–41. – **982** Heide Radeck: Bibliodrama, religiöse Subjektivität und kirchliche Praxis, in: Kristian Fechtner/Michael Haspel (Hg.): Religion in der Lebenswelt der Moderne, 1998, 123–139. – **983** Hildrun Keßler: Bibliodrama und Leiblichkeit. Leibhafte Textauslegung im theologischen und therapeutischen Diskurs, 1996. – **984** Hildrun Keßler: Mit dem Leib denken – Bibliodrama und Leiblichkeit in Kirche und Theologie, in: Kristian Fechtner/Michael Haspel (Hg.): Religion in der Lebenswelt der Moderne, 1998, 140–149. – **985** Wolf-Eckart Failing: Geist und Bewegung – Bewegtheit durch Geist, in: ders./Hans-Günter Heimbrock: Gelebte Religion wahrnehmen. Lebenswelt – Alltagskultur – Religionspraxis, 1998, 37–

68. – **986** Doris Immich/Christian Gremmels: Bibliodrama. Zwischenbilanz eines Fortbildungs-angebotes, EvErz 48 (1996), 47–56. – **987** Antje Kiehn: Die ‚großen Augenblicke'. Transzen-denzerfahrungen im Bibliodrama, in: dies. u.a.: Bibliodrama, ⁵1992, 91–115. – **988** Reinhard Hübner: Geschichtentheater. Bericht über die Arbeit mit biblischen Texten, WPKG 68 (1979), 151–156. – **989** Herman Andriessen/Nicolaas Derksen/Maria Nolet: Ist Gott wirklich in unserer Mitte? Glaubenserfahrungen mit Bibliodrama, 1997. – **990** Tim Schramm: Bibliodrama und Exegese, in: Antje Kiehn u.a.: Bibliodrama, ⁵1992, 116–135. – 991 Martin Leiner: Art. Tiefen-psychologische Exegese, EKL 4, ³1996, 885–887. – **992** Wolfgang Drechsel: Pastoralpsycho-logische Bibelarbeit. Ein Verstehens- und Praxismodell gegenwärtiger Bibel-Erfahrung, 1994. – **993** Clifford Davidson/Lynette R. Muir/Stephen Spector/John E. Tailby: Art. Mysterienspiele, TRE 23, 1994, 527–533. – **994** Jacob L. Moreno: Psychodrama und Soziometrie, 1989. – **995** Jacob L. Moreno: Gruppenpsychotherapie und Psychodrama. Einleitung in die Theorie und Pra-xis, ⁴1993. – **996** Grete Anna Leutz: Das klassische Psychodrama nach J. L. Moreno, (Psycho-drama. Theorie und Praxis Bd. 1), 1974. – **997** Reinhard T. Krüger: Kreative Interaktion. Tie-fenpsychologische Theorie und Methoden des klassischen Psychodramas, 1997. – **998** Konrad Stauss: Art. Humanistische Psychologie, EKL 2, ³1989, 574–576. – **999** Siegfried Essen: Zur Vertiefung der religiösen Dimension mit gestalttherapeutischen Mitteln, WPKG 68 (1979), 169–181. – **1000** Hartmut Raguse: Die Bibel zwischen Literaturinterpretation und analytischem Prozeß, Psyche 50 (1996), 817–835.

3.1.2. Die Bibel als Medium religiöser Bildung

1001 Martin Luther: An den christlichen Adel deutscher Nation von des christlichen Standes Besserung (1520), WA 6, 1888, 381–469. – **1002** Reinhard Wunderlich: Johann Peter Hebels „Biblische Geschichten". Eine Bibeldichtung zwischen Spätaufklärung und Biedermeier, 1990. – **1003** Reinmar Tschirch: Bibel für Kinder. Die Kinderbibel in Kirche, Gemeinde, Schule und Familie, 1995. – **1004** Wolfgang Steck: Die Bibel im Religionsunterricht, in: Friedrich Wintzer: Praktische Theologie, ⁵1997, 184–204. – **1005** Helmuth Kittel: Vom Religionsunterricht zur Evangelischen Unterweisung, 1947. – **1006** Ingo Baldermann: Biblische Didaktik. Die sprachli-che Form als Leitfaden unterrichtlicher Texterschließung am Beispiel synoptischer Erzählun-gen, ³1966. – **1007** Ingo Baldermann: Einführung in die Biblische Didaktik, 1996. – **1008** Ingo Baldermann: Einführung in die Bibel, 1988/⁴1993. – **1009** Ingo Baldermann: Die Bibel – Buch des Lernens, 1980. – **1010** Ingo Baldermann/Gisela Kittel: Die Sache des Religionsunterrichts. Zwischen Curriculum und Biblizismus, 1975. – **1011** Ingo Baldermann: Gottes Reich – Hoff-nung für Kinder. Entdeckungen mit Kindern in den Evangelien, 1991. – **1012** Ingo Baldermann: Erzählen als Notwendigkeit. Zum Verhältnis von Erzählung und Erfahrung, JRP 6 (1989), 93–110. – **1013** Gottfried Adam: Von der Notwendigkeit und den Möglichkeiten des Erzählens, in: ders.: Glaube und Bildung. Beiträge zur Religionspädagogik I, 1992, 179–192. – **1014** Ursula Baltz/Gert Otto: Elemente einer Theorie des Erzählens im Religionsunterricht, in: Gert Otto: „Religion" contra „Ethik"?, 1986, 123–134. – **1015** Harald Weinrich: Narrative Theologie, con-cilium 9 (1973), 329–334. – **1016** Hubertus Halbfas: Erfahrung und Sprache. Plädoyer für eine narrative Unterrichtskultur, in: ders. u.a. (Hg.): Sprache, Umgang und Erziehung, 1975, 170–187. – **1017** Hubertus Halbfas: Religion, 1976. – **1018** Hubertus Halbfas: Das dritte Auge. Reli-gionsdidaktische Anstöße, ⁵1992. – **1019** Hubertus Halbfas: Religionsbücher für das 1.–10. Schuljahr, 1983ff. – **1020** Hubertus Halbfas: Religionsunterricht in der Grundschule. Lehrer-handbuch 1ff., 1983ff. – **1021** Hubertus Halbfas: Religionsunterricht in Sekundarschulen. Leh-rerhandbuch 5ff., 1992ff. – **1022** Hubertus Halbfas: Religionsunterricht in der Grundschule. Lehrerhandbuch 1, 1983. – **1023** Hubertus Halbfas: Religionsunterricht in der Grundschule. Lehrerhandbuch 3, 1985. – **1024** Hans Eggenberger/Walter Neidhart (Hg.): Erzählbuch zur Bi-bel. Theorie und Beispiele, ⁵1987. – **1025** Peter Biehl: Symbole geben zu lernen. Einführung in die Symboldidaktik anhand der Symbole Hand, Haus und Weg, ²1991. – **1026** Peter Biehl: Symbole geben zu lernen II. Zum Beispiel: Brot, Wasser und Kreuz. Beiträge zur Symbol- und Sakramentendidaktik, 1993. – **1027** Peter Biehl: Erfahrung, Glaube und Bildung. Studien zu einer erfahrungsbezogenen Religionspädagogik, 1991. – **1028** Peter Biehl: Symbol und Meta-pher. Auf dem Wege zu einer religionspädagogischen Theorie religiöser Sprache, JRP 1 (1984),

29–64. – **1029** Peter Biehl/Georg Baudler: Erfahrung – Symbol – Glaube. Grundfragen des Religionsunterrichts, 1980. – **1030** Martin Stallmann: Christentum und Schule, 1958. – **1031** Gert Otto: Schule. Religionsunterricht. Kirche. Stellung und Aufgabe des Religionsunterrichts in Volksschule, Gymnasium und Berufsschule, ³1968. – **1032** Karl Ernst Nipkow: Schule und Religionsunterricht im Wandel, 1971. – **1033** Hans-Bernhard Kaufmann: Muß die Bibel im Mittelpunkt des Religionsunterrichts stehen? In: ders. (Hg.): Streit um den problemorientierten Unterricht in Schule und Kirche, 1973, 23–27. – **1034** Gottfried Adam/Rainer Lachmann (Hg.): Religionspädagogisches Kompendium. Ein Leitfaden für Lehramtsstudenten, ⁵1997. – **1035** Godwin Lämmermann: Grundriß der Religionsdidaktik, 1991. – **1036** Gerhard Ebeling: Dogmatik des christlichen Glaubens, Bd. 1, 1979.

3.1.3. Die protestantische Textpredigt als Institution lebenspraktischer Schriftauslegung

1037 Martin Luthers Werke. Kritische Gesamtausgabe, Tischreden, 2. Bd., 1913. – **1038** Friedrich Schleiermacher: Kurze Darstellung des theologischen Studiums zum Behuf einleitender Vorlesungen, hg. von Heinrich Scholz, (unv. Nachdr. der 3. Aufl. von 1910) 1977. – **1039** Friedrich Schleiermacher: Die praktische Theologie nach den Grundsäzen der evangelischen Kirche im Zusammenhang dargestellt, hg. von Jacob Frerichs, 1850. – **1040** Friedrich Schleiermacher: Der christliche Glaube nach den Grundsätzen der evangelischen Kirche im Zusammenhange dargestellt, auf Gr. d. zweiten Aufl. u. krit. Prüfung d. Textes neu hg. u. mit Einl., Erläut. und Reg. versehen v. Martin Redeker, ⁷1960. – **1041** Friedrich Schleiermacher: Brouillon zur Ethik 1805/06, Werke Bd. 2, hg. u. eingel. v. Otto Braun, 1967. – **1042** Friedrich Wintzer: Die Homiletik seit Schleiermacher bis in die Anfänge der ‚dialektischen Theologie‘ in Grundzügen, 1969. – **1043** Carl Immanuel Nitzsch: Praktische Theologie Bd. 1, 1847. – **1044** Carl Immanuel Nitzsch: Praktische Theologie Bd. 2, 1848. – **1045** Heinrich Bassermann: Handbuch der geistlichen Beredsamkeit, 1885. – **1046** Heinrich Bassermann: Verschiedene, zum Teil kleinere Schriften. Nachweise bei: Friedrich Wintzer: Die Homiletik seit Schleiermacher bis in die Anfänge der ‚dialektischen Theologie‘ in Grundzügen, 1969, 58ff. – **1047** Otto Baumgarten: Predigt-Probleme. Hauptfragen der heutigen Evangeliumsverkündigung, 1904. – **1048** Friedrich Niebergall: Wie predigen wir dem modernen Menschen, Bd. 1: Eine Untersuchung über Motive und Quietive, ³1909. – **1049** Friedrich Niebergall: Wie predigen wir dem modernen Menschen, Bd. 2: Eine Untersuchung über den Weg zum Willen, ²1906. – **1050** Friedrich Niebergall: Was ist uns heute die Bibel? 1907. – **1051** Friedrich Niebergall: Praktische Auslegung des Neuen Testaments, Bd. 1, ³1923. – **1052** Wolfgang Steck: Das homiletische Verfahren. Zur modernen Predigttheorie, 1974. – **1053** Karl Barth: Die Kirchliche Dogmatik, I,2, 1938. – **1054** Karl Barth: Homiletik. Wesen und Vorbereitung der Predigt, 1966. – **1055** Eduard Thurneysen: Die Aufgabe der Predigt, in: Gert Hummel (Hg.): Aufgabe der Predigt, 1971, 105–118. – **1056** Otto Haendler: Die Predigt. Tiefenpsychologische Grundlagen und Grundfragen, ³1960. – **1057** Emanuel Hirsch: Predigerfibel, 1964. – **1058** Wolfgang Trillhaas: Evangelische Predigtlehre, ⁵1964. – **1059** Rudolf Bohren: Predigtlehre, ⁵1986. – **1060** Manfred Mezger: Die Verbindlichkeit des Textes in der Predigt, in: Albrecht Beutel u.a. (Hg.): Homiletisches Lesebuch. Texte zur heutigen Predigtlehre, 1986, 88–110. – **1061** Gerhard Ebeling: Wort Gottes und Hermeneutik, in: ders.: Wort und Glaube I, ²1962, 319–348. – **1062** Ernst Lange: Zur Theorie und Praxis der Predigtarbeit, in: Rüdiger Schloz (Hg.): Predigen als Beruf, 1976, 9–51. – **1063** Jan Hermelink: Die homiletische Situation. Zur jüngeren Geschichte eines Predigtproblems, 1992. – **1064** Dietrich Rössler: Das Problem der Homiletik, in: Friedrich Wintzer (Hg.): Predigt. Texte zum Verständnis und zur Praxis der Predigt in der Neuzeit, 1989, 177–191. – **1065** Werner Jetter: Die Predigt als Gespräch mit dem Hörer, in: Albrecht Beutel u.a. (Hg.): Homiletisches Lesebuch. Texte zur heutigen Predigtlehre, 1986, 206–221. – **1066** Friedrich Wintzer: Die Predigt als Ermutigung zum Dialog, in: ders. (Hg.): Predigt. Texte zum Verständnis und zur Praxis der Predigt in der Neuzeit, 1989, 208–220. – **1067** Friedrich Wintzer: Textpredigt und Themapredigt, in: ders.: Praktische Theologie, ⁵1997, 86–97. – **1068** Manfred Josuttis: Die Bibel als Basis der Predigt, in: Hans-Georg Geyer u.a. (Hg.): „Wenn nicht jetzt, wann dann?" Aufsätze für Hans-Joachim Kraus zum 65. Geburtstag, 1983, 385–393. – **1069** Manfred Josuttis: Homiletik und

Rhetorik, in: Albrecht Beutel u.a. (Hg.): Homiletisches Lesebuch. Texte zur heutigen Predigt-lehre, 1986, 290–307. – **1070** Manfred Josuttis: Der Prediger in der Predigt. Plädoyer für das Ich auf der Kanzel, in: Friedrich Wintzer (Hg.): Predigt. Texte zum Verständnis und zur Praxis der Predigt in der Neuzeit, 1989, 221–234. – **1071** Wilhelm Gräb: Predigt als Mitteilung des Glau-bens. Studien zu einer prinzipiellen Homiletik in praktischer Absicht, 1988. – **1072** Karl-Fritz Daiber: Predigt als religiöse Rede. Homiletische Überlegungen im Anschluß an eine empirische Untersuchung, 1991. – **1073** Karl-Fritz Daiber/Ingrid Lukatis: Bibelfrömmigkeit als Gestalt gelebter Religion, 1991. – **1074** Karl-Fritz Daiber: Die Bibel als Erbauungsbuch und Kulturerbe – Überlegungen zur Praxisrelevanz einer empirischen Untersuchung, in: ders.: Religion in Kir-che und Gesellschaft. Theologische und soziologische Studien zur Präsenz von Religion in der gegenwärtigen Kultur, 1997, 234–244. – **1075** Hans Martin Müller: Homiletik, 1996. – **1076** Wolfgang Steck: Die biographische Grabrede. Eine phänomenologische Rekonstruktion ihrer Genese, in: Volker Drehsen u.a. (Hg.): Der ‚ganze Mensch‘. Perspektiven lebensgeschichtlicher Individualität, 1997, 263–303. – **1077** Volker Drehsen: Wie religionsfähig ist die Volkskirche? Sozialisationstheoretische Erkundungen neuzeitlicher Christentumspraxis, 1994. – **1078** Alfred Lorenzer: Das Konzil der Buchhalter. Die Zerstörung der Sinnlichkeit. Eine Religionskritik, 1984/1988. – **1079** Wolfgang Steck: Art. Meditation, WBC, 1988, 789f. – **1080** Wolfgang Trill-haas: Art. Meditation, ³RGG IV, 1960, 824–826. – **1081** Martin Nicol: Art. Meditation, II. Hi-storisch/Praktisch-theologisch, TRE 22, 1992, 337–353. – **1082** Martin Nicol: Meditation bei Luther, 1984. – **1083** Hans-Joachim Iwand: Predigt-Meditationen, ³1966. – **1084** Manfred Seitz: Zum Problem der sogenannten Predigtmeditationen, in: Albrecht Beutel u.a. (Hg.): Homileti-sches Lesebuch. Texte zur heutigen Predigtlehre, 1986, 141–151. – **1085** Heribert Arens u.a.: Kreativität und Predigtarbeit. Vielseitiger denken. Einfallsreicher predigen, ²1975. – **1086** Göt-tinger Predigtmeditationen, hg. v. Hans-Joachim Iwand u.a., 1946ff. – **1087** Predigtstudien, hg. v. Ernst Lange, 1968ff. – **1088** Calwer Predigthilfen, hg. v. Helmut Barié u.a., 1996/1997 I/1, 1996. – **1089** Calwer Predigtbibliothek, hg. v. Rudolf Landau, Bd. 1, 1996. – **1090** Hans La-chenmann: Vorwort, in: Calwer Predigthilfen I/1 (1996/97), 1996, 9f.

3.2. Die Kindheit als Paradigma religiöser Lebensentfaltung

3.2.1. Die Kindheit als paradigmatische Privatwelt

1091 Rainer Lachmann: Art. Kind, TRE 18, 1989, 156–176. – **1092** Karl Neumann: Art. Kind, EKL 2, ³1989, 1035–1038. – **1093** Albrecht Oepke: Art. παῖς, ThWNT V, 1954, 636–653. – **1094** Philippe Ariès: Geschichte der Kindheit, ³1980. – **1095** Ivar Asheim: Glaube und Erzie-hung bei Luther. Ein Beitrag zur Geschichte des Verhältnisses von Theologie und Pädagogik, 1961. – **1096** Huldrych Zwingli: Wie man die Jugend in guten Sitten und christlicher Zucht auf-ziehen und üben sollte, etliche kurze Unterweisung durch Huldrych Zwingli beschrieben (1526), in: Padagogik und Reformation. Von Luther bis Paracelsus. Zeitgenössische Schriften und Do-kumente eingeleitet, ausgewählt und erläutert von Franz Hofmann, 1986, 137–146. – **1097** Reinhold Hedtke: Erziehung durch die Kirche bei Calvin. Der Unterweisungs- und Erzie-hungsauftrag der Kirche und seine anthropologischen und theologischen Grundlagen, 1969. – **1098** Philipp Melanchthon: Eine Schrift Philipp Melanchthons an eine ehrbare Stadt über die Einrichtung der Latein-Schule, nützlich zu lesen (1543), in: Pädagogik und Reformation. Von Luther bis Paracelsus. Zeitgenössische Schriften und Dokumente eingeleitet, ausgewählt und erläutert von Franz Hofmann, 1986, 126–133. – **1099** Johann Amos Comenius: Pampaedia. La-teinischer Text und deutsche Übersetzung. Nach der Handschrift hg. v. Dmitrij Tschizewskij, in Gemeinschaft mit Heinrich Geißler und Klaus Schaller, ²1965. – **1100** Jean-Jacques Rousseau: Emile oder Über die Erziehung, hg., eingel. u. m. Anm. vers. v. Martin Rang, 1965. – **1101** Martin Rang: Rousseaus Lehre vom Menschen, 1959. – **1102** Johann Gottfried Herder: Vom Erkennen und Empfinden der menschlichen Seele. Bemerkungen und Träume (1778), Sämtliche Werke Bd. 8, hg. v. Bernhard Suphan, 1967, 165–235. – **1103** Heinrich Pestalozzi: Die Abend-stunde eines Einsiedlers, Werke in vier Bänden, Bd. 4, hg. v. Adolf A. Steiner, 1972, 307–322. – **1104** Friedrich Fröbel: Das kleine Kind oder die Bedeutung des allerersten Kindestuns, Ausgewählte Schriften, Bd. 1: Kleine Schriften und Briefe von 1809–1851, hg. von Erika Hoffmann, ²1964, 79–89. – **1105** Friedrich Fröbel: Die Menschenerziehung, die Erziehungs-, Unterrichts- und Lehrkunst, angestrebt in der allgemeinen deutschen Erziehungsanstalt zu Keilhau, Bd. 1: Bis zum begonnenen Knabenalter (1826), Ausgewählte Schriften, Bd. 2, hg. von Erika Hoffmann, ³1968. – **1106** Ellen Key: Das Jahrhundert des Kindes (1900), 1978. – **1107** Elisabeth Badinter: Die Mutterliebe. Geschichte eines Gefühls vom 17. Jahrhundert bis heute, ⁴1988. – **1108** Leena Alanen: Soziologie der Kindheit als Projekt: Perspektiven für die Forschung, ZSE 17 (1997), 162–177. – **1109** Helga Zeiher: Kinder in der Gesellschaft und Kindheit in der Soziologie, ZSE 16 (1996), 26–46. – **1110** Michael-Sebastian Honig: Normative Implikationen der Kindheitsforschung, ZSE 16 (1996), 9–25. – **1111** Helga Kelle/Georg Breidenstein: Kinder als Akteure: Ethnographische Ansätze in der Kindheitsforschung, ZSE 16 (1996), 47–67. – **1112** Karl Neumann: Sozialisationswissen im Wandel: Die Bedeutung der wissenschaftlichen Kinderforschung für die private und öffentliche Kleinkindererziehung, in: Günter Erning/Karl Neumann/Jürgen Reyer (Hg.): Geschichte des Kindergartens, Bd. II: Institutionelle Aspekte, systematische Perspektiven, Entwicklungsverläufe, 1987, 185–231. – **1113** Lothar Krappmann: Veränderung des Kindseins in unserer Gesellschaft, RPäB 35 (1995), 3–18. – **1114** Barbara Schneider: Kinder haben andere Maßstäbe – Leben in einer Erwachsenengesellschaft, WzM 48 (1996), 107–123. – **1115** Ulrich Beck: Risikogesellschaft. Auf dem Weg in eine andere Moderne, 1986. – **1116** Neil Postman: Das Verschwinden der Kindheit, ¹⁴1986. – **1117** David Elkind: Das gehetzte Kind. Werden unsere Kleinen zu schnell groß? ³1995. – **1118** Robert Bly: Die kindliche Gesellschaft. Über die Weigerung, erwachsen zu werden, 1996. – **1119** D. W. Winnicott: Psychosen und Kinderpflege (1952), in: ders.: Von der Kinderheilkunde zur Psychoanalyse, 1983, 113–126. – **1120** D. W. Winnicott: Vom Spiel zur Kreativität, 1979. – **1121** Erik H. Erikson: Identität und Lebenszyklus, 1973. – **1122** Jean Piaget: Der Aufbau der Wirklichkeit beim Kinde (1950), 1974. – **1123** Jean Piaget: Das moralische Urteil beim Kinde (1954), 1973. – **1124** Lawrence Kohlberg: Zur kognitiven Entwicklung des Kindes, 1974. – **1125** Martin Dornes: Die frühe Kindheit. Entwicklungspsychologie der ersten Lebensjahre, 1997. – **1126** Martin Kohli: Die Institutionalisierung des Lebenslaufs. Historische Befunde und theoretische Argumente, KZSS 37 (1985), 1–29. – **1127** Friedrich Schweitzer: Die Religion des Kindes. Zur Problemgeschichte einer religionspädagogischen Grundfrage, 1992. – **1128** Friedrich Schweitzer: Verändertes Kindsein – Veränderte Religion: Zur Analyse einer Wechselbeziehung, RPäB 35 (1995), 19–32. – **1129** Friedrich Schweitzer: Lebensgeschichte – Bildung – Religion: Rekonstruktionsfähigkeit als Bildungsziel, in: Volker Drehsen u.a. (Hg.): Der ‚ganze Mensch‘. Perspektiven lebensgeschichtlicher Individualität, 1997, 431–447. – **1130** Hans-Jürgen Fraas: Religion im Prozeß der Persönlichkeitsentwicklung bei Kindern heute, RPäB 35 (1995), 33–42. – **1131** Hans-Jürgen Fraas: Religiöse Erziehung und Sozialisation im Kindesalter, 1973. – **1132** Hans-Jürgen Fraas: Die Religiosität des Menschen. Ein Grundriß der Religionspsychologie, 1990. – **1133** Helmut Hanisch: Die zeichnerische Entwicklung des Gottesbildes bei Kindern und Jugendlichen, 1996. – **1134** Theophil Thun: Die Religion des Kindes. Eine Untersuchung nach Klassengesprächen mit katholischen und evangelischen Kindern der Grundschule, 1964. – **1135** Karl Ernst Nipkow: Grundfragen der Religionspädagogik, Bd. 3: Gemeinsam leben und glauben lernen, ²1988. – **1136** Karl Ernst Nipkow: Moralerziehung. Pädagogische und theologische Antworten, 1981. – **1137** Johannes Gründel: Art. Tugend, WBC, 1988, 1288f. – **1138** Carl-Friedrich Geyer: Art. Wert, WBC, 1988, 1360f. – **1139** Richard Kabisch: Wie lehren wir Religion? Versuch einer Methodik des evangelischen Religionsunterrichts auf psychologischer Grundlage, ⁶1923. – **1140** Kirchenamt der EKD (Hg.): Aufwachsen in schwieriger Zeit. Kinder in Gemeinde und Gesellschaft. Synode der Evangelischen Kirche in Deutschland, 1995. – **1141** Christa Berg: Aufwachsen in schwieriger Zeit, in: Kirchenamt der EKD (Hg.): Aufwachsen in schwieriger Zeit. Kinder in Gemeinde und Gesellschaft. Synode der Evangelischen Kirche in Deutschland, 1995, 128–154. – **1142** Norbert Mette: Kinder in der Bibel, in: Kirchenamt der EKD (Hg.): Aufwachsen in schwieriger Zeit. Kinder in Gemeinde und Gesellschaft. Synode der Evangelischen Kirche in Deutschland, 1995, 79–91. – **1143** Ernst Lohmeyer: Das Evangelium des Markus. KEK I/2, ¹⁷1967. – **1144** Gerhard Ringshausen: Die Kinder der Weisheit. Zur Auslegung von Mk 10,13–16 par., ZNW 77 (1986), 34–63. – **1145** Günter Klein: Bibelarbeit über Markus 10,13–16, in: Gerhard Krause (Hg.): Die Kinder im Evangelium, 1973, 12–30. – **1146**

Gerhard Krause: Jesus der Kinderfreund. Reflexionen und Meditationen zum heutigen Verständnis, in: ders. (Hg.): Die Kinder im Evangelium, 1973, 79–112. – **1147** Peter Müller: In der Mitte der Gemeinde. Kinder im Neuen Testament, 1992. – **1148** Klaus Winkler: Werden wie die Kinder? Christlicher Glaube und Regression, 1992. – **1149** Dietrich Stollberg: Das Kind als Gottesbild – Kindlichkeit als christliches Leitbild? In: Wilhelm Gräb (Hg.): Religionsunterricht jenseits der Kirche?, 1996, 126–132. – **1150** Gottfried Adam: Gott und die Welt aus der Sicht von Kindern wahrnehmen – Ein Nachwort zum religionspädagogischen Blickwechsel, in: Ursula Arnold/Helmut Hanisch/Gottfried Orth (Hg.): Was Kinder glauben. 24 Gespräche über Gott und die Welt, 1997, 343–346. – **1151** Karl-Heinrich Bieritz: „Freiheit im Spiel". Aspekte einer praktisch-theologischen Spieltheorie, BThZ 10 (1993), 164–174. – **1152** Hermann Timm: Sprachenfrühling: Perspektiven evangelisch-protestantischer Religionskultur, 1996. – **1153** Dieter Funke: Sehen oder Hören? Zum Verhältnis von Sinnlichkeit und Objekt in der religiösen Erfahrung, WzM 41 (1989), 269–276. – **1154** Ulrich Schwab: Familienreligiosität. Religiöse Traditionen im Prozeß der Generationen. 1995. – **1155** Osmund Schreuder: Art. Bürger, Bürgertum, 4. Bürgertum und Christentum, EKL 1, 31986, 590–592. – **1156** Michael Gärtner: Über die Kindvergessenheit der Kirche. Wie Kinder ihre Kirche sehen – Reflexionen zu einem Kinderhearing, PrTh 31 (1996), 83–87. – **1157** Arnd Götzelmann: „Kinder an die Macht!" Chancen und Aufgaben der Arbeit mit Kindern in der Kirchengemeinde, PrTh 31 (1996), 116–139. – **1158** Henning Schröer: Möglichkeiten eines kinderfreundlichen Gemeindeaufbaus, in: Eberhard Dieterich/Gerd Schenk (Hg.): Arbeitsfeld Kinderkirche. Berichte, Beispiele, Anregungen, 1979, 20–34. – **1159** Werner Hagenah: „Wann weicht die Nacht dem Tag?" Versuch einer religiössymbolischen Grundlegung für eine Pädagogik des „Evangelischen Kinderhauses", EvErz 48 (1996), 252–259. – **1160** Horst Harbig/Wolf-Rüdiger Marsen/Dietrich Petersmann: Die Kinderbibelwoche. Erfahrungen und Materialien für eine kinderfreundliche Gemeindearbeit, 1978. – **1161** Johannes Blohm (Hg.): Gemeinsam feiern, singen und spielen: Kinderbibeltag – Kinderkirchentag. Eine praktische Anleitung zur Vorbereitung und Gestaltung. Mit Tips, Erfahrungsberichten und Modellen, 1994. – **1162** Themenheft „Kinderchor", MuK 67 (1997), Heft 3, 138–204. – **1163** Wolfhart Pannenberg: Anthropologie in theologischer Perspektive, 1983. – **1164** Peter L. Berger/Thomas Luckmann: Die gesellschaftliche Konstruktion der Wirklichkeit. Eine Theorie der Wissenssoziologie, 21971.

3.2.2. Der Kindergarten als institutioneller Lebensraum des Kindes

1165 Agnes Niegl: Art. Kindergarten, EKL 2, 31989, 1040–1042. – **1166** Albert Reble: Geschichte der Pädagogik, 121975/1981. – **1167** Günter Erning/Karl Neumann/Jürgen Reyer (Hg.): Geschichte des Kindergartens, Bd. 1: Entstehung und Entwicklung der öffentlichen Kleinkindererziehung in Deutschland von den Anfängen bis zur Gegenwart, 1987; Bd. 2: Institutionelle Aspekte, Systematische Perspektiven, Entwicklungsverläufe, 1987. – **1168** Günter Erning/Karl Neumann/Jürgen Reyer: Vorwort, in: dies. (Hg.): Geschichte des Kindergartens, Bd. 1, 1987, 9–12. – **1169** Günter Erning: Geschichte der öffentlichen Kleinkindererziehung von den Anfängen bis zum Kaiserreich, in: ders./Karl Neumann/Jürgen Reyer (Hg.): Geschichte des Kindergartens, Bd. 1, 1987, 13–41. – **1170** Jürgen Reyer: Geschichte der öffentlichen Kleinkindererziehung im deutschen Kaiserreich, in der Weimarer Republik und in der Zeit des Nationalsozialismus, in: Günter Erning/Karl Neumann/Jürgen Reyer (Hg.): Geschichte des Kindergartens, Bd. 1, 1987, 43–81. – **1171** Karl Neumann: Geschichte der öffentlichen Kleinkindererziehung von 1945 bis in die Gegenwart, in: Günter Erning/Karl Neumann/Jürgen Reyer (Hg.): Geschichte des Kindergartens, Bd. 1, 1987, 83–115. – **1172** Jürgen Reyer: Entwicklung der Trägerstruktur in der öffentlichen Kleinkindererziehung, in: Günter Erning/Karl Neumann/Jürgen Reyer (Hg.): Geschichte des Kindergartens, Bd. 2, 1987, 40–66. – **1173** Elisabeth Dammann/Helga Prüser: Raum und Ausstattung von Einrichtungen im geschichtlichen Wandel, in: Günter Erning/Karl Neumann/Jürgen Reyer (Hg.): Geschichte des Kindergartens, Bd. 2, 1987, 96–105. – **1174** Helmut Heiland: Erziehungskonzepte der Klassiker der Frühpädagogik, in: Günter Erning/Karl Neumann/Jürgen Reyer (Hg.): Geschichte des Kindergartens, Bd. 2, 1987, 148–184. – **1175** Karl und Johanna Fröbel: Hochschulen für Mädchen und Kindergärten als Glieder einer vollständigen Bildungsanstalt, welche Erziehung in der Familie und Unterricht der Schule verbindet, 1849. – **1176** Sigurd Hebenstreit: Kindzentrierte Kindergartenarbeit. Grundlagen und Perspektiven in Konzeption und Planung, 1994. – **1177** Helmer Ringgren: Art. Anthroposophie, TRE 3, 1978, 8–20. – **1178** Karl Neumann: Kinder und Eltern: Die bürgerliche Familie als Leitbild, gesellschaftliche Widersprüche und die Vermittlungsfunktion der öffentlichen Kleinkindererziehung, in: Günter Erning/Karl Neumann/Jürgen Reyer (Hg.): Geschichte des Kindergartens, Bd. 2, 1987, 135–146. – **1179** Jürgen Reyer: Kindheit zwischen privat-familialer Lebenswelt und öffentlich veranstalteter Kleinkindererziehung, in: Günter Erning/Karl Neumann/Jürgen Reyer (Hg.): Geschichte des Kindergartens, Bd. 2, 1987, 232–284. – **1180** Ludwig Liegle: Freie Assoziationen von Familien. Geschichte und Zukunft einer „postmodernen" familialen Lebensform, in: Kurt Lüscher u.a. (Hg.): Die „postmoderne" Familie. Familiale Strategien und Familienpolitik in einer Übergangszeit, 1988, 98–115. – **1181** Norbert Rath/Hildegard Ewering (Hg.): Der Schulkindergarten. Arbeitsmodelle für eine Schnittstelle von Sozial- und Grundschulpädagogik, 1997. – **1182** Johann-Christoph Emmelius: Religiöse Elementarerziehung. Ein Bericht über ausgewählte Literatur aus den vergangenen 25 Jahren, Teil 1, JRP 9 (1992), 177–199. – **1183** Hans-Jürgen Fraas: Glaube und Identität. Grundlegung einer Didaktik religiöser Lernprozesse, 1983. – **1184** Karl Ernst Nipkow: Bildung als Lebensbegleitung und Erneuerung. Kirchliche Bildungsverantwortung in Gemeinde, Schule und Gesellschaft, 1990. – **1185** Burkhard Kämper: Kindergärten in kirchlicher Trägerschaft. Verfassungs- und verwaltungsrechtliche Fragen, dargestellt vornehmlich am Beispiel des Landes Nordrhein-Westfalen, 1991. – **1186** Horst Seibert: Vom Nutzen der Träger-Trägheit. Diakonie und evangelische Kirchengemeinden als Träger von Kindergärten, in: Historisches zu gegenwärtigen Aufgaben der Sozialpädagogik, hg. i. Auftr. der Evang. Bundesarbeitsgemeinschaft für Sozialpädagogik im Kindesalter e.V. (EBASKA) von Egbert Haug-Zapp, 1992, 45–55. – **1187** Arnd Götzelmann: Der Kindergarten als Zentrum des Gemeindeaufbaus. Zur evangelischen Kindertagesstättenarbeit, DtPfrBl 95 (1995), 406–408. – **1188** Friedrich Schmidt: Der Evangelische Kindergarten als Nachbarschaftszentrum in der Gemeinde. Erfahrungen aus einem Handlungsforschungsprojekt, PrTh 31 (1996), 139–150. – **1189** Johann Hofmeier: Der Kindergarten in der Pfarrgemeinde. Ein pädagogisches und pastorales Handlungsfeld, 1992. – **1190** Ralf Weisswange: Aufgaben eines Pastors im Kindergarten, DtPfrBl 96 (1996), 192–195. – **1191** Dietrich von Derschau: Personal: Entwicklung der Ausbildung und der Personalstruktur im Kindergarten, in: Günter Erning/Karl Neumann/Jürgen Reyer (Hg.): Geschichte des Kindergartens, Bd. 2, 1987, 67–81. – **1192** Heinz-Otto Schaaf: Erzieherin sein heute, EvErz 48 (1996), 259–266. – **1193** Barbara Dippelhofer-Stiem/Irene Kahle: Die Erzieherin im evangelischen Kindergarten. Empirische Analysen zum professionellen Selbstbild des pädagogischen Personals, zur Sicht der Kirche und zu den Erwartungen der Eltern, 1995.

3.2.3. Der Kindergottesdienst als integrale Gestalt kindgemäßer Liturgie

1194 Gottfried Adam: Art. Kindergottesdienst, TRE 18, 1989, 182–188. – **1195** Illa Maron: Art. Kindergottesdienst, EKL 2, ³1989, 1042–1044. – **1196** Pertti Luumi: Art. Sonntagsschule, EKL 4, ³1996, 289–291. – **1197** Ernst Hofhansl: Kindergottesdienst, in: Hans-Christoph Schmidt-Lauber/Karl-Heinrich Bieritz (Hg.): Handbuch der Liturgik. Liturgiewissenschaft in Theologie und Praxis der Kirche, 1995, 771–785. – **1198** Carsten Berg: Gottesdienst mit Kindern. Von der Sonntagsschule zum Kindergottesdienst, 1987. – **1199** Paul Martin Clotz: Zur Theorie und Praxis des Kindergottesdienstes, ThPr 21 (1986), 295–307. – **1200** Gert Otto: Der Kindergottesdienst, Theologie und Gestalt, 1962. – **1201** Hans-Jürgen Fraas: Grenzfall des Gottesdienstes – Der Kindergottesdienst, in: Peter Stolt (Hg.): An den Grenzen kirchlicher Praxis, 1986, 131–147. – **1202** Günter Ruddat: Kindergottesdienst elementar – eine Bilanz zwischen Isolation und Integration, JRP 5 (1988), 115–134. – **1203** Wolfgang Grünberg: „Was soll aus dem Kindergottesdienst werden?", in: Hans H. Reimer (Hg.): Religionspädagogik und kirchliches Amt. Entwicklungen – Positionen – Beispiele, 1987, 345–355. – **1204** Christian Grethlein: Kindergottesdienst heute. Praktisch-theologische Überlegungen zu seiner Konzeption, PTh 77 (1988), 346–357. – **1205** Christian Grethlein: Leben mit Kindern – auch im Gottesdienst, PTh 83 (1994), 509–518. – **1206** Wolfgang Deresch: Kindergottesdienst – das „schöne Gehege" in einer unwirt-

518. – **1206** Wolfgang Deresch: Kindergottesdienst – das „schöne Gehege" in einer unwirtlichen Welt? LOG 4 (1986), 36–39. – **1207** Siegfried Rabus: Die Kinderpredigt, 1967. – **1208** Harald Bewersdorff: Was kann die Kirche für die Kinder tun? Überlegungen im Anschluß an die „Oase für Kinder", EvErz 48 (1996), 240–247. – **1209** Kirchenamt der EKD (Hg.): Aufwachsen in schwieriger Zeit. Kinder in Gemeinde und Gesellschaft. Synode der Evangelischen Kirche in Deutschland, 1995. – **1210** Jürgen Henkys: Die pädagogischen Dienste der Kirche im Rahmen ihres Gesamtauftrages, in: Heinrich Ammer u.a.: Handbuch der Praktischen Theologie, Bd. 3, 1978, 12–65. – **1211** Manfred Josuttis: Theologie des Gottesdienstes bei Luther, in: Friedrich Wintzer: Praktische Theologie, [5]1997, 32–43. – **1212** Martin Schian: Grundriß der Praktischen Theologie, 1922.

3.3. Der Pfarrerberuf als Idealgestalt integraler religiöser Lebenspraxis

3.3.1. Der Pfarrerberuf als integrale Lebensform

1213 Volker Drehsen: Art. Pfarrer, A. Praktisch-theologisch, WBC, 1988, 958–960. – **1214** Eberhard Winkler: Art. Pfarrer, II. Evangelisch, TRE 26 (1996), 360–374. – **1215** Karl-Wilhelm Dahm: Art. Pfarrer, Pfarramt, 2. Praktisch-theologisch, EKL 3, [3]1992, 1150–1159. – **1216** Karl-Wilhelm Dahm: Beruf: Pfarrer. Empirische Aspekte zur Funktion von Kirche und Religion in unserer Gesellschaft, [2]1972. – **1217** Yorick Spiegel: Art. Pfarrer, in: Gert Otto (Hg.): Praktisch-theologisches Handbuch (PThH), [2]1975, 459–475. – **1218** Werner Conze: Art. Beruf, in: Otto Brunner/Werner Conze/Reinhart Koselleck (Hg.): Geschichtliche Grundbegriffe. Historisches Lexikon zur politisch-sozialen Sprache in Deutschland, Bd. 1, 1972, 490–507. – **1219** Luise Schorn-Schütte/Walter Sparn (Hg.): Evangelische Pfarrer. Zur sozialen und politischen Rolle einer bürgerlichen Gruppe in der deutschen Gesellschaft des 18. bis 20. Jahrhunderts, 1997. – **1220** Luise Schorn-Schütte: Zwischen ‚Amt' und ‚Beruf': Der Prediger als Wächter, ‚Seelenhirt' oder Volkslehrer. Evangelische Geistlichkeit im Alten Reich und in der schweizerischen Eidgenossenschaft im 18. Jahrhundert, in: dies./Walter Sparn (Hg.): Evangelische Pfarrer. Zur sozialen und politischen Rolle einer bürgerlichen Gruppe in der deutschen Gesellschaft des 18. bis 20. Jahrhunderts, 1997, 1–35. – **1221** Oliver Janz: Zwischen Amt und Profession: Die evangelische Pfarrerschaft im 19. Jahrhundert, in: Hannes Siegrist (Hg.): Bürgerliche Berufe. Zur Sozialgeschichte der freien und akademischen Berufe im internationalen Vergleich, 1988, 174–199. – **1222** Christian Homrichhausen: Evangelische Pfarrer in Deutschland, in: Werner Conze/ Jürgen Kocka (Hg.): Bildungsbürgertum im 19. Jahrhundert. Teil 1: Bildungssystem und Professionalisierung in internationalen Vergleichen, 1985, 248–278. – **1223** Wolfgang Marhold: Die soziale Stellung des Pfarrers. Eine sozialgeschichtlich und empirisch orientierte Skizze, in: Martin Greiffenhagen (Hg.): Das evangelische Pfarrhaus. Eine Kultur- und Sozialgeschichte, 1984, 175–194. – **1224** Philipp Jacob Spener: Pia desideria, hg. v. Kurt Aland, [3]1964. – **1225** G. J. Planck: Grundriß der theologischen Encyklopädie zum Gebrauche bey seinen Vorlesungen, 1813. – **1226** Claus Harms: Pastoraltheologie. In Reden an Theologiestudierende, [3]1878. – **1227** Willhelm Löhe: Der evangelische Geistliche, [2]1852. – **1228** Christian Palmer: Evangelische Pastoraltheologie, 1860. – **1229** Ludwig Hüffell: Wesen und Beruf des evangelisch-christlichen Geistlichen, Bd. I, 1890. – **1230** Alfred Krauss: Lehrbuch der Praktischen Theologie, Bd. 2: Katechetik, Pastoraltheologie, 1893. – **1231** E. Chr. Achelis: Lehrbuch der Praktischen Theologie, Bd. 3, [3]1911. – **1232** Paul Drews: Der evangelische Geistliche in der deutschen Vergangenheit, [2]1924. – **1233** Joachim Matthes: Gesellschaftsentwicklung, Pfarramt und Pfarrerrolle, WPKG 61 (1972), 23–27. – **1234** Wolfgang Marhold u.a.: Religion als Beruf. Bd. 1: Identität der Theologen, 1977. – **1235** Ernst Lange: Die Schwierigkeit, Pfarrer zu sein, in: ders.: Predigen als Beruf. Aufsätze zu Homiletik, Liturgie und Pfarramt, hg. v. Rüdiger Schloz, [2]1987, 142–166. – **1236** Peter Krusche: Der Pfarrer in der Schlüsselrolle. Berufskonflikte im Schnittpunkt religiöser Erwartungen und theologischer Normen, in: Joachim Matthes (Hg.): Erneuerung der Kirche. Stabilität als Chance? 1975, 161–188. – **1237** Wolfgang Steck: Der Pfarrer zwischen Beruf und Wissenschaft. Plädoyer für eine Erneuerung der Pastoraltheologie, ThExh 183, 1974. – **1238** Wolfgang Steck: Der Evangelische Geistliche. Schleiermachers Begründung des religiösen Berufs, in: Kurt-Victor Selge (Hg.): Internationaler Schleiermacher-Kongreß Berlin 1984, 1985, 717–770. – **1239** Wolfgang Steck: Der lange Schatten der Pastoraltheologie. Wissenschaftstheoretische Reflexionen zu Funktion und Struktur der gegenwärtigen Praktischen Theologie, PthI 13 (1993), 93–121. – **1240** Wolfgang Steck: Die Wiederkehr der Pastoraltheologie. Wissenschaftsgeschichtliche Betrachtungen zum Wechsel des Titels, PTh 70 (1981), 10–27. – **1241** Wolfgang Steck: Die Privatisierung der Religion und die Professionalisierung des Pfarrerberufs. Einige Gedanken zum Berufsbild des Pfarrers, PTh 80 (1991), 306–322. – **1242** Wolfgang Steck: Der Beruf des Pfarrers unter dem Diktat der ökonomischen Logik, ThPr 20 (1985), 116–128. – **1243** Wolfgang Steck: Die Ausbildung einer pastoral-theologischen Identität im Vikariat, WzM 31 (1979), 266–284. – **1244** Wolfgang Steck/Walter Neidhart (Hg.): Die Zukunft des Pfarrerberufs. Themenheft ThPr 20 (1985), 3–144. – **1245** Wolfgang Steck: Die Technik der Kirchenleitung unter den Bedingungen der Moderne. Eine kritische Inspektion der ökonomisch-kybernetischen Kirchenreform, in: Joachim Mehlhausen (Hg.): Recht – Macht – Gerechtigkeit, 1998, 681–707. – **1246** Wolfgang Steck: Die biographische Grabrede. Eine phänomenologische Rekonstruktion ihrer Genese, in: Volker Drehsen u.a. (Hg.): Der ‚ganze Mensch‘. Perspektiven lebensgeschichtlicher Individualität, 1997, 263–303. – **1247** Volker Drehsen: Die angesonnene Vorbildlichkeit des Pfarrers. Geschichtliche Reminiszenzen und pastoralethische Überlegungen, PTh 78 (1989), 88–109. – **1248** Wilhelm Gräb: Der Pfarrer als Musterprotestant – zum Wandel einer kirchlichen Funktionselite, in: Friedrich Wilhelm Graf/ Klaus Tanner (Hg.): Protestantische Identität heute, 1992, 246–255. – **1249** Godwin Lämmermann: Der Pfarrer – elementarer Repräsentant von Subjektivität? Zum Widerspruch von Individuum und Institution, ZEE 35 (1991), 21–33. – **1250** Manfred Josuttis: Der Pfarrer ist anders. Aspekte einer zeitgenössischen Pastoraltheologie, ³1987. – **1251** Manfred Josuttis: Die Einführung in das Leben. Pastoraltheologie zwischen Phänomenologie und Spiritualität, 1996. – **1252** Manfred Josuttis: Der Pfarrer – ein Bürger, EvTh 49 (1989), 443–459. – **1253** Bernd Moeller: Pfarrer als Bürger, 1972. – **1254** Alfred S. Bernd Busch: Zwischen Berufung und Beruf: Ein Beitrag zur Stellung des Pfarrers in unserer Zeit, 1996. – **1255** Wolfgang Lück: Praxis: Kirchengemeinde, 1978. – **1256** Hans-Dieter Bastian (Hg.): Kirchliches Amt im Umbruch, 1971. – **1257** Christian Möller: Zwischen ‚Amt‘ und ‚Kompetenz‘. Ortsbestimmung pastoraler Existenz heute, PTh 82 (1993), 460–475. – **1258** Reinhard Schmidt-Rost: Probleme der Professionalisierung der Seelsorge, WzM 41 (1989), 31–42. – **1259** Reinhard Schmidt-Rost: Der Pfarrer als Seelsorger – Fachmann oder professioneller Nachbar? Lehrmittel in der Ausbildung zum Pfarrer als Indikatoren geltender Berufsauffassung, WzM 31 (1979), 284–296. – **1260** J. Christine Janowski: Umstrittene Pfarrerin. Zu einer unvollendeten Reformation der Kirche, in: Martin Greiffenhagen (Hg.): Das evangelische Pfarrhaus. Eine Kultur- und Sozialgeschichte, 1984, 83–107. – **1261** Brigitte Enzner-Probst: Pfarrerin. Als Frau in einem Männerberuf, 1995. – **1262** Ulrike Wagner-Rau: Zwischen Vaterwelt und Feminismus. Eine Studie zur pastoralen Identität von Frauen, 1992. – **1263** Karl-Heinrich Lütcke: Art. Theologiestudium, WBC, 1988, 1248f. – **1264** Torsten Meireis: Theologiestudium im Kontext, 1997. – **1265** Gert Traupe: Studium der Theologie. Studienerwartungen und Studienerfahrungen, 1990. – **1266** Henning Luther: Hochschuldidaktik der Theologie. Historische und systematische Vorklärungen, 1980. – **1267** Theologiestudium, Vikariat, Fortbildung. Gesamtplan der Ausbildung für den Pfarrerberuf. Empfehlungen des Rates der Evangelischen Kirche in Deutschland, hg. v. der Kirchenkanzlei der Evangelischen Kirche in Deutschland, 1978. – **1268** Grundlagen der theologischen Ausbildung und Fortbildung im Gespräch. Die Diskussion über die „Grundsätze für die Ausbildung und Fortbildung der Pfarrer und Pfarrerinnen der Gliedkirchen der EKD". Dokumentation und Erträge 1988–1993. Im Auftr. d. Gemischten Kommission für die Reform des Theologiestudiums hg. v. Werner Hassiepen und Eilert Herms, 1993. – **1269** Horst Birkhölzer/Roman Roessler/Rüdiger Schloz: Der Beruf des Pfarrers/der Pfarrerin heute. Ein Diskussionspapier zur V. Würzburger Konsultation über Personalplanung in der EKD, 1989. – **1270** Eilert Herms: Was heißt „theologische Kompetenz"?, in: ders.: Theorie für die Praxis – Beiträge zur Theologie, 1982, 35–49. – **1271** Werner Becher (Hg.): Seelsorgeausbildung. Theorien, Methoden, Modelle, 1976. – **1272** Sein Licht leuchten lassen. Zur Erneuerung von Gemeinde und Pfarrerschaft. Ein Votum des Theologischen Ausschusses der Arnoldshainer Konferenz, 1988. – **1273** Eberhard Hauschildt: Individualisierung und Standardisierung der Religion, in: Albrecht Grözinger/Jürgen Lott (Hg.):

Gelebte Religion. Im Brennpunkt praktisch-theologischen Denkens und Handelns, 1997, 15–29. – **1274** Eberhard Hauschildt: Der homiletische Kontrakt und die politische Predigt. Vollmacht und Gerechtigkeit zwischen Kanzel und Kirchenbank, in: Joachim Mehlhausen (Hg.): Recht – Macht – Gerechtigkeit, 1998, 626–645. – **1275** Eberhard Hauschildt: Alltagsseelsorge. Eine sozio-linguistische Analyse des pastoralen Geburtstagsbesuches, 1996. – **1276** Yorick Spiegel: Familie und Freizeit, in: ders./Ulrich Teichler: Theologie und gesellschaftliche Praxis, 1974, 55–75. – **1277** Falk Wagner: Protestantische Reflexionskultur, in: Friedrich Wilhelm Graf/ Klaus Tanner (Hg.): Protestantische Identität heute, 1992, 31–49. – **1278** Dietrich Korsch: Bildung und Glaube. Ist das Christentum eine Bildungsreligion?, NZSTh 36 (1994), 190–214. – **1279** Max Weber: Die Wirtschaftsethik der Weltreligionen, in: ders.: Gesammelte Aufsätze zur Religionssoziologie I, [9]1988, 237–573. – **1280** Max Weber: Die protestantische Ethik und der Geist des Kapitalismus, in: ders.: Gesammelte Aufsätze zur Religionssoziologie I, [9]1988, 17–206.

3.3.2. Das Pfarrhaus als symbolische Lebenswelt

1281 Eberhard Winkler: Art. Pfarrhaus, TRE 26, 1996, 374–379. – **1282** Martin Greiffenhagen (Hg.): Das evangelische Pfarrhaus. Eine Kultur- und Sozialgeschichte, 1984. – **1283** Martin Greiffenhagen: Einleitung, in: ders. (Hg.): Das evangelische Pfarrhaus. Eine Kultur- und Sozialgeschichte, 1984, 7–22. – **1284** Richard Riess: Zur Einstimmung, in: ders. (Hg.): Haus in der Zeit. Das evangelische Pfarrhaus heute, [2]1992, 9–19. – **1285** Wilhelm Baur: Das deutsche evangelische Pfarrhaus. Seine Gründung, seine Entfaltung und sein Bestand, [2]1878. – **1286** Rudolf Mohr: 450 Jahre deutsches evangelisches Pfarrhaus, Zeitschrift für Religions- und Geistesgeschichte 28 (1976), 16–25. – **1287** Friedrich Wilhelm Kantzenbach: Zur kirchen- und kulturgeschichtlichen Bedeutung des evangelischen Pfarrhauses. Streiflichter und Schwerpunkte, in: Richard Riess (Hg.): Haus in der Zeit. Das evangelische Pfarrhaus heute, [2]1992, 46–65. – **1288** Richard Friedenthal: Das evangelische Pfarrhaus im deutschen Kulturleben, Luther 42 (1971), 1–15. – **1289** Nicolaus Heutger: Das evangelische Pfarrhaus in Niedersachsen als Beispiel für die Bedeutung des evangelischen Pfarrhauses, 1990. – **1290** Johann Heinrich Voß: Luise. Ein ländliches Gedicht in drei Idyllen, o.J. – **1291** Johann Wolfgang Goethe: Dichtung und Wahrheit. Goethes Werke, Hamburger Ausgabe, Bd. 9: Autobiographische Schriften I, hg. v. Erich Trunz, [11]1989. – **1292** C. Büchsel: Erinnerungen aus dem Leben eines Landgeistlichen (1861), [10]1925. – **1293** Robert Minder: Das Bild des Pfarrhauses in der deutschen Literatur von Jean Paul bis Gottfried Benn, in: ders.: Kultur und Literatur in Deutschland und Frankreich, 1977, 46–75. – **1294** Volker Drehsen: Pfarrersfiguren als Gesinnungsfigurationen. Zur Bedeutung des Pfarrers in Theodor Fontanes Romanen, in: ders. u.a. (Hg.): Der ‚ganze Mensch'. Perspektiven lebensgeschichtlicher Individualität, 1997, 37–55. – **1295** Fritz Martini: Pfarrer und Pfarrhaus. Eine nicht nur literarische Reihe und Geschichte, in: Martin Greiffenhagen (Hg.): Das evangelische Pfarrhaus. Eine Kultur- und Sozialgeschichte, 1984, 127–148. – **1296** Ruth Ayaß: Religion als Unterhaltung. Der Pfarrer als Fernsehheld, in: Jörg Bergmann u.a. (Hg.). Religion und Kultur, KZSS, SH 33, 1993, 350–367. – **1297** Adolf Hausrath: Luthers Leben, Bd. 2, 1905. – **1298** Renatus Hupfeld: Pflege der „Bildung" im evangelischen Pfarrhaus, PTh 46 (1957), 198–209. – **1299** Andreas Gestrich: Erziehung im Pfarrhaus. Die sozialgeschichtlichen Grundlagen, in: Martin Greiffenhagen (Hg.): Das evangelische Pfarrhaus. Eine Kultur- und Sozialgeschichte, 1984, 63–82. – **1300** Ludwig Fertig: Pfarrer in spe: Der evangelische Theologe als Hauslehrer, in: Martin Greiffenhagen (Hg.): Das evangelische Pfarrhaus. Eine Kultur- und Sozialgeschichte, 1984, 195–208. – **1301** Theodor Schober: Das Pfarrhaus als Sozialstation, in: Martin Greiffenhagen (Hg.): Das evangelische Pfarrhaus. Eine Kultur- und Sozialgeschichte, 1984, 379–394. – **1302** Kurt Scharf: Das Pfarrhaus als Asyl. Erinnerung an einen elementaren Aspekt, in: Richard Riess (Hg.): Haus in der Zeit. Das evangelische Pfarrhaus heute, [2]1992, 218–230. – **1303** Robert Leuenberger: Das evangelische Pfarrhaus als Ort der Seelsorge, in: Richard Riess (Hg.): Haus in der Zeit. Das evangelische Pfarrhaus heute, [2]1992, 231–243. – **1304** Hans Norbert Janowski: Bürge, Bote und Begleiter. Pfarramt und Pfarrhaus im Rollenwechsel, in: Martin Greiffenhagen (Hg.): Das evangelische Pfarrhaus. Eine Kultur- und Sozialgeschichte, 1984, 413–434. – **1305**

Peter Stolt: Geistliches Leben im Pfarrhaus – Bemerkungen zu einer vita experimentalis, in: ders. (Hg.): An den Grenzen kirchlicher Praxis, 1986, 148–160. – **1306** Michael Schibilsky: Pfarrhaus-Lebensstil. Zwischen meditativem Streß und hastig gepredigtem Evangelium, WPKG 69 (1980), 210–216. – **1307** Fulbert Steffensky: Ist das Pfarrhaus zu retten? In: Richard Riess (Hg.): Haus in der Zeit. Das evangelische Pfarrhaus heute, ²1992, 302–309. – **1308** Karl-Wilhelm Dahm: Wird das evangelische Pfarrhaus „katholisch"? Zur Rückerwartung zentraler „Pfarrhausfunktionen" an die Person des „Geistlichen", in: Richard Riess (Hg.): Haus in der Zeit. Das evangelische Pfarrhaus heute, ²1992, 244–257. – **1309** Oskar Söhngen: Die Musik im evangelischen Pfarrhaus, in: Martin Greiffenhagen (Hg.): Das evangelische Pfarrhaus. Eine Kultur- und Sozialgeschichte, 1984, 295–310. – **1310** Wolfgang Steck: Im Glashaus: Die Pfarrfamilie als Sinnbild christlichen und bürgerlichen Lebens, in: Martin Greiffenhagen (Hg.): Das evangelische Pfarrhaus. Eine Kultur- und Sozialgeschichte, 1984, 109–125. – **1311** Hans Schulze: Zu Struktur und Funktion der Pfarrerfamilie, in: Konfliktfeld Pfarrhaus. Sonderheft WzM 8/9 (1978), hg. v. Richard Riess, 306–316. – **1312** Martin Greiffenhagen (Hg.): Pfarrerskinder. Autobiographisches zu einem protestantischen Thema, 1982. – **1313** Christoph Kleßmann (Hg.): Kinder der Opposition. Berichte aus Pfarrhäusern in der DDR, 1993. – **1314** Christine und Reinhard Miethner: Konfliktfeld „Pfarrerehe", in: Konfliktfeld Pfarrhaus, Sonderheft WzM 8/9 (1978), hg. v. Richard Riess, 316–324. – **1315** Manfred Josuttis: Im umfriedeten Haus ein umstrittenes Zimmer. Überlegungen zu einem Konflikt in der Kirche, in: Richard Riess (Hg.): Haus in der Zeit. Das evangelische Pfarrhaus heute, ²1992, 163–171. – **1316** Sigrid Bormann-Heischkeil: Die soziale Herkunft der Pfarrer und ihrer Ehefrauen, in: Martin Greiffenhagen (Hg.): Das evangelische Pfarrhaus. Eine Kultur- und Sozialgeschichte, 1984, 149–174. – **1317** Hermann Werdermann: Die deutsche evangelische Pfarrfrau. Ihre Geschichte in vier Jahrhunderten, ³1940. – **1318** Luise Schorn-Schütte: „Gefährtin" und „Mitregentin". Zur Sozialgeschichte der evangelischen Pfarrfrau in der Frühen Neuzeit, in: Heide Wunder/Christina Vanja (Hg.): Wandel der Geschlechterbeziehungen zu Beginn der Neuzeit, 1993, 109–153. – **1319** Johanna Haberer: Eigener Weg und offenes Haus. Wirklichkeiten und Herausforderungen der berufstätigen Pfarrfrau, in: Richard Riess (Hg.): Haus in der Zeit. Das evangelische Pfarrhaus heute, ²1992, 134–141. – **1320** Trude Dehn: Vorwort, in: dies. (Hg.): Ein brauchbares Wesen. Die Frau im Pfarrhaus. Lebensgeschichten aus sechs Jahrzehnten, ²1996, 9f. – **1321** Ernst Klee: Ich bin eine männliche Pfarrfrau … und was daraus wurde, in: Konfliktfeld Pfarrhaus, Sonderheft WzM 8/9 (1978), hg. v. Richard Riess, 362–368. – **1322** Gerta Scharffenorth/Erika Reichle: Art. Frau, VII. Neuzeit, TRE 11, 1983, 443–467. – **1323** Jörg Bergmann/Alois Hahn/Thomas Luckmann (Hg.): Religion und Kultur, KZSS, SH 33, 1993.

3.3.3. Der Hausbesuch als Grundform beruflich verfaßter Privatseelsorge

1324 Hans-Christoph Piper: Der Hausbesuch des Pfarrers. Hilfen für die Praxis, ²1988. – **1325** Hans van der Geest: Der Hausbesuch als Kennzeichen der Seelsorge, Diakonia 12 (1981), 292–301. – **1326** Theodor Blieweis: Der Hausbesuch des Priesters. Notwendigkeit, Formen und Praxis, 1965. – **1327** Klaus Winkler: Pastoralpsychologische Aspekte des Gemeindebesuches, WzM 15 (1963), 201–208. – **1328** Wolfgang Müller: Der Hausbesuch des Pfarrers in der Bedeutung für die Seelsorge, DtPfrBl 81 (1981), 113–115. – **1329** Hans-Christoph Piper/Eleonore Olszowi: Der Hausbesuch in der Gemeinde. Erfahrungen mit einem Kurs Klinische Seelsorgeausbildung, WzM 31 (1979), 308–318. – **1330** Wolfgang Scherffig: Hausbesuche: Chance oder Zeitvergeudung? PTh 55 (1966), 252–257. – **1331** F. Frey: Hausbesuche des Großstadtpfarrers, Pastoralblätter 107 (1967), 130–149. – **1332** Dieter Roos: Praktische Erwägungen zum Hausbesuch des Pfarrers, WzM 31 (1979), 319–331. – **1333** Eberhard Hauschildt: Alltagsseelsorge. Eine sozio-linguistische Analyse des pastoralen Geburtstagsbesuches, 1996. – **1334** Siegfried Dreher: Geburtstagsbesuche bei Jubilaren. Situationsanalyse und Folgerungen für die Praxis, PTh 71 (1982), 158–170. – **1335** Reinhard Miethner: Besuch bei einem neu zugezogenen Gemeindeglied. Hausbesuche im Seelsorgetraining, WzM 31 (1979), 331–337. – **1336** Henning Schröer: Besuchsdienst – Hausbesuche, in: Peter C. Bloth u.a. (Hg.): Handbuch der Praktischen Theologie, Bd. 3: Praxisfeld: Gemeinden, 1983, 485–496. – **1337** Betty Meister: Besuchsdienst hat viele Gesichter, in: Jan Appelkamp u.a.: Türen öffnen. Handbuch für Besuchsdienste, 1979, 17–24. – **1338** Jan Appelkamp u.a.: Türen öffnen. Handbuch für Besuchsdienste, 1979. – **1339** Friedel Hinz: Vorarbeit in der Gemeinde, in: Jan Appelkamp u.a.: Türen öffnen. Handbuch für Besuchsdienste, 1979, 25–46. – **1340** Jan Appelkamp: Das Einführungsseminar, in: ders. u.a.: Türen öffnen. Handbuch für Besuchsdienste, 1979, 47–67. – **1341** Johannes Wellmer: Der Hausbesuch im Gemeindeaufbau, WzM 31 (1979), 337–341. – **1342** Dietrich Stollberg: Art. Seelsorge, EKL 4, ³1996, 173–188. – **1343** Ernst-Rüdiger Kiesow: Die Seelsorge, in: Heinrich Ammer u.a.: Handbuch der Praktischen Theologie, Bd. 3, 1978, 141–262. – **1344** Wolfgang Lück: Praxis: Kirchengemeinde, 1978. – **1345** Volker Drehsen: Wie religionsfähig ist die Volkskirche? Sozialisationstheoretische Erkundungen neuzeitlicher Christentumspraxis, 1994. – **1346** Helmut Hild (Hg.): Wie stabil ist die Kirche? Bestand und Erneuerung. Ergebnisse einer Umfrage, 1974. – **1347** Johannes Hanselmann/Helmut Hild/Eduard Lohse (Hg.): Was wird aus der Kirche? Ergebnisse der zweiten EKD-Umfrage über Kirchenmitgliedschaft, 1984. – **1348** Klaus Engelhardt/Hermann von Loewenich/Peter Steinacker (Hg.): Fremde Heimat Kirche. Die dritte EKD-Erhebung über Kirchenmitgliedschaft, 1997.

213 Individualität – das Theorieparadigma der modernen Poimenik

1349 Martin Jochheim: Bibliographie zur evangelischen Seelsorgelehre und Pastoralpsychologie, 1997. – **1350** Friedrich Wintzer (Hg.): Seelsorge. Texte zum gewandelten Verständnis und zur Praxis der Seelsorge in der Neuzeit, ³1988. – **1351** Richard Riess: Seelsorge. Orientierung, Analysen, Alternativen, 1973. – **1352** Klaus Winkler: Seelsorge, 1997. – **1353** Thomas Bonhoeffer: Ursprung und Wesen der christlichen Seelsorge, 1985. – **1354** Reinhard Schmidt-Rost: Seelsorge zwischen Amt und Beruf. Studien zur Entwicklung einer modernen evangelischen Seelsorgelehre seit dem 19. Jahrhundert, 1988. – **1355** Michael Klessmann: Über die Seelsorgebewegung hinaus …? Ein Bericht zur neueren Seelsorgeliteratur, PTh 87 (1998), 46–61. – **1356** Otto Baumgarten: Protestantische Seelsorge, 1931. – **1357** Otto Baumgarten: Art. Seelsorge, ¹RGG IV, 1913, 528–558. – **1358** Joachim Scharfenberg: Otto Baumgarten und die Seelsorge heute, in: Wolfgang Steck (Hg.): Otto Baumgarten. Studien zu Leben und Werk, 1986, 129–146. – **1359** Hans Asmussen: Die Seelsorge, 1934. – **1360** Eduard Thurneysen: Die Lehre von der Seelsorge, 1946. – **1361** Martin Jochheim: Seelsorge und Psychotherapie. Historisch-systematische Studien zur Lehre von der Seelsorge bei Oskar Pfister, Eduard Thurneysen und Walter Uhsadel, 1998. – **1362** Konrad Stauss: Art. Humanistische Psychologie, EKL 2, ³1989, 574–576. – **1363** Joachim Scharfenberg: Seelsorge als Gespräch. Zur Theorie und Praxis der seelsorgerlichen Gesprächsführung, ⁵1991. – **1364** Joachim Scharfenberg: Einführung in die Pastoraltheologie, ²1994. – **1365** Joachim Scharfenberg (Hg.): Freiheit und Methode. Wege christlicher Einzelseelsorge, 1979. – **1366** Dietrich Stollberg: Therapeutische Seelsorge. Die amerikanische Seelsorgebewegung. Darstellung und Kritik, 1969. – **1367** Dietrich Stollberg: Wahrnehmen und Annehmen. Seelsorge in Theorie und Praxis, 1978. – **1368** Carl R. Rogers: Die nicht-direktive Beratung, 1972. – **1369** Matthias Kroeger: Themenzentrierte Seelsorge. Über die Kombination Klientzentrierter und Themenzentrierter Arbeit nach Carl C. Rogers und Ruth C. Cohn in der Theologie, 1973. – **1370** Howard J. Clinebell: Modelle beratender Seelsorge, ⁵1985. – **1371** Hans-Joachim Thilo: Beratende Seelsorge. Tiefenpsychologische Methodik dargestellt am Kasualgespräch, ³1986. – **1372** Helga Lemke: Personzentrierte Beratung in der Seelsorge, 1995. – **1373** Walter Bernet: Weltliche Seelsorge. Elemente einer Theorie des Einzelnen, 1988. – **1374** Martin Nicol: Gespräch als Seelsorge. Theologische Fragmente zu einer Kultur des Gesprächs, 1990. – **1375** Helmut Tacke: Glaubenshilfe als Lebenshilfe. Probleme und Chancen heutiger Seelsorge, ²1979. – **1376** Jay E. Adams: Befreiende Seelsorge. Theorie und Praxis einer biblischen Lebensberatung, ⁸1988. – **1377** Wilhelm Gräb: Deutungsarbeit. Überlegungen zu einer Theologie therapeutischer Seelsorge, PTh 86 (1997), 325–340. – **1378** Karl-Heinrich Bieritz: Gewinner und Verlierer. Seelsorge in der Risikogesellschaft, VuF 35 (1990), 4–35. – **1379** Uta Pohl-Patalong: Seelsorge zwischen Individuum und Gesellschaft. Elemente zu einer Neukonzeption der Seelsorgetheorie, 1996. – **1380** Isolde Karle: Seelsorge in der Moderne. Eine Kritik der psychoanalytisch orientierten Seelsorgelehre, 1996. – **1381** Gert Hartmann: Lebensdeutung. Theologie für die Seelsorge, 1993. – **1382** Dietrich Rössler: Rekon-

Theologie für die Seelsorge, 1993. – **1382** Dietrich Rossler: Rekonstruktion des Menschen. Ziele und Aufgaben der Seelsorge in der Gegenwart, WzM 25 (1973), 181–196. – **1383** Hans-Günter Heimbrock: Heilung als Re-Konstruktion von Wirklichkeit. Kulturelle Aspekte eines Problems moderner Seelsorgelehre, in: Wolf-Eckart Failing/Hans-Günter Heimbrock: Gelebte Religion wahrnehmen. Lebenswelt – Alltagskultur – Religionspraxis, 1998, 256–274. – **1384** Albrecht Grözinger: Seelsorge als Rekonstruktion von Lebensgeschichte, WzM 38 (1986), 178–188. – **1385** Wolfgang Steck: Der Ursprung der Seelsorge in der Alltagswelt, ThZ 43 (1987), 175–183. – **1386** Wolfgang Steck: Die Privatisierung der Religion und die Professionalisierung des Pfarrerberufs. Einige Gedanken zum Berufsbild des Pfarrers, PTh 80 (1991), 306–322. – **1387** Wolfgang Steck: Die biographische Grabrede. Eine phänomenologische Rekonstruktion ihrer Genese, in: Volker Drehsen u.a. (Hg.): Der ‚ganze Mensch‘. Perspektiven lebensgeschichtlicher Individualität, 1997, 263–303. – **1388** Eberhard Hauschildt: Alltagsseelsorge. Eine sozio-linguistische Analyse des pastoralen Geburtstagsbesuches, 1996. – **1389** Henning Luther: Alltagssorge und Seelsorge, in: ders.: Religion und Alltag, Stuttgart 1992, 224–238. – **1390** Thomas Henke: Seelsorge und Lebenswelt. Auf dem Weg zu einer Seelsorgetheorie in Auseinandersetzung mit soziologischen und sozialphilosophischen Lebensweltkonzeptionen, 1994. – **1391** Peter L. Berger/Hansfried Kellner: Die Ehe und die Konstruktion der Wirklichkeit. Eine Abhandlung zur Mikrosoziologie des Wissens, Soziale Welt 16 (1965), 220–235. – **1392** Frank Nestmann: Nichtprofessionelle psychosoziale Hilfe. Taxifahrer als alltägliche Berater, Archiv für Wissenschaft und Praxis der sozialen Arbeit 15 (1984), 45–63. – **1393** Frank Nestmann: Der schönste Platz ist immer an der Theke – Gastwirte und Gastwirtinnen als alltägliche psychosoziale Helfer, Gruppendynamik 16 (1985), 333–350. – **1394** Klaus Laermann: Kommunikation an der Theke. Über einige Interaktionsformen in Kneipen und Bars, in: Kurt Hammerich/Michael Klein (Hg.): Materialien zur Soziologie des Alltags, KZSS, SH 20, 1978, 420–430. – **1395** Klaus Laermann: Kneipengerede. Zu einigen Verkehrsformen der Berliner ‚linken‘ Subkultur, Kursbuch 37 (1974), 168–180. – **1396** Jes P. Asmussen: Art. Beichte, I. Religionsgeschichtlich, TRE 5, 1980, 411–414. – **1397** Isnard W. Frank: Art. Beichte, II. Mittelalter, TRE 5, 1981, 414–421. – **1398** Ernst Bezzel: Art. Beichte, III. Reformationszeit, TRE 5, 1980, 421–425. – **1399** Helmut Obst: Art. Beichte, IV. Neuzeit, TRE 5, 1980, 425–428. – **1400** Manfred Mezger: Art. Beichte, V. Praktisch-theologisch, TRE 5, 1981, 428–439. – **1401** Gustav Adolf Benrath: Art. Buße, V. Historisch, TRE 7, 1981, 452–473. – **1402** Falk Wagner: Art. Buße, VI. Dogmatisch, TRE 7, 1981, 473–487. – **1403** Jörg Mertin: Kirchengeschichtliche Aspekte zum Thema Buße, MuK 66 (1996), 266–270. – **1404** Alois Hahn/Herbert Willems: Schuld und Bekenntnis in Beichte und Therapie, in: Jörg Bergmann u.a. (Hg.). Religion und Kultur, KZSS, SH 33, 1993, 309–330. – **1405** Alois Hahn: Zur Soziologie der Beichte und anderer Formen institutionalisierter Bekenntnisse: Selbstthematisierung und Zivilisationsprozeß, KZSS 34 (1982), 407–434. – **1406** Andreas Snoeck: Beichte und Psychoanalyse, ²1960. – **1407** Dietrich Korsch: Buße. Zur theologischen Rekonstruktion einer religiösen Lebensform, in: Volker Drehsen u.a. (Hg.): Der ‚ganze Mensch‘. Perspektiven lebensgeschichtlicher Individualität, 1997, 249–262. – **1408** Karl-Heinz Ohlig: Ist das Bußsakrament tot? Orientierung an der Tradition, Diakonia 27 (1996), 108–118. – **1409** Johann H. Wichern: Die innere Mission der deutschen evangelischen Kirche. Eine Denkschrift an die deutsche Nation, Sämtliche Werke Bd. 1, hg. von Peter Meinhold, 1962, 175–366. – **1410** Johann H. Wichern: Kommunismus und die Hilfe gegen ihn, Sämtliche Werke Bd. 1, hg. v. Peter Meinhold, 1962, 133–151. – **1411** Paul Philippi: Art. Diakonie, I. Geschichte der Diakonie, TRE 8, 1981, 621–644. – **1412** Klaus Tanner: Bürgerlicher Individualismus und soziale Verantwortung, WzM 42 (1990), 97–114. – **1413** Max Weber: Wirtschaft und Gesellschaft. Grundriß der verstehenden Soziologie, ⁵1972.

Stichwortregister

Kategorien

Alltag 58, 144, 243, 329, 344f., 395, 470, 521, 598f.
Alltagsreligion 104, 142, 191, 224, 306, 338, 395
Alltagstheorie 25, 37
Alltagswelt 59, 103, 148, 217, 598, 608f.
Alltagswissen 55, 421
Alltagszeit 243, 314, 599
Alte Kirche 281, 509
Altersklassen 145, 318, 516, 521f.
Altruismus 131
Anthropologie 406
  Anthropologische Medizin 422f.
  Anthropologische Pädagogik 409–413
  Theologische Anthropologie 216, 324
Antike 206, 241, 283, 407
Archetypen 128
Ästhetik 56, 261, 458
  Ästhetische Religionskultur 97, 198, 243, 261, 293, 349, 426
Ästhetisierung 338, 343, 346, 349
Aufklärung 17, 31, 41f., 80f., 118, 126f., 138f., 156, 161, 167, 176, 180–185, 188, 194, 204, 210, 234, 239, 244, 260, 287, 308, 371, 401, 407, 443, 447, 462, 477, 481, 536, 563, 565–567, 583f., 588, 597, 604, 613, 616
  Dialektik der Aufklärung 210
Ausdifferenzierung 54, 205, 217, 249, 382, 451
Autonomie 118, 168, 174, 241, 388, 528, 555, 604
  Individuelle Autonomie 42, 165, 171, 217, 224, 256, 259, 271, 277, 284, 345, 364, 374, 383, 389, 391f., 405, 417, 563, 578

Barock 474
Beratungskultur 38, 46, 49
Beruf 35, 37, 45, 72, 83, 87, 198, 217, 271, 391f., 414–434, 436, 554f., 557f., 570, 580
  Professionalisierung des Berufs 417–424, 427, 430, 559
  Rationalisierung der Berufsarbeit 421, 562
Berufsethik 421, 591
Berufsethos 222, 416, 424, 428
Berufshandeln 424
Berufsidee 59, 395, 414, 563, 584
Berufsidentität 64, 430, 436, 576
Berufsrolle 430, 555, 593
  Pastorale Berufsrolle 59, 555
Berufssoziologie 417
Berufstheorie 47, 58, 62, 70, 570
Berufswelt
  Pastorale Berufswelt 59, 559, 595, 598
Bewegungen
  Fortschrittsbewegungen 42f.
  Reformbewegungen 17, 24, 38, 41, 50f., 71, 318, 395, 423
Bewegungsbegriffe 206
Bildung 29f., 47, 55, 87, 131, 167, 172, 198, 283, 309, 391f., 394, 400–414, 419, 425, 431f., 434, 436, 462, 471, 551, 555, 558, 563, 565, 570
  Herzensbildung 413
  Religion und Bildung 394, 405, 424, 564
  Religiöse Bildung 98, 285, 403, 462, 467
  Selbstbildung 383, 408
Bildungsbegriff 415, 431
Bildungsbürgertum 180, 217, 263, 417, 434, 441, 444, 448, 462, 478, 564f., 577
Bildungsreligion 16, 42, 72, 98, 144, 180, 186, 395, 397, 402, 435, 567
Bildungstheorie 46, 403, 406–413
  Theorie religiöser Bildung 98
Biographie 31, 191, 258, 370, 394, 551
  Biographieforschung 123
Bürgerlichkeit 226, 529
Bürgerreligion 106, 174, 178, 180, 186–191, 219
Bürgertum 44, 85, 141, 143, 199–201, 216–226, 240–242, 259, 308, 397, 415, 417, 441, 443, 454, 462, 479, 533, 563–570, 577–582, 591
  Großbürgertum 217
  Kleinbürgertum 217
  Stadtbürgertum 217

Christentum 29, 34, 79, 82, 93, 156, 161, 194, 197, 204, 216, 223, 382, 431, 440, 472, 534, 559
  Diakonisches Tatchristentum 16, 31, 144, 190, 198, 226, 233, 238, 265, 268–270, 285, 404, 426, 429, 563, 577, 583
  Gemeindechristentum 71, 310, 313, 348, 367, 376, 380, 384f., 399, 434, 437, 540, 546, 551, 553, 581
  Heiligabendchristentum 96, 263, 378, 525
  Karfreitagschristentum 96
  Kasualienchristentum 90, 96, 596
  Kirchentagschristentum 16, 198, 265f., 348
  Kirchliches Christentum 31f., 71, 78, 80–82, 85, 87, 164, 166, 178, 205, 224f., 260, 282, 284, 287, 293, 296, 379, 389, 395, 398, 598
  Neuzeitliches Christentum 18, 31, 78f., 81, 84, 91, 169, 190, 193f., 223
  Öffentliches Christentum 78, 80–83, 85, 94, 197–199, 205, 224
  Politisches Christentum 16, 333
  Privates Christentum 78, 80f., 85, 94, 119, 196, 198, 205, 224, 308
  Soziologie des Christentums 134
  Urbanes Christentum 90, 94, 198, 220
  Volkskirchliches Christentum 295, 304, 377
Christentumsgeschichte 159, 163
Christentumskultur 31
Christentumspraxis 84f., 145, 227, 299, 367, 453
  Kirchliche Christentumspraxis 87, 275, 290, 373, 382, 390
  Moderne Christentumspraxis 28
  Private Christentumspraxis 82, 390
  Privatisierung der Christentumspraxis 384, 396

Christentumstheorie
  Dreifache Gestalt des neuzeitlichen Christentums 78–87, 205, 382
  Konnex zwischen privater, kirchlicher und öffentlicher Religionskultur 32, 382–602
  Konnex zwischen privater und kirchlicher Religionskultur 282–382, 384
  Konnex zwischen privater und öffentlicher Religionskultur 95, 260–282
  Phänomenologische Christentumstheorie 88, 96
Civil Religion 25, 85f., 178, 185–193, 199, 284, 539

Deinstitutionalisierung 39, 65, 73f., 87, 160, 177, 182, 214, 296, 299, 306, 308, 606
Deismus 138f., 183f.
Dekonfessionalisierung 299
Deprofessionalisierung 65, 418, 420f., 428, 562, 575, 594
Desintegration 54
Differenzierung 22, 26, 54–57, 65, 80, 138, 251, 257, 380
  Funktionale Differenzierung 136, 166
Differenzierungsprozeß 70, 80
Differenzierungsthese 79

Echtheit 512
Ekklesiologie 46, 286, 288, 299, 439
  Ekklesiales Paradigma 288, 295f., 299
  Praktisch-theologische Ekklesiologie 291, 296, 299, 307, 387, 486
Emanzipation 42, 217, 256, 284, 292, 335, 419
Emotionalisierung 251f.
Empathie 420, 604, 617f.
Empirie
  Empirische Forschung 29, 60, 133f., 149, 163, 299f.
  Empirische Wende 52, 60, 62
Entchristlichung 163
Entdogmatisierung 161
Entkirchlichung 39, 87, 158, 163, 165, 286, 295–300, 301, 427, 475, 560
Entkonfessionalisierung 160
Entwicklung
  Lebensentwicklung 516–526
  Religiöse Entwicklung 385–389, 521, 534, 560
Entwicklungspsychologie 120, 123, 407, 519, 521, 534
Epochen
  Alte Kirche 281, 509
  Antike 206, 241, 283, 407
  Aufklärung 17, 31, 41f., 80f., 118, 126f., 138f., 156, 161, 167, 176, 180–185, 188, 194, 204, 210, 234, 239, 244, 260, 287, 308, 371, 401, 407, 443, 447, 462, 477, 481, 536, 563, 565–567, 583f., 588, 597, 604, 613, 616
  Barock 474
  Humanismus 44, 149, 186, 204, 217, 401, 407f., 462
  Klassik 448
  Mittelalter 80, 206, 232, 281, 443, 480, 509, 612
  Moderne 31, 38, 154, 156, 174, 195, 199–209, 211–213, 257, 304, 336, 613

  Neuzeit 26, 80f., 85, 90, 167, 174, 181, 195, 200–209
  Orthodoxie 230, 355, 397, 404, 442f., 474
  Pietismus 17, 41f., 80f., 118, 159, 172, 230, 232, 237, 244, 260, 287, 308, 310, 312, 371, 397f., 404, 435, 439, 443, 446, 453–456, 477, 481, 498, 504, 536, 563, 565–567, 583, 588, 596f., 607, 613, 616
  Reformation 80, 159, 161, 172, 194, 203, 217, 243, 292, 308f., 312, 396, 404, 415, 426, 434, 442, 446, 450, 455, 479–481, 485–487, 489, 491, 509, 535, 564, 566, 590f., 613
  Renaissance 44, 167, 203f., 206, 217, 407
  Romantik 159, 167, 184f., 206, 234, 263, 448
Erbauung 30, 394f., 407, 437–440, 475, 477, 494, 555f.
Erfahrung
  Religiöse Erfahrung 101f., 104, 113, 120, 122, 288, 326, 468–470, 513
  Wende zur Erfahrung 15
Erlebnis 122, 266
Erlebnisgesellschaft 46, 457
Erwachsene 279, 517–523
  Erwachsenenwelt 522, 526f., 531
Erzählinterview 304
Ethnologie 108, 120
Eurozentrismus 136
Externalisierung 148, 175

Familie 30, 35, 38, 44, 54, 133, 145, 217, 219, 241–243, 248–260, 307, 310, 313, 376f., 383, 386, 397f., 448, 528, 557, 579, 584
  Bürgerliche Familie 85, 131, 241, 244, 246, 248, 251, 255, 258, 356, 364, 367, 376f., 578, 582–584
  Familienkultur 363f., 397, 592
  Familienreligion 244, 356, 377, 398
  Familienreligiosität 396f., 439
  Moderne Familie 248, 251, 530
Familiensoziologie 248–250, 582
Familientheorie 249, 256f.
Festkultur 32, 217, 306, 368, 377, 524f., 549, 585
Fiktionalität 210
Fortschritt 69, 203, 207, 218, 221, 298, 385–389
  Religiöser Fortschritt 177, 471
Fragmentierung 55
Frauenkultur 34, 42, 324, 335, 576
Freiheit 165, 167, 172, 277, 604
Frömmigkeit 34, 94, 117f., 142, 177, 196, 226, 227–240, 241, 244, 288f., 294, 302, 315, 396, 400, 438, 447, 483, 565, 583, 616
  Alltagsfrömmigkeit 32
  Bürgerliche Frömmigkeit 85, 219, 243, 261, 454
  Hausfrömmigkeit 31f., 71, 198, 236, 240f., 243–248, 279, 281, 313, 368, 376, 379, 381, 393f., 399, 435, 551, 577, 579, 582, 585, 594
  Lebensgeschichtliche Frömmigkeit 30
  Persönliche Frömmigkeit 260, 265, 308, 434, 477, 512
  Privatfrömmigkeit 87, 287, 395, 435, 594
  Selbstreferentielle Frömmigkeit 396
Frömmigkeitsforschung 123
Frömmigkeitskultur 231f., 279, 349, 382, 398, 437, 474, 587

Frömmigkeitspraxis 29, 71, 345, 423, 436, 452, 509f.
Private Frömmigkeitspraxis 86, 244, 384, 434, 483
Frömmigkeitsstil 171
Frömmigkeitstheorie 439
Funktion 23, 102, 112, 127, 136, 139, 163, 191, 484
Funktion der Religion 93, 122, 146, 171, 308, 438, 555, 580

Ganzheitlichkeit 326, 328, 348, 459, 461, 467, 571, 580, 583
Gefühl 117, 121, 124, 167, 235, 252, 420
Gegenmoderne 255
Gemeinschaft
Gruppengemeinschaft 36, 315, 317, 452f., 550
Religiöse Gemeinschaft 235, 315, 394, 396
Gemüt 117, 413
Geselligkeitskultur 225
Gesellschaft 82, 86, 135, 138, 140f., 188, 283
Bürgerliche Gesellschaft 31, 69, 142, 219, 223, 242, 269, 384
Kindliche Gesellschaft 532
Religion und Gesellschaft 129, 133, 148f., 170, 180, 185
Gesellschaftstheorie 114, 132, 138
Gewissen 150, 172, 232
Globalisierung 211, 240, 283, 345f.
Grenzsituation 103, 148
Gruppenkultur 319, 321, 336, 440
Parochiale Gruppenkultur 36, 71, 383, 395, 453, 562
Gutenbergzeitalter 444

Haltung
Berufshaltung 418
Frömmigkeitshaltung 229, 231–233, 236, 333, 350f., 395
Liturgische Haltung 319–321, 338, 357
Seelsorgerliche Haltung 604, 670
Handeln
Darstellendes und wirksames Handeln 68f., 235f., 560–562, 618
Handlungstheorie 23, 46, 53, 59, 61f., 67f.
Praktisch-theologische Handlungstheorie 62–65, 81
Haus 45, 69, 236, 241–248, 283, 310–312, 382f., 393f., 437, 514f., 537, 557, 577, 579, 583, 585, 598, 606
Bürgerliches Haus 241–243, 244, 265, 283, 376, 419, 448, 478, 564
Hausfrömmigkeit 31f., 71, 198, 236, 240f., 243–248, 279, 281, 313, 368, 376, 379, 381, 393f., 399, 435, 551, 577, 579, 582, 585, 594
Hauskultur 220f., 224, 243–248, 524, 539, 579, 585
Religiöse Hauskultur 393f., 401, 434
Heiliger Kosmos 148
Hermeneutik 56, 68, 77, 326, 409, 461, 465, 473, 485, 488, 494f., 506f.
Historisches Bewußtsein 43, 206
Humanismus 44, 149, 186, 204, 217, 401, 407f., 462

Hypothesen
Religionskritische Hypothesen 91, 106, 126–128, 138–141, 156–173, 175
Sozial- und kulturwissenschaftliche Hypothesen 25–33, 39f., 79–82, 157f., 220f.

Idealismus 206
Identität 30, 117, 122, 167, 213–216, 413, 424, 459
Fragmentierte Identität 213–216
Patchwork-Identität 167, 215
Personale Identität 29f., 95, 213, 221, 255, 271, 326, 366, 370, 374, 394, 413, 436, 569, 571, 605
Psychosoziale Identität 520f.
Weibliche Identität 322
Identitätskonzepte 229
Identitätstheorie 521
Ideologiekritik 77
Imago Dei 406–408, 410, 413, 536
Individualisation 370
Individualisierung 18, 25–27, 29, 33, 40, 50, 60, 95, 106,143f., 155, 161, 165–173, 175f., 182, 190, 197, 213, 241, 256, 258, 287, 291f., 294, 296f., 301, 307, 309, 313, 321, 337, 371, 384, 388f., 413, 477, 533, 616
Individualisierung der Lebenswelt 70, 80, 305, 378, 388, 392, 525
Individualisierung der Religion 48, 65, 227, 284f., 297, 302, 305f., 308, 310, 315, 378, 384, 389, 393, 399, 451, 560, 595, 605
Religiöse Individualisierung 315, 321, 481
Individualisierungsprozeß 28, 30, 86, 118, 154, 156, 205, 213, 220f., 224, 234, 236, 240, 249, 259, 282, 285, 307f., 323, 364, 373, 375, 385f., 459, 522, 530, 614, 616
Individualisierungsthese 28f., 31, 79, 156, 158, 165–173
Individualismus 168, 171f.
Individualität 33, 118, 122, 129, 141f., 167, 172, 197, 215, 220f., 226f., 233, 235, 245, 280, 284, 294, 314, 431, 533, 554, 603
Fromme Individualität 294, 315, 396
Religion und Individualität 260, 265, 288, 292, 294, 308, 383, 388, 392, 396
Religiöse Individualität 274, 306, 433, 513
Individualitätsidee 69, 71, 141, 402, 405, 616
Individualitätskultur 166, 383, 514
Individualitätsprinzip 30, 233, 297, 393
Individuation 175, 387
Individuum 33, 35, 48, 58, 70, 141, 167, 174, 220, 229, 237, 241, 245, 287, 307
Autonomie 141, 158, 177, 337, 383, 616
Individuum und Gesellschaft 71, 140, 144, 147, 154, 175, 618
Religiöses Individuum 171, 483
Industrialisierung 217
Industriegesellschaft 255
Innerlichkeit 167, 172, 245
Institution 54, 83, 101, 118, 129, 131, 133, 138, 142, 145, 219, 222, 241f., 251, 283, 286f., 306, 392, 579, 590, 603
Integrale Institution 391–394, 554
Religiöse Institution 86f., 577, 588
Institutionalisierung 373, 425, 559

Institutionentheorie 93, 133
Inszenierung 459, 476, 529
Integration 139–142, 176, 187f.
Integrationsthese 106, 138–141, 156, 175, 188, 193
Internalisierung 148, 175, 523
Intimität 612

Jahreszyklus 306f., 350, 377, 439
Jugend 38, 364, 366, 374, 411, 470, 536f.
Jugendkultur 34, 363–365, 367, 370, 376

Kategorie 25, 40
Katholizismus 179, 182, 190, 227, 293, 442
Kind 34, 45, 404, 410f., 437, 514–540
    Idealisierung des Kindes 515f., 524
    Idee des Kindes 514, 533
    Religion des Kindes 434f., 533, 580
    Verleugnung des Kindes 411
Kinderforschung 519, 529
Kinderkultur 435, 532, 542
Kindersoziologie 521
Kinderwelt 521–524, 527, 530–533, 549f.
Kindheit 38, 44, 279, 394, 434, 437, 514–540, 543
    Familialisierung der Kindheit 528f.
    Verhäuslichung der Kindheit 528f.
    Verlust der Kindheit 530
    Verschulung der Kindheit 527f.
    Verschwinden der Kindheit 529, 531f.
Kindheitsforschung 520f.
Kindheitstheorie 538
Kindlichkeit 534
Kirche 48f., 55, 62, 65, 70, 72f., 79, 82, 87, 110, 129, 161, 192, 235, 241, 269, 273, 285, 287, 289f., 295, 298f., 307, 312f., 355, 386f., 404, 425, 438, 480, 484–486, 545, 571, 574, 619
    Kirche und Religion 31, 294, 298, 389
    Kirchliche Handlungspraxis 290, 486, 489
    Kirchliche Institutionalisierung 22, 176
    Kirchliche Modernisierung 291
Kirchendistanz 295, 297
Kirchenkritik 286, 291, 298
Kirchenorganisation 32, 40, 265, 377, 546, 571
Kirchensoziologie 13f., 46, 136, 162–165, 294, 301
Kirchentheorie 59, 63, 293–295, 300, 439
Kirchenverbundenheit 30, 164, 300f., 372
    Distanzierte Kirchenverbundenheit 236, 302f., 306
Kirchlichkeit 133f., 163f., 166, 228, 292–294, 300–304, 305, 457, 474
    Urbane Kirchlichkeit 87
Kirchlichkeitsforschung 164, 295–308
Klassik 448
Klischee 153–155
Kognitionspsychologie 120, 123
Kommerzialisierung 217
Kommunikation 48, 77, 272, 345, 600
    Kommunikation des Evangeliums 487, 507
    Massenkommunikation 170
    Medienkommunikation 199, 329, 391
    Religiöse Kommunikation 487
    Symbolische Kommunikation 154, 278–280
Kommunitarismus 188

Kompensationsthese 106, 126–128, 156, 192
Kompetenz 568, 570
Komplexität 22
Konfession 179–182, 231, 297
Konfessionalismus 236
Konfessionskultur 179–182
Konflikt 153–155, 278
Kontingenz 103
Konvention 101, 118, 261, 314, 350, 503
Konversationskultur 224, 607–611
Kontraktionsthese 248–250, 257f.
Krankheit 274, 422f.
Kritische Theorie 136
Kultur 34, 115, 130, 135, 245, 298
    Beratungskultur 38, 46, 49
    Bürgerliche Kultur 219, 264, 463
    Christentumskultur 31
    Familienkultur 363f., 397, 592
    Feierkultur 352
    Festkultur 32, 217, 306, 368, 377, 524f., 549, 585
    Frauenkultur 34, 42, 324, 335, 576
    Frömmigkeitskultur 231f., 279, 349, 382, 398, 437, 474, 587
    Geselligkeitskultur 225
    Gottesdienstkultur 31, 97, 226, 317, 337, 342, 364, 385, 553
    Gruppenkultur 36, 71, 319, 321, 336, 383, 395, 440, 453, 562
    Hauskultur 220f., 224, 243–248, 393f., 401, 434, 524, 539, 579, 585
    Individualitätskultur 166, 383, 514
    Jugendkultur 34, 363–365, 367, 370, 376
    Kinderkultur 435, 532, 542
    Kirchentagskultur 318, 343, 347, 579, 587
    Konfessionskultur 179–182
    Konversationskultur 224, 607–611
    Körperkultur 321, 329, 459
    Kulturreligion 35, 85, 178, 191, 268, 284, 342, 353, 367, 400, 432
    Lebenskultur 36, 131, 144, 174f., 218f., 221, 243, 593
    Literale Kultur 462, 441f., 444
    Liturgische Kultur 319, 325, 336, 343f., 346, 378, 385, 549
    Musikkultur 130, 261f., 429
    Religionskultur 13, 16, 18, 29, 34, 42, 60f., 94, 106, 156, 174, 189, 198, 243f., 260, 304, 307, 309, 311, 384, 400, 605
    Sprachkultur 341
    Symbolkultur 186
    Tanzkultur 330, 332
    Thanatokultur 16, 31, 42, 96
    Theaterkultur 460
    Urbane Kultur 563, 577
    Weibliche Kultur 323f.
Kulturprotestantismus 41, 181, 238, 404, 465
Kultursoziologie 133
Kulturtheorie 235
Kulturwissenschaft 13, 109, 220
Kunstlehre 288, 291
Kunstregeln 289

Lebensform 22, 199, 222, 227–229, 251, 515, 525, 533, 554

Lebensführung 282, 424, 558
  Rationale Lebensführung 217, 246
Lebensgeschichte 30, 95, 118, 122, 145, 154, 274, 276, 280f., 306, 394, 401, 406, 410–413, 448, 515, 518f., 610
  Sakralisierung von Lebensgeschichten 478
Lebenskultur 36, 131, 144, 174f., 218f., 221, 243, 593
Lebenslauf 410, 411–413, 517f., 520f., 610
Lebenslaufforschung 519
Lebenssphäre 270
  Öffentliche Lebenssphäre 36, 70, 94, 105, 129, 142f., 170, 174, 194, 221f., 241, 390f., 522
  Private Lebenssphäre 94, 105, 117, 142, 194, 205, 241–260, 390f., 441, 522, 580
  Private und öffentliche Lebenssphäre 69, 85f., 154, 223, 260–282
Lebensphilosophie 147, 409
Lebenspraxis 100, 175, 560
  Religiöse Lebenspraxis 20, 28, 40, 65, 95, 100, 142, 195, 197f., 434
  Spirituelle Lebenspraxis 228, 338
Lebensstil 222, 227–229, 349, 577f.
Lebenstheorie 102, 132
Lebenswelt 33, 69, 81, 84f., 90, 100, 142f., 148, 154, 174f., 214, 219, 376, 401, 476, 555, 557, 576, 579, 619
  Individualisierung der Lebenswelt 70, 80, 388, 392, 525
  Private Lebenswelt 117, 241–260, 555, 557, 580, 603
  Private und öffentliche Lebenswelt 154, 260–282
  Religiöse Lebenswelt 13, 15f., 23, 33, 40, 78, 137, 194f.
  Urbane Lebenswelt 270, 608
Lebenszyklus 29, 306f., 372, 377, 517, 519f.
Legitimation 139
Lernen 77
Lerntheorie 123
Lesekultur 442, 444
Liberalisierung 160
Liberalismus 291
Lustprinzip 125
Lutherrenaissance 506

Markt 157, 169f.
Medien 72, 130, 267, 531
  Mediengesellschaft 532
  Medienkommunikation 199, 329, 391
  Medienpublizistik 224
  Medienwelt 225, 265
  Medienwirklichkeit 532
  Medienzeitalter 581
Methode 280, 499
  Phänomenologische Methode 23–25, 33–53, 67, 96, 177f.
Methodisierung 603, 617
Milieu 218, 225, 403
  Bürgerliches Milieu 364
  Kirchliches Milieu 309, 318
  Konfessionelles Milieu 182
  Religiöses Milieu 121, 318
Missionswissenschaft 108

Mitgliedschaftsprofil 302
Mittelalter 80, 206, 232, 281, 443, 480, 509, 612
Moderne 31, 38, 154, 156, 174, 195, 199–209, 211–213, 257, 304, 336, 613
  Ambivalenzen der Moderne 207f., 256, 291, 336, 338
  Religion und Moderne 157, 165, 200
  Spätmoderne 210–212, 214
Modernisierung 16, 26, 31, 32, 50, 86, 138, 202, 207, 251, 291, 293f., 308, 323, 444, 616, 619
  Religiöse Modernisierung 39f., 45, 159
Modernität 95, 197, 202f., 205, 207f., 321
Modernitätsbewußtsein 15, 207
Modernitätskritik 38, 209
Moral 135, 139

Natur 410
Naturreligion 109, 179, 183, 335
Neuhumanismus 415
Neuluthertum 613
Neuzeit 26, 80f., 85, 90, 167, 174, 181, 195, 200–209
  Legitimität der Neuzeit 202
Neuzeittheorien 204f.

Objektivation 148
Öffentlichkeit 130, 265, 282f., 441
  Bürgerliche Öffentlichkeit 196, 218, 220, 224
Ökumenismus 61
Organisation 70, 300f.
  Kirchenorganisation 32, 40, 265, 377, 546, 571
  Medienorganisation 130
  Politische Organisationen 283
  Religiöse Organisationen 48, 130, 425
Organisationssoziologie 133

Person 555
Persönlichkeit 119, 122, 173, 215, 220f., 224, 271, 284, 292, 401, 417, 459, 501f., 554, 617
  Fromme Persönlichkeit 345, 497f.
  Religiöse Persönlichkeit 121
Persönlichkeitsbildung 431, 519, 543
Persönlichkeitsforschung 120
Persönlichkeitstheorie 59, 519, 543
Pfarrerberuf
  Privatisierung des Pfarrerberufs 570, 575, 593, 596
  Professionalisierung des Pfarrerberufs 32, 48, 570f., 489, 594
Phänomenologie 15, 23, 29, 67, 76, 81, 148, 293–295
  Phänomenologische Methode 23–25, 33–53, 67, 96, 177f.
Phantasie 538
Philosophie 406, 413, 443
Pietismus 17, 41f., 80f., 118, 159, 172, 230, 232, 237, 244, 260, 287, 308, 310, 312, 371, 397f., 404, 435, 439, 443, 446, 453–456, 477, 481, 498, 504, 536, 563, 565–567, 583, 588, 596f., 607, 613, 616
Pluralisierung 22, 26, 61, 65, 85, 106, 138, 158–161, 176, 182, 197, 205, 213, 217, 240, 256, 288, 294, 296f., 301, 305, 307, 313, 321, 378, 380, 389

Pluralisierungsprozeß 156, 213, 221, 307, 337
Pluralisierungsthese 39, 156f., 165f., 193
Pluralismus 158f., 213
Politisierung 357, 359
Populärtheologie 35
Positivismus 134
Postmoderne 159, 167f., 170, 195, 204, 209–216, 257, 308, 444, 459, 530
Pragmatismus 121
Praktische Theologie 15f., 40, 45, 56, 84, 100, 105, 119, 122f., 192f., 195f., 207, 288, 295f., 300, 339f., 388, 407, 430, 439, 484f., 487, 569, 571, 574, 576, 603, 605
  Denkform der Praktischen Theologie 20–23
  Einheit der Praktischen Theologie 52, 62–64
  Gesamttheorie der Praktischen Theologie 13f., 53f., 96
  Handbuch der Praktischen Theologie 75, 83f.
  Phänomenologische Perspektivierung der Praktischen Theologie 23f., 33–53, 64, 66, 293–295
  Reformkonzepte der Praktischen Theologie 23, 29, 45–53
  Segmentierung der Praktischen Theologie 52
  Sektorale Gliederung der Praktischen Theologie 74, 76
  Teiltheorien der Praktischen Theologie 50, 52f., 74
  Theorie der Praktischen Theologie 13, 17, 22, 60, 64, 68, 76, 195
  Theoriearchitektur der Praktischen Theologie 14, 50, 53, 287
  Theorietypen der Praktischen Theologie 57–69
Praxis
  Religiöse Praxis 60, 112, 117, 129
Praxistheorie 14, 21, 25f., 50, 64f., 68, 75
  Praxis und Theorie 24, 64, 75, 78, 84, 87f.
  Theorie der Praxis 14–17, 20, 22, 27, 53
  Theoriepraxis 17–20
Privatisierung 143, 160, 166f., 169, 171, 205, 244, 270, 288, 301, 337, 371
Privatisierungsprozeß 30, 226, 236, 379
Privatsphäre 219, 241, 244, 282, 307, 309, 366, 432
Privatwelt 33, 117f., 142, 196, 220, 242, 252, 396, 478, 514, 524, 529, 593
  Kirchliche Privatwelt 87
  Religiöse Privatwelt 550
Profession 72, 417–424, 435, 547, 554, 557, 563, 572, 590, 606
  Bürgerliche Profession 417, 582, 584, 594
Professionalisierung 72, 417–424, 547, 559, 562, 589, 593, 606
Professionalisierungstheorie 573
Projektion 577
Projektionsthese 126–128, 156, 175
Protestantismus 118, 143, 172, 178–181, 194f., 199, 214, 217, 223, 239f., 243, 294, 388f., 396, 403, 426, 436, 446, 481, 490f., 564f., 577
  Moderner Protestantismus 228, 282, 383
  Bürgerlicher Protestantismus 226, 240, 242, 260, 262f., 282, 402f., 563, 565
  Protestantismus als Lebensform 91
Protestantismusbegriff 180f.

Protestantismusdebatte 179, 182
Psychologie 120, 146, 291, 294f., 413, 603
  Entwicklungspsychologie 120, 123, 407, 518f., 521, 534,
  Humanistische Psychologie 458, 604
  Kognitionspsychologie 120, 123
  Pastoralpsychologie 59, 123, 153, 278
  Psychoanalyse 123f., 152, 278, 332, 614
  Religionspsychologie 95, 119, 120–125, 153, 192, 228, 294f., 534, 538
  Tiefenpsychologie 153, 461, 511, 519, 604
  Verhaltenspsychologie 123
  Wahrnehmungspsychologie 120, 123
Publizität 220
Puritanismus 614

Rationalisierung 25–27, 29, 32f., 40, 50, 86, 143f., 163, 197, 215, 265, 270, 386, 392, 555, 559
Rationalisierungsprozeß 19, 143
Rationalisierungsthese 28f., 32, 39f.
Rationalität 197f., 211, 344, 353
  Ästhetische Rationalität 344
  Medizinisch-technische Rationalität 269
  Ökonomische Rationalität 224, 416f.
  Organisatorische Rationalität 271
Realitätsprinzip 125
Reformation 80, 159, 161, 172, 194, 203, 217, 243, 292, 308f., 312, 396, 404, 415, 426, 434, 442, 446, 450, 455, 479–481, 485–487, 489, 491, 509, 535, 564, 566, 590f., 613
Regionalisierung 240, 345
Reinstitutionalisierung 87, 177
Religion 16, 90f., 93, 100–102, 106, 107–116, 135, 138, 154, 168, 174, 194, 287, 306, 366, 410, 427, 468, 533
  Ambivalenzen der Religion 38f.
  Allgemeinheitsreligion 90, 177f., 181, 190, 193
  Bibelreligion 285
  Bürgerreligion 106, 174, 178, 180, 186–191, 219
  Deinstitutionalisierung 65, 73f., 87, 160, 177, 182, 214, 296, 299, 306, 308
  Diffusion der Religion 35
  Dimensionen der Religion 112–116, 199, 550
  Erfahrungsreligion 538
  Erwachsenenreligion 534
  Explizite/implizite Religion 176f.
  Familienreligion 244, 356, 377, 398
  Funktion der Religion 93, 122, 146, 171, 308, 438, 555, 580
  Gelebte Religion 14, 15, 20, 23, 234
  Gesellschaftsreligion 141
  Gesinnungsreligion 172
  Gewissensreligion 172
  Hausreligion 243f., 246, 260, 309, 311, 385, 397, 539
  Hochreligionen 109
  Individualisierung der Religion 48, 65, 227, 284f., 297, 302, 305f., 308, 310, 315, 378, 384, 389, 393, 399, 451, 560, 595, 605
  Individualisierungsfunktion der Religion 119, 366, 483f.
  Individualreligion 282

Instititutionalisierung der Religion 35, 46, 74, 284f., 425, 427
Integrationsfunktion der Religion 135, 138, 143, 260, 391
Jugendreligion 108, 366f.
Kinderreligion 437, 533–540
Kindheitsreligion 198, 434, 436, 533, 538
Kirchentagsreligion 71, 266–268
Kirchliche Religion 161, 286f.
Kultreligion 331
Kulturreligion 35, 85, 178, 191, 268, 284, 342, 353, 367, 400, 432
Medienreligion 16, 31, 71, 95, 144, 186, 198, 267f., 342
Moralreligion 144, 342
Natürliche Religion 138f., 178, 182–185, 188
Naturreligion 109, 179, 183, 335
Öffentlichkeitsreligion 86f., 97, 129, 131, 135, 197, 199
Organisation der Religion 133, 223
Persönlichkeitsreligion 131
Pluralisierung der Religion 158–160
Politische Religion 144
Positive Religion 90, 138f., 178, 182–185, 188
Privatisierung der Religion 29, 292, 383, 589, 606
Privatreligion 28, 31, 85f., 90, 94f., 129, 131, 141, 158, 196f., 240f., 284, 287, 315, 350, 396, 399
Religion als Privatsache 117
Religion als soziokulturelles Integral 337
Religion des Tanzes 331
Religion in der Moderne 156, 207
Religion und Gesellschaft 129, 133, 148f., 170, 180, 185
Religion und Individualität 260, 265, 288, 292, 294, 308, 383, 388, 392, 396
Religion und Kirche 31, 294, 298, 389
Religion und Kunst 476
Religion und Moderne 157, 165, 200
Religion und Subjektivität 118f.
Religion und Theologie 17, 19, 21f., 27
Renaissance der Religion 107, 162, 214, 227, 298, 366
Säkularisierung der Religion 160–165
Schulreligion 71
Sozialform der Religion 166, 169
Subjektive Religion 135, 234
Umweltreligion 190
Unsichtbare Religion 158
Wohltätigkeitsreligion 186, 190
Zivilreligion 25, 85f., 178, 185–193, 199, 284, 539
Religionsästhetik 109
Religionsbegriff 106, 109, 176
Funktionaler Religionsbegriff 112
Substantieller Religionsbegriff 111
Religionsethnologie 125
Religionsgeographie 109
Religionsgeschichtliche Schule 170
Religionskritik 125f., 141, 156, 175f., 192, 291
Religionskultur 13, 18, 29, 34, 60, 94, 106, 156, 174, 243f., 260, 304, 307, 309, 311, 384, 400, 605
Ästhetische Religionskultur 97, 198, 243, 261,

293, 349, 426
Bürgerliche Religionskultur 368, 448, 476, 493
Kirchliche Religionskultur 260f., 364, 382, 442
Konfessionelle Religionskulturen 179–182, 310
Konnex zwischen privater, kirchlicher und öffentlicher Religionskultur 32, 382–602
Konnex zwischen privater und kirchlicher Religionskultur 282–382, 384
Konnex zwischen privater und öffentlicher Religionskultur 95, 260–282
Liturgische Religionskultur 198, 313
Öffentliche Religionskultur 37, 95, 382, 399
Private Religionskultur 37, 95, 382, 478
Privatisierung der Religionskultur 71, 97, 307f.
Protestantische Religionskultur 281, 394, 434, 451
Urbane Religionskultur 197f.
Religionsphilosophie 38, 56
Religionspraxis 22, 105, 112, 198, 230, 242, 246, 260, 385, 391, 398, 434
Institutionalisierte Religionspraxis 61
Kirchliche Religionspraxis 133, 356
Privatisierung der Religionspraxis 97, 307
Rationalisierung der Religionspraxis 49
Selbstreferentielle Religionspraxis 34
Religionspsychologie 95, 119, 120–125, 153, 192, 228, 294f., 534, 538
Religionssoziologie 38, 120, 133–137, 157, 160, 192, 294
Religionssystem 136
Religionstheorie 103, 105f., 112, 132, 146, 156, 174, 178, 196, 204
Funktionale Religionstheorie 23, 93, 112
Integrale Religionstheorie 93, 106, 147–155, 174, 192
Phänomenologische Religionstheorie 105f.
Psychologische Religionstheorie 106, 120–125, 174
Soziologische Religionstheorie 106, 133–137, 174
Religionswissenschaft 103, 107–112, 120
Religiöse Gegenwartslage 107
Religiöser Sozialismus 340
Religiosität 120, 158, 162, 166, 228, 265, 302, 403, 539
Dimensionen der Religiosität 112–116
Individuelle Religiosität 113, 146f., 172, 279, 294
Karfreitagsreligiosität 263
Neue Religiosität 130, 305
Religiosität und Individualität 297, 477
Subjektive Religiosität 122
Volkskirchliche Religiosität 264–266
Renaissance 44, 167, 203f., 206, 217, 407
Rhetorik 30, 77, 476, 486
Rolle 62, 123, 371f., 430, 433, 436, 555
Rollentheorie 458
Romantik 159, 167, 184f., 206, 234, 263, 448

Säkularisation 158, 160
Säkularisierung 25–27, 29, 33, 40, 48, 50, 72,

95, 106, 130, 155, 160–165, 175f., 188, 197, 205, 291f., 589
Säkularisierungsparadigma 156
Säkularisierungsprozeß 19, 156
Säkularisierungsthese 28f., 31, 39, 79, 133, 156f., 160, 165, 176, 193, 301
Seele 124, 603
Selbstbewußtsein 235
Sinn 191, 561, 575
   Sinnhafter Aufbau 33
Sinnkosmos 215
Sinnprovinz 148
Sozialbehaviorismus 151
Sozialforschung
   Qualitatives Paradigma 303f.
   Quantitatives Paradigma 303f.
Sozialgeschichte 461
Sozialisation 175, 255, 370, 387, 523
Sozialisationstheorie 133
Sozialwissenschaften 13, 64
Soziologie 134, 138, 140, 146, 187, 291, 294, 308
   Familiensoziologie 248–260
   Kindersoziologie 521–524
   Kirchenkunde 295
   Kirchensoziologie 46, 133f., 136, 164, 294, 301
   Kultursoziologie 133
   Phänomenologische Soziologie 137, 148
   Religionssoziologie 38, 120, 133–137, 157, 160, 192, 294
   Religiöse Volkskunde 292, 295
   Soziologie des Christentums 134
   Verstehende Soziologie 23
   Wissenssoziologie 133, 136, 148f.
Spieltheorie 458
Sprache 151, 328, 441, 481, 563, 615
Sprachkultur 341
Stil 208
Stoa 443
Subjekt 167, 483
Subjektivität 118f., 229, 391
   Religiöse Subjektivität 120, 459
Symbol 150–155, 186, 276–279, 468–470
Symbolischer Interaktionismus 137, 151f.
Symbolisierung 151
Symbolkultur 186
Symbolkunde 470
Symboltheorie 150–155, 278, 468f.
   Psychoanalytische Symboltheorie 152–156, 521
Symbolwelt 467f.
Synkretismus 35, 169–171, 231, 296f., 299, 305
System 113
   Kulturelles System 114
   Personales System 114f., 135
   Soziales System 48, 114f., 135f.
Systemtheorie 114f., 135f., 301

Textanalyse 458
Thanatokultur 16, 31, 42, 96
Theologie 57, 70, 136, 286–288, 406, 417, 447, 485
   Befreiungstheologie 324, 335, 340, 347
   Dialektische Theologie 51, 465, 475, 485f., 487, 490–492, 500f., 504, 506

Elementartheologie 470
   Exegetische Theologie 484
   Feministische Theologie 324, 335
   Historische Theologie 484
   Institutionenverbundene Theologie 46f.
   Liberale Theologie 51–53, 67, 91, 291–295, 450, 489, 492–496, 501f., 504, 511
   Lutherische Theologie 486, 597
   Pastoraltheologie 20, 58–60, 62–64, 66, 68, 74, 95, 233, 430, 433, 504, 571, 574f., 581–583, 591, 597
   Politische Theologie 340
   Populärtheologie 35
   Reformatorische Theologie 118
   Systematische Theologie 484
   Theologie und Religion 17, 19, 21f., 27
Theorie 15, 23, 49, 50, 58, 62
   Alltagstheorie 25, 37
   Berufstheorie 47, 58, 62, 70, 570
   Funktionale Theorie 23, 112
   Große Theorie 62–69
   Handlungstheorie 23, 46, 53, 59, 61f., 62–65, 67f., 81
   Historische Theorie 43–45
   Kleine Theorie 58–60
   Mittlere Theorie 60–62
   Phänomenologische Theorie 24f., 33–53, 64–69, 74, 76
   Theorie der Praxis 14–17, 20, 22, 27, 53
   Theorie und Praxis 24, 64, 75, 78, 84, 87f.
   Theoriepraxis 17–20
   Verstehende Theorie 33, 108
   Wissenschaftliche Theorie 38
Theoriearchitektur 18, 53–99, 287–295
Theoriebildung 60, 74
Theorieelemente 89–92, 93, 95
   Abschlußelemente 90
   Darstellungselemente 89f.
   Einleitungselemente 91
   Entfaltungselemente 91
   Kernelemente 90
   Programmelemente 90
   Rahmenelemente 89f.
   Verbundelemente 91
Theoriekonstruktion 76, 89
Theoriekonzept 23–53
Theoriestatur 14–23
Tiefenpsychologie 153, 461, 511, 519, 604
Topographie 15f., 18, 29, 74, 84, 93, 98, 293, 307
Traditionsabbruch 163, 180, 285

Umfrageforschung 164
Unbestimmtheit 73, 303
Unbewußtes 124
Urbane Kultur 563, 577
Urbanisierung 163, 170, 197, 267, 301, 305, 386, 589
Urbanisierungsprozeß 87
Urbanität 95, 197, 217, 220, 270, 453
Urteilsbildung 521

Verberuflichung 73, 417, 427, 559, 580, 590, 592f.
Verbundenheit 134, 301f., 305f.

Verbürgerlichung 317f., 364, 419
Vergeistlichung 577
Vergemeinschaftung 386
Verhaltenspsychologie 123
Verhäuslichung 312, 399, 398, 529, 540
Verkirchlichung 71, 73, 80, 87, 158, 163, 365, 390, 398f., 545, 570
Verstädterung 217, 586, 597
Verstehen 33, 409
    Verstehende Soziologie 23
    Verstehende Theorie 33, 108
Verschulung 527f., 545
Verweltlichung 577
Verwissenschaftlichung 20–23, 53f., 58f.
Volkskirche 35, 38, 61, 95, 129, 191, 214f., 268, 295–308, 379, 386, 425, 545
    Volkskirchliche Religiosität 264–266

Wahrnehmungspsychologie 120, 123
Wahrnehmungswissenschaft 53
Weltreligionen 109
Wirklichkeit 210
    Oberste Wirklichkeit 148
Wirklichkeitskonstruktion 33, 152, 154
Wirtschaftsgesellschaft 169

Wissen
    Alltagswissen 55, 421
    Bildungswissen 432
    Herrschaftswissen 402
    Leistungswissen 402
    Religiöses Wissen 369f.
    Weisheitswissen 327
Wissenschaft 57, 70, 135, 251
    Handlungswissenschaft 23
    Positive Wissenschaft 57, 289f., 417
    Wahrnehmungswissenschaft 53
Wissenschaftstheorie 52, 56f.

Zeit
    Alltagszeit 243, 314, 599
    Jahreszyklus 306f., 350, 377, 439
    Lebenszyklus 29, 279, 306f., 372, 377, 517, 519f.
Zeitbewußtsein 205f.
Zeitkritik 206f.
Zeitökonomie 531
Zeitstruktur 266
Zivilreligion 25, 85f., 178, 185–193, 199, 284, 539
Zweckrationalität 244

Phanomene

Abendandacht 395
Abendmahl 312, 334, 339, 350f., 353, 355, 358, 551
    Familienabendmahl 356
    Feierabendmahl 36, 339, 341, 347–356, 357f., 361
    Konfirmationsabendmahl 356
    Krankenabendmahl 275, 280
    Zulassung zum Abendmahl 355f., 367
Abendmahlsbewegung 355
Abendmahlsfrömmigkeit 16, 349
Abendmahlsgemeinde 313
Abendmahlsliturgie 346f., 351
Abendmahlsreform 356
Abkündigungen 362
Adoleszenz 527
Advent 263
Adventsandacht 395
Agende 281, 378, 399
    Agendarischer Gottesdienst 315–317
    Erneuerte Agende 326, 338, 352
    Konfirmationsagende 371
Akademie 251, 264, 300, 322, 454, 587
Allgemeine deutsche Erziehungsanstalt 541
American Dance Therapy Association 332
Amerikanische Sonntagsschulbewegung 552
Amnesty international 353
Amt 62, 73, 423, 425, 428, 435, 570f., 615
Amtszimmer 587, 595
Andacht 36, 87, 172, 198, 226, 230, 243, 245, 263, 275, 391f., 394–400, 401, 414, 434, 437, 440, 453, 510, 558, 578, 599
    Abendandacht 395
    Adventsandacht 395
    Bibelandacht 395
    Familienandacht 398
    Friedensandacht 339, 341, 357–362
    Gemeinschaftsandacht 398
    Gruppenandacht 395
    Hausandacht 244, 247, 392, 396–399, 444, 451f., 580
    Herz-Jesu-Andacht 399
    Kreuzwegandacht 399
    Marienandacht 399
    Morgenandacht 395, 444
    Passionsandacht 262, 395
    Rosenkranzandacht 399
    Wochenschlußandacht 395
    Zeitungsandacht 442
Andachtsgattungen 395
Anthroposophie 543
Anweisungen zum geistlichen Leben 443
Anweisungen zum seligen Sterben 443
Arbeit 392, 408f., 414–416, 563, 576
    Arbeitspraxis 593
    Arbeitswelt 414, 428, 555, 558–560, 572, 576, 580
    Beziehungsarbeit 420
    Gefühlsarbeit 420
    Soziale Arbeit 426, 559
Arbeitskreis für Gottesdienst und Kommunikation (AGOK) 342
Arbeitskreis Frieden 360

Arbeitsschulbewegung 43, 456
Arbeitsschule 409
Architektur 208, 210
Arnoldshainer Thesen 356
Ars-moriendi-Frömmigkeit 443
Arzt 417, 422f., 597, 606
Askese 231, 329
Aufrüstung 359
Ausdruckstanzbewegung 332
Äußere Mission 286
Autobiographie 118, 244, 246

Bachsche Oratorien 261, 263
Basisgruppen 360
Beatmesse 347
Beautyfarm 329
Beichte 233, 280, 347, 605, 611–615
    Einzelbeichte 230, 615
    Lebensbeichte 585
    Offene Schuld 613
    Ohrenbeichte 613
    Pflichtbeichte 613, 615
    Privatbeichte 597, 607, 613, 615
Beichtgeheimnis 614
Beichtgespräch 612f., 615
Beichtspiegel 443
Beichtvater 616
Bekehrung 121, 244, 613
Bekenntnis 268, 280, 400
Beratungswesen 35, 49, 72, 86, 97, 208, 224
Berneuchener Bewegung 230, 318, 510
Beruf 35, 37, 45, 72, 83, 87, 198, 217, 271, 391f., 414–434, 436, 554f., 557f., 570, 580
    Behandlungsberufe 418
    Beratungsberufe 418, 420f., 557
    Bildungsberufe 418
    Diakonische Berufe 269, 426
    Freie Berufe 435, 576
    Gemeindebezogene Berufe 425
    Gesinnungsberufe 424, 574
    Helfende Berufe 421
    Kirchliche Berufe 425f., 428
    Klinische Berufe 271
    Lehrerberuf 418–420, 430
    Medizinische Berufe 418, 421–423
    Pädagogische Berufe 418
    Soziale Berufe 72, 418, 430, 594
    Verantwortungsberufe 573
    Weltanschauungsberuf 574
Berufsschule 392
Berufssoziologie 417
Berufstheorie 47, 58, 62, 570
Berufsträger 59, 436, 556, 573
Berufsverband 428, 572
Berufsverständnis 222, 414
Berufswelt 59, 576
Berufung 415–417, 424, 570
Bestattung 97, 145, 557
Bestattungsansprache 247, 448, 478
Bestattungsgespräch 610
Bestattungsritual 140
Bestattungsunternehmer 600
Besuch 97, 270, 599

Hausbesuch 233, 247, 423, 593–602, 606, 609f.
Kontaktbesuch 272f., 601
Krankenbesuch 270f., 599, 602
Reihenbesuch 602
Situativer Besuch 601
Besuchsdienst 602
Bewahrung der Schöpfung 342
Bewegungen 41–43, 237–240
  Abendmahlsbewegung 355
  Arbeitsschulbewegung 43, 456
  Berneuchener Bewegung 230, 318, 510
  Bewegung für Glauben und Kirchenverfassung 239
  Bewegung für Praktisches Christentum 239
  Bibelbewegung 41, 238
  Bürgerrechtsbewegung 42
  Charismatische Bewegung 41, 238, 613
  Diakonische Bewegung 38, 241, 426
  Erneuerungsbewegungen 385, 438
  Erweckungsbewegung 41f., 236, 238, 404, 438, 445, 447, 455, 587, 597, 602, 613
  Evangelikale Bewegung 41, 238
  Evangelisationsbewegung 41
  Exerzitienbewegung 230
  Feministische Bewegung 321
  Fokolarbewegung 239
  Frauenbewegung 42, 322–324, 359, 426
  Friedensbewegung 38, 42, 359f.
  Früherziehungsbewegung 43
  Frühlernbewegung 545
  Gemeindeaufbaubewegung 41, 49, 286, 381, 438f., 602
  Gemeindebewegung 41, 298, 313, 386–388, 407
  Gemeinde-Bildungs-Bewegung 407
  Gemeindereformbewegung 398
  Gemeindewachstumsbewegung 286, 407, 438
  Gemeinschaftsbewegung 41, 238, 456
  Haushalterschaftsbewegung 286, 313
  Heiligungsbewegung 41, 238
  Hospizbewegung 42
  Jugendbewegung 42, 230, 318, 332, 365f.
  Kindergottesdienstbewegung 550, 553
  Kirchenmusikalische Laienbewegung 427
  Kirchentagsbewegung 367
  Kirchliche Reformbewegungen 28, 542
  Lebensstilbewegung 38, 130, 228
  Liederbewegung 550
  Liturgische Bewegungen 46, 318, 343–345, 356, 379, 549, 552
  Liturgische Tanzbewegung 331f.
  Missionsbewegung 239
  NDE-Bewegung 42
  Ökologische Bewegung 38, 42, 330
  Ökumenische Bewegung 42, 239, 323, 330, 345
  Pfingstbewegung 41, 238
  Politische Bewegungen 42
  Posaunenchorbewegung 263
  Religiöse Bewegungen 108, 178, 190
  Seelsorgebewegung 46, 59, 124, 277, 603f., 615
  Singbewegung 230, 550
  Sonntagsschulbewegung 552
  Spiritualitätsbewegung 230f.
  Taizé-Bewegung 319
  Tanzbewegung 42, 333
  Una-Sancta-Bewegung 239
  Volkshochschulbewegung 43
  Volksmissionsbewegung 41, 238
  Vorschulbewegung 545
  Wandervogelbewegung 264
Bewegungspsychotherapie 332
Bibel 397, 404, 434f., 437, 440, 443, 446, 449, 491, 494
  Familienbibel 397, 448
  Hausbibel 397, 448f.
  Kinderbibel 449
  Konfirmationsbibel 448
  Kurzbibel 449
  Luther-Bibel 326, 443, 447, 462
  Privatbibel 449
  Schulbibel 449
Bibelandacht 395
Bibelarbeit 230, 267, 319, 436, 452–457, 466, 471
Bibelbewegung 41, 238
Bibelfrömmigkeit 87, 96, 198, 231, 394, 434, 436f., 442f., 451f., 453f., 456, 478f., 483, 490, 492–494
Bibelkreis
  Schülerbibelkreis 454
Bibelkritik 463
Bibellektüre 230, 319, 397f., 434, 445, 452, 457, 510
Bibelleseplan 457
Bibelstunde 244, 455
Bibeltext 278f., 481–483, 502
Bibelunterricht 464, 466, 468, 471, 473
Bibelwoche 458
Bibliodrama 457–462
Biblizismus 447, 456
Bildung 401–413
Bildungsplanung 131, 406f.
Bildungsreform 405, 545, 553
Bildungssystem 392
Bildungswesen 17, 35, 37, 72, 129, 208, 382, 391
Blaues Kreuz 238
Bodybuilding 329
Bremer Sonntagsschulkongreß 552
Brevierpflicht 510
Bürgerrechtsbewegung 42
Buße 281, 334, 480, 612f., 615
Dußliturgie 612f.
Bußsakrament 280, 613

Confessio Augustana 286
Calwer Predigthilfen 507
Campingplatz 400
Caring Community 286
Charisma 425
Charismatische Bewegung 41, 238, 613
Charismatische Gemeindeerneuerung 239
Chor 263
  Kirchenchor 263
  Kinderchor 539
  Posaunenchor 263, 427
Christian Dance Fellowship 330
Christliche Friedenskonferenz 359f.

Christsein gestalten 306
Christvesper 263, 376–378
Collegia pietatis 398, 454, 587, 596, 607
Communauté de Taizé 319
Computerspiele 532
Credo 362
Cultura animi 406f.
Curriculumreform 473f.
CVJM 456

Deutsche Demokratische Republik 357–360, 368
Demographie 164
Demonstration 267
Denkschriften 129, 360
Denkspruch 448, 451
Deutsche christliche Studentenvereinigung 238
Deutsche Gesellschaft für Tanztherapie 332
Deutscher Evangelisationsverein 456
Deutschgläubige Bewegung 368
Devotio moderna 232, 395
Diakonie 49, 61, 72, 82, 85, 95, 130, 136, 199,
    250, 265, 268, 309, 429, 618f.
    Anstaltsdiakonie 269
    Diakonische Einrichtungen 32, 225, 391, 400
    Innere Mission 41, 238, 269, 286, 386, 456,
    618f.
DiakonIn 72, 426
Diakonische Bewegung 38, 241, 426
Diakonisse 426, 548
Dramatherapie 332
Dritte Welt 359

Ehe 38, 145, 217, 252f., 256, 386
Eheberatung 557
Ehrenamt 421, 549, 593
Einkehrtage 230, 319
Eisenacher Perikopenbuch 450
EKD-Studien zur Kirchenmitgliedschaft 73, 133,
    295–308, 368, 372
Eklogadie 450
Ekstase 332f.
Elementarklasse 542
Elternarbeit 541
Eltern-Kind-Beziehung 541
Eltern-Kind-Gottesdienst 318, 377
Eltern-Kind-Gruppe 539
Erbauung 437–440, 587
Erbauungsliteratur 397, 440–446
Ernährungsstil 329
Erneuerte Agende 326, 338, 352
Erntedankfest 187
Erstkommunion 355
Eruditio 406
Erwachsenenbildung 98, 123, 208, 309f., 392,
    402, 421, 458
Erweckungsbewegung 41f., 236, 238, 404, 438,
    445, 447, 455, 587, 597, 602, 613
Erwachsenengottesdienst 549, 551, 553
Erzählen 467
Erzählinterview 303
ErzieherIn 72, 397, 409, 425, 437, 540, 546–548
Erziehung 235f., 283, 309, 392, 406, 411f., 419,
    433, 462
    Familienerziehung 544
    Kindergartenerziehung 545

Kleinkinderziehung 546
Krippenerziehung 544
Religiöse Erziehung 139, 145, 224f., 285
Erziehungswesen 130, 401f., 572
Esoterik 108, 130, 230
Eucharistie 354
Europäisches Jugendtreffen 319
European Conference of Christian Education 549
Evangelical Outreach 286
Evangelische Allianz 38
Evangelische Unterweisung 465
Evangelischer Verband für die weibliche Jugend
    456
Evangelisch-sozialer Kongreß 238, 619
Evangelistenschule Johanneum 456
Exegese 397, 399, 434, 461, 463, 475, 480, 484,
    491, 493–495, 496f., 505, 569
    Praktische Exegese 495f., 504
Exerzitien 230
Experte 47, 421, 560, 562

Familie 248–260
Familienandacht 398
Familienarbeit 365
Familienberatung 250, 557
Familienfeste 283
Familienformen 248, 256
    Gattenfamilie 249
    Großfamilie 248f.
    Kernfamilie 249, 257
    Kleinfamilie 248–250, 252
    Verhandlungsfamilie 258
Familiengottesdienst 318, 344, 351, 356, 363f.,
    376–378, 385, 539, 549, 551
Familienpolitik 425
Familientherapie 250
Familienzentrum 365
Fastenkur 329
Feier 343, 345, 348f., 369f.
    Feierabendmahl 36, 339, 341, 347–356,
    357f., 361
    Gemeinschaftsfeier 356
    Religiöse Feier 279
Feierkultur 352
Feministische Bewegung 321
Fernsehen 86, 267f., 531f.
Fest 246, 266, 339, 343, 349, 363, 370, 390,
    549, 553
    Advent 263
    Familienfeste 246f., 283
    Heiliger Abend 96, 263, 378, 525
    Karfreitag 96, 262f., 350
    Ostern 246, 262f.
    Passion 262f.
    Weihnachten 186, 246, 263, 306, 377f., 390,
    524f.
Festgottesdienst 377
Festkalender 186, 243
Festkultur 32, 217, 246, 306, 368, 377, 524f.,
    549, 585
Festtagskirchgang 262
Finanzplanung 562
Fitneßcenter 329
Frauen für den Frieden 360
Frauenarbeit 34

Frauenbewegung 42, 322–324, 359, 426
Frauenforschung 251, 324
Frauenkultur 34, 42, 324, 335, 576
Frauenliturgie 31, 42, 321–336
Frauenordination 593
Freireligiöse Gemeinde 368
Freizeiten 230, 319, 576
Freizeitorganisationen 130
Freizeitwelt 321, 576
Frieden 342, 357–362
Friedensandacht 339, 341, 357–362
Friedensbewegung 38, 42, 359f.
Friedensdekade 360
Friedenserziehung 360
Friedensethik 131, 190, 359
Friedensforschung 360
Friedensgruppe 237
Friedensgruß 352
Friedenswochen 360
Friedliche Revolution 362
Frömmigkeit
    Bibelfrömmigkeit 87, 96, 198, 231, 394, 434,
    436f., 442f., 451–454., 456, 478f., 483, 490,
    492–494
    Gebetsfrömmigkeit 319, 512
    Gemeindefrömmigkeit 348
    Gemeinschaftsfrömmigkeit 237
    Herzensfrömmigkeit 234
    Jugendgruppenfrömmigkeit 237
    Kasualfrömmigkeit 97, 237, 293, 390
    Kirchliche Frömmigkeit 231
    Laienfrömmigkeit 232
    Lesefrömmigkeit 442
    Liturgische Frömmigkeit 96, 336, 338
    Meditationsfrömmigkeit 509
    Ordensfrömmigkeit 232
    Passionsfrömmigkeit 262, 525
    Pfarrerfrömmigkeit 237
    Pfarrhausfrömmigkeit 237
    Schöpfungsfrömmigkeit 190
    Schriftfrömmigkeit 434–514, 563
    Todesfrömmigkeit 262
    Volksfrömmigkeit 35, 97, 190, 262, 399
    Weltfrömmigkeit 236
Fundamentalismus 216, 305

Gabenbereitung 334
Gasthaus 283, 580
Gebet 230, 243f., 275, 278–280, 316, 319, 333,
    347, 397, 399, 510, 512, 599, 618
    Fürbittengebet 362
    Kindergebet 539
    Kollektengebet 453
    Politisches Nachtgebet 341
    Stilles Gebet 453
    Stufengebet (Graduale) 450
    Stundengebet 319, 510
    Tagzeitengebet 395
    Tischgebet 243
Gebetbuch 397, 445
Gebetsgemeinschaft 395
Gebetspraxis 444, 453
Geburtstag 247, 524, 610
Geburtstagsfeier 378, 390
Gemeinde 30, 32, 35, 49, 61, 71, 83, 133, 285,

309, 310–313, 354, 367, 377, 539f., 546, 551,
    553f., 561
    Abendmahlsgemeinde 313
    Kasualgemeinde 596
    Seelsorgegemeinde 313, 386
Gemeindeaufbau 123, 367, 378–382, 388, 540
    Missionarische Doppelstrategie 286
    Missionarischer Gemeindeaufbau 313
Gemeindeaufbaubewegung 41, 49, 286, 381,
    438f., 602
Gemeindebewegung 41, 298, 313, 386–388, 407
Gemeindebrief 400
Gemeindegottesdienst 356, 376
Gemeindegruppen 264
Gemeindehaus 309
GemeindehelferIn 425, 593
Gemeindeleitung 562
Gemeindemissionar 425
Gemeindeorganisation 38, 379, 385, 387, 602
GemeindepädagogIn 72, 425f.
Gemeindereform 354, 376, 378f., 385, 387–390,
    407, 598
Gemeindereformbewegung 398
Gemeindeschwester 425
Gemeindewachstumsbewegung 286, 407, 438
Gemeindezentrum 309
Gemeinschaften christlichen Lebens 239
Gemeinschaftsandacht 398
Gemeinwesen 307
Gemütspflege 413
Genfer Congrégation 455
Gesamtkatechumenat 375
Gesang 316
Gesangbuch 243, 326, 397, 440
Geschlechterverhältnis 251–255, 325f., 590f.
Geselligkeit 217, 244, 283
Gespräch 277, 280, 608, 610, 618
    Explorationsgespräch 274
    Freies Gespräch 278, 615
    Kasualgespräch 596, 600, 602, 609f.
    Kontaktgespräch 272–275
    Taufgespräch 610
    Traugespräch 610
Gesprächsführung 421, 601, 604
Gesprächskette 273f., 275, 611
Gesprächskreis 319
Gestalttherapie 458
Gesten 316
Gesundheitspflege 329
Glaubensbekenntnis 334
Gnadauer Konferenz 456
Gnadauer Verband 238
Gottesbilder 126, 183, 324, 327
Gottesdienst 62, 68, 96, 145, 208, 225, 230, 235,
    260f., 278, 282, 309f., 313–382, 439f., 443,
    453, 474, 501, 550, 598
    Eltern-Kind-Gottesdienst 318, 377
    Erwachsenengottesdienst 549, 551, 553
    Familiengottesdienst 318, 344, 351, 356,
    363f., 376–378, 385, 539, 549, 551
    Festgottesdienst 377
    Gemeindegottesdienst 356, 376
    Gottesdienst für Alleinstehende 318
    Gruppengottesdienst 356, 376, 378
    Hauptgottesdienst 315, 363, 378f., 549, 554

Hausgottesdienst 455
Heiligabendgottesdienst 385
Jugendgottesdienst 31, 97, 318, 363–368, 371, 376, 378, 385, 549
Kasualgottesdienst 377
Kindergottesdienst 42, 97, 376, 435, 539, 549–554, 557
Konfirmationsgottesdienst 318, 356, 367–369, 371, 378, 557
Krabbelgottesdienst 539, 551
Krankenhausgottesdienst 275
Meßgottesdienst 317
Politischer Gottesdienst 31, 36, 42, 336–362
Predigtgottesdienst 316, 453
Protestantischer Gottesdienst 313, 315–321, 378
Schulgottesdienst 318, 363
Wortgottesdienst 442f.
Zielgruppengottesdienst 363, 365
Gottesdienstformen 36, 87, 231, 315, 346, 388, 539, 555
Gottesdienstgestaltung 323
Gottesdienstkultur 31, 97, 226, 317, 337, 342, 364, 385, 553
Gottesdienstpraxis 30, 38, 315, 325, 331, 333, 335, 348, 361f., 376, 379, 381, 383
Gottesdienstreform 61, 388, 549
Göttinger Predigtmeditationen 506f.
Gruppe 32, 121, 318
Gruppenandacht 395
Gruppenarbeit 309, 375
Gruppengottesdienst 356, 376, 378
Gruppenkultur 319, 321, 336, 440
    Parochiale Gruppenkultur 36, 71, 383, 395, 453, 562

Hauptgottesdienst 315, 363, 378f., 549, 554
Hausandacht 244, 247, 392, 396, 398, 444, 451f., 580
Hausgottesdienst 455
Hausarzt 423
Hausbesuch 233, 247, 423, 593–602, 606, 609f.
Hauskreis 587
Hauslehrer 419f., 580
Hausmission 602
Hausmusik 245, 261, 429, 585
Heidelberger Thesen 360
Heiligabendgottesdienst 385
Heilige Familie 263
Heiligenbilder 243
Heiligenverehrung 243
Heilsarmee 238
Heilung 422–424
Heilungsvorstellungen 422
Head-start-Programm 545
Herrnhuter Brüdergemeine 455
Herrgottswinkel 246
Herz-Jesu-Andacht 399
Hochzeit 145
Homiletische Anleitungsliteratur 506
Hort 394, 545
Hospiz 583
Hospizbewegung 42

Industrie 283
Informed prayer 323
Innere Mission 41, 238, 269, 286, 386, 456, 618f.
Instrumentalgruppe 539
Internationale Rechtskonventionen 131
Interreligiöser Dialog 130

Jesuitenorden 230
Jogging 231
Jugendarbeit 34, 98, 309f., 365, 370, 374–376, 454, 456
    Offene Jugendarbeit 375
    Verbandsjugendarbeit 375
Jugendbewegung 42, 230, 318, 332, 365f.
Jugendbund für entschiedenes Christentum 238
Jugendgottesdienst 31, 97, 318, 363–368, 371, 376, 378, 385, 549
Jugendgruppe 237, 551
Jugendkultur 34, 363–365, 367, 370, 376
JugendleiterIn 72
Jugendweihe 368
Jünglingsverein 456

Kalender 445
Kalter Krieg 359
Kanon 449–451
Kantor 426
Karfreitag 262f., 350
Kasualgespräch 596, 600, 602, 609f.
Kasualgottesdienst 377
Kasualien 82, 96, 145, 154, 197, 208, 224, 226, 247, 279, 306, 377, 557
Kasualienmarkt 225
Kasualpraxis 29f., 33, 281f., 560
Kasualrede 145, 282, 452, 478f., 490
Katechese 561
KatechetIn 425
Katechismus 243, 440
Katechumenat 375
Kinder- und Jugendhilfegesetz 545
Kinderbibeltag 551
Kinderbibelwoche 439, 458, 551
Kinderchor 539
Kinderevangelium 535, 553
Kinderfrühstück 551
Kinderfürsorge 525
Kindergarten 283, 309, 392, 394, 402, 412, 435, 540–548, 557
    Sonderkindergarten 545
    Waldorf-Kindergarten 543
Kindergartenarbeit 34, 42, 98, 541, 546
Kindergärtnerin 425, 540, 547
Kindergeburtstag 524
Kinderglaube 536
Kindergottesdienst 34, 42, 97, 376, 435, 539, 549–554, 557
Kindergottesdienstbewegung 550, 553
Kinderfürsorge 525
Kindergebet 539
Kindergruppe 551
Kinderheim 545
Kinderkommunion 355
Kinderlieder 539
Kindertagesheim 545
Kinderzimmer 524

Kirche
  Hauskirche 313
  Kinderkirche 552
  Kirchliche Reform 28, 49, 296, 298, 310f., 542
  Römisch-katholische Kirche 230, 239, 355, 426
Kirchenaustritt 285, 299
Kirchenbeamter 425
Kirchenchor 263
Kirchendienst 66, 68, 290
Kirchengebäude 309, 316, 580
Kirchengesangsverein 263
Kirchenjahr 246, 261, 307, 350, 399
Kirchenleitung 57, 66f., 288–290, 291
Kirchenlied 263
Kirchenmitgliedschaft 273, 286, 297, 300f., 305f., 373
Kirchenmusik 264
Kirchenmusikalische Laienbewegung 427
KirchenmusikerIn 72, 426f.
Kirchenrecht 426
Kirchenreform 17, 354f., 384–391, 571
Kirchenregiment 66, 68, 289f.
Kirchentag 35, 37, 42, 85f., 199, 208, 264f., 267, 270, 300, 319, 322, 330, 339f., 342f., 345–347, 349, 359, 391, 454, 456, 458
  Kinderkirchentag 539, 551
Kirchentagsbewegung 367
Kirchentagskultur 318, 343, 347, 579, 587
Kirchenzucht 605, 613
Kirchgang 285, 367, 381, 482
  Festtagskirchgang 262f., 377
Kirchgangskonvention 314, 321, 350, 364, 376f., 396, 399, 482
Kirchlich-soziale Konferenz 619
Kleinkind 543
Kleinkindbewahranstalt 541
Kleinkunst 264
Klient 277
Kloster 583
Kneipentheke 283, 608
Kolping-Familie 269
Konfirmandenarbeit 29, 34, 98, 365, 367–375, 449, 454, 458, 546, 557
Konfirmandenunterricht 145, 208, 309f., 355, 367, 369–371, 373f., 375f., 440
  Reform des Konfirmandenunterrichts 370
Konfirmandenfreizeit 370
Konfirmandengruppe 370
Konfirmandenkurs 370
Konfirmation 97, 145, 154, 355f., 367–370, 372, 373f., 448
Konfirmationsfeier 365, 372–374, 385
  Reform der Konfirmationsfeier 371, 373
Konfirmationsgottesdienst 318, 356, 367–369, 371, 378, 557
Konfirmationspraxis 355
Konfirmator 371
Kontaktbesuch 601
Kontaktgespräch 272, 275
Kontemplation 230, 319
Konvergenzerklärung von Lima 354, 425
Konversation 217, 246, 585, 599f., 607, 611
Konzert 227, 261f., 316, 429

Konzertbetrieb 261, 427
  Open-Air-Konzerte 130
Konzil der Jugend 319
Konzil von Trient 281
Körper 42, 328
Körperarbeit 328, 332, 458f.
Körperkult 231, 329
Körperkultur 321, 329, 459
Körperlichkeit 328
Körpersprache 328f.
Krabbelgottesdienst 539, 551
Krabbelgruppe 539
Krabbelstube 545
Kranke 274, 276
  Sterbenskranke 274, 277
Krankenbesuch 270f., 602
Krankengeschichte 274
Krankenhaus 37, 40, 86, 130, 269–271, 275, 391, 400
Krankenhausgottesdienst 275
KrankenhauspfarrerIn 271–273, 275
Krankenhausseelsorge 37, 40, 86, 198, 270–282
KrankenhausseelsorgerIn 274
Krankensalbung 280–282
Krankensegnung 281
Krankheit 274, 422
Krankheitsgeschichte 275
Krankheitsvorsorge 329
Kreuzfahrtschiff 400
Kreuzweg 262, 399
Kreuzwegandacht 399
Krippe 545
Kultfilm 227
Kunst 245, 264
  Kirchliche Kunst 208
  Moderne Kunst 206, 208
Kunsttherapie 332
Kunstwerk 477
Kur- und Ferienheim 400
Küster 425

Laien 421, 454, 562
Laisierung 564
Landesverband für Kindergottesdienst 549
Lebensberatung 30, 37, 97, 208, 383, 421, 441
Lebenshilfe 277
Lebenszeit 36, 117, 261, 279f.
Lectio continua 450
Lectio selecta 450
LehrerIn 397
  GymnasiallehrerIn 419f.
  Hauslehrer 419f., 580
  ReligionslehrerIn 225, 427, 430–433, 559, 593
  VolksschullehrerIn 418f.
Leibfeindlichkeit 329
Leidensmystik 262
Lektor 425, 450
Lesung 264, 275, 316, 397, 450
  Schriftlesung 362, 443, 497
Leuenberger Konkordie 356
Liebe 252, 269, 397
Literatur 264
  Erbauungsliteratur 397, 440–446

Liturgie 29, 33, 96, 274f., 278f., 309, 314–316, 319, 325, 333, 344, 348, 351, 353, 363, 380f., 427
  Bußliturgie 612f.
  Eingangsliturgie 361
  Feministische Liturgie 335, 358
  Frauenliturgie 31, 42, 321–336
  Getanzte Liturgie 334
  Karfreitagsliturgie 262
  Lebendige Liturgie 344–346, 354, 361
  Meßliturgie 450
  Politische Liturgie 336–362
Liturgiereform 47, 310, 334, 336f., 343, 346, 352, 362, 387, 389f.
Liturgietradition 361
Liturgische Bewegungen 46, 318, 343–345, 356, 379, 549, 552
  Liturgische Tanzbewegung 331f.
Liturgische Kultur 319, 325, 336, 343f., 346, 378, 385, 549
Liturgische Nacht 330, 339, 342–347, 357
Lorenzer Ratschläge 349
Losungen 445, 452, 578
Lutherische Liturgische Konferenz 451
Lutherischer Weltbund 239, 313

Magie 108, 149
Mahlfeier 353, 355
Malerei 321
Maria 327
Marianische Congregation 239
Marienandacht 399
Mariologie 324
Medienbetrieb 72, 572
Medienorganisation 130
Medienproduktion 267
Medienwesen 35, 72, 85, 129, 382, 391, 400, 572
  Kirchliches Medienwesen 38
  Religiöses Medienwesen 32, 37
Meditation 36, 227, 230, 245, 267, 319, 333, 339, 345f., 395
  Predigtmeditation 437, 483, 506, 509–514, 556
Medizin 274, 282, 422f.
Medizinisches Ethos 422
Meinungsfreiheit 441
Memorialbezirk 246
Menschenrechte 131, 323
Meßgottesdienst 317
Messe 261, 267, 450
Michaelsbruderschaft 318, 342
Missionsseminar 238
Mode 217
Modern dance 332
Montags-Demonstrationen 357
Morgenandacht 395, 444
Musik 130, 208, 217, 245, 259, 261, 263, 321, 579
  Bachsche Oratorien 261, 263
  Beatmesse 347
  Elektronische Reproduktionstechnik 261
  Hausmusik 245, 261, 429, 585
  Instrumentalgruppe 539
  Kinderchor 539
  Kirchenchor 263

Open-Air-Konzerte 130
  Popmusik 130, 208
  Posaunenchor 263, 427
  Weihnachtsmusik 263
Musikkultur 130, 261
  Gottesdienstliche Musikkultur 429
  Kirchliche Musikkultur 261f.
  Öffentliche Musikkultur 262
  Private Musikkultur 261
Musik-Szene 366
Musiktherapie 332
Mutter-Kind-Verhältnis 519f., 537
Mutterschule 544
Mysterienspiel 460
Mystik 230, 232, 236f., 262, 330, 407, 413, 415, 509
Mythos 128, 151, 154, 335

Nachbarschaft 307, 421, 546, 575, 602
Nächstenliebe 131, 186, 265, 283
Nationalsozialismus 368
Natursymbolik 327
NDE-Bewegung 42
Neukirchener Kalender 445
Neurose 150, 152
New Age 108
Nichteheliche Lebensgemeinschaft 256

Oberlin-Verein 542
Occupatio 414
Oikodome 438f.
Okkultismus 108
Ökogruppen 237
Ökologie 283
Ökologische Bewegung 38, 42, 330
Ökonomie 143, 169, 211, 283, 392, 516
Ökumene 283, 354, 377
Ökumenische Bewegung 42, 239, 323, 330, 345
Ökumenischer Rat der Kirchen 239, 354, 549
Open-Air-Konzerte 130
Ordination
  Frauenordination 593
Ordo Lectionum Missae 450
Organist 425–427
Ostermarsch 359
Ostern 246, 262f.

Parochie 382
Parteitag 284
Passionsandacht 262, 395
Passionsschriften 443
Passionsspiele 262
Patient 270, 273–275, 279
Patienten-Orientierung 271
Pazifismus 190
Perikopenlesung 450
Perikopenordnung 450f., 502
Personalwesen 562
Persönlichkeitstherapie 332
Pestalozzi-Fröbel-Haus 542
PfarramtsmitarbeiterIn 593
PfarrerIn 82, 224f., 280, 372f., 425, 428, 430, 437, 475, 504, 554–576
  KrankenhauspfarrerIn 271–273, 275
  SpezialpfarrerIn 72

Teampfarramt 572
Pfarrerberuf 30, 38, 40, 49, 63, 65, 72, 172, 198, 233, 394, 423, 433–437, 554–576, 578, 586, 598, 606
Pfarrerfamilie 586
Pfarrerverein 572
Pfarrfrau 578, 584, 590–593
Pfarrgehilfin 593
Pfarrhaus 37, 44, 394, 434, 437, 564, 577–590, 591
Pfarrhausliteratur 581, 584
Pfingstbewegung 41, 238
Pflegeheim 130
Poesie 321
Poesietherapie 332
Politik 131, 186, 340, 358
    Politische Ansprache 186, 189, 283
    Politische Liturgie 336–362
    Politischer Gottesdienst 31, 36, 42, 338, 340
    Politisches Bewußtsein 339, 348, 358
    Politisches Nachtgebet 339–341, 343, 357–359
Popmusik 130, 208
Posaunenchor 263, 427
Posaunenmission 263
Praxis pietatis 233
Prayerful action 323
Prediger 316, 482f., 488, 497f., 500f., 508, 511, 513
Predigerseminar 566f., 569
Predigt 29, 62, 68, 82, 96, 172, 208, 225f., 231, 235, 293, 309, 315f., 383, 436, 440, 453, 474–514, 556, 560f., 565, 598, 603, 605
    Aufklärungspredigt 474
    Dialogpredigt 476
    Erweckungspredigt 474
    Kinderpredigt 552
    Kultuspredigt 440
    Lehr- und Mahnpredigt 476
    Moderne Predigt 51, 492, 494
    Reform der Predigt 61
    Schrift-Predigt 443
    Sonntagspredigt 486
    Textpredigt 87, 434, 437, 450, 453, 474–476, 479–481, 485, 493, 497, 506
    Themapredigt 476
Predigtgottesdienst 316, 453
Predigthelfer 425
Predigthilfen 506–508
Predigthörer 316, 488f., 482f., 502f.
Predigtmeditation 437, 483, 506, 509–514, 556
Predigtpraxis 487–489
Predigtstudien 506f.
Predigttext 450, 481–483, 502, 508
Predigtvorbereitung 504, 595
Pressefreiheit 441
Priester 426, 559, 606
Priestertum aller Gläubigen 59, 66, 91, 118, 233, 395, 398, 415, 429, 435, 454, 460, 560, 562, 564, 607, 613, 616f.
Profitorientierung 428
Proletarische Freidenker 368
Protestantenbund 238
Protestantischer Gottesdienst 313, 316, 378
Psychische Störungen 332

Psychoanalyse 123f., 152, 278, 332, 614
Psychoanalytische Therapie 278
Psychodrama 332, 458, 460
PsychologIn 420
Psychologische Therapie 614f.
PsychotherapeutIn 420, 597
Psychotherapie 124, 615

Quäker 399

Rat zur Förderung der Einheit der Christen 239
Rathaus 580
Rauhes Haus 269
Recht 77, 131, 135
Rechtfertigung 118, 215, 281
Rechtfertigungsglaube 437, 491
Rechtfertigungslehre 216, 536, 553
Reformdebatte 287
Reformprogramme 44, 238, 313, 385
Reformprojekte 32, 38, 43, 208
Reformierter Weltbund 239
Reisesegen 243
Relativitätstheorie 210
ReligionslehrerIn 225, 427, 430–433, 559, 593
Religionsfreiheit 118
Religionsunterricht 35, 37, 68, 82, 98, 145, 208, 283, 285, 375f., 383, 403f., 412f., 431–433, 436, 458, 464, 468, 470, 472–474, 556
    Problemorientierter Religionsunterricht 468–474, 476
    Schulischer Religionsunterricht 29, 130, 370, 419
Requiem 261
Retraiten 230
Roman 614
Rosenkranzandacht 399

Sacred Dance Guild 330
Sakramente 281
Säkularität 161
Schönheitskur 329
Schrift 440, 564
    Einheit der Schrift 489f., 493f., 510
    Mitte der Schrift 480, 494
Schriftauslegung 397, 399, 434, 475, 480
Schriftautorität 481
Schriftfrömmigkeit 434–514, 563
Schriftgelehrsamkeit 569
Schriftprinzip 172, 442, 451, 454, 485, 490, 565
Schulalter 449
Schulbuch 449, 463
Schulaufsicht 403
Schule 37, 87, 391f., 403f., 472, 528, 552
    Kinderschule 543
    Kleinkinderschule 541f.
    Kloster- und Domschule 403
Schülerbibelkreis 454
Schulfibel 463
Schulgottesdienst 318, 363
Schulhaus 283
Schulkindergarten 545
Schulpflicht 403
Schulwesen 402, 527
Schweigezeit 230
Seelsorge 29, 31, 62, 68, 82, 98, 124, 136, 208,

224f., 233, 233f., 230, 274, 277–279, 436, 556, 560f., 565, 596, 603–619
Alltagsseelsorge 97, 233, 283, 602, 607–609, 612
Beratende Seelsorge 277, 572, 597, 603, 619
Berufliche Seelsorge 17, 29, 59, 95, 420, 602, 607, 609, 612, 617f.
Institutionalisierung der Seelsorge 606
Kirchliche Seelsorge 277
Klinische Seelsorge 272
Krankenhausseelsorge 37, 40, 86, 198, 270–282
Privatseelsorge 95, 97, 172, 587, 593, 596f., 611
Professionalisierung der Seelsorge 271, 606, 609
Protestantische Seelsorge 51, 616
Symbolisch-rituelle Seelsorge 274–282
Therapeutische Seelsorge 124, 604f.
Seelsorgeausbildung 569
Seelsorgeberatung 555, 572
Seelsorgebewegung 46, 59, 124, 277, 603f., 615
Seelsorgegemeinde 313, 386
Seelsorgegespräch 60, 145, 230, 272, 275, 277f., 280, 282, 316, 556, 585, 599, 603, 608, 612, 615
Seelsorgeliteratur 441
SeelsorgerIn 59f., 224, 273, 559, 597, 604, 606, 611, 616f.
KlinikseelsorgerIn 274
Seelsorgesuchender 607, 611
Segen 243, 310, 326, 361, 399, 599f.
Abendsegen 243
Morgensegen 243
Segensgeste 243, 279, 281, 310, 326, 361, 400
Segenshandlung 247, 371
Segenswort 279
Segenswunsch 246
Selbsthilfegruppe 421
Singen 264
Singlehaushalt 256
Solidarität 283
Sonntagsschulbewegung 552
Sonntagsschule 552
Sozialarbeiter 420, 425
Soziale Gerechtigkeit 342
Sozialpädagogik 404
SozialpädagogIn 420
Sozialstation 130, 583
Sozialwesen 298
Spezialpfarramt 572
SpezialpfarrerIn 72
Spiel 330, 339, 345, 370, 458–460, 524, 541f., 550f.
Spiritualität 120, 227, 229f., 240, 333, 579, 612
Evangelische Spiritualität 230
Feministische Spiritualität 42, 237
Liturgische Spiritualität 325, 338f., 399
Neue Spiritualität 467
Römisch-katholische Spiritualität 230
Weibliche Spiritualität 327
Sport 130, 329
Sprache
Alltagssprache 366
Gottesdienstliche Sprache 326f.

Liturgische Sprache 326f., 341
Sprechstunde 423, 594f.
Spruchkarte 445
Staat 70
Sterben 274
Sterbende 276, 280
Studentenbewegung 42
Studentengemeinde 454
Studien- und Planungsgruppe der EKD 306
Studierzimmer 587, 595
Stundenbuch 443
Sündenbekenntnis 614
Symbol 150–155, 186, 276–279, 468–470
Symbolhandlung 144f., 277f., 282, 372

Tabu 150
Tagebuch 264, 614
Tageslosung 452
Taizé-Bewegung 319
Talkshow 259, 400
Tanz 330–334, 345, 351, 459, 551
Vaterunser-Tanz 330
Tanzbewegung 42, 333
Tanzkultur 330, 332
Tanzmeditation 333
Tanztherapie 332
Taufe 97, 145, 154, 377, 540, 557
Tauferinnerung 540
Taufgespräch 610
Taufliturgie 535
Taufpatenschaft 367
Taxi 608
Technik 56, 67
Telefonseelsorge 429
Territorial- oder Parochialprinzip 163
Theater 321, 460
Theaterkultur 460
Theologenehe 593
Theologische Ausbildung 48f., 566–570
Theologische Fakultäten 566
Thomasmesse 347
Tischreden 247
Tod 38, 149
Traktate 445
Trauer 332
Traugespräch 610
Traurede 448, 478
Trauung 97, 154, 377, 557
Trieb 125
Trivialliteratur 445

Umweltgruppen 360
Universität 392
Unterhaltung 265
Unterricht 31f., 62, 83, 369, 555, 565, 603, 605
Bibelunterricht 464, 466, 471, 473
Kirchlicher Unterricht 368
Unterrichtseinheit 556
Unterrichtsmethode 432
Unterrichtsplanung 562
Unterrichtsziele 473f.

Vaterunser 334
Vaterunser-Tanz 330
VELKD 286

Verein 48, 70, 365, 456
Vereinigung der Freunde der Christlichen Welt 238
Vereinshaus 283
Verfassung 131, 186
Verkündigung 31, 486f., 492, 494, 504
Versenkung 510
Versöhnung 345
Verwandtschaft 145
VikarIn 593
Vikarsausbildung 567–569
Vocatio 414f.
Vokation 427
Volksbrauchtum 434
Volkserziehung 544
Volkshochschule 421
Volkskindergarten 542
Volkslieder 263f.
Volksmission 268, 427, 445, 486, 597, 618f.
Volksmusik 264
Volksschulbewegung 545
VolksschullehrerIn 418f.
Vorsänger 425
Vorweihnachtszeit 264

Wandlung 355
Weihnachten 186, 246, 263, 306, 377f., 390, 524f.
Weihnachtsmarkt 264
Weihnachtsmusik 263
Weißes Kreuz 238
Weltgebetstag der Frauen 322f.

Weltkongreß für Freies Christentum und Religiösen Fortschritt 238
Werbung 329
Werte 133, 186, 188f., 306
    Grundwertedebatte 188
    Wertewandel 188
Wiederholungszwang 277
Wirtschaft 70, 133, 135
Wirtshaus 283, 580
Wissenschaftsbetrieb 55
Wochenschlußandacht 395
Wohlfahrtsorganisation 37
Wohlfahrtswesen 35, 72, 129, 224, 265, 382, 391, 425
Wohnwelt 307
Wortgottesdienst 442f.
Wort zum Sonntag 268, 342, 400

Yoga-Methode 328

Zeitschrift
    Kirchliche Zeitschriften 400, 441f.
Zeitschriftenmarkt 442
Zeitungsandacht 442
Zielgruppengottesdienst 363, 365
Züricher Profezei 455
Zwangshandlung 149
Zwangsneurose 150
Zweites Vatikanisches Konzil 239, 281, 380, 399

Disziplinen

Prolegomena

Christentumstheorie
Dreifache Gestalt des neuzeitlichen Christentums 78–87, 205, 382
Konnex zwischen privater, kirchlicher und öffentlicher Religionskultur 32, 382–602
Konnex zwischen privater und kirchlicher Religionskultur 282–382, 384
Konnex zwischen privater und öffentlicher Religionskultur 95, 260–282
Phänomenologische Christentumstheorie 88, 96

Hypothesen
Religionskritische Hypothesen 91, 106, 126–128, 138–141, 156–173, 175
Sozial- und kulturwissenschaftliche Hypothesen 25–33, 39f., 79–82, 157f., 220f.
Kulturwissenschaft 13, 109, 133, 220, 235
Methode 280, 499
Phänomenologische Methode 23–25, 33–53, 67, 96, 177f.
Pastoraltheologie 20, 58–60, 62–64, 66, 68, 74, 95, 233, 430, 433, 504, 571, 574f., 581–583, 591, 597
Feministische Pastoraltheologie 576
Phänomenologie 15, 23, 29, 67, 76, 81, 148, 293–295
Phänomenologische Methode 23–25, 33–53, 67, 96, 177f.
Praktische Theologie 15f., 40, 45, 56, 84, 100, 105, 119, 122f., 192f., 195f., 207, 288, 295f., 300, 339f., 388, 407, 430, 439, 484f., 487, 569, 571, 574, 576, 603, 605
Denkform der Praktischen Theologie 20–23
Einheit der Praktischen Theologie 52, 62–64
Gesamttheorie der Praktischen Theologie 13f., 53f., 96
Handbuch der Praktischen Theologie 75, 83f.
Phänomenologische Perspektivierung der Praktischen Theologie 23f., 33–53, 64, 66, 293–295
Reformkonzepte der Praktischen Theologie 23, 29, 45–53
Segmentierung der Praktischen Theologie 52
Sektorale Gliederung der Praktischen Theologie 74, 76
Teiltheorien der Praktischen Theologie 50, 52f., 74
Theorie der Praktischen Theologie 13, 17, 22, 60, 64, 68, 76, 195
Theoriearchitektur der Praktischen Theologie 14, 50, 53, 287
Theorietypen der Praktischen Theologie 57–69
Praxistheorie 14, 21, 25f., 50, 64f., 68, 75
Praxis und Theorie 24, 64, 75, 78, 84, 87f.
Theorie der Praxis 14–17, 20, 22, 27, 53
Theoriepraxis 17–20
Psychologie 120, 146, 291, 294f., 413, 603
Pastoralpsychologie 59, 123, 153, 278
Religionspsychologie 95, 119, 120–125, 153, 192, 228, 294f., 534, 538

Religion 16, 90f., 93, 100–102, 106, 107–116, 135, 138, 154, 168, 174, 194, 287, 306, 366, 410, 427, 468, 533
Religion in der Moderne 156, 207
Religion und Gesellschaft 129, 133, 148f., 170, 180, 185
Religion und Individualität 260, 265, 288, 292, 294, 308, 383, 388, 392, 396
Religion und Kirche 31, 294, 298, 389
Religionsbegriff 106, 109, 176
Funktionaler Religionsbegriff 112
Substantieller Religionsbegriff 111
Religionstheorie 103, 105f., 112, 132, 146, 156, 174, 178, 196, 204
Funktionale Religionstheorie 23, 93, 112
Integrale Religionstheorie 93, 106, 147–155, 174, 192
Phänomenologische Religionstheorie 105f.
Psychologische Religionstheorie 106, 120–125, 174
Soziologische Religionstheorie 106, 133–137, 174
Religionswissenschaft 103, 107–112, 120
Soziologie 134, 138, 140, 146, 187, 291, 294, 308
Kirchenkunde 295
Kirchensoziologie 46, 133f., 136, 164, 294, 301
Phänomenologische Soziologie 137, 148
Religionssoziologie 38, 120, 133–137, 157, 160, 192, 294
Religiöse Volkskunde 292, 295
Soziologie des Christentums 134
Wissenssoziologie 133, 136, 148f.
Theologie 57, 70, 136, 286–288, 406, 417, 447, 485
Theorie 15, 23, 49, 50, 58, 62
Funktionale Theorie 23, 112
Große Theorie 62–69
Handlungstheorie 23, 46, 53, 59, 61f., 62–65, 67f., 81
Kleine Theorie 58–60
Mittlere Theorie 60–62
Phänomenologische Theorie 24f., 33–53, 64–69, 74, 76
Theorie der Praxis 14–17, 20, 22, 27, 53
Theorie und Praxis 24, 64, 75, 78, 84, 87f.
Theoriepraxis 17–20
Theoriearchitektur 18, 53–99, 287–295
Theorieelemente 89–92, 93, 95
Abschlußelemente 90
Darstellungselemente 89f.
Einleitungselemente 91
Entfaltungselemente 91
Kernelemente 90
Programmelemente 90
Rahmenelemente 89f.
Verbundelemente 91
Theoriekonstruktion 76, 89
Theoriekonzept 23–53
Theoriestatur 14–23
Verwissenschaftlichung 20–23, 53f., 58f.
Wissen 55, 327, 369f., 402, 421, 432
Wissenschaft 57, 70, 135, 251

Handlungswissenschaft 23
Positive Wissenschaft 57, 289f., 417
Wahrnehmungswissenschaft 53
Wissenschaftstheorie 52, 56f.

Diakonik

Beratungskultur 38, 46, 49
Beratungswesen 35, 49, 72, 86, 97, 208, 224
  Eheberatung 557
  Familienberatung 250, 557
Diakonie 49, 61, 72, 82, 85, 95, 130, 136, 199,
  250, 265, 268, 309, 429, 618f.
  Anstaltsdiakonie 269
  Diakonische Einrichtungen 32, 225, 391, 400
DiakonIn 72, 426
Diakonische Berufe 269, 426
  Behandlungsberufe 418
  Beratungsberufe 418, 420f., 557
  Helfende Berufe 421
  Klinische Berufe 271
  Medizinische Berufe 418, 421–423
  Soziale Berufe 72, 418, 430, 594
Diakonisse 426, 548
Diakonische Bewegung 38, 241, 426
Diakonisches Tatchristentum 16, 31, 144, 190,
  198, 226, 233, 238, 265, 268–270, 285, 404,
  426, 429, 563, 577, 583
Eheberatung 557
Ehrenamt 421, 549, 593
Familienberatung 250, 557
Familientherapie 250
Hospiz 583
Hospizbewegung 42
Innere Mission 41, 238, 269, 286, 386, 456,
  618f.
Krankengeschichte 274f.
Krankenhaus 37, 40, 86, 130, 269–271, 275,
  391, 400
KrankenhauspfarrerIn 271–273, 275
Krankenhausseelsorge 37, 40, 86, 198, 270–282
KrankenhausseelsorgerIn 274
Krankensalbung 280–282
Krankensegnung 281
Krankheit 274, 422
Lebensberatung 30, 37, 97, 208, 383, 421, 441
Lebenshilfe 277
Nächstenliebe 131, 186, 265, 283
Sozialstation 130, 583
Wohlfahrtswesen 35, 72, 129, 224, 265, 382,
  391, 425

Homiletik

Calwer Predigthilfen 507
Exegese 397, 399, 434, 461, 463, 475, 480, 484,
  491, 493–495, 496f., 505, 569
  Praktische Exegese 495f., 504
Göttinger Predigtmeditationen 506f.
Homiletik 30, 50, 52, 61, 74, 96, 197, 439, 477,
  484–488, 490, 495, 500, 509
  Homiletische Anleitungsliteratur 506
  Homiletische Ethik 500f., 511

Homiletische Prinzipienlehre 485
Homiletische Redegattungen 475
Homiletische Rezeption 145, 503
Homiletische Situation 488f., 508
Homiletischer Akt 487f.
Homiletisches Dreieck 505
Homiletisches Verfahren 504, 506, 508
  Praktische Homiletik 485, 496, 500, 511
  Prinzipielle Homiletik 500f., 511
Kasualrede 145, 282, 452, 478f., 490
Kommunikation 48, 77, 272, 345, 600
  Kommunikation des Evangeliums 487, 507
Meditation 36, 227, 230, 245, 267, 319, 333,
  339, 345f., 395
  Predigtmeditation 437, 483, 506, 509–514, 556
PredigerIn 316, 482f., 488, 497f., 500f., 508,
  511, 513
Predigt 29, 62, 68, 82, 96, 172, 208, 225f., 231,
  235, 293, 309, 315f., 383, 436, 440, 453, 474–
  514, 556, 560f., 565, 598, 603, 605
  Aufklärungspredigt 474
  Dialogpredigt 476
  Erweckungspredigt 474
  Kinderpredigt 552
  Kultuspredigt 440
  Lehr- und Mahnpredigt 476
  Moderne Predigt 51, 492, 494
  Reform der Predigt 61
  Schrift-Predigt 443
  Sonntagspredigt 486
  Textpredigt 87, 434, 437, 450, 453, 474–476,
  479–481, 485, 493, 497, 506
  Themapredigt 476
Predigtakt 496
Predigtarbeit 32, 482, 497–509, 511, 513f., 556,
  562
  Predigtarbeit des Hörers 482, 497, 503
Predigthelfer 425
Predigthilfen 506–508
Predigthörer 316, 488f., 482f., 502f.
Predigtkultur 450, 474f.
Predigtmeditation 437, 483, 506, 509–514, 556
Predigtpraxis 487–489
Predigtstudien 506f.
Predigttext 450, 481–483, 502, 508
Predigttheorie 51, 484, 487, 492, 498f., 500
Predigtvorbereitung 504, 595
Religiöse Rede 477, 497
Rhetorik 30, 77, 476, 486
Traurede 448, 478
Zuhörer 316, 488f., 502f.

Kybernetik

Amt 62, 73, 423, 425, 428, 435, 570f., 615
  Ehrenamt 421, 549, 593
Charismatische Gemeindeerneuerung 239
Ekklesiologie 46, 286, 288, 299, 439
  Ekklesiales Paradigma 288, 295f., 299
  Praktisch-theologische Ekklesiologie 291,
  296, 299, 307, 387, 486
Gemeinde 30, 32, 35, 49, 61, 71, 83, 133, 285,
  309, 310–313, 354, 367, 377, 539f., 546, 551,
  553f., 561

Abendmahlsgemeinde 313
  Kasualgemeinde 596
  Seelsorgegemeinde 313, 386
Gemeindeaufbau 123, 367, 378–382, 388, 540
  Missionarische Doppelstrategie 286
  Missionarischer Gemeindeaufbau 313
Gemeindeaufbaubewegung 41, 49, 286, 381,
  438f., 602
Gemeindebewegung 41, 298, 313, 386–388, 407
Gemeindegruppen 264
Gemeindeleitung 562
Gemeindeorganisation 38, 379, 385, 387, 602
Gemeindereform 354, 376, 378f., 385, 387–390,
  407, 598
Gemeindereformbewegung 398
Gemeindewachstumsbewegung 286, 407, 438
Kirche 48f., 55, 62, 65, 70, 72f., 79, 82, 87, 110,
  129, 161, 192, 235, 241, 269, 273, 285, 287,
  289f., 295, 298f., 307, 312f., 355, 386f., 404,
  425, 438, 480, 484–486, 545, 571, 574, 619
  Kirchliche Reform   17, 28, 49, 296, 298,
  310f., 354f., 384–391, 542, 571
  Kirchliche Reformbewegungen 28, 542
Kirchenleitung 57, 66f., 288–290, 291
Kirchentheorie 59, 63, 293–295, 300, 439
Kybernetik 49
Organisation 70, 300f.
  Kirchenorganisation 32, 40, 265, 377, 571, 546
  Religiöse Organisationen 48, 130, 425
Parochie 382
PfarrerIn 82, 224f., 280, 372f., 425, 428, 430,
  437, 475, 504, 554–576
  KrankenhauspfarrerIn 271–273, 275
  SpezialpfarrerIn 72, 572
  Teampfarramt 572
Pfarrerberuf 30, 38, 40, 49, 63, 65, 72, 172, 198,
  233, 394, 423, 433–437, 554–576, 578, 586,
  598, 606
  Privatisierung des Pfarrerberufs 570, 575, 593,
  596
  Professionalisierung des Pfarrerberufs 32, 48,
  489, 570f., 594
Pfarrhaus 37, 44, 394, 434, 437, 564, 577–590,
  591
Reformdebatte 287
Reformprogramme 44, 238, 313, 385
Reformprojekte 32, 38, 43, 208
Territorial- oder Parochialprinzip 163
Theologische Ausbildung 48f., 566–570
Volkskirche 35, 38, 61, 95, 129, 191, 214f., 268,
  295–308, 379, 386, 425, 545

Liturgik

Abendmahl 312, 334, 339, 350f., 353, 355, 358,
  551
  Familienabendmahl 356
  Feierabendmahl   36, 339, 341, 347–356,
  357f., 361
  Konfirmationsabendmahl 356
  Krankenabendmahl 275, 280
  Zulassung zum Abendmahl 355f., 367
Abendmahlsbewegung 355
Abendmahlsfrömmigkeit 16, 349

Abendmahlsgemeinde 313
Abendmahlsliturgie 346f., 351
Abendmahlsreform 356
Abkündigungen 362
Adventsandacht 395
Agende 281, 378, 399
  Agendarischer Gottesdienst 315–317
  Erneuerte Agende 326, 338, 352
  Konfirmationsagende 371
Andacht 36, 87, 172, 198, 226, 230, 243, 245,
  263, 275, 391f., 394–400, 401, 414, 434, 437,
  440, 453, 510, 558, 578, 599
  Abendandacht 395
  Adventsandacht 395
  Bibelandacht 395
  Familienandacht 398
  Friedensandacht 339, 341, 357–362
  Gemeinschaftsandacht 398
  Gruppenandacht 395
  Hausandacht   244, 247, 392, 396–399, 444,
  451f., 580
  Herz-Jesu-Andacht 399
  Kreuzwegandacht 399
  Marienandacht 399
  Morgenandacht 395, 444
  Passionsandacht 262, 395
  Rosenkranzandacht 399
  Wochenschlußandacht 395
  Zeitungsandacht 442
Andachtsgattungen 395
Ästhetik 56, 261, 458
  Ästhetische Religionskultur   97, 198, 243,
  261, 293, 349, 426
  Ästhetisierung 338, 343, 346, 349
  Kasualienchristentum 90, 96, 596
Beichte 233, 280, 347, 605, 611–615
  Einzelbeichte 230, 615
  Lebensbeichte 585
  Offene Schuld 613
  Ohrenbeichte 613
  Pflichtbeichte 613, 615
  Privatbeichte 597, 607, 613, 615
Beichtgeheimnis 614
Beichtgespräch 612f., 615
Beichtspiegel 443
Beichtvater 616
Berneuchener Bewegung 230, 318, 510
Bestattung 97, 145, 557
Bestattungsansprache 247, 448, 478
Bestattungsgespräch 610
Bestattungsritual 140
Bestattungsunternehmer 600
Bibliodrama 457–462
Buße 281, 334, 480, 612f., 615
Bußliturgie 612f.
Bußsakrament 280, 613
Chor 263
  Kirchenchor 263
  Kinderchor 539
  Posaunenchor 263, 427
Christvesper 263, 376–378
Credo 362
Darstellendes Handeln 68f., 235f., 560–562, 618
Denkspruch 448, 451
Erneuerte Agende 326, 338, 352

Erntedankfest 187
Erstkommunion 355
Eucharistie 354
Familiengottesdienst 318, 344, 351, 356, 363f.,
    376–378, 385, 539, 549, 551
Feier 343, 345, 348f., 369f.
    Feierabendmahl 36, 339, 341, 347–356,
    357f., 361
    Gemeinschaftsfeier 356
    Religiöse Feier 279
Fest 246, 266, 339, 343, 349, 363, 370, 390,
    549, 553
    Advent 263
    Familienfeste 246f., 283
    Heiliger Abend 96, 263, 378, 525
    Karfreitag 96, 262f., 350
    Ostern 246, 262f.
    Passion 262f.
    Weihnachten 186, 246, 263, 306, 377f., 390,
    524f.
Festkalender 186, 243
Festkultur 32, 217, 306, 368, 377, 524f., 549, 585
Festtagskirchgang 262
Frauenliturgie 31, 42, 321–336
Frauenordination 593
Friedensandacht 339, 341, 357–362
Friedensgruß 352
Gabenbereitung 334
Gebet 230, 243f., 275, 278–280, 316, 319, 333,
    347, 397, 399, 510, 512, 599, 618
    Fürbittengebet 362
    Kindergebet 539
    Kollektengebet 453
    Politisches Nachtgebet 341
    Stilles Gebet 453
    Stufengebet (Graduale) 450
    Stundengebet 319, 510
    Tagzeitengebet 395
    Tischgebet 243
Gebetbuch 397, 445
Gebetsgemeinschaft 395
Gebetspraxis 444, 453
Gesangbuch 243, 326, 397, 440
Glaubensbekenntnis 334
Gottesdienst 62, 68, 96, 145, 208, 225, 230, 235,
    260f., 278, 282, 309f., 313–382, 439f., 443,
    453, 474, 501, 550, 598
    Eltern-Kind-Gottesdienst 318, 377
    Erwachsenengottesdienst 549, 551, 553
    Familiengottesdienst 318, 344, 351, 356,
    363f., 376–378, 385, 539, 549, 551
    Festgottesdienst 377
    Gemeindegottesdienst 356, 376
    Gottesdienst für Alleinstehende 318
    Gruppengottesdienst 356, 376, 378
    Hauptgottesdienst 315, 363, 378f., 549, 554
    Hausgottesdienst 455
    Heiligabendgottesdienst 385
    Jugendgottesdienst 31, 97, 318, 363–368,
    371, 376, 378, 385, 549
    Kasualgottesdienst 377
    Kindergottesdienst 42, 97, 376, 435, 539,
    549–554, 557
    Konfirmationsgottesdienst 318, 356, 367–
    369, 371, 378, 557

Krabbelgottesdienst 539, 551
Krankenhausgottesdienst 275
Meßgottesdienst 317
Politischer Gottesdienst 31, 36, 42, 336–362
Predigtgottesdienst 316, 453
Protestantischer Gottesdienst 313, 315–321,
    378
Schulgottesdienst 318, 363
Wortgottesdienst 442f.
Zielgruppengottesdienst 363, 365
Gottesdienstformen 36, 87, 231, 315, 346, 388,
    539, 555
Gottesdienstgestaltung 323
Gottesdienstkultur 31, 97, 226, 317, 337, 342,
    364, 385, 553
Gottesdienstpraxis 30, 38, 315, 325, 331, 333,
    335, 348, 361f., 376, 379, 381, 383
Gottesdienstreform 61, 388, 549
Hochzeit 145
Jugendweihe 368
Karfreitag 262f., 350
Kasualien 82, 96, 145, 154, 197, 208, 224, 226,
    247, 279, 306, 377, 557
Kasualienmarkt 225
Kasualpraxis 29f., 33, 281f., 560
Kasualtheorie 97
Kindergottesdienst 34, 42, 97, 376, 435, 539,
    549–554, 557
Kirchenchor 263
Kirchenjahr 246, 261, 307, 350, 399
Kirchenlied 263
Kirchenmusik 264
Kirchgang 285, 367, 381, 482
    Festtagskirchgang 262f., 377
Kirchgangskonvention 314, 321, 350, 364,
    376f., 396, 399, 482
Konfirmation 97, 145, 154, 355f., 367–370, 372,
    373f., 448
Konfirmationsfeier 365, 372–374, 385
    Reform der Konfirmationsfeier 371, 373
Konfirmationspraxis 355
Krankensalbung 280–282
Krankensegnung 281
Lebenszyklus 29, 306f., 372, 377, 517, 519f.
Lesung 264, 275, 316, 397, 450
    Schriftlesung 362, 443, 497
Liturgie 29, 33, 96, 274f., 278f., 309, 314–316,
    319, 325, 333, 344, 348, 351, 353, 363, 380f.,
    427
    Bußliturgie 612f.
    Eingangsliturgie 361
    Feministische Liturgie 335, 358
    Frauenliturgie 31, 42, 321–336
    Getanzte Liturgie 334
    Karfreitagsliturgie 262
    Lebendige Liturgie 344–346, 354, 361
    Meßliturgie 450
    Politische Liturgie 336–362
Liturgiereform 47, 310, 334, 336f., 343, 346,
    352, 362, 387, 389f.
Liturgietradition 361
Liturgik 30, 50–52, 61, 74, 123, 198, 339, 343,
    439f.
Liturgische Bewegungen 46, 318, 343–345, 356,
    379, 549, 552

Liturgische Haltung 319–321, 338, 357
Liturgische Kultur 319, 325, 336, 343f., 346, 378, 385, 549
　Privatisierung der liturgischen Kultur 310, 380
Liturgische Nacht 330, 339, 342–347, 357
Liturgische Tanzbewegung 331f.
Lutherische Liturgische Konferenz 451
Mahlfeier 353, 355
Marienandacht 399
Messe 261, 267, 450
Michaelsbruderschaft 318, 342
Ordo Lectionum Missae 450
Organist 425–427
Passage 85, 219
Passageritual 29, 361, 372, 377
Perikopenlesung 450
Perikopenordnung 450f., 502
Politische Liturgie 336–362
Politisches Nachtgebet 339–341, 343, 357–359
Posaunenchor 263, 427
Ritual 113, 135, 145, 276, 280, 326, 335, 352, 398, 470, 503
　Passageritual 372, 377
Ritualisierung 277
Ritus 279
Sakramente 281
Segen 243, 310, 326, 361, 399, 599f.
　Abendsegen 243
　Morgensegen 243
Segensgeste 243, 279, 281, 310, 326, 361, 400
Segenshandlung 247, 371
Segenswort 279
Sündenbekenntnis 614
Symbolhandlung 144f., 277f., 282, 372
Tanz 330–334, 345, 351, 459, 551
　Vaterunser-Tanz 330
Taufe 97, 145, 154, 377, 540, 557
Tauferinnerung 540
Taufgespräch 610
Taufliturgie 535
Taufpatenschaft 367
Thanatokultur 16, 31, 42, 96
Thomasmesse 347
Tod 38, 149
Traugespräch 610
Traurede 448, 478
Trauung 97, 154, 377, 557
Vaterunser 334
　Vaterunser-Tanz 330
Wandlung 355
Weihnachten 186, 246, 263, 306, 377f., 390, 524f.
Weltgebetstag der Frauen 322f.

Poimenik

Beratungswesen 35, 49, 72, 86, 97, 208, 224
Besuch 97, 270, 599
　Hausbesuch 233, 247, 423, 593–602, 606, 609f.
　Kontaktbesuch 272f., 601
　Krankenbesuch 270f., 599, 602
　Reihenbesuch 602
　Situativer Besuch 601

Eheberatung 557
Familienberatung 250, 557
Gespräch 277, 280, 608, 610, 618
　Explorationsgespräch 274
　Freies Gespräch 278, 615
　Kasualgespräch 596, 600, 602, 609f.
　Kontaktgespräch 272–275
　Taufgespräch 610
　Traugespräch 610
Gesprächsführung 421, 601, 604
Gesprächskette 273f., 275, 611
Hausbesuch 233, 247, 423, 593–602, 606, 609f.
　Kasualgespräch 596, 600, 602, 609f.
Kontaktbesuch 601
Kontaktgespräch 272, 275
Krankenbesuch 270f., 602
Krankenhaus 37, 40, 86, 130, 269–271, 275, 391, 400
KrankenhauspfarrerIn 271–273, 275
Krankenhausseelsorge 37, 40, 86, 198, 270–282
KrankenhausseelsorgerIn 274
Lebensberatung 30, 37, 97, 208, 383, 421, 441
Lebenshilfe 277
Pastoralpsychologie 59, 123, 153, 278
Poimenik 30, 50, 52, 61, 74, 97, 123f., 197, 277, 603, 615f.
Seelsorge 29, 31, 62, 68, 82, 98, 124, 136, 208, 224f., 233, 235f., 250, 274, 277–279, 436, 556, 560f., 565, 596, 603–619
　Alltagsseelsorge 97, 233, 283, 602, 607–609, 612
　Beratende Seelsorge 277, 572, 597, 603, 619
　Berufliche Seelsorge 17, 29, 59, 95, 420, 602, 607, 609, 612, 617f.
　Deinstitutionalisierung der Seelsorge 606
　Generelles/spezielles Proprium 124
　Grundformen der Seelsorge 607–611
　Institutionalisierung der Seelsorge 606
　Kirchliche Seelsorge 277
　Klinische Seelsorge 272
　Krankenhausseelsorge 37, 40, 86, 198, 270–282
　Methodisierung der Seelsorge 617
　Privatseelsorge 95, 97, 172, 587, 593, 596f., 611
　Professionalisierung der Seelsorge 271, 606, 609
　Protestantische Seelsorge 51, 616
　Symbolisch-rituelle Seelsorge 274–282
　Therapeutische Seelsorge 124, 604f.
Seelsorgeausbildung 569
Seelsorgeberatung 555, 572
Seelsorgebewegung 46, 59, 124, 277, 603f., 615
Seelsorgegemeinde 313, 386
Seelsorgegespräch 60, 145, 230, 272, 275, 277f., 280, 282, 316, 556, 585, 599, 603, 608, 612, 615,
Seelsorgelehre 46, 124
Seelsorgeliteratur 441
Seelsorgepraxis 32, 47, 423, 562, 603, 605, 608f., 616
SeelsorgerIn 59f., 224, 273, 559, 597, 604, 606, 611, 616f.
　KlinikseelsorgerIn 274
Seelsorgesuchender 607, 611

Seelsorgetheorie 59, 197, 277, 603
Sterben 274
Sterbende 276, 280
Telefonseelsorge 429
Trauer 332
Trauergespräch 610

Publizistik

Medien 72, 130, 267, 531
Medienbetrieb 72, 572
Mediengesellschaft 532
Medienkommunikation 199, 329, 391
Medienorganisation 130
Medienproduktion 267
Medienpublizistik 224
Medienreligion 16, 31, 71, 95, 144, 186, 198, 267f., 342
Medienwelt 225, 265
Medienwesen 35, 72, 85, 129, 382, 391, 400, 572
  Kirchliches Medienwesen 38
  Religiöses Medienwesen 32, 37
Medienwirklichkeit 532
Medienzeitalter 581
Pressefreiheit 441
Wort zum Sonntag 268, 342, 400
Zeitschrift
  Kirchliche Zeitschriften 400, 441f.
Zeitschriftenmarkt 442

Religionspädagogik

Bildung 29f., 47, 55, 87, 131, 167, 172, 198, 283, 309, 391f., 394, 400–414, 419, 425, 431f., 434, 436, 462, 471, 551, 555, 558, 563, 565, 570
Curriculumreform 473f.
Didaktik 77, 431
  Biblische Didaktik 465
  Sakramentendidaktik 471
  Symboldidaktik 466–468, 470f.
Entwicklung
  Religiöse Entwicklung 385–389, 521, 534, 560
Entwicklungspsychologie 120, 123, 407, 519, 521, 534
Erwachsenenbildung 98, 123, 208, 309f., 392, 402, 421, 458
ErzieherIn 72, 397, 409, 425, 437, 540, 546–548
Erziehung 235f., 283, 309, 392, 406, 411f., 419, 433, 462
  Familienerziehung 544
  Kindergartenerziehung 545
  Kleinkinderziehung 546
  Krippenerziehung 544
  Religiöse Erziehung 139, 145, 224f., 285
Erziehungstheorie 406–413
Erziehungswesen 130, 401f., 572
Evangelische Unterweisung 465
Jugend 38, 364, 366, 374, 411, 470, 536f.
Jugendarbeit 34, 98, 309f., 365, 370, 374–376, 454, 456
  Offene Jugendarbeit 375

Verbandsjugendarbeit 375
Jugendbewegung 42, 230, 318, 332, 365f.
Jugendgruppe 237, 551
Jugendkultur 34, 363–365, 367, 370, 376
Katechese 561
KatechetIn 425
Katechismus 243, 440
Katechumenat 375
Kind 34, 45, 404, 410f., 437, 514–540
Kindergarten 283, 309, 392, 394, 402, 412, 435, 540–548, 557
  Sonderkindergarten 545
  Waldorf-Kindergarten 543
Kindergartenarbeit 34, 42, 98, 541, 546
Kindergartenpädagogik 543
Kinderpädagogik 537f., 540, 542
Kindheitspädagogik 537
Kleinkindpädagogik 542, 545
Konfirmandenarbeit 29, 34, 98, 365, 367–375, 449, 454, 458, 546, 557
Konfirmandenunterricht 145, 208, 309f., 355, 367, 369–371, 373f., 375f., 440
  Reform des Konfirmandenunterrichts 370
Konfirmandenfreizeit 370
Konfirmandengruppe 370
Konfirmandenkurs 370
LehrerIn 397
  GymnasiallehrerIn 419f.
  ReligionslehrerIn 225, 427, 430–433, 559, 593
  VolksschullehrerIn 418f.
Pädagogik 56, 40f., 411–413
  Geisteswissenschaftliche Pädagogik 406, 408f., 411, 413
  Kindergartenpädagogik 543
  Kinderpädagogik 537f., 540, 542
  Kindheitspädagogik 537
  Kleinkindpädagogik 542, 545
  Reformpädagogik 42, 456, 536
  Rettungshauspädagogik 404
  Schulpädagogik 542
  Sozialpädagogik 404, 541, 544
  Sozialwissenschaftliche Pädagogik 406
Pädagogisierung 373
ReligionslehrerIn 225, 427, 430–433, 559, 593
Religionspädagogik 52, 61, 74, 96, 98, 123, 163, 197, 370, 405f., 413, 426, 430, 432, 464, 466, 538
  Religionspädagogische Reform 46f., 471
Religionsunterricht 35, 37, 68, 82, 98, 145, 208, 283, 285, 375f., 383, 403f., 412f., 431–433, 436, 458, 464, 468, 470, 472–474, 556
  Funktion des Religionsunterrichts 431
  Problemorientierter Religionsunterricht 468–474, 476
  Schulischer Religionsunterricht 29, 130, 370, 419
Sakramentendidaktik 471
Schule 37, 87, 391f., 403f., 472, 528, 552
  Kinderschule 543
  Kleinkinderschule 541f.
  Kloster- und Domschule 403
Schultheorie 404
Symboldidaktik 466–468, 470f.
Unterricht 31f., 62, 83, 369, 555, 565, 603, 605

Bibelunterricht 404, 466, 471, 473
Kirchlicher Unterricht 368
Unterrichtseinheit 556
Unterrichtsmethode 432

Unterrichtsplanung 362
Unterrichtsziele 473f.
Verschulung 527f., 545
Vocatio 414f.

Godwin Lämmermann

Grundriß der Religionsdidaktik

2., durchg. und erg. Auflage 1998
240 Seiten. Kart. DM 34,80
öS 254,–/sFr 32,50
ISBN 3-17-015097-9
Praktische Theologie heute, Band 1

Religionsdidaktik wird in diesem Lehrbuch als eine eigenständige, auf den Unterricht bezogene Strategie zur Bestimmung theologischer Gehalte verstanden. Als solche tritt sie gleichberechtigt neben andere methodische Zugänge innerhalb der Theologie. Sie nimmt ihren Ausgang zentral bei der Erziehungswirklichkeit. Der heutige Diskussionsstand in der Religionsdidaktik wird so wiedergegeben, daß der Praktiker Kriterien für Strukturen und Ziele seiner täglichen „Schularbeit", die Studierenden Perspektiven und Kriterien für eine realistische, theologisch wie pädagogisch angemessene Berufstheorie erhalten. Darüber hinaus dient der Band auch der Examensvorbereitung für Lehrer- und Pfarramtsstudenten.

Christoph Morgenthaler

Systemische Seelsorge

Impulse der Familien- und Systemtherapie für die kirchliche Praxis
1999. 304 Seiten, 21 Abb., 4 Tab.
Kart. DM 35,–/öS 256,–/sFr 32,50
ISBN 3-17-015760-4

In Seelsorge und kirchlicher Beratungsarbeit sind bis heute fast ausschließlich psychotherapeutische Arbeitsmodelle aufgenommen worden, die sich auf die Beratung und Therapie einzelner Menschen beziehen. Dieser Blickwinkel wird hier erweitert: Theoretische Konzepte, Wahrnehmungsperspektiven und Methoden aus Familien- und Systemtherapie eröffnen in Seelsorge und kirchlicher Beratung neue Arbeitsmöglichkeiten. Dazu werden in einem ersten Teil Grundlagen bereitgestellt: Relevantes Wissen aus Familien- und Systemtherapie wird auf seelsorgliche Arbeitsfelder übertragen und theologisch integriert. Persönliche Voraussetzungen und methodische Zugänge zu einer systemischen Seelsorge werden ausführlich dargestellt. In einem zweiten Teil wird anhand konkreter Arbeitsmodelle aufgezeigt, wie in verschiedenen Bereichen der Seelsorge und kirchlichen Beratung systemisch gearbeitet werden kann. Besonderes Gewicht legt der Autor auf eine Integration von theoretischen, praktischen und persönlichen Aspekten systemischer Arbeit.

W. Kohlhammer GmbH · 70549 Stuttgart · Tel. 0711/78 63 - 280

Gina Schibler

Kreativ-emanzipierende Seelsorge

Konzepte der intermedialen Kunst-
therapien und der feministischen
Hermeneutik als Herausforderung
an die kirchliche Praxis
1999. 472 Seiten. Kart.
DM 68,95/öS 503,–/sFr 63,–
ISBN 3-17-016105-9
Praktische Theologie heute, Band 43

Viele der heutigen psychotherapeu-
tisch orientierten Seelsorgekonzepte
gehen von einer latenten hierarchischen Beziehung Seelsorger – Klient
aus und berücksichtigen kaum spezifisch weibliche Lebensentwürfe. Das
Modell der kreativ-emanzipierenden
Seelsorge begegnet diesen Mängeln:
Es orientiert sich an den intermedialen Kunsttherapien, in denen der
Klient bzw. die Klientin mit ihrer
Kreativität im Zentrum stehen.
Zusätzlich integriert die Autorin die
Hermeneutik von Elisabeth Schüssler-
Fiorenza, die auf eine kritische Befragung des ‚Textes des eigenen Lebens'
– der eigenen Lebensgeschichte – hin-
drängt. Diese Seelsorge ist kreativ,
weil sie Verkündigung als Kreation
begreift, die sich in unhierarchischer,
individueller Weise ereignet. Sie ist
ebenso emanzipatorisch, weil sie von
einer Ebenbürtigkeit der Geschlechter
ausgeht. Die Autorin reflektiert ausführlich die Bedeutung der Kreativität
für den Seelsorgeprozeß. Ihr Buch bietet neben einer fundierten Modellent-
wicklung eine Fülle kreativer Beispiele wie auch einen sorgfältig dokumentierten Fall einer seelsorglichen
Modellberatung.

Hans-Georg Ziebertz

Religion, Christentum und Moderne

Veränderte Religionspräsenz als
Herausforderung
1998. 240 Seiten, 5 Abb. Kart.
DM 39,70/öS 290,–/sFr 37,–
ISBN 3-17-015579-2

Gegenüber einem antithetischen
Verständnis von Religion und Moderne (»die Moderne wird Religion allmählich beseitigen«) ist festzustellen:
Religion verschwindet nicht, sie ist in
vielen kulturellen, individuellen und
gesellschaftlichen Bezügen vital präsent. »Religion« reicht zwangsläufig
weiter als die Religion der Kirchen.
Anstatt sich als Säkularisierungsopfer
zu verstehen, liegt die Herausforderung der Zeit für die Kirche darin, ob
und wie sie sich auf die veränderte
Religionspräsenz einlassen will. Die
Kirche, so die Hauptthese dieses
Buches, hat etwas zu bieten angesichts der religiösen Suche, die in der
Moderne nicht nachläßt.

W. Kohlhammer GmbH · 70549 Stuttgart · Tel. 0711/78 63 - 280